Recursos e línea en un solo paso

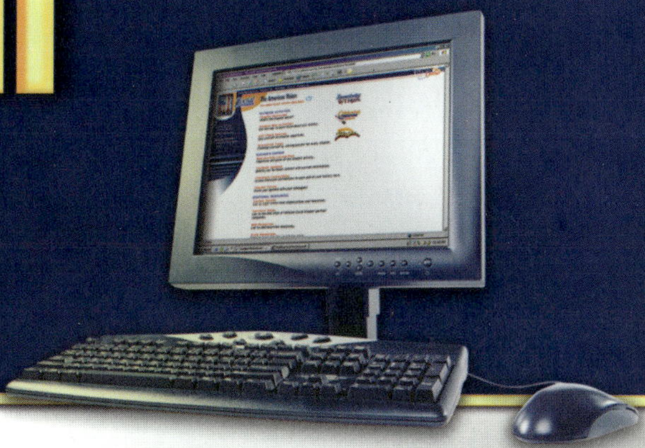

Acceso a jat.glencoe.com

HERRAMIENTAS DE ESTUDIO EN LÍNEA

- Descripciones generales de los capítulos
- Tutor interactivo
- Pruebas de autocomprobación
- Tarjetas electrónicas de ayuda

INVESTIGACIÓN EN LÍNEA

- Actividades del estudiante en línea
- Más allá del libro de texto
- Recursos del estado
- Acontecimientos actuales
- Recursos en línea

EDICIÓN PARA EL ESTUDIANTE EN LÍNEA

- Edición completa interactiva para el estudiante
- Actualizaciones de los libros de texto

PARA MAESTROS

- Foro de maestros
- Planificación de las lecciones para las actividades en línea
- Conexiones con la literatura

Historia mundial

VIAJE EN EL TIEMPO

Épocas tempranas

Jackson J. Spielvogel, Ph.D.

NATIONAL GEOGRAPHIC

McGraw Hill Glencoe

New York, New York   Columbus, Ohio   Chicago, Illinois   Peoria, Illinois   Woodland Hills, California

Autores

Jackson J. Spielvogel es profesor emérito asociado de historia en la Pennsylvania State University. Recibió su Ph.D. de la Ohio State University, donde se especializó en historia de la Reforma bajo Harold J. Grimm. Sus artículos y críticas han sido publicados en varias publicaciones especializadas. Es coautor (con William Duiker) de *World History (Historia Mundial)*, publicado en 1994 (3ra edición, 2001). El profesor Spielvogel ha ganado cinco importantes premios universitarios, y en 1997, se transformó en el primer ganador del Student Choice Award de Schreyer Institute por enseñanza innovadora e inspiradora.

The National Geographic Society, fundada en el año 1888 para el aumento y la difusión del conocimiento sobre geografía, es la organización científica y educacional sin fines de lucro más importante del mundo. Desde sus primeras épocas, la Sociedad ha utilizado tecnologías sofisticadas de comunicación, desde la fotografía en color hasta la holografía, para transmitir el conocimiento sobre geografía a lectores de todo el mundo. La División de Productos para la Educación respalda la misión de la Sociedad desarrollando programas educativos innovadores que van desde los materiales impresos tradicionales hasta programas multimedia incluyendo CD-ROM, videodiscos y software.

Acerca de la cubierta: Durante toda la antigüedad y en todo el mundo, los pueblos han construido grandes monumentos a sus civilizaciones. Arriba: pirámides de Giza construidas por los antiguos egipcios; izquierda centro: Guardias Pretorianos de la antigua Roma; centro: estatuilla femenina de porcelana, Dehua, China; derecha centro: guerreros de terracota en la tumba de Qin Shi Huangdi en Xian, China; izquierda abajo: monolitos en Stonehenge construidos por los primeros pueblos de la antigua Inglaterra; y derecha abajo: el Partenón, construido en la antigua Grecia.

Recursos de Internet en un solo paso

Este manual contiene recursos de Internet en un solo paso para maestros, estudiantes y padres. Conéctese a jat.glencoe.com para obtener más información. Las herramientas de estudio en línea incluyen Descripciones generales de los capítulos, pruebas de autocomprobación, un Tutor Interactivo y Tarjetas electrónicas de ayuda. Las herramientas de investigación en línea incluyen Actividades del estudiante en línea, Más allá de las características del libro de texto, Acontecimientos actuales, Recursos en línea y Recursos del estado. La edición interactiva en línea para estudiantes incluye la Edición interactiva para estudiantes junto con actualizaciones del libro de texto. Especialmente para maestros, Glencoe ofrece un Foro de maestros en línea, Planificación de las lecciones con actividades en línea y Conexiones literarias.

Mc Graw Hill Glencoe

The McGraw-Hill Companies

Enviar cualquier consulta a:
Glencoe/McGraw-Hill
8787 Orion Place
Columbus, OH 43240-4027

ISBN: 0-07-868152-9

Impreso en Estados Unidos de América.

1 2 3 4 5 6 7 8 9 10 071/055 09 08 07 06

Consultores y revisores

Consultores académicos

Winthrop Lindsay Adams
Profesor Asociado de Historia
University of Utah
Salt Lake City, Utah

Sari J. Bennett
Directora, Centro de Educación Geográfica
University of Maryland Baltimore County
Baltimore, Maryland

Richard G. Boehm
Cátedra Distinguida Jesse H. Jones en Educación Geográfica
Texas State University
San Marcos, Texas

Sheilah Clarke-Ekong
Profesora Asociada de Antropología y Decana Interina
Facultad Nocturna
University of Missouri, St. Louis
St. Louis, Missouri

Timothy E. Gregory
Profesor de Historia
The Ohio State University
Columbus, Ohio

Robert E. Herzstein
Departamento de Historia
University of South Carolina
Columbia, Carolina del Sur

Kenji Oshiro
Profesor de Geografía
Wright State University
Dayton, Ohio

Joseph R. Rosenbloom
Profesor Adjunto, Estudios Judíos y de Cercano Oriente
Washington University
St. Louis, Missouri

PLEGABLES™ **Dinah Zike**
Consultora Educacional
Dinah-Might Activities, Inc.
San Antonio, Texas

Consultores de lectura

Maureen D. Danner
Proyecto CRISS
Consultora de Capacitación Nacional
Kalispell, Montana

ReLeah Cossett Lent
Coordinadora de Proyecto de Excelencia en la Alfabetización y Lectura de Florida
University of Central Florida
Orlando, Florida

Steve Qunell
Instructor de Estudios Sociales
Montana Academy
Kalispell, Montana

Carol M. Santa Ph.D.
CRISS: Desarrolladora de Proyecto
Directora de Educación
Montana Academy
Kalispell, Montana

Bonnie Valdes
Capacitadora Maestra de CRISS
Proyecto CRISS
Largo, Florida

Maestros revisores

Destin L. Haas
Maestro de Estudios Sociales
Benton Central Junior-Senior High School
Oxford, Indiana

Anna Marie Lawrence
Maestra de Estudios Sociales
Snellville Middle School
Snellville, Georgia

Richard Meegan
Cátedra del Departamento de Estudios Sociales
Distrito Escolar Masconomet Regional
Topsfield, Massachusetts

J. Keith Miller
Maestro de Estudios Sociales
Bragg Middle School
Gardendale, Alabama

Beth Neighbors
Maestra de Estudios Sociales
Pizitz Middle School
Vestavia Hills, Alabama

Virgina Parra
Maestra de Estudios Sociales
Osceola Middle School
Ocala, Florida

Susan Pearson
Maestra de Estudios Sociales
The Academy for Science and Foreign Languages
Huntsville, Alabama

Nancy Perkins
Implementadora de Estudios Sociales 1–12
Bonny Eagle Middle School
Buxton, Maine

Beverly Prestage
Supervisora del Programa de Estudios Sociales
Cranston High School West
Cranston, Rhode Island

Julie A. Scott
Maestra de Estudios Sociales
East Valley Middle School
Spokane, Washington

Larry W. Smith
Maestro de Educación del Patrimonio Cultural
Massie Heritage Interpretation Center
Savannah, Georgia

Jerry A. Taylor
Maestro de Estudios Sociales
Towns County Comprehensive School
Hiawassee, Georgia

Contenido

Sé un lector activo xvi

Revisión preliminar de tu libro de texto xviii

Búsqueda xxiii

NATIONAL GEOGRAPHIC Atlas del Mundo R1

El mundo: Político R2
El mundo: Físico R4
América del Norte: Político R6
América del Norte: Físico R7
Estados Unidos Político R8
Estados Unidos: Físico R10
América Central: Físico/Político R12
América del Sur: Político R14
América del Sur: Físico R15
Europa: Político R16
Medio Oriente: Físico/Político R18
África: Político R20
Mapa físico de África R21
Asia: Político R22
Borde del Pacífico: Físico/Político R24
Regiones polares R26

NATIONAL GEOGRAPHIC Manual de geografía GH1

¿Cómo estudio la geografía? GH2
¿Cómo uso los mapas y globos terráqueos? GH4
Uso de gráficas, cuadros y diagramas GH11
Diccionario geográfico GH14

Herramientas del historiador Herramientas1

Medición del tiempo Herramientas1
Organización del tiempo Herramientas2
¿Cómo trabaja un historiador? Herramientas4
Historia y geografía Herramientas6
¿Qué es un atlas histórico? Herramientas8
Enlaces a través del tiempo Herramientas10

▼ Antiguos soldados asirios

Antiguas ilustraciones egipcias de una barca funeraria

Unidad 1

Primeras civilizaciones 1

CAPÍTULO 1

Las primeras civilizaciones 4

Lectura Presentación preliminar 6

1 Humanos primitivos 8

2 Civilización mesopotámica 16

3 Los primeros imperios 26

CAPÍTULO 2

El antiguo Egipto 34

Lectura Predicción 36

1 El valle del Nilo 38

2 El Reino del antiguo Egipto 47

3 El imperio egipcio 59

4 La civilización de Kush 68

CAPÍTULO 3

Los antiguos israelitas 76

Lectura Idea principal 78

1 Los primeros israelitas 80

2 El Reino de Israel 86

3 El crecimiento del judaísmo 93

Unidad 2

El mundo antiguo 108

CAPÍTULO 4

Los antiguos griegos 112

Lectura Establecer conexiones 114

1 Los antiguos griegos 116

2 Esparta y Atenas 124

3 Persia ataca a los griegos 131

4 La era de Pericles 138

CAPÍTULO 5

La civilización griega 150

Lectura Contexto 152

1 La cultura de la antigua Grecia 154

2 Filosofía e historia griegas 168

3 Alejandro Magno 174

4 La difusión de la cultura griega 182

CAPÍTULO 6

La antigua India 190

Lectura Vocabulario 192

1 Las primeras civilizaciones de la India 194

2 El hinduismo y el budismo 202

3 Los primeros imperios de India 209

CAPÍTULO 7

La antigua China 220

Lectura Estructura del texto 222

1 China: primeras civilizaciones 224

2 La vida en la China antigua 232

3 Las dinastías Qin y Han 240

Contenido

Botella de la dinastía Tang

Unidad 3

Nuevos imperios y nueva fe . 254

CAPÍTULO 8
El surgimiento de Roma 258

Lectura Toma de notas 260

1 Los comienzos de Roma 262
2 La República romana 268
3 La caída de la República 277
4 Los principios del imperio 286

CAPÍTULO 9
La civilización romana 298

Lectura Respuesta y reflexión 300

1 La vida en la antigua Roma 302
2 La Caída de Roma 317
3 El Imperio Bizantino 327

CAPÍTULO 10
El surgimiento del cristianismo 338

Lectura Pistas de secuencia 340

1 Los primeros cristianos 342
2 La iglesia cristiana 351
3 La difusión de las ideas cristianas 358

CAPÍTULO 11
La civilización islámica 368

Lectura Idea principal 370

1 El surgimiento del Islam 372
2 Imperios islámicos 379
3 Costumbres musulmanas 387

Unidad 4

La Edad Media 400

CAPÍTULO 12
China en la Edad Media 404

Lectura Inferencias 406

1 China se unifica 408
2 Sociedad china 416
3 Los mongoles en China 423
4 La dinastía Ming 430

CAPÍTULO 13
El África medieval 440

Lectura Comparación y contrasta 442

1 El surgimiento de las civilizaciones africanas . . 444
2 El gobierno y la religión de África 460
3 La sociedad y cultura de África 468

CAPÍTULO 14
El Japón medieval 480

Lectura Causa y efecto 482

1 El antiguo Japón 484
2 Los shougunes y los samurais 491
3 La vida en el Japón medieval 498

CAPÍTULO 15
La Europa medieval 508

Lectura Preguntas 510

1 Principio de la Edad Media 512
2 Feudalismo 522
3 Los Reinos y las Cruzadas 534
4 La Iglesia y la sociedad 544
5 Final de la Edad Media 553

Joyas anasazi

Unidad 5

Un mundo cambiante 564

CAPÍTULO 16

Las Américas 568

Lectura Resumen 570

1 Los primeros habitantes de las Américas 572
2 La vida en las Américas 582
3 La caída de los imperios azteca e inca 593

CAPÍTULO 17

El Renacimiento y la Reforma 604

Lectura Análisis y aclaración 606

1 Los comienzos del Renacimiento 608
2 Nuevas ideas y arte 618
3 Los comienzos de la Reforma 633
4 Católicos y protestantes 642

CAPÍTULO 18

La Ilustración y la revolución 654

Lectura Monitoreo y ajuste. 656

1 La era de la exploración 658
2 La revolución científica 670
3 La Ilustración 680
4 La Revolución Estadounidense 690

La Alhambra

Apéndice

¿Qué es un apéndice? 707
Manual para el desarrollo de habilidades 708
Práctica de examen estandarizado 726
Biblioteca de fuentes principales 736
Lecturas sugeridas 748
Glosario 750
Glosario en español 756
Diccionario geográfico 763
Índice 772
Agradecimientos 792

Figura de un líder maya

Características

Fuente principal

Pinturas rupestres 10
"Himno al Nilo" 41
Selección de un nuevo rey 71
Los Diez Mandamientos 83
Proverbios 89
El Talmud 102
Juramento de un soldado ateniense 122
Historia de Herodoto 135
Oración funeraria de Pericles 145
Advertencia de Demóstenes 175
La poesía de Teócrito 183
La moralidad en el camino de las Ocho Etapas . 206
El Bhagavad Gita 214
La *Eneida* 264
Triunfo romano 270
Cicerón convoca a la guerra 282
El Libro de Epodas 304
Desconfianza al dinero 320
Roma es atacada 322
Teodora se niega a escapar 330
El Sermón de la Montaña 348
Califas reales 382
El misterio de la viruela 391
Defensa del confucianismo 413
Li Bo 420
Parque de Kublai Khan 428
Ghana se beneficia con el comercio 462
El sultán de Malí 465
La nueva constitución de Japón 488
Código Bushido 495
Carta Magna 537
Ibn Fadlan describe el Rus 539
Modo de vida franciscano 546
La derrota de los aztecas 597
El sistema incaico de registros estadísticos 599
El príncipe 614
Los inventos de Leonardo 621
Conocimiento de Dios 640
Ignacio y cristianismo 644
La ley de las naciones 682
Derechos naturales de la mujer 685
El Pacto del Mayflower 693
La Declaración de la Independencia 698

Biblioteca de fuentes principales

La Epopeya de Gilgamesh 738
Consejo de un padre egipcio a su hijo 739
Antiguos israelitas 739
Los *Analectos de* Confucio 740
Derechos de la mujer 741
Del *Rig Veda* 741
Una mujer en el trono 742
Un heroico intento de rescate 743
El *Corán* 743
El sultán de Malí 744
Carta Magna 745
La historia de Genji 745
Llegada de los españoles 746
La vida de Olaudah Equiano 747
Discurso de la Reina Isabel a sus tropas 747

LITERATURA MUNDIAL

El príncipe que conocía su destino,
traducción de Lise Manniche 53
"Ícaro y Dédalo,"
adaptado por Josephine Preston Peabody . . 164
"A Wild-Goose Chase:
The Story of Philemon and Baucis",
adaptado por Geraldine McCaughrean 311
"Sundiata: El león hambriento",
adaptado por Kenny Mann 454
"Un sueño de una noche de verano",
de William Shakespeare,
adaptado por E. Nesbit 627

Biografía

Oetzi, el hombre de hielo 12
Hammurabi 22
Hatshepsut 63
Ramsés II 66
David 88
Ruth y Noemí 99
Pericles 141
Homero 159
Platón y Aristóteles 172
Buda 207
Emperador Asoka 212
Confucio 237
Qin Shi Huangdi 243
Lucio Quinctio Cincinato 272
Augusto 289
Constantino el Grande 321
Emperatriz Teodora 331
Jesús de Nazaret 346
Pablo de Tarso 349
San Agustín 357
Mahoma 376
Omar Khayyam e Ibn Khaldun 392
Genghis Khan 427
Zheng He 434
Mansa Musa 466
Reina Nzinga 471
Príncipe Shotoku 489
Murasaki Shikibu 502
Carlomagno 517
Tomás de Aquino 551
Juana de Arco 556
Pachacuti 589
Montezuma II y Hernán Cortés 598
Leonardo da Vinci 622
Martín Lutero 638
Catalina de Médicis 647
Isabel I 665
Sir Isaac Newton 677
John Locke 683

Manual de desarrollo de habilidades

Búsqueda de la idea principal 709
Toma de notas y esquemas 710
Lectura de una línea temporal 711
Secuenciamiento y categorización de la información 712
Reconocimiento del punto de vista 713
Diferenciación de hechos y opiniones 714
Análisis de recursos de biblioteca e investigación . 715
Análisis de documentos de fuentes principales . . 716
Construcción de una base de datos 717
Resumen 718
Evaluación de un sitio Web 719
Comprensión de causa y efecto 720
Comparaciones 721
Hacer predicciones 722
Inferencias y conclusiones 723
Reconocimiento de indicadores económicos . . 724
Interpretación de una caricatura política 725

Características

Enlace entre el pasado y el presente

Educación 21
Jeroglíficos e iconos de la computadora 61
Cubiertas para la cabeza 97
Los Juegos Olimpicos 128
El teatro 160
Elaboración de papel 245
Vivir en la sombra del Vesubio 290
Arquitectura romana y moderna 325
Misioneros 362
Hijab 390
Proyecto del Gran Canal y la Presa de los Tres Desfiladeros 410
La música africana 475
Artes marciales 500
Sistema de jurados 536
Chocolate 595
Los anabaptistas, amish y menonitas 637
Telescopios 674

NATIONAL GEOGRAPHIC Gente que hace Historia

Pergaminos del Mar Muerto 100
Desarrollo del sánscrito, c. 1500 a.C. 199
Invención del cero, c. 500 a.C. 215
Escritura china 228
Las Doce Tablas c. 451 a.C. 273
Tipo móvil, c. 1450 620

NATIONAL GEOGRAPHIC Cómo eran las cosas

Herramientas 11
De la agricultura y los alimentos 42
Los gatos en el antiguo Egipto 64
La educación en la antigua Israel y Judá 98
Los derechos de las mujeres 143
Medicina griega 184
Papel de la mujer 227
Agricultura china 234
Banquetes romanos 271
Acueductos romanos 291
Antiguos deportes romanos 306
Esclavitud en el imperio romano 319
Mosaicos bizantinos 333
Las catacumbas cristianas 353
Alfombras y tejidos musulmanes 389
Exámenes del servicio civil 414
Imprenta 419
Minas de sal de África 449
Tela *Kente* 474
El samurai 496
Asentamientos en los riscos del pueblo anasazi . 578
Juego de pelota maya 584
La vida de artistas renacentistas 624
La música de la Ilustración 686

Tú decides . . .

Las leyes de Hammurabi: ¿Justas o crueles? . . . 24
Alejandro Magno: ¿Héroe o villano? 180
¿Fue César un reformista o un dictador? 284
Feudalismo: ¿Bueno o malo? 532
El valor de las ciudades-estado 616

Citas de fuentes principales

Ed. = Editor **Tr. = Traductor** **V = Volumen**

Capítulo 1

"Visión mesopotamia de la muerte". De *Poemas del cielo y el infierno de la Antigua Mesopotamia.* Tr. N.K. Sanders. en *Aspectos de la Civilización occidental*, V1. Ed. Perry M. Rogers. 2000. 33

Capítulo 2

"Himno al Nile, c. 2100 a.C." en *Ancient History Sourcebook.* www.fordham.edu/halsall/ancient/hymn-nile.html 41

Lise Manniche, tr. *El príncipe que conocía su destino.* 1981 .53–58

Escriba egipcio. Citado en *Barbarian Tides.* Ed. Thomas H. Flaherty. 1987. 63

"Estela de Ramsés en Beit Shean" Traducción de jeroglíficos en *Ancient Near Eastern Texts.* James B. Pritchard. www.reshafim.org.il/ad/egypt/ramesisII_bethshan_insc.htm . . . 66

"La selección de Aspalta como Rey de Kush, c. 600 a.C." De *Ancient History Sourcebook.* www.fordham.edu/halsall/ancient/nubia1.html 71

Herodoto. De *La Historia* . Tr. David Grene. 1987. 75

Capítulo 3

Éxodo 20:3–17. *The Contemporary English Version* [Biblia]. 1995. 83

2 Samuel 23:3–4. *The Holy Bible, 1611 Edición, Versión del Rey Jacobo.* 2003. 88

Proverbios 10:2, 5, 9. *The Contemporary English Version* [Biblia]. 1995. 89

De *The Talmud for Today.* Tr./Ed. Rabbi Alexander Feinsilver. 1980. 102

Josafá. "El Sitio de Jerusalén, 70 d.C." En *Eyewitness to History.* Ed. John Carey. 1987. 105

Capítulo 4

Plutarco. "Disciplina espartana" En *Aspects of Western Civilization,* V1. Ed. Perry M. Rogers. 2000. 126

Jerjes, según Herodoto. De *The Persian Wars.* Tr. George Rawlinson. 1942. 135

Pericles, según Tucídides. De *History of the Peloponnesian War.* Tr. William Smith. 1845. 141

Jenofonte. "Hombres y mujeres de Oikonomikos, c. 370 a.C." De *Memorabilia and Oeconomicus.* En *Ancient History Sourcebook.* www.fordham.edu/halsall/ancient/xenophon-genderroles.html 143

Pericles, según Tucídides. De *History of the Peloponnesian War.* Tr. Rex Warner. 1954. 145

Tucídides. De *History of the Peloponnesian War.* Tr. Rex Warner. 1954. 146

Pericles, según Tucídides. De *The Peloponnesian War.* Traducción no resumida de Crawley 1951. 149

Capítulo 5

Josephine Preston Peabody. "Ícaro y Dédalo" *The Baldwin Project.* www.mainlesson.com/display.php?author=peabody&book=greek&story=icarus 164–167

Homero. De *La Ilíada Iliad.* Tr. Robert Fitzgerald. 1974. 159

Tucídides. De *History of the Peloponnesian War.* Tr. Rex Warner. 1954. 173

Demóstenes "La primera filípica (351 B.C.E.)." De *Orations of Demosthenes.* En *Aspects of Western Civilization,* V1. Ed. Perry M. Rogers. 2000. 175

Michael Wood. De *In the Footsteps of Alexander the Great.* 1997. 180

Arriano. "De Arrian, *The Anabasis of Alexander.*" De *The Anabasis of Alexander.* www.luc.edu/faculty/ldossey/arrian.htm 181

Teócrito. "Primer idilio". En *The Idylls of Theokritos.* Tr. Barriss Mills. 1963. 183

Tucídides. De *History of the Peloponnesian War.* Tr. Rex Warner. 1954. 189

Capítulo 6

De *The Word of the Buddha.* Tr. Nyanatiloka. Ed. Buddhist Publication Society. www.enabling.org/ia/vipassana/Archive/N/Nyanatiloka/WOB 206

Buda. De *El Damapada.* Tr. Eknath Easwaran. 1986. 207

De *Bhagavadgita.* Tr. Sir Edwin Arnold. 1993. 214

"Discurso de despedida de Buda". En *The Teachings of the Buddha.* Ed. Paul Carus. 1915. 219

Capítulo 7

Confucio. *Analectos.* De *The Essential Confucius.* Tr. Thomas Cleary. 1992. 236

Confucio. En *Familiar Quotations.* Ed. Justin Kaplan. 1992. 237

Lao-Tsé. "El mayor bien es como el agua" en *"Tao Te Ching."* De *The Taoist Classics.* V1. Tr. Thomas Cleary. 1999. 239

Qin Shi Huang Di. Citado en *China: Its History and Culture.* W. Scott Morton. 1980. 243

"Una amonestación contra la violencia". De *The Tao Te Ching.* Tr. Stan Rosenthal. www.clas.ufl.edu/users/gthursby/taoism/ttcstan3.htm 251

Capítulo 8

Virgilio. *La Eneida.* Tr. Robert Fitzgerald. 1981. 264

Zonaras. "Triunfo romano". En *Aspects of Western Civilization,* V1. Ed. Perry M. Rogers. 2000. 270

Livio. De *The Rise of Rome: Books One to Five.* Tr. T. J. Luce. 1998. 272

Cicerón "Sexta alocución de M. T. Cicerón en contra de Marco Antonio". De *The Orations of Marcus Tullius Cicero,* V4. Tr. C. D. Yonge. 1894. 282

Augusto. "Res Gestae: Los logros de Augusto". En *Aspects of Western Civilization,* V1. Ed. Perry M. Rogers. 2000. 289

Augusto. "Res Gestae: Los logros de Augusto". En *Aspects of Western Civilization,* V1. Ed. Perry M. Rogers. 2000. 297

Citas de fuentes principales

Capítulo 9

Horacio. "El libro de epodes". En *The Complete Works of Horace.* Tr. Charles E. Passage. 1983. 304

"Una cacería inútil: La historia de Filemón y and Baucis". En *Roman Myths.* Adaptado por Geraldine McCaughrean. 1999. 311–316

"Desconfianza al dinero imperial (260 d.C.)". *Oxyrhynchus Papyrus,* no. 1411, V2. Tr. A.S. Hunt. En *Aspects of Western Civilization,* V1. Ed. Perry M. Rogers. 2000. 320

Jerome. "Noticias de los ataques". En *Aspects of Western Civilization,* V1. Ed. Perry M. Rogers. 2000. 322

Teodora. Citada en "The Nika Riot (532)" de Procopio. En *Aspects of Western Civilization,* V1. Ed. Perry M. Rogers. 2000. 330

Procopio. "La historia secreta de Justiniano y Teodora". En *Aspects of Western Civilization,* V1. Ed. Perry M. Rogers. 2000. 331

Gayo. "Legislación contra el abuso de los esclavos" de *Institutes,* 1.53. En *Aspects of Western Civilization,* V1. Ed. Perry M. Rogers. 2000. 337

Capítulo 10

Jesús de Nazaret. Juan 13:46. *The Contemporary English Version* [Biblia]. 1995. 346

Jesús de Nazaret. Matías 5:11–12. De *Good News Bible,* 2ª Edición. 1992. 348

Pablo de Tarso Actos 20:35. *The Contemporary English Version* [Biblia]. 1995. 349

Augustín. *Confessions.* Tr. Henry Chadwick. 1991. 357

Benedicto. De *The Rule.* "De la labor manual diaria". En *Sources of World History,* V1. Ed. Mark A. Kishlansky. 2003. 367

Capítulo 11

Ibn Khaldun. "El Muqaddimah (1377 D.C.)". De *The Muqaddimah.* En *Sources of World History,* V1. Ed. Mark A. Kishlansky. 2003. 382

Al-Razi. "Sobre las causas de la viruela". En *Aspects of Western Civilization,* V1. Ed. Perry M. Rogers. 2000. 391

Omar Khayyam. De *Rubáiyát of Omar Khayyám.* Tr. Edward Fitzgerald. 1952. 392

Omar Khayyam. De *Rubáiyát of Omar Khayyám: A Paraphrase From Several Literal Translations.* Richard Le Gallienne. 1978. 397

Capítulo 12

Han Yü. "Investigación sobre el Camino (Tao)." En *A Source Book in Chinese Philosophy.* Tr./Ed. Wing-Tsit Chan. 1963. 413

Shên Kua. De *Dream Pool Jottings.* En *The Invention of Printing in China and Its Spread Westward,* 2nd Edition. Thomas Francis Carter. 1955. 419

Li Bo. "Despidiendo a un amigo". En *The Columbia Book of Chinese Poetry.* Tr./Ed. Burton Watson. 1984. 420

Li Bo. "Pensamientos de una noche tranquila". En *The Columbia Book of Chinese Poetry.* Tr./Ed. Burton Watson. 1984. 420

Duo Fu. "Paisaje de primavera" En *The Selected Poems of Tu Fu.* Tr. David Hinton. 1988. 421

Genghis Khan. Atribuído a él en *Genghis Khan.* Brenda Lange. 2003. 427

Marco Polo. "El parque de Kublai Khan, c. 1275." En *Eyewitness to History.* Ed. John Carey. 1987. 428

Zheng He. Citado en *Chinese Portraits.* Dorothy and Thomas Hoobler. 1993. 434

Juan de Plano Carpini. De *History of the Mongols.* Traducido en Stanbrook Abbey. www.accd.edu/sac/history/keller/Mongols/states5a.html . . . 439

Capítulo 13

J. V. Egharevba. "El imperio de Benin" de *A Short History of Benin.* En *The African Past.* Ed. Basil Davidson. 1964. 450

"Sundiata: El león hambriento" En *African Kingdoms of the Past.* Adaptado por Kenny Mann. 1996. 454–459

Abdullah Abu-Ubayd al Bekri. "Ghana en 1067". En *The African Past.* Ed. Basil Davidson. 1964. 462

Al-Dukhari. Citado en *Topics in West African History.* A. Adu Boahen. 1966. 462

Ibn Fadl Allah al Omari. "Malí en el siglo XIV". En *The African Past.* Ed. Basil Davidson. 1964. 465

Yoruba. "Alabanza al hijo". Tr. Ulli Beier and Bakare Gbadamosi. En *Poems From Africa.* Ed. Samuel Allen. 1973. 470

Gomes Eannes de Zurara. Citado en *The Slave Trade.* Hugh Thomas. 1997. 472

Telford Edwards. Citado en *The Mystery of the Great Zimbabwe.* Wilfrid Mallows. 1984. 479

Capítulo 14

Príncipe Shotoku "La constitución de los diecisiete artículos (640 D.C.)". En *Sources of World History,* V1. Ed. Mark A. Kishlansky. 2003. 488

Yamamoto Tsunetomo. De *Hagakure: The Book of the Samurai.* Tr. William Scott Wilson. http://afe.easia.columbia.edu/japan/ japanworkbook/ traditional/bushido_print.html 495

"Veintiun tanka anónimos de Kokinshū." En *From the Country of Eight Islands.* Ed./Tr. de Hiroaki Sato y Burton Watson. 1986. 501

Murasaki Shikibu. De *The Diary of Lady Murasaki.* Tr. Richard Bowring. 1996. 502

Heike Monogatori. De *The Tale of the Heike.* Tr. Hiroshi Kitagawa and Bruce T. Tsuchida. 1975. 504

Seami Jūrokubushū Hyōshaku. "El libro del camino de la mejor flor (Shikadō-Sho)." En *Sources of Japanese Tradition.* Ed. Ryusaku Tsunoda, et. al. 1958. 507

Capítulo 15

Carlomagno. Citado en "The World of Charlemagne" de Norman P. Zacour. En *The Age of Chivalry.* Ed. Merle Severy. 1969. 517

A. E. Dick Howard, ed. *Magna Carta: Text and Commentary.* 1964. 537

Ibn Fadlan. De *Risāla.* En "Ibn Fadlān's Account of the Rūs with Some Commentary and Some Allusions to Beowulf," de H. M. Smyser. En *Franciplegius.* Ed. Jess B. Bessinger, Jr. y Robert P. Creed. 1965. 539
Papa Urbano II. Transcrito por Robert the Monk. Citado en *The Discoverers.* Daniel J. Boorstin. 1983. 541
Francisco de Asís. "Admoniciones (ca. 1220 D.C.)". En *Sources of World History,* V1. Ed. Mark A. Kishlansky. 2003. 546
Santo Tomás de Aquino De *Summa Theologiae.* Ed. Timothy McDermott. 1989. 551
Charles Scott Moncrieff, ed. *The Song of Roland.* 1976. 552
De *Joan of Arc: In Her Own Words.* Ed./Tr. Willard Trask. 1996. 556
Rey Luis IX. "Normas legales para el servicio militar". En *Aspects of Western Civilization,* V1. Ed. Perry M. Rogers. 2000. 561

Capítulo 16

Pachacuti. Citado en *History of the Incas.* Pedro Sarmiento de Gamboa. 1999. 589
Juan Díaz. Citado en "Conquest and Aftermath" by Gene S. Stuart. En *The Mysterious Maya* por George E. Stuart y Gene S. Stuart. 1977. 596
De *The Broken Spears.* Ed. Miguel Leon-Portilla. Tr. Lysander Kemp. 1992. 597
Pedro de Cieza de Léon. "Crónicas de los Incas, 1540", de *The Second Part of the Chronicle of Peru.* En *Modern History Sourcebook.* www.fordham.edu/halsall/mod/1540cieza.html 599
Bartolomé de las Casas. "Historia Apologética de las Indias (1566 D.C.)". En *Sources of World History,* V1. Ed. Mark A. Kishlansky. 2003. 603

Capítulo 17

Nicolás Maquiavelo "El príncipe (1513 D.C.)". En *Sources of World History,* V1. Ed. Mark A. Kishlansky. 2003. 614
Leonardo da Vinci. En *The Notebooks of Leonardo da Vinci,* V2. Ed. Jean Paul Richter. 1970. 622
William Shakespeare. "Sueño de una noche de verano" De *The Children's Shakespeare.* Adaptado por E. Nesbit. 1938. 627–632
Martín Lutero. "Noventa y cinco tesis (1517)." En *Aspects of Western Civilization,* V1. Ed. Perry M. Rogers. 2000. 638
Juan Calvino. *Institutos de la religión cristiana.* En *Sources of World History,* V1. Ed. Mark A. Kishlansky. 2003. 640
De *The Autobiography of St. Ignatius Loyola.* Tr. Joseph F. O'Callaghan. Ed. John C. Olin. 1974. 644
Catalina de Médicis. Citada en *Biography of a Family.* Waldman Milton. 1936. 647
Martín Lutero. "Las noventa y cinco tesis (1517)." En *Aspects of Western Civilization,* V1. Ed. Perry M. Rogers. 2000. 653

Capítulo 18

"Discurso de la Armada de la Reina Isabel a sus Tropas en Tilbury, 9 de agosto de 1588". En *Elizabeth I: Collected Works.* Tr. Leah S. Marcus, et. al. 2000. 665
Sir Isaac Newton. Citado en *On the Shoulders of Giants.* Ed. Stephen Hawking. 2002. 677
Charles de Secondat, barón de Montesquieu. De *The Spirit of Laws.* En *Great Books of the Western World,* V38. Ed. Robert Maynard Hutchins. Tr. Thomas Nugent. Revisado por J. V. Prichard. 1952. 682
John Locke. De *Two Treatises of Government.* 1991. 683
Mary Wollstonecraft. De *A Vindication of the Rights of Woman.* 2001. 685
"Pacto del Mayflower". En *Documents of American History.* Ed. Henry Steele Commager. 1958. 693
"Declaración de la independencia" En *Documents of American History.* Ed. Henry Steele Commager. 1958. 698
Duarte Barbosa. "La costa este de África". De *The Book of Duarte Barbosa.* En *Aspects of Western Civilization,* V1. Ed. Perry M. Rogers. 2000. 703

Biblioteca de fuentes primarias

De *Gilgamesh.* Traducido del *Sîn-leqi-unninnī* versión de John Gardner y John Maier. 1984. 738
"Los preceptos de Ptah-Hotep, c. 2200 BCE." En *Ancient History Sourcebook.* www.fordham.edu/halsall/ancient/ptahhotep.html 739
Génesis 12:1–7. De *The Revised English Bible.* 1989. 739
Confucio. *Analectos.* De *The Essential Confucius.* Tr. Thomas Cleary. 1992. 740
Sócrates De *Plato's Republic.* Tr. B. Jowett. 1982. 741
"Noche". De *The Rig Veda.* Ed./Tr. Wendy Doniger O'Flaherty. 1981. 741
Anna Comnena. "La Alexíada: Libro III" De *The Alexiad.* Ed./Tr. Elizabeth A. Dawes. 1928. En *Medieval Sourcebook.* www.fordham.edu/halsall/basis/annacomnena-alexiad03.html 742
Plinio. *Letters and Panegyricus,* V1, Letters, Books I–VII. Tr. Betty Radice. 1969. 743
De *An Interpretation of the Qur'an.* Tr. Majid Fakhry. 2000. 743
Ibn Fadl Allah al Omari. "Malí en el siglo catorce". En *The African Past.* Ed. Basil Davidson. 1964. 744
De *Magna Carta and The Tradition of Liberty.* Louis B. Wright. 1976. 745
Lady Murasaki. De *The Tale of Genji.* Tr. Arthur Waley. 1960. 745
De *The Broken Spears.* Ed. Miguel Leon-Portilla. Tr. Lysander Kemp. 1992. 746
De *The Kidnapped Prince: The Life of Olaudah Equiano.* por Olaudah Equiano. Adaptado por Ann Cameron. 1995. . . . 747
"Discurso de la Armada de la Reina Isabel a sus Tropas en Tilbury, 9 de agosto de 1588". En *Elizabeth I: Collected Works.* Tr. Leah S. Marcus, et. al. 2000. 747

Mapas, cuadros, gráficos y diagramas

Mapas de National Geographic

NATIONAL GEOGRAPHIC Atlas del Mundo

El mundo: Político R2
El mundo: Físico R4
América del Norte: Político R6
América del Norte: Físico R7
Estados Unidos: Político R8
Estados Unidos: Físico R10
América Central: Físico/Político R12
América del Sur: Político R14
América del Sur: Físico R15
Medio Oriente: Físico/Político R16
Europa: Político R18
África: Político R20
África: Físico R21
Asia: Político R22
Borde del Pacífico: Físico/Político R24
Regiones polares R26

NATIONAL GEOGRAPHIC Manual de geografía GH1

¿Cómo estudio la geografía? GH2
¿Cómo uso mapas y globos terráqueos? GH4
Uso de mapas, cuadros, gráficos y diagramas GH11
Diccionario geográfico GH14

Unidad 1

Agricultura primitiva, 7000-2000 a.C. 13
Antigua Mesopotamia 17
Imperio Asirio 28
Antiguo Egipto, c. 3100 a.C. 39
Reinos egipcios 62
Reino de Kush, c. 250 a.C. 70
Antiguo Israel 90

Unidad 2

Antigua Grecia, c. 750 a.C. 114
Colonias y comercio griegos, 750–550 a.C. 121
Esparta y Atenas, c. 700 a.C. 125
El Imperio Persa, 500 a.C. 132
Guerras Médicas, 499–479 a.C. 134
Guerra del Peloponeso, 431–404 a.C. 144
El imperio de Alejandro, 323 a.C. 176
Mundo helenístico, 241 a.C. 179
Geografía de la India 195
Migración aria, 2000–500 a.C. 198
Imperio mauriano, c. 250 a.C. 210
Imperio Gupta, c. 600 a.C. 213
La geografía de China 225
El imperio Shang 226
El imperio Zhou 230
Imperios Qin y Han, 221 a.C. 241
El comercio en el mundo antiguo 246

Unidad 3

Italia, 500 a.C. 263
Crecimiento de la República romana, 500–146 a.C. . . . 269
Guerras Púnicas, 264 –146 a.C. 274
El imperio romano: comercio y expansión 292
Invasiones germánicas de Roma, 200–500 d.C. 323
Imperio Bizantino, 527–565 d.C. 329
Difusión del cristianismo 325 d.C. 352
Difusión del cristianismo 325–1100 d.C. 361
El medio oriente, c. 600 74 d.C. 374
Expansión del Islam 632–750 d.C. 380
Imperio Abásida 800 d.C. 383
La expansión del Imperio Otomano 385

Unidad 4

Dinastía Tang en China, c. 700 d.C. 409
La China de los Song, c. 1200 d.C. 411
Imperio mongol bajo el reinado de Genghis Khan, 1227 . 424
Imperio mongol, 1294 425
La China de la dinastía Ming, c. 1368-1644 431
Las viajes de Zheng He, 1405–1433 433
Geografía y clima de las zonas de África 445
Rutas comerciales de África del norte 448
Comercio en África del este 452
Las religiones africanas en la actualidad 463
Las migraciones de los bantú 469
El comercio de esclavos c. 1450–1800 473
La geografía de Japón 485
Europa: su geografía y su gente, c. 500 d.C. 513
Reinos Germánicos, c. 500 d.C. 514
El reino franco, c. 500–800 d.C. 516
Invasiones a Europa, c. 800–1000 d.C. 518
Europa, c. 1160 538
Crecimiento de Moscú 540

Las Cruzadas, 1096–1204 542
Expulsiones de los judíos, c. 1100–1500 548
La Peste Negra en Asia 554
La Peste Negra en Europa 555
La Guerra de los Cien Años 557

Unidad 5

Migración a las Américas 573
Civilizaciones de Mesoamérica 575
Civilizaciones de América del Sur 577
Pueblos y culturas de América del Norte, c. 1300–1500 . . 590
Italia, c. 1500 609
Sacro Imperio Romano, 1520 639
Religiones en Europa, c. 1600 645
Exploración europea del mundo 662
Comercio europeo en Asia, c. 1700 667
El intercambio colombino 668
El crecimiento de Prusia y Austria, c. 1525–1720 688
Los europeos América del Norte 691
Las trece colonias 694
Rutas de comercio coloniales c. 1750 695

Cuadros y gráficas

Unidad 1

Comparación de las Eras Neolítica y Paleolítica 14
Comparación entre la Mesopotamia y Egipto 44
Alfabetos 85
Principales profetas hebreos 91
Principales días festivos judíos 96

Unidad 2

El alfabeto griego 120
Comparación de los gobiernos 140
Dioses y diosas griegos 155
Los filósofos griegos 170
Científicos griegos y sus contribuciones 185
Antiguo sistema social de la India 200
Principales dioses y diosas hindúes 204
Sistema numérico chino 236
Filósofos chinos 238
Cuatro dinastías chinas 247

Unidad 3

Emperador Julio-Claudios 288
Los "Buenos Emperadores" de la Pax Romana 292
Dioses griegos y romanos 310
La decadencia de Roma 318
Jerarquía eclesiástica primitiva 355
Alfabeto cirílico 363
Los Cinco Pilares del Islam 378
Los Califas Bien Guiados 381

Unidad 4

Dinastías de China 409
Comparación de África con Estados Unidos 446
Imperios comerciales africanos, 100–1600 d.C. 451
La religión en África 463
Población europea, 1300-1500 d.C. 555

Unidad 5

Exploradores europeos importantes 663
La revolución científica 676
El método científico 679

Diagramas

Excavación arqueológica 9
La sociedad del antiguo Egipto 45
Interior de una pirámide 51
Casas atenienses 142
El caballo de Troya 157
El Partenón 162
Casa típica de la Antigua India . . . 197
La aldea china 233
Legionario romano 266
El Coliseo Romano 305
Casa romana 308
Mezquita islámica 393
La vida en la China Tang 412
La ciudad de Djenné 464
Armadura de un samurai 494
Sociedad feudal 523
Un señorío medieval 524
Un castillo medieval 527
Tenochtitlán 586
Catedral de Florencia 610
Teatro del Globo 625
Santa María 661
Microscopio 678

Sé un lector activo

Piensa que tu libro de texto es una herramienta que te ayuda a aprender más sobre el mundo que te rodea. Es como si se tratara de una obra de no ficción —describe la vida real, los acontecimientos, la gente, las ideas y los lugares. Aquí hay un menú con estrategias para la lectura que te ayudarán a convertirte en un mejor lector de libros de texto. Si te encuentras con pasajes en tu libro de texto que no entiendes, consulta estas estrategias para la lectura.

1 Antes de leer

Establece un propósito

- ¿Por qué lees el libro de texto?
- ¿Cómo relacionas este tema con tu vida?
- ¿De qué manera podrías usar lo que estás aprendiendo en tu propia vida?

Presentación preliminar

- Lee el título del capítulo para saber cuál va a ser el tema.
- Lee los subtítulos para saber lo que vas a aprender del tema.
- Echa una ojeada a las fotos, los cuadros, las gráficas y los mapas. ¿Cómo respaldan el tema?
- Busca las palabras azules del vocabulario. ¿Cómo están definidas?

Saca de tu propia experiencia

- ¿Qué has leído o escuchado que sea nuevo y guarde relación con el tema?
- ¿De qué manera la nueva información es diferente a la que ya conocías?
- ¿Cómo te podría ayudar la información que ya conocías a entender la que acabas de aprender?

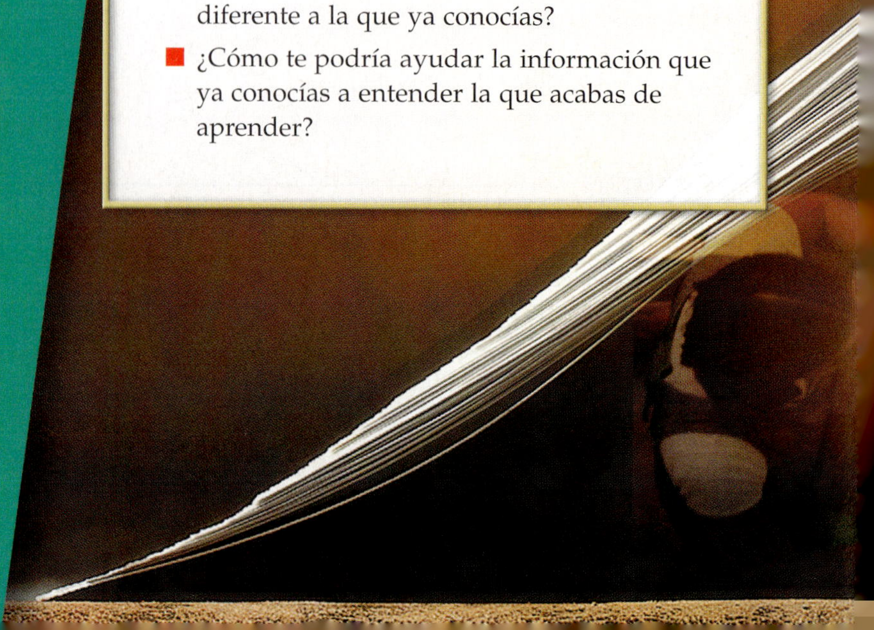

2 A medida que lees

Pregunta

- ¿Cuál es la idea principal?
- ¿Cómo respaldan las fotos, los cuadros, las gráficas y los mapas la idea principal?

Conecta

- Piensa en la gente, los lugares, los acontecimientos de tu propia gente. ¿Qué parecido guardan con los que aparecen en el libro de texto?
- ¿Puedes relacionar la información del libro de texto con otras partes de tu vida?

Predice

- Predice los acontecimientos o los resultados usando las pistas y la información que ya sabes.
- Cambia tus predicciones a medida que vas leyendo y obteniendo información nueva.

Visualiza

- Presta atención a los detalles y a las descripciones.
- Dibuja organizadores gráficos para demostrar las relaciones que encuentras en la información.

Busca pistas a medida que lees

Oraciones de comparación y contraste

- Busca las palabras y las frases clave que indiquen comparación, como por ejemplo *igualmente, como, ambos, en común, además* y *también*.
- Busca las palabras y las frases clave que indiquen contraste, como por ejemplo *por un lado, a diferencia de, sin embargo, diferente, en vez de, preferible, pero* y *distinto de*.

Oraciones de causa y efecto

- Busca las palabras y frases clave, como por ejemplo *porque, como resultado, por eso, es por eso que, ya que, así, por esta razón* y *por consiguiente*.

Oraciones cronológicas

- Busca las palabras y frases clave, como por ejemplo *después, antes, primero, siguiente, último, durante, finalmente, más temprano, luego, desde* y *entonces*.

3 Después de leer

Resume

- Describe la idea principal y cómo la respaldan los detalles.
- Con tus propias palabras, explica lo que has leído.

Evalúa

- ¿Cuál era la idea principal?
- ¿Respaldaba claramente el texto la idea principal?
- ¿Aprendiste algo nuevo del material?
- ¿Puedes usar la información nueva en otra escuela o en casa?
- ¿Qué otras fuentes podrías usar para obtener más información sobre el tema?

Revisión preliminar de tu libro de texto

Sigue el mapa de ruta de lectura de las siguientes páginas para aprender a usar el libro de texto. Saber cómo está organizado el texto te ayudará a descubrir acontecimientos interesantes, personajes fascinantes y lugares lejanos.

Unidades

Tu libro de texto está dividido en unidades. Cada unidad comienza con cuatro páginas de información que te ayudarán a comenzar a estudiar los temas.

Por qué es importante

Cada unidad comienza con una **presentación preliminar** de los acontecimientos importantes y *Por qué es importante* leer acerca de ellos.

Cronología

La cronología te muestra **cuándo** se produjeron los acontecimientos a los que se hace referencia en esta unidad. También compara los acontecimientos y los personajes de distintos lugares.

Mapa

Este mapa te muestra dónde se produjeron los acontecimientos a los que se hace referencia en esta unidad.

Revisión preliminar de tu libro de texto

Capítulos

Cada unidad de *Viaje en el tiempo: Épocas tempranas* está dividida en capítulos. Cada capítulo comienza brindando información de fondo acerca de lo que leerás.

Título de capítulo

El título del capítulo te indica cuál es el **tema principal** de lo que leerás.

Presentación preliminar del capítulo

La **presentación preliminar** describe lo que leerás en este capítulo.

Historia en línea

Te indica dónde puedes realizar consultas **en línea** para obtener más información.

Capítulo 4

Los antiguos griegos

El Partenón se eleva sobre la ciudad de Atenas. El pueblo de la antigua Grecia construyó este templo en homenaje a su diosa Pallas Atenea.

NATIONAL GEOGRAPHIC ¿Cuándo y dónde?

700 a.C. 600 a.C. 500 a.C. 400 a.C.

c. 750 a.C. Final de la Edad Oscura de Grecia

c. 650 a.C. Los tiranos expulsan a los nobles en las ciudades-estado

480 a.C. Jerjes invade Grecia

431 a.C. Comienza la Guerra del Peloponeso

Presentación preliminar del capítulo

La civilización griega empezó hace casi 4,000 años, pero las ideas griegas sobre el gobierno, la ciencia y las artes siguen siendo importantes hoy.

Mira el video del capítulo 4 en el Programa de Video *World History: Journey Across Time*.

Historia en línea

Descripción general del capítulo Visita jat.glencoe.com para ver una presentación preliminar del capítulo 4.

Sección 1 Los primeros griegos

Las primeras civilizaciones de Grecia fueron los minoicos y los micénicos. Las montañas, el clima y los mares que rodean a Grecia jugaron un papel importante en su historia.

Sección 2 Esparta y Atenas

Atenas y Esparta se transformaron en las dos ciudades-estado más poderosas de la antigua Grecia. Esparta se dedicó a fortalecer su poderío militar, mientras que Atenas se ocupaba del comercio, la cultura y la democracia.

Sección 3 Persia ataca a los griegos

El imperio persa obtuvo el control de la mayor parte del sudoeste de Asia. Sin embargo, cuando los persas intentaron conquistar Grecia, Atenas y Esparta se unieron para derrotarlos.

Sección 4 La era de Pericles

Bajo el liderazgo de Pericles, Atenas se transformó en una poderosa ciudad-estado donde floreció la cultura.

PLEGABLES Organizador de estudios

Resumen de información *Prepara este plegable como ayuda para organizar y resumir la información acerca de los antiguos griegos.*

Paso 1 *Marcar el punto medio del borde de un lado de una hoja de papel. Doblar los bordes externos para que toquen el punto medio.*

Paso 2 *Doblar el papel nuevamente por la mitad de un lado al otro.*

Paso 3 *Abrir el papel y cortar a lo largo de las líneas de plegado para formar cuatro solapas.*

Corta a lo largo de las líneas de plegado en ambos lados.

Paso 4 *Rotularlo como se indica.*

Los primeros griegos | Esparta y Atenas | Persia ataca a los griegos | La era de Pericles

Lectura y redacción *A medida que leas el capítulo, toma apuntes en la solapa correspondiente. Resume la información que encuentres, anotando solamente las ideas principales y los detalles secundarios.*

113

¿Cuándo y dónde?

Aquí puedes ver **cuándo** y **dónde** ocurrieron los acontecimientos que se describen en este capítulo.

Resúmenes

Los resúmenes indican la **idea principal** de cada sección.

Plegables

Usa los *Plegables* para **tomar apuntes** a medida que lees.

Revisión preliminar de tu libro de texto

Habilidades de lectura del capítulo

Dado que leer acerca de estudios sociales es distinto que leer una novela o una revista, cada capítulo brinda ayuda con las habilidades de lectura.

ESTRATEGIA DE LECTURA

Te indica cuál es la *habilidad de lectura* que aprenderás para **realizar conexiones.**

¡PRACTÍCALO!

A continuación aparece una actividad**práctica** fácil de realizar.

REDACCIÓN

Escribir acerca de lo que has leído te ayudará a recordar los acontecimientos.

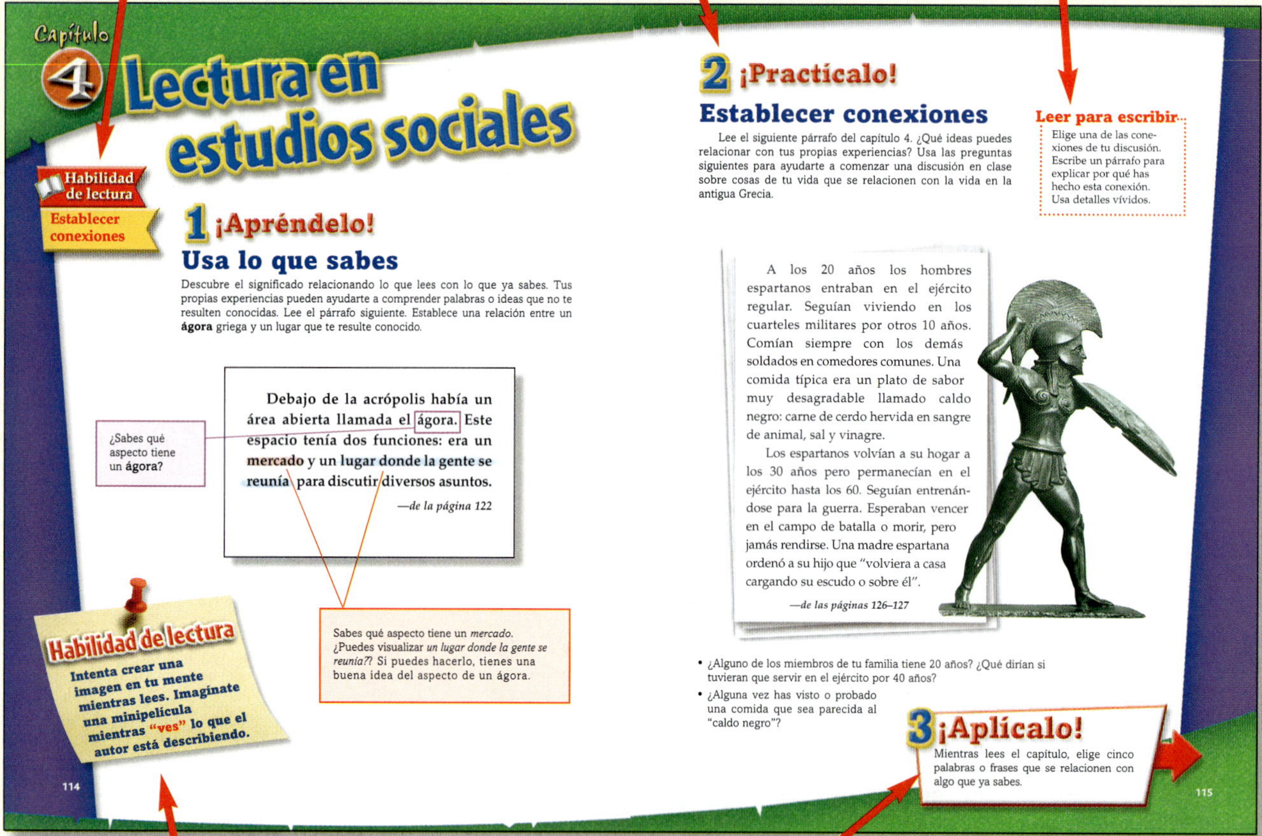

Capítulo 4

Lectura en estudios sociales

Habilidad de lectura

Establecer conexiones

1 ¡Apréndelo!

Usa lo que sabes

Descubre el significado relacionando lo que lees con lo que ya sabes. Tus propias experiencias pueden ayudarte a comprender palabras o ideas que no te resulten conocidas. Lee el párrafo siguiente. Establece una relación entre un **ágora** griega y un lugar que te resulte conocido.

Debajo de la acrópolis había un área abierta llamada el ágora. Este espacio tenía dos funciones: era un mercado y un lugar donde la gente se reunía para discutir diversos asuntos.

—de la página 122

¿Sabes qué aspecto tiene un **ágora**?

Sabes qué aspecto tiene un *mercado*. ¿Puedes visualizar *un lugar donde la gente se reunía?*? Si puedes hacerlo, tienes una buena idea del aspecto de un ágora.

Habilidad de lectura

Intenta crear una imagen en tu mente mientras lees. Imagínate una minipelícula mientras "ves" lo que el autor está describiendo.

114

2 ¡Practícalo!

Establecer conexiones

Lee el siguiente párrafo del capítulo 4. ¿Qué ideas puedes relacionar con tus propias experiencias? Usa las preguntas siguientes para ayudarte a comenzar una discusión en clase sobre cosas de tu vida que se relacionen con la vida en la antigua Grecia.

A los 20 años los hombres espartanos entraban en el ejército regular. Seguían viviendo en los cuarteles militares por otros 10 años. Comían siempre con los demás soldados en comedores comunes. Una comida típica era un plato de sabor muy desagradable llamado caldo negro: carne de cerdo hervida en sangre de animal, sal y vinagre.

Los espartanos volvían a su hogar a los 30 años pero permanecían en el ejército hasta los 60. Seguían entrenándose para la guerra. Esperaban vencer en el campo de batalla o morir, pero jamás rendirse. Una madre espartana ordenó a su hijo que "volviera a casa cargando su escudo o sobre él".

—de las páginas 126–127

- ¿Alguno de los miembros de tu familia tiene 20 años? ¿Qué dirían si tuvieran que servir en el ejército por 40 años?
- ¿Alguna vez has visto o probado una comida que sea parecida al "caldo negro"?

Leer para escribir

Elige una de las conexiones de tu discusión. Escribe un párrafo para explicar por qué has hecho esta conexión. Usa detalles vívidos.

3 ¡Aplícalo!

Mientras lees el capítulo, elige cinco palabras o frases que se relacionen con algo que ya sabes.

115

HABILIDAD DE LECTURA

Este **consejo para la lectura** te cuenta más acerca de la forma de realizar conexiones.

¡APLÍCALO!

Ésta es tu oportunidad para **aplicar** lo que has aprendido.

Revisión preliminar de tu libro de texto

Secciones

Una sección es una división, o parte, del capítulo. La primera página de la Sección, la Introducción de la Sección, te ayuda a establecer un propósito para la lectura.

¡Prepárate para leer!

Descubre la **conexión** entre lo que ya sabes y lo que estás por leer.

Mapas

Los mapas te ayudan a aprender cómo se relacionan la **geografía** y la historia.

Ideas principales

Analiza la información preliminar de las **ideas principales** de cada sección.

Comprobación de lectura

Ésta es una **prueba de autocomprobación** para saber si entiendes las ideas principales.

Resumen de la sección

Repasa las ideas principales y contesta las preguntas.

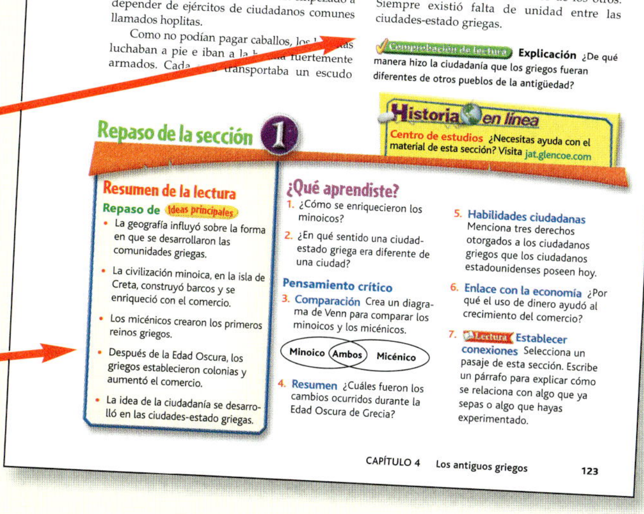

Revisión preliminar de tu libro de texto

Características especiales

Busca características especiales que contribuyen a que la historia cobre vida.

TÚ DECIDES. . .
Imagina que estabas allí y que pudieras dar tu **opinión**.

BIOGRAFÍA
Lee más acerca de los **personajes** famosos.

ENLACES ENTRE EL PASADO Y EL PRESENTE
Observa las conexiones entre el **pasado** y el **presente**.

Búsqueda

Viaje en el tiempo: *Épocas tempranas* contiene una gran cantidad de información. El truco consiste en saber dónde debes buscar para acceder a toda la información contenida en el libro.

Si realizas este ejercicio de búsqueda con tu maestro o tus padres, verás cómo está organizado el libro de texto y cómo sacar provecho de la lectura y de tu tiempo de estudio. ¡Comencemos ahora!

1. ¿Cuáles son las civilizaciones que se describen en la Unidad 3?
2. ¿Cuál es el tema del Capítulo 10?
3. ¿Quién es el personaje al que se hace referencia en la *Biografía* de la página 272?
4. ¿Cuáles son las *Habilidades de lectura* que aprenderás en las páginas 340–341?
5. ¿Qué es lo que el *Organizador de estudios Plegables*™ de la página 369 te indica que debes hacer?
6. ¿Cómo se resaltan los términos claves del Capítulo 9, Sección 2, *peste* e *inflación*, en el texto?
7. Hay cuatro tipos de cuadros de sitio Web en el Capítulo 11. Uno de los cuadros brinda una presentación preliminar del capítulo, otro sugiere una actividad de Internet y otro brinda ayuda para realizar la tarea. ¿Para qué sirve el cuarto cuadro?
8. ¿Qué es lo que aparece en la página 365?
9. ¿Cuál es el tema de *Cómo eran las cosas* en la página 389?
10. ¿Cuál es el tema del mapa de la página 269?

ATLAS DE REFERENCIA

NATIONAL GEOGRAPHIC

El mundo: Mapa político R2

El mundo: Mapa físico R4

América del Norte: Mapa político R6

América del Norte: Mapa físico R7

Estados Unidos: Mapa político R8

Estados Unidos: Mapa físico R10

América Central: Mapa físico/político R12

América del Sur: Mapa político R14

América del Sur: Mapa físico R15

Europa: Mapa político R16

Medio Oriente: Mapa físico/político R18

África: Mapa político R20

África: Mapa físico R21

Asia: Mapa político R22

Países al borde del Pacífico: Mapa físico/político R24

Regiones polares R26

SIGNOS DEL ATLAS

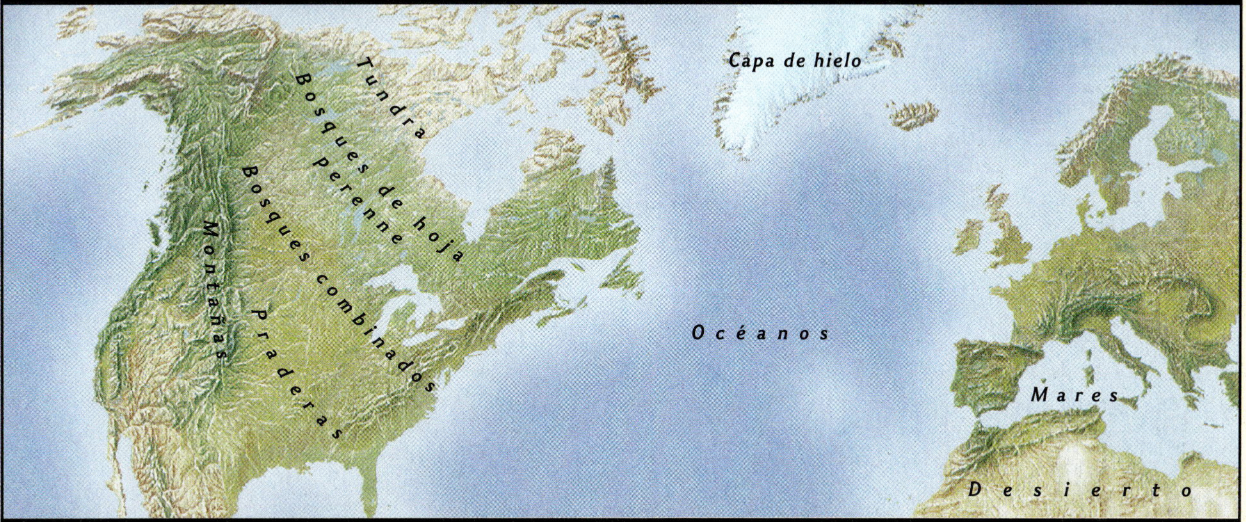

SÍMBOLOS

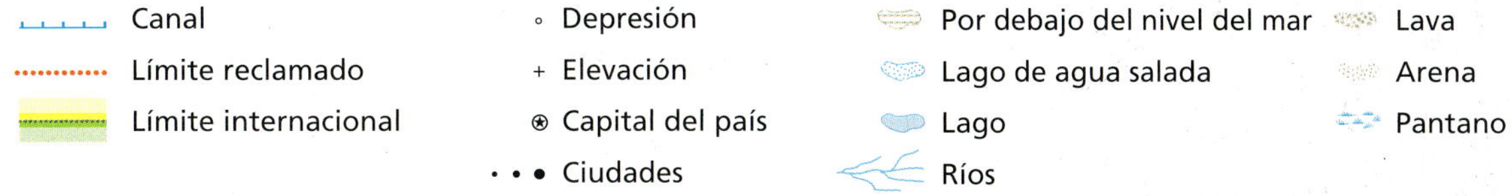

MAPA POLÍTICO DEL MUNDO
0 mi 2000
0 km 2000
PROYECCIÓN TRIPLE DE WINKEL
NATIONAL GEOGRAPHIC
OCÉANO GLACIAL
Islas de la Reina Isabel
GROENLANDIA (KALAALLIT NUNAAT)
Dinamarca
Mar de Groenlandia
Mar Chukchi
Mar de Beaufort
Bahía de Baffin
Tierra de Baffin
RUSIA
ALASKA
EE.UU.
Anchorage
Yukón
Mackenzie
Gran Lago del Oso
Gran Lago del Esclavo
Nuuk
CÍRCULO POLAR ÁRTICO
Reikiavic
ISLANDIA
Mar de Bering
Golfo de Alaska
Islas Aleutianas
Bahía de Hudson
Mar del Labrador
CANADÁ
REINO UNIDO
Dublín
IRLANDA
Londres
Vancouver
Seattle
Calgary
Missouri
Grandes Lagos
Isla de Terranova
OCÉANO PACÍFICO SEPTENTRIONAL
Toronto
Ottawa
Chicago
Nueva York
Washington
OCÉANO ATLÁNTICO SEPTENTRIONAL
San Francisco
ESTADOS UNIDOS
Ohio
Los Ángeles
Atlanta
Mississippi
Madrid
PORTUGAL
España
Azores
Port.
Islas Madeira
Rabat
MARRUECOS
Islas Canarias
España
SAHARA OCCIDENTAL
Marruecos
MAURITANIA
Houston
Río Grande
Golfo de México
BAHAMAS
TRÓPICO DE CÁNCER
MÉXICO
La Habana
CUBA
REPÚBLICA DOMINICANA
Santo Domingo
PUERTO RICO EE.UU.
Islas Hawai
EE.UU.
Guadalajara
BELICE
HAITÍ
JAMAICA
Ciudad de México
Mar Caribe
SAN CRISTÓBAL Y NEVIS
ANTIGUA Y BARBUDA
DOMINICA
BARBADOS
SAN VICENTE Y LAS GRANADINAS
TRINIDAD Y TOBAGO
SANTA LUCÍA
GRANADA
GUATEMALA
Ciudad de Guatemala
HONDURAS
EL SALVADOR
NICARAGUA
COSTA RICA
PANAMÁ
Caracas
VENEZUELA
Cabo Verde
SENEGAL
GAMBIA
GUINEA-BISSAU
GUINEA
MALÍ
BURKINA FASO
SIERRA LEONE
LIBERIA
COSTA DE MARFIL
GHANA
GUAYANA FRANCESA
Fr.
GUYANA
SURINAM
Medellín
Bogotá
COLOMBIA
Islas Christmas
Kiribati
ECUADOR
Quito
ECUADOR
Islas Galápagos
Negro
Manaus
Amazonas
Madeira
BRASIL
São Francisco
Recife
PERÚ
Ucayali
Islas Marquesas
Fr.
Lima
Salvador (Bahía)
Brasilia
La Paz
BOLIVIA
Sucre
SAMOA
SAMOA DE ESTADOS UNIDOS
EE.UU.
POLINESIA FRANCESA
Fr.
TONGA
PARAGUAY
Río de Janeiro
São Paulo
TRÓPICO DE CAPRICORNIO
Asunción
Paraná
Porto Alegre
Córdoba
Santiago
URUGUAY
Buenos Aires
Montevideo
CHILE
OCÉANO PACÍFICO MERIDIONAL
ARGENTINA
OCÉANO ATLÁNTICO MERIDIONAL
Islas Falkland (Malvinas)
R.U.
Tierra del Fuego
Georgia del Sur
R.U.
Estrecho de Magallanes
Pasaje de Drake
Península Antártica
CÍRCULO POLAR ANTÁRTICO
Mar de Weddell
Berkner Island
Mar de Ross
MERIDIANO DE GREENWICH (LONDRES)
150°O
120°O
90°O
60°O
30°O
0°
60°N
30°N
0°
30°S
60°S
1 2 3 4 5 6 7 8
A B C D E F G H J K

ÁRTICO
Tierra de Francisco José
Svalbard Noruega
Mar de Barents
Nueva Zembia
Mar de Kara
Siévernaia Zemliá
Islas de Nuevo Siberia
Mar de Laptev
Mar de Siberia Oriental
Mar de Noruego
NORUEGA
SUECIA
FINLANDIA
Oslo
San Petersburgo
ESTONIA
LETONIA
LIT.
DINAMARCA
PA. BA.
Moscú
Samara
Yekaterinburg
Omsk
Novosibirsk
Yakutsk
R U S I A
Lago Baikal
Mar de Ojotsk
Península de Kamchatka
Mar de Bering
Sajalín
POLONIA
BIELORRUSIA
ALEMANIA
BELG.
Kiev
UCRANIA
París
REP. CHECA
ESLOVAQUIA
AUST.
HUNG.
MOLD.
SUI.
ESLOV.
FRANCIA
RUMANIA
CRO.
B.YH.
SERB. Y MONT.
BULGARIA
ITALIA
Roma
ALBANIA
MACED.
GRECIA
Astaná
KAZAJSTÁN
Mar del Aral
Alma Atá
Tashkent
Bishkek
UZBEKISTÁN
KIRGUISTÁN
TAYIKISTÁN
TURKMENISTÁN
Dushanbe
Ulan Bator
MONGOLIA
Harbin
COREA DEL NORTE
Hokkaido
Sapporo
Shenyang
Pyongyang
Seúl
COREA DEL SUR
Honshu
JAPÓN
Tokio
Osaka
Kyushu
Pekín
Tianjin
C H I N A
Chengdu
Wuhan
Shanghai
OCÉANO PACÍFICO SEPTENTRIONAL
AZERBAIYÁN
GEORGIA
ARMENIA
Mar Negro
Mar Caspio
Ankara
TURQUÍA
Ashgabat
Teherán
IRÁN
AFGANISTÁN
Islamabad
PAKISTÁN
Lahore
Delhi
Nueva Delhi
NEPAL
BHUTÁN
Mar Mediterráneo
Argel
TÚNEZ
Trípoli
CHIPRE
LÍBANO
SIRIA
ISRAEL
IRAQ
Bagdad
JORDANIA
KUWAIT
BAHRÉIN
QATAR
Riad
ARABIA SAUDITA
U.A.E.
OMÁN
Mascate
Karachi
ALGERIA
LIBIA
EGIPTO
Nilo
Mar Rojo
La República Popular de China reclama Taiwan como su provincia 23.
Taipei
TAIWAN
Guangzhou
Hong Kong
Dacca
BANGLADESH
Kolkata
MYANMAR (BIRMANIA)
LAOS
Hanoi
VIETNAM
Hainan
Mar de China Meridional
Luzón
Mar Filipino
Manila
FILIPINAS
ISLAS MARIANAS SEPTENTRIONALES EE.UU.
Mumbai
INDIA
Hyderabad
Golfo de Bengala
Yangon
TAILANDIA
Bangkok
CAMBOYA
Phnom Penh
Ciudad de Ho Chi Minh
Mar Arábigo
Bangalore
Chennai
Socotra Yemen
Sanaa
YEMEN
DJIBOUTI
ERITREA
SUDÁN
Jartum
NÍGER
CHAD
Niamey
Yamena
NIGERIA
BENÍN
TOGO
Lagos
CAMERÚN
REPÚBLICA CENTROAFRICANA
Addis Abeba
ETIOPÍA
SOMALÍ
Mogadiscio
Colombo
SRI LANKA
MALDIVAS
ECUADOR
Kuala Lumpur
MALASIA
BRUNEI
Borneo
SINGAPUR
Sumatra
Mindanao
PALÁU
ISLAS MARSHALL
ESTADOS FEDERALES DE MICRONESIA
KIRIBATI
NAURU
Bangui
GUINEA
GABÓN
CONGO
REPÚBLICA DEMOCRÁTICA DEL CONGO
UGANDA
KENIA
Nairobi
SANTO TOMÉ Y PRÍNCIPE
CABINDA Angola
Brazzaville
Kinshasa
RUANDA
BURUNDI
SEYCHELLES
Dodoma
Dar es Salaam
TANZANÍA
Luanda
ANGOLA
ZAMBIA
MALAWI
COMORES
Lusaka
Célebes
I N D O N E S I A
Nueva Guinea
PAPÚA NUEVA GUINEA
Yakarta
Java
Surabaya
Mar de Arafura
Port Moresby
TUVALU
ISLAS SALOMON
TIMOR-LESTE (TIMOR ORIENTAL)
Darwin
Antananarivo
MADAGASCAR
MAURICIO
Reunión Fr.
MOZAMBIQUE
NAMIBIA
ZIMBABUE
Harare
Windhoek
BOTSWANA
Gaborone
Pretoria
Maputo
SUAZILANDIA
Bloemfontein
SUDÁFRICA
LESOTHO
Ciudad del Cabo
OCÉANO ÍNDICO
Mar del Coral
VANUATU
ISLAS FIYI
Nueva Caledonia Fr.
AUSTRALIA
OCÉANO PACÍFICO MERIDIONAL
Perth
Brisbane
Darling
Murray
Sydney
Canberra
Melbourne
Mar de Tasmania
Tasmania
Isla del Norte
Auckland
NUEVA ZELANDA
Wellington
Isla Sur
Islas Kerguelen Fr.
60°S
Mar de Ross
A N T Á R T I D A
30°E
60°E
90°E
120°E
150°E
60°N
30°N
ABREVIACIONES
AUST. .... AUSTRIA
B.YH. .... BOSNIA Y HERZEGOVINA
BELG. .... BÉLGICA
CRO. .... CROACIA
E.A.U .... EMIRATOS ÁRABES UNIDOS
EC. GUINEA .... ECUATORIAL GUINEA
ESLOV. .... ESLOVENIA
EST. .... ESTONIA
HUNG. .... HUNGRÍA
LIT. .... LITUANIA
MACED. .... MACEDONIA
MOLD. .... MOLDOVA
PA. BA. .... PAÍSES BAJOS
REP. CHECA .... REPÚBLICA CHECA
SERB. Y MONT. .... SERBIA Y MONTENEGRO
SUI. .... SUIZA

MAPA
POLÍTICO DEL
MUNDO
0 mi 2000
0 km 2000
PROYECCIÓN TRIPLE DE WINKEL
NATIONAL GEOGRAPHIC
OCÉANO PACÍFICO SEPTENTRIONAL
OCÉANO PACÍFICO MERIDIONAL
OCÉANO ÁTLANTICO SEPTENTRIONAL
OCÉANO ÁTLANTICO MERIDIONAL
AMÉRICA DEL NORTE
AMÉRICA DEL SUR
GROENLANDIA
ALASKA
Mar Chukchi
Siberia
Montes Brooks
Monte McKinley (Denali)
20,320 pies
6,194 m
Yukón
Cordillera de Alaska
Mar de Bering
Islas Aleutianas
Archipiélago Alexander
Islas de la Reina Carlota
Isla Vancouver
Cordilleras Costeras
Cordillera de las Cascadas
Gran Lago Salado
Colorado
Valle de la Muerte
-282 pies
-86 m
Río Grande
Baja California
Mar de Beaufort
Mackenzie
Gran Lago del Oso
Gran Lago del Esclavo
Islas de la Reina Isabel
Isla Ellesmere
Polo Norte Magnético
Isla de Banks
Isla Melville
Isla Victoria
Tierra de Baffin
Bahía de Baffin
Islas Oodaaq
Mar de Groenlandia
CÍRCULO POLAR ÁRTICO
Islandia
Escudo Canadiense
Bahía de Hudson
Nelson
Lago Winnipeg
Labrador
Mar del Labrador
Isla Terranova
Nueva Escocia
Grandes Lagos
Missouri
Grandes Llanuras
Llanuras Centrales
Mississippi
Montes Apalaches
MONTAÑAS ROCOSAS
Golfo de México
Islas Bahamas
INDIAS OCCIDENTALES
Cuba
Jamaica
La Española
Antillas Mayores
Antillas Menores
Mar Caribe
AMÉRICA CENTRAL
Trinidad
TRÓPICO DE CÁNCER
Islas Hawai
Hawai
Islas Británicas
Irlanda
Gran Bretaña
Península Ibérica
Azores
Islas Madeira
Islas Canarias
Islas Cabo Verde
Golfo de Guinea
POLINESIA
Islas Line
ECUADOR
Islas Galápagos
Islas Marquesas
Islas Samoa
Islas Cook
Islas Tonga
Islas Fiyi
Tahití
Islas de la Sociedad
Archipiélago Tuamotu
TRÓPICO DE CAPRICORNIO
Isla Oriental
Los Llanos
Orinoco
Meseta de Guayanas
Negro
Cuenca del Amazonas
Amazonas
Madeira
Tocantins
São Francisco
ANDES
Meseta Brasileña
Meseta de Mato Grosso
Lago Titicaca
Desierto de Atacama
Gran Chaco
Paraguay
Paraná
Aconcagua
22,834 pies
6,960 m
Pampas
Patagonia
Península Valdés
-131 pies
-40 m
Isla Grande de Chiloe
Islas Falkland (Malvinas)
Georgia del Sur
Tierra del Fuego
Estrecho de Magallanes
Mar de Escocia
Islas Sandwich del Sur
Islas Shetland del Sur
Islas Orcadas del Sur
Península Antártica
CÍRCULO POLAR ANTÁRTICO
Mar de Bellingshausen
Tierra de Ellsworth
Mar de Weddell
Plataforma de Hielo de Ronne
Tierra de Marie Byrd
Vinson Massif
16,067 pies
4,897 m
Mar de Ross
Plataforma de Hielo Ross
MONTES TRANSANTÁRTICOS
MERIDIANO DE GREENWICH (LONDRES)
150°O
120°O
90°O
60°O
30°O
0°
60°N
30°N
0°
30°S
60°S
1
2
3
4
5
6
7
8
A
B
C
D
E
F
G
H
J
K

9
10
11
12
13
14
15
16
A
B
C
D
E
F
G
H
J
K
30°E
60°E
90°E
120°E
150°E
Á R T I C O
Svalbard
Mar de Barents
Novaya Zemlya
Mar de Kara
Mar de Laptev
Mar de Siberia Oriental
Mar de Noruega
Escandinavia
Mar Báltico
Llanura Europea Septentrional
EUROPA
Alpes
Danubio
Volga
Montes Urales
Yenisei
Obi
Irtysh
Meseta de Siberia Occidental
SIBERIA
Meseta de Siberian Central
Angara
Lena
Lago Baikal
Amur
Mar de Ojotsk
60°N
Mar de Bering
Península Kamchatka
Islas Aleutianas
Islas Kuriles
Hokkaido
Japón
Honshu
Mar de Japón (Mar Oriental)
Corea
Estepas
Elburs 18,510 pies 5,642 m
Cáucaso
Mar Negro
Mar de Aral
Mar Caspio
Montañas Altai
ASIA
GOBI
Tian Shan
Llanura Norte de China
Huang
Desierto Taklimakan
Kunlun Shan
Meseta del Tíbet
HIMALAYA
Brahmaputra
Yangtze
Mar Amarillo
Mar de China Oriental
Islas Ryu-kyu
Nampo Shoto
OCÉANO PACÍFICO SEPTENTRIONAL
30°N
Córcega
Cerdeña
Sicilia
Mar Mediterráneo
Chipre
Mar Muerto -1,349 pies -411 m
Montes Zagros
Indo
Monte Everest 29,035 pies 8,850 m
Ganges
INDIA
Meseta Decán
Taiwan
Luzón
Hainan
Mekong
Salween
Mar de Filipinas
Islas Marianas
SAHARA
Desierto de Libia
Nilo
Mar Rojo
PENÍNSULA ARÁBIGA
SAHEL
ÁFRICA
Golfo de Adén
Nilo Azul
Macizo de Etiopía
Península de Somalia
Nilo Blanco
Mar Arábigo
Golfo de Bengala
Islas Andamán
Andaman Sea
Sri Lanka
Isla Nicobar
Península Indochina
Mar de China Meridional
Islas Filipinas
MICRONESIA
Islas Marshall
Golfo de Guinea
Congo
Cuenca del Congo
Lago Victoria
Kilimanjaro 19,340 pies 5,895 m
Lago Tanganika
Seychelles
Islas Maldivas
ECUADOR
Península de Malaca
Sumatra
Borneo
Indonesia
Molucas
Celebes
Islas de la Sunda Mayores
Java
Nueva Guinea
Archipiélago de Bismarck
MELANESIA
Islas Gilbert
Islas Salomón
Guinea Meridional
Zambeze
Madagascar
Islas Mascareñas
Desierto de Namibia
Desierto de Kalahari
Drakensberg
OCÉANO ÍNDICO
Mar de Arafura
Gran Desierto de Arena
AUSTRALIA
Lago Eyre -52 pies, -16 m
Gran Desierto Victoria
Darling
Murray
Gran Cordillera Divisoria
Mar del Coral
Vanuatu
Islas Fiyi
Nueva Caledonia
OCÉANO PACÍFICO MERIDIONAL
Monte Kosciuszko 7,310 pies 2,228 m
Mar de Tasmania
Tasmania
Isla Norte
NUEVA ZELANDA
Isla Sur
Islas Kerguelen
Islas Auckland
60°S
Polo Sur Magnético
Tierra de la Reina Maud
ANTÁRTIDA
Montes Transantárticos
Tierra de Victoria
Plataforma de Hielo Ross
Mar de Ross

MAPA POLÍTICO DE
AMÉRICA DEL NORTE
0 mi 1000
0 km 1000
PROYECCIÓN ACIMUTAL EQUIDISTANTE
NATIONAL GEOGRAPHIC
1. BAJA CALIFORNIA NORTE
2. BAJA CALIFORNIA SUR
3. SONORA
4. CHIHUAHUA
5. SINALOA
6. DURANGO
7. COAHUILA
8. NUEVO LEÓN
9. ZACATECAS
10. TAMAULIPAS
11. NAYARIT
12. AGUASCALIENTES
13. SAN LUIS POTOSÍ
14. JALISCO
15. GUANAJUATO
16. QUERÉTARO
17. HIDALGO
18. COLIMA
19. MICHOACÁN
20. MÉXICO
21. DISTRITO FEDERAL
22. TLAXCALA
23. MORELOS
24. PUEBLA
25. VERACRUZ
26. GUERRERO
27. OAXACA
28. TABASCO
29. CHIAPAS
30. CAMPECHE
31. QUINTANA ROO
32. YUCATÁN
ASIA
OCÉANO GLACIAL ÁRTICO
EUROPA
Mar de Groenlandia
CÍRCULO POLAR ÁRTICO
GROENLANDIA (KALAALLIT NUNAAT)
Dinamarca
Mar Chukchi
Mar de Bering
Estrecho de Bering
Cabo Barrow
Polo Norte Magnético
Islas de la Reina Isabel
Isla Ellesmere
Islas Parry
Mar de Beaufort
Bahía de Baffin
Qeqertarsuaq
Isla de Banks
Isla Victoria
Península Boothia
Tierra de Baffin
Estrecho de Davis
Nuuk (Godthab)
ALASKA
EE.UU.
Yukón
Mackenzie
Golfo de Alaska
TERRITORIO DEL YUKÓN
TERRITORIOS DEL NOROESTE
Gran Lago del Oso
Gran Lago del Esclavo
NUNAVUT
Isla de Southampton
Mar del Labrador
CANADÁ
COLUMBIA BRITÁNICA
ALBERTA
SASKATCHEWAN
MANITOBA
Athabasca
Churchill
Severn
Bahía de Hudson
QUEBEC
TERRANOVA Y LABRADOR
Isla Vancouver
Lago Winnipeg
ONTARIO
Golfo de San Lorenzo
P.E.I.
N.B.
Nueva Escocia
St. Pierre y Miquelon
Fr.
OCÉANO PACÍFICO
Montañas Rocosas
WASHINGTON
OREGÓN
IDAHO
MONTANA
WYOMING
Missouri
DAKOTA DEL NORTE
DAKOTA DEL SUR
MINNESOTA
WISCONSIN
MICHIGAN
Lago Superior
Lago Hurón
Lago Michigan
Lago Ontario
Lago Erie
Ottawa
MAINE
VERMONT
NUEVA HAMPSHIRE
MASSACHUSETTS
RHODE ISLAND
CONNECTICUT
NUEVA YORK
FILADELFIA
NUEVA JERSEY
DELAWARE
MARYLAND
Gran Lago Salado
NEVADA
CALIFORNIA
UTAH
COLORADO
NEBRASKA
IOWA
ILLINOIS
INDIANA
OHIO
VIRGINIA OCCIDENTAL
Washington, D.C.
ESTADOS UNIDOS
KANSAS
Arkansas
MISSOURI
KENTUCKY
VIRGINIA
CAROLINA DEL NORTE
TENNESSEE
CAROLINA DEL SUR
ARIZONA
NUEVO MÉXICO
OKLAHOMA
ARKANSAS
Mississippi
MISSISSIPPI
ALABAMA
GEORGIA
TEXAS
LUISIANA
FLORIDA
Río Grande
OCÉANO ATLÁNTICO
Islas Bermudas
R.U.
Isla Guadalupe
México
TRÓPICO DE CÁNCER
MÉXICO
Golfo de México
Ciudad de México
BAHAMAS
Nassau
La Habana
CUBA
ANTIGUA Y BARBUDA
SAN CRISTÓBAL Y NEVIS
REPÚBLICA DOMINICANA
BARBADOS
Santo Domingo
HAITÍ
Puerto Príncipe
PUERTO RICO
EE.UU.
DOMINICA
SANTA LUCÍA
SAN VICENTE Y LAS GRANADINAS
GRANADA
TRINIDAD Y TOBAGO
Islas Caymán
R.U.
JAMAICA
Kingston
Mar Caribe
BELICE
Belmopán
HONDURAS
Tegucigalpa
GUATEMALA
Ciudad de Guatemala
San Salvador
EL SALVADOR
NICARAGUA
Managua
COSTA RICA
San José
Canal de Panamá
Ciudad de Panamá
PANAMÁ
Isla de Cocos
Costa Rica
AMÉRICA DEL SUR
ECUADOR
N

MAPA FÍSICO DE
AMÉRICA DEL NORTE
0 mi 1000
0 km 1000
PROYECCIÓN ACIMUTAL EQUIDISTANTE
NATIONAL GEOGRAPHIC
ASIA
EUROPA
OCÉANO GLACIAL ÁRTICO
OCÉANO PACÍFICO
OCÉANO ATLÁNTICO
CANADÁ
ESTADOS UNIDOS
MÉXICO
GROENLANDIA
ALASKA
AMÉRICA CENTRAL
AMÉRICA DEL SUR
Mar Chukchi
Mar de Bering
Mar de Beaufort
Mar Lincoln
Mar de Groenlandia
Mar del Labrador
Mar Caribe
Bahía de Baffin
Bahía de Hudson
Golfo de Alaska
Golfo de México
Golfo de San Lorenzo
Monte McKinley (Denali) 20,320 ft 6,194 m
Gunnbjorn 12,139 ft 3,700 m
Monte Logan 19,551 ft 5,959 m
Monte Whitney 14,494 ft 4,418 m
Valle de la Muerte -282 ft -86 m
Orizaba 18,855 ft 5,747 m
Montañas Rocosas
Grandes Llanuras
Llanuras Centrales
Escudo Canadiense
Montes Apalaches
Llanuras Costeras
Sierra Madre Occidental
Sierra Madre Oriental
Sierra Nevada
Gran Cuenca
Península de Yucatán
Istmo de Tehuantepec
Istmo de Panamá
Ottawa
Washington
Ciudad de México
La Habana
Kingston
Belmopán
Tegucigalpa
Managua
San José
Ciudad de Panamá
Ciudad de Guatemala
San Salvador
Nuuk (Godthab)
BAHAMAS
CUBA
JAMAICA
HAITÍ
REPÚBLICA DOMINICANA
BELICE
GUATEMALA
HONDURAS
EL SALVADOR
NICARAGUA
COSTA RICA
PANAMÁ
Antillas Mayores
Antillas Menores
Indias Occidentales
Trópico de Cáncer
Círculo Polar Ártico
Ecuador

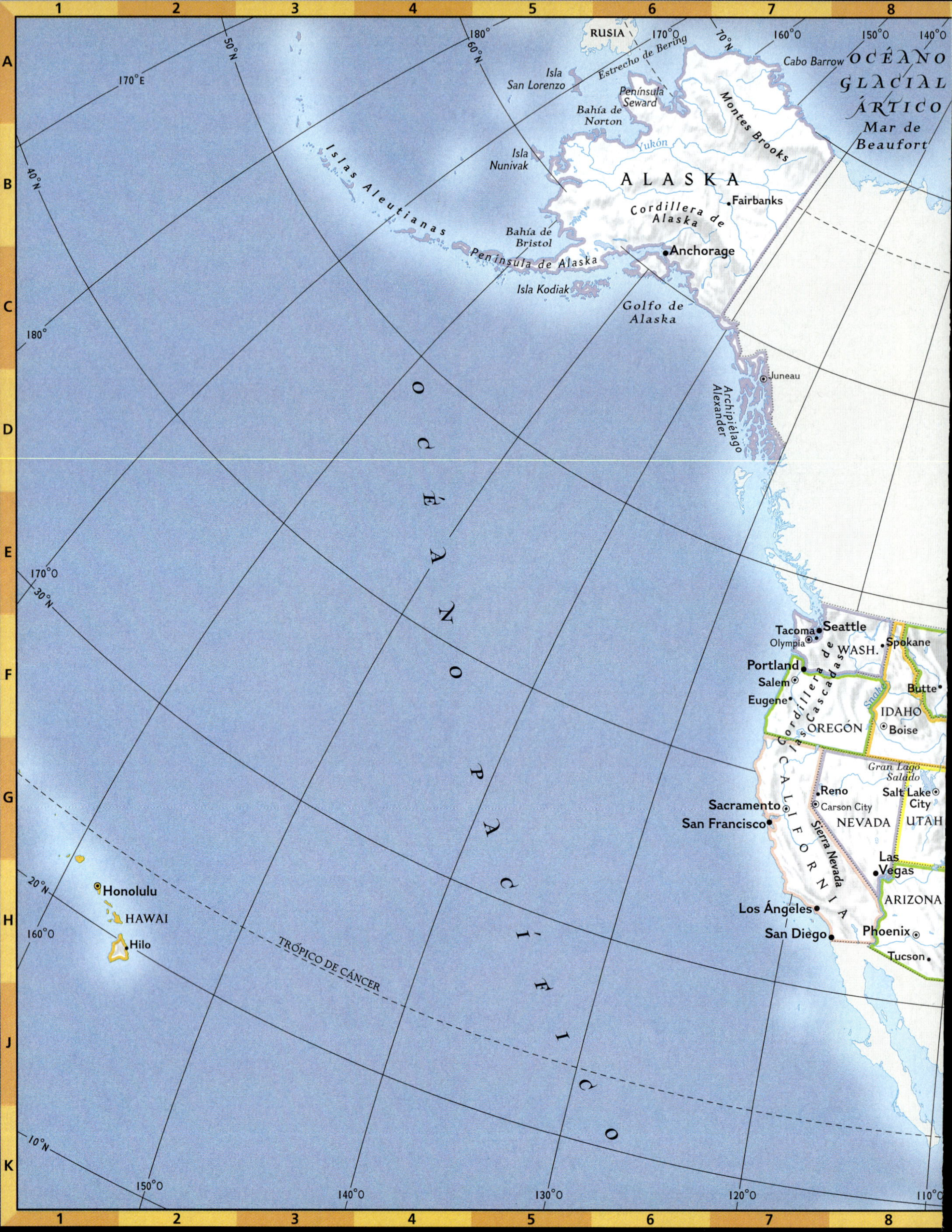
RUSIA
Estrecho de Bering
Isla San Lorenzo
Península Seward
Bahía de Norton
Cabo Barrow
OCÉANO GLACIAL ÁRTICO
Mar de Beaufort
Montes Brooks
Yukón
Isla Nunivak
ALASKA
Fairbanks
Cordillera de Alaska
Islas Aleutianas
Bahía de Bristol
Península de Alaska
Anchorage
Isla Kodiak
Golfo de Alaska
Juneau
Archipiélago Alexander
OCÉANO PACÍFICO
Tacoma
Seattle
Olympia
Spokane
WASH.
Cordillera de las Cascadas
Portland
Salem
Butte
Eugene
IDAHO
OREGÓN
Boise
Gran Lago Salado
Salt Lake City
Reno
Carson City
Sacramento
San Francisco
NEVADA
UTAH
CALIFORNIA
Sierra Nevada
Las Vegas
ARIZONA
Los Ángeles
San Diego
Phoenix
Tucson
Honolulu
HAWAI
Hilo
TRÓPICO DE CÁNCER
180°
170°O
160°O
150°O
140°O
130°O
120°O
110°O
170°E
180°
70°N
60°N
50°N
40°N
30°N
20°N
10°N
1
2
3
4
5
6
7
8
A
B
C
D
E
F
G
H
J
K

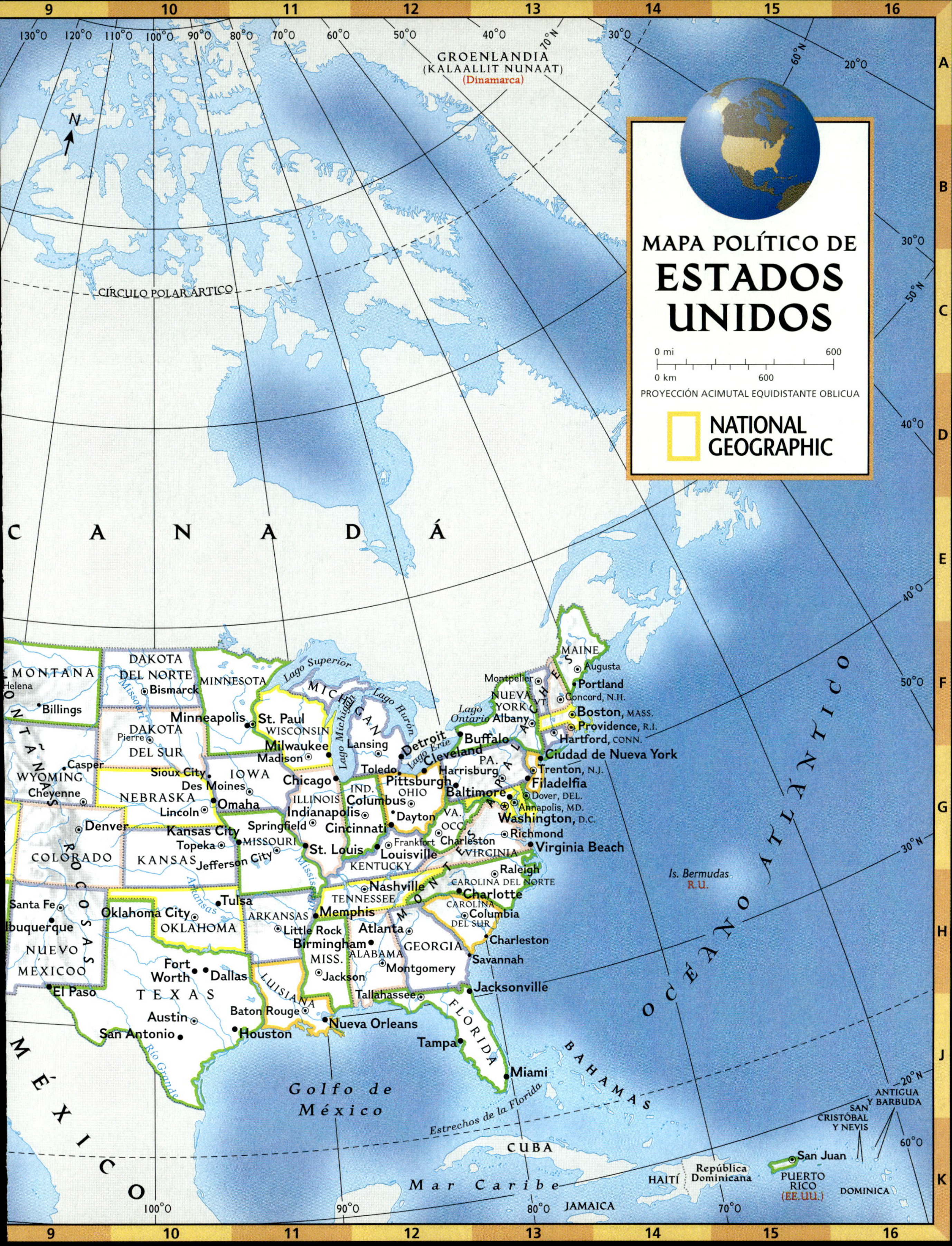
MAPA POLÍTICO DE
ESTADOS UNIDOS
0 mi 600
0 km 600
PROYECCIÓN ACIMUTAL EQUIDISTANTE OBLICUA
NATIONAL GEOGRAPHIC
GROENLANDIA
(KALAALLIT NUNAAT)
(Dinamarca)
CÍRCULO POLAR ÁRTICO
C A N A D Á
OCÉANO ATLÁNTICO
Golfo de México
Mar Caribe
MÉXICO
BAHAMAS
CUBA
HAITÍ
República Dominicana
JAMAICA
PUERTO RICO
(EE.UU.)
San Juan
SAN CRISTÓBAL Y NEVIS
ANTIGUA Y BARBUDA
DOMINICA
Is. Bermudas
R.U.
Estrechos de la Florida
Lago Superior
Lago Michigan
Lago Huron
Lago Erie
Lago Ontario
MONTAÑAS ROCOSAS
MONTES APALACHES
MONTANA
Helena
Billings
DAKOTA DEL NORTE
Bismarck
DAKOTA DEL SUR
Pierre
MINNESOTA
Minneapolis
St. Paul
WISCONSIN
Milwaukee
Madison
MICHIGAN
Lansing
Detroit
WYOMING
Casper
Cheyenne
NEBRASKA
Lincoln
Omaha
IOWA
Sioux City
Des Moines
ILLINOIS
Chicago
Springfield
IND.
Indianapolis
OHIO
Columbus
Cleveland
Toledo
Dayton
Cincinnati
COLORADO
Denver
KANSAS
Topeka
Kansas City
MISSOURI
Jefferson City
St. Louis
KENTUCKY
Louisville
Frankfort
TENNESSEE
Nashville
Memphis
OKLAHOMA
Oklahoma City
Tulsa
ARKANSAS
Little Rock
NUEVO MÉXICO
Santa Fe
Albuquerque
TEXAS
El Paso
Fort Worth
Dallas
Austin
San Antonio
Houston
LUISIANA
Baton Rouge
Nueva Orleans
MISS.
Jackson
ALABAMA
Birmingham
Montgomery
GEORGIA
Atlanta
Savannah
FLORIDA
Tallahassee
Jacksonville
Tampa
Miami
CAROLINA DEL SUR
Columbia
Charleston
CAROLINA DEL NORTE
Charlotte
Raleigh
VIRGINIA
Richmond
Virginia Beach
VA. OCC.
Charleston
PA.
Pittsburgh
Harrisburg
Filadelfia
Baltimore
Washington, D.C.
Annapolis, MD.
Dover, DEL.
Trenton, N.J.
NUEVA YORK
Albany
Buffalo
Ciudad de Nueva York
Hartford, CONN.
Providence, R.I.
Boston, MASS.
Concord, N.H.
Montpelier
VT.
MAINE
Augusta
Portland
Missouri
Mississippi
Arkansas
Río Grande

Cabo Flattery
Monte Olimpo
7,965 pies
2,428 m
Seattle
CORDILLERAS COSTERAS
CORDILLERA DE LAS CASCADAS
MESETA COLUMBIA
Columbia
Mtes. Azules
Cordillera Bitterroot
Mtes. Clearwater
Mtes. del río Salmon
Gran Desierto de Arena
Snake
Llanura del río Snake
Cataratas Shoshone
Cabo Mendocino
SIERRA NEVADA
Gran Lago Salado
Valle Central
Lago Tahoe
GRAN CUENCA
Cordillera Wasatch
Mtes. Uinta
San Francisco
Monte Whitney
14,494 pies
4,418 m
Valle de la Muerte
-282 pies, -86 m
Lago Powell
Colorado
Lago Mead
Desierto Mojave
Gran Cañón
Meseta de Colorado
Cabo Conception
Los Ángeles
Islas Aglonormandas
San Diego
Mar Salton
Phoenix
Desierto de Sonora
OCÉANO PACÍFICO
MONTAÑAS ROCOSAS
Cordillera Absaroka
Cordillera del río Wind
Mtes. Bighorn
Mtes. Laramie
Denver
14,433 pies
4,399 m
Monte Elbert
Mtes. Sangre de Cristo
Mtes. San Juan
Río Grande
Mtes. Sacramento
CANADÁ
Missouri
GRANDES LLANURAS
Colinas Negras
N. Platte
Colinas Arenosas
Platte
Llanuras Altas
Arkansas
R. Red
Llano Estacado
Dallas
Brazos
Meseta Eduardo
MÉXICO
TRÓPICO DE CÁNCER
OCÉANO ÁRTICO
Cabo Barrow
Mar de Beaufort
Mar Chukchi
RUSIA
Elevación Norte
Montes Brooks
Estrecho de Bering
CÍRCULO POLAR ÁRTICO
Península Seward
ALASKA
CANADÁ
Isla San Lorenzo
Yukon
Tanana
Kuskokwim
Cordillera de Alaska
Monte McKinley (Denali)
20,320 pies, 6,194 m
Anchorage
Isla Nunivak
Mar de Bering
Bahía de Bristol
Golfo de Alaska
Archipiélago Alexander
Península de Alaska
Isla Kodiak
OCÉANO PACÍFICO
ALASKA
0 mi 300
0 km 300

MAPA FÍSICO DE ESTADOS UNIDOS
0 mi 300
0 km 300
PROYECCIÓN CÓNICA DE ALBERS
NATIONAL GEOGRAPHIC
CANADÁ
Lago de los Bosques
Isla Royale
Lago Superior
Península Superior
Lago Michigan
Península Inferior
Lago Hurón
Lago Ontario
Lago Erie
Cataratas del Niágara
Lago Champlain
Mtes. Adirondack
Mtes. Green
Mtes. White
Connecticut
Hudson
Golfo de Maine
Boston
Cabo Cod
Long Island
Nueva York
Filadelfia
Baltimore
Washington
Bahía de Delaware
Bahía de Chesapeake
Cabo Hatteras
OCÉANO ATLÁNTICO
Minneapolis
Mississippi
Milwaukee
Chicago
Detroit
Cleveland
Pittsburgh
LLANURAS CENTRALES
Indianapolis
Ohio
St. Louis
Wabash
Colinas Flint
Meseta de Ozark
Mtes. Boston
Memphis
Mtes. Ouachita
Tennessee
Cumberland
Meseta de Cumberland
Meseta de los Apalaches
Mtes. Allegheny
Apalaches
MONTES APALACHES
Blue Ridge
Piedmont
Monte Mitchell 6,684 pies 2,037 m
Atlanta
Savannah
Black Belt
LLANURAS COSTERAS
Red
Houston
Nueva Orleans
Delta del río Mississippi
Jacksonville
Cabo Cañaveral
Lago Okeechobee
Los Everglades
Miami
Golfo de México
Cayos de la Florida
Estrechos de la Florida
TRÓPICO DE CÁNCER
CUBA
Niihau
Kauai
Oahu
Honolulu
Molokai
Maui
Lanai
Kahoolawe
Hawai
Mauna Kea 13,796 Pies 4,205 m
OCÉANO PACÍFICO
LAS PRINCIPALES ISLAS HAWAIANAS
0 mi 100
0 km 100

MAPA FÍSICO Y POLÍTICO
AMÉRICA CENTRAL
0 mi
400
0 km
400
PROYECCIÓN ACIMUTAL EQUIDISTANTE
NATIONAL GEOGRAPHIC
ESTADOS UNIDOS
N
MÉXICO
110°O
100°O
90°O
30°N
20°N
10°N
0°
Tijuana
Mexicali
Desierto de Sonora
Baja California
Golfo de California
BAJA CALIFORNIA
SONORA
Ciudad Juáez
CHIHUAHUA
Chihuahua
Río Grande
COAHUILA
BAJA CALIFORNIA SUR
SINALOA
DURANGO
Sierra Madre Occidental
Sierra Madre Oriental
Nuevo Laredo
Monterrey
NUEVO LEÓN
Matamoros
TAMAULIPAS
La Paz
Cabo False
Mazatlán
ZACATECAS
SAN LUIS POTOSÍ
Golfo de México
NAYARIT
AGUASCALIENTES
Ciudad Madero
Tampico
San Luis Potosí
QUÉRETARO
Guadalajara
León
VERACRUZ
JALISCO
HIDALGO
TLAXCALA
Islas Revillagigedo
México
GUANAJUATO
COLIMA
MICHOACÁN
Ciudad de México
Orizaba
18,855 pies
5,747 m.
Bahía de Campeche
Popocatépetl
17,802 pies
5,426 m.
Veracruz
DISTRITO FEDERAL
PUEBLA
MÉXICO
Sierra Madre del Sur
GUERRERO
MORELOS
Acapulco
OAXACA
Istmo de Tehuantepec
TABASCO
CHIAPAS
Golfo de Tehuantepec
Sierra Madre
Mérida
YUCATÁN
Península Yucatán
CAMPECHE
QUINTANA ROO
Ciudad de Belice
Belmopán
BELICE
Golfo de Honduras
HON
Tegucigalpa
GUATEMALA
Ciudad de Guatemala
EL SALVADOR
San Salvador
León
AMÉRICA CENTRAL
OCÉANO PACÍFICO
Isla de Cocos
Costa Rica
1
2
3
4
5
6
7
8
A
B
C
D
E
F
G
H
J
K

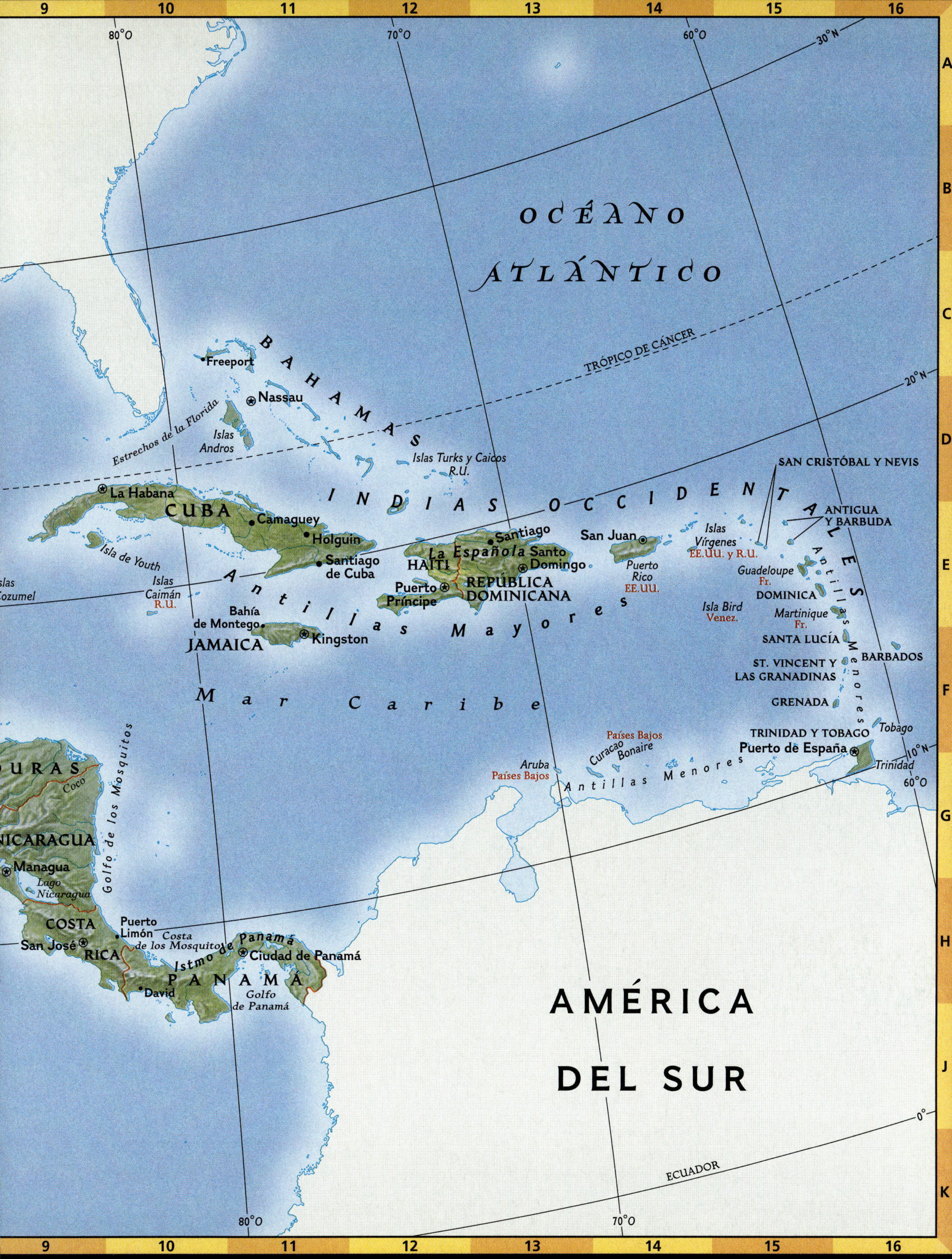

OCÉANO
ATLÁNTICO
TRÓPICO DE CÁNCER
30° N
20° N
10° N
0°
80° O
70° O
60° O
BAHAMAS
Freeport
Nassau
Islas Andros
Estrechos de la Florida
Islas Turks y Caicos
R.U.
INDIAS OCCIDENTALES
La Habana
CUBA
Camaguey
Holguín
Santiago de Cuba
Isla de Youth
Islas Caimán
R.U.
Islas Cozumel
Antillas Mayores
Bahía de Montego
JAMAICA
Kingston
La Española
HAITÍ
Puerto Príncipe
REPÚBLICA DOMINICANA
Santiago
Santo Domingo
San Juan
Puerto Rico
EE.UU.
Islas Vírgenes
EE.UU. y R.U.
SAN CRISTÓBAL Y NEVIS
ANTIGUA Y BARBUDA
Guadeloupe
Fr.
DOMINICA
Martinique
Fr.
Isla Bird
Venez.
SANTA LUCÍA
BARBADOS
ST. VINCENT Y LAS GRANADINAS
GRENADA
Antillas Menores
TRINIDAD Y TOBAGO
Tobago
Puerto de España
Trinidad
Países Bajos
Curaçao
Bonaire
Aruba
Países Bajos
Antillas Menores
Mar Caribe
HONDURAS
Coco
Golfo de los Mosquitos
NICARAGUA
Managua
Lago Nicaragua
COSTA RICA
San José
Puerto Limón
Costa de los Mosquitos
Istmo de Panamá
Ciudad de Panamá
PANAMÁ
David
Golfo de Panamá
AMÉRICA DEL SUR
ECUADOR

MAPA POLÍTICO DE
AMÉRICA
DEL SUR
0 mi 800
0 km 800
PROYECCIÓN ACIMUTAL EQUIDISTANTE
NATIONAL GEOGRAPHIC
Mar Caribe
OCÉANO ATLÁNTICO
OCÉANO PACÍFICO
TRÓPICO DE CAPRICORNIO
ECUADOR
10°N
0°
10°S
20°S
30°S
40°S
50°S
100°O
90°O
80°O
70°O
60°O
50°O
40°O
30°O
20°O
N
VENEZUELA
COLOMBIA
ECUADOR
PERÚ
BOLIVIA
BRASIL
PARAGUAY
URUGUAY
ARGENTINA
CHILE
GUYANA
SURINAME
GUYANA FRANCESA
Fr.
ANDES
CUENCA DEL AMAZONAS
TIERRA DEL FUEGO
Barranquilla
Cartagena
Santa Marta
Maracaibo
Lago Maracaibo
Barquisimeto
Caracas
Valencia
Orinoco
Ciudad Guayana
Georgetown
Paramaribo
Cayenne
Límite reclamado por Surinam
Bucaramanga
San Cristóbal
Medellín
Bogotá
Cali
Isla Malpelo
Col.
Colombia
Boa Vista
Esmeraldas
Quito
Guayaquil
Negro
Isla Marajo
Belém
Amazonas
Santarem
Manaus
Amazonas (Solimoes)
Madeira
Tapajos
Xingú
Iquitos
Marañón
Fortaleza
Teresina
Natal
Campina Grande
Recife
Purus
Ucayali
Tocantins
Porto Velho
Río Branco
Teles Pires
Sao Francisco
Callao
Lima
Machu Picchu
Cuzco
Ayacucho
Lago Titicaca
Trinidad
Salvador (Bahía)
Brasilia
Goiania
Arequipa
La Paz
Oruro
Santa Cruz
Sucre
Arica
Uberandia
Uberaba
Iquique
Campo Grande
Belo Horizonte
Tarija
Paraguay
Campinas
Nova Iguacu
Londrina
Sao Paulo
Río de Janeiro
Santos
Antofagasta
Salta
Asunción
Curitiba
Isla de San Félix
Chil.
Isla de San Ambrosio
Chil.
San Miguel de Tucumán
Paraná
Uruguay
Uruguaiana
Porto Alegre
Santa María
La Serena
Coquimbo
Córdoba
Valparaíso
Santiago
Mendoza
Rosario
Buenos Aires
Montevideo
La Plata
Río de la Plata
Islas Juan Fernández
Chil.
Concepción
Mar del Plata
Bahía Blanca
Negro
Puerto Mont
Comodoro Rivadavia
Islas Falkland (Malvinas)
(Islas Malvinas)
Stanley
Administrado por el Reino Unido
(Claimed by Arg.)
Río Gallegos
Estrecho de Magallanes
Punta Arenas
Ushuaia
Cabo de Hornos
Isla Georgia del Sur
R.U.

MAPA FÍSICO DE
AMÉRICA DEL SUR
0 mi 800
0 km 800
PROYECCIÓN ACIMUTAL EQUIDISTANTE
NATIONAL GEOGRAPHIC
Mar Caribe
OCÉANO ATLÁNTICO
OCÉANO PACÍFICO
Caracas
Lago Maracaibo
Orinoco
VENEZUELA
GUYANA
Georgetown
SURINAM
Paramaribo
Cayenne
GUAYANA FRANCESA
Cataratas del Ángel
Caída total de 3,212 pies 979 m
Bogotá
COLOMBIA
MACIZO DE LAS GUAYANAS
Límite reclamado por Surinam
LOS LLANOS
Isla Malpelo
Quito
ECUADOR
Negro
Amazonas
Isla de Marajó
ECUADOR
CUENCA DEL
Selvas
AMAZONAS
Madeira
Tapajos
Xingu
Purus
Ucayali
Teles Pires
Tocantins
São Francisco
BRASIL
ANDES DEL PERÚ
Lima
Machu Picchu
Lago Titicaca
BOLIVIA
La Paz
Altiplano
Sucre
Salar de Uyuni
MESETA DE MATO GROSSO
MESETA BRASILEÑA
Brasilia
PARAGUAY
Paraguay
GRAN CHACO
Asunción
Cataratas de Iguazú
TRÓPICO DE CAPRICORNIO
Paraná
Uruguay
URUGUAY
Montevideo
Buenos Aires
Río de la Plata
Aconcagua 22,834 pies 6,960 m
Santiago
Islas Juan Fernández
ANDES
ARGENTINA
PAMPAS
CHILE
Negro
PATAGONIA
Isla Grande de Chiloé
-131 Pies -40 m
Península Valdés
Golfo de San Jorge
Península Taitao
Isla de Wellington
Islas Falkland (Islas Malvinas)
Stanley
Estrecho de Magallanes
Tierra del Fuego
Cabo de Hornos
Isla Georgia del Sur
80°O 60°O 50°O 40°O
100° 90°O 80°O 70°O 60°O 50°O 40°O 30°O 20°O
10°N 0° 10°S 20°S 30°S 40°S 50°S
1 2 3 4 5 6 7
A B C D E F G H J K

MAPA POLÍTICO DE
EUROPA
0 mi 400
0 km 400
PROYECCIÓN ACIMUTAL EQUIDISTANTE
NATIONAL GEOGRAPHIC
1 2 3 4 5 6 7 8
A B C D E F G H J K
60°N
50°N
40°N
30°N
40° O
30° O
20° O
10° O
0°
10° E
70°N
CÍRCULO POLAR ÁRTICO
MERIDIANO DE GREENWICH (LONDRES)
N
Akureyri
Reikiavic
ISLANDIA
Mar de Noruega
Tromso
Islas Faroe
Dinamarca
Torshavn
Islas Shetland
Lerwick
Islas Orcadas
Rockall
R.U.
Isla de Lewis
Inverness
Aberdeen
REINO UNIDO
ESCOCIA
Glasgow
Edimburgo
IRLANDA DEL NORTE
Belfast
IRLANDA
Dublín
Cork
Mar de Irlanda
Liverpool
Manchester
GALES
Birmingham
Cardiff
INGLATERRA
Londres
Southampton
Mar Céltico
Land's End
Mar del Norte
Trondheim
Are
Alesund
Bergen
Stavanger
Oslo
NORUEGA
SUECIA
Sundsvall
Golfo de
Uppsala
Estocolmo
Goteborg
Gotland
Skagerrak
Arhus
DINAMARCA
Copenhague
Malmo
Mar Báltico
Kiel
Hamburgo
Gdansk
Bydgoszcz
PA. BA.
La Haya
Amsterdam
Berlín
ALEMANIA
POLONIA
Lodz
OCÉANO ATLÁNTICO
Canal de la Mancha
Le Havre
Bruselas
BÉLGICA
Bonn
Rin
Frankfurt
LUXEMBURGO
Wroclaw
Oder
Praga
REP. CHE.
ESLOVAQUIA
Bratislava
Brest
Rennes
París
Nantes
Estraburgo
La Rochelle
FRANCIA
Munich
Viena
Golfo de Vizcaya
Zúrich
LIECHTENSTEIN
AUSTRIA
Berna
SUIZA
Limoges
Burdeos
Ginebra
Lyon
ALPES
Budapest
HUNGRÍA
ESLOVENIA
Liubliana
Zagreb
CROACIA
A Coruña
Vigo
Donostia-San Sebastián
Bilbao
Toulouse
Milán
Turín
Génova
Venecia
Oporto
Valladolid
Pirineos
MÓNACO
Niza
Marsella
SAN MARINO
BOSNIA Y HERZEGOVINA
Sarajevo
Coimbra
PORTUGAL
ANDORRA
Zaragoza
Mar Adriático
Madrid
ITALIA
Lisboa
ESPAÑA
Barcelona
Córcega
Fr.
CIUDAD DEL VATICANO
Roma
Valencia
Tirana
ALBANIA
Cabo San Vicente
Córdoba
Sevilla
Palma
Islas Baleares
España
Cerdeña
Italia
Nápoles
Cádiz
Murcia
Cartagena
Málaga
Cagliari
Mar Tirreno
Mar Jónico
GIBRALTAR
R.U.
Estrecho de Gibraltar, 492
Mar Mediterráneo
Palermo
Sicilia
Messina
Catania
ÁFRICA
La Valletta
MALTA

Una división comúnmente aceptada entre Asia y Europa aquí marcada con una línea gris está formada por los Montes Urales, el río Ural, el Mar Caspio, el Cáucaso y el Mar Negro con sus salidas, el Bósforo y el Estrecho de los Dardanelos.
Límite entre Europa y Asia
Mar de Barents
Murmansk
Península de Kola
Kirovsk
Umba
Mar Blanco
Kem
Archangelísk
Severodvinsk
Tobseda
Pechora
MONTES URALES
Syktyvkar
LAPLAND
Ivalo
Kiruna
Kemi
Lulea
Oulu
Umea
Botnia
FINLANDIA
Vaasa
Kuopio
Pori
Tampere
Turku
Helsinki
Lago Onega
Lago Ladoga
San Petersburgo
RUSIA
Kirov
Perm
ASIA
Tallinn
ESTONIA
Velikiy Novgorod
Yaroslav
Kazán
Ufa
Tver
Nizhniy Novgorod
Riga
LETONIA
Daugavpils
LITUANIA
Moscú
Samara
Orenburg
Riazán
Penza
Vilna
Smolensk
RUSSIA
Kaunas
Vilnius
Minsk
BELARRUSIA
Oral
Saratov
Volga
Ural
KAZAJSTÁN
Briansk
Homyel
Kursk
Varsovia
Chernihiv
Sumy
Kiev
Kharkiv
Volvogrado
Krakow
Poltava
Lvov
UCRANIA
Vinnitsa
Astracán
Donetsk
Dniéster
Mtes. Cárpatos
Dnepropetrovsk
Rostov
MOLDAVIA
Kishinev
Odesa
Mar de Azov
Kerch
Stavropol
Grozni
Mar Caspio
RUMANÍA
Crimea
Simferopol
Yalta
Sevastopol
CÁUCASO MONTES
GEORGIA
AZERBAIYÁN
Bakú
Belgrado
SERBIA Y MONTENEGRO
Danubio
Bucarest
Constanta
Mar Negro
Mtes. Balcanes
Varna
BULGARIA
KÍSOVO
Sofía
Skopje
MACED.
Bósforo
Estambul
TURQUÍA
Tesalónica
Mar de Mármara
Dardanelos
GRECIA
Mar Egeo
Atenas
Peloponeso
ASIA
Rodas
Nicosia
CHIPRE
Creta
Iraklio
30°E
40°E
50°E
60°E
70°E
80°E
70°N
60°N
50°N
40°N
30°N

EUROPA
Mar Negro
Mar de Mármara
Estambul
ANATOLIA
Ankara
TURQUÍA
Túnez
TÚNEZ
Mar Mediterráneo
Trípoli
Montes Taurus
Aleppo
CHIPRE
SIRIA
LÍBANO
Damasco
Beirut
ISRAEL
Desierto de Siria
Jerusalén
Ammán
Alejandría
El Cairo
JORDANIA
Al-Giza
Península de Sinaí
Mira el recuadro de abajo
LIBIA
EGIPTO
R. Nilo
Hejaz
Embalse de Asuán
Mar Rojo
Límite reclamado por Sudán
SAHARA
SUDÁN
ÁFRICA
Jartum
10°E
20°E
30°E
40°E
40°N
30°N
Mar Mediterráneo Oriental
TURQUÍA
Aleppo
N
CHIPRE
SIRIA
Mar Mediterráneo
LÍBANO
Beirut
Damasco
Mar de Galilea
Alturas del Golán
Río Jordán
Tel Aviv–Yafó
Cisjordania
Canal de Suez
Jerusalén
Ammán
Franja de Gaza
Mar Muerto
ISRAEL
JORDANIA
Al-Giza
El Cairo
EGIPTO
ARABIA SAUDITA
Golfo de Aqaba
Golfo de Suez
Río Nilo
Mar Rojo
0 mi 100
0 km 100

MAPA FÍSICO/POLÍTICO DE
MEDIO ORIENTE
0 mi 500
0 km 500
PROYECCIÓN ACIMUTAL EQUIDISTANTE
NATIONAL GEOGRAPHIC
ASIA
UZBEKISTÁN
Tashkent
TAYIKISTÁN
Dushanbe
TURKMENISTÁN
Achkabad
Mashhad
Kabul
AFGANISTÁN
PAKISTÁN
Mar Aral
Mar Caspio
Cáucaso
GEORGIA
Tbilisi
Baku
Ereván
ARMENIA
Mte. Ararat 16,854 pies (5,137 m)
AZERBAIYÁN
Montes Elbrús
Teherán
Meseta de Irán
Río Tigris
IRAQ
Bagdad
Montes Zagros
Río Éufrates
IRÁN
Al Basrah
KUWAIT
Kuwait
Golfo Pérsico
Manama
BAHRÉIN
QATAR
Doha
Abu Dhabi
Golfo de Omán
TRÓPICO DE CÁNCER
Mascaté
Mar Arábigo
ARABIA SAUDITA
Ríad
EMIRATOS ÁRABES UNIDOS
OMÁN
PENÍNSULA ARÁBIGA
Asir
Rub al Khali (Area vacía)
YEMEN
Sanaa
Adén
Golfo de Adén
N
50°E
60°E
70°E
40°N
30°N
20°N

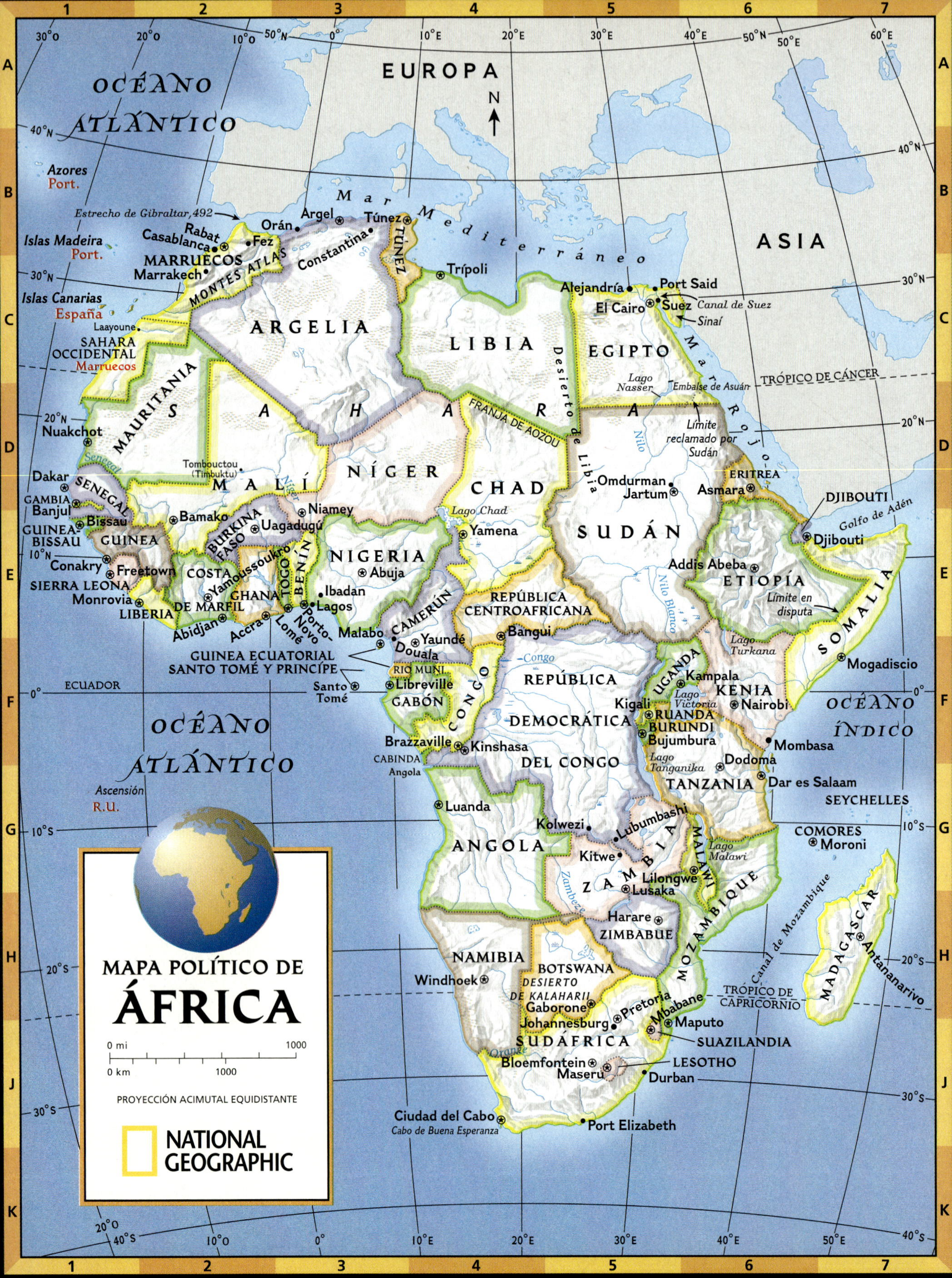
MAPA POLÍTICO DE
ÁFRICA
0 mi
1000
0 km
1000
PROYECCIÓN ACIMUTAL EQUIDISTANTE
NATIONAL GEOGRAPHIC
EUROPA
ASIA
OCÉANO ATLÁNTICO
OCÉANO ÍNDICO
Mar Mediterráneo
Mar Rojo
Golfo de Adén
Canal de Mozambique
Canal de Suez
Sinaí
Estrecho de Gibraltar, 492
Azores
Port.
Islas Madeira
Port.
Islas Canarias
España
Ascensión
R.U.
SAHARA OCCIDENTAL
Marruecos
Laayoune
MARRUECOS
Rabat
Casablanca
Fez
Marrakech
MONTES ATLAS
Orán
Argel
Constantina
Túnez
TÚNEZ
ARGELIA
Trípoli
LIBIA
Alejandría
Port Said
El Cairo
Suez
EGIPTO
Lago Nasser
Embalse de Asuán
TRÓPICO DE CÁNCER
Desierto de Libia
S A H A R A
FRANJA DE AOZOU
Límite reclamado por Sudán
Nilo
MAURITANIA
Nuakchot
Senegal
Dakar
SENEGAL
GAMBIA
Banjul
GUINEA-BISSAU
Bissau
GUINEA
Conakry
Freetown
SIERRA LEONA
Monrovia
LIBERIA
Tombouctou (Timbuktu)
MALÍ
Níger
Bamako
BURKINA FASO
Uagadugú
Niamey
NÍGER
COSTA DE MARFIL
Yamoussoukro
Abidjan
GHANA
Accra
TOGO
Lomé
BENÍN
Porto-Novo
Ibadan
Lagos
NIGERIA
Abuja
Lago Chad
Yamena
CHAD
SUDÁN
Omdurman
Jartum
ERITREA
Asmara
DJIBOUTI
Djibouti
ETIOPÍA
Addis Abeba
Nilo Blanco
Límite en disputa
SOMALIA
Mogadiscio
REPÚBLICA CENTROAFRICANA
Bangui
CAMERÚN
Yaundé
Douala
Malabo
GUINEA ECUATORIAL
SANTO TOMÉ Y PRÍNCIPE
RÍO MUNI
Santo Tomé
Libreville
GABÓN
CONGO
Congo
Brazzaville
Kinshasa
REPÚBLICA DEMOCRÁTICA DEL CONGO
CABINDA
Angola
ECUADOR
UGANDA
Kampala
Lago Turkana
KENIA
Nairobi
Lago Victoria
Kigali
RUANDA
BURUNDI
Bujumbura
Mombasa
Lago Tanganika
Dodoma
TANZANIA
Dar es Salaam
SEYCHELLES
COMORES
Moroni
Luanda
ANGOLA
Kolwezi
Lubumbashi
Kitwe
ZAMBIA
Lusaka
Zambeze
Lilongwe
MALAWI
Lago Malawi
MOZAMBIQUE
Harare
ZIMBABUE
NAMIBIA
Windhoek
BOTSWANA
DESIERTO DE KALAHARI
Gaborone
Pretoria
Johannesburg
Mbabane
Maputo
SUAZILANDIA
SUDÁFRICA
Orange
Bloemfontein
Maseru
LESOTHO
Durban
Ciudad del Cabo
Cabo de Buena Esperanza
Port Elizabeth
MADAGASCAR
Antananarivo
TRÓPICO DE CAPRICORNIO
N
50°N
40°N
30°N
20°N
10°N
0°
10°S
20°S
30°S
40°S
30°O
20°O
10°O
10°E
20°E
30°E
40°E
50°E
60°E
1
2
3
4
5
6
7
A
B
C
D
E
F
G
H
J
K

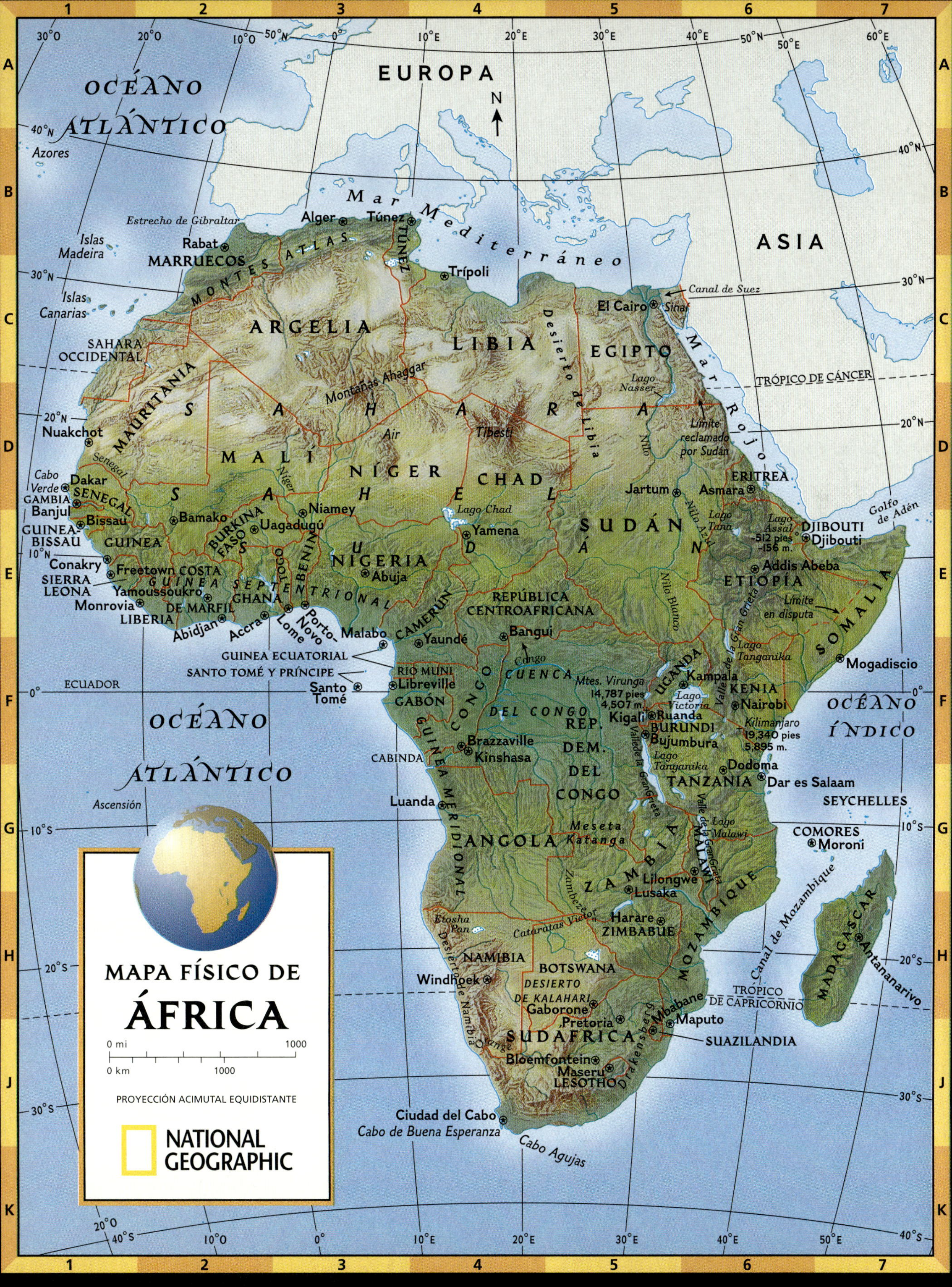
MAPA FÍSICO DE
ÁFRICA
0 mi
1000
0 km
1000
PROYECCIÓN ACIMUTAL EQUIDISTANTE
NATIONAL GEOGRAPHIC
EUROPA
ASIA
OCÉANO ATLÁNTICO
OCÉANO ATLÁNTICO
OCÉANO ÍNDICO
Mar Mediterráneo
Mar Rojo
Golfo de Adén
Canal de Suez
Sinaí
Estrecho de Gibraltar
Azores
Islas Madeira
Islas Canarias
Cabo Verde
Ascensión
ECUADOR
TRÓPICO DE CÁNCER
TRÓPICO DE CAPRICORNIO
SAHARA OCCIDENTAL
MARRUECOS
Rabat
Alger
Túnez
TÚNEZ
Trípoli
ARGELIA
LIBIA
EGIPTO
El Cairo
Lago Nasser
MONTES ATLAS
Montañas Ahaggar
S A H A R A
Desierto de Libia
Tibesti
Air
Nilo
Límite reclamado por Sudán
MAURITANIA
Nuakchot
MALI
NÍGER
CHAD
SUDÁN
Jartum
ERITREA
Asmara
DJIBOUTI
Djibouti
Lago Assal -512 pies -156 m.
Lago Tana
Nilo Azul
Nilo Blanco
ETIOPÍA
Addis Abeba
Límite en disputa
SOMALIA
Mogadiscio
Senegal
Níger
SENEGAL
Dakar
GAMBIA
Banjul
GUINEA-BISSAU
Bissau
GUINEA
Conakry
SIERRA LEONA
Freetown
LIBERIA
Monrovia
COSTA DE MARFIL
Yamoussoukro
Abidján
Bamako
BURKINA FASO
Uagadugú
Niamey
GHANA
Accra
TOGO
Lomé
BENIN
Porto-Novo
S A H E L
GUINEA SEPTENTRIONAL
NIGERIA
Abuja
Lago Chad
Yamena
CAMERÚN
Yaundé
Malabo
GUINEA ECUATORIAL
SANTO TOMÉ Y PRÍNCIPE
Santo Tomé
RÍO MUNI
Libreville
GABÓN
REPÚBLICA CENTROAFRICANA
Bangui
Congo
CUENCA DEL CONGO
CONGO
Brazzaville
Kinshasa
CABINDA
REP. DEM. DEL CONGO
Mtes. Virunga 14,787 pies 4,507 m.
UGANDA
Kampala
Lago Victoria
Valle de la Gran Grieta
KENIA
Nairobi
Kilimanjaro 19,340 pies 5,895 m.
Lago Tanganika
RUANDA
Kigali
BURUNDI
Bujumbura
TANZANIA
Dodoma
Dar es Salaam
SEYCHELLES
COMOROS
Moroni
Luanda
GUINEA MERIDIONAL
ANGOLA
Meseta Katanga
Lago Malawi
MALAWI
Lilongwe
ZAMBIA
Lusaka
Zambeze
Cataratas Victoria
Harare
ZIMBABUE
MOZAMBIQUE
Canal de Mozambique
MADAGASCAR
Antananarivo
Etosha Pan
Desierto de Namibia
NAMIBIA
Windhoek
BOTSWANA
DESIERTO DE KALAHARI
Gaborone
Pretoria
Mbabane
Maputo
SUAZILANDIA
Orange
SUDÁFRICA
Drakensberg
Bloemfontein
Maseru
LESOTHO
Ciudad del Cabo
Cabo de Buena Esperanza
Cabo Agujas

MAPA POLÍTICO DE
ASIA
0 mi
1000
0 km
1000
PROYECCIÓN EQUIDISTANTE DE DOS PUNTOS
NATIONAL GEOGRAPHIC
OCÉANO ATLÁNTICO
OCÉANO ÁRTICO
AMÉRICA DEL NORTE
Mar de Noruega
CÍRCULO POLAR ÁRTICO
Tierra de Franz Josef
Rusia
Mar de Barents
Mar de Kara
Mar Báltico
EUROPA
Una división comúnmente aceptada entre Asia y Europa, aquí marcada con una línea gris, está formada por los Montes Urales, el río Ural, el mar Caspio, el Cáucaso y el mar Negro con sus salidas, el Bósforo y el estrecho de los Dardanelos.
Límite entre Europa y Asia
Moscú
Mar Mediterráneo
Golfo de Ob
Norilsk
Ob
MONTES URALES
RUSIA
SIB
Yenisei
Ural
Cheliábinsk
Omsk
Novosibirsk
Astaná
KAZAJSTÁN
Estambul
Mar Negro
Ankara
TURQUÍA
GEORGIA
Mtes. Cáucaso
Tiflis
ARMENIA
Ereván
AZERBAIYÁN
Azerbaiyán
Bakú
Mar Caspio
Mar de Aral
Syr Darya
UZBEKISTÁN
TURKMENISTÁN
Amu Darya
Ili
Irtish
Tashkent
Bishkek
Alma Atá
Urumqi
KIRGUISTÁN
SINKIANG
TAYIKISTÁN
Dushambe
Adana
LÍBANO
Beirut
Damasco
SIRIA
Jerusalén
ISRAEL
Ammán
JORDANIA
Éufrates
Tigris
Bagdad
IRAQ
Teherán
Ashgabat
TRÓPICO DE CÁNCER
Basora
KUWAIT
Kuwait
IRÁN
AFGANISTÁN
Kabul
Hindu Kush
Islamabad
KASHMIR
KUNLUN
Límite reclamado por India
ÁFRICA
Jiddah
Makkah (La Meca)
ARABIA SAUDITA
Ríad
Manama
BAHRÉIN
QATAR
Doha
Golfo Pérsico
Zahedán
Estrecho de Hormuz
Lahore
PAKISTÁN
TIBET
HIMALAYA
Abu Dhabi
EMIRATOS ÁRABES UNIDOS
Rub al Khali
Mascat
Golfo de Omán
Karachi
Indo
Delhi
Nueva Delhi
Jaipur
NEPAL
Katmandú
Timbu
Mar Rojo
Sanaa
YEMEN
OMÁN
Adén
Golfo de Adén
Indore
Bhopal
Ganges
INDIA
Mar Arábigo
Socotra
Yemen
Mumbai (Bombay)
Godavari
Kolkata (Calcuta)
Krishna
Hyderabad
Golfo de Bengala
Bangalore
Chennai (Madrás)
Lakshadweep
India
Madurai
SRI LANKA
Colombo
ECUADOR
Malé
MALDIVAS
OCÉANO ÍNDICO
Archipiélago Chagos
Océano Índico, territorio británico
30°N
40°N
50°N
60°N
70°N
80°N
20°O
10°O
0°
20°N
10°E
10°N
20°E
0°
20°S
30°E
40°E
50°E
60°E
70°E
80°E
N

AMÉRICA DEL NORTE
Estrecho de Bering
Mar Chukchi
Polo Norte
GLACIAL
Isla Wrangel
Golfo de Anadyr
Anadyr
Mar de Bering
Mar de Siberia Oriental
Tierra del Norte
Nuevas Islas Siberianas
Mar de Laptev
Cordillera Kolyma
Cordillera Chersky
Isla Commander
Península de Kamchatka
Magadán
Montes de Verjoiansk
Lena
Aldan
Mar de Ojotsk
Yakutsk
ASIA
SIBERIA
Sakhalin
Islas Kuriles
OCÉANO PACÍFICO
Amur
Lago Baikal
Hokkaido
Sapporo
MANCHURIA
Irkutsk
Yenisey
Vladivostok
Mar de Japón
JAPÓN
Tokio
Ulan Bator
Herlen
Changchun
MONGOLIA
MTES. ALTAI
GOBI
Shenyang
COREA DEL NORTE
Honshu
Kioto
Osaka
Pyongyang
Seúl
COREA DEL SUR
Hiroshima
Kyushu
Isla Marcus
Japón
TRÓPICO DE CÁNCER
Pekín
Qingdao
Shijiazhuang
Mar Amarillo
Isla Bonin
Japón
Xuzhou
Isla Volcano
Japón
Lanzhou
Xi'an
Mar de China Oriental
Shanghai
Nanjing
CHINA
Amarillo
Yangtze
Islas Ryu-kyu
Okinawa
Chengdu
Nanchang
Fuzhou
Taipei
TAIWAN
Parece Vela
Japón
Límite reclamado por China
Changsha
Guiyang
La República Popular de China reclama Taiwan como su provincia 23.
BHUTAN
BANGLADESH
Dacca
Kunming
Cantón
Hong Kong
Macao
Irrawaddy
MYANMAR (BIRMANIA)
Hanoi
Haiphong
Luzón
Mar Filipino
LAOS
Vientiane
Hainan
Mar de China Meridional
Quezón City
Manila
Samar
FILIPINAS
Yangon (Rangoon)
Da Nang
Mindoro
Leyte
TAILANDIA
Panay
Negros
Bangkok
CAMBOYA
VIETNAM
Palawan
Mindanao
Islas Andamán
India
Phnom Penh
Ciudad Ho Chi Minh
ECUADOR
Golfo de Tailandia
Bandar Seri Begawan
BRUNEI
SABAH
Halmahera
Morotai
Biak
Jayapura
Mar de Andamán
SARAWAK
MALASIA
Nueva Guinea
Molucas
Islas Nicobar
India
Kuala Lumpur
Medan
Kepi
Isla Aru
Merauke
Dolak
SINGAPUR
Borneo
Celebes
Buru
Ceram
Sumatra
INDONESIA
Isla Tanimbar
Jambi
GRANDES ISLAS DE SUNDA
Islas Mentawai
Dili
TIMOR ORIENTAL
Timor
Mar de Java
Mar de
AUSTRALIA
Yakarta
Java
Kupang
80°N
70°N
60°N
50°N
40°N
30°N
20°N
10°N
0°
10°S
20°S
180°
160°E
120°E
100°E
110°E
130°E
140°E
150°E
160°O
170°O
170°E
9
10
11
12
13
14
15
16
A
B
C
D
E
F
G
H
J
K

RUSIA
Lago Baikal
Cordillera Yablonovyy
Ulan Bator
MONGOLIA
MONTAÑAS ALTAI
GOBI
Gran Cordillera Khingan
Llanura de Manchuria
Amur
Cordillera Sikhote Alin
Sakhalin
PENÍNSULA DE KAMCHATKA
Mar de Ojotsk
Mar de Bering
ISLAS ALEUTIANAS
ISLAS KURILES
Hokkaido
Pekín
Pyongyang
COREA DEL NORTE
Seúl
COREA DEL SUR
Mar de Japón
Honshu
JAPÓN
Tokio
Mar Amarillo
Amarillo
CHINA
Yangtze
Mekong
Kyushu
Shikoku
NAMPO SHOTO
OCÉANO PACÍFICO
Mar de China Oriental
Taipei
ISLAS RYU-KYU
TAIWAN
INDIA
MYANMAR (BIRMANIA)
Hanoi
Hainan
LAOS
VIETNAM
Vientiane
TAILANDIA
Bangkok
Yangon (Rangoon)
CAMBOYA
Phnom Penh
Mar Andamán
Luzón
ISLAS FILIPINAS
Mar de China Meridional
Manila
FILIPINAS
Mar Sulu
Mindanao
Mar Filipino
ISLAS MARIANAS
ISLAS MARIANAS SEPTENTRIONALES EE.UU.
GUAM EE.UU.
MICRONESIA
PALÁU
Koror
ISLAS CAROLINAS
ESTADOS FEDERADOS DE MICRONESIA
Palikir
ISLAS MARSHALL
Arco Ratak
Arco Ralik
Majuro
Tarawa
Islas Gilbert
POLINESIA
Bandar Seri Begawan
BRUNEI
Kuala Lumpur
MALASIA
SINGAPUR
Borneo
Mar Célebes
Sumatra
INDONESIA
GRANDES ISLAS DE SUNDA
Célebes
MOLUCAS
Mar de Java
Yakarta
Java
ISLAS SUNDA MENORES
Dili
TIMOR ORIENTAL
Mar de Arafura
NUEVA GUINEA
PAPÚA NUEVA GUINEA
Port Moresby
MELANESIA
Yaren
NAURU
KIRIBATI
Islas Phoenix
ISLAS SALOMÓN
Islas Salomón
Honiara
Islas Santa Cruz
TUVALU
Funafuti
Tokelau N.Z.
SAMOA
SAMOA EE.UU.
Apia
WALLIS Y FUTUNA Fr.
TERRITORIO DE LAS ISLAS DEL MAR DEL CORAL Austral.
VANUATU
Port-Vila
NUEVA CALEDONIA Fr.
Suva
FIYI
TONGA
Nukúalofa
Niue N.Z.
TRÓPICO DE CAPRICORNIO
Mar del Coral
AUSTRALIA
Darling
Gran Bahía Australiana
Canberra
Islas Norfolk Austral.
Isla Lord Howe Austral.
Islas Kermadec N.Z.
Mar de Tasmania
Tasmania
NUEVA ZELANDA
Wellington
Islas Chatham N.Z.
OCÉANO ÍNDICO
105°E
120°E
135°E
150°E
165°E
180°

MAPA FÍSICO Y POLÍTICO DEL
BORDE DEL PACÍFICO
0 mi 1500
0 km 1500
PROYECCIÓN CILÍNDRICA DE MILLER
NATIONAL GEOGRAPHIC
Golfo de Alaska
Isla Kodiak
Archipiélago Alexander
Islas de la Reina Carlota
Isla Vancouver
Cordilleras Costeras
MONTAÑAS ROCOSAS
GRANDES LLANURAS
ESCUDO CANADIENSE
Bahía de Hudson
CANADÁ
Ottawa
Grandes Lagos
Missouri
LLANURAS CENTRALES
MTES. APALACHES
Washington
ESTADOS UNIDOS
Mississippi
LLANURAS COSTERAS
OCÉANO ATLÁNTICO
SEPTENTRIONAL
Cordillera de las Cascadas
Baja California
Golfo de California
Sierra Madre Occidental
Sierra Madre Oriental
MÉXICO
Golfo de México
Nassau
BAHAMAS
La Habana
CUBA
JAMAICA
HAITÍ
REPÚBLICA DOMINICANA
Santo Domingo
Ciudad de México
BELICE
HONDURAS
Tegucigalpa
GUATEMALA
Ciudad de Guatemala
San Salvador
EL SALVADOR
NICARAGUA
Managua
San José
COSTA RICA
PANAMÁ
Ciudad de Panamá
Mar Caribe
Caracas
VENEZ.
LLANOS
Bogotá
COLOMBIA
Quito
ECUADOR
Islas Galápagos
Ecua.
CUENCA DEL AMAZONAS
BRASIL
PERÚ
Lima
ANDES
BOLIVIA
La Paz
Santiago
CHILE
ARGENTINA
PATAGONIA
Isla Grande de Chiloe
TRÓPICO DE CÁNCER
Islas Hawai
HAWAI
EE.UU.
ECUADOR
Kiritimati
Islas Line
Islas Marquesas
Archipiélago de Tuamotu
ISLAS COOK
N.Z.
Islas de la Sociedad
POLINESIA FRANCESA
Fr.
Islas Australes
Islas Pitcairn
R.U.
POLINESIA
OCÉANO PACÍFICO MERIDIONAL
45°N
30°N
15°N
0°
15°S
30°S
45°S
165°O
150°O
135°O
120°O
105°O
90°O
75°O
9
10
11
12
13
14
15
16
A
B
C
D
E
F
G
H
J
K

MAPA POLÍTICO DEL
OCÉANO
GLACIAL
ÁRTICO
0 mi 800
0 km 800
PROYECCIÓN ACIMUTAL EQUIDISTANTE
NATIONAL GEOGRAPHIC
RUSIA
Yenisei
Ob
Golfo de Ob
Mar Blanco
FINLANDIA
SUECIA
NORUEGA
ALEMANIA
LUX.
BÉLGICA
DINAMARCA
PA. BA.
FRANCIA
Mar del Norte
REINO UNIDO
IRLANDA
50°N
Mar de Kara
Novaya Zemlya
Mar de Barents
Península de Taimir
Mar de Noruega
CÍRCULO POLAR ÁRTICO
60°N
70°N
Lena
90°E
60°E
30°E
Svalbard
Tierra del Norte
Tierra de Franz Josef
Mar de Laptev
120°E
0°
Mar de Groenlandia
ISLANDIA
80°N
OCÉANO GLACIAL ÁRTICO
Nuevas Islas Siberianas
Isla Oodaaq
Polo Norte
150°E
Estrecho de Dina
30°O
Mar de Okhotsk
Mar Lincoln
GROENLANDIA
PENÍNSULA KAMCHATKA
Mar de Siberia Oriental
180°
Islas de la Reina Isabel
Isla Ellesmere
Península de Hayes
60°O
Cabo Farewell
Isla Wrangel
150°O
120°O
90°O
Bahía de Baffin
Estrecho de Davis
OCÉANO ATLÁNTICO
Mar Chukchi
Península Chukchi
Cabo Barrow
Isla Devon
Islas Somerset
Isla Melville
Tierra de Baffin
Islas Aleutianas
Mar de Bering
Canal de San Lorenzo
Estrecho de Bering
North Slope
Montes Brooks
Península Seward
Mar de Beaufort
Islas de Banks
Isla Príncipe de Gales
Península Boothia
Península de Melville
Cuenca Foxe
Estrecho de Hudson
Isla Victoria
Isla Nunivak
Yukón
ALASKA
Mackenzie
CANADÁ
Isla de Southampton
OCÉANO PACÍFICO
Bahía de Bristol
Gran Lago del Oso
Bahía de Hudson

OCÉANO ATLÁNTICO MERIDIONAL
Islas Orcadas del Sur
30°O
15°O
0°
15°E
30°E
45°E
45°O
60°O
60°S
CÍRCULO POLAR ANTÁRTICO
Plataforma Hielo de Fimbul
Plataforma de Hielo de Ruser-Larsen
60°E
Islas Shetland del Sur
PENÍNSULA ANTÁRTIDA
70°S
Mar de Weddell
TIERRA DE COATS
TIERRA DE LA REINA MAUD
TIERRA DE ENDERBY
OCÉANO ÍNDICO
TIERRA DE GRAHAM
Plataforma de Hielo Larsen
Monte Jackson 13,747 pies 4,190 m
Valkyrie Dome
TIERRA DE PALMER
Plataforma de Hielo de Filchner
Isla Berkner
75°O
75°E
Isla Alejandro
Plataforma de Hielo de Ronne
Plataforma de Hielo de Amery
MESETA DE AMÉRICA
OCÉANO PACÍFICO MERIDIONAL
Mar de Bellingshausen
TIERRA DE ELLSWORTH
Vinson Massif 16,067 pies 4,897 m
Mtes. Ellsworth
MONTES TRANSANTÁRTICOS
ANTÁRTIDA
MESETA POLAR
Polo Sur
Plataforma de Hielo de West
90°O
90°E
ANTÁRTIDA ORIENTAL
ANTÁRTIDA OCCIDENTAL
Zanja Subglacial Bentley -8,327 pies -2,538 m
Plataforma de Hielo de Shackleton
105°O
TIERRA DE MARIE BYRD
Plataforma de Hielo Ross
Dome Concordia
TIERRA DE WILKES
105°E
MAPA FÍSICO DE LA ANTÁRTIDA
0 mi 600
0 km 600
PROYECCIÓN ACIMUTAL EQUIDISTANTE
NATIONAL GEOGRAPHIC
120°O
Isla Roosevelt
Isla Ross
Monte Erebus 12,448 pies 3,794 m
OCÉANO ÍNDICO
Mar de Ross
TIERRA DE VICTORIA
Talos Dome
135°O
150°O
165°O
180°
165°E
150°E
135°E
120°E

Manual de geografía

La historia del mundo comienza con la geografía —el estudio de la Tierra en toda su variedad. La geografía describe la tierra, el agua y la vida vegetal y animal de la Tierra. Es el estudio de los lugares y de las complejas relaciones entre los pueblos y su medio ambiente.

Los recursos de este manual te ayudarán a sacar provecho de tu libro de texto —y te proporcionarán habilidades que utilizarás por el resto de tu vida.

▼ El río Gui, Guilin, China

▲ Médanos del Sahara, Marruecos

El Amazonas, Brasil ▶

¿Como estudio la geográfica?

Para comprender de qué manera está conectado nuestro mundo, algunos geógrafos han dividido el estudio de la geografía en cinco áreas. Las **cinco áreas de la geografía** son: (1) ubicación, (2) lugar, (3) interacción del hombre con el medio ambiente, (4) movimiento y (5) regiones. Verás estas áreas resaltadas en la sección de Habilidades geográficas de la Evaluación del capítulo de *Viaje en el tiempo: Épocas tempranas.*

Seis elementos esenciales

En los últimos tiempos, los geógrafos han comenzado a considerar a la geografía de modo diferente. Dividieron su estudio en **seis elementos esenciales.** Ser consciente de estos elementos te ayudarán a analizar lo que estás aprendiendo sobre la geografía.

Elemento 1

El mundo en términos especiales

Los geógrafos primero consideran dónde se ubica un lugar. La **ubicación** sirve como punto de partida si preguntas "¿Dónde está?". Conocer la ubicación de los lugares te ayudará a desarrollar tu conciencia acerca del mundo que te rodea.

Elemento 2

Lugares y regiones

Lugar tiene un significado especial en geografía. Significa más que dónde se encuentra un lugar. También describe cómo es el lugar. Puede describir las características físicas, por ejemplo: accidentes geo gráficos, clima y vida animal y vegetal. O puede describir las características humanas incluyendo el idioma o la forma de vida.

Para ayudar a organizar su estudio, los geógrafos a menudo agrupan los lugares en regiones. Las **regiones** están unidas por una o más características en común.

Elemento 3

Sistemas físicos

Al estudiar lugares y regiones, los geógrafos analizan de qué forma los **sistemas físicos** —como los huracanes, volcanes y glaciares— dan forma a la superficie de la Tierra. También observan las comunidades de plantas y animales que dependen los unos de los otros y sus entornos para sobrevivir.

Elemento 4

Sistemas humanos

Los geógrafos también examinan los **sistemas humanos** o cómo los hombres han dado forma a nuestro mundo. Observan cómo se determinan las líneas limítrofes y analizan por qué los pueblos se asientan en ciertos lugares y no en otros. Un área clave en la geografía es el **movimiento** continuo de los pueblos, de las ideas y de los productos.

Elemento 5

El medio ambiente y la sociedad

¿De qué manera la relación entre las personas y su entorno natural influye en la forma en que viven? Ésta es una de las preguntas que el área de **interacción del hombre con el medio ambiente** investiga. También muestra de qué manera las personas utilizan el medio ambiente y cómo sus acciones lo afectan.

Elemento 6

Los usos de la geografía

El conocimiento de la geografía nos ayuda a comprender las relaciones entre las personas, los lugares y el medio ambiente con el tiempo. Comprender la geografía y saber cómo utilizar las herramientas y tecnología disponibles para estudiarla te preparará para la vida en nuestra sociedad moderna.

¿Cómo uso mapas y globos terráqueos?

Los hemisferios

Para ubicar un lugar en la Tierra, los geógrafos utilizan un sistema de líneas imaginarias que atraviesan el globo. Una de estas líneas, el **ecuador,** rodea el punto medio de la Tierra como si fuera un cinturón. La divide en dos "medias esferas" o **hemisferios.** Todo lo que se encuentra al norte del ecuador pertenece al hemisferio norte. Todo lo que se encuentra al sur del ecuador pertenece al hemisferio sur.

Otra línea imaginaria corre de norte a sur. Ayuda a dividir la Tierra en medias esferas en otra dirección. Encuentra esta línea, llamada el **primer meridiano,** en un globo terráqueo. Todo lo que se encuentra al este del primer meridiano por 180 grados pertenece al hemisferio oriental. Todo lo que se encuentra al oeste del primer meridiano pertenece al hemisferio occidental.

NATIONAL GEOGRAPHIC

Los hemisferios

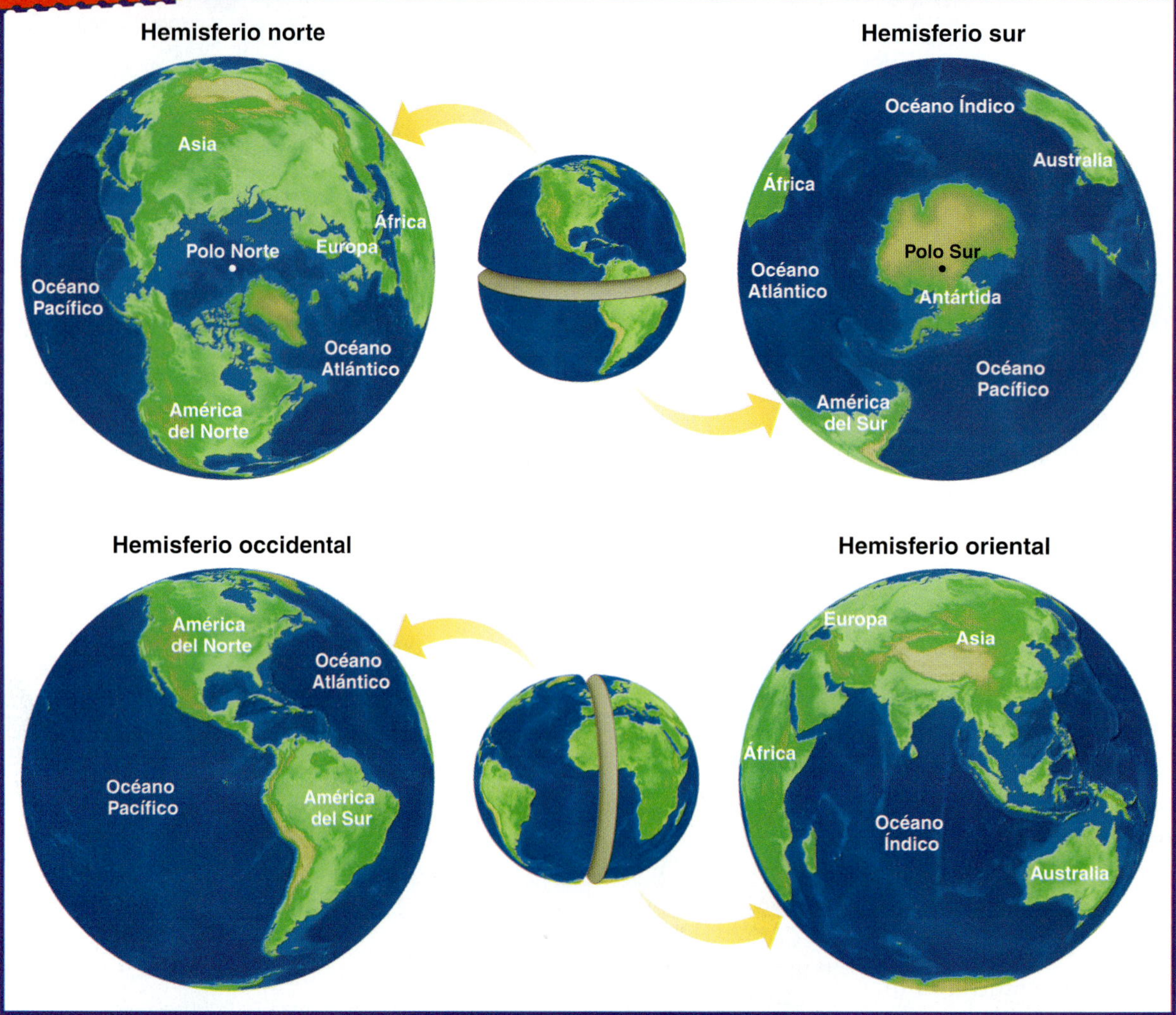

Comprensión de longitud y latitud

*Las líneas sobre los globos terráqueos o mapas brindan información que te puede ayudar a ubicar lugares en la Tierra con facilidad. Estas líneas, denominadas **latitud** y **longitud**, se entrecruzan, formando un patrón llamado sistema de cuadrícula.*

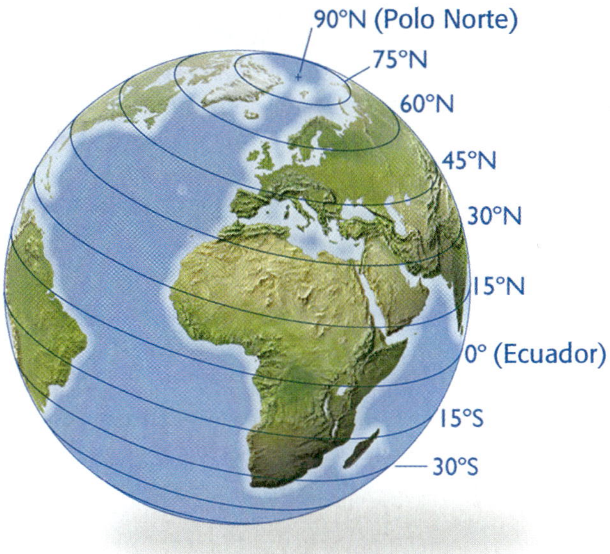

Latitud

Las líneas de latitud o **paralelos,** rodean a la Tierra de forma paralela al **ecuador** y miden la distancia al norte o sur del ecuador en grados. El ecuador se encuentra a 0° de latitud, mientras que el Polo Norte está a 90° de latitud N (norte).

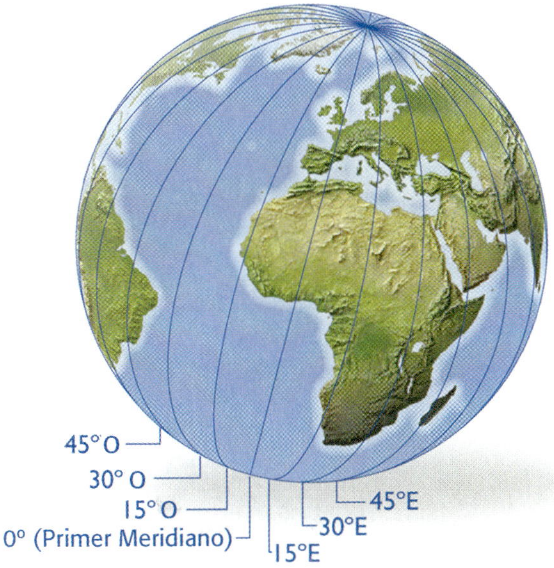

Longitud

Las líneas de longitud o **meridianos,** rodean a la Tierra de Polo a Polo. Estas líneas miden las distancias este u oeste desde la línea de punto de partida, que se encuentra en la longitud 0° y se llama **primer meridiano.** El primer meridiano pasa por el Royal Observatory (Observatorio Real) de Greenwich, Inglaterra.

Ubicación absoluta

El sistema de cuadrícula formado por líneas de latitud y longitud hace posible encontrar la ubicación absoluta de un lugar. Es posible encontrar sólo lugar en el punto en el que una línea específica de latitud cruza una línea específica de longitud. Utilizando grados (°) y minutos (') (puntos entre grados), es posible identificar un lugar preciso donde una línea de latitud cruza una de longitud —una **ubicación absoluta.**

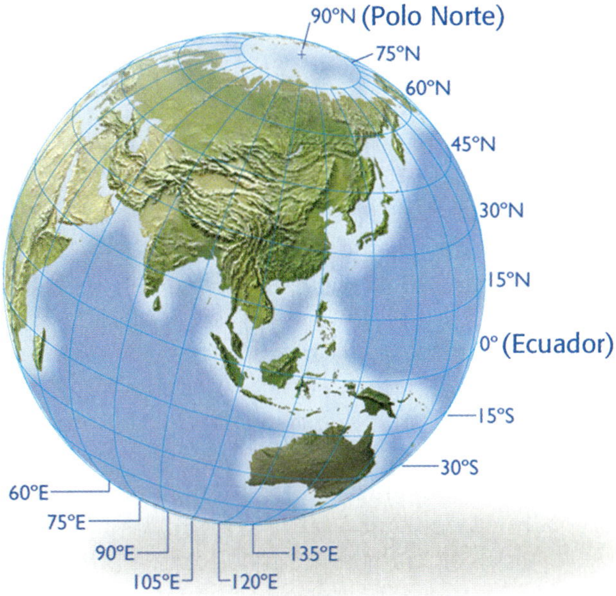

De globos terráqueos a mapas

*La forma más precisa de describir a la Tierra es como un **globo terráqueo**, un modelo redondo a escala de la Tierra. Un globo terráqueo brinda una muestra real de los tamaños relativos de los continentes y las formas de los accidentes geográficos y de las masas de agua. Los globos terráqueos representan, con precisión, la distancia y la dirección.*

*Un **mapa** es un dibujo plano de toda o parte de la superficie de la Tierra. A diferencia de los globos terráqueos, los mapas pueden mostrar pequeñas zonas en gran detalle. Los mapas también pueden mostrar los límites políticos, las densidades demográficas e incluso los resultados de votaciones.*

De globos terráqueos a mapas

Sin embargo, los mapas tienen sus limitaciones. Como puedes imaginar, dibujar un objeto redondo sobre una superficie plana resulta muy difícil. Los **cartógrafos** o los encargados de trazar los mapas, utilizan fórmulas matemáticas para transferir la información del globo redondo a un mapa plano. Sin embargo, cuando las curvas de un globo se vuelven rectas en un mapa, el tamaño, la forma, la distancia o el área pueden cambiar o distorsionarse.

Trayectos de línea de rumbo

Los cartógrafos han resuelto algunos de los problemas de trasladar información de un globo terráqueo a un mapa. Una línea de rumbo es una línea imaginaria que recorre la curva de la Tierra. Viajar a lo largo de la línea de rumbo se llama es conocido como seguir la **ruta del gran círculo.** Los pilotos de aviones utilizan los trayectos de línea de rumbo porque son los más cortos.

La idea de la línea de rumbo muestra una gran diferencia entre el globo terráqueo y un mapa. Como el globo es redondo, muestra las líneas de rumbo con gran precisión. Sin embargo, en un mapa plano, el trayecto de línea de rumbo entre dos puntos puede no parecer la distancia más corta. Compara los mapas A y B que se encuentran a la derecha.

Cartografía con tecnología

La tecnología ha cambiado la forma de crear mapas. La mayoría de los cartógrafos utiliza programas de software denominados **sistemas de información geográfica (GIS).** Este software aplica capas de datos para mapas provenientes de imágenes satelitales, texto impreso y estadísticas. Un **Sistema global de navegación (GPS)** ayuda a los consumidores y a los cartógrafos a ubicar lugares basándose en coordenadas emitidas por satélites.

NATIONAL GEOGRAPHIC

Trayecto de línea de rumbo

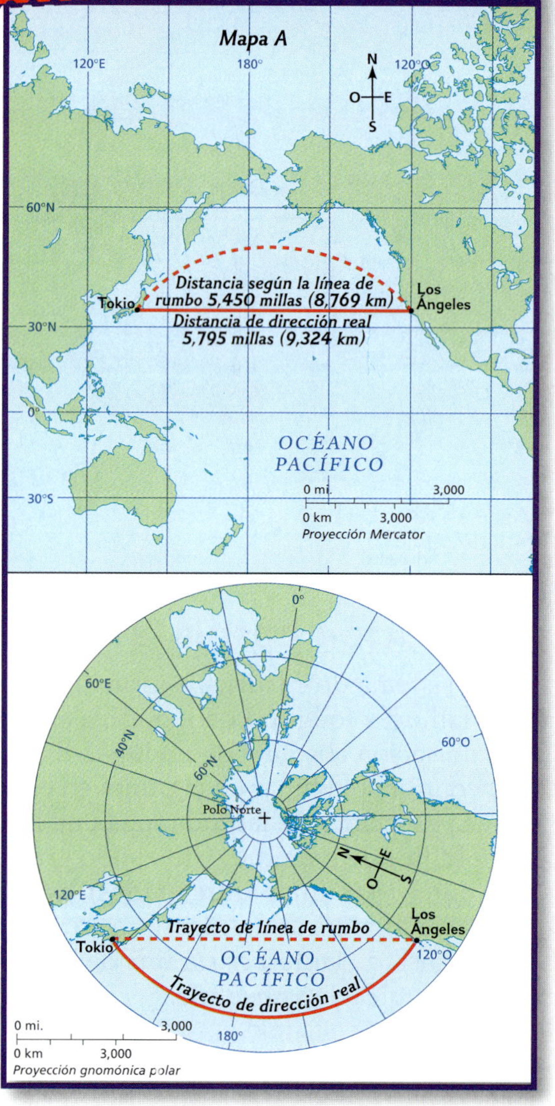

Proyecciones de mapas comunes

Imagina tener que pelar toda una naranja y tratar de aplanarla sobre una mesa. Deberías cortarla o estirarla por partes. Los cartógrafos se enfrentan un problema similar al mostrar la superficie de la Tierra redonda sobre un mapa plano. Cuando la superficie de la Tierra se aplana, se abren grandes brechas. Para cubrirlas, los cartógrafos extienden partes de la Tierra. Eligen mostrar las formas correctas de los lugares o sus tamaños correctos. Es imposible mostrar ambos. Como consecuencia, han desarrollado distintas proyecciones o formas de mostrar la tierra sobre un papel plano.

Proyección interrumpida equivalente de Goode

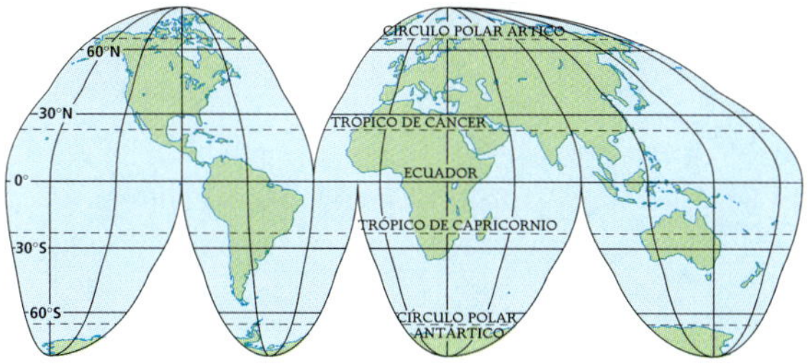

▲ Tómate un segundo para observar tu naranja pelada y aplanada. Podrías tener algo parecido a un mapa basado en la proyección **interrumpida equivalente de Goode**. Un mapa con esta proyección muestra los continentes casi con sus formas y tamaños reales. Esta proyección es útil para comparar las áreas de territorio entre los continentes.

Proyección Robinson

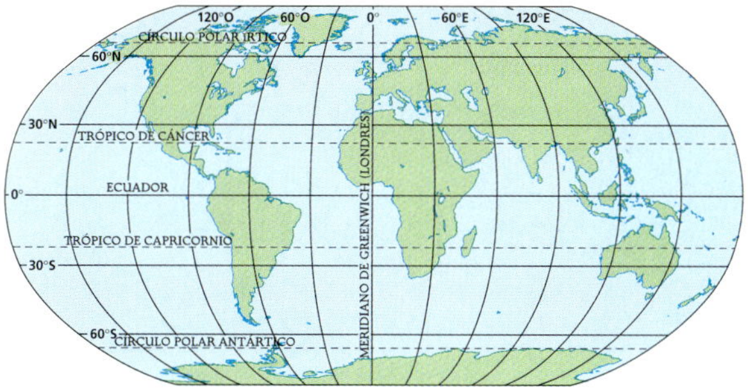

▲ Un mapa que utiliza la proyección **Robinson** tiene distorsiones pequeñas. La tierra que se encuentra en los lados este y oeste del mapa Robinson aparece de forma muy parecida a cómo se la ve en un globo terráqueo. Las áreas más distorsionadas de esta proyección se encuentran cerca de los Polos Norte y Sur.

Proyección Winkel Tripel

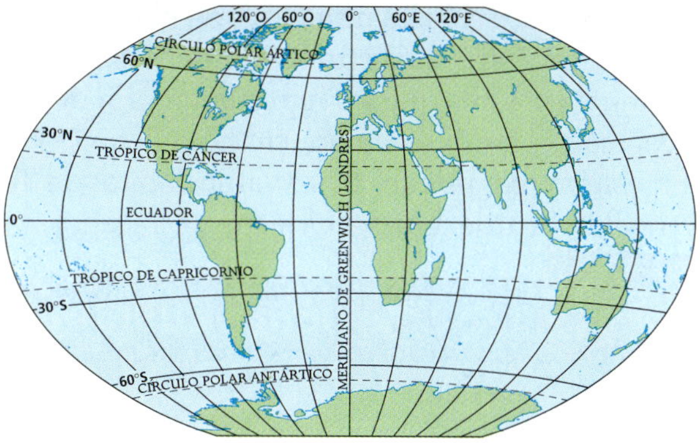

▲ La proyección **Winkel Tripel** brinda una buena visión general de las formas y tamaños de los continentes. Las zonas de tierra de la proyección Winkel Tripel no están tan distorsionadas cerca de los Polos como lo están en la proyección Robinson.

Proyección Mercator

▲ La proyección **Mercator** muestra la dirección real y las formas del territorio con bastante precisión, pero no así el tamaño o la distancia. Las áreas ubicadas lejos del ecuador están bastante distorsionadas en esta proyección. Alaska, por ejemplo, aparece mucho más grande en el mapa Mercator que en un globo terráqueo.

Partes de mapas

Clave del mapa del mapa El principal paso al comenzar a leer un mapa es tener en cuenta la clave del mapa. La **clave del mapa** explica las líneas, símbolos y colores utilizados en el mapa. Por ejemplo, el mapa de esta página muestra las distintas regiones climáticas de Estados Unidos y los diferentes colores que las representan. En general, las ciudades aparecen con el símbolo de un círculo relleno (•) y las capitales con una (⊛). En este mapa, puedes observar la capital de Texas y las ciudades de Los Ángeles, Seattle, Nueva Orleans y Chicago.

Escala Una línea de medida, a menudo llamada **barra de medir la escala,** te ayudará a darte cuenta de la distancia en un mapa. La escala del mapa te dice qué distancia en la Tierra está representada por tal medida en la barra de la escala.

Rosa de los vientos Un mapa tiene un símbolo que te dice dónde se ubican los **puntos cardinales** —norte, sur, este y oeste.

Tipos de mapas

Mapas de propósitos generales

Los mapas son herramientas sorprendentemente útiles. Los geógrafos utilizan muchos tipos diferentes de mapas. Los mapas que muestran una amplia gama de información general sobre un área se llaman **mapas generales.** Dos de los mapas de propósitos generales más comunes son los mapas políticos y físicos.

Mapas físicos

Los **mapas físicos** resaltan los accidentes geográficos y las características del agua. El mapa físico de Sri Lanka (abajo) muestra los ríos y las montañas. Los colores que se utilizan en los mapas físicos son el marrón o verde para el territorio y azul para el agua. Además, los mapas físicos pueden utilizar colores para mostrar **elevaciones** —la altura de una zona sobre el nivel del mar. Una clave explica qué significa cada color y cada símbolo.

NATIONAL GEOGRAPHIC

España: Mapa político

NATIONAL GEOGRAPHIC

Sri Lanka: Mapa físico

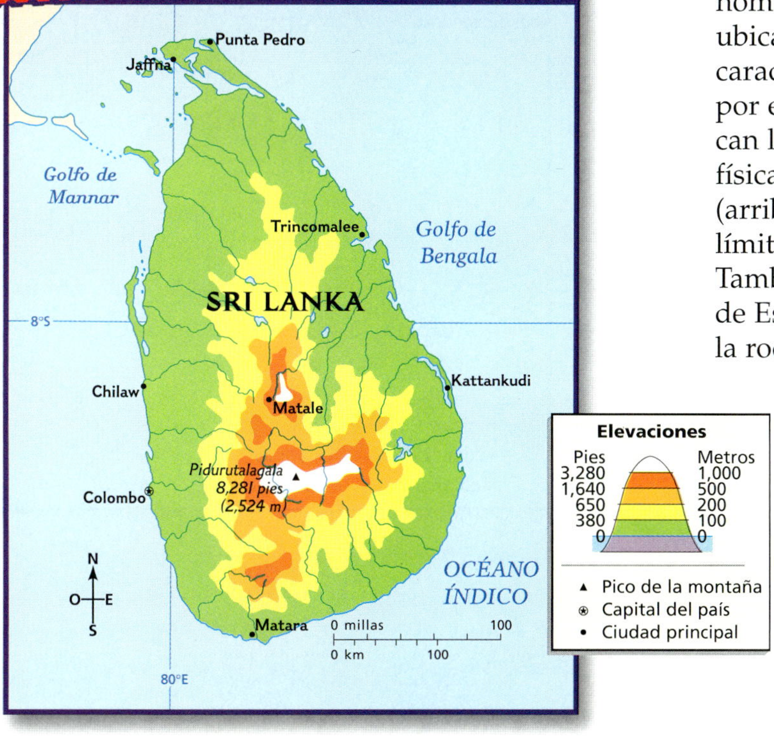

Mapas políticos

Los **mapas políticos** muestran los nombres y límites de los países, la ubicación de las ciudades y otras características del lugar construidas por el hombre y, a menudo, identifican las principales características físicas. El mapa político de España (arriba), por ejemplo, muestra los límites entre España y otros países. También muestra las ciudades y ríos de España y cuerpos de agua que la rodean.

Mapas de propósitos especiales

Algunos mapas se hacen para presentar tipos específicos de información. Reciben el nombre de **mapas temáticos** o **de propósitos especiales.** En general, muestran temas o patrones, a menudo resaltando un área o tema en particular. Los de propósitos especiales pueden presentar, por ejemplo, el clima, los recursos naturales o la densidad de población. También pueden mostrar información histórica, como batallas o cambios en los territorios. El título del mapa indica cuál es el tipo de información especial que presenta. Los colores y los símbolos en la clave del mapa son de especial importancia en este tipo de mapas. Los mapas de propósitos especiales a menudo se encuentran en libros de mapas llamados atlas.

Un tipo de mapa de propósito especial utiliza diferentes colores para mostrar la densidad de población, o el número promedio de habitantes que viven en una milla cuadrada o kilómetro cuadrado. Como ocurre con otros mapas, es importante primero leer el título y la clave. El mapa de densidad de población de Egipto muestra que el valle y el delta del Nilo son áreas muy densamente pobladas.

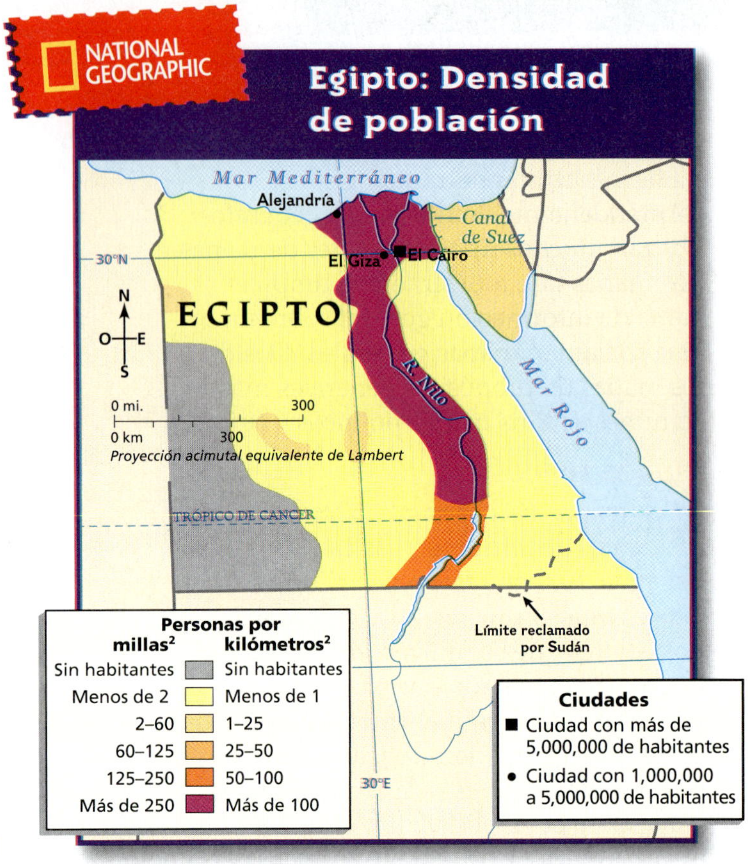

Otros mapas de propósitos especiales, como el de las Defensas de China, no aparecen en color. Salen sólo en blanco y negro. Éste es un ejemplo de un mapa que podrías encontrar en un examen estandarizado o en un periódico.

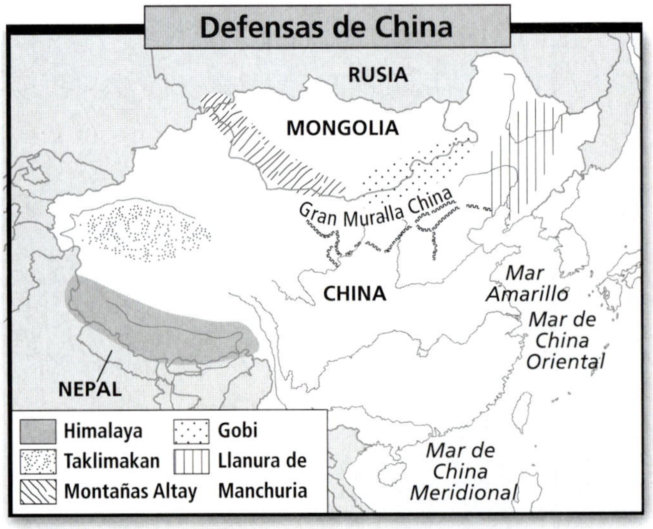

Uso de cuadros, gráficos y diagramas

Gráficas de barras, lineales y circulares

Una gráfica es una forma de resumir y presentar información de forma visual. Cada parte de una gráfica brinda información útil. Primero lee el título del gráfico para saber acerca del tema. Luego lee los rótulos que se encuentran sobre los **ejes** de la gráfica: la línea vertical a la izquierda de la gráfica y la horizontal en la base. Un eje indica qué se está midiendo. El otro indica qué unidades de medida se utilizan.

Las gráficas que utilizan barras o líneas anchas para comparar datos de forma visual son denominadas **gráficas de barra.** Observa con cuidado la gráfica de barras (derecha) que compara los idiomas del mundo. El eje vertical presenta una lista de los idiomas. El eje horizontal presenta la cantidad de personas que hablan ese idioma en millones. Comparando las longitudes de las barras, puedes ver enseguida cuáles son los idiomas más hablados. Las gráficas de barras son especialmente útiles para comparar cantidades.

Gráfica de barras

Una **gráfica lineal** es una herramienta útil para mostrar los cambios a lo largo de un período de tiempo. Las cantidades que se miden se indican en la grilla arriba de cada año y luego se conectan por medio de una línea. A veces, las gráficas lineales tienen dos o más líneas trazadas. La gráfica lineal (izquierdo) muestra que el número de granjas en Estados Unidos se ha reducido desde 1940.

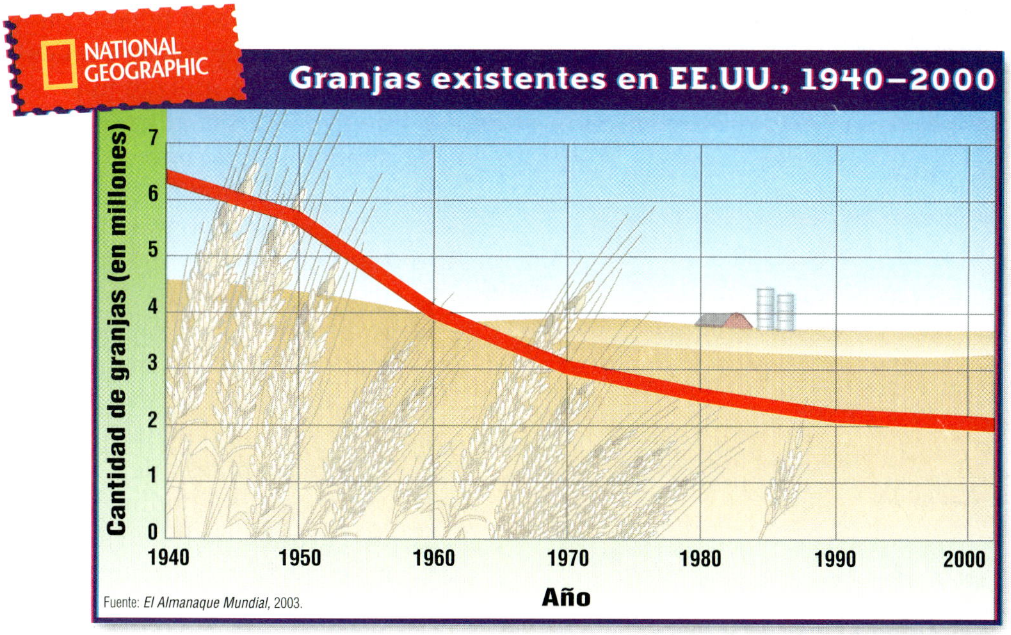

Gráfica lineal

Puedes utilizar **gráficas circulares** cuando desees mostrar de qué forma algo se divide en partes. Debido a su forma, las gráficas circulares a menudo se denominan gráficas de torta. Cada "porción de la torta" representa una parte o porcentaje del total de la "torta". En la gráfica circular a la derecha, todo el círculo (100 por ciento) representa la población mundial en 2002. Las porciones muestran de qué forma se divide la población entre los cinco continentes de mayor tamaño.

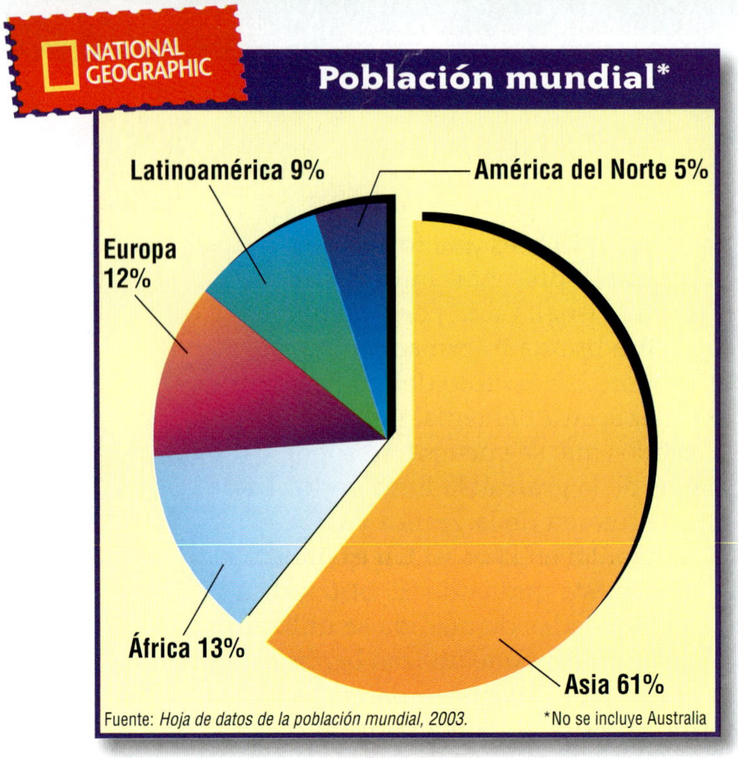

Gráfica circular

Cuadros

Los **cuadros** presentan hechos y números de forma organizada. Ordenan los datos, en particular los números, en filas y columnas para referencia rápida. Para interpretar el cuadro, primero lee el título. Mira el cuadro de la página 91. Presenta la información que contiene el cuadro. A continuación, lee los rótulos que se encuentran en la parte superior de cada columna y a la izquierda del cuadro. Explican qué miden los números o los datos del cuadro.

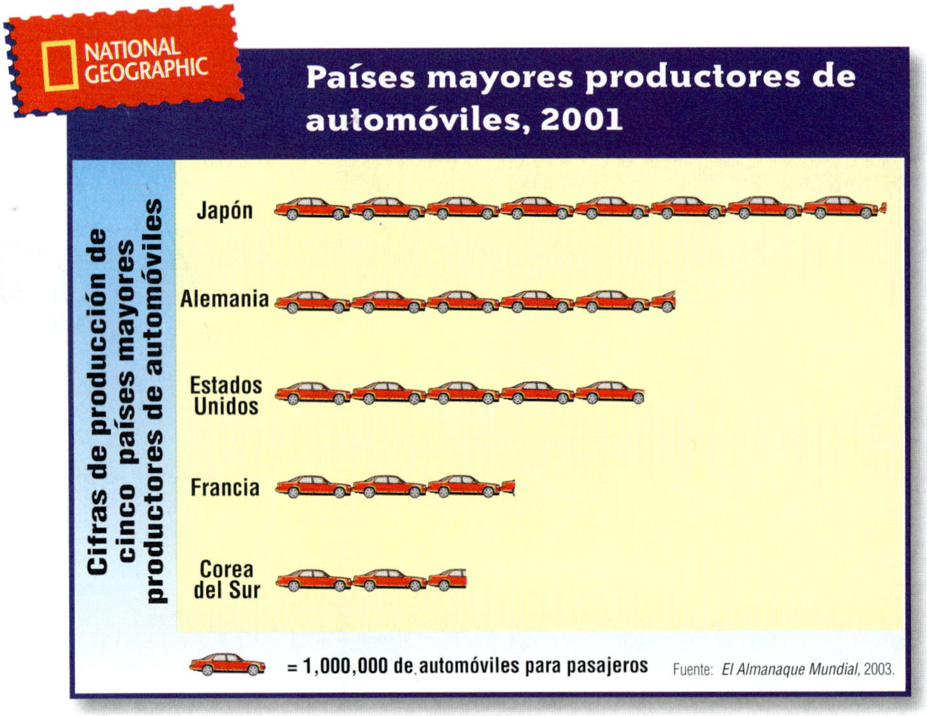

Pictograma

Pictogramas

Al igual que las gráficas de barra o circulares, los pictogramas son buenos para efectuar comparaciones. Los **pictogramas** utilizan hileras de pequeños cuadros o símbolos, cada uno representando una cantidad. Observa el pictograma (izquierda) que muestra el número de automóviles que producen los cinco países mayores productores de automóviles. La clave indica que el símbolo de un auto significa 1 millón de automóviles. El número total de autos en un hilera se agrega a la producción de autos en cada país seleccionado.

Gráficas de clima

Una **gráfica de clima** combina una gráfica lineal y una gráfica de barras. Proporciona una descripción general de los patrones climáticos a largo plazo en un lugar específico. Las gráficas de clima incluyen distintos tipos de información. Las barras verticales en verde en la gráfica de clima de Moscú (derecha) muestra el promedio mensual de precipitaciones (lluvias, nieve y granizo). Estas barras se miden sobre el eje que se encuentra a la derecha de la gráfica. La línea roja trazada sobre las barras representa los cambios en la temperatura mensual promedio. Puedes medir esta línea contra el eje que se encuentra a la izquierda.

Gráfica de clima

Diagramas

Los **diagramas** son dibujos que muestran los pasos de un proceso, identifican las partes de un objeto o explican de qué forma funciona. Un perfil de elevación es un tipo de diagrama que puede resultar útil al comparar las elevaciones, o altura, de un área. Muestra una vista lateral exagerada del territorio como si estuviera cortada y la vieras desde un costado. El perfil de elevación de África (abajo) muestra de forma clara el nivel del mar, las zonas bajas y las montañas.

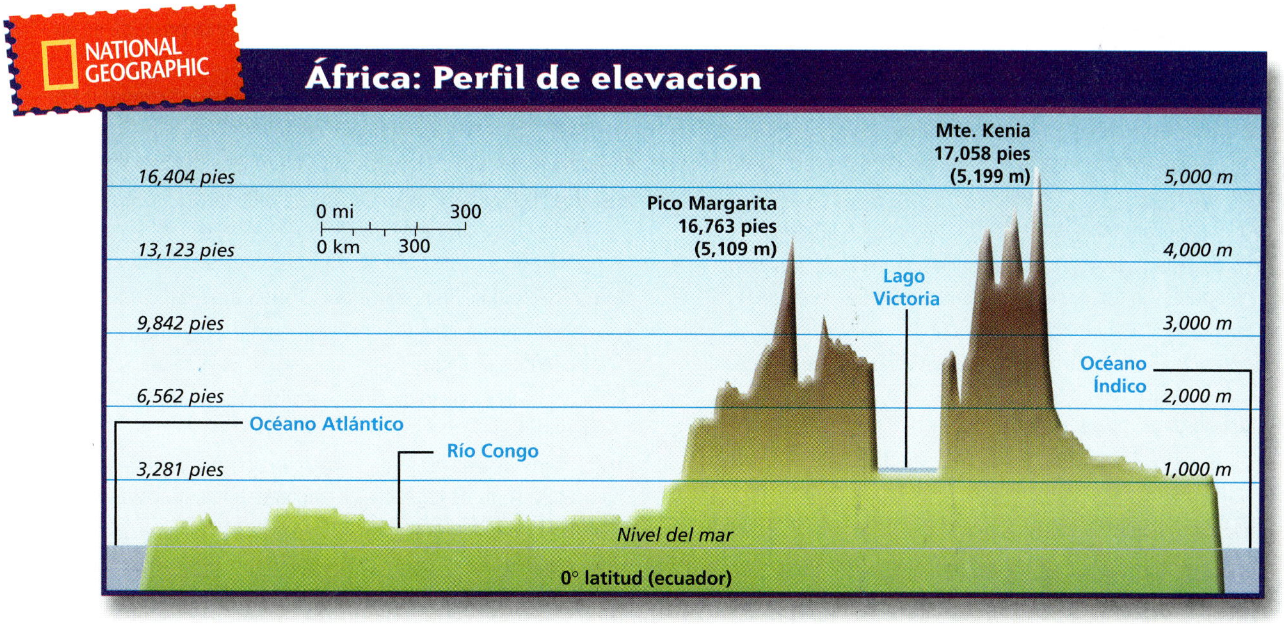

Diagrama

NATIONAL GEOGRAPHIC

Diccionario geográfico

A medida que leas sobre la historia mundial, encontrarán los siguientes términos. Muchos términos figuran en el diagrama.

acantilado pared de roca, tierra o hielo alta y escarpada

bahía parte de una gran masa de agua que se extiende hacia dentro sobre la línea costera, en general más pequeña que un golfo

brazo de mar masa de agua entre una línea costera y una o más islas junto a la costa

cabo punta de terreno que se extiende hacia dentro de un río, lago u océano

cadena de montañas serie de montañas conectadas

canal estrecho ancho o paso de agua entre dos masas de tierra que se encuentran cercanas; parte profunda de un río o paso de agua

cañón valle profundo y estrecho con paredes escarpadas

característica cultural característica que los humanos han creado en un lugar, como el idioma, religión, vivienda y patrón de asentamiento

característica física característica de un lugar que se produce de forma natural, como accidente geográfico, masa de agua, patrón climático o recurso

colina terreno elevado con costados en pendiente y cima redondeada, en general de menor tamaño que una montaña

continente una de las siete grandes masas de tierra del planeta

corriente abajo dirección en la que un río o corriente fluye desde su origen hasta su desembocadura

corriente arriba dirección opuesta al flujo del río, hacia el origen del río o de la corriente de agua

corriente oceánica corriente de agua fría o cálida que se mueve en una dirección definida a través de un océano

costa marina tierra que se encuentra junto al mar o el océano

cuenca área de tierra drenada por un río y sus ramificaciones; área rodeada por tierras de mayor elevación

delta tierra baja y plana originada por la acumulación de tierra transportada corriente abajo de un río y depositada en su desembocadura

desembocadura (de un río) lugar donde una corriente o río fluye hacia una masa mayor de agua

división extensión de tierras altas que separa los sistemas de un río

ecuador línea imaginaria que corre alrededor de la Tierra a mitad de distancia entre los Polos Norte y Sur; se utiliza como punto de partida para medir los grados de latitud norte y sur

elevación altura de la tierra por encima del nivel del mar

estrecho porción de agua delgada que une dos masas de agua de mayor tamaño

glaciar masa de hielo grande y espesa que se mueve con lentitud

golfo parte de una gran masa de agua que se extiende hacia dentro sobre la línea costera, en general de mayor tamaño y más profundamente insertada que una bahía

isla área de terreno de menor tamaño que un continente, rodeada por completo por agua

istmo delgada extensión de tierra que conecta dos áreas de tierra de mayor tamaño

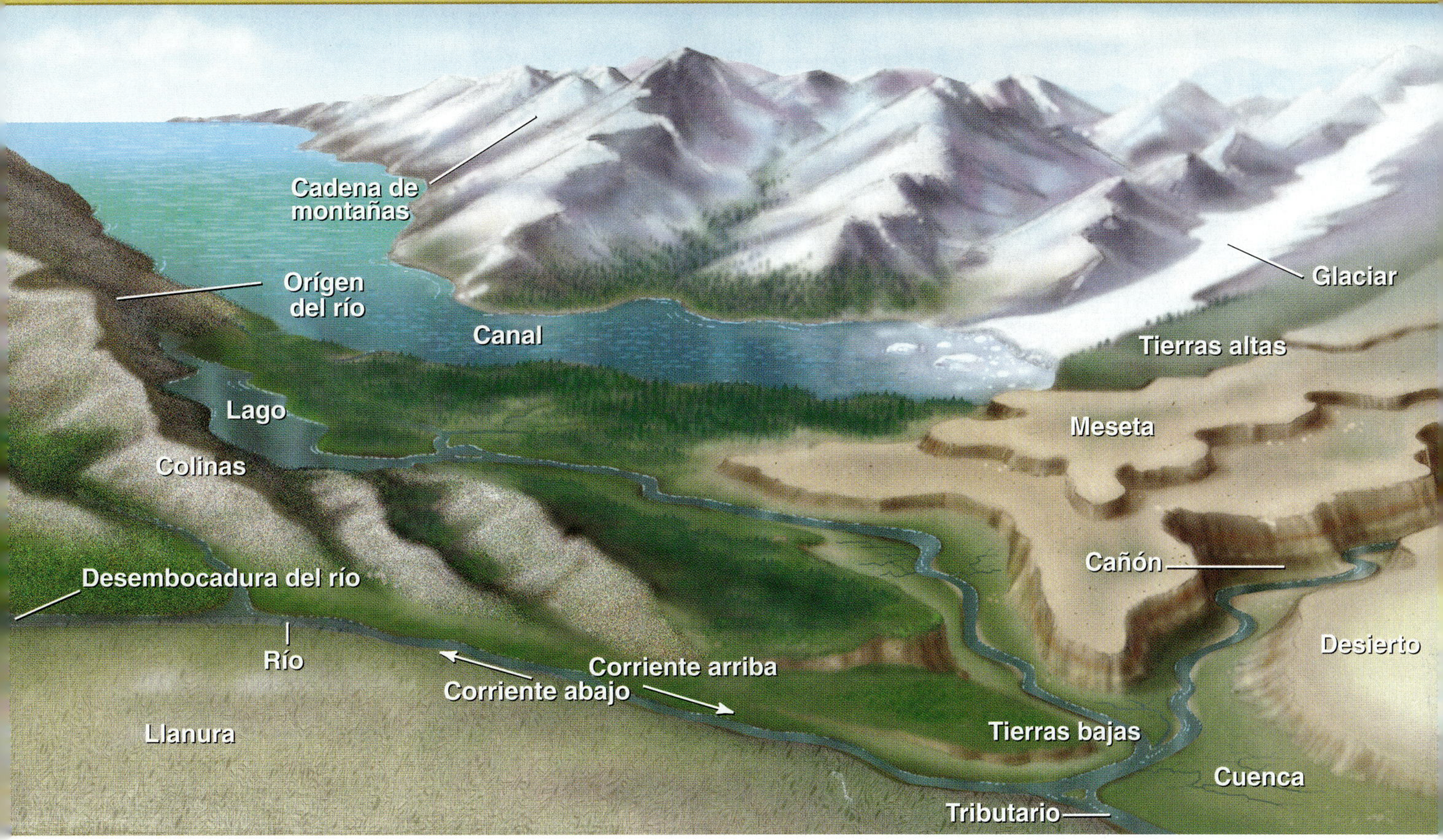

lago una masa de agua rodeada de tierra, de tamaño apreciable

latitud distancia al norte o sur del ecuador, medida en grados

llanura área de terreno nivelado, en general a baja elevación y a menudo cubierta por pasto.

longitud distancia al este u oeste del primer meridiano, medida en grados

mapa dibujo de la Tierra mostrado en una superficie plana

mar gran masa de agua rodeada en parte o totalmente por tierra

meridiano una de varias líneas de una cuadrícula que cubre el mundo, desde el Polo Norte al Polo Sur, utilizados para medir los grados de longitud

mesa ancha forma de terreno plana con laderas escarpadas, de menor tamaño que una meseta

meseta área de terreno plano o con elevaciones por encima del nivel del mar, alrededor de 300–3,000 pies (91–914 m) de altura

montaña terreno con laderas escarpadas que se alza a grandes alturas (1,000 pies [305 m]o más) desde la tierra que la rodea; en general, de mayor tamaño y más pronunciada que una colina

nivel del mar posición del nivel del terreno respecto de la superficie de un mar u océano cercano

océano una de las cuatro masas principales de agua salada que rodean a los continentes

origen (de un río) lugar donde comienza un río o una corriente de agua, a menudo en tierras altas

pico de la montaña cumbre punteaguda de la montaña

puerto lugar protegido a lo largo de la línea costera donde los barcos pueden anclar de forma segura

paralelo una de varias líneas de una cuadrícula que cubre el mundo que rodea a la tierra al norte o sur del ecuador y se utiliza para medir grados de latitud

peninsula masa de tierra que se introduce en un lago u océano, rodeada por tres lados por agua.

primer meridiano línea de la cuadrícula que cubre el mundo, que se extiende desde el Polo Norte hasta el Polo Sur y que pasa por Greenwich, Inglaterra, y es el punto de partida para medir los grados de longitud este y oeste

tierras altas área de terreno elevado, como una colina, montaña o meseta

tierras bajas terreno, en general nivelado, con menor elevación

relieve cambios en la elevación en un área de terreno dado

río gran corriente natural de agua que corre a través del terreno

tributario pequeño río o corriente que fluye hacia un río o corriente de mayor tamaño; rama de un río

ubicación absoluta ubicación exacta de un lugar en la Tierra descrita por las coordenadas globales

valle área de tierras bajas entre colinas o montañas

volcán montaña creada como roca líquida o ceniza eruptiva desde el interior de la Tierra

Herramientas del historiador

Un historiador es una persona que estudia y escribe sobre los pueblos y acontecimientos del pasado. Los historiadores averiguan cómo vivían los diferentes pueblos, qué pasó con ellos y en torno a ellos. Buscan las razones que están detrás de los acontecimientos. También estudian los efectos de los acontecimientos.

¿Alguna vez te has preguntado si tú podrías ser un historiador? Para poder contestar esta pregunta, necesitas saber cómo se investiga la historia, y cómo se escribe sobre ella. Los historiadores usan una serie de herramientas para investigar y organizar la información. Puedes aprender acerca de estas herramientas en las próximas páginas. A medida que estudies con este libro, verás que estas herramientas te ayudarán a entender la historia mundial.

Los arqueólogos son científicos que desentierran los restos del pasado. Los historiadores dependen de su trabajo.

Desenterrando el pasado

¿Qué estudian los arqueólogos?

- Huesos humanos y de animales, semillas, árboles
- Cerámica, herramientas, armas
- Montículos, pozos, canales

Cerámica prehistórica

¿Cómo reúnen los datos?

- Reconocimientos realizados a pie
- Fotografías tomadas desde aviones o satélites
- Radar que penetra la tierra
- Trazado de ubicaciones en mapas
- Excavaciones en busca de evidencias con herramientas que incluyen desde equipo pesado hasta palas
- Exploración con sonar para detectar objetos sumergidos bajo el agua

¿Cómo interpretan las cosas que descubren?

- Organizan los artefactos en grupos basándose en sus similitudes
- Comparan los objetos en relación con otros objetos
- Buscan evidencias de los cambios ocurridos durante un período de tiempo
- Averiguan la antigüedad de los objetos que una vez fueron seres vivientes midiendo sus niveles de carbono 14
- Usan pruebas microscópicas y biológicas para averiguar la antigüedad de los objetos

Establecimiento de fechas con el método del carbono 14

Haz tus propias excavaciones

Investiga en la biblioteca y la Internet para encontrar información sobre dos excavaciones arqueológicas, una del pasado y la otra muy reciente. Compara y contrasta los métodos usados en cada excavación. ¿Qué cambios observas en las herramientas que los arqueólogos han usado con el transcurso de los años?

Medición del tiempo

▲ Alrededor del año 500 d.C., un monje, o religioso cristiano, desarrolló el método occidental para asignar fechas a los acontecimientos.

Idea principal

Los historiadores usan calendarios y las fechas de los acontecimientos para medir el tiempo.

Enfoque en la lectura ¿Alguna vez has pensado en viajar en el tiempo a una era muy antigua? Esto es precisamente lo que hacen los historiadores. Lee para saber cómo los historiadores llevan un registro de los acontecimientos del pasado.

Calendarios Los historiadores usan *calendarios*, o sistemas de fechas, para medir el tiempo. Las culturas de todo el mundo han desarrollado diferentes calendarios basándose en acontecimientos importantes de su propia historia. Las naciones de Occidente usan un calendario que se inicia en el año en que se piensa que nació Jesús. El calendario judío se inicia unos 3,760 años antes del calendario cristiano. Ésta es la fecha en la que la tradición judía dice que se creó el mundo. Los musulmanes inician su calendario a partir del año en que su primer líder, Mahoma, abandonó la ciudad de Makkah, o La Meca, para dirigirse a Medina. Esto ocurrió en el año 622 d.C. del calendario cristiano.

▼ Un pueblo llamado los minoicos produjo este calendario de piedra.

Las fechas de este libro se basan en el calendario occidental. En el calendario occidental , los años anteriores al nacimiento de Jesús se indican como "a.C.", o "antes de Cristo". Los años posteriores se llaman "d.C.", o "después de Cristo".

Fechas de los acontecimientos Para asignar fechas a los acontecimientos ocurridos *antes* del nacimiento de Cristo, o "a.C.", los historiadores cuentan hacia atrás desde el año 1 d.C. No hay un año "0". El año anterior al año 1 d.C. es el año 1 a.C . Por lo tanto, una fecha en los 100 años antes del nacimiento de Cristo se encuentra entre 100 a.C. y el año 1 d.C.

Para colocar fechas en los acontecimientos ocurridos después del nacimiento de Cristo, o "d.C.", los historiadores cuentan hacia adelante, a partir del año 1 d.C. Una fecha en los primeros 100 años después del nacimiento de Cristo se encuentra entre 1 d.C. y 100 d.C.

Piensa como un historiador

1. **Identificación** ¿Qué significan "a.C." y "d.C."? ¿Cómo se usan estas expresiones?
2. **Determinación de la fecha de los acontecimientos** ¿Qué año vino *después* del año 184 a.C.?
3. **Comparación y contraste** A medida que leas, usa la Internet para averiguar cuál es el año actual en los calendarios mencionados en tu texto. ¿Por qué son diferentes los calendarios de una cultura a otra?

Organización del tiempo

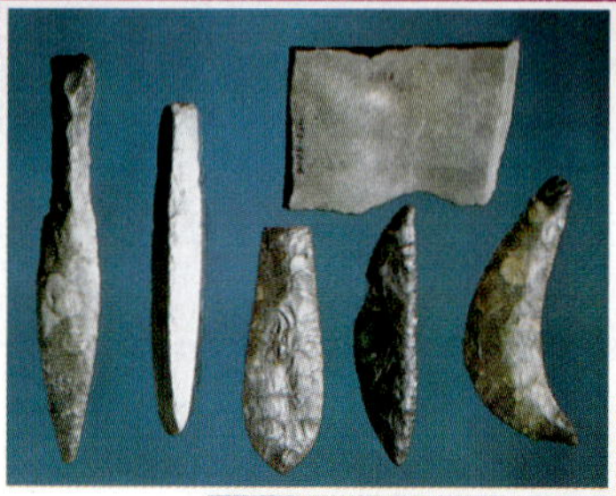

Herramientas hechas por los pueblos prehistóricos

Idea principal

Los historiadores organizan la historia dividiéndola en bloques de tiempo.

Enfoque en la lectura ¿Alguna vez has pensado sobre los nombres que se le dan a grupos de eventos, como las "vacaciones de verano" o la "temporada de béisbol"? Lee para enterarte de cómo los historiadores usan nombres para describir diferentes épocas en la historia.

Períodos de historia Los historiadores dividen la historia en bloques de tiempo conocidos como *períodos*, o *eras*. Por ejemplo, un período de 10 años se llama una *década*. Un período de 100 años se conoce como un *siglo*. Los siglos se agrupan en períodos de tiempo aun más largos, que reciben nombres.

El primero de estos períodos largos se denomina la *prehistoria*. La prehistoria se refiere al período que tuvo lugar antes de que los humanos desarrollasen la escritura, hace aproximadamente 5,500 años. A continuación viene el período conocido como la *Antigüedad o Edad Antigua*, que finalizó c. 500 d.C. (c., o *circa*, significa "cerca" o "alrededor de"). Los historiadores denominan a los mil años siguientes la *Edad Media*, o período medieval.

Una joven pareja de la antigua Roma

Mujer del Japón medieval tocando un instrumento musical

Europeos educados del principio de la era moderna discutiendo nuevas ideas

Tres antiguas civilizaciones

Desde c. 1500, comienza la *Edad Moderna*, que continúa hasta la época actual. En este libro, estudiarás la historia del mundo desde la prehistoria hasta el principio de la Edad Moderna.

¿Qué es una línea temporal? Qué vino primero: ¿la guerra civil estadounidense o la Segunda Guerra Mundial? ¿Se inventó el tren antes o después del avión? Al estudiar el pasado, los historiadores se concentran en la *cronología*, es decir, el orden de las fechas en que se produjeron los acontecimientos.

Tal vez te preguntes cómo puedes entender el orden de acontecimientos y fechas. Una forma fácil de hacerlo es usar una línea temporal, también conocida como una cronología. Cuando se crea una *cronología en una línea,* se diagrama el orden de los acontecimientos dentro de un período de tiempo.

La mayoría de las líneas temporales se dividen en secciones en las que los años aparecen separados por espacios de tamaño parejo. Sin embargo, en algunos casos, un período de tiempo puede ser demasiado largo como para mostrar todos los años espaciados de forma pareja. Para ahorrar espacio, se puede omitir un período de tiempo de la línea temporal. En ese caso, aparece una línea inclinada o irregular en la línea temporal para mostrar una interrupción en el espaciado parejo de los acontecimientos. Por ejemplo, la línea temporal anterior muestra una interrupción entre 1500 a.C. y 800 a.C.

Una línea temporal también etiqueta los acontecimientos. Cada acontecimiento en la línea temporal aparece al lado de la fecha en la que ocurrió ese acontecimiento. A veces los acontecimientos y sus fechas figuran en una sola línea temporal. En otros casos, se disponen dos o más líneas temporales una sobre la otra. Estas líneas temporales se denominan multinivel. Ayudan a comparar los acontecimientos en diferentes lugares en ciertos períodos de tiempo. Por ejemplo, la línea temporal multinivel que aparece anteriormente muestra los acontecimientos en tres antiguas civili-zaciones desde 2500 a.C. hasta 650 a.C. La explicación de "Lectura de una línea temporal" que figura en la página 711 te ayudará a trabajar con líneas temporales.

Piensa como un historiador

1. **Lectura de una línea temporal** Mira la línea temporal anterior para tener una idea de lo que muestra una línea temporal. ¿Cuál es el título? ¿Cuándo empieza y termina? ¿Cuáles son las dos características que hacen que esta línea temporal sea diferente de otras? ¿Por qué se usan?
2. **Comprensión de una línea temporal** ¿Por qué crees que las fechas en la línea temporal se encuentran marcadas con una "c."?
3. **Creación de una línea temporal** Crea una línea temporal usando los términos A.M.N. (antes de mi nacimiento) y D.M.N. (después de mi nacimiento). Llena la línea temporal con cinco acontecimientos clave que ocurrieron antes y después de tu nacimiento. Ilustra la línea temporal con copias de fotos de tu álbum familiar.

¿Cómo trabaja un historiador?

▲ Científica que estudia los Pergaminos del Mar Muerto del sudoeste de Asia

Idea principal

Los historiadores estudian una serie de fuentes para aprender acerca del pasado.

Enfoque en la lectura ¿Alguna vez buscaste pistas en una caza del tesoro? Lee para aprender de qué manera los historiadores buscan pistas para crear un registro escrito sobre el pasado.

¿Dónde están las pruebas? Los historiadores empiezan por hacer preguntas como: ¿Por qué dos países en particular fueron a la guerra? ¿Qué efecto tuvo su lucha en las vidas de las personas? ¿Qué influencia tiene el conflicto en el mundo de hoy? Estas preguntas ayudan a los historiadores a identificar y concentrarse en los problemas históricos.

Los historiadores por lo general encuentran pruebas en las fuentes principales y fuentes secundarias. Las *fuentes principales* son testimonios de primera mano de personas que vieron o vivieron un acontecimiento. Entre ellas se incluyen los documentos escritos, como cartas, diarios y registros oficiales. También incluyen las entrevistas orales y los objetos, como fotografías, pinturas, prendas de vestir y herramientas. La habilidad sobre "Análisis de documentos de fuentes principales" en la página 716, te dará la oportunidad de trabajar con fuentes principales escritas.

Las *fuentes secundarias*, por otro lado, son creadas *después* de los acontecimientos, por personas que no participaron en ellos. Las fuentes secundarias se basan parcialmente en fuentes principales. Entre ellas se incluyen biografías, enciclopedias y libros de historia, incluyendo los libros como éste.

Los historiadores estudian las fuentes secundarias como información de fondo, para obtener una visión más amplia de un acontecimiento. Sin embargo, para obtener nuevas pruebas que acrecienten el conocimiento, los historiadores deben recurrir a la información de primera mano encontrada únicamente en las fuentes principales.

Examen de las fuentes Los historiadores *analizan*, o examinan, las fuentes principales y secundarias. En primer lugar, determinan dónde y cuándo se creó una fuente. Otra cuestión importante que tienen en cuenta los historiadores es por qué se creó una fuente. ¿Se trata de una carta destinada a mantenerse en secreto? ¿Era un documento del gobierno publicado para que lo leyeran todos los ciudadanos?

¿Las fuentes son de confianza? Los historiadores examinan las fuentes para decidir sobre su *credibilidad*, o confiabilidad. Esto ocurre porque cada fuente refleja un *punto de vista*, o actitud general acerca de las personas y la vida. El creador de una fuente usa su punto de vista para decidir cuáles son los acontecimientos importantes, cuáles son los protagonistas, y qué detalles vale la pena registrar. Algunas veces el punto de vista se expresa como un *prejuicio*, o un juicio basado en las emociones, y no en la razón, sobre personas o acontecimientos.

▲ Ruinas de un templo maya en América Central

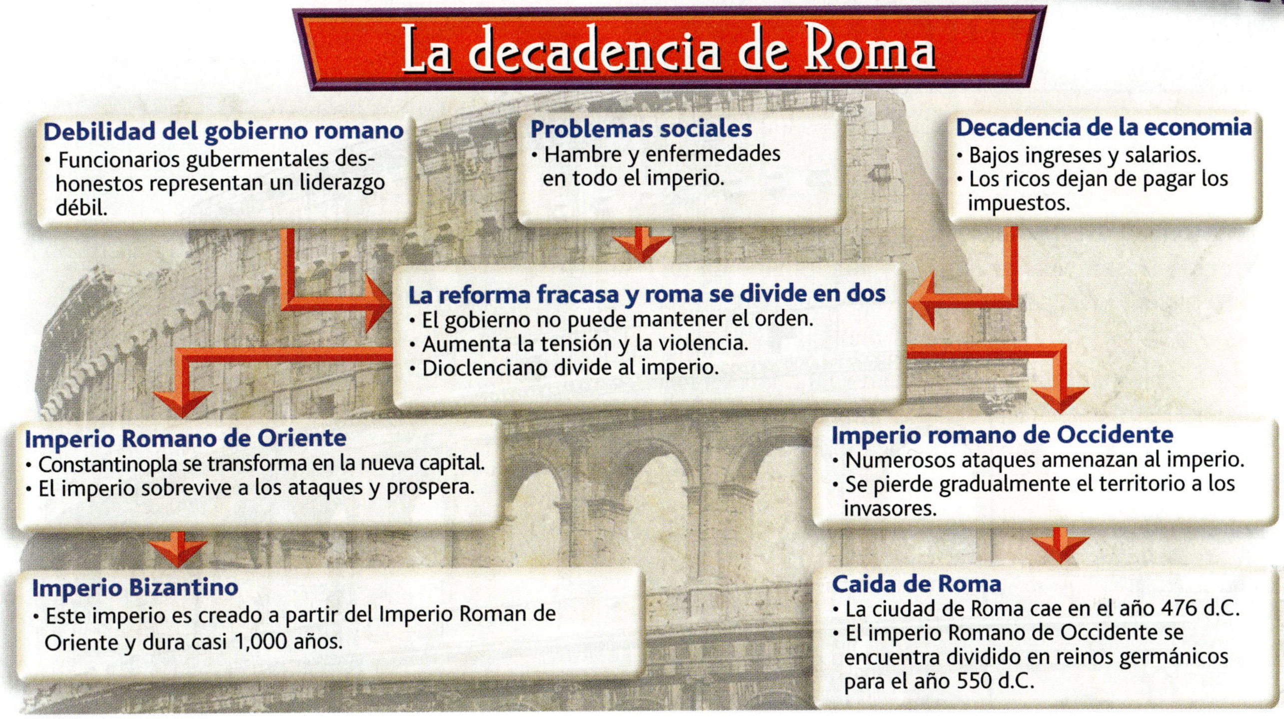

La decadencia de Roma
Debilidad del gobierno romano
• Funcionarios gubermentales deshonestos representan un liderazgo débil.
Problemas sociales
• Hambre y enfermedades en todo el imperio.
Decadencia de la economia
• Bajos ingreses y salarios.
• Los ricos dejan de pagar los impuestos.
La reforma fracasa y roma se divide en dos
• El gobierno no puede mantener el orden.
• Aumenta la tensión y la violencia.
• Dioclenciano divide al imperio.
Imperio Romano de Oriente
• Constantinopla se transforma en la nueva capital.
• El imperio sobrevive a los ataques y prospera.
Imperio romano de Occidente
• Numerosos ataques amenazan al imperio.
• Se pierde gradualmente el territorio a los invasores.
Imperio Bizantino
• Este imperio es creado a partir del Imperio Roman de Oriente y dura casi 1,000 años.
Caida de Roma
• La ciudad de Roma cae en el año 476 d.C.
• El imperio Romano de Occidente se encuentra dividido en reinos germánicos para el año 550 d.C.

Los historiadores intentan estar atentos ante el punto de vista y los prejuicios en sus fuentes y en su propio juicio. Por lo tanto, comparan las nuevas fuentes y sus propias ideas con fuentes cuya confiabilidad está comprobada. También examinan muchas fuentes que expresan diferentes puntos de vista acerca de un acontecimiento. De esta manera, los historiadores intentan obtener una visión clara y completa sobre lo ocurrido.

Los historiadores reúnen las pruebas creíbles y sacan conclusiones. Al sacar conclusiones, usan su propio pensamiento y conocimiento del pasado para *interpretar*, o explicar, el significado de los acontecimientos.

Causa y efecto

Los acontecimientos históricos se encuentran relacionados por causa y efecto. Una *causa* es lo que hace que ocurra un acontecimiento. Lo que sucede como resultado de la causa se conoce como *efecto*. Los historiadores buscan vínculos de causa y efecto para explicar *por qué* ocurren los acontecimientos.

Por lo general, un acontecimiento es producido por muchas causas. De manera similar, un acontecimiento a menudo produce varios efectos diferentes. Estas relaciones de causa y efecto forman lo que se denomina una *cadena de causa y efecto*. Debido al hecho de que muchos acontecimientos históricos se encuentran relacionados, las cadenas de causa y efecto pueden ser muy largas e incluir acontecimientos producidos durante períodos de tiempo muy largos. El diagrama anterior muestra una cadena de acontecimientos de este tipo.

Piensa como un historiador

1. **Comprensión de las pruebas** Supón que un amigo quisiera escribir una historia de tu vida hasta el día de hoy. ¿Cuáles son las fuentes principales que podría usar para encontrar pruebas de tus actividades diarias?
2. **Análisis de las fuentes** Busca dos relatos escritos de un acontecimiento reciente ocurrido en tu ciudad. ¿Cuál de los dos relatos crees que es más creíble? ¿Por qué?
3. **Reconocimiento de causa y efecto** Estudia el diagrama sobre causa y efecto de esta página. ¿Cuáles fueron las tres principales causas de la decadencia de Roma? ¿Cuáles fueron dos efectos importantes de la decadencia de Roma en la historia?

Historia y geografía

▲ Cultivo de arroz en China

La Acrópolis, Atenas, Grecia ▶

Idea principal

Los historiadores intentan comprender cómo el clima, el terreno y las actividades humanas han influido en los acontecimientos del pasado.

Enfoque en la lectura ¿Alguna vez has estado en una fiesta o acontecimiento deportivo que se canceló a causa del mal tiempo? Lee para aprender cómo los historiadores estudian los efectos del mundo natural sobre la historia.

Geografía es el estudio de las características físicas y humanas de la Tierra. En este texto, descubrirás cómo la geografía ha influenciado el curso de los acontecimientos en la historia mundial. A veces el estudio de la geografía se divide en cinco temas. Los *cinco temas de la geografía* son:

- **ubicación** (¿Dónde está?)
- **lugar** (¿Cómo es?)
- **interacción del hombre con el medio ambiente** (¿Cuál es la relación entre las personas y aquello que las rodea?)
- **movimiento** (¿De qué manera los pueblos de un área se relacionan con los pueblos de otras áreas?)
- **región** (¿Cuáles son las características que tienen en común las áreas geográficas?)

Ubicación

"¿Dónde está?" Al usar la geografía, los historiadores observan primero dónde se encuentra un lugar. Cada lugar tiene una ubicación absoluta y una ubicación relativa. La *ubicación absoluta* se refiere a la ubicación exacta de un lugar en la superficie de la Tierra. Por ejemplo, la ciudad de Atlanta, Georgia, se encuentra exclusivamente en un solo lugar. Ningún otro lugar de la Tierra ocupa la misma ubicación. La *ubicación relativa* indica dónde se encuentra un lugar en comparación con uno o más lugares. Atlanta se encuentra al noroeste de Miami y al sudoeste de la Ciudad de Nueva York.

Lugar

"¿Cómo es?" El *lugar* describe todas las características que le otorgan a un área sus propias cualidades especiales. Pueden ser características físicas, como las montañas, vías de agua, clima y vida animal o vegetal. Los lugares también pueden describirse de acuerdo con sus características humanas, como el idioma, religión y arquitectura.

Interacción del hombre con el medio ambiente

"¿Cuál es la relación entre las personas y aquello que las rodea?" Los terrenos, vías de agua, clima y recursos naturales han ayudado u obstaculizado las actividades humanas. Las personas, por su parte, han reaccionado ante las características del ambiente, o los objetos naturales circundantes, de diferentes maneras. A veces se adaptaron a él. En otros momentos, las personas han cambiado su ambiente para adaptarlo a sus necesidades.

Asentamiento en Mongolia

Caravana de camellos en África del Norte

Pintura mural que muestra la vida en el antiguo Egipto

Movimiento

"¿De qué manera los pueblos de un área se relacionan con los pueblos de otras áreas?" Los historiadores responden a esta pregunta dentro del tema del *movimiento*. Durante toda la historia, los pueblos, las ideas, los bienes y la información se han desplazado de un lugar a otro. El movimiento ha unido a los pueblos del mundo. El transporte, es decir, el movimiento de personas y bienes, ha aumentado el intercambio de las ideas y culturas. La comunicación, que es el movimiento de ideas e información, ha permitido que las personas averigüen lo que ocurre en otras partes del mundo.

Región

"¿Cuáles son las características que tienen en común las áreas geográficas?" Para comprender todas las cosas complejas del mundo, los historiadores a menudo piensan en los lugares o áreas en términos de "regiones". Una *región* es un área definida por características comunes. Las regiones pueden definirse por sus características físicas, como montañas y ríos, o por sus características humanas, como religión, idioma o modo de vida.

Seis elementos esenciales

Recientemente se dividió el estudio de la geografía en *seis elementos esenciales*:

- El mundo en términos de espacio
- Lugares y regiones
- Sistemas físicos
- Sistemas humanos
- Medio ambiente y sociedad
- Los usos de la geografía

Aprenderás sobre los seis elementos esenciales en el Manual de Geografía en las páginas GH2–GH3. El conocimiento de estos elementos te ayudará en tu estudio de la historia.

Piensa como un historiador

1. **Identificación** ¿En qué sentido la ubicación absoluta y la ubicación relativa son diferentes?
2. **Análisis de temas** ¿Qué características usan los geógrafos para describir un lugar?
3. **Enlaces entre la historia y la geografía** Haz una lista de los cinco temas de la geografía. Bajo cada uno de los temas, explica cómo piensas que la geografía ha influenciado la historia de tu comunidad.

¿Qué es un atlas histórico?

Idea principal

Los mapas ofrecen información acerca de las áreas del mundo en diferentes períodos de la historia.

Enfoque en la lectura ¿Alguna vez has usado un mapa para ir de un lugar a otro? Lee para aprender cómo puedes usar los mapas para obtener indicios sobre el pasado.

Mapas históricos Un *atlas* es un libro de mapas que muestra diferentes partes del mundo. Un *atlas histórico* contiene mapas que muestran diferentes partes del mundo en diferentes períodos de la historia. Los mapas que muestran acontecimientos políticos, como invasiones, batallas y cambios de las fronteras, se llaman *mapas históricos*.

Algunos mapas históricos muestran los cambios producidos a lo largo del tiempo en un territorio determinado del mundo. A continuación vemos dos mapas. Uno de los mapas muestra las áreas de Europa, Asia y África bajo el dominio de Alejandro Magno en 323 a.C. El otro mapa muestra la misma región como se ve hoy. Cuando se los coloca uno junto al otro, los mapas ayudan a comparar los cambios históricos en la región, desde la Antigüedad hasta hoy.

En el mapa más grande, el imperio de Alejandro se extiende desde el Mar Mediterráneo oriental en el oeste hasta el río Indo en el este. No se muestran las fronteras políticas. En lugar de ello, pueden verse otras cosas. Por ejemplo, las flechas en el mapa representan el movimiento de los ejércitos de Alejandro durante su conquista de nuevos territorios. En el mapa más pequeño, las líneas muestran las fronteras políticas modernas de la región.

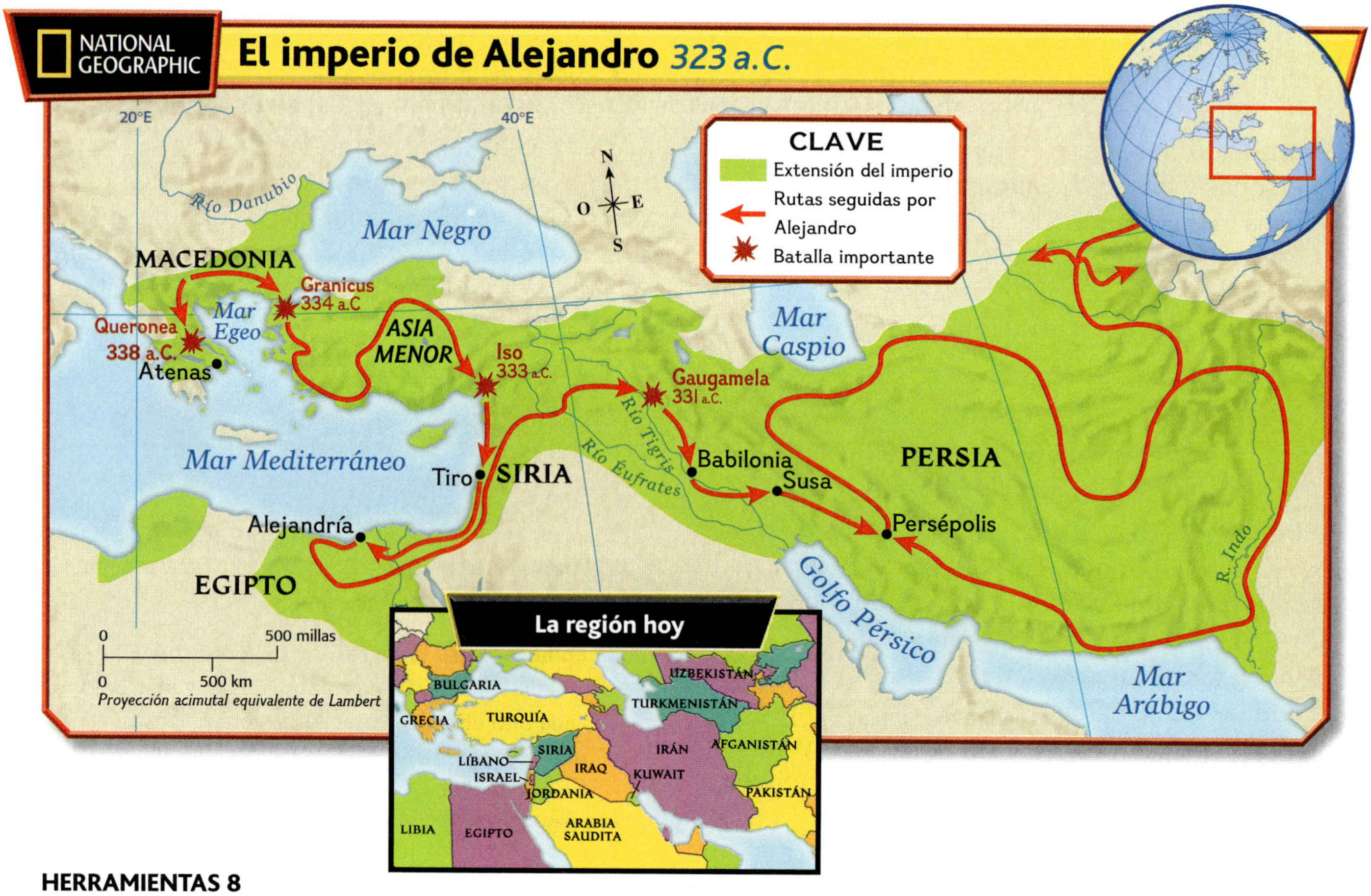

NATIONAL GEOGRAPHIC

El comercio en el mundo antiguo

Rutas históricas En algunos mapas, las líneas pueden mostrar *rutas históricas*. Se trata de los caminos o recorridos por donde viajaron las personas o bienes a lo largo de la historia. A menudo estas rutas aparecen en diferentes colores. En el mapa anterior, la línea púrpura muestra la Ruta de la Seda, la antigua ruta comercial entre Asia y Europa.

En los mapas de las rutas históricas, la leyenda ofrece indicios acerca de lo que se ve en los mapas. La leyenda de este mapa muestra los diferentes elementos comercializados en todo el mundo antiguo.

Piensa como un historiador

1. **Comparación de mapas** El imperio de Alejandro incluía varios territorios diferentes. ¿En qué territorio se encontraba la ciudad de Persépolis? ¿Cuál es el país de la actualidad que ocupa esta área hoy?
2. **Lectura de la leyenda de un mapa** Observa este mapa de las rutas comerciales de la Antigüedad. ¿Qué bienes provenían del sur de India? ¿De qué manera los bienes se transportaban de un lugar a otro en la Antigüedad?
3. **Análisis de mapas** Selecciona cualquier capítulo en este libro de texto. Lee los títulos de los mapas que se encuentran en este capítulo. Al lado del título de cada mapa, indica qué tipos de símbolos son utilizados en la clave de cada mapa y lo que representan.

Enlaces a través del tiempo

Idea principal

Los pueblos y acontecimientos del pasado han dejado su huella en nuestro mundo de hoy.

Enfoque en la lectura ¿De qué manera afectaron tu vida hoy los miembros de mayor edad de tu familia? De la misma manera, muchas cosas relacionan el pasado con el presente en la historia mundial. Lee ejemplos de vínculos entre el pasado y el presente para cada una de las cinco unidades que estudiarás en tu texto.

Unidad 1 Primeras civilizaciones

Durante siglos, los pueblos del sudoeste de Asia lucharon entre sí por una cantidad limitada de tierra y agua. Las diferencias religiosas y étnicas también fueron motivo de guerras. Hoy en día, uno de los conflictos más encarnizados y más prolongados tiene lugar entre los árabes palestinos y los israelíes.

▼ Antiguos guerreros atacan una ciudad amurallada

▲ La lucha actual entre palestinos e israelíes

Unidad 2 El mundo antiguo

Los pueblos de las antiguas civilizaciones admiraban las hazañas de sus héroes. Los antiguos griegos realizaron los primeros Juegos Olímpicos aproximadamente en el año 776 a.C. Hoy, los Juegos Olímpicos de la era moderna atraen a atletas de todas partes del mundo.

▼ Antiguos atletas griegos

▲ Corredores en los Juegos Olímpicos modernos

Unidad 3 Nuevos imperios y nueva fe

Después del siglo VI a.C., surgieron en muchas partes del mundo gobiernos fuertes y nuevas religiones. Los romanos creían que las leyes debían aplicarse de manera equitativa a todos los ciudadanos. Hoy, el Congreso de EE.UU. es la parte del gobierno nacional que formula las leyes. Su cámara superior, el Senado de EE.UU., recibe este nombre por el Senado de la antigua Roma.

▲ Senado romano

Congreso de EE.UU. ▶

Unidad 4 La Edad Media

El período transcurrido entre los siglos VI d.C. y XVI d.C. se conoce como la Edad Media. Durante esta época, las rutas comerciales se expandieron y se difundieron las ideas y los bienes materiales. En la China medieval, el Gran Canal aumentó el comercio y la prosperidad. Hoy, la China moderna está construyendo la Presa de los Tres Desfiladeros para proporcionar energía eléctrica para sus prósperas ciudades.

Presa de los Tres Desfiladeros ▶

◀ Gran Canal

Unidad 5 Un mundo cambiante

Aproximadamente a partir del siglo XVI d.C. , los pensadores desarrollaron nuevas ideas acerca del gobierno y empezaron a aplicar las ideas científicas para explorar la naturaleza. Un descubrimiento o invento llevó a otro, provocando una explosión del conocimiento. Los avances en la ciencia continúan hoy.

▲ Estación Espacial Internacional

◀ Antiguo telescopio, siglo XVII d.C.

Piensa como un historiador

A medida que leas *Viaje en el tiempo: Épocas tempranas*, notarás cómo el pasado afecta al presente. Cada vez que empieces una unidad, busca y guarda artículos de periódico o de revistas acerca de un acontecimiento actual del área que estás estudiando. Entonces, después de completar cada unidad, escribe cómo crees que un acontecimiento del pasado en esa región tiene relación con el acontecimiento actual.

Unidad 1

Primeras Civilizaciones

Por qué es importante

Cada civilización que estudies en esta unidad realizó contribuciones importantes a la historia.

- Los mesopotámicos desarrollaron la escritura.
- Los egipcios crearon el papiro.
- Las escrituras hebreas influyeron sobre las religiones de Europa.

8000 a.C. | **5000 a.C.** | **2000 a.C.**

Primeras civilizaciones — Capítulo 1

c. 8000 a.C. Comienza la agricultura en el sudoeste de Asia

c. 3200 a.C. Los sumerios desarrollan la escritura en la Mesopotamia

Hammurabi se presenta ante un dios

c. 1790 a.C. Hammurabi introduce el código de leyes

Antiguo Egipto — Capítulo 2

c. 5000 a.C. Los cazadores-recolectores se establecen en el valle del río Nilo

Las pirámides en Giza, Egipto

c. 2540 a.C. Los egipcios completan la construcción de la Gran Pirámide

c. 1500 a.C. La reina Hatshepsut se convierte en faraona

Antiguos israelitas — Capítulo 3

c. 2000 a.C. Abraham entra a Canaán

Abraham conduce a los israelitas a Canaán

NATIONAL GEOGRAPHIC

¿En qué lugar del mundo?

1000 a.C.	750 a.C.	500 a.C.	250 a.C.	100 d.C.

c. 744 a.C. Asiria se expande hacia Babilonia

c. 612 a.C. Los caldeos toman la capital asiria

Jardines Colgantes de Babilonia ▶

c. 1000 a.C. Kush se separa de Egipto

728 a.C. Kush conquista Egipto

La estatua del león honra al rey kushita Aspalta ▶

Rey kushita Taharqa ▶

c. 1000 a.C. El Rey David gobierna a los hebreos

◀ Los judíos son conducidos al exilio

586 a.C. Los caldeos toman Jerusalén

168 a.C. Revolución macabea

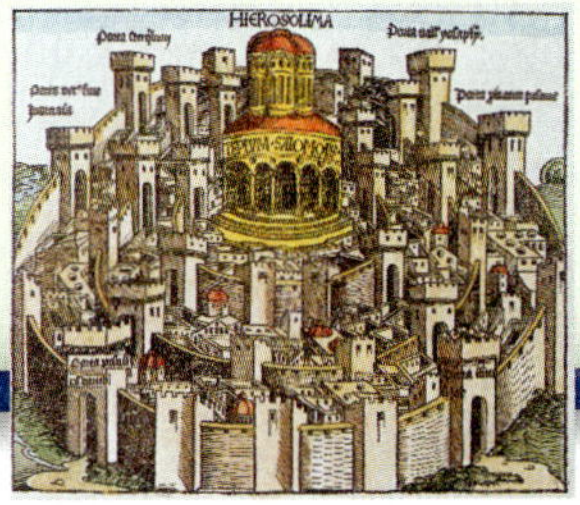

70 d.C. Los romanos destruyen el templo de Jerusalén

◀ Jerusalén antigua

Unidad 1

Ubicación de lugares

1 Puerta de Ishtar

Ver Primeras civilizaciones
Capítulo 1

2 Imágenes sumerias

Ver Primeras civilizaciones
Capítulo 1

Conoce a los personajes

Ötzi

c. 3300 a.C.

Se encuentra el hombre de hielo en los Alpes

Capítulo 1, página 12

Hammurabi

Gobernó 1792–1750 a.C.

Rey de Babilonia

Capítulo 1, página 22

Hatshepsut

Gobernó c. 1503–1482 a.C.

Faraona egipcia

Capítulo 2, página 63

3 Esfinge egipcia

Ver Antiguo Egipto Capítulo 2

4 Pirámides kushitas

Ver Antiguo Egipto Capítulo 2

5 Muro Occidental

Ver Antiguos israelitas Capítulo 3

Ramsés II

Gobernó 1279–1213 a.C.
Gobernante egipcio
Capítulo 2, página 66

Ruth y Noemí

c. 1100 a.C.
Mujeres israelitas
Capítulo 3, página 98

Rey David

c.1010–970 a.C.
Rey de los israelitas
Capítulo 3, página 88

Capítulo 1

Las primeras Civilizaciones

Las ruinas de zigurat en Iraq ▶

NATIONAL GEOGRAPHIC

¿Cuándo y dónde?

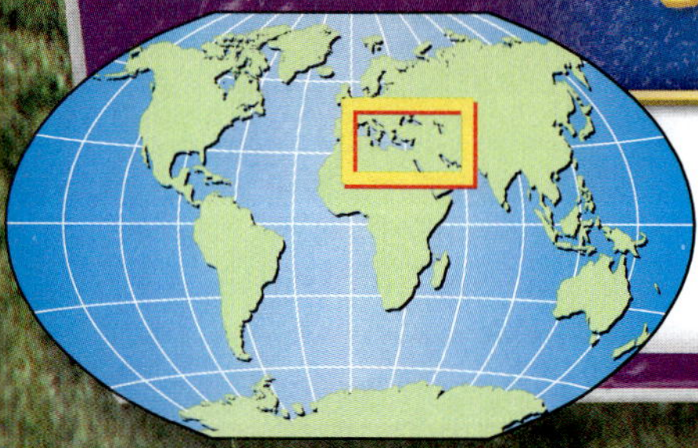

3000 a.C. — **2000 a.C.** — **1000 a.C.**

- **c. 3000 a.C.** Comienza la Era de Bronce
- **c. 1792 a.C.** Hammurabi gobierna la Mesopotamia
- **612 a.C.** Toma de Nínive; el imperio asirio se desmorona

Presentación preliminar del capítulo

Algunas de las primeras civilizaciones surgieron del sudoeste asiático Los hombres de estas civilizaciones aprendieron de manera gradual cómo cultivar, y, además, desarrollaron sistemas de gobierno, escritura y religión.

Mira el video del capítulo 1 en el Programa de Video *World History: Journey Across Time*.

Historia en línea

Descripción general del capítulo Visita jat.glencoe.com para ver una presentación preliminar del capítulo 1.

Sección 1 Humanos primitivos

Los humanos primitivos cazaban animales y recogían plantas para alimentarse. Cuando la agricultura se desarrolló, los hombres se establecieron en pueblos y ciudades.

Sección 2 Civilización mesopotámica

En las civilizaciones mesopotámicas primitivas, la religión y el gobierno estaban muy relacionados. Los reyes crearon leyes estrictas para gobernar al pueblo.

Sección 3 Los primeros imperios

Los imperios surgieron en la Mesopotamia alrededor del 900 a.C. Estas civilizaciones incluían a los asirios y caldeos. Ellos utilizaban ejércitos poderosos y armas de hierro para conquistar la región.

PLEGABLES™ Organizador de estudios

Comparación y contraste *Haz este plegable para que te ayude a comparar y contrastar las civilizaciones antiguas de la Mesopotamia.*

Paso 1 *Plegar una hoja en dos de un lado al otro.*

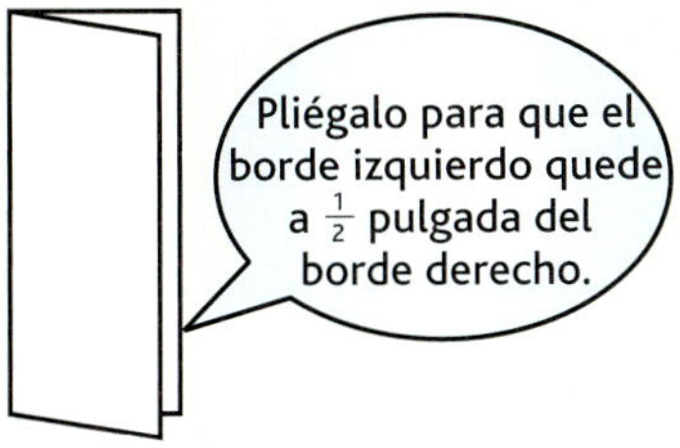
Pliégalo para que el borde izquierdo quede a $\frac{1}{2}$ pulgada del borde derecho.

Paso 2 *Girar el papel y plegarlo en tercios.*

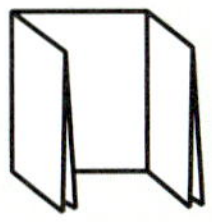

Paso 3 *Desplegar el papel y cortar la franja superior solamente abarcando las dos partes del pliego.*

Esto creará tres solapas.

Paso 4 *Girar el papel y rotularlo según se muestra.*

Lectura y redacción

Al leer el capítulo, escribe notas debajo de la solapa correspondiente de tu plegable. Ten en mente que estás tratando de comparar estas civilizaciones.

Capítulo 1

Lectura en estudios sociales

Habilidad de lectura

Presentación preliminar

1 ¡Apréndelo!

¡Prepárate para leer!

Antes de leer, tómate un tiempo para estudiar la presentación preliminar del capítulo. Esto te dará una idea de lo que vas a aprender. Sigue los pasos descritos a continuación para leer rápidamente u hojear la Sección 1 en la página 9.

2–La Idea principal debajo de cada título principal te da "un panorama general". Haz un resumen de lo más importante de lo que estás por leer.

3–El **enfoque en la lectura** te ayudará a relacionar lo que ya sabes con lo que estás por leer.

Humanos primitivos

Idea principal **Los habitantes del paleolítico se adaptaban a su ambiente e inventaban muchas herramientas para sobrevivir.**

Enfoque en la lectura ¿Qué cosa consideras como el mayor logro de la humanidad? ¿Enviar al hombre a la luna, o tal vez, inventar la computadora? Lee acerca de los logros de los pueblos de la Era Paleolítica.

La historia es el relato de los humanos (. . .)

Herramientas para el descubrimiento

1–Lee los títulos principales que están en letra grande y roja. Ellos muestran los principales temas vistos en esta sección o capítulo.

4–Debajo de cada título principal, lee los subtítulos en letra azul. Los subtítulos dividen cada tema principal en temas más cortos.

Habilidad de lectura

A medida que hojees este texto, también mira los dibujos, mapas y cuadros.

2 ¡Practícalo!

Exploración preliminar

Leer para escribir
Utiliza cada título principal, las ideas principales y los subtítulos de la Sección 2 de este capítulo para crear un plan de estudio.

Sección 3 **Los primeros imperios**

Explora todos lo títulos e ideas principales de la sección 3, comenzando en la página 26. Luego, en grupos pequeños, discuta las respuestas a estas preguntas.

- ¿Qué sección crees que te resultará más interesante?
- ¿Qué piensas que se estudiará en la sección 3 que no se estudió en la sección 2?
- ¿Hay palabras en las ideas principales que no sepas cómo pronunciar?
- Elige una de las preguntas del Enfoque en la lectura para discutir en tu grupo.

3 ¡Aplícalo!

Explora la sección 2 por tu cuenta. Escribe en tu cuaderno de apuntes algo que quieras aprender al leer este capítulo.

Sección 1

Humanos primitivos

¡Prepárate para leer!

¿Cuál es la relación?

Hoy la gente vive en pueblos y ciudades de diferentes tamaños y trabaja en distintas actividades. Lee para saber cómo vivían los humanos primitivos, yendo de un lugar a otro, formando pueblos y explorando diferentes formas para obtener alimentos para ellos y sus familias.

Enfoque en Ideas principales

- Los habitantes del paleolítico se adaptaban a su ambiente e inventaban muchas herramientas para sobrevivir. *(página 9)*
- En la era neolítica la gente comenzó a cultivar, construir comunidades, producir mercaderías y comerciar. *(página 13)*

Ubicación de lugares

Jericó
Çatal Hüyük

Desarrolla tu vocabulario

historiador
arqueólogo
artefacto
fósil
antropólogo
nómada
tecnología
domesticar
especialización

Estrategia de lectura

Determina causa y efecto Dibuja un diagrama como el que verás a continuación. Úsalo para explicar cómo los humanos primitivos se adaptaron a su ambiente.

Causa:	**Efecto:**
Causa:	**Efecto:**
Causa:	**Efecto:**

NATIONAL GEOGRAPHIC

¿Cuándo y dónde?

8000 a.C. 6000 a.C. 4000 a.C. 2000 a.C.

c. 8000 a.C. Se funda Jericó

c. 6700 a.C. Se establece Çatal Hüyük

c. 3000 a.C. Comienza la Era de Bronce

Humanos primitivos

Idea principal **Los habitantes del paleolítico se adaptaban a su ambiente e inventaban muchas herramientas para sobrevivir.**

Enfoque en la lectura ¿Qué cosa consideras como el mayor logro de la humanidad? ¿Enviar al hombre a la luna, o tal vez inventar la computadora? Lee acerca de los logros de los pueblos de la Era Paleolítica.

La historia es el relato de los humanos en el pasado. Nos dice lo que hacían y qué les sucedió. Los **historiadores** son personas que estudian y escriben sobre los humanos del pasado. Nos cuentan que la historia comenzó hace aproximadamente 5,500 años, cuando los primeros habitantes comenzaron a escribir. Pero la historia de los humanos comienza en la prehistoria: la época *anterior* al desarrollo de la escritura.

Herramientas para el descubrimiento Lo que sabemos de los primeros habitantes surge de las cosas que dejaron. Los científicos han trabajado para descubrir indicios sobre la vida de los humanos primitivos. Los **arqueólogos** buscan evidencias enterradas en los lugares donde alguna vez pudieron haber estado los asentamientos. Ellos desentierran y estudian **artefactos:** armas, herramientas y otras cosas hechas por los humanos. También buscan **fósiles:** rastros de plantas o animales que quedaron preservados en las rocas. Los **antropólogos** se concentran en las sociedades. Ellos estudian como se desarrollaron los humanos y como se relacionaban entre sí.

Los historiadores denominan el primer período de la historia humana como la Edad de Piedra. El nombre proviene del hecho de que en ese período la gente usaba la piedra para hacer La primera parte del período es el Paleolítico o

Excavación arqueológica

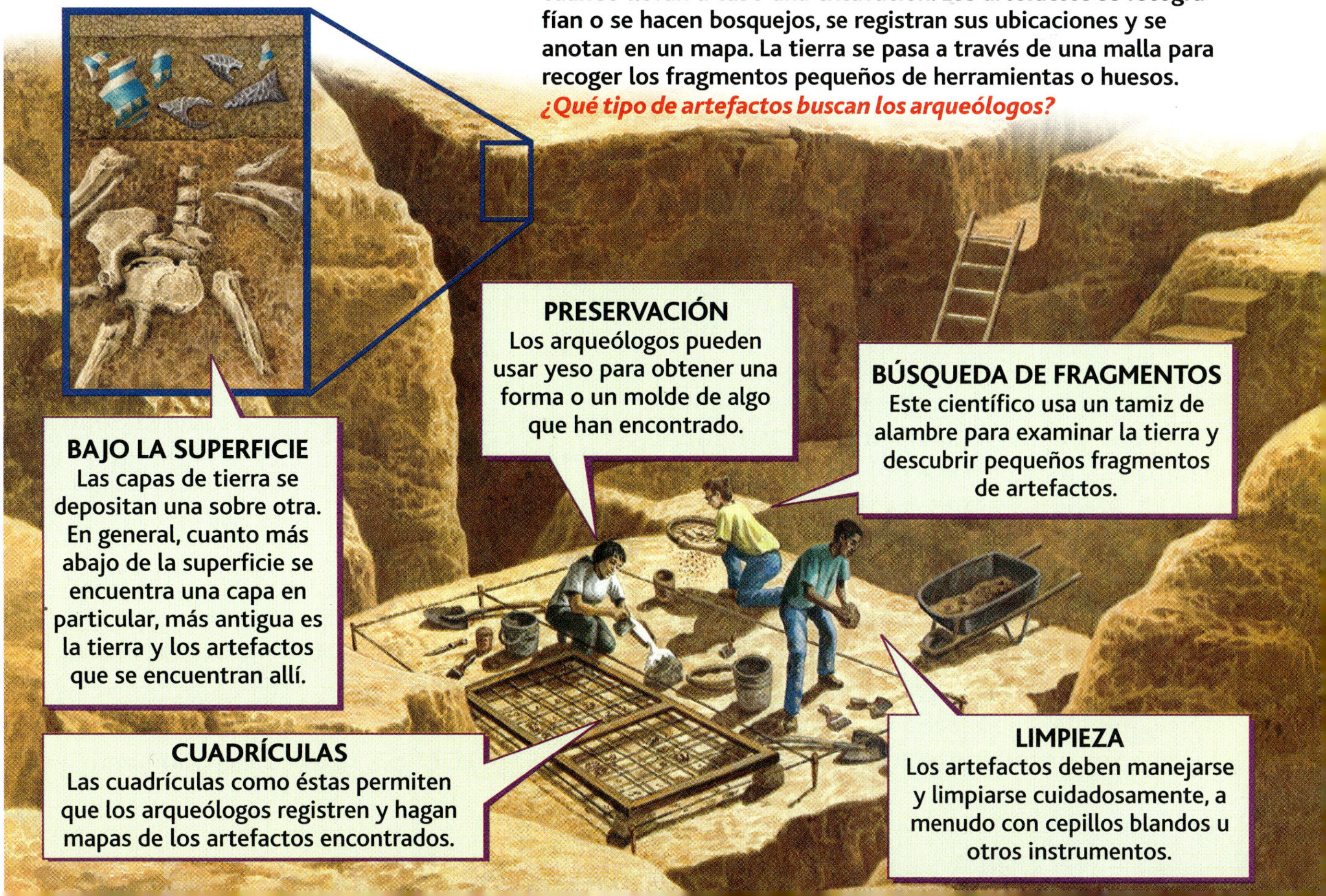
PRESERVACIÓN
Los arqueólogos pueden usar yeso para obtener una forma o un molde de algo que han encontrado.
BÚSQUEDA DE FRAGMENTOS
Este científico usa un tamiz de alambre para examinar la tierra y descubrir pequeños fragmentos de artefactos.
BAJO LA SUPERFICIE
Las capas de tierra se depositan una sobre otra. En general, cuanto más abajo de la superficie se encuentra una capa en particular, más antigua es la tierra y los artefactos que se encuentran allí.
CUADRÍCULAS
Las cuadrículas como éstas permiten que los arqueólogos registren y hagan mapas de los artefactos encontrados.
LIMPIEZA
Los artefactos deben manejarse y limpiarse cuidadosamente, a menudo con cepillos blandos u otros instrumentos.

Los arqueólogos usan técnicas y herramientas especiales cuando Los arqueólogos utilizan técnicas y herramientas especiales cuando llevan a cabo una excavación. Los artefactos se fotografían o se hacen bosquejos, se registran sus ubicaciones y se anotan en un mapa. La tierra se pasa a través de una malla para recoger los fragmentos pequeños de herramientas o huesos.
¿Qué tipo de artefactos buscan los arqueólogos?

Fuente principal

Pinturas rupestres

Los ejemplos más antiguos de arte paleolítico son las pinturas rupestres (hechas en cuevas) que se encuentran en España y Francia. La mayoría de estas pinturas son de animales. Las pinturas muestran que los artistas del período paleolítico a menudo utilizaban varios colores y técnicas. A veces usaban superficies irregulares de la piedra para crear un efecto tridimensional.

▲ **Pintura de un bisonte en una cueva española**

PBD Preguntas basadas en los documentos

¿Qué nos dice esta pintura rupestre de la vida en la Era Paleolítica?

la Edad de piedra. *Paleolítico* en griego significa "piedra antigua". El período paleolítico comenzó aproximadamente hace 2.5 millones de años y duró hasta alrededor del 8000 a.C.

¿Quiénes eran los cazadores-recolectores?

Trata de imaginar el mundo durante la edad de piedra, mucho antes de que existieran caminos, granjas o pueblos. Los humanos primitivos pasaban la mayor parte del tiempo buscando comida. Cazaban animales, pescaban, comían insectos, y recolectaban nueces, bayas, frutas, granos y plantas.

Porque cazaban y recolectaban, los habitantes del paleolítico estaban siempre en constante movimiento. Eran **nómadas**, o gente que normalmente se traslada de un lugar a otro. Viajaban en grupos de alrededor de 30 personas porque era más seguro y facilitaba la búsqueda de alimentos.

Las mujeres y los hombres se encargaban de distintas tareas dentro del grupo. Las mujeres se mantenían cerca del campamento, que por lo general se encontraba cerca de un arroyo u otra fuente de agua. Se ocupaban de los niños y buscaban bayas, nueces y granos en los bosques y praderas cercanas.

Los hombres cazaban animales, una actividad que a veces los alejaba del campamento. Tenían que aprender los hábitos de los animales y hacer armas para matarlos. Al comienzo ellos utilizaban garrotes o tiraban los animales desde un precipicio. Con el tiempo, los habitantes del paleolítico inventaron lanzas, trampas, arcos y flechas.

Adaptación al ambiente La forma en que vivían los habitantes del paleolítico dependía de dónde vivían. Aquellos que se encontraban en zonas de clima cálido necesitaban poca ropa o refugio. Los que vivían en climas fríos buscaban protección en cavernas. Con el tiempo, los habitantes del paleolítico crearon nuevos tipos de refugio. El más común, probablemente, estaba hecho con pieles de animales colocadas sobre cuatro palos de madera.

Los hombres del paleolítico hicieron un descubrimiento que les cambió la vida: aprendieron a controlar el fuego. El fuego brindaba abrigo a aquéllos que se reunían junto a él. Iluminaba en la oscuridad y ahuyentaba a los animales salvajes. La comida cocinada tenía mejor sabor y era más fácil de digerir. Por otro lado, la carne ahumada se podía conservar por más tiempo.

Los arqueólogos creen que los humanos primitivos encendían el fuego frotando dos trozos de madera entre sí. Los habitantes del paleolítico más tarde hicieron herramientas de madera, tipo taladro, para encender el fuego.

¿Qué fueron las épocas glaciales?

El fuego fue clave para la supervivencia de los habitantes del paleolítico durante las épocas glaciales. Eran largos períodos de frío extremo. La última época glacial comenzó aproximadamente en el 100,000 a.C. Desde ese momento hasta alrededor del 8000 a.C., gruesas capas de hielo cubrían partes de Europa, Asia, y Norteamérica.

La Época Glacial fue una amenaza para la vida humana. La gente corría peligro de muerte por el frío y el hambre. Los humanos primitivos se tuvieron que adaptar cambiando su dieta, construyendo refugios más fuertes y utilizando pieles de animales para hacer ropas más abrigadas. El control del fuego ayudó a la gente a vivir en este ambiente.

El lenguaje, las artes y la religión Otro avance en el período paleolítico fue el desarrollo del lenguaje hablado. El lenguaje hizo que fuera mucho más fácil para los hombres trabajar juntos y que se transmitiera el conocimiento.

Los habitantes primitivos no sólo se expresaban con palabras sino a través del arte. Trituraban piedras amarillas, negras y rojas para hacer polvos para pintar. Luego los aplicaban sobre las paredes de las cavernas, creando escenas de leones, bueyes, panteras y otros animales.

Los historiadores no están seguros de por qué se crearon estas pinturas. Es posible que hayan tenido algún significado religioso. También es posible que estos habitantes pensaran que pintar un animal les traería buena suerte en la caza.

Invención de las herramientas Los habitantes del paleolítico fueron los primeros en usar **tecnología** y métodos que les ayudaran a realizar las tareas. Los hombres a menudo utilizaban piedras duras llamadas pedernales para hacer sus herramientas. Al golpear un pedernal contra una piedra dura, podían obtener varias astillas con bordes muy afilados. Para hacer hachas de mano o lanzas para cazar, ataban a los palos de madera diferentes trozos de pedernal que tenían la forma adecuada de la herramienta.

Con el tiempo los habitantes primitivos desarrollaron mayor habilidad para hacer herramientas. Ellos hicieron herramientas más pequeñas y afiladas, tales como anzuelos y agujas hechas de huesos de animales. Usaban agujas para hacer redes y canastos y unían pieles para confeccionar ropa.

Comprobación de lectura **Contraste** ¿Cuál es la diferencia entre un fósil y un artefacto?

NATIONAL GEOGRAPHIC

Cómo eran las cosas

Ciencia e invenciones

Herramientas Uno de los avances más importante de los pueblos de la prehistoria fue la creación de herramientas de piedra. Las herramientas facilitaban la caza, la recolección, la construcción de refugios y la confección de ropa.

Las primeras herramientas eran de piedra. Los humanos primitivos rápidamente aprendieron que si pulían, cortaban y daban formas a las piedras podían convertirlas en artículos más útiles.

A medida que la tecnología avanzaba, la gente hacía herramientas mucho más específicas como cuchillas para cortar alimentos, descarnadores y lanzas. Con el tiempo la gente aprendió que si golpeaba las piedras de una manera especial producía una astilla, que es un fragmento de piedra largo y afilado. Las astillas se utilizaban de la misma forma en que se usaban los cuchillos.

▲ Herramientas de piedra

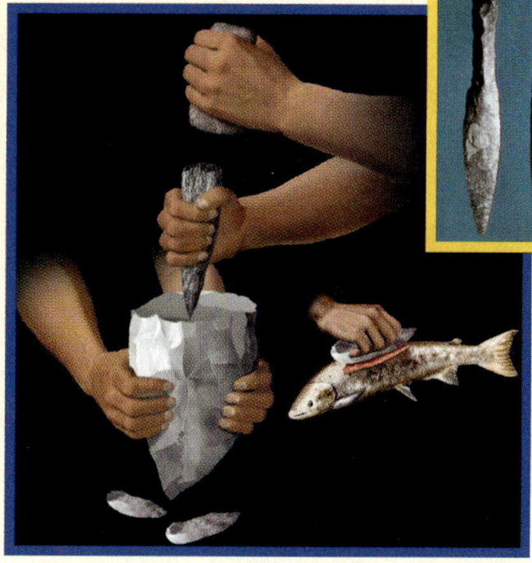

▲ Herramientas y astillas de piedra hechas de una piedra más grande.

Conexión con el pasado

1. ¿Por qué piensas que el hombre primitivo eligió las piedras para hacer sus primeras herramientas?
2. ¿Cómo se hacían las astillas de piedra?

Biografía

OETZI, EL HOMBRE DE HIELO

c. 3300 a.C.

▲ **Los científicos hicieron una reproducción para mostrar como pudo haber sido Oetzi.**

En el 1991 d.C. dos excursionistas que se encontraban en la frontera entre Austria e Italia descubrieron el cuerpo de un hombre congelado. El hombre fue llamado "Oetzi" por los Alpes Otztaler, las montañas donde lo encontraron. Los científicos estudiaron el cuerpo de Oetzi, su vestimenta, y los artículos hallados junto a él en busca de indicios acerca de su vida y muerte. Uno de los hechos más sorprendentes que aprendieron los científicos fue que Oetzi vivió hace 5,300 años, durante la era neolítica.

Oetzi estaba vestido con ropas abrigadas debido al clima frío. Llevaba un sombrero de piel y una larga capa de pasto. Bajo la capa tenía una chaqueta de cuero muy bien hecha, pero que había sido arreglada en varias oportunidades. Para mantener los pies calientes ponía pasto en la parte inferior de sus zapatos de cuero. Los científicos estudiaron las herramientas y provisiones que Oetzi llevaba y llegaron a la conclusión de que pensaba estar fuera de su hogar durante muchos meses. Cerca del cuerpo de Oetzi se encontraron entre sus provisiones un arco y flechas, un hacha de cobre y una mochila. Los expertos creen que Oetzi era un pastor que conducía su manada de ovejas. Oetzi probablemente regresaba a su pueblo una o dos veces por año.

Por estudios recientes, los científicos aprendieron más acerca de las últimas horas en la vida de Oetzi. Poco antes de morir, Oetzi comió un tipo de pan chato, similar a una galleta, hierbas u otra planta verde y carne. El polen encontrado en su estómago mostró que él consumió sus últimos alimentos en el valle, al sur de donde fue encontrado. Cuando terminó de comer se dirigió a las montañas. Falleció ocho horas más tarde. Los científicos creen que las últimas horas de Oetzi fueron violentas. Cuando lo hallaron apretaba un cuchillo en su mano derecha. Las heridas en su mano derecha sugieren que trató de defenderse de un atacante. Una flecha le había causado una herida profunda en su hombro izquierdo. Algunos científicos piensan que Oetzi pudo haberse adentrado en el territorio de otra tribu. Oetzi ahora se encuentra en el Museo de Arqueología del Tirol del Sur en Bolzano, Italia.

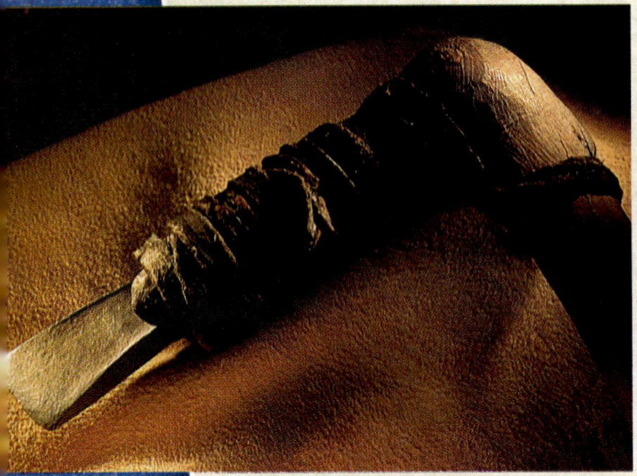

▲ **Este hacha de cobre, junto con el arco y las flechas que ves aquí, fueron las armas más importantes de Oetzi.**

Entonces y ahora

Si los científicos encontraran restos de alguien de nuestra época dentro de 5,300 años, ¿qué conclusiones sacarían sobre nuestra sociedad?

Período neolítico

Idea principal **En la era neolítica la gente comenzó a cultivar, construir comunidades, producir mercaderías y comerciar.**

Enfoque en la lectura ¿Sabías que en la actualidad más de un tercio de la población mundial trabaja en la agricultura? Lee para aprender cómo comenzó la agricultura y cómo hizo que el mundo cambiara.

Después de que la última Época Glacial terminó, los hombres comenzaron a cambiar su forma de vida. Comenzaron a **domesticar,** o domar animales y cultivar plantas para uso humano. Los animales daban carne, leche y lana. También llevaban mercaderías y tiraban carros.

Además la gente aprendió a cultivar. Por primera vez, la gente pudo permanecer en un lugar para cultivar granos y vegetales. Gradualmente la agricultura reemplazó a la caza y a la recolección.

Este cambio en la forma de vida de la gente marcó el inicio de la era neolítica, o nueva edad de piedra, la que comenzó cerca del 8000 a.C. y duró hasta aproximadamente el 4000 a.C.

¿Por qué era importante la agricultura?

Los historiadores llaman a los cambios ocurridos en la era neolítica la revolución agrícola. La palabra *revolución* se refiere a los cambios que afectaron en gran manera a todas las áreas de la vida. Algunos historiadores consideran la revolución agrícola como el acontecimiento más importante de la historia de la humanidad.

La agricultura no comenzó en una sola región para luego expandirse. Distintas personas, en diferentes partes del mundo y casi al mismo tiempo, descubrieron cómo cultivar la tierra. En Asia la gente cultivaba trigo, cebada, arroz, soya y un grano llamado mijo. En México, los granjeros cultivaban maíz, calabazas y papas. En África se cultivaba un grano llamado sorgo.

NATIONAL GEOGRAPHIC **Agricultura primitiva** *7000–2000 a.C.*

Uso de las habilidades geográficas

La agricultura se desarrolló en muchas regiones del mundo.

1. Según el mapa, ¿qué se cultivaba en América del Norte?
2. ¿En qué continentes se cultivaba cebada y trigo?

Busca en los mapas de Internet del NGS en www.nationalgeographic.com/maps

Comparación de las Eras Neolítica y Paleolítica

	Era Paleolítica	Era Neolítica

Descripción de artes y artesanías	Los pueblos de la Era Paleolítica pintaban las paredes de las cavernas. Normalmente pintaban animales.	Los pueblos de la Era Neolítica hacían cerámica y tallaban objetos en madera. También construían refugios y tumbas.
Cómo obtenían alimentos los seres humanos	Cazaban animales y recolectaban frutos secos, bayas y cereales.	Se inició la agricultura en aldeas permanentes. Siguieron criando y pastoreando animales.
Cómo los humanos se adaptaron	Aprendieron a encender el fuego, crearon un lenguaje y hacían herramientas y refugios sencillos.	Se construían casas de ladrillos de barro y lugares de veneración. Se especializaron en ciertas tareas y usaron cobre y bronce para crear herramientas más útiles.
Tareas de hombres y mujeres	Las mujeres recolectaban alimentos y cuidaban a los hijos. Los hombres cazaban.	Las mujeres cuidaban de los hijos y realizaban las tareas del hogar. Los hombres cazaban, cuidaban los cultivos y protegían la aldea.

Comprensión de cuadros

Los humanos realizaron grandes avances desde la Era Paleolítica hasta de Era Neolítica.

1. ¿Cómo cambió el trabajo del hombre desde la Era Paleolítica a la Neolítica?
2. **Descripción** ¿Qué avances hubo en lo que se refiere a confección de herramientas entre la Era Paleolítica y la Neolítica?

Crecimiento de lo pueblos La gente que cultivaba se estableció en un solo lugar. Los pastores permanecieron nómadas y llevaron a sus rebaños a cualquier lado donde pudieran encontrar pastizales. Los granjeros, sin embargo, tuvieron que quedarse cerca de sus campos para regar las plantas, ahuyentar animales hambrientos y cosechar sus cultivos. Comenzaron a vivir en pueblos, donde contruyeron viviendas permanentes.

Durante la Era Neolítica se crearon pueblos en Europa, India, Egipto, China y México. Las primeras comunidades se fundaron en el Medio Oriente. Una de las más antiguas es **Jericó** en la ladera oeste entre lo que hoy son Israel y Jordania. Esta ciudad se originó cerca del año 8000 a.C.

Otra comunidad neolítica muy conocida es **Çatal Hüyük** que se encuentra actualmente en Turquía. Poco queda de ella, pero fue hogar de 6,000 personas entre el 6700 a.C. y el 5700 a.C. Vivían en casas simples de ladrillos de barro que se pegaban unos contra los otros y luego se decoraban las paredes por adentro con pinturas. Usaban otros edificios como sitios de adoración. Además de la agricultura, la gente cazaba, criaba ovejas y cabras; comía pescado y huevos de pájaros que sacaban de pantanos cercanos.

Ventajas de la vida en los poblados El establecimiento de poblados permanentes aportó a los pueblos del neolítico una seguridad que nunca habían conocido. El aprovisionamiento constante de alimentos significó un crecimiento poblacional y habitantes más sanos. Debido a la existencia de poblaciones más numerosas, había más trabajadores para producir mayores cosechas.

Debido a que los pobladores producían más de lo necesario para alimentarse, comenzaron a comerciar con lo que les sobraba. Comerciaban con la gente de su propia comunidad y también con la de otras zonas.

Entre la gente comenzó a darse el fenómeno de la **especialización**, es decir, el desarrollo de diferentes tipos de trabajos. Como no era necesario que todos se dedicaran a la agricultura, algunas personas tenían tiempo para desarrollar otras habilidades. Hacían vasijas de arcilla para almacenar los granos y otros productos. Usaban fibras de plantas para hacer colchas y telas. Al igual que los agricultores, estos artesanos también comerciaban. Intercambiaban las cosas que hacían por mercancías que ellos no tenían.

Al final del neolítico, la gente continuaba avanzando. Los fabricantes de herramientas crearon mejores elementos para cultivar, como la hoz para cortar granos. En algunos lugares se comenzó a trabajar el metal. Al principio usaban cobre. Calentaban las piedras para derretir el cobre que se encontraba en su interior y luego lo volcaban dentro de moldes para fabricar herramientas y armas.

Después del 4000 a.C., los artesanos de Asia occidental mezclaron cobre y estaño para formar bronce. El bronce era más duro y duradero que el cobre. Se volvió muy popular entre el 3000 a.C. y el 1200 a.C., período conocido como la Era de Bronce.

Comprobación de lectura **Comparación** ¿En qué difiere el paleolítico del neolítico?

Historia en línea
Centro de estudios ¿Necesitas ayuda con el material de esta sección? Visita jat.glencoe.com

Repaso de la sección 1

Resumen de la lectura

Repaso de Ideas principales

- Los humanos primitivos eran nómadas que se movían de un lugar a otro para cazar animales y recolectar alimentos. Construían refugios y usaban el fuego para sobrevivir. Con el tiempo, desarrollaron el lenguaje y el arte.
- Durante la revolución agrícola, la gente comenzó a cultivar y domesticar animales, lo que les permitió establecerse en pueblos.

¿Qué aprendiste?

1. ¿Qué es un arqueólogo y qué estudia?
2. ¿En qué ayudó a los habitantes del neolítico el domesticar animales?

Pensamiento crítico

3. **Determina la causa y el efecto** Dibuja un diagrama como el que verás a continuación. Haz una lista de los efectos que la agricultura tuvo en la vida de la gente.

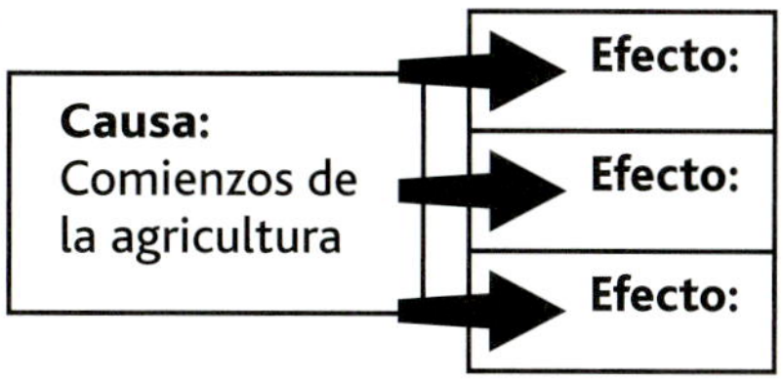

4. **Explica** ¿Por qué los habitantes del paleolítico eran nómadas?
5. **Comparación** Compara la tecnología de la Era Paleolítica con la de la Era Neolítica.
6. **Análisis** ¿Por qué fue tan importante aprender a encender el fuego?
7. **Lectura** **Presentación preliminar** Haz un cuadro de tres columnas. En la primera columna, escribe lo que sabías sobre los humanos primitivos antes de leer esta sección. En la segunda columna escribe lo que aprendiste después de leer esta sección. En la tercera columna escribe lo que todavía te gustaría saber.

Sección 2

Civilización mesopotámica

¡Prepárate para leer!

¿Cuál es la relación?

En la Sección 1, aprendiste cómo los primeros humanos se establecieron en pueblos. Algunos se establecieron en la Mesopotamia un área denominada "cuna de la civilización".

Enfoque en Ideas principales

- La civilización de la Mesopotamia comenzó en los valles de los ríos Tigris y Éufrates. *(página 17)*
- Los sumerios inventaron la escritura e hicieron otras contribuciones importantes a los pueblos que les sucedieron. *(página 20)*
- Las ciudades-estado sumerias perdieron poder cuando fueron conquistadas por invasores. *(página 23)*

Ubicación de lugares

Río Tigris
Río Éufrates
Mesopotamia
Sumeria
Babilonia

Conoce a los personajes

Sargón
Hammurabi

Amplía tu vocabulario

civilización
riego
ciudad-estado
artesano
cuneiforme
escriba
imperio

Estrategia de lectura

Secuencia de la información Usa un diagrama para mostrar cómo surgió el primer imperio en la Mesopotamia.

se forman las ciudades-estado
↓
↓

NATIONAL GEOGRAPHIC ¿Cuándo y dónde?

3000 a.C. — 2250 a.C. — 1500 a.C.

- **3000 a.C.** Las ciudades estado surgieron en Sumeria
- **c. 2340 a.C.** Sargón conquista Babilonia
- **c. 1792 a.C.** Hammurabi gobierna la Mesopotamia

Civilización de la Mesopotamia

Idea principal **La civilización de la Mesopotamia comenzó en los valles de los ríos Tigris y Éufrates.**

Enfoque en la lectura ¿Vives en una región que recibe mucha lluvia o en una región seca? Piensa a medida que lees cómo el ambiente en que vivían afectaba a los sumerios.

A lo largo de miles de años, algunos de los primeros pueblos agricultores se convirtieron en civilizaciones. Las **civilizaciones** son sociedades complejas. Tienen ciudades, gobiernos organizados, arte, religión, división de clases y sistema de escritura.

¿Por qué eran tan importante los valles fluviales? Las primeras civilizaciones surgieron en los valles porque allí existían buenas condiciones para la agricultura y hacían fácil la alimentación de gran cantidad de personas. Los ríos también facilitaban el traslado de un lugar a otro y con ello el comercio, el cual hacía que las mercaderías e ideas se trasladaran de un lugar a otro. Por eso, no fue accidental que las ciudades crecieran en estos valles y se convirtieran en centros de las civilizaciones.

A medida que las ciudades se formaban, necesitaban organización. Algunas hacían planes y tomaban decisiones sobre asuntos de interés común. Los habitantes formaron gobiernos para poder lograr estos objetivos. Los líderes se hacían cargo de la provisión de alimentos y de los proyectos de construcción. Hacían leyes para mantener el orden y creaban ejércitos para defenderse de sus enemigos.

Con menos preocupaciones sobre sus necesidades básicas, la gente de los valles fluviales tenía tiempo para pensar en otras

NATIONAL GEOGRAPHIC — Antigua Mesopotamia

Uso de las habilidades geográficas

Una cantidad de grandes civilizaciones surgió en la Mesopotamia.

1. ¿Dónde desembocan los ríos Tigris y Éufrates?
2. ¿Por qué piensas que la región mesopotámica estaba tan bien preparada para el desarrollo de la civilización?

Escultura de un carro de la Mesopotamia

cosas. Es así que desarrollaron religiones y formas de arte. Para transmitir la información inventaron tipos de escritura. Crearon calendarios para conocer el tiempo.

Las primeras civilizaciones compartían otras características: tenían estructuras de clases. Esto significa que las personas ocupaban distintos lugares en la sociedad dependiendo del trabajo que realizaran y cuánta riqueza tuvieran.

El ascenso de Sumeria La civilización más antigua conocida surgió en lo que ahora es el sur de Irak, en una planicie surcada por los **ríos Tigris** y **Éufrates.** Esta área fue llamada **Mesopotamia,** que en griego quiere decir "tierra entre ríos." La Mesopotamia se encontraba en la parte este del Creciente Fértil, una franja curva de tierra que se extiende entre el Mar Mediterráneo y el Golfo Pérsico.

Tenía un clima caluroso y seco. En la primavera los ríos con frecuencia crecían, y dejaban, al retirarse las aguas, un suelo rico, especial para la agricultura. El problema era que la inundación era muy difícil de predecir. Un año crecía y el otro no. Todos los años los agricultores se preocupaban por sus cosechas. Comenzaron a creer que necesitaban que los dioses bendijeran sus esfuerzos.

Con el tiempo, los agricultores aprendieron a construir represas y canales para controlar las crecidas estacionales. También construyeron murallas, vías navegables, y zanjas para llevar agua a sus tierras. Esta forma de llevar agua a los cultivos se conoce como **riego.** El riego permitió a los agricultores cultivar grandes cantidades de tierra y así abastecer numerosas poblaciones. Hacia el año 3000 a.C., muchas ciudades se habían establecido en el sur de la Mesopotamia, en una región conocida como **Sumeria.**

Zigurat sumerio

La parte superior de un zigurat era considerado un lugar sagrado, y en torno a él había palacios y almacenes reales. Las murallas circundantes tenían sólo una entrada porque el zigurat servía a la vez de tesorería de la ciudad. ***¿Cómo accedía la gente a la parte superior del zigurat?***

▲ Estatuas de sumerios rezando

¿Qué eran las ciudades-estado? Las ciudades sumerias estaban aisladas las unas de las otras debido a la geografía del lugar. Más allá de las áreas donde se encontraban los asentamientos, había marismas y zonas de ardiente tierra desértica. Estas tierras hacían difíciles los viajes y las comunicaciones. Cada ciudad sumeria, y la tierra que la rodeaba, se convirtió en una **ciudad-estado** separada. Tenía su propio gobierno y no formaba parte de una unidad más grande.

Las ciudades-estado sumerias, a menudo tenían guerras entre sí. Lo hacían por la gloria y por el control de más territorios. Para mayor protección, cada ciudad-estado estaba rodeada de una muralla. Debido a que las piedras y madera escaseaban, los sumerios utilizaban el barro del río como su principal elemento de construcción. Mezclaban el barro con cañas machacadas, formaban ladrillos y dejaban que se secaran al sol. Estos ladrillos, resistentes al agua, se utilizaban tanto para las muralla como para la construcción de casas, templos y otros edificios.

Dioses y gobernantes Los sumerios creían en muchos dioses. Se creía que cada uno tenía poder sobre una fuerza natural o actividad humana: las inundaciones, por ejemplo, o la confección de canastos. Los sumerios ponían todo su empeño en complacer a los dioses. Construyeron un gran templo llamado *zigurat* para el Dios más importante. La palabra zigurat quiere decir "montaña de Dios" o "colina del cielo."

Con escalones, como si fueran una gigantesca torta de bodas cuadrada, el zigurat dominaba toda la ciudad. En la parte superior había un santuario, o lugar especial de adoración al que sólo los sacerdotes y sacerdotisas podían ingresar. Los sacerdotes y sacerdotisas eran muy poderosos y controlaban una gran parte de las tierras. En un tiempo, hasta fueron gobernantes.

▲ Una parte del estandarte real de Ur, una caja decorada que muestra escenas de la vida en Sumeria

◀ Estas ruinas pertenecen a la ciudad-estado de Uruk. *¿Qué era una ciudad-estado?*

Más tarde sólo los reyes tenían ese derecho. Conducían ejércitos y organizaban proyectos de construcción. Los primeros reyes probablemente hayan sido héroes de guerra. Su cargo se hizo hereditario. Esto significa que una vez que el rey fallecía, su hijo asumía el cargo.

¿Cómo era la vida en Sumeria? Mientras que los reyes vivían en grandes palacios, la gente común vivía en pequeñas casas de ladrillo de barro. La mayoría de los pobladores de Sumeria eran agricultores. Algunos, sin embargo, eran **artesanos** o trabajadores capacitados que hacían productos de metal, telas, o cerámica. Otra gente en Sumeria trabajaba como comerciante o en negocios. Viajaban a otras ciudades o pueblos e intercambiaban herramientas, trigo y cebada por cobre, estaño y madera, cosas que los sumerios no tenían.

▲ Cuneiforme sumerio

Los habitantes de Sumeria estaban divididos en tres clases sociales. La clase alta estaba formada por los reyes, sacerdotes y funcionarios del gobierno. La clase media por artesanos, comerciantes, agricultores y pescadores. Esta clase era la más numerosa. La clase baja estaba formada por esclavos, quienes trabajaban en las granjas o en los templos.

Los esclavos se vieron forzados a servir a otros. Los dueños de los esclavos los consideraban como de su propiedad. Algunos esclavos eran prisioneros de guerra. Otros eran criminales. Algunos se convertían en esclavos porque tenían que saldar deudas.

En Sumeria los hombres y las mujeres tenían diferentes papeles. Los hombres eran los jefes del hogar. Sólo los hombres asistían a la escuela. Sin embargo, las mujeres también tenían derechos. Podían comprar y vender propiedades y tener su propio negocio.

Comprobación de lectura **Explica** ¿Czmo controlaban los mesopotámicos el flujo de los ríos Tigris y Éufrates?

Gente capacitada

Idea principal **Los sumerios inventaron la escritura e hicieron otras contribuciones importantes a los pueblos que les sucedieron.**

Enfoque en la lectura ¿Te gusta leer? Si es así, se lo debes a los sumerios, porque ellos fueron los primeros en inventar la escritura. Lee sobre éste y otros logros.

Los sumerios dejaron una marca duradera en la historia mundial. Sus ideas e invenciones fueron copiadas y mejoradas por otros pueblos. Como resultado, la Mesopotamia fue llamada la "cuna de la civilización".

¿Por qué fue tan importante la escritura? La gente de Sumeria creó muchas cosas que todavía influyen en nuestrasvidas. Probablemente su mayor invento haya sido la escritura. Escribir es importante porque ayuda a la gente a mantener registros y transmitir las ideas a otros.

Los habitantes de Sumeria desarrollaron la escritura para mantener registros de sus transacciones comerciales y otros sucesos. Su escritura se llama **cuneiforme.** Consistía en cientos de marcas en forma de cuña grabadas en tablillas de barro húmedas con una punta de caña afilada. Los arqueólogos encontraron cientos de estas tablillas cuneiformes, que nos dicen mucho sobre los habitantes de la Mesopotamia.

Pocas personas, por lo general los varones de familias ricas, aprendían a escribir. Después de varios años de entrenamiento se convertían en **escribas,** o tomadores de notas. Los escribas ocupaban un lugar importante en la sociedad, y con frecuencia se convertían en jueces o líderes políticos.

Literatura sumeria Los sumerios también producían obras literarias. La historia conocida más antigua del mundo proviene de Sumeria. Se llama la *Epopeya de Gilgamesh*. Es un poema épico que narra la historia de un héroe. Gilgamesh que es un rey que viaja por el mundo con un amigo y realiza grandes hazañas. Cuando su amigo muere, Gilgamesh busca una forma de vivir para siempre. Se da cuenta que sólo los dioses pueden hacerlo.

Avances en ciencia y matemática

La creatividad de los mesopotámicos abarcó también la tecnología. Ya leíste sobre los sistemas de riego sumerios. Los sumerios también inventaron la rueda para carros para ayudarse en el transporte de gente y mercaderías de un lugar a otro. Otro descubrimiento importante fue el arado, que facilitó mucho la siembra. Otro invento fue el bote a vela, que reemplazó la fuerza humana por la del viento.

Los sumerios desarrollaron ideas matemáticas. Usaban la geometría para medir los campos y construir edificios. También crearon un sistema numérico basado en el número 60. A ellos les debemos que la hora tenga 60 minutos, que un minuto tenga 60 segundos, y el círculo 360 grados.

Además, los sumerios observaban el cielo para saber cuál era el mejor momento para plantar y llevar a cabo celebraciones religiosas. Registraron la posición de los planetas y estrellas y desarrollaron el calendario de 12 meses, tomando como base el ciclo lunar.

✓ Comprobación de lectura **Identifica** ¿Qué tipo de lenguaje escrito usaban los sumerios?

Enlaces entre el pasado y el presente

Educación

ENTONCES En la Antigua Mesopotamia, sólo los varones de familias ricas de clase alta iban a la *eduba*, que significa "casa de las tablillas." En la *eduba*, la primera escuela del mundo, los niños estudiaban lectura, escritura, matemáticas y se preparaban para ser escribas. Durante horas, todos los días copiaban signos de la escritura cuneiforme, intentando aprender cientos de palabras y frases.

▼ Los estudiantes en la actualidad

▲ Tablillas cuneiformes mesopotámicas

AHORA Hoy, tanto las niñas como los niños van a la escuela. Aprenden a leer, escribir y matemáticas, pero también muchas otras materias. A medida que los estudiantes avanzan en su educación, se les presenta un gran número de posibilidades de carreras de estudio y pueden elegir la que más les guste, según su capacidad. ***¿En qué se diferencia la educación hoy de la que había en la Mesopotamia?***

Biografía

Hammurabi

Reinó entre c. 1792–1750 a.C.

▲ Hammurabi

Hammurabi era joven cuando tomó el lugar de su padre, Sinmuballit, como rey de Babilonia. Cuando Hammurabi asumió el trono, Babilonia ya era una potencia en la Mesopotamia. Sin embargo, durante su reinado, Babilonia pasó de ser una pequeña ciudadó-estado a un estado grande y poderoso. También unificó la Mesopotamia bajo un solo gobierno. Hammurabi se llamaba a sí mismo "Poderoso Rey de Babel."

Hammurabi se involucraba directamente en el gobierno de su reino. Él dirigía personalmente los proyectos, como la construcción de las murallas, restauración de templos, construcción y limpieza de los canales de riego. Estos proyectos requerían mucho planeamiento. Las calles de la ciudad, por ejemplo, eran rectas y formaban intersecciones en ángulos rectos, muy similares a las ciudades en la actualidad.

Uno de los objetivos de Hammurabi era controlar el río Éufrates porque llevaba agua a las granjas de Babilonia y servía como ruta de comercio a barcos de carga. Sin embargo, había otros reyes que también querían controlar el río. Uno de los rivales de Hammurabi en la batalla por el Éufrates era RimóSin de Larsa. Durante sus últimos 14 años como rey, Hammurabi y sus soldados combatieron contra RimóSin y otros enemigos. Hammurabi usó el agua para vencer a RimóSin y su pueblo. Algunas veces hacía diques y soltaba el agua de golpe para crear inundaciones, y en otros casos retenía el agua necesaria para beber y regar los cultivos.

Después de vencer a sus enemigos, Hammurabi gobernó por un corto período la Mesopotamia unificada. Hammurabi pronto se enfermó, y su hijo, Samsuiluna, asumió el poder y fue coronado rey cuando Hammurabi murió. Sin embargo, debido a los grandes esfuerzos de Hammurabi, el centro del poder en la Mesopotamia pasó de estar en el sur, a Babilonia en el norte, donde permaneció los siguientes 1,000 años.

Entonces y ahora

¿Hay naciones en la actualidad que tengan un código parecido al de Hammurabi? Usa Internet y tu biblioteca local para identificar los países con códigos de leyes que pienses que sean justos y a la vez un poco crueles.

Sargón y Hammurabi

Ideas principales **Las ciudades-estado sumerias perdieron poder cuando fueron conquistadas por invasores.**

Enfoque en la lectura ¿Escuchaste hablar alguna vez del Imperio Romano, el Imperio Azteca, y el Imperio Británico? El ascenso y la caída de los imperios es una parte importante de la historia. Lee para aprender sobre los primeros imperios del mundo.

Con el tiempo, los conflictos debilitaron a las ciudades-estado sumerias. Se hicieron vulnerables a ataques de grupos invasores, tales como los akkadianos del norte de la Mesopotamia.

El rey de los akkadianos se llamaba **Sargón.** En el 2340 a.C., Sargón conquistó toda la Mesopotamia. Él estableció el primer imperio en el mundo. Un **imperio** es un grupo de tierras diferentes bajo un solo gobierno. El Imperio de Sargón duró por más de 200 años antes de caer en manos invasoras.

En el 1800 a.C., un nuevo grupo se hizo poderoso en la Mesopotamia. Ellos construyeron la ciudad de **Babilonia** a orillas del río Éufrates. Pronto se convirtió en el centro del comercio. Al comienzo de 1792 a.C., el rey de Babilonia, **Hammurabi,** comenzó a conquistar las ciudades al norte y al sur y creó el Imperio Babilónico.

Hammurabi es más conocido por su código de leyes o conjunto de leyes. (Ver páginas 24 y 25.) Él tomó lo que creía que eran las mejores leyes de cada ciudad-estado y las compiló en un código. El código abarcaba distintas cosas como delitos, actividades de agricultura y comerciales, matrimonio y familia: casi todas las área de la vida. Aunque muchos de los castigos del Código de Hammurabi eran crueles, sus leyes fueron un paso importante hacia el establecimiento de un sistema de justicia justo.

Comprobación de lectura **Explica** ¿Por qué fue importante el Imperio de Sargón?

Historia en línea

Centro de estudios ¿Necesitas ayuda con el material de esta sección? Visita jat.glencoe.com

Repaso de la sección 2

Resumen de la lectura

Repaso de Ideas principales

- Con el tiempo, los pueblos agricultores se convirtieron en civilizaciones con gobiernos, arte, religión, escritura y división en clases sociales. La primera ciudad-estado surgió en la Mesopotamia.
- Muchas de las ideas más importantes y sucesos, incluyendo la escritura, la rueda, el arado y un sistema numérico basado en el 60, se desarrollaron en la región mesopotámica.
- Muchos imperios, incluso el Babilnico, tomaron el control de la Mesopotamia.

¿Qué aprendiste?

1. ¿Qué es una civilización?
2. ¿Qué era el Código de Hammurabi?

Pensamiento crítico

3. **Resumen de la información** Dibuja un cuadro como el que aparece a continuación. Úsalo para hacer una lista de los logros de la civilización mesopotámica.

Logros de la civilización mesopotámica

4. **Conocimientos de geografía** ¿Cuán adecuada era la geografía de la Mesopotamia para que creciera la población y surgiera una civilización?
5. **Enlace de ciencia** ¿Por qué los sumerios registraban la posición de las estrellas y planetas y desarrollaron un calendario?
6. **Redacción persuasiva** Imagina que vives en la ciudad-estado de la antigua Sumeria. Escribe una carta a un amigo describiendo qué invento o idea mesopotámica crees que sería de gran importancia para la humanidad.

Tú decides . . .

Las leyes de Hammurabi: ¿Justas o crueles?

Justas

Alrededor del 1750 a.C., el rey Hammurabi escribió 282 leyes para gobernar el pueblo de Babilonia. Los historiadores y eruditos concuerdan que estas leyes antiguas fueron las primeras en tratar todos los aspectos de una sociedad. Sin embargo, los historiadores y eruditos no están de acuerdo sobre si el Código de Hammurabi era justo o cruel.

Aquéllos que consideran las leyes legítimas y justas dan las siguientes razones; Ellos decían que las leyes

- establecían todo lo que el pueblo necesitaba saber sobre las reglas de su sociedad,
- traían orden y justicia a la sociedad,
- regulaban muchas actividades diferentes, desde contratos de comercio hasta el delito.

El rey Hammurabi escribió una introducción a su lista de leyes. En esa introducción explica que esas leyes fueron escritas para ser justas. Su intención fue "traer justicia a la tierra, destruir a los malvados y malhechores de modo que el fuerte nunca se aprovechara del débil. . .".

Algunas de esas leyes reflejan ese espíritu.

- Ley 5: Si un juez comete un error por su propia culpa cuando está tratando un caso, debe pagar una multa, ser removido de su cargo, y nunca juzgar otro caso.
- Ley 122: Si alguien le da algo a otra persona para que se lo cuide, un testigo debe presenciar la transacción y se debe realizar un contrato entre las partes.
- Ley 233: Si un contratista construye una casa para alguien y las paredes comienzan a caerse, entonces el constructor debe utilizar su dinero y su trabajo para asegurar las paredes.

Monumento de piedra que muestra a Hammurabi (de pie) y su código

▲ **Tabla cuneiforme con el texto de introducción al Código de Hammurabi**

Crueles

Algunos historiadores y eruditos consideran que el Código de Hammurabi era cruel e injusto. Ellos decían que las leyes

- incitaban a castigos violentos, con frecuencia la muerte, por delitos que no eran violentos
- daban diferentes castigos a las personas acusadas según su clase social
- no permitían que la persona acusada diera explicaciones.

Algunas de estas leyes reflejan esta crueldad.

- Ley 3: Si alguna persona acusa falsamente de algún delito a otra persona, entonces debe ser sentenciada a muerte.
- Ley 22: Si se sorprende a una persona robando, entonces debe ser sentenciada a muerte.
- Ley 195: Si un hijo golpea a su padre, deberá cortarse la mano del hijo.
- Ley 202: Si alguien golpea a un hombre de mayor rango, entonces deberá recibir 60 azotes en público.

Tú eres el Historiador

Comprobación de la comprensión

1. ¿Por qué algunos piensan que el código de Hammurabi era justo?
2. ¿Por qué piensan otros que el código de Hammurabi era cruel?
3. ¿Eran las leyes justas o crueles? Toma el papel del historiador. Escribe un ensayo breve que explique cómo consideras el código de Hammurabi. Asegúrate de usar hechos que fundamenten tu posición. Puedes comparar el código de Hammurabi con nuestras leyes modernas para respaldar tu explicación.

Sección 3

Los primeros imperios

¡Prepárate para leer!

¿Cuál es la relación?

En la Sección 2, aprendiste acerca delos imperios de Sargón y Hammurabi. Los imperios posteriores, aquellos de los asirios y caldeos, usaban su poderío militar de nuevas maneras.

Enfoque en Ideas principales

- El poder militar asirio y su gobierno bien organizado le ayudaron a construir un vasto imperio en la Mesopotamia hace el año 650 a.C. ***(página 27)***
- El imperio caldeo construyó importantes hitos en babilonia y desarrolló el primer calendario con una semana de siete días. ***(página 29)***

Ubicación de lugares

Asiria
Golfo Pérsico
Nínive
Jardines Colgantes

Conoce a los personajes

Nabucodonosor

Amplía tu vocabulario

provincia
caravana
astrónomo

Estrategia de lectura

Comparación y contraste Completa un diagrama de Venn como el que aparece a continuación, que muestra las similitudes y diferencias entre los imperios Asirio y Caldeo.

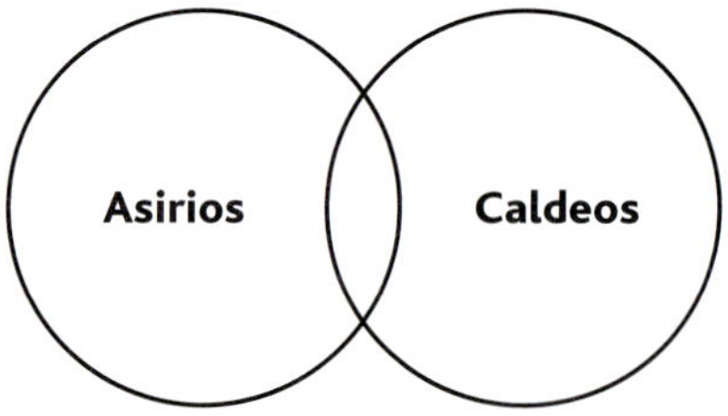

NATIONAL GEOGRAPHIC ¿Cuándo y dónde?

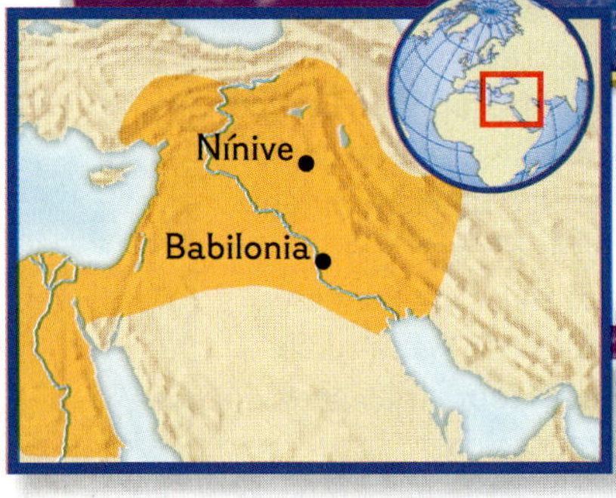

900 a.C. — 700 a.C. — 500 a.C.

c. 900 a.C. Los asirios controlan la Mesopotamia

612 a.C. Nínive es tomada; el Imperio Asirio se desmorona

539 a.C. Los persas conquistan a los caldeos

Los asirios

Idea principal **El poder militar asirio y su gobierno bien organizado le ayudaron a construir un vasto imperio en la Mesopotamia hace el año 650 a.C.**

Enfoque en la lectura Hoy, muchos países tienen fuerzas armadas para proteger sus intereses. Lee para saber cómo los asirios construyeron un ejército suficientemente fuerte como para conquistar la Mesopotamia.

Cerca de 1,000 años después de Hammurabi surgió un nuevo imperio en la Mesopotamia. Fue creado por un grupo de personas llamadas asirios, que vivían en el norte cerca del río Tigris. **Asiria** tenía valles fértiles que atraían a invasores extranjeros. Para defender su tierra, los asirios crearon un gran ejército. Cerca del año 900 a.C., comenzaron a tomar el resto de la Mesopotamia.

¿Por qué eran tan fuertes los asirios? El ejército asirio estaba muy bien organizado. En el centro había grupos de soldados a pie armados con lanzas y dagas. Los otros soldados eran expertos en el uso del arco y la flecha. El ejército también tenía carros guiados y soldados que peleaban a caballo.

Esta fuerza temible y poderosa fue el primer gran ejército en usar armas de hierro. Por cientos de años, el hierro había sido usado en la fabricación de herramientas, pero era demasiado blando para ser utilizado como material para armas. Luego un grupo llamado hititas, que vivía al noroeste de Asiria, desarrolló un método para hacer que el hierro fuera más fuerte. Ellos calentaban el mineral de hierro, lo golpeaban y rápidamente lo enfriaban. Los asirios aprendieron esta técnica de los hititas. Ellos producían armas de hierro

Los asirios en guerra

Cuándo atacaban una ciudad amurallada, los asirios utilizaban armas de guerra masivas. El ariete con ruedas era manejado por soldados. Estaba cubierto para proteger a los soldados en el interior, pero tenía rendijas para que pudieran tirar flechas. ***¿Qué otros métodos utilizaron los asirios para atacar ciudades?***

Imperio Asirio

Uso de las habilidades geográficas

Los asirios conquistaron tierras desde la Mesopotamia hasta Egipto.

1. ¿Qué ríos importantes eran parte del Imperio Asirio?
2. ¿Qué características geográficas pudieron impedir que los asirios se expandieran hacia el norte y hacia el sur?

que eran más fuertes que aquellas hechas con cobre o estaño.

Los asirios era guerreros feroces. Para atacar las ciudades, hacían túneles debajo de las murallas o pasaban por encima usando escaleras. Cargaban troncos de árboles en plataformas móviles y las usaban como arietes para echar abajo las puertas de las ciudades. Una vez que se tomaba la ciudad, los asirios prendían fuego a los edificios. También se llevaban su gente y bienes.

▲ Toro alado asirio

Cualquiera que se resistiera al gobierno asirio era castigado. Los asirios sacaban a las personas de sus tierras y las reubicaban en territorio extranjero. Luego, llevaban nuevos pobladores y los forzaban a pagar pesados impuestos.

Un gobierno muy bien organizado Los reyes asirios tenían que ser muy fuertes para gobernar su vasto imperio. Hacia el 650 a.C. el imperio se extendía desde el **Golfo Pérsico** en el este hasta el río Nilo de Egipto, en el oeste. La capital estaba en **Nínive** sobre el río Tigris.

Los reyes asirios dividieron el imperio en **provincias** o distritos políticos. Elegían funcionarios para gobernar cada provincia. Estos funcionarios recolectaban los impuestos y hacían cumplir las leyes del rey.

Los reyes asirios construyeron caminos para unir todas las partes del imperio. Los soldados del gobierno estaban apostados en puestos de servicio a lo largo del camino para proteger a los comerciantes de los ataques de bandidos. Los mensajeros que estaban desempeñando funciones para el gobierno usaban los puestos para descansar y cambiar caballos.

La vida en Asiria Los asirios vivían de manera muy similar a otros habitantes de la Mesopotamia. Su escritura se basaba en la escritura babilónica, y adoraban a muchos de los mismos dioses. Sus leyes eran similares, pero los que las quebrantaban se enfrentaban a castigos más crueles y brutales en Asiria.

Como constructores, los asirios tenían mucha habilidad. Levantaban grandes templos y palacios que llenaban de grabados y estatuas. Los asirios también producían y coleccionaban literatura. Una de las primeras bibliotecas del mundo estaba en Nínive. Tenía 25,000 tablas de historias y canciones a los dioses. Los historiadores modernos aprendieron mucho sobre las civilizaciones antiguas de esta biblioteca.

El tratamiento cruel que los asirios daban a la gente llevaba a muchas rebeliones. Cerca del 650 a.C., los asirios comenzaron a pelearse entre sí para determinar quién sería el próximo rey. Un grupo de personas llamados caldeos aprovechó esta oportunidad para rebelarse. Tomaron Nínive en el 612 a.C. y el imperio asirio comenzó a desmoronarse.

✓ Comprobación de lectura **Explica** ¿Por qué se consideraba que los soldados asirios eran brutales y crueles?

Los caldeos

Idea principal **El imperio caldeo construyó importantes hitos en babilonia y desarrolló el primer calendario con una semana de siete días.**

Enfoque en la lectura ¿Qué hitos existen en tu pueblo o ciudad más cercana? Lee para aprender algunos de los hitos especiales que hicieron famosa a la capital caldea llamada Babilonia.

Los caldeos querían construir un imperio. Guiados por el rey **Nabucodonosor,** controlaron toda la Mesopotamia del 605 a.C. al 562 a.C.

La ciudad de Babilonia La mayoría de los caldeos eran descendientes de los pobladores babilónicos que habían formado el Imperio Hammurabi aproximadamente 1,200 años atrás. Ellos reconstruyeron la ciudad de Babilonia como el centro glorioso del imperio.

Babilonia pronto se convirtió en la ciudad más rica y grande del mundo. Estaba rodeada de una muralla de ladrillos tan ancha que dos carros podían transitar por la ruta en la parte superior de la misma. Construida en la muralla a intervalos de 100 yardas (91.4 m) había dos torres desde donde los soldados podían vigilar.

En el centro de la ciudad había grandes templos y palacios. Un gran zigurat se alzaba 300 pies (91.4 m) hacia el cielo. Otra maravilla, visible desde cualquier punto de la ciudad de Babilonia, era una inmensa escalera de plantas: los **Jardines Colgantes** en el palacio del rey.

Estos jardines aterrazados tenían grandes árboles, enredaderas con flores y otras plantas hermosas. Una bomba traía agua de un río cercano. Nabucodonosor construyó los jardines para complacer a su esposa, que extrañaba las montañas y plantas de su tierra natal en el noroeste.

Historia en línea

Actividad en la Web Visita jat.glencoe.com y haz clic sobre *Chapter 1—Student Web Activity* para saber más sobre las primeras civilizaciones.

Jardines Colgantes

Los Jardines Colgantes de Babilonia son considerados una de las Siete Maravillas del Mundo antiguo. Un complejo sistema de riego llevaba agua del Río Éufrates hasta la parte superior de los jardines. Desde allí, las aguas bajaban hasta los niveles inferiores de los jardines. ***¿Qué otras cosas hicieron de Babilonia una gran ciudad?***

▲ Ruinas de los Jardines Colgantes

▲ **La puerta de Ishtar fue la primera entrada a la antigua Babilonia.** ***Describe la muralla que rodeaba Babilonia.***

Un historiador en el 400 a.C. describió la belleza de Babilonia. Él escribió, "En magnificencia, no hay ninguna ciudad que se le compare." Afuera del centro de Babilonia había casas y mercados. Los artesanos hacían cerámica, telas, canastos y joyas. Vendían su mercancía a las **caravanas** que pasaban, o grupos de comerciantes en viaje. Porque Babilonia estaba ubicada en la ruta más importante de comercio entre el Golfo Pérsico y el Mar Mediterráneo, se hizo rica.

Babilonia también era el centro de la ciencia. Al igual que los primeros habitantes de la Mesopotamia, los caldeos creían que los cambios en el cielo revelaban los planes de los dioses. Sus **astrónomos**, que estudiaban los cuerpos celestes, hicieron un mapa de las estrellas, los planetas y las fases lunares. Los caldeos hicieron uno de los primeros relojes solares y fueron los primeros en tener una semana de siete días.

¿Por qué cayó el imperio? Con el tiempo los caldeos comenzaron a perder poder. Les era difícil controlar a todos los pueblos que habían conquistado. En el 539 a.C., habitantes persas de las montañas al nordeste tomaron Babilonia. La Mesopotamia pasó a formar parte del Nuevo Imperio Persa.

Comprobación de lectura **Identifica** ¿Qué eran los Jardines Colgantes de Babilonia?

Historia en línea
Centro de estudio ¿Necesitas ayuda con el material de esta sección? Visita jat.glencoe.com

Repaso de la sección 3

Resumen de la lectura

Repaso de Ideas principales

- Usando la caballería y ejércitos a pie armados con armas de hierro, los asirios crearon un gran imperio que incluía la Mesopotamia y se extendía hasta Egipto.
- Los caldeos construyeron un gran imperio que incluyó Babilonia, la cuidad más grande y rica del mundo de aquellos tiempos.

¿Qué aprendiste?

1. ¿Por qué era el ejército asirio una fuerza tan poderosa?
2. ¿Cuáles fueron algunos de los logros de los astrónomos caldeos?

Pensamiento crítico

3. **Resumen de la información** Dibuja un cuadro como el que sigue. Úsalo para describir la ciudad de Babilonia bajo el poderío de los caldeos.

Babilonia bajo los caldeos

4. **Análisis** ¿Cómo establecieron los asirios un gobierno tan bien organizado?
5. **Conclusión** ¿Por qué piensas que los asirios sacaban de sus tierras a las personas conquistadas y las trasladaban a otros lugares?
6. **Enlace de ciencia** ¿Qué tipo de conocimiento y técnica necesitaron los babilonios para construir los Jardines Colgantes?
7. **Redacción descriptiva** Escribe un párrafo como el que podría encontrarse en un folleto de viaje describiendo la belleza de la antigua Babilonia.

Capítulo 1 Repaso de lectura

Sección 1 Humanos primitivos

Vocabulario
historiador
arqueólogo
artefacto
fósil
antropólogo
nómada
tecnología
domesticar
especialización

Enfoque en Ideas principales

- Los habitantes del paleolítico se adaptaban a su ambiente e inventaban muchas herramientas para sobrevivir. *(página 9)*
- En la era neolítica la gente comenzó a cultivar, construir comunidades, producir mercaderías y comerciar. *(página 13)*

Sección 2 Civilizacion mesopotámica

Vocabulario
civilización
riego
ciudad-estado
artesano
cuneiforme
escriba
imperio

Enfoque en Ideas principales

- La civilizacion de la Mesopotamia comenzó en los valles de los ríos Tigris y Éufrates. *(página 17)*
- Los sumerios inventaron la escritura e hicieron otras contribuciones importantes a los pueblos que les sucedieron. *(página 20)*
- Las ciudades-estado sumerias perdieron poder cuando fueron conquistadas por invasores. *(página 23)*

Estatuillas sumerias ▶

Sección 3 Los primeros imperios

Vocabulario
provincia
caravana
astrónomo

Enfoque en Ideas principales

- El poder militar asirio y su gobierno bien organizado le ayudaron a construir un vasto imperio en la Mesopotamia hace el año 650 a.C. *(página 27)*
- El imperio caldeo construyó importantes hitos en babilonia y desarrolló el primer calendario con una semana de siete días. *(página 29)*

Capítulo 1

Evaluación y actividades

Repaso del vocabulario

1. Escribe un párrafo corto que describa y compare los siguientes términos.

historiador **arqueólogo** **artefacto**
fósil **antropólogo**

Indica cuál de las siguientes afirmaciones es verdadera. Reemplaza la palabra en cursiva para que las afirmaciones falsas se conviertan en verdaderas.

___ 2. Un *artesano* mantuvo registros cuneiformes.

___ 3. Los reyes asirios dividieron el imperio en distritos políticos llamados *provincias*.

___ 4. Una *civilización* es un grupo de tierras diferentes bajo un mismo gobernante.

Repaso de las ideas principales

Sección 1 • Humanos primitivos

5. ¿Cómo se adaptaban los habitantes del paleolítico a su ambiente?
6. ¿Cuáles eran las diferencias más importantes entre la gente que vivió en el período paleolítico y en el neolítico?

Sección 2 • Civilización mesopotámica

7. ¿Dónde se encontraban las primeras civilizaciones mesopotámicas?
8. ¿Cómo perdieron poder las ciudades-estado sumerias?

Sección 3 • Los primeros imperios

9. ¿Qué ayudó a Asiria a construir un imperio en la Mesopotamia?
10. ¿Qué avance científico hicieron los caldeos?

Pensamiento crítico

11. **Explica** ¿Por qué piensas que la mesopotamia es a veces llamada la "cuna de la civilización"?
12. **Análisis** ¿Por qué se considera que el cambio de cazador y recolector a agricultor fue tan importante como para llamarse la revolución agrícola?
13. **Descripción** ¿Qué derechos tenían las mujeres en la ciudad-estado sumeria?
14. **Predice** ¿Piensas que el ejército asirio hubiera sido tan exitoso si no hubiera aprendido cómo endurecer el hierro?

Repaso

Habilidad de lectura — Presentación preliminar

¡Prepárate para leer!

Elige la mejor respuesta.

15. En este libro de texto, para relacionar lo que sabes con lo que estás por leer, debes mirar ___.
    a. Consejos para la lectura
    b. Enfoque en la lectura
    c. título principal
    d. subtítulo

16. ¿Cuál es la función del subtítulo?
    a. dividir un tema largo en temas más cortos
    b. mostrar los temas principales que se estudian en una sección
    c. resumir una "idea general"
    d. ayudarte a preparar un examen

Para comprobar esta capacidad, ve las páginas 6–7.

Historia en línea

Prueba de autocomprobación para ayudarte a preparar el examen de este capítulo, visita jat.glencoe.com

Conocimientos de geografía

Estudia el siguiente mapa y contesta estas preguntas.

17. **Ubicación** ¿En qué continente se halló evidencia del primer fósil humano?
18. **Movimiento** Basado en la evidencia de fósiles, ¿dónde fueron primero los humanos primitivos, a Europa o a Australia?
19. **Análisis** ¿Qué continentes (3) no aparecen en este mapa? ¿Cómo piensas que llegó el humano primitivo a estos continentes?

NATIONAL GEOGRAPHIC **Expansión de los humanos primitivos**

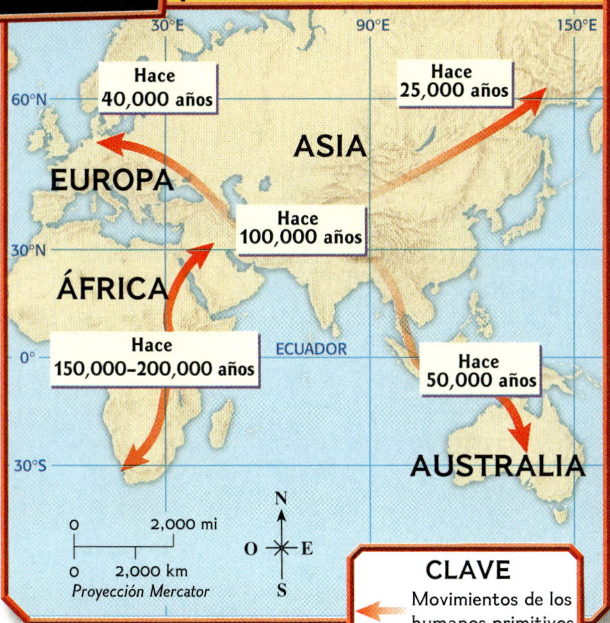

Leer para escribir

20. **Redacción persuasiva** Supón que eres un comerciante de Çatal Hüyük. Un grupo nuevo de gente quiere comerciar contigo y con otros comerciantes del pueblo. Piensas que comerciar con ellos es una buena idea pero los otros comerciantes no están seguros. Escribe un discurso corto que podrías dar para convencerlos.
21. **Uso de tus PLEGABLES™** Utiliza el plegable del Capítulo 1 para crear una línea temporal ilustrada. Tu línea temporal debe extenderse desde el día de la creación de Jericó hasta la caída del Imperio Caldeo. Crea dibujos o fotocopia mapas, artefactos, o arquitectura para ilustrar tu línea temporal. Usa tu línea temporal como herramienta de estudio para el examen de este capítulo.

Utilización de tecnología

22. **Utiliza Internet** Usa Internet para encontrar el sitio de red del departamento de arqueología de una universidad. Usa la información del sitio para hacer un resumen que describa la investigación de la actualidad. Incluye la ubicación de los sitios arqueológicos y descubrimientos de importancia.

Enlaces entre el pasado y el presente

23. **Análisis de la información** Imagina que eres un nómada que viaja de lugar en lugar cazando y recolectando alimentos. ¿Qué cosas llevarías para sobrevivir? Haz una lista de los elementos para luego compartir y discutir con tus compañeros.

Fuente principal

Análisis

Este párrafo está extraído de un poema llamado "La visión mesopotámica sobre la muerte" que fue escrito por una madre mesopotámica desconocida.

¡Escucha el trinar!
Mi corazón está tocando en el desierto
donde el joven alguna vez anduvo libre.
Él es ahora un prisionero en el reino de la
muerte, está atrapado en donde
alguna vez vivió.
La oveja abandona a su cordero
y la cabra a su cabrito.
Mi corazón está tocando en el desierto
un instrumento de dolor

—"The Mesopotamian View of Death," *Poems of Heaven and Hell from Ancient Mesopotamia*, N.K. Sanders, traductor.

PBD Preguntas basadas en los documentos

24. ¿Con qué compara la madre el reino de la muerte?
25. ¿Cuál es el "instrumento de dolor"?

Capítulo 2

El antiguo Egipto

Esfinge y pirámide en Giza, Egipto

NATIONAL GEOGRAPHIC ¿Cuándo y dónde?

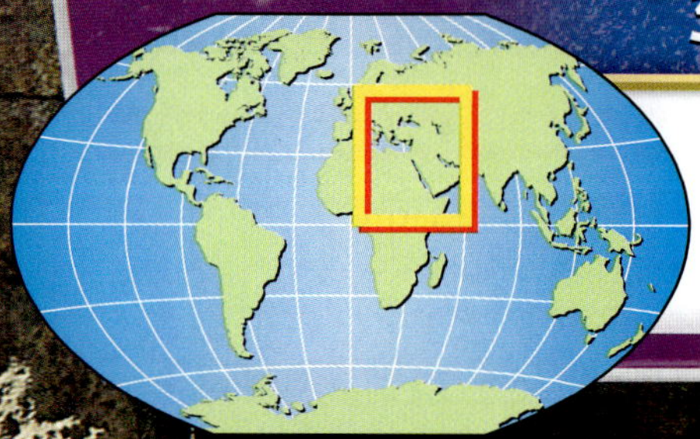

3500 a.C.	2500 a.C.	1500 a.C.	500 a.C.
c. 3100 a.C. Narmer unifica a Egipto	c. 2540 a.C. Se construye la Gran Pirámide de Giza	c. 1500 a.C. Reinado de la reina Hatshepsut	728 a.C. Piye de Kush vence a los egipcios

Presentación preliminar del capítulo

Mientras los habitantes de la Mesopotamia se dedicaban a la guerra, la gente a lo largo del río Nilo, en África, formaba civilizaciones ricas y poderosas. Lee este capítulo para saber más acerca de cómo los habitantes de Egipto y Kush construyeron monumentos que siguen en pie en la actualidad.

Historia en línea
Descripción general del capítulo Visita jat.glencoe.com para ver una presentación preliminar del capítulo 2.

Mira el video del capítulo 2 en el Programa de Video *World History: Journey Across Time*.

Sección 1 El valle del Nilo

La tierra fértil a lo largo del gran río Nilo apoyó a las civilizaciones egipcias.

Sección 2 El Reino del Antiguo Egipto

Durante el período del Reino Antiguo, los egipcios construyeron ciudades, grandes pirámides y un reino fuerte.

Sección 3 El imperio egipcio

Muchos cambios tuvieron lugar durante los reinos de Egipto Medio y Nuevo. Se convirtió en un gran imperio al mismo tiempo que florecían las artes, la literatura y la arquitectura.

Sección 4 La civilización de Kush

Al sur de Egipto surgió una nueva civilización llamada Kush. Los kushitas adoptaron las formas egipcias y con el tiempo conquistaron Egipto.

PLEGABLES™ Organizador de estudios

Organización de la información *Haz este plegable para poder organizar mejor los eventos e ideas más importantes del antiguo Egipto y Kush.*

Paso 1 *Poner dos hojas de papel juntas de modo que la primera hoja sobresalga una pulgada por sobre la de atrás.*

Paso 2 *Doblar hacia arriba los bordes inferiores del papel para formar cuatro solapas. Alinear los bordes de modo que todas las capas o solapas guarden la misma distancia entre sí.*

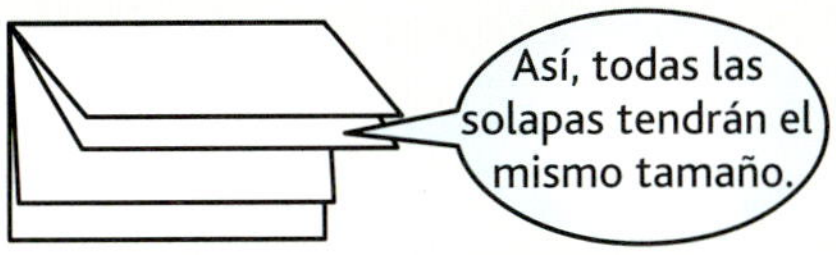

Paso 3 *Plegar el papel para mantener las solapas en su lugar, luego abrocharlas juntas. Cortar las tres hojas de arriba para crear un libro con capas.*

Paso 4 *Marcar el libro como se muestra y tomar notas en la parte de adentro.*

Lectura y redacción
A medida que leas el capítulo, toma apuntes en la solapa correspon-diente. Escribe las ideas principales y términos más importantes en la solapa "qué".

Capítulo 2

Lectura en estudios sociales

Habilidad de lectura

Predicción

1 ¡Apréndelo!

¿Qué predijiste?

Una *predicción* es una suposición que se basa en lo que ya sabes. Hacer predicciones antes de leer te ayuda a entender y recordar lo que lees.

¿Cómo realizas una predicción? Lee las ideas principales presentadas a continuación. Fueron tomadas de la página introductoria de la Sección 2, página 47. Usa las ideas principales para realizar predicciones acerca de lo que leerás en este capítulo.

Ideas principales

- **Egipto estaba gobernada por faraones todopoderosos.**
- **Los egipcios creían en muchos dioses y diosas y en la vida después de la muerte para los faraones.**
- **Los egipcios del Reino Antiguo construyeron enormes pirámides de piedra como tumbas para sus faraones.**

—de la página 47

Predice qué quiere decir el término "todopoderosos".

¿Qué significa "vida después de la muerte"?

¿Puedes predecir qué herramientas usaron los egipcios para construir sus pirámides?

Habilidad de lectura

A medida que leas, verifica si tus predicciones fueron correctas.

2 ¡Practícalo!

Hacer predicciones

Lee las Ideas principales expuestas a continuación de la Sección 1 de este capítulo.

Ideas principales

- La civilizacion egipcia comenzó en el valle fértil del río Nilo, donde las barreras naturales brindaban protección contra las invasiones.
- Los egipcios dependían de los desbordes del Nilo para cultivar.
- Cerca del 3100 a.C., los mayores reinos de Egipto, el Alto y Bajo Egipto, se unieron en un solo reino.
- La sociedad egipcia se dividía en grupos sociales basados en la riqueza y en el poder.

—de la página 38

Haz por lo menos una predicción de cada idea principal. Escribe tu predicción. Luego, a medida que leas esta sección, verifica si tus predicciones fueron correctas.

Leer para escribir

Elige un subtítulo azul de este capítulo. Sin leer el texto debajo del subtítulo, escribe un párrafo que pienses que pueda aparecer aquí. Verifica si los hechos de tu párrafo son correctos.

3 ¡Aplícalo!

Antes de leer este capítulo, hojea las preguntas de las páginas 74–75 de la Evaluación y actividades del capítulo. Elige tres preguntas y predice cuál será la respuesta.

Sección 1

El valle del Nilo

¡Prepárate para leer!

¿Cuál es la relación?

En el capítulo 1 aprendiste sobre las civilizaciones de la Mesopotamia. Por la misma época se estaba formando otra civilización cerca del río Nilo. Llamamos a esta civilización: antiguo Egipto.

Enfoque en Ideas principales

- La civilización egipcia comenzó en el valle fértil del río Nilo, donde las barreras naturales brindaban protección contra las invasiones. *(página 39)*
- Los egipcios dependían de los desbordes del Nilo para cultivar. *(página 41)*
- Cerca del 3100 a.C., los mayores reinos de Egipto, el Alto y Bajo Egipto, se unieron en un solo reino. *(página 43)*
- La sociedad egipcia se dividía en grupos sociales basados en la riqueza y en el poder. *(página 45)*

Ubicación de lugares

Egipto
río Nilo
Sahara

Conoce a los personajes

Narmer

Desarrollo de tu vocabulario

catarata
delta
papiro
jeroglíficos
dinastía

Estrategia de lectura

Organización de la información

Crea un diagrama para describir los sistemas de riego egipcios.

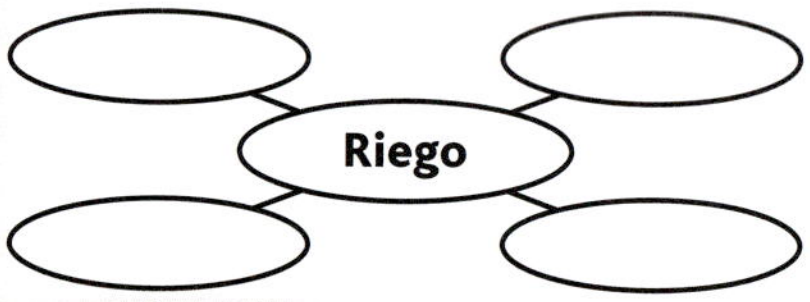

NATIONAL GEOGRAPHIC ¿Cuándo y dónde?

5000 a.C.	4000 a.C.	3000 a.C.
c. 5000 a.C. La agricultura comienza a lo largo del río Nilo	**c. 4000 a.C.** Egipto está compuesto por dos reinos	**c. 3100 a.C.** Narmer unifica a Egipto

Colonización del Nilo

Idea principal **La civilización egipcia comenzó en el valle fértil del río Nilo, donde las barreras naturales brindaban protección contra las invasiones.**

Enfoque en la lectura ¿Sabías que el río Nilo es más largo que el Amazonas, el Mississippi, y cualquier otro río del mundo? Lee para saber cuándo los antiguos habitantes se trasladaron a orillas fértiles.

Entre el 6000 a.C. y el 5000 a.C., los cazadores y recolectores se trasladaron a las tierras verdes del valle del Nilo desde áreas menos fértiles en África y suroeste de Asia. Se establecieron y cultivaron la tierra, crearon varios pueblos a orillas del río. Estas personas se convirtieron en los primeros egipcios.

Un río poderoso Aunque **Egipto** era cálido y soleado, la tierra recibía poca lluvia. Para conseguir agua, los egipcios dependían del **río Nilo.** Bebían de él, se bañaban, y lo usaban para la agricultura, cocina y limpieza. El río ofrecía pescado y daba sustento a plantas y animales. Para los egipcios el Nilo era un regalo precioso. Lo veneraban en una canción: "Salve Nilo, que vienes de la tierra, que vienes a dar vida al pueblo de Egipto".

Hasta hoy, el Nilo inspira respeto. Es el río más largo del mundo, corre hacia el norte desde el corazón de África hasta el mar Mediterráneo. Cubre una distancia de alrededor de 4,000 millas (6,437 km). Recorrer el río Nilo en toda su longitud sería como ir desde Atlanta, Georgia a San Francisco, California ida y vuelta.

El Nilo nace como dos ríos separados. Un río, el Nilo Azul, se origina en las montañas de África oriental. El otro, el Nilo Blanco, nace en los pantanos de África central. Los dos ríos se unen y forman el Nilo justo al sur de Egipto. Los acantilados angostos y las rocas del Nilo forman rápidos llamados **cataratas.** Debido a las cataratas, los buques pueden navegar el Nilo solamente por las últimas 650 millas (1,046 km), donde atraviesa Egipto.

Una tierra protegida En Egipto el Nilo corre por un valle angosto y verde. Observa el mapa a continuación. Puedes ver que el Nilo se parece al largo tallo de una flor. Un poco antes de que llegue al Mar Mediterráneo, se divide en dos brazos que parecen el capullo de una flor. Estos brazos se abren y cubren un área de tierra fértil llamada **delta.**

A ambos lados del valle del Nilo y su delta, se extienden desiertos enormes, más allá de lo que el ojo humano puede ver. Al oeste hay un vasto desierto que forma parte del **Sahara,** el

Uso de las habilidades geográficas

Las civilizaciones egipcias se desarrollaron en una franja angosta de tierra fértil a lo largo del río Nilo.

1. ¿Qué características físicas limitan con el río Nilo al este y oeste?
2. ¿Cuánta distancia hay entre la primera catarata y la segunda?

Busca en los mapas de Internet del NGS en
www.nationalgeographic.com/maps

▲ **Hoy, el valle del río Nilo es sólo el 3 por ciento de la tierra de Egipto, sin embargo, los egipcios viven y trabajan en esa área.** ***¿Cómo fue que los desiertos que rodean al valle del río Nilo ayudaron a proteger a Egipto?***

desierto más grande del mundo. Al este, hacia el Mar Rojo se encuentra el desierto oriental. En algunos lugares, el cambio de tierras verdes a arenas desérticas es tan abrupto que una persona se puede parar con un pie en cada lado.

Los antiguos egipcios denominaban a estos desiertos "la Tierra Roja" debido al intenso calor. Aunque estas tierras no eran apropiadas para la agricultura o la vida humana, tenían un propósito útil: mantenían alejados a los ejércitos enemigos del territorio egipcio.

Otras características geográficas también protegían a los egipcios. Muy al sur, las peligrosas cataratas del Nilo, bloqueaban el paso de barcos enemigos a Egipto. En el norte, los pantanos del delta no ofrecían refugio a los invasores que llegaran desde el mar. En este aspecto, los egipcios eran más afortunados que los habitantes de la Mesopotamia. En esa región, pocas barreras naturales ofrecían protección a las ciudades. Los mesopotámicos constantemente tenían que repeler ataques enemigos, pero los egipcios rara vez enfrentaban esta amenaza. Como resultado, la civilización egipcia pudo crecer y prosperar.

A pesar de su aislamiento, los egipcios no estaban completamente cerrados al mundo exterior. El mar Mediterráneo está en la frontera norte de Egipto, y el mar Rojo se encuentra pasando el desierto, al este. Estos mares le daban a Egipto una vía de acceso al comercio con las poblaciones fuera de Egipto.

En Egipto la gente utilizaba el Nilo para el comercio y el transporte. Los vientos del norte empujaban los barcos a vela hacia el sur. La corrientes del Nilo los llevaba hacia el norte. Los pueblos egipcios, entonces, tenían un frecuente contacto amistoso entre sí, diferente a la relación hostil que mantenían las ciudades-estado de la Mesopotamia.

✓ **Comprobación de lectura** **Resume** ¿Cómo era la zona geográfica de Egipto?

Los pueblos del río

Idea principal **Los egipcios dependían de los desbordes del Nilo para cultivar.**

Enfoque en la lectura ¿Cuando escuchas hablar de inundaciones o desbordes, te imaginas daños terribles y pérdida de vidas? Lee lo siguiente y aprende por qué los egipcios agradecían y no temían los desbordes del Nilo.

En el capítulo 1 aprendiste que los habitantes de la Mesopotamia tenían que controlar los desbordes del Tigris y del Éufrates para poder cultivar. Aprendieron a hacerlo, pero el comportamiento de los ríos era una amenaza constante.

Desbordes regulares Al igual que los mesopotámicos, los egipcios también tenían que soportar los desbordes. Sin embargo, los desbordes del Nilo eran muchos más predecibles y suaves que los del Tigris y del Éufrates. Como consecuencia, lo egipcios podían cultivar y vivir más seguros. No temían que un fuerte desborde pudiera destruir sus casas y cosechas, o que la falta de agua resecara sus campos.

Cada primavera las lluvias torrenciales de África central y las nieves de los deshielos de las tierras altas de África oriental se unían a las aguas del Nilo en su recorrido hacia el norte. Desde julio a octubre el Nilo se sale de su cauce. Cuando las aguas se retiran, dejan una capa de lodo oscura y muy fértil. Debido a estos depósitos, los egipcios llamaban a su tierra *Kemet*, "Tierra Negra".

¿Cómo usaban el Nilo los egipcios? Los egipcios aprovecharon los desbordes del Nilo para convertirse en agricultores exitosos. Plantaban trigo, cebada y semillas de lino en la tierra rica y húmeda. Con el tiempo, tuvieron más alimentos de los que necesitaban para ellos y sus animales.

Una de las razones de su éxito fue el uso inteligente del riego. Los agricultores egipcios primero cavaban cuencas, o agujeros en forma de tazón, en la tierra para conservar el agua del desborde. Luego hacían canales para llevar el agua desde esas cuencas hasta los campos lejos del río. Los egipcios también construían diques, o bancos de tierra, para hacer las paredes de las cuencas más duras.

Con el tiempo los agricultores egipcios desarrollaron tecnología para facilitar el trabajo. Por ejemplo, ellos usaron un cigoñal, un balde atado a un palo largo usado para sacar agua del Nilo y ponerla en las cuencas. Muchos agricultores egipcios lo siguen usando en la actualidad.

Los primeros egipcios también desarrollaron la geometría para calcular, o medir la tierra. Cuando las aguas se retiraban, se

Fuente principal

Himno al Nilo

Este pasaje es parte de un himno escrito en el 2100 a.C. Muestra la importancia del río Nilo para los habitantes del antiguo Egipto.

"Tu creas los cereales, tu traes la cebada, asegurando la supervivencia de lo templos. Si cesas tu lucha y tu trabajo, entonces todo lo que queda es dolor".

—autor desconocido, "Himno al Nilo"

▲ Un cigoñal

PBD Preguntas basadas en los documentos

¿En qué forma muestra este himno que los antiguos egipcios consideraban al Nilo como a un dios?

borraban las marcas que dividían un terreno de otro, por eso los egipcios medían nuevamente sus terrenos para ver dónde empezaba y terminaba cada uno.

El **papiro,** una planta de caña que crecía a orillas del Nilo, se convirtió en un elemento muy útil. Al principio los egipcios cosechaban papiro para hacer canastos, sandalias, y balsas. Más tarde usaron el papiro para hacer papel. El primer paso era cortar el tallo de la planta en tiras angostas. Luego los egipcios humedecían bien las tiras y las golpeaban hasta dejarlas planas. Posteriormente se las dejaba al aire libre para que se secaran; de ese modo las tiras quedaban duras. Luego las unían para formar un rollo de papel.

¿Qué eran los jeroglíficos? Los egipcios usaban los rollos de papiro como papel para escribir. Al igual que los habitantes de la Mesopotamia, los egipcios desarrollaron su propio sistema de escritura. Llamado **jeroglífico,** estaba formado por miles de símbolos. Algunos representaban objetos e ideas. Para dar la idea de un barco, por ejemplo, el escriba dibujaba un barco. Otros símbolos representaban sonidos, como lo hacen las letras de nuestro alfabeto.

Los escribas esculpían cuidadosamente jeroglíficos en paredes de piedra y monumentos. Para situaciones cotidianas, los escribas inventaron un sistema de escritura más simple hecha en papiro.

En el antiguo Egipto, pocas personas podían leer y escribir. Algunos egipcios, sin embargo, iban a escuelas especiales ubicadas en templos egipcios para estudiar lectura y escritura y convertirse en escribas. Los escribas llevaban registros y trabajaban para los gobernantes, sacerdotes y comerciantes.

Comprobación de lectura **Identificación** ¿Qué cosas cultivaban los antiguos egipcios?

NATIONAL GEOGRAPHIC

Cómo eran las cosas

Enfoque en la vida cotidiana

De la agricultura a la comida Cosechar trigo y convertirlo en pan era vital para los egipcios. Algunas personas trabajaban como agricultores de tiempo completo, pero otros eran contratados por el gobierno para trabajar en las temporadas de más trabajo.

▲ Pintura en una tumba que muestra cómo se cosecha el trigo

El proceso comenzaba cuando los hombres cortaban el trigo con hoces de madera y las mujeres armaban fardos. Los animales pisaban el trigo para separar los granos de la cáscara. Luego se tiraban los granos al aire para que el viento se llevara los pedazos de cáscara livianos que cubrían las semillas. Finalmente, los granos se guardaban en silos para su uso posterior.

▲ Pintura en una tumba que muestra un hombre y una mujer egipcios arando y sembrando

Un Egipto unificado

Idea principal **Cerca del 3100 a.C., los mayores reinos de Egipto, el Alto y Bajo Egipto, se unieron en un solo reino.**

Enfoque en la lectura ¿Qué tipo de servicios ofrece nuestro gobierno? Lee para saber sobre el gobierno del antiguo Egipto.

En Egipto, como en la Mesopotamia, las mejoras en la agricultura produjeron un excedente (es decir, antidades adicionales) de comida. Esto hizo que algunas personas se pudieran dedicar a otras cosas en lugar de la agricultura; así surgieron, por ejemplo, los artesanos. Hacían telas y cerámica, esculpían estatuas, o hacían herramientas y armas de cobre.

A medida que había más mercaderías, los egipcios comenzaron a comerciar entre ellos. En poco tiempo los comerciantes egipcios estaban llevando sus mercancías fuera de las fronteras de Egipto, a la Mesopotamia. De allí es posible que hayan tomado las ideas de escritura y gobierno.

El ascenso del gobierno Los avances en la agricultura, arte y comercio crearon, en Egipto, la necesidad de un gobierno. Los sistemas de riego tenían que ser construidos y mantenidos, y el excedente de granos tenía que ser almacenado y distribuido en tiempos de necesidad. Además, era necesario terminar con las disputas por la propiedad de las tierras. Gradualmente, el gobierno surgió para planear y dirigir tales actividades.

Los primeros gobernantes eran los jefes de los pueblos. Con el tiempo, unos pocos jefes fuertes unieron varios pueblos y formaron reinos. Los reinos más fuertes eventualmente, se apoderaron de los reinos más débiles. Para el 4000 a.C., Egipto estaba formado por dos grandes reinos. En el delta del Nilo estaba el Bajo Egipto. Al sur, río arriba, estaba el Alto Egipto.

Cosecha de trigo en la actualidad

Cocinando pan en cacharros

El convertir los granos en pan era un largo proceso. Las mujeres molían el trigo para hacerlo harina, luego los hombres la machacaban hasta hacerla muy fina. Para los ricos, se agregaba a la masa semillas, miel, fruta, nueces y hierbas para darle sabor. Desafortunadamente, era casi imposible que no hubiera pequeñas piedras o arena en la harina. Como consecuencia, muchos egipcios desarrollaban caries ya que estas partículas eliminaban el esmalte.

Réplica de una panadería del antiguo Egipto

Conexión con el pasado

1. ¿Cómo se aseguraba el gobierno que hubiera suficiente gente disponible para cosechar el trigo?
2. ¿Por qué piensas que las semillas, frutas y otros aditivos se reservaban para los ricos?

Comparación entre la Mesopotamia y Egipto

	Mesopotamia	Egipto
Defensas naturales	Planicies de lodo; pocas defensas naturales	Muchas defensas: Delta del Nilo, Sahara, Desierto Oriental y cataratas
Ríos	ríos Tigris y Eúfrates	río Nilo
Desbordes	Impredecibles, y una amenaza constante para los habitantes	Predecibles y regulares, no causaban temor
Economía	Agricultura y comercio	Agricultura y comercio
Gobierno	Ciudad-estado dirigida por reyes y sacerdotes; con el tiempo, se formaron los imperios	Las aldeas eran lideradas por jefes, y luego se unificaron en reinos. Los reinos posteriormente se unificaron y fueron gobernados por faraones
Trabajo de los artesanos	Productos de metal, cerámica, telas	Productos de metal, cerámica, telas
Adelantos	• Escritura cuneiforme • Sistema numérico basado en el 60 • Calendario de 12 meses • Rueda para carros, arado, bote a vela	• Escritura en jeroglíficos • Calendario de 365 días • Sistema numérico basado en el 10 y fracciones • Medicina y primeros libros de medicina

Comprensión de cuadros

Tanto las civilizaciones de la Mesopotamia como de Egipto dependían de los ríos para tener acceso a tierra fértil y al riego.

1. ¿Qué civilización tenía mejor defensa natural? Explica.
2. **Comparación** Usa el cuadro para comparar los gobiernos de las dos civilizaciones.

Familias que reinaban en Egipto Cerca del 3100 a.C. los dos reinos se convirtieron en uno. El responsable fue **Narmer,** también conocido como Menes. Como rey del Alto Egipto, condujo sus ejércitos hacia el norte y tomó el control del Bajo Egipto.

Narmer reinó desde Memphis, una ciudad construida en la frontera entre los dos reinos. Como símbolo de la unión de los dos reinos, Narmer usaba una doble corona: la corona blanca similar a un casco representaba al Alto Egipto y la corona abierta de color rojo al Bajo Egipto.

El reino unificado de Narmer se mantuvo así aún mucho después de su muerte. Los miembros de su familia pasaron el mandato de padres a hijos y de hijos a nietos. Esta línea de gobernantes, a la que pertenece una sola familia, se denomina **dinastía.** Cuando una dinastía desaparecía, otra tomaba su lugar.

Egipto fue gobernada por 31 dinastías, que duraron en conjunto 2,800 años. Los historiadores agrupan las dinastías de Egipto en tres grandes períodos llamados reinados. El primer período llamado el Reino Antiguo fue seguido por el Reino Medio y luego por el Nuevo. Cada uno marcó un largo período de fuerte liderazgo y estabilidad.

✓ Comprobación de lectura **Definición** ¿Qué es una dinastía?

La vida en el Egipto primitivo

Idea principal **La sociedad egipcia se dividía en grupos sociales basados en la riqueza y en el poder.**

Enfoque en la lectura ¿Jugabas con muñecas y pelotas cuando eras más pequeño? Los niños egipcios también. Continúa leyendo para aprender sobre la vida diaria en Egipto.

Si hiciste un diagrama de las diferentes clases sociales del antiguo Egipto, verás que tiene forma de pirámide. En la parte superior estaban el rey y su familia. Por debajo de este nivel, un grupo más pequeño de clase alta formado por sacerdotes, comandantes del ejército y nobles. Luego había un grupo más numeroso formado por personas de clase media con capacitación, tales como comerciantes, artesanos y dueños de tiendas. En la parte inferior estaba el grupo más numeroso formado por trabajadores no calificados y agricultores.

Las clases sociales de Egipto La clase alta egipcia estaba formada por nobles, sacerdotes y otros egipcios ricos quienes trabajaban como funcionarios del gobierno. Vivían en ciudades y en grandes estados a lo largo del río Nilo. Tenían casas grandes y elegantes de madera y ladrillo de barro, con hermosos jardines y piletas llenas de peces y azucenas. Las familias ricas tenían sirvientes que los atendían y realizaban las tareas de la casa. Los hombres y las mujeres vestían ropas de lino blanco y usaban mucho maquillaje y joyas.

La clase media de Egipto incluía a aquéllos que eran dueños de negocios o producían bienes. Vivían en casas más pequeñas y se vestían de una manera más simple. Los artesanos formaban un grupo importante dentro de la clase media. Producían telas de lino, joyas, cacharros, y productos de metal.

La sociedad del antiguo Egipto estaba muy estructurada. En la cúspide estaban el faraón y su familia. En la parte inferior, los más pobres: los trabajadores no capacitados. ***¿Qué grupo estaba justo por debajo del faraón en la sociedad egipcia?***

Los agricultores formaban el grupo más numeroso dentro de los primeros egipcios. Algunos alquilaban su tierra al gobernador, pagándole con una gran parte de su cosecha. La mayoría, sin embargo, trabajaba la tierra de nobles ricos. Vivían en pueblos a lo largo del Nilo, en chozas de un ambiente con el techo hecho de hojas de palmera. Tenían una dieta simple de pan, cerveza, vegetales y frutas.

Muchos de los habitantes de la ciudad de Egipto eran trabajadores no capacitados que realizaban trabajo pesado. Algunos descargaban productos de los barcos y los llevaban al mercado. Otros hacían y apilaban ladrillos de barro para los edificios. Los trabajadores vivían en vecindarios populosos. Tenían pequeñas casas de ladrillo de barro con piso de tierra compacto y un patio para guardar los animales de la familia. Las familias charlaban, jugaban y dormían en los techos planos de sus casas. Las mujeres trabajaban en los techos, secando frutas, haciendo pan y telas.

Vida de las familias En el antiguo Egipto el padre era el jefe del hogar. Sin embargo, las mujeres egipcias tenían más derechos que la mayoría de las mujeres en las primeras civilizaciones. En Egipto la mujer podía ser dueña y transferir propiedades. Podían comprar y vender bienes, hacer testamentos y obtener el divorcio. Las mujeres de clase alta estaban a cargo de los templos y podían llevar a cabo ceremonias religiosas.

Pocos egipcios mandaban sus hijos a la escuela. Las madres les enseñaban a sus hijas a coser, cocinar y llevar el hogar. Los varones aprendían de sus padres a cultivar o a comerciar. Los niños egipcios tenían tiempo para divertirse. También jugaban juegos de mesa, a las muñecas, con trompos y pelotas de cuero rellenas.

Comprobación de lectura **Identificación**
¿Quiénes formaban parte del grupo más numeroso en la sociedad egipcia?

Historia en línea
Centro de estudios ¿Necesitas ayuda con el material de esta sección? Visita jat.glencoe.com

Repaso de la sección 1

Resumen de la lectura

Repaso de Ideas principales

- Los desiertos a ambos lados del valle del Nilo, junto con las cataratas y pantanos del delta, protegían a Egipto de los invasores.
- Los egipcios se convirtieron en grandes agricultores al aprovechar los desbordes del Nilo y utilizar el riego.
- Hacia el 3100 a.C., Narmer unió el Bajo y el Alto Egipto.
- La sociedad egipcia estaba dividida en la clase alta, formada por sacerdotes y nobles; la clase media, por artesanos y comerciantes; y la clase baja, por trabajadores y agricultores.

¿Qué aprendiste?

1. ¿Qué es el papiro y cómo lo usaban los egipcios?
2. ¿Que derecho tenían las mujeres en el antiguo Egipto?

Pensamiento crítico

3. **Causa y efecto** Dibuja un diagrama y menciona tres cosas que hayan llevado al crecimiento del gobierno en el antiguo Egipto.

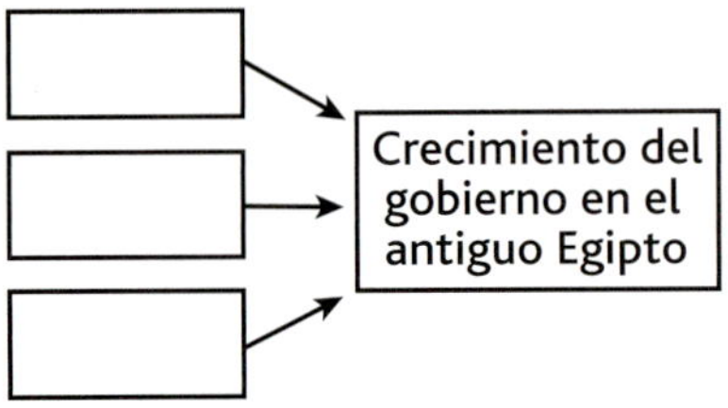

4. **Conocimientos de geografía** ¿Cómo es que la geografía del valle del río Nilo llevó al crecimiento de la civilización allí?
5. **Descripción** Describe el sistema de escritura egipcio.
6. **Análisis** ¿Cuál era el significado de la doble corona de Narmer?
7. **Lectura** **Predice** Usa lo que aprendiste en esta sección para escribir un párrafo explicando cómo crees que era la vida en una granja en el antiguo Egipto.

Sección 2

El Reino Antiguo de Egipto

¡Prepárate para leer!

¿Cuál es la relación?

En la Sección 1, aprendiste que las dinastías egipcias estaban divididas en Reino Antiguo, Reino Medio y Reino Nuevo. En la Sección 2, aprenderás sobre los líderes egipcios, la religión y forma de vida del Reino Antiguo.

Enfoque en Ideas principales

- Egipto estaba gobernado por faraones todopoderosos. *(página 48)*
- Los egipcios creían en muchos dioses y diosas y en la vida después de la muerte para los faraones. *(página 49)*
- Los egipcios del Reino Antiguo construyeron enormes pirámides de piedra como tumbas para sus faraones. *(página 50)*

Ubicación de lugares

Giza

Conoce a los personajes

rey Khufu

Desarrollo de tu vocabulario

faraón
deidad
embalsamar
momia
pirámide

Estrategia de lectura

Organización de la información

Usa un organizador gráfico, cómo el que aparece a continuación, para identificar las diferentes creencias religiosas de los egipcios.

NATIONAL GEOGRAPHIC ¿Cuándo y dónde?

2600 a.C. — 2400 a.C. — 2200 a.C.

- **c. 2600 a.C.** Comienza el período del Reino Antiguo
- **c. 2540 a.C.** Se construye la Gran Pirámide de Giza
- **c. 2300 a.C.** Decadencia del Reino Antiguo

Gobernantes del Reino Antiguo

Idea principal **Egipto estaba gobernado por faraones todopoderosos.**

Enfoque en la lectura ¿Querrías que tu representante estudiantil o el capitán de tu equipo deportivo tenga poderes ilimitados? Piensa lo que sería tener un líder tal como el que se describe en el texto sobre gobernantes del antiguo Egipto.

El período conocido como Reino Antiguo comenzó en Egipto cerca del 2600 a.C., y duró hasta el 2300 a.C. Durante esos años, Egipto creció y prosperó. Los egipcios fundaron ciudades y expandieron el comercio, y sus reyes establecieron un gobierno fuerte.

Los reyes egipcios, o **faraones,** como se les llamaba, vivían con sus familias en grandes palacios. De hecho, la palabra *faraón* originalmente quería decir "casa grande". El faraón era un gobernante sumamente poderoso que regía todas las actividades de Egipto. Su palabra era la ley y debía ser obedecida sin cuestionamientos.

Los faraones nombraban muchos funcionarios para satisfacer sus deseos. Estos funcionarios se ocupaban de que se construyeran y repararan los canales de riego y depósitos de granos. Se aseguraban de que los cultivos se realizaran tal como lo había indicado el faraón. También controlaban el comercio y recolectaban los impuestos al grano que debían pagar los granjeros.

¿Por qué los Egipcios estaban deseosos de servir a su faraón? Una razón era que creían que la unidad del reino dependía de un líder fuerte. Otra era que consideraban que el faraón era el hijo de Ra, el rey del sol egipcio. Como consecuencia, sus súbditos le tenían gran respeto. Cada vez que aparecía en público, la gente tocaba sus flautas y platillos. Las personas paradas a lo largo del camino debían hacer una reverencia y "oler la tierra", o tocar el suelo con sus cabezas.

Los egipcios creían que su faraón era un dios en la tierra que velaba por el bienestar de ellos. Llevaban a cabo ciertos rituales según pensaban beneficiaban al reino. Por ejemplo, llevaban un toro sagrado hasta Memphis, la ciudad capital. Los egipcios creían que esta ceremonia mantenía fértil la tierra y aseguraba buenas cosechas. Los faraones también eran los primeros en cortar el grano maduro. Los egipcios creían que esto les traería una buena cosecha.

✓ **Comprobación de lectura** **Análisis** ¿Por qué los faraones tenían tanto poder?

◀ **La Gran Esfinge, una estatua gigante con la cabeza de un hombre (quizás un faraón) y el cuerpo de un león montando guardia fuera de la tumba del faraón.** ***¿Cuál es el significado de la palabra faraón y por qué se usaba para los gobernantes egipcios?***

Religión egipcia

Idea principal **Los egipcios creían en muchos dioses y diosas y en la vida después de la muerte para los faraones.**

Enfoque en la lectura ¿Alguna vez, has visto una momia en una película de terror? O quizás, alguna vez te disfrazaste de momia con trozos de tela para alguna fiesta de disfraces. Sigue leyendo para saber cómo y por qué hacían momias los antiguos egipcios.

La religión estaba muy arraigada en la cultura egipcia. Al igual que los habitantes de la Mesopotamia, los antiguos egipcios adoraban a muchas deidades, o dioses y diosas. Los egipcios creían que estas **deidades** controlaban las fuerzas de la naturaleza y las actividades de las personas.

El dios egipcio más importante era el del sol, Ra. Esto probablemente se debió a que el clima de Egipto es cálido y soleado, y el sol es muy importante para tener buenas cosechas. Otro dios importante era Hapi, quien gobernaba el río Nilo. La diosa más importante era Isis. Ella representaba a la esposa leal y madre, y decidía sobre lo muertos junto con su esposo Osiris.

La vida después de la muerte

Distinto a los habitantes de la Mesopotamia, quienes imaginaban una vida sombría después de la muerte, los egipcios tenían una visión esperanzada. Ellos creían que la vida en el otro mundo sería aún mejor que la vida en la tierra. Después de un largo viaje, los muertos llegarían a un lugar de paz y prosperidad.

Uno de los manuscritos más importantes escritos en el antiguo Egipto fue *El libro de los muertos.* Éste era una recopilación de encantamientos y plegarias que los egipcios estudiaban para lograr la vida después de la muerte. Ellos creían que el dios Osiris se encontraría con los recién llegados en la entrada al otro mundo. Si habían llevado una buena vida y conocían los hechizos mágicos, Osiris les concedería la vida después de la muerte.

▲ **Durante el proceso de embalsamamiento, el cuerpo del faraón era colocado sobre una mesa especial. El jefe embalsamador se vestía como Anubis, dios de la momificación.** ***¿Por qué los egipcios embalsamaban los cuerpos de sus faraones?***

Durante cientos de años los egipcios creyeron que sólo los faraones y una pequeña elite podían gozar de la vida eterna. También creían que el espíritu del faraón necesitaba un cuerpo para hacer este largo viaje hacia la eternidad. Si el cuerpo del faraón se descomponía después de la muerte, su espíritu vagaría para siempre. Era de vital importancia que el espíritu del faraón llegara al otro mundo. Allí el faraón continuaría cuidando de Egipto.

Embalsamar es el proceso desarrollado por los egipcios para proteger el cuerpo de los faraones. Primero, los sacerdotes quitaban los órganos del cuerpo. Luego se le aplicaba una sal especial, y el cuerpo se guardaba por algunos días hasta que se secaba. Más tarde, se rellenaba con especias y perfumes y se cerraba, cosiéndolo. Luego, el cuerpo se limpiaba con aceites y se envolvía con largas tiras de lino bien apretadas. El cuerpo, así envuelto, se conoce con el nombre de **momia.** Se colocaba en varios cajones de madera, uno dentro de otro. Entonces el faraón estaba listo para ser depositado en una tumba.

Medicina egipcia Al embalsamar los muertos, los egipcios aprendieron mucho sobre el cuerpo humano. Los médicos egipcios usaban hierbas y drogas para tratar las muchas y diferentes enfermedades. Eran expertos en suturar cortes y poner en su lugar huesos rotos.

Algunos médicos se dedicaron a tratar partes especiales del cuerpo, y se convirtieron en los primeros especialistas. Los egipcios también escribieron en rollos de papiro, los primeros libros de medicina del mundo.

Comprobación de lectura **Identificación** ¿Cuáles eran los principales dioses y diosas egipcios?

Las pirámides

Idea principal **Los egipcios del Reino Antiguo construyeron enormes pirámides de piedra como tumbas para sus faraones.**

Enfoque en la lectura ¿Crees que la Estatua de la Libertad o la Casa Blanca estarán aquí dentro de 4,000 años? Las pirámides gigantes de Egipto han estado allí por casi el mismo tiempo. Lee para saber cómo y por qué se construyeron.

Una tumba común no era adecuada para un faraón de Egipto. En cambio, los egipcios construyeron **pirámides** como montañas, todas hechas en piedra. Estas estructuras gigantes, del tamaño de varias cuadras, protegían los cuerpos de los faraones de las inundaciones, animales salvajes y saqueadores de tumbas. Las pirámides también tenían las provisiones que el faraón podría necesitar en el mundo espiritual, incluyendo vestimenta, muebles y comida.

Religión egipcia

▼ Osiris

▲ En esta pintura, el dios Osiris (sentado a la derecha) observa cómo otros dioses con cabeza de animales pesan el alma de un hombre muerto y registran los resultados. Una vez que la balanza está equilibrada, el hombre puede pasar al otro mundo. *¿Qué era el* **Libro de los Muertos?**

¿Cómo se construyeron las pirámides?

Miles de personas y muchos años de ardua labor fueron necesarios para construir las pirámides. La mayor parte del trabajo fue hecho por granjeros durante las crecidas del Nilo, cuando no podían cuidar de sus campos. Además, agrimensores, ingenieros, carpinteros y cortadores de piedra contribuyeron con sus conocimientos.

Cada pirámide estaba apoyada sobre una base cuadrada, con la entrada mirando al norte. Para establecer el norte de forma correcta, los egipcios estudiaron los cielos y desarrollaron principios de astronomía. Con este conocimiento crearon el calendario de 365 días con 12 meses agrupados en 3 estaciones. Éste fue la base de nuestro calendario moderno.

Para determinar la cantidad de piedra necesaria para una pirámide, así como el ángulo necesario para las paredes, los egipcios hicieron grandes avances en matemática. Inventaron un sistema de números escritos basados en el 10. También crearon las fracciones, usándolas con números enteros para sumar, restar y dividir.

Luego de elegir la ubicación de la pirámide, los trabajadores se dirigían a cualquier lugar donde pudieran encontrar piedras, algunas veces a cientos de millas de distancia. Artesanos capacitados usaban herramientas de cobre para cortar la piedra en grandes bloques. Otros trabajadores ataban las piedras a trineos de madera y las empujaban hasta el Nilo sobre un sendero "pavimentado" con troncos. Luego, cargaban las piedras en barcazas que navegaban hasta la zona de la construcción. Allí, los trabajadores descargaban las piedras y las arrastraban o empujaban por rampas hasta fijarlas en su lugar.

Interior de una pirámide

Los antiguos egipcios sepultaban a sus reyes dentro de grandes edificios de piedra llamados pirámides.

1 **Salida de aire**

2 **Cámara funeraria del Rey** El cuerpo momificado del rey se colocaba en una habitación en el centro de la pirámide.

3 **Gran Galería** Este vestíbulo, alto e inclinado, contenía grandes bloques de granito que sellaban la tumba.

4 **Cámara funeraria de la Reina** En esta cámara había una estatua del rey, y no el cadáver de la reina.

5 **Entrada**

6 **Cámara funeraria subterránea** A veces los reyes eran enterrados en este lugar.

7 **Pirámides de las reinas** Se cree que estas pirámides más pequeñas eran las tumbas de las esposas del rey.

8 **Mastaba** Estas tumbas que rodean las pirámides guardan los restos de los miembros de la familia real y de otros nobles.

9 **Templo del Valle** Es posible que este templo se haya usado para rituales celebrados antes de enterrar al rey.

▲ **La pirámide que se ve a continuación muestra al rey Kefrén, hijo de Khufu. Aunque es más pequeña que la Gran Pirámide, la pirámide de Kefrén fue construida en tierras más altas de modo que parezca tener mayor altura** ***¿Cuánto mide aproximadamente la Gran Pirámide?***

La Gran Pirámide Alrededor del 2540 a.C., los egipcios construyeron la pirámide más grande e impresionante, conocida como la Gran Pirámide. Está ubicada a 10 millas (16 km) de la moderna ciudad de El Cairo. La pirámide construida para el **rey Khufu,** es una de las tres que todavía siguen en pie en **Giza,** en la orilla oeste del Nilo. Se levanta 500 pies (153 m) sobre el desierto, y ocupa un área del tamaño de nueve canchas de fútbol, y tiene más de 2 millones de bloques de piedra. Cada bloque pesa un promedio de 2.5 toneladas.

La Gran Pirámide fue la estructura de mayor altura del mundo durante más de 4,000 años. Es igual a un edificio de 48 pisos y es la más grande de las aproximadamente 80 pirámides egipcias. La Gran Pirámide es una verdadera maravilla porque los egipcios la construyeron sin usar bestias de carga, herramientas especiales y ni siquiera la rueda.

Comprobación de lectura **Explicación** ¿Cuál era el objetivo de las pirámides?

Historia en línea
Centro de estudios ¿Necesitas ayuda con el material de esta sección? Visita jat.glencoe.com

Repaso de la sección 2

Resumen de lectura

Repaso de Ideas principales

- Los gobernantes de Egipto con poder absoluto, llamados faraones se creía que tenían relación con el principal dios egipcio.
- Los egipcios creían en muchos dioses y diosas. Creían, también, en la vida después de la muerte para los faraones, cuyos cuerpos eran momificados antes del funeral.
- Las pirámides, tumbas de piedra gigantes para los faraones, eran construidas durante muchos años y se necesitaba el trabajo de miles de hombres.

¿Qué aprendiste?

1. ¿Cómo se transportaban las piedras hasta el sitio de construcción?
2. ¿Qué cosas aprendieron los egipcios al embalsamar los cuerpos?

Pensamiento crítico

3. **Organización de la información** Dibuja un diagrama como el que aparece a continuación. Escribe sobre los faraones del Reino Antiguo y sus obligaciones.

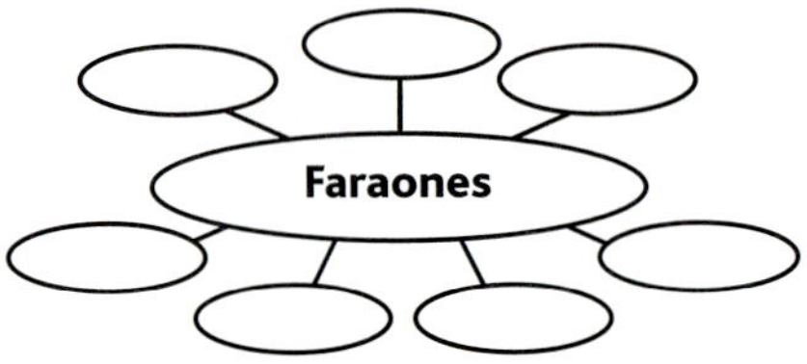

4. **Enlace de matemática/ciencia** ¿Cómo fue que la construcción de las pirámides dio lugar a avances en ciencias y matemáticas?
5. **Comparación y contraste** ¿Qué diferencia hay entre las creencias religiosas de los egipcios y las de los mesopotámicos?
6. **Redacción persuasiva** Supón que eres un faraón egipcio y quieres una pirámide para albergar tu tumba. Escribe una carta a los granjeros y trabajadores de tu reino explicando por qué es su obligación construirte una pirámide.

EL PRÍNCIPE QUE CONOCÍA SU DESTINO

Traducción de Lise Manniche

Antes de leer

La escena: Esta historia ocurre en tiempos antiguos en Egipto y en una zona que en la actualidad es Iraq.

Los personajes: Los primeros personajes que se presentan son el rey de Egipto, su hijo, y las siete diosas Hathor, que pronostican la muerte del príncipe. Cuando el príncipe sale de viaje, se encuentra con el Jefe de Naharín y su hija.

La trama: Durante muchos años, el rey de Egipto protege a su hijo de la muerte que le fue pronosticada. El príncipe convence a su padre para que lo deje salir de viaje. Se encuentra con una princesa, y juntos tratan de evitar su destino.

Presentación preliminar del vocabulario básico

destino: una sucesión de acontecimientos, determinada de antemano

transbordar: transportar en barco a la otra orilla

encantar: usar un hechizo sobre algo

fugitivo: una persona que huye o se escapa

locura: una acción disparatada o insensata

vasija: un recipiente

exaltar: alabar

En esta historia, el príncipe debe evitar el contacto con tres clases de animales porque la profecía dice que uno de estos animales lo matará. Las personas que lo aman tratan de evitar que entre en contacto con los animales, pero el príncipe no desea vivir con miedo.

A medida que lees

Éste es uno de los cuentos de hadas más antiguos del mundo. Fue escrito en jeroglíficos hace más de 3,000 años. Los lugares de los que habla el cuento son reales, y es posible que el príncipe y la princesa también estuvieran basados en personas reales. Muchas veces, los antiguos egipcios convertían a las personas importantes en los personajes principales de sus cuentos.

Había una vez un rey de Egipto que no tenía hijos. De modo que el rey les pidió a los dioses de su época que le enviaran un hijo y los dioses le concedieron su deseo. (. . .)

Las siete diosas de Hathor[1] se reunieron para decidir cuál sería el destino del niño y declararon: "Su destino es ser muerto por un cocodrilo, una serpiente o un perro".

Quienes estaban al lado del niño escucharon lo que las diosas decían. Se lo contaron al rey, y su corazón se llenó de pena.

El rey hizo construir una casa de piedra para el niño al borde del desierto, la llenó de sirvientes y de toda clase de cosas buenas del palacio, ya que el niño no debía salir de la casa. El niño creció en esta casa.

Un día, subió al techo de la casa y vio un perro que caminaba detrás de un hombre que marchaba por el camino.

"¿Qué es eso?", le preguntó a su sirviente.

[1]**siete diosas de Hathor:** diosas que visitaban a los recién nacidos para saber cuál era su destino

"Un perro", contestó el sirviente.

"Quisiera tener un perro como ese", dijo el niño.

El sirviente le contó al rey, y el rey dijo: "Su corazón está triste. Permitámosle tener un cachorro con el que pueda jugar".

De modo que le consiguieron un perro.

Con el tiempo, el joven príncipe comenzó a sentirse inquieto, y le envió un mensaje a su padre en el que le decía: "¿Por qué debo quedarme aquí sin hacer nada? Después de todo, mi destino ya ha sido determinado. Permíteme hacer lo que desee hasta que deba enfrentarme a mi suerte".

El padre respondió, diciendo: "Prepárenle una carroza,[2] que esté equipada con toda clase de armas, y que un sirviente lo acompañe".

De modo que los sirvientes cumplieron con lo que el rey ordenó y le dieron al príncipe todo lo que necesitaba. Después, lo transbordaron a través del Nilo hacia la orilla este y le dijeron; "Ahora puedes ir donde desees".

El perro lo acompañaba.

El príncipe viajó hacia el norte a través del desierto, viviendo de los animales que cazaba en el desierto.

Así, llegó hasta el reino del Jefe de Naharín,[3] que no tenía hijos varones, pero sí una hija. Había construido una casa para su hija, que tenía una ventana a setenta codos[4] del suelo.

[2]**carroza:** un vehículo de dos ruedas, arrastrado por caballos
[3]**Naharín:** una región al este del río Éufrates, en lo que hoy es Iraq
[4]**codos:** unidad de medida basada en la longitud del brazo, desde el codo hasta la punta de los dedos

Entonces, el jefe de Naharín mandó llamar a todos los hijos varones de todos los jefes de Kharu,[5] diciendo: "Aquel que pueda saltar hasta la ventana de mi hija, se casará con ella".

Los hijos de todos los jefes habían tratado de llegar hasta la ventana todos los días durante muchos tiempo cuando el príncipe pasó a su lado.

Llevaron al príncipe a su casa, lo bañaron, lo frotaron con aceite y le vendaron los pies. Le dieron forraje[6] a sus caballos y comida a su sirviente. Hicieron todo lo que pudieron por el joven.

Para iniciar una conversación, le preguntaron: "¿De dónde eres, joven apuesto?"

"Soy el hijo de un oficial de carrozas de Egipto. Mi madre murió y mi padre se volvió a casar. Mi madrastra me odia y me he escapado".

Le dieron la bienvenida y lo besaron.

[5]**Kharu:** una región de lo que hoy es Siria
[6]**forraje:** alimento para vacas, caballos y ovejas

Varios días después, el príncipe les preguntó a los jóvenes: "¿A qué han venido a Naharín?"

"Durante los últimos tres meses, hemos pasado todos los días saltando, ya que el jefe de Naharín dará a su hija como esposa a aquel que logre llegar hasta su ventana", le dijeron.

"Oh, si mis pies estuvieran hechizados, podría saltar con ustedes", dijo el príncipe.

Los jóvenes se fueron a saltar, como solían hacer todos los días, mientras que el príncipe se mantenía apartado, observando todo.

Desde su ventana, la hija del jefe de Naharín lo miraba fijamente.

Finalmente, cuando habían pasado varios días, el príncipe se unió a los hijos de los jefes.

Saltó y llegó hasta la ventana de la hija del jefe de Naharín.

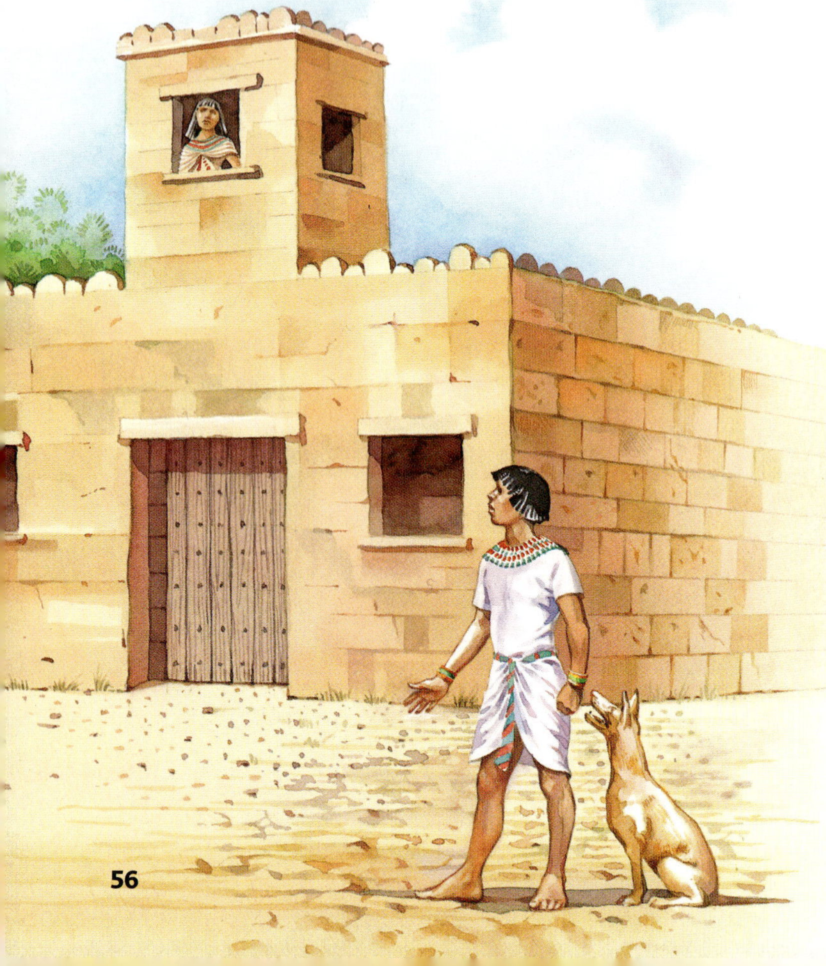

Ella lo abrazó y lo besó.

Un mensajero fue a contarle al padre de ella.

"Uno de los jóvenes logró llegar hasta la ventana de su hija", dijo el mensajero.

"¿Hijo de quién es ese joven?", preguntó el jefe de Naharín.

"Es el hijo de un oficial de carrozas de Egipto. Ha huido de su madrastra".

El jefe de Naharín se enojó. "¿Debo entregar a mi hija a un fugitivo de Egipto? ¡Envíenlo de vuelta al lugar donde pertenece!"

"No le está permitido quedarse; debe irse", le dijo el mensajero al príncipe.

Pero la princesa se aferró al príncipe y juró: "Por la vida de Ra, si me separan de él, no comeré, no beberé, ¡me moriré en una hora!"

Cuando el mensajero le informó al padre de la princesa todo lo que ella había dicho, el padre envió a sus hombres para que mataran al príncipe en ese mismo momento.

Nuevamente, la princesa juró: "Por la vida de Ra, si lo matan, moriré antes de que se ponga el sol. ¡No viviré ni una sola hora más que él!"

Le repitieron estas palabras a su padre, y el jefe de Naharín ordenó que su hija y el príncipe fueran llevados ante él.

El joven causó una buena impresión al Jefe, que le dio la bienvenida, lo besó y dijo: "Ahora es como si fueras mi propio hijo. Cuéntame más acerca de ti".

"Soy el hijo de un oficial de carrozas de Egipto", dijo el joven. "Mi madre murió y mi padre se volvió a casar. Mi madrastra me odia y me he escapado".

El jefe de Naharín le entregó su hija al príncipe, y les dio una casa, y campos, y rebaños y todo lo que necesitaban.

Cuando llevaban un tiempo viviendo juntos, el joven le dijo a su esposa: "Sé lo que me depara el destino". Seré muerto por uno de estos tres animales: un cocodrilo, una serpiente o un perro".

"Entonces", dijo ella, "debemos matar al perro que te sigue adondequiera que vayas".

"Eso sería una locura", contestó el joven. "No permitiré que lo maten, porque lo he tenido desde que era un cachorro".

De modo que su esposa comenzó a vigilarlo de cerca, y no le permitía salir sin estar acompañado.

Dio la casualidad que el mismo día en que el príncipe llegó a Naharín, el cocodrilo de su destino comenzó a seguirlo. Lo alcanzó en la aldea donde el príncipe vivía con su esposa.

Pero allí, en el lago, había un gigante que no permitía que el cocodrilo saliera, de modo que el cocodrilo no dejó que saliera el gigante. Durante tres meses, habían peleado todo el día, desde el momento en que salía el sol.

El príncipe disfrutó de muchos días placenteros en su casa y, al anochecer, cuando la brisa dejaba de soplar, se acostaba. Una noche, cuando el sueño lo había vencido, su esposa llenó una vasija con vino y otra con cerveza. Después, se sentó a su lado, pero no se durmió.

Una serpiente salió de su agujero para morder al príncipe, pero las vasijas le resultaron tentadoras y la serpiente bebió de ellas, se emborrachó, se acostó sobre su espalda y se durmió.

La esposa del príncipe cortó a la serpiente en tres pedazos con un hacha. Después, despertó a su esposo y le dijo: "Mira, tu dios ha puesto a uno de tus destinos en tus manos. Te está protegiendo".

El príncipe presentó sus ofrendas a su dios Ra, adorándolo y exaltando su poder cada nuevo día.

Después de un tiempo, el príncipe salió a caminar por sus tierras. Su esposa se quedó en casa, pero su perro lo siguió.

De repente, el perro se volvió para atacarlo y el príncipe huyó.

Corrió hasta el borde del lago y saltó al agua para escapar del perro, pero en ese momento, el cocodrilo lo atrapó y lo arrastró hacia el fondo para buscar al gigante.

"Te estoy siguiendo los pasos, porque soy tu destino", le dijo el cocodrilo. "Mira, durante tres meses he estado luchando con el gigante. Te dejaré ir si te unes a mí y matas al gigante cuando vuelva para reanudar el combate".

De modo que el príncipe esperó al lado del agua durante toda la noche, y cuando amaneció y empezó el segundo día, el gigante regresó.

El gigante comenzó a pelear con el cocodrilo de inmediato, pero el príncipe se acercó blandiendo una cimitarra[7] en su mano. Le sacó el corazón al gigante y el gigante murió.

En ese mismo momento, el perro se escabulló por detrás del príncipe. Atacó al príncipe y lo destrozó, y esparció las partes por dondequiera.

Al ver que el príncipe no regresaba, su esposa salió a buscarlo. Después de siete días y siete noches de búsqueda, encontró sus restos.

Juntó todos los pedazos del cuerpo de su esposo y los volvió a unir, salvo su corazón. En lugar del corazón, colocó una flor de loto que florecía en el agua.

Entonces el príncipe reapareció tal como era antes.

Desde ese día, el príncipe y la princesa vivieron juntos y felices hasta que partieron al mundo de los bienaventurados.

---

[7]**cimitarra:** una espada larga con una hoja curva

Respuesta a la lectura

1. ¿Cómo trataron de proteger al príncipe su padre y esposa?
2. ¿De qué manera sería diferente este cuento si se contara desde el punto de vista del príncipe?
3. **Evaluación de la información** ¿Crees que el príncipe prestó suficiente atención a la advertencia de las diosas? ¿Por qué sí o por qué no? Respalda tu opinión con ejemplos.
4. **Conclusiones** ¿Por qué crees que el príncipe le mintió al jefe de Naharín con respecto a sus padres?
5. **Lectura** **Leer para escribir** Supongamos que eres el príncipe, cautivo en una casa de piedra, o la princesa, que está cautiva en la torre. Escribe tres comentarios en tu diario, tus sentimientos sobre estar aislado de todos, y tus esperanzas para el futuro.

Sección 3

El imperio egipcio

¡Prepárate para leer!

¿Cuál es la relación?

Durante el Reino Antiguo, los egipcios establecieron su civilización. Durante el Reino Medio y el Reino Nuevo, los poderosos faraones egipcios expandieron el imperio mediante la conquista de otros territorios.

Enfoque en Ideas principales

- El Reino Medio representó una Edad de Oro de paz, prosperidad y avances en el área de las artes y la arquitectura. ***(página 60)***
- Durante el Reino Nuevo, Egipto adquirió nuevos territorios y alcanzó el apogeo de su poder. ***(página 61)***
- Akhenatón intentó cambiar la religión egipcia, mientras que Tutankamón es famoso por los tesoros que se descubrieron en su tumba. ***(página 64)***
- Bajo el reinado de Ramsés II, Egipto recuperó territorios y construyó grandes templos, pero finalmente el imperio cayó en 1150 a.C. ***(página 65)***

Ubicación de lugares

Tebas

Conoce a los personajes

Ahmosis
Hatshepsut
Tutmosis III
Akhenatón
Tutankamón
Ramsés II

Desarrollo de tu vocabulario

tributo
incienso

Estrategia de lectura

Categorización de la información

Crea un diagrama para mostrar los logros principales de Ramsés II.

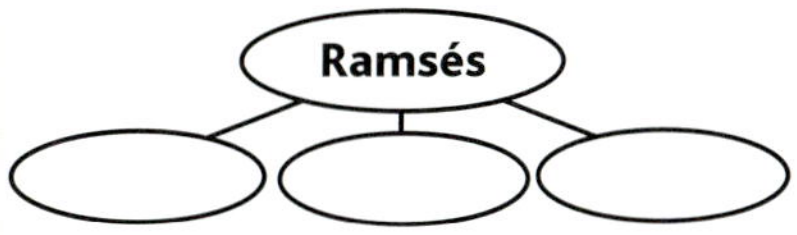

NATIONAL GEOGRAPHIC ¿Cuándo y dónde?

2400 a.C. — 1600 a.C. — 800 a.C.

c. 2050 a.C. Comienza el período del Reino Medio

c. 1500 a.C. Reinado de la reina Hatshepsut

c. 1279 a.C. Ramsés II se corona faraón

Reino Medio

Idea principal **El Reino Medio representó una Edad de Oro de paz, prosperidad y avances en el área de las artes y la arquitectura.**

Enfoque en la lectura ¿Has oído decir a la gente mayor que hay que disfrutar de los "años dorados"? Los países también pueden experimentar épocas felices y productivas. En los siguientes párrafos, aprenderás por qué el Reino Medio representó una época dorada para Egipto.

Alrededor de 2300 a.C., los faraones perdieron el control de Egipto dado que los nobles se peleaban entre sí para obtener el poder. Siguieron alrededor de 200 años de confusión. Finalmente, una nueva dinastía de faraones llegó al poder. Trasladaron la capital a una ciudad situada al sur de Memphis, llamada **Tebas.** Allí restauraron el orden y la estabilidad, y dieron comienzo a un nuevo período denominado Reino Medio.

El Reino Medio duró desde alrededor de 2050 a.C. hasta 1670 a.C. Durante ese tiempo los egipcios disfrutaron de una edad dorada de estabilidad, prosperidad y logros.

▲ **Esta figura con incrustaciones de oro correspondiente al período del Reino Medio muestra una barca funeraria.** ***¿Cuáles fueron los cambios que sufrió la arquitectura durante el Reino Medio?***

La ofensiva para conquistar otros territorios

Durante el Reino Medio, Egipto asumió el control de nuevos territorios. Los soldados capturaron Nubia, ubicada al sur, y atacaron lo que hoy es Siria. Los pobladores de los territorios conquistados debían pagar un **tributo** o pago forzoso, al faraón egipcio, lo que hizo que el reino se enriqueciera. Dentro de Egipto, los faraones hicieron construir más vías navegables y represas. Aumentaron la cantidad de territorios cultivados y construyeron un canal entre el río Nilo y el mar Rojo.

El florecimiento de las artes

Durante el Reino Medio, prosperaron las artes, la literatura y la arquitectura. Los pintores adornaron las paredes de las tumbas y los templos con escenas coloridas de los dioses y la vida diaria. Los escultores hicieron grabados y estatuas de los faraones, que los mostraban como personas comunes y no como dioses. Los poetas escribieron canciones de amor y poemas de homenaje a los faraones.

También se desarrolló una nueva forma de arquitectura. En lugar de construir pirámides, los faraones hicieron esculpir sus tumbas en los riscos ubicados al oeste del río Nilo. Esta área pasó a ser conocida como el Valle de los Reyes.

¿Quiénes eran los hicsos?

El Reino Medio llegó a su fin en 1670 a.C. Nuevamente los nobles conspiraron para arrebatar el poder a los faraones. Esta vez, sin embargo, Egipto también se enfrentaba a una grave amenaza externa. Un pueblo conocido como los hicsos, del oeste de Asia, atacó a Egipto.

Historia en línea

Actividad en línea Visita jat.glencoe.com y haz clic en ***Chapter 2—Student Web Activity*** para aprender más en sobre antiguo Egipto.

Los hicsos eran guerreros extraordinarios. Cruzaron el desierto en carrozas arrastradas por caballos y usaron armas hechas de hierro y bronce. Los egipcios siempre habían combatido a pie, y sus armas estaban hechas de cobre y piedra. No eran dignos rivales para los invasores.

Los hicsos gobernaron a Egipto durante alrededor de 150 años. Entonces, alrededor del año 1550 a.C., un príncipe egipcio llamado **Ahmosis** encabezó una revolución que expulsó a los hicsos de Egipto.

Comprobación de lectura **Identificación** ¿Quiénes eran los hicsos?

Reino Nuevo

Idea principal **Durante el Reino Nuevo, Egipto adquirió nuevos territorios y alcanzó el apogeo de su poder.**

Enfoque en la lectura ¿Conoces el nombre de alguna mujer que haya ejercido algún cargo político? En las civilizaciones antiguas, las mujeres pocas veces ejercían el poder. Lee para aprender cómo una mujer se convirtió en una gobernante de Egipto.

El reinado de Ahmosis en Egipto dio comienzo a un período que se conoce como el Reino Nuevo. Durante este período, que duró desde alrededor de 1550 a.C. a 1080 a.C., Egipto se convirtió en un país cada vez más rico y

Enlaces entre el pasado y el presente

Jeroglíficos e iconos de la computadora

ENTONCES El antiguo sistema de escritura egipcio estaba compuesto por cientos de caracteres distintos denominados jeroglíficos. Cada jeroglífico era una figura que representaba una palabra. Por ejemplo, un círculo grande con un círculo más pequeño dibujado en su centro quería decir "sol". Los escribas egipcios esculpían los jeroglíficos en monumentos y los usaban para la comunicación diaria.

▼ Iconos de computadora

▲ Jeroglíficos

AHORA En la actualidad, millones de personas usan iconos de computadora como símbolos que representan palabras, e incluso emociones, en los correos electrónicos y otras comunicaciones electrónicas. Estos iconos son figuras, tales como banderas o clips de papel, que se usan para representar otras cosas. ***¿En qué se asemejan los jeroglíficos y los iconos de computadora?***

poderoso. La mayoría de los faraones dieron prioridad a la creación de un imperio. Condujeron a sus ejércitos hacia el este, hacia el oeste de Asia, y combatieron para conquistar otros territorios. Durante el Reino Nuevo, Egipto alcanzó el apogeo de su gloria.

Una mujer en el trono Alrededor de 1480 a.C., una reina llamada **Hatshepsut** se convirtió en una gobernante de Egipto. Al principio, gobernó con su esposo y cuando él murió, gobernó en nombre de su joven sobrino. Finalmente, ella misma se convirtió en faraona. Hatshepsut se convirtió en la primera mujer en gobernar Egipto por derecho propio.

Hatshepsut estaba más interesada en el comercio que en las conquistas. Durante su reinado, los mercaderes egipcios viajaron por toda la costa de África Oriental. Intercambiaban abalorios, herramientas de metal y armas por marfil, madera, pieles de leopardo, e **incienso**, un material que se quema y que produce un aroma agradable. Estos viajes comerciales trajeron aún más riqueza y prosperidad a Egipto.

Hatshepsut utilizó algunas de estas riquezas para construir monumentos. Una de sus obras más importantes fue la construcción de un gran templo y tumba en los riscos de piedra caliza del Valle de los Reyes.

Expansión del imperio Al morir Hatshepsut, su sobrino, **Tutmosis III**, se convirtió en faraón. Bajo el reinado de Tutmosis, Egipto se dedicó agresivamente a la conquista de territorios a través de la guerra. Los ejércitos de Tutmosis expandieron las fronteras del norte de Egipto hasta el río Éufrates, en la Mesopotamia. Sus tropas también se desplazaron hacia el sur y recuperaron el control de Nubia, que se había independizado de Egipto. Durante el reinado de Tutmosis, Egipto tuvo bajo su control a más territorios que nunca.

El imperio de Tutmosis se enriqueció gracias al comercio y a los tributos. Además de exigir que los pobladores de los territorios conquistados les dieran oro, cobre, marfil y otras mercancías valiosas, Egipto esclavizó a muchos de los prisioneros de guerra. Estos desafortunados prisioneros fueron puestos a trabajar en la reconstrucción de Tebas. Llenaron la ciudad de hermosos palacios, templos y monumentos.

Anteriormente, la esclavitud no había sido muy común en Egipto. Sin embargo, durante el Reino Nuevo, se convirtió en algo habitual. Los esclavos tenían algunos derechos. Podían poseer tierras, casarse y, con el tiempo, se les podía otorgar su libertad.

✓ Comprobación de lectura **Resumen** Describe el comercio egipcio durante el reinado de Hatshepsut.

NATIONAL GEOGRAPHIC **Reinos egipcios**

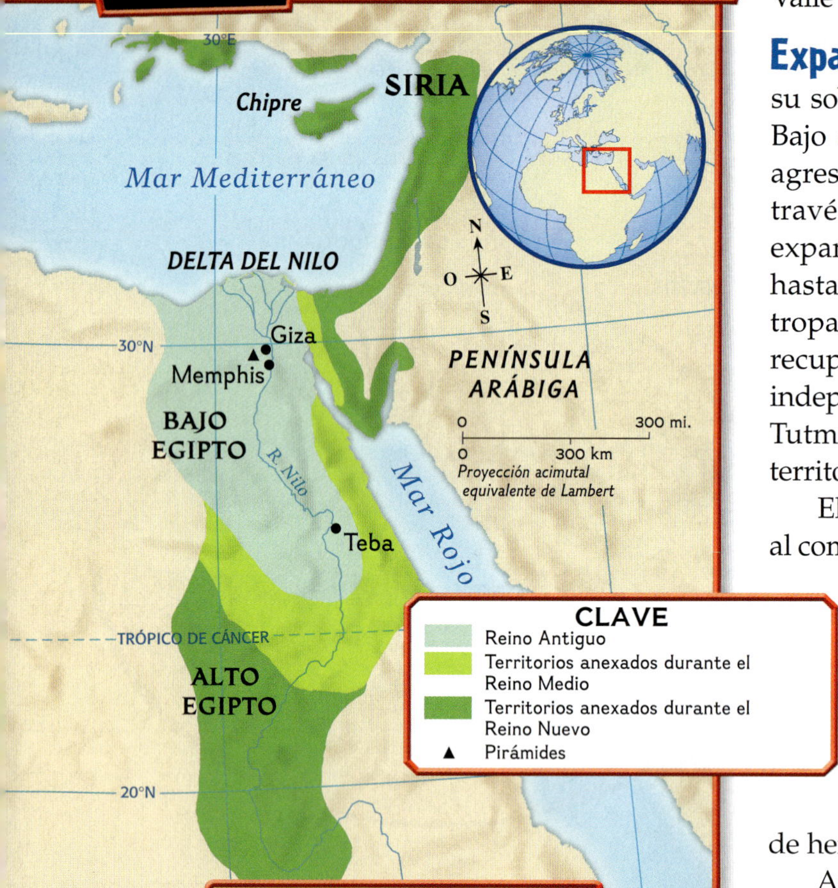

Uso de las habilidades geográficas

Durante el Reino Medio, la capital de Egipto se trasladó de Memphis a Tebas.

1. ¿Cuál de los reinos incluía territorios del otro lado del mar Mediterráneo?
2. ¿Qué característica física representa la mayor parte de la frontera oriental del Reino Medio?

Biografía

HATSHEPSUT

Reinó 1503–1482 a.C.

Hatshepsut

Hatshepsut era la hija del rey Tutmosis I y la reina Aahmes. Incluso siendo una joven princesa, tenía confianza en sí misma, y se describía a sí misma como "demasiado hermosa (. . .) una hermosa doncella" que era "de naturaleza serena [pacífica]". Durante su matrimonio con el rey Tutmosis II, Hatshepsut influyó sobre las decisiones de su esposo y esperaba que algún día pudiera llegar a ser más poderosa. La oportunidad que estaba esperando surgió cuando Tutmosis falleció y se autonombró faraona.

Dado que el cargo de faraón generalmente se transmitía de padre a hijo, Hatshepsut debía probar que era una buena líder. A menudo se vestía con ropas de hombre para convencer a las personas de que podía manejar lo que siempre había sido una tarea desempeñada por hombres. A diferencia de otros faraones, Hatshepsut evitó las conquistas militares. En cambio, concentró su atención en expandir la economía de Egipto. Restauró la riqueza de Egipto mediante el comercio con África y Asia. Al volver a casa después de las expediciones comerciales, los barcos venían cargados con ébano, oro, marfil, incienso y mirra. Durante su reinado, Hatshepsut también reconstruyó varios de los templos más grandes de Egipto, incluyendo el templo de Karnak. En su templo, ubicado en Deir el Bahri, los relieves de las paredes registran los acontecimientos principales del reinado de Hatshepsut.

"Una dictadora con planes sobresalientes"

–cita de un escriba egipcio en *Barbarian Tides (Mareas bárbaras)*

El reinado de Hatshepsut, que se prolongó durante 21 años, fue pacífico, pero su hijastro, Tutmosis III, conspiró contra ella. Derrocó a Hatshepsut y provocó la caída de su gobierno. No se sabe cómo murió Hatshepsut, pero después de su muerte, Tutmosis III ordenó que los relieves y las estatuas del templo de Hatshepsut fueran destruidas.

Entonces y ahora

Haz una lista de las virtudes de Hatshepsut como líder. Luego elige una líder femenina de la actualidad y haz una lista de sus virtudes para ejercer el liderazgo. Escribe un párrafo comparando las similitudes y las diferencias.

NATIONAL GEOGRAPHIC

Cómo eran las cosas

Enfoque en la vida cotidiana

Los gatos en el antiguo Egipto En el antiguo Egipto, se amaba, e incluso se veneraba a los gatos. Los egipcios apreciaban la capacidad de los gatos salvajes para proteger de las ratas las reservas de granos de las aldeas. A través de varios cientos de años, los gatos se domesticaron, y pasaron de ser cazadores apreciados a ser mascotas familiares y, finalmente, dioses.

En las antiguas tumbas egipcias, los arqueólogos encontraron varios murales, tallas y estatuas de gatos. A menudo, las estatuas estaban adornadas con joyas hermosas como, por ejemplo, aros de plata u oro, argollas para la nariz y collares. Cuando el gato de una familia egipcia moría, sus dueños se afeitaban las cejas para demostrar su dolor y hacían momificar el cuerpo del gato.

▲ Diosa egipcia representada como un gato

Los egipcios adoraban a los gatos porque los asociaban con la diosa Bastet, quien representaba la fertilidad, la gracia y la belleza, y a menudo aparece representada en las pinturas y estatuas con la cabeza de un gato.

Conexión con el pasado

1. ¿Por qué comenzaron los antiguos egipcios a apreciar a los gatos?
2. ¿Con qué diosa asociaban los antiguos egipcios a los gatos?

El legado de dos faraones

Idea principal **Akhenatón intentó cambiar la religión egipcia, mientras que Tutankamón es famoso por los tesoros que se descubrieron en su tumba.**

Enfoque en la lectura Si le pides a alguien que nombre a un faraón egipcio, probablemente la respuesta sea "el Rey Tutankamón". Sigue leyendo para averiguar más acerca de Tutankamón y su antecesor.

Alrededor de 1370 a.C., Amenhotep IV fue coronado faraón. Con la ayuda de su esposa, Nefertiti, Amenhotep intentó guiar a Egipto en una nueva dirección.

Reformador de la religión Amenhotep se dio cuenta de que los sacerdotes egipcios estaban obteniendo cada vez más poder a expensas de los faraones. En un intento por mantener su propio poder, Amenhotep introdujo una nueva religión en la que se eliminaban los antiguos dioses y diosas. En lugar de ello, se rendiría culto a un solo dios, llamado Atón. Como los sacerdotes egipcios se resistieron a aceptar estos cambios, Amenhotep destituyó a muchos de ellos de sus cargos, les confiscó sus tierras y cerró los templos. Luego, cambió su nombre a **Akhenatón,** que significa "Espíritu de Atón". Comenzó a gobernar Egipto desde una nueva ciudad.

Para la mayoría de los egipcios, los ataques de Akhenatón contra los dioses parecían ser un ataque contra el mismo Egipto. Se rehusaron a aceptar a Atón como su único dios. Mientras tanto, Akhenatón se dedicó de forma tan devota a su nueva religión que descuidó sus obligaciones como faraón. Los administradores que había designado no tenían tanta experiencia como los sacerdotes a los que reemplazaban, y Akhenatón no hizo nada cuando los hititas, enemigos de Egipto que venían de lo que hoy es Turquía, atacaron a Egipto. Como resultado, Egipto perdió la mayoría de sus territorios en Asia Occidental, lo que redujo drásticamente las dimensiones del imperio.

Máscara de oro de Tutankamón

El niño rey Al morir Akhenatón, su yerno heredó el trono. El nuevo faraón, **Tutankamón,** era un niño de unos 10 años. Contaba con la ayuda de los sacerdotes y funcionarios del palacio, quienes lo convencieron de restaurar la antigua religión. Después de reinar durante sólo nueve años, Tutankamón murió repentinamente. Es posible que haya sufrido una caída o que lo hayan asesinado, pero nadie sabe lo que le ocurrió en realidad.

Lo que sí *es* seguro es que el "Rey Tut", que es el apodo con el que se le conoce, desempeñó sólo un papel muy pequeño en la historia de Egipto. ¿Por qué, entonces, es el más famoso de todos los faraones? El niño rey cautivó la imaginación de la gente después de que un arqueólogo británico, Howard Carter, descubrió su tumba en 1922 d.C.

La tumba contenía la momia del rey e increíbles tesoros, incluyendo una máscara de oro pulido de la cara del joven faraón. El descubrimiento de Carter fue emocionante, dado que la mayoría de las tumbas reales en Egipto habían sido saqueadas por ladrones desde hacía mucho tiempo.

✓ Comprobación de lectura **Evaluación** ¿Por qué es tan famoso Tutankamón en la actualidad?

La caída del Nuevo Reino

Idea principal **Bajo el reinado de Ramsés II, Egipto recuperó territorios y construyó grandes templos, pero finalmente el imperio cayó en 1150 a.C.**

Enfoque en la lectura Egipto siguió siendo poderoso durante miles de años, pero finalmente cayó en manos de los invasores extranjeros. Lee para aprender sobre el último gran faraón de Egipto y la declinación del imperio.

Durante el siglo XIII a.C., los faraones tomaron medidas para tratar que Egipto recuperara el poder que había perdido. El más eficaz de todos estos faraones fue **Ramsés II.** Ramsés II reinó durante 66 años extraordinarios, desde 1279 a.C. hasta 1213 a.C. Durante su reinado, los ejércitos egipcios recuperaron los territorios de Asia occidental y reconstruyeron el imperio. Ramsés también implantó un ambicioso programa de construcción, incluyendo varios templos nuevos.

Templo de Karnak

Biografía

RAMSÉS II
Reinó 1279–1213 a.C.

Estatua de Ramsés II sosteniendo una tabla de ofrendas

Ramsés II comenzó su entrenamiento militar siendo muy joven. El padre de Ramsés, Seti I, permitió que su hijo de 10 años se desempeñara como capitán de su ejército. Seti también nombró a su hijo como co-gobernante de Egipto. Cuando Ramsés fue coronado faraón de Egipto, era un gran guerrero y un líder experimentado. Nueve reyes que gobernaron después de Ramsés II utilizaron este mismo nombre en su honor. Muchos siglos después, los arqueólogos le pusieron al faraón el sobrenombre de "Ramsés el Grande" debido a su fama en el campo de batalla, la construcción y la restauración de edificios y monumentos, y la popularidad de la que gozaba entre los habitantes de Egipto. Sus súbditos lo llamaban cariñosamente "Sese", una abreviatura de Ramsés.

Ramsés siguió los pasos de su padre e intentó restaurar el poder de Egipto en Asia. Durante los primeros años de su reinado, derrotó a las fuerzas que ocupaban el sur de Siria y peleó continuamente contra los hititas, que eran enemigos de los egipcios desde hacía mucho tiempo. Los detalles de una difícil batalla contra los Hititas están esculpidos en las paredes del templo, que muestran a los egipcios saliendo airosos ante las adversidades.

"Todos se acercaban inclinándose ante él, a su palacio de vida y satisfacción".

—Traducción de un jeroglífico por James B. Pritchard, *Ancient Near Eastern Texts (Antiguos textos del Oriente Cercano)*

Durante su reinado, que se prolongó durante 66 años, Ramsés II inició un programa de construcción a gran escala. Pudo hacer frente a un plan tan costoso porque Egipto fue un país muy próspero durante su reinado. Restauró la Esfinge, finalizó las obras del Templo de Karnak, y construyó una ciudad para sí mismo, que tenía cuatro templos y hermosos jardines y huertos. Es famoso por el templo que construyó en Abu Simbel. Estaba esculpido en un risco de roca sólida y en él había cuatro estatuas enormes de Ramsés II, dos a cada lado de la puerta de entrada.

La esposa de Ramsés, la reina Nefertari, murió al principio de su reinado. Al igual que los otros faraones, Ramsés tenía varias esposas. Ramsés II estaba orgulloso de tener una familia tan numerosa, en la que había más de 100 niños.

▲ Sarcófago de Ramsés II

Entonces y ahora

Usa la Internet y la biblioteca local para aprender acerca del Monte Rushmore, un monumento ubicado en Dakota del Sur. Describe el Monte Rushmore, y luego compáralo con el templo de Ramsés en Abu Simbel.

¿Por qué se construían templos? Bajo el reinado de Ramsés II y otros gobernantes del Reino Nuevo, una gran cantidad de templos nuevos se construyeron en todo Egipto. Varios de estos templos fueron construidos por los esclavos capturados durante las guerras. El templo más espléndido era el de Karnak en Tebas. Hoy en día, su enorme vestíbulo con columnas decoradas con pinturas coloridas sigue impresionando a los visitantes.

A diferencia de las iglesias, los templos y las mezquitas modernas, en los templos egipcios no se celebraban servicios regulares. En cambio, la mayoría de los egipcios oraban en sus casas. Consideraban a los templos como hogar de los dioses y las diosas. Los sacerdotes y las sacerdotisas, sin embargo, celebraban rituales diarios en el templo, lavaban las estatuas de las deidades y les llevaban alimentos.

Los templos también funcionaban como bancos. Los egipcios los usaban para guardar cosas valiosas, como joyas de oro, aceites aromáticos, y telas finamente tejidas.

Decadencia y caída de Egipto Después de Ramsés II, el poder de Egipto comenzó a declinar. Los últimos faraones tuvieron problemas para mantener a los países vecinos bajo su control. Grupos provenientes del Mediterráneo oriental atacaron Egipto por mar con el uso de fuertes armas de hierro. Los egipcios poseían armas similares, pero habían pagado un precio muy alto por ellas, porque en Egipto no había mineral de hierro.

Para el año 1150 a.C., los egipcios habían perdido el imperio y sólo tenían el control del delta del Nilo. A partir del siglo X a.C., Egipto fue gobernado por una sucesión de grupos extranjeros. Los primeros conquistadores fueron los libios, que provenían del oeste. Luego, en 760 a.C., los habitantes de Kush, un territorio situado al sur, tomaron el poder y gobernaron Egipto durante los 70 años siguientes. Por ultimo, en 670 a.C., Egipto fue conquistado por los asirios.

✓ Comprobación de lectura **Identificación** ¿Qué grupos conquistaron Egipto a partir del siglo X a.C.?

Historia en línea

Centro de estudios ¿Necesitas ayuda con el material de esta sección? Visita jat.glencoe.com

Repaso de la sección 3

Resumen de la lectura

Repaso de Ideas principales

- Durante el Reino Medio, Egipto expandió sus fronteras y las artes florecieron.
- Bajo los gobernantes del Reino Nuevo, Egipto construyó un imperio sólido y expandió el comercio.
- Akhenatón no tuvo éxito al intentar crear una nueva religión. El reinado de Tutankamón fue breve, pero se hizo famoso gracias a los tesoros que se encontraron enterrados en su tumba.
- Ramsés II fue el último gran faraón de Egipto. En el siglo X a.C., Egipto perdió el poder a manos de los invasores extranjeros.

¿Qué aprendiste?

1. ¿Qué mejoras hicieron los gobernantes del Reino Medio?
2. ¿Con qué fin se utilizaban los templos en Egipto?

Pensamiento crítico

3. **Organización de la información** Crea un diagrama como el siguiente. Agrega los detalles el Reino Medio y el Reino Nuevo de Egipto.

Reino Medio	Reino Nuevo

4. **Evaluación** ¿Qué fue inusual acerca del reinado de Hatshepsut?
5. **Análisis** ¿Qué hizo Akhenatón para alterar el orden tradicional?
6. **Comparación y contraste** Describe las similitudes y diferencias que hay entre el reinado de Hatshepsut y Ramsés II.
7. **Redacción explicativa** ¿Cuál de los gobernantes que se describen en esta sección consideras que tuvo más efecto sobre la historia de Egipto? Escribe un ensayo breve para explicar tu respuesta.

Sección 4

La civilización de Kush

¡Prepárate para leer!

¿Cuál es la relación?

En las Secciones 1, 2 y 3, aprendiste sobre el surgimiento y la caída de las antiguas civilizaciones egipcias. Otra de las civilizaciones existentes en el África antigua fue la Kush. Estaba ubicada cerca de Egipto y era muy similar.

Enfoque en Ideas principales

- Al sur de Egipto, los nubios se establecieron en aldeas agrícolas y se convirtieron en grandes guerreros. ***(página 69)***
- Los habitantes de Kush se dedicaban a trabajar el hierro y se hicieron ricos con el comercio. ***(página 70)***

Ubicación de lugares

Nubia
Kush
Kerma
Napata
Meroe

Conoce a los personajes

Kashta
Piye

Desarrollo de tu vocabulario

sabana

Estrategia de lectura

Comparación y contraste Completa un diagrama de Venn como el que está a continuación y muestra las diferencias y similitudes entre Napata y Meroe.

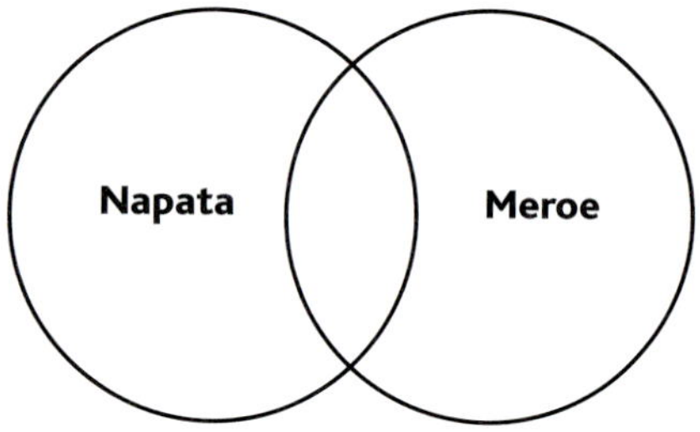

NATIONAL GEOGRAPHIC ¿Cuándo y dónde?

800 a.C. | 700 a.C. | 600 a.C. | 500 a.C.

c. 750 a.C. Kashta de Kush conquista parte de Egipto

728 a.C. Piye de Kush vence a los egipcios

c. 540 a.C. Kush traslada la capital a Meroe

Nubia

Idea principal **Al sur de Egipto, los nubios se establecieron en aldeas agrícolas y se convirtieron en grandes guerreros.**

Enfoque en la lectura ¿Tienes una buena relación con tus vecinos? Esto no siempre es sencillo para las personas o los países. Lee para conocer a los vecinos de los egipcios, que se encontraban al sur, y la manera en que se mezclaron las dos civilizaciones.

Los egipcios no fueron los únicos en establecerse en el río Nilo. Más al sur, en lo que hoy es Sudán, surgió otra civilización bastante fuerte. Se encontraba en una región llamada **Nubia,** conocida más tarde como **Kush.**

Los historiadores no saben con exactitud cuándo llegaron los primeros pobladores a Nubia. La evidencia sugiere que pastores de ganado llegaron aproximadamente en el año 2000 a.C. Sus animales pastaban en las **sabanas,** o planicies herbosas que se extienden en África al sur del Sahara. Más tarde los habitantes se establecieron en aldeas agrícolas en Nubia. Trabajaban la tierra, pero también eran excelentes cazadores, hábiles en el uso del arco y la flecha. Algunos de los nubios comenzaron a formar ejércitos, famosos por sus habilidades de lucha.

El reino de Kerma Las aldeas más poderosas de Nubia poco a poco conquistaron a las más débiles y crearon el reino de **Kerma,** el cual desarrolló lazos estrechos con Egipto, al norte. A los egipcios les convenía comerciar por ganado, oro, marfil y esclavos de Kerma. También admiraban las habilidades de los nubios en la guerra y contrataban a guerreros nubios para sus ejércitos.

Kerma se convirtió en un reino rico. Sus artesanos hacían cerámica fina, joyas y productos de metal. Al igual que los faraones egipcios, los reyes de Kerma eran enterrados en tumbas que contenían piedras preciosas, oro, joyas y cerámica. Estos artículos eran tan espléndidos como aquellos que se encontraron en Egipto durante el mismo período.

▲ En este mural, cuatro príncipes nubios ofrecen anillos de oro a un gobernante egipcio. *¿Qué reino se formó cuando las aldeas nubias más poderosas capturaron a las más débiles?*

¿Por qué los egipcios invadieron Nubia?

Como ya sabes, el faraón egipcio Tutmosis III envió sus ejércitos a Nubia en el siglo XV a.C. Después de 50 años de lucha, el reino de Kerma cayó, y los egipcios asumieron el control de gran parte de Nubia. Gobernaron a los nubios durante los siguientes 700 años.

Durante este período, los habitantes de Nubia adoptaron muchas de las costumbres egipcias. Comenzaron a adorar a los dioses y diosas egipcios junto con sus propios dioses. Aprendieron a trabajar el cobre y el bronce y modificaron los jeroglíficos egipcios para adaptarlos a su propio idioma. Debido al continuo intercambio de productos y movimiento de pobladores entre Nubia y Egipto, las dos culturas se mezclaron.

Comprobación de lectura **Identificación**
¿Dónde estaba ubicado Kush?

Uso de las habilidades geográficas

Kush se desarrolló a lo largo del río Nilo en el sur de Egipto.

1. ¿Cuál de las ciudades que fueron capitales de Kush se encontraba más próxima a Egipto?
2. De acuerdo con su ubicación, ¿de dónde venía, posiblemente, el comercio que pasaba por Kush?

El surgimiento de Kush

Idea principal **Los habitantes de Kush se dedicaban a trabajar el hierro y se hicieron ricos con el comercio.**

Enfoque en la lectura ¿Tú y tus amigos intercambian juegos de video o CDs? El comercio puede ser una actividad poco frecuente para ti, pero era muy importante para los pueblos de la antigüedad. Lee para saber cómo Kush aprovechó su ubicación sobre una importante ruta de comercio.

Con la decadencia de Egipto hacia finales del Reino Nuevo, los nubios vieron la posibilidad de separarse. Para 850 a.C., un grupo nubio había formado el reino independiente de Kush. Durante los siglos siguientes, los poderosos reyes kushitas gobernaron desde la ciudad de **Napata.**

Napata tenía una ubicación favorable. Se encontraba en el Nilo superior, donde las caravanas comerciales cruzaban el río. Las caravanas pronto comenzaron a llevar oro, marfil, maderas valiosas y otras mercaderías de Kush a Egipto.

▲ Estas pirámides kushitas eran mucho más pequeñas y con lados más escarpados que las pirámides egipcias. ***¿De qué otra forma fue reconstruida Meroe para parecerse a una ciudad egipcia?***

Con el tiempo, Kush se hizo lo suficientemente rica como para asumir el control de Egipto. Hacia 750 a.C., un rey kushita llamado **Kashta** se dirigió hacia el norte con un ejército poderoso. Sus soldados iniciaron la conquista de Egipto, y su hijo **Piye** la completó en 728 a.C. Piye fundó una dinastía que gobernó Egipto y Kush desde Napata.

Los reyes de Kush admiraban mucho la cultura egipcia. En Napata construyeron templos de arenisca blanca y monumentos similares a los de los egipcios. Los kushitas también construyeron pirámides pequeñas en las que enterraban a sus reyes. Las ruinas de estas pirámides todavía existen.

La importancia del hierro El reinado Kush en Egipto no duró mucho. Durante el siglo VII a.C., los asirios invadieron Egipto. Provistos de armas de hierro, expulsaron a los kushitas que volvieron a su país de origen, al sur.

A pesar de las pérdidas, los kushitas aprendieron algo de los asirios: el secreto de cómo hacer hierro. Los kushitas se convirtieron en los primeros africanos que se dedicaron a trabajar el hierro. Pronto, los agricultores de Kush comenzaron a usar el hierro para sus azadones y arados, en lugar del cobre o piedra. Con estas herramientas superiores, podían obtener grandes cantidades de grano y otros cultivos.

Los guerreros kushitas comenzaron a usar lanzas y espadas de hierro, aumentando así su poder militar. Mientras tanto, los comerciantes kushitas llevaban sus productos de hierro y traían esclavos de tierras distantes, como Arabia, India, y China. A cambio, traían algodón, telas y otros productos.

Una nueva capital Alrededor de 540 a.C., los gobernantes kushitas dejaron Napata y se trasladaron hacia el sur para estar fuera del alcance de los asirios. En la ciudad de **Meroe** establecieron una corte real. Al igual que Napata, la nueva capital tenía acceso al Nilo para transporte y comercio. Sin embargo, el desierto rocoso al este de Meroe tenía ricos depósitos de mineral de hierro. Por eso Meroe se convirtió no sólo en una ciudad comercial, sino también en un centro de producción de hierro.

Con su riqueza creciente, los reyes kushitas reconstruyeron Meroe al estilo de las ciudades egipcias. Había pirámides pequeñas en el cementerio real. Un templo enorme se encontraba al final de una imponente avenida bordeada por esculturas de carneros. Los palacios de arenisca y las casas de ladrillo rojo tenían muros decorados con pinturas o azulejos en azul y amarillo.

Fuente principal

Selección de un nuevo rey

Cuando moría el rey, los kushitas pedían al dios Amón-Ra que nombrara a un nuevo líder.

"[Los funcionarios kushitas dijeron] 'Hemos venido a ti, oh Amón-Ra (. . .) para que nos des un señor. (. . .) Esta función beneficiosa [tarea útil] está en tus manos. ¡Ofrécesela a tu hijo a quien amas!'

Entonces ellos ofrecieron a los hermanos del rey ante este dios, pero el no los tomó. Por segunda vez fue ofrecido el hermano del rey (. . .) Aspalta (. . .) [Amon-Ra dijo] 'Él es vuestro rey'".

—Autor desconocido, c. 600 a.C., "The Selection of Aspalta as King of Kush" (La selección de Aspalta como Rey de Kush)

▲ Estatua de un león en honor al rey Aspalta

PBD Preguntas basadas en los documentos

¿Crees que Aspalta estaba preparado para ser rey? ¿Por qué sí o por qué no?

Un comercio rentable Meroe se convirtió en el centro de una gran red de comercio que iba desde la frontera egipcia en el norte hasta África central en el sur. Los comerciantes kushitas recibían pieles de leopardo y maderas valiosas desde el interior de África. Intercambiaban estas mercaderías, además de esclavos y productos de hierro, con los habitantes del Mediterráneo y del Océano Índico.

Kush fue un gran centro de comercio durante 600 años. Para el siglo III d.C., sin embargo, el reino comenzó a debilitarse. Con la decadencia de Kush surgió otro reino para tomar su lugar. Este reino se llamó Axum y estaba ubicado en lo que hoy es Etiopía. Alrededor de 350 d.C., los ejércitos de Axum incendiaron Meroe completamente. Aprenderás más acerca del reino de Axum cuando estudies África.

✓ Comprobación de lectura **Explicación** ¿De qué manera se convirtió Kush en un reino rico?

Rey kushita

El rey kushita Taharqa fue uno de los líderes más poderosos de la historia Nubia. Durante su reinado el reino creció y prosperó. Construyó grandes templos dentro y cerca de Egipto y Kush. ***¿Qué reino remplazó a Kush?***

Rey kushita Taharqa ▶

Historia en línea

Centro de estudios ¿Necesitas ayuda con el material de esta sección? Visita jat.glencoe.com

Repaso de la sección 4

Resumen de la lectura

Repaso de Ideas principales

- En el valle del río Nilo, hacia el sur de Egipto, los nubios fundaron el reino de Kerma y practicaban el comercio con los egipcios.
- Los kushitas establecieron su capital en Meroe, que se convirtió en el centro de producción de hierro y la base de una gran red comercial.

¿Qué aprendiste?

1. ¿Quiénes eran los nubios?
2. ¿Cuáles eran las actividades económicas más importantes de los kushitas?

Pensamiento crítico

3. **Secuencia de información** Dibuja un diagrama para mostrar los acontecimientos que llevaron a la conquista kushita de Egipto.

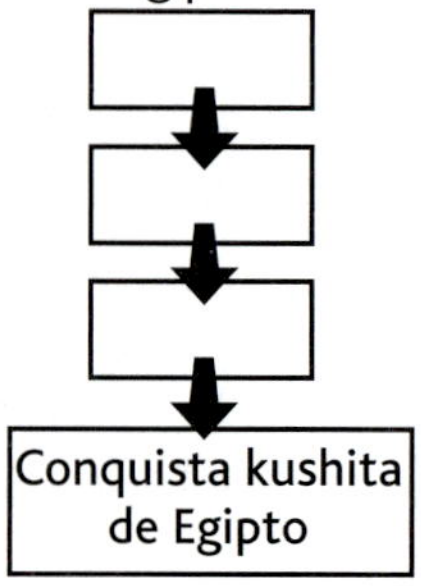

4. **Habilidades geográficas** ¿Por qué la ubicación de Napata resultaba ventajosa?
5. **Análisis** ¿Cómo demostraban los reyes kushitas su admiración por la cultura egipcia?
6. **Comparación** Describe las similitudes entre Kush y Egipto.
7. **Redacción persuasiva** Crea una publicidad que podría haber sido usada en el antiguo Egipto y Kush para promover los múltiples usos del hierro.

Capítulo 2 Repaso de lectura

Sección 1 El valle del Nilo

Vocabulario
catarata
delta
papiro
jeroglíficos
dinastía

Enfoque en Ideas principales

- La civilización egipcia comenzó en el valle fértil del río Nilo, donde las barreras naturales brindaban protección contra las invasiones. ***(página 39)***
- Los egipcios dependían de los desbordes del Nilo para cultivar. ***(página 41)***
- Cerca de 3100 a.C., los mayores reinos de Egipto, el Alto y Bajo Egipto, se unieron en un solo reino. ***(página 43)***
- La sociedad egipcia se dividía en grupos sociales basados en la riqueza y en el poder. ***(página 45)***

Sección 2 El Reino Antiguo de Egipto

Vocabulario
faraón
deidad
embalsamar
momia
pirámide

Enfoque en Ideas principales

- Egipto estaba gobernado por faraones todopoderosos. ***(página 48)***
- Los egipcios creían en muchos dioses y diosas y en la vida después de la muerte para los faraones. ***(página 49)***
- Los egipcios del Reino Antiguo construyeron enormes pirámides de piedra como tumbas para sus faraones. ***(página 50)***

▲ Máscara de oro de Tutankamón

Sección 3 El imperio egipcio

Vocabulario
tributo
incienso

Enfoque en Ideas principales

- El Reino Medio representó una Edad de Oro de paz, prosperidad y avances en el área de las artes y la arquitectura. ***(página 60)***
- Durante el Reino Nuevo, Egipto adquirió nuevos territorios y alcanzó el apogeo de su poder. ***(página 61)***
- Akhenatón intentó cambiar la religión egipcia, mientras que Tutankamón es famoso por los tesoros que se descubrieron en su tumba. ***(página 64)***
- Bajo el reinado de Ramsés II, Egipto recuperó territorios y construyó grandes templos, pero finalmente el imperio cayó en 1150 a.C. ***(página 65)***

Sección 4 La civilización de Kush

Vocabulario
sabana

Enfoque en Ideas principales

- Al sur de Egipto, los nubios se establecieron en aldeas agrícolas y se convirtieron en grandes guerreros. ***(página 69)***
- Los habitantes de Kush se dedicaban a trabajar el hierro y se hicieron ricos con el comercio. ***(página 70)***

Capítulo 2

Evaluación y actividades

Repaso del vocabulario

Une las definiciones de la segunda columna con los términos de la primera. Escribe una letra para cada definición.

___ 1. sabana	a. área de tierra fértil al final de un río
___ 2. tributo	b. planta de caña que se usaba para hacer canastos, balsas y papel
___ 3. catarata	c. planicie herbosa
___ 4. delta	d. rápidos
___ 5. jeroglíficos	e. sistema egipcio de escritura
___ 6. faraón	f. pagos forzosos
___ 7. papiro	g. título de los líderes egipcios

Repaso de las ideas principales

Sección 1 • El valle del río Nilo

8. ¿Qué barreras naturales protegían a Egipto de los invasores?
9. ¿Qué factores dividían a Egipto en clases sociales?

Sección 2 • El Reino Antiguo de Egipto

10. ¿Cuáles eran las creencias religiosas de los egipcios?
11. ¿Dónde enterraban los egipcios del Reino Antiguo a sus faraones?

Sección 3 • El imperio egipcio

12. ¿Por qué se considera que el Reino Medio fue una Edad de Oro?
13. ¿Por qué eran conocidos Akhenatón y Tutankamón?

Sección 4 • La civilización de Kush

14. ¿Dónde vivían los nubios?
15. ¿Qué hizo que los kushitas fueran ricos?

Pensamiento crítico

16. **Descripción** Identifica cuatro clases sociales en el antiguo Egipto, y explica quién pertenecía a cada una.
17. **Síntesis** ¿Cómo crees que los líderes religiosos reaccionaron a los cambios de Akhenatón?
18. **Análisis** ¿Estás de acuerdo con que la civilización egipcia puede llamarse "el don del Nilo"? Explica.
19. **Comparación** ¿En qué cosas se parecía Meroe a una ciudad egipcia?

Repaso Habilidad de lectura **Predicción**

¿Qué predijiste?

Lee estas oraciones de la página 72.

Con la decadencia de Kush surgió otro reino para tomar su lugar. Este reino se llamó Axum y estaba ubicado en lo que hoy es Etiopía. Alrededor de 350 d.C., los ejércitos de Axum incendiaron Meroe completamente. Aprenderás más acerca del reino de Axum cuando estudies África.

20. Basado en lo que sabes sobre la ubicación de Etiopía y la cultura de Kush y Egipto, predice cómo pudo haber sido el reino de Axum. Verifica tus predicciones cuando leas sobre África medieval.

Para repasar esta habilidad, consulta las páginas 36–37.

Habilidades geográficas

Estudia el siguiente mapa y contesta las preguntas a continuación.

21. **Ubicación** ¿En qué masa de agua desemboca el delta del Río Nilo?
22. **Movimiento** ¿Por qué consideraban los antiguos egipcios que era más fácil viajar hacia el norte y hacia el sur que al este y al oeste?
23. **Interacción del hombre con el medio ambiente** ¿Por qué la agricultura del antiguo Egipto y del Egipto actual se practica a lo largo del Nilo?

NATIONAL GEOGRAPHIC **Antiguo Egipto**

Leer para escribir

24. **Redacción descriptiva** Imagina que eres un faraón del antiguo Egipto. Estás haciendo planes que tus seguidores deberán realizar después de tu muerte. Describe los tipos de objetos que querrías que entierren contigo en la pirámide. Luego explica qué cosas sabrá la gente de los siglos venideros sobre ti si encuentran estos objetos.
25. **Uso de tus** PLEGABLES™ Usa tu plegable para describir una de las civilizaciones del capítulo, incluyendo información sobre la vida religiosa, la familia y las contribuciones. Un compañero de clase deberá identificar qué civilización estás describiendo. Luego tu compañero describirá una civilización y tú la identificarás. Cuando hayas terminado, discute las similitudes y diferencias entre las civilizaciones.

Historia en línea

Prueba de autocomprobación Para ayudarte a preparar el examen de este capítulo, visita jat.glencoe.com

Uso de tecnología

26. **Desarrollo de presentaciones en multimedia** Usa la Internet y tu biblioteca local para saber más acerca de uno de los reinados de los faraones egipcios. Crea una presentación de diapositivas en tu computadora que incluya detalles sobre el reinado de ese faraón y su vida. Incluye una línea temporal ilustrada de los acontecimientos más significativos.

Enlaces entre el pasado y el presente

27. **Organización de la información** Usa la Internet y el atlas para ubicar los países que en la actualidad dependen mucho de un río importante. Haz un cuadro y menciona el país, el río, la longitud y profundidad promedio del río y cómo usa el río la gente de ese país.

Fuente principal

Análisis

El historiador griego Heródoto notó que el Nilo era diferente de otros ríos.

"Cuando el Nilo se desborda, se esparce no sólo por el Delta sino también en algunas partes de Libia y Arabia en un viaje de dos días, más o menos, en ambas direcciones. (. . .) Esto que acabo de decir fue objeto de mi insistente pregunta de por qué, y también por qué es que éste es el único río que no tiene brisas que soplan desde él".

—Heródoto, *The History (La historia)*, 2.19

PBD Preguntas basadas en los documentos

28. ¿Según Heródoto, cuánta tierra cubre el Nilo cuando se desborda?
29. ¿Cuáles son las dos preguntas que hace Heródoto sobre el Nilo?

Capítulo 3

Los antiguos israelitas

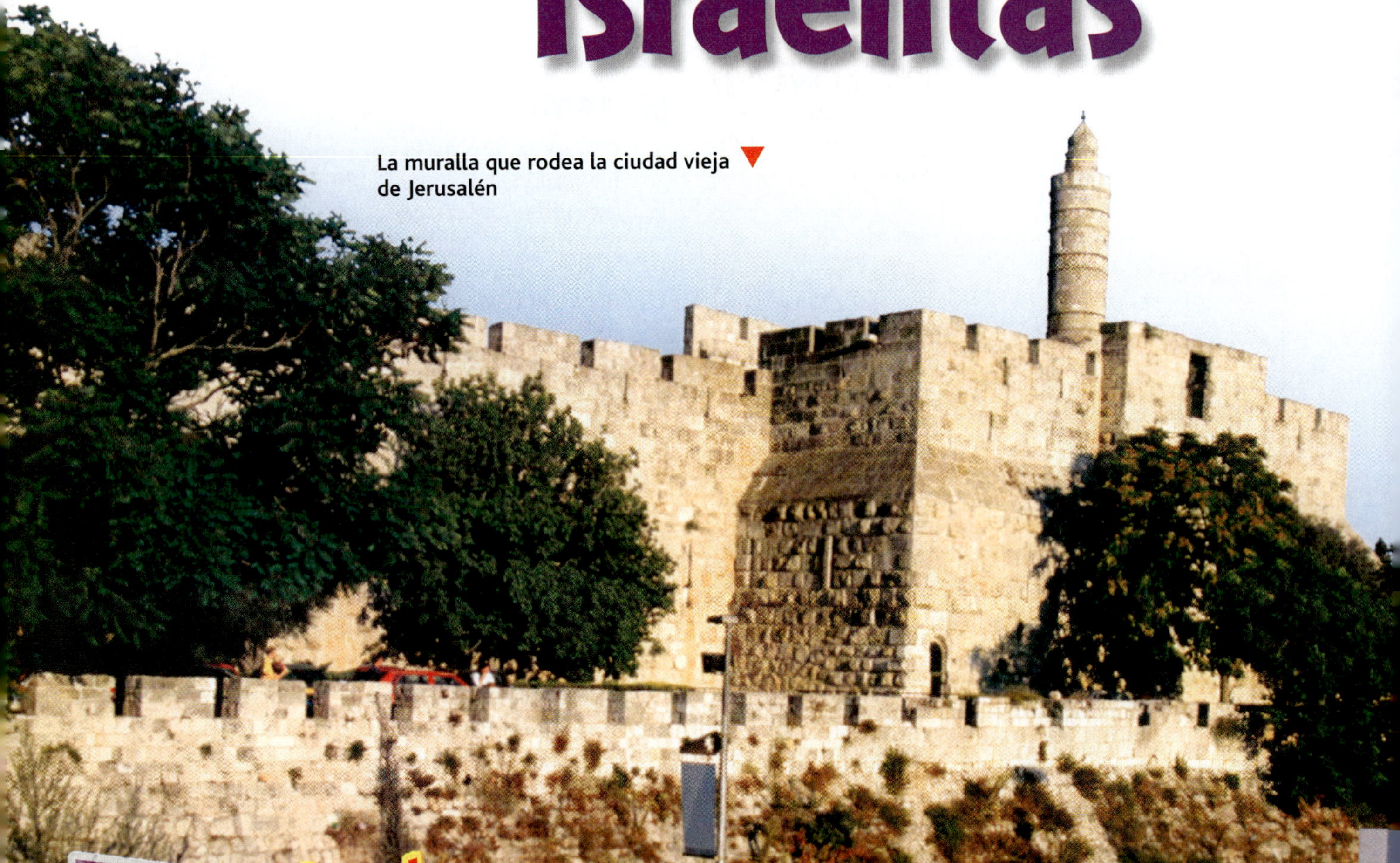

La muralla que rodea la ciudad vieja de Jerusalén

NATIONAL GEOGRAPHIC

¿Cuándo y dónde?

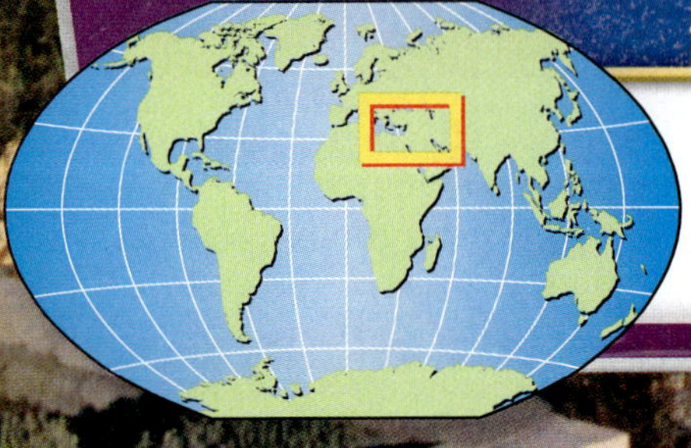

2000 a.C. | 1300 a.C. | 600 a.C. | 100 d.C.

- **c. 1800 a.C.** Los hebreos se establecen en Canaán
- **c. 1290 a.C.** Moisés guía a los hebreos fuera de Egipto
- **722 a.C.** Los asirios conquistan Israel
- **66 d.C.** Los judíos se rebelan contra los romanos

Presentación preliminar del capítulo

Al igual que la cultura de los sumerios, los antiguos israelitas desarrollaron una sociedad basada en las ideas de justicia y leyes estrictas. Los israelitas creían que había un solo Dios.

Historia en línea

Descripción general del capítulo Visita jat.glencoe.com para ver la presentación preliminar del capítulo 3.

Mira el video del capítulo 3 en el Programa de Video *World History: Journey Across Time*.

Sección 1 Los primeros israelitas

Abraham fundó las 12 tribus de Israel en la tierra de Canaán. Los israelitas creían en un solo Dios.

Sección 2 El reino de Israel

Con David y Salomón el pueblo de Israel creó un reino poderoso, con una nueva capital en Jerusalén.

Sección 3 El crecimiento del judaísmo

Los judíos mantuvieron su religión aunque estuvieran gobernados por otros pueblos. Se establecieron en varios lugares de Asia y Europa.

PLEGABLES™ Organizador de estudios

Resumen de información *Haz un plegable y utilízalo para organizar tarjetas de notas con información acerca de los hebreos.*

Paso 1 *Doblar una hoja de papel horizontal (11"x17") en tres partes.*

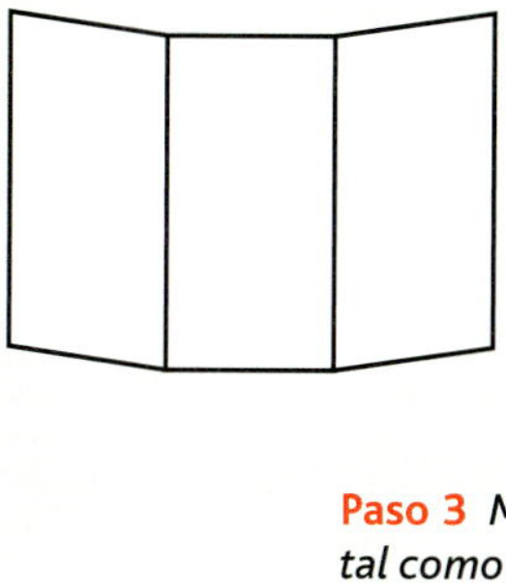

Paso 2 *Doblar el borde inferior hacia arriba dos pulgadas y presionar bien. Pegar los bordes exteriores de la solapa para crear tres bolsillos.*

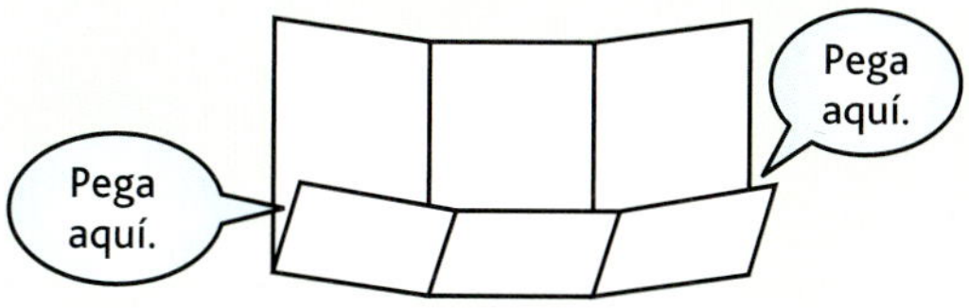

Paso 3 *Marcar los bolsillos tal como se muestra. Usar los tres bolsillos para poner las notas que tomes en fichas o en cuartos de hojas de papel.*

Lectura y redacción
Mientras lees el capítulo, resume los hechos fundamentales sobre Israel y el crecimiento y difusión del judaísmo. Hazlo en las tarjetas de notas o cuartos de hojas de papel y colócalos en los bolsillos correspondientes del plegable.

Capítulo 3

Lectura en estudios sociales

Habilidad de lectura

Idea principal

1 ¡Apréndelo!

Búsqueda de la idea principal

Las ideas principales son las más importantes de un párrafo, sección o capítulo. Los detalles son hechos o ejemplos que explican la idea principal. Lee el siguiente párrafo de la sección 1 y analiza cómo el autor explica su idea principal. La idea principal ya está identificada. Los detalles secundarios están resaltados en color.

Idea principal

A través del comercio, los fenicios difundieron sus ideas y las mercancías que producían. Una de sus ideas más importantes fue el alfabeto, o grupo de letras que representan sonidos. Las letras podían usarse para escribir palabras en su idioma.

—de la página 85

Detalles secundarios

Habilidad de lectura

Con frecuencia la primera oración de un párrafo contiene la idea principal, y los detalles secundarios están expresados en las oraciones siguientes. Sin embargo, las ideas principales también pueden aparecer en medio o al final de un párrafo.

2 ¡Practícalo!

Creación de un organizador gráfico

Lee el siguiente párrafo. Dibuja un organizador gráfico como el que se muestra más abajo. Escribe las ideas principales en un cuadro y los detalles secundarios en círculos alrededor de este cuadro.

> Mientras estaban en Babilonia, pequeños grupos de judíos se reunían el día sábado, o día de reposo. Era su día de descanso y oración. Los judíos rezaban y discutían sobre su religión e historia. Tales encuentros tenían lugar en sinagogas, o casas de oración de los judíos. Estas reuniones en las sinagogas renovaban esperanza a la gente.
>
> *—de la página 94*

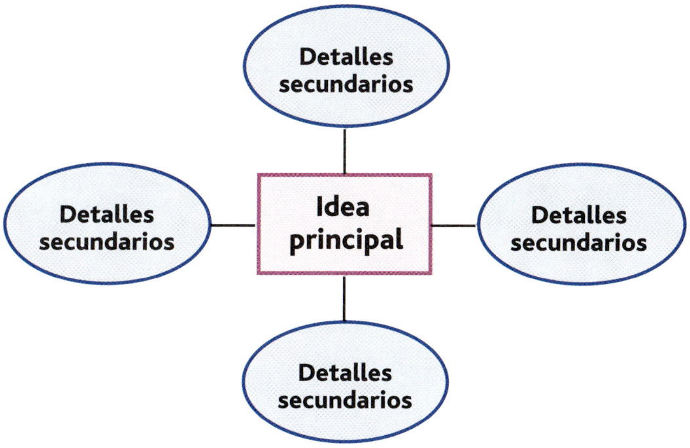

Leer para escribir

Elige alguna de las **Ideas principales** que aparecen en la página 93. Úsala como oración principal y agrega detalles secundarios para crear un párrafo completo.

▲ Menorá

3 ¡Aplícalo!

A medida que leas el capítulo 3, crea tu propio organizador gráfico para mostrar la idea principal y los detalles de por lo menos un párrafo.

Sección 1

Los primeros israelitas

¡Prepárate para leer!

¿Cuál es la relación?

Ya leíste cómo los egipcios construyeron una gran civilización. En el mismo período, se estaba formando otra nación. Los egipcios llamaban a los pobladores de esta nación *habiru*, o extranjeros. Los miembros de este pueblo se referían a sí mismos como israelitas o hijos de Israel.

Enfoque en Ideas principales

- Los israelitas creían en un solo Dios, que impuso leyes morales a su pueblo. Registraron su historia en la Biblia. ***(página 81)***
- Los israelitas tuvieron que luchar contra los cananeos para regresar a la tierra prometida. ***(página 84)***

Ubicación de lugares

Canaán
Monte Sinaí

Conoce a los personajes

Abraham
Jacob
Moisés
Débora
fenicio

Desarrollo de tu vocabulario

monoteísmo
tribu
Torá
pacto
alfabeto

Estrategia de lectura

Secuencia de información Crea un cuadro en secuencia para ayudarte a seguir el movimiento de los israelitas.

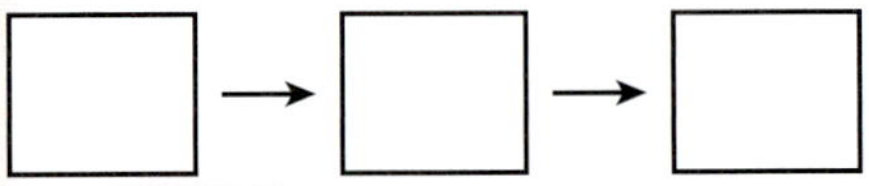

NATIONAL GEOGRAPHIC ¿Cuándo y dónde?

1400 a.C. — 1200 a.C. — 1000 a.C.

- **c. 1290 a.C.** Moisés guía a los hebreos fuera de Egipto
- **c. 1125 a.C.** Débora vence a los cananeos
- **c. 1000 a.C.** Los israelitas se establecen en Canaán

Los primeros israelitas

Idea principal **Los israelitas creían en un solo Dios, que impuso leyes morales a su pueblo. Registraron su historia en la Biblia.**

Enfoque en la lectura ¿De dónde provienen tus ideas sobre el bien y el mal? Lee para saber cómo los israelitas desarrollaron sus ideas sobre el bien y el mal.

Cerca del año 1200 a.C. hubo grandes cambios en el área del mar Mediterráneo. Cayeron imperios y nuevos pueblos entraron a la región. Muchos se establecieron en pequeños reinos. Cerca del año 1000 a.C., un pueblo llamado israelitas creó un reino en **Canaán.** Canaán se encuentra en el mar Mediterráneo en el sudoeste de Asia.

▲ **Esta pintura muestra a Abraham conduciendo a los israelitas de la Mesopotamia a Canaán.** ***¿Por qué tuvieron los israelitas que dejar Canaán?***

¿Quiénes eran los israelitas? Aunque los israelitas eran pocos, la religión que practicaban un día afectaría a gran parte de la humanidad. La mayoría los pueblos de esa época adoraban a muchos dioses y diosas. La religión israelita se centraba en un solo Dios. La creencia en un solo Dios se denomina **monoteísmo.**

La fe de los israelitas se convirtió en la religión que hoy se conoce como judaísmo. Los practicantes del judaísmo con el tiempo se conocieron como judíos. El judaísmo influyó sobre el cristianismo y sobre el Islam, y también ayudó a dar forma a las creencias y prácticas de los pueblos de Europa y América.

Los israelitas hablaban un idioma llamado hebreo. Escribieron gran parte de su historia y muchas de sus creencias religiosas en un libro que posteriormente se conoció como la Biblia hebrea. A través de este libro, los valores del judaísmo y su religión se difundieron más tarde por Europa.

Los primeros israelitas eran pastores y comerciantes. Durante el siglo XIX a.C. dejaron la Mesopotamia y se establecieron en Canaán. Hoy Líbano, Israel y Jordania ocupan las tierras de lo que alguna vez fue Canaán.

Los israelitas creían que eran descendientes de un hombre llamado **Abraham.** La Biblia dice que Dios le dijo a Abraham y a sus seguidores que dejaran la Mesopotamia y se dirigieran a Canaán. Allí deberían adorar al único y verdadero Dios. En compensación, Dios les prometió que la tierra de Canaán le pertenecería a Abraham y a sus descendientes. Según la Biblia, ésta es la razón por la que los israelitas se establecieron en Canaán.

Abraham tuvo un nieto llamado **Jacob.** Jacob también se llamaba Israel, que significa "aquel que lucha con Dios". Más tarde éste fue el nombre que se les dio a los descendientes de Jacob.

Jacob crió 12 hijos en Canaán. Su familia estaba dividida en **tribus,** o grupos de familias separados. Estos grupos se conocieron posteriormente como las 12 tribus de Israel. Los israelitas vivieron en Canaán por casi 100 años. Después comenzó una gran sequía. En ese tiempo los cultivos se secaron y el ganado murió. Para sobrevivir, los israelitas se dirigieron a Egipto.

De la esclavitud a la libertad La vida no fue fácil en Egipto. El faraón egipcio necesitaba hombres para construir sus pirámides, y por ello esclavizó a los israelitas. Para prevenir una rebelión ordenó que todos los varones israelitas recién nacidos fueran arrojados al río Nilo.

Moisés y los Diez Mandamientos

▲ En esta pintura, Moisés ve cómo se cierra el Mar Rojo sobre los soldados egipcios que perseguían a los israelitas. *¿Cómo se llama la huída de los israelitas de Egipto?*

▲ Judíos celebrando la Pascua en la actualidad.

La Biblia dice que una madre desesperada puso a su bebé en un canasto y lo escondió en las orillas del río. La hija del faraón encontró al bebé y lo llamó **Moisés.**

Cuando Moisés hubo crecido, cuidaba ovejas en las afueras de Egipto. Cerca del año 1290 a.C. vio un arbusto en llamas y escuchó una voz. Él sintió que Dios le estaba diciendo que llevara a los israelitas fuera de Egipto.

Para lograr que el faraón dejara que los israelitas se fueran, la Biblia dice que Dios envió 10 plagas a Egipto. Una plaga a veces es una enfermedad, pero otras veces puede ser un mal que causa problemas a mucha gente. La última plaga que Dios mandó mató a todos los primogénitos, excepto los de las familias israelitas que habían pintado sus puertas con sangre de cordero. Esta plaga convenció al faraón que debía dejar ir a los israelitas. Los judíos hoy celebran una festividad llamada la Pascua, para recordar cómo Dios pasó de largo por sus hogares durante la décima plaga y con ello los liberó de Egipto.

Cuando los israelitas se dirigían hacia el este, fuera de Egipto, el faraón cambió de opinión y envió a su ejército a perseguirlos. Según dice la Biblia, Dios dividió las aguas del Mar Rojo para dejar pasar a su pueblo. Cuando los egipcios los siguieron, las aguas se cerraron y los soldados se ahogaron. Los israelitas se escaparon de Egipto, lo que se conoce como el Éxodo.

¿Qué son los Diez Mandamientos? En su regreso a Canaán, los israelitas tuvieron que atravesar el desierto de Sinaí. La Biblia dice que durante su viaje, Moisés subió a la cumbre del **Monte Sinaí.** Allí recibió las leyes de Dios. Estas leyes fueron conocidas como la **Torá.** Luego pasaron a formar la primera parte de la Biblia hebrea. La Torá describía un **pacto,** o un acuerdo con Dios. En este pacto Dios prometió llevar a los israelitas a Canaán si seguían sus mandamientos.

La Torá explicaba lo que Dios indicaba que estaba bien o mal. La parte más importante

▲ **El Arca de la Alianza era una caja, la cual, según las creencias judías, contenía los Diez Mandamientos.** ***¿De qué manera influyeron los Diez Mandamientos sobre las leyes morales básicas de muchos países europeos?***

de la Torá son los Diez Mandamientos. Se resumen en la figura a la derecha. Los Diez Mandamientos decían a los israelitas que debían ser fieles sólo a Dios, cuyo nombre no debía decirse en voz alta. Nunca debían adorar a ningún otro dios o a imágenes. La creencia de que había un solo Dios fue la base del cristianismo y del Islam.

Los Diez Mandamientos ayudaron a dar forma a las leyes morales básicas de varias naciones. Los Diez Mandamientos decían que no se debía robar, matar o difamar a los otros. También decían que había que evitar los celos y honrar a los padres. Los Diez Mandamientos también ayudaron a crear conciencia sobre el "imperio de la ley". Esto significa que las leyes se aplican a todos por igual.

Comprobación de lectura **Explicación** ¿Qué pacto estaba descrito en la Torá?

Fuente principal

Los Diez Mandamientos

Según la Biblia, Moisés recibió los Diez Mandamientos y otras leyes de Dios en el Monte Sinaí. Moisés y los israelitas prometieron cumplir con esas leyes.

1. No tendrás dioses ajenos delante de mí.
2. No te inclinarás ni adorarás ídolos.
3. No tomarás el nombre de Dios en vano.
4. Recuerda que el día sábado (de reposo) debe estar dedicado para mí.
5. Honrarás a tu padre y a tu madre.
6. No matarás.
7. No cometerás adulterio.
8. No robarás.
9. No hablarás contra tu prójimo falso testimonio.
10. No codiciarás cosa alguna de tu prójimo.

—Éxodo 20:3-17

◀ **Moisés con los Diez Mandamientos**

▲ **Monte Sinaí**

PBD Preguntas basadas en los documentos

1. ¿Cuántos mandamientos dicen cómo deben relacionarse las personas entre sí?
2. ¿Cuántos hablan de adorar y mostrar respeto a Dios?

La tierra prometida

Idea principal **Los israelitas tuvieron que luchar contra los cananeos para regresar a la tierra prometida.**

Enfoque en la lectura ¿Qué cualidades consideras que debe tener un buen líder? Sigue leyendo para conocer a los líderes israelitas.

Probablemente a los israelitas les llevó 40 años llegar a Canaán. Moisés no vivió para ver la tierra prometida. Luego de la muerte de Moisés, un líder llamado Josué lo sucedió y condujo a los israelitas hasta Canaán. Sin embargo, cuando llegaron encontraron a otras personas viviendo allí. La mayoría eran cananeos. Los israelitas creían que era voluntad de Dios que conquistaran a los cananeos, por eso Josué los condujo a la guerra.

La historia de la campaña aparece en la Biblia. Josué condujo a los israelitas a la ciudad de Jericó y les dijo que marcharan alrededor de las murallas de la ciudad. Durante seis días marcharon mientras siete sacerdotes hacían sonar sus trompetas. Al séptimo día las trompetas sonaron por última vez y Josué les dijo a los israelitas que gritaran con fuerza. Según cuenta la historia, las murallas de Jericó se desmoronaron y los israelitas tomaron la ciudad.

Josué condujo a los israelitas durante tres guerras más. La tierra que tomaron se dividió en doce tribus.

¿Quiénes eran los jueces guerreros?

Después de que Josué murió, los israelitas eligieron a jueces para que los dirigieran. Un juez, era por lo común un líder militar. Por lo general, era el comandante de 1 ó 2 tribus, pero rara vez de las 12. La Biblia habla de Barac, Gideón, Samuel, Eli, Sansón, y otros. Entre ellos hubo una mujer jueza. Su nombre era **Débora.**

Débora le dijo a Barac que atacara al ejército del rey cananeo Jabín. Fue al campo de batalla como consejera. Con la ayuda de Débora, Barac y 10,000 israelitas destruyeron al rey Jabín y su ejército cerca de 1125 a.C.

Con el tiempo los israelitas asumieron el control de la región montañosa de Canaán central. Los cananeos retuvieron el control de las áreas costeras y planas. Para protegerse los israelitas construyeron ciudades amuralladas. También crearon un alfabeto y un calendario basado en las ideas cananeas.

El alfabeto fenicio Un grupo de cananeos, los **fenicios,** vivían en ciudades sobre las costas del mar Mediterráneo. Los fenicios eran hábiles navegantes y comerciantes. Sus barcos

▲ Según la Biblia, las murallas de Jericó cayeron cuando sonaron las trompetas de los israelitas. ***¿Quién condujo a los israelitas de regreso a Canaán?***

▲ La ciudad de Jericó hoy

transportaban mercadería por el Mediterráneo hasta Grecia, España y el oeste de África.

A través del comercio, los fenicios difundieron sus ideas y las mercancías que producían. Una de sus ideas más importantes fue el **alfabeto,** o grupo de letras que representan sonidos. Las letras podían usarse para escribir palabras en su idioma.

El alfabeto simplificó la escritura y ayudó a que la gente pudiera mantener registros. Los fenicios llevaron la idea del alfabeto a los griegos. Ellos, a su vez, pasaron esa idea a los romanos. La mayor parte de los alfabetos usados en el mundo occidental tienen su origen en el alfabeto romano.

Comprobación de lectura **Identificación**
¿Quién condujo a los israelitas a Canaán, y qué ciudad conquistaron bajo su liderazgo?

Alfabetos
Caracteres modernos
Fenicio antiguo
Hebreo antiguo
Griego antiguo
Romano antiguo
A
B
G
D
E
F
Z
TH
I

▲ **La idea fenicia de un alfabeto fue tomada por los griegos y romanos. Es la base de nuestro alfabeto actual.** ***¿Qué letras modernas se parecen más a los caracteres fenicios?***

Historia en línea
Centro de estudios ¿Necesitas ayuda con el material de esta sección? Visita jat.glencoe.com

Repaso de la sección 1

Resumen de la lectura

Repaso de Ideas principales

- Conducidos por Abraham, los israelitas se establecieron en Canaán. Luego se trasladaron a Egipto y fueron esclavizados, pero más tarde escaparon. Los israelitas tuvieron los Diez Mandamientos como las leyes que regían sus vidas.
- Josué y los jueces, entre ellos Débora, recobraron el territorio en el centro de Canaán para los israelitas.

¿Qué aprendiste?

1. ¿Por qué la religión de Israel era única en el mundo antiguo?
2. ¿Qué es la Torá, y cómo les llegó a los israelitas?

Pensamiento crítico

3. **Resumen de información** Usa un diagrama de red, como el que está a continuación, para enumerar las partes de la religión judía que aún son importantes para nuestra sociedad.

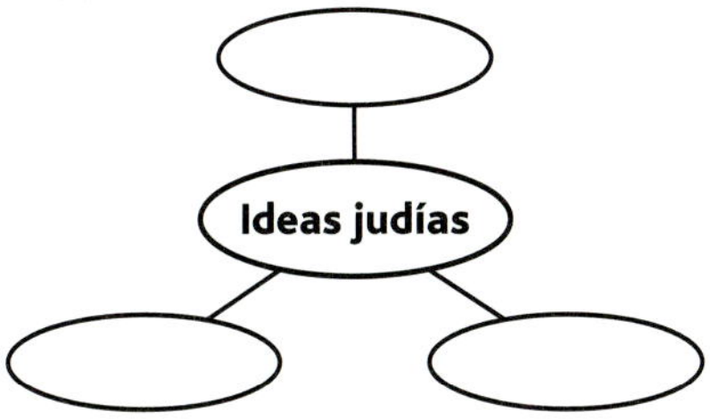

4. **Análisis** ¿Qué importancia tuvo el alfabeto fenicio?
5. **Resumen** ¿Qué problemas enfrentaron los israelitas cuando regresaron a Canaán?
6. **Redacción explicativa** ¿Cuál de los Diez Mandamientos consideras el más importante en la actualidad? Escribe un ensayo breve para explicar tu elección.
7. **Lectura Idea principal** Escribe un párrafo agregando detalles secundarios a esta idea principal: El alfabeto fenicio tuvo un gran impacto en muchas civilizaciones.

Sección 2

El reino de Israel

¡Prepárate para leer!

¿Cuál es la relación?

En la Sección 1 leíste sobre las constantes luchas entre los israelitas y los cananeos. Las tribus de Israel deseaban la paz. Muchos pensaban que la forma de lograr la paz era unirse y formar una sola nación.

Enfoque en Ideas principales

- Los israelitas eligieron un rey para que los uniera en la lucha contra sus enemigos. *(página 87)*
- El rey David construyó un imperio israelita y convirtió a Jerusalén en su capital. *(página 89)*
- Los israelitas fueron conquistados y obligados a dejar Israel y Judá. *(página 90)*

Ubicación de lugares

Jerusalén
Judá

Conoce a los personajes

filisteo
Saúl
David
Salomón
Nabucodonosor

Desarrolla tu vocabulario

profeta
imperio
tributo
proverbio

Estrategia de lectura

Categorización de la información

Completa un cuadro como el que está a continuación e identifica las características de Israel y Judá.

Ubicación		
Ciudad capital		
Fecha de conquista		
Conquistado por		

NATIONAL GEOGRAPHIC ¿Cuándo y dónde?

1000 a.C. — 750 a.C. — 500 a.C.

c. 1000 a.C. David se convierte en rey

722 a.C. Los asirios conquistan Israel

597 a.C. Nabucodonosor captura Jerusalén

Los israelitas eligen un rey

Idea principal **Los israelitas eligieron un rey para que los uniera en la lucha contra sus enemigos.**

Enfoque en la lectura ¿Qué significado tiene para ti "unidos venceremos, divididos caeremos"? Lee para saber qué significaba para las 12 tribus de Israel.

Cerca del año 1000 a.C. los pueblos más fuertes de Canaán no eran los israelitas, sino los **filisteos.** Los filisteos tenían ciudades fuertes y sabían cómo hacer herramientas y armas de hierro. Por temor al poder de los filisteos, muchos israelitas copiaban su forma de vida y adoraban a sus dioses.

En el pasado, las 12 tribus con frecuencia habían peleado entre sí. Si su objetivo era salvar la religión y su forma de vida, iban a tener que aprender a trabajar juntas. Necesitaban un rey que los uniera en la lucha contra los filisteos.

Historia en línea

Actividad en línea Visita el sitio jat.glencoe.com y haz clic en *Chapter 3—Student Web Activity* para aprender más acerca de los antiguos israelitas.

Gobierno del rey Saúl En 1020 a.C. los israelitas pidieron a Samuel que eligiera un rey. Samuel era un juez y un **profeta.** Un profeta es una persona que dice que Dios lo ha instruido para que transmita sus palabras. Samuel advirtió a los israelitas que un rey les impondría impuestos y los convertiría en esclavos. A pesar de dicha advertencia, los israelitas exigieron un rey. Así fue que eligieron a un agricultor guerrero llamado **Saúl.**

Samuel ungió a Saúl como rey. En otras palabras, lo bendijo con aceite para demostrar que Dios lo había elegido. Saúl era un hombre alto hermoso; que y había ganado muchas batallas.

Batalla tras batalla Saúl derrotó a los enemigos de los israelitas. Sin embargo, según la Biblia, Dios se disgustó con el rey porque desobedeció algunos de sus mandamientos. Dios eligió a otro rey e instruyó a Samuel para que lo ungiera en secreto. El nuevo rey era un joven pastor llamado **David.**

Comprobación de lectura **Explicación** ¿Por qué querían un rey los israelitas?

Según la Biblia, Samuel tuvo que llamar a David para que viniera de las tierras donde estaba cuidando a sus ovejas para ungirlo. ***¿Por qué hizo Dios que Samuel nombrara a David?***

Biografía

David

reinó c. 1000–962 a.C.

▲ Rey David

La historia sobre la vida de David está en varios libros del Antiguo Testamento, inclusive en Samuel I y II y los Salmos. Durante su juventud David trabajó como ayudante en la corte de Saúl. Mientras trabajaba allí se hizo amigo íntimo del hijo del rey, Jonatán. David combatió valientemente contra los filisteos como soldado en el ejército de Saúl. También mató al gigante filisteo Goliat con una honda y piedras. El primer libro de Samuel cuenta que al rey Saúl le gustaba escuchar cuando David tocaba el arpa. Pero el rey se puso celoso de la amistad que había entre Jonatán y David y de su creciente popularidad por ser un valiente soldado.

"El dulce salmista de Israel"
–David, 2 Samuel 23:1

Para salvar su vida, David huyó al desierto. Durante ese período David condujo un grupo de otras personas que estaban fuera de la ley. David y su banda protegían a los habitantes de los asaltantes y devolvían las posesiones que les habían sido robadas. Cuando David regresó a Jerusalén, ya era muy conocido en toda su tierra.

Después de la muerte de Saúl, David se convirtió en el segundo rey de Israel. David tuvo éxito en unir las tribus de Israel. Luego conquistó Jerusalén y la convirtió en capital de su reino. Durante su reinado David hizo de Israel un imperio y dominó a los reinos vecinos.

David no sólo fue un valiente guerrero, sino que también fue un líder exitoso y un poeta de talento. Muchos de los himnos del Libro de Salmos del Antiguo Testamento se atribuyen a David, incluso el Salmo 23, que comienza "El Señor es mi pastor, nada me faltará; Él me hace descansar en verdes praderas. Me guía a arroyos de tranquilas aguas; conforta mi alma. Me guía por sendas de justicia por amor de su nombre".

▲ David contra Goliat

Entonces y ahora

En la época de David, los reyes tenían que ser buenos en combate. Investiga y menciona por lo menos tres presidentes de Estados Unidos que hayan sido grandes militares.

David y Salomón

Idea principal **El rey David construyó un imperio israelita y convirtió a Jerusalén en su capital.**

Enfoque en la lectura ¿Quién consideras que fue la persona más importante en la historia de Estados Unidos ? Lee para aprender por qué el rey David es tan importante en la historia del pueblo judío.

La fama de guerrero de David se expandió. La Biblia habla sobre su fama en la siguiente historia: Justo antes de la batalla contra los filisteos, un gigante filisteo llamado Goliat retó a viva voz a cualquier israelita a pelear contra él cuerpo a cuerpo. David dio un paso al frente con su bastón de pastor, una honda y cinco piedras planas.

"¿Acaso soy un perro que vienes a luchar contra mí con un bastón?" bramó Goliat. Se abalanzó con una lanza pesada, pero David era demasiado rápido para él. Le lanzó una piedra justo en la frente y Goliat cayó muerto en ese instante.

Saúl nombró a David jefe del ejército. A medida que David obtenía más victorias, las mujeres israelitas le cantaban alabanzas. "Saúl ha matado a mil, y David a diez mil". Saúl se puso celoso y conspiró para asesinar a David.

David se escondió en territorio enemigo hasta que Saúl y sus tres hijos murieron en combate. La amarga rivalidad había terminado. David pudo asumir el trono cerca del año 1000 a.C.

Una vez coronado, David expulsó a los filisteos de la zona. Conquistó a otras naciones vecinas y creó un **imperio.** Un imperio es una nación que gobierna a muchas otras naciones. Los pueblos conquistados en esa área tenían que pagar un **tributo** a David y a los israelitas. El tributo es dinero o esclavos entregados a un gobierno más fuerte.

David dispuso que los israelitas pagaran impuestos pesados. Necesitaba el dinero para agrandar a su nueva capital, **Jerusalén.** Quería construir allí un hermoso templo para que los objetos religiosos sagrados, venerados por los israelitas, tuvieran un altar permanente. David murió antes de construir dicho templo, pero durante cientos de años los israelitas lo recordaron como su mejor rey.

Fuente principal

Proverbios

Los proverbios de Salomón están registrados en la Biblia. Lee los tres siguientes y luego contesta a la pregunta.

"Los tesoros de maldad no serán de provecho; Mas la justicia libra de muerte.

El que recoge en el verano es hombre entendido; El que duerme en el tiempo de la siega es hijo que averguenza.

El que camina en integridad es hombre confiado; Mas el que pervierte sus caminos será quebrantado".

—Proverbios 10: 2, 5, 9

▲ Rey Salomón

PBD Preguntas basadas en los documentos

Cómo podría convencer a la gente el tercer proverbio para que diga la verdad?

Gobierno del rey Salomón Cuando David murió, su hijo **Salomón** se convirtió en rey. Fue finalmente él quien construyó el gran templo de Jerusalén, que se convirtió en el símbolo y centro de la religión judía.

En la Biblia, Salomón era conocido por sus sabios dichos, o **proverbios,** pero muchos israelitas odiaban su gobierno. Salomón impuso impuestos para poder financiar grandes edificios.

Los israelitas del norte estaban particularmente desconformes con Salomón. Para obtener más dinero Salomón había obligado a muchos hombres jóvenes a que trabajaran en las minas de un país vecino.

Cuando murió Salomón, los pobladores del norte se rebelaron y comenzó una serie de luchas. Diez de las 12 tribus establecieron su propia nación en el norte. Se llamó el Reino de Israel y su capital era Samaria. En el sur las otras dos tribus fundaron un reino más pequeño llamado **Judá.** Su capital era Jerusalén, y su pueblo eran los judíos.

Comprobación de lectura **Explicación** ¿Por qué Salomón impuso pesados impuestos a su pueblo?

Tiempos difíciles

Idea principal **Los israelitas fueron conquistados y obligados a dejar Israel y Judá.**

Enfoque en la lectura ¿Alguna vez tuviste que dejar un hogar al que amabas? Lee para saber por qué los israelitas se vieron forzados a dejar su hogar.

Hacia la misma época en que los israelitas dividían su reino, los asirios y caldeos estaban construyendo un imperio en el sudoeste de Asia. Estos pueblos querían tener el control de las rutas de comercio que atravesaban los reinos israelitas. Pequeños y debilitados, los reinos de Israel y Judá se vieron amenazados por sus poderosos vecinos.

Uso de las habilidades geográficas

Después de la muerte de Salomón, los israelitas se dividieron en dos reinos: Israel y Judá.

1. ¿Qué reino perdió el acceso al mar Mediterráneo?
2. ¿Qué reino comparte una frontera con Fenicia?

Busca en línea mapas de NGS en www.nationalgeographic.com/maps

▼ **Se piensa que el templo construido por Salomón tenía 180 pies de longitud. Contenía grandes cantidades de cedro importado y piedras finas.** ***¿Por qué los israelitas se sentían descontentos con Salomón?***

Principales profetas hebreos

Nombre	Período	Enseñanzas
Elías	874–840 a.C.	Sólo Dios debe venerarse, no los ídolos ni los dioses falsos.
Amós	780–740 a.C.	El reino del rey David será restaurado y prosperará.
Oseas	750–722 a.C.	Dios es amor y perdón.
Isaías	738–700 a.C.	Dios quiere ayudar a los otros y promover la justicia.
Miqueas	735–700 a.C.	Tanto los ricos como los pobres deben hacer lo que es correcto y seguir a Dios
Jeremías	626–586 a.C.	Dios es justo y bondadoso: recompensa y castiga.
Ezequiel	597–571 a.C.	Cualquiera que haya hecho algo equivocado puede decidir cambiar

Comprensión de cuadros

Los israelitas creían que Dios hablaba con ellos a través de varios profetas.

1. ¿Qué profeta les enseñó que tanto los ricos como los pobres deben obedecer la palabra de Dios?
2. **Comparación** ¿Qué tienen en común las enseñanzas de Isaías, Miqueas y Ezequiel?

¿Quiénes eran los profetas? Durante esos tiempos difíciles, muchos israelitas olvidaron su religión. Los ricos maltrataban a los pobres y los funcionarios del gobierno robaban dinero.

Los profetas querían que los israelitas cumplieran nuevamente con las leyes de Dios. Su mensaje era que ser fiel era mucho más que ir al templo a orar. Significaba luchar por una sociedad más justa. El profeta Amós decía que la justicia debía "correr como las aguas de un río poderoso". Lograr una sociedad justa llegó a ser un objetivo importante para el cristianismo y el Islam.

¿Qué provocó la caída de Israel? Los guerreros asirios eran temidos en toda la región. Cuando conquistaban una nación, los asirios destruían sus edificios principales y expulsaban a la población. Luego se establecían en ese territorio.

En 722 a.C. los asiros conquistaron Israel y distribuyeron a las 10 tribus por todo el imperio. Con el tiempo, los israelitas que fueron forzados a trasladarse perdieron su religión y su forma de vida. Se les llama con frecuencia las "tribus perdidas de Israel".

Los asirios se establecieron en el área cercana a Samaria y por eso se les conoció como samaritanos. Los pobladores asirios temían que el Dios de Israel los castigara por tomar las tierras de los israelitas, y por eso ofrecían sacrificios al Dios de Israel. También leían la Torá y seguían las leyes religiosas de los israelitas. Después de muchos años los samaritanos empezaron a adorar sólo al Dios de Israel.

La gente de Judá despreciaba a los samaritanos. Creían que Dios sólo aceptaba los sacrificios hechos en el templo de Jerusalén. No creían que otras personas también fueran el pueblo de Dios.

¿Por qué cayó Judá? En ese tiempo, sólo el pequeño reino de Judá quedaba de lo que alguna vez había sido el orgulloso imperio de David. Judá no duró mucho porque los egipcios lo conquistaron cerca del año 620 a.C. Los judíos pudieron conservar a su rey, pero pagaban tributos a Egipto.

Sin embargo, el gobierno egipcio terminó cuando los caldeos conquistaron Egipto en el año 605 a.C. Los caldeos se convirtieron en los nuevos gobernantes de Judá. Al comienzo, los caldeos trataban a los israelitas como antes lo habían hecho los egipcios. Permitían que los judíos mantuvieran su rey siempre y cuando pagaran tributos.

Muchos años más tarde, los judíos se unieron a los egipcios y se rebelaron contra los caldeos. Judá resistió la invasión caldea hasta 597 a.C. Ese año el rey caldeo **Nabucodonosor** sometió a Jerusalén y castigó a los judíos con severidad. Hizo que 10,000 judíos dejaran la ciudad y se trasladaran a Babilonia, la capital caldea. Luego nombró un nuevo rey judío.

Pronto el nuevo rey de Judá estaba planeando una revuelta contra los caldeos. Un profeta llamado Jeremías le advirtió que otra revuelta podía ser peligrosa, pero el rey no lo escuchó y se rebeló. En el año 586 a.C. dejó en ruina Jerusalén y su templo, encadenó al rey y lo llevó junto a otros miles de judíos a Babilonia. En la historia judía este período es conocido como el "cautiverio babilónico".

Comprobación de lectura **Explicación** ¿Por qué querían los asirios y caldeos el control de las tierras que pertenecían a los israelitas?

Historia en línea

Centro de estudios ¿Necesitas ayuda con el material de esta sección? Visita jat.glencoe.com

Repaso de la sección 2

Resumen de la lectura

Repaso de Ideas principales

- Saúl fue el primer rey de los israelitas. Unió las 12 tribus en un solo reino.
- El rey David construyó el imperio israelita y convirtió a Jerusalén en su capital. Salomón construyó el gran templo de Jerusalén, pero después de su muerte los israelitas dividieron el reino en dos: Israel y Judá.
- Los asirios, y luego los caldeos, conquistaron Israel y Judá, y forzaron a muchos israelitas a dejar sus tierras.

¿Qué aprendiste?

1. ¿Por qué fue David ungido rey cuando Saúl todavía gobernaba a los israelitas?
2. ¿Quiénes eran los profetas y por qué eran muy importantes para los israelitas?

Pensamiento crítico

3. **Comparación** Dibuja un cuadro como el que está a continuación. Úsalo para comparar los logros alcanzados por el rey David y el rey Salomón.

Rey David	Rey Salomón

4. **Resumen** ¿Qué sucedió con los israelitas después de la muerte del rey Salomón?
5. **Descripción** ¿Quiénes eran los samaritanos y qué opinaba la gente de Judá de ellos?
6. **Inferencias** ¿Por qué crees que los asirios, y después los caldeos sacaron a los judíos de Israel y Judá después de conquistar esas áreas?
7. **Lectura** **Idea principal** Elige un párrafo de la biografía de la página 88. Crea un organizador gráfico para mostrar la idea principal y los detalles secundarios en ese párrafo.

Sección 3

El crecimiento del judaísmo

¡Prepárate para leer!

¿Cuál es la relación?

En la Sección 2 aprendiste que los caldeos obligaron a miles de judíos a ir a Babilonia. La vida en Babilonia era muy difícil. Mucha de la gente de Judá se refugió en la religión para mantener la esperanza y la fuerza.

Enfoque en Ideas principales

- Los judíos mantuvieron su religión durante su exilio en Babilonia. ***(página 94)***
- Los judíos difundieron sus creencias al mundo griego y retomaron el control de Judá. ***(página 95)***
- La religión influyó sobre el modo de vida de los judíos. ***(página 97)***
- Bajo el gobierno romano, los judíos estaban divididos y eran rebeldes. En respuesta, los romanos destruyeron el templo y mandaron a los judíos al exilio. ***(página 100)***

Ubicación de lugares

Babilonia

Conoce a los personajes

Judas Macabeo
Herodes
zelotes
Johanan ben Zakkai

Desarrollo de tu vocabulario

exilio
sábado
sinagoga
Diáspora
mesías
rabino

Estrategia de lectura

Resumen de información Usa un diagrama como el que está a continuación y describe a los macabeos.

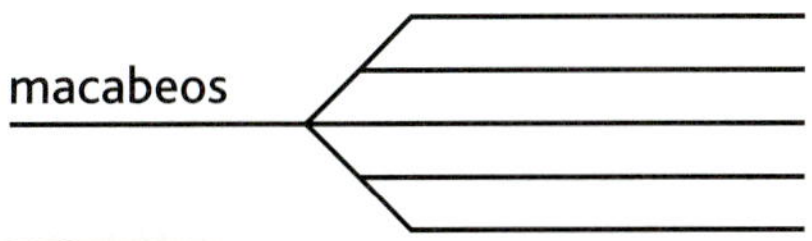

NATIONAL GEOGRAPHIC ¿Cuándo y dónde?

600 a.C. — **250 a.C.** — **100 d.C.**

538 a.C. Ciro les permite a los judíos volver a Judá

168 a.C. Judas Macabeo se rebela contra Antíoco

66 d.C. Los judíos se rebelan contra los romanos

Exilio y regreso

Idea principal **Los judíos mantuvieron su religión durante su exilio en Babilonia.**

Enfoque en la lectura ¿Alguna vez has aprendido algo importante de una experiencia difícil? Lee para enterarte cuál fue la lección que aprendieron los judíos de los tiempos difíciles.

Los judíos llamaron al período que estuvieron en Babilonia el **exilio.** Eso quiere decir que fueron obligados a vivir en tierra extraña. Durante el exilio la religión israelita se convirtió en lo que conocemos como judaísmo.

Mientras estaban en **Babilonia,** pequeños grupos de judíos se reunían el día **sábado,** o día de reposo. Era su día de descanso y oración. Los judíos rezaban y discutían sobre su religión e historia. Tales encuentros tenían lugar en **sinagogas,** o casas de oración de los judíos. Estas reuniones en las sinagogas renovaban esperanza a la gente.

¿Por qué regresaron los judíos a Judá?

Durante el siglo VI a.C. los persas invadieron el sudoeste de Asia. Los persas vencieron a los caldeos y tomaron Babilonia. En el año 538 a.C. el rey persa Ciro permitió a los judíos regresar a Judá.

Algunos judíos se quedaron en Babilonia, pero muchos regresaron a su hogar. Reconstruyeron Jerusalén y el templo. Ciro nombró funcionarios para que gobernaran el país y cobraran impuestos a los pobladores. Debido a que los persas eran quienes controlaban su gobierno, los judíos recurrieron a la religión en busca de líderes.

Los líderes de los judíos pasaron a ser los sacerdotes de los templos y escribas, o eruditos y escritores religiosos. Bajo las órdenes de un escriba llamado Ezra, los judíos escribieron los cinco libros de la Torá en trozos de pergamino. Cosieron los trozos entre sí para formar largos rollos. La Torá y las escrituras que luego se agregaron formaron la Biblia hebrea.

◀ **Los rollos de la Torá se llevan en cajas decoradas como ésta, que es de la sinagoga más importante de Jerusalén.** ***¿Qué texto más extenso incorpora la Torá y otras escrituras importantes?***

▲ **Un rabino lee la Torá.**

▼ **Rollos de la Torá**

¿Qué es la Biblia hebrea? La Biblia hebrea en realidad es una compilación de libros. Incluye los cinco libros de la Torá y otros 34 libros. Esas obras describen los sucesos de la historia judía. Los judíos creían que Dios les tenían reservado un papel en la historia y que los acontecimientos tenían un significado especial.

Por ejemplo, el Génesis, primer libro de la Torá, cuenta cómo Dios castigó al mundo por su mal comportamiento. En el Génesis, Dios le ordena a Noé que construya un arca, o gran barco. Noé, su familia y dos animales de cada especie de la tierra abordaron el arca. Luego hubo un gran diluvio que cubrió la tierra y sólo aquellos que estaban en el arca se salvaron de morir ahogados. Luego del diluvio Dios creó un arco iris como símbolo de promesa de que nunca más destruiría el mundo con un diluvio.

El Génesis también explica por qué el mundo tiene muchos idiomas. Cuenta cómo los habitantes de Babel trataron de construir una torre que llegara al cielo. Esto no le gustó a Dios, quien hizo que las personas hablaran distintas lenguas, y luego los separó por toda la tierra.

Los judíos miran hacia el futuro En partes de la Biblia se describe el plan de Dios para lograr un futuro pacífico. El Libro de Daniel habla sobre este tema. Daniel vivió en Babilonia y fue un consejero de confianza del rey. Sin embargo, se negaba a adorar a los dioses babilónicos. Los caldeos lanzaron a Daniel a una jaula con leones, pero Dios lo protegió de las fieras. La historia tenía como propósito recordar a los judíos que Dios los rescataría.

Los judíos creían que la maldad y el sufrimiento serían, con el tiempo, reemplazados por la bondad. Los cristianos y musulmanes comparten la idea de que el bien triunfará sobre el mal.

Comprobación de lectura **Identificación** ¿Quién permitió a los judíos regresar a Judá?

Los judíos y los griegos

Idea principal **Los judíos difundieron sus creencias al mundo griego y retomaron el control de Judá.**

Enfoque en la lectura ¿Cómo muestras lealtad a tus amigos y familiares? En los párrafos siguientes aprenderás cómo los judíos mostraban lealtad a su religión y país.

En 334 a.C. un rey llamado Alejandro Magno comenzó a conquistar los reinos del Mediterráneo. En 331 a.C. sus ejércitos vencieron a los persas, de manera que Judá quedó bajo su control. Afortunadamente, Alejandro permitió a los judíos quedarse en Judá. Sin embargo, Alejandro, a quien le gustaban todas las cosas griegas, introdujo el idioma y el modo de vida griego en Judá.

¿Qué fue la Diáspora? En esa época los judíos también vivían en otras partes del imperio de Alejandro. Había muchos en Babilonia, algunos vivían en Egipto y otras tierras alrededor del mar Mediterráneo. Los judíos que vivían fuera de Judá se conocieron

▼ Según la Biblia, Daniel fue lanzado a los leones por rehusarse a adorar los dioses babilónicos. Dios, sin embargo, salvó a Daniel de los leones. *¿Qué lección enseña esta historia a los judíos?*

con el nombre de **Diáspora.** *Diáspora* es una palabra griega que significa "dispersos".

Muchos de los judíos de la Diáspora aprendieron el idioma y modo de vida griego pero siguieron siendo leales al judaísmo. Un grupo tradujo la Biblia hebrea al griego. Esta versión griega ayudó a aquéllos que no eran judíos a leer y comprender la Biblia hebrea. Como consecuencia, las ideas judías se difundieron en el mundo Mediterráneo.

¿Quiénes eran los macabeos? En 168 a.C. un gobernante griego llamado Antíoco controlaba Judá. Decidió que los judíos de Judá debían adorar a los dioses y diosas griegos. Un sacerdote llamado **Judas Macabeo** y sus seguidores se rebelaron. Huyeron hacia las montañas y formaron un ejército conocido como los macabeos.

Luego de muchas batallas, los macabeos expulsaron a los griegos de Judá. Destruyeron todo rastro de los dioses y diosas griegos de su templo y lo convirtieron en templo de adoración del Dios de Israel. Todos los años los judíos recuerdan la limpieza del templo cuando celebran Jánuca.

Los sacerdotes de la familia de Judas Macabeo se convirtieron en los nuevos gobernantes de Judá. Bajo su liderazgo Judá recuperó territorios que habían sido parte del reino de Israel.

Comprobación de lectura **Análisis** ¿De qué manera afectó Alejandro Magno a los israelitas?

Principales días festivos judíos

Nombre	Mes del año	Duración	Motivo de la festividad	Costumbres
Pascua judía	abril	8 días (7 en Israel)	para celebrar que Dios no incluyó a los judíos en la plaga final de Egipto, lo que les permitió retornar a la Tierra Prometida	trabajo limitado, algunos ayunos, vender ciertos alimentos que no se pueden comer o tener durante la fiesta, realizar rituales
Rosh Hoshana	septiembre u octubre	2 días	celebrar el Año Nuevo judío	planificar cambios para el nuevo año, no trabajar, servicios en la sinagoga; se sopla el shofar (cuerno) en las sinagogas
Yom Kippur	septiembre u octubre	25 horas	pedir perdón por los pecados del año transcurrido	no trabajar, servicios en la sinagoga, rezar, ayunar, pedir perdón por las malas acciones cometidas durante el año transcurrido
Jánuca	diciembre	8 días	celebrar la victoria de los macabeos y la recuperación del templo de Jerusalén	encender velas todas las noches, comer alimentos fritos, jugar un juego llamado dreidel; dar regalos

Menorá

Modo de vida judío

Idea principal **La religión influyó sobre el modo de vida de los judíos.**

Enfoque en la lectura ¿Qué tipo de cosas influyen sobre tu modo de vida? Lee para saber cómo la religión influía en la vida de los judíos.

La ley judía establecía muchas reglas que los judíos debían cumplir y que afectaban su vida diaria. Estas leyes tenían influencia sobre la educación, los alimentos que consumían y hasta la ropa que usaban. Las leyes enfatizaban el autodominio y les recordaban a los judíos su religión. Esto adquirió especial importancia cuando los judíos ya no tuvieron ni su tierra ni su rey.

Vida familiar Los judíos le daban gran importancia a la familia. Los hijos varones eran muy preciados porque llevaban el nombre de la familia. Cuando el padre moría, el hijo se convertía en la cabeza de la familia.

La educación también era muy importante. Las primeras maestras de los niños judíos eran sus madres. Cuando los hijos varones tenían edad suficiente, los padres les enseñaban cómo ganarse la vida y adorar a Dios. Más tarde, los ancianos se encargaban de la educación religiosa de los varones y les enseñaban la Torá. Debido a que la lectura de la Torá era un aspecto central en la vida

Enlaces entre el pasado y el presente

Cubiertas para la cabeza

ENTONCES Bajo el gobierno griego, los líderes judíos comenzaron a cubrirse las cabezas para distinguirse de los griegos y para recordar que debían pensar en Dios. Gradualmente, todos los hombres judíos comenzaron a usar turbantes o gorras. Las mujeres judías siempre mantenían sus cabezas cubiertas porque se consideraba que el cabello era algo muy privado.

▼ Judíos con cubiertas modernas para la cabeza

▲ Cubiertas para la cabeza de los antiguos judíos

AHORA Los judíos aún utilizan cubiertas para la cabeza, pero sólo los judíos ortodoxos más conservadores las usan todo el tiempo. La mayoría de los hombres judíos usan gorras llamadas yarmulkes. Las mujeres judías usan chales o gorros. ***¿Por qué piensas que los judíos de la Diáspora son más reticentes al uso de las cubiertas para la cabeza que los judíos de Israel?***

NATIONAL GEOGRAPHIC

Cómo eran las cosas

La gente joven en...

La educación en la antigua Israel y Judá

Los primeros israelitas consideraban que la educación tenía un valor muy importante. Los rabinos, maestros de la religión judía, enseñaban a sus seguidores: "Si tienes conocimiento, tienes todo". Desafortunadamente, sólo los varones podían asistir a la escuela.

Los padres enseñaban a sus hijos pequeños los mandamientos. También les enseñaban el significado de las tradiciones judías y las festividades religiosas. A los cinco años los niños iban a la escuela que estaba asociada con la sinagoga. Allí el hazán, o ministro de la sinagoga, les enseñaba la Torá. Todo lo que los estudiantes aprendían desde el alfabeto hasta la historia judía, y lo hacían basándose en la Torá.

Las leyes judías determinaban las etapas de la educación de un estudiante. Se enseñaban distintos temas a los 5, 10 y 13 años. La mayoría de los niños judíos finalizaba su educación a los 13 años. A esa edad un niño se convertía en adulto.

▲ Niños estudiando la Torá hoy

Conexión con el pasado

1. ¿Por qué era tan importante la educación para los antiguos israelitas?
2. ¿Cuál era la función del padre en la educación de su hijo?

de los judíos, los maestros de religión eran líderes muy importantes dentro de la comunidad.

Las madres educaban a sus hijas en casa. La niñas aprendían a ser buenas esposas, madres y amas de casa. Esto incluía conocer las leyes judías sobre la comida y vestimenta. También aprendían sobre las valientes mujeres de la antigua Israel. Una de estas mujeres se llamaba Ruth. Su biografía aparece en la página siguiente. Su valor y devoción a su familia eran un ejemplo a seguir para las niñas judías.

La dieta judía Según la ley judía, los judíos podían comer sólo cierto tipo de animales. Por ejemplo, podían comer carne vacuna y de cordero, pero no cerdo. Podían comer pescado escamoso como el salmón, pero no pescados sin escamas como la anguila. Las leyes sobre la comida se conocían con el nombre de kashrut, que significa "aquello que es apropiado".

Hoy la comida preparada según las leyes de la alimentación judía se llama kosher. Los animales que se usan para carne kosher deben matarse de una manera especial. La carne debe ser inspeccionada, salada y puesta en remojo. Para que sea kosher, los judíos no deben cocinar o comer productos lácteos con carne.

En los tiempos antiguos las comidas diarias se componían de pescado, fruta, vegetales y pan de cebada. Las bebidas incluían principalmente leche, agua, vino y cerveza.

Vestimenta judía La ley judía prohíbe mezclar algunas telas. Algunas mujeres usaban lino o lana para hacer sus telas, pero no podían mezclarlas.

Los hombres judíos usaban túnicas hechas de lino pegadas al cuerpo. Algunos hombres usaban otra túnica sobre la primera. Cuando hacía frío se ponían capas de lana o piel de oveja. En la cabeza usaban gorras o turbantes. En los pies, sandalias.

Las mujeres usaban con vestidos largos y simples y se cubrían la cabeza con un chal. Sólo las mujeres ricas podían comprarse zapatos de cuero. También usaban maquillaje y joyas.

✓ Comprobación de lectura **Análisis** ¿Por qué tenían tanto valor los hijos varones en la sociedad judía?

Biografía

Ruth y Noemí

Para entender la importancia del amor y la devoción a la familia, las niñas judías aprendían sobre la relación entre Ruth y Noemí. El libro de Ruth en la Biblia hebrea cuenta la vida de Ruth y su dedicación a su suegra, Noemí. Años atrás había tan poca comida en Belén que Noemí, su esposo y sus dos hijos se trasladaron a Moab. Allí uno de sus hijos se casó con Ruth. El esposo y ambos hijos de Noemí murieron de manera trágica. Noemí quería regresar a Belén, pero le rogó a Ruth que se quedara en Moab con sus padres y amigos. Ruth no quiso dejar sola a Noemí e insistió en viajar con ella a Belén. Ruth le dijo a Noemí: "Dondequiera que vayas, yo iré; dondequiera que te hospedes, yo me hospedaré; tu gente será mi gente y tu Dios mi Dios".

Noemí y Ruth llegaron a Belén al principio de la cosecha de cebada. Debido a que Ruth era moabita, era considerada una extranjera para los israelitas. Además, como Ruth era viuda y no tenía hijos, no tenía derecho a tener propiedades. Para sobrevivir en Belén, ella tenía que confiar en el consejo de su suegra y la gentileza de un terrateniente rico llamado Boaz.

Durante la cosecha Ruth trabajó en las tierras de Boaz, juntando el grano que los cosechadores habían dejado en el suelo. El trabajo era muy duro, había que trabajar de sol a sol, pero Ruth nunca se quejó. Ella pronto se ganó el respeto y la admiración de su nuevo pueblo. Con el tiempo Ruth se casó con Boaz. Tuvieron un hijo al que llamaron Obed. En la Biblia hebrea, al final del libro de Ruth, Obed se identifica como el abuelo de David, el futuro rey de Israel.

▲ Noemí y Ruth

Entonces y ahora

Para sobrevivir en Belén, Ruth tuvo que confiar en Noemí y Boaz. Si una mujer se muda a una nueva ciudad en la actualidad, ¿qué recursos usaría para ayudarse a conseguir un trabajo, refugio y cubrir otras necesidades?

Los judíos y los romanos

Idea principal **Bajo el gobierno romano, los judíos estaban divididos y eran rebeldes. En respuesta, los romanos destruyeron el templo y mandaron a los judíos al exilio.**

Enfoque en la lectura ¿Piensas que vale la pena luchar por la libertad? Lee para conocer qué les sucedió a los judíos por luchar por su libertad.

En 63 a.C. un pueblo llamado de los romanos conquistó Judá. Guiados por generales poderosos, los romanos estaban resueltos a expandir su imperio. La capital romana estaba al oeste de lo que hoy es Italia. Cuando los romanos conquistaron Judá la rebautizaron Judea. Al principio, los romanos permitieron que los gobernantes judíos controlaran Judea.

NATIONAL GEOGRAPHIC

Gente que hace Historia

Pergaminos del Mar Muerto

En 1947 d.C., niños pastores encontraron el primero de los Pergaminos del Mar Muerto en una cueva del desierto de Judea cerca del Mar Muerto. Los Pergaminos del Mar Muerto son rollos antiguos de cuero, papiro y cobre escritos entre 200 a.C. y 68 d.C. Los documentos contienen la copia completa más antigua del libro de Isaías y fragmentos de muchos otros libros de la Biblia hebrea. La mayoría de los expertos creen que los pergaminos formaban parte de una biblioteca que perteneció a una antigua comunidad judía.

Restauración de los Pergaminos del Mar Muerto

El gobierno del rey Herodes El gobernante más famoso de Judea durante esa época era el rey **Herodes.** Era conocido por su crueldad y los cambios que introdujo al templo judío de Jerusalén. Convirtió al templo en uno de los edificios más impresionantes del mundo romano. Hoy es conocido porque fue el rey que gobernaba Judea cuando Jesús nació.

Poco después de la muerte de Herodes los romanos reemplazaron al rey judío por funcionarios romanos. Los judíos estaban deseosos de retomar el control, pero como estaban divididos en grupos diferentes, no tenían tanto poder.

Un grupo de judíos era conocido como los fariseos. Enseñaban la Torá y cómo aplicar sus leyes a la vida diaria. Con esto ayudaban a que el judaísmo fuera una religión del hogar y la familia. Los fariseos enseñaban en sinagogas y tenían el apoyo de la gente común.

Los saduceos también aceptaban la Torá. Sin embargo, estaban más preocupados de cómo se aplicaba a los sacerdotes en el Templo. Esto ocurría porque la mayoría eran sacerdotes y escribas. No estaban de acuerdo con muchas de las enseñanzas de los fariseos.

Un tercer grupo eran los esenos. Eran sacerdotes que se habían separado del Templo de Jerusalén. Muchos esenos vivían juntos en el desierto. Pasaban la vida orando y esperando que Dios liberara a los judíos de los romanos.

En 1947 d.C. se encontraron antiguos pergaminos en el desierto cerca del Mar Muerto. Se les conoce como los Pergaminos del Mar Muerto y es probable que hayan sido escritos por los esenos. Los pergaminos ayudaron a los historiadores a

▲ **En la actualidad los judíos van al Muro Occidental, también conocido como el Muro de los Lamentos, a orar.** ***¿A qué estructura perteneció el Muro Occidental?***

comprender mejor el judaísmo en los tiempos de los romanos.

Rebeliones judías Durante la década de los 60 en el siglo I d.C., el odio de los judíos hacia el gobierno romano llegó a su máxima intensidad. Muchos judíos estaban esperando la llegada del **mesías,** o sea, del enviado de Dios. Otros judíos conocidos como los **zelotes** querían luchar contra los romanos para obtener la libertad.

En el año 66 d.C., los zelotes se rebelaron contra los romanos y los expulsaron de Jerusalén. Cuatro años después los romanos recuperaron Jerusalén. Mataron a miles de judíos y muchos se vieron forzados a partir. Los romanos también destruyeron el templo de Jerusalén. Hoy el Muro Occidental es todo lo que queda de él.

Los judíos se rebelaron nuevamente en el año 132 d.C. Tres años más tarde los romanos pusieron fin a la rebelión. Esta vez los romanos prohibieron a los judíos vivir o siquiera visitar Jerusalén. Cambiaron el nombre de Judá por el de Palestina. Este nombre se refiere a los filisteos, a quienes los israelitas habían conquistado cientos de años atrás.

Maestros judíos A pesar de haber perdido sus tierras, los judíos lograron sobrevivir. Ya no tenían sacerdotes. En lugar de ello, líderes llamados **rabinos** llegaron a a tener especial importancia. Los rabinos eran los maestros de la Torá.

Uno de los rabinos más importantes era **Johanan ben Zakkai.** Después de la revolución del año 70 d.C., se aseguró de que el estudio de la Torá continuara. Fundó una escuela en el norte de Palestina, que se convirtió en un centro de estudios de la Torá durante siglos. Otros rabinos fundaron escuelas de estudio de la Torá en lugares tan alejados como Babilonia y Egipto.

Los rabinos querían salvar y transmitir las enseñanzas de la Torá. Compilaron las enseñanzas en un libro llamado Talmud. Hasta hoy el Talmud sigue siendo un registro importante de la ley judía.

Durante 2,000 años, la mayoría de los judíos vivieron fuera de Palestina. Muchas veces tuvieron que encarar el odio y la persecución. En 1948 d.C., Palestina se dividió y se creó una nueva nación judía llamada Israel.

▲ Judíos leyendo el Talmud hoy

Comprobación de lectura **Explicación** ¿De qué manera afectó a los judíos la conquista romana?

Fuente principal

El Talmud

Parte del Talmud declara que la mayoría de las tareas y actividades no están permitidas durante el sábado, que es el día de reposo y veneración de los judíos. El siguiente pasaje indica las pocas veces que se puede romper estas reglas.

"Se permite remover escombros durante el día de reposo para salvar una vida o actuar en beneficio de la comunidad, y podemos reunirnos en la sinagoga durante el día de reposo para tratar asuntos públicos [es decir, asuntos que conciernen a la comunidad]".

—*The Talmud for Today* (*El Talmud para Hoy*)
Rabino Alexander Feinsilver, trad. y ed.

PBD Preguntas basadas en los documentos

¿Por qué crees que se hicieron estas excepciones en beneficio de la comunidad?

Historia en línea

Centro de estudios ¿Necesitas ayuda con el material de esta sección? Visita jat.glencoe.com

Repaso de la sección 3

Resumen de la lectura

Repaso de Ideas principales

- Durante su exilio en Babilonia los judíos desarrollaron su propia religión, que se basa en las historias de la Biblia hebrea.
- Los judíos difundieron sus ideas en el mundo griego. Cerca del año 168 a.C. lucharon contra los griegos por el control de Judá.
- Existen leyes religiosas sobre los alimentos y la vestimenta que afectan la vida diaria de los judíos.
- En el año 63 a.C. Judá pasó a formar parte del imperio romano.

¿Qué aprendiste?

1. ¿Qué fue la Diáspora?
2. ¿Cómo era la educación en las familias judías?

Pensamiento crítico

3. **Organización de la información** Dibuja una tabla para describir las diferencias entre estos tres grupos judíos.

Fariseos	Saduceos	Esenos

4. **Resumen** ¿Cómo practicaban la religión los judíos durante el exilio babilónico?
5. **Identificación** ¿Quiénes eran los zelotes y por qué eran importantes?
6. **Conclusiones** ¿Piensas que las creencias religiosas y valores de los judíos se hubieran difundido tanto si las tierras de Israel y Judá no hubieran sido conquistadas por otros pueblos? Explica.
7. **Redacción persuasiva** Imagina que estás viviendo en Judea durante la conquista romana. Escribe una carta a un amigo contándole cómo te sientes acerca de los romanos y qué te gustaría que se hiciera para que Judea vuelva a ser libre.

Capítulo 3 Repaso de lectura

Sección 1 Los primeros israelitas

Vocabulario
monoteísmo
tribu
Torá
pacto
alfabeto

Enfoque en Ideas principales

- Los israelitas creían en un solo Dios, que impuso leyes morales a su pueblo. Registraron su historia en la Biblia. ***(página 81)***
- Los israelitas tuvieron que luchar contra los cananeos para regresar a la tierra prometida. ***(página 84)***

Moisés con los Diez Mandamientos

Sección 2 El reino de Israel

Vocabulario
profeta
imperio
tributo
proverbio

Enfoque en Ideas principales

- Los israelitas eligieron un rey para que los uniera en la lucha contra sus enemigos. ***(página 87)***
- El rey David construyó un imperio israelita y convirtió a Jerusalén en su capital. ***(página 89)***
- Los israelitas fueron conquistados y obligados a dejar Israel y Judá. ***(página 90)***

Sección 3 El crecimiento del judaísmo

Vocabulario
exilio
sábado
sinagoga
Diáspora
mesías
rabino

Enfoque en Ideas principales

- Los judíos mantuvieron su religión durante su exilio en Babilonia. ***(página 94)***
- Los judíos difundieron sus creencias al mundo griego y retomaron el control de Judá. ***(página 95)***
- La religión influyó sobre el modo de vida de los judíos. ***(página 97)***
- Bajo el gobierno romano, los judíos estaban divididos y eran rebeldes. En respuesta, los romanos destruyeron el templo y mandaron a los judíos al exilio. ***(página 100)***

Rollos de la Torá

Capítulo 3 Evaluación y actividades

Repaso del vocabulario

Une las definiciones de la segunda columna con los términos de la primera.

1. tribu	a. Casa de oración de los judíos
2. profeta	b. alguien que dice ser inspirado por Dios
3. sinagoga	c. grupo familiar
4. sábado	d. día sagrado de oración y descanso
5. mesías	e. ausencia forzada
6. monoteísmo	f. creencia en un solo Dios
7. pacto	g. salvador enviado por Dios
8. exilio	h. acuerdo

Repaso de las ideas principales

Sección 1 • Los primeros israelitas

9. ¿Dónde registraban los israelitas su historia y creencias religiosas?
10. ¿Por qué lucharon los israelitas contra los cananeos?

Sección 2 • El reino de Israel

11. ¿Por qué eligieron los israelitas un rey?
12. ¿Qué sucedió cuando los israelitas fueron conquistados?

Sección 3 • El crecimiento del judaísmo

13. ¿Cómo se difundieron las ideas judías por el mundo mediterráneo?
14. ¿Cómo respondieron los romanos a las rebeliones judías?

Pensamiento crítico

15. **Contraste** ¿En qué se diferenciaba la religión judía de otras religiones de las antiguas culturas?
16. **Análisis** ¿Por qué crees que los israelitas tenían un sentimiento tan fuerte sobre la Tierra Prometida?
17. **Comparación y contraste** ¿En qué eran similares Saúl y David, y en qué eran diferentes?
18. **Explicación** ¿Cómo sobrevivió la religión judía durante el exilio de los judíos?
19. **Descripción** ¿Qué se celebra durante la festividad judía de Jánuca?

Repaso Habilidad de lectura | Idea principal

Búsqueda de la idea principal

20. Lee el párrafo de la derecha, de las páginas 100–101. Crea un organizador gráfico que muestre la idea principal y los detalles secundarios.

En 1947 d.C. se encontraron antiguos pergaminos en el desierto cerca del Mar Muerto. Se les conoce como los Pergaminos del Mar Muerto y es probable que hayan sidos escritos por los esenos. Los pergaminos ayudaron a los historiadores a comprender mejor el judaísmo en los tiempos de los romanos.

Para repasar esta habilidad, consulta las páginas 78–79.

Habilidades geográficas

Estudia el mapa que figura a continuación y contesta las siguientes preguntas.

21. **Ubicación** ¿Qué reino, Israel o Judá, tenía una ubicación ventajosa para el comercio? ¿Por qué?
22. **Identificación** ¿Qué ventaja tenía Judá sobre Israel?
23. **Análisis** ¿Por qué los fenicios se centraron más en el comercio que en la agricultura?

NATIONAL GEOGRAPHIC **Reinos israelitas**

Leer para escribir

24. **Redacción descriptiva** Imagínate que vives en Jerusalén en la época del rey Salomón. Escribe una carta a un amigo describiendo las cosas que hace Salomón como líder. Asegúrate de mencionar qué cosas les gustan y no les gustan a la gente.
25. **Resumen** Elige tres acontecimientos de este capítulo que consideres como los más importantes en la historia de los israelitas. Escribe un título para cada uno, que pudo haber aparecido en un diario de la época.
26. **Uso de tus PLEGABLES** Usa la información que escribiste en tu plegable de tres bolsillos y prepara una prueba para llenar espacios en blanco para que la complete un compañero de clase. Escribe un párrafo acerca de estas secciones y deja espacios en blanco para que un compañero los complete. Deja el espacio para poner palabras del vocabulario, lugares o personajes importantes.

Historia en línea

Prueba de autocomprobación Para ayudarte a preparar el examen de este capítulo, visita jat.glencoe.com

Uso de tecnología

27. **Organización de la información** Busca en Internet o en la biblioteca local información sobre los primeros fenicios y filisteos. Usa la computadora para crear un cuadro que compare las dos culturas. Incluye títulos tales como Ubicación, Período, Contribuciones y Logros más importantes.

Enlaces entre el pasado y el presente

28. **Comparaciones** Los israelitas se traslada-ban de un lugar a otro dentro de la misma región del Mediterráneo. Sigue la ruta de uno de sus viajes en un mapa de la antigüedad. Luego sigue la ruta de nuevo en un mapa que muestre cómo es esa zona en la actualidad. Identifica los países y puntos de referencia que ahora están allí.

Fuente principal

Análisis

El siguiente pasaje describe los efectos del ataque a Judea. El pasaje está escrito por Josefo, un historiador judío de la época romana.

"En toda la ciudad la gente moría de hambre en grandes números. (. . .) En cada hogar, el más pequeño vestigio de comida desataba la violencia, y los parientes peleaban entre sí. (. . .) No había respeto ni siquiera por los moribundos; los rufianes los revisaban, en caso de que estuvieran escondiendo comida entre sus ropas".

—Josefo, "The Siege of Jerusalem" (El sitio de Jerusalén)

PBD Preguntas basadas en los documentos

29. ¿Qué quiere decir Josefo cuando dice "No había respeto ni siquiera por los moribundos"?
30. Si esto lo hubiera escrito un soldado romano, ¿en qué hubiera sido diferente la historia?

Repaso de la unidad 1

Comparación de civilizaciones

Compara las civilizaciones sobre las que has leído repasando la información que aparece a continuación. ¿Está claro de qué manera los habitantes de esas civilizaciones ayudaron a construir el mundo en que vivimos hoy?

¿En qué lugar del mundo?

- Capítulo 1
- Capítulo 2
- Capítulo 3

	Primeras civilizaciones (Capítulo 1)	Antiguo Egipto (Capítulo 2)	Antiguos israelitas (Capítulo 3)
¿Dónde surgieron esas civilizaciones?	• Entre los ríos Tigris y Éufrates	• Sobre los márgenes del río Nilo 	• En una zona llamada Canaán
¿Cuáles fueron algunos de los personajes importantes de esas civilizaciones?	• Sargón, c. 2340–2279 a.C. • Hammurabi, c. 1792–1750 a.C. • Nabucodonosor, c. 605–562 a.C.	• Rey Khufu (Keops), c. 2540 a.C. • Hatshepsut, c. 1500 a.C. • Ramsés II, c. 1279–1213 a.C. • Kashta, c. 750 a.C.	• Abraham, c. 1800 a.C. • Moisés, c. 1250 a.C. • Salomón, c. 970–930 a.C. • Los macabeos, 168 a.C.
¿Dónde vivía la mayoría de las personas?	• La mayoría de las personas vivía en granjas cerca de las ciudades amuralladas • El centro de la ciudad era el zigurat	• Algunos habitantes vivían en grandes ciudades • La mayoría vivía en aldeas a lo largo del Nilo	• La mayoría vivía en pequeñas aldeas o cerca de la ciudad de Jerusalén

	Primeras civilizaciones (Capítulo 1)	Antiguo Egipto (Capítulo 2)	Antiguos israelitas (Capítulo 3)
¿Cuáles eran las creencias de estas personas?	• Adoraban a muchos dioses distintos • Los dioses designaban a los gobernantes 	• Adoraban a dioses y diosas • Creían en la vida después de la muerte	• Adoraban a un solo Dios • Utilizaban la Biblia como un registro de su historia
¿Cómo era su gobierno?	• Los primeros mesopotámicos estaban gobernados por sacerdotes • Más tarde, el gobierno fue ejercido por reyes; creían que los reyes tenían aprobación divina	• El rey era gobernante-sacerdote y dios • El faraón era dueño de todo el territorio de Egipto	• Los primeros israelitas fueron conducidos por los profetas • Más tarde, por jueces, luego por reyes 
¿Cómo eran su idioma y su escritura?	• Primera escritura: cuneiforme: caracteres con forma de cuña • Más tarde: una lengua semita	• Jeroglíficos: imágenes que representaban ideas 	• Adaptados de los caracteres fenicios para formar letras y palabras
¿Qué contribuciones hicieron?	• Desarrollaron la escritura • Crearon un sistema matemático • Estudiaron los sistemas horarios y crearon calendarios • Introdujeron las armas de hierro	• Construyeron máquinas para llevar agua a los cultivos • Desarrollaron un calendario • Construyeron grandes templos y pirámides	• Desarrollaron nociones sobre el sistema legal • Dejaron ideas sobre la justicia, la equidad y la compasión en la sociedad y el gobierno • Creían en un solo Dios
¿De qué manera me afectan esas contribuciones? ***¿Puedes agregar alguna?***	• Unidades de medida similares todavía se utilizan hoy en la construcción • Nuestro sistema horario está basado en segundos, minutos y horas	• Las pirámides y otras estructuras todavía fascinan a la gente	• Muchas religiones actuales están basadas en ideas similares a las de los primeros israelitas 

Unidad 2

El mundo antiguo

Por qué es importante

Cada civilización que estudiarás en esta unidad hizo importantes contribuciones a la historia.

- Los griegos desarrollaron el gobierno democrático.
- Los antiguos chinos crearon el papel.
- El pueblo de India inventó el concepto del cero.

2500 a.C. | 1500 a.C. | 800 a.C. | 650 a.C.

antigua Grecia (Capítulos 4 y 5)

c. 1600 a.C. La civilización minoica alcanza su apogeo

c. 776 a.C. Se realizan los primeros Juegos Olímpicos

◄ Plato antiguo

antigua India (Capítulo 6)

c. 2500 a.C. Se desarrollan asentamientos a lo largo del río Indo

c. 1500 a.C. Los arios invaden la India

◄ Templo hindú

antigua China (Capítulo 7)

c. 1750 a.C. Comienza la dinastía Shang

c. 1045 a.C. Los Zhou establecen su dinastía en China

Dragón de bronce de la dinastía Zhou ►

NATIONAL GEOGRAPHIC

¿En qué lugar del mundo?

500 a.C. | **350 a.C.** | **200 a.C.** | **50 a.C.** | **100 D.C.**

490 a.C. Los griegos y los persas luchan en la batalla de Maratón

399 a.C. Sócrates es juzgado por sus enseñanzas

c. 330 a.C. Aristóteles desarrolla teorías sobre el gobierno

◄ Estatua de Sócrates

c. 530 a.C. Sidarta Gautama funda el budismo en India

c. 321 a.C. Chandragupta Maurya unifica el norte de India

273 a.C. Asoka empieza su gobierno en India

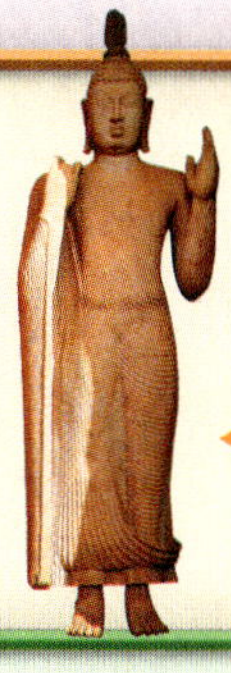
◄ Estatua de Buda

c. 530 a.C. Confucio desarrolla su filosofía en China

◄ Estatua de caballo de la dinastía Han

c. 100 a.C. La Ruta de la Seda une China con el Medio Oriente

c. 100 d.C. El budismo se difunde desde India hacia China

Unidad 2

Ubicación de lugares

1 Partenón griego

Consulta Grecia antigua capítulos 4 y 5

2 Faro de Alejandría

Consulta Grecia antigua capítulo 5

Conoce a los personajes

Homero

c. 750 a.C.

Poeta griego, escribió *la Ilíada* y *la Odisea*

Capítulo 5, página 157

Sidarta Gautama

c. 563–483 a.C.

Fundador del budismo

Capítulo 6, página 205

Confucio

551–479 a.C.

Filósofo chino

Capítulo 7, página 236

Pericles

c. 495–429 a.C.

General y estadista ateniense

Capítulo 4, página 140

3 Sacerdote-rey harapa

Consulta India antigua capítulo 6

4 Estatua del dios Siva

Consulta India antigua capítulo 6

5 Gran Muralla China

Consulta China antigua capítulo 7

Aristóteles

384–322 a.C.
Filósofo griego
Capítulo 5, página 171

Alejandro Magno

c. 356–323 a.C.
General y rey macedonio
Capítulo 5, página 177

Asoka

Gobernó c. 273–232 a.C.
Rey filósofo de India
Capítulo 6, página 211

Qin Shihuangdi

c. 259–210 a.C.
Construyó la primera Gran Muralla China
Capítulo 7, página 241

Capítulo 4

Los antiguos griegos

El Partenón se eleva sobre la ciudad de Atenas. El pueblo de la antigua Grecia construyó este templo en homenaje a su diosa Pallas Atenea.

NATIONAL GEOGRAPHIC

¿Cuándo y dónde?

700 a.C. — 600 a.C. — 500 a.C. — 400 a.C.

- **c. 750 a.C.** Final de la Edad Oscura de Grecia
- **c. 650 a.C.** Los tiranos expulsan a los nobles en las ciudades-estado
- **480 a.C.** Jerjes invade Grecia
- **431 a.C.** Comienza la Guerra del Peloponeso

Presentación preliminar del capítulo

La civilización griega empezó hace casi 4,000 años, pero las ideas griegas sobre el gobierno, la ciencia y las artes siguen siendo importantes hoy.

Mira el video del capítulo 4 en el Programa de Video *World History: Journey Across Time*.

Historia en línea

Descripción general del capítulo Visita jat.glencoe.com para ver una presentación preliminar del capítulo 4.

Sección 1 Los primeros griegos

Las primeras civilizaciones de Grecia fueron los minoicos y los micénicos. Las montañas, el clima y los mares que rodean a Grecia jugaron un papel importante en su historia.

Sección 2 Esparta y Atenas

Atenas y Esparta se transformaron en las dos ciudades-estado más poderosas de la antigua Grecia. Esparta se dedicó a fortalecer su poderío militar, mientras que Atenas se ocupaba del comercio, la cultura y la democracia.

Sección 3 Persia ataca a los griegos

El imperio persa obtuvo el control de la mayor parte del sudoeste de Asia. Sin embargo, cuando los persas intentaron conquistar Grecia, Atenas y Esparta se unieron para derrotarlos.

Sección 4 La era de Pericles

Bajo el liderazgo de Pericles, Atenas se transformó en una poderosa ciudad-estado donde floreció la cultura.

PLEGABLES™ Organizador de estudios

Resumen de información *Prepara este plegable como ayuda para organizar y resumir la información acerca de los antiguos griegos.*

Paso 1 *Marcar el punto medio del borde de un lado de una hoja de papel. Doblar los bordes externos para que toquen el punto medio.*

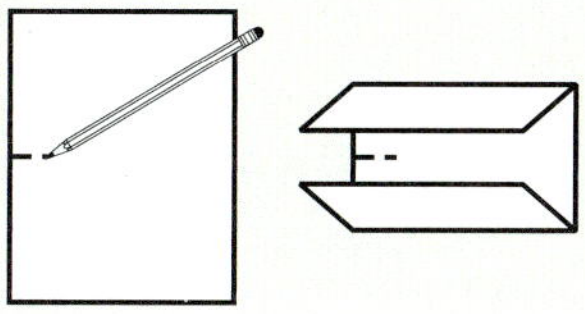

Paso 2 *Doblar el papel nuevamente por la mitad de un lado al otro.*

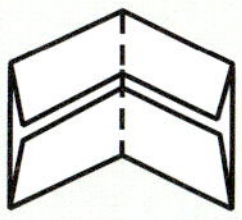

Paso 3 *Abrir el papel y cortar a lo largo de las líneas de plegado para formar cuatro solapas.*

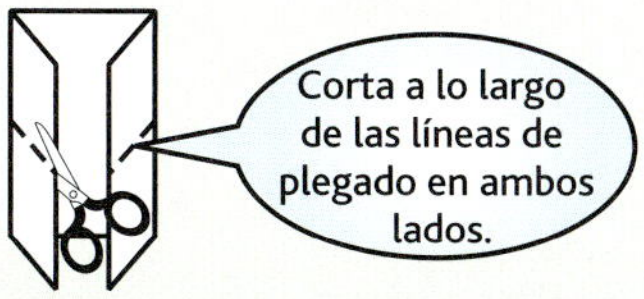

Paso 4 *Rotularlo como se indica.*

Lectura y redacción *A medida que leas el capítulo, toma apuntes en la solapa correspondiente. Resume la información que encuentres, anotando solamente las ideas principales y los detalles secundarios.*

Capítulo 4

Lectura en estudios sociales

Habilidad de lectura

Establecer conexiones

1 ¡Apréndelo!

Usa lo que sabes

Descubre el significado relacionando lo que lees con lo que ya sabes. Tus propias experiencias pueden ayudarte a comprender palabras o ideas que no te resulten conocidas. Lee el párrafo siguiente. Establece una relación entre un **ágora** griega y un lugar que te resulte conocido.

> **Debajo de la acrópolis había un área abierta llamada el ágora. Este espacio tenía dos funciones: era un mercado y un lugar donde la gente se reunía para discutir diversos asuntos.**
>
> *—de la página 122*

¿Sabes qué aspecto tiene un **ágora**?

Sabes qué aspecto tiene un *mercado*. ¿Puedes visualizar *un lugar donde la gente se reunía?*? Si puedes hacerlo, tienes una buena idea del aspecto de un ágora.

Habilidad de lectura

Intenta crear una imagen en tu mente mientras lees. Imagínate una minipelícula mientras "ves" lo que el autor está describiendo.

2 ¡Practícalo!

Establecer conexiones

Lee el siguiente párrafo del capítulo 4. ¿Qué ideas puedes relacionar con tus propias experiencias? Usa las preguntas siguientes para ayudarte a comenzar una discusión en clase sobre cosas de tu vida que se relacionen con la vida en la antigua Grecia.

Leer para escribir

Elige una de las conexiones de tu discusión. Escribe un párrafo para explicar por qué has hecho esta conexión. Usa detalles vívidos.

A los 20 años los hombres espartanos entraban en el ejército regular. Seguían viviendo en los cuarteles militares por otros 10 años. Comían siempre con los demás soldados en comedores comunes. Una comida típica era un plato de sabor muy desagradable llamado caldo negro: carne de cerdo hervida en sangre de animal, sal y vinagre.

Los espartanos volvían a su hogar a los 30 años pero permanecían en el ejército hasta los 60. Seguían entrenándose para la guerra. Esperaban vencer en el campo de batalla o morir, pero jamás rendirse. Una madre espartana ordenó a su hijo que "volviera a casa cargando su escudo o sobre él".

—de las páginas 126–127

- ¿Alguno de los miembros de tu familia tiene 20 años? ¿Qué dirían si tuvieran que servir en el ejército por 40 años?
- ¿Alguna vez has visto o probado una comida que sea parecida al "caldo negro"?

3 ¡Aplícalo!

Mientras lees el capítulo, elige cinco palabras o frases que se relacionen con algo que ya sabes.

Sección 1

Los primeros griegos

¡Prepárate para leer!

¿Cuál es la relación?

En los capítulos 1 y 2, aprendiste sobre Mesopotamia y Egipto. Estas civilizaciones se desarrollaron en grandes valles fluviales de suelo fértil. Grecia no tenía grandes valles fluviales. En lugar de ello, tenía montañas, suelo rocoso y muchas millas de costas marinas.

Enfoque en Ideas principales

- La geografía de Grecia influyó sobre el lugar donde se establecieron los pueblos y sobre sus actos. ***(página 117)***
- Los minoicos se ganaban la vida con la construcción de barcos y el comercio. ***(página 118)***
- Los micénicos fundaron los primeros reinos griegos y ejercieron su poder en toda la región del mar Mediterráneo. ***(página 119)***
- Las colonias y el comercio diseminaron la cultura griega e impulsaron la industria. ***(página 121)***
- La idea de la ciudadanía se desarrolló en las ciudades-estado griegas. ***(página 122)***

Ubicación de lugares

Creta
Micenas
Peloponeso

Conoce a los personajes

Agamenón

Desarrollo de tu vocabulario

península
colonia
polis
ágora

Estrategia de lectura

Búsqueda de detalles Dibuja un diagrama como el siguiente. En cada óvalo escribe un detalle sobre una polis.

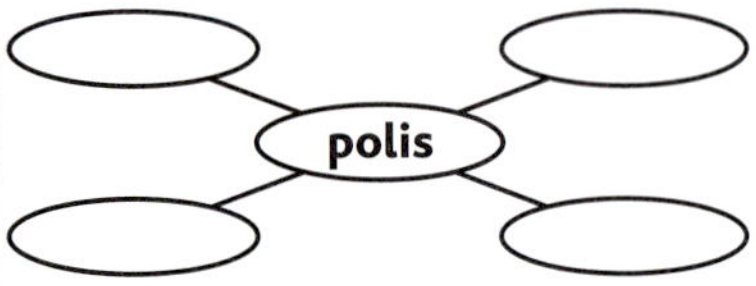

NATIONAL GEOGRAPHIC ¿Cuándo y dónde?

2000 a.C. — **1250 a.C.** — **500 a.C.**

- **c. 2000 a.C.** Los minoicos controlan el este del Mediterráneo
- **c. 1200 a.C.** Decadencia de la civilización micénica
- **c. 750 a.C.** Final de la Edad Oscura de Grecia

Geografía de Grecia

Idea principal **La geografía de Grecia influyó sobre el lugar donde se establecieron los pueblos y sobre sus actos.**

Enfoque en la lectura ¿Recoges tú con un rastrillo las hojas del suelo en el otoño? ¿Caminas cuesta arriba para ir a la escuela? Tus respuestas explican cómo la geografía influye en tu vida. Lee para aprender cómo la geografía determinó la forma de vida de la antigua Grecia.

Si volaras sobre Grecia hoy, verías una tierra montañosa rodeada por agua azul. Al oeste se encuentra el mar Jónico, al sur está el mar Mediterráneo, y al este, el mar Egeo. A lo largo de las costas hay cientos de islas que se extienden hacia el continente de Asia. La Grecia continental es una **península,** un área territorial rodeada de agua por tres lados.

Muchos antiguos griegos vivían del mar. Eran pescadores, marineros y comerciantes. Otros se instalaron en comunidades agrícolas. Las montañas de Grecia y su suelo rocoso no eran ideales para los cultivos. Sin embargo, el clima era templado, y en algunos lugares se podía cultivar trigo, cebada, aceitunas y uvas. También criaban ovejas y cabras.

Los antiguos griegos sentían una profunda relación con la tierra, pero las montañas y los mares dividían a los diferentes pueblos. Como resultado, las primeras comunidades griegas eran sumamente independientes.

Comprobación de lectura **Causa y efecto**
¿De qué manera la geografía obstaculizaba la unidad de los griegos?

Uso de las habilidades geográficas

Todas las regiones de la antigua Grecia estaban cerca del agua.

1. ¿Qué extensión de agua se encuentra al este de la península de los Balcanes?
2. ¿Cuál era el medio de transporte que probablemente era más útil para los antiguos griegos?

Busca en línea mapas de NGS en www.nationalgeographic.com/maps

Las montañas y los mares tuvieron un papel importante en la historia griega.

Los minoicos

Idea principal **Los minoicos se ganaban la vida con la construcción de barcos y el comercio.**

Enfoque en la lectura Imagínate lo que sería descubrir un edificio que tuviera más de 5,000 años. Lee para aprender cómo un descubrimiento así reveló indicios del antiguo pasado de los griegos.

La isla de **Creta** se encuentra al sudeste de la Grecia continental. Allí, en 1900, un arqueólogo inglés llamado Arthur Evans hizo un gran descubrimiento. Evans descubrió las ruinas de un gran palacio que había sido el centro de la civilización minoica. Los minoicos no eran griegos, pero su civilización fue la primera que surgió en la región que más tarde fue Grecia.

El palacio de Cnossos reveló las riquezas de una sociedad antigua. Sus intrincados corredores llevaban a muchas habitaciones diferentes: habitaciones privadas para la familia real y despensas llenas de aceite, vino y cereales. Otros espacios eran ocupados por talleres para la fabricación de joyas, jarrones y estatuillas de marfil. El palacio hasta tenía baños.

Los minoicos obtenían su riqueza del comercio. Construían barcos con madera de roble y cedro y navegaban hasta Egipto y Siria. Allí intercambiaban jarrones de cerámica y piedra por marfil y metales. Para el año 2000 a.C., los barcos minoicos controlaban el este del mar Mediterráneo. Transportaban mercancías a puertos extranjeros y mantenían al mar libre de piratas.

Alrededor de 1450 a.C. la civilización minoica súbitamente llegó a su fin. Algunos historiadores creen que terremotos en el mar provocaron olas gigantes que arrasaron las ciudades minoicas. Otros creen que las ciudades fueron destruidas por un grupo de griegos del continente. Estos invasores eran los micénicos.

Comprobación de lectura **Explicación** ¿De qué manera los minoicos se transformaron en una civilización de comerciantes?

▲ Esta pintura mural de Cnossos muestra a los minoicos participando en un deporte peligroso llamado salto al toro. *¿Quién descubrió el palacio de Cnossos?*

◀ Calendario minoico

Los primeros reinos griegos

Idea principal **Los micénicos fundaron los primeros reinos griegos y ejercieron su poder en toda la región del mar Mediterráneo.**

Enfoque en la lectura ¿Cuál es el edificio más importante del lugar donde vives? ¿Es un edificio del gobierno, un supermercado o un hospital? Lee para saber cuál era el edificio más importante de la civilización micénica.

Los micénicos eran originalmente de Asia central. Invadieron el área continental de Grecia alrededor del año 1900 a.C. y conquistaron los pueblos que vivían allí. Los líderes micénicos se transformaron en los primeros reyes griegos. Sus guerreros se transformaron en nobles que dominaban a los pueblos conquistados. A fines del siglo XIX un alemán llamado Heinrich Schliemann descubrió uno de sus palacios amurallados en **Micenas.** Llamó al pueblo de esta civilización los micénicos.

¿Cómo eran los reinos micénicos? El núcleo de cada reino micénico era un palacio fortificado en una colina. El gobernante vivía allí, rodeado de gigantescas paredes de piedra. Más allá de los muros del palacio había grandes fincas o propiedades pertenecientes a los nobles. Esclavos y agricultores vivían en las fincas y se refugiaban dentro de la fortaleza en tiempos de peligro.

Los palacios micénicos eran lugares muy activos. Los artesanos curtían el cuero, cosían ropas y fabricaban recipientes para el vino y el aceite de oliva. Otros trabajadores hacían espadas de bronce y escudos de piel de buey. Los funcionarios del gobierno llevaban registros de la riqueza de cada persona del reino. Recolectaban impuestos en forma de trigo, ganado y miel y guardaban estos elementos en el palacio.

Poder del comercio y la guerra Poco después de que los micénicos establecieron sus reinos, los comerciantes minoicos de Creta empezaron a visitarlos. Como resultado, los micénicos aprendieron mucho de la cultura minoica. Copiaron las técnicas usadas por los minoicos para trabajar el bronce y construir barcos. Aprendieron cómo los minoicos usaban el sol y las estrellas para orientarse en el mar. Los micénicos incluso empezaron a adorar a la Madre Tierra, la diosa principal de los minoicos.

Alrededor de 1400 a.C., los micénicos reemplazaron a los minoicos como la principal potencia del Mediterráneo. Comerciaban dentro de un área amplia, llegando a Egipto y el sur de Italia. Algunos historiadores creen que conquistaron Creta y las islas vecinas.

▲ Las ruinas de Micenas incluían esta tumba. *¿Qué había fuera de los muros de un palacio micénico?*

Máscara de oro de Agamenón ▶

El alfabeto griego

Letra griega	Nombre escrito	Sonido en inglés
A	alfa	a
B	beta	b
Γ	gamma	g
Δ	delta	d
E	epsilon	e
Z	zeta	z
H	eta	e
Θ	theta	th
I	iota	i
K	kappa	c, k
Λ	lambda	l
M	mu	m
N	nu	n
Ξ	xi	x
O	omicron	o
Π	pi	p
P	rho	r
Σ	sigma	s
T	tau	t
Y	upsilon	y, u
Φ	phi	ph
X	chi	ch
Ψ	psi	ps
Ω	omega	o

▲ **El alfabeto griego se basaba en el alfabeto fenicio.** ***¿Qué pasó con la escritura griega durante la Edad Oscura?***

Aunque el comercio hizo ricos a los micénicos, ellos se sentían más orgullosos de sus hazañas en el campo de batalla. Su victoria más famosa probablemente sea la Guerra de Troya. En el capítulo siguiente conocerás la leyenda de cómo el rey micénico **Agamenón** usó la astucia para ganar esa guerra.

¿Qué fue la Edad Oscura? Para el año 1200 a.C. los micénicos estaban en problemas. Los terremotos y las guerras entre los reinos habían destruido sus fortalezas elevadas. Para el 1100 a.C., la civilización micénica había terminado.

Los años entre 1100 a.C. y 750 a.C. fueron difíciles para los griegos. El comercio de ultramar se redujo y la pobreza se generalizó. Los agricultores sólo podían obtener lo suficiente para alimentar a sus familias. Se dejó de enseñar la habilidad de escribir o hacer trabajos artesanales. Antes de que pasara mucho tiempo los griegos habían olvidado su lenguaje escrito y cómo hacer muchas cosas. Como resultado, los historiadores llaman a esta época la Edad Oscura.

Sin embargo, no todos los cambios ocurridos durante la Edad Oscura fueron malos. El gran movimiento de la población fue un acontecimiento positivo. Miles de griegos dejaron el continente y se instalaron en las islas del mar Egeo. Otros se mudaron a las costas occidentales de Asia Menor, a lo que ahora es Turquía. Esta ola de movimiento expandió la influencia de la cultura griega.

Mientras tanto, un pueblo llamado los dorios invadió Grecia. Muchos se instalaron en el sudoeste, en la península del **Peloponeso.** Los dorios trajeron armas de hierro, llevando así a Grecia una tecnología más avanzada. Las armas y herramientas agrícolas de hierro eran más fuertes y baratas que las de bronce.

Gradualmente, la gente reanudó la actividad agrícola y empezó a producir más alimentos de los que necesitaban. Como resultado, el comercio revivió. Uno de los beneficios del aumento del comercio fue una nueva forma de escribir. Como leíste en el capítulo 3, los griegos copiaron la idea del alfabeto de los fenicios, uno de sus asociados comerciales, que vivían en la costa del Mediterráneo oriental.

El alfabeto griego tenía 24 letras que representaban diferentes sonidos. Esto permitió que leer y escribir griego resultara mucho más fácil que antes. Algunas personas empezaron a escribir relatos que habían sido transmitidos por los contadores de historias a través de muchas generaciones.

✓ Comprobación de lectura **Identificación**
¿Cuáles fueron los cambios ocurridos durante la Edad Oscura de Grecia?

Movimiento colonizador

Idea principal **Las colonias y el comercio diseminaron la cultura griega e impulsaron la industria.**

Enfoque en la lectura Si lees los rótulos, verás que los alimentos que consumes y la ropa que usas viene de todas partes del mundo. Lee para enterarte de dónde venían las mercaderías que usaban los griegos.

Cuando Grecia se recuperó de la Edad Oscura, su población creció rápidamente. Para el año 700 a.C. los agricultores ya no podían cultivar suficientes cereales para alimentar a todos. Como resultado, las ciudades empezaron a mandar gente fuera de Grecia para fundar **colonias.** Una colonia es un asentamiento en un nuevo territorio que mantiene una estrecha relación con su país de origen.

Entre 750 a.C. y 550 a.C. griegos audaces llegaron a las costas de Italia, Francia, España, África del Norte y Asia occidental. Con cada nueva colonia la cultura griega se difundía a mayor distancia.

Los colonos mantenían un comercio permanente con sus ciudades de origen, enviando cereales, metales, pescado, madera y esclavos. En cambio, los colonos recibían cerámica, vino y aceite de oliva de Grecia. El comercio de ultramar recibió un impulso adicional durante el siglo VII a.C., cuando los griegos empezaron a acuñar moneda. Los mercaderes pronto empezaron a intercambiar bienes por dinero en lugar de cambiarlos por otras mercaderías.

El crecimiento del comercio favoreció el desarrollo de la industria. Cuando creció la demanda de mercaderías, los productores tuvieron que aumentar también la producción. Las personas de diferentes áreas empezaron a especializarse en la producción de ciertos productos. Por ejemplo, la cerámica se hizo popular en lugares donde abundaba la arcilla.

Comprobación de lectura **Causa y efecto**
¿De qué manera afectaron las nuevas colonias a la industria?

NATIONAL GEOGRAPHIC

Colonias y comercio griegos *750–550 a.C.*

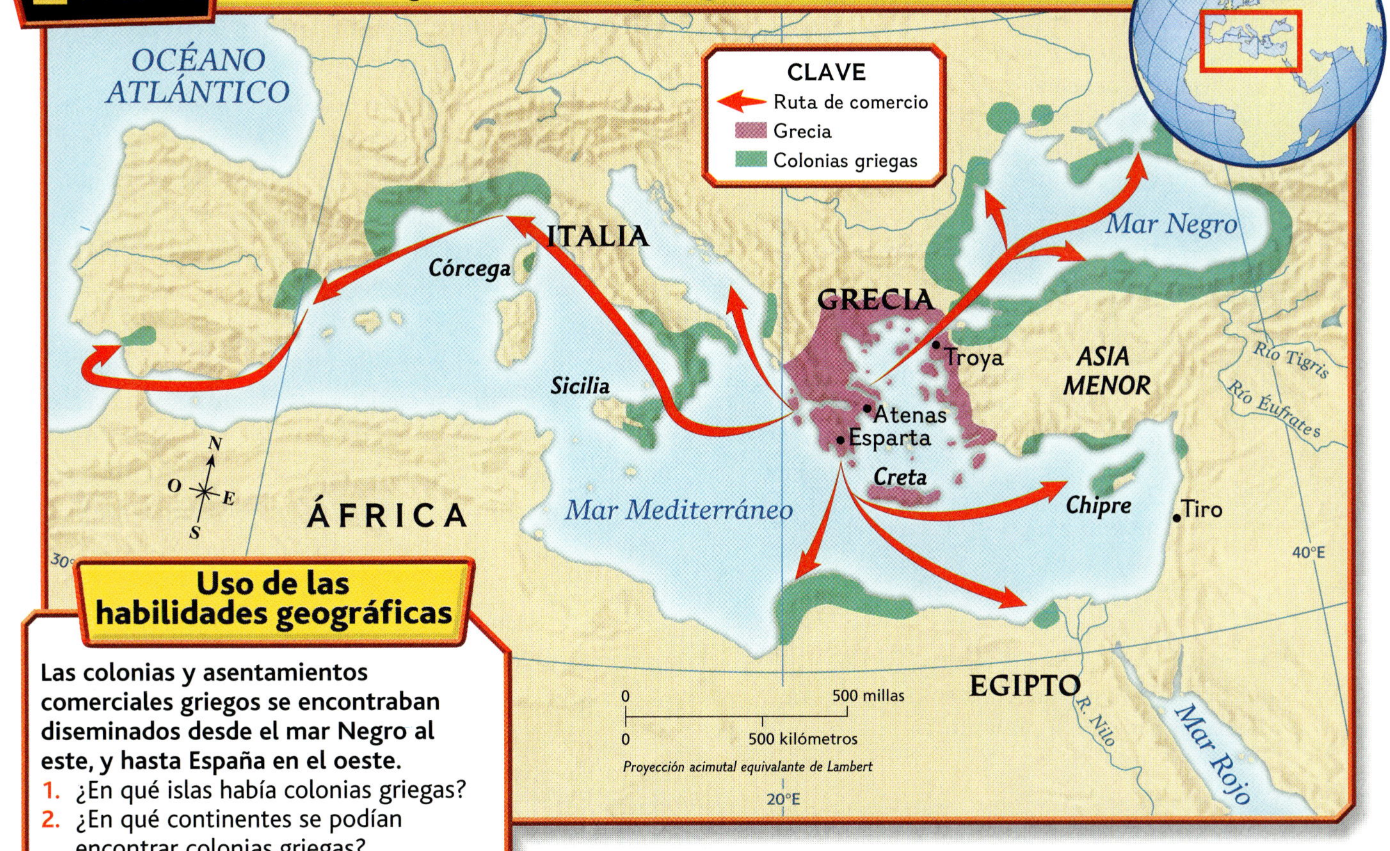

Uso de las habilidades geográficas

Las colonias y asentamientos comerciales griegos se encontraban diseminados desde el mar Negro al este, y hasta España en el oeste.

1. ¿En qué islas había colonias griegas?
2. ¿En qué continentes se podían encontrar colonias griegas?

La polis

Idea principal **La idea de la ciudadanía se desarrolló en las ciudades-estado griegas.**

Enfoque en la lectura ¿Sabías que la palabra "política" viene de *polis*, la palabra griega para una ciudad-estado? Lee para aprender cómo los griegos también crearon la idea de la ciudadanía.

Al final de la Edad Oscura muchos nobles que tenían grandes propiedades habían derrocado a los reyes griegos. Estos nobles crearon ciudades-estado. Al igual que las ciudades-estado de Mesopotamia sobre las que leíste en el capítulo 1, las de Grecia se componían de una ciudad grande o pequeña y el área que la rodeaba.

Fuente principal

Juramento de un soldado ateniense

En la ciudad griega de Atenas, los soldados hacían este juramento:

"No deshonraré mis armas ni abandonaré a mis camaradas. Lucharé para dejar mi patria más grande y mejor que lo que la encontré. No aceptaré que nadie desobedezca o destruya la constituciónsino que se lo impediré, ya sea solo o con otros. Honraré los templos y la religión que mis antepasados establecieron".

—Juramento de entrada al cuerpo Epheboi, principios del siglo V a.C.

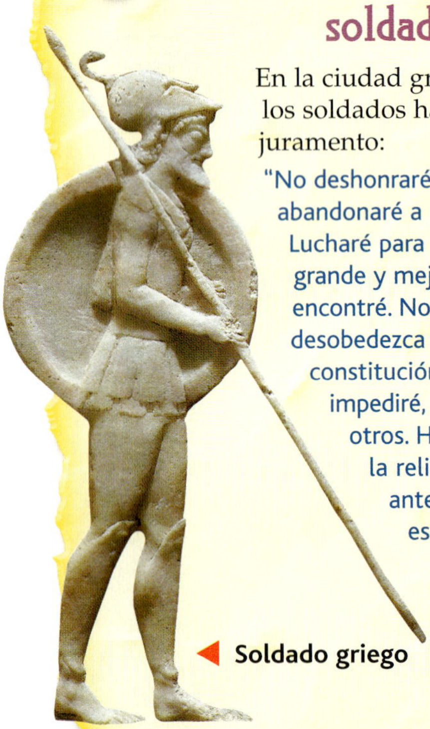

◀ Soldado griego

PBD Preguntas basadas en los documentos

Identifica seis cosas que cada soldado prometía proteger al hacer su juramento.

Cada ciudad-estado griega, conocida como **polis,** era como un pequeño país independiente.

El lugar de reunión principal de la polis normalmente era una colina. Un área fortificada, llamada acrópolis, se encontraba en la cima de la colina. Representaba un refugio seguro en caso de ataques. A veces la acrópolis también era un centro religioso. Allí se construían templos y altares en honor de los muchos dioses y diosas griegos.

Debajo de la acrópolis había un área abierta llamada el **ágora.** Este espacio tenía dos funciones: era un mercado y un lugar donde la gente se reunía para discutir diversos asuntos.

Las ciudades-estado eran de diferente tamaño. Algunas tenían unas pocas millas cuadradas, mientras que otras abarcaban cientos de millas cuadradas. Su población también era de diferente tamaño. Más de 300,000 personas vivían en Atenas en el año 500 a.C. Sin embargo, la mayoría de las ciudades-estado eran mucho más pequeñas.

¿Qué era la ciudadanía griega? Cada ciudad-estado griega estaba gobernada por sus ciudadanos. Cuando hablamos de ciudadanos nos referimos a los miembros de una comunidad política que se tratan los unos a los otros como iguales y que tienen derechos y responsabilidades. Esto era muy diferente de lo que ocurría en la antigua Mesopotamia o Egipto. Allí la mayor parte de los habitantes eran súbditos. No tenían derechos, no participaban en el gobierno y no tenían opción sino obedecer a sus gobernantes.

Los griegos fueron el primer pueblo que desarrolló el concepto de ciudadanía. Hoy esta palabra se aplica a casi todos en una sociedad. Sin embargo, en la mayoría de las ciudades-estado griegas sólo los varones nativos libres que tenían tierras podían ser ciudadanos. Desde su punto de vista, la ciudad-estado estaba compuesta por sus tierras, y gobernarla era su responsabilidad. No consideraban que ninguna otra persona debía ser ciudadano.

Algunas ciudades-estado, como Atenas, con el tiempo dejaron de exigir que los ciudadanos fueran terratenientes (dueños de tierras). Los esclavos y los extranjeros, sin embargo, siguieron siendo excluidos. Las mujeres y niños podían calificarse para ser ciudadanos, pero no tenían ninguno de los derechos de la ciudadanía.

¿Cuáles eran exactamente los derechos de los ciudadanos griegos? Podían reunirse en el ágora para elegir los funcionarios del gobierno y votar leyes. Tenían derecho a votar, ser elegidos para un cargo en el gobierno, poseer propiedades y defenderse en un tribunal. A cambio, los ciudadanos tenían el deber de servir en el gobierno y luchar por su polis como soldados ciudadanos.

Ciudadanos como soldados En la antigua Grecia los nobles eran los que luchaban en las g-zuerras, a caballo o en carros. Sin embargo, a medida que se desarrolló la idea de la ciudadanía,el sistema militar cambió. Para el año 700 a.C. las ciudades-estado habían empezado a depender de ejércitos de ciudadanos comunes llamados hoplitas.

Como no podían pagar caballos, los hoplitas luchaban a pie e iban a la batalla fuertemente armados. Cada uno transportaba un escudo redondo, una espada corta, y una lanza de 9 pies de largo (2.7m). Hileras de soldados, una tras otra, marchaban juntas, hombro a hombro. Con sus escudos creando una pared protectora, les ofrecían a sus enemigos pocas brechas por donde atacarlos.

Plato griego ▶ mostrando soldados en la batalla

Los hoplitas eran buenos soldados, porque como ciudadanos se enorgullecían de luchar por su ciudad-estado. Sin embargo, la lealtad a la propia ciudad también dividía a los griegos y hacía que desconfiaran los unos de los otros. Siempre existió falta de unidad entre las ciudades-estado griegas.

Comprobación de lectura **Explicación** ¿De qué manera hizo la ciudadanía que los griegos fueran diferentes de otros pueblos de la antigüedad?

Historia en línea

Centro de estudios ¿Necesitas ayuda con el material de esta sección? Visita jat.glencoe.com

Repaso de la sección 1

Resumen de la lectura

Repaso de Ideas principales

- La geografía influyó sobre la forma en que se desarrollaron las comunidades griegas.
- La civilización minoica, en la isla de Creta, construyó barcos y se enriqueció con el comercio.
- Los micénicos crearon los primeros reinos griegos.
- Después de la Edad Oscura, los griegos establecieron colonias y aumentó el comercio.
- La idea de la ciudadanía se desarrolló en las ciudades-estado griegas.

¿Qué aprendiste?

1. ¿Cómo se enriquecieron los minoicos?
2. ¿En qué sentido una ciudad-estado griega era diferente de una ciudad?

Pensamiento crítico

3. **Comparación** Crea un diagrama de Venn para comparar los minoicos y los micénicos.

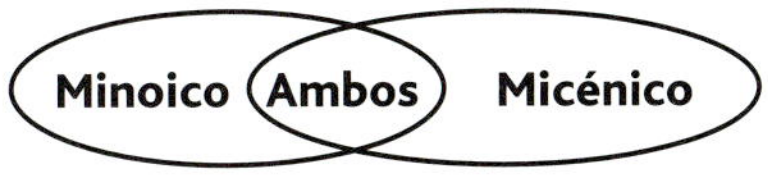

4. **Resumen** ¿Cuáles fueron los cambios ocurridos durante la Edad Oscura de Grecia?
5. **Habilidades ciudadanas** Menciona tres derechos otorgados a los ciudadanos griegos que los ciudadanos estadounidenses poseen hoy.
6. **Enlace con la economía** ¿Por qué el uso de dinero ayudó al crecimiento del comercio?
7. **Lectura** **Establecer conexiones** Selecciona un pasaje de esta sección. Escribe un párrafo para explicar cómo se relaciona con algo que ya sepas o algo que hayas experimentado.

Sección 2

Esparta y Atenas

¡Prepárate para leer!

¿Cuál es la relación?

Aunque las ciudades-estado griegas desarrollaron la idea de ciudadanía, tenían varios y diferentes tipos de gobierno. Esta sección describe sus diferentes gobiernos y compara las ciudades-estado más conocidas, Atenas y Esparta.

Enfoque en Ideas principales

- Los tiranos lograron arrebatar el poder de los nobles con la ayuda de los agricultores, mercaderes y artesanos griegos. ***(página 125)***
- Los espartanos utilizaban principalmente la destreza militar para controlar los pueblos que conquistaban. ***(página 126)***
- A diferencia de los espartanos, los atenienses tenían mayor interés en desarrollar una democracia que en construir una fuerza militar. ***(página 128)***

Ubicación de lugares

Esparta
Atenas

Conoce a los personajes

Solón
Pisístrato
Clístenes

Desarrollo de tu vocabulario

tirano
oligarquía
democracia
ilota

Estrategia de lectura

Comparación y contraste Usa un diagrama de Venn para comparar y contrastar la vida en Esparta y Atenas.

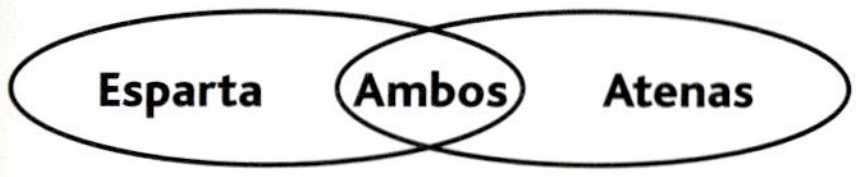

NATIONAL GEOGRAPHIC ¿Cuándo y dónde?

700 a.C. — 600 a.C. — 500 a.C.

- **c. 650 a.C.** Los tiranos derrocan a los nobles en las ciudades-estado
- **594 a.C.** Solón asume el poder de Atenas
- **508 a.C.** Clístenes reforma el gobierno de Atenas

La tiranía en las ciudades-estado

Idea principal **Los tiranos lograron arrebatar el poder de los nobles con la ayuda de los agricultores, mercaderes y artesanos griegos.**

Enfoque en la lectura ¿Cómo te sientes cuando alguien toma sin consultarte una decisión que te afecta de manera directa ? Lee para saber cómo los antiguos griegos que no participaban en el gobierno hacían oír sus voces.

Como has leído en la sección anterior, las primeras comunidades griegas eran gobernadas por reyes. Sin embargo, al final de la Edad Oscura, muchos nobles que tenían grandes propiedades habían derrocado a los reyes.

El gobierno de los nobles tampoco duraría mucho. El primer desafío a su gobierno vino de los propietarios de granjas pequeñas. Estos agricultores a menudo necesitaban dinero para vivir hasta que pudieran vender sus cosechas. Muchos pedían dinero prestado a los nobles con la promesa de darles sus tierras si no podían devolver el préstamo. Con frecuencia los agricultores acababan perdiendo sus tierras. Entonces debían trabajar para los nobles o ir a trabajar a la ciudad. En casos desesperados se vendían como esclavos.

Para el año 650 a.C. los pequeños agricultores comenzaron a exigir cambios en la estructura de poder. Los mercaderes y artesanos también querían compartir el gobierno. Ambos grupos se habían hecho ricos con el comercio entre las ciudades-estado. Sin embargo, como no poseían tierras, no eran considerados ciudadanos y no participaban en el gobierno de las polis.

El descontento creciente llevó al surgimiento de tiranos. Un **tirano** es alguien que toma el poder por la fuerza y gobierna con autoridad plena. Hoy la palabra se usa para describir a un gobernante cruel y opresor. Sin embargo, los

NATIONAL GEOGRAPHIC **Esparta y Atenas** *c. 700 a.C.*

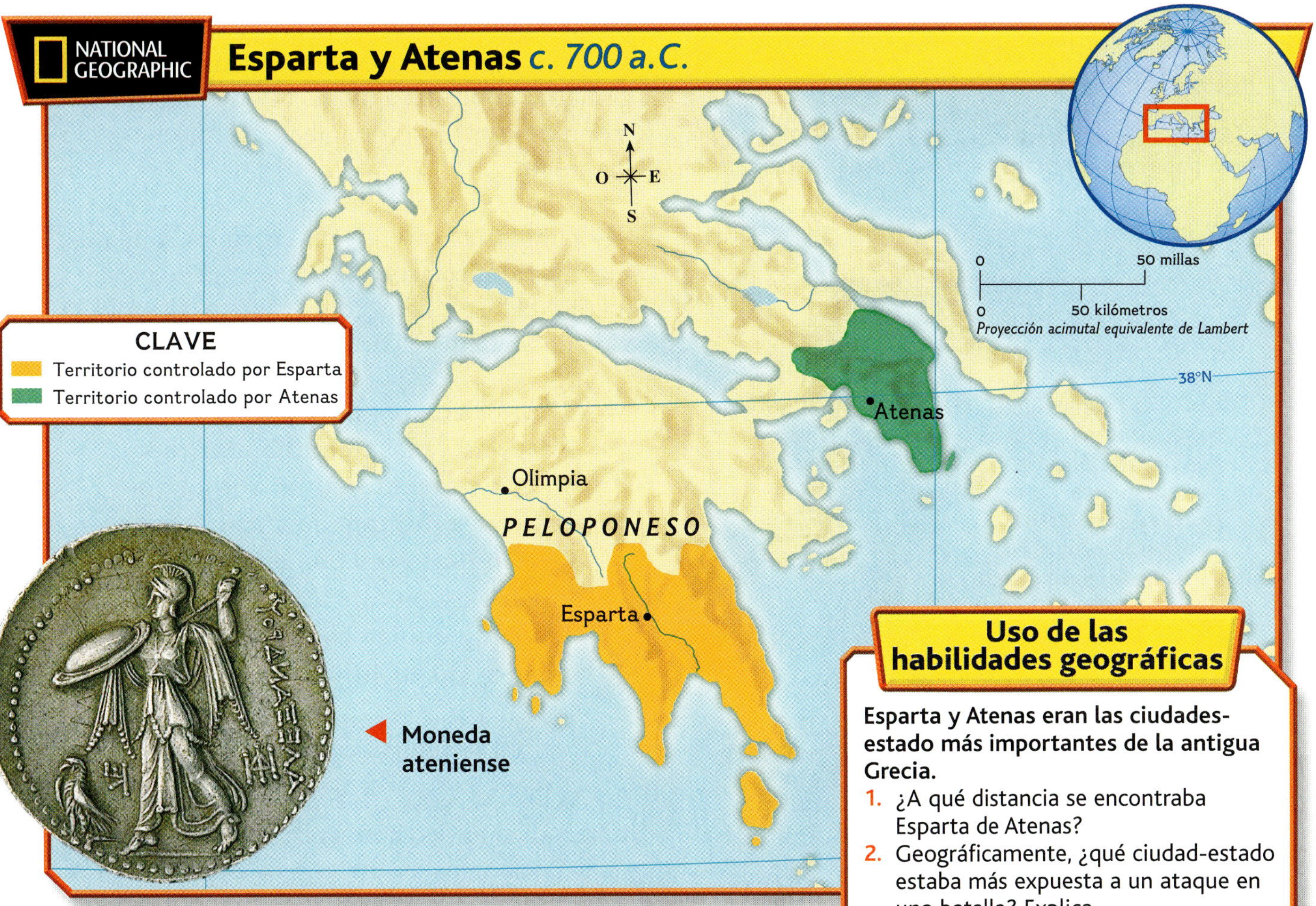

◄ **Moneda ateniense**

Uso de las habilidades geográficas

Esparta y Atenas eran las ciudades-estado más importantes de la antigua Grecia.

1. ¿A qué distancia se encontraba Esparta de Atenas?
2. Geográficamente, ¿qué ciudad-estado estaba más expuesta a un ataque en una batalla? Explica.

primeros tiranos griegos actuaban de manera sabia y justa.

Durante el siglo VII a.C. los tiranos consiguieron deponer a los nobles porque tenían el apoyo de la gente común. El apoyo más importante vino de los hoplitas de la armada, muchos de los cuales también eran agricultores.

Los tiranos se hicieron populares al construir nuevos mercados, templos y murallas. Sin embargo, el gobierno de una sola persona era lo contrario de lo que la mayoría de los griegos quería. Deseaban un estado de derecho en el que todos los ciudadanos participaran.

Hacia el año 500 a.C. los tiranos habían perdido el apoyo de los griegos. La mayoría de las ciudades-estado se convirtieron en oligarquías o democracias. En una **oligarquía,** un grupo reducido es el que tiene el poder. En una **democracia** todos los ciudadanos participan en el gobierno. La oligarquía de **Esparta** y la democracia de **Atenas** se convirtieron en los gobiernos más poderosos de la antigua Grecia.

Comprobación de lectura **Evaluación** ¿Por qué eran populares los tiranos en las ciudades-estado?

Guerrero espartano

Los niños espartanos pasaban muchos años entrenándose para la guerra. ***¿A qué edad dejaban sus familias los niños espartanos para unirse al ejército?***

Esparta

Idea principal **Los espartanos utilizaban principalmente la destreza militar para controlar los pueblos que conquistaban.**

Enfoque en la lectura ¿Cómo hubiera sido dejar tu casa cuando tenías sólo siete años? Lee para enterarte de cómo los varones espartanos enfrentaban este desafío.

Como has leído en la sección anterior, Esparta fue fundada por los dorios: los griegos que invadieron el Peloponeso durante la Edad Oscura. Al igual que otras ciudades-estado, Esparta necesitaba más tierras a medida que se expandía, pero su gente no estableció colonias. En lugar de ello, conquistaban y esclavizaban a los pueblos vecinos. Los espartanos llamaban a los trabajadores cautivos **ilotas.** Este nombre viene de la palabra griega que significa "captura".

¿Por qué era tan importante el ejército?

Los espartanos tenían miedo de que los ilotas algún día se rebelaran. Como consecuencia, el gobierno controlaba al pueblo de Esparta con mano de hierro y preparaba a los varones para la guerra.

A los siete años de edad los varones dejaban sus familias para vivir en cuarteles militares. Eran tratados con severidad para que se hicieran fuertes. El historiador griego Plutarco describe la vida de los niños espartanos:

> **"Después de los doce años de edad, no se les permitía usar ropa interior, tenían sólo un abrigo que les servía durante un año. (. . .) Vivían juntos en pequeñas cuadrillas, en camas de mimbre, (. . .) que debían cortar con las manos, sin cuchillo".**
>
> **—Plutarco, "Spartan Discipline" ("Disciplina espartana")**

A los 20 años, los hombres espartanos entraban en el ejército regular. Seguían viviendo en los cuarteles militares por otros 10 años. Comían siempre con los demás soldados en

▲ **Los niños espartanos comenzaban su entrenamiento militar a los 7 años de edad.** ***¿Por qué quería el gobierno espartano que sus jóvenes fueran físicamente sanos?***

Las niñas espartanas se entrenaban en los deportes. ▼

comedores comunes. Una comida típica era un plato de sabor muy desagradable llamado caldo negro: carne de cerdo hervida en sangre de animal, sal y vinagre.

Los espartanos volvían a su hogar a los 30 años pero permanecían en el ejército hasta los 60. Seguían entrenándose para la guerra. Esperaban vencer en el campo de batalla o morir, pero jamás rendirse. Una madre espartana ordenó a su hijo que "volviera a casa cargando su escudo o sobre él".

La niñas en Esparta se entrenaban en deportes como la carrera, la lucha y el lanzamiento de jabalina. Se mantenían en forma para ser madres saludables. Las mujeres vivían en sus casas mientras sus maridos estaban en los cuarteles. Como consecuencia, las mujeres espartanas tenían más libertad que otras mujeres griegas. Podían ser propietarias e adonde quisieran.

¿Cómo era el gobierno de Esparta? El gobierno de Esparta era una oligarquía. Dos reyes presidían un consejo de ancianos. El consejo, que estaba compuesto por 28 ciudadanos mayores de 60 años, presentaba leyes a la asamblea.

Todos los hombres espartanos mayores de 30 años pertenecían a la asamblea. Votaban las leyes de la asamblea y nombraban a cinco éforas cada año. Los éforas hacían cumplir las leyes y se encargaban de cobrar los impuestos.

Para evitar que se cuestionara el sistema espartano, el gobierno desalentaba las visitas de extranjeros. También prohibía los viajes al exterior por cualquier razón que no fuera militar. Tampoco le agradaba que los ciudadanos estudiaran literatura o arte.

Los espartanos tuvieron éxito en mantener el control sobre los ilotas durante casi 250 años. Sin embargo, al concentrarse en el entrenamiento militar, los espartanos no estaban tan avanzados en el área del comercio como los demás griegos. También tenían menos conocimiento sobre ciencias y otros temas. Sin embargo, sus soldados eran muy fuertes y veloces. Los espartanos jugarían un papel importante en la defensa de Grecia.

✓ **Comprobación de lectura** **Causa y efecto**
¿Por qué ponían los espartanos especial énfasis en el entrenamiento militar?

Atenas

Idea principal **A diferencia de los espartanos, los atenienses tenían mayor interés en desarrollar una democracia que en construir una fuerza militar.**

Enfoque en la lectura Cuando visitas una ciudad que no conoces, ¿todo te parece extraño? Los espartanos que visitaban Atenas probablemente se sentían de la misma forma. Lee para saber por qué.

Atenas estaba al nordeste de Esparta, por lo menos a dos días de viaje. Las dos ciudades-estado estaban también separadas por una enorme distancia en lo que se refiere a valores y sistemas de gobierno.

Historia en línea

Actividad en línea Visita jat.glencoe.com y haz clic en *Chapter 4—Student Web Activity* para averiguar más sobre la antigua Grecia.

¿Cómo era la vida en Atenas? Los ciudadanos atenienses criaban a sus hijos de forma muy diferente a los espartanos. En las escuelas atenienses, un maestro enseñaba a los varones a leer, escribir y hacer cuentas. Otro maestro enseñaba deportes. Un tercer maestro les enseñaba a cantar y a tocar un instrumento de

Enlaces entre el pasado y el presente

Los Juegos Olímpicos

ENTONCES En la antigua Grecia sólo los hombres podían participar y asistir a los Juegos Olímpicos. Los atletas competían por sí mismos y no como parte de un equipo. Las competencias incluían carreras, salto, lucha y boxeo. Cada atleta ganador recibía una corona de hojas de olivo y llevaba la gloria a su ciudad.

▼ Atletas olímpicos modernos

▲ Una carrera de guerreros en los antiguos Juegos Olímpicos

AHORA En la actualidad, tanto hombres como mujeres compiten en los juegos olímpicos. Los atletas vienen de todas partes del mundo. Compiten ya sea en forma individual o por equipo. Los atletas olímpicos luchan por conseguir medallas de oro, plata o bronce. ***¿Qué recibían los ganadores de los Juegos Olímpicos de la antigua Grecia? ¿Qué reciben los ganadores hoy?***

cuerdas llamado lira. Este tipo de educación ofrecía una formación completa para los atenienses, con buenas mentes y buenos cuerpos. A los 18 años los niños terminaban la escuela y se convertían en ciudadanos.

Las niñas atenienses permanecían en casa. Las madres les enseñaban a hilar, tejer y otras actividades de la casa. Sólo las hijas de familias ricas aprendían a leer, escribir y tocar la lira. Cuando se casaban, las mujeres permanecían en sus hogares y les enseñaban a sus propias hijas.

Una democracia floreciente En sus comienzos, en el siglo VII a.C., Atenas, al igual que otras ciudades-estado, estaba gobernada por nobles terratenientes. Existía una asamblea de ciudadanos pero tenía pocos poderes. De hecho, el gobierno era una oligarquía como en Esparta.

Hacia el año 600 a.C. los atenienses comenzaron a rebelarse contra los nobles. La mayoría de los agricultores les debía dinero a los nobles, y muchos se vendieron como esclavos para pagar sus deudas. Una y otra vez, los agricultores exigían la cancelación de todas las deudas y que se repartieran tierras entre los pobres.

En 594 a.C. los nobles pidieron ayuda al único hombre en que confiaban los dos grupos: un noble llamado **Solón**. Solón canceló todas las deudas de los agricultores y liberó a aquellos que se habían convertido en esclavos. También permitió que todos los ciudadanos varones participaran en la asamblea y en los tribunales. Un consejo de 400 ciudadanos adinerados escribía las leyes, pero la asamblea debía aprobarlas.

Las reformas de Solón fueron populares entre la gente común. Sin embargo, los agricultores continuaron presionando a Solón para que distribuyera las tierras de los nobles ricos. Solón no aceptó hacer esto.

◀ La ciudad de Atenas lleva ese nombre en honor a la diosa Pallas Atenea. ***¿Qué grupo gobernaba Atenas en el siglo VII a.C.?***

Después de Solón hubo 30 años de inestabilidad. Finalmente un tirano llamado **Pisístrato** asumió el poder en el año 560 a.C. Ganó el apoyo de los pobres al repartir grandes propiedades entre los agricultores sin tierras. También prestó dinero a los pobres y les dio trabajo en la construcción de templos y otras obras públicas.

▲ Moneda usada para elegir jurados en las cortes atenienses.

El líder más importante después de la muerte de Pisístrato fue **Clístenes.** Cuando asumió el poder en el año 508 A.C., reorganizó la asamblea para que tuviera el papel central en el gobierno. Como antes, todos los ciudadanos varones podían pertenecer a la asamblea y votar leyes. Sin embargo, los miembros tenían nuevos poderes. Podían debatir los asuntos abiertamente, escuchar casos en los tribunales y nombrar generales del ejército.

Lo más importante fue que Clístenes creó un nuevo consejo de 500 ciudadanos para ayudar a la asamblea a tratar los asuntos cotidianos. El consejo proponía leyes, trataba con otros países y supervisaba el tesoro.

Todos los años los atenienses elegían por sorteo los miembros del consejo. Creían que este sistema era más justo que una elección, que podría favorecer a los ricos.

Las reformas de Clístenes no incluían a todos los atenienses en el proceso político. Quienes no eran ciudadanos (entre los que se incluían las mujeres, hombres extranjeros y esclavos) estaban excluidos. Sin embargo, se dice que Clístenes convirtió el gobierno de Atenas en una democracia.

Piedra tallada de la Democracia coronando una figura que simboliza a Atenas. ***¿A qué líder se atribuye la organización de la democracia en Atenas?***

Comprobación de lectura **Explicación** ¿Cómo desarrolló Clístenes la democracia en Atenas?

Historia en línea

Centro de estudios ¿Necesitas ayuda con el material de esta sección? Visita jat.glencoe.com

Repaso de la sección 2

Resumen de la lectura

Repaso de Ideas principales

- El apoyo de los mercaderes ricos y los artesanos ayudó a los tiranos a quitarles el poder a los nobles en las ciudades-estado.
- Esparta era una ciudad-estado poderosa. Creó un estado militarizado para controlar los pueblos que conquistaba e impedir levantamientos.
- Atenas era una ciudad-estado democrática y poderosa. Los atenienses estaban más involucrados en el gobierno, educación y las artes que los espartanos.

¿Qué aprendiste?

1. ¿Quiénes eran los ilotas?
2. ¿Por qué los tiranos perdieron el apoyo de los griegos?

Pensamiento crítico

3. **Clasificación de la información** Dibuja un diagrama como el siguiente. En cada óvalo escribe un hecho sobre la oligarquía espartana.

4. **Evaluación** ¿Por qué los atenienses elegían sus funcionarios por sorteo? ¿Hay desventajas en el uso de este método? Explica.
5. **Explicación** ¿Cómo ganaron el poder los nobles griegos?
6. **Análisis** ¿Por qué Solón era popular entre algunos agricultores atenienses e impopular entre otros?
7. **Enlace cívico** ¿Cómo hacía la democracia ateniense para impedir queuna sola persona tuviera mucho poder?
8. **Redacción descriptiva** Imagina que eres un hombre de 28 años que vive en Esparta en el año 700 a.C. Escribe una carta a tu sobrino de 6 años contándole qué le va a suceder cuando deje su casa en su próximo cumpleaños.

Sección 3

Persia ataca a los griegos

¡Prepárate para leer!

¿Cuál es la relación?

La Sección 2 explicaba cómo los griegos construyeron ciudades-estado poderosas, pero separadas. Al mismo tiempo, al este, los persas estaban construyendo un poderoso imperio. Era sólo cuestión de tiempo que Persia tratara de invadir Grecia.

Enfoque en Ideas principales

- El imperio persa reunía un amplio territorio bajo un mismo gobierno. *(página 132)*
- Tanto Esparta como Atenas tuvieron un papel en la derrota de los persas. *(página 134)*

Ubicación de lugares

Persia
Maratón
Termópilas
Salamina
Platea

Conoce a los personajes

Ciro el Grande
Darío
Jerjes
Temístocles

Desarrollo de tu vocabulario

satrapías
sátrapa
zoroastrismo

Estrategia de lectura

Organización de la información

Crea un cuadro como el siguiente para enumerar los logros de Ciro, Darío y Jerjes.

Gobernante	Logros
Ciro	
Darío	
Jerjes	

NATIONAL GEOGRAPHIC ¿Cuándo y quién?

650 a.C. — 550 a.C. — 450 a.C.

660 a.C. Nace Zoroastro

559 a.C. Ciro se convierte en el gobernante de Persia

480 a.C. Jerjes invade Grecia

El imperio persa

Idea principal **El imperio persa reunía un amplio territorio bajo el mismo gobierno.**

Enfoque en la lectura ¿Has visto alguna vez soldados marchando a través de las calles de una ciudad en los programas de noticias? Imagina lo mismo ocurriendo en Asia en el siglo VI a.C. Lee para aprender qué sucedía a medida que los ejércitos persas avanzaban hacia el oeste desde Asia.

Los habitantes de **Persia** vivían en lo que hoy es el sudoeste de Irán. Los antiguos persas eran guerreros y nómades que pastoreaban ganado. Durante un tiempo fueron dominados por otros pueblos. Fue entonces que un notable líder, **Ciro el Grande,** consiguió unir a los persas en un poderoso reino. Bajo el mando de Ciro, que gobernó desde 559 a.C. hasta 530 a.C., Persia comenzó a construir un imperio, el más grande conocido en el mundo hasta ese momento.

El surgimiento del imperio persa En el 539 a.C. los ejércitos de Ciro arrasaron la Mesopotamia, capturaron Babilonia y tomaron posesión del norte de la Mesopotamia, Asia Menor, Siria, Canaán y las ciudades fenicias. Ciro trató bien a todos sus nuevos súbditos. Como has leído en el capítulo 3, él permitió a los judíos cautivos en Babilonia retornar a Jerusalén. El gobierno clemente de Ciro ayudó a mantener todo su imperio unido.

Modelo de bronce de un carro persa.

Uso de las habilidades geográficas

Un sistema de caminos, incluido el Camino Real, ayudó a los reyes persas a gobernar el imperio.

1. ¿Aproximadamente cuánto medía el Camino Real?
2. Basándote en el mapa, ¿por qué el imperio persa podía ser una amenaza para Grecia?

Los líderes que siguieron a Ciro continuaron agregando más territorios a Persia. Conquistaron Egipto, el oeste de la India y Tracia, una región al nordeste de Grecia. De un extremo a otro, el imperio persa tenía el tamaño aproximado de los Estados Unidos continentales hoy.

Para conectar sus vastos territorios, los persas construyeron millas de carreteras. El Camino Real se extendía desde Asia Menor hasta Susa, la capital persa. A lo largo del camino, los persas establecieron estaciones para proveer alimentos, alojamiento y caballos descansados a los mensajeros del rey.

¿Cómo era el gobierno persa? A medida que el imperio persa crecía, resultaba más difícil de gobernar. Cuando **Darío** llegó al trono en 521 a.C., reorganizó el gobierno para hacerlo más eficiente.

Darío dividió el imperio en 20 estados llamados **satrapías.** Cada una estaba gobernada por un funcionario con el título de **sátrapa,** que significa "protector del reino". El sátrapa actuaba como cobrador de impuestos, juez, jefe de policía y jefe de reclutamiento del ejército persa. Sin embargo, todos los sátrapas respondían al rey persa.

El poder del rey dependía de sus tropas. Durante el reinado de Darío, Persia contaba con un gran ejército de soldados profesionales. A diferencia de las ciudades-estado griegas, donde los ciudadanos tomaban las armas en tiempos de guerra, en Persia el gobierno pagaba a las personas para que fueran soldados de tiempo completo. Entre ellos, había 10,000 soldados especialmente entrenados que escoltaban al rey. Recibían el nombre de Inmortales porque cuando moría un miembro, se le reemplazaba de inmediato.

La religión persa La religión persa recibía el nombre de **zoroastrismo.** Su fundador, Zoroastro, nació en 660 a.C. Comenzó a predicar cuando era joven, después de tener visiones.

Rey Darío

Darío ayudó a organizar el gobierno persa. ***¿Qué métodos utilizó?***

Como los judíos, Zoroastro creía en un único Dios. Consideraba a este ser supremo como el creador de todas las cosas y como la fuerza del bien. Sin embargo, Zoroastro también reconocía la existencia del mal en el mundo. Enseñaba que los humanos tenían la libertad de elegir entre lo bueno y lo malo y que el bien siempre triunfaría. Los persas practicaron el zoroastrismo durante siglos y aun en la actualidad tiene un pequeño número de seguidores.

✓ Comprobación de lectura **Explicación** ¿Por qué creó Darío las satrapías?

Las guerras médicas

Idea principal **Tanto Esparta como Atenas tuvieron un papel en la derrota de los persas.**

Enfoque en la lectura ¿Alguna vez tú y un rival tuyo han dejado de lado sus diferencias para trabajar en una causa común? Esto sucedió en la antigua Grecia cuando Esparta y Atenas se unieron para luchar contra los persas. Lee para conocer el resultado.

Cuando los griegos empezaron a fundar colonias en el área del Mediterráneo, a menudo se enfrentaron a los persas. Para mediados del siglo VI a.C., Persia ya controlaba las ciudades griegas de Asia Menor. En 499 a.C. el ejército ateniense ayudó a los griegos de Asia Menor a rebelarse contra sus gobernantes persas. La rebelión fracasó, pero el rey Darío decidió que los griegos del continente debían dejar de interferir en los asuntos del imperio persa.

La batalla de Maratón En 490 a.C., una flota persa desembarcó 20,000 soldados en la planicie de **Maratón,** a poca distancia de Atenas. Durante varios días, los persas esperaron que los atenienses avanzaran. Sin embargo, los atenienses no tomaron la iniciativa. Tenían sólo 10,000 soldados en comparación con los 20,000 persas. Sabían que atacar era demasiado peligroso. En cambio, se resguardaron en las colinas con vista a la planicie.

Cansados de la espera, el comandante persa decidió navegar hacia el sur y atacar directamente a Atenas. Ordenó a sus tropas

Uso de las habilidades geográficas

El imperio persa invadió dos veces a Grecia y fue derrotado en ambas ocasiones.

1. ¿Cuál de las batallas principales fue una batalla naval?
2. ¿Por qué los ataques a las ciudades-estado griegas pueden haber sido difíciles para los persas?

volver a los barcos y ése fue su gran error. Decidió que los primeros en embarcar debían ser los jinetes de caballería, la parte más fuerte del ejército persa.

Tan pronto como la caballería estuvo fuera del alcance de la lucha, los griegos atacaron desde las colinas hacia la planicie de Maratón. Atraparon a los soldados persas de infantería cuando estaban en el agua, esperando retornar a los barcos. Incapaces de defenderse, los persas fueron fácilmente derrotados.

Según la leyenda, los atenienses enviaron a un mensajero llamado Filípides a Atenas con las noticias. El corredor cubrió casi 25 millas (40.2 km.) desde Maratón hasta Atenas. Cayó exhausto a causa del cansancio, pero con el último aliento, anunció: "Victoria". Luego murió. Las modernas carreras de maratón reciben el nombre de esa famosa carrera y recorren poco más de 26 millas.

Otro ataque persa Después de la muerte de Darío en 486 a.C., su hijo **Jerjes** se convirtió en el rey persa. Jerjes prometió vengarse de los atenienses. En 480 a.C. lanzó una nueva invasión a Grecia, esta vez con 180,000 soldados y miles de buques de guerra y naves con suministros.

Para defenderse los griegos unieron fuerzas. Esparta envió la mayoría de sus soldados y su rey, Leónidas, actuó como comandante. Atenas proporcionó la marina de guerra. Un general ateniense, **Temístocles,** ideó un plan para luchar contra los persas.

Los griegos sabían que mientras el gran ejército persa marchaba hacia el sur, dependía de los cargamentos de alimentos que traían por agua. Temístocles sostuvo que la mejor estrategia para los griegos sería atacar a los barcos persas y cortar el suministro de alimentos al ejército.

Para preparar la flota para la batalla, los griegos necesitaban detener al ejército persa antes de que llegara a Atenas. Los griegos decidieron que el mejor lugar para bloquear a los persas era en las **Termópilas.** Las Termópilas era

Fuente principal

Historia de Heródoto

▲ **Heródoto leyendo ante una multitud**

El historiador griego Heródoto escribió *History of the Persian Wars (Historia de las guerras médicas).* Se cree que fue la primera historia real de la civilización occidental. Heródoto describió el conflicto entre los griegos y los persas como un conflicto entre la libertad y la dictadura. Aquí habla sobre el discurso de Jerjes a los nobles persas:

"Y de hecho he reflexionado sobre esto, hasta que finalmente he encontrado la forma de conquistar la gloria y también la posesión de un territorio que es tan inmenso y rico como el nuestro propio, (. . .) mientras que al mismo tiempo obtendremos la satisfacción y la verganza. (. . .) Mi intento es el de (. . .) hacer marchar un ejército a través de Europa contra Grecia, para vengarme de los atenienses por los malos actos cometidos por ellos contra los persas y contra mi padre".

—Heródoto,
The Persian Wars (Las guerras médicas) Libro VII

PBD Preguntas basadas en los documentos

¿Cuáles fueron las razones, además de la venganza, que tenía Jerjes para invadir Grecia?

un estrecho pasaje a través de las montañas que era fácil de defender. Alrededor de 7,000 soldados griegos retuvieron a los persas allí durante dos días. Los espartanos del ejército griego eran especialmente valientes. Como cuenta una historia, los griegos oyeron decir que las flechas persas oscurecerían el cielo. Un espartano respondió: "Esas son buenas noticias. ¡Lucharemos a la sombra!"

Desafortunadamente para los griegos, un traidor condujo a los persas hacia un camino de montaña que les permitió atacar a los griegos por sus espaldas. Cuando los persas montaban un ataque por atrás, el rey Leónidas envió a la mayoría de sus tropas a refugiarse. Sin embargo, él y varios cientos de otros permanecieron y lucharon hasta morir. Los griegos perdieron la batalla de las Termópilas, pero su valiente resistencia les dio a los atenienses suficiente tiempo para juntar 200 barcos.

La flota griega atacó a la flota persa en el estrecho de **Salamina**, no lejos de Atenas. Un estrecho es una estrecha franja de agua entre dos porciones de tierra. Los griegos esperaban tener la superioridad en la batalla porque sus barcos podían maniobrar bien en espacios pequeños. Los barcos griegos eran de menor tamaño, más veloces y más fáciles de dirigir que los grandes barcos persas, que se convirtieron en blancos fáciles de atacar.

El plan griego funcionó. Después de una feroz batalla, los griegos destruyeron casi toda la flota persa. De todas maneras, el ejército persa siguió marchando. Cuando sus tropas llegaron a Atenas, los griegos ya habían escapado.

Los persas quemaron la ciudad. Esto sólo aumentó el ánimo combativo de las ciudades-estado griegas. A principios del año 479 a.C. se unieron para formar el ejército griego más grande de la historia. Con sólidas armaduras

Batalla de Salamina

En la batalla de Salamina, los barcos griegos, más pequeños y rápidos, derrotaron a la flota persa.
¿Cerca de qué ciudad-estado griega se encontraba el estrecho de Salamina?

para el cuerpo, lanzas más largas y mejor entrenamiento, el ejército griego aplastó al ejército persa en **Platea,** al noroeste de Atenas.

La batalla fue el punto de decisión para los griegos, y convenció a los persas a regresar a Asia Menor. Trabajando en forma conjunta, las ciudades-estado griegas habían salvado a su patria de la invasión.

¿Qué hizo que cayera el imperio persa?

Cuando los griegos derrotaron al ejército persa, ayudaron a debilitarlo. El imperio ya estaba enfrenando problemas internos. El empeoramiento gradual de estos problemas hizo que el imperio perdiera su fuerza.

Persia siguió intacta por casi 150 años más. Sin embargo, después de Darío y Jerjes, otros gobernantes persas aumentaron los impuestos para ganar más riqueza. Gastaron el oro y la plata de sus tesoros en lujos para la corte real.

Los altos impuestos enfurecieron a los súbditos y causaron muchas rebeliones. Al mismo tiempo la familia real persa luchaba para decidir quién iba a ser el rey. Muchos de estos reyes persas fueron asesinados por otros miembros de la familia que aspiraban al trono.

Los reyes persas tenían muchas esposas e hijos. Los hijos tenían poco o ningún poder, de modo que estaban constantemente conspirando para apoderarse del trono. Como consecuencia, seis de los nueve gobernantes que vinieron después de Darío fueron asesinados.

Todos estos problemas hicieron que Persia fuera vulnerable a los ataques. Para cuando un joven conquistador griego llamado Alejandro invadió el imperio en 334 a.C., los persas no estaban en condiciones de enfrentar a las tropas enemigas.

Para el año 330 a.C., el último rey persa había muerto y Alejandro gobernaba todos sus territorios. Aprenderás más sobre Alejandro Magno y sus muchos logros en el capítulo 5.

✓ Comprobación de lectura **Causa y efecto** ¿Cuál fue la causa de las guerras médicas?

Historia en línea

Centro de estudios ¿Necesitas ayuda con el material de esta sección? Visita jat.glencoe.com

Repaso de la sección 3

Resumen de la lectura

Repaso de Ideas principales

- El imperio persa reunía un amplio territorio bajo el mismo gobierno.
- El imperio persa atacó varias veces a Grecia. A pesar de su rivalidad, Atenas y Esparta unieron sus fuerzas para derrotar a los persas.

¿Qué aprendiste?

1. ¿Por qué se consideraba a Ciro como un gobernante justo?
2. ¿Qué era el Camino Real?

Pensamiento crítico

3. **Resumen** Crea una tabla como la siguiente. Luego resume qué sucedió en cada batalla de las guerras médicas.

Batalla	Acción
Maratón Termópilas Salamina Platea	

4. **Redacción persuasiva** Imagínate que eres asesor de Jerjes y estás alarmado por su plan para vengarse de Grecia. Escríbele una carta describiendo las razones por las que debería cancelar la invasión a Grecia.
5. **Lectura Establecer conexiones** Los persas querían vengarse de los griegos. Describe un episodio de tu vida o que hayas visto en las noticias que tenga que ver con la venganza. ¿Cuál fue el resultado?

Sección 4

La era de Pericles

¡Prepárate para leer!

¿Cuál es la relación?

En la Sección 3, aprendiste de qué manera los griegos derrotaron a los persas en Platea. Una de las lecciones que los griegos aprendieron de la guerra fue que se necesitaban los unos a los otros para garantizar su seguridad. Atenas y muchas otras ciudades-estado muy pronto se unieron en una liga para la defensa común.

Enfoque en Ideas principales

- En el gobierno de Pericles, Atenas pasó a ser muy poderosa y más democrática. ***(página 139)***
- Los hombres y las mujeres de Atenas tenían papeles muy diferentes. ***(página 142)***
- Esparta y Atenas fueron a la guerra para obtener el control de Grecia. ***(página 144)***

Ubicación de lugares

Delos

Conoce a los personajes

Pericles

Aspasia

Desarrollo de tu vocabulario

democracia directa

democracia representativa

filósofo

Estrategia de lectura

Organización de la información

Crea un gráfico circular para mostrar cuántos ciudadanos, extranjeros y esclavos vivían en Atenas en el siglo V a.C.

NATIONAL GEOGRAPHIC ¿Cuándo y dónde?

500 a.C. — 450 a.C. — 400 a.C.

478 a.C. Se forma la Liga de Delos

461 a.C. Pericles lidera a Atenas

431 a.C. Comienza la guerra del Peloponeso

El imperio ateniense

Idea principal **En el gobierno de Pericles, Atenas pasó a ser muy poderosa y más democrática.**

Enfoque en la lectura ¿Has votado en las elecciones de tu escuela? ¿Por qué eliges a un compañero de clase y no a otro? Lee para aprender por qué los atenienses eligieron varias veces a Pericles.

Como has leído en la Sección 3, la batalla de Platea en el año 479 a.C. puso fin a la invasión de Grecia por parte de los persas. Aunque los persas se habían retirado, seguían siendo una amenaza. En 478 a.C. Atenas se unió a otras ciudades-estado (pero no a Esparta) para formar la Liga de Delos.

La Liga de Delos se comprometía a defender a sus miembros contra los ataques de los persas. También buscaba expulsar a los persas de los territorios griegos en Asia Menor. Con el tiempo, la liga liberó a casi todas las ciudades griegas que estaban bajo el control de los persas.

Al principio la Liga de Delos tenía su sede central en la isla de **Delos.** Sin embargo, sus funcionarios principales, los tesoreros que estaban a cargo del dinero y los comandantes a cargo de la flota, eran atenienses, al igual que casi todas las tropas. Gradualmente, Atenas logró el control de casi todas las ciudades-estado de la alianza. Muy pronto, la liga había dejado de ser una asociación para luchar contra Persia y se había convertido en un imperio ateniense.

En 454 a.C. los atenienses trasladaron la tesorería de la Liga de Delos, de Delos a Atenas. Los atenienses también comenzaron a enviar tropas a otras ciudades-estado griegas, para ayudar a los plebeyos a rebelarse contra los nobles que estaban en el poder.

La democracia en Atenas Los atenienses tenían mucha confianza en su sistema democrático. Este sistema se denomina **democracia directa.** En una democracia directa las personas asisten a reuniones masivas para tomar decisiones con respecto a asuntos de gobierno. Cada ciudadano puede votar directamente con respecto a leyes y políticas.

▲ **Éstas son las ruinas del ágora, un antiguo mercado en Atenas donde se reunía la asamblea.** ***¿Qué tipo de democracia existía en Atenas?***

¿Puedes imaginarte un sistema como éste en Estados Unidos? ¡Sería imposible juntar en una reunión masiva a los 280 millones de ciudadanos estadounidenses! En lugar de ello, en Estados Unidos tenemos una **democracia representativa.** En este tipo de democracia los ciudadanos eligen a un grupo más pequeño para que cree leyes y tome decisiones gubernamentales en su nombre. Éste es un sistema que resulta mucho más práctico cuando la población es muy grande.

Lo que permitía que la democracia directa funcionara bien en Atenas era la cantidad relativamente pequeña de ciudadanos. A mediados del siglo V a.C. la asamblea estaba formada por alrededor de 43,000 ciudadanos varones mayores de 18 años de edad. Por lo general, menos de 6,000 asistían a las reuniones, que se celebraban cada diez días. La asamblea aprobaba todas las leyes, elegía a los funcionarios y tomaba decisiones con respecto a la guerra y los asuntos exteriores. Diez funcionarios llamados generales, hacían cumplir las leyes y políticas de la asamblea.

Comparación de los gobiernos

	Democracia ateniense	Democracia estadounidense
Tipo de democracia	Directa	Representativa
Derecho al voto	Sólo los varones adultos nacidos en Atenas	Todos los ciudadanos, varones y mujeres, de 18 años o mayores
Leyes	Propuestas por el consejo y aprobadas por la mayoría de la asamblea	Aprobadas por ambas cámaras del Congreso y firmadas por el presidente
Participación de los ciudadanos	Los ciudadanos con derecho a voto pueden votar en contra o a favor de cualquier ley	Los ciudadanos con derecho a voto pueden votar a favor o en contra de los funcionarios que hacen las leyes

Comprensión de cuadros

La pequeña cantidad de ciudadanos hizo posible la democracia directa en Atenas.

1. ¿Cómo se aprobaba una ley en Atenas?
2. **Comparación** ¿Qué gobierno otorgó el derecho al voto a una mayor cantidad de su población?

Los logros de Pericles Los atenienses reelegían a sus generales favoritos una y otra vez. Después de las guerras médicas, la figura líder de la política ateniense fue un general llamado **Pericles.** Este gran estadista gobernó Atenas durante más de 30 años, desde 461 a.C., cuando fue elegido por primera vez, hasta 429 a.C., poco antes de su muerte.

Pericles ayudó a Atenas a dominar la Liga de Delos. Trataba a las otras ciudades-estado como si fueran súbditos, y les exigía estricta lealtad y continuidad en los pagos de tributos. Incluso insistió en que usaran las monedas y las medidas atenienses.

Al mismo tiempo, Pericles hizo que Atenas fuera más democrática. Pericles consideraba que el talento de una persona era más importante que su estado social. Por este motivo, Pericles incluyó a más atenienses que nunca en las actividades de gobierno. Permitió que los ciudadanos varones de clase baja se postularan para ejercer cargos públicos y también les pagaba a los funcionarios. Como consecuencia, incluso los ciudadanos pobres podían, por primera vez, formar parte del círculo íntimo de personas que ejercían el gobierno.

La cultura también floreció durante el gobierno de Pericles. La era de Pericles fue un período de tremenda creatividad y conocimiento que tuvo su apogeo a mediados del siglo V a.C. Los persas habían destruido gran parte de la ciudad durante las guerras médicas. De modo que Pericles comenzó un programa de reconstrucción importante. Hizo que se construyeran nuevos templos y estatuas en toda la ciudad.

Pericles financió a artistas, arquitectos, escritores y **filósofos.** Los filósofos son pensadores que reflexionan sobre cuestiones de la vida. En el capítulo 5, leerás más acerca de los logros de los griegos y entenderás por qué Pericles llamó a Atenas "la escuela de Grecia".

✓ Comprobación de lectura **Identificación** ¿Cuál es la diferencia entre una democracia directa y una democracia representativa?

Biografía

PERICLES
c. 495–429 a.C.

Pericles ▶

Pericles nació en las afueras de Atenas, era hijo de una familia rica y poderosa. Sus maestros fueron filósofos. En su juventud se hizo conocido por su habilidad con las palabras. Más tarde, cuando se convirtió en un líder político, respaldó fervorosamente la democracia.

Aunque provenía de una familia adinerada, creía que la ciudadanía no se debía limitar sólo a los ricos y poderosos. Pericles realizó cambios para quitarle poder a la minoría y otorgárselo a la mayoría. Sin embargo, al describir el gobierno de Pericles en Atenas, el historiador griego Tucídides escribió: "En su nombre era democracia, pero de hecho, era el gobierno de un hombre".

La "era de Pericles" fue la Edad de Oro de Atenas y la ciudad floreció bajo su liderazgo. Pericles quería que Atenas fuera un modelo para el mundo. La convirtió en el centro del arte, la filosofía y la democracia.

"Atenas (. . .) es la escuela de Grecia".
—Pericles, según Tucídides

El objetivo de Pericles era hacer de Atenas una ciudad de la que los griegos pudieran estar orgullosos. Contrató a cientos de trabajadores para construir edificios públicos en Atenas. El más conocido es el Partenón. Basándose en los valores monetarios actuales, la construcción del Partenón costó alrededor de $3 mil millones de dólares. Los trabajadores arrastraron 20,000 toneladas de mármol de una montaña cercana y tardaron casi 15 años en completarlo.

Pericles era una persona privada. Evitaba aparecer en público hasta donde podía. Pasaba la mayor parte del tiempo solo, con su familia o sus amigos más íntimos. Pericles se casó y tuvo tres hijos. En el año 429 a.C. Pericles murió a causa de la peste.

▲ **El Partenón está ubicado en la cúspide de la Acrópolis.**

Entonces y ahora

Piensa en lo que Tucídides escribió acerca del gobierno de Pericles en Atenas. Investiga para saber de qué manera la Constitución de los Estados Unidos garantiza que nuestro gobierno no sea dominado por un solo líder.

La vida diaria en Atenas

Idea principal **Los hombres y las mujeres de Atenas tenían papeles muy diferentes.**

Enfoque en la lectura A veces la escuela nos puede resultar difícil, pero ¿cómo te sentirías si no pudieras ir a la escuela? Lee para aprender sobre los límites que se les imponían a algunos atenienses.

En el siglo V a.C. había más gente viviendo en Atenas que en cualquiera de las otras ciudades-estado griegas. Atenas tenía alrededor de 285,000 habitantes en total. Unos 150,000 eran ciudadanos, aunque sólo 43,000 de estos eran hombres con derechos políticos. La cantidad de extranjeros en Atenas era de alrededor de 35,000. La población también incluía a casi 100,000 esclavos.

La esclavitud era común en el mundo antiguo. Había por lo menos un esclavo en la mayoría de los hogares atenienses, y las familias atenienses más ricas a menudo tenían varios. Algunos trabajaban como sirvientes: cocineros, limpiadoras o tutores. Otros trabajaban en el campo, en la industria y en los talleres de los artesanos. Sin su trabajo, Atenas no podría haber mantenido el aumento de la economía.

Casas atenienses

Muchos atenienses ricos tenían grandes casas hechas de ladrillos de barro y techos con tejas. Tenían muchas ventanas pequeñas para dejar entrar la luz y el aire en la casa.
¿En qué lugar de la casa se pueden observar las influencias religiosas?

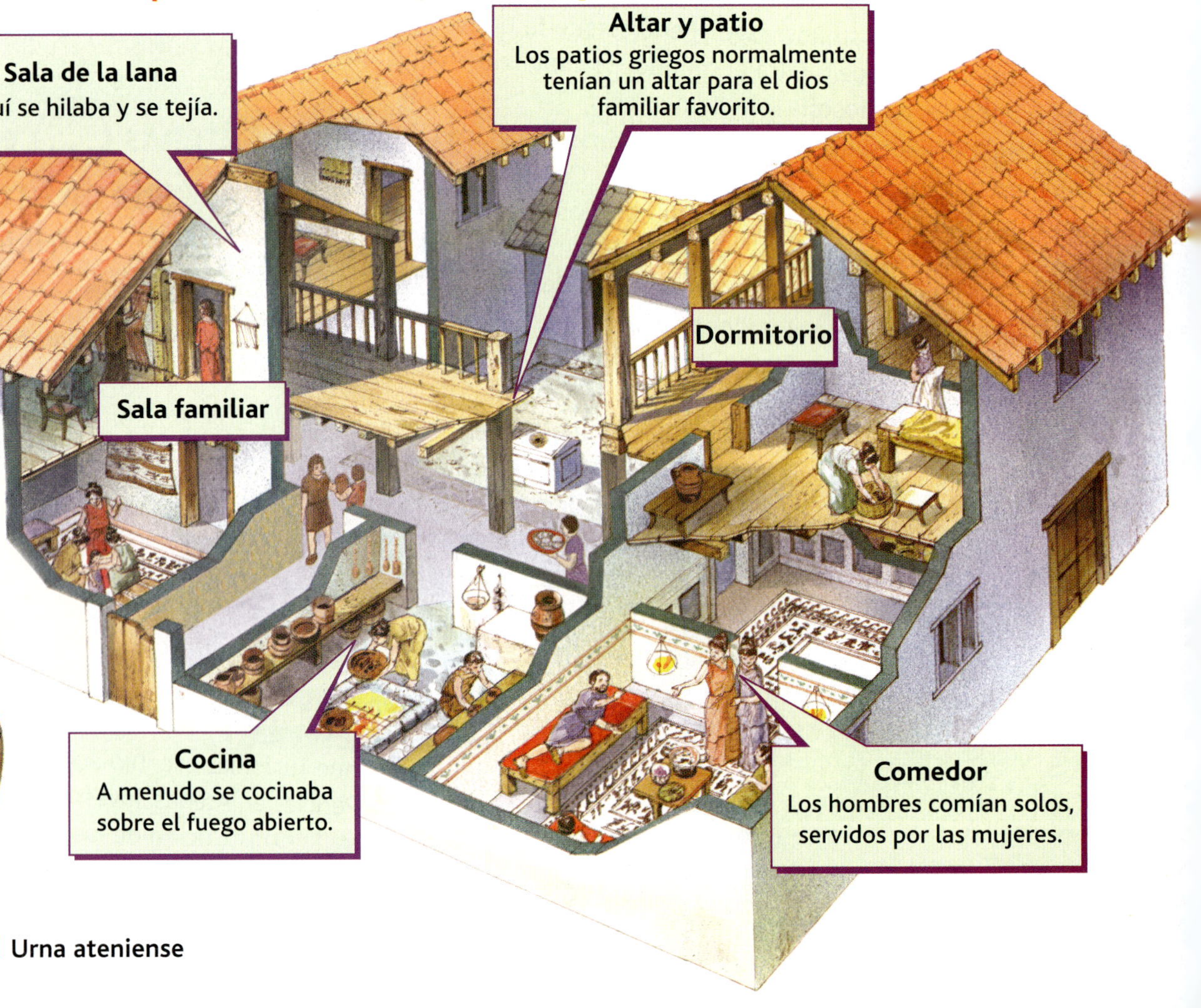

Sala de la lana
Aquí se hilaba y se tejía.
Altar y patio
Los patios griegos normalmente tenían un altar para el dios familiar favorito.
Dormitorio
Sala familiar
Cocina
A menudo se cocinaba sobre el fuego abierto.
Comedor
Los hombres comían solos, servidos por las mujeres.

Urna ateniense

¿Cuál era la base de la economía ateniense?

Muchos atenienses dependían de la agricultura para ganarse la vida. Los pastores criaban ovejas y cabras para obtener lana, leche y queso. Algunos agricultores cultivaban cereales, vegetales y frutas para uso local. Otros cultivaban uvas y aceitunas para hacer vino y aceite de oliva que vendían en el extranjero.

Los atenienses no tenían suficientes tierras aptas para el cultivo como para mantener a todos sus habitantes. Como consecuencia, la ciudad tenía que importar granos de otros lugares. Durante el siglo V a.C., Atenas se convirtió en el centro comercial del mundo griego. Los comerciantes y artesanos se enriquecieron fabricando y vendiendo piezas de cerámica, joyas, productos de cuero y otros productos.

El papel de los hombres y las mujeres Los hombres atenienses generalmente trabajaban durante la mañana y luego hacían ejercicios físicos o asistían a las reuniones de la asamblea. Al anochecer los hombres de clase alta disfrutaban de las reuniones para hombres donde bebían, comían y discutían sobre política y filosofía.

Para las mujeres atenienses la vida giraba en torno al hogar y la familia. Las mujeres se casaban jóvenes, a los 14 ó 15 años, y su función era tener hijos y encargarse de las tareas hogareñas. Las mujeres pobres también podían trabajar con sus esposos en el campo o vender productos en el ágora. Las mujeres respetables de clase alta, sin embargo, se quedaban en sus casas. Supervisaban a los sirvientes y trabajaban la lana para hacer telas, hilándola, tiñéndola y tejiéndola. Rara vez salían de su casa, excepto para ir a funerales o festivales. Incluso entonces, podían salir de su casa sólo si un pariente varón las acompañaba.

Aunque las mujeres atenienses no podían ir a la escuela, muchas aprendían a leer y a tocar un instrumento. A pesar de eso, incluso las mujeres instruidas no eran consideradas iguales a los hombres. No tenían ningún derecho político y no podían tener propiedades. Los padres se hacían cargo de sus hijas si no se casaban. Los esposos cuidaban de sus esposas. Los hijos

NATIONAL GEOGRAPHIC

Cómo eran las cosas

Enfoque en la vida cotidiana

Los deberes de las mujeres En la antigua Atenas, el lugar de la mujer estaba en el hogar. Sus dos responsabilidades principales eran ocuparse del hogar y criar a los niños. El escritor griego Xenofonte registró la explicación de un hombre acerca de los deberes de las mujeres.

> "De ese modo, su deber será permanecer dentro de la casa y enviar afuera a aquellos sirvientes cuyo trabajo está afuera, y supervisar a aquellos que deben trabajar adentor (. . .) y cuidar de que la suma dispuesta para un año no se gaste en un mes. Y cuando le traigan la lana, debe ver que se confeccionen los mantos para aquellos que lo desean. También debe controlar que el grano seco esté en buenas condiciones como para preparar la comida".
>
> —Xenofonte, *Memorabilia and Oeconomicus (Hechos memorables y economía)*

El segundo piso de cada casa era la morada de las mujeres. La mujer ateniense vivía allí con sus hijos. Su deber era mantener a sus hijos bien y felices. Los estimulaba para que aprendieran deportes y jugaran con juguetes, y les enseñaba cómo interactuar con sus amigos y los miembros de la familia. Aunque los hijos varones abandonaban la casa a los siete años para ir a la escuela, las hijas mujeres se quedaban con sus madres y aprendían cómo llevar una casa y ocuparse de los niños.

▲ **Mujer y sirviente griegas**

Conexión con el pasado

1. ¿Por qué piensas que las mujeres y los niños vivían en el segundo piso de la casa?
2. ¿Sobre qué aspectos de la vida tenía autoridad una mujer ateniense?

varones u otros parientes del sexo masculino eran los encargados de cuidar a las viudas.

Unas pocas mujeres se movían libremente en la vida pública. **Aspasia** es quizás el ejemplo más famoso. Aspasia no era una ateniense nativa. Esto le otorgaba una categoría especial. Aspasia era bien educada y le enseñó a hablar en público a varios atenienses. Sus obras escritas no sobrevivieron, pero Platón, el famoso filósofo griego, dijo que sus obras habían ayudado a dar forma a sus ideas. Pericles a menudo consultaba a Aspasia, al igual que muchos otros líderes atenienses. De esta manera se convirtió en una persona influyente en el área de la política, aunque no podía votar ni ejercer cargos públicos.

Comprobación de lectura **Descripción** ¿De qué manera pasaban el tiempo los hombres y mujeres de Atenas?

La guerra del Peloponeso

Idea principal **Esparta y Atenas fueron a la guerra para obtener el control de Grecia.**

Enfoque en la lectura ¿Alguna vez has tratado de hacer que las personas trabajen juntas y te has sentido frustrado cuando no cooperan? Lee para enterarte de qué manera la falta de cooperación de las ciudades-estado griegas casi las llevó a su destrucción.

Mientras el imperio ateniense se hacía cada vez más rico y poderoso, otras ciudades-estado comenzaron a desconfiar de sus propósitos. Dirigidas por Esparta, unieron sus fuerzas contra Atenas. Esparta y Atenas habían creado dos tipos de sociedades distintas, y ninguno de los dos estados comprendía o confiaba en el otro. Los dos grupos entraron en conflicto varias veces por lo

NATIONAL GEOGRAPHIC

Guerra del Peloponeso *431–404 a.C.*

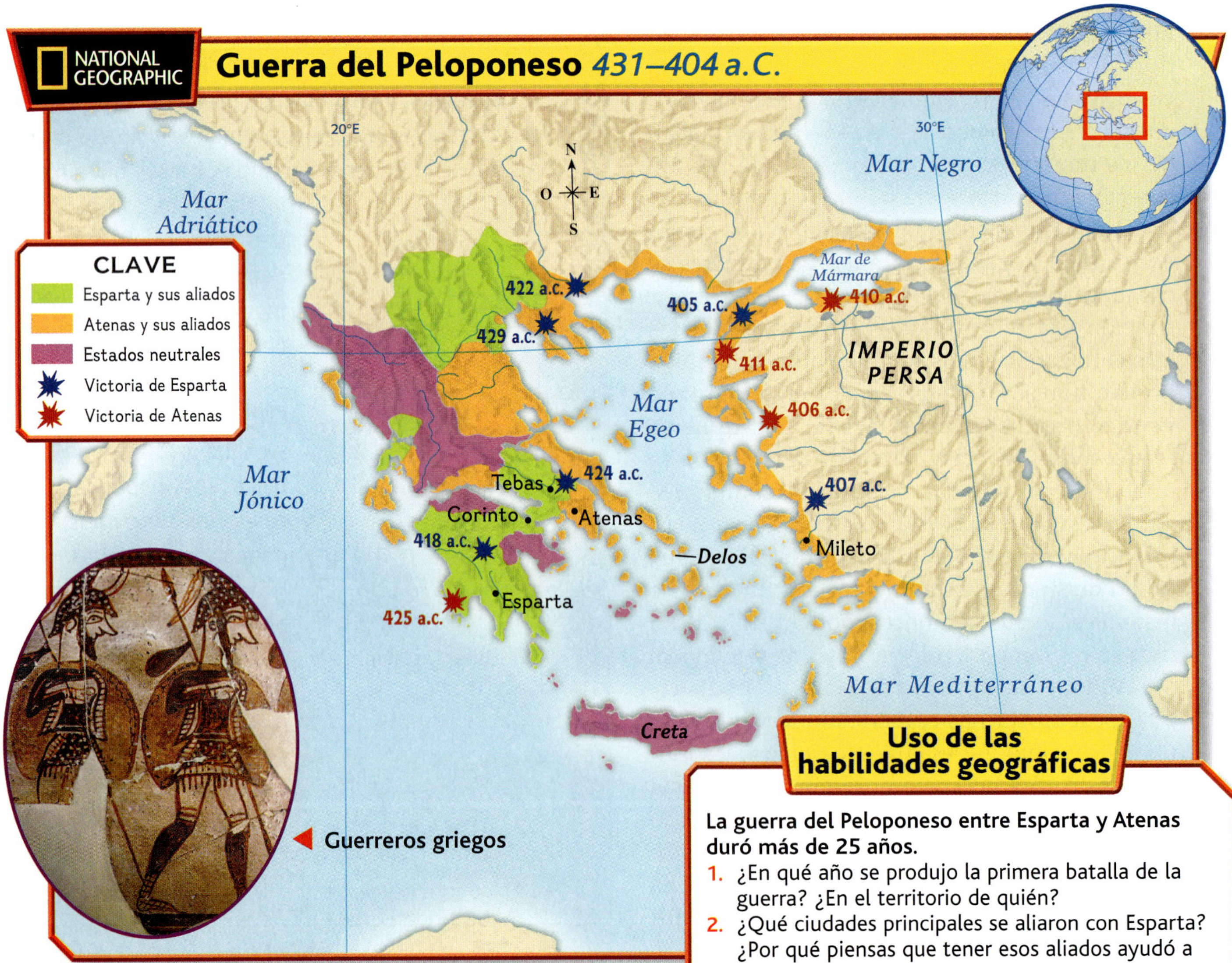

Guerreros griegos

Uso de las habilidades geográficas

La guerra del Peloponeso entre Esparta y Atenas duró más de 25 años.

1. ¿En qué año se produjo la primera batalla de la guerra? ¿En el territorio de quién?
2. ¿Qué ciudades principales se aliaron con Esparta? ¿Por qué piensas que tener esos aliados ayudó a Esparta a ganar la guerra?

que Esparta y sus aliados consideraban como una agresión ateniense. Finalmente, la guerra comenzó en el año 431 a.C. La guerra continuaría hasta 404 a.C. y puso fin a cualquier posibilidad de cooperación futura entre los griegos. Los historiadores denominan a este conflicto como la guerra del Peloponeso porque Esparta estaba en el Peloponeso.

Oración funeraria de Pericles En el primer invierno de la guerra, los atenienses celebraron un funeral público. Su objetivo era honrar a aquellos que habían muerto en combate. Los familiares de los muertos lloraban a sus seres queridos. El resto de los ciudadanos se unieron en una procesión.

Como indicaba la costumbre, uno de los líderes atenienses debía decir unas palabras a la multitud. En ese día el elegido fue Pericles. Habló acerca de la grandeza de Atenas y les recordó a las personas que eran ellos los que hacían que el gobierno fuera fuerte.

En su famoso discurso, llamado Oración Funeraria, Pericles señaló que los atenienses eran parte de una comunidad. Como ciudadanos, aceptaban que debían obedecer las normas de su constitución: la base de su gobierno. Aceptaban determinadas obligaciones, como pagar impuestos y defender la ciudad. También obtuvieron ciertos derechos, como la capacidad de votar y de postularse para ocupar cargos públicos.

El discurso de Pericles les recordó a los atenienses cuál era el poder de la democracia y les dio el valor para seguir luchando. Sus ideas siguen siendo importantes para quienes viven en naciones democráticas hoy.

¿Por qué fueron derrotados los atenienses? A comienzos de la guerra del Peloponeso, tanto Esparta como Atenas pensaban que sabían cómo derrotar al otro. Los espartanos y sus aliados rodearon a Atenas. Esperaban que los atenienses enviarían un ejército para combatirlos. Sin embargo, Pericles sabía que las fuerzas espartanas podían derrotar a los atenienses en un combate en campo abierto. Sabiendo que su gente estaría segura detrás de las paredes de la ciudad, instó a los agricultores que vivían en las afueras a que se trasladaran al interior de la ciudad. Allí, los atenienses se mantuvieron firmes e hicieron que su flota les llevara suministros de sus colonias y aliados. Dado que Esparta no tenía flota, no podía atacar a los barcos atenienses.

Atenas evitó sufrir daños graves durante algún tiempo. Entonces, durante el segundo año de la guerra, una enfermedad mortal se diseminó por la ciudad atestada de gente. Esta enfermedad mató a una tercera parte de los habitantes, incluyendo a Pericles, en 429 a.C.

Fuente principal

Oración funeraria de Pericles

Pericles fue una figura dominante en la política ateniense entre los años 461 a.C. y 429 a.C., una época que los historiadores denominan la Era de Pericles. En su Oración Funeraria, realizada durante la guerra del Peloponeso, Pericles describe a lademocracia, la importancia de cada persona y la ciudadanía.

▲ Pericles

"Nuestra constitución se denomina democracia porque el poder está en manos de todas las personas, y no de una minoría. Cuando se trata de conciliar las disputas privadas, todas las personas son iguales ante la ley; cuando se trata de dar prioridad a una persona ante otra en cargos de responsabilidad pública, lo que cuenta no es la pertenencia a una clase en particular, sino la capacidad real que posee esa persona. Nadie (. . .) quedará [afuera del gobierno] porque sea pobre. Y, dado que nuestra vida política es libre y abierta, también lo es nuestra vida diaria en nuestras relaciones con las otras personas".

—Pericles, según Tucídides, *History of the Peloponnesian War* *(Historia de la guerra del Peloponeso)*

PBD Preguntas basadas en los documentos

¿Qué quiso decir Pericles cuando expresó que "todos somos iguales ante la ley"?

A pesar de estas terribles pérdidas, los atenienses siguieron combatiendo. El enfrentamiento continuó durante otros 25 años.

El historiador Tucídides registró lo que vio:

> **"Ésta, entonces, fue la calamidad que azotó a Atenas y, por cierto, fueron épocas duras, en que las personas morían dentro de la ciudad y los terrenos de fuera de la ciudad estaban devastados".**
>
> —**Tucídides,**
> ***History of the Peloponnesian War***
> ***(Historia de la guerra del Peloponeso)***

Finalmente, desesperados por obtener la victoria, los espartanos hicieron un trato con el imperio persa. A cambio de suficiente dinero como para poder construir una flota, les dieron a los persas parte del territorio griego en Asia Menor.

En 405 a.C. la nueva flota de Esparta destruyó a la flota ateniense. Al año siguiente, después de perder otras batallas en tierra firme, Atenas se rindió. Los espartanos y sus aliados derribaron las paredes de la ciudad y destruyeron el imperio ateniense. Por fin la guerra había terminado.

La guerra del Peloponeso debilitó a todas las principales ciudades-estado griegas, tanto las que estaban entre los vencedores como entre los perdedores. Muchas personas murieron en combate y muchas granjas quedaron destruidas. Miles de personas quedaron sin trabajo. La guerra también impidió que los griegos se unieran y trabajaran todos juntos nuevamente.

Después de derrotar a Atenas, Esparta intentó gobernar sobre toda Grecia. A los 30 años, sin embargo, las ciudades-estado se rebelaron y comenzó una nueva guerra. Mientras luchaban entre ellos mismos, los griegos no se dieron cuenta de que al norte, el poder del reino de Macedonia estaba aumentando. Con el tiempo esto les costaría su libertad.

Comprobación de lectura **Causa y efecto**
¿Cuáles fueron los efectos de la guerra del Peloponeso en Grecia?

Historia en línea
Centro de estudios ¿Necesitas ayuda con el material de esta sección? Visita jat.glencoe.com

Repaso de la sección 4

Resumen de la lectura

Repaso de Ideas principales

- La democracia y la cultura en Atenas florecieron bajo el liderazgo de Pericles.
- Los hombres atenienses trabajaban como agricultores, artesanos y comerciantes, mientras que la mayoría de las mujeres permanecían recluidas en sus hogares.
- Atenas y Esparta lucharon entre sí en la guerra del Peloponeso. La lucha condujo a la derrota de Atenas y al debilitamiento de todos los estados griegos.

¿Qué aprendiste?

1. ¿Cuál fue la causa de la guerra del Peloponeso?
2. Según Pericles, ¿cuáles eran los deberes de los ciudadanos atenienses?

Pensamiento crítico

3. **Resumen** Usa un cuadro como el que sigue para resumir cómo era Atenas en la era de Pericles.

Gobierno	
Economía	
Cultura	
Guerras	

4. **Análisis** ¿Qué fue lo que generó la desconfianza entre Esparta y Atenas?
5. **Interpretación de figuras visuales** Examina el dibujo del hogar ateniense que aparece en la página 142. ¿Qué es lo que indica acerca del papel de la mujer en Atenas?
6. **Enlace cívico** ¿En qué se diferencia la democracia directa de Atenas de la democracia que tenemos en Estados Unidos?
7. **Redacción descriptiva** Describe el papel que desempeñó la Liga de Delos en la creación del imperio ateniense.

Capítulo 4

Repaso de lectura

Sección 1 Los primeros griegos

▲ Calendario minoico

Vocabulario
- **península**
- **colonia**
- **polis**
- **ágora**

Enfoque en Ideas principales

- La geografía de Grecia influyó sobre el lugar donde se establecieron los pueblos y sobre sus actos. ***(página 117)***
- Los minoicos se ganaban la vida con la construcción de barcos y el comercio. ***(página 118)***
- Los micénicos fundaron los primeros reinos griegos y ejercieron su poder en toda la región del mar Mediterráneo. ***(página 119)***
- Las colonias y el comercio diseminaron la cultura griega e impulsaron la industria. ***(página 121)***
- La idea de la ciudadanía se desarrolló en las ciudades-estado griegas. ***(página 122)***

Sección 2 Esparta y Atenas

Vocabulario
- **tirano**
- **oligarquía**
- **democracia**
- **ilota**

Enfoque en Ideas principales

- Los tiranos lograron arrebatar el poder de los nobles con la ayuda de los agricultores, mercaderes y artesanos griegos. ***(página 125)***
- Los espartanos utilizaban principalmente la destreza militar para controlar los pueblos que conquistaban. ***(página 126)***
- A diferencia de los espartanos, los atenienses tenían mayor interés en desarrollar una democracia que en construir una fuerza militar. ***(página 128)***

Sección 3 Persia ataca a los griegos

Vocabulario
- **satrapías**
- **sátrapa**
- **zoroastrismo**

Enfoque en Ideas principales

- El imperio persa reunía un amplio territorio bajo un mismo gobierno. ***(página 132)***
- Tanto Esparta como Atenas tuvieron un papel en la derrota de los persas. ***(página 134)***

Sección 4 La era de Pericles

Vocabulario
- **democracia directa**
- **democracia representativa**
- **filósofo**

Enfoque en Ideas principales

- En el gobierno de Pericles, Atenas pasó a ser muy poderosa y más democrática. ***(página 139)***
- Los hombres y las mujeres de Atenas tenían papeles muy diferentes. ***(página 142)***
- Esparta y Atenas fueron a la guerra para obtener el control de Grecia. ***(página 144)***

Capítulo 4

Evaluación y actividades

Repaso del vocabulario

Escribe la palabra del vocabulario que completa cada oración. Escribe una oración con cada palabra que no se usa.

a. sátrapa
b. ágora
c. democracia
d. democracia directa
e. oligarquía
f. península

1. En un(a) ___, un grupo reducido de personas con dinero ejercen el poder.
2. La parte continental de Grecia es un(a) ___, un área territorial rodeada por agua por tres lados.
3. En un(a) ___, las personas toman decisiones gubernamentales en reuniones masivas.
4. Un(a) ___ actuaba como recolector de impuestos, juez, jefe de policía y reclutador del ejército.

Repaso de las ideas principales

Sección 1 • Los primeros griegos

5. ¿De qué manera influyó la geografía de Grecia en la forma en que los pueblos se establecían y se ganaban la vida?
6. ¿De qué manera ayudaron las colonias griegas en el crecimiento de la industria?

Sección 2 • Esparta y Atenas

7. ¿Por qué consiguieron los tiranos arrebatar el poder a los griegos nobles?
8. Describe las diferencias entre Atenas y Esparta.

Sección 3 • Persia ataca a los griegos

9. ¿Qué sistema utilizó Darío para unir su gran imperio bajo un solo gobierno?
10. ¿Por qué se unieron Esparta y Atenas durante las guerras médicas?

Sección 4 • La era de Pericles

11. ¿De qué manera se expandió la democracia durante la era de Pericles?
12. ¿Cuál fue el resultado de la guerra del Peloponeso?

Pensamiento crítico

13. **Causa y efecto** ¿De qué manera contribuyó la geografía de Grecia para alentar el desarrollo del comercio?
14. **Conclusión** ¿En la antigua Atenas existía una plena democracia? Explica.
15. **Explicación** ¿Crees tú que la gente tiene mayor libertad en una oligarquía o en una tiranía? Explica.

Repaso

Habilidad de lectura

Establecer conexiones

Usa lo que sabes

16. ¿Cuál de estas experiencias podría ayudarte a comprender mejor el significado de la *democracia*?

___ a. postularte para ser presidente de la clase
___ b. intercambiar CD con tus amigos
___ c. recoger la basura en tu vecindario
___ d. sacar un libro de la biblioteca

17. La vida de las niñas atenienses era muy diferente de la vida de las niñas de hoy. Escribe un párrafo que explique las diferencias. Como ejemplos, usa tus propias experiencias o las experiencias de alguien que conozcas.

Para repasar esta habilidad, consulta las páginas 114–115.

Habilidades geográficas

Estudia el mapa que figura a continuación y responde las siguientes preguntas.

18. **Lugar** ¿Cuál es el mar que se encuentra en la costa oeste de Grecia?
19. **Ubicación** ¿Dónde estaba Cnossos?
20. **Movimiento** Si viajaras de Atenas a Troya, ¿en qué dirección irías?

NATIONAL GEOGRAPHIC **Antigua Grecia**

Leer para escribir

21. **Parafraseo** Elige una cita o fuente principal de una de las secciones de este capítulo. Léelo de nuevo y explica con tus propias palabras lo que has leído. Recuerda que, al explicarlo, debes decir con tus propios palabras todas las términos del pasaje, no sólo las ideas principales.
22. **Redacción descriptiva** Trabaja en un grupo pequeño para crear un guión para una pieza de teatro sobre un ciudadano ateniense que visita Esparta por primera vez. Presenta tu obra ante la clase.
23. **Uso de tus PLEGABLES** Usa la información del plegable de apertura de tu capítulo completado para crear una breve guía de estudio para el capítulo. Tu guía de estudio debe incluir por lo menos cinco preguntas para cada sección. Las preguntas deben concentrarse en las ideas principales. Intercambia tu guía de estudio con un compañero y responde cada una de las preguntas.

Historia en línea

Prueba de autocomprobación Para ayudarte a preparar el examen de este capítulo, visita jat.glencoe.com

Enlaces entre el pasado y el presente

24. **Hacer comparaciones** Elige a un personaje mencionado en el capítulo 4. Escribe una descripción de algún personaje actual que tenga ideas similares o haya actuado de manera similar. Indica ejemplos de sus similaridades.

Desarrollo de habilidades de ciudadanía

25. **Análisis** La democracia no es fácil de lograr o mantener. Prepara un cuadro como el siguiente que identifique las cosas que representaban un ataque o una amenaza a la democracia en Atenas.

Idea democrática	Desafíos

Fuente principal Análisis

Estudia la cita siguiente, y luego contesta las preguntas siguientes.

"Nuestra constitución no copia las leyes de los estados vecinos; somos un modelo para otros en lugar de ser imitadores. Su administración favorece a la mayoría en lugar de la minoría; por esto se llama democracia. (. . .) La libertad de la que disfrutamos en nuestro gobierno se extiende a nuestra vida diaria. (. . .) Además, ofrecemos muchos medios para que la mente se recupere del trabajo. Celebramos juegos y sacrificios todo el año".

—Pericles, según Tucídides, *The Peloponnesian War* *(La guerra del Peloponeso)*

PBD Preguntas basadas en los documentos

26. Según Pericles, ¿por qué se considera Atenas como una democracia?
27. ¿Qué quiere decir Pericles cuando dice "ofrecemos muchos medios para que la mente se recupere del trabajo"?

Capítulo 5

La civilización griega

El Templo de Delfos era muy importante para los antiguos griegos. Muchos creían que la sacerdotisa del templo podía pronosticar el futuro.

NATIONAL GEOGRAPHIC ¿Cuándo y dónde?

400 a.C.	300 a.C.	200 a.C.
399 a.C. Sócrates condenado a muerte	**330 a.C.** Alejandro Magno conquista el imperio persa	**c. 287 a.C.** Nace el matemático e inventor Arquímedes

Presentación preliminar del capítulo

Muchos griegos estudiaban ciencia, filosofía, matemáticas y arte. Cuando Alejandro Magno conquistó el imperio persa, ayudó a difundir la cultura y las ideas griegas en todo el sudoeste de Asia y el mundo mediterráneo.

Historia en línea

Descripción general del capítulo Visita jat.glencoe.com para ver la información preliminar del capítulo 5.

Mira el video del capítulo 5 en el Programa de Video *World History: Journey Across Time*.

Sección 1 La cultura de la antigua Grecia

Los griegos lograron grandes avances en el arte. La poesía, el arte y el teatro griegos siguen formando parte de nuestro mundo de hoy.

Sección 2 Filosofía e historia griegas

El amor de los griegos por la sabiduría llevó al estudio de la historia, la política, la biología y la lógica.

Sección 3 Alejandro Magno

Alejandro Magno tenía sólo 25 años cuando conquistó el imperio persa. Como resultado de sus conquistas, el arte, las ideas, el idioma y la arquitectura de Grecia se difundieron por el sudoeste de Asia y África del norte.

Sección 4 La difusión de la cultura griega

Las ciudades griegas se transformaron en centros del saber y la cultura. Los científicos griegos desarrollaron ideas avanzadas acerca de la astronomía y las matemáticas.

PLEGABLES™ Organizador de estudios

Organización de la información *Haz este plegable para que te ayude a organizar la información sobre la cultura y la filosofía de Grecia.*

Paso 1 *Doblar dos hojas de papel por la mitad desde arriba hacia abajo.*

Paso 2 *Colocar pegamento o cinta a lo largo de ambas solapas de $\frac{1}{2}$ pulgada.*

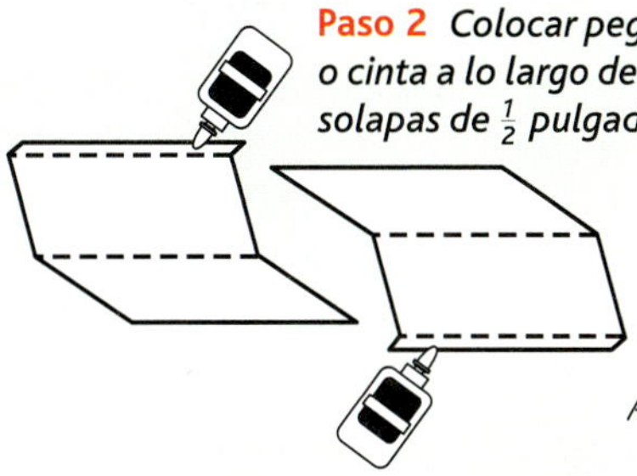

Paso 3 *Unir ambas hojas de papel para hacer un cubo como se ve aquí.*

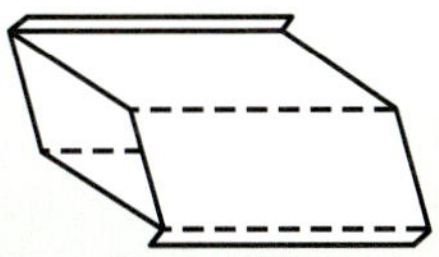

Paso 4 *Darle vuelta al cubo y rotular el plegable como se ve aquí.*

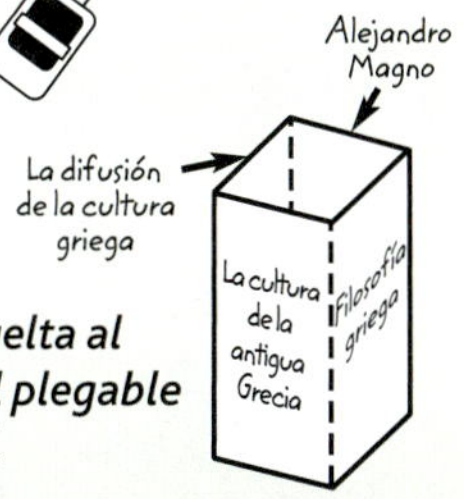

Lectura y redacción

A medida que leas el capítulo, enumera los acontecimientos importantes de la antigua Grecia. Anota los acontecimientos en la categoría correspondiente del plegable.

Capítulo 5

Lectura en estudios sociales

Habilidad de lectura
Contexto

1 ¡Apréndelo!

Uso de indicios de contexto

Si te cuesta comprender las palabras de un pasaje, resulta muy difícil comprender el mensaje del autor. Es posible que sepas la definición de una palabra o inclusive sepas cómo pronunciarla, pero aun así es posible que no comprendas bien su significado.

Fíjate en la palabra *inspiración* en el párrafo siguiente. Usa las palabras resaltadas para poder comprender mejor su significado.

> **La clave del coraje de Alejandro puede haber sido la educación que recibió desde niño. Alejandro tenía una copia de la *Ilíada* debajo de su almohada. Es muy probable que su fuente de inspiración haya sido Aquiles, el héroe guerrero del poema de Homero. Al final, la reputación de Alejandro superó inclusive la de Aquiles, y hoy se le conoce como Alejandro Magno, que significa "el grande".**
>
> —*de la página 177*

Mira las frases que rodean a la palabra para buscar indicios sobre su significado.

En este párrafo, la palabra *inspiración* significa algo que tiene influencia o algún efecto sobre alguien.

Habilidad de lectura

Cuando no entiendas una palabra o un concepto, vuelve a leer la oración o el párrafo. Busca otras palabras que te ayuden a comprender su significado.

2 ¡Practícalo!

¿Qué significa eso?

Lee el siguiente párrafo sobre Esopo. Anota todas las palabras o frases que te ayuden a comprender plenamente el significado de la palabra *fábula*.

> Alrededor de 550 a.C., un esclavo griego llamado Esopo creó sus fábulas, que ahora son famosas. Una fábula es una historia corta que enseña una lección. En la mayoría de las fábulas de Esopo, los animales hablan y actúan como seres humanos. Estas historias, que con frecuencia son cómicas, describen las debilidades humanas, y también sus virtudes. Cada fábula termina con un mensaje, o moraleja.
>
> *—de la página 158*

Leer para escribir

Diríjete a cualquier página en este capítulo. Cierra los ojos y apunta a una palabra. Puede ser cualquier palabra, incluyendo "un" o "el". Ahora escribe un párrafo que explique de qué manera el resto de las palabras de la oración o párrafo donde aparece esa palabra te ayudaron a descubrir su significado.

Esopo

3 ¡Aplícalo!

Mientras lees el capítulo, dibuja cinco "redes" de palabras. Coloca una palabra o idea importante en un círculo central. A su alrededor coloca otros círculos que contengan palabras del texto y que ayuden a explicarla.

Sección 1

La cultura de la antigua Grecia

¡Prepárate para leer!

¿Cuál es la relación?

Has leído que durante el gobierno de Pericles, Atenas se transformó en un centro de belleza y cultura. Durante esta Edad de Oro, los pensadores, escritores y artistas de Grecia contribuyeron muchas ideas al mundo.

Enfoque en Ideas principales

- Los griegos creían que los dioses y las diosas controlaban la naturaleza e influían en el destino de los hombres. *(página 155)*
- La poesía y las fábulas griegas enseñaban los valores griegos. *(página 157)*
- El arte dramático griego sigue teniendo influencia en el entretenimiento de hoy. *(página 160)*
- El arte y la arquitectura griegos expresaban las ideas griegas de belleza y armonía. *(página 162)*

Ubicación de lugares

Monte Olimpo
Delfos

Conoce a los personajes

Homero
Esopo
Sófocles
Eurípides

Desarrollo de tu vocabulario

mito
oráculo
épico
fábula
arte dramático
tragedia
comedia

Estrategia de lectura

Comparación y contraste Crea un diagrama de Venn que muestre las similitudes y diferencias entre un poema épico y una fábula.

Épico | Ambos | Fábula

NATIONAL GEOGRAPHIC ¿Cuándo y dónde?

700 a.C. — 600 a.C. — 500 a.C.

- **c. siglo VIII a.C.** Homero escribe la *Ilíada* y la *Odisea*
- **c. 550 a.C.** Esopo escribe una serie de fábulas
- **c. siglo VI a.C.** Los arquitectos griegos empiezan a usar columnas de mármol

Mitología griega

Idea principal **Los griegos creían que los dioses y las diosas controlaban la naturaleza e influían en el destino de los hombres.**

Enfoque en la lectura ¿Alguna vez te has preguntado por qué crecen las cosechas o por qué el sol sale y se pone? Para obtener la respuesta, tú leerías un libro de ciencia. Lee para saber cómo los griegos usaban la religión para explicar la naturaleza.

Los **mitos** son historias tradicionales sobre dioses y héroes. La mitología griega expresa las creencias religiosas del pueblo griego. Los griegos creían en muchos dioses y diosas. Creían que los dioses y diosas afectaban las vidas de las personas e influían en los acontecimientos. Es por eso que los edificios más impactantes en las ciudades griegas eran los templos religiosos.

Dioses y diosas de Grecia Los griegos creían que los dioses y diosas controlaban la naturaleza. Según los mitos griegos, el dios Zeus controlaba el cielo y arrojaba los rayos, la diosa Démeter hacía que crecieran las cosechas y el dios Poseidón provocabalos terremotos.

Los 12 dioses y diosas más importantes vivían en el **Monte Olimpo,** la montaña más altade Grecia. Entre los 12 se encontraban Zeus, que era el dios principal, Pallas Atenea, diosa de la sabiduría y las artes, Apolo, dios del sol y la poesía, Ares, dios de la guerra, Afrodita, diosa del amor y Poseidón, dios de los mares y los terremotos.

Comprensión de cuadros

Los griegos creían que sus dioses y diosas eran una gran familia y que todos eran parientes.

1. ¿Quién era la hermana gemela de Apolo?
2. **Explicación** ¿Cuál era el parentesco entre Ares y Zeus?

▲ **Esta pintura muestra al oráculo de Delfos ofreciendo una profecía a un griego.** ***¿Por qué una profecía de un oráculo a menudo era confusa?***

Pero los griegos no pensaban que sus dioses y diosas fueran todopoderosos. Según los mitos griegos, aunque los dioses tenían poderes especiales, tenían el aspecto de seres humanos y actuaban como ellos. Se casaban, tenían hijos, se peleaban, se engañaban los unos a los otros y luchaban en las guerras.

Los griegos buscaban obtener favores de los dioses, y para hacerlo celebraban muchos rituales. Un ritual es un conjunto de acciones que se realizan siempre de la misma manera. Como parte de sus rituales, los griegos rezaban a sus dioses y les hacían regalos. A cambio, ellos esperaban que los dioses les otorgaran buena fortuna. Muchos festivales griegos honraban a los dioses y las diosas. En Olimpia se realizaban festivales en homenaje a Zeus.

Los griegos también creían en la vida después de la muerte. Cuando las personas morían, los griegos creían que sus espíritus iban a un sombrío mundo subterráneo gobernado por un dios llamado Hades.

¿Qué era un oráculo griego? Los griegos creían que cada persona tenía un destino determinado. Creían que ciertos acontecimientos ocurrirían de todos modos, sin importar lo que se hiciera en la vida. También creían en las profecías. Una profecía es una predicción acerca del futuro. Los griegos creían que los dioses transmitían profecías a los seres humanos para advertirles acerca del futuro.

Para saber lo que ocurriría en el futuro, muchos griegos consultaban a un **oráculo.** Éste era un altar sagrado donde un sacerdote o sacerdotisa hablaba en nombre de un dios o diosa. El más famoso era el oráculo del Templo de Apolo en **Delfos.** La cámara del oráculo se encontraba dentro del templo. La habitación tenía una abertura en el piso de donde salía humo volcánico de una grieta.

La sacerdotisa se sentaba en un trípode (un banquito de tres patas) en la cámara del oráculo y escuchaba las preguntas. Los sacerdotes traducían sus respuestas. Los gobernantes, o sus mensajeros, viajaban a Delfos para escuchar los consejos del oráculo de Apolo.

La sacerdotisa en el oráculo daba respuestas, bajo la forma de adivinanzas. Cuando un rey llamado Creso envió mensajeros al oráculo de Delfos, ellos preguntaron si el rey debía ir a la guerra con los persas. El oráculo respondió que si Creso atacaba a los persas, destruiría a un poderoso imperio. Lleno de alegría al escuchar estas palabras, Creso declaró la guerra a los persas. El ejército persa aplastó al ejército de Creso. ¡El poderoso imperio que había destruido el rey Creso era el suyo propio!

✓ **Comprobación de lectura** **Explicación** ¿Por qué tenían los griegos rituales y festivales para sus dioses y diosas?

Poesía y fábulas griegas

Idea principal **La poesía y las fábulas griegas enseñaban los valores griegos.**

Enfoque en la lectura ¿Tienes alguna historia favorita? ¿Son valientes e inteligentes los personajes de las historias? Lee sobre los personajes de las historias favoritas de la antigua Grecia.

Los poemas y las historias griegas son las más antiguas del mundo occidental. Durante cientos de años, los europeos y americanos han usado estas antiguas obras como modelos para sus propios poemas e historias. Shakespeare, por ejemplo, usó en sus obras muchas historias y personajes griegos.

Las historias griegas más antiguas eran poemas **épicos.** Estos poemas largos contaban hazañas heroicas. Los primeros grandes poemas épicos de la Grecia antigua eran la *Ilíada* y la *Odisea*. El poeta **Homero** escribió estos poemas épicos en el siglo VIII a.C. Estos poemas estaban basados en las historias sobre una guerra entre Grecia y la ciudad de Troya, que se encontraba en lo que hoy es el noroeste de Turquía.

En la *Ilíada*, un príncipe troyano secuestra a la esposa del rey de Esparta. Este secuestro indigna a los griegos. El rey de Micenas y el hermano del rey de Esparta guían a los griegos en un ataque contra Troya.

La guerra de Troya dura por 10 años. Por fin, los griegos diseñan un plan para tomar la ciudad. Construyen un enorme caballo de madera hueco. Los mejores soldados micénicos se ocultan dentro del caballo.

El caballo de Troya

Después de construir el caballo de Troya, los griegos volvieron a sus barcos y fingieron que se iban. A pesar de las advertencias, los troyanos llevaron al caballo dentro de su ciudad como trofeo de guerra. Los griegos que estaban dentro del caballo abrieron las puertas de la ciudad para que entraran los otros soldados griegos y prendieron fuego a la ciudad. ***¿En qué poema épico está la historia del caballo de Troya?***

Los soldados griegos se ocultaron en la barriga del caballo.
Las tropas salieron por la puerta de la trampa.
El caballo de madera se puso sobre una plataforma con ruedas.

▲ Figura de arcilla del caballo de Troya

Los troyanos, creyendo que el caballo era un regalo de los griegos, festejan y llevan el caballo gigante dentro de la ciudad. Esa noche, los guerreros griegos salen en silencio del caballo y capturan la ciudad.

La *Odisea* cuenta la historia de Ulises (Odiseo), otro héroe griego. Describe su viaje de vuelta a casa desde la Guerra de Troya. Ulises enfrenta tempestades, hechiceras y gigantes antes de volver a su esposa. Como a Ulises u Odiseo le lleva 10 años volver a casa, hoy usamos la palabra odisea para describir un largo viaje con muchas aventuras.

Los griegos creían que la *Ilíada* y la *Odisea* no eran simples historias. Consideraban a estos poemas épicos como historia real. Estos poemas les dieron a los griegos un pasado ideal con muchos héroes. Generaciones de griegos leyeron las obras de Homero. Un ateniense escribió: "Mi padre estaba ansioso por verme crecer y transformarme en un hombre bueno (. . .) [así que] me obligó a aprender de memoria todas las obras de Homero".

Las historias de Homero enseñaban sobre el valor y el honor. También enseñaban que era importante ser leal con los amigos y valorar la relación entre marido y mujer. Las historias mostraban a los héroes luchando para ser los mejores. Los héroes luchaban para proteger su honor y el honor de su familia. Los héroes de Homero fueron modelos para los niños griegos.

¿Quién era Esopo? Alrededor de 550 a.C., un esclavo griego llamado **Esopo** creó sus fábulas, que ahora son famosas. Una **fábula** es una historia corta que enseña una lección. En la mayoría de las fábulas de Esopo, los animales hablan y actúan como seres humanos. Estas historias, que con frecuencia son cómicas, describen las debilidades humanas, y también sus virtudes. Cada fábula termina con un mensaje, o moraleja.

Una de las fábulas más conocidas es "La liebre y la tortuga". En esta fábula, una tortuga y una liebre deciden competir en una carrera. A la mitad de la carrera, la liebre está muy adelantada. Se detiene para descansar y se queda dormida. Mientras tanto, la tortuga sigue andando a un paso lento pero continuo y finalmente gana la carrera.

La moraleja de la historia es que "con lentitud y persistencia se gana la carrera". Algunas de las frases que escuchamos hoy en día vienen de las fábulas de Esopo. "Uvas verdes", "un lobo con piel de oveja" y "las apariencias engañan" son algunos ejemplos.

Durante unos 200 años, las fábulas de Esopo formaron parte de la tradición oral griega. Esto significa que una persona se lo contaba a otra y así sucesivamente, mucho antes de que alguien lo escribiera. Desde entonces, innumerables escritores han vuelto a contar las historias en muchos idiomas diferentes.

Esopo

Según la leyenda, Esopo fue liberado de la esclavitud y se transformó en consejero de los gobernantes griegos. ***¿Qué es una fábula?***

Comprobación de lectura **Descripción**
¿Cuáles eran las características de una fábula?

Biografía

HOMERO

c. 750 a.C.

Los poemas épicos de Homero, la *Ilíada* y la *Odisea*,son famosos, pero hasta el siglo XX los historiadores creían que Homero unca había existido. Hoy los historiadores saben que Homero fue una persona real, pero siguen debatiendo sobre si escribió sus poemas solo o con la ayuda de otros poetas.

Muchos historiadores han especulado, o han hecho suposiciones fundamentadas sobre la vida personal de Homero. Algunos dicen que Homero nació en Jonia y siete ciudades se atribuyen el ser su lugar de nacimiento. Algunos creen que era ciego. Otros creen que vagaba de ciudad en ciudad.

Las leyendas hablan de la fuerte influencia de Homero sobre sus lectores. Por ejemplo, se dice que cuando era niño, Alejandro Magno dormía con una copia de la *Ilíada* debajo de su almohada.

Homero usó el término *aoidos* para definir a un poeta. Esta palabra significa "cantante", lo que indica que la poesía creada en tiempos de Homero se memorizaba y se recitaba, no se escribía. Normalmente se recitaban al público, como entretenimiento, poemas cortos, sencillos y fáciles de recordar.

Homero creó un estilo diferente de poesía que tuvo influencia en toda la literatura occidental que vino después. Sus poemas épicos son largos y tienen personajes complejos, acción dramática y acontecimientos interesantes. Dado que cada sección de la *Ilíada* y la *Odisea* tienen estas características, la mayoría de los historiadores creen que un solo poeta pudo haber creado ambos poemas épicos. Quienquiera que haya sido Homero, sus dos poemas épicos han influido a los lectores por más de 3,000 años.

Homero ▶

"Odio como odio a la puerta misma [del Hades] al hombre que esconde un pensamiento mientras expresa otro".

– Homero, la *Ilíada*

Entonces y ahora

Repasa las características de un poema épico. Haz una investigación para identificar un poema épico moderno.

El arte dramático griego

Idea principal **El arte dramático griego sigue teniendo influencia en el entretenimiento de hoy.**

Enfoque en la lectura Piensa en tu película favorita. ¿Cómo la describirías? ¿Es una tragedia? ¿Es una comedia? Lee para descubrir cómo las obras de teatro griegas siguen teniendo influencia en el entretenimiento de hoy.

¿Qué es el **arte dramático?** Una obra dramática es una historia contada por actores que fingen ser personajes en la historia. En una obra dramática, los actores hablan, muestran emoción e imitan las acciones de los personajes que representan. Las películas, obras de teatro y programas de televisión de hoy son todos ejemplos de obras dramáticas.

Tragedias y comedias Los griegos representaban obras en teatros al aire libre como parte de sus festivales religiosos. Desarrollaron dos tipos de obras dramáticas: comedias y tragedias.

En una **tragedia,** una persona lucha para superar las dificultades pero fracasa. Como resultado, la historia tiene un final triste. Las primeras tragedias griegas presentaban a las personas en una lucha contra el destino. Más adelante, las tragedias griegas mostraron cómo las fallas en el carácter de una persona la llevaban al fracaso.

Enlaces entre el pasado y el presente

El teatro

ENTONCES Las tragedias y las comedias se representaban en un teatro en las laderas de la Acrópolis en Atenas. Las piezas incluían música y danza. Los actores griegos usaban disfraces y llevaban grandes máscaras. Las máscaras indicaban a la audiencia lo que supuestamente era el actor: un rey, un soldado o un dios. Todos los actores eran varones, incluyendo los que representaban papeles femeninos.

▼ Una obra dramática moderna

▲ Ruinas de un teatro griego

AHORA Los actores de hoy incluyen hombres y mujeres, y a veces también niños y animales. Los efectos especiales y el maquillaje han reemplazado las máscaras. La música en el teatro moderno a veces es tan importante como las palabras de los actores. ***Si vieras una pieza de teatro griega, ¿qué podría decir esta pieza sobre la vida en la antigua Grecia?***

En una **comedia**, la historia tiene un final feliz. Hoy usamos la palabra *comedia* para representar una historia cómica. La palabra en realidad se refiere a cualquier obra dramática que tenga un final feliz.

En las historias griegas se enfrentaban cuestiones importantes, como:

- ¿Cuál es la naturaleza del bien y el mal?
- ¿Qué derechos deben tener las personas?
- ¿Cuál es el papel de los dioses en nuestras vidas?

Los tres autores más conocidos de tragedias griegas fueron Esquilo, **Sófocles** y **Eurípides.** El autor más conocido de comedias griegas fue Aristófanes.

Las primeras tragedias griegas sólo tenían una actor que hablaba y un coro que cantaba canciones que describían los acontecimientos. Esquilo fue el primero que tuvo la idea de poner a dos actores. Esto permitía que un escritor contara una historia sobre un conflicto entre dos personas. Esquilo también incluyó disfraces, accesorios y escenografía; todo lo cual se usa también hoy.

Una de las obras más conocidas de Esquilo es un grupo de tres piezas llamadas la *Orestíada*. Esquilo escribió las piezas en el año 458 a.C. Describen lo que ocurre cuando el rey de Micenas vuelve a casa después de la Guerra de Troya. La *Orestíada* enseña que el mal provoca más actos de maldad y sufrimiento. Al final, sin embargo, la razón triunfa sobre el mal. La moraleja de estas obras es que la gente no debe buscar venganza.

Sófocles, que era general y escritor de piezas de teatro, introdujo otras mejoras en el arte dramático. Usó tres actores en sus historias, en lugar de uno o dos. También colocaba escenas pintadas en el escenario para que sirvieran como fondo para la acción. Las dos piezas más famosas de Sófocles son *Oedipus Rex (Edipo Rey)* y *Antigone (Antígona)*. En *Antígona*, Sófocles se hace la pregunta "¿Es mejor seguir órdenes o hacer lo correcto?"

Eurípides, un dramaturgo posterior, intentó llevar el teatro griego más allá de los héroes y los dioses. Sus personajes eran más realistas. Las historias de Eurípides muestran gran interés en las situaciones de la vida real. Cuestionaba el pensamiento tradicional, especialmente sobre la guerra. Mostró la guerra como algo cruel y a las mujeres y niños como víctimas.

Las obras de Aristófanes son buenos ejemplos de comedias. Se burlan de los políticos y los hombres instruidos más importantes. Alientan al público a que piense, además de reírse. Muchas de las obras de Aristófanes incluían bromas, como las comedias populares de la televisión de hoy.

▲ **Esta imagen muestra actores preparándose para una obra de teatro.** ***¿Dónde y cuándo se representaban las piezas de teatro griegas?***

◀ **Máscaras de la comedia y la tragedia**

Comprobación de lectura **Resumen** ¿Cuáles son los dos tipos principales de obras dramáticas que crearon los griegos?

Arte y arquitectura de Grecia

Idea principal **El arte y la arquitectura griegos expresaban las ideas griegas de belleza y armonía.**

Enfoque en la lectura ¿Hay algún edificio en tu vecindario que consideres como una obra de arte? Sigue leyendo para saber cosas sobre edificios que la gente ha admirado como arte durante siglos.

Los artistas en la antigua Grecia creían en ciertas ideas e intentaron mostrar esas ideas en su trabajo. Estas ideas nunca han pasado de moda. Los artistas griegos querían que la gente viera la razón, la moderación, el equilibrio y la armonía en sus obras. Esperaban que su arte inspirara a la gente a basar sus vidas en estas mismas ideas.

Sabemos que los griegos pintaban murales, pero ninguno ha sobrevivido. Sin embargo, todavía seguimos viendo ejemplos de la pintura griega en la cerámica griega. Las imágenes en la mayoría de la cerámica griega son rojas sobre un fondo negro o negras sobre un fondo rojo. Los jarrones más grandes a menudo tenían escenas de los mitos griegos. Las copas pequeñas para beber mostraban imágenes de la vida diaria.

El Partenón

Con casi 230 pies de largo y 100 pies de ancho, el Partenón era la gloria de la antigua Atenas. Se construyó entre 447 y 432 a.C. ***¿Para qué se construyó el Partenón?***

Dórico
Jónico
Corintio

▲ Los griegos usaron tres estilos diferentes de columnas en sus edificios.

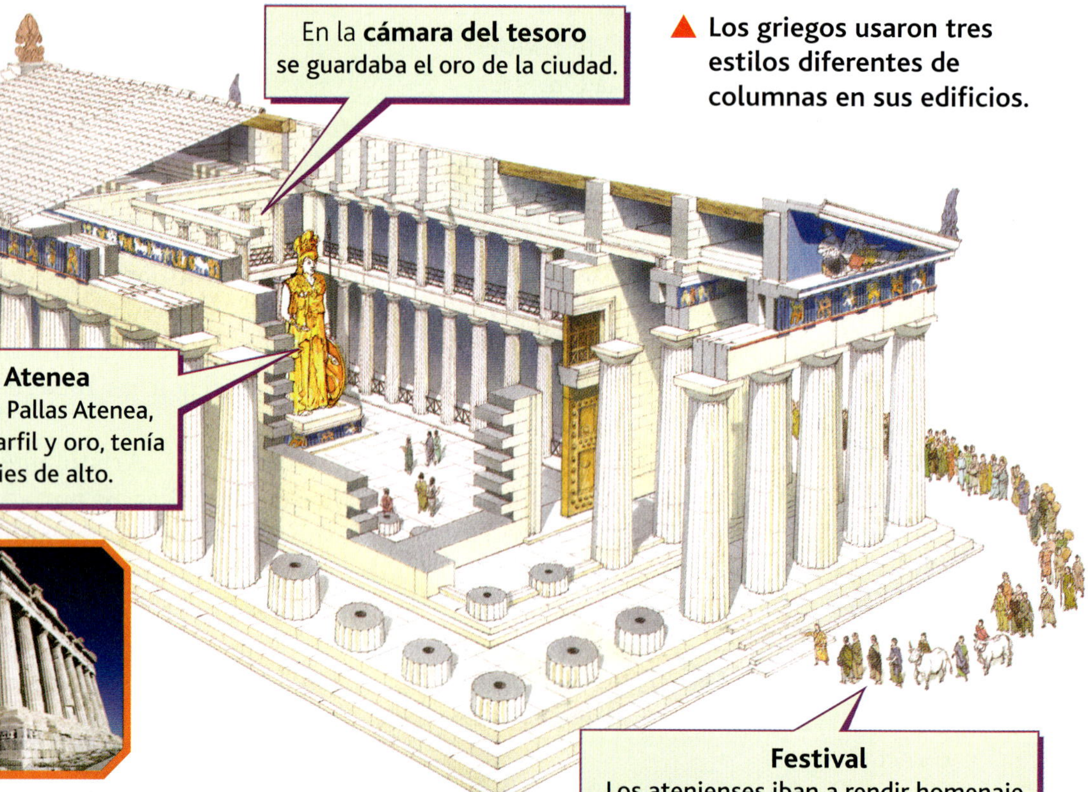

En la **cámara del tesoro** se guardaba el oro de la ciudad.
Pallas Atenea
La estatua de Pallas Atenea, cubierta en marfil y oro, tenía casi 43 pies de alto.
Festival
Los atenienses iban a rendir homenaje a Pallas Atenea cada cuatro años.

▲ Hoy el Partenón sigue elevándose sobre Atenas.

Además de hacer cerámica, los griegos eran hábiles arquitectos. La arquitectura es el arte de diseñar y construir estructuras. En Grecia, la arquitectura más importante era el templo dedicado a un dios o diosa. El ejemplo más conocido es el Partenón. Los templos como el Partenón tenían una habitación cerrada en su centro. En estas habitaciones centrales se conservaban las estatuas de los dioses y diosas y los regalos que se les ofrecían.

Muchos edificios griegos eran sostenidos por grandes columnas. Las primeras columnas griegas eran de madera tallada. Entonces, en 500 a.C., los griegos empezaron a usar mármol. Las columnas de mármol se construían en secciones. Se tallaban grandes bloques de mármol de las canteras y se llevaban en carros tirados por bueyes al lugar de la construcción. Las secciones se apilaban una sobre otra. Para impedir que se cayeran, las secciones de la columna se unían con clavijas de madera. Hoy, las columnas de mármol son características comunes en iglesias y edificios públicos. Algunos de los edificios más conocidos de la capital de nuestro país, como la Casa Blanca y el Capitolio, tienen columnas similares a las columnas griegas.

Muchos templos griegos estaban decorados con estatuas. La escultura griega, como la arquitectura griega, se usaba para expresar las ideas griegas. El tema favorito de los artistas griegos era el cuerpo humano. Los grandes escultores griegos no copiaban a sus modelos con exactitud, incluyendo sus defectos. En lugar de ello, intentaban mostrar su versión ideal de la perfección y la belleza.

Comprobación de lectura **Identificación**
¿Cuál era el tipo más importante de edificio en la antigua Grecia?

Historia en línea
Centro de estudios ¿Necesitas ayuda con el material de esta sección? Visita jat.glencoe.com

Repaso de la sección 1

Resumen de la lectura

Repaso de Ideas principales

- Los griegos creían que los dioses y las diosas influían en el destino de los hombres. Creían que los oráculos hablaban en nombre de los dioses y diosas.
- Los griegos escribieron largos poemas, llamados poemas épicos, y cuentos cortos, llamados fábulas, para transmitir los valores griegos.
- Los griegos crearon las ideas de tragedia y comedia que se usan aún hoy en el arte dramático.
- Las formas de arte griego, como la pintura, la arquitectura y la escultura, expresaban las ideas griegas de la belleza, la armonía y la moderación.

¿Qué aprendiste?

1. ¿Cómo y por qué honraban los griegos a sus dioses?
2. ¿Cuáles eran los valores que enseñaban a los griegos los poemas épicos de Homero?

Pensamiento crítico

3. **Contraste** ¿Cuál es la diferencia entre las tragedias y las comedias griegas?
4. **Resumen de información** Prepara una tabla que describa las características de la arquitectura y la cerámica griega.

Arquitectura griega	
Alfarería griega	

5. **Evaluación** ¿Crees que los temas de las obras de Eurípides serían populares hoy?
6. **Hacer generalizaciones** ¿Por qué incluyen los artistas griegos las ideas de razón, moderación, equilibrio y armonía en sus obras?
7. **Redacción explicativa** La literatura griega nos enseña lo que los griegos consideraban importante. Elige un libro, película o programa de televisión de hoy. Escribe un párrafo explicando qué pueden decir estas obras sobre nuestra sociedad.
8. **Lectura** **Indicios de contexto** Explica cómo las palabras en la oración siguiente ayudarían a descubrir el significado de la palabra *moraleja*. "La moraleja de la historia es que con lentitud y persistencia se gana la carrera".

ÍCARO Y DÉDALO

Adaptado por Josephine Preston Peabody

Antes de leer

La escena: Esta historia toma lugar en la isla griega de Creta, en los tiempos legendarios en que los hombres y los dioses convivían en la antigua Grecia.

Los personajes: Dédalo es el maestro arquitecto del rey Minos de Creta. Ícaro es el hijo de Dédalo.

La trama: En una época, el rey Minos apreciaba y confiaba en su sirviente, el arquitecto Dédalo. Sin embargo, un día el rey se enojó con Dédalo, y lo encerró a él y a su hijo, Ícaro, en una torre muy alta. En secreto, Dédalo planea escapar.

Presentación preliminar de vocabulario

mortal: humano

cambiante: que cambia de un momento a otro

oscilar: moverse de un lado a otro

precipitado: hecho sin planificación o preparación

tambalearse: perder el equilibrio

saciar: satisfacer o poner fin a una necesidad o deseo

en vano: sin éxito

¿Alguna vez has conocido a alguien que haya ignorado las advertencias y haya hecho algo peligroso? Ésta es la historia de un muchacho que no escucha a su padre y sufre las consecuencias.

A medida que lees

Debes tener en cuenta que un mito es un tipo especial de historia, en la que normalmente participan dioses o diosas. Los mitos griegos como éste se han venido contando por muchos cientos de años. Piensa en el motivo por el que los griegos contaban esta historia. ¿Cuál es la lección que enseña?

Entre todos los mortales que eran tan sabios que conocían los secretos de los dioses, ninguno era más inteligente que Dédalo.[1]

Una vez, construyó a pedido del rey Minos de Creta, un maravilloso laberinto, tan complejo y enredado, que quienes entraban en él nunca podían encontrar la salida sin ayuda de la magia. Pero el humor del rey era cambiante, y un día, hizo que encerraran a su maestro arquitecto en una torre. Dédalo se las arregló para escapar de su celda, pero parecía imposible poder abandonar la isla, porque todos los barcos que entraban o salían eran vigilados por orden del rey.

Finalmente, observando a las gaviotas en el aire, las únicas criaturas que disfrutaban de libertad ilimitada, pensó en un plan para sí mismo y para su joven hijo, Ícaro,[2] quien estaba en cautiverio junto con él.

Poco a poco, reunió una gran cantidad de plumas de todos los tamaños. Las unió con hilo y cera, y de esta manera fabricó un par de enormes alas, iguales a las de un pájaro. Cuando estuvieron listas, Dédalo se las puso sobre los hombros, y después de un par de esfuerzos, descubrió que al aletear con los brazos, podía elevarse[3] en el aire y volar. Se mantuvo en el aire, se tambaleó de aquí para allá con el viento y, finalmente, como un enorme pichón,[4] aprendió a volar.

[1]**Dédalo :** arquitecto del rey Minos
[2]**Ícaro** : hijo de Dédalo
[3]**elevarse**: subir, en este caso en el aire
[4]**pichón:** cría de la paloma que todavía no puede volar

Sin demora, empezó a trabajar en un par de alas para su hijo Ícaro, y le enseñó cómo usarlas, advirtiéndole no debía hacer nada precipitado con ellas, como intentar volar entre las estrellas. “Recuerda”, dijo el padre, “nunca debes volar muy alto o muy bajo, porque la niebla te puede impedir que subas, y los rayos del sol derretirán tus plumas si te acercas demasiado”.

A Ícaro estas advertencias le entraron por un oído y salieron por el otro. ¿Quién podría recordar ser cuidadoso cuando iba a volar por primera vez? ¿Acaso los pájaros eran cuidadosos? ¡Por supuesto que no! El único pensamiento del muchacho era la alegría de escapar.

Llegó el día en que sopló un viento suave que los ayudaría a escapar. El padre se puso las alas, y si bien tenía prisa por irse, esperó para ver que todo saliera bien con Ícaro, porque los dos no podían volar tomados de la mano. Se elevaron en el aire, el muchacho detrás del padre. La odiosa tierra de Creta se hundió a sus espaldas, y los campesinos que los vieron cuando pasaron sobre la copa de los árboles creyeron que habían visto a dioses, quizás Apolo,[5] con Cupido[6] atrás de él.

Al principio la alegría estaba mezclada con terror. Los cielos ilimitados los deslumbraron, y una mirada hacia abajo los hizo tambalear. Pero cuando el viento llenó sus alas, e Ícaro se sintió sostenido,[7] como un martín-pescador[8] en el hueco de una ola, o como un niño levantado por su madre, olvidó todo en el mundo, salvo su felicidad. Se olvidó de Creta y de las otras islas por las que pasaban: apenas veía a la criatura alada delante de él, que era su padre Dédalo.

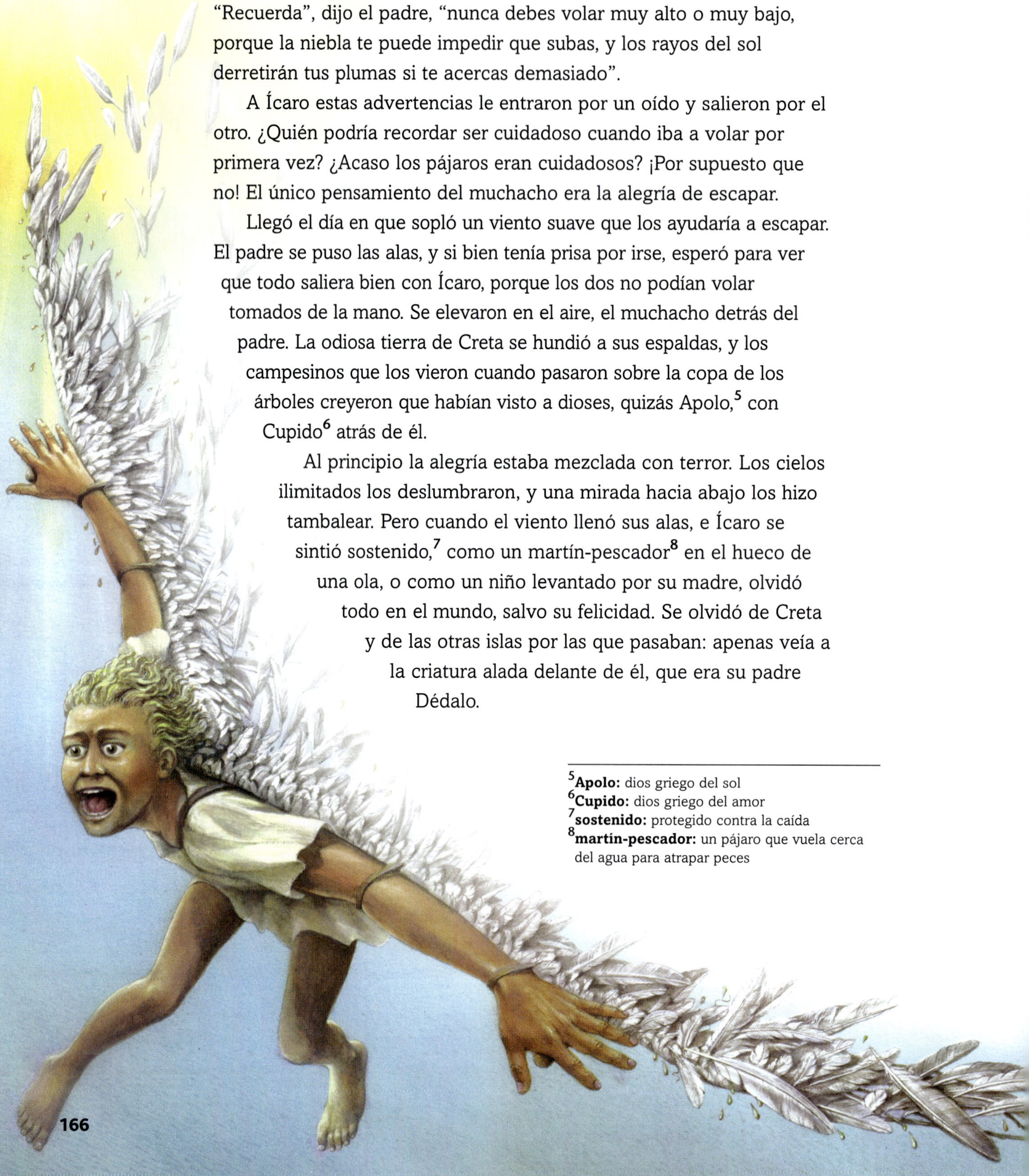

[5]**Apolo:** dios griego del sol
[6]**Cupido:** dios griego del amor
[7]**sostenido:** protegido contra la caída
[8]**martín-pescador:** un pájaro que vuela cerca del agua para atrapar peces

Ansiaba por el sorbo[9] de libertad que saciaría la sed provocada por su cautiverio: estiró sus brazos al cielo y voló cada vez más alto.

¡Desafortunado joven! El aire era cada vez más cálido. Los brazos que lo habían sostenido flaquearon. Sus alas se marchitaron. Agitó las manos en vano, estaba cayendo, y en su terror recordó la advertencia de su padre. El calor del sol había derretido la cera de sus alas. Sus plumas cayeron, una por una, como copos de nieve, y nadie podía ayudarlo.

Se sintió sacudido por el viento como una hoja, cayendo, cayendo, con un grito que llegó a Dédalo, que estaba lejos. Dédalo volvió atrás y buscó al joven por todas partes, pero no vio nada más que las plumas de pájaro flotando en el agua, y supo que Ícaro se había ahogado en el mar.

Entonces llamó a la isla más cercana Icaria, en homenaje a su hijo, y, lleno de dolor, se fue al templo de Apolo en Sicilia, donde colgó las alas como una ofrenda. Nunca volvió a intentar volar.

[9] **sorbo:** un trago de agua; aquí significa "un gusto"

Respuesta a la lectura

1. ¿Qué hace el rey Minos para evitar que Dédalo e Ícaro escapen de Creta?
2. ¿De qué manera influye el escenario de la historia en la trama? Justifica tus ideas con detalles de la historia.
3. **Conclusiones** ¿Crees que Dédalo es un padre que se preocupa por su hijo? ¿Por qué sí o por qué no? Respalda tu opinión con ejemplos.
4. **Evaluación de la información** ¿Por qué desobedece Ícaro las advertencias de su padre?
5. Lectura **Leer para escribir** Imagínate que eres Ícaro. ¿Escucharías las advertencias de tu padre? Escribe uno o dos párrafos explicando lo que habrías hecho y por qué.

Sección 2

Filosofía e historia griegas

¡Prepárate para leer!

¿Cuál es la relación?

En la Sección 1 estudiamos a los artistas y escritores de la antigua Grecia. Como muchos de ellos vivieron entre 500 y 350 a.C., se dice que esta época fue la Edad de Oro de Grecia. Los pensadores e historiadores griegos también produjeron obras que tuvieron gran influencia sobre las opiniones de la gente en el mundo de hoy.

Enfoque en Ideas principales

- Los filósofos griegos desarrollaron ideas que todavía se aplican hoy. ***(página 169)***
- Los griegos escribieron las primeras verdaderas historias de la civilización occidental. ***(página 173)***

Conoce a los personajes

Pitágoras
Sócrates
Platón
Aristóteles
Herodóto
Tucídides

Desarrollo de tu vocabulario

filosofía
filósofo
sofista
método socrático

Estrategia de lectura

Categorización de la información

Usa diagramas como el siguiente para mostrar las filosofías básicas de Sócrates, Platón y Aristóteles.

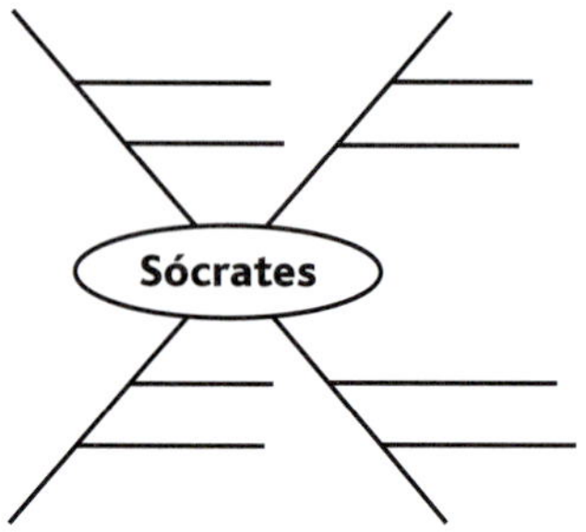

NATIONAL GEOGRAPHIC ¿Cuándo y quién?

500 a.C. — 400 a.C. — 300 a.C.

435 a.C. Herodoto escribe la historia de las Guerras Médicas

399 a.C. Sócrates es condenado a muerte

335 a.C. Aristóteles funda el Liceo en Atenas

Los filósofos griegos

Idea principal **Los filósofos griegos desarrollaron ideas que todavía se aplican hoy.**

Enfoque en la lectura ¿Quién eres? ¿Por qué estás aquí? Lee para saber de qué manera los antiguos griegos intentaron responder preguntas "importantes" de este tipo.

La palabra **filosofía** viene de la palabra griega que significa "amor a la sabiduría". La filosofía griega llevó al estudio de la historia, las ciencias políticas, la ciencia y las matemáticas. Los pensadores griegos que creían que la mente humana podía comprenderlo todo se llamaban **filósofos.**

Muchos filósofos eran maestros. Uno de los filósofos griegos, **Pitágoras,** enseñaba a sus alumnos que en el universo se aplicaban las mismas leyes que se aplicaban a la música y los números. Creía que todas las relaciones del mundo se podían explicar con números. Como resultado, desarrolló muchas nuevas ideas sobre la matemática. La mayoría de la gente conoce su nombre por el teorema de Pitágoras, que todavía se usa en geometría. Es una manera de determinar la longitud de los lados de un triángulo.

¿Quiénes eran los sofistas? Los **sofistas** eran maestros profesionales de la antigua Grecia. Viajaban de ciudad en ciudad y se ganaban la

▲ Esta ilustración muestra filósofos griegos participando en una discusión. *¿De dónde viene la palabra* filosofía?

Los filósofos griegos

	Sofistas	Sócrates	Platón	Aristóteles
Pensador o grupo				
Idea principal	Los sofistas como Libanius (arriba) creían que los hombres debían usar el conocimiento para perfeccionarse a sí mismos. Creían que no existía el bien o el mal absolutos.	Era crítico de los sofistas. Sócrates creía que existe el bien y el mal absolutos.	Rechazó la idea de la democracia como forma de gobierno. Platón creía que la sociedad debía estar gobernada por reyes filósofos.	Aristóteles enseñó la idea del "justo medio". Consideraba que la observación y la comparación eran necesarias para adquirir conocimientos.
Contribución importante	Desarrollaron el arte de hablar en público y de debatir.	Creó el método socrático de enseñanza.	Describió su visión del gobierno ideal en su obra la *"República"*.	Escribió más de 200 libros de filosofía y ciencia. Dividió a todos los gobiernos en tres tipos básicos.
Influencia en el mundo actual	La importancia de hablar en público puede verse en los debates políticos entre candidatos.	Sus métodos influyeron en la forma en que los maestros interactúan con sus estudiantes.	Presentó la idea de que el gobierno debe ser justo y sabio.	Sus ideas políticas siguen influyendo en las ideas políticas actuales.

vida enseñando a los demás. Creían que los estudiantes debían usar su tiempo para mejorarse a sí mismos. Muchos enseñaban a sus estudiantes cómo ganar una discusión y hacer buenos discursos políticos.

Los sofistas no creían que los dioses y diosas tuvieran influencia sobre la gente. También rechazaban la idea del bien y del mal absolutos. Creían que lo que era bueno para una persona podía ser malo para otra.

Las ideas de Sócrates

Uno de los críticos de los sofistas fue **Sócrates.** Sócrates era un escultor de Atenas cuya verdadera pasión era la filosofía. Sócrates no dejó obras escritas. Lo que sabemos de él lo conocemos por las obras de sus estudiantes.

Sócrates creía que existía una verdad absoluta y que todo el conocimiento real estaba dentro de cada persona. Inventó el **método socrático** de enseñanza que se sigue usando hoy. Hacía preguntas inteligentes para obligar a sus alumnos a usar el razonamiento y ver las cosas por sí mismos.

Algunos líderes atenienses consideraban que el método socrático era una amenaza para su poderío. En el pasado, los atenienses habían tenido la tradición de cuestionar a los líderes y de hablar con libertad. Sin embargo, su derrota en la Guerra del Peloponeso había cambiado a los atenienses. Ya no confiaban en el debate abierto. En 399 a.C. los líderes acusaron a Sócrates de enseñar a los jóvenes atenienses a rebelarse contra el estado. Un jurado declaró culpable a Sócrates y lo condenó a muerte. Sócrates podía haber huido de la ciudad, pero prefirió quedarse. Sostuvo que había vivido bajo las leyes de la ciudad, de manera que debía obedecerlas. Cumpliendo su condena, bebió una copa de veneno.

Las ideas de Platón Uno de los estudiantes de Sócrates era **Platón.** Al contrario de lo que ocurre con Sócrates, sabemos mucho sobre Platón por sus obras. Una de las obras que escribió Platón se llama la *República).* En ella explica sus ideas sobre el gobierno. Sobre la base de la vida en Atenas, Platón decidió que la democracia no era un buen sistema de gobierno. No pensaba que el gobierno del pueblo producía políticas justas o sabias. Para él, el pueblo no podía llevar una buena vida a menos que tuviera un gobierno justo y razonable.

En la *República*, Platón describe el gobierno que él considera ideal. Dividió a la gente en tres grupos básicos. En el nivel superior estaban los reyes filósofos, que gobernaban aplicando la lógica y la sabiduría. El segundo grupo eran los guerreros. Ellos defendían al estado contra los ataques.

El tercer grupo incluía al resto de la gente. Las acciones de las personas en general eran determinadas por sus deseos, no por la sabiduría como en el primer grupo o la valentía como en el segundo. Estas personas producían alimentos, vestimenta y alojamiento para el estado. Platón también creía que los hombres y las mujeres debían tener la misma educación y las mismas oportunidades de tener los mismos trabajos.

¿Quién era Aristóteles? Platón fundó una escuela en Atenas llamada la Academia. Su mejor estudiante era **Aristóteles.** Aristóteles escribió más de 200 obras sobre temas que van desde el gobierno hasta los planetas y estrellas.

En 335 a.C. Aristóteles fundó su propia escuela, llamada el Liceo. En el Liceo, Aristóteles enseñaba a sus alumnos el "justo medio". Esta idea indica que las personas no deben hacer nada en exceso. Por ejemplo, no se debe comer demasiado ni demasiado poco, sino lo suficiente para mantenerse sano.

Aristóteles también colaboró en el progreso de la ciencia. Enseñó que los hombres debían usar los sentidos para hacer observaciones, tal como lo hacen los científicos de hoy. Aristóteles fue el primero en agrupar observaciones según sus similitudes y diferencias. Entonces hacía generalizaciones basadas en esos grupos de hechos.

Al igual que Platón, Aristóteles escribió sobre el gobierno. Estudió y comparó los gobiernos de 158 lugares diferentes para buscar la mejor forma de gobierno. En su libro *Política*, Aristóteles dividió a los gobiernos en tres tipos:

- El gobierno de una persona, como un monarca (rey o reina) o un tirano
- El gobierno de un grupo pequeño de personas, como una aristocracia o una oligarquía
- El gobierno de muchos, como una democracia

Aristóteles observó que los gobiernos de grupos pequeños normalmente estaban manejados por los ricos. Observó que la mayoría de las democracias estaban gobernadas por los pobres. Pensó que el mejor gobierno debía ser una mezcla de ambos.

Las ideas de Aristóteles influyeron en el pensamiento de europeos y americanos sobre el gobierno. Los fundadores de la Constitución de Estados Unidos intentaron crear un gobierno mixto que equilibrara los diferentes tipos identificados por Aristóteles.

Comprobación de lectura **Contraste** ¿Cuál es la diferencia entre las ideas de Aristóteles y las de Platón sobre el gobierno?

Historia en línea

Actividad en línea Visita jat.glencoe.com y haz clic en *Chapter 5—Student Web Activity* para aprender más acerca de la antigua Grecia.

Biografía

PLATÓN Y ARISTÓTELES

Platón c. 428–347 a.C.
Aristóteles 384–322 a.C.

Platón

Platón nació en una familia griega noble y había planeado dedicarse a la política. Sin embargo, se sintió tan horrorizado por la muerte de su maestro, Sócrates, que abandonó la política y pasó muchos años viajando y escribiendo. Cuando Platón regresó a Atenas en 387 a.C., fundó una academia, donde enseñaba usando el método de cuestionamiento de Sócrates. Su academia atrajo a estudiantes jóvenes y brillantes de Atenas y otras ciudades-estado griegas. Platón buscaba la verdad más allá de las apariencias de los objetos cotidianos y reflejaba esta filosofía en sus obras y enseñanzas. Creía que el alma humana era la conexión entre la apariencia de las cosas y las ideas.

Platón y Aristóteles, dos de los más importantes filósofos de la Grecia antigua. se conocieron como maestro y estudiante en la Academia de Platón en Atenas. Aristóteles dejó su hogar en Estagira y se presentó a la Academia cuando tenía dieciocho años. Se quedó en la Academia de Platón por 20 años, hasta la muerte de su maestro. Al contrario de Platón, Aristóteles no era de familia noble. Su padre era el médico de la corte del rey de Macedonia. Cuando Aristóteles era joven, su padre lo inició en los estudios de la medicina y la biología, que se transformaron en sus principales objetos de estudio. Aristóteles buscaba la verdad usando un método científico y sistemático. Le gustaba hacer anotaciones sobre diferentes temas, desde el clima hasta el comportamiento humano, y separarlos en categorías. No confiaba en la capacidad de los sentidos para comprender el universo.

Después de la muerte de Platón, Aristóteles viajó por unos 12 años. También fue el tutor del que sería Alejandro Magno. Posteriormente volvió a Atenas y abrió su propia escuela, el Liceo. Hizo de esta escuela un centro de investigación sobre todas las áreas de conocimiento que conocían los griegos.

Aristóteles

Entonces y ahora

Aristóteles pasó 20 años en la Academia de Platón. ¿Qué carreras o temas de estudio actuales requieren que uno estudie durante toda la vida?

Historiadores griegos

Idea principal **Los griegos escribieron las primeras verdaderas historias de la civilización occidental.**

Enfoque en la lectura ¿Por qué es importante la historia? Lee para enterarte de lo que los historiadores griegos consideraban importante.

En la mayoría de los lugares del mundo antiguo nadie escribía historia. Las leyendas y los mitos servían para explicar el pasado. Algunas civilizaciones mantenían largas listas de gobernantes y las fechas en las que habían estado en el poder, pero nadie intentaba explicar el pasado estudiando los acontecimientos. Entonces, en 435 a.C., un griego llamado **Herodóto** escribió la historia de las Guerras Médicas.

En su libro, Herodóto intentó separar los hechos de la leyenda. Hizo preguntas, registró las respuestas y verificó si sus fuentes eran confiables. Aunque su historia incluye algunos errores y usa a los dioses y diosas para explicar algunos acontecimientos, los historiadores lo consideran como el "padre de la historia".

Muchos historiadores consideran a **Tucídides** como el historiador más importante del mundo antiguo. Tucídides había participado en la Guerra del Peloponeso. Después de que perdió una batalla, lo enviaron al exilio. Allí escribió su *Historia de la guerra del Peloponeso*.

Al contrario de Herodóto, Tucídides consideraba que la guerra y la política eran actividades propias de los humanos, no de los dioses. También resaltó la importancia de que la información fueran exacta:

> **"Yo mismo he estado presente cuando se produjeron los acontecimientos que describo, o bien los he escuchado de testigos presenciales cuyas historias he verificado con todo el cuidado posible".**
>
> —**Tucídides,** ***Historia de la guerra del Peloponeso***

Comprobación de lectura **Identificación** ¿Cómo consideraba Tucídides a la guerra y la política?

Historia en línea

Centro de estudios ¿Necesitas ayuda con el material de esta sección? Visita jat.glencoe.com

Repaso de la sección 2

Resumen de la lectura

Repaso de Ideas principales

- Las ideas de los filósofos griegos, incluyendo Sócrates, Platón y Aristóteles siguen afectando el pensamiento moderno sobre la educación, el gobierno y la ciencia.
- Herodóto y Tucídides se consideran como los primeros historiadores de la civilización occidental. Creían que las personas podían entender el presente estudiando el pasado.

¿Qué aprendiste?

1. ¿Quiénes eran los sofistas y en qué creían?
2. Antes de Herodóto, ¿de qué manera explicaban el pasado los griegos?

Pensamiento crítico

3. **Organización de la información** Dibuja un diagrama como el siguiente. Úsalo para organizar las ideas de Platón sobre un gobierno ideal.

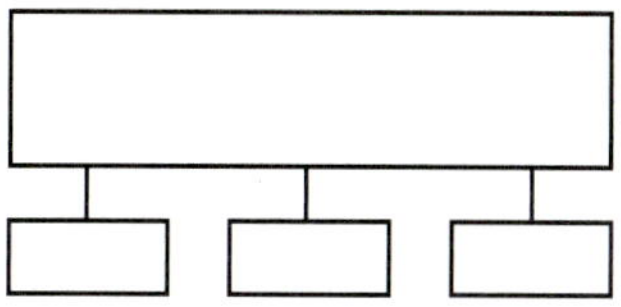

4. **Enlace de ciencia** ¿De qué manera se relacionan las enseñanzas de Aristóteles con el método científico usado por los científicos de hoy?
5. **Contraste** ¿Cuáles son las diferencias entre las obras de Herodóto y Tucídides?
6. **Resumen** Describe las contribuciones de Aristóteles al gobierno.
7. **Redacción persuasiva** ¿Estás de acuerdo con las ideas de Platón sobre el estado ideal en la *República*? Escribe un artículo editorial que exprese tu opinión.

Sección 3

Alejandro Magno

¡Prepárate para leer!

¿Cuál es la relación?

En la Sección 2, aprendiste que el filósofo griego Aristóteles también era maestro. El rey de Macedonia admiraba la cultura griega y contrató a Aristóteles como tutor de su hijo Alejandro. Años más tarde, su hijo asumiría el control del mundo griego.

Enfoque en Ideas principales

- Filipo II de Macedonia unificó los estados griegos. *(página 175)*
- Alejandro Magno conquistó el imperio persa y difundió la cultura y las ideas griegas por todo el sudoeste de Asia. *(página 176)*

Ubicación de lugares

Macedonia
Queronea
Siria
Alejandría

Conoce a los personajes

Filipo II
Alejandro Magno

Desarrollo de tu vocabulario

legado
era helenística

Estrategia de lectura

Secuencia de Información Crea un diagrama como el siguiente para mostrar los logros de Alejandro Magno.

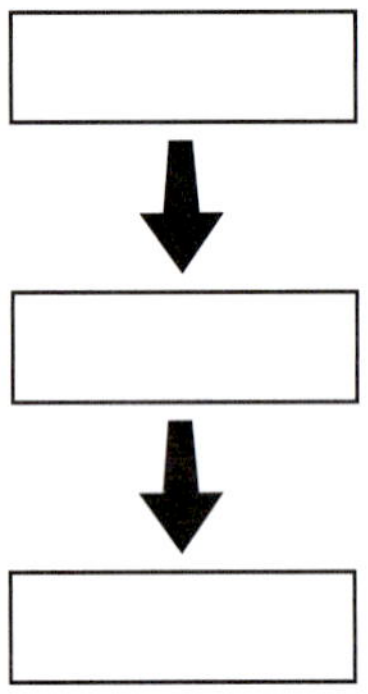

NATIONAL GEOGRAPHIC ¿Cuándo y dónde?

360 a.C. — 340 a.C. — 320 a.C.

359 a.C. Filipo II es coronado rey de Macedonia

331 a.C. Alejandro derrota a Darío en Gaugamela

323 a.C. Muerte de Alejandro

Macedonia ataca Grecia

Idea principal **Filipo II de Macedonia unificó los estados griegos.**

Enfoque en la lectura ¿Alguna vez quisiste algo porque tu vecino lo tenía? Lee para saber lo que el rey de Macedonia quería de sus vecinos, los griegos.

Macedonia se encuentra al norte de Grecia. Los macedonios criaban ovejas y caballos y practicaban la agricultura en los valles de los ríos. Era un pueblo guerrero que luchaba a caballo. Los griegos los trataban con desdén, pero para el año 400 a.C., Macedonia se había transformado en un reino poderoso.

Un plan para conquistar Grecia En 359 a.C. **Filipo II** llegó al trono de Macedonia. Filipo había vivido en Grecia en su juventud. Admiraba todo sobre los griegos: su arte, sus ideas y sus ejércitos. Aunque Macedonia estaba influenciada por las ideas griegas, Filipo quería que su reino fuera lo suficientemente fuerte como para derrotar al poderoso imperio persa. Para lograr este objetivo, Filipo necesitaba unir las ciudades-estado griegas con su propio reino.

Filipo entrenó a un enorme ejército de soldados de infantería para luchar como los griegos. Conquistó las ciudades-estado una por una. Tomó algunas ciudades-estado por la fuerza y sobornó a los líderes de otras para que se rindieran. Algunas se unieron a su reino voluntariamente.

Demóstenes era un abogado y uno de los oradores públicos más importantes de Atenas. Pronunció persuasivos discursos advirtiendo a los atenienses que Filipo era una amenaza para la libertad de los griegos. Intentó convencer a Atenas y otras ciudades-estado a unirse para luchar contra los macedonios.

Sin embargo, para cuando los griegos vieron el peligro, era demasiado tarde. La

Fuente principal

Advertencia de Demóstenes

A medida que el rey Filipo de Macedonia aumentó su poder, empezó a participar en los asuntos de Grecia. Demóstenes se dio cuenta de que el poderoso ejército de Macedonia se transformaría en una amenaza para Grecia. Intentó advertir a los griegos para que actuaran.

"Sólo recuerden que Filipo es nuestro enemigo, que nos ha estado robando e insultando, que siempre que hemos esperado ayuda de otros nos hemos encontrado con la hostilidad, que el futuro depende de nosotros y que, a menos que estemos dispuestos a luchar contra él allí, nos veremos obligados a luchar aquí. (. . .) No necesitan especular [adivinar] sobre el futuro, salvo que deben tener la plena seguridad de que será desastroso a menos que enfrenten los hechos y estén dispuestos a cumplir su deber".

—Demóstenes, *"The First Philippic (La primera filípica)"* en *Orations of Demosthenes (Discursos de Demóstenes)*

▼ Demóstenes

PBD Preguntas basadas en los documentos

¿Qué parte del discurso de Demóstenes indica lo que él creía que ocurrirá si los griegos ignoran a Filipo?

Guerra del Peloponeso había dejado a los griegos debilitados y divididos. En muchas ciudades-estado griegas, la población se había reducido después de la Guerra del Peloponeso. Las luchas habían destruido muchas granjas, quitando a la gente los medios de subsistencia. Como resultado, miles de jóvenes griegos dejaron Grecia para unirse al ejército persa. Muchos de los que se quedaron en el país empezaron a luchar entre ellos. Las ciudades-estados se debilitaron.

Aunque los atenienses se unieron a otros estados griegos para luchar contra el ejército de Filipo, no pudieron resistir la invasión. En 338 a.C. los macedonios aplastaron a los aliados griegos en la batalla de **Queronea** cerca de Tebas. Filipo controlaba ahora a toda Grecia.

Comprobación de lectura **Resumen** ¿Por qué invadió Grecia Filipo II?

Alejandro construye un imperio

Idea principal **Alejandro Magno conquistó el imperio persa y difundió la cultura y las ideas griegas por todo el sudoeste de Asia.**

Enfoque en la lectura ¿Qué estarás haciendo cuando tengas 20 años? Lee para saber lo que logró el hijo de Filipo Alejandro.

Filipo planeaba conquistar el imperio persa con la ayuda de los griegos. Sin embargo, antes de que Filipo pudiera llevar adelante ese plan, fue asesinado. Como resultado, su hijo fue el que tuvo que ocuparse de la invasión a Asia.

Alejandro sólo tenía 20 años cuando se coronó rey de Macedonia. Filipo había educado a su hijo con mucho esmero para que fuera un líder. Cuando era aún un niño, Alejandro iba con frecuencia con su padre a la batalla. Cuando tenía 16 años fue nombrado coman-

Uso de las habilidades geográficas

El imperio de Alejandro Magno se extendía por tres continentes.

1. ¿Cerca de qué río se produjo la batalla de Gaugamela?
2. ¿Qué países modernos componen las fronteras orientales del imperio?

Busca en línea mapas de NGS en www.nationalgeographic.com/maps

dante del ejército macedonio. Después de la muerte de su padre, Alejandro estaba listo para cumplir el sueño de su padre: la invasión del imperio persa.

Las conquistas de Alejandro En la primavera de 334 a.C., Alejandro invadió Asia Menor con unos 37,000 soldados de infantería macedonios y griegos. También llevó 5,000 guerreros a caballo. Con Alejandro como líder, la caballería destruyó las fuerzas de los sátrapas persas locales en la batalla de Granicus.

El año siguiente Alejandro liberó del gobierno persa a las ciudades griegas de Asia Menor y derrotó a un gran ejército persa en Iso. Entonces se dirigió al sur. En el invierno de 332 a.C., había capturado **Siria** y Egipto. Entonces fundó la ciudad de **Alejandría**, un centro del comercio. La ciudad se transformó en una de las ciudades más importantes de la antigüedad.

En 331 a.C. Alejandro se dirigió al este y derrotó a los persas en Gaugamela, cerca de Babilonia. Después de esta victoria, su ejército conquistó fácilmente el resto del imperio persa. Sin embargo, Alejandro no se detuvo en Persia. Durante los tres años siguientes, avanzó hacia el este, llegando hasta lo que hoy es Pakistán. En 326 a.C. cruzó el río Indo y entró en la India. Allí peleó una serie de batallas sangrientas. Hartos de la guerra constante, sus soldados se negaron a seguir adelante. Alejandro aceptó regresar.

En el viaje de vuelta, las tropas atravesaron un desierto en lo que hoy es el sur de Irán. El calor y la sed mataron a miles de soldados. En un lugar, un grupo de soldados encontró un poco de agua y la recogieron en un yelmo. Le ofrecieron el agua a Alejandro. Según un historiador griego, Alejandro, "ante la vista de sus tropas, derramó el agua al suelo. El efecto de esta acción fue tan extraordinario que el agua desperdiciada por Alejandro sirvió como un trago de agua para cada uno de los soldados de su ejército".

En 323 a.C. Alejandro volvió a Babilonia. Quería planear una invasión al sur de Arabia, pero estaba cansado y debilitado por sus heridas. Cayó enfermo con fiebre. Diez días más tarde había muerto, a la edad de 32 años.

Alejandro Magno

▲ **Esta escultura de Alejandro Magno sobre su caballo adornaba el costado de su tumba.** ***¿Consiguió Alejandro cumplir con sus planes de conquista? Explica.***

El legado de Alejandro Alejandro fue un gran líder militar. Fue valiente y con frecuencia imprudente. Muchas veces en la batalla avanzaba delante de sus hombres y arriesgaba su propia vida. Inspiró a sus ejércitos a marchar hacia tierras desconocidas y arriesgar sus vidas en situaciones difíciles.

La clave del coraje de Alejandro puede haber sido la educación que recibió de niño. Alejandro tenía una copia de la *Ilíada* debajo de su almohada. Es muy probable que su fuente de inspiración haya sido Aquiles, el héroe guerrero del poema de Homero. Al final, la reputación de Alejandro superó inclusive la de Aquiles, y hoy se le conoce como **Alejandro Magno**, que significa "el grande".

Un **legado** es lo que una persona deja después de la muerte. La habilidad y el valor de Alejandro crearon su legado. Contribuyó a extender el dominio griego y macedonio en una vasta área. Al mismo tiempo, él y sus ejércitos difundieron el arte, las ideas, el idioma y la arquitectura de Grecia por dondequiera que fueran, en el sudoeste de Asia y África del Norte. Los griegos, a su vez, trajeron nuevas ideas de Asia y África.

Las conquistas de Alejandro representan el principio de la **era helenística.** La palabra *helenístico* viene de la palabra griega que significa "como los griegos". Se refiere a la época en que el idioma griego y las ideas griegas se difundieron a los pueblos no griegos del sudoeste de Asia.

El imperio se desmiembra Alejandro Magno tenía el proyecto de unir a los macedonios, griegos y persas en su nuevo imperio. Empleó funcionarios persas y alentó a sus soldados para que se casaran con mujeres asiáticas. Sin embargo, después de la muerte de Alejandro, sus generales lucharon entre sí por el poder. Como resultado, el imperio que Alejandro había creado se dividió. Cuatro reinos ocuparon su lugar: Macedonia, Pérgamo, Egipto y el imperio seléucida. Mira el mapa de la página 179 para ver la ubicación de estos reinos.

Para todos los asuntos del gobierno de los reinos helenísticos se usaba el idioma griego. Sólo los asiáticos y egipcios que hablaban griego podían postularse para empleos en el gobierno. Los reyes preferían dar los empleos a griegos y macedonios. De esta manera, los griegos se las arreglaron para seguir controlando los gobiernos.

Alejandría, Egipto

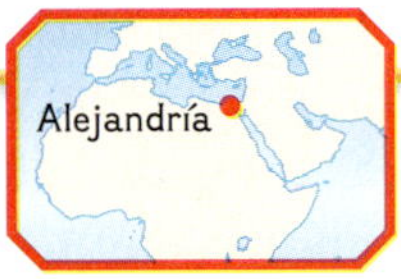

▼ Alejandría moderna

◀ El faro de Alejandría se consideraba como una de las Siete Maravillas del Antiguo Mundo. Una llama en su alta torre guiaba a los barcos al puerto. ***¿Qué tenía Alejandría de especial en 100 a.C.?***

Para el año 100 a.C., la ciudad más grande del mundo mediterráneo era Alejandría, que Alejandro había fundado en Egipto. Además, los reyes helenísticos crearon muchas nuevas ciudades y asentamientos militares.

Estas nuevas ciudades griegas necesitaban arquitectos, ingenieros, filósofos, artesanos y artistas. Por este motivo, los gobernantes helenísticos alentaron a griegos y macedonios a instalarse en el sudoeste de Asia. Estos colonizadores proporcionaron nuevos reclutas para el ejército, funcionarios gubernamentales y trabajadores. Ellos contribuyeron a difundir la cultura griega a Egipto y en el Oriente, hasta lo que hoy es Afganistán y la India.

Comprobación de lectura **Explicación** ¿Cuál fue el legado de Alejandro?

NATIONAL GEOGRAPHIC

Mundo helenístico *241 a.C.*

Uso de las habilidades geográficas

Después de la muerte de Alejandro, su imperio se dividió en cuatro reinos.

1. ¿Cuál de estos reinos parece haber tenido el mayor territorio?
2. ¿Cuáles de estos reinos se encontraba por lo menos parcialmente en Asia?

Historia en línea

Centro de estudios ¿Necesitas ayuda con el material de esta sección? Visita jat.glencoe.com

Repaso de la sección 3

Resumen de la lectura

Repaso de Ideas principales

- Después de la batalla de Queronea en 338 a.C., el rey Filipo de Macedonia pasó a gobernar toda Grecia.
- Alejandro Magno, hijo del rey Filipo, conquistó un imperio que se extendía a África en el sur y a la India en el este. Después de la muerte de Alejandro, su imperio se dividió en varios reinos.

¿Qué aprendiste?

1. ¿Qué pensaba Filipo II de Macedonia sobre los griegos?
2. ¿Qué fue lo que puso fin a la conquista de la India por Alejandro?

Pensamiento crítico

3. **Análisis** ¿Por qué era Alejandro un buen líder?
4. **Resumen** Dibuja una tabla que resuma lo que sabes de cada tema.

Filipo de Macedonia	Alejandro Magno	Imperio de Alejandro después de su muerte

5. **Predicción** ¿De qué manera hubiera sido diferente la historia si Alejandro hubiera vivido más tiempo?
6. **Habilidades geográficas** ¿Cuántos continentes abarcaba el imperio de Alejandro?
7. **Lectura** **Indicios de contexto** ¿Qué crees que significa la palabra *seguridad* en este pasaje?

   ". . . deben tener la plena seguridad de que será desastroso a menos que enfrenten los hechos y estén dispuestos a cumplir su deber".

   ¿Qué palabras dan indicios de su significado?

Tú decides . . .

Alejandro Magno: ¿Héroe o villano?

Villano

¿Realmente se merece Alejandro Magno el apodo de "el Grande"? ¿O fue un conquistador despiadado? Aqéllos que lo consideran un hombre sediento de sangre y cruel exponen esto como evidencia contra Alejandro. Ellos dicen:

- que él destruyó Persépolis,
- que atacó a Tiro, mató a 10,000 personas y esclavizó a otras 30,000,
- que trataba a sus esclavos con dureza
- y ordenó el asesinato de varios de sus colaboradores cercanos.

Se contaron muchas leyendas sobre Alejandro. Un historiador encontró esta historia que apoya la "teoría del villano".

"La siguiente es mi [historia] favorita, que se escucha desde Turquía hasta Kazajstán: Iskander [Alejandro] era en realidad un demonio y tenía cuernos. Pero su cabello era largo y ondulado y por eso los cuernos nunca se veían. Sólo sus barberos lo sabían. Pero él tenía miedo de que no pudieran mantener el secreto. Por eso, los mataba cuando lo descubrían. Su último barbero hizo como si no se hubiera dado cuenta y mantuvo el secreto. Sin embargo, con el tiempo no pudo aguantar más, y como no se lo podía contar a nadie, corrió hasta un pozo de agua y gritó: '¡Iskander tiene cuernos!' Pero en el fondo del pozo había cañas susurrantes [usadas como flautas] y ellas, con su eco, transmitieron la historia hasta que todo el mundo lo supo".

—Michael Wood, *"In the Footsteps of Alexander the Great" (En los Pasos de Alejandro Magno)*

▲ Alejandro Magno (extremo izquierdo)

▲ Alejandro Magno

Héroe

Otros historiadores consideran a Alejandro Magno como un héroe. Ellos dicen que él trajo progreso, orden y cultura a todos los territorios que conquistó. En su defensa, ellos dicen que Alejandro

- trató de promover la educación,
- visitaba a todos los hombres heridos luego de cada batalla,
- les perdonó la vida a la reina y a la princesa de Persia,
- construyó nuevas ciudades donde otras habían sido destruidas.

Arriano, un historiador griego que vivió en el siglo II d.C. escribió de esta forma acerca de Alejandro:

"De mi parte, yo considero que en esa época no había raza de hombres, ni ciudades, ni siquiera una sola persona a quien la fama o el nombre de Alejandro no hubiera llegado. Por esta razón me parece que un héroe, diferente a cualquier otro ser humano, no pudo haber nacido sin la gracia [ayuda] de los dioses".

—Arriano, *The Anábasis of Alexander (El Anábasis de Alejandro Magno)*

Los historiadores coinciden en dos cosas: Alejandro fue un general brillante y un valiente guerrero. Una vez se jactó ante sus hombres:

"No hay una sola parte de mi cuerpo, por lo menos de enfrente, que esté libre de heridas. Tampoco hay ningún arma, ya sea de combate cuerpo a cuerpo o para arrojar al enemigo, de la que yo no lleve rastros en mi cuerpo. Porque yo he sido herido con la espada en el combate cuerpo a cuerpo, he sido atravesado con flechas y golpeado por misiles lanzados por maquinarias de guerra, y aunque con frecuencia se me golpeó con piedras y pernos de madera por sus vidas, su gloria y su riqueza, yo aún los estoy guiando como conquistadores de toda la tierra y el mar, los ríos, las montañas y planicies. Yo he celebrado sus matrimonios junto con el mío, y los hijos de muchos de ustedes serán como los míos".

—Arriano, *The Anábasis of Alexander (El Anábasis de Alejandro Magno)*

Tú eres el historiador

Verificación de comprensión

1. ¿Por qué algunas personas consideran a Alejandro Magno como un villano?
2. ¿Por qué otros piensan que es un héroe?
3. ¿Era Alejandro malvado o heroico? Toma el papel del historiador. Escribe un breve ensayo o discurso persuasivo que explique cuál es tu opinión sobre Alejandro Magno. Asegúrate de usar hechos que respalden tu posición. Puedes compararlo con otros gobernantes famosos para darle fuerza a tu argumentación.

Sección 4

La difusión de la cultura griega

¡Prepárate para leer!

¿Cuál es la relación?

En la Sección 3, leíste que las conquistas de Alejandro ayudaron a difundir la cultura griega. Los reyes que le siguieron a Alejandro también intentaron atraer a los mejores y más inteligentes de los griegos a Asia y a Egipto. Esperaban poder recrear la gloria de la Edad de Oro de Grecia en sus propios reinos.

Enfoque en Ideas principales

- Las ciudades helenísticas se convirtieron en centros de educación y cultura. *(página 183)*
- Epicúreo y Zenón mostraron al mundo las diferentes maneras de ver a la felicidad. *(página 184)*
- Los científicos helenísticos realizaron importantes descubrimientos en las matemáticas y en la astronomía. *(página 185)*

Ubicación de lugares

Rodas
Siracusa

Conoce a los personajes

Teócrito
Aristarco
Eratóstenes
Euclides
Arquímedes

Desarrollo de tu vocabulario

epicureísmo
estoicismo
astrónomo
geometría plana
geometría de sólidos

Estrategia de lectura

Resumen de información Dibuja un diagrama que muestre las principales contribuciones que hicieron los griegos a la civilización occidental.

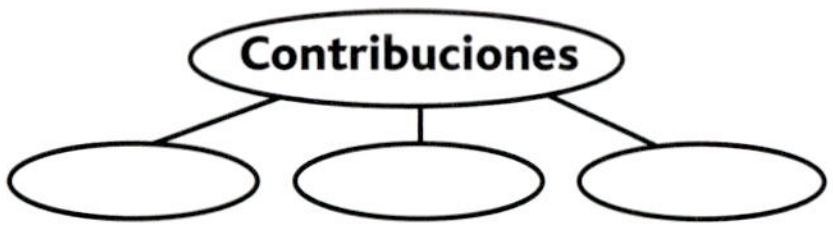

NATIONAL GEOGRAPHIC ¿Cuándo y dónde?

350 a.C. | 275 a.C. | 200 a.C.

c. 300 a.C. El rey Ptolomeo invita a Euclides a Alejandría

291 a.C. Muere Menandro, el dramaturgo

212 a.C. Los romanos asesinan a Arquímedes

Se difunde la cultura griega

Idea principal **Las ciudades helenísticas se convirtieron en centros de educación y cultura.**

Enfoque de la lectura Imagina que eres un ciudadano importante en una ciudad nueva. ¿Cómo harías para que la ciudad fuera la mejor posible? Lee para averiguar de qué forma los líderes de la era helenística mejoraron sus ciudades.

Durante la era helenística, científicos, poetas y escritores se trasladaron a las nuevas ciudades griegas del sudoeste de Asia y Egipto, en especial a Alejandría. Muchos iban a usar la biblioteca de Alejandría. Sus más de 500,000 pergaminos eran sumamente útiles para los estudiantes de literatura y lengua. Alejandría también tenía un museo donde los investigadores acudían a realizar sus tareas.

Arquitectura y escultura Los reinos helenísticos eran tierras de oportunidad para los arquitectos griegos. Se fundaban nuevas ciudades y las antiguas se reconstruían. Los reyes helenísticos deseaban que estas ciudades se parecieran a los centros culturales de Grecia. Pagaban generosas sumas para llenar las calles con baños, teatros y templos.

Los reyes helenísticos y otros ciudadanos ricos contrataban a escultores griegos para llenar sus pueblos y ciudades con miles de estatuas. Estas estatuas mostraban el mismo nivel de habilidad que las estatuas de la Edad de Oro de Grecia.

Literatura y teatro Los líderes helenísticos también admiraban a los escritores talentosos. Los reyes y ciudadanos ricos gastaban generosas sumas de dinero para financiar el trabajo de los escritores. Como resultado, la era helenística produjo gran cantidad de literatura. Desafortunadamente, pocos escritos han sobrevivido.

Una de las obras que conocemos es un poema épico escrito por Apolonio de **Rodas.** Llamado *Argonáutica*, cuenta la leyenda de Jasón y su banda de héroes. Ellos navegaban los mares en búsqueda de un carnero con un vellón de oro. Otro poeta, **Teócrito,** escribió poemas cortos sobre la belleza de la naturaleza.

Atenas siguió siendo el centro del teatro griego. Los dramaturgos de Atenas crearon un nuevo tipo de comedia. Las historias tenían finales felices y hacían reír a la gente. Sin embargo, a diferencia de las comedias de la Edad de Oro de Grecia, no hacían bromas sobre los líderes políticos. En cambio, las obras contaban historias sobre el amor y las relaciones. Uno de los más conocidos de estos nuevos dramaturgos fue Menandro, quien vivió desde 343 a.C. hasta 291 a.C.

Comprobación de lectura **Explicación** ¿Cómo difundieron la cultura griega los reinos helenísticos?

Fuente principal

La poesía de Teócrito

Se considera a Teócrito como el creador de la poesía pastoral. La poesía pastoral trata sobrela vida rural, en especial, las vidas de los pastores. A menudo compara la vida rural y la de la ciudad. En esta selección, habla sobre el trabajo del pastor como forma de vida.

▲ **Escultura de un pastor**

"Pastor, tu canción es
más dulce que el agua
que cae y salpica
entre las rocas.
Si las Musas reciben una
oveja como premio,
tú recibirás el cordero.
Pero si eligen
el cordero, tú llevarás la oveja".

—Teócrito, "First Idyll" (Primer idilio)

PBD Preguntas basadas en los documentos

¿Cómo describe Teócrito la canción del pastor?

NATIONAL GEOGRAPHIC

Cómo eran las cosas

Ciencia e invenciones

La medicina griega Los antiguos griegos creían que sus dioses tenían el poder de curar sus enfermedades y heridas. Los templos griegos eran lugares de curación además de oración. En los templos, los sacerdotes trataban a los pacientes con hierbas, rezaban y hacían sacrificios a los dioses como parte del proceso de curación.

En el siglo V a.C., la práctica de la medicina comenzó a cambiar. Hipócrates, un médico y pionero de las ciencias médicas, comenzó a separar la medicina de la religión. Afirmaba que era importante examinar el cuerpo y observar los síntomas del paciente para averiguar por qué alguien estaba enfermo. También enseñó que era importante llevar una dieta saludable.

▲ Médico griego tratando pacientes

Hipócrates es conocido por su juramento, o promesa, que pedía que recitaran sus estudiantes de medicina. Sus estudiantes debían prometer que nunca causarían daño y que siempre cuidarían de sus pacientes. En la actualidad, los médicos todavía usan una versión del Juramento Hipocrático cuando se gradúan en la facultad de medicina.

Conexión con el pasado

1. ¿Cómo se trataban las enfermedades y heridas antes de Hipócrates?
2. ¿De qué manera cambió Hipócrates la forma en la que se practicaba la medicina en la antigua Grecia?

Filosofía

Idea principal **Epicúreo y Zenón mostraron al mundo las diferentes maneras de ver a la felicidad.**

Enfoque en la lectura ¿Qué te hace feliz? Continúa leyendo para aprender sobre las diferentes ideas griegas acerca de la felicidad.

Durante la era helenística, Atenas continuó atrayendo a los filósofos más famosos del mundo griego. Los dos más importantes fueron Epicúreo y Zenón.

Los epicúreos Epicúreo fundó una filosofía que hoy conocemos como **epicureísmo**. Enseñó a sus estudiantes que la felicidad era el objetivo de la vida. Creía que la forma de ser feliz era buscando el placer.

En la actualidad, la palabra *epicúreo* significa el amor por el placer físico, como la buena comida o un ambiente cómodo. Sin embargo, para Epicúreo, placer significaba pasar tiempo con amigos y aprender a no preocuparse por las cosas. Los epicúreos trataban de evitar preocuparse manteniéndose lejos de la política y del servicio público.

¿Quiénes fueron los estoicos? Un fenicio llamado Zenón desarrolló el **estoicismo**. Se convirtió en una filosofía popular en el mundo helenístico. Cuando Zenón llegó a Atenas, no pudo pagar el alquiler de una sala de conferencias, de modo que enseñaba en un edificio conocido como el "pórtico pintado" cerca del mercado de la ciudad. "Estoicismo" proviene de la palabra griega que significa "pórtico".

Para los estoicos, la felicidad provenía de seguir la razón, no las emociones, y de cumplir con el deber. En la actualidad, la palabra *estoico* se utiliza para describir a alguien a quien no le afecta la alegría ni la tristeza. A diferencia de los epicúreos, los estoicos pensaban que la gente tenía el deber de servir a su ciudad.

Comprobación de lectura **Contraste** ¿Cuáles eran las diferencias entre el epicureísmo y el estoicismo?

La ciencia y las matemáticas en Grecia

Idea principal **Los científicos helenísticos realizaron importantes descubrimientos en las matemáticas y en la astronomía.**

Enfoque en la lectura ¿Sabes cómo calcular el área de un cuadrado? Si es así, estás practicando geometría. Continúa leyendo para saber quién creó la geometría y sobre otros científicos de la era helenística.

Los científicos, en especial, los matemáticos y los astrónomos, realizaron importantes contribuciones durante la era helenística. Los **astrónomos** estudiaban las estrellas, los planetas y otros cuerpos celestes. **Aristarco,** un astrónomo de Samos, decía que el sol era el centro del universo y que la Tierra daba vueltas alrededor del sol. En esa época, los demás astrónomos rechazaron las ideas de Aristarco. Pensaban que la Tierra era el centro del universo.

Otro astrónomo, **Eratóstenes,** estaba a cargo de la biblioteca de Alejandría. Eratóstenes concluyó que la Tierra era redonda. Entonces, utilizó sus conocimientos de geometría y astronomía para medir la circunferencia de la Tierra: la distancia alrededor de la Tierra.

Eratóstenes puso dos varillas en el suelo, separadas entre sí. Cuando el sol estaba directamente sobre una varilla, la sombra era más corta que la sombra de la otra varilla. Midiendo las sombras, pudo calcular la curva de la superficie de la Tierra.

Con sus medidas, Eratóstenes estimó que la distancia alrededor de la Tierra era de 24,675 millas (39,702 Km). Sorprendentemente, su estimación estaba dentro de las 185 millas (298 km) de la distancia real. Con métodos similares, midió la distancia al sol y a la luna. Sus mediciones fueron bastante precisas.

Euclides probablemente sea el más importante matemático griego. Su libro más conocido, *Elementos*, describe la geometría plana. La **geometría plana** es la rama de las matemáticas que muestra cómo los puntos, las líneas, los ángulos y las superficies se

Científicos griegos y sus contribuciones

Científico	Nociones científicas descubiertas por primera vez
Arquímedes	Estableció la ciencia de la física Explicó la palanca y la polea compuesta
Aristarco	Estableció que la Tierra gira alrededor del sol
Eratóstenes	Descubrió que la Tierra es redonda
Euclides	Escribió un libro que organiza la información sobre la geometría
Hiparco	Creó un sistema para explicar cómo se mueven los planetas y estrellas
Hipócrates	Conocido como el "Padre de la Medicina" El primero que escribió un código de buena conducta de los médicos
Hipatia	Expandió los conocimientos sobre matemáticas y astronomía
Pitágoras	El primero en establecer los principios de geometría

Arquímedes ▶

Comprensión de cuadros

Los antiguos griegos realizaron avances en la ciencia.

1. ¿Cuáles fueron los logros de Arquímedes?
2. **Identificación** ¿Quién escribió un código de comportamiento que los médicos todavía cumplen?

▲ Euclides

relacionan entre sí. Alrededor del año 300 a.C., el rey Ptolomeo I de Egipto la preguntó a Euclides si conocía una forma más sencilla de aprender geometría que no fuera leyendo *Elementos*. Euclides respondió que "no hay un camino real" hacia el conocimiento de geometría.

El científico más famoso de la era helenística fue **Arquímedes** de **Siracusa.** Trabajó en la **geometría de sólidos,** que es el estudio de las formas similares a las pelotas, llamadas esferas, y los tubos, llamados cilindros. También descubrió el valor de *pi*. Este número se utiliza para medir la superficie de los círculos, y a menudo se representa con el símbolo π.

Arquímedes también fue inventor. Una historia sobre Arquímedes cuenta cómo inventaba armas. "Denme una palanca y un lugar donde pararme", Arquímedes decía al rey de Siracusa, "y moveré la Tierra".

El rey de Siracusa estaba impresionado. Le pidió a Arquímedes que utilizara sus palancas para defender la ciudad. De modo que Arquímedes diseñó catapultas: máquinas que arrojaban flechas, lanzas y rocas. Cuando los romanos atacaron Siracusa en 212 a.C., las catapultas de Arquímedes los hicieron retroceder. Los romanos tardaron tres años en capturar Siracusa. Durante la masacre que siguió, Arquímedes fue asesinado.

Comprobación de lectura **Explicación** ¿Quién fue el científico más famoso de la era helenística? ¿Cuál fue su contribución?

Historia en línea

Centro de estudios ¿Necesitas ayuda con el material de esta sección? Visita jat.glencoe.com

Repaso de la sección 4

Resumen de la lectura

Repaso de Ideas principales

- Las ciudades helenísticas, como Alejandría, atrajeron a algunos de los mejores arquitectos, escultores y escritores del mundo griego.
- Durante la era helenística, se desarrollaron nuevas filosofías, como el epicureísmo y el estoicismo.
- Los científicos helenísticos, incluyendo a Aristarco, Eratóstenes, Euclides y Arquímedes, hicieron importantes avances en los campos de la astronomía y las matemáticas.

¿Qué aprendiste?

1. ¿Por qué la ciudad de Alejandría atrajo a los estudiosos?
2. Describe la forma de filosofía que desarrolló Zenón.

Pensamiento crítico

3. **Resumen** Prepara una tabla como la siguiente. Escribe varios hechos sobre cada científico en la columna correspondiente.

Aristarco	
Eratóstenes	
Euclides	
Arquímedes	

4. **Comparación y contraste** ¿En que se parecían y se diferenciaban las comedias de la era helenística de las de la Edad de Oro de Grecia?
5. **Análisis** ¿De qué manera el conocimiento de la geometría resultó útil para los griegos?
6. **Identificación** ¿Qué pensaban los epicúreos acerca de la felicidad?
7. **Lectura** **Indicios de contexto** Nombra dos palabras de esta oración que ayuden a definir la palabra *dramaturgo*.

"Los dramaturgos de Atenas crearon un nuevo tipo de comedia".

Capítulo 5

Repaso de lectura

Sección 1 La cultura de la antigua Grecia

Vocabulario

mito
oráculo
épico
fábula
arte dramático
tragedia
comedia

Enfoque en Ideas principales

- Los griegos creían que los dioses y las diosas controlaban la naturaleza e influían en el destino de los hombres. *(página 155)*
- La poesía y las fábulas griegas enseñaban los valores griegos. *(página 157)*
- El arte dramático griego sigue teniendo influencia en el entretenimiento de hoy. *(página 160)*
- El arte y la arquitectura griegos expresaban las ideas griegas de belleza y armonía. *(página 162)*

Sección 2 Filosofía e historia griegas

Vocabulario

filosofía
filósofo
sofista
método socrático

Enfoque en Ideas principales

- Los filósofos griegos desarrollaron ideas que todavía se aplican hoy. *(página 169)*
- Los griegos escribieron las primeras verdaderas historias de la civilización occidental. *(página 173)*

Sección 3 Alejandro Magno

Vocabulario

legado
era helenística

Enfoque en Ideas principales

- Filipo II de Macedonia unificó los estados griegos. *(página 175)*
- Alejandro Magno conquistó el imperio persa y difundió la cultura y las ideas griegas por todo el sudoeste de Asia. *(página 176)*

▲ Alejandro Magno

Sección 4 La difusión de la cultura griega

Vocabulario

epicureísmo
estoicismo
astrónomo
geometría plana
geometría de sólidos

Enfoque en Ideas principales

- Las ciudades helenísticas se convirtieron en centros de educación y cultura. *(página 183)*
- Epicúreo y Zenón mostraron al mundo las diferentes maneras de ver a la felicidad. *(página 184)*
- Los científicos helenísticos realizaron importantes descubrimientos en las matemáticas y en la astronomía. *(página 185)*

Capítulo 5 Evaluación y actividades

Repaso del vocabulario

1. Escribe un párrafo corto que describa y compare los siguientes términos.

   épico **fábula** **mito**

Decide si cada afirmación es *Verdadera* o *Falsa*.

___ 2. Un oráculo era un lugar sagrado que los griegos visitaban para recibir profecías.

___ 3. Los sofistas eran maestros profesionales.

___ 4. La muerte de Sócrates marca el comienzo de la era helenística.

___ 5. Los astrónomos estudian las estrellas, los planetas y otros cuerpos celestes.

___ 6. Euclides desarrolló la geometría plana.

Repaso de las ideas principales

Sección 1 • La cultura de la antigua Grecia

7. ¿Qué pensaban los griegos acerca de sus dioses y diosas?
8. ¿Qué expresaban el arte y la arquitectura griegos?

Sección 2 • Filosofía e historia griegas

9. ¿Cuánto duraron las ideas de los filósofos griegos?
10. ¿Por qué son tan importantes los historiadores griegos?

Sección 3 • Alejandro Magno

11. ¿Qué líder unió los estados griegos?
12. ¿Cuáles son los dos logros principales de Alejandro Magno?

Sección 4 • La difusión de la cultura griega

13. ¿Por qué eran tan importantes las ciudades helenísticas?
14. ¿En qué campos realizaron avances los científicos helenísticos?

Pensamiento crítico

15. **Comprensión de causa y efecto** ¿De qué manera la Guerra del Peloponeso debilitó a los estados griegos?
16. **Análisis** ¿Por qué sería útil para los griegos conocer la circunferencia de la Tierra?
17. **Comparación** ¿En qué se parecía la religión de la antigua Grecia a la religión en el antiguo Egipto?
18. **Análisis** ¿Por qué crees que el desarrollo de la historia escrita es tan importante?

Repaso

Habilidad de lectura | Contexto

Palabras en contexto

Lee este pasaje de la página 158.

"Mi padre estaba ansioso por verme crecer y transformarme en un hombre bueno (. . .) [así que] me obligó a aprender de memoria todas las obras de Homero".

19. Basándose en cómo se utiliza la palabra *obligó* en esta oración, ¿qué crees que significa?

___ a. pidió

___ b. enseñó

___ c. forzó

___ d. se animó

Para repasar esta habilidad, consulta las páginas 152–153.

Habilidades geográficas

Estudia el mapa que figura a continuación y contesta las siguientes preguntas.

20. **Ubicación** Analiza la ubicación de los reinos helenísticos. ¿Que naciones actuales controlan el territorio que era dominado por el imperio seléucida?
21. **Interacción del hombre con el medio ambiente** ¿Qué reino crees era el más difícil de gobernar basándose en su geografía?

NATIONAL GEOGRAPHIC **El mundo helenístico**

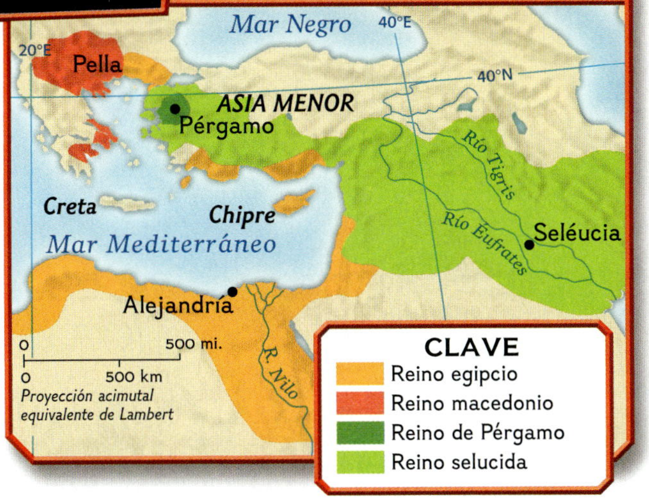

Leer para escribir

22. **Redacción descriptiva** Imagínate que eres un periodista que vive en Alejandría, Egipto, durante la era helenística. Escribe un artículo que describa la vida en la ciudad.
23. **Uso de tus PLEGABLES™** Repasa los avances en la antigua Grecia que incluiste en tu plegable. Con números, califica cada avance desde el más hasta el menos valioso. Explica la razón por la que le otorgaste la mejor y la peor calificación.

Enlaces entre el pasado y el presente

24. **Redacción explicativa** El premio Nobel se entrega cada año a personas que han realizado algún gran logro. Investiga para averiguar más sobre este premio. Luego, elige a un filósofo, escritor, científico o líder que creas que merece el premio Nobel. Escribe un breve discurso que explique la razón. Presenta tu discurso ante la clase.

Historia en línea

Prueba de autocomprobación Para ayudarte a preparar el examen de este capítulo, visita jat.glencoe.com

Uso de tecnología

25. **Desarrollo de presentaciones en multimedia** Utiliza la Internet y recursos impresos, tales como periódicos y revistas, para investigar sobre la arquitectura griega. Luego, utiliza la computadora o un póster para diseñar y construir tu propio edificio utilizando diseños griegos. Los griegos dedicaron algunos de sus edificios a dioses y diosas. Dedica tu edificio a alguien de la historia y diséñalo teniendo en cuenta a esa persona. Comparte tu investigación y diseño con la clase.

Fuente principal

Análisis

En este relato, Tucídides describe las masas de gente que ingresaban a Atenas cerca del 430 a.C. buscando alivio de la peste.

"No había casas para ellos y viviendo como lo hacían durante la temporada de calor, en chozas mal ventiladas, morían como moscas. (. . .) Tan devastadora era la catástrofe que los hombres, sin saber que les sucedería, se volvían indiferentes a cada norma de la religión o de la ley. Todas las ceremonias funerarias que solían ser ordenadas, eran ahora desorganizadas y se enterraba a los muertos de la mejor manera posible bajo las circunstancias".

—Tucídides, *Historia de la guerra del Peloponeso*

PBD Preguntas basadas en los documentos

26. ¿Qué dificultades debían enfrentar los recién llegados a Atenas durante el período de la peste?
27. ¿Qué quiere decir Tucídides cuando dice que los hombres se "volvían indiferentes a cada norma de la religión o de la ley"?

Capítulo 6

La antigua India

El templo hindú de Devi Jagadambi en Khajuraho, India ▼

NATIONAL GEOGRAPHIC ¿Cuándo y dónde?

2500 a.C.	1500 a.C.	500 a.C.	500 d.C.
c. 3000 a.C. Inicio de la primera civilización de la India	c. 1500 a.C. Los arios invaden la India	563 a.C. Nacimiento de Buda	320 d.C. Comienzo del imperio Gupta

Presentación preliminar del capítulo

Como en la antigua Grecia, la antigua India era una tierra de guerreros, pensadores y científicos. Lee este capítulo para averiguar de qué forma las ideas provenientes de la India influyeron en las matemáticas de hoy.

Mira el video del capítulo 6 en el Programa de Video *World History: Journey Across Time*.

Historia en línea

Descripción general del capítulo Visita jat.glencoe.com para ver la presentación preliminar del capítulo 6.

Sección 1 Las primeras civilizaciones de la India

Las primeras civilizaciones indias se desarrollaron sobre el río Indo. Más tarde, los arios invadieron el norte de la India. Cambiaron el gobierno y crearon un nuevo sistema social.

Sección 2 El hinduismo y el budismo

Las dos principales religiones de la India fueron el hinduismo y el budismo. Estas dos religiones influyeron en cada aspecto de la vida de los habitantes.

Sección 3 Los primeros imperios de la India

La India tuvo dos grandes imperios: el imperio mauriano y el imperio gupta. Los maurianos ayudaron a difundir el budismo por toda Asia. El arte y la educación florecieron durante el imperio gupta.

PLEGABLES™ Organizador de estudios

Identificación *Este plegable te ayudará a identificar y aprender términos claves.*

Paso 1 *Colocar cuatro hojas de papel, una sobre otra. En la hoja de papel de arriba, dibujar un gran círculo.*

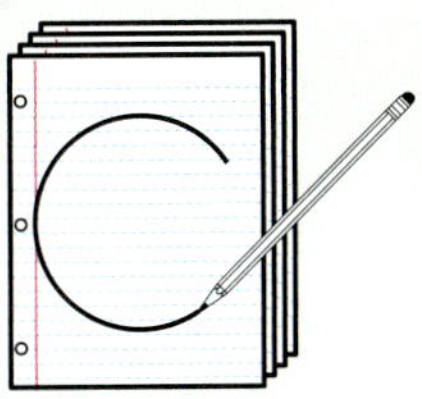

Paso 2 *Con los papeles todavía apilados, cortar los cuatro círculos al mismo tiempo.*

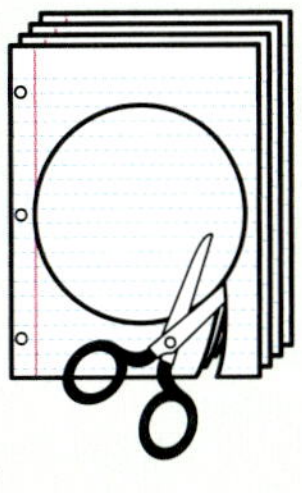

Paso 3 *Abrochar los círculos de papel juntos en un punto cerca del borde.*

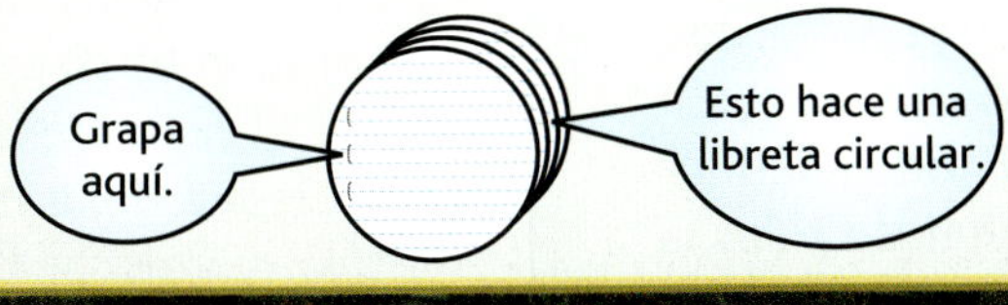

Grapa aquí.
Esto hace una libreta circular.

Paso 4 *Rotular el círculo de adelante según se muestra y tomar notas en las páginas que se abren hacia la derecha.*

Capítulo 6
Términos clave

Lectura y redacción
A medida que leas el capítulo, escribe los términos de Desarrollo de *tu vocabulario en tu plegable. Escribe una definición para cada término. Luego voltea tu plegable (cabeza abajo) para escribir una oración corta utilizando cada término.*

Capítulo 6

Lectura en estudios sociales

Habilidad de lectura

Vocabulario

1 ¡Apréndelo!

Desarrollo de tu vocabulario

¿Qué haces cuando lees y encuentras una palabra que no conoces? Aquí tienes algunos consejos:

1. Utiliza los indicios de la oración (llamados indicios de contexto) para ayudar a definirla.
2. Busca prefijos, sufijos o palabras raíz que ya conozcas.
3. Búscala en el glosario o en un diccionario.
4. Escríbela y pregúntale a alguien su significado.
5. Trata de adivinar su significado.

Fíjate en la palabra *intocables* en el párrafo siguiente.

Contexto Si sabes qué es un sistema de castas, esto te ayudará a deducir el significado de *intocables*.

Contexto Los "intocables"eran un "grupo". Tenían una "baja" categoría en la sociedad.

Había un grupo tan inferior que ni siquiera formaba parte del sistema de castas. Sus miembros eran los parias, o intocables. Realizaban las tareas que los demás indios consideraban demasiado sucias, por ejemplo, recoger basura, despellejar animales o encargarse de los cuerpos de los muertos.

—de la página 200

Habilidad de lectura

Lee los párrafos que aparecen antes y después de la palabra para ayudarte a comprender su significado.

Prefijos y sufijos Es posible que sepas que el prefijo **in-** significa "no" y el sufijo **-able** significa "que puede hacer una acción". Podrías deducir que el significado de *intocable* es un indio que no era tocado por otros.

Contexto El hecho de que realizaran tareas "sucias" indica cómo eran vistos por el resto de la sociedad de la India.

2 ¡Practícalo!

Definición de palabras

¿Cuáles son las tres cosas que te podrían ayudar a comprender el significado de la palabra *subcontinente* en este párrafo?

> Observa el mapa a continuación. La India parece un diamante que cuelga de la parte inferior de Asia. La India es un **subcontinente** porque, aunque forma parte de Asia, sus grandes montañas forman una barrera entre la India y el resto de Asia. Estas montañas son el **Himalaya**, las montañas más altas del mundo.
>
> *—de la página 195*

Leer para escribir

Toma una palabra del marcador de vocabulario que hagas en la actividad **¡Aplícalo!** Encuentra su definición. Luego crea una historieta o tira cómica. Haz que uno de los personajes de la historieta utilice la palabra correctamente.

3 ¡Aplícalo!

Prepara un marcador de vocabulario con una tira de papel de 2 pulgadas de ancho. A medida que leas el capítulo, escribe las palabras que no conozcas o sobre las que desees saber más.

Sección 1

Las primeras civilizaciones de la India

¡Prepárate para leer!

¿Cuál es la relación?

En la India, así como en Egipto y la Mesopotamia, las primeras civilizaciones se desarrollaron en los valles fértiles de los ríos.

Enfoque en Ideas principales

- El clima y la geografía influyeron en el surgimiento de la primera civilización de la India. ***(página 195)***
- Los arios conquistaron la India e introdujeron nuevas ideas y tecnología. ***(página 198)***
- Los arios crearon un sistema de castas que separaban a los indios en grupos. ***(página 199)***

Ubicación de lugares

Himalaya
río Ganges
río Indo
Harappa
Mohenjo-Daro

Conoce a los personajes

arios
brahmanes

Desarrollo de tu vocabulario

subcontinente
monzón
sánscrito
rajá
casta
gurú

Estrategia de lectura

Organización de la información

Completa un diagrama como el que aparece a continuación que muestre de qué forma los arios cambiaron la India.

Principales formas en que los arios cambiaron India.

NATIONAL GEOGRAPHIC ¿Cuándo y dónde?

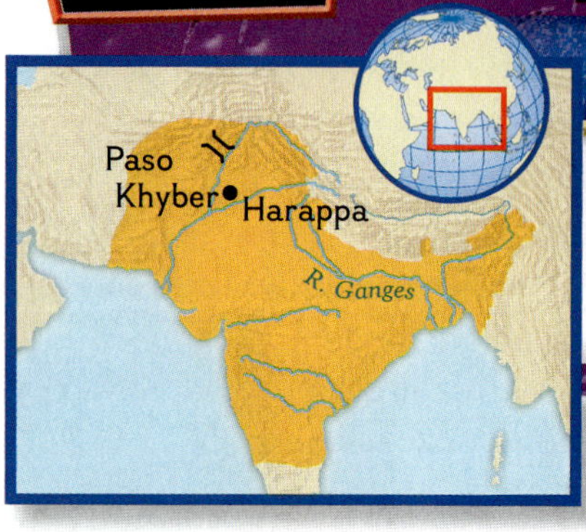

3000 a.C. — 2000 a.C. — 1000 a.C.

c. 3000 a.C. Comienza la primera civilización de la India

c. 1500 a.C. Los arios invaden la India

c. 1000 a.C. Los arios controlan el norte de India

Territorio de la India

Idea principal **El clima y la geografía influyeron en el surgimiento de la primera civilización de la India.**

Enfoque en la lectura ¿Hay tornados o huracanes donde vives? Lee para averiguar de qué forma la geografía y el clima afectaron a la primera civilización de la India.

Observa el mapa a continuación. La India parece un diamante que cuelga de la parte inferior de Asia. La India es un **subcontinente** porque, aunque forma parte de Asia, sus grandes montañas forman una barrera entre la India y el resto de Asia. Estas montañas son el **Himalaya,** las montañas más altas del mundo.

En la actualidad, son cinco las naciones que ocupan el subcontinente indio: la India, Pakistán en el noroeste, Nepal, Bután y Bangladesh en el nordeste.

La India tiene dos valles de ríos bastante fértiles. Ambos reciben las aguas de las montañas del norte. Cuando la nieve del Himalaya se derrite, el agua fluye hacia el **río Ganges** y el **río Indo.** Si se controla el agua, las tierras cercanas a estos ríos pueden utilizarse para la agricultura y ganadería.

El río Ganges corre al sur del Himalaya y fluye hacia el Océano Índico. El río Indo desemboca en el mar Arábigo. El área que circunda al Indo recibe el nombre de valle del Indo.

Al sur de los valles de los ríos se encuentra la montañosa y seca Meseta Decán. Las costas este y oeste de la India son planicies fértiles y exuberantes.

Los **monzones** son parte importante del clima de la India. Un monzón es un fuerte viento que sopla en una dirección durante el invierno y en dirección opuesta durante el verano. El monzón del invierno trae aire frío y seco de las montañas. El monzón de verano trae aire cálido y húmedo del mar Arábigo, que produce lluvias copiosas.

Cuando comienzan las lluvias del monzón, los campesinos celebran. Si las lluvias llegan a tiempo y la temporada de lluvias dura lo suficiente, la cosecha será buena. Si las lluvias se demoran, se producirá una sequía. Este largo período sin lluvias puede ser desastroso para los campesinos. La cosecha no será suficiente y mucha gente morirá de hambre.

NATIONAL GEOGRAPHIC

Geografía de la India

Uso de las habilidades geográficas

El poderoso Himalaya y distintas extensiones de agua bordean el subcontinente indio.

1. ¿Cuáles son los dos ríos que se encuentran en el norte de la India?
2. Teniendo en cuenta la geografía de la zona, ¿qué partes del subcontinente indio crees que eran mejores para los asentamientos?

Busca en línea mapas de NGS en www.nationalgeographic.com/maps

Primera civilización de la India En capítulos anteriores, aprendiste acerca de las civilizaciones que comenzaron en los valles de los ríos. La civilización india también comenzó en un valle de río.

La primera civilización se desarrolló cerca del río Indo. Cuando comenzaba el monzón del verano, el río crecía y crecía. Cuando el río inundaba las tierras cercanas, dejaba a su paso suelo rico y fértil.

Los campesinos utilizaban este rico suelo para los cultivos que servirían para alimentar a sus familias. Como los habitantes tenían gran suministro de comida, podían pasar el tiempo haciendo otras cosas, como construyendo herramientas o casas. A medida que comenzaron a comerciar con otras personas los alimentos y productos que les sobraban, crecía su riqueza. Esto les permitía construir ciudades más grandes.

La primera civilización de la India en el valle del Indo comenzó alrededor de 3000 a.C. y duró hasta 1500 a.C. Más de mil aldeas y pueblos formaron parte de esta civilización, que se extendió desde el Himalaya hasta el mar Arábigo. Sabemos algo acerca de cómo estos habitantes vivían a partir del estudio de las ruinas de sus dos principales ciudades, **Harappa** y **Mohenjo-Daro.** La civilización de esta época recibió el nombre de civilización del Indo o harappa.

Harappa y Mohenjo-Daro Harappa y Mohenjo-Daro fueron grandes ciudades en su época. Estas bien planificadas ciudades tuvieron hasta 35,000 habitantes. Se construía un fuerte sobre una plataforma de ladrillo para vigilar a los residentes. Había amplias calles principales y calles laterales más pequeñas. Un muro rodeaba a cada vecindario y estrechos pasillos separaban las casas.

La mayoría tenía techos planos y se construían con ladrillos de barro cocido en hornos. Algunas casas eran de mayor tamaño

Antigua civilización india

Las ruinas de Mohenjo-Daro (abajo) muestran una ciudad cuidadosamente planificada. La foto de la derecha muestra una típica casa en la ciudad. ***¿De qué material estaban construidas la mayoría de las casas de Mohenjo-Daro?***

▲ Sacerdote-rey harappa

Collar de ▶ Mohenjo-Daro

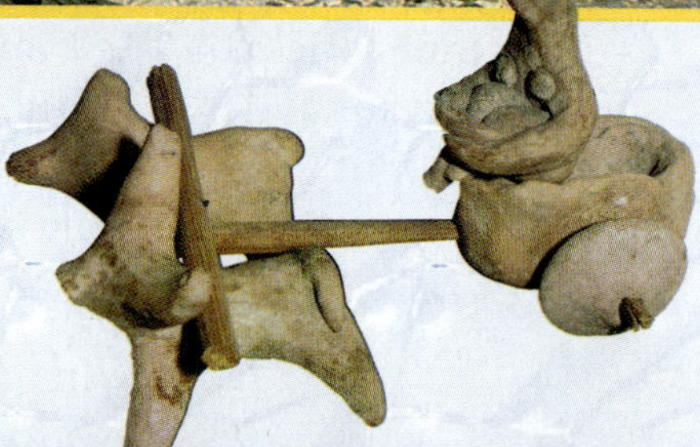

Modelo de carreta tirada ▶ por bueyes de Mohenjo-Daro

que otras, pero todas tenían una distribución similar. Había un jardín o patio en el medio y pequeñas habitaciones alrededor de él.

Los habitantes de estas antiguas ciudades tenían algunas comodidades sorprendentes. Había pozos que proporcionaban agua y los residentes hasta tenían baños interiores. El agua ya utilizada fluía por drenajes hacia las calles, corría a través de caños hacia pozos fuera de los muros de la ciudad. Las casas también tenían vertedores para la basura conectados a un recipiente en la calle. Es muy probable que el gobierno de la ciudad estuviera bien organizado al ser capaz de proporcionar tantos servicios.

La sociedad harappa Como los harappas no dejaron registros escritos, no sabemos mucho acerca de su sociedad y gobierno. Sin embargo, a partir de las ruinas, podemos decir que el palacio real y el templo estaban encerrados por la fortaleza. Esto revela que la religión y la política estaban muy conectadas.

La mayoría de los harappas eran campesinos. Cultivaban arroz, trigo, cebada, guisantes (arvejas) y algodón. Los habitantes de la ciudad fabricaban herramientas de cobre y bronce, alfarería y vestimenta de algodón así como joyas de oro, nácar y marfil. Los arqueólogos también encontraron muchos juguetes entre las ruinas, como unos monitos diseñados para trepar por una cuerda.

Es probable que los harappas comenzaran a comerciar con los mesopotámicos alrededor del año 2300 a.C. Algunos navegantes harapas siguieron la línea costera y cruzaron el mar Arábigo y otros viajaron por tierra.

Un elemento que casi no se encontró en las ruinas de Harappa fueron armas. Esto sugiere que los harappas no sólo eran prósperos sino que también eran pacíficos.

Comprobación de lectura **Explicación** ¿De qué manera estaba separada la India del resto de Asia?

Los techos se utilizaban para secar los cultivos al sol. Los cultivos secos entonces se colocaban en ambientes frescos para su almacenamiento en la casa.
Las paredes externas de los edificios no tenían ventanas. Esto ayudaba a evitar que el caluroso sol del verano calentara el interior de la casa.
Los baños contaban con un avanzado sistema de drenaje. Los drenajes comenzaban en las casas y se unían al alcantarillado principal, que transportaba el agua hacia las afueras de la ciudad.
Casi todos los edificios tenían su propio pozo. Se subía el agua fría cada vez que se necesitaba.

Los arios invaden

Idea principal **Los arios conquistaron la India e introdujeron nuevas ideas y tecnología.**

Enfoque en la lectura ¿Cómo sería tu vida sin automóviles y sin computadoras? Lee para averiguar cómo las nuevas ideas y tecnología afectaron a los indios.

La civilización harappa colapsó alrededor del año 1500 a.C. Los historiadores creen que varios terremotos e inundaciones dañaron las ciudades. Luego, el río Indo cambió su curso, matando a muchos habitantes y forzando a otros a escapar de la zona. Al mismo tiempo, un pueblo llamado los **arios** invadió el valle del río. Los arios destruyeron la civilización harappa.

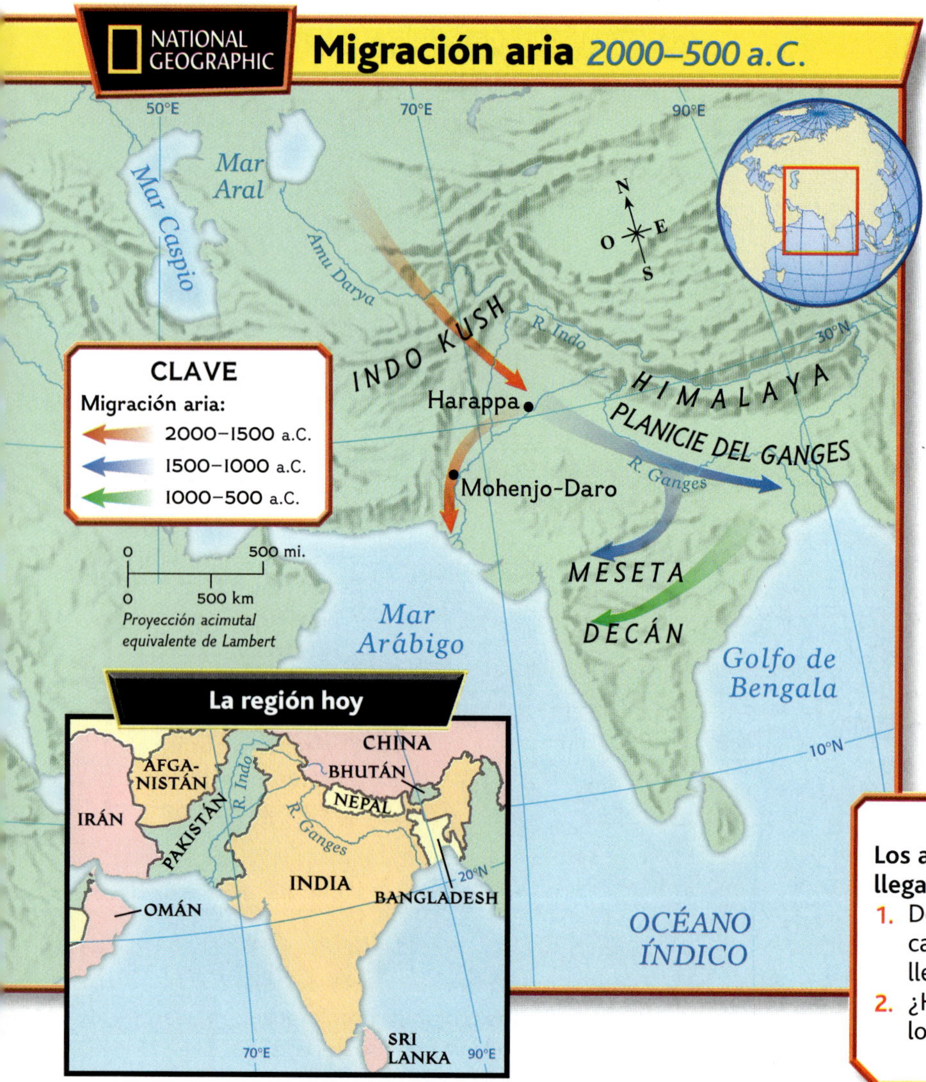

Migración aria *2000–500 a.C.*

¿Quiénes fueron los arios? Los arios vivieron en el centro y centro-sur de Asia. A diferencia de los harappas, los arios eran cazadores y no campesinos. También criaban y pastoreaban animales.

El ganado era una posesión preciada porque proporcionaba carne, leche y mantequilla. Era tan importante que los arios lo utilizaban como dinero. La riqueza individual se medía por la cantidad de ganado que una persona poseía.

Como pastoreaban a los animales, los arios eran nómadas. Después de que el ganado, ovejas y cabras consumían toda una pastura, se trasladaban en búsqueda de hierba fresca y agua.

Como muchos nómadas, los arios eran buenos guerreros. Eran expertos jinetes y cazadores. Tenían lanzas con punta de metal y carros de madera, que a veces utilizaban para invadir a las aldeas cercanas en busca de alimento.

Después del año 2000 a.C., los arios comenzaron a dejar su territorio natal. Se movieron en oleadas y algunos grupos cruzaron a través de los pasajes de montaña del Himalaya. Entraron al valle del Indo alrededor del año 1500 a.C.

Para el 1000 a.C., los arios habían conquistado a los harappas y habían controlado el norte de la India. Más tarde, se trasladaron a la meseta Decán y conquistaron todo salvo la punta sur de la India.

Uso de las habilidades geográficas

Los arios eran pastores nómadas que llegaron a controlar gran parte de la India.

1. Después de cruzar las montañas, ¿qué característica física siguieron los arios para llegar a la India?
2. ¿Hacia qué zona del sur de la India viajaron los arios?

Los arios introducen cambios Cuando los arios llegaron a India, ya no vivían como nómadas. Se convirtieron en campesinos pero siguieron criando ganado. Con el tiempo, los arios declararon que el ganado era sagrado y se prohibió utilizarlo como alimento.

Como los arios eran buenos herreros, mejoraron la agricultura de la India. Inventaron un arado de hierro que les ayudaba a limpiar las muchas selvas de la India y construyeron canales para el riego. Lentamente, convirtieron al valle del Ganges en buena tierra de cultivo.

El variado clima de la India toleraba distintos tipos de cultivos. En el norte, los campesinos cultivaban granos, como trigo, cebada y mijo. El arroz se cultivaba en los valles de los ríos. En el sur, había una mezcla de cultivos, que incluía especias como la pimienta, el jengibre y la canela.

Los arios también trajeron un nuevo idioma a la India. Como eran nómadas, no tenían lenguaje escrito, pero en la india desarrollaron una lengua escrita denominada **sánscrito.** Ahora podían escribirse las canciones, historias, poemas y plegarias que los arios habían conocido por siglos.

Los arios se organizaban en tribus. Cada tribu era conducida por un **rajá,** o príncipe. Los rajás gobernaban sus propios pequeños reinos, que a menudo luchaban entre sí. Los rajás luchaban por el ganado y tesoros y por mujeres raptadas de otros estados. Estos pequeños reinos rivales existieron en la India aproximadamente desde el año 1500 a.C. hasta 400 a.C.

Comprobación de lectura **Análisis** ¿Por qué crees que los nómadas como los arios eran grandes guerreros?

Historia en línea

Actividad en línea Visita jat.glencoe.com y haz clic en *Chapter 6—Student Web Activity* para averiguar más sobre la antigua India.

La sociedad en la antigua India

Idea principal **Los arios crearon un sistema de castas que separaban a los indios en grupos.**

Enfoque en la lectura ¿Te has preguntado alguna vez por qué a veces se trata a algunas personas de forma diferente que a otras? Mientras lees, trata de descubrir por qué se aceptó esta idea en la India.

Una de las consecuencias de la invasión aria a la India fue el desarrollo de un sistema de castas. Una **casta** es un grupo social en el que alguien nace y no puede cambiar. Una casta determina qué trabajo tendrás, con quién te

NATIONAL GEOGRAPHIC

Gente que hace Historia

Desarrollo del sánscrito *c. 1500 a.C.*

El sánscrito era la lengua de la antigua India. Se transformó en el hindi: el idioma más ampliamente utilizado en la India hoy. El primer ejemplo de sánscrito escrito aparece en los cuatro Vedas, que son los escritos más antiguos de la religión hindú. El sánscrito se utilizó hasta el 1100 d.C.

Influencia del sánscrito en los idiomas actuales

Palabra sánscrita	Definición	Palabra en español	Definición
Nava	Navío	Naval	Una flota de barcos
Dua	Dos	Dual	Que consta de dos partes
Deva	Dios	Divino	Dios divino, relativo a ser un dios

Un brahmán

En la actualidad, los intocables se denominan a sí mismos Dalit, que significa "oprimidos".

¿Por qué crearon los arios el sistema de castas?

puedes casar y con quién puedes relacionarte. En la India, existen miles y miles de castas.

¿Por qué se creó el sistema de castas? No se sabe con seguridad, pero las ideas acerca del color de la piel probablemente hayan sido parte de la razón. Los arios eran un pueblo de piel clara. Pensaban que eran mejores que los pueblos de piel oscura a quienes habían conquistado en la India. Esta idea era incorrecta, pero los arios la creían.

Otra razón por la que los arios podrían haber creado el sistema de castas era porque el pueblo a quienes habían conquistado los excedía en número. El sistema de castas mantenía separados a los grupos y establecía reglas para el comportamiento de cada uno. Esto ayudaba a los arios a mantener el control.

Niveles sociales del sistema de castas

Mucho antes de que se estableciera el sistema de castas, los arios creían que la sociedad estaba dividida en cuatro clases llamadas varnas. Las dos varnas superiores eran los **brahmanes** y los chatrias. Los brahmanes eran los sacerdotes, las únicas personas que podían realizar ceremonias religiosas. Los chatrias eran guerreros que conducían el gobierno y el ejército.

En el siguiente nivel inferior se encontraban los vaisias, o plebeyos. En general, los vaisias eran campesinos o comerciantes. Por debajo de los vaisias venían los sudras. Los sudras no eran arios. El nombre sudra proviene de la palabra aria para las personas de piel oscura a quienes habían conquistado. Los sudras eran trabajadores manuales y sirvientes y tenían pocos derechos. La mayoría de los indios pertenecían a la casta sudra.

Había un grupo tan inferior que ni siquiera formaba parte del sistema de castas. Sus miembros eran los parias, o intocables. Realizaban las tareas que los demás indios consideraban demasiado sucias, por ejemplo, recoger basura, despellejar animales o encargarse de los cuerpos de los muertos.

La vida para los intocables era muy dura. La mayoría de los indios creían que estar cerca de un intocable era perjudicial, de modo que los forzaban a vivir apartados del resto. Cuando los intocables viajaban, debían hacer sonar dos palos entre sí de modo que todos supieran que se acercaban y tuvieran tiempo para salirse del camino.

El papel de los hombres y las mujeres En la antigua india, la familia era el centro de la vida. Los abuelos, padres e hijos vivían todos juntos en una familia extendida. El hombre más anciano de la familia estaba a cargo.

Los hombres tenían más derechos que las mujeres. A menos que no hubiera hijos en una familia, sólo el hombre podía heredar la propiedad. Sólo los hombres podían asistir a la escuela o convertirse en sacerdotes.

En las familias de las castas superiores, cada niño varón tenía un **gurú** o maestro, hasta que se trasladaba a la ciudad para recibir mayor educación. Los hombres jóvenes que provenían de estas familias sólo se podían casar al finalizar sus 12 años de educación escolar.

En la India, los padres arreglaban los matrimonios de sus hijos. Aun en la actualidad, los padres arreglan el 90 por ciento de los casamientos en la India. A menudo, las niñas se casaban muy jóvenes, a la edad de 13 años. No se permitía el divorcio, pero si una pareja no podía tener hijos, el esposo podía casarse con una segunda esposa.

Una costumbre muestra cómo la vida de los hombres indios era considerada más importante que la vida de las mujeres indias. En la India, las personas eran cremadas, o quemadas, cuando morían. Cuando un hombre de una familia de casta superior moría, se esperaba que su esposa saltara a las llamas. Esta práctica recibía el nombre de suttee. Si la esposa se resistía y no se suicidaba, esto era una gran vergüenza. De allí en adelante, todos la evitarían.

Comprobación de lectura **Identificación** ¿Cuáles fueron los cinco grupos principales de la sociedad india?

Historia en línea
Centro de estudios ¿Necesitas ayuda con el material de esta sección? Visita jat.glencoe.com

Repaso de la sección 1

Resumen de la lectura

Repaso de Ideas principales

- La primera civilización de la India, incluyendo las ciudades de Harappa y Mohenjo-Daro, se desarrollaron en el valle fértil de Indo.
- Los arios, un grupo de pastores nómadas, conquistaron la parte norte de la India hacia el año 1000 d.C. Llevaron el arado de hierro y la lengua sánscrita a la India.
- El sistema de castas de la India dividía a los habitantes en rígidas clases sociales y económicas. La sociedad de la antigua India favorecía a los hombres más que a las mujeres.

¿Qué aprendiste?

1. Describe las ciudades de Harappa y Mohenjo-Daro.
2. ¿Por qué los monzones eran tan importantes para los campesinos indios?

Pensamiento crítico

3. **Causa y efecto** ¿Qué hizo que colapsara la civilización harappa?
4. **Causa y efecto** Dibuja un diagrama que muestre de qué manera los arios cambiaron el estilo de vida de los indios.

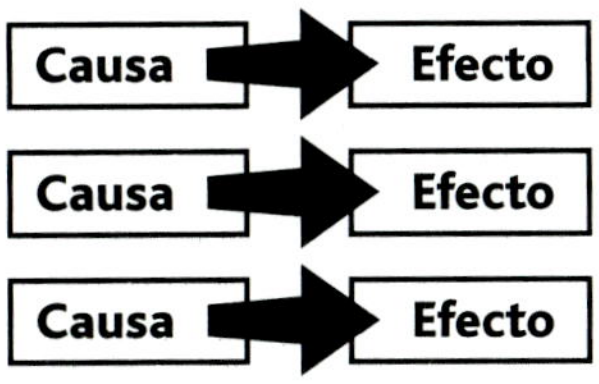

5. **Contraste** ¿En qué se diferenciaban los estilos de vida de los arios y de los harappas?
6. **Explicación** ¿De qué manera controlaban los arios al pueblo que conquistaron?
7. **Redacción descriptiva** Escribe una descripción de la ciudad de Harappa o de Mohenjo-Daro que se pudiera utilizar para atraer residentes a esa ciudad de la antigua India.
8. **Lectura Vocabulario** Explica de qué manera el sufijo de la palabra *abundante* puede ayudar a determinar su significado.

Sección 2

El hinduismo y el budismo

¡Prepárate para leer!

¿Cuál es la relación?

Gran parte de la civilización india se basa en las ideas y la cultura aria, sobre la que leíste en la sección anterior. Una de las contribuciones más importantes y duraderas de los arios es la principal religión de la India, el hinduismo.

Enfoque en Ideas principales

- El hinduismo nació de las antiguas creencias de los arios. *(página 203)*
- Una nueva religión, el budismo, atrajo a muchos habitantes de la India y de otras zonas de Asia. *(página 205)*

Ubicación de lugares

Nepal
Tíbet

Conoce a los personajes

Sidarta Gautama
Dalai Lama

Desarrollo de tu vocabulario

hinduismo
Brahmán
reencarnación
dharma
karma
budismo
nirvana
teocracia

Estrategia de lectura

Resumen de la información Dibuja un diagrama de tela de araña como el siguiente. En los óvalos, identifica las principales creencias del hinduismo.

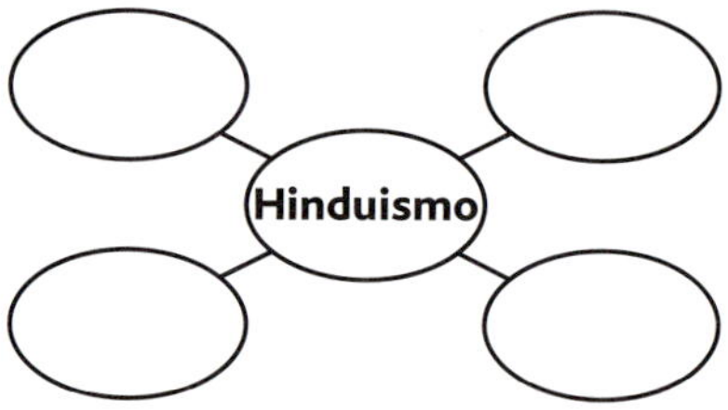

NATIONAL GEOGRAPHIC ¿Cuándo y dónde?

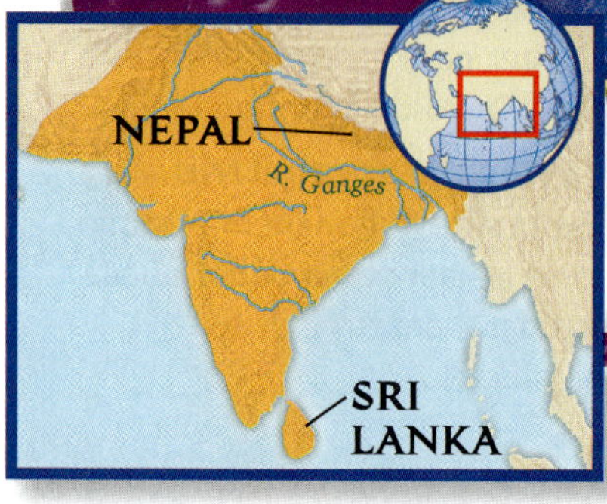

1500 a.C. — 800 a.C. — 100 a.C.

c. 1500 a.C. Los arios llevan las ideas hindúes a la India

c.563 a.C. Nace Buda en Nepal

c. 200 a.C. El Budismo Theravada se difunde por Sri Lanka

Hinduismo

Idea principal **El hinduismo nació de las antiguas creencias de los arios.**

Enfoque en la lectura ¿Te has preguntado alguna vez por qué la mayoría de la gente trata de comportarse de forma correcta o realiza buenas acciones? Al leer esta sección, verás de qué forma un hindú respondería a esta pregunta.

El **hinduismo** es una de las religiones más antiguas del mundo, y en la actualidad, es la tercera en importancia. Comenzó con la religión de los arios, quienes llegaron a la India alrededor del año 1500 a.C. Los arios creían en muchos dioses y diosas que controlaban las fuerzas de la naturaleza. Sabemos de la religión aria a partir de sus antiguos himnos y poesía, y en especial de sus epopyas o poemas largos.

Durante siglos, los sacerdotes o brahmanes recitaron estas obras y mucho más tarde, se escribieron en sánscrito. Con el correr de los siglos, la religión aria cambió. Tomó prestadas algunas ideas religiosas del pueblo que los arios habían conquistado en la India. La mezcla de creencias, con el tiempo, se convirtió en hinduismo.

▲ Los hindúes se reúnen para hablar sobre los escritos sagrados. ***¿Qué antiguos escritos religiosos describen la búsqueda de un espíritu universal?***

Primeros tiempos del hinduismo El hinduismo surgió de las costumbres religiosas de muchos pueblos a lo largo de miles de años. Esto podría explicar por qué el hinduismo tiene miles de dioses y diosas. Los hindúes tienden a pensar que todos los dioses y diosas son partes diferentes de un espíritu universal. Este espíritu universal recibe el nombre de **Brahmán.**

La búsqueda de un espíritu universal aparece descrita en los antiguos escritos religiosos conocidos como Upanishades. Estos escritos dicen que cada ser humano tiene un alma que desea reunirse con Brahmán y que esto sucede cuando una persona muere.

Los Upanishades describen de qué manera una persona se reúne con Brahmán: Un alma que se convierte en una con el Brahmán es como un trozo de sal que se arroja al agua. El trozo de sal desaparece, pero el agua se vuelve salada. La sal se ha convertido en parte del agua.

¿Qué es el karma? Los hindúes creen que un alma no se une a Brahmán inmediatamente después de la muerte. En cambio, una persona debe atravesar muchas vidas para unirse a Brahmán. En su camino, un alma podría renacer en una casta superior. Si una persona vivió una mala vida, él o ella podrían renacer en una casta inferior.

◀ Templo hindú

Principales dioses y diosas hindúes

Nombre	Reino
Brahma	creador del mundo
Vishnu	preservador del mundo
Siva	destructora del mundo
Ganesha	señor de los seres existentes, eliminador de obstáculos
Krishna	maestro del mundo
Lakshmi	diosa de la luz, belleza, buena fortuna y riqueza
Surya	dios del sol
Indra	rey de los dioses, gobernante de los cielos y del paraíso.
Saraswati	diosa del conocimiento, de la música y de las artes creativas
Parvati	madre universal

Ganesha ▶

◀ Siva

Comprensión de cuadros

Brahma, Vishnu y Siva eran considerados los tres dioses hindúes más importantes.

1. ¿Qué dios se conocía como el "maestro del mundo"?
2. **Conclusión** ¿Por qué tiene tantos dioses el hinduismo?

Esta idea de pasar por muchas vidas para alcanzar a Brahmán recibe el nombre de **reencarnación.** Es muy importante en el hinduismo e influye en la manera en que los hindúes viven sus vidas cada día. Inclusive afecta la manera en la que tratan a los animales porque consideran que toda vida es sagrada.

Para obtener la recompensa de una mejor vida en la vida siguiente, los hindúes creen que deben cumplir con su deber. El **dharma** es la ley divina. Requiere que las personas realicen las tareas propias de su casta. Un campesino tiene tareas diferentes de las de un sacerdote y los hombres tienen tareas diferentes que las mujeres.

Las consecuencias de cómo una persona vive se conocen como **karma**. Si los hindúes cumplen con su deber y viven una buena vida, tendrán un buen karma. Los llevará más cerca de Brahmán en la siguiente vida.

¿De qué manera el creer en la reencarnación afectó a los indios? Por un lado, los hizo más dispuestos a aceptar el sistema de castas. Las personas creían que debían estar felices con el papel que les tocó jugar en la vida y hacer las tareas de su casta. Un hindú dedicado cree que las personas de castas superiores son mejores y que deben estar en una categoría superior. Creer en la reencarnación les da esperanzas a todos, inclusive a los sirvientes. Si los sirvientes cumplen con su tarea, podrían renacer en una casta superior en la siguiente vida.

✓ Comprobación de lectura **Explicación** ¿Cómo se relaciona el karma con la reencarnación?

El budismo

Idea principal **Una nueva religión, el budismo, atrajo a muchos habitantes de la India y de otras zonas de Asia.**

Enfoque en la lectura ¿Qué crees hace que feliz y libre a una persona? Averigua de qué forma Buda respondió a esta importante pregunta mientras leas esta sección.

Hacia el 600 a.C., muchos indios comenzaron a cuestionar las ideas hindúes. Los sacerdotes brahmanes parecían preocuparse sólo por las ceremonias en sus templos y no por las necesidades de la gente. Los hindúes comunes deseaban una religión más simple, más espiritual. Muchos encontraron lo que necesitaban en el **budismo,** una nueva religión fundada por **Sidarta Gautama.**

¿Quién es Buda? El príncipe Sidarta Gautama nació alrededor del año 563 a.C. en un pequeño reino cerca del Himalaya. En la actualidad, esta zona se encuentra al sur de **Nepal.**

Sidarta parecía tenerlo todo. Era rico y bien parecido, estaba felizmente casado y tenía un nuevo y hermoso hijo. Un día decidió explorar el reino que se encontraba fuera de las paredes del palacio. A medida que viajaba, se desilusionaba cada vez más. Vio mendigos, gente enferma, gente quebrada por la edad, sin hogar y sin tener un lugar adonde ir. Por primera vez, estaba realmente preocupado por el sufrimiento.

Fue entonces que Sidarta decidió buscar una respuesta a este gran enigma. ¿Por qué la gente sufría y cómo se podía curar ese sufrimiento? Dejó a su familia y sus riquezas y comenzó su búsqueda. En un principio, vivió como un ermitaño, ayunando y durmiendo sobre el duro piso. Sidarta casi se murió de hambre, pero aun no tenía la respuesta a sus preguntas.

Luego, decidió meditar durante el tiempo que fuera necesario para encontrar la respuesta. La leyenda cuenta que Sidarta se sentó bajo un árbol para meditar y, después de 49 días, finalmente comprendió. Fue como si hubiera visto una gran luz.

▲ **Este lugar sagrado en el norte de la India marca la ubicación de donde se cree que Buda dio su primer sermón.** ***¿Con qué grupos de indios se hizo popular el mensaje de Buda?***

Sidarta pasó el resto de su vida vagando por los campos y contándole a la gente lo que había descubierto. Sus lecciones sobre la vida y la naturaleza del sufrimiento se conocieron como budismo. Para sus seguidores, se hizo conocido como Buda o "el iluminado".

¿Qué es el budismo? Para comprender las ideas de Buda, primero hay que ver el mundo tal como él lo vio. Como cualquier buen hindú, Sidarta no pensaba que el mundo normal de cada día era el real. Los árboles, las casas, los animales, el cielo y los océanos eran sólo ilusiones. También lo eran la pobreza y la enfermedad, el dolor y la tristeza.

Sidarta creía que la única manera de encontrar la verdad acerca del mundo era abandonando todos los deseos. Al abandonar el deseo de fama, de dinero y de todas las cosas mundanales, el dolor y la tristeza desaparecerían.

Si una persona abandonara todos sus deseos, él o ella alcanzaría el **nirvana.** El nirvana no es un lugar sino un estado de sabiduría. La palabra *nirvana* proviene de la palabra sánscrita que se utiliza para cuando se apaga la llama de una vela.

Fuente principal

La moralidad en el Camino de las Ocho Etapas

Este pasaje describe la forma en que una persona debería actuar según el Camino de las Ocho Etapas.

"Evita matar a seres vivientes. (. . .) Evita robar y se abstiene de [evita] tomar lo que no se le ha dado. Toma sólo lo que le es dado, esperando a que se lo den y vive con un corazón honesto y puro. (. . .) Evita mentir. (. . .) Habla con la verdad, es devoto de la verdad, confiable, merecedor de confianza, no engaña a los hombres".

—*The Word of the Buddha* (*La palabra de Buda*), Nyanatiloka, trad.

▲ Buda

PBD Preguntas basadas en los documentos

Según el pasaje, ¿cuál es la forma correcta de aceptar algo?

El núcleo de las enseñanzas de Buda aparece en las Cuatro Nobles Verdades:

1. *La vida está llena de sufrimiento.*
2. *La gente sufre porque desea cosas mundanas y la autosatisfacción.*
3. *La manera de terminar con el sufrimiento es dejando de desear cosas.*
4. *La única forma de dejar de desear cosas es seguir el Camino de las Ocho Etapas.*

La cuarta verdad de Buda dice que la gente debe seguir ocho pasos para eliminar el sufrimiento. El Camino de las Ocho Etapas de Buda era el siguiente:

1. *Conoce y comprende las Cuatro Nobles Verdades.*
2. *Abandona las cosas mundanas y no lastimes a los demás.*
3. *Di la verdad, no cuentes chismes y no hables mal de otros.*
4. *No realices malos actos, como matar, robar o vivir una vida indigna.*
5. *Haz un trabajo satisfactorio.*
6. *Trabaja para el bien y oponte al mal.*
7. *Asegúrate de que tu mente mantiene a tus sentidos bajo control.*
8. *Practica la meditación como forma de comprender la realidad.*

Una de las razones por las que las ideas de Buda se hicieron populares fue que no aceptaba el sistema de castas. Pensaba que el lugar de una persona en vida depende de la persona. Buda creía en la reencarnación, pero con una diferencia. Si alguien deseaba dejar de renacer en otras vidas, decía Buda, sólo debía seguir este Camino de las Ocho Etapas.

A muchas personas les gustaba el mensaje de Buda, en especial a los intocables y a los indios de castas bajas. Por primera vez, estos grupos escuchaban que ellos también podían alcanzar la iluminación.

El budismo en el sudeste de Asia Durante más de 40 años, Buda predicó sus ideas. Los discípulos se agrupaban a su alrededor y después de su muerte, difundieron su mensaje por toda Asia.

A medida que más y más gente comenzó a practicar el budismo, surgieron desacuerdos acerca de las ideas de Buda. Por último, los budistas se dividieron en dos grupos. El primero fue el budismo theravada. *Theravada* significa "las enseñanzas de los ancianos". Considera a Buda como un gran maestro, no como un dios.

Los maestros budistas y los comerciantes difundieron las ideas de Theravada por el sur y el este. Fue adoptado en Ceilán en el siglo III a.C. Ceilán, una isla ubicada cerca del extremo sur de la India, hoy se conoce como Sri Lanka. El budismo theravada se hizo muy popular en Birmania, Tailandia, Camboya y Laos.

Biografía

BUDA
563–483 a.C.

Buda

Sidarta Gautama, el pensador y maestro que más tarde se llamó Buda, nació en lo que hoy es Nepal. Según la leyenda, su madre tuvo un sueño poco antes de su nacimiento, cuya interpretación significaba que su hijo se convertiría en un gran líder.

La familia Gautama pertenecía a la casta de los guerreros. El padre de Sidarta, Suddhodana, gobernaba un grupo llamado los Shakyas. Su madre, Maya, murió poco después de dar a luz.

Sidarta era muy inteligente. Según la leyenda, el joven conocía 64 lenguas y se perfeccionó en todos sus estudios sin necesidad de instrucción. A los 29 años, Sidarta se dio cuenta de que quería buscar la verdad, la iluminación y una forma de superar el sufrimiento. Dejó a su esposa, Yasodhara, y a su hijo, Rahula, para estudiar con los sacerdotes.

Se dice que a los 35 años, Sidarta alcanzó el completo estado de iluminación mientras estaba sentado bajo un árbol. Buda comenzó a viajar para enseñar a otros sobre sus hallazgos y sobre la naturaleza de la vida y del sufrimiento.

"Nuestra vida está formada por nuestra mente, nos convertimos en lo que pensamos".

–Buda

Escultura de Buda sentado sobre una cobra

Entonces y ahora

¿Qué tipos de ocupaciones actuales a menudo implican viajar para enseñar a otros?

El budismo mahayana

El segundo tipo de budismo se llamó budismo mahayana. Enseña que Buda es un dios que vino a salvar al pueblo. Los budistas mahayana creen que seguir el Camino de las Ocho Etapas es muy difícil para la mayoría de las personas de este mundo. En cambio, creían que adorando a Buda, las personas irían al cielo después de la muerte. Allí, podrían seguir el Camino de las Ocho Etapas y alcanzar el nirvana.

▲ Monje tibetano hoy

Los budistas mahayana también tienen un afecto especial por los bodisatvas. Los bodisatvas son personas iluminadas que posponen la ida al cielo. En lugar de ir al cielo, los bodisatvas han decidido permanecer en la Tierra para ayudar a otros y hacer actos de bien. El budismo mahayana se difundió hacia el norte, hacia China y de allí a Corea y a Japón.

Un tipo especial de budismo mahayana se desarrolló en Asia central, en el país del **Tíbet.** Allí se mezcló con la religión tradicional del Tíbet y con el hinduismo.

En el Tíbet, los líderes budistas, llamados lamas, también condujeron el gobierno. Cuando los líderes religiosos encabezan el gobierno, esto se llama **teocracia.** El **Dalai Lama** era el lama que encabezaba el gobierno y el Panchen Lama era el lama que encabezaba la religión. Ambos eran considerados reencarnaciones de Buda.

En la actualidad, muchos budistas viven en países como Tailandia, Camboya y Sri Lanka, pero pocos viven en la India, donde predicó Buda por primera vez.

✓ **Comprobación de lectura** **Identificación** ¿Cómo podía un budista alcanzar el nirvana?

Historia en línea

Centro de estudios ¿Necesitas ayuda con el material de esta sección? Visita jat.glencoe.com

Repaso de la sección 2

Resumen de la lectura

Repaso de Ideas principales

- El hinduismo es una antigua religión con muchos dioses. Los hindúes creen en la reencarnación y que el lugar de una persona en la vida está determinado por su karma.
- En el siglo VI a.C., Sidarta Gautama fundó la religión budista en el norte de la India. Según el budismo, una persona que sigue las Cuatro Nobles Verdades y el Camino de las Ocho Etapas puede alcanzar el nirvana.

¿Qué aprendiste?

1. ¿Qué eran los Upanishades?
2. ¿Qué es la reencarnación?

Pensamiento crítico

3. **Comparación y contraste** Dibuja un cuadro como el que aparece a continuación. Luego agrega detalles para comparar las dos principales ramas del budismo.

Ramas del budismo	
Budismo theravada	Budismo mahayana

4. **Descripción** Explica el concepto de karma.
5. **Explicación** ¿Cuál es la importancia de las Cuatro Nobles Verdades y del Camino de las Ocho Etapas?
6. **Análisis** ¿De qué manera la creencia en la reencarnación fortaleció las divisiones de la sociedad india y dio esperanza a las clases más bajas?
7. **Redacción explicativa** Escribe un breve ensayo que describa el viaje de Sidarta Gautama hacia la iluminación.

Sección 3

Los primeros imperios de la India

¡Prepárate para leer!

¿Cuál es la relación?

En la sección anterior, aprendiste sobre el hinduismo y el budismo. Ambas religiones se desarrollaron cuando la India era un territorio compuesto por pequeños reinos. Sin embargo, estos reinos rivales se vieron obligados a unificarse al ser invadidos por extranjeros.

Enfoque en Ideas principales

- La dinastía mauriana construyó el primer gran imperio de la India. *(página 210)*
- El imperio gupta reunió gran parte del norte de la India y se enriqueció a través del comercio. *(página 213)*
- Los imperios mauriano y gupta realizaron importantes contribuciones a la literatura, matemáticas y ciencia. *(página 214)*

Ubicación de lugares

Pataliputra

Conoce a los personajes

Chandragupta Maurya
Asoka
Kalidasa

Desarrollo de tu vocabulario

dinastía
estupa
peregrino

Estrategia de lectura

Categorización de la información

Completa un cuadro como el que aparece a continuación, identifica las fechas importantes, la ciudad capital y el gobierno del imperio mauriano.

	Imperio mauriano
Fechas	
Ciudad capital	
Gobierno	

NATIONAL GEOGRAPHIC ¿Cuándo y dónde?

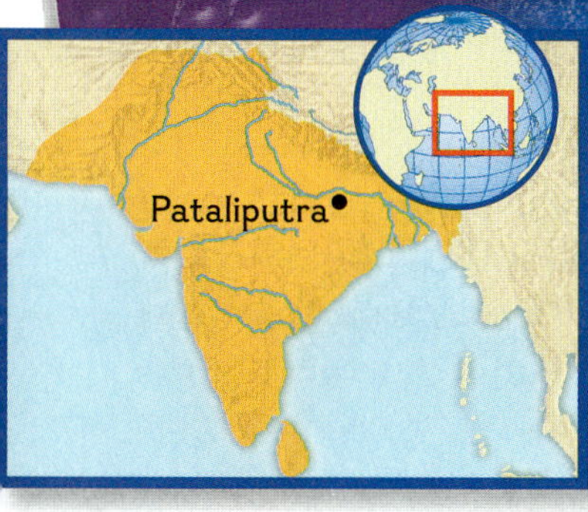

350 a.C. | 1 d.C. | 350 d.C.

321 a.C. Chandragupta Maurya funda la dinastía mauriana

232 a.C. Muere el gobernante mauriano Asoka

320 d.C. Comienza el imperio gupta

La dinastía mauriana

Idea principal **La dinastía mauriana construyó el primer gran imperio de la India.**

Enfoque en la lectura ¿Crees que los líderes políticos deben promover la religión? ¿Cómo podría ayudar la religión para que un rey mantenga unido a su país? Lee para aprender por qué un emperador indio decidió respaldar al budismo.

Los príncipes de la India lucharon por sus pequeños reinos durante años. Entonces dos grandes invasiones les dieron una lección a los indios. Primero, los persas invadieron el valle del Indo en el siglo VI a.C. y lo anexaron al gran imperio persa. Posteriormente, como ya has leído, Alejandro Magno invadió la India en 327 a.C.

Aunque las tropas de Alejandro conquistaron el norte de la India, no permanecieron allí por mucho tiempo. Sus soldados extrañaban su tierra natal, estaban cansados y amenazaron con rebelarse si no se ordenaba el regreso. Sin embargo, la invasión tuvo una consecuencia importante, que fue la formación del primer gran imperio indio.

¿Quién fundó el primer imperio de la India?

El primer gran imperio de la India fue fundado por **Chandragupta Maurya.** Chandragupta fue un príncipe indio que conquistó un amplio territorio en el valle del Ganges poco después de que Alejandro invadió el oeste de la India. La invasión de Alejandro debilitó muchos de los reinos de la India. Después de la retirada de Alejandro, Chandragupta aprovechó la oportunidad para conquistar y unificar casi todo el norte de la India.

Fundó la dinastía Mauriana en 321 a.C. Una **dinastía** es una serie de gobernantes que provienen de una misma familia. Para gobernar su imperio, Chandragupta estableció un gobierno centralizado. En un gobierno centralizado, los gobernantes administran todo desde una ciudad capital. Para poder controlar todo desde la capital, **Pataliputra,** Chandragupta debía contar con un poderoso ejército. También necesitaba un buen sistema de espías para asegurarse de que nadie estuviera planeando rebelarse. Las comunicaciones también eran importantes, de modo que estableció un sistema postal.

NATIONAL GEOGRAPHIC **Imperio mauriano** *c. 250 a.C.*

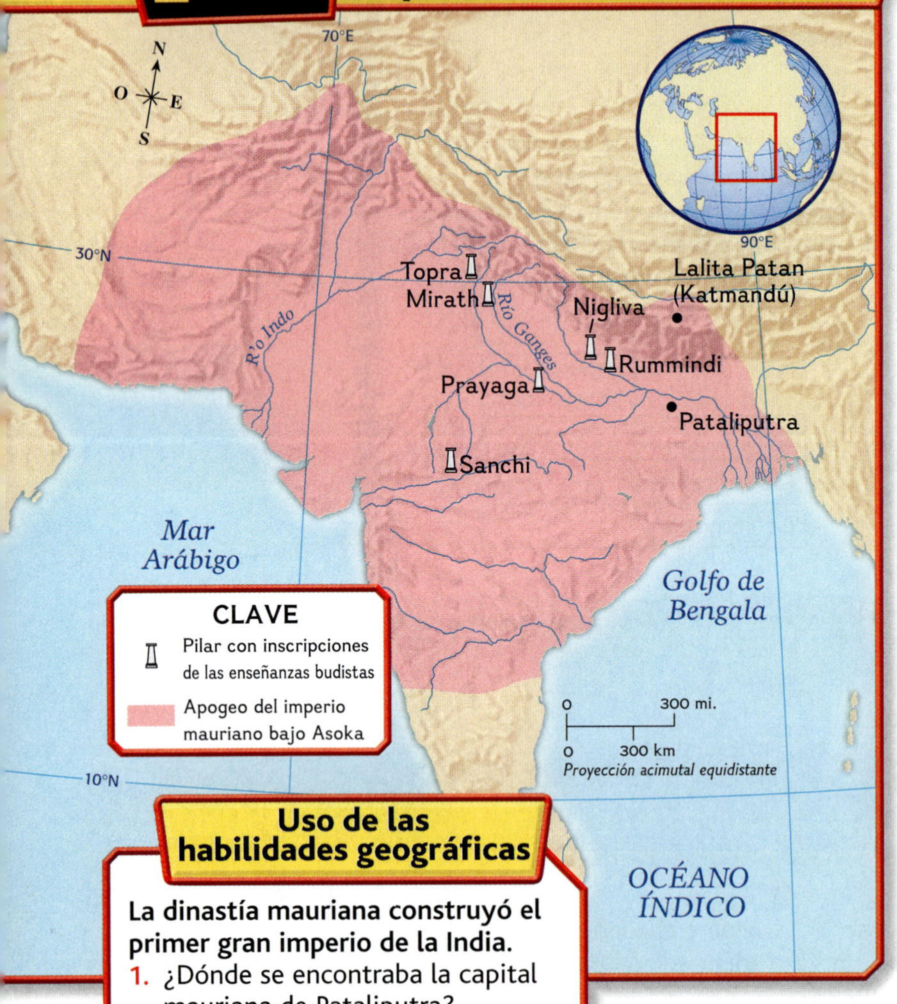

Uso de las habilidades geográficas

La dinastía mauriana construyó el primer gran imperio de la India.

1. ¿Dónde se encontraba la capital mauriana de Pataliputra?
2. ¿Qué parte de la India no conquistaron los maurianos?

▲ **Esta estupa de la India central es uno de los lugares sagrados mejor conservados del siglo III a.C.** ***¿Qué otro tipo de estructura crearon los indios para honrar a Buda?***

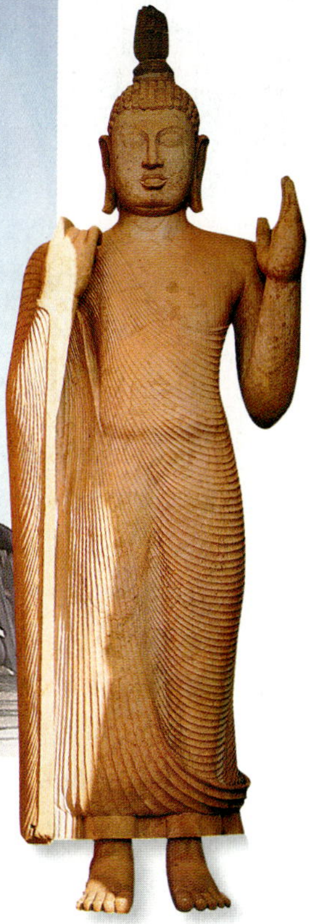

Buda ▶

El reino del emperador Asoka Chandragupta fundó la dinastía mauriana, pero muchos historiadores creen que el rey más grande del imperio fue **Asoka.** Asoka gobernó desde alrededor del año 273 a.C. hasta el año 232 a.C.

Asoka fue un líder poco común. Como muchos reyes, era un poderoso líder militar, pero llegó a odiar el derramamiento de sangre. Después de una sangrienta lucha, caminó por el campo de batalla. Cuando vio a los muertos y a los heridos, se horrorizó e hizo una promesa. Dedicaría su vida a la paz y a seguir las enseñanzas del Buda.

Asoka fue el primer gran rey budista de la historia. Construyó hospitales para las personas y también para los animales. Construyó nuevas carreteras para que resultara más fácil comerciar y colocó refugios y árboles para sombra a lo largo de los caminos para que los viajeros pudieran descansar.

Asoka envió a muchos maestros budistas por toda la India y el resto de Asia. Llevaron la religión a nuevos creyentes. En la India, los trabajadores tallaron las enseñanzas de Buda en pilares de piedra para que los habitantes las pudieran leer. Asoka también mandó hacer miles de **estupas.** Las estupas son lugares sagrados budistas con forma de cúpula o montículo.

Aunque era budista, Asoka permitió que sus súbditos hindúes practicaran su religión. Su tolerancia fue poco común para esa época.

Con un buen sistema de caminos y un gobernante fuerte, el imperio prosperó. La India se convirtió en el centro de una gran red de comercio que se extendía hasta el mar Mediterráneo.

La caída del imperio mauriano Asoka murió en 232 a.C. Desafortunadamente, los reyes que lo sucedieron no fueron muy buenos líderes y el imperio se debilitó.

Estos reyes tomaron malas decisiones que volvieron al pueblo en su contra. Obligaron a los comerciantes a pagar impuestos elevados y se apoderaron de los cultivos de los campesinos. Las cosas empeoraron tanto que en el año 183 a.C., el último gobernante mauriano fue asesinado por uno de sus propios generales.

✓ **Comprobación de lectura** **Resumen** ¿Por qué fue Asoka un gobernante importante?

Biography

EMPERADOR ASOKA

Reinó c. 273–232 a.C.

El emperador Asoka prometió aliviar el sufrimiento donde lo encontrara. Descubrió que el budismo reflejaba sus nuevas creencias, de modo que se convirtió en budista.

El emperador Asoka tenía una personalidad fuerte y enérgica. Comenzó a predicar las ideas budistas de que la gente debe ser honesta, confiable y pacífica. Predicó que la gente debía vivir con compasión hacia todos los humanos y animales. Asoka enseñó con el ejemplo y trató de vivir su vida con "poco pecado y muchas buenas acciones". Ordenó a las autoridades del gobierno adoptar dichas virtudes para sus propias vidas. También ordenó a sus funcionarios mantenerlo informado sobre las necesidades de los habitantes de su imperio.

El emperador Asoka visitaba regularmente a los habitantes de las áreas rurales de su reino y encontró formas prácticas de mejorar sus vidas. Fundó hospitales y proveyó medicinas. Ordenó que se cavaran pozos y se plantaran árboles a lo largo de los caminos.

▼ Asoka

◀ Tallado de la parte superior de un pilar creado durante el gobierno de Asoka

Entonces y ahora

Asoka combinó la religión y el gobierno. ¿Crees que ambos deben combinarse o mantenerse por separado? Explica, dando ejemplos que respalden tu respuesta.

El imperio gupta

Idea principal **El imperio gupta reunió gran parte del norte de la India y se enriqueció a través del comercio.**

Enfoque en la lectura ¿Qué clases de productos comercia Estados Unidos con otros países? Lee para aprender cómo el imperio gupta basó su riqueza en el comercio.

Durante 500 años, India no tuvo un gobernante poderoso. Una vez más, los reinos pequeños luchaban entre sí y hacían miserable la vida de sus súbditos. Entonces, en el año 320 d.C., un príncipe del valle del Ganges se hizo más poderoso que el resto. Como un gobernante anterior, su nombre era Chandragupta. Este Chandragupta eligió gobernar desde la antigua capital del imperio mauriano, Pataliputra.

Chandragupta fundó la dinastía gupta. Cuando murió, su hijo, Samudragupta, le sucedió en el trono y expandió el imperio gupta hacia el norte de la India. Pronto, el nuevo reino dominó casi todo el norte de la India. Los gupta gobernaron alrededor de 200 años. Los gobernantes gupta tuvieron una ventaja sobre los reyes maurianos. El imperio era más pequeño y eso lo hacía más fácil de administrar.

El imperio gupta se hizo rico a partir del comercio. La sal, la vestimenta y el hierro eran los productos que se comerciaban comúnmente en la India. Los comerciantes indios también comerciaban con China y con los reinos del sudeste de Asia y del Mediterráneo. Los gobernantes gupta controlaban gran parte del comercio y se enriquecieron. Poseían minas de oro y plata y grandes propiedades.

El comercio creó empleos para los habitantes de la India e hizo próspera la vida de mucha gente y de las ciudades. Las ciudades se desarrollaron a lo largo de las rutas de comercio y era mucha la gente que viajaba. Algunas personas, llamadas **peregrinos,** a menudo utilizaban las rutas comerciales para viajar hacia un lugar sagrado o un santuario. Así como las ciudades de hoy ganan dinero con el turismo, las ciudades indias que eran famosas por sus templos se hicieron ricas con las visitas de los peregrinos.

NATIONAL GEOGRAPHIC **Imperio Gupta** *c. 600 d.C.*

Uso de las habilidades geográficas

Los guptas controlaron gran parte del norte de la India.

1. ¿Qué valles de qué ríos se encontraban dentro de las fronteras del imperio gupta?
2. ¿De qué manera se puede comparar el imperio gupta con el imperio mauriano según muestra el mapa de la página 210?

Asoka se había convertido al budismo, pero los guptas eran hindúes como muchos otros de sus súbditos. Hicieron del hinduismo la religión oficial y daban dinero para financiar a los estudiosos y a los santuarios hindúes. Los santuarios construidos para los dioses y diosas hindúes inspiraron a los seguidores de esta religión. A menudo tenían esculturas de imágenes de los Upanishades y otras escrituras sagradas pintadas con colores brillantes.

Durante el imperio gupta, el arte y la ciencia también comenzaron a desarrollarse. Anteriormente, aprendiste que Grecia tuvo una Edad de Oro en el arte y en la educación. La India también tuvo una Edad de Oro del arte y la educación durante el imperio gupta.

Comprobación de lectura **Explicación** ¿Por qué se enriqueció el imperio gupta ?

Literatura y ciencia indias

Idea principal **Los imperios mauriano y gupta realizaron importantes contribuciones a la literatura, matemáticas y ciencia.**

Enfoque en la lectura ¿Qué crees que las películas, los libros y la televisión moderna revelan sobre nuestros valores? Mientras lees, trata de ver si la poesía india dice algo acerca de los valores del período gupta.

Los artistas, constructores, científicos y escritores produjeron muchas obras durante el reinado de los maurianos y guptas.

Los poemas más famosos de la India Los Vedas de la India eran antiguos himnos y plegarias para ceremonias religiosas. No se sabe con certeza que tan antiguas son porque durante mucho tiempo sólo se recitaron, no se escribieron. Cuando el pueblo ario llegó a la India y desarrolló el sánscrito, entonces se pudieron registrar los Vedas por escrito.

Más tarde, también se escribieron otros tipos de literatura. Dos relatos épicos son muy famosos en la India y a los indios aún hoy les encanta leerlos. El primero es el *Mahabharata* y el segundo es el *Ramayana*. Estos dos poemas largos hablan de valientes guerreros y sus heroicas hazañas.

El *Mahabharata* es el poema más largo en cualquier lenguaje escrito; tiene alrededor de 88,000 versos. Los historiadores creen que diferentes autores lo escribieron y que fue puesto por escrito alrededor del año 100 a.C. Describe una gran guerra por el control de un reino indio hace aproximadamente 1,000 años.

La sección más conocida es el Bhagavad Gitao "Canción del Señor". Es muy importante entre las obras escritas hindúes. En él, el dios Krishna predica un sermón antes de la batalla. Cuenta a quienes lo escuchan cuán noble es cumplir un deber aun cuando sea difícil y doloroso.

Fuente principal

El Bhagavad Gita

En el Bhagavad Gita, Arjuna se prepara para ir a la batalla. Le hace preguntas al dios Krishna sobre la guerra y la muerte. El siguiente pasaje es parte de la respuesta de Krishna.

"¡Te afliges por quienes no deben ser objeto de aflicción! . . .

. . . .

¡Todo lo que vive, vive por siempre y para siempre! . . .

. . . .

El alma que con fuerte y constante calma
toma las penas y las alegrías de igual manera,
vive la vida de los que nunca mueren.

—*Bhagavadgita*, Sir Edwin Arnold, trad.

▼ Pintura titulada *Krishna y las doncellas*

PBD Preguntas basadas en los documentos

¿Qué piensa Krishna acerca de la vida después de la muerte?

El *Ramayana* es otro poema largo. Fue escrito aproximadamente al mismo tiempo que el *Mahabharata*. Cuenta sobre el gran rey Rama y su reina Sita. Los enemigos de Rama lo mantienen alejado de su reino. Lo obligan a vivir como ermitaño en la selva. Más tarde, él lucha y derrota al demonio Ravana, que había secuestrado a Sita. Como en muchos de los relatos épicos indios, vivieron felices para siempre.

Como el *Mahabharata*, el *Ramayana* contiene muchas lecciones religiosas y morales. Rama es el perfecto héroe, rey e hijo. Sita es la perfecta y leal esposa. Sin embargo, el pueblo disfrutaba de los relatos épicos también por otras razones. Como las películas de aventuras de la actualidad, estos poemas contaban historias de suspenso sobre grandes héroes.

Otras obras escritas de la India antigua también sobrevivieron. Son bien diferentes del *Mahabharata* y *Ramayana*. Uno de los autores más conocidos de la India fue **Kalidasa.** Vivió durante la dinastía gupta. Kalidasa escribió obras, poemas, historias de amor y comedias. Su poema *El mensajero de la nube* es uno de los poemas sánscritos más populares. Es una historia de amor que también contiene bellas descripciones de las montañas, selvas y ríos del norte de la India. Una obra muy diferente es el *Panchantantra*. Es similar a las fábulas de Esopo. En estos relatos, animales que hablan presentan lecciones sobre la vida. La mayor parte de la literatura india resalta la importancia del dharma. Cada persona, sin tener en cuenta su clase social, debe cumplir con su deber.

NATIONAL GEOGRAPHIC

Gente que hace Historia

La invención del cero

c. 500 d.C.

▲ **El punto medio es el primer símbolo para el cero.**

Los humanos antiguos comprendían la idea de la nada, pero no tenían un símbolo que representara esa idea. Durante la dinastía gupta, los matemáticos inventaron el símbolo "0" y lo relacionaron con la idea de la nada. La invención del cero por parte de los indios tuvo un gran impacto en el estudio de las matemáticas y las ciencias: tanto en aquella época como en la actualidad. Sin el concepto del cero, la tecnología moderna, como las computadoras, sería imposible.

Matemáticas y ciencia de la India Los matemáticos indios, en especial durante el período gupta, hicieron importantes contribuciones. Aryabhata fue un matemático importante del imperio gupta. Fue uno de los primeros científicos que, según se conoce, utilizó el álgebra. Los matemáticos indios desarrollaron la idea del cero y de un símbolo que lo represente. También explicaron el concepto de infinito: algo sin final.

Los matemáticos gupta crearon los símbolos para los números del 1 al 9 que utilizamos en la actualidad. Estos símbolos numéricos o numerales fueron adoptados por los comerciantes árabes del siglo VIII d.C. Los comerciantes europeos los adoptaron de los árabes. El uso de estos números se difundió por Europa en el siglo XIII d.C. reemplazando a los números romanos. En la actualidad, estesistema de símbolos numéricos se conoce como el sistema numérico indo-árabe.

Los antiguos indios también inventaron los algoritmos matemáticos. Un algoritmo es una serie de pasos que resuelven un problema. Si se siguen los pasos, se llega a la respuesta correcta. Los programadores de computadoras de hoy en día a menudo utilizan algoritmos para indicar a las computadoras qué deben hacer.

Los antiguos indios realizaron importantes contribuciones en otros campos de la ciencia, especialmente en la astronomía. Siguieron y crearon mapas de los movimientos de los planetas y de las estrellas. Comprendieron que la Tierra es redonda y que gira alrededor del sol. También parecen haber comprendido la fuerza de la gravedad.

Los indios desarrollaron ideas acerca de cómo estaba compuesto el universo. Ya en el siglo VI a.C., los pensadores indios creían que el universo estaba compuesto de muchas partículas pequeñas. Descubrieron la idea del átomo antes que los griegos en el occidente.

En el campo de la medicina, los médicos gupta estaban avanzados para su época. Podían reparar huesos rotos y realizar cirugías También inventaron muchos instrumentos médicos.

Un médico indio llamado Shushruta llevó a cabo las primeras formas de cirugía plástica. Trabajó para restaurar narices dañadas. Los médicos indios utilizaban hierbas para tratar enfermedades. También creían que era importante eliminar las causas de una enfermedad y no sólo curarla en sí.

✓ Comprobación de lectura **Resumen** ¿En qué ramas de la ciencia realizaron avances los antiguos indios?

Historia en línea

Centro de estudios ¿Necesitas ayuda con el material de esta sección? Visita jat.glencoe.com

Repaso de la sección 3

Resumen de la lectura

Repaso de Ideas principales

- El imperio mauriano, bajo líderes como Chandragupta Maurya y Asoka, unificó la mayor parte de la India durante más de cien años.
- La dinastía gupta reunificó el norte de la India y se enriqueció con el comercio.
- Durante los imperios mauriano y gupta, las artes y las ciencias florecieron en la India. Varias grandes obras de la literatura, incluyendo el *Mahabharata* y el *Ramayana*, provienen de este período.

¿Qué aprendiste?

1. Describe el comercio durante el imperio gupta.
2. ¿Cuál es el mensaje de Bhagavad Gita?

Pensamiento crítico

3. **Organización de la información** Crea un diagrama que muestre las contribuciones de los matemáticos indios durante los imperios mauriano y gupta.

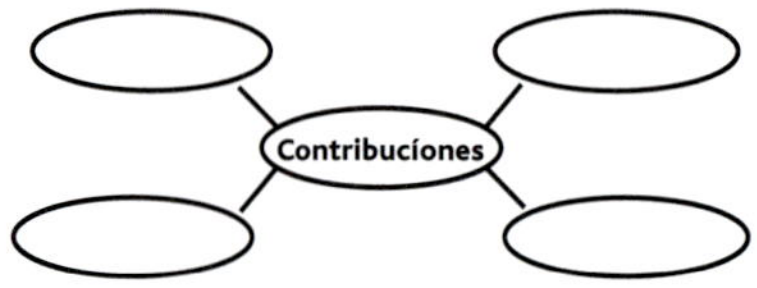

4. **Análisis** ¿De qué manera se reflejaron las creencias budistas de Asoka en sus logros como rey?
5. **Redacción explicativa** ¿Cuál de los emperadores indios descritos en esta sección crees que fue el mejor gobernante? Escribe un breve ensayo que explique tu elección.
6. **Enlace de matemáticas** ¿Por qué es importante el desarrollo de un sistema numérico en una civilización que depende del comercio?
7. **Lectura Vocabulario** Explica de qué manera podrías utilizar el contexto para determinar el significado de la palabra *prosperó* en esta oración.

   "Con un buen sistema de caminos y un gobernante fuerte, el imperio prosperó".

Capítulo 6 Repaso de lectura

Sección 1 Las primeras civilizaciones de la India

Vocabulario
subcontinente
monzón
sánscrito
rajá
casta
gurú

Enfoque en Ideas principales
- El clima y la geografía influyeron en el surgimiento de la primera civilización de India. *(página 195)*
- Los arios conquistaron la India e introdujeron nuevas ideas y tecnología. *(página 198)*
- Los arios crearon un sistema de castas que separaban a los indios en grupos. *(página 199)*

Sección 2 El hinduismo y el budismo

Vocabulario
hinduismo
brahmán
reencarnación
dharma
karma
budismo
nirvana
teocracia

Enfoque en Ideas principales
- El hinduismo nació de las antiguas creencias de los arios. *(página 203)*
- Una nueva religión, el budismo, atrajo a muchos habitantes de la India y de otras zonas de Asia. *(página 205)*

Ganesha ▶

Sección 3 Los primeros imperios de la India

Vocabulario
dinastía
estupa
peregrino

Enfoque en Ideas principales
- La dinastía mauriana construyó el primer gran imperio de la India. *(página 210)*
- El imperio gupta reunió gran parte del norte de India y se enriqueció a través del comercio. *(página 213)*
- Los imperios mauriano y gupta realizaron importantes contribuciones a la literatura, matemáticas y ciencia. *(página 214)*

Capítulo 6

Evaluación y actividades

Repaso del vocabulario

1. Escribe un párrafo acerca de las creencias básicas del budismo usando las siguientes palabras.

reencarnación **karma** **dharma**

Escribe la palabra del vocabulario que completa cada oración. Luego escribe una oración con cada palabra que no se haya seleccionado.

a. estupa
b. gurú
c. casta
d. rajá
e. peregrino
f. teocracia
g. monzón
h. dinastía

2. Cada tribu aria era conducida por un ___.
3. En una ___, los líderes religiosos conducen el gobierno.
4. Una ___ es una línea de gobernantes que pertenecen a la misma familia.
5. Un ___ viaja a lugares religiosos.

Repaso de las ideas principales

Sección 1 • Las primeras civilizaciones de la India.

6. ¿Qué influyó en el surgimiento de las primeras civilizaciones de la India?
7. ¿Cuál fue el objetivo del sistema de castas?

Sección 2 • El hinduismo y el budismo

8. ¿A partir de qué se formó el hinduismo?
9. ¿Cuál fue la religión que atrajo a los habitantes de la India y de otras zonas de Asia?

Sección 3 • Los primeros imperios de la India

10. ¿Qué dinastía construyó el primer gran imperio de la India?
11. ¿Por qué fue tan importante el imperio gupta?

Pensamiento crítico

12. **Comparación** ¿En qué sentido crees que el Camino de las Ocho Etapas se parece a los Diez Mandamientos del judaísmo?
13. **Análisis** ¿De qué manera refleja el *Mahabharata* los ideales de la antigua India?
14. **Explicación** ¿De qué forma afectaron los monzones el desarrollo de las primeras civilizaciones de la India?
15. **Predicción** ¿Qué crees que pudo haber sucedido si Asoka hubiese aprobado la matanza en el campo de batalla durante sus guerras de conquista?

Repaso — Habilidad de lectura — Vocabulario

Desarrollo de tu vocabulario

16. Lee el siguiente pasaje de la página 205. Luego, explica de qué forma los indicios del contexto pueden ayudarte a determinar el significado de la palabra *ermitaño*.

> Dejó a su familia y sus riquezas y comenzó su búsqueda. En un principio, vivió como un ermitaño, ayunando y durmiendo sobre el duro piso. Sidarta casi se murió de hambre, pero aun no tenía la respuesta a sus preguntas.

Para repasar estos conocimientos, consulta las páginas 192–193.

Habilidades geográficas

Estudia el mapa que figura a continuación y contesta las siguientes preguntas.

17. **Interacción del hombre con el medio ambiente** ¿Por qué se desarrollaron Harappa y Mohenjo-Daro tan cerca del río Indo?
18. **Lugar** Los vientos del monzón de invierno provienen del nordeste. ¿Qué hace que los vientos de ese monzón sean fríos?
19. **Ubicación** Nombra por lo menos dos características naturales que protegieron a Harappa y a Mohenjo-Daro de los invasores.

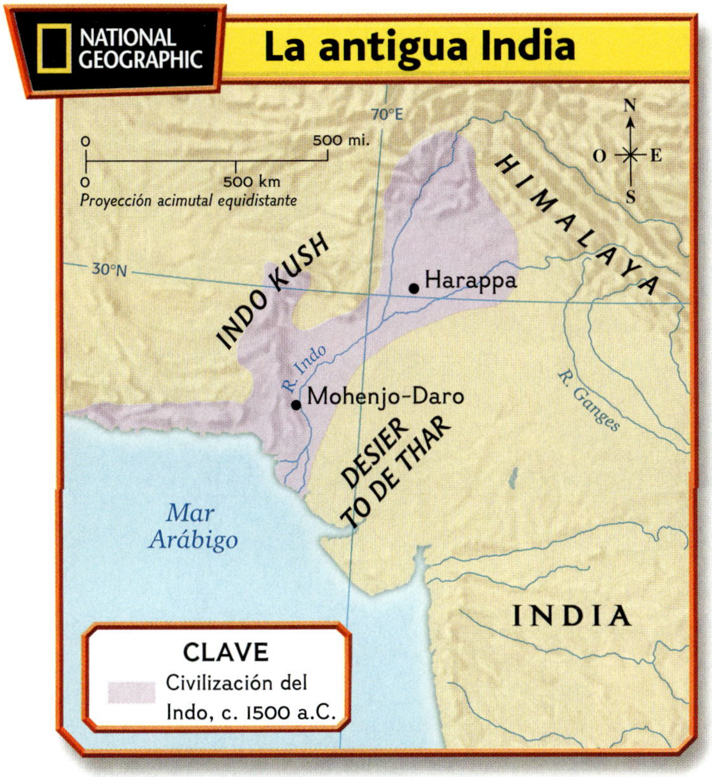

Leer para escribir

20. **Redacción persuasiva** En el *Mahabharata*, el dios Krishna aconseja a Arjuna, "Prepárate para la batalla, sin pensar en (. . .) las ganancias o pérdidas, la victoria o la derrota". Escribe un párrafo en el que demuestres tu acuerdo o desacuerdo con tal consejo.
21. **Uso de tus PLEGABLES™** Usa la información que escribiste en tu plegable y prepara una prueba para llenar espacios en blanco para que la complete un compañero de clase. Escribe un párrafo acerca de una de estas secciones y deja espacios en blanco para que un compañero los complete. También escribe una lista de respuestas.

Historia en línea

Prueba de autocomprobación Para ayudarte a preparar para el examen de este capítulo, visita jat.glencoe.com

Uso de tecnología

22. **Investigación** Utiliza la Internet y tu biblioteca local para obtener información acerca del sistema de castas en la actualidad. Es recomendable investigar dónde se practica el sistema en la actualidad y cómo afecta la sociedad de hoy. También puedes investigar sobre los intentos para reformar el sistema de castas y de qué manera lo afecta el derecho nacional (las leyes del país). Prepara un informe para compartir con la clase.

Desarrollo de habilidades en ciudadanía

23. **Análisis de la información** El dharma es el concepto hindú acerca del deber. ¿Es importante para los integrantes de una sociedad cumplir con sus deberes? Crea una lista de los deberes que en la actualidad deben cumplir los estadounidenses. Luego escribe un párrafo que explique por qué tales deberes son tan importantes.

Fuente principal

Análisis

Lee el extracto del Discurso de despedida de Buda. Luego contesta las siguientes preguntas.

"Aferraos a la verdad cual si fuera una lámpara. Buscad la salvación sólo en la verdad. No busquéis ayuda de nadie que no fuera de vosotros mismos. (. . .)

Aquellos quienes, hoy o después de mi muerte, serán lámparas en sí mismos (. . .) aferrándose a la verdad que los ilumine y buscando su salvación sólo en la verdad (. . .) son aquellos (. . .) que alcanzarán lo más alto! Pero deben mostrarse ansiosos de aprender".

—*Las enseñanzas de Buda*,
The Buddha's Farewell Address
(Discurso de despedida de Buda),
compilado por Paul Carus

PBD Preguntas basadas en los documentos

24. ¿Por qué compara Buda a la verdad con una lámpara?
25. ¿Cuál es la cualidad que una persona debe tener si desea alcanzar lo más alto?

Capítulo

7

La antigua China

La primera gran Muralla China se construyó hace más de 2,000 años para evitar el avance de los invasores. La muralla actual, que mide unas 4,000 millas de largo, se construyó hace aproximadamente 500 años. ▼

NATIONAL GEOGRAPHIC

¿Cuándo y dónde?

1800 a.C.	1150 a.C.	500 a.C.	150 d.C.
c. 1750 a.C. Comienza la dinastía Shang	**1045 a.C.** Wu Wang crea la dinastía Zhou	**551 a.C.** Nace Confucio	**c. 100 d.C.** Se establece la Ruta de la Seda

Presentación preliminar del capítulo

Los antiguos chinos, al igual que los egipcios, establecieron dinastías que rigieron durante mucho tiempo. Los chinos valoraban tres grandes filosofías: el confucionismo, el taoísmo y la escuela legista.

Historia en línea

Descripción general del capítulo Visita jat.glencoe.com para ver una presentación preliminar del capítulo 7.

Mira el video del Capítulo 7 en el Programa de Video *World History: Journey Across Time*.

Sección 1 Primeras civilizaciones de la China

La civilización china estuvo marcada por su situación geográfica caracterizada por montañas y grandes ríos. Las largas dinastías conseguían poder por medio de ejércitos poderosos.

Sección 2 La vida en la China antigua

La sociedad china antigua tenía tres clases sociales principales: los aristócratas, los agricultores y los comerciantes. Durante los períodos de actividad, se desarrollaron ideas tales como las del confucionismo y el taoísmo.

Sección 3 Las dinastías Qin y Han

Tanto la dinastía Qin como la Han crearon gobiernos centrales fuertes. Los nuevos inventos que se desarrollaron durante la dinastía Han ayudaron a mejorar la vida del pueblo chino.

PLEGABLES™ Organizador de estudios

Organización de la información *Haz este plegable para organizar mejor la información sobre los personajes importantes de la historia de la China antigua.*

Paso 1 *Plegar una hoja en dos de un lado al otro.*

Pliégalo para que el borde izquierdo quede a una $\frac{1}{2}$ pulgada del borde derecho.

Paso 2 *Girar el papel y plegarlo en tercios.*

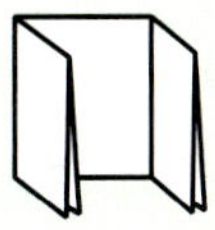

Paso 3 *Desplegar el papel y cortar la franja superior solamente abarcando las dos partes del pliego.*

Esto creará tres solapas.

Paso 4 *Girar el papel y rotularlo según se muestra.*

Primeras civilizaciones de la China
Filósofos chinos
Qin y Han

Lectura y redacción
A medida que vayas leyendo el capítulo, haz una lista de los personajes importantes y describe sus logros y las enseñanzas que dejaron durante estos períodos de la historia china.

Capítulo 7

Lectura en estudios sociales

Habilidad de lectura

Estructura del texto

1 ¡Apréndelo!

Encabezados y puntuación

Al leer este capítulo, presta atención a los encabezados en negrita y a la puntuación. Los autores los usan para ayudarte a que entiendas mejor lo que lees. Observa el encabezado de la página 235, **Pensadores chinos.** Al poner estas palabras en rojo, los autores te avisan, incluso antes de que comiences a leer, que esta parte del capítulo trata sobre los pensadores famosos de la historia china. Si prestas atención a los signos de puntuación, también puedes entender mejor el texto. Fíjate en los signos de puntuación del siguiente párrafo.

Se pone sangría para mostrar dónde comienza un nuevo párrafo y una nueva idea.

Para Confucio, la mejor manera de comportarse se parecía a este dicho: "No hagas a los demás lo que no quieres que te hagan a ti".

—de la página 236

Los dos puntos (:) indican que las palabras que vienen a continuación son un ejemplo o una explicación de la primera parte de la oración.

Las comillas tienen distintos usos. Aquí se usan para destacar las palabras tomadas de otra fuente.

Habilidad de lectura

Lee un fragmento en voz alta. Durante la lectura, nombra los signos de puntuación. Así será más fácil recordar su determinado uso signos de puntuación.

2 ¡Practícalo!

Indicaciones sobre la puntuación

Fíjate en el encabezado y la puntuación del siguiente párrafo y responde a las preguntas que siguen.

> **Cae el imperio Zhou** Con el tiempo, los pequeños jefes de los territorios de Zhou se hicieron poderosos. Dejaron de obedecer a los reyes de Zhou y armaron sus propios estados. En el 403 a.C. comenzaron las luchas. Durante casi 200 años, los estados lucharon entre sí. Los historiadores llaman a esta época "Período de los estados en guerra".
>
> *—de la página 231*

1. Según el encabezado, ¿de qué piensas que se tratará esta sección?
2. ¿Por qué crees que la frase "Período de los estados en guerra" está entre comillas?
3. ¿Cómo sabrás cuándo comienza un nuevo párrafo?

Lee para escribir

Imagina que tienes un hermanito, una hermanita, un amigo o una amiga que recién está aprendiendo a leer. ¿Cómo le explicarías el uso de los signos de puntuación? Escribe una explicación paso por paso de lo que esa persona necesitaría saber sobre los puntos, las comas, los dos puntos y las comillas.

▲ Dragón alado de la dinastía Zhou

3 ¡Aplícalo!

Mientras lees el capítulo, anota los signos de puntuación o los encabezados de sección que no entiendas. Escríbelos en tu cuaderno para luego comentarlos.

Sección 1

Primeras civilizaciones de la China

¡Prepárate para leer!

¿Cuál es la relación?

En los capítulos anteriores has aprendido que muchas civilizaciones surgieron en valles que bordeaban algunos ríos. Las civilizaciones de China también se originaron en valles. Sin embargo, otras características del territorio, como las montañas y los desiertos, también afectaron la historia china.

Enfoque en Ideas principales

- Los ríos, montañas y desiertos influyeron en la formación de la civilización china. *(página 225)*
- Los gobernantes conocidos como la dinastía Shang se hicieron poderosos porque controlaban la tierra y tenían ejércitos fuertes. *(página 226)*
- Los gobernantes chinos afirmaban que el Mandato Divino les daba el derecho a gobernar. *(página 229)*

Ubicación de lugares

Huang He
Chang Jiang
Anyang

Conoce a los personajes

Wu Wang

Desarrollo de tu vocabulario

dinastía
aristócrata
pictograma
ideograma
burocracia
mandato
Tao

Estrategia de lectura

Resumen de información Completa un cuadro como el que figura a continuación describiendo las características de las dinastías Shang y Zhou.

	Dinastía Shang	Dinastía Zhou
Fechas		
Líderes		
Logros		

NATIONAL GEOGRAPHIC

¿Cuándo y dónde?

1750 a.C. — 975 a.C. — 200 a.C.

- **c. 1750 a.C.** Comienza la dinastía Shang
- **1045 a.C.** Wu Wang crea la dinastía Zhou
- **221 a.C.** Comienza la dinastía Qin

Geografía de China

Idea principal **Los ríos, montañas y desiertos influyeron en la formación de la civilización china.**

Enfoque en la lectura ¿Por qué piensas que tantas ciudades y pueblos se construyeron junto a los ríos? Lee para aprender por qué los ríos fueron importantes para el desarrollo de China.

El **Huang He** (Río Amarillo) atraviesa más de 2,900 millas (4,666 km) del territorio de China. Su nombre se debe a la fértil tierra amarilla que se extiende desde Mongolia hasta el Océano Pacífico.

Al igual que los ríos de la antigua Mesopotamia y el antiguo Egipto, el Huang He inundó la tierra. La inundación tuvo sus ventajas y sus desventajas para los chinos. Cuando el río se desbordó, muchas personas murieron ahogadas y muchas viviendas quedaron destruidas. Por eso, los chinos llaman al Huang He "el dolor de China".

Pero por otra parte, hubo un aspecto positivo. Con la inundación, el río dejó una capa de tierra fértil en el valle. En consecuencia, los agricultores pudieron cosechar grandes cantidades de alimentos en terrenos muy pequeños.

China también tiene otro gran río, el Río **Chang Jiang** o Yangtze. El Chang Jiang es aún más largo que el Huang He. Recorre unas 3,400 millas (5,471 km) hacia el este atravesando China central y luego desemboca en el Mar Amarillo. El valle Chang Jiang, al igual que el del Huang He, tiene tierra fértil para cultivar.

Aunque China tiene tierra fértil en ambos lados de los ríos, apenas poco más de una

NATIONAL GEOGRAPHIC **La geografía de China**

Uso de las habilidades geográficas

Si bien el país de China tiene una de las poblaciones más grandes del mundo, sólo se puede cultivar una pequeña parte de su territorio.

1. ¿Cómo se llama el desierto que está en la frontera norte de China, cerca de Mongolia?
2. ¿Qué efecto tuvieron las montañas y los desiertos de China en la historia del país?

Busca los mapas de NGS en línea en www.nationalgeographic.com/maps

décima parte de sus tierras sirven para la agricultura. Eso se debe a que la mayor parte del territorio chino se encuentra cubierto de montañas y desiertos. El inmenso Himalaya encierra a China por el sudoeste. El Kunlun Shan y el Tian Shan son cadenas montañosas que están en la frontera occidental de China. El Gobi, un desierto amplio, frío y rocoso, se extiende hacia el este desde estas montañas. Estas montañas y desiertos influyeron en gran parte de la historia china. Eran como una muralla que rodeaba a los chinos y los separaba de la mayoría de otros pueblos.

Con el tiempo, los chinos se unieron para formar un solo reino. Llamaron a su patria "el Reino Medio". Para ellos, era el centro del mundo y la civilización principal. Los chinos desarrollaron un modo de vida que ha perdurado hasta la época moderna.

✓ Comprobación de lectura **Identificación** Nombra dos ríos importantes para las civilizaciones chinas antiguas.

Uso de las habilidades geográficas

Es probable que los Shang hayan construido las primeras ciudades chinas.

1. ¿Qué ríos se encontraban dentro de las fronteras de la dinastía Shang?
2. ¿En qué parte del reino de los Shang se encontraba Anyang?

La dinastía Shang

Idea principal **Los gobernantes conocidos como la dinastía Shang se hicieron poderosos porque controlaban la tierra y tenían ejércitos fuertes.**

Enfoque en la lectura ¿Quiénes son los líderes de tu comunidad? ¿Qué les da poder? Lee para aprender por qué algunas personas de la China antigua tenían más poder que otras.

Se sabe poco de los comienzos de la civilización china. Sin embargo, los arqueólogos han encontrado vasijas en el valle del Huang He que datan de hace miles de años. Estos objetos de alfarería muestran que el valle del Huang He fue el primer centro de la civilización china. Los arqueólogos piensan que los pobladores se quedaron en el valle y cultivaron la tierra porque el suelo era fértil. A medida que aumentaba la cantidad de pobladores, comenzaron a construir aldeas y, poco después, comenzó la primera gran civilización china.

Es probable que los primeros gobernantes de China hayan formado parte de la dinastía Xia. Una **dinastía** es una línea de gobernantes que pertenecen a la misma familia. Se sabe poco de los Xia. Conocemos más de la dinastía siguiente, los Shang. Los reyes Shang gobernaron aproximadamente entre el año 1750 a.C. y el 1122 a.C.

¿Quiénes eran los Shang? Los arqueólogos encontraron muros gigantescos, palacios y tumbas reales que datan de la época de los Shang. Esos restos indican que es probable que los Shang hayan construido las primeras ciudades chinas. Una de estas ciudades fue **Anyang,** en el norte de China. Anyang fue la primera capital de China. Desde allí, los reyes Shang gobernaban al antiguo pueblo chino.

Los integrantes de la dinastía Shang estaban divididos en dos grupos. El grupo más poderoso era el del rey y su familia. El primer rey Shang gobernó una pequeña zona del norte de China. Sus ejércitos utilizaron carros y armas de bronce para apoderarse de otras zonas vecinas. Con el tiempo, los reyes Shang gobernaron la mayor parte del valle del Huang He.

Más tarde, los reyes Shang escogieron jefes militares para gobernar los territorios de su reino. Los jefes militares eran líderes que dirigían sus propios ejércitos. Sin embargo, el rey controlaba incluso los ejércitos grandes que defendían las fronteras del reino. Los ejércitos del rey lo ayudaban a permanecer en el poder.

Por debajo del rey se encontraba la clase alta, formada por los jefes militares y otros funcionarios reales. Eran **aristócratas,** nobles cuya riqueza provenía de las tierras que poseían. Los aristócratas heredaban la tierra y el poder de generación en generación.

En la China de los Shang, algunos habitantes eran comerciantes y artesanos. Pero la mayoría eran agricultores. Trabajaban la tierra que pertenecía a los aristócratas. Cultivaban granos, como el mijo, el trigo y el arroz, y criaban vacas, ovejas y pollos. También vivían en la China de los Shang unas pocas personas esclavizadas que habían sido capturadas en la guerra.

Espíritus y ancestros Los habitantes de la China de los Shang adoraban a dioses y espíritus. Se creía que los espíritus vivían en las montañas, los ríos y los mares. Los habitantes creían que debían mantener contentos a los dioses y a los espíritus, ofreciéndoles alimentos y otros bienes. Pensaban que los dioses y los espíritus se enojarían si no los trataban bien. Los dioses y espíritus enojados podían hacer que los agricultores tuvieran una mala cosecha o que los ejércitos perdieran una batalla.

Los habitantes también honraban a sus antepasados o familiares fallecidos. Les hacían ofrecimientos con la esperanza de que los ancestros los ayudaran en momentos de necesidad y les dieran buena suerte. Hasta el día de hoy muchos chinos siguen recordando a sus ancestros visitando templos y quemando pequeñas copias en papel de alimentos y ropas. Esas copias representan los objetos que sus parientes fallecidos necesitan en la vida después de la muerte.

NATIONAL GEOGRAPHIC

Cómo eran las cosas

Enfoque en la vida cotidiana

▲ Vasija de bronce

El rol de las mujeres Zheng Zhenxiang fue la primera arqueóloga mujer de China. En 1976 encontró la tumba de Fu Hao, la primera general mujer de China. En la tumba había más de 2,000 objetos de la dinastía Shang, entre estos armas, vasijas de bronce, objetos de jade y huesos con caracteres chinos tallados.

Fu Hao, la esposa del rey Wu Ding, tuvo un entierro real. Fue famosa por su fuerza, su habilidad para las artes marciales y sus estrategias militares. Muchas veces ayudó a su esposo a vencer al enemigo en el campo de batalla. Fue la primera mujer en la historia de China que recibió el rango militar más alto.

La tumba de Fu Hao y sus objetos revelan la espléndida civilización de la dinastía Shang. En ese período los chinos desarrollaron la escritura, un calendario e instrumentos musicales.

Escultura de jade de una figura humana sentada ▶

Conexión con el pasado

1. ¿Por qué cosas fue famosa Fu Hao?
2. Explica qué revelarían los objetos que se encontraron en la tumba de Fu Hao sobre la vida de esa época.

Adivinación Los reyes Shang creían que recibían poder y sabiduría de los dioses, los espíritus y sus ancestros. Para los Shang, la religión y el gobierno estaban estrechamente relacionados, igual que en la antigua Mesopotamia y el antiguo Egipto. Un deber importante de los reyes Shang era comunicarse con los dioses, los espíritus y los ancestros antes de tomar decisiones importantes.

Los reyes pedían ayuda a los dioses mediante los huesos del oráculo. Hacían que los sacerdotes tallaran preguntas en los huesos, tales como "¿Ganaré la batalla?" o "¿Me recuperaré de mi enfermedad?" Luego los sacerdotes colocaban varas de metal caliente dentro de los huesos para que estos se rajaran. Creían que el diseño de las rajaduras formaba las respuestas de los dioses. Los sacerdotes interpretaban las respuestas y se las escribían a los reyes. La talla en los huesos del oráculo es el primer registro que se conoce de la escritura china.

El idioma chino La talla en los huesos del oráculo muestra cómo comenzó la escritura china actual. De todas maneras, el idioma chino es mucho más complejo.

La vieja escritura china, al igual que muchos otros idiomas antiguos, utilizaba pictogramas e ideogramas. Los **pictogramas** son caracteres que representan objetos. Por ejemplo, los caracteres chinos que significan "montaña", "sol" y "luna" son pictogramas. Los **ideogramas** son otro tipo de caracteres utilizados en la escritura china. Unen dos o más pictogramas para representar una idea. Por ejemplo, el ideograma que significa "este" está relacionado con la idea de que el sol sale por el este. Es una combinación de pictogramas en los que se ve el sol saliendo detrás de unos árboles.

A diferencia del chino, el español y muchos otros idiomas tienen sistemas de escritura basados en un alfabeto. Los alfabetos utilizan caracteres que representan sonidos. Si bien los chinos también usan algunos caracteres que representan sonidos, la mayoría de los caracteres representan palabras enteras.

Los artistas en la época de los Shang

Los habitantes de la China de los Shang desarrollaron muchas habilidades. Los

NATIONAL GEOGRAPHIC

Gente que hace historia

Escritura china

El sistema de escritura china fue creado hace casi 3,500 años, durante la dinastía Shang. Los primeros ejemplos de escritura china se encontraron en huesos de animales. Las tallas hechas en estos huesos muestran que la escritura china siempre usó símbolos para representar las palabras. Algunas tallas son dibujos. Por ejemplo, el verbo *ir* estaba representado por un dibujo de un pie. Los caracteres estaban ordenados en columnas verticales y se leían de arriba hacia abajo, como la escritura china moderna. La escritura tallada en los huesos registraba las preguntas que hacían los reyes sobre temas muy variados, desde el clima hasta la buena fortuna. La escritura china ha cambiado en muchos aspectos, pero aún hay evidencia que proviene originariamente de dibujos y símbolos.

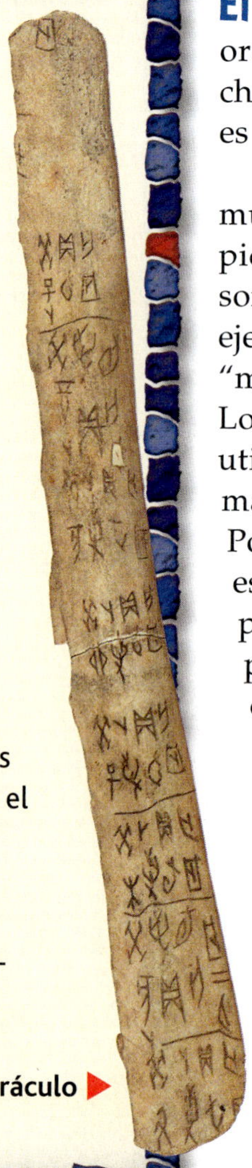

Hueso del oráculo ▶

agricultores producían seda, que utilizaban los tejedores para hacer ropas coloridas. Los artesanos hacían jarrones y platos con arcilla blanca. También tallaban estatuas en marfil y en una piedra verde llamada jade.

Los Shang son famosos por sus obras en bronce. Para hacer objetos de bronce, los artesanos hacían moldes de arcilla en distintas partes. Luego tallaban la arcilla para hacer diseños muy detallados. Luego, unían bien las piezas del molde y volcaban dentro bronce derretido. Cuando el bronce se enfriaba, se quitaba el molde. Quedaba una obra de arte con una hermosa decoración.

Entre los objetos de bronce de los Shang se contaban esculturas, jarrones, tazas y unos recipientes llamados urnas. Los Shang usaban las urnas de bronce para preparar y servir alimentos para los rituales que honraban a los ancestros.

Comprobación de lectura **Explicación** ¿Qué papel desempeñaban los jefes militares de los Shang ?

◀ Vasija de bronce con forma de búfalo, de la dinastía Shang

La dinastía Zhou

Idea principal **Los gobernantes chinos afirmaban que el Mandato Divino les daba el derecho a gobernar.**

Enfoque en la lectura ¿Quién te da permiso para hacer las cosas que haces? ¿Tu madre? ¿Tu profesor? Lee para aprender cómo los gobernantes de la dinastía Zhou se dirigían a los cielos para pedir permiso para gobernar.

Durante el reinado de los Shang existía una gran brecha entre ricos y pobres. Los reyes Shang vivían en el lujo y comenzaron a tratar mal a la gente. Por eso perdieron el apoyo de los habitantes de su reino. En 1045 a.C. un aristócrata llamado **Wu Wang** encabezó una rebelión contra los Shang. Después de vencer a los Shang, Wu inició una nueva dinastía, la Zhou.

El gobierno de los Zhou La dinastía Zhou gobernó durante más de 800 años, más que todas las demás dinastías de la historia china.

Los reyes Zhou gobernaron de manera similar a los Shang. El rey Zhou estaba al frente del gobierno. Durante su reinado, se desarrolló una gran **burocracia.** Una burocracia está formada por funcionarios responsables de distintas áreas del gobierno. Al igual que los gobernantes Shang, el rey Zhou debía ocuparse de defender el reino.

Los reyes Zhou copiaron el sistema que tenían los Shang de dividir el reino en

◀ Recipiente y cucharón de bronce, de la dinastía Zhou

▲ Estas campanas de bronce son de la dinastía Zhou. *¿Cuánto duró esa dinastía?*

▼ Recipiente de bronce para alimentos, de la dinastía Shang

El imperio Zhou

Uso de las habilidades geográficas

Los gobernantes Zhou mantuvieron la dinastía más larga de la historia china.

1. ¿Qué extensión de agua formaba la frontera oriental del territorio de los Zhou?
2. ¿Por qué los Zhou dividieron su reino en territorios pequeños?

territorios pequeños. Los reyes ponían a aristócratas de confianza a cargo de cada uno de los territorios. Los cargos que tenían los aristócratas eran hereditarios. Es decir, cuando un aristócrata moría, su hijo u otro pariente asumía como gobernante de ese territorio.

Los chinos consideraban que el rey era su vínculo entre el cielo y la tierra. El deber principal del rey era llevar a cabo rituales religiosos. Para los chinos, esos rituales reforzaban el vínculo que tenían con los dioses. Esa creencia llevó a otra idea que los reyes Zhou introdujeron en el gobierno. Afirmaron que los reyes gobernaban China porque tenían el Mandato Divino.

¿Qué era el Mandato Divino? Según los gobernantes Zhou, una ley divina daba al rey Zhou el poder para gobernar. Este **mandato** u orden formal se llamaba Mandato Divino. Según el mandato, el rey era elegido por orden divina por su talento y su rectitud. Por lo tanto, gobernaría al pueblo con bondad y sabiduría.

El Mandato Divino tenía dos aspectos. Por un lado, el pueblo pretendía que el rey gobernara según el "Camino" adecuado, llamado **Tao.** El deber del rey era mantener contentos a los dioses. Un desastre natural o una mala cosecha indicaba que había fallado en su deber de gobernante. En ese caso, el pueblo tenía derecho a derrocar al rey y reemplazarlo por otro.

Pero el Mandato Divino tenía también otro aspecto. Daba al pueblo, no sólo al rey, derechos importantes. Por ejemplo, los habitantes tenían derecho a derrocar a un gobernante deshonesto o malvado. Por otra parte, el mandato dejaba claro que el rey no era un dios. Por supuesto, cada nueva dinastía afirmaba que tenía el Mandato Divino. La única manera de cuestionar la afirmación era la de derrocar a la dinastía.

Nuevas herramientas y comercio Durante miles de años, los agricultores chinos dependieron de la lluvia para regar sus cultivos. Durante la dinastía Zhou, los chinos desarrollaron sistemas de irrigación y de control de las inundaciones. Gracias a esos sistemas, los agricultores pudieron producir más cultivos que nunca.

Las mejoras en las herramientas también ayudaron a los agricultores a producir más cultivos. Hacia el 550 a.C. los chinos ya usaban arados de hierro. Eran arados fuertes que rompían la tierra dura, que no se podía cultivar con arados de madera. Así, los chinos pudieron arar más y producir más cultivos. Con más alimentos se podía sustentar a más personas, y por eso aumentó la población. Durante la última etapa de la dinastía Zhou, China tuvo una población de unos 50 millones de habitantes.

También crecieron el comercio y la manufactura junto con la agricultura. Un artículo de comercio muy importante durante

Historia en línea

Actividad en línea Visita jat.glencoe.com y haz clic en *Chapter 7—Student Web Activity* para averiguar más sobre la China antigua.

la dinastía Zhou era la seda. Se han encontrado fragmentos de seda china en toda Asia central e incluso más lejos, como por ejemplo en Grecia. Por eso parece que los chinos comerciaban por todas partes.

Esta estatua de un dragón alado es de la dinastía Zhou. *¿De qué material se hacían los arados y las armas durante la dinastía Zhou?*

Cae el imperio Zhou Con el tiempo, los pequeños jefes de los territorios de Zhou se hicieron poderosos. Dejaron de obedecer a los reyes de Zhou y armaron sus propios estados. En el 403 a.C. comenzaron las luchas. Durante casi 200 años, los estados lucharon entre sí. Los historiadores llaman a esta época el "Período de los estados en guerra".

Los que luchaban no eran nobles en carros sino grandes ejércitos de soldados de a pie. Para conseguir soldados, los estados en guerra sacaron leyes que obligaban a los campesinos a ingresar al ejército. Los ejércitos luchaban con espadas, lanzas y ballestas. Las ballestas tienen una manivela para tirar de la cuerda y disparar las flechas con mucha fuerza.

Como seguía la lucha, los chinos inventaron la montura y el estribo. Gracias a esos dos inventos los soldados pudieron montar a caballo y utilizar las lanzas y las ballestas mientras montaban. En el 221 a.C., el gobernante de Qin , uno de los estados en guerra, derrotó a los demás estados con un gran cuerpo de caballería y estableció una nueva dinastía.

Comprobación de lectura **Identificación**
¿Cuál era el deber principal de los reyes chinos?

Historia en línea
Centro de estudios ¿Necesitas ayuda con el material de esta sección? Visita jat.glencoe.com

Repaso de la sección 1

Resumen de lectura

Repaso de Ideas principales

- Las primeras civilizaciones de China se formaron en valles. Los chinos estaban aislados de otros pueblos por montañas y desiertos.
- Los gobernantes de la dinastía Shang controlaban la zona del valle del Huang He.
- La dinastía Zhou reemplazó a los Shang y afirmó que gobernaba con el Mandato Divino. Durante la dinastía Zhou mejoraron los métodos de cultivo y aumentó el comercio.

¿Qué aprendiste?

1. ¿Qué es una dinastía?
2. ¿Qué eran los huesos del oráculo y cómo se usaban?

Pensamiento crítico

3. **Análisis** ¿De qué manera permitía el Mandato Divino que se derrocara a los reyes en la China antigua?
4. **Resumen de información** Dibujar un diagrama como el que figura a continuación. Agregar los datos que describan a los integrantes de la sociedad de los Shang.

5. **Evaluación** ¿Qué cambios tecnológicos importantes hubo durante la dinastía Zhou? ¿Cómo contribuyeron al aumento de la población?
6. **Explicación** ¿Cómo controlaban sus dinastías los antiguos reyes chinos?
7. **Lectura** **Estructura del texto** Explica por qué se utilizan paréntesis en la siguiente oración. "El Huang He (Río Amarillo) atraviesa más de 2,900 millas (4,666 km) del territorio de China".

Sección 2

La vida en la China antigua

¡Prepárate para leer!

¿Cuál es la relación?

En la Sección 1 has estudiado el gobierno chino bajo la dinastía Zhou. Esta sección explica cómo era la vida de los habitantes durante esa dinastía.

Enfoque en Ideas principales

- La sociedad china tenía tres clases sociales principales: los aristócratas (dueños de las tierras), los agricultores y los comerciantes. ***(página 233)***
- Tres filosofías chinas, el confucionismo, el taoísmo y la escuela legista, surgieron de la necesidad de establecer un orden. ***(página 235)***

Conoce a los personajes

Confucio
Lao-tsé
Han Fei

Desarrollo de tu vocabulario

clase social
devoción filial
confucionismo
taoísmo
escuela legista

Estrategia de lectura

Organización de la información

Dibuja un diagrama con forma de pirámide como el que figura a continuación, que muestre las clases sociales de la China antigua, desde la más importante (arriba) hasta la menos importante (abajo).

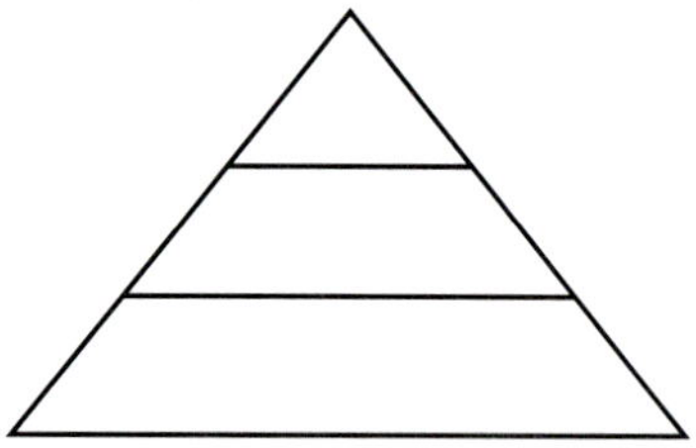

NATIONAL GEOGRAPHIC ¿Cuándo y quién?

600 a.C. | 400 a.C. | 200 a.C.

551 a.C. Nace Confucio

c. 300 a.C. Se hacen conocidas las ideas del taoísmo que difundió Lao-tsé

c. 200 a.C. Han Fei desarrolla la escuela legista

La vida en la China antigua

Idea principal **La sociedad china tenía tres clases sociales principales: los aristócratas (dueños de las tierras), los agricultores y los comerciantes.**

Enfoque en la lectura ¿Has oído las frases *alta sociedad* y *clase baja?* Se usan para definir las clases sociales de Estados Unidos. Sigue leyendo para averiguar cómo eran las clases sociales de la China antigua.

Una **clase social** incluye a personas que comparten una posición semejante en la sociedad. La sociedad china antigua tenía tres clases sociales principales:

- los aristócratas (dueños de las tierras)
- los agricultores (campesinos)
- los comerciantes

Clases de la sociedad china En la China antigua, las familias aristocráticas poseían grandes propiedades. Vivían en casas grandes con techos de tejas, patios y jardines. En las habitaciones tenían muebles finos y tapices de seda, y sus casas estaban rodeadas de muros para que no entraran ladrones.

Las familias aristocráticas no mantenían sus grandes propiedades durante mucho tiempo, ya que cada aristócrata repartía sus tierras entre sus hijos varones. Por eso, los hijos y los nietos tenían propiedades mucho menores que las de sus padres y abuelos.

Los aristócratas utilizaban a los agricultores para que cultivaran los alimentos con los que se enriquecían. Aproximadamente nueve de cada diez chinos eran agricultores. Vivían en casas sencillas, dentro de los muros de las villas. Los aristócratas eran dueños de los campos que estaban fuera de esos muros. En esos campos, los agricultores de la China del norte cultivaban trigo y un grano llamado mijo. En el sur, que

La aldea china

Los agricultores chinos vivían en pequeñas aldeas integradas por varias familias. Cultivaban los campos que estaban fuera de los muros de la aldea. ***¿Cómo pagaban los agricultores por el uso de las tierras que trabajaban?***

Dado que los caballos eran más valiosos como animales de guerra, los agricultores usaban bueyes y búfalos para jalar los arados y los carros.
Los habitantes construyeron paredes que rodeaban y protegían el poblado.
Se usaban molinos accionados por pedales de pie para retirar los granos y el arroz de sus tallos.
Los campesions sembraron y cultivaron plantas de arroz en grandes campos inundados.

tenía un clima más cálido y húmedo, cultivaban arroz. Para pagar por el uso de la tierra, los agricultores daban parte de su cosecha a los terratenientes (es decir, los dueños de las tierras).

Además, casi todos los agricultores tenían un pequeño terreno donde cosechaban alimentos para su familia. En general, las familias comían pescado, nabo, frijoles, trigo o arroz y mijo. Los agricultores debían pagar impuestos y trabajar un mes por año en la construcción de rutas y en otros proyectos importantes del gobierno. En época de guerra, los agricultores también eran soldados.

En la sociedad china, los agricultores tenían una posición más alta que la de los comerciantes. La clase social de los comerciantes comprendía a los dueños de tiendas, los negociantes y los banqueros. Los comerciantes vivían en aldeas y brindaban bienes y servicios a los dueños de las tierras.

Muchos comerciantes se hicieron muy ricos, pero los dueños de las tierras y los agricultores seguían despreciándolos. Los líderes chinos creían que los funcionarios del gobierno no debían tener interés en el dinero. Como consecuencia, los comerciantes no podían trabajar en el gobierno.

¿Cómo era la vida dentro de una familia china? La familia era la célula básica de la sociedad china. Ya que para la actividad agrícola de la China antigua se necesitaban muchos trabajadores, los habitantes tenían familias numerosas para poder producir más y hacerse más ricos. Incluso los niños pequeños de cada familia trabajaban en los campos. Los hijos mayores cosechaban sus propios cultivos y brindaban alimentos a sus padres. Las familias chinas también cuidaban a los necesitados: los ancianos, los niños y los enfermos.

Las familias chinas practicaban la **devoción filial.** Es decir que los niños debían respetar a sus padres y a sus parientes mayores. Los miembros de cada familia daban más importancia a las

NATIONAL GEOGRAPHIC

Cómo eran las cosas

Enfoque en la vida cotidiana

Agricultura china Los agricultores de la China antigua debían buscar maneras de cultivar suficientes alimentos para dar de comer a su gran población. Muchas veces era difícil porque la tierra era seca y montañosa.

Con el transcurso de los siglos, los agricultores aprendieron a tallar terrazas (áreas planas, como una serie de escalones profundos) en las laderas de las montañas. Gracias a las terrazas, había más tierra disponible para cultivar, y el suelo no se erosionaba ni se gastaba. Los antiguos agricultores también utilizaban las terrazas para irrigar los cultivos. Cuando caía la lluvia,

▲ Cultivo en terrazas en China

necesidades y a los deseos del jefe de la familia que a los propios. El jefe de la familia era el varón mayor, por lo general el padre. Sin embargo, un hijo varón podía asumir ese papel, y en ese caso incluso su madre debía obedecerlo.

Los hombres y las mujeres desempeñaban papeles muy diferentes en la China antigua. Los hombres merecían respeto porque eran los que cultivaban. Estudiaban, se ocupaban del gobierno y peleaban en las guerras. Los chinos consideraban que esas actividades eran más importantes que las que realizaban las mujeres. Casi todas las mujeres criaban a sus hijos y se ocupaban de la casa.

▲ **Figurilla china femenina**

Las chinas no podían tener puestos gubernamentales. Sin embargo, las mujeres de la corte del rey podían influir en las decisiones del gobierno. Muchas veces, las esposas de los gobernantes o las mujeres de la familia real convencían a los hombres poderosos de que adoptaran sus puntos de vista.

Comprobación de lectura **Explicación** ¿Por qué la cantidad de tierra que poseía cada aristócrata disminuía con el transcurso del tiempo?

Pensadores chinos

Idea principal **Tres filosofías chinas, el confucionismo, el taoísmo y la escuela legista, surgieron de la necesidad de establecer un orden.**

Enfoque en la lectura ¿Qué harías si vieras que las personas que te rodean discuten y se pelean? Lee para aprender qué ideas tenían los antiguos chinos para restablecer el orden.

A medida que se debilitaba el reinado de los Zhou, en el siglo VI a.C., la violencia se hacía más común. Durante el período de los estados

bajaba de una terraza a la siguiente, regando los cultivos. Este método de cultivar, llamado cultivo en terrazas, sigue usándose actualmente en China.

Los agricultores de la China antigua fueron los primeros que utilizaron insectos para proteger a los cultivos de otros insectos. Ya en el año 304 d.C., los agricultores chinos utilizaban hormigas para evitar que otros insectos dañaran sus árboles de cítricos. También usaban ranas y aves para controlar las plagas.

Azadón ▶

▼ **Paleta de arado**

Los chinos antiguos utilizaban herramientas de bronce y hierro, como la que se ilustra a la derecha, para trabajar la tierra y cosechar los cultivos. ▶

▲ **Cabeza de una pala**

Conexión con el pasado

1. ¿Cómo aumentaron los agricultores de la China antigua la cantidad de terreno apto para el cultivo?
2. ¿Cuáles son los tres métodos de cultivo que ayudaron a los agricultores de la China antigua a cultivar más alimentos?

Sistema numérico chino

Número chino	Número en español	Número chino	Número en español
零	0	七	7
一	1	八	8
二	2	九	9
三	3	十	10
四	4	百	100
五	5	千	1,000
六	6	万	10,000

Ejemplos:

二 十	(2×10)
二 百	(2×100)
三 千	$(3 \times 1{,}000)$
四 百 五 十 六	$[(4 \times 100) + (5 \times 10) + (6)]$

Comprensión de cuadros

El sistema de numeración chino se basa en unidades de 10. Usa caracteres para representar del 0 al 9 y los múltiplos de 10 (10, 100, 1,000, etc.).

1. ¿Cómo se escribiría el número 328 utilizando el sistema de numeración chino?
2. **Análisis** ¿Cómo es en español el número 六百四十一?

en guerra, los gobernantes enviaban a sus ejércitos a destruir los estados enemigos. Se decapitaba a hombres, mujeres y niños de aldeas enteras. Muchos chinos comenzaron a buscar maneras de restablecer el orden en la sociedad.

Entre el 500 a.C. y el 200 a.C., los pensadores chinos desarrollaron tres grandes teorías sobre cómo crear una sociedad pacífica. Estas teorías son el confucionismo, el taoísmo y la escuela legista.

¿Quién era Confucio? **Confucio** fue el primer gran pensador y maestro de la China antigua. Quería poner fin a los problemas de China y pacificar la sociedad.

Confucio pensaba que era necesario tener el sentido del deber. El deber significaba que una persona debía dar más importancia a las necesidades de la familia y de la comunidad que a las propias. Cada persona le debía algo a otra. Los padres les debían amor a sus hijos, y los hijos les debían honor a sus padres. Los maridos les debían apoyo a sus esposas, y las esposas obediencia a sus maridos. Sobre todo, los gobernantes tenían que dar el ejemplo. Si un rey gobernaba para el bien común, sus súbditos lo respetarían y la sociedad prosperaría.

Confucio pensaba que si cada persona cumplía su deber, a la sociedad en su conjunto le iría bien. También instaba a las personas a ser buenas y a buscar el conocimiento:

> **“Están aquellos que actúan sin saber; eso no lo acepto. Oír mucho, escoger lo bueno y seguirlo, ver mucho y aprender a reconocerlo: eso se acerca al conocimiento”.**
>
> —**Confucio,** *Analectas*

Para Confucio, la mejor manera de comportarse se parecía a este dicho: “No hagas a los demás lo que no quieres que te hagan a ti”. Confucio instaba a las personas a “medir los sentimientos de los otros según los propios”, porque “entre los cuatro mares todos los hombres son hermanos”.

Confucio viajó por China tratando de convencer a los dirigentes del gobierno de que siguieran sus ideas. El **confucionismo** enseñaba que todos los hombres que tenían talento para gobernar debían formar parte del gobierno. Por supuesto que los aristócratas no aceptaban esa

Los chinos usaban ábacos, como este, para resolver problemas matemáticos. Estas calculadoras antiguas estaban formadas por piedras insertadas en clavijas de madera que se movían hacia arriba y hacia abajo para sumar, restar, multiplicar y dividir.

Biografía

Confucio
551–479 a.C.

Los historiadores creen que Confucio, el gran pensador y maestro, nació en el pequeño estado de Lu y se llamó Kong Qiu. Sus padres eran pobres, aunque es probable que su familia haya sido rica en otro momento. Según un registro, Confucio tenía solamente tres años cuando murió su padre. Es posible que la madre de Confucio también haya muerto durante su infancia porque, según otro registro, era huérfano.

En su adolescencia era un estudiante talentoso y con creencias firmes. Se dedicó a aprender y dominó la literatura, la historia, la música y la aritmética. Fue aprendiz de un contador y administró un establo, pero en realidad quería obtener un puesto en el gobierno. A los 19 años se casó y poco después tuvo dos hijos, un varón y una niña.

Por fin obtuvo un puesto en el gobierno y quiso usar su puesto para mejorar la sociedad. Quiso que todos recuperaran las creencias y los rituales de sus ancestros porque pensaba que así aprenderían a vivir juntos en paz. Los funcionarios gubernamentales de Lu no tenían interés en las ideas de Confucio, por lo que, a los 30 años de edad, dejó la política y comenzó su vida de maestro. Dedicó el resto de su vida a mejorar la sociedad por medio del aprendizaje y la enseñanza. Confucio no escribió ninguna de sus ideas, pero tuvo seguidores que compilaron sus dichos en un libro llamado el *Lunyu* (Analectas).

Confucio ▶

"Lo que no quieres que te hagan a ti, no lo hagas a los demás".

–Confucio

Entonces y ahora

Da un ejemplo de cómo la cita de Confucio puede ayudar a la sociedad de hoy.

Filósofos chinos

	Confucionismo	Taoísmo	Escuela legista
Fundador	Confucio 	Lao-tsé 	Hanfeizi 
Ideas principales	Las personas deben poner en primer lugar las necesidades de su familia y la comunidad.	Las personas deben abandonar los deseos terrenales en favor de la naturaleza y el Tao.	La sociedad necesita un sistema de leyes y castigos estrictos.
Influencia en la vida moderna	Muchos chinos de hoy aceptan su idea del deber hacia la familia. Sus ideas ayudaron a que las personas con talento pudieran acceder a los empleos públicos.	El taoísmo enseña la importancia de la naturaleza y enseña a las personas a tratar a la naturaza con respeto y reverencia.	Los representantes de la escuela legista desarrollaron leyes que se transformaron en una parte importante de la historia china.

Comprensión de cuadros

En la China antigua surgieron tres filosofías.

1. ¿Qué filosofía alienta a los seguidores a concentrarse en el deber y la humanidad?
2. **Conclusiones** ¿Cuál de las tres filosofías crees que tendría más aceptación en el mundo actualmente? Explica.

▲ **Algunas leyendas dicen que Lao-tsé montó su búfalo acuático, se fue a un gran desierto que quedaba al oeste y desapareció después de escribir el Tao-te Ching.** ***¿Cuándo se difundieron las ideas del taoísmo?***

idea, por lo que fueron pocos los dirigentes que le prestaron atención.

Con el tiempo, Confucio consiguió muchos seguidores que lo consideraron un gran maestro. Escribieron lo que proponía y transmitieron su mensaje. Después de la muerte de Confucio, en el 479 a.C., sus ideas se divulgaron por toda China.

¿Qué es el taoísmo? El **taoísmo** es otra filosofía china que promueve una sociedad pacífica. El taoísmo se basa en las enseñanzas de **Lao-tsé.** Lao-tsé, o el Viejo Maestro, vivió por la misma época que Confucio. Los que estudian el tema no saben si Lao-tsé existió de verdad. Sin embargo, las ideas que se le atribuyen se hicieron conocidas entre el 500 a.C. y el 300 a.C.

Las ideas del taoísmo están escritas en el *Tao-te Ching* (El camino del Tao). Al igual que el confucionismo, el taoísmo enseña cómo comportarse. Los taoístas creían que las personas debían abandonar los deseos mundanos. Debían volcarse a la naturaleza y al Tao, que es la fuerza que todo lo guía. Para mostrar cómo seguir el Tao, los taoístas tomaban ejemplos de la naturaleza:

> **"El bien mayor es como el agua: el bien del agua beneficia a todos, y sin discusión. Descansa donde a las personas no les gusta estar, y por eso está cerca del Camino. El lugar donde habita se convierte en tierra buena; profundo es el bien de su corazón, benevolente el bien que otorga".**
>
> —**Lao-tsé,** ***Tao-te Ching***

En algunos aspectos, el taoísmo se opone al confucionismo. Los seguidores de Confucio enseñaban que las personas debían trabajar mucho para mejorar el mundo. El taoísmo pretendía que las personas dejaran a un lado sus preocupaciones acerca del mundo. Decía que había que buscar la paz interior y vivir en armonía con la naturaleza. Muchos chinos siguieron el confucionismo y el taoísmo.

¿Qué es la escuela legista? Un tercer grupo de pensadores no estaba de acuerdo con la idea de que los hombres honorables del gobierno podían pacificar la sociedad. Lo que pedía este grupo era un sistema de leyes. Se le conoció como la **escuela legista** o la "Escuela de la Ley".

Un estudioso llamado **Han Fei** desarrolló las enseñanzas de la escuela legal durante el siglo III a.C. A diferencia de Confucio y de Lao-tsé, Han Fei enseñaba que los seres humanos eran malvados por naturaleza. Creía que hacían falta leyes estrictas y castigos rígidos para obligarlos a cumplir su deber. Los seguidores de Han Fei pensaban que para mantener el orden de la sociedad hacía falta un gobernante fuerte.

Muchos aristócratas estaban de acuerdo con la escuela legista porque esta apoyaba la fuerza y el poder, y no exigía que los gobernantes fuesen amables ni comprensivos. Las ideas de esta escuela dieron lugar a las leyes y castigos crueles que se usaron con frecuencia para controlar a los agricultores chinos.

✓ Comprobación de lectura **Explicación** ¿Por qué pensaba Han-Fei que a las personas les hacían falta leyes y castigos?

Historia en línea
Centro de estudios ¿Necesitas ayuda con el material de esta sección? Visita jat.glencoe.com

Repaso de la sección 2

Resumen de lectura

Repaso de Ideas principales

- La sociedad China antigua tenía tres clases sociales principales: los aristócratas, los agricultores y los comerciantes. La familia era la base de la sociedad china.
- En una época de desorden surgieron tres nuevas filosofías en China: el confucionismo, el taoísmo y la escuela legista.

¿Qué aprendiste?

1. Describe el concepto de devoción filial.
2. ¿Por qué muchos aristócratas apoyaron la filosofía de la escuela legista?

Pensamiento crítico

3. **Comparación** Haz un cuadro para comparar las clases principales de la sociedad china antigua.

Sociedad china		
Aristócratas	Agricultores	Mercaderes

4. **Contraste** ¿En qué se diferenciaba el taoísmo del confucionismo?
5. **Formulación de preguntas** Imagina que puedes hacer una entrevista a Confucio sobre su concepto del deber. Escribe cinco preguntas que le harías sobre el tema. Incluye respuestas posibles.
6. **Redacción explicativa** ¿Crees que alguna de las filosofías chinas estudiadas en esta sección se ve reflejada en nuestra sociedad actual? Escribe un ensayo para explicar tu respuesta.

Sección 3

Las dinastías Qin y Han

¡Prepárate para leer!

¿Cuál es la relación?

Cada una de las antiguas dinastías chinas estaba dirigida por gobernantes muy diferentes. En esta sección verás qué diferencias había entre la dinastía Qin y la Han a causa de sus gobernantes.

Enfoque en Ideas principales

- Qin Shi Huangdi utilizó métodos rigurosos para unificar y defender China. *(página 241)*
- Los adelantos que se hicieron durante la dinastía Han mejoraron la vida de todos los chinos. *(página 244)*
- La Ruta de la Seda llevaba los productos chinos hasta lugares tan lejanos como Grecia y Roma. *(página 246)*
- El malestar que reinaba en China ayudó al budismo a propagarse. *(página 248)*

Ubicación de lugares

Guangzhou
Ruta de la Seda
Luoyang

Conoce a los personajes

Qin Shi Huangdi
Liu Pang
Han Wu Ti

Desarrollo de tu vocabulario

acupuntura

Estrategia de lectura

Determinación de causa y efecto

Completa un diagrama como el que figura a continuación, que muestre los inventos de la dinastía Han y el impacto que tuvieron en la sociedad.

Invento		Efecto
	→	
	→	
	→	

NATIONAL GEOGRAPHIC

¿Cuándo y dónde?

200 a.C. — 1 d.C. — 200 d.C.

- **202 a.C.** Liu Pang funda la dinastía Han
- **c. 100 d.C.** Se establece la Ruta de la Seda
- **190 d.C.** Ejércitos rebeldes atacan la capital de Han

Emperador Qin Shi Huangdi

Idea principal **Qin Shi Huangdi utilizó métodos rigurosos para unificar y defender China.**

Enfoque en la lectura Imagina que tu ciudad o estado no tiene rutas. ¿Cómo se haría para viajar de un lugar a otro? Lee y averigua cómo un gobernante chino utilizó rutas y canales para unir China.

Has leído sobre los problemas que tuvo China desde aproximadamente el 400 a.C. hasta el 200 a.C. Los gobernantes de los estados poderosos luchaban entre sí y no hacían caso a los reyes Zhou. Uno de esos estados se llamaba Qin. El gobernante de Qin tomó el poder de los estados vecinos uno por uno. En 221 a.C. el gobernante de Qin se autoproclamó **Qin Shi Huangdi**, que significa "el primer emperador de Qin". El gobernante de Qin hizo unos cambios en el gobierno de China que durarían 2,000 años.

Un gobernante poderoso Qin gobernó según las ideas de la escuela legista. Hizo castigar o matar a todos los que se le oponían. Los libros que estaban en contra de su opinión se quemaban en público. Con Qin, el gobierno central fue más fuerte que nunca. Nombró unos funcionarios gubernamentales llamados censores para garantizar que los demás funcionarios cumplieran con su trabajo.

Después del gobierno central, los que tenían más poder eran las provincias y los condados. Con los reyes Zhou, los funcionarios que dirigían esas regiones heredaban sus puestos a sus hijos o parientes. Pero con Qin, él era el único que decidía quiénes ocuparían esos puestos.

NATIONAL GEOGRAPHIC

Imperios Qin y Han *221 a.C.–220 d.C.*

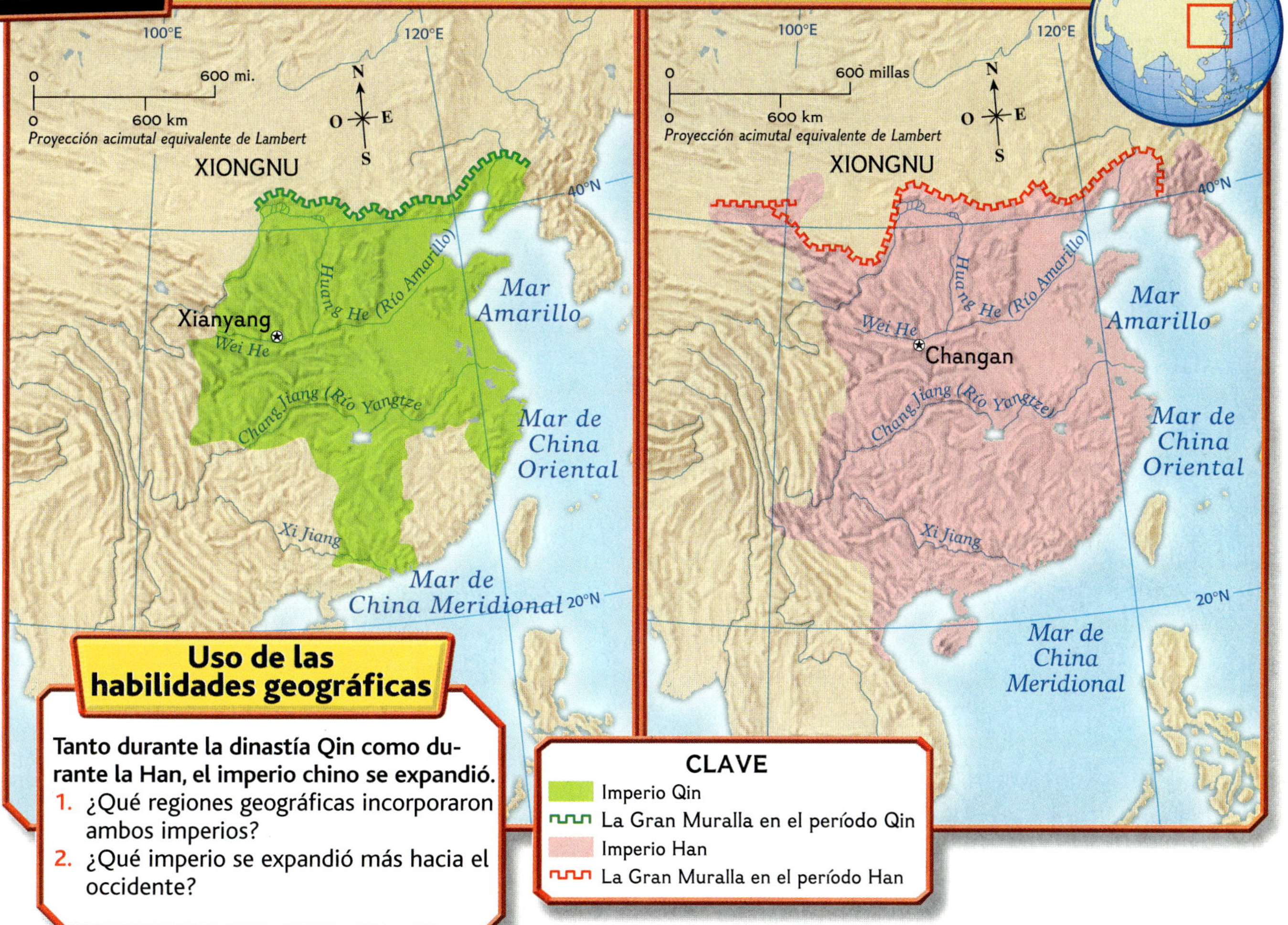

Uso de las habilidades geográficas

Tanto durante la dinastía Qin como durante la Han, el imperio chino se expandió.

1. ¿Qué regiones geográficas incorporaron ambos imperios?
2. ¿Qué imperio se expandió más hacia el occidente?

Qin Shi Huangdi unificó China. Creó una sola moneda (tipo de dinero) para que se utilizara en todo el imperio. También ordenó que se construyeran rutas y un enorme canal. El canal conectaba el Río Yangzi Jiang, en China central, con lo que hoy es la ciudad de **Guangzhou**, en el sur de China. Utilizó el canal para enviar provisiones a sus tropas, que se encontraban en territorios lejanos.

La Gran Muralla El norte de China terminaba en el extenso Gobi. En el Gobi vivían nómades (personas que se desplazan de un lugar a otro con manadas de animales). Los chinos los conocían como los Xiongnu. Los Xiongnu eran expertos luchadores a caballo. Muchas veces atacaban las granjas y las aldeas de los chinos. Varios gobernantes chinos del norte construyeron muros para que no pasaran los Xiongnu.

Qin Shi Huangdi obligó a los agricultores a abandonar los campos para dedicarse a reforzar y conectar los muros. El resultado fue la Gran Muralla china, construida con piedras, arena y escombros apilados. Sin embargo, Qin no construyó la muralla que conocemos hoy en día. Esta se construyó 1,500 años después.

¿Por qué hubo rebeliones? Muchos chinos consideraban a Qin Shi Huangdi como un gobernante cruel. Los aristócratas estaban furiosos porque les quitaba poder. Los estudiosos lo odiaban porque les quemaba sus escritos. Los agricultores lo detestaban porque los obligaba a construir rutas y la Gran Muralla. Cuatro años después de la muerte del emperador, en el 210 a.C., los habitantes derrocaron esta dinastía. Se desató la guerra civil, y poco después surgió otra dinastía.

✓ Comprobación de lectura **Explicación** ¿Por qué Qin no tuvo una gran oposición durante la mayor parte de su reinado?

◀ **Esta ilustración muestra la Gran Muralla muchos años después del reinado de Qin Shi Huangdi. La mayor parte de la muralla construida por Qin estaba hecha de piedras y escombros, y quedaba al norte de la Gran Muralla que vemos hoy. Queda muy poco de la muralla de Qin.** ***¿A quiénes pretendía impedir el paso la muralla?***

Biografía

Qin Shi Huangdi

c. 259–210 a.C.

▲ Qin Shi Huangdi

A los 13 años de edad, Ying Zheng se convirtió en líder del estado chino de Qin. Era un estado muy poderoso gracias al padre de Zheng, el gobernante anterior. El gobierno y los soldados de Qin estaban bien organizados. El joven Zheng, con la ayuda de sus generales, venció a los seis estados rivales de Qin. Hacia el año 221 a.C., todos los estados chinos se encontraban unidos bajo el domino de Zheng. Para marcar un nuevo comienzo en la historia de China y para mostrar su superioridad, Zheng se dio a sí mismo el título de Qin Shi Huangdi, "el primer emperador de Qin".

Qin Shi Huangdi puso manos a la obra con gran energía para organizar su país. Dividió la tierra en 36 distritos, cada uno con su propio gobernador y un representante que le rendía cuentas directamente a él. Uniformó las leyes y los impuestos de todo el país. También normalizó los sistemas de peso y de medición. En todo el territorio chino, el emperador hizo grabar sus logros en tabletas de piedra.

"He traído el orden a la masa de seres".

–Qin Shi Huangdi

Es cierto que Qin Shi Huangdi fortaleció y organizó China, pero muchos lo rechazaban por sus rigurosas leyes y castigos. Además, a muchos habitantes no les gustaba que gastara las excesivas sumas de dinero que usaba para construir palacios y una tumba gigantesca para sí mismo. Hizo construir un ejército entero de más de 6,000 soldados y caballos hechos de arcilla, que hizo colocar en la tumba.

Hubo tres intentos de asesinar al emperador durante sus últimos años de vida. Qin Shi Huangdi se volvió temeroso y comenzó a buscar una pócima mágica que le diera la vida eterna. Murió durante un viaje al este de China.

▲ Parte del ejército de terracota hallado en la tumba de Qin Shi Huangdi

Entonces y ahora

¿Por qué piensas que los historiadores modernos tienen diferentes opiniones sobre el liderazgo de Qin Shi Huangdi?

La dinastía Han

Idea principal **Los adelantos que se hicieron durante la dinastía Han mejoraron la vida de todos los chinos.**

Enfoque en la lectura ¿Cuánto tiempo estudias para un examen? Averigua por qué algunos chinos estudiaban años para un examen en especial.

En el 202 a.C. **Liu Pang** fundó la dinastía Han. Liu Pang, que primero fue campesino, se hizo líder militar y derrotó a sus enemigos. Se autoproclamó Han Gaodi: "eminente emperador de Han". Aunque Han Gaodi desechó las rigurosas políticas de la dinastía Qin, siguió empleando censores y también dividió el imperio en provincias y condados.

¿Qué era la administración pública? Los Han llegaron a su auge durante el gobierno de **Han Wu Ti**, que significa "emperador marcial de Han". Gobernó entre el año 141 a.C. y el 87 a.C. Como Wu Ti quería que los puestos gubernamentales fuesen ocupados por personas talentosas, los candidatos a esos empleos debían realizar exámenes largos y difíciles que demostraran que eran aptos para obtener cargos en la burocracia. Los que obtenían el puntaje más alto conseguían empleo.

Más adelante, las pruebas de Wu Ti pasaron a ser los exámenes de la administración pública. Ese sistema de elección de funcionarios siguió formando parte de la civilización china durante 2,000 años. Se suponía que era un procedimiento que ayudaba a los más aptos a conseguir empleos gubernamentales. Pero en realidad beneficiaba a los ricos. Solamente las familias adineradas podían darse el lujo de preparar a sus hijos para los difíciles exámenes.

Los estudiantes que se preparaban para esos exámenes aprendían derecho, historia y las enseñanzas de Confucio. Comenzaban a memorizar las obras de Confucio a los siete años de edad. No se les permitía hacer trabajo físico ni practicar casi ningún deporte. Sí podían practicar la pesca, que se consideraba el deporte de los estudiosos. Después de muchos años de instrucción, los estudiantes realizaban sus exámenes para la administración pública. Solamente uno de cada cinco aprobaba. Los que no aprobaban se dedicaban a enseñar en la escuela, trabajaban de asistentes de funcionarios o eran mantenidos por su familia.

▲ **Esta pintura muestra a unos estudiantes realizando un examen para la administración pública.** ***¿Por qué el sistema de la administración pública beneficiaba a los postulantes ricos?***

Crece el imperio chino Hacía falta una gran burocracia para gobernar el imperio, que se ampliaba muy rápidamente. La población había aumentado de unos 20 millones, con Han Gaodi, a más de 60 millones con Han Wu Ti.

Ya que los agricultores debían repartir sus tierras entre cada vez más hijos, cada agricultor poseía apenas un acre de tierra aproximadamente. Con tan poca tierra, las familias agricultoras no lograban cultivar lo suficiente para subsistir. Por eso, muchos vendieron sus tierras a los aristócratas y pasaron a ser agricultores arrendatarios. Los agricultores arrendatarios trabajan tierras que

Enlaces entre el pasado y el presente

Elaboración de papel

ENTONCES Los chinos fueron los primeros en hacer papel. El fragmento de papel más antiguo que se halló en China data del siglo I a.C. Para elaborar papel, se remojaba corteza de árbol, cáñamo y harapos en agua, y se trituraba la mezcla hasta lograr una pulpa. Se introducía una pantalla de bambú en una tina llena de pulpa y luego la retiraban. En la pantalla quedaba una delgada lámina de pulpa que, al secarse, formaba una hoja de papel.

▼ Elaboración moderna de papel

▲ Un artista moderno demuestra una forma antigua de elaborar papel.

AHORA Actualmente la elaboración de papel es una gigantesca industria internacional. La mayor parte del papel se elabora en fábricas por medio de máquinas, pero el proceso básico es el mismo. En lugar de corteza de árbol, harapos y cáñamo, actualmente el papel se hace con pasta de madera. ***¿Por qué piensas que algunos artistas modernos siguen haciendo papel con pulpa y con un marco?***

pertenecen a otra persona y pagan la renta con cultivos. Entonces los aristócratas pasaron a tener miles de acres. Contrataron ejércitos para obligar a más agricultores a que vendieran sus tierras y trabajasen como arrendatarios.

El imperio chino creció tanto en tamaño como en población. Los ejércitos de los Han incorporaron tierras en el sur y expandieron las fronteras de China hacia el oeste. Además, la dinastía Han hizo que el país fuese más seguro. Los ejércitos de Wu Ti hicieron retroceder a los Xiongnu (los nómades) hacia el norte. Después de la muerte de Wu Ti, los chinos vivieron en paz durante casi 150 años.

Una era de inventos Los nuevos inventos durante la dinastía Han ayudaron a los trabajadores chinos a producir más que nunca. Los molineros inventaron ruedas hidráulicas para moler más granos y los mineros utilizaron las nuevas mechas de hierro para extraer más sal. Los herreros inventaron el acero. El papel, otro invento de los Han, se utilizaba en el gobierno para registrar cada vez más información.

La medicina china también mejoró con los Han. Los médicos descubrieron que determinados alimentos evitaban las enfermedades. Usaban hierbas para curar los males y calmaban el dolor clavando agujas delgadas en la piel de los pacientes. Este tratamiento se conoce como **acupuntura.**

Los chinos inventaron también el timón y un nuevo modo de mover las velas de los barcos. Gracias a esos cambios, los barcos pudieron navegar con el viento por primera vez. Entonces, los barcos mercantes chinos pudieron viajar a las islas del Sudeste Asiático y al Océano Índico. De esa manera, China comenzó a comerciar con lugares tan lejanos como la India y el Mar Mediterráneo.

Comprobación de lectura **Explicación** ¿Cómo aumentó en tamaño el imperio chino durante la dinastía Han?

La Ruta de la Seda

Idea principal **La Ruta de la Seda llevaba los productos chinos hasta lugares tan lejanos como Grecia y Roma.**

Enfoque en la lectura Muchas de las cosas que compramos hoy están fabricadas en China. ¿Cómo llegan esos productos a Estados Unidos? Lee para aprender cómo era posible que los productos fabricados en China hace mucho tiempo llegaran hasta Europa.

Los comerciantes chinos ganaban mucho dinero enviando productos caros a otros países. La seda era el bien de comercial más valioso.

NATIONAL GEOGRAPHIC

El comercio en el mundo antiguo

CLAVE

- Ruta de la Seda
- Otras rutas comerciales
- Pimienta negra
- Cardamomo
- Canela
- Clavos
- Cobre
- Tela de algodón
- Incienso/mirra
- Oro
- Gengibre
- Granos
- Cuernos/colmillos
- Pieles de leopardo
- Nuez moscada
- Aceites
- Papiro
- Perlas
- Mádera de sándalo
- Piedras semipreciosas
- Seda
- Madera de teca

Uso de las habilidades geográficas

La Ruta de la Seda permitió transportar productos caros desde China hasta el Medio Oriente e incluso lugares más lejanos.

1. ¿Cuáles eran algunos de los bienes de comercio producidos por China?
2. ¿Qué regiones estaban cerca o en el camino de la Ruta de la Seda?

Cuatro dinastías chinas

	SHANG	ZHOU	QIN	HAN
Cuando	1750–1122 a.C.	1045–256 a.C.	221–206 a.C.	202 a.C.– 220 d.C.
Líderes importantes	Varios reyes con grandes ejércitos y control sobre la tierra. Gobernaban desde la ciudad capital de Anyang	 Wu	 Qin Shihuangdi	 Liu Bang
Ideas y logros principales	Desarrollo de clases sociales que incluían agricultores, mercaderes, aristócratas y la familia real	Dinastía más duradera de la historia china. Estableció el Mandato Divino	Se fortaleció el gobierno central. Se creó un solo sistema monetario	La población y el territorio aumentaron bajo los Han. Se abrió China al comercio al establecer la Ruta de la Seda
Influencias en la cultura china	Influenciaron la religión y la cultura chinas. Crearon el lenguaje escrito chino	Desarrollaron sistemas de control de inundaciones y riego para ayudar a los agricultores a obtener mayores cosechas	Introdujeron el uso de censores para controlar a los funcionarios públicos. Los Qin construyeron la primera Gran Muralla para protegerse de los invasores	Crearon el examen del servicio civil. Principales inventos: acero, papel, acupuntura, viajes marítimos avanzados

Comprensión de cuadros

Las cuatro dinastías de la China antigua estuvieron separadas por breves períodos de malestar.

1. ¿Bajo qué dinastía se implementó un solo sistema monetario?
2. **Evaluación** ¿Qué dinastía piensas que contribuyó más a la cultura china? ¿Por qué?

Parte de la seda iba en barco al Sudeste Asiático. Pero la mayoría se trasladaba por tierra, por la **Ruta de la Seda.** Esa gran red de rutas de comercio abarcaba 4,000 millas (6,436 km) desde el oeste de China hasta el sudoeste de Asia.

Los comerciantes comenzaron a usar la Ruta de la Seda entre el 200 a.C. y el 100 d.C. Han Wu Ti envió a un general llamado Zhang Qian a explorar las regiones que se encontraban al oeste de China. Después de 13 años, Zhang volvió a China trayendo historias extraordinarias.

Contó que en el occidente había un imperio poderoso que tenía grandes ciudades llenas de habitantes "que llevaban el cabello corto, usaban ropa bordada y viajaban en pequeños carros". Se refería al Imperio Romano. Sus historias despertaron el interés de los chinos por el occidente, y aumentó el comercio por la Ruta de la Seda. Los comerciantes utilizaban camellos para transportar sus productos por el desierto y las montañas hasta Asia central. Desde allí, los árabes llevaban los productos al Mar Mediterráneo.

El viaje por la Ruta de la Seda era caro porque era difícil y peligroso. Los comerciantes debían pagar impuestos a distintos reinos al trasladar los productos hacia el este y hacia el oeste. Por eso, llevaban solamente mercadería de alto precio, como la seda, las especias, el té y la porcelana.

Comprobación de lectura **Conclusiones** ¿Por qué se transportaban solamente productos caros por la Ruta de la Seda?

Grandes cambios en China

Idea principal **El malestar que reinaba en China ayudó al budismo a propagarse.**

Enfoque en la lectura ¿Qué haces cuando sientes miedo o inseguridad? Lee para averiguar cómo esas sensaciones llevaron a que se propagara el budismo de la India a China.

Como has leído en el Capítulo 6, el budismo se originó en la India, pero no tardó en difundirse también a otros países. Los comerciantes y los maestros de la India llevaron el budismo a China durante el siglo 100 d.C. Al principio fueron pocos los comerciantes y estudiosos que se interesaron en la nueva religión. Pero con el tiempo el budismo tuvo mucha aceptación. Una de las razones principales por las que los chinos comenzaron a creer en el budismo fue la caída de la dinastía Han.

Los emperadores Han que vinieron después de Wu Ti fueron débiles y torpes. Por eso el gobierno central perdió seriedad y poder. Al mismo tiempo, como ya has leído, los aristócratas comenzaron a apoderarse de más tierras y riquezas. Los funcionarios deshonestos y los aristócratas ambiciosos provocaron el malestar de los agricultores.

Las guerras, las rebeliones y las conspiraciones contra el emperador pusieron fin a la dinastía Han. En 190 d.C., un ejército rebelde atacó la capital de Han, **Luoyang.** Hacia el 220 d.C., China estaba inmersa en la guerra civil. Lo peor de todo fue que el país fue invadido por los nómades.

La caída del gobierno y el comienzo de la guerra civil asustaron a muchos chinos. Se sentían inseguros. Las ideas budistas ayudaron a los habitantes a soportar la intranquilidad y el miedo. Incluso los seguidores de otras religiones las consideraron atractivas. Los seguidores de Confucio y los taoístas admiraron las ideas del budismo. Hacia el siglo V, esa religión era muy aceptada en China.

Comprobación de lectura **Identificación** ¿Qué grupos de China fueron los primeros en adoptar el budismo?

Historia en línea

Centro de estudios ¿Necesitas ayuda con el material de esta sección? Visita jat.glencoe.com

Repaso de la sección 3

Resumen de lectura

Repaso de Ideas principales

- La breve dinastía Qin ayudó a unificar China.
- Durante la dinastía Han, los habitantes comenzaron a realizar exámenes para obtener puestos gubernamentales. Se crearon nuevos inventos, tales como la rueda hidráulica y el papel.
- La Ruta de la Seda fue una importante ruta de comercio que unió a China con el occidente.
- Cuando la dinastía Han perdió poder, muchos chinos se hicieron seguidores del budismo.

¿Qué aprendiste?

1. ¿Por qué Qin Shi Huangdi hizo construir la Gran Muralla?
2. ¿Qué eran los exámenes de la administración pública? ¿Por qué se establecieron?

Pensamiento crítico

3. **Causa y efecto** Haz un diagrama con los factores que llevaron a la caída de la dinastía Han.

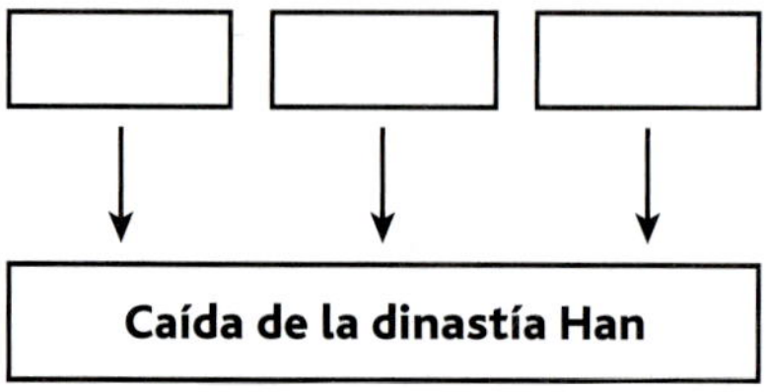

4. **Habilidades geográficas** ¿Qué barreras debieron cruzar los comerciantes que utilizaban la Ruta de la Seda?
5. **Explicación** ¿Cómo fortaleció Qin Shi Huangdi el gobierno central de China?
6. **Análisis** ¿Por qué cayó la dinastía Qin?
7. **Redacción descriptiva** Zhang Qian escribió que los romanos llevaban el pelo corto, usaban ropa bordada y viajaban en carros. Nombre tres cosas que podría haber escrito sobre los habitantes de Estados Unidos al verlos por primera vez.

Capítulo 7

Repaso de lectura

Sección 1 Primeras civilizaciones de la China

Vocabulario
dinastía
aristócrata
pictograma
ideograma
burocracia
mandato
Tao

Enfoque en Ideas principales

- Los ríos, montañas y desiertos influyeron en la formación de la civilización china. *(página 225)*
- Los gobernantes conocidos como la dinastía Shang se hicieron poderosos porque controlaban la tierra y tenían ejércitos fuertes. *(página 226)*
- Los gobernantes chinos afirmaban que el Mandato Divino les daba el derecho a gobernar. *(página 229)*

▲ Recipiente y cucharón de bronce de la dinastía Zhou

Sección 2 La vida en la China antigua

Vocabulario
clase social
devoción filial
Confucionismo
Taoísmo
Escuela legista

Enfoque en Ideas principales

- La sociedad china tenía tres clases sociales principales: los aristócratas (dueños de las tierras), los agricultores y los comerciantes. *(página 233)*
- Tres filosofías chinas, el confucionismo, el taoísmo y la escuela legista, surgieron de la necesidad de establecer un orden. *(página 235)*

Lao-tsé ▶

Sección 3 Las dinastías Qin y Han

Vocabulario
acupuntura

Enfoque en Ideas principales

- Qin Shi Huangdi utilizó métodos rigurosos para unificar y defender China. *(página 241)*
- Los adelantos que se hicieron durante la dinastía Han mejoraron la vida de todos los chinos. *(página 244)*
- La Ruta de la Seda llevaba los productos chinos hasta lugares tan lejanos como Grecia y Roma. *(página 246)*
- El malestar que reinaba en China ayudó al budismo a propagarse. *(página 248)*

Capítulo 7

Evaluación y actividades

Repaso del vocabulario

Une las palabras con sus definiciones.

___ 1. dinastía
___ 2. aristócrata
___ 3. burocracia
___ 4. mandato
___ 5. clase social
___ 6. devoción filial
___ 7. acupuntura
___ 8. taoísmo
___ 9. confucionismo

a. derecho a dirigir
b. serie de gobernantes de una misma familia
c. clase más alta, cuya riqueza proviene de las tierras
d. Las ideas del ___ comprendían el deber a participar en el gobierno.
e. funcionarios gubernamentales nombrados
f. el jefe de la familia era honrado por los otros integrantes
g. tratamiento médico que utilizaba agujas delgadas
h. grupo de personas con una posición similar en la sociedad
i. Las enseñanzas de Lao-tsé son la base del ___.

Repaso de las ideas principales

Sección 1 • Primeras civilizaciones de la China

10. ¿Qué características geográficas dieron forma a las civilizaciones chinas?
11. ¿Por qué los gobernantes Shang se hicieron poderosos?

Sección 2 • La vida en la China antigua

12. ¿Cuáles eran las tres clases principales de la sociedad china?
13. Identifica las tres filosofías chinas y el motivo por el que surgieron.

Sección 3 • Las dinastías Qin y Han

14. ¿Cómo afectaron a los chinos los desarrollos que se hicieron durante la dinastía Han?
15. ¿Cuál era el propósito de la Ruta de la Seda?

Pensamiento crítico

16. **Contraste** ¿En qué se diferencia el sistema de escritura chino de la escritura cuneiforme y con jeroglíficos?
17. **Descripción** ¿Cómo crearon las urnas de bronce los artesanos de Shang?
18. **Análisis** ¿Por qué el taoísmo se opone al confucionismo en algunos aspectos?

Repaso

Habilidad de lectura | Estructura de texto

Encabezados y puntuación

19. Lee cada uno de los siguientes encabezados. Tres podrían ser subtítulos de un capítulo sobre la China antigua ¿Cuál sería probablemente el título principal?
    a. Las ideas de Confucio
    b. Creencias taoístas
    c. Filosofía china
    d. Han Fei

20. ¿Cuál sería un buen título principal para los siguientes subtítulos?: Elaboración de papel, Exámenes de la administración pública, Acupuntura
    e. El comienzo de la dinastía Zhou
    f. Inventos de la dinastía Qin
    g. Desarrollos de la dinastía Han
    h. La vida durante la dinastía Shang

Para repasar estos conocimientos, consulta las páginas 222–223.

Habilidades geográficas

Estudia el mapa que figura a continuación y responde las siguientes preguntas.

21. **Interacción del hombre con el medio ambiente** ¿Qué dinastía controló más tierras?
22. **Ubicación** ¿En qué dirección se expandió más la dinastía Qin?
23. **Análisis** ¿En qué sentido piensas que el mar de la China Oriental afectó la expansión?

NATIONAL GEOGRAPHIC **Los imperios Zhou y Qin**

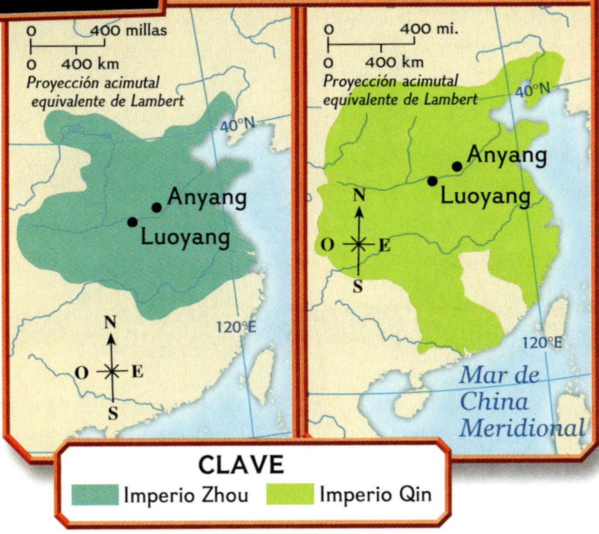

Leer para escribir

24. **Redacción explicativa** Imagina que estás planificando un viaje por la Ruta de la Seda y necesitas a alguien que te acompañe. Escribe un aviso que describa el tipo de persona que necesitas. Explica qué esperarás de esa persona durante el viaje.

25. **Uso de tus PLEGABLES™** Escoge a una persona que hayas incluido en tu plegable. Escribe una lista de 10 preguntas que le harías a esa persona en una entrevista. Intercambia tu lista con la de un compañero y desempeña el papel del entrevistado.

Uso de tecnología

26. **Investigación en línea** Los chinos construyeron la Gran Muralla china para protegerse. Usa el Internet y la biblioteca para investigar de qué otras formas los países se protegen de sus enemigos. Describe por lo menos dos ejemplos a tus compañeros.

Historia en línea

Prueba de autocomprobación Para prepararte mejor para la Prueba del capítulo, visita jat.glencoe.com

Desarrollo de habilidades en ciudadanía

27. **Planificación de un debate** Con tu clase, planifica y participa en un debate triple. Divídanse en tres equipos. Un equipo representa a la escuela legista, otro a los seguidores de Confucio y el otro a los taoístas. En equipo, investiguen cada filosofía. Registren los puntos más importantes en fichas para facilitar las consultas. Comiencen el debate con la pregunta: "¿Cuál de las filosofías se refleja mejor en una sociedad democrática como la de Estados Unidos?"

Fuente principal

Análisis

Las ideas principales del taoísmo se explican en un libro titulado *Tao-te Ching* (El camino del Tao). Este fragmento describe la posición del taoísmo en contra de la violencia.

"Al gobernar por el camino del Tao, hay que abominar [odiar] el uso de la fuerza, pues causa resistencia y pérdida de solidez. (. . .)

Hay que lograr resultados pero no por medio de la violencia, pues va contra el camino natural, y daña el ser de los otros y de uno mismo. (. . .)

El gobernante sabio logra resultados pero no se vanagloria de ellos (. . .) y no hace alarde de ellos.

Sabe que alardear no es el camino natural, y que aquel que va contra ese camino fracasa en sus aspiraciones".

—"Una amonestación contra la violencia", *El Tao-te Ching*, Stan Rosenthal, traductor

PBD Preguntas basadas en los documentos

28. Según el pensamiento taoísta, ¿cuál es el resultado de utilizar la fuerza o la violencia?
29. ¿Qué crees que significa la siguiente afirmación? "El gobernante sabio logra resultados pero no se vanagloria de ellos".

Repaso de la unidad 2

Comparación de civilizaciones

Compara las civilizaciones sobre las que has leído repasando la información que aparece a continuación. ¿Está claro de qué manera los habitantes de esas civilizaciones ayudaron a construir el mundo en que vivimos hoy?

	Antigua Grecia Capítulos 4 y 5	Antigua India Capítulo 6	Antigua China Capítulo 7
¿Dónde surgieron esas civilizaciones?	• En las islas del Mediterráneo y la Península de los Balcanes	• En el valle del río Indo	• En el valle del Huang He
¿Cuáles fueron algunos de los personajes importantes de esas civilizaciones?	• Homero, c. 750 a.C. • Pericles, c. 495–429 a.C. • Sócrates, c. 470–399 a.C. • Alejandro Magno, c. 356–323 a.C.	• Siddhartha Gautama, c. 563–483 a.C. • Chandragupta Maurya, gobernó c. 321–298 a.C. • Asoka, gobernó c. 273–232 a.C.	• Wu Wang, gobernó c. 1122–1115 a.C. • Confucio, 551–479 a.C. • Qin Shi Huangdi, gobernó 221–210 a.C. • Liu Pang, gobernó 202–195 a.C.
¿Dónde vivía la mayoría de las personas?	• Los antiguos griegos vivían en propiedades que se encontraban cerca de palacios amurallados • Más tarde, los griegos vivían en una polis y en las granjas y aldeas cercanas	• Muchos habitaban en aldeas y pueblos agricultores que se encontraban cerca de los ríos principales • Algunos vivían en ciudades muy grandes	• Los aristócratas dueños de las tierras habitaban en grandes casas con jardines y patios • La mayoría de las personas eran agricultores que vivían en casas sencillas en aldeas o ciudades

	Antigua Grecia Capítulos 4 y 5	Antigua India Capítulo 6	Antigua China Capítulo 7
¿Cuáles eran las creencias de estas personas?	• Los griegos veneraban a muchos dioses y diosas y creían en el destino 	• Hinduismo: religión compleja con muchos dioses que representan un espíritu eterno • Budismo: iluminación disponible para cualquiera 	• Confucionismo: el deber dirige nuestra vida • Taoísmo: las personas deben intentar estar en armonía con la naturaleza • Escuela legista: las personas necesitan leyes rigurosas para ser buenas • Veneración de los ancestros
¿Cómo era su gobierno?	• Los antiguos griegos estaban gobernados por reyes • Luego, algunos griegos crearon gobiernos dirigidos por los ciudadanos	• La clase guerrera dirigía el gobierno, normalmente a cargo de un rey	• El rey o emperador administraba el país • Los aristócratas gobernaban las provincias
¿Cómo eran su idioma y su escritura?	• Griego: utilizaba caracteres para formar letras y palabras 	• Sánscrito: utilizaba caracteres para formar letras y palabras	• Chino: se combinaban símbolos que representaban objetos para representar ideas 
¿Qué contribuciones hicieron?	• Introdujeron la democracia • La arquitectura fue copiada por otros • Desarrollaron la idea del teatro	• Hicieron avances en medicina, matemáticas, ciencia y literatura • Desarrollaron dos grandes religiones	• Inventaron el papel y la pólvora • Cultivaron la seda
¿En qué me afectan esas contribuciones? *¿Puedes agregar alguna?*	• En Estados Unidos tenemos un gobierno democrático • Las obras de teatro, las películas y los programas de televisión modernos tienen su origen en el teatro griego	• El "0" forma parte de nuestro sistema numérico actual • Muchas personas siguen practicando el budismo y el hinduismo	• El proceso de elaboración de papel nos permite producir libros, periódicos y otros productos hechos con papel • La pólvora y la seda continúan usándose

Unidad 3

Nuevos imperios y nueva fe

Por qué es importante

Cada civilización que estudiarás en esta unidad hizo importantes contribuciones a la historia.

- Los romanos inventaron el concreto y utilizaron el arco en las construcciones.
- Los cristianos ayudaron a dar forma a las creencias religiosas de occidente.
- Los musulmanes difundieron la religión del Islam e inventaron el álgebra.

500 a.C. — **100 a.C.**

Antigua Roma
Capítulos 8 y 9

- **509 a.C.** Roma se convierte en república
- **312 a.C.** Los romanos constru-yen la vía Apia
- **146 a.C.** Roma destruye Cartago
- **44 a.C.** Asesinan a Julio César

Pintura mural de una joven pareja de la antigua Roma

El surgimiento del cristianismo
Capítulo 10

- **c. 30 d.C.** Jesús predica en Galilea y Judea
- **c. 100 d.C.** Se fundan iglesias por todo el mundo romano

San Mateo

Civilización islámica
Capítulo 11

Alfombrilla islámica para rezar

NATIONAL GEOGRAPHIC

¿En qué lugar del mundo?

300 d.C. | **700 d.C.** | **1100 d.C.**

180 d.C.
La Pax Romana llega a su fin

476 d.C.
El Imperio Romano Occidental llega a su fin

534 d.C.
Justiniano reforma el derecho romano

Gladiadores en batalla

392 d.C.
El cristianismo se convierte en la religión oficial de Roma

Iglesia de Hagia Sophia ("Sagrada Sabiduría")

1054 d.C.
Se separan las Iglesias Ortodoxa Oriental y Católica Romana

Mezquita en Bagdad

624 d.C.
Mahoma funda el Islam en Arabia

c. 830 d.C.
Bagdad llega a su cúspide como centro del aprendizaje islámico

c. 1200 d.C.
El Islam llega al norte de India

Unidad 3

Ubicación de lugares

1 Acueducto romano

Ver antigua Roma
Capítulos 8 y 9

2 Panteón romano

Ver antigua Roma
Capítulos 8 y 9

Conoce a los personajes

Augusto

63 a.C.–14 d.C.
Emperador romano
Capítulo 8, página 289

Jesús

c. 6 a.C. –30 d.C.
La crucifixión llevó al surgimiento del cristianismo
Capítulo 10, página 346

Pablo

c. 10–65 d.C.
Pensador cristiano
Capítulo 10, página 349

Constaníno

c. 280–337 d.C.
Emperador romano
Capítulo 9, página 321

3 Hagia Sophia

Ver antigua Roma
Capítulos 8 y 9

4 Monte de las Bienaventuranzas

Ver El surgimiento del cristianismo, Capítulo 10

5 Kaaba

Ver Civilización islámica, Capítulo 11

Agustín

354–430 d.C.
Filósofo cristiano
Capítulo 10, página 357

Teodora

c. 500–548 d.C.
Emperatriz bizantina
Capítulo 9, página 331

Mahoma

c. 570–632 d.C.
Los musulmanes creen que Alá dictó el Corán a Mahoma
Capítulo 11, página 376

Omar Khayyam

1048–1131 d.C.
Poeta y filósofo islámico
Capítulo 11, página 392

Capítulo 8

El surgimiento de Roma

Ruinas del Foro en Roma, Italia

NATIONAL GEOGRAPHIC ¿Cuándo y dónde?

500 a.C.	300 a.C.	100 a.C.	100 d.C.
451 a.C. Los romanos adoptan las Doce Tablas	**267 a.C.** Roma controla la mayor parte de Italia	**27 a.C.** Octavio se convierte en el primer emperador de Roma	**96 d.C.** Comienza el gobierno de los Buenos Emperadores

Presentación preliminar del capítulo

Mientras en el este de Asia surgía la civilización china, los romanos creaban un imperio que cubría gran parte del mundo mediterráneo. Lee este capítulo para descubrir cómo los romanos llegaron a controlar una región tan extensa.

Mira el video del capítulo 8 en el Programa de Video *World History: Journey Across Time.*

Historia en línea

Descripción general del capítulo Visita jat.glencoe.com para ver la presentación preliminar del capítulo 8.

Sección 1 Los comienzos de Roma

La civilización de Roma se inició en Italia. Roma comenzó siendo una pequeña ciudad y llegó a ser una potencia económica y militar.

Sección 2 La República romana

Roma fue una república durante casi 500 años. Durante esa época, amplió poco a poco el derecho al voto. Después de muchos años de guerra y tras la destrucción del imperio cartaginés, Roma se apoderó de la región mediterránea.

Sección 3 La caída de la República

A medida que crecía el territorio romano, el ejército obtenía poder político. La República romana, debilitada por las guerras civiles, dio lugar al imperio romano.

Sección 4 Los principios del imperio

Augusto y muchos de sus sucesores gobernaron bien. El imperio de Roma se hizo más grande y más rico.

PLEGABLES™ Organizador de estudios

Saber-Querer-Aprender *Haz este plegable para organizar mejor lo que sabes, lo que quieres saber y lo que aprendes sobre el surgimiento de Roma.*

Paso 1 *Doblar cuatro hojas de papel por la mitad desde arriba hacia abajo.*

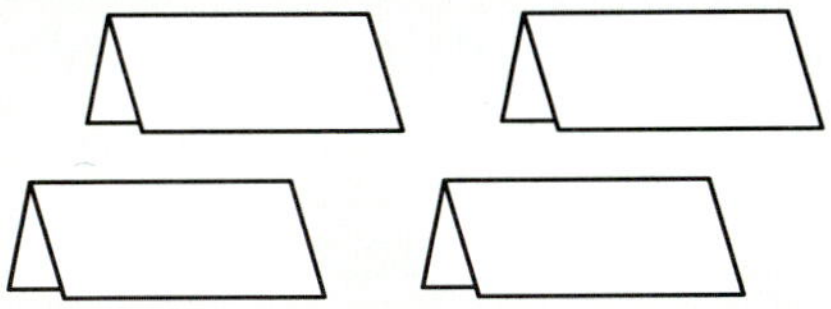

Paso 2 *En cada uno de los papeles plegados, hacer un corte a 1 pulgada del lado de la solapa de arriba.*

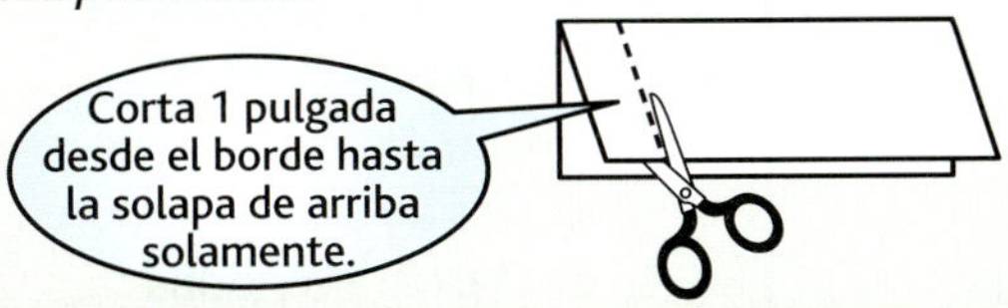
Corta 1 pulgada desde el borde hasta la solapa de arriba solamente.

Paso 3 *Colocar los papeles plegados uno sobre otro. Juntar las cuatro secciones con una grampa y rotular las cuatro solapas de arriba: Los comienzos de Roma, La República romana, La caída de la República y los principios del imperio.*

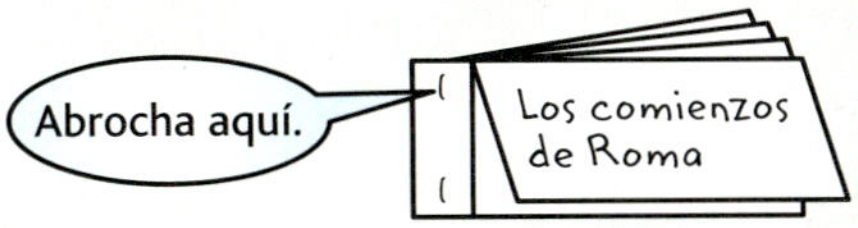
Abrocha aquí.
Los comienzos de Roma

Lectura y reducción

Antes de leer el capítulo, escribe lo que ya sabes sobre el comienzo de Roma, el surgimiento y la caída de su república, y los principios del imperio romano debajo de las solapas de tu plegable. También escribe una pregunta que tengas en cada solapa. Mientras lees, resume lo que aprendes bajo cada solapa.

Capítulo 8

Lectura en estudios sociales

Habilidad de lectura

Toma de notas

1 ¡Apréndelo!

Toma de notas

¿Sabes que, cuando tomas notas, recuerdas más de tres cuartos de la información que registraste? Por eso es importante aprender a tomar notas cuidadosamente mientras lees.

Lee este párrafo de la Sección 3.

Disturbios en la República

Los ejércitos romanos salían victoriosos dondequiera que fueran. Sin embargo, en Roma estaban apareciendo problemas. Había funcionarios deshonestos que robaban dinero, y la diferencia entre ricos y pobres se agrandaba. Miles de agricultores se encontraban al borde de la ruina, y las ciudades estaban pobladas y eran peligrosas.

—de la página 278

Habilidad de lectura

Los escritores de los libros de texto te ayudan a tomar notas dándote títulos y subtítulos. Si no estás seguro de cuál es el tema principal, puedes contar con que los encabezados en negrita son importantes.

Este es un método de toma de notas para el párrafo anterior.

Tema principal	Datos importantes
Problemas de la República	1. funcionarios deshonestos 2. diferencia entre ricos y pobres 3. agricultores al borde de la ruina 4. ciudades pobladas

2 ¡Practícalo!

Haz un cuadro en T

Lee las primeras páginas de la Sección 2 y utiliza este cuadro en T como guía para ayudarte a practicar la toma de notas.

Tema principal	Datos importantes
El gobierno de Roma	**1.** **2.**
Los grupos sociales en Roma	**1.** **2.**
El derecho romano	**1.** **2.**

Leer para escribir

En la página 273, lee sobre el primer código de derecho romano, las Doce Tablas. Inventa tus propias 12 Tablas del Derecho Escolar y explica por qué debería usarse cada una para gobernar a los estudiantes de tu escuela.

3 ¡Aplícalo!

Mientras lees la Sección 1, escribe los nombres de los personajes o lugares importantes en la columna izquierda de tu papel para tomar notas. En el lado derecho, enumera datos de tu lectura.

Sección 1

Los comienzos de Roma

¡Prepárate para leer!

¿Cuál es la relación?

En capítulos anteriores has aprendido sobre la civilización de la antigua Grecia. Pero el carácter de los griegos no murió cuando la libertad de Grecia llegó a su fin. Fue adoptado y muy divulgado por otra civilización, Roma.

Enfoque en Ideas principales

- La geografía desempeñó un papel importante en el surgimiento de la civilización romana. ***(página 263)***
- Los romanos crearon una república y conquistaron Italia. Tratando a los habitantes con justicia, transformaron la pequeña ciudad de Roma en una gran potencia. ***(página 265)***

Ubicación de lugares

Sicilia
Apeninos
Lacio
río Tíber
Etruria

Conoce a los personajes

Rómulo y Remo
Eneas
latinos
etruscos
Tarquino

Desarrollo de tu vocabulario

república
legión

Estrategia de lectura

Resumen de información Utiliza un diagrama como el que figura a continuación para mostrar cómo afectaron los etruscos el desarrollo de Roma.

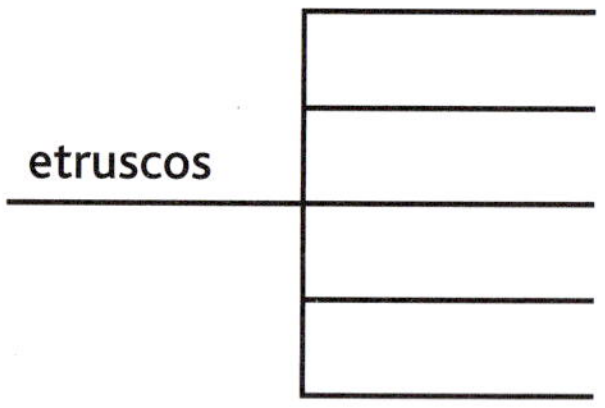

NATIONAL GEOGRAPHIC ¿Cuándo y dónde?

650 a.C. | 450 a.C. | 250 a.C.

- **c. 650 a.C.** Los etruscos gobiernan Roma
- **509 a.C.** Roma se convierte en república
- **267 a.C.** Roma controla la mayor parte de Italia

Los orígenes de Roma

Idea principal **La geografía desempeñó un papel importante en el surgimiento de la civilización romana.**

Enfoque en la lectura Si estuvieras fundando una nueva ciudad, ¿qué características naturales influirían en tu elección de un sitio para construir? Mientras lees esta sección, piensa en las elecciones que hicieron los antiguos romanos.

Italia tiene una ubicación importante en medio de la región mediterránea. Es una península larga y angosta que tiene una forma singular: parece una bota de tacón alto que se interna en el mar. El tacón señala hacia Grecia, y la punta hacia la isla de **Sicilia.** A lo largo de la parte de arriba de la bota están los Alpes, unas montañas escabrosas que separan a Italia de las tierras europeas que están más al norte. Otra cadena montañosa, los **Apeninos,** atraviesa la bota de norte a sur.

El paisaje de Italia se parece al de Grecia, pero los Apeninos no son tan escarpados como las montañas griegas. Se pueden cruzar con mucha más facilidad. Por eso, los habitantes que poblaron Italia no estaban divididos en comunidades pequeñas y aisladas, como los griegos. Además, Italia tenía terrenos más aptos para el cultivo que Grecia. Las laderas de sus montañas continúan en planicies amplias que son ideales para cultivar. Como Italia tenía más capacidad para producir alimentos, podía sustentar a más habitantes que Grecia.

Los historiadores saben muy poco de los primeros habitantes de Italia. Sin embargo, hay pruebas de que algunos grupos del norte se introdujeron por los pasos de las montañas de Italia entre aproximadamente 1500 a.C. y 1000 a.C. Atraídos por el clima templado y el suelo fértil, los nuevos pobladores comenzaron a poblarse lenta pero continuamente en las colinas y las planicies. Entre estos pobladores estaban los latinos, que construyeron la ciudad de Roma en la planicie del **Lacio** en Italia central.

Uso de las habilidades geográficas

En el año 500 a.C. los etruscos y los griegos ocuparon gran parte de Italia.

1. ¿Qué civilización piensas que influyó más en los latinos que poblaron Roma? Explica tu respuesta.
2. ¿En qué sentido fue ventajosa la ubicación de Roma para que los latinos conquistaran Italia?

Busca en línea mapas de NGS en
www.nationalgeographic.com/maps

¿Dónde estaba ubicada Roma? La geografía desempeñó un papel fundamental en la ubicación de Roma. El sitio escogido para construir Roma estaba a unas 15 millas (24 km) río arriba por el **Tíber** desde el mar Mediterráneo. Mediante el río Tíber, los romanos pudieron obtener agua y llegar al resto del mundo mediterráneo. Al mismo tiempo, Roma estaba lo suficientemente lejos del mar como para escapar de los ataques de los piratas.

Fuente principal

La *Eneida*

Hay dos leyendas que describen los comienzos de Roma. Una dice que, después de la destrucción de Troya, Eneas y los demás troyanos fueron en busca de otro lugar a donde vivir.

"Llorando, me aparté de nuestro viejo país. (. . .) Me lancé al mar abierto, llevado al exilio con mi gente, mi hijo, mis dioses hogareños y los grandes dioses. (. . .) Al divisar tierra con el viento del sur, diseñé en esa orilla curva los muros de una colonia, aunque el destino se opusiera, y me inventé el nombre Eneadae para la gente, sacándolo de mi propio nombre".

—adaptado de Virgilio, *Eneida*

▲ Virgilio

PBD Preguntas basadas en los documentos

¿Qué tipo de persona crees que era Eneas para construir una nueva ciudad después de la destrucción de la primera?

Además, Roma estaba construida sobre siete colinas. Eran colinas empinadas, de modo que los latinos, o los romanos, como se llegaron a conocer, podían defender a su ciudad de los enemigos. Roma estaba ubicada también en un lugar donde se podía cruzar el río Tíber con facilidad. Por eso fue un lugar de paso para las personas que viajaban hacia el norte y hacia el sur en el oeste de Italia y para los barcos mercantes que navegaban en el Mediterráneo occidental.

¿Cómo comenzó Roma? Hay dos leyendas diferentes que describen cómo comenzó Roma. La historia tradicional dice que dos hermanos gemelos llamados **Rómulo** y **Remo** fundaron la ciudad. Cuando eran bebés, los hermanos fueron abandonados cerca del río Tíber. Después de ser rescatados por una loba y criados por un pastor, decidieron construir una ciudad en 753 a.C. Sin embargo, los gemelos se pelearon, y Remo se burló de la pared que estaba construyendo su hermano. Rómulo, furioso, atacó a Remo y lo mató. Rómulo se convirtió en el primer rey de Roma, la nueva ciudad a la que dio su nombre.

Los orígenes de Roma se remontan aun más lejos, a la *Eneida*, una famosa epopeya escrita por el poeta romano Virgilio. La *Eneida* es la historia del héroe troyano **Eneas.** Se dice que él y un grupo de seguidores surcaron el mar Mediterráneo después de que los griegos capturaron Troya. Tras muchas aventuras, los troyanos llegaron a la desembocadura del Tíber. Por medio de la guerra y, luego, por el matrimonio con la hija del rey del lugar, Eneas se unió a los troyanos y a los **latinos,** los habitantes del lugar. Así se convirtió en el "padre" de los romanos.

Los historiadores no saben exactamente cómo comenzó Roma. Piensan que los latinos ya vivían en la región de Roma en el año 1000 a.C. Construían chozas en las colinas romanas, tenían rebaños y cultivaban la tierra. Durante este período de 800 a.C. a 700 a.C., decidieron agruparse para protegerse. Esa fue la comunidad que se conoció con el nombre de Roma.

Primeras influencias Después del año 800 a.C., otros grupos se integraron a los romanos en Italia. Dos de esos grupos, los griegos y los **etruscos,** desempeñaron un papel fundamental en la formación de la civilización romana.

Muchos griegos llegaron al sur de Italia y a Sicilia entre 750 a.C. y 550 a.C., cuando Grecia se dedicaba a levantar colonias en el extranjero. De los griegos, los romanos aprendieron a cultivar olivos y viñedos. También adoptaron el alfabeto griego, y más adelante desarrollaron su arquitectura, su escultura y su literatura a partir de las de los griegos.

Joyas etruscas

De todas maneras, el crecimiento de Roma en sus comienzos se vio influenciado principalmente por los etruscos. Los etruscos vivían al norte de Roma, en **Etruria.** Después del año 650 a.C., se desplazaron al sur y controlaron Roma y la mayor parte del Lacio.

Los etruscos eran hábiles en el manejo del metal y se enriquecieron con la minería y el comercio. Obligaban a las personas esclavizadas a hacer trabajo más pesado mientras ellos vivían cómodamente. En las pinturas de sus tumbas se ve a hombres y mujeres divirtiéndose, bailando, tocando música y jugando deportes. Algunos murales muestran también sangrientas escenas de batalla que revelan que los etruscos se enorgullecían de sus soldados.

Los etruscos transformaron a Roma, que era una aldea de chozas con techo de paja, en una ciudad de edificios de madera y ladrillo. Construyeron calles, templos y edificios públicos alrededor de una plaza central. Los etruscos también les enseñaron a los romanos un nuevo estilo de vestir, que consistía en mantos cortos y togas: ropas sueltas que colgaban de un hombro. Y, lo que es más importante, el ejército etrusco serviría de modelo para el poderoso ejército que más adelante crearían los romanos.

Comprobación de lectura **Explicación** ¿Cómo ayudó la geografía a que prosperaran los romanos?

Nace una república

Idea principal **Los romanos crearon una república y conquistaron Italia. Tratando a los habitantes con justicia, transformaron la pequeña ciudad de Roma en una gran potencia.**

Enfoque en la lectura ¿Has oído hablar de "ganarse la confianza de alguien"? Significa convencer a alguien de que te apoye en lugar de obligarlo a obedecer. Sigue leyendo y averigua cómo los romanos, además de conquistar a otros habitantes de Italia, se ganaron su confianza.

Los etruscos gobernaron a Roma durante más de 100 años. Durante el gobierno de los etruscos, Roma se hizo rica y poderosa. Sin embargo, la familia gobernante, los **Tarquino,** se volvió cada vez más cruel.

Finalmente, en 509 a.C., los romanos se rebelaron. Derrocaron a los Tarquinos y fundaron una **república.** Una república es una forma de gobierno en que el dirigente no es un rey o reina sino una persona escogida por los ciudadanos con derecho al voto. En una república, el poder lo tienen los ciudadanos. El surgimiento de la República romana marcó el comienzo de un nuevo capítulo en la historia de Roma.

▲ Muchos murales etruscos mostraban escenas alegres de la vida cotidiana, tales como ceremonias religiosas o personas que disfrutaban de la música y de los banquetes. *¿Cómo se hicieron ricos los etruscos?*

Cuando Roma se convirtió en república, todavía era una ciudad pequeña, rodeada de enemigos. Durante los siguientes 200 años, los romanos lucharon contra sus vecinos. En el año 338 a.C. finalmente vencieron a los demás latinos que habitaban las zonas cercanas. Luego atacaron a los etruscos y los derrotaron en el año 284 a.C. En el año 267 a.C., los romanos ya habían conquistado también a los griegos en el sur de Italia. Con esa victoria, pasaron a ser dueños de casi toda Italia.

Legionario romano

La armadura de los soldados estaba hecha con tiras de hierro unidas por lazos de cuero.
La punta de hierro de las lanzas se doblaba una vez que se arrojaba la lanza, para que los enemigos no pudieran usarla.
Los escudos se hacían con láminas de madera encoladas y cubiertas con cuero o tela.

Al principio, el ejército romano estaba integrado por ciudadanos comunes. Luego pasó a incorporar soldados profesionales muy entrenados y fue una de las mejores fuerzas de combate del mundo. ***¿Qué eran los estandartes? ¿Por qué los llevaba el ejército?***

¿Por qué era tan fuerte Roma? Roma pudo conquistar Italia porque los romanos eran excelentes soldados. En los comienzos de la república, todos los ciudadanos varones que tuvieran tierras debían incorporarse al ejército. La disciplina era rigurosa, y a los desertores se les castigaba con la muerte. Debido a la estricta disciplina, los soldados romanos llegaron a ser luchadores que no se daban por vencidos fácilmente. Además, resolvían los problemas de una manera práctica.

Por ejemplo, al principio los ejércitos romanos luchaban como los griegos. Los soldados marchaban en hileras, hombro a hombro, con los escudos uno junto a otro y con largas lanzas. Pero los generales romanos se dieron cuenta de que esa forma de luchar era lenta y difícil de controlar. Entonces reorganizaron a sus soldados en pequeños grupos llamados **legiones.** Cada legión agrupaba a unos 6,000 hombres y se subdividía en grupos de entre 60 y 120 soldados. Esos pequeños grupos rompían rápidamente las líneas enemigas.

Los soldados romanos, o los legionarios, iban armados con una pequeña espada que se llamaba *gladius* y una lanza llamada *pilum*. Cada unidad llevaba también su propio estandarte, un poste alto con un símbolo en la punta. En la batalla, los estandartes ayudaban a que las unidades no se separasen, porque los soldados los veían por encima de la acción.

Gobernantes astutos Los romanos no eran solamente buenos luchadores sino también planeadores inteligentes. A medida que se expandían por toda Italia, construían poblados militares permanentes en las zonas que conquistaban. Luego construían rutas entre esos pueblos. Esas rutas permitían que las tropas viajaran rápidamente a cualquier sitio de ese territorio en constante expansión.

Para gobernar a los nuevos habitantes que conquistaban, los romanos crearon la Confederación romana. Con ese sistema, daban la ciudadanía plena a algunos pueblos, en especial a otros latinos. Esos ciudadanos podían votar y formar parte del gobierno, y se les trataba como a otros ciudadanos que estaban bajo la ley. A otros pueblos se les daba la categoría de aliados.

Los aliados podían gobernar sus asuntos locales, pero debían pagar impuestos a la república y aportar soldados para el ejército. Los romanos dejaban en claro que los aliados leales podían mejorar su posición e incluso llegar a ser ciudadanos romanos.

Con esas políticas, los romanos demostraron ser gobernantes inteligentes. Sabían que los pueblos conquistados serían más leales al gobierno si se les trataba bien. La generosidad de Roma tuvo su recompensa. El resultado fue que la república se fortaleció y se unificó más.

De cualquier modo, Roma no dejaba de usar la fuerza si era necesario. Si los pueblos conquistados se rebelaban, el gobierno romano aplacaba la resistencia rápidamente.

Comprobación de lectura **Descripción**
¿Cómo gobernaba Roma a los nuevos pueblos que conquistaba?

▲ **Este mosaico, o cuadro hecho con fragmentos de piedra, muestra a un grupo de legionarios romanos.** ***¿Cuántos soldados formaban una legión?***

Historia en línea
Centro de estudios ¿Necesitas ayuda con el material de esta sección? Visita jat.glencoe.com

Repaso de la sección 1

Resumen de la lectura

Repaso de Ideas principales

- Los latinos poblaron la región de Roma, en el oeste de Italia. La geografía de la región, así como las ideas de los etruscos y los griegos, ayudó al crecimiento de Roma.
- En al año 509 a.C. los romanos derrocaron al gobierno etrusco y fundaron una república. Para el año 275 a.C. las legiones romanas ya habían conquistado la mayor parte de Italia.

¿Qué aprendiste?

1. ¿En qué parte de Italia vivieron los griegos? ¿Cómo influyeron en la civilización romana?
2. Describe las dos leyendas que cuentan la fundación de Roma. Luego describe cómo y cuándo se fundó realmente Roma.

Pensamiento crítico

3. **Habilidades geográficas** Dibuja un diagrama como el que figura a continuación. Haz una lista de ejemplos de cómo la geografía determinó la ubicación de Roma.

4. **Resumen** Describe la conquista de Italia por los romanos.
5. **Comparación y contraste** ¿Cómo afectó la geografía el desarrollo de la civilización en Grecia y en Italia?
6. **Redacción explicativa** Escribe un breve ensayo sobre los motivos por los que Roma tuvo tanto éxito en su conquista de Italia.
7. **Lectura** **Toma de notas** Utiliza los subtítulos azules de la Sección 1 para crear notas sobre los comienzos de Roma. Coloca cada uno de los subtítulos en la parte izquierda de un cuadro en T, y los datos en la parte derecha.

Sección 2

La República romana

¡Prepárate para leer!

¿Cuál es la relación?

Los romanos habían sufrido el dominio de los crueles reyes etruscos. Cuando tuvieron la oportunidad de crear su propio gobierno, eligieron algo totalmente distinto.

Enfoque en Ideas principales

- La República romana estuvo determinada por una lucha entre los ricos dueños de tierras y los ciudadanos comunes a medida que se expandía gradualmente el derecho a votar. ***(página 269)***
- Roma destruyó lentamente el imperio cartaginés y asumió el control de toda la región del Mediterráneo. ***(página 274)***

Ubicación de lugares

Cartago
Canáa
Zama

Conoce a los personajes

Cincinato
Aníbal
Escipión

Desarrollo de tu vocabulario

patricio
plebeyo
cónsul
vetar
pretor
dictador

Estrategia de lectura

Categorización de la información

Completa un cuadro como el que figura a continuación con la lista de los funcionarios gubernamentales y los cuerpos legislativos de la República romana.

Funcionarios	Cuerpos legislativos

NATIONAL GEOGRAPHIC

¿Cuándo y dónde?

450 a.C. — 300 a.C. — 150 a.C.

451 a.C. Los romanos adoptan las Doce Tablas

264 a.C. Inicio de las Guerras Púnicas

146 a.C. Roma destruye Cartago

El gobierno de Roma

Idea principal **La República romana estuvo determinada por una lucha entre los ricos dueños de tierras y los ciudadanos comunes a medida que se expandía gradualmente el derecho a votar.**

Enfoque en la lectura ¿Sabes de dónde viene la palabra *república?* Está formada por dos palabras en latín que significan "cosa pública". Sigue leyendo para aprender acerca del gobierno republicano que crearon los antiguos romanos.

Los antiguos romanos estaban divididos en dos clases: patricios y plebeyos. Los **patricios** eran los ricos terratenientes (dueños de tierras). Estos nobles conformaban la clase gobernante de Roma. Sin embargo, la mayoría de los romanos eran **plebeyos.** Este grupo incluía artesanos, comerciantes y propietarios de pequeñas fincas, o granjas.

Tanto los patricios como los plebeyos eran ciudadanos romanos. Tenían derecho al voto y la responsabilidad de pagar impuestos y formar parte del ejército. Sin embargo, los plebeyos pertenecían a una clase social inferior. El matrimonio entre miembros de las dos clases estaba prohibido. Los plebeyos también carecían de un derecho político importante: no podían ocupar ningún cargo público. Sólo los patricios podían ocupar cargos gubernamentales.

¿Cómo funcionaba el gobierno de Roma?

En la República romana, los principales funcionarios del gobierno eran los **cónsules.** Se elegían dos cónsules, ambos patricios, cada año. Ellos lideraban el ejército y estaban a cargo del gobierno. Dado que ocupaban el cargo por un período de tiempo breve, no había peligro de que pudieran abusar de su poder. Los cónsules también se controlaban entre sí porque cada uno

NATIONAL GEOGRAPHIC

Crecimiento de la República romana 500–146 a.C.

Uso de las habilidades geográficas

Durante los primeros años de la República, Roma conquistó territorios alrededor del mar Mediterráneo.

1. ¿Cuáles fueron las islas importantes que conquistó Roma?
2. ¿Por qué crees que Roma no se expandió más hacia el norte?

Cónsul romano

Fuente principal

Triunfo romano

A veces los líderes militares que regresaban a Roma después de haber conseguido una victoria participaban en un gran desfile denominado triunfo.

"Ataviados de este modo [vestidos en forma decorativa], hacían su entrada a la ciudad, y encabezando la procesión iban los botines y los trofeos y las figuras que representaban los fuertes, las ciudades, las montañas, los ríos, los lagos y los mares conquistados; de hecho, todo lo que habían tomado bajo su control. (. . .) [Cuando] (. . .) el general victorioso llegaba al Foro romano (. . .) se dirigía a caballo hasta el Capitolio. Allí celebraba determinados ritos y presentaba sus ofrendas".

—Zonaras, "A Roman Triumph" (Un triunfo romano)

▲ Soldados romanos

PBD Preguntas basadas en los documentos

¿Por qué crees que los líderes militares y sus tropas se vestían en forma decorativa antes del triunfo?

podía **vetar,** o rechazar, la decisión del otro. La palabra *veto* en latín significa "yo prohíbo".

Roma contaba con otros funcionarios importantes llamados **pretores.** Su tarea principal era interpretar la ley y actuar como jueces en los casos judiciales. Varios otros funcionarios ejecutaban tareas especializadas, tales como el mantenimiento de los registros de impuestos, manejo de las finanzas públicas, supervisión de los festivales públicos, etc.

El cuerpo legislativo, o de creación de leyes, más importante de Roma era el Senado. El Senado estaba formado por un grupo selecto de 300 patricios que ejercían este cargo de por vida. Al principio, el Senado sólo brindaba asesoramiento a los cónsules. Con el tiempo, el poder del Senado aumentó. Para el siglo III a.C., también podía proponer leyes, celebrar debates con respecto a temas importantes y aprobar programas de construcción.

Otro de los cuerpos legislativos era la Asamblea de las Centurias. Tenía a su cargo la elección de funcionarios importantes como los cónsules y pretores, y la aprobación de leyes. Al igual que el Senado, la Asamblea de Centurias estaba bajo el control de los patricios.

Plebeyos contra patricios Como era de esperarse, los plebeyos se quejaban por tener tan poco poder en la República romana. Después de todo, combatían junto con los patricios en el ejército, y el pago de sus impuestos ayudaba a que la república prosperara. Parecía ser razonable que tuvieran los mismos derechos.

Finalmente, los plebeyos entraron en acción para generar cambios. En 494 a.C. varios plebeyos se declararon en huelga. Se negaron a prestar servicios en el ejército. También abandonaron la ciudad para instalar una república propia. Estas medidas asustaron a los patricios, que aceptaron compartir el poder.

En 471 a.C. se les permitió a los plebeyos establecer su propio cuerpo de representantes, llamado Consejo de la Plebe. La asamblea elegía a los tribunos que eran los que presentaban las preocupaciones de los plebeyos ante el gobierno. Los tribunos también obtuvieron el derecho a vetar las decisiones gubernamentales. En 455 a.C. se autorizó el matrimonio entre plebeyos y patricios, y en el siglo IV patricios a.C., se permitió que los plebeyos se convirtieran en cónsules.

La reforma política más importante se produjo en 287 a.C. En ese año, el Consejo de la Plebe finalmente consiguió el poder para aprobar leyes para todos los romanos. Ahora, todos los ciudadanos varones tenían la misma categoría política, por lo menos en teoría. En la práctica, unas pocas familias patricias adineradas seguían teniendo casi todo el poder, y las mujeres no tenían a nadie que las representara en el gobierno. La República romana se había tornado más representativa, pero todavía estaba lejos de ser una democracia plenamente desarrollada.

¿Quién era Cincinato? Una de las características inusuales de la República romana era la función del **dictador.** En la actualidad, un dictador es un gobernante opresor que ejerce un control absoluto sobre el estado. Los dictadores romanos también ejercían un control absoluto, pero servían a las personas y gobernaban durante un período temporal durante las emergencias. El Senado designaba un dictador en épocas en las que existía un verdadero peligro. En cuanto el peligro había pasado, los dictadores romanos renunciaban al poder.

El más conocido de los antiguos dictadores romanos es **Cincinato.** Alrededor del año 460 a.C., un poderoso enemigo rodeó al ejército romano. Los funcionarios decidieron que, debido a la crisis, era necesario nombrar a un dictador, y que Cincinato era la mejor persona para esta tarea. Los funcionarios encontraron a Cincinato arando sus tierras. Cincinato, que era un ciudadano leal y devoto, abandonó su granja y reunió a un ejército. Derrotó al enemigo en poco tiempo y volvió a Roma como un triunfador. Aunque probablemente podría haber continuado gobernando, Cincinato no se sentía atraído por el poder. Una vez que cumplió con su deber, regresó a su granja unos 15 ó 16 días después de haber sido nombrado dictador.

Cincinato fue sumamente admirado en su tiempo y en años posteriores. George Washington fue una de las personas que se inspiró en su ejemplo. Al igual que Cincinato, Washington era un agricultor cuando se le pidió que se hiciera cargo del ejército: el Ejército Continental en la Guerra de Independencia Estadounidense. Después de liderar victoriosamente a los estadounidenses, Washington regresó a su plantación. Sólo tiempo después, y con un poco de renuencia, aceptó convertirse en el primer presidente de Estados Unidos.

Derecho romano Una de las grandes contribuciones que Roma hizo al mundo fue su sistema de derecho. El sistema legal de Estados Unidos le debe mucho al sistema romano.

El primer código de derecho romano fue las Doce Tablas, adoptado alrededor de 451 a.C.

NATIONAL GEOGRAPHIC

Cómo eran las cosas

Enfoque en la vida cotidiana

Banquetes romanos Antes de que Roma se convirtiera en un imperio poderoso, los romanos comían cosas simples como sopa, vegetales secos y hortalizas. Las personas rara vez comían carne o mariscos y pescado. Después de las conquistas de Roma, cambiaron los hábitos de los ciudadanos romanos adinerados. Los nuevos ricos romanos demostraban su riqueza celebrando costosos banquetes que incluían comidas exóticas y entretenimientos para los invitados.

En los banquetes romanos, los invitados se recostaban en un sofá. Los sirvientes, que eran esclavos, servían la comida, que se transportaba a la sala de banquetes en grandes fuentes de plata. Los platos de los romanos podían incluir pastinaca hervida aderezada con pasas de uva calientes; grulla hervida con nabos; o flamenco asado con dátiles, cebolla, miel y vino.

▼ **Mujer romana rica recostándose en un sofá**

Conexión con el pasado

1. ¿Quiénes modificaron sus hábitos alimenticios después de que Roma se tornó rica y poderosa?
2. Describe de qué manera se modificaron sus hábitos alimenticios.

Biografía

LUCIO QUINCTIO CINCINATO

c. 519–438 a.C.

La devota lealtad de Cincinato impresionó enormemente al historiador romano Livio. En su *Historia de Roma,* Livio aconseja a sus lectores que escuchen la historia de Cincinato, cuya virtud se elevó por encima de cualquier recompensa que la riqueza pudiera brindarle.

Según Livio, Cincinato vivía en Roma pero era propietario de una granja de cuatro acres al otro lado del río Tíber, y trabajaba en ella. El día en que los funcionarios fueron a buscar a Cincinato, lo encontraron trabajando duro en el campo, cubierto de tierra y sudor. Cincinato se sorprendió cuando los funcionarios le pidieron que se colocara la toga y escuchara lo que el Senado Romano deseaba que hiciera. Cincinato no debe haber sido consciente del peligro al que se enfrentaba el ejército romano, porque le preguntó a los funcionarios si todo estaba en orden antes de llamar a su esposa, Racilia, y pedirle que le trajera rápidamente su toga.

Los funcionarios le explicaron a Cincinato cuál era la situación de emergencia a la que se enfrentaban. Aceptó el pedido del Senado y se convirtió en un dictador. Cincinato y los funcionarios cruzaron el río Tíber hacia Roma y fueron recibidos por sus tres hijos, otros parientes y amigos, y miembros del Senado. Posteriormente, escoltaron a Cincinato para que llegara sano y salvo a su hogar. A la mañana siguiente, antes del amanecer, Cincinato se dirigió al Foro y reunió a su ejército para atacar al enemigo.

▲ **Se le pide a Cincinato que sea el líder de Roma.**

"La ciudad estaba dominada por el miedo".

—Livio, ***The Rise of Rome* (*El surgimiento de Roma*)**

Entonces y ahora

Nombra a un líder de la actualidad acerca del cual consideres que los historiadores van a escribir con gran admiración. Explica por qué.

Antiguamente, las leyes de Roma no se redactaban por escrito. Como consecuencia, los plebeyos decían que los jueces patricios a menudo favorecían a los de su propia clase. Exigieron que las leyes se redactaran por escrito para que todos pudieran verlas.

Finalmente, los patricios accedieron a cumplir con esta exigencia. Hicieron que las leyes se grabaran en tablas de bronce que fueron colocadas en el mercado romano, o Foro. Las Doce Tablas fueron la base del futuro derecho romano, es decir, de las leyes romanas. En ellas se establecía el principio de que todos los ciudadanos libres tenían el derecho a ser tratados con igualdad por el sistema legal.

▲ **Estos manojos de varas y hachas, llamados fasces, simbolizan la autoridad legal de los líderes romanos.**

Sin embargo, las Doce Tablas se aplicaban sólo en el caso de los ciudadanos romanos. A medida que los romanos conquistaban otros territorios, se dieron cuenta que eran necesarias nuevas leyes para resolver los conflictos legales entre los ciudadanos y los extranjeros. Crearon una recopilación de leyes denominada Derecho de las Naciones. En esta recopilación, se establecían los principios de la justicia que se aplicaban a todas las personas, de cualquier origen.

Estas normas judiciales incluyen ideas que siguen siendo aceptadas en la actualidad. Toda persona es inocente hasta que se demuestre lo contrario. Las personas acusadas de cometer delitos podían defenderse ante un juez. El juez debía evaluar las pruebas cuidadosamente antes de tomar una decisión.

La idea de que la ley se debe aplicar a todas las personas de forma igualitaria y que todas las personas deben ser tratadas de la misma forma por el sistema legal es lo que se denomina el "imperio de la ley". En la época de los romanos, el imperio de la ley era todavía una idea novedosa. En muchos territorios, las personas que pertenecían a la clase alta de la sociedad gozaban de privilegios especiales y no tenían que obedecer las mismas leyes o usar los mismos tribunales que las personas de las clases más bajas. En algunos lugares, las personas de las clases más bajas de la sociedad no tenían ningún derecho legal. El imperio de la ley es una de las ideas clave que los romanos transmitieron al mundo. Sigue siendo la base del sistema legal actual.

NATIONAL GEOGRAPHIC

Gente que hace Historia

Las Doce Tablas *c. 451 a.C.*

Las Doce Tablas eran leyes escritas en tablas que describían los derechos de cada persona de la República romana. Las leyes fueron el primer conjunto de leyes aplicadas en Roma. El hecho de escribir las leyes y colocarlas a la vista del público garantizó que todas las personas conocieran las leyes y que los jueces no aplicaran las leyes de manera diferente según las distintas personas.

Las leyes que figuran en las Doce Tablas explican los derechos que tiene una persona con respecto a la propiedad, los testamentos, el comportamiento público, el derecho de familia y los juicios. Las Doce Tablas fueron el primer paso hacia la igualdad de derechos para los ciudadanos de todas las clases en la antigua Roma. También representan el primer paso hacia el concepto del imperio de la ley que se sigue manteniendo en la actualidad.

Comprobación de lectura **Contraste** Antes de 471 a.C., ¿cuál era el derecho que tenían los patricios y no los plebeyos?

Expansión de Roma

Idea principal **Roma destruyó lentamente el imperio cartaginés y asumió el control de toda la región del Mediterráneo.**

Enfoque en la lectura Cuando uno resulta vencedor, ya sea en el aspecto académico, en los deportes o en alguna otra área, ¿sigue luchando por tener más éxito? Eso es posiblemente lo que los romanos hayan sentido una vez que tuvieron a toda Italia bajo su control. Sigue leyendo para saber de qué manera continuaron expandiendo su poder.

Mientras Roma desarrollaba su forma de gobierno, también se enfrentaba a desafíos en el extranjero. Los romanos habían conquistado toda Italia. Sin embargo, ahora se enfrentaban a un rival poderoso en la zona del Mediterráneo. Este enemigo era el estado de **Cartago** en la costa de África del norte. Cartago había sido fundada alrededor del año 800 a.C. por los fenicios. Como aprendiste anteriormente, los fenicios eran mercaderes marítimos del Medio Oriente.

Cartago tenía un gran imperio comercial que incluía partes de África del norte y del sur de Europa. Al controlar el movimiento de mercancías en esta región, Cartago e convirtió en la ciudad más grande y rica del Mediterráneo occidental.

Primera Guerra Púnica Tanto Cartago como Roma deseaban tener el control de la isla de Sicilia. En 264 a.C. la disputa hizo que las dos potencias entraran en guerra. La guerra, que comenzó en 264 a.C., se denomina Primera Guerra Púnica. *Punicus* es la palabra en latín para "fenicio". La guerra comenzó cuando los romanos enviaron un ejército a Sicilia para evitar que los cartagineses la tomaran bajo su control. Los cartagineses, que ya tenían colonias en la isla, estaban decididos a detener esta invasión.

NATIONAL GEOGRAPHIC **Guerras Púnicas** *264–146 a.C.*

Uso de las habilidades geográficas

Después de resultar vencedora de la Segunda Guerra Púnica, Roma se convirtió en la mayor potencia del Mediterráneo.

1. ¿Desde qué dirección atacó Aníbal a Roma?
2. ¿Por qué piensas que Aníbal tomó esa ruta en lugar de navegar directamente hacia Roma?

Hasta entonces, los romanos habían combatido en tierra firme. Sin embargo, pronto se dieron cuenta de que no podían derrotar a una potencia marítima como Cartago sin una flota. Rápidamente, construyeron una gran flota de barcos y se enfrentaron a sus enemigos en el mar. La guerra se prolongó durante más de 20 años. Finalmente, en 241 a.C., Roma derrotó a la flota cartaginesa en la costa de Sicilia. Cartago se vio obligada a abandonar Sicilia y a pagar una multa elevada a los romanos. Entonces, la isla pasó a estar gobernada por los romanos.

Segunda Guerra Púnica Para compensar la pérdida de Sicilia, Cartago expandió su imperio hacia el sur de España. Los líderes romanos estaban descontentos porque Cartago estaba conquistando territorios cerca de la frontera norte de Roma. Brindaron ayuda a los pobladores de España para que se rebelaran contra Cartago. Por supuesto, los cartagineses estaban furiosos. Para castigar a Roma, Cartago envió a su mejor general, **Aníbal,** para que atacara Roma en 218 a.C. Esto causó la Segunda Guerra Púnica.

La estrategia de Aníbal era llevar la guerra hacia el territorio italiano. Para hacer esto, Aníbal reunió a un ejército de alrededor de 46,000 hombres, muchos caballos y 37 elefantes. Se trasladó a España con su ejército y, desde allí, marcharon hacia el este para atacar Italia.

Incluso antes de llegar a Italia, las fuerzas de Aníbal sufrieron graves pérdidas al cruzar los Alpes, llenos de precipicios y nieve, para llegar a Italia. El frío brutal, el hambre constante y los ataques de las tribus de las montañas hicieron que más de la mitad de los soldados y la mayoría de los elefantes murieran. Lo que quedaba del

En diciembre de 218 a.C., el ejército de Aníbal y el ejército romano se enfrentaron en una batalla cerca del río Trebbia al norte de Italia. Mediante un ataque muy bien planificado, las fuerzas cartaginesas causaron una seria derrota a los romanos. Aníbal hizo buen uso de sus elefantes durante el ataque, pero la mayoría de los elefantes murió después de la batalla. ***¿En cuál de las otras batallas celebradas en Italia derrotó Aníbal a los romanos?***

ejército, sin embargo, seguía siendo una fuerza de combate muy poderosa cuando llegó a Italia.

Los romanos sufrieron una grave pérdida en 216 a.C. en la batalla de **Canáa** al sur de Italia. Aunque el ejército de Aníbal tenía menos hombres, derrotó a las fuerzas romanas y comenzó a invadir gran parte de Italia.

Los romanos, sin embargo, reunieron a otro ejército. En 202 a.C. un ejército romano liderado por un general llamado **Escipión** invadió Cartago. Aníbal, que estaba librando una guerra en Italia, no tuvo otra elección que volver a su país para defender a su pueblo.

En la batalla de **Zama,** las tropas de Escipión derrotaron a los cartagineses. Cartago le entregó España a los romanos. También tuvo que entregar su flota y pagar una gran multa. Roma ahora tenía bajo su control al Mediterráneo occidental.

Otras conquistas Aunque Cartago ya no era una potencia militar, seguía siendo un centro comercial. En 146 a.C. Roma finalmente destruyó a su gran rival en la Tercera Guerra Púnica. Los soldados romanos incendiaron Cartago y tomaron como esclavos a 50,000 hombres, mujeres y niños. La leyenda dice que los romanos incluso esparcieron sal sobre la tierra para que no volviera a crecer ninguna planta en el lugar. Cartago se convirtió en una provincia, o distrito regional, romano.

Durante las Guerras Púnicas, Roma combatió con éxito a los estados del Mediterráneo oriental. En 148 a.C. Macedonia pasó al control de los romanos. Dos años después, el resto de Grecia también pasó a manos de los romanos. En 129 a.C. Roma conquistó su primera provincia en Asia. No resulta sorprendente que los romanos comenzaran a llamar al Mediterráneo *mare nostrum*, que en latín quiere decir "mar nuestro".

Comprobación de lectura **Descripción** ¿De qué manera castigó Roma a Cartago al final de la Tercera Guerra Púnica?

Historia en línea

Centro de estudios ¿Necesitas ayuda con el material de esta sección? Visita jat.glencoe.com

Repaso de la sección 2

Resumen de la lectura

Repaso de Ideas principales

- Durante la República romana, el gobierno cambió a medida que los plebeyos, o ciudadanos de clase baja, y los patricios, la clase dirigente, luchaban por obtener el poder.
- A partir de 264 a.C., Roma intervino y resultó vencedora de una serie de guerras contra Cartago y otras potencias y obtuvo el control de la región del Mediterráneo.

¿Qué aprendiste?

1. ¿Quiénes eran los funcionarios gubernamentales más importantes de la República romana, y cuáles eran sus deberes?
2. ¿Qué significa *mare nostrum* y por qué usaban los romanos este término?

Pensamiento crítico

3. **Secuencia de información** Dibuja un diagrama para describir la secuencia de acontecimientos desde el comienzo de la Primera Guerra Púnica hasta el comienzo de la Segunda Guerra Púnica.

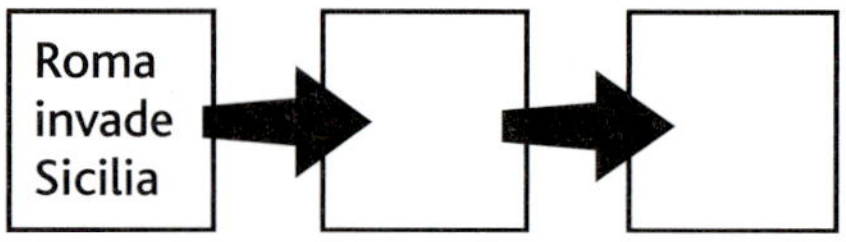

4. **Habilidades geográficas** ¿Dónde estaba ubicada Cartago, y por qué competía con Roma?
5. **Resumen** ¿Qué otras conquistas llevó a cabo Roma durante la época de las Guerras Púnicas?
6. **Evaluación** ¿Por qué piensas que el legado del derecho romano se considera tan importante?
7. **Redacción persuasiva** Escribe un discurso en el que exiges que los plebeyos que vivían a comienzos de la república tengan los mismos derechos que los patricios.

Sección 3

La caída de la República

¡Prepárate para leer!

¿Cuál es la relación?

Hacia el final de la Tercera Guerra Púnica, Roma dominaba toda la región mediterránea. Sin embargo, no todo iba bien. En casa, la república enfrentaba peligros crecientes que pronto la conducirían a su fin.

Enfoque en Ideas principales

- El uso de esclavos como mano de obra perjudicó a los agricultores, aumentó la pobreza y la corrupción e hizo que el ejército interviniera en la política. ***(página 278)***
- El héroe militar Julio César tomó el poder e introdujo reformas. ***(página 280)***
- La República romana, debilitada por las guerras civiles, se transformó en imperio bajo el mando de Augusto. ***(página 282)***

Ubicación de lugares

Rubicón
Accio

Conoce a los personajes

Julio César
Octavio
Antonio
Cicerón
Augusto

Desarrollo de tu vocabulario

latifundio
triunvirato

Estrategia de lectura

Búsqueda de la idea principal Utiliza un cuadro como el que aparece a continuación para identificar las ideas principales y los detalles complementarios de la Sección 3.

Idea principal		
Detalle complementario	Detalle complementario	Detalle complementario
Detalle complementario	Detalle complementario	Detalle complementario

NATIONAL GEOGRAPHIC ¿Cuándo y dónde?

100 a.C. — 60 a.C. — 20 a.C.

82 a.C. Sula (o Sila) se convierte en dictador de Roma

44 a.C. Un grupo de senadores asesina a Julio César

27 a.C. Octavio se convierte en el primer emperador de Roma

Disturbios en la República

Idea principal **El uso de esclavos como mano de obra perjudicó a los agricultores, aumentó la pobreza y la corrupción e hizo que el ejército interviniera en la política.**

Enfoque en la lectura La pobreza, la corrupción, el desempleo, la delincuencia y la violencia son problemas sobre los que se habla hoy en día. Lee el texto a continuación para enterarte de cómo los romanos enfrentaron estos mismos problemas hace 2000 años.

Los ejércitos romanos salían victoriosos dondequiera que fueran. Sin embargo, en Roma estaban apareciendo problemas. Había funcionarios deshonestos que robaban dinero, y la diferencia entre ricos y pobres se agrandaba. Miles de agricultores se encontraban al borde de la ruina, y las ciudades estaban pobladas y eran peligrosas.

Ricos contra pobres Como leímos en la Sección 2, la mayoría de los miembros de la clase gobernante de Roma eran patricios, es decir, gente rica propietaria de grandes extensiones de tierra de cultivo. Estos ricos propietarios de tierras dominaban el Senado y tenían los puestos de gobierno de mayor poder. Manejaban las finanzas de Roma y dirigían las guerras. A pesar de algunos avances para los plebeyos, muchos se sentían cada vez más disconformes con esta situación.

Roma contaba con unos pocos ciudadanos privilegiados, comparados con los muchos que trabajaban la tierra en pequeños terrenos. En el siglo 100 a.C., estos agricultores se hundían cada vez más en la pobreza y las deudas. ¿Por qué? Muchos no habían podido dedicarse a trabajar la tierra debido a que estaban luchando en las guerras de Roma. Otros habían sufrido daños en sus granjas durante la invasión de Aníbal a Italia.

Además, los pequeños agricultores no podían competir con los ricos romanos que estaban comprando tierras para formar **latifundios,** es decir, grandes extensiones de tierras de cultivo. Estos ricos latifundistas utilizaban una nueva fuente de mano de obra: los miles de prisioneros traídos a Italia durante las guerras. Al utilizar a estos prisioneros esclavizados para trabajar las tierras, los romanos ricos podían forzar a los dueños de pequeñas granjas a abandonar el negocio agrícola.

Enfrentados a deudas que no podían pagar, muchos granjeros vendieron sus tierras y se mudaron a las ciudades, en desesperada búsqueda de empleo. Sin embargo, conseguir trabajo resultaba difícil. La mayoría del trabajo quedaba en manos de los prisioneros esclavi-

▲ **Esta imagen muestra a algunos romanos trabajando la tierra.** ***¿Por qué se estaban empobreciendo los granjeros romanos del siglo II a.C.?***

zados. Si los hombres libres tenían la suerte de ser contratados, recibían salarios muy bajos. Estas condiciones generaban una situación de descontento generalizado.

Los políticos romanos, preocupados por la posibilidad de que surgieran disturbios, rápidamente lograron hacer que la situación fuese ventajosa para ellos. Para ganar los votos de los pobres, comenzaron a suministrar comida y entretenimientos baratos. Esta política de "pan y circo" ayudó a que muchos gobernantes deshonestos llegaran al poder.

¿Por qué fracasó la Reforma? No todos los ricos hacían oídos sordos a los problemas que aquejaban a la República romana. Dos prominentes funcionarios que trabajaban en favor de introducir reformas eran Tiberio y Cayo Graco. Estos hermanos consideraban que muchos de los problemas de Roma se debían a la desaparición de las pequeñas granjas. Le solicitaron al Senado que quitaran las tierras públicas a los ricos para dividirlas entre los romanos sin tierra.

Pero muchos senadores estaban entre aquellos que habían reclamado parcelas de tierras públicas. Anteponiendo sus propios intereses al bienestar general, los senadores se opusieron a la propuesta de los hermanos Graco. E incluso una facción de estos senadores formó una banda para asesinar a Tiberio en el año 133 a.C. Doce años después, Cayo encontró el mismo destino. Estos fueron días sombríos en la República romana, ya que los encargados de promulgar y hacer cumplir las leyes las violaban de manera tan alevosa.

El ejército interviene en cuestiones políticas Las cosas empeoran cuando el ejército romano asume un nuevo rol. Hasta ahora, el ejército había permanecido al margen de la mayoría de los asuntos de gobierno. Pero las cosas cambiaron cuando un líder militar llamado

◀ Tiberio Graco (izquierda) y su hermano Cayo creían que sacar a los romanos pobres de las ciudades y mudarlos a granjas ayudaría a resolver los problemas de la república. ***¿Qué le ocurrió a los hermanos Graco?***

Mario se convirtió en cónsul en el año 107 a.C. Antes, la mayoría de los soldados eran propietarios de pequeñas granjas. Ahora que estos agricultores estaban desapareciendo, Mario comenzó a reclutar soldados de entre los pobres. Como compensación por sus servicios se les pagaba un salario y se les prometía algo que querían con desesperación: tierras.

Mario cambió el ejército romano, que pasó de ser compuesto por ciudadanos voluntarios a soldados profesionales remunerados. Sin embargo, la motivación de las nuevas tropas tenía más que ver con las recompensas materiales que con el sentido del deber. Sentían lealtad por su general, pero no por la República romana. Esto hacía que los generales tuvieran mucha influencia y buenas razones para involucrarse en la política. Necesitaban que se aprobaran leyes que les cedieran las tierras que les habían prometido a sus soldados.

El nuevo sistema militar de Mario llevó a nuevas luchas por el poder. No pasó mucho tiempo antes de que Mario enfrentara el desafío de un general rival con ejército propio, un hombre llamado Sula (o Sila). En el año 82 a.C. Sula expulsó a sus enemigos de Roma y se proclamó dictador.

Durante los tres años siguientes, Sula cambió el gobierno. Debilitó al Consejo de la Plebe y fortaleció al Senado. Luego abandonó su puesto gubernamental. Tenía la esperanza de que la República romana pudiera sanar sus heridas y recapturar su gloria pasada. Pero eso no ocurrió; en cambio, Roma se sumergió en una era de guerras civiles durante los siguientes 50 años.

Historia en línea

Actividad en línea Visita el sitio jat.glencoe.com y haz clic en *Chapter 8—Student Web Activity* para aprender más acerca del surgimiento de Roma.

Otros hombres ambiciosos habían visto cómo Sula utilizó un ejército para tomar el poder y decidieron seguir el mismo camino.

Comprobación de lectura **Explicación** ¿Qué cambio introdujo Mario en el ejército romano?

Julio César

Idea principal **El héroe militar Julio César tomó el poder e introdujo reformas.**

Enfoque en la lectura ¿Sabías que George Washington, Andrew Jackson, William H. Harrison, Zachary Taylor, Ulysses S. Grant y Dwight D. Eisenhower, todos fueron comandantes del ejército antes de ser presidentes? Lee para enterarte más sobre un famoso romano que dio un salto similar, de líder militar a líder político.

Después de que Sula abandonara su puesto en el gobierno, diversos líderes romanos lucharon por el poder, con el apoyo de sus ejércitos leales. En el año 60 a.C., tres hombres encabezaban la lista: Craso, Pompeyo y **Julio César**. Craso era un líder militar y uno de los hombres más ricos de Roma. Pompeyo y César no eran ricos, pero ambos eran militares exitosos. Apoyándose en su riqueza y poder, formaron el Primer Triunvirato para gobernar Roma. Un **triunvirato** es una alianza política compuesta por tres personas.

Campañas militares de César Cada uno de los miembros del Triunvirato tenía un comando militar en un área remota de la república. Pompeyo estaba ubicado en España, Craso tenía su asiento en Siria y César en Galia (actualmente Francia). Mientras se encontraba en Galia, César luchó contra las tribus extranjeras e invadió Gran Bretaña. Se convirtió en el héroe de las clases bajas de Roma. Los senadores y otros políticos en la capital romana temían que César se hiciera demasiado popular y pudiera tomar el poder como lo habían hecho Sula y Mario.

Después de la muerte de Craso en una batalla en el año 53 a.C., el Senado decidió que Pompeyo retornara a Italia y gobernara solo. En el año 49 a.C., el Senado le ordenó a César renunciar a su ejército y retornar a Roma. César tuvo que enfrentar una decisión difícil. Podía obedecerle al Senado y tal vez ir a la cárcel o soportar la muerte a manos de sus rivales, o podía marchar sobre Roma con su ejército y arriesgarse a desatar una guerra civil.

El ascenso de César al poder

César fue parte del Primer Triunvirato, cuyos miembros se ven aquí abajo.

César ▶

▲ Craso

▲ Pompeyo

▼ Escena que muestra una batalla entre romanos y galos

César decidió no separarse de sus 5,000 soldados leales. Marchó sobre Italia cruzando el **Rubicón,** un riachuelo en la frontera del sur de su área de comando. Al hacerlo, César sabía que daba comienzo a una guerra civil y que no habría vuelta atrás. La frase "atravesar el Rubicón" se utiliza hoy en día y significa tomar una decisión que no podemos retirar.

Pompeyo trató de detener a César, pero César era mejor como general. Alejó a las fuerzas de Pompeyo de Italia y destruyó su ejército en Grecia en el año 48 a.C. Tras esta victoria, César fue nombrado dictador de Roma por un año.

El ascenso de César al poder En el año 44 a.C. César logró que lo nombraran dictador vitalicio de Roma. Esto rompió con la tradición romana de permitir que los dictadores permanecieran en el poder sólo durante períodos cortos. Para reforzar su posición en el poder, César llenó el Senado con nuevos miembros que le eran leales.

Al mismo tiempo, César sabía que era necesario introducir reformas. Le concedió la ciudadanía a los habitantes de los territorios romanos fuera de la península itálica. Organizó nuevas colonias para darles tierra a los sin tierra y generó trabajo para los desocupados. Les ordenó a los latifundistas que utilizaban mano de obra esclava que contrataran más trabajadores libres. Estas medidas le dieron más popularidad a César entre los pobres de Roma.

Una de las reformas de César todavía nos afecta en nuestros días. Creó un nuevo calendario de 12 meses, 365 días y año bisiesto. El calendario Juliano, como se le llamó, fue utilizado en toda Europa hasta el año 1582 d.C. El calendario que nosotros utilizamos hoy en día es muy similar, con leves diferencias.

Si bien muchos romanos apoyaban a César, otros no. Sus seguidores creían que era un líder fuerte que traía paz y orden a Roma. Sus enemigos, por otro lado, temía que César quisiera ser rey. Sus oponentes, liderados por los senadores Bruto y Casio, se organizaron para planear su muerte. César ignoró una famosa advertencia: "ten cuidado de los idus de marzo" (15 de marzo). En esa fecha, del año 44 a.C., los enemigos de César lo rodearon en el edificio del Senado y lo asesinaron a puñaladas.

Comprobación de lectura **Explicación** ¿Por qué Bruto, Casio y otros mataron a César?

▼ César cruza el Rubicón

Bruto (izquierda) fue uno de los senadores que mataron a César. Antonio (arriba) apoyó a César y a su sobrino Octavio y luchó contra los asesinos de César.

Roma se convierte en un imperio

Idea principal **La República romana, debilitada por las guerras civiles, se transformó en imperio bajo el mando de Augusto.**

Enfoque en la lectura ¿Has estado alguna vez en un embotellamiento de tráfico, deseando que llegara un oficial de policía a poner orden en la situación y hacer que avancen las cosas? Lee lo que sigue para enterarte de cómo los romanos le dieron la bienvenida al nuevo hombre fuerte que llegó al gobierno.

La muerte de César sumergió a Roma en otra guerra civil. Por un lado, estaban las fuerzas lideradas por los hombres que habían matado a César. Por el otro, estaba el sobrino nieto de César, **Octavio,** que había heredado las riquezas de César, y dos de los generales del alto mando de César, **Antonio** y Lépido. Después de derrotar a los asesinos de César, estos tres hombres crearon el Segundo Triunvirato en el año 43 a.C.

El Segundo Triunvirato Los miembros del Segundo Triunvirato comenzaron a pelear entre sí casi de inmediato. Octavio pronto forzó a Lépido a retirarse de la política. Luego, los dos líderes restantes se repartieron el mundo romano entre ellos. Octavio se quedó con el oeste y Antonio, con el este.

Pero de todos modos, al poco tiempo, Octavio y Antonio entraron en conflicto. Antonio se enamoró de la reina egipcia Cleopatra VII y formó una alianza con ella. Octavio les dijo a los romanos que Antonio, con la ayuda de Cleopatra, planeaba convertirse en el único soberano de la república. Esto alarmó a muchos romanos y convenció a Octavio para que le declarara la guerra a Antonio.

En el año 31 a.C., en la Batalla de **Accio,** cerca de la costa occidental de Grecia, Octavio aplastó al ejército y a la marina de Antonio y Cleopatra. La pareja escapó entonces a Egipto. Un año después, cuando Octavio los estaba cercando, se suicidaron. Octavio, a los 32 años, era el líder y soberano único de todo el mundo romano. El período de las guerras civiles había quedado atrás, al igual que la república. Octavio sentaría las bases de un nuevo sistema de gobierno: el imperio romano.

¿Quién fue Augusto? Octavio podría haberse instalado como dictador vitalicio, como lo había hecho Julio César. Sin embargo, sabía que muchos estaban a favor de una forma de gobierno republicana. Una de estas personas era **Cicerón,** líder político, escritor y el más notable orador público de toda Roma. Cicerón

Fuente principal

Cicerón convoca a la guerra

Este fragmento está extraído del sexto discurso de Cicerón sobre la lucha entre Octavio y Antonio (Marco Antonio):

"Por lo tanto, cuando vi que una nefaria [maligna] guerra se libraba contra la república, pensé que no debía interponerse demora alguna en nuestra persecución contra Marco Antonio; y di mi voto en favor de adelantar una guerra contra este audaz hombre, que (. . .) en ese momento atacaba a un general del pueblo romano. (. . .) Dije, además, que (. . .) el atuendo de guerra debía ser llevado por los ciudadanos, de modo que todos los hombres pudieran aplicarse con su mayor esfuerzo y energía a vengar los agravios a la república".

—Cicerón, "Sexta Alocución de M.T. Cicerón en contra de Marco Antonio"

▲ Cicerón

PBD Preguntas basadas en los documentos

¿Por qué Cicerón quería que Roma luchara contra Antonio?

había hecho alegatos en contra de los dictadores y apoyaba un gobierno representativo con limitación de poderes.

Los discursos y libros de Cicerón influyeron a muchos romanos. Siglos más tarde, sus ideas también influirían a los encargados de redactar la Constitución de Estados Unidos.

Si bien Cicerón no vivió para ver el mandato de Octavio, lo apoyó con la esperanza de que restituyera la república. En el año 27 a.C., Octavio anunció exactamente eso.

Sabía que el Senado prefería esta forma de gobierno. Sin embargo, Octavio también sabía que la república había sido demasiado débil para resolver los problemas de Roma. De modo que le dio algo de poder al Senado, pero la responsabilidad real del gobierno quedó a cargo de él en persona. Su título, *imperator,* se traduce como "comandante en jefe", pero se le dio el significado de "emperador". Octavio también tomó el título de **Augusto**, "el venerado y majestuoso". Desde ese momento en adelante, se le conoció con ese nombre.

▲ **En la Batalla de Accio, las fuerzas de Octavio derrotaron a las de Antonio tras el retiro de los barcos de Cleopatra.** ***¿De qué manera afectó la Batalla de Accio la historia de Roma?***

Comprobación de lectura **Explicación** ¿De qué manera el gobierno de Octavio reflejó las ideas de Cicerón?

Historia en línea

Centro de estudios ¿Necesitas ayuda con el material de esta sección? Visita jat.glencoe.com

Repaso de la sección 3

Resumen de la lectura

Repaso de Ideas principales

- A medida que aumentaba la diferencia entre la clase dirigente y los pobres en Roma, fueron fracasando un número de reformas, y los generales comenzaron a acumular poder.
- Julio César se convirtió en dictador y llevó a cabo reformas para aliviar la situación de los pobres en Roma. Más adelante fue asesinado por miembros del Senado.
- El sobrino nieto de César, Octavio derrotó a Antonio y Cleopatra y se convirtió en Augusto, primer emperador romano.

¿Qué aprendiste?

1. ¿Qué es un triunvirato?
2. ¿Quién fue Cicerón? ¿De qué manera influyó en los redactores de la Constitución de Estados Unidos?

Pensamiento crítico

3. **Comprensión de causa y efecto** Dibuja un diagrama como el que tienes a continuación. Completa la cadena de efectos que fueron causados por los miles de prisioneros esclavizados que fueron llevados a Italia tras las numerosas guerras de Roma.

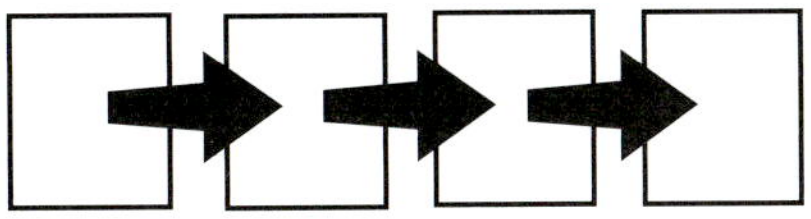

4. **Resumen** ¿Qué reformas sugirieron los hermanos Graco?
5. **Análisis** ¿En qué consistió la política de "pan y circo"? ¿De qué manera se beneficiaron los políticos romanos con esta política?
6. **Análisis** ¿Qué reformas establecidas por Julio César incrementaron su popularidad entre los pobres y las clases trabajadoras de romanos?
7. **Redacción persuasiva** Imagina que eres un ciudadano romano. Decide si hubieras estado a favor o en contra del ascenso de Julio César al poder y sus reformas. Luego escribe un editorial para un diario explicando tus puntos de vista. Asegúrate de incluir hechos que respalden tus opiniones.

Tú decides . . .

¿Fue César un reformista o un dictador?

El gran reformista

Durante su vida, Julio César fue muy admirado por muchos. Pero también fue odiado y temido por muchos otros. Algunos creían que era demasiado ambicioso (excepcionalmente sediento de fama y poder) y que su ambición le impediría actuar buscando lo mejor para los intereses de Roma.

¿Era César un gran reformista o un ambicioso dictador? Aquellos que lo veían como un gran líder y reformista decían que

- se había ganado el apoyo de sus soldados gracias a su liderazgo militar y su estrategia
- trataba a muchos de sus enemigos derrotados con generosidad, e incluso llegó a nombrar alguno de ellos, Bruto por ejemplo, para que ocuparan puestos en el gobierno
- terminó con el dominio de los nobles romanos corruptos
- trajo paz y orden a Roma
- reconstruyó ciudades que habían sido destruidas por la república
- fortaleció y extendió el estado de Roma
- creó programas de empleo público para ayudar a los pobres
- concedió la ciudadanía romana a personas de países o estados extranjeros.

▲ El asesinato de Julio César

Ambicioso dictador

César también tenía muchos enemigos, incluyendo algunos de sus antiguos amigos. Ellos lo veían como un dictador peligroso y pensaban que se aprovechaba de su creciente poder.

Decían que César:

- se había convertido en un enemigo cuando se rehusó a seguir las órdenes del Senado de volver a Roma
- inició una guerra civil que llevó a la destrucción de la república
- incrementó el número de senadores para contar con más adeptos que lo apoyaran
- trataba a sus enemigos derrotados con crueldad
- castigaba a aquellos que deseaban apegarse a las tradiciones y las leyes de la república
- debilitó al Senado para obtener dominio y poder absoluto sobre Roma
- ocultó hechos que no lo hicieran aparecer como un hombre valiente e inteligente
- buscó la gloria personal a expensas de la república.

▲ **Julio César**

Tú eres el Historiador

Verificación de comprensión

1. Define *ambición*. Identifica algunas situaciones en que la ambición puede ser una característica positiva y otras en las que puede ser una característica negativa.
2. ¿Qué podría haber hecho César para mostrar a sus enemigos que no estaba haciendo abuso de poder?
3. ¿Crees que César fue un gran líder y reformista o un ambicioso dictador? Escribe un breve ensayo explicando tu visión de César. Utiliza hechos para respaldar tu posición.

Sección 4

Los principios del imperio

¡Prepárate para leer!

¿Cuál es la relación?

Aprendiste en la Sección 3 que cuando Octavio pasó a llamarse Augusto, el mundo romano empezó a cambiar. La república dio lugar a un imperio, y la paz y la prosperidad reinaron en toda el área del Mediterráneo.

Enfoque en Ideas principales

- Al expandir el imperio y reorganizar el ejército y el gobierno, Augusto fundó una nueva era de prosperidad. *(página 287)*
- El sistema de carreteras, acueductos, puertos y moneda común de Roma permitieron que el imperio fuera rico y próspero. *(página 290)*

Ubicación de lugares

río Rin
río Danubio
Puteoli
Ostia

Conoce a los personajes

Calígula
Nerón
Adriano

Desarrollo de tu vocabulario

Pax Romana
acueducto
moneda

Estrategia de lectura

Causa y efecto Usa un cuadro como el que se ve a continuación para mostrar los cambios realizados por Augusto en el imperio romano y el efecto de cada cambio.

Causas		Efectos
	→	
	→	
	→	
	→	

NATIONAL GEOGRAPHIC ¿Cuándo y dónde?

10 d.C. — 110 d.C. — 210 d.C.

14 d.C. Muerte de Augusto

96 d.C. Comienza el gobierno de los Buenos Emperadores

180 d.C. La *Pax Romana* llega a su fin

El emperador Augusto

Idea principal **Al expandir el imperio y reorganizar el ejército y el gobierno, Augusto fundó una nueva era de prosperidad.**

Enfoque de la lectura ¿Qué hace que un líder sea bueno o malo? Piensa en esta pregunta mientras lees sobre Augusto y otros emperadores romanos.

Augusto preparó el camino para 200 años de paz y prosperidad en Roma. Los emperadores que le sucedieron no fueron todos buenos gobernantes, pero contribuyeron a que el imperio romano alcanzara su apogeo. Durante siglos, se habían producido numerosos conflictos en la región del Mediterráneo. Durante el gobierno de Augusto y sus sucesores, la región quedó bajo el control de un solo imperio. Con Augusto comenzó un largo período de paz, que duró hasta 180 d.C. Este período se llamó la ***Pax Romana,*** es decir la "Paz Romana".

¿Qué logró Augusto? Al ser coronado emperador en el año 27 a.C., Augusto se propuso hacer que el imperio fuera fuerte y seguro. Para brindar seguridad, organizó un ejército permanente y profesional de unos 150,000 hombres, todos ciudadanos romanos. Augusto también creó una unidad especial llamada la Guardia Pretoriana. Esta fuerza estaba compuesta por 9,000 hombres encargados de cuidar al emperador. Más adelante la Guardia Pretoriana tuvo mucha influencia en la política romana.

Las legiones de Augusto conquistaron nuevos territorios y agregaron vastas áreas del norte de Europa al Imperio. Toda España y Galia quedaron bajo el dominio romano, así como también lo que ahora es Austria, Hungría, Rumania y Bulgaria.

Mientras tanto, Augusto reconstruyó a Roma con palacios majestuosos, fuentes y espléndidos edificios públicos. "Encontré una Roma de ladrillos", se jactaba, "y dejé una ciudad de mármol". Las artes florecieron como nunca antes, y Augusto también importó cereales de África para alimentar a los pobres. Sabía que era menos posible que una población bien alimentada causara problemas.

Augusto dedicó gran parte de su energía a mejorar el gobierno de Roma. Durante su reinado, más de 50 millones de personas vivían en el imperio romano. Para gobernar esta enorme población, Augusto designó a un procónsul, o gobernador, para cada una de las provincias de Roma. Estos nuevos funcionarios reemplazaron a los políticos que habían sido electos por el Senado. Augusto a menudo viajaba a las provincias para ver qué hacían los gobernadores.

▲ La ciudad de Roma en el apogeo del imperio romano

Emperadores Julio-Claudios

Emperador	Logros
Tiberio 	14–37 d.C. Gran líder militar, reguló los negocios para evitar el fraude, mantuvo la economía de Roma estable
Calígula 	37–41 d.C. Abolió los impuestos sobre las ventas
Claudio 	41–54 d.C. Construyó un nuevo puerto en Ostia y un nuevo acueducto en Roma; conquistó la mayor parte de Bretaña
Nerón 	54–65 d.C. Construyó nuevos edificios; le dio a los esclavos el derecho a presentar quejas; ayudó a las ciudades que sufrían desastres

Comprensión de cuadros

Los cuatro emperadores que le siguieron a Augusto eran todos parientes de Augusto.

1. ¿Qué emperador conquistó Bretaña?
2. **Conclusiones** ¿Por qué crees que el imperio romano siguió estando en paz aunque tuviera emperadores débiles como Calígula y Nerón?

Augusto también reformó el sistema impositivo romano. Anteriormente, los recaudadores de impuestos pagaban al gobierno por el derecho de hacer el trabajo. Para que su inversión valiera la pena, se permitía que los recaudadores conservaran parte del dinero que recaudaban. Muchos de ellos, sin embargo, eran deshonestos y se quedaban con demasiado dinero. Augusto resolvió este problema haciendo que los recaudadores de impuestos fueran funcionarios gubernamentales permanentes. Este cambio hizo que el sistema de impuestos fuera más justo.

Augusto también reformó el sistema legal. Creó un conjunto de leyes para los habitantes de las provincias que no eran ciudadanos. A medida que pasó el tiempo, sin embargo, la mayoría de esas personas obtuvieron la ciudadanía. Las leyes de Roma entonces se aplicaron a todos, aunque el sistema legal generalmente respaldaba la autoridad del gobierno por sobre los derechos del individuo.

¿Quién vino después de Augusto?

Después de reinar por casi 40 años, Augusto murió en el año 14 d.C. No había leyes que decidieran cómo se elegía al nuevo emperador. Augusto, sin embargo, había educado a un pariente, Tiberio, para que fuera su sucesor. Los tres emperadores siguientes, **Calígula,** Claudio y **Nerón,** también eran familiares de Augusto. Se les denomina los emperadores Julio-Claudios. Desafortunadamente, no todos ellos tenían capacidad para gobernar. Tiberio y Claudio gobernaron de forma competente. Calígula y Nerón, sin embargo, resultaron ser líderes crueles.

La enfermedad mental hizo que Calígula tuviera un comportamiento extraño y tratara a la gente con crueldad. Hizo que asesinaran a muchas personas, desperdició mucho dinero y hasta nombró a su caballo favorito como cónsul. Finalmente, fue asesinado por la Guardia Pretoriana, que puso a Claudio en el trono.

Nerón también resultó ser un hombre malvado. Asesinó, entre otros, a su madre y sus dos esposas. Se le recuerda por haber "tocado el arpa mientras Roma ardía". Según la leyenda, estaba tocando música a millas de distancia de Roma mientras un incendio destruía gran parte de la ciudad en el año 64 d.C. Finalmente, se suicidó.

Comprobación de lectura **Explicación** ¿Qué hizo Augusto para que el imperio fuera más fuerte y seguro?

Biografía

AUGUSTO
63 a.C.–14 d.C

Octavio nació en una familia rica en una pequeña ciudad italiana ubicada al sudeste de Roma. Durante su juventud, Octavio sufrió una serie de enfermedades. Sin embargo, no quiso dejar que su mala salud interfiriera con su vida, mostrando la determinación que lo llevó a ser el primer emperador romano.

El padre de Octavio era un senador romano, pero fue el tío abuelo de Octavio, Julio César, el que introdujo a Octavio a la vida pública en Roma. Al final de su adolescencia, Octavio se unió a César en África y al año siguiente en España. A la edad de 18 años, mientras Octavio estaba en la escuela, supo que su tío abuelo había sido asesinado. En su testamento, César había adoptado a Octavio como su hijo. César también nombró a Octavio como su heredero, una posición que Antonio había creído que sería suya. Oponiéndose al consejo de su familia, Octavio fue a Roma para reclamar su herencia. Para el momento en que llegó a Roma, sin embargo, Antonio se había apoderado de los papeles y el dinero de César y se negó a dárselos a Octavio. Con notable astucia política para alguien tan joven, Octavio cambió la situación a su favor. Se ganó el aprecio de los soldados de César y del pueblo romano al celebrar los juegos públicos que había iniciado César.

Durante su ascenso al poder y durante su reinado como Emperador Augusto, Octavio mostró consigo mismo y sus seguidores leales una energía incansable. Sin embargo, su vida privada era sencilla y tranquila, y evitaba el lujo personal. Quería mucho a su esposa, Livia Drusilla, y pasaba el tiempo de ocio con ella en su hogar en las afueras de Roma.

Augusto ▶

"Yo amplié las fronteras de todas las provincias del pueblo romano".

–Augusto, "Res Gestae: The Accomplishments of Augustus" (Los logros de Augusto)

Entonces y ahora

Augusto superó los obstáculos de las enfermedades y de sus enemigos políticos y se transformó en un gran emperador. ¿Puedes pensar en algún personaje actual que haya superado los obstáculos para destacarse en algo?

Unidad y prosperidad

Idea principal **El sistema de carreteras, acueductos, puertos y moneda común de Roma permitieron que el imperio fuera rico y próspero.**

Enfoque en la lectura ¿Crees que eres más productivo cuando no estás preocupado por problemas de la casa o de la escuela? Lee para saber cómo prosperó el imperio romano durante su época de paz.

Después del suicidio de Nerón, Roma pasó por un período de desorden hasta que Vespasiano, un general y uno de los procónsules de Nerón, se apoderó del trono. Vespasiano restauró la paz y el orden. Puso fin a varias rebeliones en el imperio, incluyendo la rebelión de los judíos en Palestina. Las tropas comandadas por su hijo Tito derrotaron a los judíos y destruyeron el templo judío en Jerusalén en 70 d.C.

Durante su reinado, Vespasiano empezó a construir el Coliseo, un enorme anfiteatro, en el centro de Roma. Su hijo Tito, y luego su otro hijo Domiciano, gobernaron Roma después de su muerte. El gobierno de ambos hijos fue una era de crecimiento y prosperidad en Roma. Durante el reinado de Tito, se produjeron dos desastres en el imperio. El volcán Vesubio hizo erupción, destruyendo la ciudad de Pompeya, y un enorme incendio causó graves daños en Roma.

Enlaces entre el pasado y el presente

Vivir a la sombra del Vesubio

ENTONCES La antigua Pompeya era una ciudad portuaria muy activa. Sus ciudadanos se estaban ocupando de sus actividades normales el 24 de agosto del año 79 d.C., cuando el Vesubio entró en erupción y enterró a la ciudad en ceniza volcánica. Unas 20,000 personas escaparon, pero otras miles murieron. Sólo siglos más tarde, en el siglo XVI, se descubrieron las ruinas conservadas de Pompeya.

▼ El Vesubio hoy

▲ Las ruinas de Pompeya

AHORA Alrededor de 600,000 personas viven hoy cerca del Vesubio. Algunos hasta viven en las bellas laderas verdes del volcán. Los científicos advierten que el volcán podría entrar en erupción en cualquier momento y sugieren que la gente abandone las zonas de alto riesgo. ***¿Vivirías tú cerca del Vesubio? ¿Por qué sí o por qué no?***

Los "Buenos Emperadores" A principios del siglo II d.C., se sucedieron varios gobernantes que no eran parientes de Augusto o Vespasiano. A estos cinco emperadores, Nerva, Trajano, **Adriano,** Antonino Pío y Marco Aurelio, se les conoce como los "buenos emperadores". Gobernaron durante casi un siglo de prosperidad, desde 96 d.C. a 180 d.C. La agricultura floreció, el comercio prosperó, y mejoró el nivel de vida.

Durante esta época, el poder del emperador superó al del Senado más que nunca. Sin embargo, los cinco "buenos emperadores" no abusaron de su poder. Se encuentran entre los gobernantes más dedicados y capaces de la historia de Roma. Mejoraron la vida romana de muchas maneras, nombrando a funcionarios capacitados para cumplir sus órdenes.

Entre los logros de estos emperadores se encontraban programas para ayudar a la gente común. Trajano dio dinero para ayudar a los padres pobres a criar y educar a sus hijos. Adriano hizo que la ley romana fuera más fácil de comprender y aplicar. Antonino Pío impuso leyes para ayudar a los huérfanos. Todos los emperadores desarrollaron proyectos de obras públicas. Construyeron arcos, monumentos, puentes, carreteras, puertos y acueductos. Un **acueducto** es un canal hecho por el hombre para transportar agua a grandes distancias.

Un imperio unificado Más adelante los emperadores siguieron conquistando nuevos territorios para Roma. El Imperio llegó a su mayor tamaño bajo el gobierno de Trajano. Se extendía más allá del Mediterráneo, incluyendo a Bretaña en el norte y parte de la Mesopotamia en el este.

Sin embargo, los sucesores de Trajano se dieron cuenta de que el imperio había crecido demasiado como para poder gobernarlo de forma efectiva. Adriano empezó a retroceder. Sacó a las tropas de la mayor parte de Mesopotamia. En Europa, fijó los límites orientales del Imperio en el **río Rin** y el

NATIONAL GEOGRAPHIC

Cómo eran las cosas

Ciencia e invenciones

Acueductos romanos El transporte de agua es un problema complejo. Los ingenieros romanos lo resolvieron construyendo acueductos. Los acueductos romanos transportaban agua a través de un valle o ladera por medio de la gravedad, arcos de piedra ubicados sobre el suelo y cañerías subterráneas de piedra o arcilla. Entre 312 a.C. y 226 d.C. se construyeron 11 acueductos para llevar agua a Roma desde distancias de hasta 57 millas. Una vez que el agua llegaba a Roma, se guardaba en tanques de recolección. La mayoría de las personas iba a buscar agua a estos tanques públicos. Sólo los ricos y los altos funcionarios tenían tanques privados de agua en sus casas.

Muchos acueductos romanos todavía existen y se usan hoy. Los ingenieros de la antigua Persia, India y Egipto construyeron sistemas de agua similares cientos de años antes que los romanos. Sin embargo, los historiadores están de acuerdo en que los romanos fueron los mejores constructores de acueductos en la antigüedad.

◀ Acueducto romano

Conexión con el pasado

1. ¿De qué manera transportaban agua los romanos a la ciudad de Roma?
2. ¿Por qué crees que sólo los ricos y los poderosos tenían suministros privados de agua?

El imperio romano: comercio y expansión

NATIONAL GEOGRAPHIC

Los "Buenos Emperadores" de la *Pax Romana*

Nerva
96–80 d.C.
Reformó las leyes de la tierra a favor de los pobres; modificó el sistema de impuestos

Trajano
98–117 d.C.
Expandió el imperio hasta su máxima extensión; hizo muchas nuevas obras públicas

Adriano
117–138 d.C.
Construyó la Muralla de Adriano en Bretaña; hizo que las leyes romanas fueran más fáciles de entender

Antonino Pío
138–161 d.C.
Promovió el arte y la ciencia; construyó obras públicas; creó leyes para ayudar a los huérfanos

Marco Aurelio
161–180 d.C.
Ayudó a unir el imperio económicamente; reformó el derecho romano

río Danubio. También construyó la muralla de Adriano a lo largo del norte de Bretaña para defenderse contra los pictos y los escoceses, dos pueblos guerreros que vivían al norte de Bretaña.

En el siglo II d.C., el imperio romano era uno de los más grandes imperios de la historia. Abarcaba 3.5 millones de millas cuadradas (9.1 millones de kilómetros cuadrados). Sus pueblos hablaban diferentes idiomas, principalmente latín en el oeste y griego en el este. También tenían diferentes costumbres locales. Lo que unificó el Imperio, sin embargo, fue el derecho romano, el gobierno romano y una identidad común como romanos.

La cultura romana fue llevada a todas las provincias por los soldados que protegían el imperio y por los funcionarios que las gobernaban. Los romanos eran generosos al otorgar la ciudadanía. En 212 d.C. todos los habitantes libres fueron considerados como ciudadanos romanos.

Una economía próspera La mayoría de los pobladores del imperio romano se ganaban la vida con la tierra. Había pequeñas granjas en todo el norte de Italia. En el sur y centro de Italia eran comunes los latifundios, o grandes propiedades donde trabajaban esclavos. En

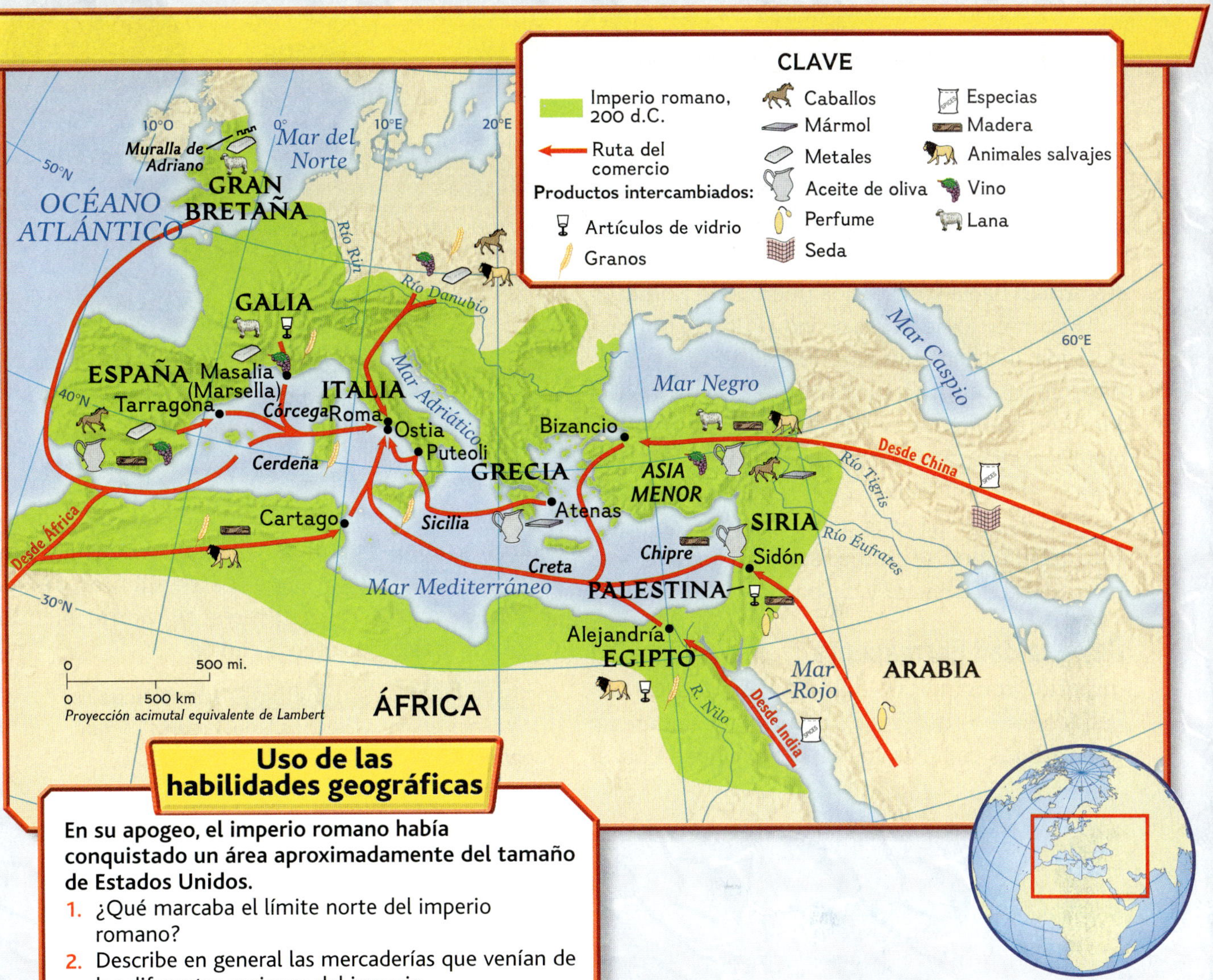

Uso de las habilidades geográficas

En su apogeo, el imperio romano había conquistado un área aproximadamente del tamaño de Estados Unidos.

1. ¿Qué marcaba el límite norte del imperio romano?
2. Describe en general las mercaderías que venían de las diferentes regiones del imperio.

estas propiedades, y en las provincias de Galia y España, los agricultores cultivaban uvas y aceitunas. La producción de vino y aceite de oliva era un excelente negocio. En Gran Bretaña y Egipto, los principales cultivos eran los cereales. Las cosechas abundantes de esas regiones mantenían al pueblo de Roma bien alimentado.

La agricultura era la parte más importante de la economía, pero la industria también era impo-rtante. Alfareros, tejedores y joyeros producían bienes y las ciudades se transformaron en centros para la fabricación de vidrio, bronce y latón.

De todo el imperio, y de más allá, venían comerciantes a puertos en Italia. Dos de las ciudades portuarias más importantes eran **Puteoli** en la Bahía de Nápoles y **Ostia** en la desembocadura del Tíber. Los puertos eran lugares de mucho movimiento. Se traían artículos de lujo, incluyendo artículos de seda de la China y especias de la India, para satisfacer a los ricos. La materia prima, como el estaño británico, el plomo español y el hierro galés, iba a los talleres de las ciudades romanas.

Carreteras y dinero Una buena red de transporte era fundamental para el comercio del imperio. Durante la *Pax Romana*, el sistema de carreteras de Roma alcanzó una longitud total de 50,000 millas (80,000 km). En los mares, la marina romana contribuyó a librar al Mediterráneo de piratas. Se podían enviar mercaderías con mayor seguridad hacia y desde los puertos de Roma.

El comercio de Roma se vio ayudado por una **moneda,** o sistema monetario común. Las monedas romanas eran aceptadas en toda la región del Mediterráneo para el año 100 d.C. Los comerciantes podían usar el mismo dinero en Galia o en Grecia que en Italia. Los romanos también crearon un sistema estándar de pesos y medidas. Esto facilitó que se pudieran poner precios a la mercadería, comerciar y despachar los productos.

Desigualdad permanente La prosperidad del imperio romano no alcanzó a todos sus habitantes. Los dueños de tiendas, mercaderes y trabajadores capacitados se beneficiaban con el comercio del imperio. Los romanos ricos acumularon grandes fortunas y vivían en el lujo. Sin embargo, la mayoría de los habitantes de las ciudades y los agricultores siguieron siendo pobres, y muchos eran esclavos.

▲ **Las monedas romanas se podían usar en la mayor parte del imperio, lo que facilitaba mucho el comercio.** ***¿De qué otra manera mejoró Roma el comercio?***

Comprobación de lectura **Identificación**
¿Quiénes eran los "Buenos Emperadores", y qué lograron?

Historia en línea
Centro de estudios ¿Necesitas ayuda con el material de esta sección? Visita jat.glencoe.com

Repaso de la sección 4

Resumen de la lectura

Repaso de Ideas principales

- Augusto conquistó nuevas tierras y creó un ejército profesional y un sistema de procónsules. Mejoró el sistema impositivo y legal, iniciando la *Pax Romana*.
- En el gobierno de Vespasiano, sus hijos y los cinco buenos emperadores, los romanos siguieron siendo prósperos. Construyeron un sistema complejo de carreteras y desarrollaron una moneda común que fomentó el comercio y el crecimiento económico.

¿Qué aprendiste?

1. ¿Qué era la *Pax Romana?*
2. ¿Qué productos venían de las granjas de Italia, Galia y España?

Pensamiento crítico

3. **Organización de la información** Dibuja un diagrama como el siguiente. Agrega detalles sobre las mejoras y cambios implementados por Augusto en el imperio romano durante su reinado.

4. **Secuencia de información** Describe la secuencia de emperadores que reinaron en Roma, desde Augusto hasta los "Buenos Emperadores".
5. **Análisis** ¿Por qué fue importante la creación por parte de Roma de una moneda común?
6. **Evaluación** ¿Quién crees que fue el líder más importante, Julio César o Augusto? Explica.
7. **Redacción creativa** Escribe una pieza de teatro breve en la que varios ciudadanos romanos discutan uno de los emperadores mencionados en esta sección y sus logros.

Capítulo 8 Repaso de lectura

Sección 1 Los comienzos de Roma

Vocabulario
república
legión

Enfoque en Ideas principales
- La geografía desempeñó un papel importante en el surgimiento de la civilización romana. *(página 263)*
- Los romanos crearon una república y conquistaron Italia. Tratando a los habitantes con justicia, transformaron la pequeña ciudad de Roma en una gran potencia. *(página 265)*

Sección 2 La República romana

Vocabulario
patricio
plebeyo
cónsul
vetar
pretor
dictador

Enfoque en Ideas principales
- La República romana estuvo determinada por una lucha entre los ricos dueños de tierras y los ciudadanos comunes a medida que se expandía gradualmente el derecho a votar. *(página 269)*
- Roma destruyó lentamente el imperio cartaginés y asumió el control de toda la región del Mediterráneo. *(página 274)*

Cónsul romano ▶

Sección 3 La caída de la República

Vocabulario
latifundio
triunvirato

Enfoque en Ideas principales
- El uso de esclavos como mano de obra perjudicó a los agricultores, aumentó la pobreza y la corrupción e hizo que el ejército interviniera en la política. *(página 278)*
- El héroe militar Julio César tomó el poder e introdujo reformas. *(página 280)*
- La República romana, debilitada por las guerras civiles, se transformó en imperio bajo el mando de Augusto. *(página 282)*

Sección 4 Los principios del imperio

Vocabulario
Pax Romana
acueducto
moneda

Enfoque en Ideas principales
- Al expandir el imperio y reorganizar el ejército y el gobierno, Augusto fundó una nueva era de prosperidad. *(página 287)*
- El sistema de carreteras, acueductos, puertos y moneda común de Roma permitieron que el imperio fuera rico y próspero. *(página 290)*

Capítulo 8

Evaluación y actividades

Repaso del vocabulario

Cada una de las siguientes afirmaciones es falsa. Reemplaza cada palabra en cursiva con una palabra que haga que la afirmación se convierta en verdadera. Escribe las palabras correctas en una hoja de papel por separado.

___ 1. Una *legión* es una forma de gobierno en la que los ciudadanos eligen a su líder.

___ 2. Entre los *patricios* se incluían artesanos y dueños de tiendas.

___ 3. El juez en una corte romana era un *cónsul*.

___ 4. En la antigua Roma, la función del *pretor* duraba mientras duraba una crisis.

___ 5. Las grandes propiedades agrícolas que usaban esclavos para cuidar los cultivos se llamaban *acueductos*.

___ 6. Un *veto* era un canal artificial para transportar agua.

Repaso de las ideas principales

Sección 1 • Los comienzos de Roma

7. Describe el papel de la geografía en el surgimiento de la civilización romana.
8. ¿De qué manera el tratar a la gente con justicia ayudó a que aumentara el poder de Roma?

Sección 2 • La República romana

9. ¿Cuáles eran las diferencias entre los papeles de los patricios y los plebeyos en la sociedad romana?
10. Explica de qué manera Roma gradualmente derrotó a los cartagineses.

Sección 3 • La caída de la República

11. ¿De qué manera debilitó la esclavitud a la República romana?
12. ¿De qué manera cambió Augusto la República romana?

Sección 4 • Los principios del imperio

13. ¿Fue Augusto un gobernante exitoso? Explica tu respuesta.
14. ¿Cuáles fueron los cambios del imperio romano durante la *Pax Romana?*

Pensamiento crítico

15. **Comparación** En el capítulo, Cincinato se compara con George Washington. Piensa en otra persona o en un personaje parecido a Cincinato. Explica cuáles son sus similitudes.
16. **Explicación** ¿Por qué luchó César con Pompeyo?
17. **Predicción** ¿Qué crees que hubiera pasado si Adriano hubiera intentado seguir expandiendo el imperio romano?

Repaso

Habilidad de lectura | Toma de notas

Toma de notas

18. Lee el siguiente párrafo de la página 269. Toma notas sobre la información, en un cuadro en T.

> Los antiguos romanos estaban divididos en dos clases: patricios y plebeyos. Los patricios eran los ricos terratenientes (dueños de tierras). Estos nobles conformaban la clase gobernante de Roma. Sin embargo, la mayoría de los romanos eran plebeyos. Este grupo incluía artesanos, comerciantes y propietarios de pequeñas fincas, o granjas.

Para repasar esta habilidad, consulta las páginas 260–261.

Historia en línea

Prueba de autocomprobación Para ayudarte a preparar el examen de este capítulo, visita jat.glencoe.com

Habilidades geográficas

Estudia el mapa que se muestra a continuación y contesta las siguientes preguntas.

19. **Lugar** ¿Qué áreas controlaba Roma después de las Guerras Púnicas?
20. **Interacción del hombre con el medio ambiente** ¿Qué sugiere la construcción de la Muralla de Adriano sobre los pictos y escoceses?
21. **Región** ¿Por qué era importante para los romanos controlar las tierras del Mediterráneo?

NATIONAL GEOGRAPHIC **Crecimiento de Roma**

CLAVE
- Roma después de las Guerras Púnicas, 146 a.C.
- Territorio agregado a la muerte de César, 44 a.C.
- Territorio agregado a la muerte de Augusto, 14 d.C.
- Territorio agregado hacia el año 130 d.C.
- Lugar de batalla

Leer para escribir

22. **Redacción persuasiva** Imagínate que estuvieras trabajando con Tiberio y Cayo para reformar Roma. Escribe una carta o discurso que explique por qué se necesita la reforma y qué tipos de reforma deben realizarse.
23. **Uso de tus PLEGABLES** Usa tu plegable para escribir una serie de preguntas sobre el capítulo. Con un compañero, tomen turnos haciendo y respondiendo a las preguntas hasta haber terminado de revisar todo el capítulo.

Desarrollo de habilidades de ciudadanía

24. **Establecer conexiones** Usa la Internet y tu biblioteca local para investigar las Doce Tablas. Trabaja con tus compañeros de clase para diseñar una serie similar de leyes y registrarlas en lenguaje moderno. ¿En qué se asemeja y se diferencia tu código de las Doce Tablas?

Uso de tecnología

25. **Creación de material promocional** Usa la Internet para encontrar por lo menos cinco lugares relacionados con la antigua Roma que pueden visitar los turistas. Crea una guía o folleto en la computadora anunciando esos vínculos con el pasado, que intenten convencer a la gente para que visiten esa área. Comparte tu producto final en un informe para mostrar en clase.

Fuente principal

Análisis

Augusto escribió un documento histórico describiendo sus logros. Este pasaje tiene que ver con su liderazgo militar.

"Cerca de 500,000 ciudadanos romanos habían hecho un juramento militar ante mí. De estos, cuando sus períodos de servicio terminaron, mandé a las colonias o hice volver a sus municipalidades un poco más de 300,000, y a todos ellos les entregué tierras o dinero como recompensa por su servicio militar".

—Augusto, "Res Gestae: The Accomplishments of Augustus" (Los logros de Augusto)

PBD Preguntas basadas en los documentos

26. ¿Por qué Augusto entregó dinero a sus soldados después de su retiro?
27. ¿Por qué crees que Augusto no explicó sus actos?

Capítulo 9

La Civilización romana

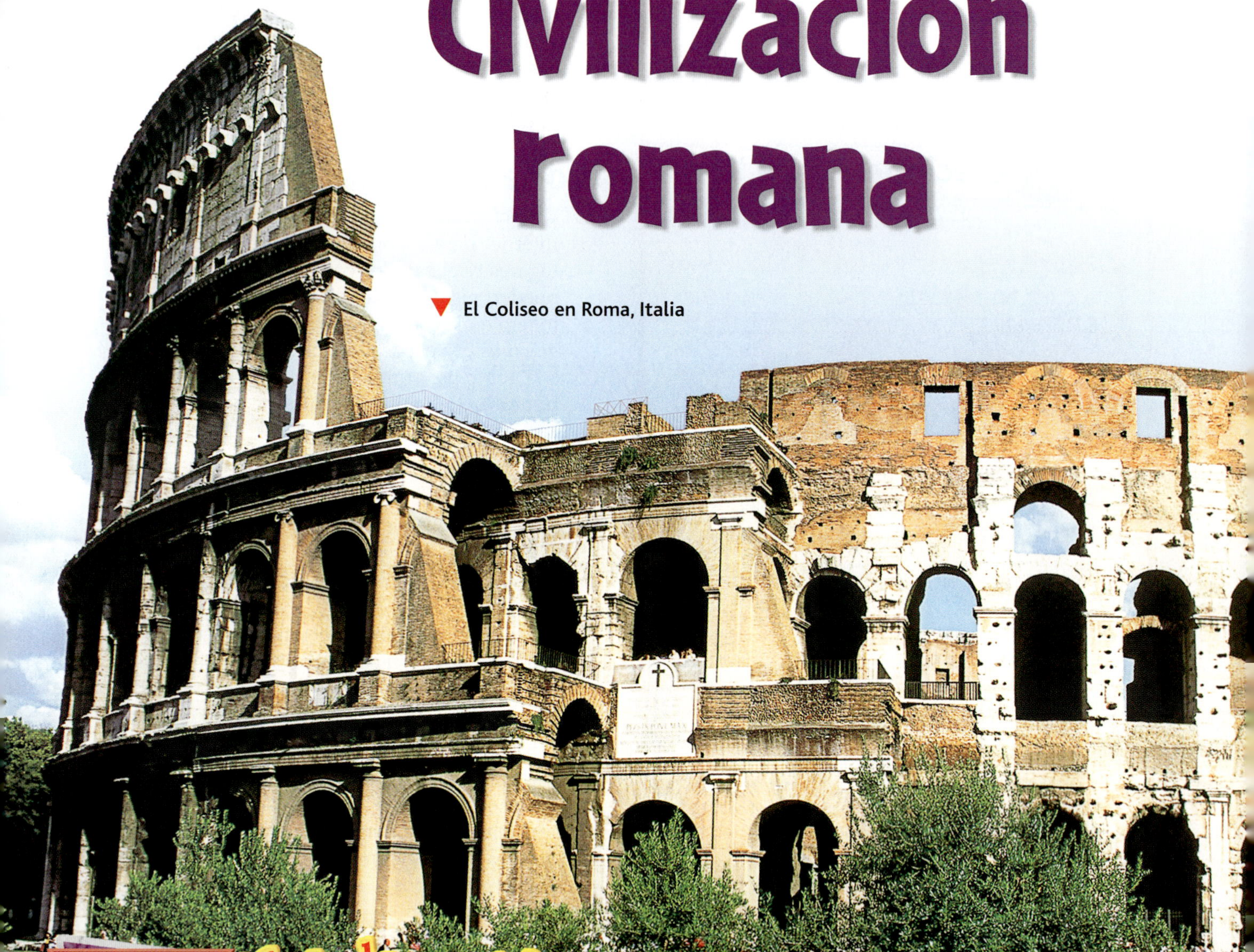

El Coliseo en Roma, Italia

NATIONAL GEOGRAPHIC

¿Cuándo y dónde?

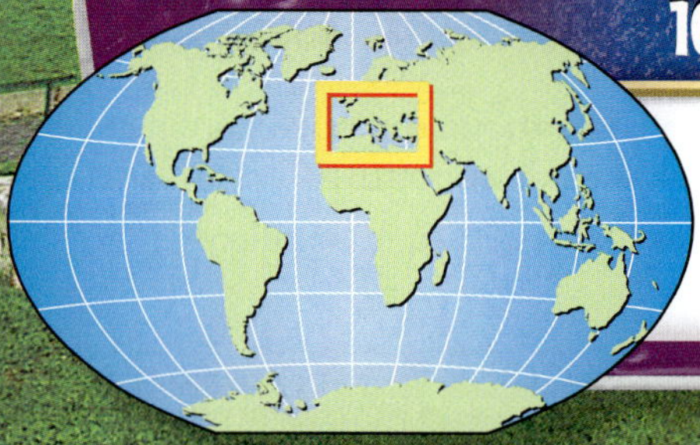

100 a.C. — 100 d.C. — 300 d.C. — 500 d.C.

c. 10 a.C. Livio escribe su *Historia de Roma*

395 d.C. El Imperio Romano se divide en Occidental y Oriental

527 d.C. El emperador Justiniano inicia su reinado

Presentación preliminar del capítulo

Los romanos desarrollaron una civilización y también un imperio. Lee este capítulo para saber cuáles son los logros de los romanos que siguen influyendo en tu vida hoy.

Mira el video del Capítulo 9 en el Programa de Video *World History: Journey Across Time*.

Historia en línea

Descripción general del capítulo Visita jat.glencoe.com para ver la presentación preliminar del capítulo 9.

Sección 1 La vida en la antigua Roma

Los romanos aprendieron de los griegos pero cambiaron lo que tomaron prestado de ellos para que se adecuara a sus propias necesidades. La vida de los romanos ricos y la de los pobres eran muy distintas.

Sección 2 La caída de Roma

Roma finalmente cayó cuando los invasores germánicos arrasaron el imperio durante el siglo V d.C. Los logros de los romanos en cuanto a gobierno, leyes, idioma y las artes siguen siendo importantes en la actualidad.

Sección 3 El Imperio Bizantino

El Imperio Romano de Oriente, o Bizantino, se volvió rico y poderoso, mientras el de Occidente se desintegraba. Los bizantinos desarrollaron una cultura basada en las ideas griegas, romanas y cristianas.

PLEGABLES™ Organizador de estudios

Organización de la información *Haz este plegable para que te ayude a organizar y analizar la información, haciéndote preguntas acerca de la civilización romana.*

Paso 1 *Doblar dos hojas de papel en tercios desde arriba hacia abajo.*

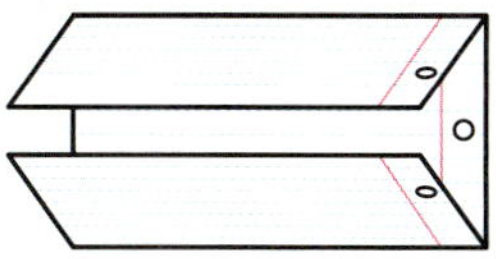

Paso 2 *Darle vuelta al papel en sentido horizontal y rotular las tres columnas como se ve aquí.*

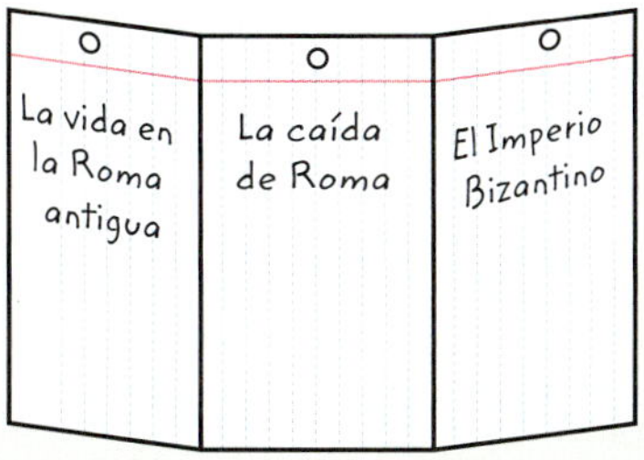

Lectura y composición *A medida que vayas leyendo el capítulo, escribe las ideas principales de cada sección en las columnas correspondientes del plegable. Luego escribe una oración que resuma las ideas principales de cada columna.*

Capítulo 9

Lectura en estudios sociales

Habilidad de lectura

Respuesta y reflexión

1 ¡Apréndelo!

Tu punto de vista

Una parte importante de la lectura implica reflexionar y contestar las preguntas del texto desde tu propio punto de vista.

Lee el siguiente párrafo acerca de la vida diaria en Roma y observa cómo reflexiona un estudiante a medida que va leyendo.

La ciudad de Roma era populosa, ruidosa y sucia. La gente arrojaba basura a las calles desde sus apartamentos, y los ladrones merodeaban las calles por la noche. La mayoría de los habitantes de Roma eran pobres. Vivían en edificios de departamentos hechos de madera y piedra. Los elevados alquileres obligaban a las familias a vivir en una sola habitación.

—de la página 306

"Me recuerda a una ciudad que visité una vez"

"¿Qué aspecto tendrían? ¿Qué olor tendrían?"

"¿Eran como los edificios de apartamentos actuales?"

"¡Parece ser un lugar incómodo y lleno de gente!"

Habilidad de lectura

Aunque no conviene soñar despierto mientras lees, sí debes pensar en lo que estás leyendo en el texto. Las mentes de los buenos lectores están en actividad, como si estuvieran "conversando" con el texto a medida que leen.

2 ¡Practícalo!

Respuesta y reflexión

Lee el siguiente párrafo. Tómate un tiempo para reflexionar acerca de lo que has leído y luego contesta intercambiando opiniones con un compañero. A continuación se enumeran algunos de los temas sugeridos.

Entre las edades de 14 y 16, un niño varón romano celebraba la mayoría de edad. Como parte de la ceremonia, quemaba sus juguetes como ofrendas a los dioses del hogar. Entonces se ponía una toga, un manto de corte suelto que usaban los hombres romanos. Cuando llegaba a la mayoría de edad, un hombre podía participar en los negocios de la familia, ser soldado o empezar una carrera en el gobierno. Las mujeres romanas sólo alcanzaban la edad adulta cuando se casaban. Las mujeres normalmente usaban una túnica larga y flotante con una capa llamada *palla.*

—de las páginas 307–308

- ¿En la actualidad, hacen algo los niños para demostrar que se han convertido en hombres?
- ¿A qué se parece una toga? ¿A qué se parece una *palla?*
- ¿Por qué tenían que esperar las mujeres hasta casarse para convertirse en adultas?
- ¿Por qué los niños y las niñas eran tratados de forma tan distinta?

Leer para escribir

En la Sección 2, leerás por qué los historiadores creen que se produjo la caída del Imperio Romano. Elige una de las razones y responde a ella, explicando por qué piensas que ésta es la razón más probable para la decadencia del Imperio Romano.

3 ¡Aplícalo!

A medida que vayas leyendo, toma apuntes en un cuaderno de lector. Anota respuestas a los hechos o ideas que piensas que son interesantes.

Sección 1

La vida en la antigua Roma

¡Prepárate para leer!

¿Cuál es la relación?

Ya has aprendido sobre el ascenso al poder de Roma. La vida en Roma no era fácil, pero con el crecimiento del imperio, sus habitantes lograron muchas cosas en las áreas del arte, la ciencia y la ingeniería.

Enfoque en Ideas principales

- Además de sus propios logros en ciencia e ingeniería, los artistas y escritores romanos copiaron muchas ideas de los griegos. *(página 303)*
- La vida de los ricos y la de los pobres, y también la de los hombres y la de las mujeres, eran muy diferentes en el imperio romano. *(página 306)*

Conoce a los personajes

Virgilio
Horacio
Galeno
Ptolomeo
Espartaco

Desarrollo de tu vocabulario

bóveda
sátira
oda
anatomía
Foro
gladiador
paterfamilias
retórica

Estrategia de lectura

Comparación y contraste Completa un diagrama de Venn como el que está a continuación y muestra las diferencias y similitudes entre los ricos y los pobres en Roma.

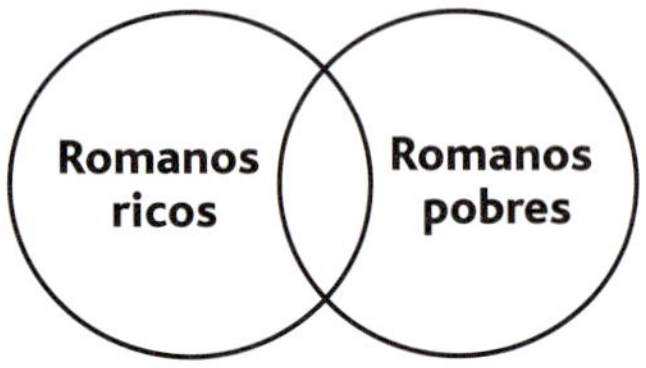

NATIONAL GEOGRAPHIC ¿Cuándo y dónde?

100 a.C. — 1 a.C. — 100 d.C.

73 a.C. Espartaco encabeza una rebelión de esclavos

c. 10 a.C. Livio escribe su *Historia de Roma*

c. 80 d.C. Se completa el Coliseo

Cultura romana

Idea principal **Además de sus propios logros en ciencia e ingeniería, los artistas y escritores romanos copiaron muchas ideas de los griegos.**

Enfoque en la lectura ¿Existe gente en tu vida a la que admiras? ¿Qué has aprendido de ellos? Lee para saber lo que los romanos aprendieron de los griegos.

Los romanos admiraban y estudiaban las estatuas, edificios e ideas de Grecia. Copiaron a los griegos de muchas maneras. Sin embargo, cambiaron lo que habían copiado para adaptarlo a sus propias necesidades. Había una diferencia muy importante entre los romanos y los griegos. A los griegos les encantaba hablar de ideas. Para los romanos, las ideas sólo eran importantes si podían resolver los problemas de la vida diaria.

¿Cómo era el arte romano? Los romanos admiraban el arte y la arquitectura de Grecia. Colocaban estatuas de estilo griego en sus casas y en los edificios públicos. Los artistas romanos, sin embargo, esculpían estatuas que eran diferentes de las de los griegos. Las estatuas griegas estaban hechas para representar personas perfectas. Se les mostraba jóvenes, sanas y con cuerpos bellos. Las estatuas romanas eran más realistas e incluían arrugas, verrugas y otras características menos atractivas.

En la arquitectura, los romanos también recurrieron a las ideas de los griegos. Usaban pórticos e hileras de columnas, llamadas columnatas, de estilo griego. Pero también agregaron inventos propios, como los arcos y cúpulas. Los arquitectos romanos fueron los primeros en usar plenamente el arco. Los arcos sostenían puentes, acueductos y edificios. Se construían hileras de arcos uno contra el otro para formar una **bóveda,** o techo curvo. Con esta técnica, los romanos pudieron construir cúpulas con varios anillos de piedra moldeada.

Los romanos fueron los primeros en inventar y usar el concreto u hormigón, una mezcla de ceniza volcánica, cal y agua. Cuando se secaba, esta mezcla quedaba dura como una roca. Los edificios construidos con concreto eran más sólidos y podían ser más altos.

Los edificios de concreto de Roma estaban tan bien construidos, que muchos de ellos todavía están en pie. Uno de los más famosos es el Coliseo, que se completó alrededor del año 80 d.C. Era un enorme estadio en el que podían sentarse 60,000 espectadores. Otro edificio famoso es el Panteón, un templo construido en honor a los dioses de Roma. El techo abovedado del Panteón era el más grande de su época.

▼ Este puente romano todavía existe en España. *¿En qué otras estructuras se usaban los arcos?*

Fuente principal

El Libro de Épodas

En este extracto de un poema, Horacio elogia el estilo de vida de quienes trabajan en la tierra de sus familias.

"Feliz aquél que, lejos de los negocios y del trajín
Como los mortales de los tiempos antiguos,
Puede trabajar los campos de su padre con sus propios bueyes,
Exento [libre] del lucro, la pérdida y los pagos,
No es como el soldado impulsado a la acción por el salvaje estruendo de la trompeta,
Ni es aterrorizado por los mares embravecidos,
Lejos de los ruidosos foros y las puertas altivas de los ciudadanos influyentes".

—Horacio, *The Book of Epodes (El libro de épodas)*

▲Horacio

PBD Preguntas basadas en los documentos

Según Horacio, ¿qué tipo de cosas evita el agricultor?

Literatura romana Los autores romanos se inspiraron en gran medida en las obras griegas al escribir sus propias obras literarias. Por ejemplo, el escritor romano **Virgilio** sacó algunas de sus ideas de la *Odisea* de Homero. El poema épico de Virgilio, la *Eneida*, describe las aventuras del príncipe troyano Eneas y su llegada a Italia. Virgilio presenta a Eneas según el ideal romano: valiente, autocontrolado y leal a los dioses.

Otros autores famosos de Roma también recurrieron a los griegos en busca de inspiración. Aplicando los modelos griegos, el poeta **Horacio** escribió **sátiras.** Estas obras se burlaban de las debilidades humanas. Horacio también compuso **odas,** o poemas que expresaban emociones fuertes sobre la vida. El escritor romano Ovidio escribió obras basadas en los mitos griegos. El poeta Cátulo también admiraba las obras literarias griegas. Escribió poemas cortos sobre el amor, la tristeza y la envidia.

Al igual que lo que ocurría con los griegos, los historiadores romanos registraban los acontecimientos de su civilización. Uno de los historiadores más famosos de Roma era Livio. Él escribió su *Historia de Roma* cerca del año 10 a.C. En su libro, Livio describe el ascenso de Roma al poder. Livio era gran admirador de las hazañas de los antiguos romanos, y creía que la historia podía aportar importantes lecciones morales a la gente.

Mientras que Livio celebraba la grandeza de Roma, el historiador romano Tácito tenía un punto de vista más sombrío. Creía que los emperadores de Roma le habían quitado la libertad a la gente. Tácito también pensaba que los romanos estaban perdiendo los valores que los habían hecho fuertes. Los acusó de perder el tiempo en deportes y otros placeres.

Al igual que los griegos, a los romanos les gustaba el teatro. Las piezas de teatro romanas se basaban con frecuencia en las tragedias y comedias griegas. Los dramaturgos, como el autor de tragedias Séneca y los autores de comedias Plauto y Terencio, escribían obras para los festivales religiosos. A los romanos les gustaban especialmente las piezas humorísticas.

Los autores romanos influyeron a los autores posteriores de Europa y América, pero el idioma de los romanos, el latín, tuvo un impacto aún mayor sobre las generaciones futuras. El latín se transformó en el idioma usado por los europeos para el gobierno, el comercio y la ciencia hasta aproximadamente 1500 d.C. El latín fue la base de muchos idiomas europeos modernos, como el italiano, el francés y el español, y tuvo gran influencia en muchos otros. Muchas de las palabras en inglés que se usan hoy vienen del latín.

Ciencia e ingeniería romana Los romanos también aprendieron de la ciencia griega. Un médico griego llamado **Galeno** trajo muchas ideas sobre la medicina a Roma. Por ejemplo, enfatizó la importancia de la **anatomía**, el estudio de la estructura corporal. Para conocer los órganos internos, Galeno disecaba animales muertos y registraba sus descubrimientos. Los médicos de Occidente estudiaron los libros y dibujos de Galeno durante más de 1,500 años.

Otro científico importante del imperio romano fue **Ptolomeo**. Ptolomeo vivía en Alejandría, Egipto. Estudiaba el cielo y registró cuidadosamente más de 1,000 estrellas diferentes. También estudió el movimiento de los planetas y las estrellas y creó reglas explicando sus movimientos. Aunque Ptolomeo sostuvo incorrectamente que la Tierra era el centro del universo, las personas educadas de Europa aceptaron sus ideas durante siglos.

Mientras que los científicos romanos intentaban entender cómo funcionaba el mundo, los ingenieros romanos construyeron un sistema sorprendente de carreteras y puentes para comunicar al imperio. ¿Alguna vez has oído la frase "todos los caminos conducen a Roma"? Los ingenieros romanos construyeron carreteras desde Roma a todas las partes del imperio. Estas carreteras estaban bien construidas, y algunas han sobrevivido hasta hoy.

Los romanos también usaban ingeniería avanzada para proporcionar agua potable a las ciudades. Los ingenieros construyeron acueductos para llevar agua desde las colinas a las ciudades. Los acueductos eran largos conductos de agua sostenidos por hileras de arcos. Transportaban agua a largas distancias. En un determinado momento, 11 grandes acueductos proveían a los hogares, salones de baño, fuentes y baños públicos de Roma. Las ciudades romanas también tenían alcantarillas (cloacas) para eliminar las aguas residuales.

✓ Comprobación de lectura **Explicación** ¿En qué sentido el personaje Eneas era un romano ideal?

El Coliseo Romano

En el Coliseo de Roma cabían unos 60,000 espectadores. El estadio tenía inclusive un toldo movible que protegía a los espectadores del ardiente sol romano.

¿Con qué se hacía el concreto?

Un sistema de jaulas, sogas y poleas traía a los animales salvajes al piso del Coliseo desde las habitaciones subterráneas. ▼

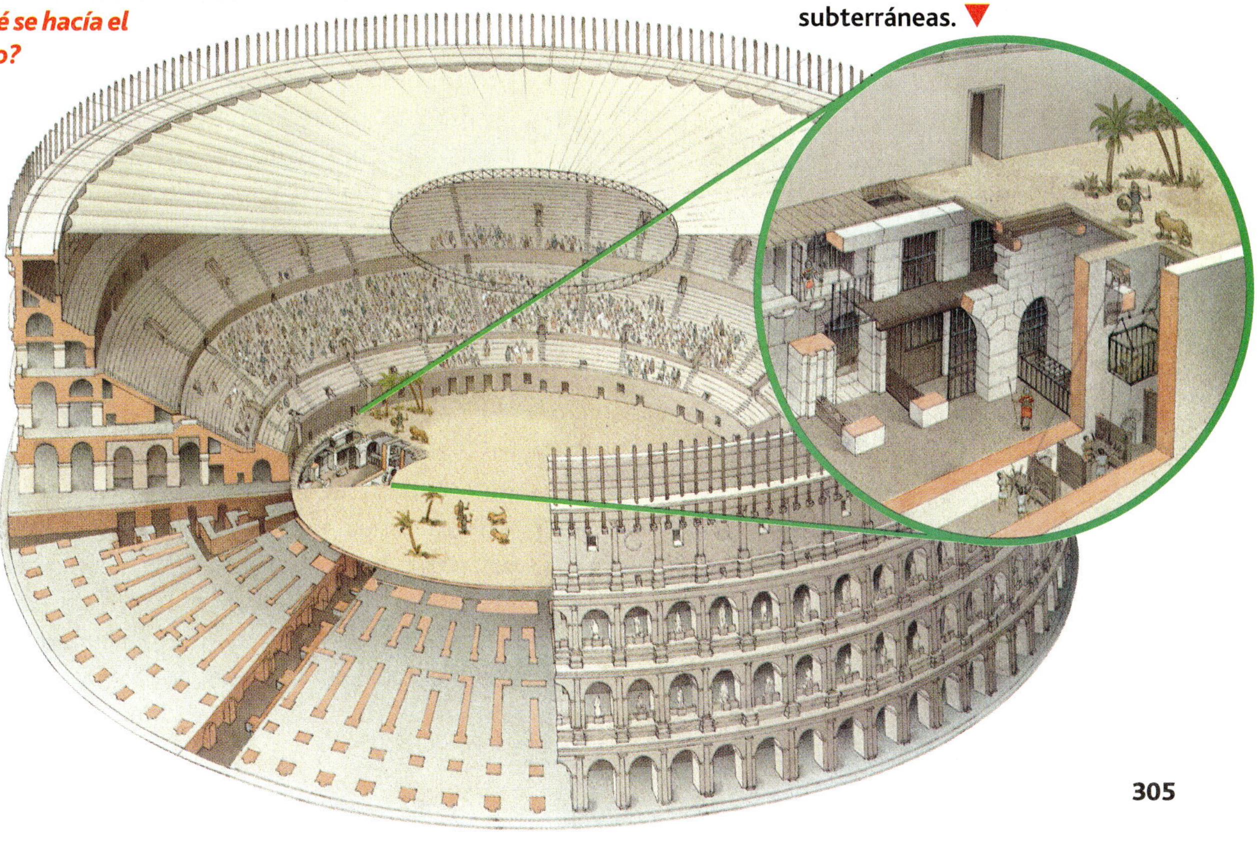

NATIONAL GEOGRAPHIC

Cómo eran las cosas

Deportes y competencias

Antiguos deportes romanos Los deportes eran importantes para los romanos. Pinturas en jarrones, frescos [yeso húmedo] y piedra muestran a los romanos jugando a la pelota, incluyendo una versión del fútbol. Las niñas romanas aparecen ejercitándose con pesas y arrojando una pelota ovalada. Las pelotas se hacían con diferentes materiales como lana, pelo, lino, esponjas y vejigas de cerdo atadas con cordel.

Algunos deportes romanos tenían lugar en el Coliseo, anfiteatros y en el Circo Máximo. Las luchas con animales salvajes, batallas entre barcos y luchas de gladiadores atraían a miles de espectadores romanos. En el Circo Máximo se realizaban carreras de carros, y los conductores se identificaban con los colores de sus equipos: rojo, blanco, verde y azul.

▲ Escena que muestra a gladiadores en batalla

Conexión con el pasado

1. ¿Cómo sabemos que los deportes eran importantes para los romanos?
2. ¿Cuáles son las diferencias entre los deportes de hoy y los deportes romanos? ¿Cuales son sus similitudes?

Vida diaria en Roma

Idea principal **La vida de los ricos y la de los pobres, y también la de los hombres y la de las mujeres, eran muy diferentes en el imperio romano.**

Enfoque en la lectura ¿Crees que hoy en día existe una gran diferencia entre las vidas de los niños y las de las niñas que tú conoces? ¿Por qué sí o por qué no? Sigue leyendo para saber de qué manera las vidas de los niños romanos eran muy diferentes de las de las niñas.

¿Cómo era vivir en Roma hace más de 2,000 años? Roma era una de las ciudades más grandes de la antigüedad. En la época de Augusto, allí vivía más de un millón de personas. Roma estaba cuidadosamente planificada, al igual que muchas otras ciudades romanas. Estaba construida siguiendo un cuadrado, donde las calles principales se cruzaban en ángulos rectos. En su centro estaba el **Foro.** El Foro era un espacio abierto que servía como mercado y plaza pública. En torno a éste, se construyeron templos y edificios públicos.

Los romanos adinerados vivían en casas grandes y cómodas. Cada casa tenía grandes habitaciones, muebles de buena calidad y hermosos jardines. En el centro había un patio interno llamado atrio. Los romanos ricos también tenían casas llamadas villas en sus propiedades del campo.

La ciudad de Roma era populosa, ruidosa y sucia. La gente arrojaba basura a las calles desde sus apartamentos, y los ladrones merodeaban las calles por la noche. La mayoría de los habitantes de Roma eran pobres. Vivían en edificios de departamentos hechos de madera y piedra. Los elevados alquileres obligaban a las familias a vivir en una sola habitación.

Los apartamentos romanos tenían hasta seis pisos de alto. A menudo se derrumbaban porque no estaban bien construidos. El fuego era un peligro constante, porque se usaban antorchas y lámparas para la iluminación y se cocinaba con aceite. Cuando se iniciaba un incendio, éste podía destruir cuadras enteras de apartamentos.

Para evitar que la gente se rebelara, el gobierno romano proporcionaba lo que ellos

▲ **Las carreras de carros se realizaban en un estadio llamado Circo Máximo, uno de los estadios más grandes de la historia.** ***Además de las carreras de carros, ¿qué otro tipo de espectáculos atraía a los romanos?***

llamaban "pan y circo", o sea, cereales y espectáculos gratuitos. Los romanos de todas las clases asistían a las carreras de carros y luchas de gladiadores. Los **gladiadores** luchaban con animales y con otros gladiadores. La mayoría de los gladiadores eran esclavos, delincuentes u hombres pobres. Los gladiadores eran muy admirados, al igual que los héroes deportivos de hoy.

¿Cómo era la vida familiar? La vida familiar era importante para los romanos. Sus familias eran grandes. Éstas incluían no sólo a los padres y sus hijos pequeños, sino también a los hijos casados y sus familias, otros parientes y a los esclavos. El padre era el jefe de la familia. Se le llamaba **paterfamilias**, o "padre de la familia", y ejercía un control completo sobre los miembros de la familia. Por ejemplo, podía castigar severamente a sus hijos si le desobedecían. También arreglaba sus casamientos.

En algunos casos, el paterfamilias se aseguraba de que sus hijos recibieran educación. Los romanos pobres no tenían suficiente dinero para enviar a sus hijos a la escuela. Los romanos ricos, por otro lado, contrataban a tutores para que les enseñaran a sus hijos en casa. Algunos niños mayores iban a las escuelas, donde aprendían a leer, a escribir y estudiaban la **retórica**, o el arte de hablar en público. Las niñas mayores no iban a la escuela. En lugar de ello, aprendían a leer y a escribir en casa. También aprendían las tareas del hogar.

Entre las edades de 14 y 16, un niño varón romano celebraba la mayoría de edad. Como parte de la ceremonia, quemaba sus juguetes como ofrendas a los dioses del hogar. Entonces se ponía una toga, un manto de corte suelto que usaban los hombres romanos. Cuando llegaba a

▼ **Un maestro y un estudiante romano**

la mayoría de edad, un hombre podía participar en los negocios de la familia, ser soldado o empezar una carrera en el gobierno. Las mujeres romanas sólo alcanzaban la edad adulta cuando se casaban. Las mujeres normalmente usaban una túnica larga y flotante con una capa llamada *palla.*

La mujer en Roma Las mujeres en la antigua Roma tenían algunos derechos, pero no eran ciudadanas con plenos derechos. El paterfamilias se ocupaba de su esposa y controlaba sus asuntos. Sin embargo, en privado, muchas veces le pedía consejo. Las mujeres tenían enorme influencia en sus familias, y las esposas de hombres famosos, incluyendo emperadores, fueron ellas mismas famosas. Por ejemplo, la emperatriz Livia, esposa de Augusto, tenía influencia en la política romana. Posteriormente, se le honró como una diosa.

Las libertades de las que disfrutaban las mujeres romanas dependían de la riqueza y posición de sus maridos. Las mujeres ricas eran bastante independientes. Podían poseer tierras, tener un negocio y vender propiedades. Manejaban el hogar y disponían de esclavos para realizar las tareas. Esto permitía que las mujeres tuvieran tiempo libre para estudiar literatura, arte y moda. Fuera del hogar, podían ir al teatro o anfiteatro, pero en ambos lugares debían sentarse en áreas diferentes de las de los hombres.

Las mujeres que tenían menos dinero tenían menos libertad. Se pasaban la mayor parte del tiempo trabajando en sus casas o ayudando a sus maridos en las tiendas de la familia. Se les permitía salir de casa para ir de compras, visitar amigos, adorar a los dioses en los templos o ir a los salones de baño. Unas pocas mujeres tenían trabajo independiente fuera del hogar. Algunas actuaban como sacerdotisas, mientras que

Casa romana

Los romanos adinerados con frecuencia vivían en casas espaciosas con patios centrales. Las casas tenían altas paredes de ladrillos sin ventanas. Muchas de las habitaciones se abrían al patio, para permitir la entrada de la luz y el aire fresco. ***¿Cuáles son las semejanzas entre una casa romana y las casas de tu vecindad? ¿Cuáles son las diferencias?***

Una pareja romana

Agua de lluvia de las alcantarillas recogida en el recipiente
A los invitados y socios comerciales se les recibía en el salón/estudio.
Patio
Cocina
Algunas casas tenían tiendas o talleres que daban a la calle.
Biblioteca
Habitaciones
En el comedor, los miembros de la familia comían reclinados en sillones.

▲ **Estos apartamentos para romanos ricos se construían con ladrillos y piedra.** ***¿En qué tipo de edificios vivían los romanos bres?***

▼ **Una familia romana sentada a la mesa de la cena**

otras trabajaban como peluqueras e inclusive médicas.

¿Cómo trataban los romanos a los esclavos?

La esclavitud formaba parte de la vida romana desde los tiempos antiguos. El uso de la mano de obra esclava creció a medida que Roma controlaba más territorio. Miles de prisioneros de las tierras conquistadas eran llevados a Italia. La mayoría pasaban sus vidas trabajando como esclavos. Para el año 100 a.C., cerca del 40 por ciento de los habitantes de Italia eran esclavos.

Los esclavos realizaban muchas tareas diferentes. Trabajaban en los hogares, en los campos, en las minas y en los talleres. Ayudaron a construir carreteras, puentes y acueductos. Muchos esclavos griegos estaban bien educados. Trabajaban como maestros, médicos y artesanos. Los esclavos que ganaban un salario por lo general podían comprar su libertad con el tiempo.

La vida era muy difícil para la mayoría de los esclavos. Se les castigaba duramente si su trabajo era insatisfactorio, o si intentaban escapar. Para escapar de las difíciles condiciones de su vida, los esclavos con frecuencia se rebelaban.

En el año 73 a.C. se produjo una revuelta de esclavos en Italia. Su líder era un gladiador llamado **Espartaco.** Bajo el mando de Espartaco, una fuerza compuesta por 70,000 esclavos derrotó a varios ejércitos romanos. La revuelta fue finalmente aplastada dos años más tarde. Espartaco y 6,000 de sus seguidores fueron crucificados, es decir, los clavaron en una cruz hasta morir.

Religión romana Los antiguos romanos adoraban a muchos dioses y diosas. También creían que los espíritus vivían en las cosas de la naturaleza, como los árboles y los ríos. Los dioses y diosas griegos eran populares en Roma, aunque se les dieron nombres romanos. Por ejemplo, Zeus se transformó en Júpiter, el dios del cielo, y Afrodita se transformó en Venus, la diosa del amor y la belleza. Los emperadores romanos también eran divinizados. Esta práctica aumentaba el respaldo al gobierno.

Los romanos honraban a sus dioses y diosas rezando y ofreciendo alimentos. Cada hogar romano tenía un altar para los dioses del hogar. En esos altares, el jefe de la familia realizaba rituales. Los funcionarios del gobierno hacían ofrendas en los templos. En ellos se veneraba a los dioses y diosas importantes de Roma. Algunos sacerdotes romanos intentaban obtener mensajes de los dioses. Estudiaban las

Minerva, diosa de la sabiduría ▶

Dioses griegos y romanos

Dios griego	Dios romano	Papel
Ares	Marte	dios de la guerra
Zeus	Júpiter	jefe de los dioses
Hera	Juno	esposa del jefe de los dioses
Afrodita	Venus	diosa del amor
Artemisa	Diana	diosa de la caza
Pallas Atenea	Minerva	diosa de la sabiduría
Hermes	Mercurio	dios mensajero
Hades	Plutón	dios de los infiernos
Poseidón	Neptuno	dios del mar
Heifastos	Vulcano	dios del fuego

entrañas de animales muertos u observaban el vuelo de las aves, intentando comprender su significado.

A medida que crecía el imperio, los romanos entraron en contacto con otras religiones. Estas religiones eran permitidas, siempre y cuando no fueran una amenaza para el gobierno. Las religiones prohibidas enfrentaban severas dificultades. Leerás sobre una de esas religiones, el cristianismo, en el capítulo siguiente.

✓ Comprobación de lectura **Contraste** Describe la libertad que tenían las mujeres de clase alta, de la cual no disponían las mujeres de otras clases.

Historia en línea
Centro de estudios ¿Necesitas ayuda con el material de esta sección? Visita jat.glencoe.com

Repaso de la sección 1

Resumen de la lectura

Repaso de Ideas principales

- El arte, literatura y ciencia romanos copiaban muchas cosas de los griegos. Los ingenieros romanos hicieron avances, incluyendo el desarrollo del cemento, el arco, los acueductos y las cúpulas.
- La religión y la familia eran parte importante de la vida romana. Los esclavos realizaban muchas tareas diferentes en la sociedad romana.

¿Qué aprendiste?

1. ¿Cuáles fueron algunos de los logros científicos de Ptolomeo?
2. ¿Cuáles eran las similitudes de las religiones romana y griega?

Pensamiento crítico

3. **Comparación y contraste** Dibuja un cuadro como el que sigue. Completa los detalles para comparar y contrastar el arte y la arquitectura de Roma y de Grecia.

Arte griego	Arte romano
Arquitectura griega	Arquitectura romana

4. **Análisis** Explica la importancia del idioma de los romanos.
5. **Descripción** Describe la educación de los niños romanos.
6. **Conclusiones** Los romanos copiaban ideas de otros pueblos. ¿Crees que nuestra cultura copia ideas de otros pueblos? Explica tu respuesta.
7. **Lectura** **Respuesta y reflexión** Mira la ilustración de una casa romana en la página 308. Escribe cinco cosas que te vengan a la mente cuando miras esa imagen.

LA PERSECUCIÓN DE LA GANSA

LA HISTORIA DE FILEMÓN Y BAUCIS

Adaptado por Geraldine McCaughrean

Antes de leer

La escena: Esta historia se desarrolla en la Roma antigua, en los tiempos legendarios en que los dioses visitaban la Tierra para participar personalmente en los asuntos humanos.

Los personajes: Filemón y Baucis son el hombre y la mujer que reciben invitados en su casa. Clio es su gansa. Júpiter y Mercurio son dos antiguos dioses romanos.

La trama: Un hombre y su mujer reciben dos invitados en su cabaña. No tienen comida para ofrecerles a los invitados, pero tienen una gansa que es su mascota. Cuando la pareja intenta ofrecer alimentos a sus invitados, los invitados revelan sus identidades y recompensan a sus anfitriones por su generosidad.

Presentación preliminar del vocabulario

ave: pájaro

enarbolar: levantar

boquiabierto: con la boca abierta

cálamo: pluma

hospitalidad: actitud amistosa y generosa hacia los invitados

destartalado: en malas condiciones

desintegrado: destrozado por completo

dorado: adornado con oro

acicalarse: arreglarse y ponerse bonito

¿Crees tú que una persona debe ser siempre amistosa y generosa, sin importar las circunstancias? En esta historia, una bondadosa pareja es recompensada al recibir invitados especiales en su hogar.

A medida que lees

Recuerda que esta historia es un mito. Al igual que los griegos, los romanos transmitían mitos de una generación a la otra para explicar algún aspecto del mundo. A menudo las historias involucran a los dioses y diosas, además de personas.

Un golpe en la puerta. Un par de extraños que se detienen en su viaje. Filemón y Baucis no conocían a los dos hombres que estaban parados en su umbral, pero nunca antes habían dejado de dar una cálida bienvenida a cualquiera que se detuviera en su humilde cabaña.

"¡Pasen! ¡Siéntense! ¡Mi esposa les hará la cena!" dijo Filemón.

Su esposa le tiró de la manga. No necesitó decir nada más. Ambos sabían que no había nada de comer en la casa. Ni un bocado. Los propios Baucis y Filemón habían estado alimentándose con huevos y aceitunas por días enteros. Ni siquiera había una miga de pan.

Filemón sonrió tristemente a Baucis, y ella le devolvió tristemente la sonrisa. "Es la gansa, ¿no es así?" dijo él.

"De seguro que lo es", contestó ella.

Clio era lo único que les quedaba. Ella era más que un simple ave de corral, era más bien una mascota. Sin embargo, los invitados son enviados por los dioses, y es necesario alimentarlos. De manera que Filemón tomó su afilada hacha y Baucis empezó a perseguir a la gansa, tratando de hacer que entrara en la cabaña.

Júpiter se sentó en su silla, esperando pacientemente su cena. "¿No crees que deberíamos ayudarlos?" le preguntó a Mercurio, al escuchar el griterío en el patio.

"Parece que tendremos que esperar", contestó Mercurio.

"Toma, inténtalo tú", dijo Baucis, pasándole el hacha a Filemón.

La gansa graznaba, Baucis chillaba y Filemón

tosía mientras corría por todos lados enarbolando el hacha. Intentó golpear a Clio con el hacha, pero la gansa se apartó, y en lugar de darle a ella destrozó un arbusto. Volvió a dar un golpe y le dio al balde de madera. La gansa chillaba indignada, luego aterrorizada, y aleteaba zapateando con sus grandes pies triangulares, plat, plat, plat, resbalándose dentro del altar casero lleno de flores, en el escurridor para secar pescado,[1] en la ropa colgada del árbol.[2] Llovieron las aceitunas sobre el techo de la cabaña.

"¿Crees que deberíamos irnos?" dijo Júpiter, mientras Mercurio y él oían los ruidos de la cacería inútil y sus estómagos hambrientos hacían ruido.

Por fin, Filemón y Baucis acorralaron a la gansa contra la puerta de la cabaña. La gansa estaba boquiabierta por el cansancio. Filemón levantó el hacha (. . .) y Clio entró disparada a la cabaña, correteando por la habitación como un trompo sin rumbo hasta que avistó a Júpiter.

Ahora bien, los animales no son fácilmente engañados por los disfraces y, aunque Júpiter y Mercurio estaban vestidos de campesinos, con túnicas de lana y sombreros de paja, ella reconoció inmediatamente al Rey de los dioses y apeló a su misericordia. Con el cuello estirado, los ojos salidos de las órbitas, corrió directamente sobre sus rodillas y se alojó en su regazo. Él se vio atropellado por la gansa.

"Mil perdones, amigo," jadeó Baucis, arrastrándose a la puerta, su cabello lleno de cálamos de ganso. "¿Le gustaría unas aceitunas mientras espera?"

---

[1] **escurridor para secar pescado:** estructura de madera en la que se colgaba el pescado para que se secara

[2] **ropa colgada del árbol:** la ropa lavada que se colgó del árbol para que se secara

Júpiter acarició a la gansa, que se quedó pataleando[3] en sus rodillas, y escupió unas cuantas plumas. "¡Ayúdeme! ¡Sálveme! ¡Protéjame!" dijo la gansa, en el idioma de los gansos.

Júpiter la acarició debajo del pico. "Su hospitalidad es de admirarse, querido Filemón, gentil Baucis. En mis largos viajes por todo el mundo, nunca había encontrado anfitriones tan abnegados. ¡Ésta es su única gansa, y ustedes estaban dispuestos a cocinarla para nosotros! ¡Su generosidad supera a la de los dioses mismos!"

"Vamos, señor," dijo Baucis severamente. Usted será un huésped, pero no admito que hablen mal de los dioses en mi casa. Aunque tengamos poco que ofrecer, los dioses han sido buenos con nosotros, ¿no es así, mi amor?"

"Es verdad, es verdad", confirmó Filemón. Mercurio ocultó una sonrisa.

"¡Y serán buenos con ustedes para siempre!" declaró Júpiter, poniéndose de pie. Se elevó más y más, hasta que su cabeza rozó las vigas del techo, y su rostro se iluminó hasta que la habitación estaba tan brillante como el día. Su disfraz cayó al piso, y Mercurio lo dobló y lo volvió a doblar cada vez más pequeño, hasta que cupo en uno de sus puños, y finalmente desapareció.

"Como pueden ver, soy Júpiter, Rey de los dioses, y este es mi mensajero, Mercurio. Nos gusta viajar por el mundo y visitar a la gente que hace los sacrificios cuyo humo perfuma los salones del Cielo. Pero aunque hemos viajado por todas partes y hemos estado en muchas casas, nunca vimos hospitalidad como la de ustedes. Digan cualquier cosa que podamos hacer por ustedes y esa será su recompensa. ¿Un pequeño reino, tal vez? ¿Un palacio? ¿Un cofre de tesoros del mar de las bóvedas de Poseidón?[4] ¿Alas para volar, o el don de la profecía? ¡Digan lo que quieran!"

Mercurio se mostró incómodo. Con demasiada frecuencia había visto la codicia y la ambición de los mortales. Esta inofensiva pareja probablemente exigiría que se les convirtiera en dioses y que se les dejara cenar en la mesa de los dioses, o pedirían la inmortalidad o una bandera de estrellas tan

[3]**patalear:** mover los pies
[4]**Poseidón:** dios romano del mar

grande como la Vía Láctea que dijera, “Filemón el Filántropo”,[5] o “Baucis la Hermosa”.

Baucis miró a Filemón, y Filemón le sonrió en respuesta, retorciendo su sombrero tímidamente entre las manos. “Todopoderoso Júpiter, ha sido para nuestra humilde casa un honor tan grande que nos hayas visitado, que apenas tenemos aliento para dar las gracias. Nuestra mayor alegría en la vida ha sido siempre orar en nuestro humilde altar, el que está allí en el patio. Lo único que les pedimos es poder seguir haciéndolo, ah, y que ambos muramos en el mismo momento, para que nunca nos separemos. Mi Baucis y yo.”

Júpiter dijo que tenía un grano de polvo en el ojo y salió al exterior. Allí se le escuchó sonarse la nariz ruidosamente. Cuando pasó de nuevo por la puerta, sus ojos estaban enrojecidos. “¡Vengan, sacerdote y sacerdotisa de mi altar! ¡Su templo los espera!”

Súbitamente, la pequeña y destartalada choza se desintegró, como un puñado de hojas secas en un río. A su alrededor y sobre ella se elevaron los pilares de un templo imponente. La simple pila de piedras amontonadas[6] que había servido de altar seguía allí, provista de madera y adornada con flores, pero ahora estaba en un piso de mármol, y de ese piso se elevaban cuarenta pilares de mármol adornado con oro martillado, soportando un techo tachonado con estrellas. Las habitaciones del sacerdote y la sacerdotisa estaban provistos de colchones de plumas y almohadas de seda, y túnicas sacerdotales de suave

---

[5] **filántropo:** persona caritativa
[6] **amontonado:** puesto en un montón

algodón colgaban, aguardando que las usaran, de los hombros de estatuas de Carrara[7].

De todos los rincones, ya venían peregrinos a visitar el maravilloso nuevo templo de Júpiter, cuyo techo rojo podía verse a través de millas de campo abierto. Filemón y Baucis estarían ocupados recibiendo sus sacrificios, cuidando el fuego del altar, limpiando las cenizas.

Pero ellos disfrutaban del trabajo duro, como siempre lo habían hecho. Los peregrinos traían no sólo flores para el altar, sino también cestas de deliciosos alimentos para el sacerdote y la sacerdotisa que eran famosos por todas partes. Trabajaron sin cesar, hasta que un día, como eran mortales, Filemón y Baucis se sintieron cansados. Observándolos desde la cumbre del Cielo, Júpiter los veía moverse más despacio, y cada vez que uno pasaba junto al otro, se apoyaban entre sí para descansar, la cabeza de Baucis sobre el hombro de Filemón.

"Están cansados", dijo Mercurio.

"Tienes razón", asintió Júpiter . Es hora de que descansen.

Así que, en lugar de respirar la fragancia del altar, sopló y su soplo hizo volar las túnicas blancas del sacerdote y la sacerdotisa, y en lugar de ellos aparecieron dos nobles árboles en la puerta misma del templo. Uno era un roble, y el otro un árbol de tilo, y uno se apoyaba en el otro, sus ramas entrelazadas, produciendo una fresca sombra sobre el umbral.

A Clio, la gansa, le gustaba descansar allí al medio día, acicalando (. . .) las plumas con el pico y cantando.

[7]**Carrara:** ciudad italiana famosa por sus canteras y estatuas de mármol blanco

Respuesta a la lectura

1. ¿Por qué Filemón y Baucis no reconocen a sus invitados? ¿Cuál es el personaje que los reconoce?
2. Júpiter dice que a él y a Mercurio les gusta "viajar por el mundo y visitar a la gente que hace los sacrificios cuyo humo perfuma los salones del Cielo". ¿Qué quiere decir con eso?
3. **Causa y efecto** ¿Cuál es el resultado del regalo de Júpiter para Filemón y Baucis?
4. **Análisis** ¿Por qué Filemón y Baucis no piden a los dioses fama y poder?
5. Lectura **Leer para escribir** Imagina que unos amigos que viven en otra ciudad vinieran a visitarte. ¿Qué harías por ellos? ¿Harías algo diferente de lo que haces para ti mismo? Imagínate que eres Filemón o Baucis y escribe uno o dos párrafos explicando cómo habrías tratado a tus invitados.

Sección 2

La caída de Roma

¡Prepárate para leer!

¿Cuál es la relación?

En la Sección 1 aprendiste sobre la vida y los logros de los romanos cuando el imperio estaba en su apogeo. Sin embargo, con el tiempo, el imperio romano empezó a tener problemas y gradualmente se debilitó. Finalmente, Roma fue derrotada por los invasores externos.

Enfoque en Ideas principales

- El mal liderazgo, una economía en decadencia y los ataques de las tribus germánicas debilitaron al Imperio Romano. *(página 318)*
- Roma finalmente cayó cuando los invasores arrasaron el imperio durante el siglo V d.C. *(página 322)*
- Roma transmitió muchos logros en el área del gobierno, el derecho, el idioma y las artes. *(página 325)*

Ubicación de lugares

Constantinopla

Conoce a los personajes

Diocleciano
Constantino
Teodosio
Alarico
Odoacro

Desarrollo de tu vocabulario

peste
inflación
trueque
reforma

Estrategia de lectura

Secuencia de información Prepara un diagrama que muestre los acontecimientos que llevaron a la caída del Imperio Romano de Occidente.

	→	→ Caída del Imperio Romano

NATIONAL GEOGRAPHIC

¿Cuándo y dónde?

250 d.C. — 350 d.C. — 450 d.C.

284 d.C. Diocleciano intenta reformar el imperio

395 d.C. El Imperio Romano se divide en Occidental y Oriental

476 d.C. El último emperador de Roma es derrocado

La decadencia de Roma

Idea principal El mal liderazgo, una economía en decadencia y los ataques de las tribus germánicas debilitaron al Imperio Romano.

Enfoque en la lectura ¿Qué haces cuando enfrentas un problema difícil? ¿Intentas resolverlo sólo? ¿Pides ayuda a otras personas? Lee para aprender los problemas que enfrentó el Imperio Romano y cómo respondieron sus líderes.

En 180 d.C. murió Marco Aurelio. Su hijo, Cómodo, se coronó emperador. Cómodo era un hombre cruel y malgastó mucho dinero. En lugar de gobernar Roma, Cómodo pasaba gran parte de su tiempo luchando como gladiador. En 192 d.C. los guardaespaldas del emperador lo asesinaron. Después de esto vino casi un siglo de confusión y de luchas.

Después de Cómodo, los emperadores correspondientes a la Dinastía de los Severos gobernaron Roma. Estos emperadores pasaron gran parte de su tiempo aplastando revueltas y protegiendo las fronteras de Roma. La dinastía de los Severos permaneció en el poder pagando bien a sus soldados, pero no prestaron atención a los crecientes problemas de delincuencia y pobreza.

Problemas políticos y sociales Cuando murió el último gobernante de la dinastía de los Severos en 235 d.C., el gobierno de Roma se debilitó mucho. Durante casi 50 años, los líderes militares lucharon entre sí para quedarse con el trono. Durante esta época, Roma tuvo 22 emperadores diferentes.

El mal gobierno no fue la única dificultad de Roma. Pocos romanos tenían en cuenta los

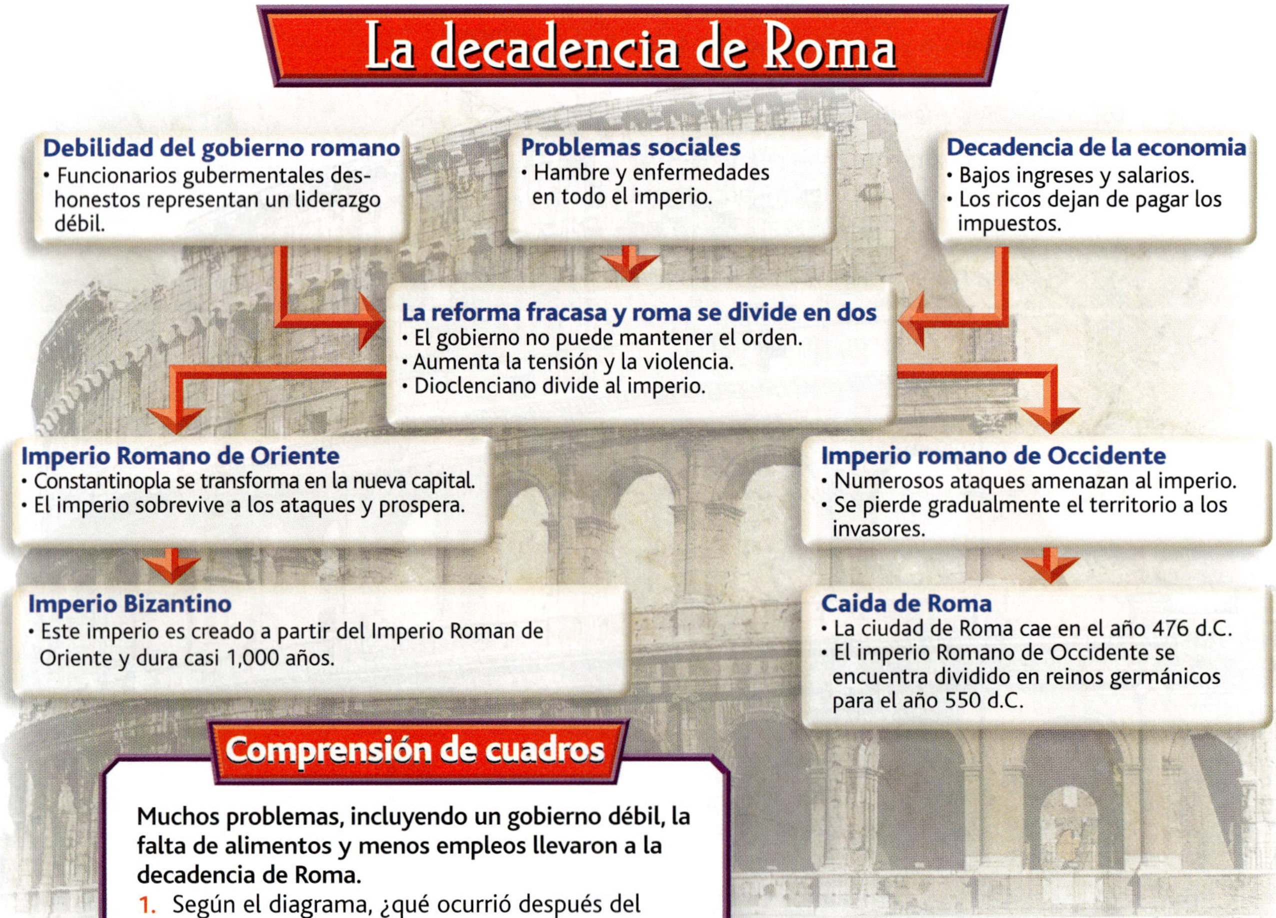

La decadencia de Roma
Debilidad del gobierno romano
• Funcionarios gubermentales deshonestos representan un liderazgo débil.
Problemas sociales
• Hambre y enfermedades en todo el imperio.
Decadencia de la economia
• Bajos ingreses y salarios.
• Los ricos dejan de pagar los impuestos.
La reforma fracasa y roma se divide en dos
• El gobierno no puede mantener el orden.
• Aumenta la tensión y la violencia.
• Dioclenciano divide al imperio.
Imperio Romano de Oriente
• Constantinopla se transforma en la nueva capital.
• El imperio sobrevive a los ataques y prospera.
Imperio romano de Occidente
• Numerosos ataques amenazan al imperio.
• Se pierde gradualmente el territorio a los invasores.
Imperio Bizantino
• Este imperio es creado a partir del Imperio Roman de Oriente y dura casi 1,000 años.
Caida de Roma
• La ciudad de Roma cae en el año 476 d.C.
• El imperio Romano de Occidente se encuentra dividido en reinos germánicos para el año 550 d.C.

Comprensión de cuadros

Muchos problemas, incluyendo un gobierno débil, la falta de alimentos y menos empleos llevaron a la decadencia de Roma.

1. Según el diagrama, ¿qué ocurrió después del fracaso de la reforma?
2. **Causa y efecto** ¿Cuáles fueron los efectos de la división del Imperio Romano en dos imperios?

antiguos ideales del deber, el coraje y la honestidad. Muchos funcionarios gubernamentales aceptaban sobornos. Con el aumento de los problemas, la gente de talento a menudo se negaba a trabajar en el gobierno. Muchos ciudadanos adinerados hasta dejaron de pagar impuestos. Menos gente iba a las escuelas, y una gran cantidad de los habitantes del imperio eran esclavos. Los romanos ricos apoyaban la esclavitud porque era una forma barata de obtener trabajo.

Problemas económicos y militares Durante el siglo III d.C., la economía de Roma empezó a desintegrarse. Con el debilitamiento del gobierno, hubo un colapso de la ley y del orden. Los soldados romanos y los invasores se apoderaban de las cosechas y destruían los campos. Los agricultores producían menos alimentos, y el hambre comenzó a extenderse.

A medida que la economía empeoró, la gente compró menos mercaderías. Los artesanos producían menos artículos, y los dueños de las tiendas perdían dinero. Muchos negocios cerraron, y la cantidad de trabajadores se redujo drásticamente. Muchos trabajadores tuvieron que dejar sus trabajos y servir en el ejército. Una **peste,** o una enfermedad que se disemina rápidamente, también causó muchas víctimas. Mató a una de cada diez personas en el imperio.

Roma empezó a sufrir también la **inflación,** o un aumento rápido de los precios. La inflación se produce cuando el dinero pierde su valor. ¿Cómo sucedió esto? La economía débil significaba que se pagaban menos impuestos. Al haber menos dinero, el gobierno romano no podía costear la defensa de sus territorios y tenía que encontrar una manera de pagar a sus soldados y oficiales. Una de las maneras en que el gobierno obtuvo el dinero que necesitaba era poner menos oro en sus monedas.

Al incluir menos oro en cada moneda, el gobierno podía hacer más monedas y pagar más cosas. La gente pronto supo que las monedas no tenían tanto contenido de oro, y las monedas empezaron a perder valor. Los precios subieron, y la gente dejó de usar el dinero.

NATIONAL GEOGRAPHIC

Cómo eran las cosas

Enfoque en la vida cotidiana

Esclavitud en el imperio romano La esclavitud pública y privada era común en la sociedad romana. Los esclavos públicos eran de propiedad del estado. Cuidaban los edificios importantes y servían a los funcionarios del gobierno. Los esclavos públicos educados ayudaban a organizar los gobiernos de las áreas conquistadas.

Los esclavos privados eran de propiedad de los ciudadanos. Con frecuencia se les obligaba a trabajar por largas horas y se les podía vender en cualquier momento. Los romanos ricos tenían cientos, e inclusive miles de esclavos. La mayoría de los esclavos trabajaban en las granjas.

La mayoría de los esclavos eran varones. Esto probablemente se debe al hecho de que su trabajo exigía mucha fuerza. Algunos esclavos también se convirtieron en gladiadores. Las esclavas hacían ropa y cocinaban para la familia de su dueño.

▼ Esclavos romanos trabajando

Conexión con el pasado

1. ¿Cuál era la principal diferencia entre los esclavos públicos y privados?
2. ¿Cuáles eran los empleos considerados como los más deseables para los esclavos?

Fuente principal

Desconfianza al dinero

Con la decadencia del imperio romano, la gente se rehusó a confiar en el valor del dinero emitido por cada emperador.

"Dado que los funcionarios públicos se han reunido y han acusado a los banqueros de de cerrar las casas de cambio para no aceptar
la moneda divina de los emperadores, se ha hecho necesario emitir una orden a todos los propietarios de los bancos para que los abran y
acepten e intercambien toda la moneda, salvo la que sea absolutamente espuria [falsa], y no solamente
a ellos sino a quienes participan en transacciones comerciales de cualquier tipo".

—"Desconfianza al dinero imperial" *Papiro Oxirrinco*, no. 1411, Vol. 2, A.S. Hunt, traductor

▲ Monedas romanas

PBD Preguntas basadas en los documentos

¿Qué crees que empezó a ocurrir con la economía del imperio a medida que la gente dejó de usar el dinero oficial?

Empezaron a usar el **trueque**, o a intercambiar mercancías sin usar dinero.

Mientras tanto, los invasores penetraban en el imperio. Al oeste, las tribus germánicas atacaban las granjas y ciudades romanas. Al este, los ejércitos de Persia invadieron el territorio del imperio. A medida que aumentaban las luchas, el gobierno ya no pudo reclutar y pagar a los romanos como soldados. Empezó a usar guerreros germanos en el ejército. Sin embargo, estos soldados germanos no eran leales a Roma.

¿En qué consistían las reformas de Diocleciano? En 284 d.C. un general llamado **Diocleciano** se coronó emperador. Para detener la decadencia del imperio, introdujo **reformas,** o cambios políticos para mejorar las cosas. Como el imperio era demasiado grande como para ser gobernado por una sola persona, Diocleciano lo dividió en cuatro partes. Designó funcionarios para gobernar esos territorios pero mantuvo la autoridad sobre todos.

Diocleciano también trabajó para fortalecer la economía. Para detener la inflación, se establecieron normas para fijar los precios de la mercadería y de los salarios que se debían pagar a los trabajadores. Para asegurarse de que se produjeran más mercancías, obligó a los trabajadores a seguir trabajando en los mismos empleos hasta su muerte. Las reformas de Diocleciano fracasaron. El pueblo no hizo caso a las nuevas reglas, y Diocleciano no tenía suficiente poder como para hacerlos obedecer.

¿Quién era Constantino? En 305 d.C. Diocleciano dejó el trono. Después de un período de conflicto, otro general llamado **Constantino** se coronó emperador en 312 d.C. Para mejorar la economía, Constantino emitió varias órdenes. Los hijos de los trabajadores estaban obligados a seguir las profesiones de sus padres, los hijos de los agricultores tenían que trabajar la tierra igual que sus padres y los hijos de los soldados tenían que servir en el ejército.

Los cambios de Constantino no pudieron contener la declinación del imperio en el Occidente. Como resultado, Constantino trasladó la capital de Roma a una nueva ciudad en oriente. Él eligió la ciudad griega de Bizancio. Allí construyó un foro, un anfiteatro llamado el Hipódromo, y muchos palacios. La ciudad cambió su nombre por el de **Constantinopla.** Hoy Constantinopla se llama Estambul.

Comprobación de lectura **Explicación** ¿De qué manera intentó Diocleciano interrumpir la decadencia de Roma?

Biografía

Constantino el Grande

c. 280–337 d.C.

Primer emperador romano cristiano

Constantino fue el primer emperador romano en hacerse cristiano, aunque no se bautizó hasta cerca de su muerte, en el año 337 d.C. Había empezado a creer en la religión cristiana muchos años antes, cuando era un líder militar. Constantino creyó haber visto una cruz llameante en el cielo que decía "Por este signo vencerás". Al día siguiente su ejército salió victorioso en una batalla importante. Creyó que la cruz había sido un llamado del Dios cristiano.

Durante su reinado Constantino otorgó nuevas oportunidades a los cristianos y ayudó a aumentar el poder de la antigua Iglesia Católica. En el Concilio de Nicea en 325 d.C., alentó la discusión sobre la aceptación de la Trinidad (Padre, Hijo y Espíritu Santo). También fortaleció la posición política y el poder de los obispos en el gobierno romano.

Aunque Constantino tuvo muchos éxitos políticos y religiosos, su vida estuvo llena de controversias y tragedias. Constantino se casó con una mujer llamada Fausta. Su hijo mayor de un matrimonio anterior se llamaba Crispo. Fausta acusó a Crispo de cometer crímenes y sostuvo que estaba planeando apoderarse del trono. Constantino se sintió tan escandalizado que hizo matar a su hijo. Constantino más tarde descubrió que Fausta había mentido porque quería que su propio hijo fuera el heredero del trono. Por este motivo, Constantino hizo matar a Fausta.

▲ Constantino

▲ Constantinopla actual

Entonces y ahora

Constantino creía que la libertad de religión era importante para el éxito de su imperio y se aseguró de que se eliminara la persecución de los cristianos. ¿Qué parte de la Constitución de EE.UU. protege la libertad de culto religioso?

Caída de Roma

Idea principal **Roma finalmente cayó cuando los invasores arrasaron el imperio durante el siglo V d.C.**

Enfoque en la lectura ¿Cómo te sentirías si un lugar favorito, como una tienda, un parque o un centro recreativo, hubiera cerrado después de estar abierto por muchos años? Lee para aprender cómo los romanos tuvieron que enfrentar una pérdida todavía mayor con la caída de su ciudad y el imperio.

Tanto Diocleciano como Constantino fracasaron en su intento de salvar el Imperio Romano. Cuando Constantino murió en 337 d.C., las luchas comenzaron de nuevo. Un nuevo emperador llamado **Teodosio** finalmente recuperó el control y puso fin a las luchas.

Gobernar el imperio resultó ser difícil. Teodosio decidió dividir el imperio después de su muerte. En 395 d.C., el Imperio Romano se dividió en dos imperios separados. Uno era el Imperio Romano de Occidente, con su capital en Roma. El otro era el Imperio Romano de Oriente, con su capital en Constantinopla.

Invasión de Roma Con la decadencia de Roma, ya no fue posible contener a las tribus germanas en sus fronteras. Había muchos grupos germanos: ostrogodos, visigodos, francos, vándalos, anglos y sajones. Venían de las zonas boscosas y pantanosas del norte de Europa.

Estos grupos germanos buscaban climas más cálidos y mejores tierras de pastura para su ganado. También les atraía la riqueza y cultura de Roma. Además, muchos huían de los hunos, feroces guerreros de Mongolia, del Asia.

A fines del siglo IV d.C. , los hunos invadieron Europa del Este y derrotaron a los ostrogodos. Los visigodos, temiendo que serían los próximos, pidieron la protección del emperador romano de Oriente. El emperador les permitió instalarse dentro de las fronteras del imperio. En cambio, ellos prometieron fidelidad a Roma.

Antes de que pasara mucho tiempo, empezaron a producirse problemas entre visigodos y romanos. El imperio obligaba a los visigodos a comprar alimentos con precios muy altos. Los romanos también raptaron y esclavizaron a muchos visigodos.

Finalmente, los visigodos se rebelaron contra los romanos. En 378 d.C. derrotaron a las legiones romanas en la batalla de Adrianópolis.

Fuente principal

Roma es atacada

En este extracto de una de sus cartas, el líder cristiano Jerónimo describe los ataques a las provincias romanas.

▲ San Jerónimo

"Quién podría creer que Roma, victoriosa sobre el mundo entero, podría caer, y que sería para su pueblo tanto cuna como tumba (. . .). No podemos hacer nada, salvo lamentarnos y mezclar nuestras lágrimas con lassuyas (. . .). No hay una hora, siquiera un momento, en que no nos ocupemos con multitudes de refugiados, en que la paz del monasterio no se vea invadida por una horda de visitantes, de manera que tenemos que cerrar nuestras puertas y descuidar las Escrituras por las cuales se abrieron las puertas".

—Jerónimo, "Noticias de los ataques"

PBD Preguntas basadas en los documentos

¿Cree Jerónimo que las puertas del monasterio se deberían cerrar? Explica.

Historia en línea

Actividad en línea Visita jat.glencoe.com y haz clic en *Chapter 9—Student Web Activity* para aprender más sobre la civilización romana.

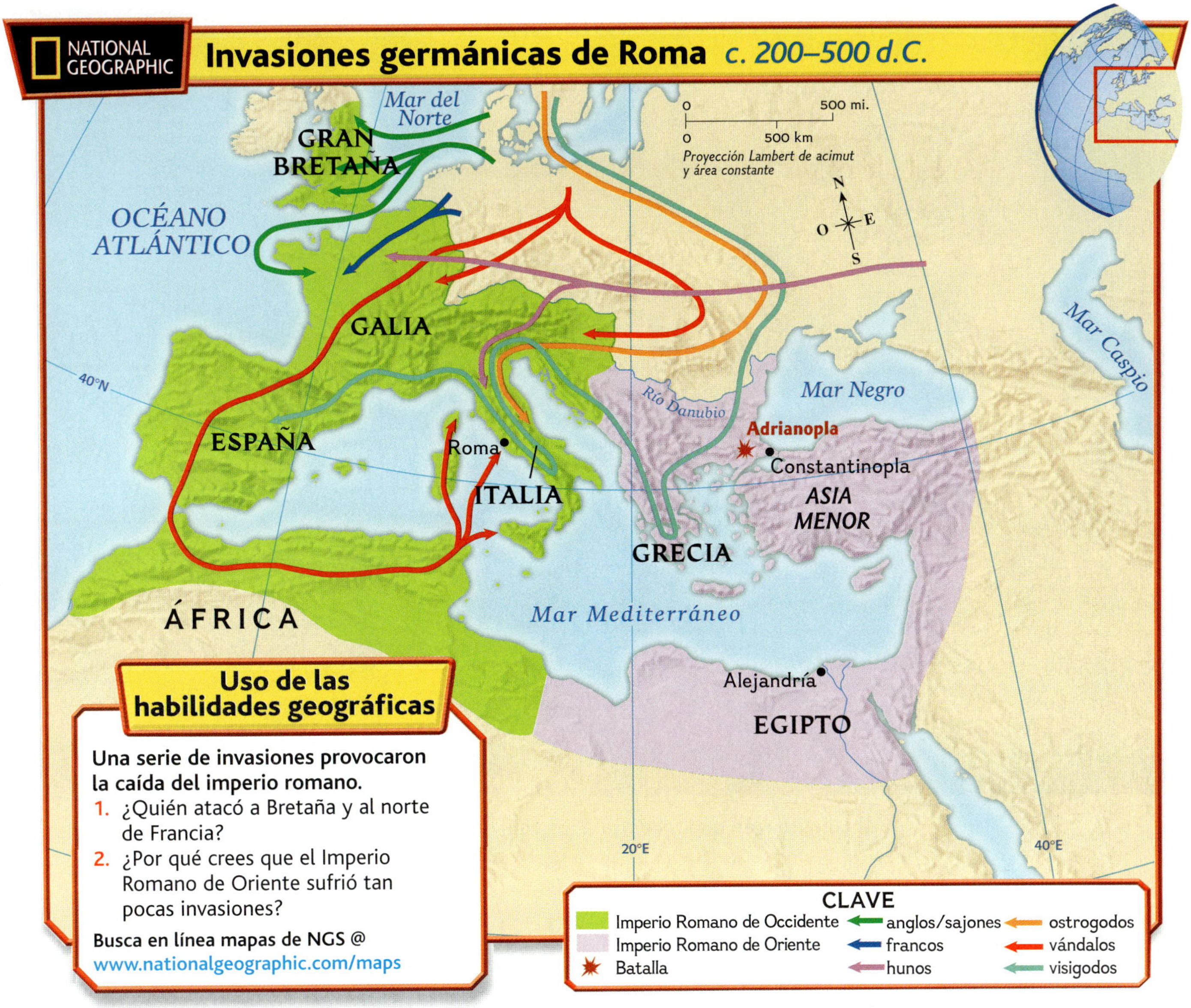

Uso de las habilidades geográficas

Una serie de invasiones provocaron la caída del imperio romano.

1. ¿Quién atacó a Bretaña y al norte de Francia?
2. ¿Por qué crees que el Imperio Romano de Oriente sufrió tan pocas invasiones?

Busca en línea mapas de NGS @
www.nationalgeographic.com/maps

Después de esa derrota, Roma fue obligada a cederle tierras a los Visigodos.

Las tribus germánicas ahora sabían que Roma ya no podía defenderse. Cada vez más guerreros germánicos atravesaron las fronteras en búsqueda de tierras. En el invierno de 406 d.C., el río Rin, en Europa Occidental, se congeló. Los grupos germánicos cruzaron el río congelado y entraron en Galia, lo que ahora es Francia. Los romanos eran demasiado débiles como para obligarlos a volver a cruzar la frontera.

En 410 d.C. el líder visigodo **Alarico** y sus soldados capturaron la propia Roma. Quemaron registros y saquearon el tesoro. La captura de Roma por Alarico fue una conmoción terrible para los habitantes del imperio. Por primera vez en 800 años, Roma había sido conquistada.

Otro grupo germánico, llamado los vándalos, invadieron España y el norte de África. Esclavizaron a algunos terratenientes romanos y expulsaron a otros. Entonces, los vándalos se dirigieron a Italia. En 455 d.C. entraron en Roma. Durante 12 días, arrasaron con todas las cosas valiosas que encontraron en los edificios y los incendiaron. Estos ataques fueron el origen de la palabra *vandalismo,* que significa "destrucción voluntaria de la propiedad".

▲ Una imagen que muestra a los visigodos invadiendo Roma.
¿Qué líder derrocaron los visigodos para controlar Roma?

La caída de Roma Para mediados del siglo V d.C., varios líderes germánicos ocupaban puestos importantes en el gobierno y en el ejército de Roma. En 476 d.C. un general germánico llamado **Odoacro** asumió el control, derrocando al emperador de Occidente, un joven de 14 años de edad llamado Rómulo Augústulo. Después de Rómulo Augústulo, ya no hubo más emperadores en Roma. Los historiadores con frecuencia usan este acontecimiento para señalar el fin del Imperio Romano de Occidente.

Odoacro controló a Roma por casi 15 años. Entonces, un grupo de visigodos capturó la ciudad y mató a Odoacro. Establecieron un reino en Italia gobernado por su líder, Teodorico. En otras partes de Europa, surgieron otros reinos germánicos.

Para el año 550 d.C., el Imperio Romano de Occidente había desaparecido. Sin embargo, muchas creencias y prácticas romanas siguieron en uso. Por ejemplo, los nuevos gobernantes germánicos de Europa adoptaron el idioma latino, las leyes romanas y el cristianismo. Aunque el Imperio Romano de Occidente cayó en manos de los invasores germánicos, el Imperio Romano de Oriente siguió prosperando. Pasó a ser conocido como el Imperio Bizantino y duró casi 1,000 años más.

Comprobación de lectura **Identificación**
¿Cuál es el acontecimiento que normalmente marca el fin del Imperio Romano de Occidente?

El legado de Roma

Idea principal **Roma transmitió muchos logros en el área del gobierno, el derecho, el idioma y las artes.**

Enfoque en la lectura ¿Sabes de dónde vienen las palabras "doctor", "animal", "circo" y "familia"? Estas palabras vienen del idioma hablado por los romanos, el latín. Lee para descubrir más cosas que hemos heredado de los romanos.

Nuestro mundo habría sido bastante diferente si el Imperio Romano nunca hubiera existido. Muchas palabras de nuestro idioma y muchas de nuestras ideas sobre el gobierno vienen de los romanos. Lo mismo se aplica para nuestro sistema de leyes y nuestro conocimiento sobre la construcción. Como verás en el capítulo siguiente, la paz y el orden que permitió el gobierno romano también permitió la difusión de la religión cristiana.

Las ideas romanas y el gobierno de hoy Las ideas romanas sobre el derecho, originadas en las Doce Tablas, siguen vigentes hoy. Nosotros, como los romanos, creemos que todas las personas son iguales ante la ley. Esperamos que nuestros jueces decidan los casos con justicia, y consideramos que una persona es inocente hasta que se pruebe que es culpable.

Las ideas romanas sobre el gobierno y la ciudadanía también son importantes hoy. Tal

Enlaces entre el pasado y el presente

Arquitectura romana y moderna

ENTONCES Los antiguos romanos copiaron ideas sobre arquitectura de los griegos, pero también desarrollaron su propio estilo. Los diseños romanos a menudo incluían bóvedas, columnas, cúpulas y arcos. Las nuevas ideas sobre arquitectura tenían como resultado que los edificios se podían construir de nuevas maneras. Debido al uso del concreto y a un nuevo diseño, los teatros romanos no necesitaban construirse sobre pendientes naturales para tener asientos escalonados.

▼ La Rotonda de la Universidad de Virginia

AHORA Las columnas, cúpulas y arcos todavía pueden verse en los edificios modernos. Bancos, hogares y edificios del gobierno a menudo usan un estilo romano. ***¿Qué estilos arquitectónicos romanos puedes encontrar en el lugar donde vives?***

▲ El Panteón en Roma

como ocurrió con los primeros romanos, los estadounidenses creen que una república compuesta por ciudadanos con los mismos derechos es la mejor forma de gobierno. También creemos que una república funciona mejor si sus ciudadanos cumplen con su deber, participan en el gobierno y trabajan para mejorar su sociedad.

Influencia romana en la cultura Hoy, el alfabeto del idioma latino, que se expandió de 22 a 26 letras, se usa en todo el mundo occidental. El latín fue el origen de los idiomas de Italia, Francia, España, Portugal y Rumania. Muchas palabras del idioma inglés también vienen del latín. Los científicos, médicos y abogados siguen usando frases en latín. Todas las especies conocidas de plantas y animales tienen un nombre en latín. Hoy seguimos admirando las obras de los grandes escritores romanos como Virgilio, Horacio, Livio y Tácito.

La antigua Roma también dejó una marca duradera en la arquitectura del mundo occidental. Seguimos usando el concreto para muchas construcciones, y los estilos arquitecturales romanos todavía pueden verse en los edificios públicos de hoy. Cuando visitas Washington, D.C., o la capital de cualquier estado, puedes ver edificios con cúpulas y arcos inspirados por la arquitectura romana.

El cristianismo Como probablemente ya sabes, el cristianismo es una de las principales religiones del mundo de hoy. El cristianismo empezó en el Imperio Romano. Cuando el gobierno de Roma adoptó el cristianismo en el siglo IV d.C., esto ayudó al crecimiento y a la difusión de la nueva religión. Después de la caída de Roma, muchas ideas romanas se fusionaron con las del cristianismo.

Comprobación de lectura **Comparación** ¿Qué aspectos del Imperio Romano se reflejan en las culturas actuales?

Historia en línea

Centro de estudios ¿Necesitas ayuda con el material de esta sección? Visita jat.glencoe.com

Repaso de la sección 2

Resumen de la lectura

Repaso de Ideas principales

- Una serie de emperadores débiles, las invasiones de pueblos extranjeros, las enfermedades y varios otros factores provocaron el debilitamiento del Imperio Romano.
- Numerosas invasiones por parte de los pueblos germánicos llevaron a la caída de Roma en el año 476 d.C.
- Las ideas romanas sobre el gobierno y la arquitectura romana son algunos de los legados de la antigua Roma.

¿Qué aprendiste?

1. ¿Qué problemas sociales contribuyeron a la decadencia del imperio?
2. ¿Por qué el gobierno romano usaba guerreros germánicos en su ejército?

Pensamiento crítico

3. **Resumen de la información** Dibuja un diagrama como el que está a continuación. Completa con los detalles sobre los legados de Roma en las áreas del gobierno, las leyes y la ciudadanía.

4. **Causa y efecto** ¿De qué manera afectó la inflación a Roma?
5. **Descripción** ¿Quiénes eran los visigodos, y cómo contribuyeron a la caída de Roma?
6. **Identificación** Indica ejemplos de las ideas romanas en el idioma y la arquitectura que existen todavía hoy.
7. **Redacción persuasiva** Imagina que vives en Roma, en la época de la caída del imperio. Escribe un artículo editorial para un periódico identificando el factor que consideras como la razón principal de la decadencia y caída del imperio, y qué podría haberse hecho para evitarlo.

Sección 3

El Imperio Bizantino

¡Prepárate para leer!

¿Cuál es la relación?

En la última sección aprendiste que aunque el Imperio Romano de Occidente se desintegró, el Imperio Romano de Oriente sobrevivió y prosperó. Llegó a conocerse como el Imperio Bizantino. Los bizantinos desarrollaron una nueva civilización basada en las ideas griegas, romanas y cristianas.

Enfoque en Ideas principales

- El Imperio Romano de Oriente se volvió rico y poderoso, mientras el de Occidente se desintegraba. ***(página 328)***
- Las políticas y reformas del emperador Justiniano y la emperatriz Teodora contribuyeron a fortalecer el Imperio Bizantino. ***(página 329)***
- Los bizantinos desarrollaron una rica cultura basada en las ideas griegas, romanas y cristianas. ***(página 332)***

Ubicación de lugares

Mar Negro
Mar Egeo

Conoce a los personajes

Justiniano
Teodora
Belisario
Triboniano

Desarrollo de tu vocabulario

mosaico
santo
regente

Estrategia de lectura

Causa y efecto Completa un diagrama que muestre las causas y los efectos del nuevo código legal de Justiniano.

Causas
↓
Nuevo código de leyes
↓
Efectos

NATIONAL GEOGRAPHIC ¿Cuándo y dónde?

525 d.C. — 550 d.C. — 575 d.C.

527 d.C. El emperador Justiniano inicia su reinado

537 d.C. Se completa la Hagia Sophia

565 d.C. Muerte de Justiniano

El surgimiento de los bizantinos

Idea principal **El Imperio Romano de Oriente se volvió rico y poderoso, mientras el de Occidente se desintegraba.**

Enfoque en la lectura Piensa en tu comunidad. ¿De qué manera ha contribuido a su carácter la gente de diferentes orígenes? ¿Cómo sería tu ciudad o pueblo sin esas contribuciones de todos los diferentes grupos? Lee y aprende los diferentes grupos que componían el Imperio Bizantino.

El Imperio Romano de Oriente, o Bizantino, alcanzó su apogeo en el siglo VI d.C. En ese momento, el imperio limitaba al oeste con Italia, al sur con Egipto y al este con Arabia. Los griegos representaban el grupo más grande del imperio, pero en el imperio había muchos otros pueblos. Entre ellos se incluían los egipcios, sirios, árabes, armenios, judíos, persas, eslavos y turcos.

▲ La antigua ciudad amurallada de Constantinopla

¿Por qué es importante Constantinopla?

En la última sección vimos que el emperador Constantino trasladó la capital del Imperio Romano de Roma a una nueva ciudad llamada Constantinopla. La ciudad de Constantino se transformó en la capital del Imperio Bizantino. Para el siglo VI d.C., Constantinopla era una ciudad próspera y se había transformado en una de las principales ciudades del mundo.

Una razón para el éxito de Constantinopla era su ubicación. Se encontraba en las vías de agua entre el **Mar Negro** y el **Mar Egeo.** Sus puertos ofrecían un refugio seguro para los botes de pesca, barcos comerciales y de guerra. Constantinopla también estaba en medio de las rutas comerciales entre Europa y Asia. El comercio que pasaba por la ciudad la hizo muy rica.

Constantinopla estaba en un lugar seguro. Al estar en una península, Constantinopla era fácil de defender. Los mares la protegían por tres costados, y en el cuarto, una enorme muralla protegía la ciudad. Posteriormente, se colocó una enorme cadena sobre el puerto norte de la ciudad para mayor protección. Los invasores no podían tomar Constantinopla fácilmente.

Influencia de la cultura griega Los bizantinos al principio seguían las costumbres romanas. Constantinopla era conocida como la "nueva Roma". Sus edificios públicos y palacios estaban construidos al estilo romano. La ciudad tenía un estadio oval, llamado el Hipódromo, donde se corrían carreras de carros y se realizaban otros eventos.

La vida política y social de Bizancio estaba basada en la de Roma. Los emperadores hablaban latín y aplicaban las leyes romanas. Los pobres del imperio recibían pan y espectáculos gratis. Los ricos vivían en la ciudad o en grandes propiedades en el campo. De hecho, muchos de ellos venían de Roma.

Con el tiempo, el Imperio Bizantino se volvió menos romano y más griego. Muchos bizantinos hablaban griego y honraban su pasado griego. Los emperadores y funcionarios bizantinos también empezaron a hablar griego. Las ideas de los pueblos no griegos, como los egipcios y eslavos, también influyeron en la vida bizantina. De Persia, en el este, venían también otras costumbres. Todas estas culturas se fusionaron para formar la civilización bizantina. Entre 500 d.C. y 1200 d.C., los bizantinos tuvieron uno de los imperios más ricos y avanzados del mundo.

Comprobación de lectura **Explicación** ¿Por qué tenía el Imperio Bizantino esa fusión de culturas?

Emperador Justiniano

Idea principal **Las políticas y reformas del emperador Justiniano y la emperatriz Teodora contribuyeron a fortalecer el Imperio Bizantino.**

Enfoque en la lectura ¿A veces tienes que volver a escribir algo para hacer que se entienda con más facilidad? Lee para aprender acerca de cómo Justiniano rescribió y reorganizó el código legal bizantino.

Justiniano se coronó emperador del Imperio Bizantino en el año 527 d.C. y gobernó hasta 565 d.C. Justiniano era un líder poderoso. Controlaba a los militares, hacía las leyes y era juez supremo. Sus órdenes no podían cuestionarse.

NATIONAL GEOGRAPHIC

Imperio Bizantino 527–565 d.C.

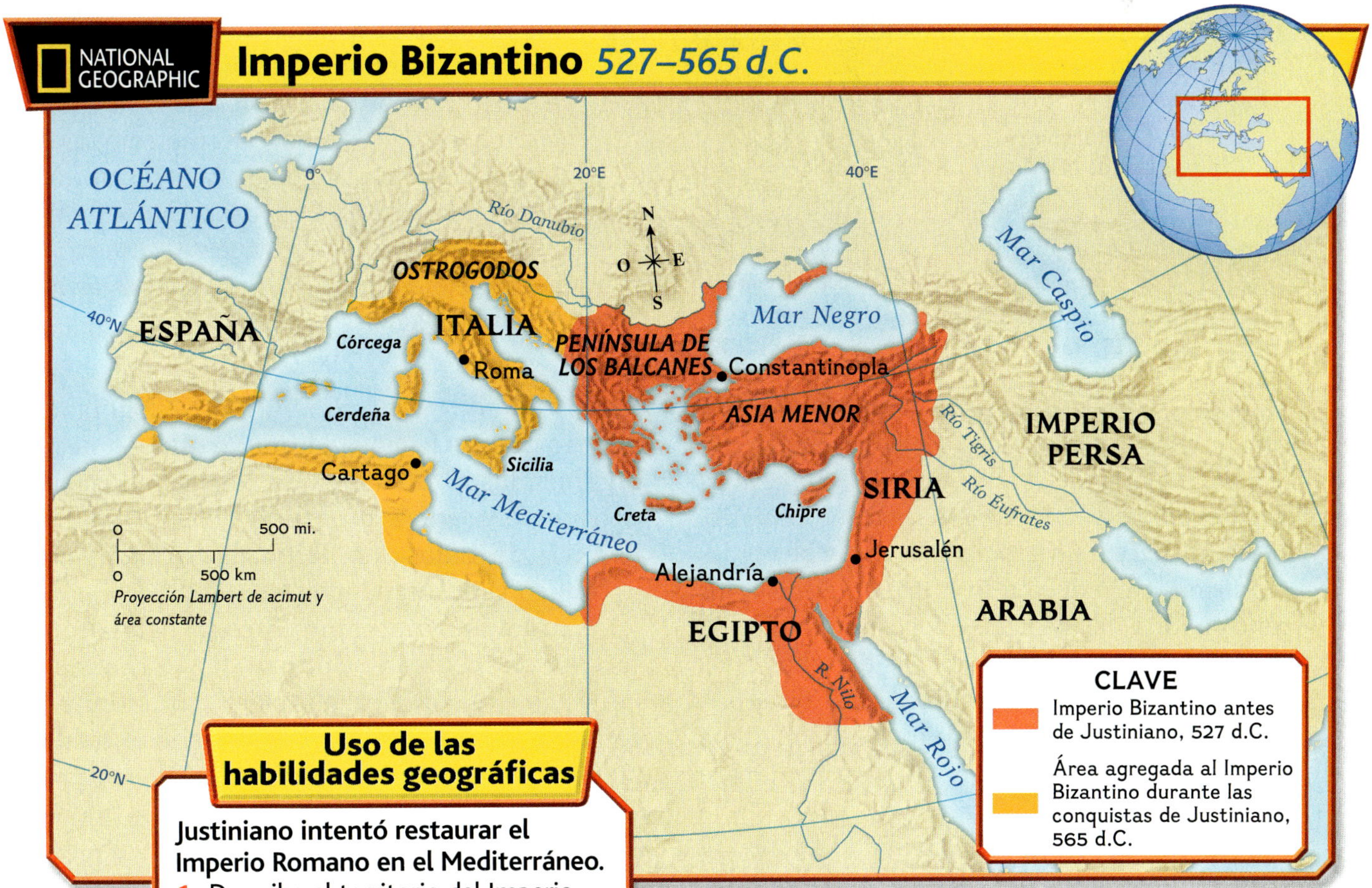

Uso de las habilidades geográficas

Justiniano intentó restaurar el Imperio Romano en el Mediterráneo.

1. Describe el territorio del Imperio Bizantino antes de las conquistas de Justiniano.
2. ¿Cuál era el límite occidental del imperio después de las conquistas de Justiniano?

Fuente principal: Teodora se niega a escapar

El historiador de la corte de Justiniano registró la opinión de Teodora acerca de si debían escapar o luchar durante la revuelta del año 532 d.C.

"Mi opinión es que éste no es (. . .) el momento oportuno para huir, aunque esto signifique la seguridad. (. . .) Para quien ha sido emperador, es insoportable ser un fugitivo. (. . .) Espero no ver el día en que quienes se dirigen a mí no me honren como emperatriz. Si ahora es tu deseo salvarte, oh, Emperador, no hay dificultad".

—Procopio, "La revuelta de Nika"

Teodora ▶

PBD Preguntas basadas en los documentos

¿Por qué no quería escaparse la emperatriz?

La esposa de Justiniano, la emperatriz **Teodora,** lo ayudó a gobernar el imperio. Teodora, una ex actriz, era inteligente y de voluntad firme, y ayudaba a Justiniano a elegir a los funcionarios del gobierno. Teodora también lo convenció de que debía dar más derechos a las mujeres. Por primera vez, una esposa bizantina podía ser propietaria de tierras. Si quedaba viuda, ahora tendría ingresos para cuidar de sus hijos.

En el año 532 d.C. Teodora ayudó a salvar el trono de Justiniano. Contribuyentes (pagadores de impuestos) furiosos amenazaron con expulsar a Justiniano e invadieron el palacio. Los consejeros de Justiniano le rogaron que abandonara Constantinopla. Sin embargo, Teodora le dijo que se quedara y resistiera. Justiniano oyó el consejo de Teodora. Se quedó en la ciudad y aplastó la rebelión.

Conquistas de Justiniano Justiniano quería reunificar el Imperio Romano y resucitar la gloria de Roma. Para hacerlo, tenía que conquistar Europa Occidental y el norte de África. Le ordenó a un general llamado **Belisario** que fortaleciera y guiara al ejército bizantino.

Cuando Belisario asumió el mando, reorganizó el ejército bizantino. En lugar de soldados de infantería, el ejército bizantino se basó en la caballería: soldados a caballo. La caballería bizantina llevaba armaduras y transportaba arcos y lanzas.

Durante el reinado de Justiniano, los militares bizantinos conquistaron la mayor parte de Italia y el norte de África, y derrotaron a los persas en el este. Sin embargo, Justiniano conquistó demasiado territorio, demasiado rápido. Después de su muerte, el imperio no tenía el dinero suficiente como para mantener un ejército que pudiera conservar el territorio de Occidente.

El código legal de Justiniano Justiniano decidió que las leyes del imperio estaban desorganizadas y eran demasiado difíciles de entender. Ordenó a un grupo de expertos en derecho, dirigidos por **Triboniano,** para que reformaran el código legal.

El nuevo código simplificado del grupo se conoció como el Código de Justiniano. Funcionarios, comerciantes y ciudadanos comunes, ahora podían entender más fácilmente las leyes del imperio. Con el tiempo, el Código de Justiniano tuvo enorme influencia en las leyes de casi todos los países de Europa.

✓ Comprobación de lectura **Explicación**
¿Cuáles fueron los logros de Justiniano durante su reinado?

Biografía

EMPERATRIZ TEODORA

c. 500–548 d.C.

Teodora empezó su vida en las clases bajas de la sociedad bizantina, pero llegó a ocupar el puesto de emperatriz. El historiador Procopio registró los hechos de su juventud. Según Procopio, el padre de Teodora trabajaba como cuidador de osos en el Hipódromo. Después de su muerte, Teodora siguió el consejo de su madre y se hizo actriz. Una carrera en la actuación no era tan glamorosa entonces como lo es ahora. Era una tarea propia de las clases bajas, como hilar lana, que era la otra tarea de Teodora.

Aunque Teodora era de clase baja, fue cortejada por Justiniano. Justiniano se sintió atraído por la belleza e inteligencia de Teodora. Como Justiniano quería casarse con Teodora, su tío, el emperador, cambió las leyes que impedían que los nobles de clase alta se casaran con actrices. Ambos se casaron en en el año 525 d.C.

▲ La emperatriz Teodora aconseja al emperador Justiniano.

Justiniano consideraba a Teodora como su igual en el sentido intelectual. En sus escritos, Justiniano dice que le pedía consejo a Teodora con respecto a las leyes y a las políticas. Alentado por Teodora, otorgó más derechos a las mujeres. Algunos historiadores creen que Teodora tenía mucho poder en la corte real, quizás más que Justiniano. Por ejemplo, casi todas las leyes que se crearon durante el reinado de Teodora como emperatriz mencionan su nombre. Teodora y Justiniano no tuvieron hijos. Cuando Teodora murió de cáncer en 548 d.C., Justiniano se sintió abrumado por el dolor. Hizo que incorporaran su retrato a muchas obras de arte, incluyendo numerosos mosaicos bizantinos.

"Era sumamente inteligente y tenía una lengua afilada".

–Procopio, *La historia secreta*

Entonces y ahora

Nombra a una líder política de hoy que, según crees, tiene gran influencia en hacer y cambiar las leyes. Explica tu elección.

Civilización bizantina

Idea principal **Los bizantinos desarrollaron una rica cultura basada en las ideas griegas, romanas y cristianas.**

Enfoque en la lectura ¿Crees tú que una población multicultural hace que un país sea más interesante y exitoso? Lee para aprender cómo los diferentes grupos del Imperio Bizantino contribuyeron a su cultura.

El Imperio Bizantino perduró por unos 1,000 años. Durante gran parte de ese tiempo, Constantinopla fue la ciudad más grande y rica de Europa. Los bizantinos eran muy educados y creativos. Preservaron la cultura griega y la ley romana y las transmitieron a otros pueblos. Le dieron al mundo nuevos métodos en las artes. Como verás, también contribuyeron a difundir el cristianismo a los pueblos de Europa Oriental.

La importancia del comercio Desde el siglo VI d.C. hasta el siglo XII d.C., el Imperio Bizantino fue el centro del comercio entre Europa y Asia. Las mercancías de lo que hoy es Rusia en el norte, de las tierras mediterráneas en el sur, de la Europa latina en el oeste y de Persia y China en el este pasaban por el imperio. Desde Asia venían barcos y caravanas que traían artículos de lujo (especias, piedras preciosas, metales y telas) a Constantinopla. A cambio de estos artículos, los mercaderes bizantinos intercambiaban productos agrícolas, así como también pieles, miel y esclavos de Europa del norte.

Este enorme comercio hizo que el Imperio Bizantino se hiciera muy rico. Sin embargo, la mayoría de los bizantinos no eran comerciantes. Eran agricultores, pastores, trabajadores y artesanos. Una de las principales industrias de Bizancio era el tejido de la seda. Se desarrolló

◀ **Escultura de una carrera de carros en el Hipódromo**

▲ **El estilo de la Hagia Sophia, que se puede ver aquí, y de otras iglesias bizantinas, influyó en la arquitectura de las iglesias en Rusia y Europa Oriental.** ***¿Qué significa "Hagia Sophia"?***

▲ **Joyas bizantinas**

alrededor de 550 d.C. En esa época, los viajantes bizantinos contrabandearon huevos de gusano de seda de China. En Constantinopla, los gusanos de seda eran alimentados con hojas de morera y producían hilos de seda. Los tejedores usaban los hilos para hacer la tela de seda que trajo riqueza al imperio.

Arte y arquitectura bizantinos

Justiniano y otros emperadores bizantinos respaldaban el trabajo de artistas y arquitectos. Ordenaron la construcción de iglesias, fuertes y edificios públicos en todo el imperio. Constantinopla se hizo famosa por sus cientos de iglesias y palacios. Uno de los grandes logros de Justiniano fue la construcción de la enorme iglesia llamada Hagia Sophia, o Santa Sofía. Se completó en 537 d.C. y se convirtió en el centro religioso del Imperio Bizantino. Todavía existe en Estambul.

Dentro de Hagia Sophia, los devotos podían admirar sus hermosas paredes de mármol y mosaicos. Los **mosaicos** son imágenes realizadas con pequeños trozos de vidrio o piedra coloridos. Son un importante tipo de arte en el Imperio Bizantino. Los mosaicos normalmente mostraban imágenes de **santos,** o personas sagradas de los cristianos.

La mujer bizantina La familia era el centro de la vida social para la mayoría de los bizantinos. La religión y el gobierno destacaban la importancia del matrimonio y la vida familiar. Los divorcios eran raros y difíciles de obtener.

No se alentaba a las mujeres bizantinas a tener vidas independientes. Se esperaba que se quedaran en casa y cuidaran a sus familias. Sin embargo, las mujeres obtuvieron importantes derechos, gracias a la emperatriz Teodora. Como la misma Teodora, algunas mujeres bizantinas eran muy educadas y actuaban en política. Muchas mujeres que eran miembros de la familia real actuaron

NATIONAL GEOGRAPHIC

Cómo eran las cosas

Enfoque en la vida cotidiana

Mosaicos bizantinos Imagina que tomas pedazos de vidrio y los transformas en hermosas obras de arte. Los artistas bizantinos hicieron eso mismo, hacia 330 d.C. Los mosaicos romanos se hacían con trozos de mármol de color natural y se usaban para decorar villas y edificios. Los mosaicos bizantinos eran diferentes. Estaban hechos con trozos irregulares de vidrio, ricamente coloridos, y decoraban los techos, cúpulas y pisos de las iglesias bizantinas.

Los mosaicos bizantinos se creaban en honor a líderes religiosos o políticos. Los centros de las cúpulas, que eran los puntos más altos de las iglesias, normalmente se reservaban para las imágenes de Jesús.

Los mosaicos eran costosos. Eran encargados y pagados por emperadores, funcionarios del estado o líderes de la iglesia. Muchos mosaicos se conservan intactos y todavía pueden verse dentro de las iglesias, monasterios y museos.

◀ Mosaico del Imperio Bizantino

Conexión con el pasado

1. ¿Por qué crees que el nombre de la persona que pagó por el mosaico, en lugar del nombre de la persona que lo hizo, se registraba con frecuencia en la inscripción?
2. ¿Qué tipos de arte hacen los artistas de hoy con vidrio?

como regentes. Un **regente** es una persona que gobierna en nombre de un soberano que es demasiado joven o está demasiado enfermo para gobernar. Algunas gobernaron el imperio por derecho propio.

Educación bizantina El saber era altamente respetado en la cultura bizantina. El gobierno apoyaba la capacitación de intelectuales y funcionarios del gobierno. En las escuelas bizantinas, los niños varones aprendían religión, medicina, derecho, aritmética, gramática y otros temas. Los bizantinos ricos a veces contrataban a tutores para que les enseñaran a sus hijos. Normalmente las niñas no iban a la escuela, y se les enseñaba en casa.

La mayoría de los autores bizantinos escribieron sobre religión. Enfatizaron la necesidad de obedecer a Dios y salvar el alma. Para fortalecer la fe, escribieron sobre las vidas de los santos. Los escritores bizantinos le aportaron un gran beneficio al mundo. Copiaron y transmitieron las obras de los antiguos griegos y romanos. Sin las copias bizantinas, muchas obras importantes del mundo antiguo habrían desaparecido para siempre.

▲ **Este texto religioso bizantino está bellamente ilustrado.** ***¿Qué estudiaban los niños bizantinos en la escuela?***

✓ **Comprobación de lectura** **Identificación** ¿Qué iglesia es uno de los grandes logros de Justiniano?

Historia en línea

Centro de estudios ¿Necesitas ayuda con el material de esta sección? Visita jat.glencoe.com

Repaso de la sección 3

Resumen de la lectura

Repaso de Ideas principales

- Con su capital en Constantinopla y fuertes influencias griegas, el Imperio Bizantino se hizo poderoso y rico.
- El emperador bizantino Justiniano reconquistó gran parte del territorio que había sido del Imperio Romano en el Mediterráneo. También creó un código de leyes llamado Código de Justiniano.
- Al aumentar las riquezas del Imperio Bizantino con el comercio, florecieron el arte, la arquitectura y la educación.

¿Qué aprendiste?

1. ¿Qué es un mosaico, y dónde estaban los mosaicos en el Imperio Bizantino?
2. ¿De qué manera se desarrolló la industria de la seda en el Imperio Bizantino?

Pensamiento crítico

3. **Organización de la información** Dibuja un diagrama como el que aparece a continuación. Llénalo con los detalles acerca de la ubicación de Constantinopla.

4. **Descripción** ¿Cuáles eran algunos de los artículos que se intercambiaban entre los comerciantes en Constantinopla?
5. **Explicación** ¿Por qué los divorcios eran difíciles de obtener en el Imperio Bizantino?
6. **Análisis** ¿Cuál fue el importante servicio que prestaron los escritores bizantinos al resto del mundo? Explica su significado.
7. **Redacción persuasiva** ¿Qué civilización consideras tú como la más avanzada, la de los griegos, la de los romanos o la de los bizantinos? Escribe un ensayo para explicar tu respuesta.

Capítulo 9 Repaso de lectura

Sección 1 La vida en la antigua Roma

Vocabulario
- bóveda
- sátira
- oda
- anatomía
- Foro
- gladiador
- paterfamilias
- rétorica

Enfoque en Ideas principales

- Además de sus propios logros en ciencia e ingeniería, los artistas y escritores romanos copiaron muchas ideas de los griegos. *(página 303)*
- La vida de los ricos y la de los pobres, y también la de los hombres y la de las mujeres, eran muy diferentes en el imperio romano. *(página 306)*

Una familia romana sentada a la mesa de la cena

Sección 2 La caída de Roma

Vocabulario
- peste
- inflación
- trueque
- reforma

Enfoque en Ideas principales

- El mal liderazgo, una economía en decadencia y ataques de las tribus germánicas debilitaron el Imperio Romano. *(página 318)*
- Roma finalmente cayó cuando los invasores arrasaron el imperio durante el siglo V d.C. *(página 322)*
- Roma transmitió muchos logros en el área del gobierno, el derecho, el idioma y las artes. *(página 325)*

Sección 3 El Imperio Bizantino

Vocabulario
- mosaico
- santo
- regente

Enfoque en Ideas principales

- El Imperio Romano de Oriente se volvió rico y poderoso, mientras el de Occidente se desintegraba. **(página 328)**
- Las políticas y reformas del emperador Justiniano y la emperatriz Teodora contribuyeron a fortalecer el Imperio Bizantino. **(página 329)**
- Los bizantinos desarrollaron una rica cultura basada en las ideas griegas, romanas y cristianas. **(página 332)**

Capítulo 9

Evaluación y actividades

Repaso del vocabulario

Une las definiciones de la segunda columna con los términos de la primera.

___ **1.** peste

___ **2.** anatomía

___ **3.** inflación

___ **4.** gladiador

___ **5.** regente

___ **6.** mosaico

___ **7.** paterfamilias

___ **8.** oda

a. imágenes hechas de muchos pedazos de vidrio o piedras de colores

b. precios que aumentan rápidamente

c. padre de familia

d. poema emocional acerca de las alegrías y las tristezas de la vida

e. estudio de la estructura del cuerpo humano

f. enfermedad que se propaga rápidamente

g. persona que representa a un gobernante que no puede gobernar

h. un guerrero que combatía contra animales y otros guerreros en los estadios públicos

Repaso de las ideas principales

Sección 1 • La vida en la antigua Roma

9. ¿Qué es lo que los romanos tomaron prestado de los griegos? ¿Qué fue lo que desarrollaron por su propia cuenta?

10. ¿Cómo era la vida de los ricos y los pobres en el Imperio Romano?

Sección 2 • La caída de Roma

11. ¿Qué fue lo que debilitó al Imperio Romano?

12. ¿Qué fue lo que provocó la caída de Roma en el siglo V d.C.?

Sección 3 • El Imperio Bizantino

13. ¿Cuáles fueron las políticas y reformas que ayudaron a fortalecer al Imperio Bizantino?

14. ¿Cuáles fueron los distintos grupos de personas que contribuyeron a la cultura bizantina?

Pensamiento crítico

15. Causa y efecto ¿Por qué fue que la captura de Roma por parte de Alarico escandalizó a los romanos?

16. Predicción ¿Qué piensas que habría ocurrido si Teodosio no hubiera dividido el Imperio Romano?

Repaso

Habilidad de lectura

Respuesta y reflexión

Tu punto de vista

17. Lee el siguiente párrafo de la página 330. Escribe por lo menos cinco elementos en los que podrías reflexionar mientras lees esta información.

> En 532 d.C., Teodora ayudó a salvar el trono de Justiniano. Contribuyentes (pagadores de impuestos) furiosos amenazaron con expulsar a Justiniano e invadieron el palacio. Los consejeros de Justiniano le rogaron que abandonara Constantinopla. Sin embargo, Teodora le dijo que se quedara y resistiera. Justiniano oyó el consejo de Teodora. Se quedó en la ciudad y aplastó la rebelión.

Para repasar estos conocimientos, consulta las páginas 300–301.

Habilidades geográficas

Estudia el mapa que figura a continuación y contesta las siguientes preguntas.

18. **Lugar** ¿Cuáles fueron las áreas conquistadas por las fuerzas militares de Justiniano?
19. **Interacción del hombre con el medio ambiente** ¿Por qué crees que Justiniano decidió conquistar los territorios ubicados al oeste de su imperio?
20. **Movimiento** ¿Qué fue lo que dificultó que el Imperio Bizantino mantuviera el control de los territorios conquistados por Justiniano?

Leer para escribir

21. **Redacción descriptiva** Supón que eres un periodista que vivía en la época del Imperio Romano. Escribe un artículo para la primera página acerca de la rebelión de los esclavos de 73 a.C., el contenido del testamento de Teodosio o la destitución de Rómulo Augústulo. Recuerda que debes incluir un título.

22. **Uso de tus PLEGABLES** Usa la información que escribiste en el plegable para crear una breve guía de estudio para el capítulo. Para cada sección, tu guía de estudio debe incluir por lo menos cinco preguntas que se centren en las ideas principales.

Historia en línea

Prueba de autocomprobación Para ayudarte a preparar para el examen de este capítulo, visita jat.glencoe.com

Enlaces entre el pasado y el presente

23. **Análisis** En este capítulo, aprendiste que la cultura del Imperio Bizantino se vio influida en gran medida por la cultura de los romanos y los griegos, así como también por la cultura de los egipcios, eslavos y persas. Piensa acerca de la cultura de Estados Unidos, en la que se han mezclado varias culturas. Trabaja con un compañero para identificar aquellos aspectos de la cultura de EE.UU. que originalmente fueron parte de otras culturas.

Desarrollo de habilidades de ciudadanía

24. **Análisis** Los crecientes problemas políticos y sociales ayudaron a preparar el escenario para la caída final de Roma. Las ideas tradicionales de los romanos acerca del deber, coraje y honestidad dejaron de ser importantes. ¿Por qué piensas que el deber, el coraje y la honestidad son importantes para mantener la fortaleza de una sociedad y un sistema político?

Fuente principal

Análisis

El Imperio Romano contaba con algunas leyes para evitar que se abusara de los esclavos.

"En la actualidad, ni los ciudadanos romanos ni ninguna otra persona que está bajo el dominio de los romanos puede tratar a los esclavos con crueldad excesiva y sin fundamento [sin motivo] (. . .). Se ordena que un hombre que mata a su propio esclavo sin motivo sea considerado tan responsable como aquel que mata al esclavo de otra persona".

—Gayo: "Legislación contra el abuso de los esclavos"

PBD Preguntas basadas en los documentos

25. ¿Cómo se relaciona esta ley con las personas que están de paso por el imperio?
26. ¿Cómo es que esta declaración permite que se aplique una trampa legal a la regulación del abuso contra los esclavos?

Capítulo 10

El Surgimiento del Cristianismo

Monte de las Bienaventuranzas sobre el Mar de Galilea en Israel

NATIONAL GEOGRAPHIC

¿Cuándo y dónde?

50 d.C. — 400 d.C. — 750 d.C. — 1100 d.C.

- **30 d.C.** Jesús predica en Galilea y en Judea
- **312 d.C.** Constantino acepta el cristianismo
- **726 d.C.** El emperador León III retira los iconos de las iglesias
- **1054 d.C.** La Iglesia Ortodoxa y la Iglesia Católica se separan

Presentación preliminar del capítulo

Historia en línea

Descripción general del capítulo Visita jat.glencoe.com para ver una presentación preliminar del capítulo 10.

Mientras que los romanos construían su imperio, un grupo llamado cristianos difundía una nueva religión llamada cristianismo. Lee este capítulo para averiguar de qué manera el cristianismo creció hasta convertirse en una de las mayores influencias en la civilización europea.

Mira el video del capítulo 10 en el Programa de Video *World History: Journey Across Time*.

Sección 1 Los primeros cristianos

Después de la conquista de Judá por parte de los romanos, algunos judíos se opusieron a Roma de manera pacífica, mientras que otros se rebelaron. Durante ese período, Jesús de Nazaret comenzó a predicar su mensaje de amor y perdón. Su vida y sus enseñanzas llevaron al surgimiento del cristianismo.

Sección 2 La iglesia cristiana

Con el tiempo, el cristianismo se convirtió en la religión oficial del imperio romano. Los primeros cristianos organizaron la iglesia y recopilaron el Nuevo Testamento de la Biblia.

Sección 3 La difusión de las ideas cristianas

La iglesia y el gobierno funcionaban en contacto muy cercano en el imperio bizantino. Los cristianos fundaron nuevas comunidades y difundieron su fe por toda Europa.

PLEGABLES™ Organizador de estudios

Secuencia de información *Prepara este plegable como ayuda para ordenar en secuencia la información acerca del surgimiento del cristianismo.*

Paso 1 *Doblar una parte del papel comenzando de arriba hacia abajo.*

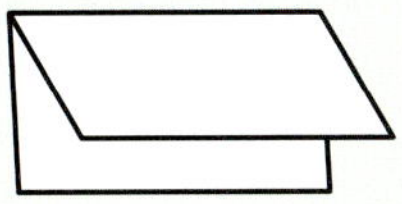

Paso 2 *Luego doblar cada mitad para formar pliegues en cuartos.*

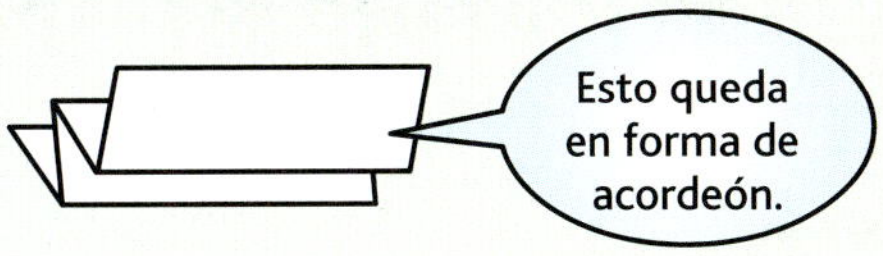

Paso 3 *Desdoblar y poner la etiqueta en la cronología según se muestra.*

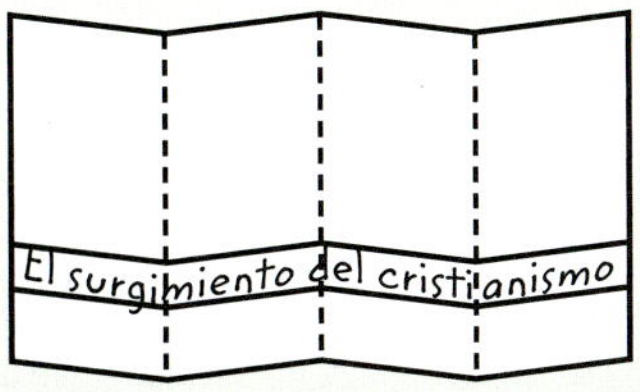

Paso 4 *Completar con las fechas importantes a medida que vayas leyendo, siguiendo los ejemplos.*

Lectura y redacción *A medida que leas el capítulo, anota los acontecimientos importantes que ocurrieron en el surgimiento del cristianismo.*

Capítulo 10

Lectura en estudios sociales

Habilidad de lectura

Pistas de secuencia

1 ¡Apréndelo!

Búsqueda de pistas de la secuencia

Cuando hablamos, leemos o escribimos, automáticamente usamos pistas que nos indican qué pasó y cuándo pasó. A estas pistas se les conoce como palabras secuenciales, y nos indican el orden en el cual ocurren los acontecimientos.

Lee el pasaje que aparece a continuación sobre la difusión del cristianismo. Observa las palabras o frases secuenciales resaltadas.

> **Tras la caída de Roma, había un clima de confusión y conflicto en Europa Occidental. Como consecuencia, la gente buscaba orden y unidad. El cristianismo los ayudó a satisfacer esta necesidad. Se extendió rápidamente por los territorios que anteriormente habían sido parte del imperio romano.**
>
> *—de la página 361*

Habilidad de lectura

Cuando tengas problemas para comprender el orden en que ha ocurrido algo, crea una línea de tiempo aproximada que te ayude a seguir el hilo de los acontecimientos a medida que los lees.

Ahora lee nuevamente el párrafo, dejando afuera las palabras secuenciales resaltadas. ¿Te das cuenta de la importancia que tienen para ayudarte a comprender lo que lees?

2 ¡Practícalo!

Busca las palabras que encierran pistas

Lee este pasaje y anota cualquier palabra o frase que te ayude a reconocer la secuencia de acontecimientos.

A pesar de todas las dificultades, el cristianismo se extendió. Con el tiempo, incluso comenzó a atraer a gente de todas las clases. Después del año 250 d.C., muchos romanos se cansaron de las guerras y temieron por el fin del imperio. Comenzaron a admirar la fe y el coraje de los cristianos. Al mismo tiempo, muchos cristianos comenzaron a aceptar el imperio.

—de las páginas 353–354

Leer para escribir

Observa la línea de tiempo que aparece en la parte inferior de la página 342. Escribe un párrafo que utilice las pistas de la secuencia para describir cuándo ocurrieron estos acontecimientos.

El apóstol Pedro en el acto de predicar

3 ¡Aplícalo!

Elige una sección en este capítulo y utiliza las pistas de secuencia, además de las fechas, para poder ubicar acontecimientos en una cronología según su orden cronológico.

Sección 1

Los primeros cristianos

¡Prepárate para leer!

¿Cuál es la relación?

Ya aprendiste que los romanos gobernaban en muchas áreas del Mediterráneo. En una de estas regiones, Judea, surgió con una nueva religión, el cristianismo.

Enfoque en Ideas principales

- El dominio romano en Judea empujó a algunos judíos a oponerse pacíficamente a Roma, mientras que otros se rebelaron. *(página 343)*
- Jesús de Nazaret predicó sobre el amor y el perdón de Dios. Más tarde fue crucificado y según relatos resucitó de entre los muertos. *(página 344)*
- La vida de Jesús y la creencia en su resurrección crearon una nueva religión llamada cristianismo. *(página 348)*

Ubicación de lugares

Jerusalén
Judea
Nazaret
Galilea

Conoce a los personajes

Jesús
Pedro
Pablo

Desarrollo de tu vocabulario

mesías
discípulo
parábola
resurrección
apóstol
salvación

Estrategia de lectura

Resumen de información Completa un diagrama como el que aparece debajo, mostrando el propósito de las primeras iglesias cristianas.

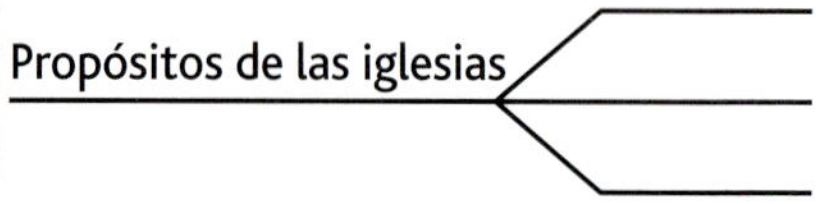

NATIONAL GEOGRAPHIC ¿Cuándo y dónde?

1 d.C. — 50 d.C. — 100 d.C. — 150 d.C.

30 d.C. Jesús predica en Galilea y en Judea

66 d.C. Los judíos de Judea se alzan contra Roma

132 d.C. Los romanos expulsan a los judíos de Jerusalén

Los judíos y los romanos

Idea principal **El dominio romano en Judea empujó a algunos judíos a oponerse pacíficamente a Roma, mientras que otros se rebelaron.**

Enfoque en la lectura Imagínate que estuvieras lejos de tu casa y que te fuera difícil volver. ¿Qué efecto te causaría? Lee y aprende cómo forzaron a los judíos a irse de su ciudad capital.

Como ya aprendiste antes, en el siglo X a.C., dos grandes reyes, David y Salomón, unieron a los israelitas y crearon el reino de Israel. Su capital era **Jerusalén.** Sin embargo, esta unidad no duró mucho. Israel se dividió en dos reinos: Israel y Judá. Estos pequeños reinos luego fueron conquistados por vecinos mucho más poderosos que ellos. Israel fue destruida y su pueblo también fue dispersado. Pero los judíos, el pueblo de Judá, sobrevivió.

Gobierno romano En el año 63 a.C., los romanos conquistaron Judá. Al principio, gobernaban a través de los reyes judíos. Después, en el año 6 d.C., el emperador Augusto convirtió a Judá en una provincia romana llamada **Judea.** En lugar de un rey, se nombró a un gobernador romano con el título de procurador para gobernar la nueva provincia.

Los judíos comenzaron a debatir entre ellos en cuanto a lo que debían hacer con los romanos. Algunos estaban a favor de trabajar junto a los romanos. Otros se oponían al dominio romano, apegándose estrechamente a las tradiciones judías. Y otros le dieron la espalda a los romanos. Se establecieron en áreas alejadas para vivir en comunidad, compartiendo sus pertenencias.

Los judíos se rebelan Algunos judíos creían que debían luchar contra los romanos y tomar de nuevo el control de su reino. Estas personas, llamadas zelotes, convencieron a muchos judíos de tomar las armas contra los romanos en el año 66 d.C. La rebelión fue brutalmente aplastada. Los romanos destruyeron el templo y mataron a miles de judíos. Un general judío llamado Josefo luchó en la guerra, pero después se puso del lado de los romanos. Escribió acerca de los horrores de la caída de Jerusalén en su trabajo *Historia de la Guerra Judía.*

Los judíos vuelven a sublevarse en el año 132 d.C. y nuevamente fueron derrotados. Esta vez los romanos forzaron a los judíos a irse de Jerusalén y les prohibieron para siempre regresar a la ciudad. Apesadumbrados por la pérdida de Jerusalén, muchos judíos fundaron nuevos hogares en otros lugares.

Para el año 700 d.C., los judíos habían establecido comunidades en lugares tan lejanos como España, hacia el oeste, o como Asia Central, hacia el este. Siglos después, se establecieron por todo el continente europeo y americano. En sus comunidades diseminadas, los judíos mantuvieron viva su fe estudiando y siguiendo sus leyes religiosas.

Comprobación de lectura **Explicación** ¿Por qué muchos judíos salieron de Judea después de la revuelta del año 132 d.C.?

Estas ruinas son las de la fortaleza judía en la cima de la montaña en Masada, Israel. Los judíos rebeldes fueron derrotados por las tropas romanas aquí en el 73 d.C. ***¿Qué nombre recibían los rebeldes judíos?***

La vida de Jesús

Idea principal **Jesús de Nazaret predicó sobre el amor y el perdón de Dios. Más tarde fue crucificado y según relatos resucitó de entre los muertos.**

Enfoque en la lectura Si pudieras aconsejar a alguien sobre cómo comportarse, ¿qué le dirías? ¿Por qué? Lee para aprender cuál era el pensamiento de Jesús en cuanto a cómo deben comportarse las personas.

En la época de los romanos, muchos judíos esperaban que Dios enviara a un **mesías** o salvador. Este líder los ayudaría a reconquistar su libertad. Los profetas israelitas habían predicho hacía mucho tiempo la llegada del mesías. Muchos judíos esperaban que el mesías fuera un gran rey, tal como David. Pensaban que el mesías les devolvería las glorias pasadas del reino israelita.

Unas pocas décadas antes de la primera sublevación judía contra Roma, un judío llamado **Jesús** dejó su hogar en **Nazaret** y comenzó a predicar. Aproximadamente a partir del año 30 d.C. hasta el año 33 d.C., Jesús recorrió Judea y **Galilea,** la región que colinda con el norte de Judea, predicando sus ideas. Se reunían multitudes para escuchar su prédica. Pronto, reunió un pequeño grupo de 12 seguidores muy cercanos llamados **discípulos.**

¿Qué enseñaba Jesús? Según la Biblia cristiana, Jesús predicaba que Dios llegaría pronto para reinar en el mundo. Aconsejaba a la gente que se arrepintiera de sus pecados. Además les decía que seguir las leyes religiosas judías no era tan importante como tener una relación con Dios, a quien Jesús se refería como su Padre.

Los puntos principales del mensaje de Jesús están contenidos en un conjunto de máximas conocidas como el Sermón de la Montaña. En ellas, Jesús dejó en claro que una persona debe amar y perdonar desde el corazón y no simplemente cumplir con las formalidades de las leyes religiosas. Algunos de los

Las enseñanzas de Jesús

▼ Jesús recorrió las regiones de Judea y Galilea, predicando su mensaje religioso a todos los que quisieran escucharlo. En el Sermón de la Montaña, ilustrado a continuación, Jesús describe el amor de Dios y cómo se debe ser una buena persona. A la derecha, Jesús aparece como el Buen Pastor, una imagen popular en el arte cristiano primitivo. *¿Qué enseñó Jesús sobre las leyes religiosas judías?*

dichos de Jesús eran: "Bienaventurados los misericordiosos porque ellos alcanzarán misericordia" y "Bienaventurados los pacíficos porque ellos serán llamados los hijos de Dios".

Jesús les dijo a los que lo escuchaban que se amaran y perdonaran los unos a los otros así como Dios lo hace con cada uno de nosotros, él ama y perdona a los hombres. Según Jesús, el mandamiento de Dios era simple. Él repetía la antigua enseñanza judía: "Ama a Dios, nuestro Señor con todo tu corazón y con toda tu alma y con toda tu mente y con todas tus fuerzas". Jesús también hizo hincapié en otra enseñanza: "Ama a tu prójimo como a ti mismo". El mensaje de amor y perdón de Jesús ayudó a darle forma a los valores que muchos sostienen hoy en día tanto en Europa como en las Américas.

Para presentar este mensaje, con frecuencia Jesús utilizaba **parábolas.** Las parábolas eran historias que utilizaban acontecimientos de la vida cotidiana para expresar ideas espirituales. En la parábola del Hijo Pródigo (despilfarrador), Jesús contó la historia de un padre que le da la bienvenida a su imprudente hijo con los brazos abiertos y perdona los errores del hijo. En otra parábola, cuenta sobre un pastor que abandona su rebaño para ir tras una oveja descarriada. Ambas historias enseñan que Dios perdona los errores y quiere que todas las personas se alejen del mal camino y se salven.

La parábola del Buen Samaritano es una de las más conocidas. En esta historia, un hombre es golpeado por ladrones. Un sacerdote y otro líder religioso se niegan a ayudar al hombre herido. Sin embargo, un samaritano, miembro de un grupo menospreciado por la audiencia de Jesús, se detiene para ayudar a la víctima. Le cura las heridas y le paga la estadía en una posada. Jesús les preguntó a sus seguidores: "¿Quién creen que mostró verdadero amor por su prójimo?"

¿Qué es la crucifixión? Jesús y su mensaje generaban fuertes respuestas de la gente. Sus seguidores llamaban la atención hacia instancias en las que creían que él sanaba a los

▼ **Jesús utilizaba historias, llamadas parábolas, para describirles a sus seguidores cuáles eran los comportamientos correctos. Aquí se muestran las parábolas del Hijo Pródigo (debajo) y del Buen Samaritano (derecha).** ***¿Qué lección se enseña mediante la parábola del Hijo Pródigo?***

Biografía

JESÚS DE NAZARET

c. 6 a.C.–30 d.C.

▲ **Entrada de Jesús en Jerusalén**

Mucho de lo que sabemos sobre Jesús, cuya vida y enseñanzas establecieron la religión cristiana, se basa en relatos encontrados en la Biblia. De acuerdo con la Biblia, el nacimiento de Jesús fue un designio de Dios. Un ángel visitó a María, la madre de Jesús, para anunciarle que iba a tener un bebé. El ángel le dijo a María que su bebé sería el Hijo de Dios. También José, el que sería esposo de María, recibió la visita de un ángel que le dio instrucciones de que se casara con ella.

"Yo soy la luz del mundo".

–Jesús de Nazaret, Juan 13:46

Jesús nació humildemente en un establo, rodeado por animales de corral en el pueblo de Belén. María y José habían llegado allí debido a un censo ordenado por los romanos. Los pastores y los reyes magos, posiblemente reyes o príncipes de reinos vecinos, siguieron el brillo de una estrella refulgente para honrar a Jesús en el establo. La Navidad es una celebración basada en el nacimiento de Jesús.

La Biblia cuenta muy poco sobre los años intermedios de la vida de Jesús. Se crió en Nazaret, un pueblito en Galilea, donde aprendió el oficio de carpintero de José. Más adelante, emprendió la misión de compartir sus enseñanzas religiosas. Al llegar a este punto, la Biblia brinda muchas anécdotas en cuanto a los viajes de Jesús y los milagros que realizó. Los relatos de los milagros de Jesús incluyen la historia sobre cómo Cristo le devolvió la vista a un ciego, cómo resucitó a un hombre de entre los muertos y calmó las tormentosas aguas del mar. Todas estas historias atrajeron a muchos seguidores. Cuando Jesús entró a Jerusalén, una semana antes de su muerte, fue recibido por multitudes jubilosas. Sin embargo, uno de sus más estrechos colaboradores lo traicionó y lo entregó a las autoridades romanas. Jesús fue interrogado por funcionarios judíos y romanos y fue sentenciado a muerte. Poco después, los relatos sobre su resurrección de entre los muertos fue lo que dio origen a una nueva religión: el cristianismo.

◄ **Una imagen primitiva de Jesús en su trono**

Entonces y ahora

¿Qué acontecimiento se celebra en la Navidad? ¿Qué aspectos de la Navidad actual no se relacionan con su significado tradicional?

enfermos o que realizaba otros milagros. Decían que era el tan esperado mesías. Otros judíos no estaban de acuerdo y decían que era un impostor. Sobre todo los gobernantes romanos de Judea temían los efectos de la prédica de Jesús. Alguien que era capaz de generar reacciones tan fuertes podría ser una amenaza para la ley, así como para el orden.

Alrededor del año 33 d.C., Jesús fue a Jerusalén a celebrar la Pascua, una importante celebración judía. Allí fue recibido por una gran multitud que lo alababan. En lo que se conoce como La Última Cena, Jesús celebró la ocasión con sus 12 discípulos. Por miedo a que hubiera problemas, los líderes de Jerusalén arrestaron a Jesús. Jesús fue acusado de traición, o de deslealtad al gobierno. Como castigo, fue crucificado, es decir fue colgado de una cruz hasta que murió. Este era el castigo que los romanos les imponían a los rebeldes políticos y a los delincuentes de clase baja.

Después de la muerte de Jesús, sus seguidores hicieron una sorprendente afirmación. Anunciaron que Jesús había resucitado de entre los muertos. La tradición cristiana dice que María Magdalena, una de las seguidoras de Jesús, fue la primera en ver a Jesús vivo otra vez. Otros, incluyendo a los discípulos, también contaron haberlo visto. Los discípulos también señalaron su tumba vacía como prueba de que Jesús era el mesías. Estos relatos sobre la **resurrección** de Jesús, es decir, cómo revivió de entre los muertos, dio origen a una nueva religión llamada cristianismo.

✓ Comprobación de lectura **Descripción** ¿Cuáles fueron las principales ideas de las enseñanzas de Jesús durante su vida?

▲ **Según la Biblia, justo antes de su muerte, Jesús reunió a sus discípulos para una comida conocida como La Última Cena.** ***¿Por qué temían los romanos a Jesús?***

Los primeros cristianos

Idea principal **La vida de Jesús y la creencia en su resurrección crearon una nueva religión llamada cristianismo.**

Enfoque en la lectura ¿Has leído alguna vez en las noticias, historias sobre personas que sacrifican sus vidas para ayudar a otros? Lee y aprende sobre el sacrificio que los cristianos creen que Jesús hizo por todos.

Los discípulos de Jesús comenzaron a propagar su mensaje y su resurrección. Hubo pequeños grupos en las ciudades del este del Mediterráneo, en donde se hablaba griego, que aceptaron este mensaje. Algunos eran judíos; otros, no. Los que aceptaron a Jesucristo y a sus enseñanzas pasaron a ser conocidos como cristianos. La palabra *Cristo* viene de *Christos*, que es una palabra griega que significa "mesías".

Los primeros cristianos formaron iglesias o comunidades para profesar su culto y compartir sus enseñanzas. Se reunían en casas, y en muchos casos las dueñas eran mujeres. En estas reuniones, los cristianos oraban y estudiaban la Biblia hebrea. También compartían una comida ritual semejante a La Última Cena para recordar la muerte y la resurrección de Jesús.

Fuente principal

El Sermón de la Montaña

Jesús alentó a sus discípulos con el Sermón de la Montaña.

"Bienaventurados seréis cuando os insulten y os persigan, y digan todo género de mal contra vosotros falsamente, por causa de mi nombre. Regocijaos y alegraos, porque vuestra recompensa en los cielos es grande. Porque así persiguieron a los profetas que fueron antes que vosotros".

—Mateo 5:11–12

▲ Jesús y sus seguidores

PBD Preguntas basadas en los documentos

¿Por qué Jesús les dice a los seguidores que ignoren, e incluso encuentren regocijo, en la persecución?

¿Quiénes fueron Pedro y Pablo? Los **apóstoles**, es decir, los primeros líderes cristianos que ayudaron a establecer las iglesias cristianas y propagaron la palabra de Jesús, jugaron un papel importante en el crecimiento del cristianismo. Quizá los dos apóstoles más importantes fueron **Pedro** y **Pablo.**

Simón Pedro fue un pescador judío. Había conocido a Jesús durante su vida y fue uno de los 12 elegidos por Jesús originalmente para predicar su mensaje. La tradición cristiana cuenta que Pedro fue a Roma tras la muerte de Jesús y ayudó a establecer una iglesia allí. Hoy en día, el líder de los cristianos católicos reside en Roma.

Pablo de Tarso fue otro importante líder cristiano. Él fue un judío instruído y era ciudadano romano. Pablo, al principio, odiaba el cristianismo y persiguió a los cristianos de Jerusalén. El sacerdote máximo judío de Jerusalén lo envió a Damasco, una ciudad de Siria, para detener a los cristianos e impedir que propagaran sus ideas.

Cuando Pablo iba camino a Damasco, tuvo una experiencia poco usual. Según la creencia cristiana, vio una gran luz y oyó la voz de Jesús. De inmediato, Pablo se hizo cristiano, y pasó el resto de su vida predicando el mensaje de Jesús. Pablo viajó muchísimo y fundó iglesias por todo el este del Mediterráneo.

Biografía

Pablo de Tarso

c. 10–65 d.C.

Pablo de Tarso

Sin el apóstol Pablo, el cristianismo podría no haberse convertido en una de las religiones de mayor aceptación en el mundo. Fue Pablo quien difundió la palabra de Jesús a los gentiles, es decir, a los que no eran judíos, y ayudó a que Jesús ganara aceptación como el mesías entre los no judíos.

Pablo era un judío de Tarso, una importante ciudad de Asia Menor. Su padre era ciudadano romano, y su familia se regía por las leyes y reglas de los fariseos, un grupo judío que hacía hincapié en la necesidad de cumplir con las leyes judías. Sus padres lo llamaron Saúl en honor al primer rey de los judíos. El primer oficio que aprendió Saúl fue el de hacer carpas. Cuando tenía alrededor de 10 años, fue enviado a Jerusalén para asistir a una escuela bajo la dirección del afamado maestro fariseo Gamaliel. Saúl recibió una buena educación. Aprendió el idioma y la historia de los romanos, judíos y griegos.

"Con mi ejemplo les he mostrado que es preciso trabajar duro para ayudar a los necesitados".

–Pablo, Hechos 20:35

Cuando Saúl tenía alrededor de veinte años, se opuso y persiguió a los cristianos y su nueva iglesia en Jerusalén. Un día, mientras se dirigía a Damasco, Siria, para encontrar y arrestar a los cristianos, tuvo una visión de Jesús, lo cual lo llevó a aceptar el cristianismo.

Saúl comenzó a usar el nombre latino Pablo después de su conversión al cristianismo. Viajó mucho, predicando y escribiéndoles a los gentiles. También escribió muchas cartas importantes, conocidas como epístolas, a iglesias en Roma, Grecia y en Asia Menor. Estas cartas están incluidas en la Biblia cristiana.

Pablo convenció a muchos de que si morían como cristianos, alcanzarían la vida eterna. Aunque la única reunión que Pablo tuvo con Jesús fue supuestamente en su visión, Pablo visitó más lugares y predicó ante más gente que la mayoría de los apóstoles que habían conocido a Jesús en persona. Pablo trabajó como misionero por casi 35 años. Probablemente fue asesinado cuando el emperador romano Nerón ordenó el arresto y la ejecución de todos los cristianos.

Un libro con las enseñanzas de Pablo

Entonces y ahora

Puedes pensar en algún grupo en la actualidad que sea perseguido por sus creencias religiosas?

▲ Esta pintura muestra al apóstol Pedro predicando ante los seguidores. *¿Cuál era el papel de los apóstoles en la difusión del cristianismo?*

¿En qué creen los cristianos? Desde el comienzo, los cristianos enseñaron que Jesús era el Hijo de Dios y que había venido a salvar a los hombres. Al aceptar a Jesús y sus enseñanzas, las personas podían lograr la **salvación,** es decir, salvarse del pecado y poder entrar al cielo. Al igual que Jesús, después de la muerte resucitarían y se unirían a Dios en la vida eterna.

Por su fe en Jesús, los cristianos comenzaron a entender a Dios de una manera diferente. Como los judíos, los cristianos creían en el Dios de Israel y estudiaban la Biblia hebrea. Sin embargo, la mayoría de los cristianos adoptaron la creencia de que existía un Dios único en tres personas: El Padre, el Hijo y el Espíritu Santo. Esta idea pasó a ser conocida como la Trinidad, que viene de una palabra que significa "tres".

Comprobación de lectura **Identificación**
¿Quiénes eran Pedro y Pablo y por qué fueron importantes?

Historia en línea
Centro de estudios ¿Necesitas ayuda con el material de esta sección? Visita jat.glencoe.com

Repaso de la sección 1

Resumen de la lectura

Repaso de Ideas principales

- Si bien algunos judíos se opusieron al dominio romano en forma pacífica, otros se sublevaron, lo cual motivó que los romanos desterraran a los judíos de Jerusalén.
- Jesús predicó el amor y la misericordia de Dios y ganó muchos seguidores. Después de la crucifixión, sus seguidores aseguraron que él había resucitado de entre los muertos.
- De aquí surgió una nueva religión, el cristianismo, religión basada en las enseñanzas de Jesús y la creencia en su resurrección, que se extendió en la región del Mediterráneo.

¿Qué aprendiste?

1. ¿Qué son las parábolas y por qué las usó Jesús?
2. ¿Qué creen los cristianos que van a lograr aceptando a Jesús y a sus enseñanzas?

Pensamiento crítico

3. **Resumen de información** Diagrama un cuadro como el que aparece a continuación. Agrega detalles para identificar algunas de las creencias cristianas enseñadas por Jesús.

4. **Análisis** ¿Por qué buscaban los judíos un mesías? ¿Cumplió Jesús con las expectativas de la mayoría de los judíos respecto al mesías? Explica.
5. **Explicación** ¿Por qué Jesús fue condenado a muerte?
6. **Redacción explicativa** Escribe un ensayo comparando el cristianismo con una o más religiones que ya hayas estudiado.
7. **Lectura** **Pistas de la secuencia** Haz una lista de cinco palabras de esta sección que sirvan como pistas de la secuencia. Explica de qué manera cada palabra encierra pistas que indican cuándo ocurrió un acontecimiento.

Sección 2

La iglesia cristiana

¡Prepárate para leer!

¿Cuál es la relación?

En la sección anterior, leíste en cuanto a los orígenes del cristianismo. En esta sección, vas a descubrir cómo el cristianismo creció y se organizó.

Enfoque en Ideas principales

- El cristianismo ganó muchos seguidores y con el tiempo se convirtió en la religión oficial del imperio romano. *(página 352)*
- Los primeros cristianos organizaron la iglesia y enseñaron sus creencias. *(página 355)*

Ubicación de lugares

Roma

Conoce a los personajes

Constantino
Elena
Teodosio

Desarrollo de tu vocabulario

perseguir
mártir
jerarquía
clero
laicado
doctrina
evangelio
Papa

Estrategia de lectura

Organización de la información

Completa un diagrama como el que aparece más adelante, mostrando las razones del crecimiento del cristianismo.

Razones para el crecimiento del cristianismo → [ ] → [ ] → [ ]

NATIONAL GEOGRAPHIC ¿Cuándo y dónde?

100 d.C. — 300 d.C. — 500 d.C.

64 d.C. Los romanos comienzan las persecuciones en contra de los cristianos

312 d.C. Constantino acepta el cristianismo

392 d.C. El cristianismo pasa a ser la religión oficial del imperio romano

Una fe que crece

Idea principal **El cristianismo ganó muchos seguidores y con el tiempo se convirtió en la religión oficial del imperio romano.**

Enfoque en la lectura ¿Por qué te parece que a la gente le gusta pertenecer a una comunidad? Lee y aprende sobre las primeras comunidades cristianas.

Durante el primer siglo después de la muerte de Jesús, el cristianismo ganó seguidores en todo el mundo romano. El imperio mismo ayudó a difundir las ideas cristianas. La paz y el orden establecidos por **Roma** permitieron que la gente pudiera viajar con seguridad. Los cristianos utilizaban las rutas romanas, que estaban pavimentadas y en buenas condiciones, para llevar su mensaje a todas partes. Como la mayoría de los habitantes del imperio hablaban latín o griego, los cristianos podían hablar con ellos directamente.

¿Por qué atraían seguidores los cristianos? En primer lugar, el mensaje cristiano le daba significado a la vida de la gente. La religión oficial de Roma le inculcaba a la gente a que honrara al estado y al emperador. El cristianismo, en cambio, llegaba a los pobres y a los desposeídos que llevaban vidas muy duras. Ofrecía esperanza y consuelo.

En segundo lugar, las ideas del cristianismo resultaban familiares para muchos romanos. Ya conocían las otras religiones del este del

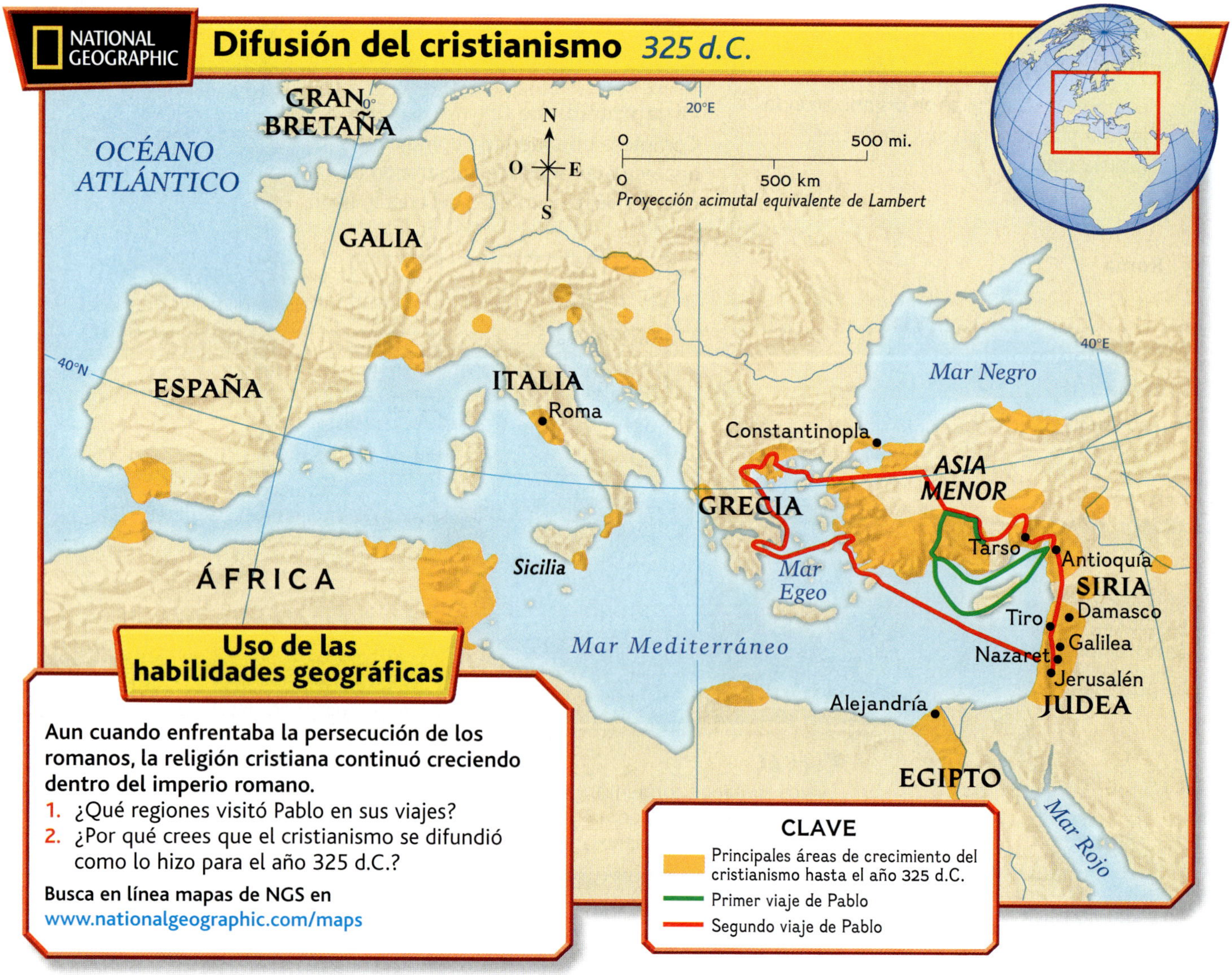

Uso de las habilidades geográficas

Aun cuando enfrentaba la persecución de los romanos, la religión cristiana continuó creciendo dentro del imperio romano.

1. ¿Qué regiones visitó Pablo en sus viajes?
2. ¿Por qué crees que el cristianismo se difundió como lo hizo para el año 325 d.C.?

Busca en línea mapas de NGS en
www.nationalgeographic.com/maps

Mediterráneo. Al igual que esas religiones, la fe cristiana apelaba a las emociones y prometía felicidad después de la muerte.

Finalmente, el cristianismo le daba a la gente la oportunidad de ser parte de un grupo unido por el afecto. Dentro de sus iglesias, los cristianos no sólo profesaban su fe juntos, sino que se ayudaban unos a otros. Cuidaban a los enfermos, a los ancianos, a las viudas y a los huérfanos. Muchas mujeres pensaban que el cristianismo les ofrecía un nuevo papel. Podían organizar una iglesia desde su propia casa, difundir el mensaje de Jesús y ayudar a cuidar a los necesitados.

¿Cómo trataban los romanos a los cristianos?

Con el tiempo, los romanos comenzaron a ver a los cristianos como una amenaza para el gobierno. Normalmente a todos los habitantes del imperio se les permitía profesar su religión libremente, pero los romanos esperaban que todos honraran al emperador como a un dios. Los cristianos, al igual que los judíos, se negaron a hacerlo, pues decían que sólo se venera a Dios. Los cristianos también se negaban a servir en el ejército y a ejercer cargos públicos, y criticaban los festivales y juegos romanos. Como resultado, los romanos veían a los cristianos como traidores que debían ser castigados.

En 64 d.C., el gobierno romano comenzó a **perseguir** o a maltratar a los cristianos. En ese momento, el emperador Nerón acusó a los cristianos de desatar un terrible incendio que destruyó la mayor parte de Roma. El cristianismo fue declarado ilegal y muchos cristianos fueron asesinados.

A esas persecuciones le siguieron otras. Durante estos tiempos difíciles, muchos cristianos se convirtieron en **mártires,** o las personas que están dispuestas a sacrificar su vida antes que sus creencias. En Roma, debido a sus convicciones, los cristianos fueron obligados a enterrar a sus muertos en catacumbas o en lugares de entierro subterráneos.

A pesar de todas las dificultades, el cristianismo se extendió. Con el tiempo, incluso

NATIONAL GEOGRAPHIC

Cómo eran las cosas

Enfoque en la vida cotidiana

Las catacumbas cristianas Los cristianos creían en la resurrección, la idea de que el cuerpo algún día se reuniría con el alma. Por eso, no permitían que los cadáveres fueran cremados, tal como lo indicaba la costumbre romana. Además, la ley romana no permitía que se diera sepultura a los muertos sobre la tierra. Por lo tanto, a partir del siglo II d.C., los cristianos comenzaron a enterrar a sus muertos debajo de la ciudad de Roma en una serie de túneles oscuros, fríos y malolientes llamados catacumbas.

Cada túnel tenía aproximadamente 8 pies (2.4 m) de altura y menos de 3 pies (1 m) de ancho. Los cuerpos se apilaban a los costados de los túneles. Las paredes de las catacumbas estaban pintadas con imágenes de la Biblia o de la mitología griega o romana.

Más de cinco millones de cuerpos fueron enterrados bajo las calles y los edificios romanos. Muchos de los cristianos enterrados allí fueron mártires que habían muerto por sus ideales.

◀ Catacumbas cristianas en Roma

Conexión con el pasado

1. ¿Por qué enterraban los cristianos a sus muertos en las catacumbas?
2. ¿Qué habilidades serían necesarias, en tu opinión, para planificar y cavar las catacumbas?

comenzó a atraer a gente de todas las clases. Después del año 250 d.C., muchos romanos se cansaron de las guerras y temieron por el fin del imperio. Comenzaron a admirar la fe y el coraje de los cristianos. Al mismo tiempo, muchos cristianos comenzaron a aceptar el imperio.

Roma adopta el cristianismo A comienzos del siglo IV d.C., el emperador Diocleciano llevó a cabo la última gran persecución contra los cristianos. Pero Diocleciano fracasó, y los funcionarios romanos comenzaron a darse cuenta de que el cristianismo se había vuelto demasiado fuerte como para destruirlo por la fuerza.

Entonces, en 312 d.C., el emperador romano **Constantino** aceptó el cristianismo. Según la tradición, Constantino vio una cruz en llamas en el cielo cuando se preparaba a ir a la batalla. Escrito debajo de la cruz, estaba el siguiente mensaje, en latín: "con este signo vencerás". Constantino ganó la batalla y quedó convencido de que el Dios Cristiano lo había ayudado.

En 313 d.C., Constantino emitió una orden llamada el Edicto de Milán. El edicto concedía la libertad religiosa para todos y legalizaba el cristianismo. Constantino comenzó a suministrar apoyo gubernamental al cristianismo. Con la ayuda de su madre, **Elena,** construyó iglesias en Roma y en Jerusalén. También les permitió a los clérigos ocupar cargos de gobierno y los excusó del pago de impuestos.

El sucesor de Constantino, el emperador **Teodosio,** declaró al cristianismo como la religión oficial de Roma en el año 392 d.C. Al mismo tiempo, prohibió otras religiones.

Comprobación de lectura **Explicación** ¿Por qué veían los romanos a los cristianos como traidores?

La conversión de Constantino

▼ **Constantino llevó sus tropas a la victoria en la Batalla de Puente Milvio después de su conversión al cristianismo. Los enemigos de Constantino fueron derrotados cuando un puente construido con botes se derrumbó bajo su peso. Los símbolos *X* y *P* pintados en los escudos de los soldados representaban las iniciales griegas de *Jesucristo*. *¿De qué manera el Edicto de Milán de Constantino sirvió de apoyo al cristianismo?***

La iglesia primitiva

Idea principal **Los primeros cristianos organizaron la iglesia y enseñaron sus creencias.**

Enfoque en la lectura ¿De qué manera puede una buena organización marcar la diferencia entre el éxito y el fracaso de un plan o proyecto? Lee de qué forma los primeros cristianos organizaron las iglesias y decidieron qué debían incluir en la Biblia.

En estos primeros años, el cristianismo tenía una organización poco estricta. Los líderes, como Pablo, viajaban de una comunidad cristiana a otra. Intentaban unificar a estos grupos desperdigados. En sus enseñanzas, enfatizaban que los diferentes grupos de cristianos eran parte de un solo organismo llamado la iglesia. Sin embargo, los cristianos primitivos enfrentaban un desafío. ¿Cómo harían para unirse?

Organización de la iglesia Los primeros cristianos recurrieron a un modelo sorprendente para organizar la iglesia: el propio imperio romano. Al igual que en el imperio romano, el gobierno de la iglesia quedó establecido como una **jerarquía.** Una jerarquía es una organización con diferentes niveles de autoridad.

El **clero** eran los líderes de la iglesia. Tenían diferentes papeles que el **laicado,** es decir, los miembros corrientes de la iglesia. A medida que creció la organización de la iglesia, a las mujeres no se les permitió servir en el clero. Sin embargo, como laicas, continuaron cuidando a los enfermos y a los necesitados.

Alrededor del año 300 d.C., las iglesias locales eran dirigidas por miembros del clero llamados sacerdotes. Muchas iglesias formaban una diócesis, las cuales estaban a cargo de un obispo. A veces, los obispos de una diócesis en una ciudad asumían la responsabilidad para toda la región, y se convertían en arzobispos. Los cinco arzobispos principales eran conocidos como patriarcas. Ellos estaban al frente de las iglesias de las grandes ciudades y estaban a cargo de grandes territorios.

Los obispos explicaban las creencias cristianas. También se ocupaban de los asuntos de la iglesia. De vez en cuando, los obispos se reunían para debatir cuestiones relativas a la fe cristiana. Las conclusiones a las que llegaban en estas reuniones eran aceptadas como la **doctrina,** es decir, como las enseñanzas oficiales de la iglesia.

¿Qué es el Nuevo Testamento? Junto con las explicaciones de las ideas cristianas, los líderes de la iglesia conservaron un registro por escrito de la vida de Jesús y recopilaron un conjunto de escritos como guía para los cristianos. Jesús no había dejado ningún escrito propio. Pero sus seguidores transmitieron lo que sabían de él. Hacia el año 300 d.C., existían cuatro relatos de la vida, las enseñanzas y la resurrección de Jesús que eran muy conocidos. Los cristianos creían que estos relatos habían sido escritos por los primeros seguidores de Jesús: Mateo, Marcos, Lucas y Juan.

Cada obra recibió el nombre de **evangelio,** que significa "buenas nuevas". Más tarde, los cristianos combinaron los cuatro evangelios con los escritos de Pablo y otros líderes de la primera época del cristianismo. Juntas, estas obras forman el Nuevo Testamento de la Biblia.

Otros escritos importantes también tuvieron influencia sobre los primeros cristianos.

San Mateo escribió uno de los cuatro evangelios del Nuevo Testamento de la Biblia. ***¿Cuál es el tema de los evangelios de Mateo, Marcos, Lucas y Juan?***

Algunos eruditos conocidos como los Padres de la iglesia escribieron libros en los que explicaban las enseñanzas de la iglesia. Uno de los principales Padres de la iglesia fue un obispo del norte de África llamado Agustín. En sus escritos, Agustín defendía al cristianismo frente a sus oponentes. Escribió *La ciudad de Dios*, uno de los primeros libros de historia escritos desde un punto de vista cristiano. Además, escribió una obra llamada *Confesiones*. Era un relato de su travesía personal por la fe cristiana.

¿Quién es el Papa? A medida que la iglesia crecía, el obispo de Roma, que además era el patriarca de Occidente, comenzó a asumir el poder sobre los otros obispos. Creía tener la autoridad de Pedro, el principal discípulo de Jesús. Además, su diócesis estaba en Roma, la capital del imperio.

Para el año 600 d.C., el obispo de Roma ya había obtenido el título especial de **Papa.** Este título viene de una palabra en latín que significa "padre". Los cristianos que hablaban latín aceptaron al Papa como jefe de la iglesia. Sus iglesias se llegaron a conocer como la iglesia Católica Romana. Los cristianos que hablaban griego no aceptaron la autoridad del Papa sobre ellos. En la siguiente sección vas a leer acerca de los cristianos en el imperio romano de oriente y su forma de cristianismo.

Comprobación de lectura **Identificación** ¿Cuáles son los evangelios y por qué son significativos?

Historia en línea

Centro de estudios ¿Necesitas ayuda con el material de esta sección? Visita jat.glencoe.com

Repaso de la sección 2

Resumen de la lectura

Repaso de Ideas principales

- Después de que sus seguidores sufrieron persecución por parte de los romanos durante varios siglos, el cristianismo se convirtió en la religión oficial del imperio romano bajo el emperador Teodosio.
- A medida que el cristianismo crecía, la iglesia se hacía más unida bajo una jerarquía de líderes. Los escritos cristianos fueron reunidos en el Nuevo Testamento de la Biblia.

¿Qué aprendiste?

1. ¿Qué es un mártir?
2. ¿Qué escritos están incluidos en el Nuevo Testamento de la Biblia?

Pensamiento crítico

3. **Organización de la información** Prepara un cuadro como el que sigue. Complétalo con detalles sobre los efectos de cada emperador mencionado sobre la aceptación y el crecimiento del cristianismo.

Emperadores romanos		
Diocleciano	Constantino	Teodosio

4. **Análisis** Tras la muerte de Jesús, ¿por qué logró el cristianismo atraer a más seguidores?
5. **Análisis** ¿Por qué te parece que la iglesia cristiana llegó a ser dirigida por una jerarquía?
6. **Conclusiones** ¿Crees que la religión cristiana se habría diseminado tan fácilmente si se hubiera desarrollado en otra época que no fuera la del imperio romano?
7. **Formulación de preguntas** Formula cinco preguntas que hubiese hecho un periodista de la época a Constantino en un reportaje sobre el cristianismo.

Biografía

San Agustín

354–430 d.C.

▲ San Agustín

Agustín nació en el norte de África, en el territorio de lo que hoy es Argelia, en una familia de clase alta. Su madre era cristiana pero su padre no. Su padre lo envió a la ciudad de Cartago en el norte de África para que fuera a buenas escuelas. Aunque daba la impresión de ser un estudiante sobresaliente, Agustín dijo más tarde que había tomado malas decisiones durante sus años escolares.

Cuando Agustín completó sus estudios, regresó a su casa para enseñar gramática. Su madre trató nuevamente de convencerlo de la verdad del cristianismo, pero él se había unido a un grupo de críticos de los cristianos. Según los escritos de Agustín, su madre quedó muy apenada hasta que en una visión tuvo la promesa de que su hijo aceptaría en algún momento el cristianismo.

"Aun estando triste, recuerdo mis momentos de alegría".

–San Agustín, *Confesiones*

Agustín viajó por muchas ciudades, a menudo enseñando retórica (el arte de hablar bien). Finalmente llegó a Milán, Italia. Allí escuchó al obispo de Milán, Ambrosio, predicar, no porque le gustara el mensaje, sino porque admiraba la manera en que Ambrosio se expresaba. Lentamente, Agustín comenzó a reflexionar sobre los mensajes de los sermones de Ambrosio. Un día en el año 386 d.C., Agustín oyó la voz de un niño que le decía: "Toma y lee". Cerca había una copia de las epístolas de Pablo. Comenzó a leer las cartas y decidió que creía en los mensajes del cristianismo. Pronto, Agustín fue bautizado y fundó un monasterio, probablemente el primer monasterio en esa área del norte de África. Más tarde, Agustín se convirtió en un obispo. Escribió sobre su vida en el año 401 d.C. en el libro *Confesiones*.

▲ Bendición del Papa a San Agustín

Entonces y ahora

Investiga y averigua de qué manera el cristianismo influyó sobre el desarrollo de Estados Unidos. Indica ejemplos de la manera en que ha afectado al gobierno, a la sociedad y a la economía.

Sección 3

La difusión de las ideas cristianas

¡Prepárate para leer!

¿Cuál es la relación?

En la sección anterior, leíste sobre el crecimiento de la iglesia cristiana. En esta sección vas a aprender sobre una gran división que soportó la iglesia y cómo los cristianos propagaron su fe a nuevas tierras.

Enfoque en Ideas principales

- La iglesia y el gobierno funcionaban en estrecho contacto en el imperio bizantino. *(página 359)*
- Los cristianos fundaron nuevas comunidades e hicieron llegar su fe a varios lugares de Europa. *(página 361)*

Ubicación de lugares

imperio bizantino
Gran Bretaña
Irlanda

Conoce a los personajes

Carlomagno
Basilio
Benedicto
Cirilo
Patricio

Desarrollo de tu vocabulario

icono
iconoclasta
se excomulgaron
cisma
monasterio
misionero

Estrategia de lectura

Organización de la información

Crea un diagrama para mostrar el alcance de las misiones cristianas.

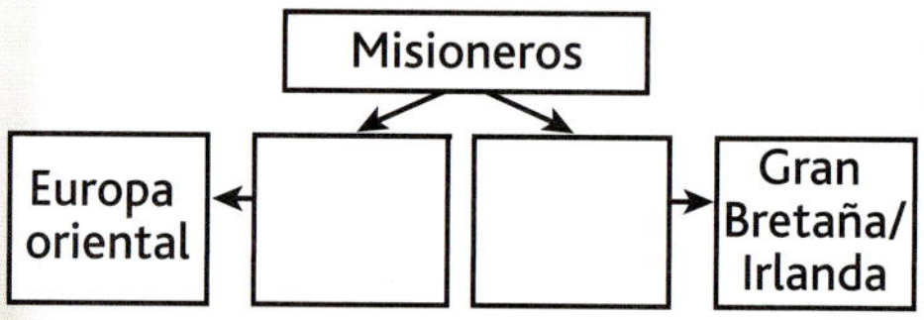

NATIONAL GEOGRAPHIC ¿Cuándo y dónde?

400 d.C. — 800 d.C. — 1200 d.C.

- **c. 450 d.C.** Patricio predica el cristianismo en Irlanda
- **726 d.C.** El emperador León III retira los iconos de las iglesias
- **1054 d.C.** La Iglesia Ortodoxa de Oriente y la Iglesia Católica Romana se separan

La iglesia bizantina

Idea principal **La iglesia y el gobierno funcionaban en estrecho contacto en el imperio bizantino.**

Enfoque en la lectura En nuestro país, la religión y el gobierno están separados. Lee y aprende sobre las relaciones entre la religión y el gobierno en el imperio bizantino.

Como ya aprendiste anteriormente, la iglesia de Roma sobrevivió a la caída del imperio romano de occidente. Su jefe, el Papa, se convirtió en el líder más fuerte de Europa occidental. Bajo la dirección del Papa, las iglesias latinas de la región pasaron a ser conocidas como la Iglesia Católica Romana. En el oriente, en cambio, el imperio romano continuó. Se transformó en el **imperio bizantino.** Al igual que los católicos romanos en el occidente, los bizantinos desarrollaron su propia forma de cristianismo. Se basaba en el legado griego y se llegó a conocer como la Iglesia Ortodoxa de Oriente.

Iglesia y estado La iglesia y el gobierno funcionaban en contacto muy estrecho con el imperio bizantino. Los bizantinos creían que su emperador representaba a Jesucristo en la tierra. El emperador era coronado en una ceremonia religiosa.

El emperador también elegía al patriarca de Constantinopla, quien era la autoridad mayor oficial de la iglesia en el imperio bizantino. De esta manera, el emperador controlaba tanto la iglesia como el gobierno. Los bizantinos creían que Dios quería que ellos preservaran y difundieran el cristianismo. Todas las autoridades de la iglesia y del gobierno se habían unido para este fin.

Historia en línea

Actividad en línea Visita el sitio jat.glencoe.com y haz clic en *Chapter 10—Student Web Activity* para aprender más acerca del surgimiento del cristianismo.

Debates religiosos Los bizantinos, desde el emperador hasta el campesino más humilde, se interesaban mucho por los temas religiosos. Tanto en casas como en comercios, se debatía en cuanto a cuestiones religiosas. Por ejemplo, a los bizantinos les encantaba debatir la relación exacta entre Jesús y Dios.

En el siglo VIII d.C., una seria disputa dividió a la iglesia en el imperio bizantino. El debate giraba alrededor del uso de los **iconos.** Los iconos son dibujos o imágenes de Jesús, María (la madre de Jesús), y los santos o personajes sagrados de los cristianos. Muchos bizantinos veneraban a los iconos. Cubrían las paredes de sus iglesias con iconos. Incluso se creía que los iconos más importantes hacían milagros.

Sin embargo, algunos bizantinos querían darle fin al uso de los iconos. Pensaban que honrarlos constituía una forma de idolatría, prohibida por Dios. Los que estaban a favor de

▼ **Este quemador de incienso bizantino de oro tiene forma de iglesia.** ***¿Cómo se le llamaba a la iglesia cristiana que se desarrolló en el imperio bizantino?***

▲ **Este icono hecho en madera muestra al arcángel San Gabriel, el mensajero de Dios, según la Biblia.** ***¿Qué razones se dieron para apoyar el uso de iconos?***

La cruz bizantina ▶

los iconos, sin embargo, alegaban que eran símbolos de la presencia de Dios en la vida cotidiana. Estas imágenes, según ellos, también ayudaban a explicarle el cristianismo a la gente.

El emperador León III no aprobaba el uso de los iconos. En el año 726 d.C., ordenó que se quitaran todos los iconos de las iglesias. A los funcionarios del gobierno que se encargaban de llevar a cabo la tarea ordenada se les conoció como **iconoclastas,** o destructores de imágenes. Hoy en día se usa esta palabra para designar a alguien que ataca las creencias o instituciones tradicionales.

La mayoría de los bizantinos, muchos líderes eclesiásticos e incluso el Papa desde Roma se opusieron a la orden del emperador. De hecho, la disputa por el tema de los iconos dañó los lazos entre las iglesias de Roma y Constantinopla. Durante el siglo siguiente, el debate se apaciguó y el uso de iconos volvió a ser aceptado. Todavía son una parte importante de la práctica religiosa en la ortodoxia de oriente.

Conflictos entre las iglesias El tema de los iconos no fue el único que causó resentimiento entre las iglesias de Constantinopla y Roma. La discusión más importante se relacionaba con la conducción de las iglesias. El Papa decía que él era el jefe de todas las iglesias cristianas. Pero los bizantinos no aceptaban lo que decía el Papa. Ellos creían que el patriarca de Constantinopla y otros obispos gozaban de la misma autoridad que el Papa.

Y lo que era peor, a veces algunas iglesias se negaban a ayudar a otras cuando eran atacadas por extraños. Hacia fines del siglo VIII d.C., el emperador bizantino se negó a ayudar al Papa cuando se invadió a Italia. Entonces, el Papa recurrió a un pueblo bárbaro (o germánico) llamado los francos para obtener ayuda. Los francos era católicos romanos leales al Papa.

El Papa quedó agradecido con los francos por haber frenado la invasión. En el año 800 d.C., le dio al rey de los francos, **Carlomagno,** el título de emperador. Esto enojó a los bizantinos, porque para ellos el líder de los bizantinos era el único y verdadero emperador.

Este conflicto subrayó las diferencias sobre cómo veía cada iglesia las relaciones con el gobierno. En el imperio bizantino, el emperador estaba al mando y los líderes eclesiásticos respetaban sus deseos. En el Occidente, en cambio, el Papa pretendía concentrar el poder espiritual y político. A menudo se enfrentaba con diversos reyes por temas eclesiásticos y gubernamentales.

Finalmente, tras siglos de tensión, el Papa y el patriarca de Constantinopla dieron un paso drástico en su conflicto de larga data. En el año 1054 d.C., **se excomulgaron** mutuamente. Excomulgar significa declarar a una persona o grupo fuera de la iglesia. Esto dio comienzo a un **cisma,** o separación, de las dos ramas más importantes del cristianismo. La división entre la Iglesia Católica Romana y la Ortodoxa de Oriente llega hasta nuestros días.

Comprobación de lectura **Descripción** ¿De qué manera funcionaban juntos la iglesia y el gobierno en el imperio bizantino?

Las ideas cristianas se propagan

Idea principal **Los cristianos fundaron nuevas comunidades e hicieron llegar su fe a varios lugares de Europa.**

Enfoque en la lectura ¿Alguna vez has tratado de hacer que alguien crea en algo que tú crees? Lee para aprender de qué manera los cristianos difundieron su fe por toda Europa.

Tras la caída de Roma, había un clima de confusión y conflicto en Europa occidental. Como consecuencia, la gente buscaba orden y unidad. El cristianismo los ayudó a satisfacer esta necesidad. Se extendió rápidamente por los territorios que anteriormente habían sido parte del imperio romano. También trajo consigo

NATIONAL GEOGRAPHIC

Difusión del cristianismo *325–1100 d.C.*

Uso de las habilidades geográficas

Para el año 1100 d.C., el cristianismo se había extendido por toda Europa, hacia el este y el oeste, y hacia el norte hasta llegar a Escandinavia.

1. ¿En qué período se extendió el cristianismo por Gran Bretaña?
2. ¿Cuáles fueron las últimas regiones en convertirse al cristianismo?

nuevas corrientes de pensamiento y nuevas formas de vida a esos lugares.

¿Qué son los monasterios? Durante el siglo IV d.C., nació un nuevo grupo religioso en el imperio romano de Oriente. Comenzaron a aparecer hombres llamados monjes que se agrupaban en comunidades religiosas llamadas **monasterios.** Algunos monasterios se construyeron cerca de ciudades, mientras que otros se levantaron en lugares apartados.

Uno de los primeros monjes fue Antonio, quien fundó un monasterio en los desiertos de Egipto. Los monjes trataban de vivir una vida espiritual, alejada de las tentaciones del mundo. Muchos también trataban de realizar buenas acciones y de ser ejemplos de la vida cristiana. Las mujeres pronto siguieron el ejemplo de los monjes y formaron sus propias comunidades. A estas mujeres se les llamaba monjas, y vivían en conventos.

A comienzos del siglo V d.C., Paula, una viuda romana, donó sus riquezas y se fue a Palestina. Allí, construyó iglesias, un hospital y un convento. Paula, que era una mujer de sólida instrucción, ayudó a un erudito llamado Jerónimo a traducir la Biblia del hebreo y griego al latín.

Enlaces entre el pasado y el presente

Misioneros

ENTONCES Los apóstoles, los monjes y las monjas fueron los encargados de difundir el cristianismo por todo el oeste asiático y por el imperio romano. Pablo de Tarso recorrió Grecia, Turquía y Damasco para poderse comunicar con los judíos y con los gentiles y predicarles el mensaje cristiano. Los monjes y las monjas se dedicaron a servir como misioneros, además de prestar servicios a la comunidad tales como cuidados médicos y educación.

▼ Un misionero católico en Senegal

▲ Monjes benedictinos

AHORA Los misioneros de muchas religiones diferentes trabajan hoy en día por todo el mundo. Ellos comparten su mensaje religioso y a la vez ayudan a los pobres y a los enfermos. Muchos no son monjes ni monjas. Algunas personas se ofrecen como voluntarias para trabajar como misioneros y emprenden viajes que pueden durar semanas y hasta meses. ***¿Te interesaría trabajar como misionero? ¿Por qué sí o por qué no?***

Un obispo llamado **Basilio** hizo una lista de reglas que debían ser seguidas por los monjes y monjas. Esta lista, denominada reglas basílicas, se convirtió en el modelo de la vida religiosa ortodoxa de oriente.

En el occidente, se seguía otro reglamento, escrito por un monje italiano llamado **Benedicto.** Los monjes que se apegaron a las reglas benedictinas abandonaron sus pertenencias, para llevar una vida simple, dedicada al trabajo y a la oración. Del mismo modo que las reglas de Basilio en oriente, las reglas de Benedicto se convirtieron en el modelo para monasterios y conventos en todo el occidente. Las comunidades basílicas y benedictinas todavía existen hoy en día.

Los monjes y las monjas comenzaron a jugar un papel importante tanto en la vida católica romana como en la ortodoxa de oriente. Ellos se encargaron de dirigir hospitales y escuelas y de prestar asistencia a los pobres. También ayudaron a preservar escritos griegos y romanos. Un deber importante era el de servir como **misioneros.** Los misioneros les enseñan su religión a aquellos que no creen.

El cristianismo se extiende hacia el norte

Entre las misiones bizantinas más exitosas están las de dos hermanos, **Cirilo** y Metodio. Ellos llevaron el mensaje cristiano a los eslavos, un pueblo de Europa oriental.

Alrededor del año 863 d.C., Cirilo inventó un nuevo alfabeto. Quería presentar el mensaje cristiano en las lenguas eslavas. Creía que la gente se interesaría más por el cristianismo si tuviera la posibilidad de adorar a Dios y leer la Biblia en su propio idioma. El alfabeto cirílico se basó en las letras griegas. Todavía hoy lo utilizan los rusos, ucranianos, serbios y búlgaros.

Los misioneros ortodoxos de oriente recorrieron las tierras que servían como límite norte del imperio bizantino. Al mismo tiempo, otros misioneros de Roma también estaban ocupados.

Alfabeto cirílico

Letra cirílica	Nombre escrito	Sonido en inglés
Б	beh	B
Г	guey	G
Ж	zheh	ZH
М	em	M
П	pey	P
С	ess	S
Ф	ef	F
Ч	cheh	CH

Cirilo, un misionero bizantino, desarrolló el alfabeto cirílico, parte del cual aparece arriba. ***¿Qué pueblos todavía usan el alfabeto cirílico en la actualidad?***

El cristianismo se extiende hacia el oeste

En el occidente, los misioneros cristianos se encaminaron hacia las islas de **Gran Bretaña** e **Irlanda.** En el siglo IV d.C., los soldados romanos de Gran Bretaña fueron convocados para defender el imperio de los invasores bárbaros. Tras la partida de los romanos, Gran Bretaña quedó a merced de cualquier ataque.

A comienzos del siglo V d.C., las tribus de lo que hoy es Alemania y Dinamarca invadieron a Gran Bretaña. Estos pueblos fueron los anglos y los sajones. Estos grupos se unieron para convertirse en los anglosajones. Formaron poblados y se establecieron en muchos pequeños reinos. El sur de Gran Bretaña pasó a ser conocido como Angleland, o Inglaterra.

Al invadir Gran Bretaña, los anglos y los sajones tomaron las tierras de los pueblos que estaban viviendo allí. Estos habitantes eran los celtas. Algunos celtas huyeron a las regiones montañosas de Gran Bretaña. Otros fueron a Irlanda.

En el siglo V d.C., un sacerdote llamado **Patricio** trajo el cristianismo a Irlanda, en donde estableció un número de monasterios e iglesias. En los siglos siguientes, los monjes irlandeses jugaron un papel muy importante en la preservación de las enseñanzas cristianas y romanas.

Gregorio era monje antes de que se convirtiera en el Papa Gregorio I a finales del siglo VI. ***¿Qué impacto tuvo Gregorio en el cristianismo en Inglaterra?***

Los reinos anglosajones de Gran Bretaña fueron más lentos para aceptar la nueva religión. En el año 597 d.C., el Papa Gregorio I envió alrededor de 40 monjes de Roma para que llevaran el cristianismo a Inglaterra.

Los misioneros convirtieron a Etelberto, el gobernante del reino inglés de Kent. Etelberto les permitió a los misioneros construir una iglesia en la ciudad capital de Canterbury. En el plazo de aproximadamente 100 años, casi toda Inglaterra era cristiana. Hoy, Canterbury sigue siendo un importante centro del cristianismo en Inglaterra.

Comprobación de lectura **Análisis** ¿Por qué son importantes Basilio y Benedicto?

Historia en línea

Centro de estudios ¿Necesitas ayuda con el material de esta sección? Visita jat.glencoe.com

Repaso de la sección 3

Resumen de la lectura

Repaso de Ideas principales

- En el imperio bizantino, el cristianismo se desarrolló en la forma de la Iglesia Ortodoxa de Oriente, que con el tiempo se separó de la Iglesia Católica Romana en el occidente.
- Los misioneros de las Iglesias Ortodoxa y Católica contribuyeron a difundir el cristianismo a lugares como Europa oriental, Irlanda y Gran Bretaña.

¿Qué aprendiste?

1. ¿Qué son los iconos y por qué provocó su uso controversia?
2. ¿Qué papeles jugaron los monjes y las monjas en la vida Católica Romana y Ortodoxa de Oriente?

Pensamiento crítico

3. **Causa y efecto** Dibuja un diagrama para mostrar las causas que llevaron al cisma entre la Iglesia Católica Romana y la Ortodoxa.

Causa:	Efecto: Las Iglesias Católica Romana y Ortodoxa de Oriente se separan
Causa:	
Causa:	

4. **Descripción** ¿De qué manera logró Cirilo hacer llegar el mensaje cristiano a los eslavos?
5. **Explicación** ¿Qué papel jugó el rey de los francos Carlomagno en el cisma entre la iglesia romana y la ortodoxa?
6. **Análisis** ¿Por qué te parece que las reglas basílicas y benedictinas fueron puestas en práctica por monjes?
7. **Redacción explicativa** Escribe un artículo de diario que describa la difusión del cristianismo hacia Irlanda y Gran Bretaña.

Capítulo 10 Repaso de lectura

Sección 1 Los primeros cristianos

Vocabulario
- **mesías**
- **discípulo**
- **parábola**
- **resurrección**
- **apóstol**
- **salvación**

Enfoque en Ideas principales
- El dominio romano en Judea empujó a algunos judíos a oponerse pacíficamente a Roma, mientras que otros se rebelaron. *(página 343)*
- Jesús de Nazaret predicó sobre el amor y el perdón de Dios. Más tarde fue crucificado y según relatos resucitó de entre los muertos. *(página 344)*
- La vida de Jesús y la creencia en su resurrección crearon una nueva religión llamada cristianismo. *(página 348)*

Sección 2 La iglesia cristiana

Vocabulario
- **perseguir**
- **mártir**
- **jerarquía**
- **clero**
- **laicado**
- **doctrina**
- **evangelio**
- **Papa**

Enfoque en Ideas principales
- El cristianismo ganó muchos seguidores y con el tiempo se convirtió en la religión oficial del imperio romano. *(página 352)*
- Los primeros cristianos organizaron la iglesia y enseñaron sus creencias. *(página 355)*

San Mateo ▶

Sección 3 La difusión de las ideas cristianas

Vocabulario
- **icono**
- **iconoclasta**
- **se excomulgaron**
- **cisma**
- **monasterio**
- **misionero**

Enfoque en Ideas principales
- La iglesia y el gobierno funcionaban en estrecho contacto en el imperio bizantino. *(página 359)*
- Los cristianos fundaron nuevas comunidades e hicieron llegar su fe a varios lugares de Europa. *(página 361)*

Capítulo 10

Evaluación y actividades

Repaso del vocabulario

1. Escribe un párrafo acerca de las creencias básicas del cristianismo usando las siguientes palabras.

mesías	**salvación**
resurrección	**evangelio**

Escribe la palabra del vocabulario que completa cada oración. Luego escribe una oración con cada palabra que no hayas seleccionado.

a. laicado	e. parábolas
b. misioneros	f. cisma
c. mártires	g. apóstol
d. iconoclastas	h. Papa

2. Jesús contó historias simbólicas llamadas ___.
3. El Obispo de Roma fue llamado el ___.
4. El/La ___ de las iglesias cristianas tuvo lugar en el 1054 d.C.
5. Los cristianos que morían por su fe eran ___.

Repaso de las ideas principales

Sección 1 • Los primeros cristianos

6. ¿Cómo reaccionó Jesús ante el gobierno romano en Judea?
7. ¿En qué se basa el cristianismo?

Sección 2 • La iglesia cristiana

8. ¿Cómo fue que el imperio romano finalmente reconoció el cristianismo?
9. ¿Qué hicieron los primeros cristianos para organizar su religión?

Sección 3 • La difusión de las ideas cristianas

10. ¿Cómo era la relación entre la iglesia y el gobierno durante el imperio bizantino?
11. ¿Cómo y cuándo se expandió la religión cristiana?

Pensamiento crítico

12. **Análisis** ¿Por qué piensas que los seguidores de Jesús recordaban mejor sus enseñanzas cuando usaba parábolas?
13. **Contraste** ¿En qué se diferenciaban los judíos y los cristianos en lo que se refiere a sus creencias acerca de Jesús y su mensaje?
14. **Predicción** ¿Cómo habría sido afectado el crecimiento del cristianismo si el emperador Constantino no se hubiera convertido al cristianismo?

Repaso

Habilidad de lectura — Pistas de secuencia

Búsqueda de pistas de secuencia

Encuentra las palabras en cada oración que te ayuden a identificar el orden en que ocurrieron los acontecimientos.

15. Al mismo tiempo, muchos cristianos comenzaron a aceptar el imperio.
16. Cuando Pablo iba camino a Damasco, tuvo una experiencia poco usual.
17. Todavía hoy lo utilizan los rusos, ucranianos, serbios y búlgaros.
18. El sur de Gran Bretaña pasó a ser conocido como Angleland, o Inglaterra.
19. Después de la muerte de Jesús, sus seguidores hicieron una sorprendente afirmación.
20. Al principio, gobernaban a través de los reyes judíos.

Para revisar esta habilidad, consulta las páginas 340–341.

Habilidades geográficas

Estudia el mapa que figura a continuación y responde a las siguientes preguntas.

21. **Interacción del hombre con el medio ambiente** ¿Qué características geográficas piensas que ayudaron a difundir el cristianismo?
22. **Ubicación** Para el año 325 d.C., ¿a qué continentes se había expandido el cristianismo?
23. **Región** ¿Por qué crees que las ciudades de Judea eran centros tan importantes del cristianismo?

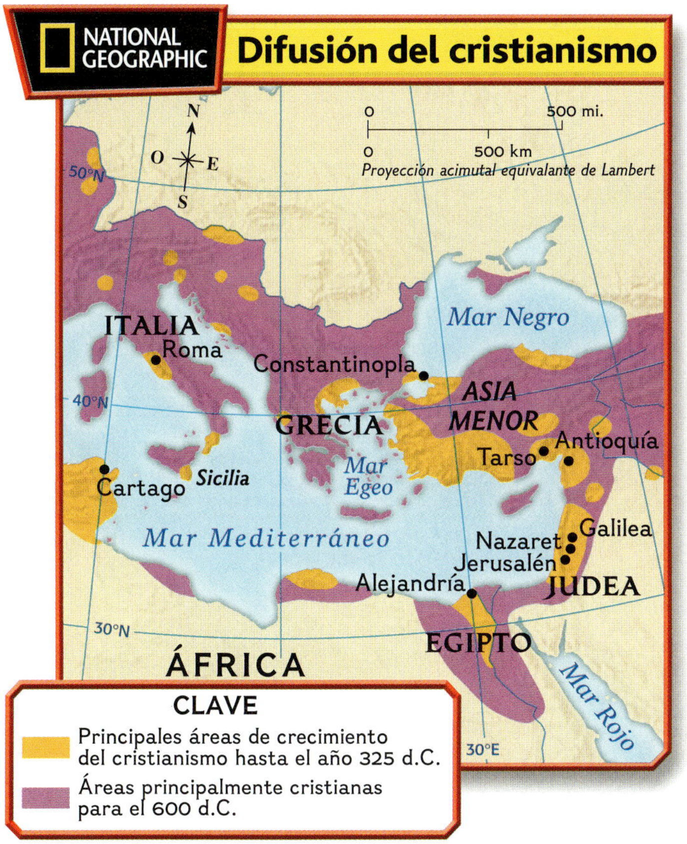

Leer para escribir

24. **Redacción creativa** Reescribe la parábola del Buen Samaritano como si hubiera ocurrido en la actualidad. Lee la parábola a tus compañeros y explica cualquier cambio en el significado que haya ocurrido con la modernización.
25. **Uso de tus PLEGABLES™** Usa tu plegable para escribir tres oraciones que resuman las ideas principales de este capítulo. Comparte las oraciones con tus compañeros y escucha las de ellos. Luego vota por la que creas que resume mejor el capítulo.

Historia en línea

Prueba de autocomprobación Para ayudarte a preparar el examen de este capítulo, visita jat.glencoe.com

Uso de tecnología

26. **Repaso de medios** Usa un video o reproductor de DVD para ver una de las muchas películas que se hicieron sobre la vida de Jesús o el impacto del cristianismo sobre los habitantes del imperio romano. Algunos ejemplos son *Ben Hur, The Robe (El manto sagrado), The Silver Chalice (El cáliz de plata)*, y *The Greatest Story Ever Told (La más grande historia jamás contada)*. Después de verla, escribe una crítica sobre ella. Basado en lo que aprendiste sobre el imperio romano y el cristianismo, ¿es realista la película? ¿Cómo presenta a Jesús, sus primeros seguidores, los diferentes grupos judíos de Judea y los romanos? Comparte tu crítica con tus compañeros.

Enlaces entre el pasado y el presente

27. **Reconocimiento de patrones** Realiza una investigación para saber cuánta gente en el mundo es cristiana, judía, budista, hindú y musulmana. También registra los países dónde vive la gente que practica cada religión. ¿Qué notas sobre las religiones en las diferentes regiones del mundo?

Fuente principal Análisis

Benedicto escribió sobre la importancia de mantenerse ocupado.

"El ocio [inactividad] es el enemigo del alma. Por lo tanto, los hermanos deben estar ocupados en ciertos momentos determinados con sus labores, y en otros momentos determinados con lecturas sagradas".

—Benedicto, *El precepto*, "Of the Daily Manual Labour" (De la labor manual diaria)

PBD Preguntas basadas en los documentos

28. ¿Qué quiere decir Benedicto cuando dice que la inactividad es "enemigo del alma"?
29. ¿Qué crees que sigue a estas líneas?

Capítulo 11

La civilización islámica

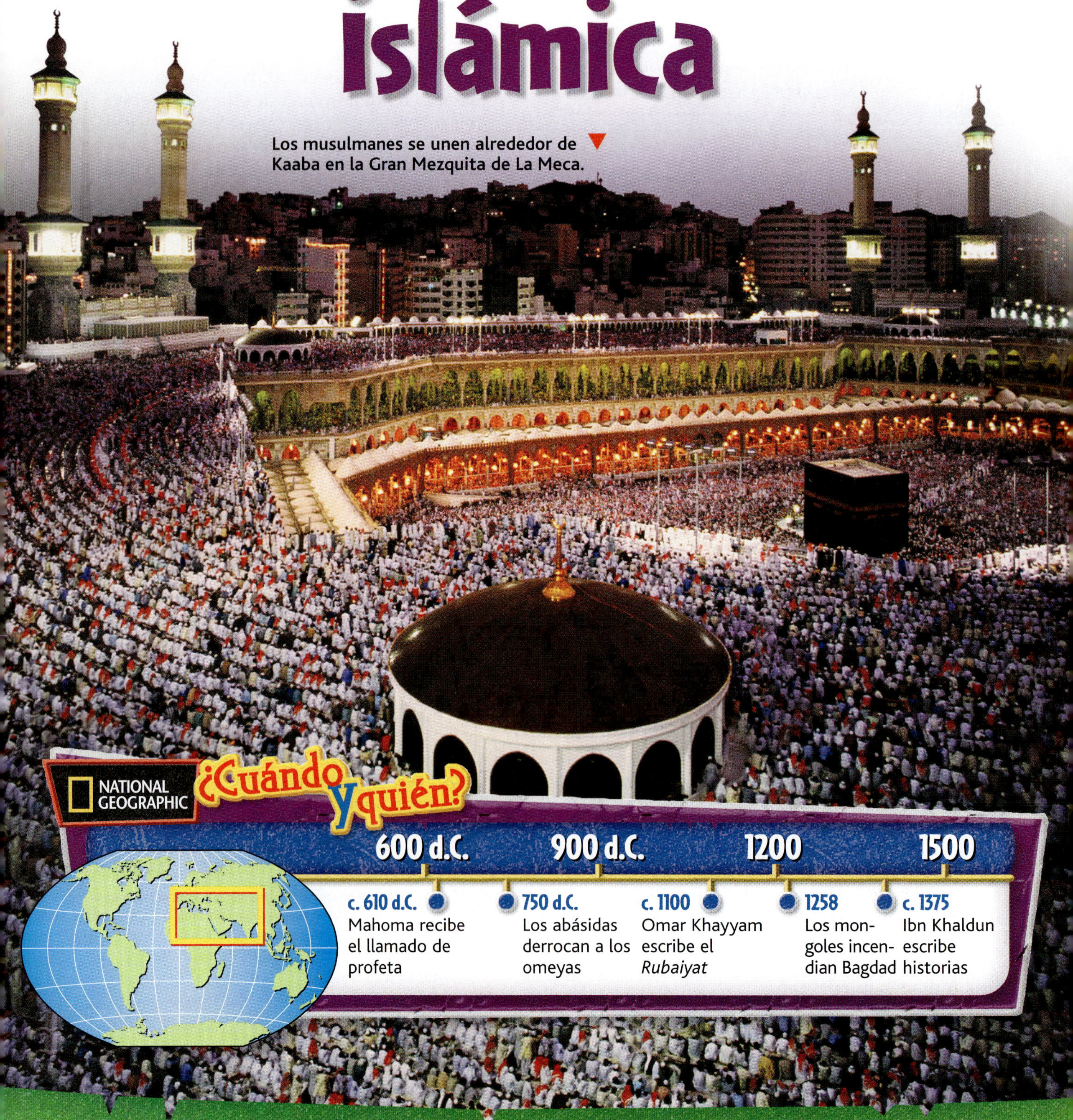

Los musulmanes se unen alrededor de Kaaba en la Gran Mezquita de La Meca.

NATIONAL GEOGRAPHIC

¿Cuándo y quién?

600 d.C. | 900 d.C. | 1200 | 1500

c. 610 d.C. Mahoma recibe el llamado de profeta

750 d.C. Los abásidas derrocan a los omeyas

c. 1100 Omar Khayyam escribe el *Rubaiyat*

1258 Los mongoles incendian Bagdad

c. 1375 Ibn Khaldun escribe historias

Presentación preliminar del capítulo

Unos pocos cientos de años después del inicio del cristianismo, otra religión importante surgió en el Medio Oriente: el Islam. Los seguidores del Islam conquistaron gran parte del Medio Oriente, el norte de África y parte de Europa. También hicieron grandes contribuciones culturales a la humanidad.

Mira el video del Capítulo 11 en el Programa de Video *World History: Journey Across Time.*

Sección 1 El surgimiento del Islam

La religión islámica se originó en Arabia. Se basaba en las enseñanzas de Mahoma.

Sección 2 Imperios islámicos

Los seguidores del Islam, llamados musulmanes, conquistaron o convirtieron a los pobladores a medida que difundían su fe en el Medio Oriente y el Mediterráneo.

Sección 3 Costumbres musulmanas

Los musulmanes eran comerciantes y constructores habilidosos. Establecieron grandes ciudades e hicieron muchos avances en matemáticas, ciencia y artes.

PLEGABLES™ Organizador de estudios

Categorización de la información *Haz este plegable para que te ayude a organizar la información sobre los pueblos y lugares de la civilización islámica.*

Paso 1 *Tomar dos hojas de papel y separarlas una pulgada.*

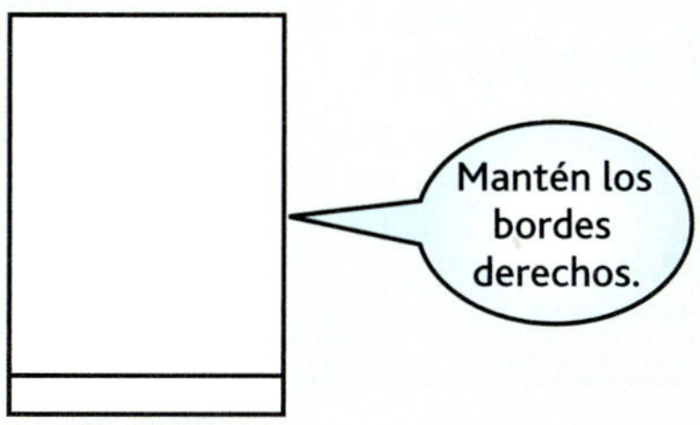
Mantén los bordes derechos.

Paso 2 *Doblar los bordes inferiores del papel para formar cuatro solapas.*

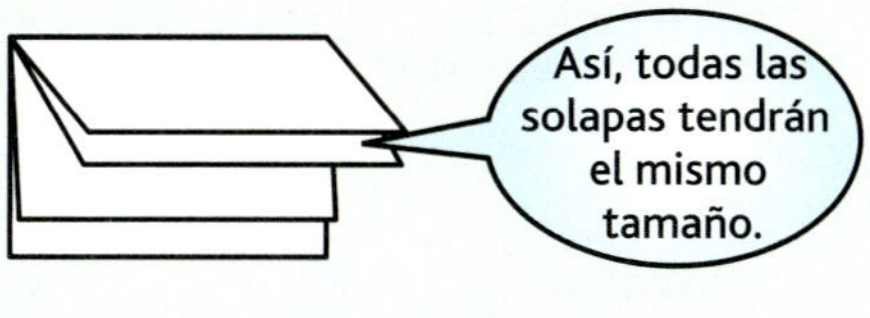
Así, todas las solapas tendrán el mismo tamaño.

Paso 3 *Una vez que todas las solapas tengan el mismo tamaño, presionar a lo largo del doblez del papel para mantener las solapas en su lugar y luego abrochar las hojas. Gira el papel y rotula cada una de las solapas como se indica.*

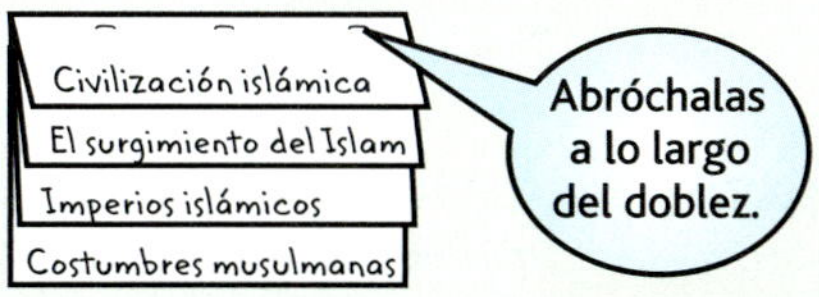
Civilización islámica
El surgimiento del Islam
Imperios islámicos
Costumbres musulmanas
Abróchalas a lo largo del doblez.

Lectura y redacción
A medida que leas, utiliza tu plegable para escribir lo que aprendas sobre la civilización islámica. Escribe los hechos en la solapa apropiada.

Capítulo 11

Lectura en estudios sociales

Habilidad de lectura

Idea principal

1 ¡Apréndelo!

Ideas principales y detalles

Las ideas principales son las ideas más importantes de un párrafo, sección o capítulo. Los detalles son hechos o ejemplos que explican la idea principal. Lee el siguiente párrafo de la sección 3 y analiza cómo el autor explica su idea principal.

> **Muchas cosas explican el éxito del comercio musulmán. Cuando los imperios musulmanes se expandieron, también difundieron el idioma árabe. Como consecuencia, el árabe se transformó en el lenguaje de los negocios. Los gobernantes musulmanes también facilitaron el comercio al darles monedas a los mercaderes.**
>
> *—de la página 388*

Habilidad de lectura

Con frecuencia, la primera oración de un párrafo contiene la idea principal. Los detalles principal. Los detalles estarán expresados en las oraciones siguientes.

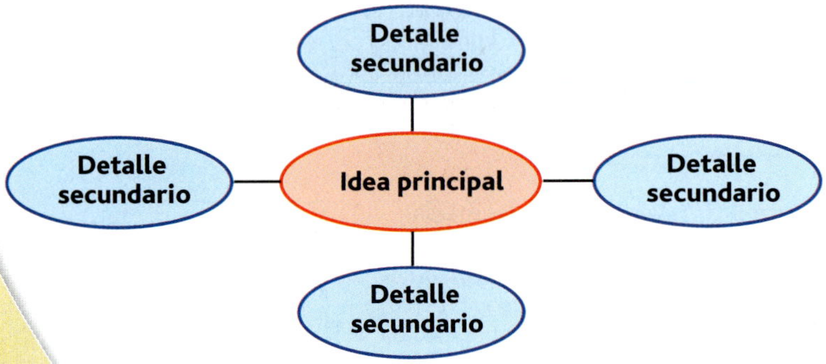

2 ¡Practícalo!

Uso de un organizador gráfico

Lee el siguiente párrafo y encuentra las ideas principales y los detalles secundarios. Crea un organizador gráfico como el que aparece al final de la página 370.

Leer para escribir

"El famoso gobernante mogul Akbar no podía leer; sin embargo, creó una enorme biblioteca porque le daba mucho valor a la educación, los libros y las artes". Escribe una carta a Akbar contándole sobre tu libro favorito y por qué debería incluirlo en su biblioteca.

India pasó por una buena época bajo el gobierno de Akbar. Los agricultores y artesanos producían más alimentos y mercancías que lo que los indios necesitaban. Como consecuencia, el comercio aumentó. Los mercaderes musulmanes llevaban papel, pólvora y porcelana fina de China a la India. Además, los arquitectos musulmanes introdujeron en la India nuevos estilos de construcción, como el arco y la cúpula.

—de la página 385–386

3 ¡Aplícalo!

A medida que leas el capítulo 11, crea tu propio organizador gráfico para mostrar la idea principal y los detalles secundarios de por lo menos un párrafo.

Sección 1

El surgimiento del Islam

¡Prepárate para leer!

¿Cuál es la relación?

Ya aprendiste sobre los primeros imperios del sudoeste de Asia. Durante el siglo VII d.C., el pueblo árabe comenzó a establecer un nuevo imperio en la región. La fuerza impulsora de su imperio fue la religión islámica.

Enfoque en Ideas principales

- Los desiertos, la costa y los oasis de Arabia influían en la forma de vida árabe. ***(página 373)***
- El profeta Mahoma trajo el mensaje del Islam a los habitantes de Arabia. ***(página 374)***
- El Corán proporcionaba las pautas para la vida los musulmanes y los gobiernos de los estados musulmanes. ***(página 377)***

Ubicación de lugares

Makkah
Kaaba
Medina

Conoce a los personajes

beduino
Mahoma

Desarrollo de tu vocabulario

oasis
sheik
caravana
Corán

Estrategia de lectura

Organización de la información

Usa un diagrama como el que aparece a continuación para identificar los Cinco Pilares del Islam.

Los Cinco Pilares

NATIONAL GEOGRAPHIC ¿Cuándo y dónde?

550 d.C. — 600 d.C. — 650 d.C.

570 d.C. Nace Mahoma

610 d.C. Mahoma recibe el llamado de profeta

630 d.C. La Meca se rinde ante Mahoma

La vida diaria en los comienzos de Arabia

Idea principal **Los desiertos, la costa y los oasis de Arabia influían en la forma de vida árabe.**

Enfoque en la lectura ¿Alguna vez pensaste en cómo la lluvia puede influir en tu vida? Lee para saber cómo la falta de lluvia influyó en la forma de vida árabe.

El desierto se extiende sobre la mayor parte de la península arábiga. El calor es intenso y las tormentas de arena pueden cegar a cualquier viajero. El agua se encuentra en los **oasis,** áreas verdes alimentadas por aguas subterráneas. Sin embargo, no toda Arabia es seca. En las montañas del sudoeste cae suficiente cantidad de agua como para regar enebros y olivos.

Para sobrevivir, los primeros Árabes se organizaron en tribus que eran muy leales entre sí. El jefe de la tribu era conocido como **sheik**.

¿Quiénes eran los beduinos? Algunos árabes eran pastores del desierto. Para que sus camellos, cabras y ovejas pudieran beber agua y pastar, ellos iban de oasis en oasis. Se les llamaba **beduinos.**

Los beduinos vivían en tiendas y comían frutas secas y nueces. Bebían la leche de sus animales. Sólo en raras ocasiones comían carne. Sus animales eran demasiado valiosos para ser usados como alimento.

El comercio y las ciudades Muchos árabes vivían en aldeas donde cultivaban o tenían animales. Estas aldeas estaban cerca de los oasis o en los valles de las montañas.

Algunos de los aldeanos eran mercaderes que transportaban los productos a través del desierto. Para defenderse del ataque de los beduinos, muchos viajaban en **caravanas,** o grupos de mercaderes y animales que viajaban juntos.

Hacia el año 500 d.C., los mercaderes árabes manejaban casi todo el comercio entre la India y el Mar Mediterráneo. A medida que el comercio crecía, los mercaderes árabes fundaron sus ciudades a lo largo de las rutas comerciales en Arabia. **Makkah,** conocida también como La Meca, se convirtió en la ciudad más rica y grande de todas. Era el punto de encuentro de los mercaderes, y también un sitio religioso importante. El lugar sagrado más importante de Arabia estaba en esta ciudad.

▼ Aún hoy, muchos beduinos deambulan por el desierto y viven en tiendas. *¿Dónde alimentaban y daban de beber a sus animales los beduinos?*

▲ Una mujer beduina preparando pan.

Uso de las habilidades geográficas

El Islam, una de las religiones más importantes del mundo, comenzó en la península arábiga.

1. ¿Qué imperio estaba ubicado al norte y al oeste de la península arábiga?
2. ¿Qué tan lejos está la Meca de Yathrib?

Busca en línea mapas de NGS en www.nationalgeographic.com/maps

En el centro de la Meca se encontraba la **Kaaba,** un edificio bajo y cuadrado rodeado de estatuas de dioses y diosas. Los árabes creían que la piedra dentro de la Kaaba venía del cielo. Los peregrinos, gente que viajaba al lugar sagrado, se congregaban en la Meca. Los árabes adoraban a muchos dioses, pero el más importante era Alá. Alá era considerado el creador.

Comprobación de lectura **Análisis** ¿Cómo influyó la geografía en la vida de Arabia?

Mahoma: Profeta del Islam

Idea principal **El profeta Mahoma trajo el mensaje del Islam a los habitantes de Arabia.**

Enfoque en la lectura ¿Alguna vez escuchaste hablar a alguien y sus palabras te hicieron llorar? El siguiente párrafo habla sobre un profeta cuyas palabras hicieron llorar a los árabes.

Mensaje de Mahoma En el año 570 d.C., un hombre llamado **Mahoma** nació en la Meca. Como era huérfano, fue criado por un tío. De adolescente trabajaba como líder de caravana, para lo que era necesario contar con la confianza de los otros, y finalmente se convirtió en un comerciante exitoso. Se casó y tuvo hijos.

A pesar de su éxito, Mahoma no se encontraba satisfecho. Sentía que los líderes ricos de los pueblos debían volver a la forma de vida antigua. Pensaba que debían honrar a sus familias, ser justos en los negocios y ayudar a los pobres.

Mahoma fue a las montañas a rezar. En el año 610 d.C., dijo que un ángel lo había visitado y le había dicho que predicara el Islam. *Islam* significa "entrega absoluta a la voluntad de Alá". *Alá* es la palabra árabe para "Dios".

Inspirado, Mahoma regresó a la Meca. Dondequiera que fuera, le decía a la gente que destruyera las estatuas de dioses falsos y que adoraran a Alá, el único y verdadero Dios.

Mahoma también enseñaba que todas las personas eran iguales y que los ricos debían compartir su bienes. En la Meca, donde la mayoría de las personas vivían humildemente, la visión de una sociedad justa era muy fuerte. Mahoma decía que la riqueza no era tan importante como llevar una vida buena. Cuando el Día del Juicio llegara, Dios recompensaría a los hombres buenos y castigaría a los pecadores.

Oposición alslam Lentamente, Mahoma convenció a la gente de que su mensaje era verdadero. Al comienzo, sólo su familia se convirtió en musulmana, o seguidores del Islam. Sin embargo, pronto muchos de los pobres se sintieron atraídos por el mensaje de que los bienes debían compartirse.

A los mercaderes ricos y a los líderes religiosos no les gustaba el mensaje de Mahoma. Pensaban que estaba tratando de quitarles su poder. Le hacían la vida difícil y les pegaban y torturaban a sus seguidores.

En el año 622 d.C., Mahoma y sus seguidores dejaron la Meca. Se fueron a una ciudad llamada Yathrib. El viaje de Mahoma a Yathrib se conoció como Hijrah. La palabra viene del árabe "romper relaciones". Luego los musulmanes tomaron el año 622 d.C. como el primer año del nuevo calendario musulmán. Yathrib le dio la bienvenida a Mahoma y a sus seguidores. Su ciudad fue rebautizada con el nombre de **Medina**, que significa "ciudad del profeta".

El gobierno de Mahoma Los habitantes de Medina aceptaron a Mahoma como el profeta de Dios y su gobernante. Mahoma demostró ser un líder muy hábil de distintas formas. Aplicaba las leyes que creía que Dios le había mandado a todas las áreas de la vida. Usaba sus leyes para resolver las disputas entre la gente. Mahoma creó el estado islámico, un gobierno que usa su poder político para apoyar el Islam. Exigió a todos los musulmanes que demostraran fidelidad al estado islámico por sobre la lealtad a sus tribus.

Para defender su nuevo gobierno, Mahoma creó un ejército. Su soldados conquistaron la Meca en el año 630 d.C., y Mahoma luego la convirtió en una ciudad sagrada del Islam. Dos años más tarde, Mahoma murió. Para ese entonces, el Islam se estaba expandiendo por toda Arabia.

✓ Comprobación de lectura **Explicación** ¿Por qué atraía el mensaje de Mahoma a los pobres?

El peregrinaje a la Meca ▶

Un viaje sagrado

El peregrinaje a la ciudad sagrada de la Meca con frecuencia implicaba un viaje largo a través del desierto y tierras hostiles. Los viajeros musulmanes llevaban hojas de palmeras para mostrar que estaban peregrinando. *¿Dónde nació Mahoma?*

Biografía

▲ La mezquita del profeta en Medina alberga la tumba de Mahoma.

MAHOMA

c. 570–632 d.C.

Mahoma fue muy pobre y tuvo muchas tribulaciones al comienzo de su vida. Su padre, Abd Allah, murió antes de que él naciera. Su abuelo, Abd al-Muttalib, lo cuidó en la Meca durante un corto tiempo. Abd al-Muttalib sentía que la Meca no era un lugar saludable para criar un bebé, pero no podía irse porque era el líder político de la ciudad. Por eso confió a Mahoma a una tribu nómada. Ellos llevaron al bebé Mahoma a su hogar, en el desierto. Cuando Mahoma tenía seis años, su madre murió. Dos años más tarde, su abuelo también murió. Las costumbres árabes no permitían heredar a los menores, por eso no pudo recibir ni la propiedad ni la tierra de su padre y abuelo. Para sobrevivir, Mahoma necesitó la protección de Abu Talib, su tío, quien era el jefe de la familia.

Bajo el cuidado de Abu Talib, Mahoma viajó en camello a viajes de negocios en Siria. En uno de eso viajes, cuando tenía unos veinticinco años, Mahoma conoció a una mujer rica llamada Khadijah. Ella y Mahoma se casaron y tuvieron cuatro hijas. Tuvieron también dos hijos que no sobrevivieron la niñez. El casamiento con Khadijah lo convirtió en un hombre rico y en un miembro de la próspera clase mercante de la Meca. Sin embargo, Mahoma no pudo olvidar sus experiencias pasadas. Su niñez tuvo una gran influencia en Mahoma y lo convirtió en una persona meditativa. Con frecuencia iba a las montañas cerca de la Meca y pasaba la noche en una cueva. Allí, solo, reflexionaba sobre los problemas que había visto en la Meca y la tensión creciente entre aquellos pocos que poseían gran riqueza y los muchos que no tenían nada. En estas montañas fue que un ángel le dijo a Mahoma : "Tú eres el mensajero de Dios".

▲ La Cúpula de la Roca en Jerusalén marca el lugar donde se cree que Mahoma ascendió a los cielos.

Entonces y ahora

¿Son los problemas que vio Mahoma en la Meca similares a los problemas de nuestra sociedad actual? Explica.

Enseñanzas del Islam

Idea principal **El Corán proporcionaba las pautas para la vida de los musulmanes y los gobiernos de los estados musulmanes.**

Enfoque en la lectura ¿Te preguntaste alguna vez cómo reaccionarías ante determinadas situaciones? En el siguiente párrafo, aprenderás a dónde iban los musulmanes a buscar consejo.

El Islam, el judaísmo y el cristianismo tienen algunas creencias en común. Al igual que los judíos y cristianos, los musulmanes creen en un solo Dios. Creen que este único Dios es todopoderoso y creador del universo. También creen que Dios determina lo que está bien y lo que está mal. Se espera que las personas obedezcan las leyes divinas si quieren ser bendecidos en la otra vida.

Los judíos, cristianos y musulmanes también creían que Dios se comunicaba con los hombres a través de profetas. Para los musulmanes, los profetas fueron Abraham, Moisés, Jesús y finalmente Mahoma. Para los cristianos, Jesús era más que un profeta. Era el hijo de Dios y, por lo tanto, divino. En el Islam, Mahoma se considera como un profeta y una buena persona, pero no divino.

¿Qué es el Corán? Los musulmanes escribieron los mensajes que Mahoma dijo que había recibido de Alá. Estas escrituras se convirtieron en el **Corán,** o libro sagrado del Islam. Para los musulmanes, el Corán es la palabra escrita de Dios. Por esta razón, los musulmanes luchan para seguir el Corán.

El Corán instruye a los musulmanes sobre cómo deben vivir. Muchas de estas enseñanzas morales son iguales a las de la Biblia. Por ejemplo, los musulmanes tienen que ser honestos y tratar a los otros de forma justa. También deben honrar a sus padres, ser bondadosos con los vecinos y dar, de manera generosa, a los pobres. Matar, mentir y robar está prohibidos.Muchos de los preceptos del Corán se aplican a la vida diaria de los musulmanes. Según estos preceptos, los musulmanes no deben comer cerdo, beber

▲ Los peregrinos musulmanes rodean la Kaaba en la Meca. *¿Cuándo capturaron los soldados de Mahoma la ciudad de la Meca?*

▲ Un niño estudia el Corán

Los Cinco Pilares del Islam

Creencia	Los musulmanes deben declarar que no existe otro Dios que Alá y que Mahoma es su profeta.
Plegaria	Los musulmanes deben rezar cinco veces por día mirando hacia la Meca.
Caridad	Los musulmanes deben ayudar a los pobres.
Ayuno	Los musulmanes no deben comer desde el amanecer hasta el anochecer durante la festividad sagrada del Ramadán.
Peregrinaje	Los musulmanes deben ir a la Meca una vez en la vida.

▲ **Los Cinco Pilares son actos de adoración que todos los musulmanes deben practicar.** ***¿Cuántas veces por día tienen que rezar los musulmanes?***

alcohol o apostar. El Corán también tienen reglas sobre el matrimonio, el divorcio, la familia, la vida, el derecho a la propiedad, y las prácticas en los negocios.

Los musulmanes deben vivir según los Cinco Pilares del Islam, o actos de adoración. Estos se muestran en el cuadro de la izquierda.

Los eruditos del Islam crearon un código de leyes que explican cómo se debe gobernar la sociedad. Este código proviene del Corán y la Sunna. La Sunna es el nombre dado a las costumbres basadas en las palabras y acciones de Mahoma. El código de leyes del Islam abarca todas las áreas de la vida diaria. Aplica las enseñanzas del Corán a la familia, a los negocios y al gobierno.

Comprobación de lectura **Evaluación** **¿Qué papel juega el Corán y la Sunna en la vida diaria de los musulmanes?**

Historia en línea

Centro de estudios ¿Necesitas ayuda con el material de esta sección? Visita jat.glencoe.com

Repaso de la sección 1

Resumen de la lectura

Repaso de Ideas principales

- En el desierto de la península arábiga, los árabes en su mayoría eran pastores y comerciantes.
- En el pueblo de la Meca, Mahoma comenzó a predicar una nueva religión, el Islam, que pronto se expandió por toda Arabia.
- Los musulmanes creen que Mahoma era el último profeta de Alá y que su libro sagrado, el Corán, es la palabra escrita de Alá.

¿Qué aprendiste?

1. ¿Qué eran los oasis y por qué eran importantes para los árabes?
2. Nombra alguna de las actividades que prohíbe el Corán.

Pensamiento crítico

3. **Comparación y contraste** Dibuja un diagrama de Venn quecompare y contraste el Islam, el judaísmo y el cristianismo.

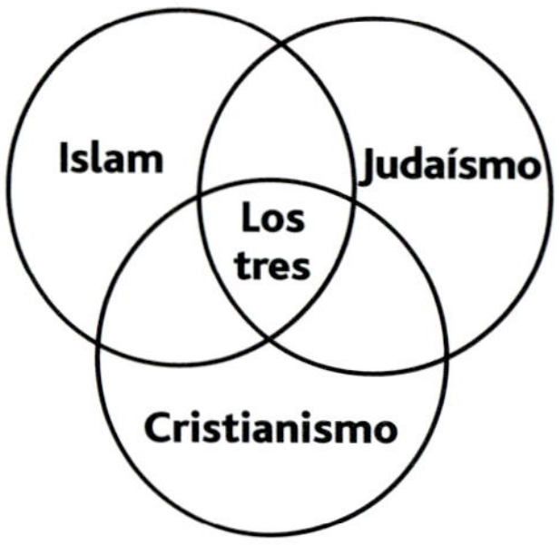

4. **Conclusión** ¿Por qué crees que las enseñanzas de Mahoma eran tan populares entre los pobres?
5. **Análisis** ¿Cómo relacionó Mahoma la religión y el gobierno?
6. **Redacción explicativa** Imagina que vives en la Meca en la época en que Mahoma comenzó a predicar. Escribe un corto artículo para un periódico que describa las enseñanzas de Mahoma y las reacciones de la gente de la ciudad a ellas.
7. **Lectura** **Idea principal** Dibuja un organizador de gráficos para mostrar las ideas secundarias que apoyan esta idea principal: *La geografía influyó en la forma en que vivían los árabes.*

Sección 2

Imperios islámicos

¡Prepárate para leer!

¿Cuál es la relación?

En la sección 1, aprendiste cómo el Islam se expandió de Medina a la Meca. Con el tiempo, los seguidores del Islam llevaron sus creencias a todo el sudoeste asiático y parte del sudeste asiático, África, y Europa.

Enfoque en Ideas principales

- Los árabes difundieron el Islam a través de la prédica, la conquista y el comercio. *(página 380)*
- Mientras que los musulmanes se dividieron en dos grupos, el imperio Árabe alcanzó nuevo niveles esplendor. *(página 382)*
- Los turcos y mogules construyeron imperios musulmanes en Asia, África y Europa. *(página 384)*

Ubicación de lugares

Damasco
Indonesia
Tombuctú
Bagdad
Delhi

Conoce a los personajes

omeya
sufí
abásida
Suleimán I
mogul
Akbar

Desarrollo de tu vocabulario

califa
chiíta
sunita
sultán

Estrategia de lectura

Causa y efecto Dibuja un diagrama que muestre por qué los árabes eran conquistadores exitosos.

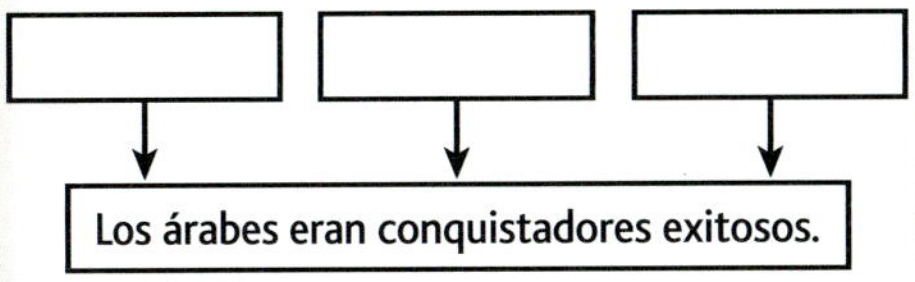

NATIONAL GEOGRAPHIC ¿Cuándo y dónde?

500 d.C. — 1100 d.C. — 1700 d.C.

750 d.C. Los abásidas derrocan a los omeyas

1258 Los mongoles incendian Bagdad

1526 Los mogules gobiernan desde India hasta Delhi

Expansión del Islam

Idea principal **Los árabes difundieron el Islam a través de la prédica, la conquista y el comercio.**

Enfoque en la lectura Cuándo tienes una nueva idea, ¿cómo haces para que otros la conozcan? Lee para saber cómo los árabes difundieron el Islam.

Cuando Mahoma murió, sus seguidores eligieron a su sucesor. Lo llamaron **califa**, que significa sucesor del Mensajero de Dios.

El primer califa fue el suegro de Mahoma, Abu Bakr. Los primeros cuatro califas gobernaban desde Medina y eran llamados los "Califas Bien Guiados". Eso es porque trataron de seguir los pasos de Mahoma. Vivían de manera sencilla, trataban a los otros de manera justa y luchaban apasionadamente por el Islam. Querían que el mensaje de Alá llegara a todos. Bajo sus gobiernos, el imperio se expandió hasta incluir todo el sudoeste asiático.

La expansión continuó bajo los califas **omeyas**, que gobernaron desde 661 d.C. Hasta 750 d.C. **Damasco**, en Siria, se convirtió en su ciudad capital. Ahora el imperio árabe incluía el norte de África, España y parte de la India.

Los musulmanes construyen un imperio. Sólo 100 años después de la muerte de Mahoma, el estado islámico se había convertido en un gran imperio. ¿Por qué tuvieron los árabes tanto éxito?

Los árabes siempre habían sido buenos jinetes y eran buenos para luchar con la espada, pero como musulmanes, también estaban inspirados por su religión. Peleaban para expandir el Islam. Los musulmanes creían que cualquiera que muriera combatiendo por el Islam iría al paraíso.

NATIONAL GEOGRAPHIC

Expansión del Islam *632–750 d.C.*

La mezquita Omeya, también conocida como la Gran Mezquita de Damasco

Uso de las habilidades geográficas

Después de la muerte de Mahoma, el Imperio Árabe expandió sus territorios.

1. ¿Qué área de Europa estuvo bajo el control musulmán?
2. Nombra los territorios conquistados por los árabes para el año 661 d.C.

Los Califas Bien Guiados

	Abu Bakr	Umar	Uthman	Alí
Relación con Mahoma	suegro	amigo	yerno, miembro de la familia Omaya	primo, yerno
Carrera	mercader	mercader	mercader	soldado, escritor
Califato	632–634 d.C.	634–644 d.C	644–656 d.C.	656–661 d.C.
Logros como Califa	difundió el Islam a toda Arabia, restableció la paz después de la muerte de Mahoma,creó un código de conducta en la guerra, recopiló los versos del Corán	difundió el Islam en Siria, Egipto y Persia, rediseñó el gobierno, pagó a los soldados, llevó a cabo un censo, impuso impuestos más justos, construyó caminos y canales, ayudó a los pobres	difundió el Islam en Afganistán y el este del Mediterráneo, organizó una armada, mejoró el gobierno, construyó más caminos, puentes y canales, distribuyó textos del Corán	reformó el sistema de cobro de impuestos y otros sistemas de gobierno, pasó la mayor parte de su califato luchando contra Muawiya, gobernador de Siria

◀ **Caballo de cristal islámico**

Comprensíon de cuadros

Bajo los califas, el Islam se expandió en el Medio Oriente y en el norte de África.

1. ¿Qué califa organizó la armada?
2. **Comparación** ¿Qué logros en común tuvieron Umar y Alí?

Los árabes también tuvieron mucho éxito porque permitían que los pueblos que conquistaban continuaran practicando su propia religión. Les llamaban a los cristianos y a los judíos la "Gente del Libro", que significaba que estos pueblos también creían en un solo Dios y tenían sagradas escrituras. Sin embargo, los musulmanes no trataban a todos de igual modo. Quienes no eran musulmanes tenían que pagar un impuesto especial.

Cuando un pueblo es conquistado, tiende a adoptar la religión y costumbres de sus conquistadores. En el imperio árabe, muchos se convirtieron al Islam y aprendieron el árabe. Las costumbres de los países conquistados también influyeron sobre los gobernadores árabes. Con el tiempo, la palabra *árabe* comenzó a utilizarse como sinónimo de una persona que hablaba árabe, aunque no fuera de Arabia.

Prédica y comercio Los musulmanes también difundieron el Islam por medio de la prédica. Un grupo llamado los **sufíes** pasaba el tiempo orando y enseñando el Islam. Ganaron muchos seguidores en todo el Imperio Árabe.

Los mercaderes árabes también ayudaron a expandir el Islam. Establecieron puestos de comercio en todo el sudeste asiático y enseñaban el Islam a los pueblos de la región. En la actualidad, en **Indonesia** hay más musulmanes que en ninguna otra nación del mundo.

Algunos mercaderes árabes cruzaban el Sahara para comerciar con los reinos del oeste de África. En el siglo XIV, la ciudad de **Tombuctú** en el oeste de África se convirtió en un centro importante de enseñanza musulmana.

✓ **Comprobación de lectura** **Explicación** ¿Cómo hicieron los árabes para expandir el Islam a través del comercio?

Luchas dentro del Islam

Idea principal **Mientras que los musulmanes se dividieron en dos grupos, el imperio Árabe alcanzó nuevos niveles de esplendor.**

Enfoque en la lectura ¿Perteneciste alguna vez a un club cuyos miembros no se ponían de acuerdo para elegir un líder? Lee para saber qué sucedió cuando los musulmanes no se pusieron de acuerdo sobre quién debía ser su líder.

Desde que Mahoma murió, los musulmanes comenzaron a discutir sobre quién tenía derecho a ser califa. La lucha sobre quién debería tomar el lugar de Mahoma dividió a los musulmanes en dos grupos, los sunitas y los chiítas. Esta división permanece hasta hoy. En la actualidad la mayoría de los musulmanes son sunitas. Irán e Irak tienen las poblaciones más numerosas de chiítas.

¿Cómo se dividió el Islam? Los **chiítas** creían que Alí, yerno de Mahoma, debía sucederlo y que los futuros califas debían ser descendientes de él. Según los chiítas, los califas omeyas de Damasco no tenían derecho a gobernar.

Los **sunitas**, que eran más numerosos que los chiítas, aceptaron a la dinastía omeya como los califas legítimos, aunque no siempre estaban de acuerdo con sus políticas. Con el tiempo, los chiítas y los sunitas desarrollaron distintas prácticas y costumbres religiosas.

¿Quiénes eran los abásidas? Los **abásidas** fueron la dinastía que sucedió a los omeyas. Los omeyas perdieron el poder en 750 d.C. porque hicieron enojar a muchos musulmanes, en especial a los de Persia. Los musulmanes persas sentían que los musulmanes árabes recibían un tratamiento especial. Obtenían los mejores empleos y pagaban menos impuestos.

Cuando estos musulmanes se rebelaron, todos los habitantes del imperio se les unieron. Derrocaron a los omeyas, y comenzó una nueva dinastía. El nuevo califa era descendiente del tío de Mahoma. Su nombre era Abu al-Abbas. La nueva dinastía abásida duró hasta 1258.

Los abásidas dedicaron sus energías al comercio, el conocimiento y las artes. También construyeron una nueva capital, **Bagdad.**

Bagdad prosperó porque se encontraba junto al Río Tigris y cerca del Río Éufrates. También era una buena ubicación para el comercio porque mucha gente usaba los ríos para enviar mercancías hacia el norte y hacia el sur. Como consecuencia, el Imperio Árabe se hizo aún más rico.

La dinastía abásida también es conocida por traer influencia persa al imperio. Bagdad estaba muy cerca de Persia, y los gobernantes abásidas comenzaron a conocer y a amar las artes y la literatura persa.

Fuente principal

Califas reales

Ibn Khaldun registraba los sucesos históricos y su interpretación.

"Cuando uno considera lo que Dios quiso que el califato fuera, no se necesita decir nada más. Dios hizo del califa su substituto para tratar las cuestiones de Sus Siervos. Debe impulsarles a hacer las cosas que sean buenas para ellos y prohibirles hacer aquéllas que les hagan daño. Se le ha dicho esto de manera directa. Si una persona no tiene el poder de hacer una cosa, nunca se le pedirá que la haga".

—Ibn Khaldun, *El Muqaddimah: Introducción a la Historia*

▲ **La Gran Mezquita de Damasco construida por los califas Omeyas.**

PBD Preguntas basadas en los documentos

Según Khaldun, ¿cuál es la relación entre Dios y el califa?

Uso de las habilidades geográficas

Bagdad se convirtió en la capital del Imperio Abásida y un importante centro de comercio.

1. ¿Qué imperio bloqueó la expansión abásida hacia el noroeste?
2. ¿Te parece que Bagdad tiene una buena ubicación para el comercio? Explica.

Una mezquita en Bagdad

El período de los turcos Seljuk trajo muchos cambios en los 500 años de gobierno abásida. En Egipto y España, los musulmanes querían sus propios califas. En esa misma época, un nuevo grupo, los turcos Seljuk de Asia central, comenzaron a avanzar hacia al sur, dentro del Imperio Árabe. Los abásidas estaban perdiendo el control.

Los turcos Seljuk eran nómadas y grandes guerreros. Cuando comenzaron a avanzar dentro del imperio, los abásidas los contrataron como soldados. Sin embargo, pronto los turcos Seljuk se dieron cuenta de la debilidad de los abásidas. Decidieron tomar el poder para sí mismos.

Primero, los Seljuks tomaron gran parte de lo que hoy son Irán y Turquía. Luego, en 1055, en un ataque audaz, tomaron la propia Bagdad. Los Seljuks estaban satisfechos con tener sólo el control del gobierno y el ejército. Permitieron que el califa abásida permaneciera como el líder religioso. El gobernante Seljuk se hacía llamar **sultán,** o sea "quien tiene el poder".

El imperio continuó así por más de 200 años. Los Seljuks gobernaban, pero todavía existía la dinastía abásida. Luego, en el siglo XIII, otro pueblo invadió el imperio. Eran los feroces mongoles de Asia central. Los mongoles estaban construyendo su propio imperio y destruyendo muchas de las civilizaciones que conquistaban. En el año 1258 atacaron Bagdad y la quemaron completamente. El Imperio Árabe había terminado.

Comprobación de lectura **Contraste** ¿Cuál es la diferencia entre los musulmanes chiítas y sunitas?

Imperios musulmanes posteriores

Idea principal **Los turcos y mogules construyeron imperios musulmanes en Asia, África y Europa.**

Enfoque en la lectura ¿Cómo reaccionas cuando alguien te trata injustamente? Lee para saber cómo trataban los musulmanes de Turquía e India a los pueblos que conquistaban.

Los árabes construyeron, y luego perdieron, el primer Imperio Musulmán. Más tarde, otros grupos musulmanes construyeron imperios en Asia, África y Europa. Uno de los imperios más grandes y poderosos fue el Otomano, originario de Turquía. Otro fue el Imperio Mogul en India.

¿Quiénes eran los otomanos? Hacia finales del siglo XIII, un grupo de turcos comenzó a construir un imperio en la región noroeste del Asia Menor. El gobernante de estos turcos se llamaba Osmán, y como consecuencia, comenzaron a ser conocidos como turcos Otomanos.

Los otomanos rápidamente conquistaron la mayor parte de lo que hoy es Turquía. Atacaron el Imperio Bizantino y avanzaron hacia el norte, a Europa. En 1453 tomaron Constantinopla, la capital bizantina. Le cambiaron el nombre por el de Estambul y la convirtieron en el centro de su imperio.

Los ejércitos otomanos marcharon hacia el sur, conquistando Siria, Palestina, Egipto, la Mesopotamia y partes de Arabia y el norte de África. Usaban armas y cañones para combatir y crearon una gran armada para controlar el Mar Mediterráneo.

Al igual que los Seljuks, los otomanos llamaron a su líder sultán. El más conocido fue **Suleimán I,** quien gobernó en el siglo XVI. Suleimán era un hombre de muchos talentos. Era un gran entusiasta de la arquitectura y construyó muchas escuelas y mezquitas.

Suleimán era un general brillante, que condujo a los ejércitos otomanos hacia el norte, a Europa. Hasta llegó a poner en peligro a la gran capital europea de Viena. Por todo esto, los otomanos lo llamaban Suleimán el Magnífico.

Cuando su gobierno terminó, el Imperio otomano comenzó a debilitarse. Poco a poco fue perdiendo territorio. El imperio finalmente cayó al final de la Primera Guerra Mundial.

Los musulmanes rezan bajo la gran cúpula decorada de la Mezquita de Selimiye en Edirne, Turquía. Suleimán construyó esta hermosa mezquita para su hijo Selim II. ***¿Cuáles eran algunas de las razones por las que Suleimán era llamado "el Magnífico"?***

La expansión del Imperio Otomano

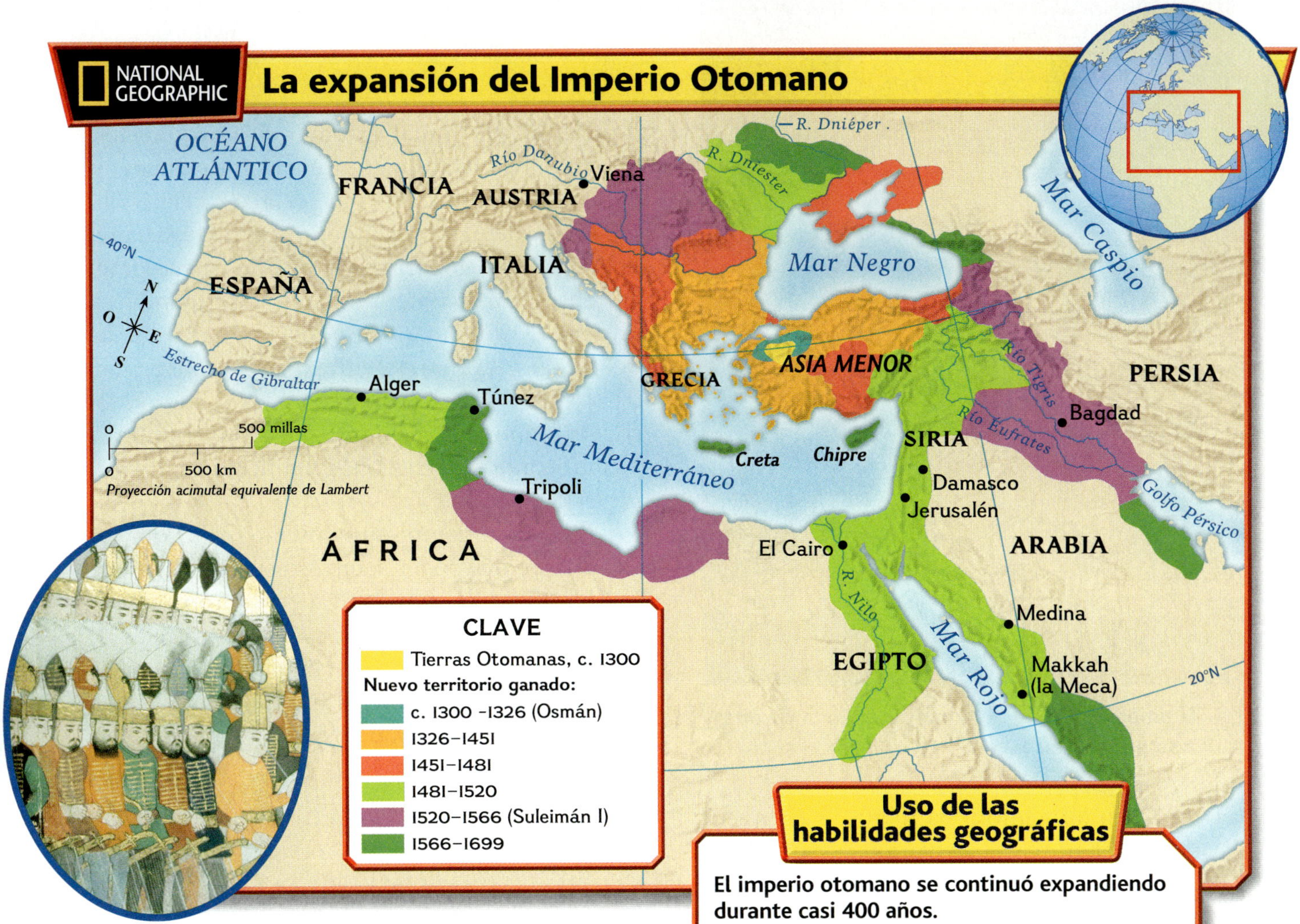

▲ **Los otomanos usaban soldados expertos llamados jenízaros.**

Uso de las habilidades geográficas

El imperio otomano se continuó expandiendo durante casi 400 años.

1. ¿Qué tan al oeste de Europa se expandió el Imperio Otomano?
2. ¿Durante qué período se expandió el Imperio Otomano hacia el Golfo Pérsico?

¿Cómo eran tratados los que no eran musulmanes?

El imperio otomano incluía muchos pueblos diferentes: turcos, árabes, griegos, albaneses, armenios y eslavos. Estos grupos practicaban distintas religiones. Si bien muchos eran musulmanes, otros eran cristianos o judíos.

El gobierno creó muchas leyes diferentes para los que no eran musulmanes. Tenían que pagar un impuesto especial y en compensación eran libres de practicar su religión. Incluso podían tener sus propios negocios. Estos grupos tenían líderes propios para presentar sus opiniones al sultán.

Sin embargo, el sultán exigía algunas cosas a los pueblos conquistados. Por ejemplo, las familias cristianas del este europeo tenían que mandar a sus hijos varones a Estambul. Allí, los hijos se hacían musulmanes y se entrenaban como soldados del sultán.

¿Quiénes eran los mogules? Durante el siglo XVI, los **mogules** crearon otro imperio musulmán en India. Estos guerreros musulmanes venían de las montañas del norte de India. Los mogules usaban armas, cañones, elefantes y caballos para conquistar territorios. En 1526 convirtieron a **Delhi** en el centro de su imperio.

El gobernante mogul más importante fue **Akbar.** Trajo la paz y el orden a la parte de India que gobernaba, tratando a sus súbditos con justicia. La mayor parte de los habitantes de la India era hindú. Akbar les permitía practicar su religión. Tanto los musulmanes como los hindúes servían en el gobierno de Akbar.

India pasó por una buena época bajo el gobierno de Akbar. Los agricultores y artesanos producían más alimentos y mercancías que lo que los indios necesitaban. Como consecuencia,

▲ **El emperador mogul Akbar pasando la corona a su nieto Shah Jahan**

el comercio aumentó. Los mercaderes musulmanes llevaban papel, pólvora y porcelana fina de China a la India. Además, los arquitectos musulmanes introdujeron en la India nuevos estilos de construcción, como el arco y la cúpula.

Luego de Akbar, el imperio mogul comenzó a declinar. Los gobernantes que lo sucedieron gastaban mucho dinero tratando de expandir el imperio e imponían pesados impuestos a la población. Otros trataron de forzar la conversión de los hindúes al islamismo y prohibieron la construcción de sus templos. Estas políticas incitaron muchas rebeliones, y muchas partes del imperio se separaron.

Al mismo tiempo que los mogules comenzaban a perder poder sobre sus súbditos, tenían que hacerle frente a los mercaderes europeos. Los mercaderes llegaban a India para comerciar, pero utilizaban su poderío militar para tomar territorio mogul. Finalmente, el Imperio Mogul cayó y Gran Bretaña asumió el control de la mayor parte de la India.

✓ Comprobación de lectura **Descripción** ¿Cómo cambió Constantinopla en 1453?

Historia en línea

Centro de estudios ¿Necesitas ayuda con el material de esta sección? Visita jat.glencoe.com

Repaso de la sección 2

Resumen de la lectura

Repaso de Ideas principales

- El ejército árabe expandió el Islam hasta España, al oeste y hasta India, al este. Los mercaderes musulmanes ayudaron a difundir la religión hasta el sudeste asiático y África occidental.
- A pesar de haberse dividido en dos grupos, los sunitas y chiítas, el poder musulmán alcanzó el nivel máximo bajo los abásidas.
- En los siglos XV y XVI surgieron dos grandes imperios: el Otomano y el Mogul.

¿Qué aprendiste?

1. ¿Cómo trataban los musulmanes a los pueblos que conquistaban?
2. ¿Cuánto se expandió el Imperio Árabe bajo los Omeyas?

Pensamiento crítico

3. **Organización de la información** Dibuja un cuadro para organizar la información sobre los Imperios Otomano y Mogul.

Imperio Otomano	Imperio Mogul

4. **Contraste** Describe las diferencias entre los musulmanes chiítas y sunitas.
5. **Resumen** Además de las conquistas de los ejércitos árabes, ¿de qué otra forma se difundió el Islam?
6. **Evaluación** ¿Por qué se consideró a Akbar un buen gobernante?
7. **Redacción persuasiva** ¿Cuál de los imperios musulmanes, los omeyas, los otomanos o los mogules, ¿trató a los pobladores que no practicaban la religión musulmana de manera más justa? ¿Y el menos justo? Escribe un párrafo para defender tu respuesta.

Sección 3

Costumbres musulmanas

¡Prepárate para leer!

¿Cuál es la relación?

En la Sección 2, aprendiste que muchos gobernantes musulmanes trajeron paz y orden a sus imperios. La paz y el orden contribuyeron al aumento del comercio. El comercio, a su vez, trajo más riqueza a los imperios musulmanes.

Enfoque en Ideas principales

- Mientras que los mercaderes musulmanes tenían gran éxito y sus ciudades crecían, la mayoría de los musulmanes vivían en aldeas en el campo. *(página 388)*
- Los musulmanes hicieron valiosas contribuciones a las matemáticas, las ciencias y el arte. *(página 390)*

Ubicación de lugares

Granada
Agra

Conoce a los personajes

Mamun
al-Razi
Ibn Sina
Omar Khayyam
Ibn Khaldun

Desarrollo de tu vocabulario

mezquita
bazar
minarete
almuecín

Estrategia de lectura

Organización de la información
Crea una pirámide para mostrar las clases sociales del antiguo mundo musulmán.

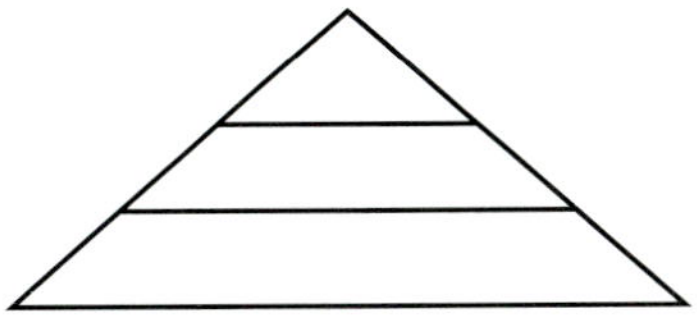

NATIONAL GEOGRAPHIC

¿Cuándo y quién?

800 d.C. — 1100 — 1400

c. 900 d.C. al-Razi escribe textos de medicina

c. 1100 Omar Khayyam escribe el *Rubaiyat*

c. 1375 Ibn Khaldun escribe historias

El comercio y la vida diaria

Idea principal **Mientras que los mercaderes musulmanes tenían gran éxito y sus ciudades crecían, la mayoría de los musulmanes vivían en aldeas en el campo.**

Enfoque en la lectura ¿Has visitado alguna vez un centro comercial o un mercado agrícola? Ambos son lugares donde las personas se reúnen para vender sus productos. Lee y aprende sobre los mercaderes musulmanes y sus mercados.

Los musulmanes fueron los principales mercaderes del Medio Oriente y del África del Norte hasta el siglo XV. Sus caravanas viajaban por tierra desde Bagdad hasta China. Sus barcos cruzaban el Océano Índico hasta la India y el sudeste asiático. Llevaban especias, telas, vidrio y alfombras. A la vuelta, traían rubíes, seda, marfil, oro y esclavos.

El éxito de los mercaderes musulmanes Muchas cosas explican el éxito del comercio musulmán. Cuando los imperios musulmanes se expandieron, también difundieron el idioma árabe. Como consecuencia, el árabe se transformó en el lenguaje de los negocios. Los gobernantes musulmanes también facilitaron el comercio al darle monedas a los mercaderes.

Los mercaderes musulmanes llevaban registros detallados de sus transacciones comerciales y del dinero que recaudaban. Con el tiempo, estas prácticas dieron origen a una nueva actividad: la actividad bancaria. Los musulmanes respetaban a los mercaderes por sus habilidades y por la riqueza que generaban.

¿Cómo eran las ciudades musulmanas? El comercio facilitó el crecimiento de las principales ciudades musulmanas. Bagdad, El Cairo y Damasco estaban ubicadas en las rutas comerciales que se extendían desde el Mar Mediterráneo hasta Asia Central. Sin embargo, las ciudades musulmanas no sólo eran centros de comercio. También se convirtieron en centros importantes del gobierno, educación y las artes.

Historia en línea

Actividad en línea Visita jat.glencoe.com y haz clic en *Chapter 11—Student Web Activities* para averiguar más sobre la civilización islámica.

▼ Los musulmanes van de compras a un mercado textil. *¿Qué era el bazar de una ciudad musulmana?*

Las ciudades musulmanas eran muy parecidas. Los edificios principales eran los palacios y las mezquitas. Las **mezquitas** son lugares de veneración de los musulmanes. También funcionan como escuelas y centros de enseñanza.

Otra de las partes importantes de cada ciudad musulmana era el **bazar,** o el mercado. Los bazares estaban compuestos por tiendas y puestos de venta. Los vendedores de las tiendas y los puestos de venta ofrecían productos provenientes de Asia. Compradores de todas partes del mundo, incluso de Europa, iban de tienda en tienda buscando productos que pudieran llevarse a su país para venderlos.

Aunque las ciudades eran importantes, la mayoría de los musulmanes vivían en aldeas y cultivaban la tierra. Dado que el agua era muy escasa, los agricultores musulmanes usaban la irrigación para llevar agua a sus cultivos. Cultivaban trigo, arroz, frijoles y melones en sus campos. Cosechaban almendras, moras, damascos, higos y aceitunas en sus huertos. Algunos agricultores también cultivaban flores que se usaban para producir perfumes.

Al principio, los pobladores musulmanes eran propietarios de pequeñas granjas. Posteriormente, los terratenientes ricos se apoderaron de algunas de estas granjas y formaron grandes propiedades. Agricultores y esclavos trabajaban para los terratenientes.

Sociedad musulmana Los musulmanes estaban divididos en grupos sociales según su poder y riqueza. En la clase más alta estaban los líderes de gobierno, los dueños de las tierras y los comerciantes. Por debajo estaban los artesanos, agricultores y trabajadores. El grupo inferior se componía de esclavos.

Al igual que en otras civilizaciones, la esclavitud estaba ampliamente difundida. Dado que los musulmanes no podían ser esclavizados, los mercaderes traían esclavos de zonas que no eran musulmanas. Muchos de estos esclavos eran

NATIONAL GEOGRAPHIC

Cómo eran las cosas

Enfoque en la vida cotidiana

Alfombras y tejidos musulmanes Las alfombras se tejían en el Medio Oriente mucho antes de la llegada del Islam. Se hicieron populares en el mundo islámico porque los musulmanes las usaban para sus oraciones diarias.

A menudo, las alfombras estaban hechas con lana de oveja o pelo de cabra. Los pastores tejían las alfombras a mano, o las podían tejer en telares portátiles. Las flores y los diseños geométricos eran los diseños más populares.

▲ Mujer musulmana tejiendo una alfombra

Las alfombras que se usaban en las oraciones diarias de los musulmanes se denominan alfombrillas de oración. No importa dónde vivan los musulmanes, ellos deben orar cinco veces por día. Se arrodillan sobre las alfombrillas de oración y oran mirando hacia la Meca. Las alfombrillas de oración son pequeñas y se pueden plegar y transportar de un lado a otro.

A menudo se cuelgan exquisitas alfombras de seda y lana en las paredes de las mezquitas y los edificios públicos. Se consideran como obras de arte.

Alfombra musulmana ▶

Conexión con el pasado

1. ¿Qué animales eran necesarios para confeccionar alfombras?
2. ¿Cuál es la razón principal por la que siempre ha habido una gran demanda de alfombras musulmanas?

prisioneros de guerra. A menudo servían como sirvientes o soldados y podían comprar su libertad.

Las mujeres y los hombres desempeñaban papeles muy diferentes en el mundo musulmán. Al igual que en otras partes del mundo, los hombres estaban a cargo del gobierno, la sociedad y la actividad comercial. Las mujeres, por otra parte, ayudaban a dirigir la vida familiar de los musulmanes. Incluso podían heredar riquezas y tener sus propias propiedades. En muchos lugares había leyes que establecían que las mujeres debían cubrirse el rostro y usar túnicas largas cuando estaban en público.

Comprobación de lectura **Explicación** ¿Cómo hicieron los gobernantes musulmanes para otorgarles ventajas a sus mercaderes?

Logros de los musulmanes

Idea principal **Los musulmanes hicieron valiosas contribuciones a las matemáticas, las ciencias y el arte.**

Enfoque en la lectura ¿Sabías que los números que utilizas se denominan números arábigos? Lee para enterarte sobre otras contribuciones que hicieron los musulmanes.

El árabe era el idioma común que se usaba en los imperios musulmanes. Ya has leído de qué manera el idioma árabe fomentó el comercio. También contribuyó para que los distintos habitantes de los imperios pudieran compartir sus conocimientos. Por ejemplo, en 830 d.C. el califa abásida **Mamun** fundó la Casa de la Sabiduría en Bagdad. Mamun puso en este

Enlaces entre el pasado y el presente

Hijab

ENTONCES Las enseñanzas de Mahoma establecen que la vestimenta de las mujeres no debe llamar la atención. La costumbre musulmana femenina de colocarse el *hijab*, es decir, ropa que cubre la cabeza y el cuerpo, sólo era cumplida por las mujeres de la clase alta durante los primeros años del Islam. En la Edad Media, el uso del *hijab* se volvió más común.

▼ Mujeres musulmanas actuales

▲ Mujeres musulmanas tradicionales

AHORA El *hijab* en la actualidad varía desde coloridas bufandas hasta túnicas negras. Algunas mujeres usan el *hijab*, y otras no. Muchas usan el *hijab* para seguir con la tradición musulmana. Otras consideran que les permite ser juzgadas por lo que son y no por su aspecto físico. En algunos países, el gobierno exige que las mujeres usen el *hijab*. ***¿Por qué piensas que sólo las mujeres de la clase alta usaban el hijab en los primeros siglos del Islam?***

centro a eruditos cristianos, judíos y musulmanes. Estos eruditos intercambiaban ideas y rescribieron las obras de los griegos, persas e indios en idioma árabe.

Los sabios de las tierras musulmanas rescataron gran parte del saber de la antigüedad. Los europeos occidentales habían perdido estos conocimientos después de la caída del Imperio Romano de Occidente. Gracias a los eruditos musulmanes, los europeos occidentales conocieron a Aristóteles y otros pensadores de la Grecia antigua.

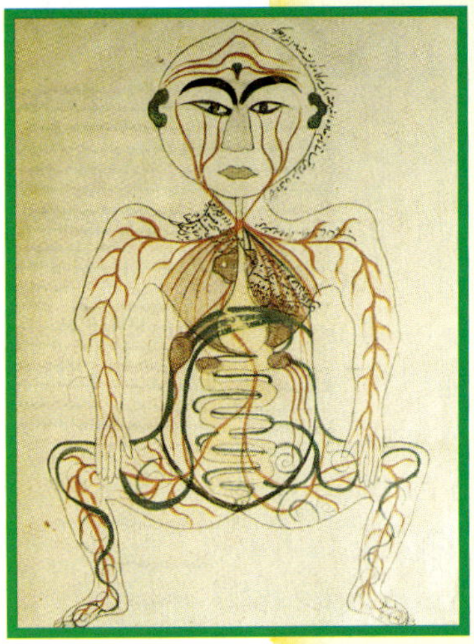

▲ Dibujo médico musulmán

Matemáticas y ciencia Los musulmanes realizaron avances importantes en el área de las matemáticas. Más tarde, difundieron estos descubrimientos a los europeos. Por ejemplo, los musulmanes inventaron el álgebra, un tipo de matemáticas que se sigue enseñando en las escuelas de la actualidad. Los árabes también tomaron los símbolos de 0 a 9 de los eruditos hindúes de la India. Posteriormente, los europeos usaron estos números. En la actualidad, se les conoce como "números arábigos".

Los musulmanes también realizaron avances en las ciencias. Los científicos musulmanes que estudiaban el firmamento perfeccionaron el astrolabio de los griegos. Los marineros usaban esta herramienta para estudiar las estrellas y así determinar cuál era su ubicación en el mar. Los científicos musulmanes utilizaron el astrolabio para medir el tamaño y la distancia alrededor de la tierra. Basándose en sus mediciones, se dieron cuenta de que la tierra era redonda.

Otros científicos musulmanes hicieron experimentos con metales y conservaron registros de su trabajo. Como resultado, se considera a los árabes como los fundadores de la química. Uno de los químicos musulmanes más conocidos fue **al-Razi,** que vivió entre 865 d.C. y 925 d.C. Al-Razi desarrolló un sistema para clasificar a las sustancias como animales, minerales o vegetales. También escribió libros de medicina para que los médicos pudieran identificar las enfermedades.

Los médicos árabes fueron los primeros en descubrir que la sangre circula, o se mueve, hacia y desde el corazón. El médico persa **Ibn Sina** demostró cómo se contagian las enfermedades de persona a persona. A medida que realizaban sus trabajos, los médicos musulmanes publicaban sus descubrimientos.

◀ Astrolabio musulmán

Fuente principal

El misterio de la viruela

El científico musulmán al-Razi alentó a los científicos y médicos para que buscaran las causas que provocaban la enfermedad, y no sólo su tratamiento.

"Aunque los [eruditos] ciertamente han hecho alguna referencia al tratamiento de la viruela (. . .) ninguno ha hecho referencia a la causa de la existencia de la enfermedad, y por qué motivo nadie puede evitar contagiarse. . .".

—al-Razi, "Sobre las causas de la viruela"

La teoría del propio al-Razi acerca de lo que causaba la viruela era incorrecta. Sus esfuerzos por encontrar la causa, sin embargo, ayudaron a modificar la forma en que los médicos y científicos investigaban las enfermedades.

PBD Preguntas basadas en los documentos

¿Por qué estaba preocupado al-Razi con respecto a los estudios que los eruditos habían hecho acerca de la viruela?

Biografía

Omar Khayyam

1048–1131

e Ibn Khaldun

1332–1406

▲ Omar Khayyam

Omar Khayyam, quien nació en Persia, era matemático, astrónomo y filósofo, pero es más conocido como poeta. Los eruditos creen que Khayyam escribió sólo partes de su poema más famoso, el *Rubaiyat*, pero están seguros de que por lo menos 120 estrofas y los conceptos principales son de su autoría. La estrofa XII dice así:

> **"Un libro de versos debajo de la rama,**
> **una jarra de vino, una rodaja de pan**
> **—y tú a mi lado cantando el desierto—**
> **¡Oh, si el desierto fuera suficiente paraíso!"**
>
> **—Omar Khayyam, *Rubaiyat***

Khayyam escribió libros sobre álgebra y música antes de cumplir 25 años. Dirigió un observatorio durante 18 años y desarrolló un calendario más preciso.

Ibn Khaldun es uno de los eruditos árabes más famosos. Fue historiador, geógrafo, sociólogo y político. Nació en Túnez y trabajó para los gobernantes de Túnez y Marruecos. También se desempeñó como embajador en uno de los reinos españoles y como juez en El Cairo, Egipto. Escribió mucho acerca de los cambios sociales y políticos. Su obra más conocida es *Muqaddimah* (Introducción), escrita en 1375. Es el primer volumen de su libro *Kitab al-Ibar* (Historia universal). En este libro, intenta desarrollar una manera científica de analizar los acontecimientos históricos. Ibn Khaldun es uno de los primeros historiadores que estudiaron la influencia de la geografía, economía y cultura en la historia.

▲ Ibn Khaldun

Entonces y ahora

El *Rubaiyat* es un conjunto de versos de cuatro líneas llamados cuartetas. Busca un poema moderno que esté escrito en cuartetas.

Literatura musulmana El Corán es probablemente el conjunto de obras escritas más famoso del mundo musulmán, pero los musulmanes también escribieron otras obras famosas. Una de las obras más conocidas es *Las mil y una noches*. En ella se incluyen relatos de India, Persia y Arabia. Una de las historias es la de Aladino y su lámpara maravillosa.

Otro musulmán, el poeta persa **Omar Khayyam,** escribió el *Rubaiyat* alrededor de 1100. Muchos lo consideran uno de los mejores poemas que jamás se haya escrito.

Además de cuentos y poemas, los musulmanes escribían acerca de temas históricos. El gran historiador musulmán **Ibn Khaldun** escribió en 1375 que todas las civilizaciones surgen, crecen y luego declinan. También fue uno de los primeros historiadores que estudió el efecto de la geografía y el clima sobre los pueblos.

Arte y arquitectura Los musulmanes desarrollaron su propia forma de arte basada en el Islam. A los musulmanes no les estaba permitido mostrar imágenes de Mahoma o de los acontecimientos de su vida a través del arte. Creían que dichas imágenes podrían hacer que la gente adorara a Mahoma en lugar de adorar a Alá. En cambio, los musulmanes usan diseños en los que se entremezclan flores, hojas y estrellas. Los musulmanes utilizaron estos diseños para decorar paredes, libros, alfombras y edificios.

Los musulmanes eran conocidos por sus hermosos edificios. Ciudades como Bagdad, Damasco, El Cairo y Estambul estaban llenas de mezquitas. La mayoría de las mezquitas tienen una cúpula en la parte superior, pero la

Mezquita islámica

En las ciudades y los pueblos islámicos, las mezquitas eran los centros de la vida religiosa y de la vida diaria. Además de ser lugares de veneración, las mezquitas también funcionaban como lugares de reunión, escuelas y tribunales. ***¿Cuál era la característica arquitectónica más llamativa de las mezquitas?***

Minaretes
Desde las torres de las mezquitas, llamadas minaretes, los religiosos llamaban a los musulmanes a orar cinco veces por día.
Cúpula
Debajo de la cúpula hay una pared que apunta hacia la ciudad sagrada de la Meca. Los musulmanes oran mirando en esta dirección.
Patio
Los devotos se reúnen en el patio para orar.
Pozo
Todas las mezquitas tienen un pozo o una fuente en la que los devotos se pueden lavar la cara, los brazos, las manos y los pies en señal de respeto a Dios.

▲ **La construcción del Taj Mahal demoró más de 20 años.** ***¿Dónde está ubicado el Taj Mahal?***

característica más impactante de la mezquita son sus **minaretes.** Los minaretes son torres desde donde el **almuecín,** o anunciador, llama a los creyentes a orar cinco veces por día.

Los gobernantes islámicos vivían en grandes palacios de ladrillo. A menudo, estos palacios tenían patios en el centro. Para que los patios estuvieran más frescos, los constructores de patios agregaron pórticos, fuentes y piscinas.

Para brindar mayor protección, los palacios estaban rodeados de paredes. El ejemplo más famoso de un palacio musulmán es la Alhambra en **Granada,** España. La Alhambra fue construida en el siglo XIV.

Otro famoso edificio musulmán es el Taj Mahal en **Agra,** India. El gobernante mogul Shah Jahan lo construyó para que sirviera de tumba a su esposa, que falleció en 1629. El Taj Mahal, construido en mármol y piedras preciosas, es uno de los edificios más hermosos del mundo.

En la actualidad, los imperios musulmanes no existen. Sin embargo, el Islam sigue siendo una de las religiones más importantes del mundo. Alrededor de una de cada seis personas en todo el mundo es musulmana.

✓ **Comprobación de lectura** **Identificación** ¿Cuáles fueron las contribuciones de los musulmanes a las matemáticas y la ciencia?

Historia en línea

Centro de estudios ¿Necesitas ayuda con el material de esta sección? Visita jat.glencoe.com

Repaso de la sección 3

Resumen de la lectura

Repaso de Ideas principales

- Había muchas ciudades musulmanas como Bagdad, El Cairo y Damasco, pero la mayoría de los musulmanes seguían siendo agricultores que vivían en pequeñas aldeas.
- Los eruditos musulmanes hicieron descubrimientos importantes en álgebra y química, y los escritores, artistas y arquitectos musulmanes también produjeron obras importantes.

¿Qué aprendiste?

1. Describe los tres grupos sociales musulmanes.
2. ¿Cuáles fueron las contribuciones de los musulmanes en el área de la medicina?

Pensamiento crítico

3. **Organización de la información** Prepara un cuadro como el que sigue. Completa los detalles acerca de las contribuciones de los musulmanes en el campo de las matemáticas, las ciencias y el arte.

Matemáticas	Ciencias	Arte

4. **Resumen** Describe varios de los factores que fortalecieron el comercio musulmán.
5. **Análisis** ¿De qué manera ayudaron el idioma árabe y los gobernantes musulmanes a conservar y fomentar el conocimiento en el mundo?
6. **Evaluación** ¿Cuál de las contribuciones de los musulmanes crees que tuvo mayor influencia en las civilizaciones posteriores?
7. **Redacción descriptiva** Imagina que vives en una ciudad musulmana. Escribe una carta a un amigo en donde describes lo que es un bazar. Describe cómo es un bazar y algunos de los productos que puedes encontrar allí.

Capítulo 11

Repaso de lectura

Sección 1 El surgimiento del Islam

Vocabulario
oasis
sheik
caravana
Corán

Enfoque en Ideas principales

- Los desiertos, la costa y los oasis de Arabia influían en la forma de vida árabe. *(página 373)*
- El profeta Mahoma trajo el mensaje del Islam a los habitantes de Arabia. *(página 374)*
- El Corán proporcionaba las pautas para la vida de los musulmanes y los gobiernos de los estados musulmanes. *(página 377)*

Un niño estudia el Corán.

Sección 2 Imperios islámicos

Vocabulario
califa
chiíta
sunita
sultán

Enfoque en Ideas principales

- Los árabes difundieron el Islam a través de la prédica, la conquista y el comercio. *(página 380)*
- Mientras que los musulmanes se dividieron en dos grupos, el imperio Árabe alcanzó nuevos niveles de esplendor. *(página 382)*
- Los turcos y mongoles construyeron imperios musulmanes en Asia, África y Europa. *(página 384)*

Sección 3 Costumbres musulmanas

Vocabulario
mezquita
bazar
minarete
almuecín

Enfoque en Ideas principales

- Mientras que los mercaderes musulmanes tenían gran éxito y sus ciudades crecían, la mayoría de los musulmanes vivían en aldeas en el campo. *(página 388)*
- Los musulmanes hicieron valiosas contribuciones a las matemáticas, las ciencias y el arte. *(página 390)*

Capítulo 11 Evaluación y actividades

Repaso del vocabulario

Escribe el término clave que completa cada oración.

a. caravana	f. minarete
b. califa	g. sheik
c. sultán	h. bazar
d. mezquita	i. sunitas
e. Corán	j. chiítas

1. Un pregonero convocaba a los musulmanes a la plegaria desde el ___ de la mezquita.
2. Después de que Mahoma murió, sus seguidores eligieron un ___ para que los condujera.
3. El más famoso de los ___ fue Suleimán.
4. En cada ciudad musulmana, un ___ vendía productos a los mercaderes de esa ciudad y de afuera.
5. Los mercaderes árabes que viajaban en ___ usaban camellos para transportar sus mercaderías a través del desierto.
6. El libro sagrado musulmán se llama el ___.
7. Cada tribu de los primeros pueblos árabes estaba conducida por un ___.
8. Cada ___ era una casa de oración y una escuela.
9. Los ___ creían que el yerno de Mahoma debía tomar su lugar.
10. Según los ___, los miembros de la dinastía omeya eran los legítimos califas.

Repaso de las ideas principales

Sección 1 • El surgimiento del Islam

11. ¿Cómo influyó la geografía en la forma de vida de los primeros pobladores árabes?
12. ¿Qué pautas daba el Corán a los gobiernos de los estados musulmanes?

Sección 2 • Imperios islámicos

13. ¿Cómo difundían los árabes el Islam?
14. ¿Por qué se separaron los musulmanes en dos grupos?

Sección 3 • Costumbres musulmanas

15. ¿Qué avances científicos fueron logrados por los primeros musulmanes?
16. ¿Por qué es importante que Ibn Khaldun registrara la historia?

Pensamiento crítico

17. **Comparación** ¿Qué cosas tienen en común el islamismo, el judaísmo y el cristianismo?
18. **Evaluación** ¿Piensas que un gobierno que deja que su pueblo practique cualquier religión será más fuerte que uno que no lo permite? Explica.

Repaso

Habilidad de lectura | Idea principal

Ideas principales y detalles

19. Lee el párrafo siguiente. Crea un organizador gráfico para mostrar la idea principal y los detalles secundarios.

> Los musulmanes estaban divididos en dos grupos sociales según su poder y riqueza. En la clase más alta estaban los líderes del gobierno, los dueños de las tierras y los comerciantes. Por debajo estaban los artesanos, agricultores y trabajadores. El grupo inferior se componía de esclavos.

Para repasar esta habilidad, consulta las páginas 370–371.

Habilidades geográficas

Estudia el mapa que figura a continuación y contesta las siguientes preguntas.

20. **Movimiento** ¿Por qué no se pudo expandir el Imperio Abásida hasta el Mar Negro?
21. **Región** ¿Qué masas de agua usaban los mercaderes abásidas para comerciar con el mundo exterior?
22. **Lugar** Ya sabes que los abásidas cambiaron la ciudad capital de Damasco a Bagdad. Observa la ubicación de esas ciudades. ¿Cuál consideras que hubiera sido la mejor ubicación para la ciudad capital? ¿Por qué?

NATIONAL GEOGRAPHIC **Imperio abásida**

CLAVE

- El Imperio Abásida durante el reinado de Harun al-Rashid, 800 d.C.
- Capital abásida
- Antigua capital Omaya

Leer para escribir

23. **Redacción descriptiva** Supón que eres un comerciante árabe viajando por el desierto con una caravana. Escribe tres cosas en tu diario. Cada una debe describir sucesos que ocurrieron ese día. Cada día que elijas describir, deberías centrarte en diferentes aspectos de la vida de un mercader. Comparte lo que escribiste con tus compañeros de clase.
24. **Uso de tus** PLEGABLES™ Escribe un poema o cuento usando la información de tu plegable completo.

Historia en línea

Prueba de autocomprobación Para ayudarte a preparar el examen de este capítulo, visita jat.glencoe.com

Uso de la tecnología

25. **Exploración del lenguaje** Usa la Internet y tu biblioteca local para encontrar palabras en inglés que sean de origen árabe. Crea una tabla con tu computadora que muestre las palabras en inglés que tienen raíz árabe.

Enlaces entre el pasado y el presente

26. **Evaluación del impacto** ¿Qué invento o desarrollo islámico crees que tiene mayor influencia en el mundo de hoy? Explica tu elección.

Desarrollo de habilidades de ciudadanía

27. **Análisis de los documentos** Investiga para saber de qué manera la Constitución de Estados Unidos protege la libertad religiosa. ¿Crees que la forma en que los imperios musulmanes manejaban la religión estaría permitida por la Constitución de Estados Unidos? Explica.

Fuente principal Análisis

En la primera estrofa del *Rubaiyat,* Omar Khayyam recibe la mañana.

"¡Despierta! Porque el sol, pastor
del cielo,
ha encerrado a las estrellas
en su redil en lo más alto
y, agitando la oscuridad con sus miembros
vigorosos,
esparce la claridad con su ojo ardiente".

—*Rubáiyát, por Omar Khayyám: Una paráfrasis de "Varias traducciones literales"* por Richard Le Gallienne

PBD Preguntas basadas en los documentos

28. ¿Qué encerró el sol?
29. *Personificación* es cuando un autor da cualidades humanas a algo que no es una persona. ¿Cómo personifica Khayyam al sol en la estrofa?

Repaso de la unidad 3

Comparación de los nuevos imperios y nuevas religiones

Compara la antigua Roma, el antiguo cristianismo y el antiguo Islam repasando la información que aparece a continuación. ¿Puedes ver de qué manera las personas de estas civilizaciones tenían vidas muy parecidas a la tuya?

	Antigua Roma Capítulos 8 y 9	El surgimiento del cristianismo Capítulo 10	Civilización islámica Capítulo 11
¿Dónde surgieron esas civilizaciones?	• Surgió en la península itálica • Obtuvieron el control del mundo mediterráneo	• Surgió en Palestina • Se difundió por el Imperio Romano	• Surgió en Arabia • El Imperio Árabe se extendía desde África del Norte hasta Asia central
¿Cuáles fueron algunos de los personajes importantes de esas civilizaciones?	• Cincinato c. 519–438 a.C. • Augusto, gobernó 27 A.C.–14 d.C. • Teodora c. 500–548 d.C.	• Jesús c. 6 A.C.–30 d.C. • Elena c. 248–328 d.C. • Agustín 354–430 d.C.	• Mahoma c. 570–632 d.C • Omar Khayyam 1048–1131 d.C. • Suleimán I, gobernó 1520–1566 d.C.
¿Dónde vivía la mayoría de las personas?	• Aldeas agrícolas • Sus ciudades principales incluían Roma y Alejandría	• Ciudades portuarias y ciudades en la zona del Mediterráneo	• Oasis de los desiertos • Aldeas agrícolas • Las ciudades principales incluían la Meca y Bagdad

	Antigua Roma (Capítulos 8 y 9)	El surgimiento del cristianismo (Capítulo 10)	Civilización islámica (Capítulo 11)
¿Cuáles eran las creencias de estas personas? 	• Creían en muchos dioses y diosas • Los emperadores eran honrados como dioses • Varias religiones locales	• Creían en un solo Dios y en Jesús como Hijo de Dios y el Salvador • Grupos principales: Iglesia Ortodoxa Oriental y Católica Romana	• Creían en un solo Dios (Alá) • Mahoma es su profeta definitivo • Grupos principales: Sunitas y chiítas 
¿Cómo era su gobierno?	• Roma evolucionó de una república a un imperio • El emperador era el líder principal • El ejército participaba en el gobierno 	• Ordenamiento según el rango de sacerdotes, obispos y arzobispos • El obispo de Roma se convirtió en jefe de la Iglesia Católica Romana	• Mahoma funda el estado islámico • Después de Mahoma, los líderes denominados califas tenían el poder religioso y político
¿Cómo eran su idioma y su escritura?	• El latín era el idioma oficial; el griego se hablaba en la parte oriental del imperio • Varios idiomas locales	• El Nuevo Testamento de la Biblia estaba escrito en griego • El latín se convirtió en el idioma de la Iglesia Católica Romana	• El Corán estaba escrito en árabe • El árabe era el idioma oficial del imperio árabe • También se hablaban el persa y el turco
¿Qué contribuciones hicieron?	• Introdujeron ideas acerca del derecho y del gobierno • Desarrollaron nuevos estilos de construcción 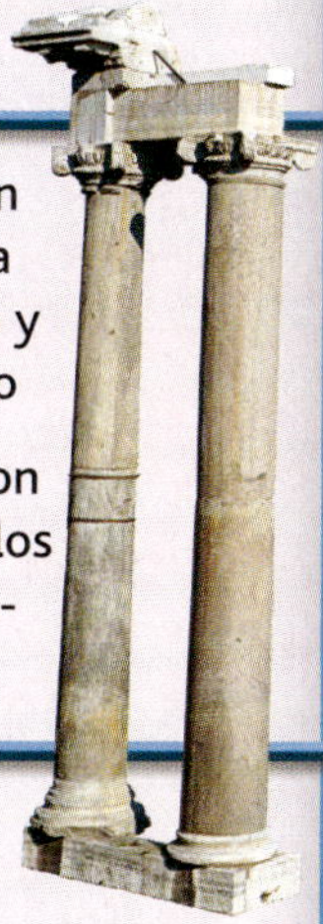	• El cristianismo se convirtió en una religión aceptada en todo el mundo • Dio forma a las creencias y los valores de la civilización occidental	• El Islam se convirtió en una religión aceptada en todo el mundo • Desarrolló ideas en el área de medicina y matemáticas 
¿Cómo me afectan esas contribuciones? ***¿Puedes agregar alguna?***	• El latín contribuyó con varias palabras al idioma inglés • La idea que tenía Roma acerca de lo que era una república es la que siguen muchos gobiernos de la actualidad	• El cristianismo es la religión más importante del mundo occidental en la actualidad • El nacimiento de Jesús es la fecha en que comienza el calendario occidental	• El Islam es una de las principales religiones en la actualidad • Desarrollaron el álgebra • Desarrollaron el juego de ajedrez

Unidad 4

La Edad Media

Por qué es importante

Cada civilización que estudiarás en esta unidad hizo importantes contribuciones a la historia.

- Los chinos fueron los primeros en desarrollar la pólvora, la brújula y los libros impresos.
- Los africanos al sur del Sahara desarrollaron nuevas formas de música y danza
- Los japoneses desarrollaron las artes marciales como el judo y el karate.
- Los europeos fueron los primeros en iniciar el desarrollo de un gobierno representativo.

	300 d.C.	450 d.C.	600 d.C.	750 d.C.	900 d.C.
China en la Edad Media (Capítulo 12)			**c. 590 d.C.** El Gran Canal une el norte y el sur de China	**683 d.C.** Comienza el reinado de la emperatriz Wu	
África medieval (Capítulo 13)	**330 d.C.** El rey Ezana de Axum acepta el cristianismo			**c. 700 d.C.** Los Shona establecen el reino de Zimbabue	**c. siglo X d.C.** El Islam se difunde en África
Japón medieval (Capítulo 14)	**c. 400 d.C.** El clan Yamato asume el control de Japón		**631 d.C.** El príncipe Shotoku redacta la constitución		
Europa medieval (Capítulo 15)		**496 d.C.** El rey Clovis se convierte al catolicismo		**800 d.C.** El Papa corona a Carlomagno como emperador	

Estatuillas chinas

Templo Horyuji

Manuscrito medieval

Estatua de Carlomagno a caballo

NATIONAL GEOGRAPHIC

¿En qué lugar del mundo?

1050 d.C. | 1200 d.C. | 1350 d.C. | 1500 d.C.

c. siglo XI d.C.
Los chinos inventan los tipos móviles

1206 d.C.
Genghis Khan se convierte en el líder de los mongoles

Guerrero mongol

1405 d.C.
Zheng He comienza el primero de sus siete viajes de ultramar

Mezquita en Malí

1312 d.C.
Mansa Musa se convierte en rey de Malí

Cabeza de bronce de una reina, África Occidental

c. 1000 d.C.
Lady Murasaki Shikibu escribe *La historia de Genji*

Templo japonés en Kioto

1281 d.C.
Los mongoles tratan de invadir Japón por segunda vez

Armadura utilizada por un guerrero samurai

c. 1450 d.C.
La guerra civil divide a Japón

c. 1000 d.C.
Los vikingos llegan a América del Norte

1215 d.C.
El rey Juan de Inglaterra firma la Carta Magna

Mujer medieval hilando lana

1492 d.C.
Fernando e Isabel de España derrotan a los moros

Unidad 4

Ubicación de lugares

1 Estatua de Buda

Ver China en la Edad Media, Capítulo 12

2 Mezquita de Djenné

Ver África medieval Capítulo 13

Conoce a los personajes

Príncipe Shotoku

573-621 d.C.

Líder japonés

Capítulo 14, pág. 489

Carlomagno

742-814 d.C.

Sacro Emperador Romano

Capítulo 15, pág. 517

Murasaki Shikibu

c. 973-1025 d.C.

Escritora japonesa

Capítulo 14, pág. 502

Genghis Khan

c. 1167-1227 d.C.

Conquistador mongol

Capítulo 12, pág. 427

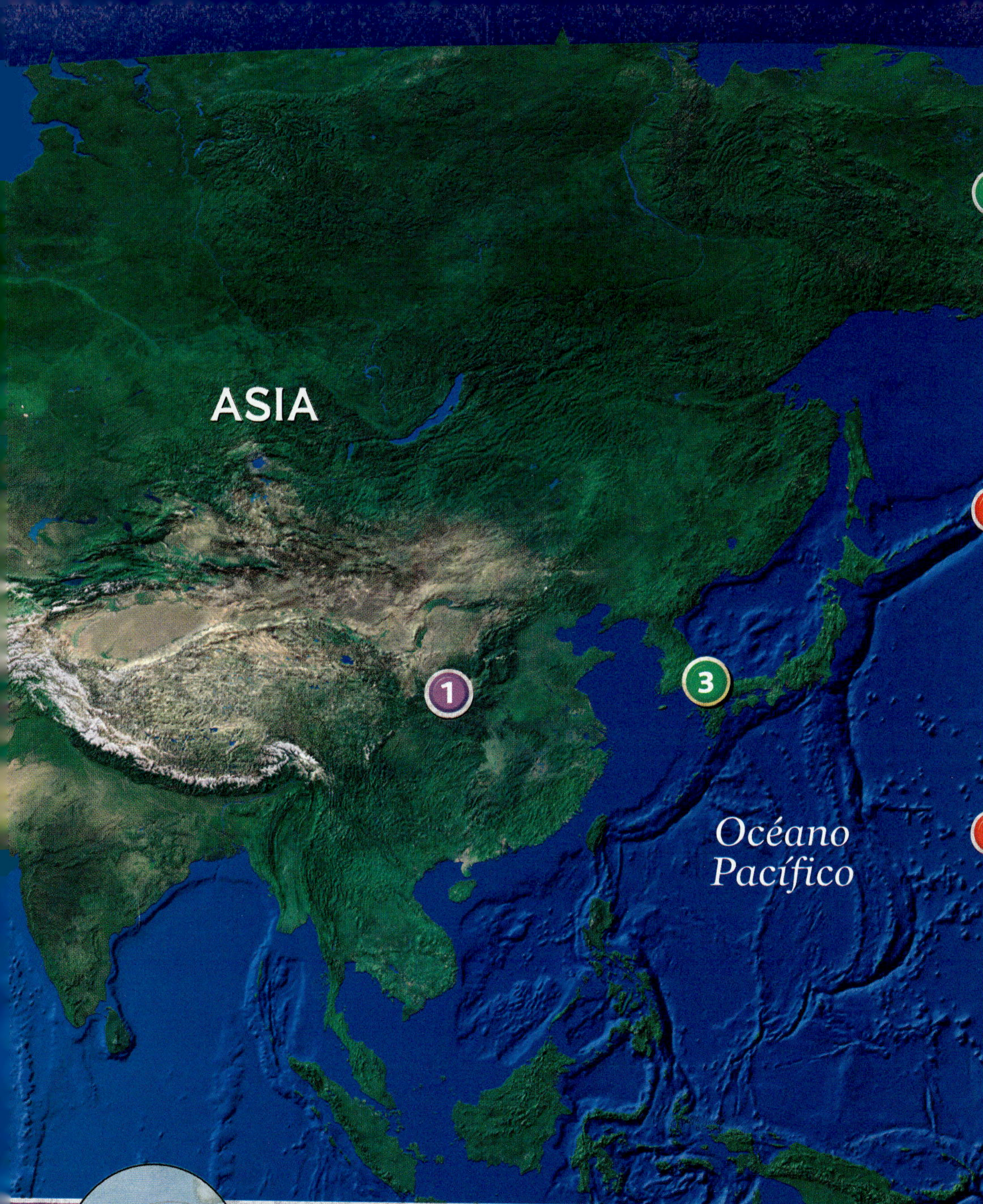

3 Templo Todaiji

Ver Japón medieval
Capítulo 14

4 Castillo de Caerphill

Ver Europa medieval
Capítulo 15

5 Monte San Miguel

Ver Europa medieval
Capítulo 15

Thomas Aquinas

1225–1274 d.C.
Pensador cristiano
Capítulo 15, pág. 551

Mansa Musa

Gobernó 1312-1337 d.C.
Rey de Malí
Capítulo 13, pág. 466

Zheng He

1371–1433 d.C.
Almirante chino
Capítulo 12, pág. 434

Juana de Arro

1412-1431 d.C.
Heroína francesa
Capítulo 15, pág. 556

Capítulo 12

China en la Edad Media

Palacio Imperial en la Ciudad Prohibida

NATIONAL GEOGRAPHIC

¿Cuándo y quién?

600 d.C. — 900 d.C. — 1200 — 1500

- **581 d.C.** Wendi funda la dinastía Sui
- **868 d.C.** Los chinos imprimen el primer libro del mundo
- **1206** Genghis Khan une a los mongoles
- **1405** Zheng He comienza su viaje de ultramar

Presentación preliminar del capítulo

Al igual que los árabes, los chinos se interesaron por la ciencia y la tecnología. Lee este capítulo para conocer los inventos de los chinos y cuál fue su influencia sobre la vida actual.

Historia en línea

Descripción general del capítulo Visita jat.glencoe.com para ver la presentación preliminar del capítulo 12.

Mira el video del capítulo 12 en el Programa de Video *World History: Journey Across Time*.

Sección 1 China se unifica

Durante la Edad Media, los gobernantes chinos trajeron paz, orden y crecimiento a China. El budismo se convirtió en la religión más importante de China, pero el gobierno chino apoyaba las ideas de Confucio.

Sección 2 Sociedad china

La agricultura y el comercio hicieron rica a China. Los chinos desarrollaron nuevas tecnologías y disfrutaron de una Edad de Oro en el área de las artes y la escritura.

Sección 3 Los mongoles en China

Los mongoles, liderados por Genghis Khan, crearon un vasto imperio. Bajo el reinado de su hijo, Kublai Khan, procedieron a conquistar también a China.

Sección 4 La dinastía Ming

Los gobernantes de la dinastía Ming de China fortalecieron al gobierno y trajeron paz y prosperidad. Respaldaron los viajes comerciales hacia otras partes de Asia y África del este.

PLEGABLES™ Organizador de estudios

Categorización de la información *Prepara este plegable para poder organizar mejor tus notas acerca de China en la Edad Media.*

Paso 1 *Doblar una hoja de papel por la mitad de un lado a otro, dejando una solapa de $\frac{1}{2}$ pulgada a lo largo de uno de los lados.*

Deja una solapa de ½ pulgada.

Paso 2 *Darle vuelta al papel y doblarlo en cuartos.*

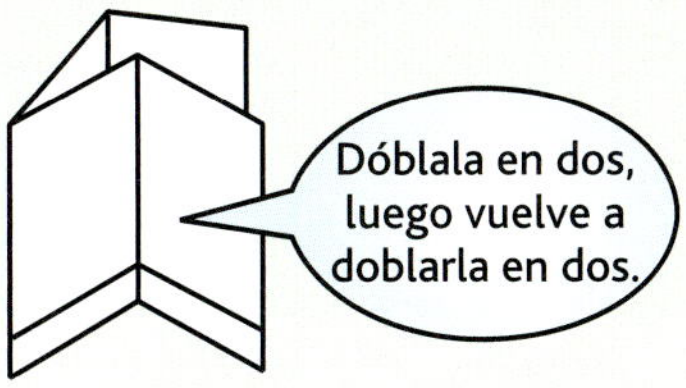

Dóblala en dos, luego vuelve a doblarla en dos.

Lectura y redacción
A medida que leas el capítulo, identifica las ideas principales del capítulo. Escribe estas ideas en la solapa apropiada.

Paso 3 *Desplegar el papel y cortar a lo largo de los tres pliegues en la parte de arriba.*

De este modo, quedan cuatro solapas.

Paso 4 *Rotularlo según se muestra.*

China se unifica
Sociedad china
Los mongoles en China
La dinastía Ming
China en la Edad Media

Capítulo 12

Lectura en estudios sociales

Habilidad de lectura
Inferencias

1 ¡Apréndelo!

Leer entre líneas

Inferir significa evaluar información y llegar a una conclusión. Al hacer inferencias, uno "lee entre líneas" o saca conclusiones que no se dicen directamente en el texto. Por naturaleza, hacemos inferencias acerca de las cosas que leemos, vemos y escuchamos a diario.

Lee este párrafo de la Sección 3.

Genghis Khan reunió un ejército de más de 100,000 guerreros. Ubicó a sus soldados en grupos bien entrenados. Estos grupos estaban comandados por oficiales que habían sido elegidos por sus aptitudes, y no por sus conexiones familiares. Estos cambios hicieron que, en ese momento, los mongoles fueran el ejército más hábil para la lucha del mundo.

—de la página 425

Habilidad de lectura

A veces uno hace inferencias al hacerse preguntas a sí mismo o al hacer predicciones acerca de lo que vendrá.

Usa este Cuadro de pensamiento para ayudarte a hacer inferencias.

Texto	Pregunta	Inferencia
Genghis Khan	¿Quién era él?	¿Un líder poderoso?
El ejército estaba compuesto por 100,000 guerreros	¿Por qué necesitaba contar con tantos guerreros?	¿Para conquistar otro país o para defender el suyo?
Los oficiales no eran elegidos por los lazos familiares	¿Por qué elegía Genghis Khan oficiales que no tuvieran lazos familiares sólidos?	¿Para que no tuvieran que preocuparse acerca de sus familias y pudieran concentrarse en la batalla?
Mongoles	¿Quiénes eran?	¿Los compatriotas de Genghis Khan? ¿Habitantes de Mongolia?

2 ¡Practícalo!

Inferencias

Lee el siguiente párrafo, también acerca de los guerreros de Genghis Khan, y presta atención a las palabras que aparecen resaltadas a medida que haces inferencias.

> Genghis Khan comenzó a construir su imperio conquistando a los otros habitantes de las estepas. Estas victorias lo hicieron rico y permitieron la entrada de nuevos soldados al ejército. Muy pronto, los mongoles fueron lo suficientemente poderosos como para atacar civilizaciones importantes. En 1211, las fuerzas de los mongoles se dirigieron hacia el este e invadieron China. Tres años después, habían conquistado toda la parte norte de China. Luego se dirigieron hacia el oeste y atacaron las ciudades y los reinos que controlaban parte de la Ruta de la Seda.
>
> *—de las páginas 425–426*

Crea tu propio Cuadro de pensamiento para hacer otras inferencias acerca del ejército de Genghis Khan. Es posible que desees usar las palabras que aparecen resaltadas en la primera columna y rotularla **Texto.** La segunda y la tercera columna se pueden rotular como **Preguntas** e **Inferencias.** Lee el resto de la página 426 para saber si tus inferencias son correctas.

Leer para escribir

Lee el texto que aparece debajo del encabezado **Funcionarios eruditos** en la Sección 1, página 414. Presta atención al párrafo que describe lo importante que era para los estudiantes aprobar los exámenes. Escribe acerca de cualquier experiencia que hayas tenido con exámenes para poder comprender los temores y los deseos de los estudiantes chinos durante la Edad Media.

3 ¡Aplícalo!

También hacemos inferencias acerca de otros tipos de texto, tales como la poesía. Lee los poemas de las páginas 420–421, y crea tu propio Cuadro de Pensamiento que pueda resultarte útil para entender los poemas.

Sección 1

China se unifica

¡Prepárate para leer!

¿Cuál es la relación?

Como ya has leído, al producirse la caída de la dinastía Han de China, China se sumergió en una guerra civil. Como podrás leer a continuación, China finalmente se unificó. Las nuevas dinastías llevaron a la civilización china a niveles aún más altos.

Enfoque en Ideas principales

- Las dinastías Sui y Tang unificaron y reconstruyeron China después de años de guerras. ***(página 409)***
- El budismo se convirtió en una religión popular en China y se difundió a Corea y Japón. ***(página 412)***
- La dinastía Tang volvió a las ideas de Confucio y creó una nueva clase de funcionarios eruditos. ***(página 413)***

Ubicación de lugares

Corea

Japón

Conoce a los personajes

Wendi

emperatriz Wu

Desarrollo de tu vocabulario

jefe militar

economía

reforma

monasterio

Estrategia de lectura

Categorización de la información

Completa una tabla como la que aparece a continuación para indicar períodos de tiempo, gobernantes más importantes y las razones de la caída de las dinastías Sui y Tang.

	Sui	Tang
Período		
Gobernantes importantes		
Razones de la decadencia		

NATIONAL GEOGRAPHIC ¿Cuándo y dónde?

500 d.C. — **900 d.C.** — **1300**

- **581 d.C.** Wendi funda la dinastía Sui
- **907 d.C.** Caída de la dinastía Tang
- **1279** Los mongoles ponen fin al reinado de la dinastía Song

Reconstrucción del imperio chino

Idea principal **Las dinastías Sui y Tang unificaron y reconstruyeron China después de años de guerras.**

Enfoque en la lectura ¿Alguna vez has pensado cómo funciona la economía de tu pueblo o ciudad? ¿Cómo llegan los productos a los comercios locales? ¿Quién se asegura de que las carreteras estén pavimentadas? Lee para saber de qué manera China hizo frente a estos problemas.

Como ya has leído, el imperio Han de China finalizó en 220 d.C. Durante los siguientes 300 años, China no tuvo ningún gobierno central. Se dividió en 17 reinos. La guerra y la pobreza predominaban. Diversos **jefes militares** chinos estaban a cargo del gobierno y luchaban entre sí mientras los nómadas conquistaban parte del norte de China.

Dado que China estaba inmersa en sus propios problemas, perdió el control de algunos de estos grupos a los que había conquistado. Uno de estos grupos eran los habitantes de **Corea.** Este grupo vivía en la península de Corea, al noreste de China. Los coreanos decidieron poner fin al dominio de los gobernantes chinos en su país. Se independizaron y crearon su propia civilización.

La dinastía Sui unifica China China finalmente se unificó en 581 d.C. En ese año, un general que se hacía llamar **Wendi** se autoproclamó emperador. Wendi ganó una batalla tras otra y finalmente unificó China. Luego, fundó una nueva dinastía denominada Sui.

NATIONAL GEOGRAPHIC

Dinastía Tang en China *c. 700 d.C.*

Dinastías de China

Uso de las habilidades geográficas

La dinastía Tang perduró casi 300 años.

1. ¿Cuáles eran las dos ciudades que estaban conectadas a través del Gran Canal?
2. ¿Qué característica física representa la mayor parte de la frontera norte de la dinastía Tang?

Busca en línea mapas de NGS en
www.nationalgeographic.com/maps

Después de la muerte de Wendi, su hijo Yangdi heredó el trono de China. Yangdi quería expandir el territorio de China. Envió un ejército para luchar contra la vecina Corea, pero los chinos sufrieron una seria derrota. En China, Yangdi asumió varios proyectos de construcción ambiciosos. Por ejemplo, la Gran Muralla estaba en ruinas, y Yangdi la hizo reconstruir.

El mayor esfuerzo de Yangdi fue la construcción del Gran Canal. Este sistema de vías navegables unía el Chang Jiang (río Yangtzé) y el Huang He (río Amarillo). El Gran Canal se convirtió en una ruta importante para el transporte de productos entre el norte y el sur de China. Esto ayudó a unificar la economía de China. La **economía** es la forma organizada en que las personas producen, venden y compran productos.

Historia en línea

Actividad en línea Visita jat.glencoe.com y haz clic en ***Chapter 12—Student Web Activity*** para averiguar más sobre la antigua China.

Enlaces entre el pasado y el presente

Proyecto del Gran Canal y la Presa de los Tres Desfiladeros

ENTONCES La apertura del Gran Canal fomentó la economía de la China imperial e hizo que fuera más barato y rápido enviar alimentos y productos hacia el norte y el sur. También le costó la vida a muchos trabajadores. Además, el sistema de canales a menudo se inundaba, lo que hacía que muchas personas y animales murieran ahogados y se destruyeran las cosechas.

La Presa de los Tres Desfiladeros en construcción ▼

El Gran Canal ▲

AHORA En 1994 China comenzó con la construcción de la Presa de los Tres Desfiladeros en el río Chang Jiang. La presa permitiría controlar las inundaciones y generar electricidad. Sin embargo, su construcción demandó que muchas áreas se inundaran. Millones de personas tuvieron que abandonar sus hogares y gran parte de los terrenos aptos para el cultivo se perdieron. ***¿Qué cambios han generado los proyectos de construcción en tu estado?***

Yangdi reconstruyó China, pero lo hizo a costa de las penurias de los habitantes de China. Los agricultores se vieron obligados a trabajar en la construcción de la Gran Muralla y el Gran Canal. También tuvieron que pagar impuestos altos al gobierno para estos proyectos. Finalmente, los agricultores se enfurecieron y se rebelaron. El ejército tomó el control y mató a Yangdi. Con la muerte de Yangdi, la dinastía Sui llegó a su fin.

La dinastía Tang En 618 d.C., uno de los generales de Yangdi tomó el control de China. Se autoproclamó emperador e inició una nueva dinastía llamada Tang. A diferencia de la breve dinastía Sui, la dinastía Tang permaneció en el poder durante alrededor de 300 años, desde 618 d.C. hasta 907 d.C. La capital de la dinastía Tang en Changan se convirtió en una ciudad magnífica, donde vivían alrededor de un millón de habitantes.

Los gobernantes Tang trabajaron para fortalecer el gobierno de China. Llevaron a cabo una cantidad de **reformas,** o cambios, que produjeron mejoras. El emperador Tang más poderoso se llamó Taizong. Taizong restauró el sistema de exámenes del servicio civil. Nuevamente, los funcionarios gubernamentales eran contratados en base a las notas que obtenían en los exámenes y no en el parentesco. Taizong también les dio tierras a los agricultores y trajo orden al campo.

A fines del siglo VII d.C., una mujer llamada Wu gobernó como emperatriz de China. Fue la única mujer en la historia china en gobernar el país por derecho propio. La **emperatriz Wu,** que era una líder poderosa, agregó más funcionarios al gobierno. También reforzó las fuerzas militares de China.

Bajo el reinado de la dinastía Tang, China recuperó gran parte del control de Asia y expandió las áreas que estaban bajo su control. Los ejércitos Tang se dirigieron hacia el oeste en Asia central, invadieron el Tíbet, y asumieron el control de la Ruta de la Seda. Marcharon hacia Corea y obligaron a los reinos coreanos a pagar tributo, una clase especial de impuesto que un país paga a otro para evitarse problemas. Los Tang también se desplazaron hacia el sur y asumieron el control de Vietnam del Norte.

A mediados del siglo VIII d.C., sin embargo, la dinastía Tang comenzó a tener problemas. Un nuevo grupo de nómadas, los turcos sobre los que has leído anteriormente, expulsaron a los ejércitos Tang fuera de Asia central y asumieron el control de la Ruta de la Seda. Esto perjudicó la economía china. Las rebeliones en el Tíbet y entre los agricultores chinos en su territorio debilitaron aún más a la dinastía Tang. En 907 d.C., todo este desorden provocó la caída de la dinastía Tang.

Dinastía Song Durante alrededor de 50 años después de la caída de la dinastía Tang, los líderes militares gobernaron China. Luego, en 960 d.C., uno de los generales se autoproclamó emperador e instauró la dinastía Song.

NATIONAL GEOGRAPHIC **La China de los Song** *c. 1200 d.C.*

Uso de las habilidades geográficas

La dinastía Song trasladó la ciudad capital a Hangzhou.

1. Usa el mapa de la dinastía Tang que aparece en la página 409 para comparar las zonas que abarcaban las dinastías Tang y Song.
2. ¿A qué distancia, aproximadamente, está Hangzhou de la frontera norte del imperio?

La dinastía Song reinó desde 960 d.C. hasta 1279 d.C. Este fue un período de prosperidad y logros culturales en China. Desde el comienzo, sinembargo, los Song tuvieron que hacer frente a problemas que amenazaron su poderío en China. Los gobernantes Song no contaban con suficientes soldados como para controlar su gran imperio. El Tíbet se independizó y los nómadas conquistaron gran parte del norte de China. Por razones de seguridad, la dinastía Song trasladó su capital más al sur a la ciudad de Hangzhou. Hangzhou estaba ubicada en la costa, cerca del delta del río Chang Jiang.

▲ **Estatua de Buda, tallada alrededor del año 460 d.C. en las cuevas de Yun-Kang en China.**

✓ Comprobación de lectura **Explicación** ¿Cómo hizo Wendi para unificar a China?

El budismo se difunde a China

Idea principal **El budismo se convirtió en una religión popular en China y se difundió a Corea y Japón.**

Enfoque en la lectura ¿A quién consultas cuando tienes problemas? Lee para aprender por qué muchos chinos se volcaron al budismo cuando había problemas en China.

Anteriormente, aprendiste que los comerciantes y misioneros de India introdujeron el budismo en China alrededor del año 150 d.C. En ese momento, la dinastía Han ya se había debilitado. Muy pronto, China se vio inmersa en una guerra civil. En todas partes, las personas estaban muriendo debido a la guerra y a la falta de alimentos y refugio. Fue una época de grandes penurias. Dado que el budismo enseñaba a las personas a escapar de su sufrimiento, muchos chinos se convirtieron al budismo buscando paz y consuelo.

Budismo chino Los primeros gobernantes de la dinastía Tang no eran budistas, pero permitían la práctica del budismo en China. Incluso apoyaron la construcción de templos

La vida en la China Tang

Bajo la dinastía Tang, China se expandió y prosperó. Las ciudades Tang eran grandes y se desarrollaban muchas actividades dentro de las murallas de la ciudad. Las ciudades tenían muchos negocios y templos. Los hogares de las familias ricas a menudo tenían dos o tres pisos. ***¿Cuándo reinó la dinastía Tang en China?***

budistas. Muchos budistas chinos se convirtieron en monjes y monjas. Vivían en lugares llamados **monasterios,** donde meditaban y oraban.

Los templos y monasterios budistas brindaban servicios a las personas. Allí funcionaban escuelas y se suministraban habitaciones y alimentos a los viajeros. Los monjes budistas también prestaban servicios como banqueros y proporcionaban cuidados médicos.

Sin embargo, no todos los habitantes de China estaban conformes con el budismo. Muchos pensaban que no era correcto que los templos y monasterios budistas aceptaran donativos. Otros creían que los monjes y las monjas debilitaban el respeto por la vida familiar dado que no les estaba permitido casarse.

A principios del siglo IX d.C., los funcionarios de la dinastía Tang sintieron temor por el creciente poder del budismo. Consideraban al budismo como un enemigo de las tradiciones chinas. En 845 d.C., la dinastía Tang destruyó muchos templos y monasterios budistas. El budismo en China nunca se recuperó totalmente.

El budismo chino se difunde hacia el este

Como leíste anteriormente, Corea se independizó de China cuando se produjo la caída de la dinastía Han en 220 d.C. Varios años después, Corea se dividió en tres reinos independientes.

En el siglo IV d.C., los budistas chinos introdujeron su religión en Corea. Alrededor del año 660 d.C., los coreanos se unieron para formar un solo reino. Después de eso, con el apoyo del gobierno, el budismo se fortaleció aún más en Corea.

El budismo posteriormente se difundió a las islas cercanas de **Japón.** Según la leyenda, uno de los reyes coreanos le escribió al emperador de Japón. La carta contenía una estatua de Buda y escritos budistas. "Esta religión contiene la mejor de todas las enseñanzas", escribió el rey. Con el tiempo, el budismo ganó muchos adeptos también en Japón.

Comprobación de lectura **Explicación** ¿Por qué algunos habitantes de China no estaban de acuerdo con el budismo?

Nuevas ideas del confucianismo

Idea principal **La dinastía Tang volvió a las ideas de Confucio y creó una nueva clase de funcionarios eruditos.**

Enfoque en la lectura ¿Alguna vez viste a alguien que obtuviera una recompensa que no merecía? Lee para aprender de qué manera los gobernantes chinos trataron de evitar este problema al contratar funcionarios gubernamentales.

Ya has leído acerca de Confucio y sus enseñanzas. Confucio y sus seguidores creían que un buen gobierno dependía de los buenos líderes que tenía. Los exámenes del servicio civil introducidos por los gobernantes Han fueron producto de las ideas de Confucio. Supuestamente se usaban para elegir funcionarios gubernamentales talentosos.

Fuente principal

Defensa del confucianismo

Han Yü (768 d.C. a 824 d.C.) alentó a los chinos a permanecer fieles al confucianismo.

"¿Cuáles fueron las enseñanzas de nuestros antiguos reyes? El amor universal se denomina humanidad. La práctica de la humanidad del modo correcto se denomina rectitud. Proceder de acuerdo con esto es el Camino. (. . .) Ofrecían sacrificios al Cielo y los dioses venían a recibirlos. (. . .) ¿Cuál es el Camino? Yo digo: Esto es lo que yo llamo el Camino, y no lo que los taoístas y budistas denominan el Camino. . .".

▲ Han Yü

—Han Yü, *Yüan-tao* (Investigación sobre el Camino)

PBD Preguntas basadas en los documentos

¿Por qué creía Han Yü que se debían seguir las ideas del confucianismo?

NATIONAL GEOGRAPHIC

Cómo eran las cosas

Enfoque en la vida cotidiana

Exámenes del servicio civil Hoy en día, los exámenes de destreza y los exámenes finales exigen una gran preparación, pero no son tan difíciles como lo eran los exámenes del servicio civil de China durante el reinado de la dinastía Tang. Los hombres de todos los niveles sociales intentaban aprobar los exámenes para poder ocupar un cargo gubernamental y hacerse ricos. Miles de hombres se presentaban a rendir los exámenes, pero sólo unos cuantos cientos de personas aprobaban los exámenes para ocupar los cargos importantes.

Los niños chinos comenzaban a prepararse para los exámenes en la escuela primaria. Después de muchos años en los que aprendían a leer y escribir más de 400,000 palabras y proverbios, los jóvenes, que ya eran hombres de veinte o treinta años, se presentaban a rendir el primero de los tres niveles en los que estaban divididos los exámenes. Los estudiantes viajaban a grandes instalaciones donde se rendían los exámenes. No se les brindaba ni alimento ni hospedaje, de modo que debían proveérselos por sí mismos. Muchos se enfermaban o se enloquecían por la tensión que les provocaban rendir los exámenes y las malas condiciones en que debían rendirlos.

▲ Estudiantes rindiendo los exámenes del servicio civil

Conexión con el pasado

1. ¿Qué edad tenían los chinos cuando rendían los exámenes?
2. ¿Por qué piensas que los hombres que rendían estos exámenes se sentían con tanto estrés?

Después de la caída de la dinastía Han, no existía un gobierno nacional que hiciera rendir los exámenes del servicio civil. El confucianismo perdió mucho apoyo y el budismo, con su mensaje espiritual, ganó muchos adeptos. Los gobernantes de las dinastías Tang y Song, sin embargo, volvieron a favorecer el confucianismo.

¿Qué es el neoconfucianismo? La dinastía Tang respaldó una nueva clase de confucianismo denominada neoconfucianismo. Este nuevo confucianismo se creó, en parte, para combatir la popularidad del budismo. El neoconfucianismo enseñaba que la vida en este mundo era tan importante como la vida después de la muerte. Los seguidores debían participar en las actividades de la vida y ayudar a las otras personas.

Aunque criticaba las ideas budistas, esta nueva forma de confucianismo también tomaba algunas de las creencias budistas y taoístas. Para muchos chinos, el confucianismo se convirtió en algo más que un sistema de normas para obrar correctamente. Se convirtió en una religión con creencias acerca del mundo espiritual. Los pensadores del confucianismo enseñaban a las personas que si seguían las enseñanzas de Confucio, encontrarían la paz y vivirían en armonía con la naturaleza.

La dinastía Song, que siguió a la dinastía Tang, también apoyó al neoconfucianismo. La dinastía Song incluso adoptó al neoconfucianismo como la filosofía, o sistema de creencias, oficial.

Funcionarios eruditos El neoconfucianismo también se convirtió en una forma de fortalecer al gobierno. Tanto los gobernantes Tang como los Song usaron los exámenes del servicio civil para contratar funcionarios. Para hacerlo, basaron la burocracia en un sistema de méritos. En un sistema de méritos, las personas son aceptadas por lo que pueden hacer y no por su riqueza o por sus relaciones personales.

Los exámenes probaban los conocimientos de los escritos de Confucio que tenían las personas que buscaban empleo. Para aprobar los exámenes, era necesario escribir con buen estilo y tener una buena comprensión. Se suponía que las pruebas eran imparciales, pero sólo los hombres podían rendir estos exámenes. Además, sólo las personas ricas contaban con el dinero que era necesario para ayudar a sus hijos a prepararse para los exámenes.

Era muy difícil aprobar los exámenes. Sin embargo, los padres hacían todo lo que estaba a su alcance para preparar a sus hijos. A los cuatro años, los niños empezaban a aprender a escribir utilizando los caracteres del idioma chino. Posteriormente, los estudiantes debían memorizar todos los escritos de Confucio. Si un estudiante recitaba mal los pasajes, el maestro podía golpearlo.

Después de muchos años de instrucción, los niños estaban preparados para rendir los exámenes. A pesar de toda la preparación, solamente uno de cada cinco aprobaba los exámenes. Aquellos que no aprobaban los exámenes generalmente encontraban trabajo como ayudantes de los funcionarios o enseñando a otros niños. Sin embargo, nunca podrían desempeñar un trabajo en el gobierno.

▲ **Funcionarios eruditos chinos a caballo**

Con los años, el sistema de exámenes dio origen a una nueva clase adinerada en China. Este grupo se componía de los funcionarios eruditos. Normas estrictas colocaban a los funcionarios eruditos apartados del resto de la sociedad. Una de las normas era que no podían realizar actividades físicas. Se enseñaba a los estudiantes que se preparaban para los exámenes que nunca debían usar las manos salvo para pintar o escribir.

Comprobación de lectura **Descripción** ¿Cómo cambió el confucianismo en China?

Historia en línea

Centro de estudios ¿Necesitas ayuda con el material de esta sección? Visita jat.glencoe.com

Repaso de la sección 1

Resumen de la lectura

Repaso de Ideas principales

- Mientras que la dinastía Sui fue breve, las dinastías Tang y Song permanecieron en el poder durante cientos de años y volvieron a hacer de China una nación poderosa y próspera.
- El budismo se convirtió en una religión popular en China y también se difundió a Corea y Japón.
- Un nuevo tipo de confucianismo se desarrolló en China durante el reinado de las dinastías Tang y Song, y el gobierno usó los exámenes del servicio civil para mejorar.

¿Qué aprendiste?

1. ¿Cuál fue la razón por la que el budismo se hizo tan popular en China?
2. ¿Por qué fue el neoconfucianismo una respuesta a la popularidad del budismo, y cuáles eran sus enseñanzas?

Pensamiento crítico

3. **Comparación y contraste** Crea un diagrama para mostrar las similitudes y las diferencias entre los reinados de Wendi y Yangdi.

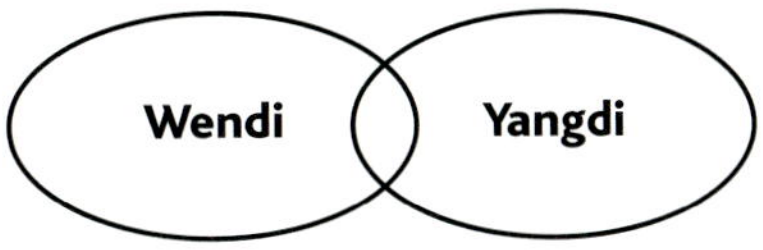

4. **Causa y efecto** ¿Cuáles fueron los acontecimientos que dieron origen a la caída de la dinastía Tang?
5. **Secuencia de información** Describe la historia del budismo durante el reinado de la dinastía Tang.
6. **Análisis** ¿Por qué el confucianismo había caído en desgracia en China antes del reinado de las dinastías Tang y Song?
7. **Conclusiones** ¿Piensas que el sistema del servicio civil de China verdaderamente permitía elegir a las personas más hábiles para ocupar cargos gubernamentales? ¿Qué harías para que el sistema fuera más imparcial?

Sección 2

Sociedad china

¡Prepárate para leer!

¿Cuál es la relación?

En la sección anterior, aprendiste acerca del surgimiento y la caída de las dinastías Sui, Tang y Song. Durante esas dinastías, la economía de China comenzó a crecer nuevamente. Los inventores chinos desarrollaron muchas tecnologías nuevas, y los artistas y escritores chinos produjeron nuevas obras que siguen siendo motivo de admiración en la actualidad.

Enfoque en Ideas principales

- La dinastía Tang fortaleció la economía de China al apoyar la agricultura y el comercio. ***(página 417)***
- Los chinos desarrollaron nuevas tecnologías como la producción de acero y la imprenta. ***(página 418)***
- Durante las dinastías Tang y Song, China disfrutó de una Edad de Oro en el área de las artes y la literatura. ***(página 420)***

Ubicación de lugares

Changan

Conoce a los personajes

Li Bo

Duo Fu

Desarrollo de tu vocabulario

porcelana

caligrafía

Estrategia de lectura

Organización de la información

Completa un cuadro como el que figura a continuación describiendo las nuevas tecnologías que se desarrollaron en China durante la Edad Media.

NATIONAL GEOGRAPHIC ¿Cuándo y dónde?

600 d.C. — 900 d.C. — 1200

- **618 d.C.** La dinastía Tang asume el poder
- **868 d.C.** Los chinos imprimen el primer libro del mundo
- **c. 1150** Los marineros chinos son los primeros en usar la brújula

Una economía que crece

Idea principal **La dinastía Tang fortaleció la economía de China al apoyar la agricultura y el comercio.**

Enfoque en la lectura ¿Conoces a alguien que beba té o use ropa de seda? Ambos productos fueron producidos por primera vez en China. Lee para aprender cómo cambió la agricultura durante el reinado de la dinastía Tang.

Cuando se produjo la caída de la dinastía Han en el siglo III d.C., esto representó un desastre para la economía de China. Comenzaron las luchas, las ciudades fueron destruidas y las granjas fueron quemadas. Los artesanos fabricaban menos productos, los agricultores cultivaban menos cosechas y los comerciantes tenían menos productos para comercializar. Durante el reinado de la dinastía Tang, sin embargo, estos problemas se solucionaron.

¿Por qué mejoró la agricultura? Cuando los gobernantes Tang asumieron el poder en el año 618 d.C., trajeron paz al campo y les dieron más tierras a los agricultores. Como consecuencia, los agricultores pudieron hacer muchos avances. Mejoraron la irrigación e introdujeron nuevas formas de cultivar la tierra. Los agricultores también desarrollaron nuevas clases de arroz, que crecían bien en suelos pobres, producían una mayor cantidad por acre, crecían más rápido y eran resistentes a las plagas.

Estos cambios permitieron que los agricultores cultivaran cada vez más arroz. Los agricultores chinos también comenzaron a cultivar té, que se convirtió en una bebida popular. También generaron mejoras en otros cultivos. Al haber más alimentos disponibles, la cantidad de habitantes en China aumentó enormemente. Al mismo tiempo, cada vez más personas se trasladaban al sur, donde el arroz crecía abundantemente en el valle del río Chang Jiang.

Crecimiento del comercio en China Los gobernantes Tang también construyeron carreteras y vías navegables. Estos cambios facilitaron los viajes dentro y fuera de China. Los comerciantes chinos pudieron aumentar el comercio con los habitantes de otras partes de Asia. La Ruta de la Seda, que ahora estaba bajo el control de los Tang, estaba nuevamente

Un trabajador sostiene una bandeja con gusanos de seda que se alimentan de hojas de morera. Con el tiempo, los gusanos tejen capullos. Después, los trabajadores recolectan y desenredan los capullos para hacer el hilo de seda. *¿Por qué piensas que la seda sigue siendo cara en la actualidad?*

La seda, cuya recolección se muestra aquí, siguió siendo un producto de comercio importante para los chinos. *¿Cómo hicieron los gobernantes Tang para influir en el aumento del comercio?*

activa. Uno de los productos con que los chinos comerciaban era la seda. Este producto fue el que le dio el nombre a esta ruta y era muy popular en los mercados al oeste de China. Además, China comerciaba té, acero, papel y porcelana. La **porcelana** está hecha de arcilla fina y se cuece a altas temperaturas. A cambio, los otros países enviaban a China productos como oro, plata, piedras preciosas y maderas finas.

También se establecieron otras rutas comerciales. Las rutas conectaban a China con Asia central, India y el sudoeste de Asia. Además, los Tang abrieron nuevos puertos a lo largo de la costa de China para fomentar el comercio.

Comprobación de lectura **Causa y efecto**
¿De qué forma los nuevos tipos de arroz que se desarrollaron en China ayudaron al crecimiento de su población?

Nueva tecnología

Idea principal **Los chinos desarrollaron nuevas tecnologías como la producción de acero y la imprenta.**

Enfoque en la lectura Este libro está hecho de papel, con letras impresas en el papel utilizando una máquina. Lee para aprender cómo se inventó la imprenta por primera vez en China durante la dinastía Tang.

Durante las dinastías Tang y Song, los nuevos inventos generaron cambios en la sociedad china. Con el tiempo, estos descubrimientos se difundieron a otras partes del mundo.

China descubre el carbón y el acero Durante la mayor parte de la historia de China, la gente quemaba madera para calentar sus casas y cocinar sus alimentos. Para la época de la dinastía Tang, la madera estaba comenzando a ser escasa en China. Sin embargo, los chinos habían descubierto que el carbón se podía utilizar para

Palacio real de Changan

La ciudad capital de los Tang, Changan, puede haber tenido un millón de habitantes cuando alcanzó su apogeo. La ciudad tenía grandes cuadras donde había casas, edificios comerciales y templos ubicados a lo largo de calles rectas. Su distribución sirvió de inspiración para el diseño de ciudades que se construyeron más tarde. La zona donde estaba ubicado el palacio imperial, que aparece a continuación, estaba rodeada de parques. ***¿Cuáles fueron las mejoras en la agricultura que hicieron aumentar la población de China durante el reinado de la dinastía Tang?***

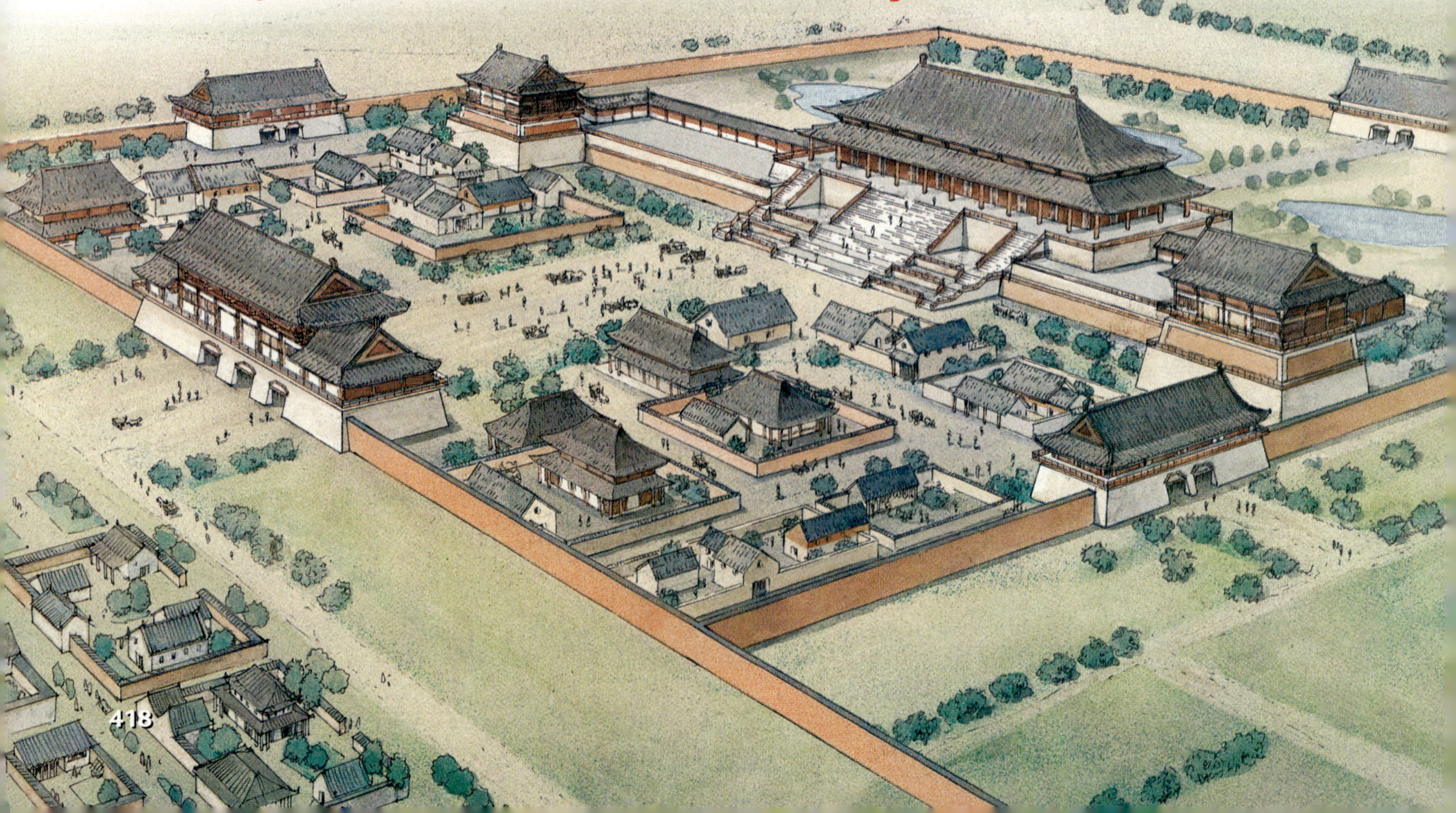

calentar cosas, y muy pronto se desarrolló la industria minera del carbón.

Los chinos usaban el carbón para calentar los hornos a altas temperaturas, lo que llevó a otro descubrimiento. Cuando se producía hierro en hornos calientes alimentados con carbón, el hierro fundido se mezclaba con el carbono del carbón. Esto dio origen a un metal nuevo, más sólido, que hoy en día se conoce como acero.

Los chinos usaron el acero para fabricar muchas cosas. Construyeron armaduras, espadas y cascos para sus ejércitos, pero también fabricaron hornos, herramientas para trabajar la tierra, taladros, cadenas de acero e incluso clavos y agujas de coser de acero.

El proceso de impresión Otro de los inventos de los chinos fue un método para imprimir libros. Antes de que existiera la imprenta, los libros debían copiarse a mano. Como consecuencia, había muy pocos libros y eran muy caros. Los chinos comenzaron a imprimir en el siglo VII d.C. Usaron bloques de madera en los que tallaban los caracteres de toda una página. La tinta se colocaba sobre el bloque de madera. Luego, se colocaba papel en el bloque para realizar la impresión. El tallado del bloque llevaba mucho tiempo. Sin embargo, una vez que los bloques de madera estaban listos, se podían volver a usar una y otra vez para hacer muchas copias.

Muy pronto, los chinos comenzaron a imprimir libros. El libro impreso más antiguo del mundo data de alrededor del año 868 d.C. Es un libro budista llamado *Sutra del diamante*. La invención de la imprenta fue muy importante. Hizo posible que las ideas se pudieran difundir con mayor rapidez.

En el siglo XI d.C., un impresor chino llamado Pi Sheng inventó los tipos de imprenta móviles. Con los tipos móviles, cada carácter está compuesto por una pieza individual. Las piezas se pueden mover para formar oraciones y se pueden volver a usar una y otra vez. Pi Sheng elaboró las piezas en arcilla y las juntó para armar las páginas del libro. Sin embargo, dado que el idioma chino escrito tiene tantos caracteres, la impresión con bloques de madera

NATIONAL GEOGRAPHIC

Cómo eran las cosas

Ciencia e invenciones

Imprenta Cuando los chinos inventaron los tipos móviles, mejoraron el arte de la impresión. Un autor chino describió las obras de Pi Sheng:

"Tomó arcilla pegajosa y la cortó en forma de caracteres, que eran tan finos como el borde de una moneda de cobre. Cada carácter se formaba como si fuera un solo tipo. Los horneó para que se endurecieran. Previamente, había preparado una placa de hierro y cubrió esta placa con una mezcla de resina de pino, cera y cenizas de papel. Cuando deseaba imprimir, tomaba un marco de hierro y lo colocaba sobre la placa de hierro. Allí colocaba los tipos, bien pegados unos con otros. Cuando el marco estaba lleno, formaba un solo bloque sólido de tipos".

—Shên Kua, *Dream Pool Jottings (Notas del lago de los sueños)*

▲ *Sutra del Diamante* es el libro impreso más antiguo que se conoce en el mundo.

▲ Bloque de tipos móviles

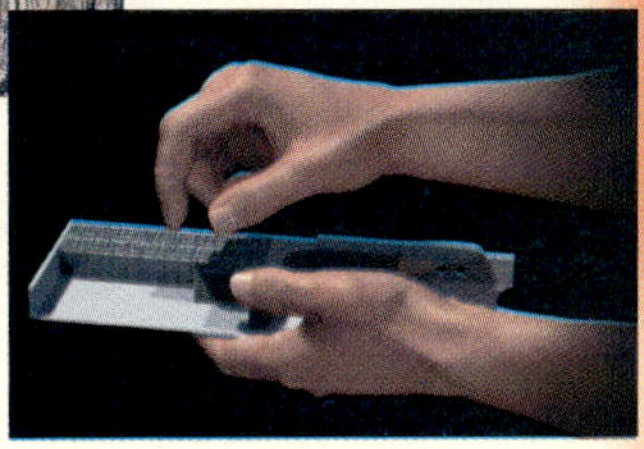

▲ Componedor

Conexión con el pasado

1. ¿Por qué piensas que Pi Sheng usó arcilla para moldear sus caracteres?
2. ¿En qué casos era la impresión con bloques de madera un método mejor que la impresión con tipos móviles ?

era más fácil de usar y más rápida que la impresión con tipos móviles.

Otros inventos de los chinos Los chinos inventaron la pólvora que se usaba en explosivos. Una de las armas era la lanza de fuego, un antecesor del revólver. Funcionaba con pólvora y permitió que el ejército chino fuera una fuerza poderosa. Los chinos también usaron la pólvora para hacer fuegos artificiales.

Los chinos también construyeron grandes barcos con timones y velas. Alrededor del año 1150, los marineros chinos usaban la brújula para encontrar su camino. Esto permitía que sus barcos navegaran mucho más lejos de la tierra.

✓ Comprobación de lectura **Análisis** ¿Por qué fue tan importante la invención de la imprenta?

Fuente principal

Li Bo

En el siguiente poema, Li Bo escribe acerca de la despedida de un amigo.

"Las verdes colinas descienden desde la muralla norte, el agua clara rodea la ciudad del este: una vez que se ha despedido de este lugar la maleza solitaria se extiende por diez mil millas. Las nubes que viajan a la deriva —los pensamientos del viajero, la puesta del sol— el corazón de un antiguo amigo. Estrechémonos las manos y partamos ahora, hsiao-hsiao dicen con un relincho nuestros caballos indecisos".

—Li Bo, "Seeing a Friend Off" (Despidiendo a un amigo)

▲ Li Bo

PBD Preguntas basadas en los documentos

¿En qué se parecen las nubes que viajan a la deriva a los pensamientos de un viajero?

Arte y literatura

Idea principal **Durante las dinastías Tang y Song, China disfrutó de una Edad de Oro en el área de las artes y la literatura.**

Enfoque en la lectura Si tuvieras que elegir un poema para leer en clase, ¿qué poema elegirías? Más adelante, leerás un poema que es uno de los poemas favoritos de los chinos.

La época de los Tang y los Song fue una Edad de Oro para la cultura china. La invención de la imprenta permitió la difusión de las ideas y las obras de arte de los chinos. Los gobernantes chinos apoyaron el arte y la literatura, e invitaron a artistas y poetas a que vivieran y trabajaran en la ciudad capital de **Changan.**

¿Cómo era la poesía Tang? Los escritores chinos se expresaban mejor a través de poemas. De hecho, la época de la dinastía Tang se considera como la gran era de la poesía en China. Algunos poemas Tang celebran la belleza de la naturaleza, la emoción de las estaciones que cambian y la alegría de tener un buen amigo. Otros poemas Tang expresan la tristeza por la brevedad de la vida y se lamentan por la crueldad de la separación de los amigos.

Li Bo fue uno de los poetas más populares de la era de la dinastía Tang. Sus poemas a menudo se centraban en la naturaleza. El poema de Li Bo que aparece a continuación es probablemente el poema más conocido en China. Durante siglos, los escolares chinos tuvieron que aprenderlo de memoria. Su título es "Pensamientos de una noche tranquila".

> **"La luz de la luna delante de mi cama—**
> **¡Parecía escarcha sobre la tierra!**
> **Alzo mis ojos para observar la**
> **luna de la montaña,**
> **los bajo y sueño con mi hogar".**
>
> **—Li Bo,**
> **"Still Night Thoughts"**
> **(Pensamientos de una noche tranquila)**

Otro de los poetas favoritos de esa época fue **Duo Fu.** Era un funcionario público pobre que tuvo una vida dura. China estaba en medio de

▲ **Este paisaje chino fue pintado en el siglo XII.** ***¿Cómo se ilustraban las creencias taoístas en los paisajes que se pintaron durante la dinastía Song?***

▼ **Caligrafía china**

▲ **Dibujo en tinta y acuarela sobre seda**

una guerra civil, y era difícil encontrar alimentos. Duo Fu estuvo a punto de morir de hambre. Sus problemas le abrieron los ojos al sufrimiento de la gente común.

Como consecuencia, los poemas de Duo Fu a menudo eran muy serios. Frecuentemente trataban temas tales como la injusticia social y los problemas de los pobres. Duo Fu escribió el poema que aparece a continuación después de que una rebelión dejó en ruinas a la ciudad capital. Este poema se llama "Paisaje de primavera".

"Los ríos y las montañas sobreviven
a los países en ruinas.
Vuelve la primavera. Crece la ciudad
nuevamente lujosa.
Los capullos esparcen lágrimas al
pensar en nosotros, y esta
Separación en el canto del pájaro hace
que se sobresalte el corazón.

Las luces de los faros han ardido
durante tres meses.
Ahora, las letras valen diez
mil veces su valor en oro
. . . ."

—Duo Fu,
"Spring Landscape" (Paisaje de primavera)

La pintura en la China de los Song La pintura de paisajes se convirtió en algo muy popular durante la dinastía Song. Sin embargo, los artistas chinos no trataban de retratar exactamente los paisajes que estaban pintando. En cambio, deseaban reflejar la "idea" de montañas, lagos y otras características de los paisajes. Además, se dejaban a propósito espacios vacíos en las pinturas. Esto se debe a la creencia taoísta que dice que una persona no puede saber la verdad absoluta de todas las cosas.

Las creencias taoístas también se pueden apreciar en la forma en que se retrata a las personas. Las personas aparecen como figuras muy pequeñas, pescando en botes pequeños o caminando por el sendero de una colina. En otras palabras, las personas viven en, pero no tienen control sobre, la naturaleza. Son sólo una parte de la armonía del entorno de la naturaleza.

Los pintores chinos a menudo escribían poesía en sus obras. Usaban un pincel y tinta para escribir hermosos caracteres llamados **caligrafía.**

Porcelana china Durante el período de la dinastía Tang, los artesanos chinos perfeccionaron la fabricación de la porcelana. La porcelana posteriormente fue llevada de China al Occidente, y aun hoy se sigue hablando de la "porcelana china".

◀ Figuras de cerámica de una tumba de la dinastía Tang

Estas figuras de porcelana de la dinastía Tang muestran a viajeros que van a caballo. *¿Cómo se llama a veces a la porcelana en la actualidad?* ▶

▲ Botella de la dinastía Tang

La porcelana se puede utilizar para fabricar platos, tazas, estatuillas y jarrones. En el año 851 d.C., un viajante árabe describió la calidad de la porcelana Tang: "En China hay una arcilla muy fina que se usa para fabricar jarrones. (. . .) Se puede ver el agua que hay dentro de los jarrones a través de ellos y, sin embargo, están hechos de arcilla".

La tecnología para la fabricación de porcelana se difundió a otras partes del mundo. Finalmente, llegó a Europa en el siglo XVIII.

✓ Comprobación de lectura **Identificación**
¿Sobre qué temas escribía a menudo Duo Fu?

Historia en línea
Centro de estudios ¿Necesitas ayuda con el material de esta sección? Visita jat.glencoe.com

Repaso de la sección 2

Resumen de la lectura

Repaso de Ideas principales

- Durante el reinado de la dinastía Tang, tanto la agricultura como el comercio florecieron, y el imperio se agrandó más que nunca antes.
- Varios inventos importantes se desarrollaron en China durante el reinado de las dinastías Tang y Song, incluyendo el acero, la imprenta y la pólvora.
- La literatura y el arte de China, incluyendo la poesía, la pintura de paisajes y la fabricación de porcelana, alcanzaron nuevos niveles de esplendor durante las dinastías Tang y Song.

¿Qué aprendiste?

1. ¿Qué productos comerciaba China a través de la Ruta de la Seda?
2. ¿Cuáles fueron algunos de los temas de la poesía Tang?

Pensamiento crítico

3. **Organización de la información** Prepara un cuadro para describir las nuevas tecnologías que se desarrollaron en China.

Trabajos en metal	
Imprenta	
Armas	
Navegación	

4. **Resumen** Describe los cambios que sufrió la agricultura china durante la dinastía Tang.
5. **Contraste** ¿En qué se diferencian las dos formas de imprimir que inventaron los chinos?
6. **Evaluación** ¿Cuál de los inventos de las dinastías Tang y Song piensas que ha sido el más importante? Explica.
7. **Redacción creativa** Lee nuevamente el poema "Pensamientos de una noche tranquila" de Li Bo. Luego, escribe un poema corto, de cuatro estrofas, similar al de Li Bo con respecto a lo que ves desde la ventana de tu cuarto o de la cocina.

Sección 3

Los mongoles en China

¡Prepárate para leer!

¿Cuál es la relación?

Mientras una cultura compleja se desarrollaba en China, el enemigo del norte esperaba para lanzar su ataque.

Enfoque en Ideas principales

- Genghis Khan y sus hijos crearon el imperio mongol, que se extendía desde el Océano Pacífico hasta el este de Europa. ***(página 424)***
- Los mongoles conquistaron China y crearon una nueva dinastía que intentó conquistar Japón y comenzó a comerciar con el resto de Asia. ***(página 428)***

Ubicación de lugares

Mongolia
Gobi
Karakorum
Khanbaliq
Pekín

Conoce a los personajes

Genghis Khan
Kublai Khan
Marco Polo

Desarrollo de tu vocabulario

tribu
estepa
terror

Estrategia de lectura

Organización de la información
Utiliza un diagrama como el que figura a continuación para mostrar los logros del reinado de Genghis Khan.

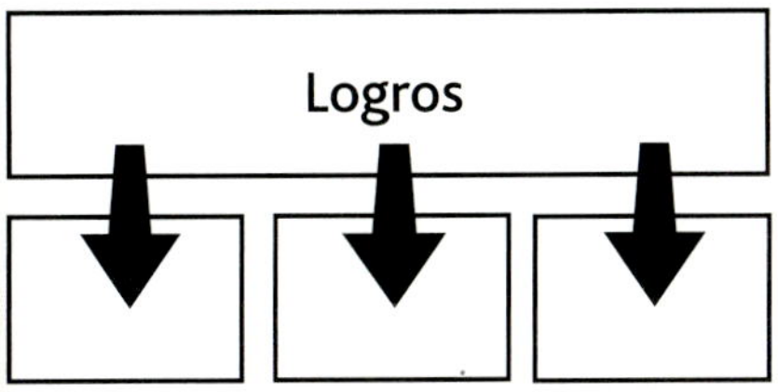

NATIONAL GEOGRAPHIC ¿Cuándo y dónde?

1200 — 1300 — 1400

1206 Genghis Khan une a los mongoles

1271 Kublai Khan se convierte en emperador de China

1368 Caída de la dinastía Yuan (mongol)

Los mongoles

Idea principal **Genghis Khan y sus hijos crearon el imperio mongol, que se extendía desde el Océano Pacífico hasta el este de Europa.**

Enfoque en la lectura ¿Alguna vez has tenido la oportunidad de andar a caballo? Durante miles de años, el caballo fue el medio de transporte más importante del mundo. Lee para aprender de qué manera utilizaron las personas sus habilidades como jinetes para crear un vasto imperio.

Los mongoles vivían en una zona al norte de China llamada **Mongolia.** Estaban organizados en **tribus,** o grupos de familias relacionadas, vinculadas entre sí de modo poco estricto. Los mongoles criaban vacas, cabras, ovejas y caballos. Seguían a sus rebaños mientras pastaban en las grandes **estepas** de Mongolia. Las estepas son amplias planicies ondulantes que se extienden entre el mar Negro y el norte de China.

Desde un período anterior de su historia, los mongoles eran conocidos por dos cosas. Una era su habilidad para montar a caballo. Los mongoles prácticamente vivían a caballo, y aprendían a montar a los cuatro o cinco años.

La otra aptitud por la que eran conocidos los mongoles era su habilidad para librar guerras. Podían disparar flechas a distancia mientras cargaban contra el enemigo. Luego, atacaban utilizando lanzas y espadas.

¿Quién era Genghis Khan? El hombre que unificaría a los mongoles nació en la década de 1160. Se le llamó Temujin, que significa

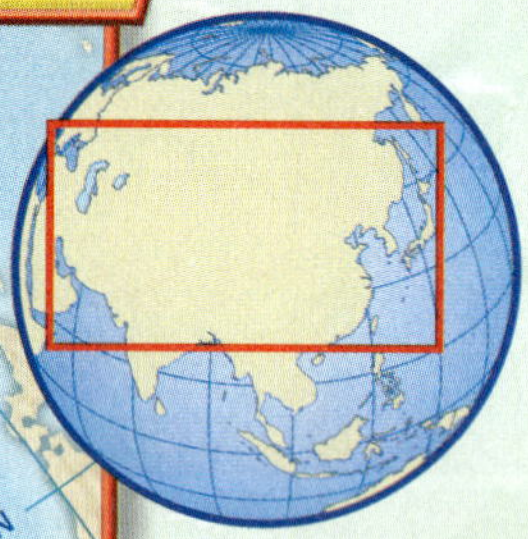

Uso de las habilidades geográficas

Bajo el reinado de Genghis Khan, los mongoles conquistaron reinos en toda Asia central.

1. ¿En qué dirección se produjo el primer ataque comandado por Genghis Khan desde Mongolia? ¿En qué año?
2. ¿Qué característica física podría haber evitado que Genghis Khan capturara mayor cantidad de territorios hacia el sur?

Guerrero mongol ▼

Nómadas mongoles hoy en día ▶

"herrero". Temujin pronto demostró tener aptitudes para el liderazgo. Todavía era un hombre joven cuando comenzó a unificar a las tribus mongoles.

En 1206, se llevó a cabo una reunión de líderes mongoles en algún lugar del desierto de **Gobi,** un vasto desierto que abarca partes de Mongolia y China. En esa reunión, Temujin fue elegido **Genghis Khan,** que significa "gobernante poderoso". Genghis Khan unificó las leyes mongoles en un nuevo código. También creó un grupo de jefes tribales para que lo ayudaran a planificar las campañas militares. Desde el momento en que fue elegido hasta el final de su vida, Genghis Khan luchó para conquistar los territorios que estaban fuera de Mongolia.

Genghis Khan reunió un ejército de más de 100,000 guerreros. Ubicó a sus soldados en grupos bien entrenados. Estos grupos estaban comandados por oficiales que habían sido elegidos por sus aptitudes, y no por sus conexiones familiares. Estos cambios hicieron que, en ese momento, los mongoles fueran el ejército más hábil para la lucha del mundo.

Genghis Khan comenzó a construir su imperio conquistando a los otros habitantes de las estepas. Estas victorias lo hicieron rico y permitieron la entrada de nuevos soldados al ejército. Muy pronto, los mongoles fueron lo suficientemente poderosos como para atacar civilizaciones importantes. En 1211, las fuerzas de los mongoles se dirigieron hacia el este e

Uso de las habilidades geográficas

Los mongoles crearon el imperio terrestre más grande en la historia del mundo.

1. ¿Qué característica física evitó que los mongoles conquistaran India?
2. ¿Cómo se llama en la actualidad la capital de los mongoles en Khanbaliq?

Placa de bronce en la que aparece Genghis Khan

▲ **En la escena de batalla que aparece aquí, las tropas mongoles cruzan el río Chang Jiang por un puente hecho con botes.** ***Después de conquistar el norte de China, ¿qué zonas atacaron los mongoles?***

invadieron China. Tres años después, habían conquistado toda la parte norte de China. Luego se dirigieron hacia el oeste y atacaron las ciudades y los reinos que controlaban parte de la Ruta de la Seda.

Genghis Khan y sus guerreros mongoles se hicieron conocidos por su crueldad y el uso del **terror.** Terror se refiere a acciones violentas tendientes a asustar a las personas para que se rindan, o se den por vencidas. Los guerreros mongoles atacaban, robaban e incendiaban las ciudades. Al poco tiempo, los mongoles se hicieron conocidos por su brutalidad, y muchos se rendían ante ellos sin luchar.

Imperio mongol Genghis Khan murió en 1227. Su gran imperio se dividió entre sus cuatro hijos. Bajo su liderazgo, el imperio siguió expandiéndose. Los mongoles arrasaron partes del este y centro de Europa. También conquistaron gran parte del sudoeste asiático. En 1258, la famosa ciudad musulmana de Bagdad cayó en manos de los mongoles. Los ejércitos mongoles avanzaron a través de Siria y Palestina hacia Egipto. Finalmente, fueron detenidos por los gobernantes musulmanes de Egipto en 1260.

Los mongoles unificaron todos esos territorios tan distintos bajo su gobierno. El imperio se extendía al este desde el Océano Pacífico, al oeste hasta Europa Oriental, y al norte desde Siberia hasta el Himalaya al sur. Fue el imperio terrestre más grande que haya existido en todo el mundo.

A pesar de la destrucción generalizada, los mongoles finalmente trajeron paz a los territorios que estaban bajo su gobierno. La paz fomentó el comercio, lo que fue de gran ayuda para los mongoles. La mayoría de las rutas comerciales de Asia ahora estaban en manos de los mongoles. Los mongoles cobraban impuestos por los productos que se comerciaban a través de estas rutas y, como consecuencia, se hicieron muy ricos.

Los mongoles tenían gran respeto por las culturas avanzadas que conquistaban. A veces incluso adoptaban algunas de las creencias y costumbres con las que se encontraban. Por ejemplo, los mongoles del sudoeste de Asia aceptaron el Islam y adoptaron la forma de vida árabe, persa y turca.

Los mongoles también aprendieron muchas cosas de los chinos. Al luchar contra las tropas chinas, aprendieron acerca de la pólvora y de su uso como explosivo. También notaron que los chinos usaban la lanza de fuego, un arma en la que se colocaba pólvora. Rápidamente, los mongoles adoptaron tanto la pólvora como la lanza de fuego para usarlas en combate. Estas nuevas armas hicieron que los ejércitos mongoles resultaran incluso más terroríficos para sus enemigos.

Comprobación de lectura **Análisis** ¿Cuáles son las razones militares y políticas que explican por qué los mongoles pudieron construir un imperio tan rápidamente?

Biografía

GENGHIS KHAN

c. 1167–1227 d.C.

Líder mongol

¿Era Genghis Khan un guerrero cruel que disfrutaba de sembrar la muerte y la destrucción, o era un líder capaz que mejoró las vidas de las personas que vivían en su imperio, o ambas cosas? Genghis Khan creó un gran imperio a través de Asia usando guerreros leales, poderosos y bien entrenados. Sus hombres mataron a cientos de miles durante las campañas. Aunque las guerras que lucharon él y sus hijos fueron brutales y sangrientas, finalmente llevaron paz y prosperidad a gran parte de Asia.

▲ Genghis Khan

"La vida es corta, no he podido conquistar al mundo".
–atribuida a Genghis Khan

Genghis Khan recibió el nombre de Temujin de parte de su padre, el jefe mongol Yisugei. Las leyendas populares dicen que Temujin tenía un gran coágulo de sangre en su mano derecha, lo que quería decir que estaba destinado a ser un gran guerrero. Temujin creció en el campamento de su padre situado en la ribera del río Onon en Mongolia.

El padre de Temujin arregló un matrimonio para su hijo, que tenía nueve años. Su esposa provenía de otra tribu, y el matrimonio hizo posible que su familia se hiciera rica. Borte, su esposa, con quién se casó cuando tenía diez años, era hermosa. Cuando fueron más grandes, Temujin y Borte tuvieron cuatro hijos.

Años más tarde, cuando su padre fue asesinado por los tártaros y sus leales guerreros abandonaron la tribu, Temujin perdió todo su dinero. La pobreza y la deslealtad de los soldados de su padre hicieron que se sintiera tan enojado que decidió que se convertiría en un gran guerrero. Con el tiempo, Temujin se convirtió en Ghengis Khan. Cuando murió al caerse de un caballo, su hijo Ogodei fue elegido como su sucesor.

▲ Campamento de Genghis Khan

Entonces y ahora

En la Mongolia actual, Genghis Khan es considerado un héroe nacional. ¿Cuál es tu opinión? ¿Fue Genghis Khan un villano o un héroe?

Reinado mongol en China

Idea principal **Los mongoles conquistaron China y crearon una nueva dinastía que intentó conquistar Japón y comenzó a comerciar con el resto de Asia.**

Enfoque en la lectura ¿Qué significa ser tolerante? Lee y averigua cómo utilizaron los mongoles la tolerancia para gobernar a los chinos.

En 1260, los mongoles nombraron al nieto de Genghis Khan, Kublai, para que fuera el nuevo khan, o gobernante. **Kublai Khan** continuó con la conquista de China por parte de los mongoles que había iniciado su padre. En 1264, Kublai trasladó la capital de **Karakorum** en Mongolia a **Khanbaliq** en el norte de China.

Fuente principal

Parque de Kublai Khan

Marco Polo registró una descripción del lujo en el que vivía Kublai Khan.

"[El muro del palacio] encierra y rodea por completo dieciséis millas de parque bien irrigado con fuentes y arroyos. (. . .) No se puede entrar a este parque excepto a través del palacio. Aquí, el gran Khan tiene animales de caza de todo tipo (. . .) para proporcionar alimento a los gerifalcos [halcones del ártico de gran tamaño] y a otros halcones que tiene aquí dentro de una jaula".

—Marco Polo, "Kublai Khan's Park" (El parque de Kublai Khan), c. 1275

▲ **Kublai Khan le regala tablas de oro a Marco Polo**

PBD Preguntas basadas en los documentos

¿Por qué tenía Kublai Khan animales de caza (animales cazados por deporte o por alimento) en su parque?

En la actualidad, la moderna ciudad de **Pekín** está edificada en el lugar donde estaba la capital china de los mongoles.

¿Qué hicieron los mongoles en China? En 1271, Kublai Khan decidió convertirse en el próximo emperador de China. En 10 años, los mongoles habían conquistado el sur de China y habían puesto fin al reinado de la dinastía Song. Kublai Khan inició la dinastía Yuan. *Yuan* significa "comienzo", y su nombre mostraba que los mongoles deseaban gobernar China durante largo tiempo. Pero la dinastía Yuan perduraría sólo durante alrededor de 100 años. Kublai gobernaría durante 30 de esos años.

Kublai Khan les otorgó a los líderes mongoles los cargos gubernamentales principales de China, pero sabía que necesitaba la colaboración de los funcionarios eruditos para gobernar. De modo que permitió que muchos de los chinos mantuvieran sus cargos gubernamentales.

Los mongoles eran distintos de los chinos en muchos aspectos. Tenían su propio idioma, sus propias leyes y costumbres. Esto los mantuvo separados de la sociedad china. Los mongoles eran los gobernantes ubicados en el estrato superior de la sociedad china, pero no se mezclaban con el pueblo chino.

Al igual que muchos chinos, los mongoles eran budistas. Sin embargo, eran tolerantes con las otras religiones. Por ejemplo, Kublai Khan invitó a cristianos, musulmanes e hindúes del exterior de China a que practicaran sus creencias y ganaran adeptos.

Bajo el gobierno de los mongoles, China alcanzó el apogeo en cuanto a riqueza y poder. Su esplendor atraía a los extranjeros, que llegaban a China siguiendo el Camino de la Seda. Khanbaliq, la capital, se hizo famosa por sus amplias calles, palacios hermosos y casas exquisitas.

Uno de los más famosos viajeros europeos en llegar a China fue **Marco Polo.** Marco Polo provenía de la ciudad de Venecia en Italia. Kublai Khan se sintió fascinado por los cuentos de Marco Polo acerca de sus viajes. Durante alrededor de 16 años, Kublai envió a Polo en varios viajes de investigación. Cuando Polo finalmente volvió a Europa, publicó un libro sobre sus viajes. Sus narraciones acerca de las maravillas de China asombraron a los europeos.

Comercio y conquista Los mongoles gobernaron un gran imperio que se extendía desde China hasta el este de Europa. Como consecuencia, China prosperó a través del aumento del comercio con otras zonas. Productos como la plata, especias, alfombras y algodón ingresaban desde Europa y otras partes de Asia. A cambio, China enviaba té, seda y porcelana. Los europeos y los musulmanes también introdujeron los descubrimientos de los chinos, como el acero, la pólvora y la brújula, en sus países.

Los mongoles expandieron el Imperio Chino y conquistaron Vietnam y el norte de Corea. Los gobernantes de Corea, denominados Koryo, se mantuvieron en el poder porque aceptaron el control de los mongoles. Los mongoles obligaron a miles de coreanos a construir barcos de guerra. Estos barcos fueron utilizados por los mongoles para invadir Japón. Leerás acerca de las invasiones mongoles a Japón en un capítulo posterior.

▲ **Este dibujo de un mapa histórico muestra el viaje de Marco Polo a través de la Ruta de la Seda.** *¿Desde qué ciudad europea partió Marco Polo?*

Comprobación de lectura **Identificación**
¿Quién fundó la dinastía Yuan?

Historia en línea
Centro de estudios ¿Necesitas ayuda con el material de esta sección? Visita jat.glencoe.com

Repaso de la sección 3

Resumen de la lectura

Repaso de Ideas principales

- Bajo el gobierno de líderes como Genghis Khan y sus hijos, el imperio mongol se expandió hasta extenderse desde el Océano Pacífico hasta el este de Europa, y desde Siberia hasta el Himalaya.
- Kublai Khan conquistó China, lo que generó un aumento del comercio entre China y otras partes del mundo.

¿Qué aprendiste?

1. ¿Quién fue Marco Polo?
2. ¿Cuáles fueron las zonas que conquistaron los mongoles?

Pensamiento crítico

3. **Secuencia de información** Traza una cronología como la que aparece aquí. Completa los detalles para mostrar la llegada de los mongoles al poder en China.

La década de 1160 Nace Temujin — **1281 Los mongoles conquistan China**

4. **Análisis** ¿Cómo usaban el terror los mongoles para conquistar a sus enemigos?
5. **Resumen** ¿De qué manera se beneficiaron los mongoles con el contacto con los chinos?
6. **Redacción descriptiva** Imagina que eres Marco Polo que visita al Kublai Khan en Khanbaliq. Escribe una anotación en tu diario en la que describas algunas de las cosas que has aprendido acerca del imperio mongol bajo el reinado de Kublai Khan.

Sección 4

La dinastía Ming

¡Prepárate para leer!

¿Cuál es la relación?

En la Sección 3, leíste sobre la conquista de los mongoles. Más tarde, los chinos expulsaron a los mongoles, y surgió una nueva dinastía.

Enfoque en Ideas principales

- Los gobernantes de la dinastía Ming de China fortalecieron al gobierno y trajeron paz y prosperidad. ***(página 431)***
- Durante la dinastía Ming, China envió una flota para explorar Asia y África Oriental. ***(página 433)***

Ubicación de lugares

Nanjing
Portugal

Conoce a los personajes

Zhu Yuanzhang
Yong Le
Zheng He

Desarrollo de tu vocabulario

traición
censo
novela
bárbaro

Estrategia de lectura

Causa y efecto Usa un cuadro como el que se ve a continuación para mostrar las relaciones de causa y efecto en los primeros viajes comerciales de China.

Causa Zheng He viajó a partes de Asia y África.
↓
↓
↓

NATIONAL GEOGRAPHIC ¿Cuándo y dónde?

1400 — 1500 — 1600

1405 Zheng He comienza el primer viaje de ultramar

1514 Barcos portugueses llegan a China

1644 Caída de la dinastía Ming

El surgimiento de los Ming

Idea principal **Los gobernantes de la dinastía Ming de China fortalecieron al gobierno y trajeron paz y prosperidad.**

Enfoque en la lectura Piensa en las diferentes cosas que el gobierno hace por el pueblo. Imagínate que manejaras el gobierno y tuvieras que reconstruir el país después de una guerra. ¿Qué harías? Lee para aprender cómo los gobernantes Ming de China reconstruyeron su país después de la salida de los mongoles.

Kublai Khan murió en 1294. Fue sucedido por una serie de gobernantes débiles, y el poderío mongol empezó a declinar. Durante el siglo XIV, aumentaron los problemas para la dinastía Yuan. Los grupos mongoles de Mongolia, en el norte, se separaron. Al mismo tiempo, muchos chinos se resistían a los controles de los mongoles y querían su propia dinastía.

¿Cómo empezó la dinastía Ming? Finalmente, una serie de rebeliones llevó a la expulsión de los mongoles. En 1368 un líder rebelde llamado **Zhu Yuanzhang** se coronó emperador. Zhu reunificó su país y estableció su capital en **Nanjing** al sur de China. Allí, fundó la dinastía Ming, que significa "brillante".

Como emperador, Zhu asumió el nombre de Hong Wu, o "Emperador militar". Restableció el orden, pero resultó ser un líder cruel. Hong Wu no confiaba en nadie y mataba a los funcionarios sospechosos de **traición**, o deslealtad al gobierno. Hong Wu gobernó China por 30 años. Cuando murió en 1398, su hijo se coronó emperador y asumió el nombre de **Yong Le.**

Yong Le hizo mucho para demostrar que era un emperador poderoso. En 1421 trasladó la capital al norte, a Pekín. Allí construyó una

NATIONAL GEOGRAPHIC

La China de la dinastía Ming *1368–1644*

Uso de las habilidades geográficas

Durante la dinastía Ming, la capital china se trasladó a Pekín.

1. ¿Cuál era la característica que componía la frontera norte del imperio Ming?
2. ¿A qué distancia estaba Guangzhou de Pekín?

Un Buda de bronce de la dinastía Ming

▲ **Esta imagen de un jarrón Ming muestra campesinos chinos cultivando té.**

vasta área con palacios y edificios gubernamentales, conocida como la Ciudad Imperial. El centro de la Ciudad Imperial se conocía como Ciudad Prohibida. Sólo los funcionarios superiores podían entrar a la Ciudad Prohibida porque allí era el hogar de los emperadores de China.

La Ciudad Prohibida tenía hermosos jardines y muchos palacios con miles de habitaciones. El emperador y su corte vivieron allí con gran lujo, por más de 500 años. Los edificios de la Ciudad Prohibida siguen existiendo. Puedes visitarlos si viajas a China.

¿Cómo reformaron a China los Ming? Los emperadores Ming tomaban todas las decisiones, pero necesitaban funcionarios para ejecutar sus órdenes. Se reestablecieron los exámenes del servicio civil, y se hicieron aun más difíciles. De vez en cuando, los funcionarios de los Ming llevaban a cabo un **censo,** o un recuento de la cantidad de personas. Esto ayudó a cobrar los impuestos de forma más exacta.

Como el gobierno poderoso de los primeros emperadores Ming trajo paz y seguridad, la economía de China empezó a prosperar. Hong Wu ordenó que muchos de los canales y fincas que habían sido destruidos por los mongoles fueran reconstruidos y ordenó a la gente que se mudara a las nuevas fincas. También ordenó que se plantaran nuevos bosques y se pavimentaran nuevas carreteras.

La agricultura floreció cuando los agricultores empezaron a trabajar en las nuevas fincas y plantar más cultivos. Los gobernantes Ming repararon y expandieron el Gran Canal para que el arroz y otras mercaderías pudieran volver a transportarse desde el sur al norte de China. Importaron nuevos tipos de arroz del sudeste de Asia que crecían más rápido. Esto ayudó a alimentar a la población creciente de las ciudades. Los Ming también respaldaron la industria de la seda y alentaron a los agricultores para que empezaran a cultivar algodón y tejer telas. Por primera vez, el algodón se transformó en la tela que usaban la mayoría de los chinos.

Cultura china La cultura china también avanzó bajo los Ming. A medida que los mercaderes y artesanos se enriquecieron, desearon aprender más y entretenerse. Durante el período Ming, los escritores chinos produjeron muchas **novelas,** o historias ficticias largas. A los chinos también les gustaba ver obras de teatro. Estas obras combinaban palabras habladas y canciones con bailes, disfraces y gestos simbólicos.

✓ **Comprobación de lectura** **Identificación**
¿Qué era la Ciudad Prohibida?

China explora el mundo

Idea principal **Durante la dinastía Ming, China envió una flota para explorar Asia y África Oriental.**

Enfoque en la lectura Probablemente hayas oído hablar de Cristóbal Colón y su viaje a América. Imagínate si China hubiera mandado barcos a América primero. Lee para conocer las exploraciones chinas de Asia y África Oriental.

Los primeros emperadores Ming tenían curiosidad sobre cómo era el mundo fuera de China. También querían aumentar la influencia de China en el extranjero. Para lograr esto, los emperadores Ming construyeron una gran flota de barcos. Los nuevos barcos por lo general viajaban a lo largo de la costa de China. Sin embargo, también podían navegar en mar abierto.

¿Quién era Zheng He? De 1405 a 1431, el emperador Yong Le envió la flota en siete viajes de ultramar. El emperador quería comerciar con otros reinos, mostrar el poder de China y exigir que los reinos más débiles pagaran tributo a China.

El líder de estos viajes fue un chino musulmán y funcionario de la corte llamado **Zheng He.** Los viajes de Zheng He fueron muy impactantes. Su primera flota tenía 62 grandes barcos, 250 barcos pequeños y casi 28,000 hombres. El barco más grande tenía más de 440 pies (134 m) de largo. Esto equivale a *cinco veces* la longitud del *Santa María* en el que navegó Cristóbal Colón casi 90 años más tarde.

Los viajes de Zheng He *1405–1433*

Zheng He ▶

Uso de las habilidades geográficas

Los viajes de Zheng He lo llevaron a tierras lejanas, de donde trajo muchas cosas exóticas.

1. ¿Qué ciudades de África visitó Zheng He?
2. ¿A qué distancia viajó Zheng He?

Biografía

ZHENG HE

1371–1433

Navegador chino

El famoso navegador chino Zheng He nació en Kunyang en el sudoeste de China en 1371. Su nombre de nacimiento era Ma He, y venía de una familia musulmana china pobre. Los estudiosos dicen que su padre y abuelo eran hajjis, personas que habían realizado con éxito el peregrinaje a la Meca en Arabia. Ma He no podía imaginar que en su vida iba a viajar. Sus siete misiones a través de los océanos le ganaron honores heroicos.

Su padre murió cuando Ma He era muy joven. Cuando era niño, Ma He fue tomado prisionero por el ejército chino. Para superar la tristeza de su vida, Ma He se dedicó al estudio. Aprendió diferentes idiomas, incluyendo el árabe, y estudió filosofía y geografía. Con sus conocimientos de idiomas y del mundo exterior, a los 10 años Ma He se transformó en un valioso ayudante imperial para los funcionarios chinos.

A los 12 años fue nombrado asistente de un joven príncipe llamado Zhu Di. Ma He acompañó al príncipe en varias misiones militares. El príncipe, que más tarde se transformaría en el emperador Yong Le, se hizo amigo de Ma He. El emperador cambió el nombre de Ma He por el honorable apellido Zheng. Más adelante, Zheng He fue designado para guiar una flota de barcos chinos a través del Océano Índico, comenzando la carrera que lo haría famoso. Sus viajes a nuevas tierras abrieron la puerta del comercio entre China, India y África. Muchos chinos se mudaron al extranjero para vender mercancías chinas. Quienes aprendían y hablaban más de un idioma, como Zheng He, prosperaron.

Zheng He ▶

"Hemos visto las regiones bárbaras en tierras distantes".

–Zheng He, citado en *Chinese Portraits (Retratos chinos)*

Entonces y ahora

¿Que productos "hechos en China" usas diariamente? Investiga cuál es el porcentaje de los artículos importados a Estados Unidos que provienen de China.

¿Dónde viajó Zheng He? Zheng He llevó su primera flota al sudeste de Asia. En los viajes posteriores, llegó a India, navegó por el Golfo Pérsico hasta Arabia, y llegó a África Oriental. En estas áreas, Zheng He comerció con productos chinos, como seda, papel y porcelana. Trajo de vuelta plata, especias, madera y otros artículos. Desde África, Zheng He volvió a su país con jirafas y otros animales para el zoológico del emperador.

Como resultado de los viajes de Zheng He, mercaderes chinos se instalaron en el sudeste de Asia e India. Allí, no sólo comerciaban sino que también difundían la cultura china. Los mercaderes chinos en su país de origen y en el extranjero se enriquecieron con el comercio de los viajes y aumentaron la riqueza de China.

A pesar de estas ventajas, los funcionarios chinos se quejaban por el alto costo de los viajes. También decían que los viajes eran malos para la forma de vida de los chinos porque traían nuevas ideas del mundo exterior y ayudaban a los mercaderes a enriquecerse.

Confucio había enseñado que la gente debe colocar la lealtad a la sociedad por encima de sus propios deseos. Para estos funcionarios, los mercaderes de China estaban desobedeciendo esta enseñanza al trabajar para ganar dinero para sí mismos.

Después de la muerte de Zheng He, los funcionarios seguidores de Confucio convencieron al emperador de que cancelara los viajes. Los barcos se desmantelaron, y ya no se permitió que se construyeran barcos que pudieran hacer viajes de larga distancia por el océano. Como resultado, el comercio de China con otros países decayó severamente. En 50 años, la tecnología de construcción de barcos fue olvidada.

Los europeos llegan a China Los funcionarios chinos no pudieron evitar todos los contactos de China con el mundo exterior. En 1514 una flota de un país europeo, **Portugal**, llegó a la costa de China. Era la primera vez que los europeos navegaban a China y el primer contacto directo entre China y Europa desde los viajes de Marco Polo.

▲ **El misionero italiano Matteo Ricci (izquierda) fue uno de los europeos más famosos que visitaron China. Ayudó en el desarrollo de la matemática y la ciencia en China a fines del siglo XVI.**

Los portugueses querían que China comerciara con su país. También deseaban convencer a los chinos para que se hicieran cristianos. En ese momento, el gobierno Ming no se sintió impresionado por los portugueses. China estaba en el apogeo de su poder y no se sentía amenazada por extranjeros. Los chinos creían que los europeos eran **bárbaros**, o pueblos incivilizados.

Al principio, los chinos se rehusaron a comerciar con los portugueses, pero para el año 1600, habían permitido que Portugal estableciera un asentamiento comercial en el puerto de Macao en el sur de China. Se transportaban mercancías en barcos europeos entre Macao y Japón. Sin embargo, el comercio entre China y Europa siguió siendo limitado.

A pesar de las restricciones, las ideas de Europa llegaron a China. Misioneros cristianos viajaron a China en barcos europeos. Muchos de estos misioneros eran jesuitas, un grupo especial de sacerdotes católicos romanos. Eran muy educados, y su conocimiento científico impresionó a los chinos. Para que China aceptara las ideas europeas, los jesuitas llevaron relojes, lentes e instrumentos científicos.

▲ **Este tazón de porcelana es de la dinastía Ming.** ***¿En qué parte de China establecieron los portugueses un asentamiento comercial?***

Aunque lo intentaron, los jesuitas no convencieron a muchos chinos para que se hicieran cristianos.

¿Cuál fue el motivo de la caída de la dinastía Ming? Después de una larga era de prosperidad y crecimiento, la dinastía Ming empezó a declinar. Los emperadores Ming habían reunido demasiado poder en sus manos. Como el emperador tenía tanto control, los funcionarios no querían hacer mejoras. Con el transcurso del tiempo, los gobernantes Ming se debilitaron. Funcionarios codiciosos que vivían en el lujo controlaban el país. Cobraban altos impuestos a los campesinos, que empezaron a rebelarse.

Al desaparecer la ley y el orden, un pueblo llamado los manchús atacó la frontera norte de China. Los manchús vivían al nordeste de la Gran Muralla en un área que hoy se llama Manchuria. Los manchús derrotaron a los ejércitos chinos y capturaron Pekín. En 1644 iniciaron una nueva dinastía.

Comprobación de lectura **Causa y efecto** ¿Qué provocó la decadencia y caída de la dinastía Ming?

Historia en línea
Centro de estudios ¿Necesitas ayuda con el material de esta sección? Visita jat.glencoe.com

Repaso de la sección 4

Resumen de la lectura

Repaso de Ideas principales

- La dinastía Ming reconstruyó y reformó China después de la expulsión de los mongoles. Su dinastía restauró la paz y la prosperidad a China.
- Durante la dinastía Ming, el contacto de China con el mundo exterior aumentó cuando Zheng He dirigió flotas a tierras distantes y los barcos europeos empezaron a llegar a China.

¿Qué aprendiste?

1. ¿Cuál era el propósito de la Ciudad Prohibida y dónde se encontraba ubicada?
2. ¿Cómo reaccionaron los chinos ante la llegada de los comerciantes portugueses en el año 1514?

Pensamiento crítico

3. **Organización de información** Dibuja un diagrama como el que aparece a continuación. Llénalo con los detalles de los logros de la dinastía Ming.

4. **Causa y efecto** ¿Por qué los gobernantes Ming repararon y expandieron el Gran Canal?
5. **Resumen** ¿Por qué el emperador Yong Le envió a Zheng He en sus viajes? ¿Cómo beneficiaron a China los viajes de Zheng He?
6. **Redacción persuasiva** Imagínate que vives en China en la época de los viajes de Zheng He. Escribe un artículo editorial en contra o a favor de los viajes. Describe por qué crees que los viajes están ayudando o perjudicando al país en general.
7. **Predicción** ¿Qué crees que pasó después de que China intentó limitar el comercio?

Capítulo 12 Repaso de lectura

Sección 1 China se unifica

Vocabulario
jefe militar
economía
reforma
monasterio

Enfoque en Ideas principales

- Las dinastías Sui y Tang unificaron y reconstruyeron China después de años de guerras. *(página 409)*
- El budismo se convirtió en una religión popular en China y se difundió a Corea y Japón. *(página 412)*
- La dinastía Tang volvió a las ideas de Confucio y creó una nueva clase de funcionarios eruditos. *(página 413)*

Sección 2 Sociedad china

▲ Figuras de porcelana de la dinastía Tang

Vocabulario
porcelana
caligrafía

Enfoque en Ideas principales

- La dinastía Tang fortaleció la economía de China al apoyar la agricultura y el comercio. *(página 417)*
- Los chinos desarrollaron nuevas tecnologías como la producción de acero y la imprenta. *(página 418)*
- Durante las dinastías Tang y Song, China disfrutó de una Edad de Oro en el área de las artes y la literatura. *(página 420)*

Sección 3 Los mongoles en China

Vocabulario
tribu
estepa
terror

Enfoque en Ideas principales

- Genghis Khan y sus hijos crearon el imperio mongol, que se extendía desde el Océano Pacífico hasta el este de Europa. *(página 424)*
- Los mongoles conquistaron China y crearon una nueva dinastía que intentó conquistar Japón y comenzó a comerciar con el resto de Asia. *(página 428)*

Sección 4 La dinastía Ming

Vocabulario
traición
censo
novela
bárbaro

Enfoque en Ideas principales

- Los gobernantes de la dinastía Ming de China fortalecieron al gobierno y trajeron paz y prosperidad. *(página 431)*
- Durante la dinastía Ming, China envió una flota para explorar Asia y África Oriental. *(página 433)*

Capítulo 12

Evaluación y actividades

Repaso del vocabulario

Une una palabra de la primera columna con su definición en la segunda columna.

___ 1. traición	a. grupos de familias con vínculos poco estrictos, unidas entre sí
___ 2. jefe militar	b. cambio que trae mejoras
___ 3. terror	c. deslealtad al gobierno
___ 4. economía	d. líder militar que también ejerce el gobierno
___ 5. reforma	e. recuento de la cantidad de personas
___ 6. estepa	f. acciones violentas con el objeto de asustar a los demás
___ 7. tribu	g. forma organizada de comprar, vender y producir
___ 8. censo	h. planicie herbosa

Repaso de las ideas principales

Sección 1 • China se unifica

9. ¿Qué hicieron las dinastías Sui y Tang para mejorar China?
10. ¿De qué forma gobernó China la dinastía Tang ?

Sección 2 • Sociedad china

11. ¿De qué forma fortalecieron los gobernantes Tang la economía de China?
12. ¿Qué tipos de tecnologías desarrollaron los chinos?

Sección 3 • Los mongoles en China

13. ¿Por qué pudieron los mongoles construir un gran imperio?
14. ¿Cómo gobernaron China los mongoles?

Sección 4 • La dinastía Ming

15. ¿De qué forma gobernó China la dinastía Ming?
16. ¿Por qué deseaban los portugueses explorar África y Asia?

Pensamiento crítico

17. **Análisis** ¿De qué forma contribuyeron los exámenes del servicio civil para que China tuviera un gobierno fuerte?
18. **Explicación** ¿De qué forma cambió el confucianismo durante la dinastía Tang?
19. **Predicción** ¿Cómo crees que China sería diferente hoy si los gobernantes Tang no hubieran reprimido el budismo en 845 d.C.?
20. **Formula hipótesis** Los mongoles conquistaron una gran cantidad de territorio, pero su dinastía Yuan sólo duró 100 años. Crea una hipótesis que pueda explicar esta situación.

Repaso

Habilidad de lectura **Inferencias**

Leer entre líneas

21. El poema de Duo Fu "Paisaje de primavera", de la página 421, describía cómo era la capital después de que una rebelión dejó la ciudad en ruinas. Uno de los versos del poema aparece aquí. ¿Qué deduces de este verso?

"Ahora, las letras valen diez mil veces su valor en oro".

Para repasar esta habilidad, consulta las páginas 406–407.

Habilidades geográficas

Estudia el mapa que figura a continuación y responde a las siguientes preguntas.

22. **Ubicación** ¿Cuál era la longitud del Gran Canal?
23. **Interacción del hombre con el medio ambiente** ¿Qué parte de Asia controlaba la dinastía Tang, que ayudó al comercio de China?
24. **Región** ¿Qué características geográficas crees que ayudaron en la expansión de la dinastía Tang?

NATIONAL GEOGRAPHIC **La China de los Tang**

Leer para escribir

25. **Redacción persuasiva** Imagínate que eres un comerciante portugués. Acabas de viajar a China para persuadir a los chinos para que comercien con tu país. Trabaja con un grupo pequeño para crear un guión del diálogo que podría ocurrir entre el mercader portugués y un representante del gobierno chino. (Supón que alguien actúa como intérprete, pero no incluyas al intérprete en tu diálogo.)

26. **Uso de tus PLEGABLES™** En tu plegable, agrega detalles a los títulos de la Sección 2. Piensa en cómo los cambios y las artes descritos allí pueden haber tenido un impacto en la vida de la gente. Escribe entonces tres anotaciones en un diario que expliquen cómo estas cosas podrían haber afectado a la vida de tu familia si vivieras en China en la Edad Media. Ilustra tus anotaciones.

Historia en línea

Prueba de autocomprobación Para ayudarte a preparar para el examen de este capítulo, visita jat.glencoe.com

Uso de tecnología

27. **Construcción de una base de datos** Usa la Internet para reunir más información sobre Genghis Khan. Usa la información para crear una base de datos para tus compañeros de clase. Incluye texto, imágenes y, posiblemente, una línea temporal. Tu base de datos debe contener información sobre Genghis Khan como persona y gobernante.

Enlaces entre el pasado y el presente

28. **Redacción** Escribe un informe breve que describa las similitudes y diferencias entre la Ciudad Imperial de la dinastía Ming y la capital de Estados Unidos, Washington, D.C.

Fuente principal

Análisis

Juan de Plano Carpini, un fraile, explicó por qué los mongoles eran tan buenos guerreros.

"Sus hijos empiezan a montar y a manejar caballos y galopar sobre ellos cuando tienen sólo dos o tres años de edad, y se les dan arcos adaptados para su estatura [altura] y se les enseña a disparar. Son muy ágiles [se mueven fácilmente y con rapidez] y también son intrépidos [no tienen miedo]".

—Juan de Plano Carpini,
History of the Mongols
(Historia de los mongoles)

PBD Preguntas basadas en los documentos

29. ¿Por qué un guerrero mongol disparaba tan bien con un arco y flechas?
30. ¿Qué otras cualidades hacían que los mongoles fueran excelentes guerreros?

Capítulo 13

El África medieval

Mezquita islámica y el mercado de Djenné, en Malí

NATIONAL GEOGRAPHIC ¿Cuándo y dónde?

300 d.C.	700 d.C.	1100	1500

- **c. 300 d.C.** Axum conquista Kush
- **c. 750 d.C.** Los comerciantes árabe-musulmanes se establecen en África del este
- **1324** Mansa Musa viaja a Makkah
- **c. 1441** Los primeros esclavos africanos llegan a Europa

Presentación preliminar del capítulo

Mientras China disfrutaba una Edad de Oro en el área de las artes, los reinos africanos se hacían cada vez más ricos comerciando con sal y oro. Este capítulo cuenta la historia de un gobernante africano que lideró una gran caravana en un viaje largo desde el norte de África hasta la Península Arábiga.

Historia en línea

Descripción general del capítulo
Visita jat.glencoe.com para ver la presentación preliminar del Capítulo 13.

Mira el video del Capítulo 13 en el Programa de Video *World History: Journey Across Time.*

Sección 1 El surgimiento de las civilizaciones africanas

La geografía de África influyó en el surgimiento de sus civilizaciones. El crecimiento del comercio provocó el intercambio de mercaderías e ideas.

Sección 2 El gobierno y la religión de África

Los gobernantes africanos desarrollaron distintas formas de gobierno. Las religiones tradicionales, el cristianismo y el Islam influyeron en la primitiva cultura africana.

Sección 3 La sociedad y cultura de África

La familia era la base de la sociedad africana. Sin embargo, el comercio creciente de esclavos provocó graves alteraciones en la sociedad africana.

PLEGABLES™ Organizador de estudios

Categorización de la información *Prepara este plegable como ayuda para organizar tus notas acerca del África medieval.*

Paso 1 *Dibujar un pa de África en uno de los lados de una hoja de papel.*

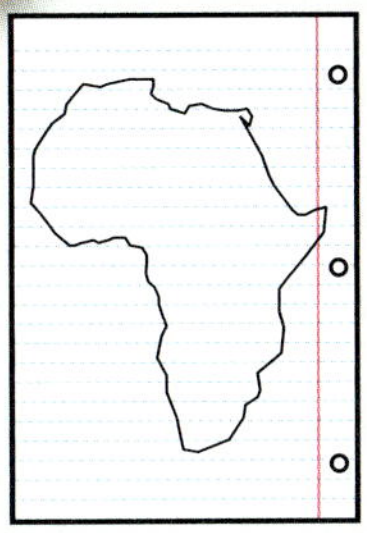

Paso 2 *Doblar la hoja de papel en tercios de arriba hacia abajo.*

Paso 3 *Abrir el papel, darle vuelta (hacia el lado en blanco) y rotularlo según se muestra.*

Lectura y redacción
A medida que leas acerca de las civilizaciones de África, escribe tres preguntas principales debajo de cada encabezado. Luego, escribe una respuesta para cada pregunta.

Capítulo 13

Lectura en estudios sociales

Habilidad de lectura
Comparación y contraste

1 ¡Apréndelo!

Comparaciones

Una forma en que los autores nos ayudan a entender la información es organizando el material de modo que podamos apreciar si las personas, los lugares, las cosas y los acontecimientos se pueden comparar (son parecidos) o contrastar (son distintos). Lee el siguiente pasaje:

Los contrastes (las diferencias) se resaltan en color azul.

En primer lugar, presta atención a lo que se está comparando o contrastando. En este caso, se trata de las religiones de dos grupos de habitantes de África, resaltadas en color rosa.

> **Algunos grupos, como los nanti de África del este, pensaban que las personas podían hablar directamente con su dios. Otros, como los igbo, pensaban que sólo se podía llegar al creador a través de dioses y diosas menos poderosos que trabajaban para él.**
>
> **Aunque los africanos practicaban su religión de manera diferente en diferentes lugares, sus creencias sirvieron a propósitos similares. Establecieron reglas para la vida y ayudaron a los habitantes a permanecer en contacto con su historia.**
>
> *—de la página 463*

Habilidad de lectura

A medida que leas, busca las palabras que muestran el uso de comparaciones como, por ejemplo, similar, parecido o diferente.

Las comparaciones (las similitudes) se resaltan en color verde.

2 ¡Practícalo!

Creación de un diagrama de Venn

El diagrama de Venn te puede ayudar a comparar y contrastar la información. Las diferencias se enumeran en la parte externa de cada círculo. Las similitudes se enumeran en la parte de los círculos que se superpone. Lee los siguientes párrafos. Luego, crea un diagrama de Venn para comparar y contrastar el papel que desempeñaban las mujeres europeas y africanas según lo que se indica en esos párrafos.

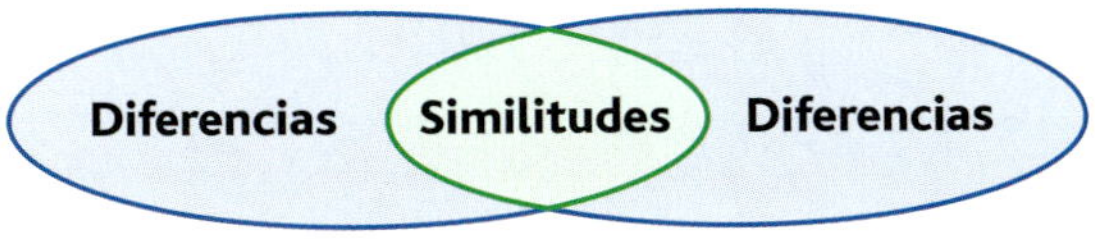

Leer para escribir

Leerás acerca del surgimiento y la caída de muchos reinos poderosos en África durante la Edad Media. Elige uno de los reinos e investiga cuáles son las naciones africanas actuales que ocupan el mismo territorio hoy en día. Escribe un informe comparando y contrastando la nación moderna y el primitivo reino africano.

Como en la mayoría de las sociedades medievales, las mujeres de África actuaban como esposas y madres la mayor parte del tiempo. Los hombres tenían más derechos y controlaban mucho de lo que hacían las mujeres. Sin embargo, quienes visitaban a África veían excepciones. Los exploradores europeos se sorprendían de saber que las mujeres actuaban como soldados en algunos reinos africanos.

Las mujeres africanas también ganaron su fama como gobernantes. En el siglo VII d.C., la reina Dahia al-Kahina condujo la lucha contra la invasión de los musulmanes a su reino, ubicado en lo que hoy sería Mauritania. Otra gobernante fue la reina Nzinga, quien gobernó los territorios de lo que hoy serían Angola y Congo. Ella pasó casi 40 años luchando contra los comerciantes de esclavos portugueses.

—de la página 470

3 ¡Aplícalo!

A medida que leas cada sección, crea un diagrama de Venn para que te ayude a comparar y a contrastar los detalles importantes.

Sección 1

El surgimiento de las civilizaciones africanas

¡Prepárate para leer!

¿Cuál es la relación?

Egipto y Kush fueron las primeras grandes civilizaciones de África. En esta sección aprenderás sobre las civilizaciones africanas que se desarrollaron más tarde en la historia.

Enfoque en Ideas principales

- África presenta un paisaje vasto y variado. *(página 445)*
- Los imperios africanos del oeste se hicieron ricos con el comercio. *(página 447)*
- Las selvas tropicales de África evitaban el acceso de los invasores y proporcionaban recursos. *(página 450)*
- Los reinos y estados africanos del este se convirtieron en centros de comercio y de nuevas ideas. *(página 451)*

Ubicación de lugares

Ghana
Malí
Tombuctú
Songhai
Axum

Conoce a los personajes

Sundiata Keita
Mansa Musa
Sunni Ali

Desarrollo de tu vocabulario

meseta
griot (relator de historia oral)
dawa

Estrategia de lectura

Resumen de información

Dibuja diagramas que describan los logros de cada civilización africana medieval.

NATIONAL GEOGRAPHIC ¿Cuándo y dónde?

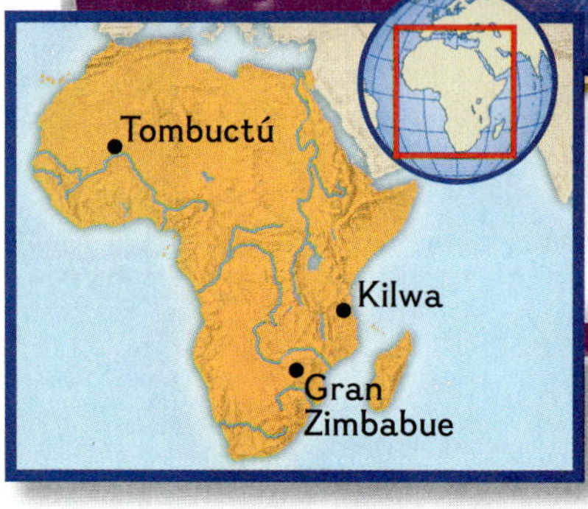

300 d.C. — 900 d.C. — 1500

c. 300 d.C. Axum conquista Kush

c. 750 d.C. Los comerciantes árabe-musulmanes se establecen en África del este

1468 Sunni Ali captura a Tombuctú

Geografía de África

Idea principal **África presenta un paisaje vasto y variado.**

Enfoque en la lectura ¿De qué manera puede la geografía desalentar a las personas a explorar otro lugar? Lee para aprender sobre las características geográficas que dificultaron que las personas viajaran a través de zonas de África.

En 1906, un maestro llamado Hans Vischer exploró lo que se denominaba el "camino de la muerte", una ruta comercial que conectaba África occidental con la costa del Mar Mediterráneo. Ningún europeo o americano había emprendido hasta el momento esta empresa. El "camino de la muerte" cruzaba más de 1,500 millas (2,414 km.) del Sahara, el desierto más grande del mundo. Perderse significaba una muerte segura.

Sólo los nómades que vivían en la región conocían el camino, pero Vischer esperaba hacer un mapa de la ruta. Como los nómades del desierto, su vida dependía de encontrar oasis. A su regreso, Vischer sorprendió a las personas con historias del Sahara. Contó sobre

NATIONAL GEOGRAPHIC

Geografía y clima de las zonas de África

▲ Mediterráneo

▲ Desierto

▲ Sabana

▲ Selva tropical

Uso de las habilidades geográficas

La forma en la que viven los habitantes de África depende del lugar en el continente donde construyen sus hogares.

1. ¿Qué tipo de característica física cubre el área más extensa de África?
2. ¿De qué manera ha afectado la geografía de África los patrones de comercio allí?

Busca en línea mapas de NGS en www.nationalgeographic.com/maps

los vientos arremolinados y las dunas que cambian de lugar.

Un continente vasto y diverso África es el segundo continente de mayor tamaño del mundo. Los Estados Unidos caben tres veces en África, y sobra espacio. El Ecuador lo atraviesa y las calurosas y húmedas selvas tropicales se extienden a cada lado, pero cubren sólo el 10 por ciento del territorio.

La mayor parte de África se encuentra en los trópicos. Los prados secos se extienden por miles de millas, y se conocen como sabanas; presentan altas temperaturas y lluvias desiguales. Estos vastos prados abiertos son perfectos para criar manadas de animales. Durante gran parte de la historia de África, los habitantes de la sabana fueron cazadores y pastores.

El norte y el sur de la sabana son desiertos: el Sahara al norte y el Kalahari al sudoeste. Durante muchos años, estos mares de arena no trazados en mapas bloqueaban los viajes. Se debía seguir la línea costera si se quería evitar los desiertos. Las áreas de clima cálido, adecuado para el cultivo, se encuentran a lo largo del mar Mediterráneo en el noroeste de África y en el sur.

La meseta africana Casi toda África, salvo las planicies costeras, se extiende sobre una **meseta:** un área de tierras altas y llanas. Los ríos salen de la meseta formando cascadas rápidas y sonoras, cortando las rutas de agua del interior del continente. Aunque el río Nilo es el más largo de África, el río Congo se extiende 2,700 millas (4,345 km.) a través de África, cerca del ecuador.

En el este, los movimientos de la corteza terrestre, millones de años atrás, quebraron el continente y porciones de la superficie de la meseta cayeron. Esto formó el Valle de la Gran Grieta, donde se desenterraron parte de los primeros fósiles humanos. El valle se extiende a lo largo de África oriental, desde lo que hoy es Mozambique hasta el mar Rojo.

Comprobación de lectura **Causa y efecto**
¿Qué causó el Gran Valle de la Grieta?

Comparación de África con Estados Unidos

	África	Estados Unidos
Superficie	11,667,159 millas cuadradas (30,217,894 km^2)	3,794,085 millas cuadradas (9,826,680 km^2)
Población actual	alrededor de 891 millones de personas	alrededor de 291 millones de personas
Río más largo	río Nilo 4,160 millas (6,693 km.)	río Missouri 2,565 millas (4,130 km.)
Desierto más extenso	Sahara 3,500,000 millas cuadradas (9,065,000 km^2)	Mojave 15,000 millas cuadradas (38,850 km^2)

Fuentes: *The World Almanac and Book of Facts*, 2004; *World Population Data Sheet*, 2003; *The New Encyclopaedia Britannica*, 1990

Comprensión de cuadros

África cuenta con un territorio que supera en más de tres veces el de Estados Unidos.

1. ¿Cómo se compara el tamaño del Sahara con el tamaño de Estados Unidos?
2. ¿Cómo se compara la población de África con la de Estados Unidos?

Imperios de África del oeste

Idea principal **Los imperios africanos del oeste se hicieron ricos con el comercio.**

Enfoque en la lectura ¿Qué desearías poseer: una libra de oro o una libra de sal? Ambos productos eran importantes para los africanos del oeste y les ayudaron a construir grandes imperios comerciales.

Las historias sobre tierras doradas al sur del Sahara parecían ser difíciles de creer. "Existe una tierra", decía la historia, "donde el oro crece como las plantas y las zanahorias, y se cosecha al atardecer".

Los berberiscos quienes contaban estas historias habían visto el oro con sus propios ojos. Los berberiscos, el primer pueblo conocido establecido en África del norte, cruzaban el Sahara para comerciar con los pueblos de África occidental. Comenzaron a viajar alrededor del 400 a.C.

Por cientos de años, los comerciantes berberiscos transportaron productos a caballo o a lomo de burro, quienes a menudo morían en el caliente Sahara. Cuando los romanos conquistaron África del norte, introdujeron los camellos provenientes de Asia central. Los camellos, a los cuales se les apodaba "barcos del desierto", revolucionaron el comercio. Sus anchos pies no se hundían en la arena y sus jorobas almacenaban grasa como alimento. En suma, podían viajar durante muchos días sin agua.

Los comerciantes agrupaban cientos, quizás hasta miles de camellos para formar caravanas. Comerciaban sal y ropas provenientes de África del norte y del Sahara por oro y marfil que venía de África occidental. El comercio condujo al crecimiento de las ciudades de África occidental. Con el tiempo, quienes gobernaban estas ciudades comenzaron a construir una serie de imperios. Durante la Edad Media, estos imperios africanos crecieron más que la mayoría de los reinos europeos en riquezas y en tamaño. El primer imperio que se desarrolló fue Ghana.

▲ **Mientras que muchas de las caravanas que cruzaban el desierto hacia y desde África del oeste incluían alrededor de 1,000 camellos, algunas podían contar con hasta 12,000.** ***¿Cuáles eran algunos de los productos que comerciaban las caravanas?***

El surgimiento de Ghana Ghana adquirió poder en el siglo V. Fue "el cruce de los caminos del comercio", donde se unían las rutas comerciales. Éstas se extendían a través del Sahara hacia el norte y bajaban por el río Níger a los reinos de la selva tropical. Algunas se extendían hasta la costa nordeste de África.

Para que los comerciantes se encontraran, debían pasar por Ghana. Este pasaje tenía un precio: un impuesto que enriqueció a Ghana. ¿Por qué pagaban los comerciantes los impuestos? Primero, Ghana sabía construir armas de hierro, y como los Kush, las usaban para conquistar a sus vecinos. Aunque Ghana no poseía minas de oro, controlaba a los pueblos que sí las tenían. Segundo, Ghana construyó un gran ejército. "Cuando el rey de Ghana convoca a su ejército", decía un comerciante, "puede poner a 200,000 hombres en el campo de batalla".

En tercer lugar, los habitantes querían lo que se comerciaba, en especial la sal y el oro, a casi cualquier precio. Los africanos del oeste necesitaban la sal para dar sabor y conservar los alimentos, y para estar saludables. Pagaban los impuestos para obtener sal de las minas berberiscas del Sahara. A su vez, los berberiscos pagaban impuestos para obtener oro y venderlo con grandes ganancias en Europa.

Surgimiento de Malí Sin embargo, Ghana no perduró para siempre. El descubrimiento de nuevas minas de oro fuera del control de Ghana redujo los impuestos que cobraba. Además, la agricultura indiscriminada redujo los minerales de los suelos y dificultó que creciera la cantidad de cultivos necesaria para alimentar al pueblo. Las constantes luchas también lastimaron a Ghana. Los gobernantes de Ghana habían aceptado la religión del Islam, pero tuvieron que

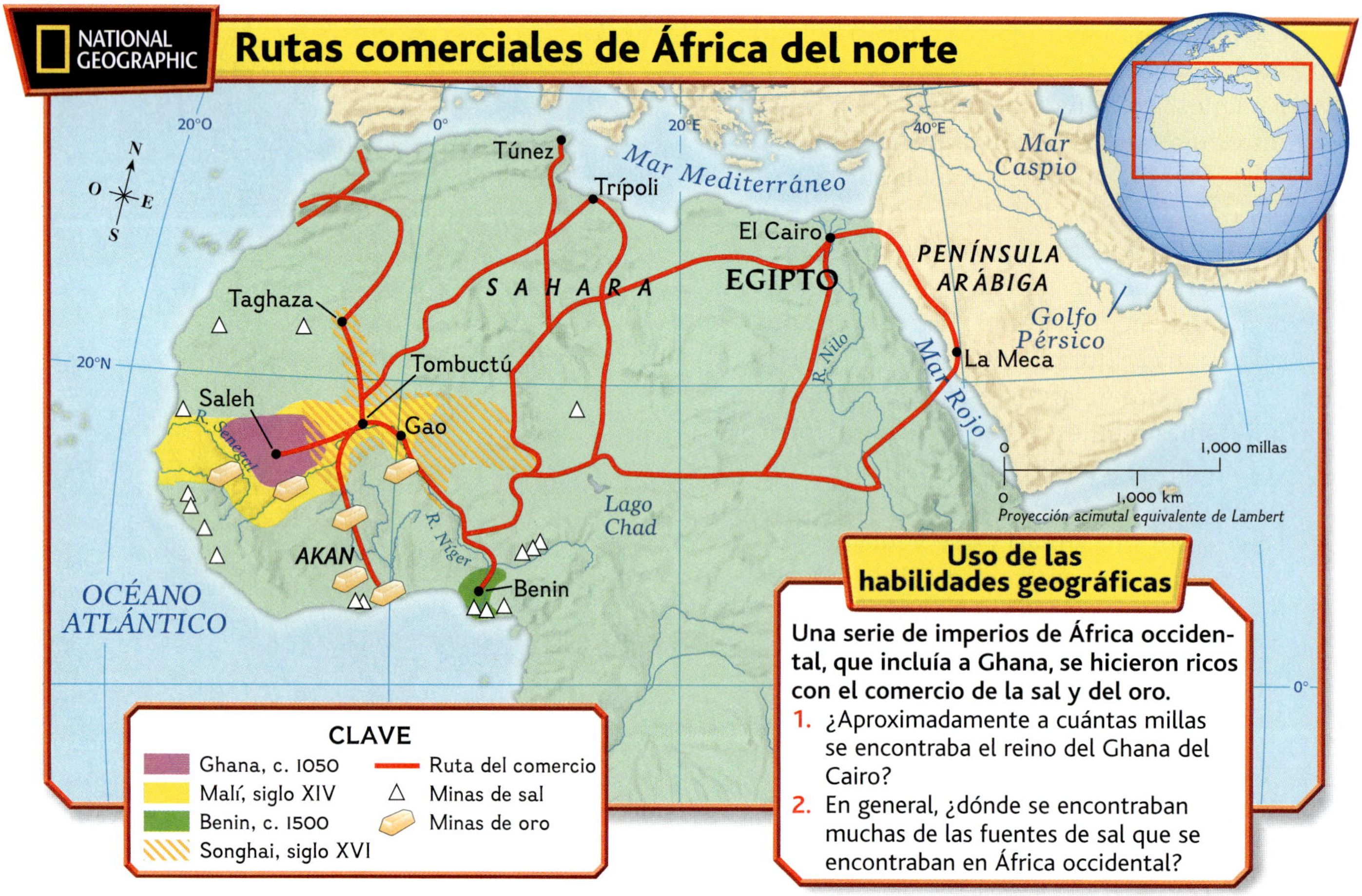

Uso de las habilidades geográficas

Una serie de imperios de África occidental, que incluía a Ghana, se hicieron ricos con el comercio de la sal y del oro.

1. ¿Aproximadamente a cuántas millas se encontraba el reino del Ghana del Cairo?
2. En general, ¿dónde se encontraban muchas de las fuentes de sal que se encontraban en África occidental?

pelear con los musulmanes del norte de África quienes deseaban construir sus propios imperios.

Después de que Ghana cayó hacia el siglo XIII, el reino de **Malí** lo reemplazó. Los **griots,** o relatores de las tradiciones orales africanas del oeste, dieron crédito a un gran rey guerrero llamado **Sundiata Keita:** el "Príncipe León". Sundiata, quien gobernó desde 1230 hasta 1255, tomó la capital de Ghana en 1240. Entonces, tomó el control de los territorios desde la costa atlántica hasta la ciudad comercial de **Tombuctú** y más allá. Sus conquistas hicieron que Malí controlara las zonas de las minas de oro y él pudo reconstruir el comercio del oro y de la sal.

El surgimiento de Songhai Malí comenzó a declinar lentamente después de la muerte de su último y poderoso rey, **Mansa Musa,** en 1332. Los reyes que le sucedieron no pudieron detener a los conquistadores berberiscos, quienes inclusive, por un tiempo, gobernaron Tombuctú.

En 1468 **Sunni Ali,** el líder de **Songhai,** invadió Tombuctú y echó a los berberiscos. Entonces, comenzó su campaña de conquistas. Sunni Ali utilizó la ubicación de Songhai a lo largo del río Níger para su propio beneficio. Ordenó que una flota de canoas de guerra tomara el control del comercio por río. Sus ejércitos luego se movieron hacia el oeste y el Sahara donde tomaron las minas berberiscas de sal. Para cuando murió en 1492, Sunni Ali había construido el imperio más grande del oeste de África.

El imperio perduró casi 100 años más. Sin embargo, en 1591, un pequeño ejército del reino árabe de Marruecos cruzó el Sahara. Soldados con cañones, armas y pólvora vencieron con facilidad a los soldados de Songhai que estaban armados con espadas, lanzas, arcos y flechas. En pocos meses, el imperio de Songhai desapareció.

Comprobación de lectura **Análisis** ¿Por qué se convirtió África Occidental en el centro de tres grandes imperios comerciales?

NATIONAL GEOGRAPHIC

Cómo eran las cosas

Enfoque en la vida cotidiana

Minas de sal de África Las minas de sal comenzaron en el Sahara en la Edad Media. Los antiguos mineros trabajaban bajo la tierra y en las dunas de sal para extraer bloques sólidos. La sal se convirtió en un negocio exitoso para el pueblo africano. La sal era tan apreciada que se intercambiaba onza por onza por oro.

Existen muchos depósitos de sal en África occidental porque parte del desierto antiguamente fue un mar poco profundo de agua salada. Cuando el mar se secó, quedó la sal.

Las personas necesitan una pequeña cantidad de sal para gozar de buena salud. Ésta se pierde cuando las personas y los animales sudan, de modo que las personas la necesitan en sus alimentos. En tiempos antiguos, antes de que se inventaran los refrigeradores o los alimentos enlatados, la sal se utilizaba para conservar los alimentos. También se utilizaba para agregar sabor a la comida.

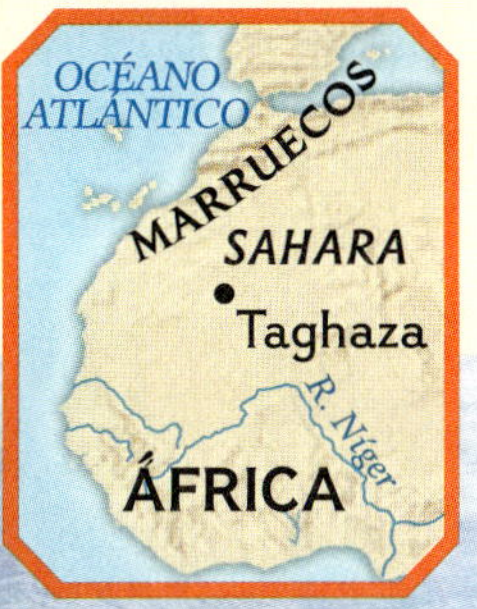

Las minas africanas de sal en la actualidad

Conexión con el pasado

1. ¿Cómo se forman los depósitos de sal?
2. ¿Por qué crees que la sal era tan apreciada que se comerciaba onza por onza por oro?

Los reinos de la selva tropical

Idea principal **Las selvas tropicales de África evitaban el acceso de los invasores y proporcionaban recursos.**

Enfoque en la lectura ¿Qué se hace que los habitantes de otros lugares quieran comprarte algo? Los reinos de las selvas tropicales de África tenían algo que los reinos de la sabana deseaban. No era ni oro ni sal, pero era igualmente valioso: alimentos.

Ghana, Malí y Songhai gobernaron las amplias y vastas sabanas. Sin embargo, las densas selvas tropicales a lo largo del ecuador evitaron que se expandieran hacia el sur. Los pueblos de las selvas tropicales construyeron sus propios reinos e imperios. Incluyeron Benin, que surgió en el delta del Níger y el Congo, que se formó en la cuenca del río Congo.

Los relatores de tradiciones orales africanas, quienes aun viven en el delta del Níger, cuentan historias sobre el Rey Ewuare, quien fundó el imperio de Benin hacia 1440. Al describir los logros de su ancestro, un relator contaba con orgullo:

> **"Luchó contra 201 pueblos y villas**
> **y los capturó. (. . .)**
> **Tomó cautivos a sus (. . .)**
> **gobernantes e hizo que sus**
> **pueblos le rindieran tributo".**
>
> —**J.V. Egharevba,**
> ***La corta historia de Benin***

Los granjeros de los reinos de las selvas tropicales disfrutaban de ventajas naturales, como suelos cultivables y un clima cálido y húmedo. En las áreas abiertas de la selva, a menudo se producía un excedente o provisión adicional de alimentos tales como bananas, papa dulce o arroz.

El reino de Benin

◀ Estatua de bronce de la reina de Benin

Estatua de un hombre tocando el cuerno de Benin ▶

▲ Esta pieza en bronce se realizó en honor al rey de Benin. ***¿Alrededor de qué época se fundó el reino de Benin?***

Los alimentos que sobraban se destinaban a los gobernantes y a los artesanos. Los hiladores del Congo, por ejemplo, hilaban materiales vegetales que los europeos consideraban como seda. En Benin, los artistas esculpían y tallaban en metal, madera y marfil.

Los reinos de las selvas tropicales que bordeaban las sabanas secas comercializaban el excedente de alimentos y las artesanías por cobre, sal y productos de cuero provenientes de las sabanas. Más tarde, cuando los europeos llegaron, los comerciantes de Benin y del Congo se encontraban con los barcos en las costas. Comerciaban, entre otras cosas, prisioneros capturados en la guerra.

Comprobación de lectura **Descripción** ¿Qué ventajas tenían los granjeros de las selvas tropicales que no tenían los granjeros de otras zonas de África?

África del este

Idea principal **Los reinos y estados africanos del este se convirtieron en centros de comercio y de nuevas ideas.**

Enfoque en la lectura ¿Alguna vez has conocido a alguien que vivió en algún lugar lejano? ¿Sus ideas te cambiaron tu perspectiva del mundo? Lee para aprender sobre cómo llegaron nuevas ideas a la costa del África del este.

En la actualizad, los habitantes del país de África del este, Etiopía, remontan su historia hacia 1005 a.C. En dicho año, la Reina Makeda subió al trono de un gran imperio llamado Saba o Sheba. De acuerdo con *La gloria de los Reyes*, la historia más antigua escrita de Etiopía, Makeda viajó para encontrarse con el Rey Salomón, gobernante de los israelitas. A su regreso, Makeda introdujo la antigua religión

Imperios comerciales africanos *100–1600 d.C.*

	Axum	Ghana	Malí	Songhai	Zimbabue
Ubicación	África del este 	África Occidental 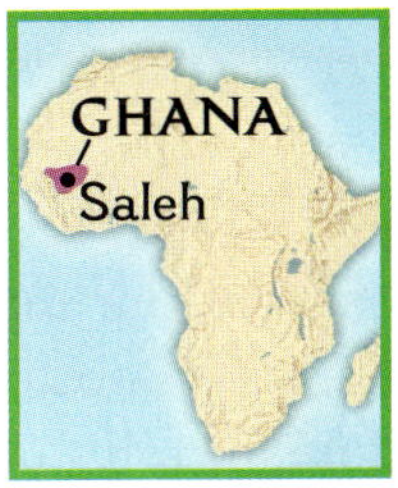	África Occidental 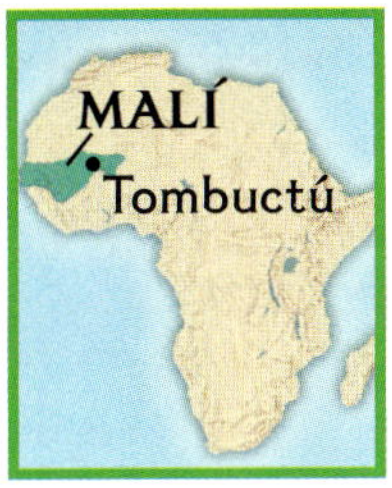	África Occidental 	Sudeste de África 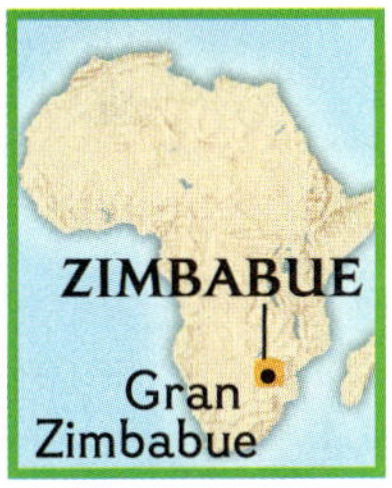
Período	c. 100–1400	c. 400–1200	c. 1200–1450	c. 1000–1600	c. 700–1450
Mercancías que se comerciaban	marfil, incienso, mirra, esclavos	productos de hierro, productos de origen animal, sal, oro	sal, oro	sal, oro	oro, cobre, marfil
Datos clave	El rey Ezana se convirtió al cristianismo y lo declaró la religión oficial.	Los impuestos que se cobraban a los comerciantes que pasaban por su territorio enriquecieron a Ghana.	Rey Mansa Musa construyó mezquitas y bibliotecas.	Songhai logró el control del comercio de África Occidental al conquistar Tombuctú y dominar el comercio por vía fluvial.	Los reyes Mutota y Matope levantaron el imperio más importante de la región.

Comprensión de cuadros

Grandes reinos comerciales se desarrollaron en diversas zonas de África.

1. ¿Cuál fue el primer reino que se desarrolló?
2. **Generalización** ¿Cuáles eran algunos de los elementos más comunes de comercio de los imperios africanos occidentales?

▲ Cuadro de una dawa, nave árabe africana de un solo mástil.

Uso de las habilidades geográficas

Prósperas ciudades comerciales tales como Mogadishu y Kilwa se desarrollaron a lo largo de la costa este de África.

1. ¿Sobre qué cuerpos de agua se extendían las rutas comerciales desde África oriental?
2. Describe la ubicación de Zimbabue.

▲ **Una estela o monumento, de Axum**

de Israel en su imperio. Con el tiempo, África oriental sentiría el impacto de otras dos religiones: el cristianismo y el Islam.

El surgimiento de Axum Como otros imperios, Saba cayó. Sin embargo, a Etiopía, conocida entonces como Abisinia, no le ocurrió lo mismo. Su poder se centraba en una ciudad estado llamada **Axum.** Axum debía su fortaleza a su ubicación sobre el mar Rojo. Los productos provenientes de África llegaban a Axum, centro de comercialización para los mundos antiguos del Mediterráneo y del este de Asia.

Axum luchó contra su vecino Kush por el control de las rutas comerciales hacia África continental. Alrededor del 300 d.C., el Rey Ezana de Axum envió sus ejércitos contra Kush y lo derrotó. Unos pocos años después, Ezana ayudó a introducir una nueva religión en África cuando él mismo se convirtió al cristianismo. En el 334 d.C., la convirtió en la religión oficial de Axum. En unos pocos cientos de años, otra religión, el Islam, introdujo muchos cambios en Axum y en otros estados comerciales a lo largo de la costa oriental de África.

Ciudades estado de la costa Los comerciantes árabes provenientes de la Península Arábiga ya venían a África oriental mucho antes del surgimiento del Islam a principios de del siglo VII d.C. Inventaron un barco con una vela triangular que y les permitía navegar hasta África. Las naves se denominaban **dawas** (embarcación a vela de un solo mástil).

En el siglo VIII d.C., muchos comerciantes árabe-musulmanes se establecieron en las ciudades estado del este de África. Allí, los africanos y los árabe-musulmanes compartían productos e ideas. Para el siglo XIV, una cadena de puertos comerciales se extendía hacia el sur de la costa africana oriental. Incluía Mogadishu, Kilwa, Mombasa y Zanzíbar. Estos puertos se convirtieron en los mayores lazos de una red de comercio en el Océano Índico. Comerciaban con lugares lejanos, por ejemplo con China.

El Gran Zimbabue Otro gran centro comercial conocido como Zimbabue surgió en el continente en el sureste de África. Fundado alrededor del 700 d.C. por los habitantes de Shona, Zimbabue proporcionaba oro, cobre y marfil a la costa de África del este. Desde allí, los productos africanos se enviaban hacia Arabia, Persia, India y China.

▲ **Algunos de los muros del Gran Zimbabue todavía existen.** ***¿Qué productos comerciales provenientes del interior de África pasaron por Zimbabue?***

Durante el siglo XV, dos reyes, Mutota y su hijo Matope, hicieron de Zimbabue un gran imperio. Se extendía desde el sur del río Zambezi hasta el Océano Índico. Evidencia del poder del Zimbabue todavía puede encontrarse en el Gran Zimbabue, la capital del imperio. Aquí más de 300 grandes edificaciones de piedra permanecen como silenciosos recordatorios de la pasada grandeza de Zimbabue.

✓ Comprobación de lectura **Explicación** ¿Cómo ayudó la nueva tecnología al comercio del África del este?

Historia en línea

Centro de estudios ¿Necesitas ayuda con el material de esta sección? Visita jat.glencoe.com

Repaso de la sección 1

Resumen de la lectura

Repaso de Ideas principales

- El continente de África presenta variados paisajes que incluyen selvas tropicales, prados y desiertos.
- Comenzando desde alrededor de 300 d.C., una sucesión de reinos, que incluyen los de Ghana, Malí y Songhai, surgieron en África Occidental.
- Los reinos de las selvas tropicales, que incluían a Benin y al Congo, comerciaban con los reinos vecinos de las sabanas.
- En África del este, el comercio con el mundo árabe ayudó a crecer a los reinos y a las ciudades de los puertos.

¿Qué aprendiste?

1. ¿Qué elementos se comerciaban en los reinos de África occidental?

Pensamiento crítico

2. **Organización de la información** Dibuja un diagrama como el siguiente. Para cada región, escribe los nombres de los reinos y/o las ciudades estado que allí se desarrollaron.

África Occidental	Selvas tropicales africanas	África del este

3. **Análisis** ¿Qué ciudades estado crecieron como puertos comerciales en África del este y por qué tenían éxito?
4. **Comparación y contraste** ¿Cuáles son los reinos africanos que se desarrollaron lejos de la costa? ¿Cómo se pueden comparar sus economías con las de otros reinos africanos?
5. Lectura **Comparación y contraste** Crea un diagrama de Venn que muestre las similitudes y diferencias entre dos reinos africanos.

SUNDIATA
EL LEÓN HAMBRIENTO

Relatado por Kenny Mann

Antes de leer

La escena: Esta historia transcurre en Malí, continente africano, en el siglo XII.

Los personajes: Balla Fasseke es el griot (relatador de la historia oral) que cuenta la historia de Sundiata. Sundiata es el Rey León de Malí. Sogolon y Maghan Kon Fatta son los padres de Sundiata. Sassouma es la primera esposa de Maghan Kon Fatta. Sumanguru es un rey rival.

La trama: Al Rey León de Malí, Sundiata, no le permiten ascender al trono. Sundiata tiene que probar que es el rey legítimo.

Presentación preliminar del vocabulario

tutor: persona que se encarga de otra

enfermedad: debilidad o padecimiento

brebaje: método de preparar una bebida al hervirla

herreros: personas que trabajan con metales

multitud: gran número de personas

exilio: período de tiempo en que uno tiene que vivir fuera de su país

lanza: arma con punta de acero

¿Has conocido a alguien que haya tenido que superar obstáculos para lograr grandes cosas? En esta historia, un joven líder debe aprender a hablar y caminar para poder hacerse cargo de su reino.

A medida que lees

Recuerda que la historia es una mezcla de realidad y leyenda. Sin embargo, existió un rey llamado Sundiata que conquistó nuevas tierras e intensificó el comercio durante su mandato en el reino de Malí.

¡Oh amigos, escuchen esta historia! Soy Balla Fasseke de Malí. Yo soy un *griot*[1]. Soy el tutor de las palabras. En mi cabeza descansan las historias de mi pueblo y de nuestra tierra. Escúchenme y recuerden, pues hablo con la verdad.

Hace mucho, mucho tiempo, el último rey de Ghana cayó ante la espada de Sumanguru, el rey Sosso; Sumanguru, cruel guerrero y hechicero poderoso; Sumanguru, quien encontraría su destino a manos de Sundiata, el Rey León de Malí.

Yo soy el *griot* de Sundiata. Escúchenme, pues hablo con la verdad.

Sundiata era hijo de Sogolon, que se casó con Maghan Kon Fatta, señor de Malí, cuyo tótem[2] era un león. Sogolon fue entregada al rey, pero era una doncella de rasgos feos y desfigurada por una joroba. Sin embargo, se decía que ella poseía el poderoso espíritu de un búfalo, fuerte y valiente. Al rey le habían predicho la llegada de Sogolon, quien la tomó por esposa y llegó a amarla.

Cuando nació Sundiata, el rey sintió gran regocijo. Los grandes tambores reales llevaron la noticia a todo el reino. Pero su primera esposa, Sassouma, se puso celosa. Era su hijo quien debía heredar el trono. ¿Qué necesidad tenía su esposo de tener otro hijo? Ella juró que Sundiata nunca sería rey.

---

[1]**griot:** narrador de la historia oral
[2]**tótem:** animal o planta que sirve como símbolo de una familia o un clan

Con el tiempo, Sassouma se dio cuenta de que no tenía de que preocuparse, pues Sundiata fue atacado por una extraña enfermedad. No podía ni hablar ni caminar. ¡Qué grande fue la pena de Sogolon! Durante siete largos años, trató de curar a su hijo. Consultó a todos los sabios del reino y preparó brebajes de hierbas y pociones, pero fue en vano.[3] Mientras tanto, el padre de Sundiata, el rey Maghan Kon Fatta, se desesperaba. Pero su *griot*, quien era mi padre, aconsejó al rey. "La joven semilla debe soportar la tormenta", le dijo. "Y de la pequeña semilla nacerá un gran árbol".

Un día, cuando el rey sintió que se aproximaba su muerte, llamó a su hijo. "Te daré el regalo que cada rey le da a su heredero", le dijo. Y ese día, queridos amigos, el rey me dio a mí, Balla Fasseke, a Sundiata para que fuera su *griot*, tal como mi padre lo había sido para el rey, y su padre antes que él. Y ese día, por primera vez en su vida, Sundiata habló. "Balla, tú serás mi *griot*", dijo. Y el rey supo que su hijo, el hijo del león y del búfalo, era digno de ser rey.

Cuando Maghan Kon Fatta murió, los miembros del consejo no cumplieron sus deseos. Fue el hijo de Sassouma quien ascendió al trono, y no Sundiata, el legítimo heredero. Sassouma persiguió a Sogolon y su hijo con odio y los confinó a un oscuro rincón del palacio. ¡Oh, cómo fluyeron las lágrimas de desdicha de los ojos de Sogolon! Cuando Sundiata vio la desesperación de su madre, la miró con calma y le dijo: "Hoy caminaré". Luego, me mandó a mí, Balla Fasseke, a la fragua[4] real. "Diles a los herreros que me forjen la vara de hierro más sólida y resistente posible", ordenó.

Se necesitaron seis hombres para llevar la vara de hierro a la casa de

[3]**en vano:** inútil, sin resultados positivos
[4]**fragua:** horno en el que se calienta el metal para darle forma

Sogolon. Los hombres arrojaron la vara al suelo frente a Sundiata. Una enorme multitud se había reunido allí para ver si Sundiata podría caminar. "¡Levántate, joven león!", exclamé. "Ruge, y que la tierra sepa que de aquí en adelante tiene un amo!"

Sundiata se aferró a la vara con las dos manos y la apoyó recta sobre el suelo. Por su cara comenzaron a correr gotas de sudor. Un silencio mortal se apoderó de todos. De una vez, con un poderoso impulso, Sundiata se puso de pie. Hubo una exclamación contenida en la multitud. La vara de hierro se dobló como un arco. Y Sogolon, que se había quedado muda de asombro, de repente rompió a cantar:

¡Oh, qué día, que bello día,
Oh, qué día, un día de júbilo,
Poderoso Alá, este es el día más maravilloso
que hayas creado,
Mi hijo va a caminar!
Óiganme todos, pues hablo con la verdad!

Sundiata soltó la vara, y sus primeros pasos fueron los pasos de un gigante.

Desde ese día en adelante, Sundiata se fue haciendo cada vez más fuerte. Se convirtió en un hábil cazador y fue muy amado por su gente. Pero Sassouma, cuyo hijo era ahora el rey, le temía al creciente poder de Sundiata. Sus complots para matarlo fracasaron. Y sabía que yo haría lo que fuese necesario para llevar a Sundiata al trono. De modo que, para separarnos, Sassouma me envió lejos, a la corte del nefasto rey Sumanguru, donde permanecí por muchos años. Fingí una alianza con Sumanguru, siempre esperando el día en que pudiera cantar las alabanzas de Sundiata otra vez.

Sogolon escapó del palacio y se llevó a Sundiata lejos del odio de Sassouma. Durante siete años vivieron en el exilio, buscando refugio y alimento en donde podían. Por fin, llegaron a la ciudad de Mema. Allí encontraron buena suerte, pues el rey de Mema se encariñó con Sundiata y lo trató como a un hijo. Admiraba el coraje y el liderazgo de Sundiata. Este rey decidió nombrar al joven como su heredero y enseñarle las artes del gobierno y de la guerra. Y así, Sundiata se hizo hombre.

Un día, llegaron corriendo unos mensajeros que querían ver a Sundiata. "¡Sumanguru invadió Malí!", gritaron. "El rey y su madre, Sassouma, han huido. Sólo tú puedes salvar a nuestro pueblo. Regresa, joven león, y reclama tu trono!"

Éste, queridos míos, era el momento de la verdad en el destino de Sundiata. El rey de Mema le dio la mitad de sus guerreros. Y con Sundiata cabalgando a la cabeza como líder, se les fueron sumando más y más hombres por el camino, hasta que se convirtieron en un gran ejército que estruendosamente cruzaba los llanos. Desde la lejana Malí, Sumanguru también salió presuroso al encuentro de su destino. Y yo, oh queridos míos, lo seguí, pues sabía que pronto me reencontraría con Sundiata, mi Rey León.

Y así fue. Sundiata llegó desde Mema encabezando su ejército y Sumanguru vino desde Malí. Los dos grandes ejércitos chocaron en batalla sobre las planicies de Kirina. Yo aproveché mi oportunidad y me escapé por fin de Sumanguru. A través de las espesas nubes de polvo y los gritos de los guerreros en la batalla, galopé hasta estar al lado de Sundiata. ¡Oh, qué grande fue nuestra alegría!

Mis años con Sumanguru no habían sido en vano, oh gente mía, pues aprendí que Sumanguru le temía a los poderes mágicos de un gallo blanco. Creía que si lo tocaba el espolón[5] del gallo una vez significaría su derrota para siempre. Y era justamente ése el espolón que yo había atado a una flecha, que le di a mi señor, Sundiata.

[5]**espolón:** uña o púa afilada en la pata de algunas aves, especialmente los gallos

Con letal puntería, Sundiata lanzó la flecha que atravesando el campo de batalla se dirigió velozmente hacia Sumanguru. Certera como un águila en vuelo, llegó al blanco y rozó el hombro del hechicero. Con un sonoro grito de miedo, Sumanguru dio la vuelta con su caballo y huyó.

Cabalgó hasta tierras lejanas, hasta las cuevas del Monte Koulikoro. Allí vimos a Sumanguru, el nefasto rey, caer de rodillas y convertirse en piedra. Sus soldados, desalentados por la huida, dejaron de luchar y fueron derrotados.

Y así, Sundiata retornó a Malí para reclamar su trono, y yo, Balla Fasseke, lo acompañé para cantar sobre su gloria. Allí esperaban los doce reyes que habían ayudado a Sundiata en el exilio. Cada uno arrojó su lanza para clavarla en la tierra ante Sundiata. "¡Nos uniremos!", proclamaron. "Has traído la paz de nuevo a nuestras tierras. Te cedemos nuestros reinos para que gobiernes en ellos con tu gran sabiduría." Los tambores propagaron la noticia. Los guerreros danzaron con frenética alegría. Y la multitud lanzó un poderoso grito a los cielos: "¡Wassa, Wassa, Ayé!"

Y así, fui testigo del nacimiento del gran reino de Malí. Y así, vi a Sundiata convertirse en emperador.

Entonces escúchenme todos y recuerden, pues hablo con la verdad. Ojalá que vivas para contarle esta historia a tus hijos, y que el nombre de Sundiata, el Rey León, viva para siempre.

Respuesta a la lectura

1. ¿Por qué le dio el rey un griot a Sundiata?
2. Preanunciar significa que el narrador te anticipa pistas de algo que viene después. Esta historia contiene muchas pistas que sugieren y preanuncian el exitoso mandato de Sundiata como rey. Identifica tres de estas pistas en los primeros seis párrafos.
3. **Predicción** ¿De qué manera podría ser diferente la historia si Balla Fasseke no hubiese estado en la corte de Sumanguru?
4. **Análisis** ¿Por qué te parece que Sundiata no caminó cuando recibió los tratamientos de su madre pero sí *lo hizo* cuando su medio hermano fue coronado como rey?
5. Lectura **Leer para escribir** Imagina que eres el padre de Sundiata. Escribe un breve discurso explicando tus razones para elegir a Sundiata como el próximo rey.

Sección 2

El gobierno y la religión de África

¡Prepárate para leer!

¿Cuál es la relación?

En la Sección 1, leíste sobre algunos de los reinos e imperios que se desarrollaron en África. Para mantener los reinos y los imperios unidos, los africanos debieron crear sus propios gobiernos. Una fuerza unificadora fue la religión del Islam, pero muchos africanos también continuaron la práctica de sus creencias religiosas tradicionales.

Enfoque en Ideas principales

- El crecimiento de los imperios de África del oeste condujo al crecimiento de los gobiernos centralizados regidos por los reyes. ***(página 461)***
- Las religiones tradicionales africanas compartían ciertas creencias y servían de guía para la vida en comunidad. ***(página 463)***
- El Islam jugó un papel importante en África medieval, pero las antiguas creencias y costumbres africanas siguieron siendo fuertes. ***(página 464)***

Ubicación de lugares

Makkah

Conoce a los personajes

Olaudah Equiano

Ibn Battuta

Askia Muhammad

Desarrollo de tu vocabulario

clan

sultán

suahilí

Estrategia de lectura

Organización de la información

Dibuja un diagrama que muestre los componentes de la cultura y de la lengua suahilí.

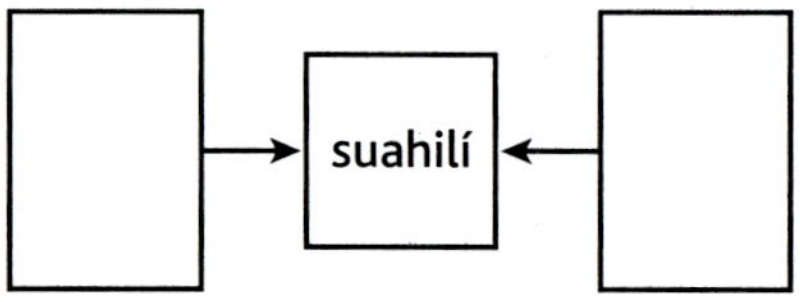

NATIONAL GEOGRAPHIC ¿Cuándo y dónde?

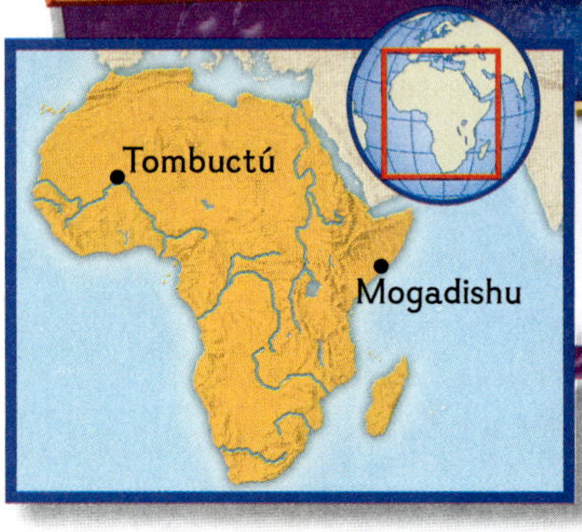

1300 — 1400 — 1500

1324 Mansa Musa viaja a Makkah

1352 Ibn Battuta llega al África del oeste

1492 Muere Sunni Ali

Gobierno y sociedad

Idea principal **El crecimiento de los imperios de África del oeste condujo al crecimiento de los gobiernos centralizados regidos por los reyes.**

Enfoque en la lectura ¿Qué hace que un sistema de gobierno sea efectivo? Lee para aprender sobre cómo los gobernantes africanos rigieron sus imperios.

El fuerte repiqueteo de los tambores llamaba a los ciudadanos de Ghana para encontrarse con el rey. Cualquier persona que tuviera una queja podía hablar. En el atrio real, el rey se sentaba en una tienda abierta de seda. Vestía un casco de oro y un atavío cubierto por joyas. Las autoridades reales lo rodeaban. Los perros guardianes con collares de oro y plata observaban. Antes de dirigirse al rey, los súbditos vertían polvo sobre sus cabezas o se prosternaban. Haciendo una reverencia, explicaban su preocupación y esperaban la respuesta del rey.

El gobernante y el súbdito Ésta, decían los viajantes árabes, era la manera en la que funcionaba un gobierno en África del oeste. Los reyes dictaminaban sentencias, administraban el comercio y protegían el imperio. Pero a cambio de esto esperaban completa obediencia.

Con el crecimiento de los imperios, los africanos inventaron nuevas formas de gobernarse. Los estados más exitosos, como Ghana, formaron cierto tipo de autoridad central. En general, el poder recaía en un rey o, en unos pocos casos, en una reina.

Tanto los gobernantes como los habitantes se beneficiaban. Los mercaderes recibían favores de los reyes y los reyes recibían impuestos de los mercaderes. Los gobernantes locales mantenían el poder, y los reyes a su vez, recibían su lealtad. Esto permitía a los reinos hacerse más ricos y extender su control sobre un área mayor. El sistema también ayudó a mantener la paz.

El gobierno de Ghana Los reyes de Ghana confiaban en la ayuda de un consejo de ministros o de un grupo de asesores cercanos. A medida que crecía el imperio, los gobernantes se dividían en provincias. Los reyes menores, a menudo líderes conquistadores, gobernaban cada una de estas áreas. Debajo de ellos, los jefes de los distritos custodiaban los distritos más pequeños. Generalmente, cada distrito incluía el **clan** de un jefe; un clan era un grupo de habitantes que descendía de un mismo ancestro.

▼ **El siguiente tallado muestra a un rey de Benin en su trono. El brazalete de marfil (izquierda abajo) era utilizado por el rey durante las ceremonias.** ***¿Por qué permitían los reyes africanos que los gobernantes locales tuvieran cierto poder?***

Los reyes guardaban fuertemente el poder. Ellos insistían en que los gobernantes locales enviaran a sus hijos a la corte real. Atravesaban el país de lado a ladobuscando informes de injusticia y rebelión. Lo que es más importante, controlaban el comercio.

Nadie podía comerciar sin el permiso del rey. Además, nadie podía poseer pepitas de oro, salvo el rey. El pueblo comerciaba sólo con polvo de oro. "Si los reyes no hicieran esto", decía un viajante árabe, "el oro sería tan abundante que prácticamente perdería su valor".

Fuente principal

Ghana se beneficia con el comercio

Al Bekri describió la forma en que Ghana cobraba impuestos a los mercaderes para aumentar su propia riqueza.

"El rey [de Ghana] cobra el derecho de un *dinar* de oro por cada carga a lomo de burro de sal que ingresa a su país y dos *dinares* de oro por cada carga de sal que sale. Una carga de cobre lleva un arancel de cinco *mitqals* y una carga de mercancía diez *mitqals*. El mejor oro del país proviene de Ghiaru, una ciudad situada a dieciocho días de viaje de la capital [Kumbi]".

—Abdullah Abu-Ubayd al Bekri, "Ghana en 1067"

▲ La riqueza de Ghana proviene de las caravanas de comercio.

PBD Preguntas basadas en los documentos

¿Cuál de las dos monedas crees que tiene más valor, el dinar o el mitqal? ¿Por qué?

Sin embargo, un aspecto del gobierno de Ghana confundía a los extranjeros. "Es su costumbre", exclamaba un escritor árabe, "que el reino sea heredado sólo por el hijo de la hermana del rey". En los estados árabes, la propiedad pasaba a través de los hijos del hombre, no de los hijos de la hermana. En Ghana, el trono era para el sobrino del rey.

El gobierno de Malí Malí siguió el ejemplo de Ghana, pero a mayor escala. Tenía más territorio, más habitantes y más comercio, de modo que las autoridades reales tenían más responsabilidades. Uno supervisaba la pesca en el Níger. Otro cuidaba las selvas del imperio. Un tercero cuidaba la agricultura y ganadería y un cuarto administraba el dinero.

Los reyes dividieron el imperio en provincias, como lo hicieron en Ghana. Sin embargo, Sundiata, el fundador de Malí, puso a sus generales a cargo de ellas. El pueblo lo aceptó porque los generales los protegían de los invasores. Además, los generales provenían de las provincias que gobernaban.

Otro gran rey de Malí, Mansa Musa, recompensaba a los ciudadanos con oro, tierras y caballos para mantenerlos leales. Otorgaba a los héroes militares "Honor nacional de los pantalones". Como decía un árabe:

> **"Siempre que un héroe agrega otra hazaña a su lista, el rey le regala un par de pantalones amplios. (. . .) [C]uanto mayor es el número de hazañas del caballero [soldado], mayor es el tamaño de sus pantalones".**
>
> **—Al-Dukhari, según se cita en** ***Temas de la historia de África del oeste***

Como sólo el rey y la familia real podían vestir ropas cosidas, por cierto, este era un gran honor. La mayoría de los habitantes vestían sólo ropas envueltas.

El gobierno de Songhai Songhai se construyó sobre las tradiciones de Ghana y Malí. Su fundador, Sunni Ali, dividió su imperio en provincias. Sin embargo, nunca terminó de establecer su imperio. Sunni se trasladaba continuamente, luchando en una batalla y otra.

En 1492 Sunni Ali murió de forma misteriosa mientras volvía de un viaje a su casa. Algunos dicen que se ahogó cruzando un arroyo. Otros dicen que sus enemigos lo mataron. Al año siguiente, un general de Songhai llamado Muhammad Ture tomó el control del gobierno. A diferencia de Sunni Ali, Muhammad Ture era un musulmán leal. Sus ideas religiosas afectaron el gobierno de Songhai.

✓ Comprobación de lectura **Contraste** ¿De qué manera el gobierno de Malí fue diferente al de Ghana?

Religiones tradicionales africanas

Idea principal **Las religiones tradicionales africanas compartían ciertas creencias y servían de guía para la vida en comunidad.**

Enfoque en la lectura ¿Cuáles son las preguntas que la mayoría de las religiones tratan de contestar? A medida que leas esta sección, busca las preguntas que respondían las religiones africanas tradicionales.

Durante siglos, los europeos creyeron que los africanos no tenían ninguna religión. **Olaudah Equiano**, un miembro de los igbo, no estaba de acuerdo. "Los igbo", escribió, "creen que existe un Creador de todas las cosas y que él (. . .) rige los eventos, en especial, nuestras muertes y cautiverio".

La mayoría de los grupos africanos compartían la creencia del Igbo de un dios supremo. Comprendían la idea cristiana y musulmana de un solo dios, pero muchos deseaban continuar sus propias prácticas religiosas.

Estas prácticas variaban de un lugar a otro. Algunos grupos, como los nanti de África del este, pensaban que las personas podían hablar directamente con su dios. Otros, como los igbo, pensaban que sólo se podía llegar al creador a través de dioses y diosas menos poderosos que trabajaban para él.

Aunque los africanos practicaban su religión de manera diferente en lugares, sus creencias sirvieron a propósitos similares. Establecieron reglas para la vida y ayudaron a los habitantes a permanecer en contacto con su historia.

Cuando sus parientes morían, muchos africanos creían que sus espíritus permanecían con la comunidad. Creían que estos espíritus podían hablar con el dios supremo o ayudar a resolver problemas. Como resultado, muchos africanos honraban a sus ancestros.

Comprobación de lectura **Explicación** ¿Cuál era el rol de los ancestros en la religión africana?

NATIONAL GEOGRAPHIC **Las religiones africanas en la actualidad**

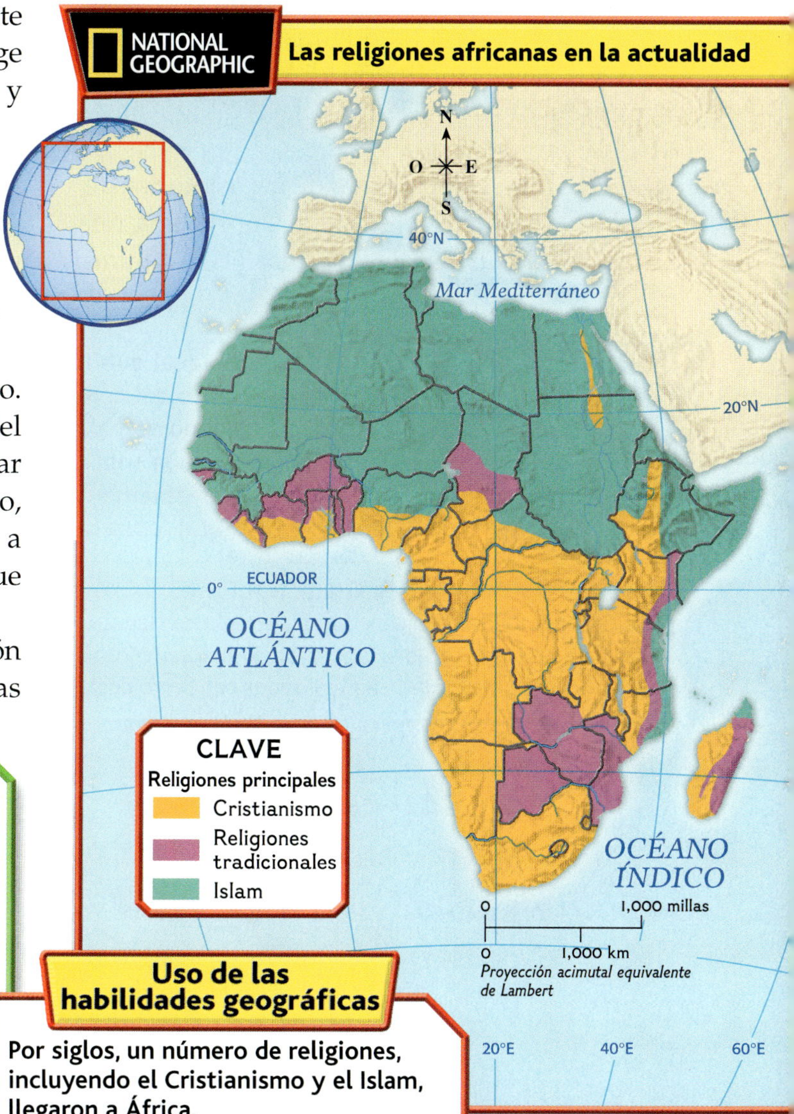

Uso de las habilidades geográficas

Por siglos, un número de religiones, incluyendo el Cristianismo y el Islam, llegaron a África.

1. ¿Cuál es la religión que domina la zona norte de África?
2. ¿En qué áreas son las religiones tradicionales el tipo de religión más importante?

La religión en África

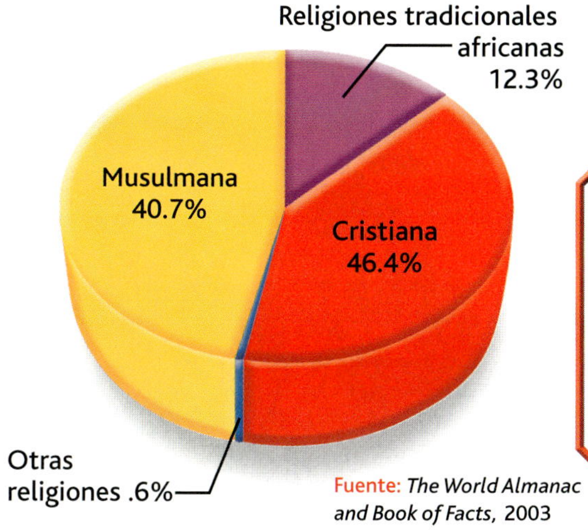

Fuente: *The World Almanac and Book of Facts*, 2003

El Islam en Africa

Idea principal **El Islam jugó un papel importante en África medieval, pero las antiguas creencias y costumbres africanas siguieron siendo fuertes.**

Enfoque en la lectura ¿Alguna vez has cambiado tus ideas porque alguien que respetas tiene ideas distintas a las tuyas? Aprende de qué manera los gobernantes africanos ayudaron a difundir el Islam y cómo los árabes y los africanos se influenciaron entre sí.

Ibn Battuta, un joven abogado árabe proveniente de Marruecos, emprendió un viaje en 1325 para ver el mundo musulmán. Desde el siglo VII d.C., la religión del Islam se había difundido desde la Península Arábiga hasta África y otros lugares.

Ibn Battuta viajó a través de los territorios del de Islam durante casi 30 años. Cubrió una una distancia de más de 73,000 millas (117,482 km). Cuando Ibn Battuta llegó a África del oeste en 1352, el Islam ya se había practicado allí durante cientos de años. Sin embargo, pronto se dio cuenta de que no todos los habitantes de África del oeste aceptaban el Islam. Muchas personas del campo aún seguían las religiones africanas tradicionales. El Islam se hizo popular en las ciudades donde los gobernantes y los comerciantes lo aceptaron por opción o porque les ayudaba a comerciar con los árabe-musulmanes.

Algunos musulmanes se quejaban de que Sundiata Keita y Sunni Ali, los dos constructores de imperios más grandes de África occidental, no hicieron lo suficiente para que los habitantes se convirtieran al Islam. Los dos líderes estaban más preocupados por detener las rebeliones que por difundir la religión.

Ibn Battuta encontró cosas en África del oeste que lo sorprendieron. Estaba sorprendido de que

La ciudad de Djenné

Al igual que Tombuctú, la ciudad de Djenné se convirtió en el centro tanto del comercio como del Islam. Los comerciantes de los desiertos del norte y de las selvas tropicales del sur se encontraban en Djenné, ubicada sobre el río Baní. La primera Gran Mezquita de Djenné probablemente se construyó en los años 1200. ***¿Aceptaban el Islam todos los habitantes de África del oeste? Explica.***

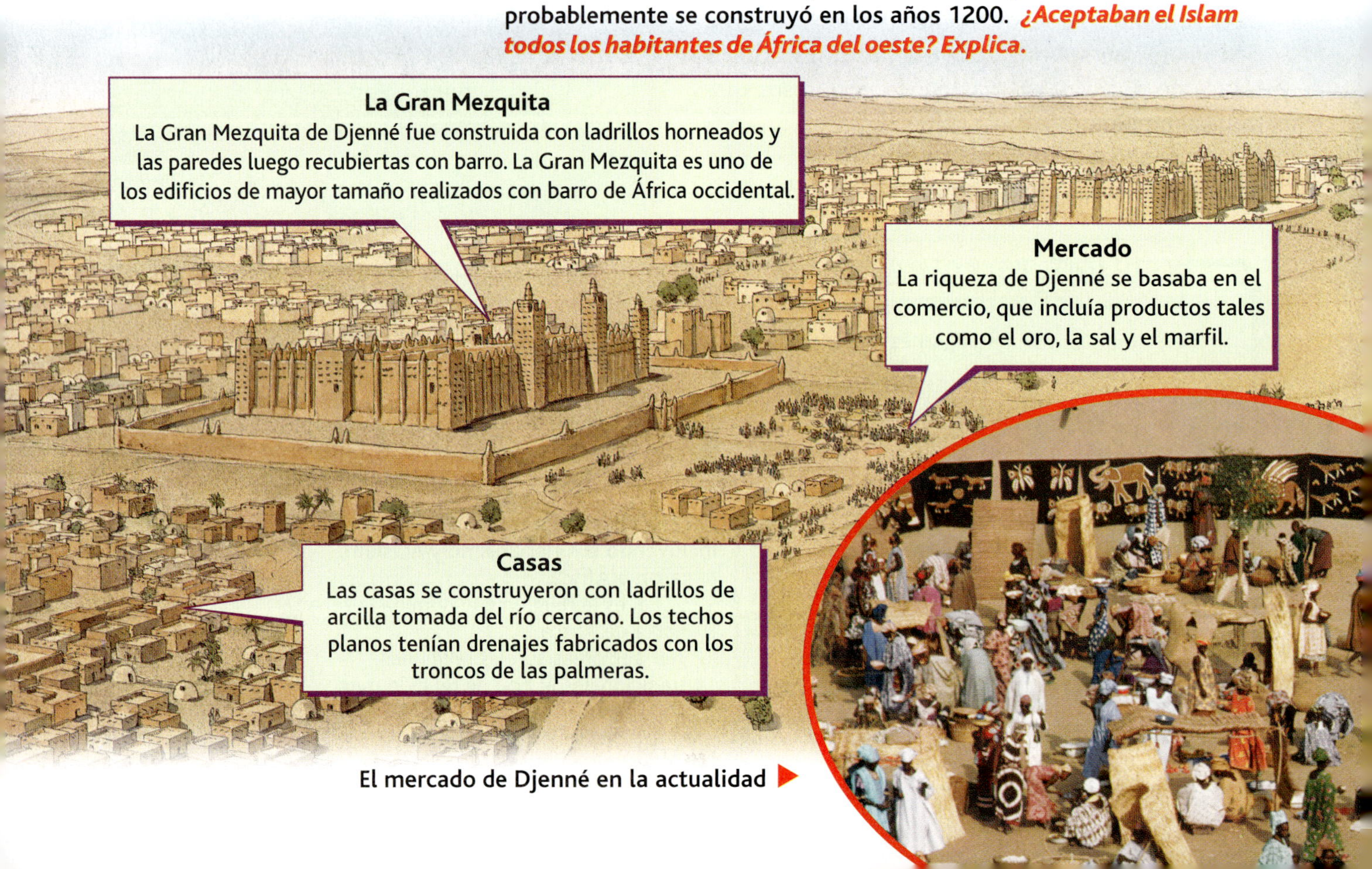

La Gran Mezquita
La Gran Mezquita de Djenné fue construida con ladrillos horneados y las paredes luego recubiertas con barro. La Gran Mezquita es uno de los edificios de mayor tamaño realizados con barro de África occidental.
Mercado
La riqueza de Djenné se basaba en el comercio, que incluía productos tales como el oro, la sal y el marfil.
Casas
Las casas se construyeron con ladrillos de arcilla tomada del río cercano. Los techos planos tenían drenajes fabricados con los troncos de las palmeras.

El mercado de Djenné en la actualidad ▶

las mujeres no cubrieran sus rostros con un velo, como era la costumbre musulmana. Sin embargo, encontró que los habitantes de África del oeste estudiaban el Corán, el libro sagrado musulmán. "Ellos aprenden celosamente [con ansias] el Corán de memoria", escribió.

Malí y Mansa Musa Mucho de lo que complacía a Ibn Battuta era el trabajo de Mansa Musa. Mansa Musa había permitido distintas religiones pero había trabajado para hacerque el Islam fuera más fuerte. Utilizó la riqueza de Malí para construir más mezquitas o lugares musulmanes de veneración. También fundó bibliotecas en Tombuctú, que reunían los libros de todo el mundo musulmán.

En 1324, Mansa Musa hizo que Malí se conociera en otras partes del mundo cuando inició un largo viaje a la ciudad de **Makkah,** también conocida como la Meca. Como podrás leer en el capítulo del Islam, todos los musulmanes debían realizar un peregrinaje hacia la ciudad musulmana sagrada de Makkah. Sin embargo, cuando Mansa Musa inició su viaje, se aseguró de que todos supieran de que él era el líder de un gran imperio.

La caravana de Mansa Musa contaba con miles de personas incluyendo esclavos y 100 grupos de camellos. Cada camello transportaba oro. Mientras estaba en Makkah, Mansa Musa convenció a algunos de los mejores arquitectos, maestros y escritores del Islam para que volvieran con él a Malí. Allí, ayudaron a difundir el Islam en África del oeste.

Songhai y Askia Muhammad Sunni Ali practicaba la religión tradicional de los habitantes de Songhai. Sin embargo, se declaraba a sí mismo como musulmán para mantener el apoyo de los habitantes del pueblo. Después de la muerte de Sunni Ali, su hijo se rehusó a seguir el ejemplo de su padre.

Como ya has leído, Muhammad Ture, uno de los generales de Sunni Ali, vio la oportunidad de tomar el gobierno. Con el apoyo de los habitantes musulmanes, se declaró a sí mismo rey. En una guerra sangrienta, expulsó a la familia de Sunni Ali de Songhai. Luego, tomó el nombre de Askia, un rango en el ejército de Songhai.

Bajo **Askia Muhammad,** Songhai construyó el más grande imperio de África del oeste medieval. Mantuvo las cortes locales en su lugar pero les pidió que honraran las leyes musulmanas. Además, hizo de Tombuctú un importante centro de la cultura islámica y estableció 150 escuelas de enseñanza del Corán.

Fuente principal

El sultán de Malí

El sultán de este pasaje es Mansa Musa. Lo describe un erudito árabe llamado Ibn Fadl Allah al Omari.

"El sultán de este reino preside desde su palacio en un gran balcón llamado *bembe*, donde tiene un gran asiento de ébano que se parece a un trono adecuado para una persona alta y de gran tamaño: a cada lado se encuentra flanqueado por colmillos de elefantes enfrentados entre sí. Sus armas se encuentran cerca; son todas de oro: sable, lanza, aljaba, arco y flechas. Viste pantalones amplios de unas veinte piezas [de material] de un tipo del que sólo él puede vestir".

—Ibn Fadl Allah al Omari, "Malí en el siglo XIV"

▲ Mansa Musa

PBD Preguntas basadas en los documentos

¿Cuál es la impresión que Mansa Musa deseaba dar a los que recién llegaban a su reino? ¿Cómo lo sabes?

Historia en línea

Actividad en línea Visita jat.glencoe.com y haz clic en *Chapter 13—Student Web Activity* para aprender más sobre el África medieval.

Biografía

MANSA MUSA

gobernó 1312–1337

▲ Mansa Musa

Mansa Musa gobernó el imperio africano occidental de Malí con gran habilidad y organización. Bajo la guía de Mansa Musa, Malí se convirtió en un gran centro de educación, comercio y artes. Malí fue uno de los imperios más grandes del mundo de ese momento. De hecho, el reino era tan vasto que Mansa Musa se jactaba de que le tomaría un año viajar desde la frontera del norte hasta la frontera del sur.

A pesar del gran tamaño y de la riqueza de Malí, el reino no era famoso fuera del continente de África. Sin embargo, el peregrinaje de Mansa Musa hasta Makkah en 1324 anunciaba las riquezas y logros de Malí al mundo. Viajando a caballo, a Mansa Musa se le unió mucha gente, incluyendo 8,000 esclavos, 100 camellos para transportar equipaje y 24,000 libras de oro. Cada persona transportaba una bolsa de oro. Según cuentan los historiadores egipcios y los relatos de los observadores, Mansa Musa gastó tanto oro en El Cairo, Egipto, que el valor del oro cayó en Cairo y no se recuperó hasta 12 años más tarde.

El famoso peregrinaje de Mansa Musa hacia Makkah atrajo la atención de otras naciones hacia su reino. Malí se incluyó en los mapas del mundo desde 1339. Muchos europeos y reinos del norte de África y del Medio Oriente deseaban establecer contactos comerciales con Malí y obtener algo de sus riquezas. El territorio de Malí y sus conexiones comerciales se expandieron aún más con la captura de las ciudades de Gao y Tombuctú, las que también florecieron bajo el reinado de Mansa Musa.

▲ Una aldea de Malí en la actualidad

Entonces y ahora

Malí pasó desapercibida para el resto del mundo hasta el peregrinaje de Mansa Musa. ¿En la actualidad, es posible que un país pase desapercibido? ¿Por qué o por qué no?

El imperio sobrevivió a las disputas familiares. Pero, como has leído, no sobrevivió a las armas de los invasores marroquíes. La invasión de 1591 destruyó el imperio.

El Islam en África del este En 1331, Ibn Battuta visitó Mogadishu, un puerto de comercio en la costa este de África. Su **sultán**, o líder, dijo en perfecto árabe, "Tú has honrado a nuestro país con tu presencia". Un momento más tarde, Ibn Battuta escuchó al sultán hablar en **suahilí.**

La palabra *suahilí* proviene de una palabra árabe que significa "habitantes de la costa". Sin embargo, para 1331, ya significaba dos cosas: la cultura única de la costa de África del este y la lengua que allí se hablaba.

La cultura y la lengua suahilí, que existe en África del este en la actualidad, se mezcló con influencias africanas y musulmanas. Las influencias africanas provenían de las culturas del interior de África. Las influencias musulmanas provenían de los habitantes árabes y persas.

Cuando los europeos de Portugal llegaron a la costa a principios de los años 1500, trataron de destruir la cultura suahilí. Los suahilí respondieron deteniendo el comercio con el interior. Finalmente, la cultura suahilí sobrevivió al gobierno europeo.

El impacto del Islam sobre África El Islam tuvo un impacto mucho mayor en el norte y este de África. Los africanos que aceptaron el Islam también adoptaron las leyes islámicas y las ideas sobre lo que era correcto o incorrecto. A veces, estos cambios tenían la oposición de los que estaban a favor de las formas africanas tradicionales.

El Islam también trajo progresos en el aprendizaje. Las escuelas musulmanas atraían estudiantes de distintas partes de África e introdujeron la lengua árabe a muchos africanos. El Islam también influyó en el arte y en las edificaciones africanas. Los arquitectos musulmanes construyeron bellas mezquitas y palacios en Tombuctú y otras ciudades.

Comprobación de lectura **Explicación** ¿Cómo ganó Askia Muhammad el control de Songhai?

Historia en línea
Centro de estudios ¿Necesitas ayuda con el material de esta sección? Visita jat.glencoe.com

Repaso de la sección 2

Resumen de la lectura

Repaso de Ideas principales

- Los imperios de África del oeste estaban gobernados por reyes, que controlaban muy de cerca el comercio y dividían sus territorios entre jefes menores que los ayudaban a gobernar.
- Muchas religiones africanas creían en un único creador y honraban a los espíritus de sus ancestros.
- El Islam se convirtió en la religión dominante en los reinos del oeste y este de África.

¿Qué aprendiste?

1. ¿De qué manera retuvieron el poder los reyes de Ghana?
2. ¿De qué forma intentó Mansa Musa fortalecer el Islam en Malí?

Pensamiento crítico

3. **Causa y efecto** Dibuja un diagrama que muestre los efectos del Islam en el oeste y este de África.

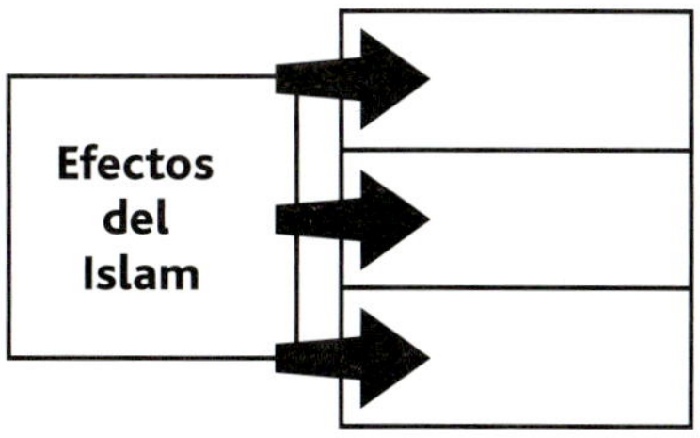

4. **Análisis** ¿La autoridad central recaía en una sola persona. ¿Cómo beneficiaba este hecho al rey, a los habitantes y al reino? ¿Cómo se refleja este modelo de gobierno en el gobierno moderno?
5. **Redacción explicativa** Imagina que has sido testigo del peregrinaje de Mansa Musa a Makkah. Redacta un artículo periodístico que describa el peregrinaje.
6. **Lectura** **Comparación y contraste** Dibuja un diagrama de Venn que compare el liderazgo de Mansa Musa con el de Askia Muhammad.

Sección 3

La sociedad y cultura de África

¡Prepárate para leer!

¿Cuál es la relación?

Cuando los europeos llegaron a África, los habitantes de todo el continente habían desarrollado culturas complejas. Para la mayoría de los africanos, la vida se centraba en las aldeas granjeras, sobre las que leerás en esta sección. Allí, la familia era la base de la sociedad.

Enfoque en Ideas principales

- Las migraciones de los bantú ayudaron a dar forma a muchas de las culturas del África al sur del Sahara. ***(página 469)***
- El comercio de esclavos africanos cambió en gran medida cuando los musulmanes y los europeos comenzaron a tomar cautivos del continente. ***(página 472)***
- Los esclavos africanos desarrollaron ricas culturas que influyeron muchas otras culturas, inclusive la nuestra. ***(página 474)***

Ubicación de lugares

río Benue

Conoce a los personajes

Dahia al-Kahina

Nzinga

Desarrollo de tu vocabulario

extensa familia

línea materna

historia oral

Estrategia de lectura

Comparación y contraste Dibuja un diagrama de Venn como el siguiente que muestre las similitudes y diferenciasentre la esclavitud de los africanos en África y la esclavitud de los africanos en Europa.

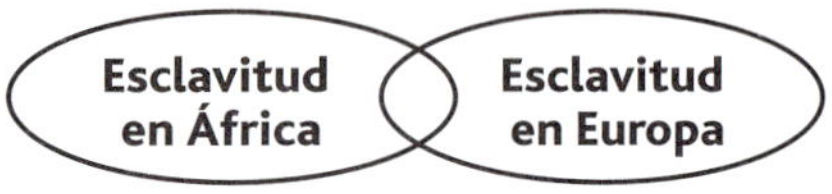

NATIONAL GEOGRAPHIC ¿Cuándo y dónde?

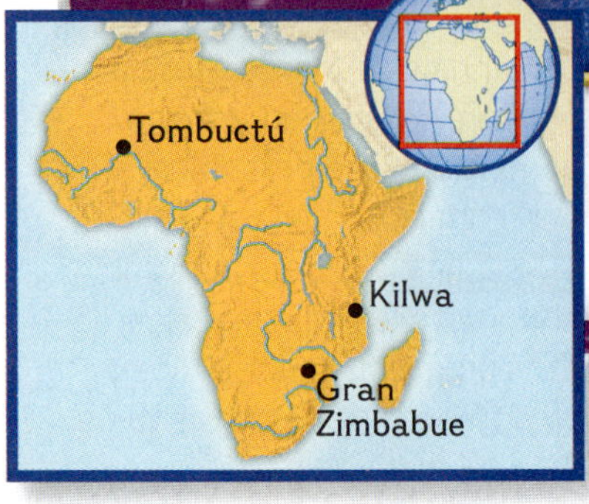

3000 a.C. — **1000 d.C.** — **1500 d.C.**

c. 3000 a.C Los bantú comienzan la migración a través de África

c. 650 d.C. La reina Dahia al-Kahina lucha contra los musulmanes

c. 1441 Los primeros esclavos africanos llegan a Europa

La vida en África medieval

Idea principal **Las migraciones de los bantú ayudaron a dar forma a muchas de las culturas del África al sur del Sahara.**

Enfoque en la lectura ¿Alguna vez has notado que aunque las personas son diferentes tienen algunas cosas en común? Lee para aprender por qué los habitantes de las distintas regiones de África tienen tradiciones y culturas similares.

Aproximadamente en el 3000 a.C., grupos de pescadores que se establecían a lo largo del **río Benue,** en lo que es actualmente el este de Nigeria, empacaron sus pertenencias en sus canoas y se trasladaron hacia el sur. Estos nómades se llamaban a sí mismos *bantú,* que significa "los habitantes".

Los bantú viajaban lentamente y por diferentes rutas. Algunos remaron a lo largo del río Congo, una vía de agua que surca unas 2,700 millas (4,345 Km.) a través de las selvas tropicales. Muchos se establecieron, por un tiempo, en las praderas de África central. Desde allí, se dispersaron sobre gran parte de los territorios al sur del Sahara. Para el 400 d.C., los bantú se habían establecido en la mayor parte de África.

Los historiadores no están seguros de por qué los bantú dejaron su tierra natal. Tal vez, el territorio estaba superpoblado. Tal vez los granjeros desgastaron el suelo. O los bantú decidieron tomar otros caminos, de igual manera que lo hacen los pioneros.

Adondequiera que iban, los bantú llevaban sucultura con ellos. Difundieron habilidades tales como la alfarería, minería y la herrería. También difundieron su idioma. En la actualidad más de 120 millones de africanos hablan cientos de lenguas bantú, incluido el suahilí.

Las migraciones o movimientos de los bantú de gran cantidad de personas son la razón por la que los habitantes de toda África comparten algunas ideas y tradiciones en común. Los bantú, por ejemplo, creían en un creador supremo y en un mundo de espíritus en donde vivían sus ancestros. Como has leído en la sección anterior, ésta era una creencia común en muchos lugares de África.

La importancia de la familia La familia era la base de la sociedad africana. Los habitantes, a menudo, vivían en **extensas familias,** o familias conformadas por varias generaciones. Incluían desde diez hasta cientos de miembros.

Muchas aldeas, en especial las bantú, seguían la **línea materna**. Consideraban su descendencia a través de las madres y no de los padres. Sin embargo, cuando una mujer se casaba, se unía a la familia de su esposo. Para compensar la pérdida, su familia recibía regalos: vestimenta, herramientas de metal, ganado o cabras de parte de la familia del esposo.

Todas las familias valoraban a sus hijos en gran medida. Los veían como un vínculo entre el pasado y el futuro. Algunos pueblos, como los Yoruba en lo que hoy es Nigeria, creían que un ancestro podía volver a nacer en un hijo. También

NATIONAL GEOGRAPHIC

Las migraciones de los bantú

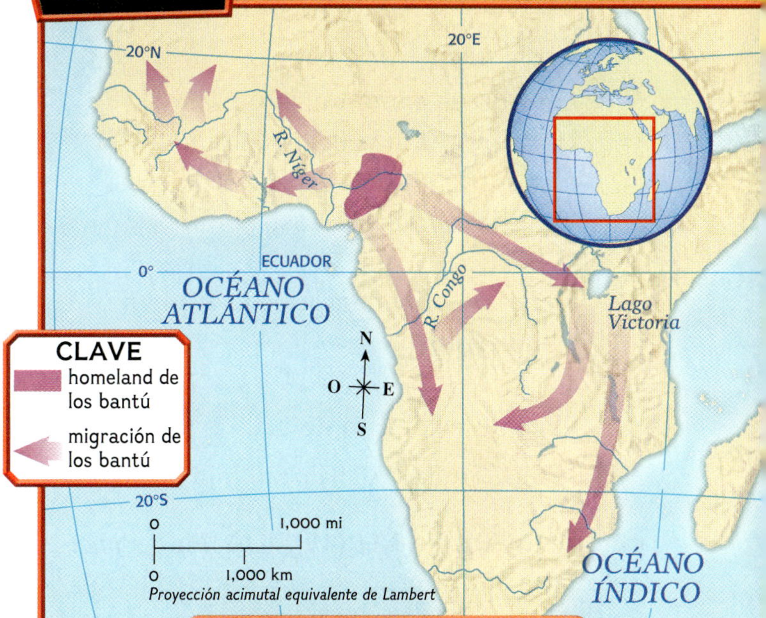

Uso de las habilidades geográficas

Los bantú dejaron su tierra natal alrededor del 3000 a.C.

1. ¿A lo largo de qué río viajó el pueblo bantú cuando migraron hacia el oeste?
2. ¿De qué manera afectó la migración bantú a las culturas de todo el sur de África?

▲ **Esta escena muestra una familia del Congo trabajando.**
¿Qué era una familia extensa?

sabían que los niños garantizaban que la familia continuaría. Al alabar a los niños, un poeta Yoruba escribió:

> **“Un hijo es como un raro pájaro.**
> **Un hijo es tan precioso como**
> **el coral.**
> **Un hijo es tan precioso como**
> **el bronce.**
> **No es posible comprar un hijo en**
> **el mercado.**
> **. . . . .**
> **Un hijo es el hijo de uno”.**
>
> **—Yoruba, “Alabanza al hijo”**

La educación y la comunidad En las aldeas de África, la educación era brindada por la familia y por los demás miembros de la aldea. Los niños aprendían la historia de su pueblo y las destrezas que necesitarían de adultos.

En África del oeste, los relatores de tradiciones orales ayudaban con la educación. Mantenían viva la **historia oral:** los relatos que se pasan de generación en generación. Muchos relatos incluían una lección sobre la vida. Las lecciones también se dictaban a través de cortos proverbios. Un proverbio bantú decía: “Un buen hecho hará un buen vecino”. Los abuelos y los habitantes de edad avanzada también mantenían vivas las historias orales.

El papel de la mujer Como en la mayoría de las sociedades medievales, las mujeres de África actuaban como esposas y madres la mayor parte del tiempo. Los hombres tenían más derechos y controlaban mucho de lo que hacían las mujeres. Sin embargo, quienes visitaban a África veían excepciones. Los exploradores europeos se sorprendían de saber que las mujeres actuaban como soldados en algunos reinos africanos.

Las mujeres africanas también ganaron su fama como gobernantes. En el siglo VII d.C., la reina **Dahia al-Kahina** condujo la lucha contra la invasión de los musulmanes a su reino, ubicado en lo que hoy sería Mauritania. Otra gobernante fue la reina **Nzinga,** quien gobernó los territorios de lo que hoy serían Angola y Congo. Ella pasó casi 40 años luchando contra los comerciantes de esclavos portugueses.

✓ Comprobación de lectura **Explicación** ¿Cómo se organizaban las familias bantú?

Biografía

REINA NZINGA

c. 1582–1663

Líder guerrero de Angola

Esclavos africanos llevados a las Américas en un barco.

Resultaba raro, en el siglo XVII, que las mujeres tuvieran participación activa en la política, pero una mujer africana, la reina Nzinga de Matamba, fue conocida por su liderazgo militar y sus habilidades políticas. Nzinga era la hija del rey del pueblo de Ndongo. Los Ndongo vivían en el suroeste de África en lo que hoy se denomina Angola. Nzinga aprendió con rapidez sobre arquería y caza. Era inteligente y una atleta natural. El padre de Nzinga no tomó a su hija en cuenta. Estaba demasiado ocupado defendiendo a su reino de los portugueses que deseaban comprar esclavos africanos y enviarlos fuera del país.

Aunque era mujer, Nzinga sabía que podía ser una poderosa líder. No quería aprender el lenguaje del enemigo, pero pronto comprendió que la beneficiaría. Le pidió a un sacerdote cautivo que le enseñara portugués.

En 1623, Nzinga se convirtió en reina. Declaró a todo el territorio como territorio libre y prometió que todos los esclavos africanos que llegaran al reino serían liberados. Durante casi 30 años, condujo a su pueblo en batallas contra los portugueses. Se alió a otros reinos africanos para sellar las rutas de comercio utilizadas para enviar esclavos africanos fuera del país. En 1662 negoció un acuerdo de paz con los portugueses. Murió el año siguiente a la edad de 81 años.

Los portugueses construyeron el Castillo de Elmira en la costa de Ghana para alojar a los esclavos africanos antes de enviarlos fuera del país.

Entonces y ahora

Investiga para encontrar el nombre de una líder femenina de la actualidad. Compara sus habilidades de liderazgo con las de la reina Nzinga.

La esclavitud

Idea principal **El comercio de esclavos africanos cambió en gran medida cuando los musulmanes y los europeos comenzaron a tomar cautivos del continente.**

Enfoque en la lectura ¿Sabías que hubo un tiempo en la historia de Estados Unidos en que personas de origen africano eran esclavizados? Lee para aprender sobre la esclavitud en la sociedad africana y el inicio del comercio europeo de esclavos.

En 1441 un capitán portugués navegó hasta la costa occidental de África. Su objetivo era llevar los primeros cautivos africanos a Portugal. Durante el viaje, el capitán y sus nueve marineros tomaron a 12 hombres, mujeres y niños africanos. El barco inició entonces su rumbo hacia Portugal. Estos cautivos representaban sólo una pequeña parte del comercio de esclavos que crecería a millones.

La esclavitud dentro de África Los europeos no inventaron la esclavitud. Hacía mucho tiempo que existía en todo el mundo. En África, los jefes bantú saqueaban las aldeas cercanas en búsqueda de cautivos. Éstos se convertían en trabajadores o se ponían en libertad a cambio de un pago.

Los africanos también esclavizaban a los criminales y a los enemigos tomados durante la guerra. Estos esclavos africanos formaron parte del comercio del Sahara. Sin embargo, mientras los africanos permanecieran en África, todavía existía la esperanza de escapar. Los esclavos africanos también podían ganar su libertad a través del trabajo duro o casándose con una persona libre.

El comercio de seres humanos también creció a medida que aumentaba el comercio con los mercaderes musulmanes. El Corán prohibía la esclavización de musulmanes. Sin embargo, los musulmanes podían esclavizar a los no musulmanes. Por lo tanto, los comerciantes árabes comenzaron a cambiar caballos, algodón y otros productos por los africanos no musulmanes esclavizados.

Cuando los europeos llegaron a África del oeste, se abrió un nuevo mercado para los africanos esclavizados. Los africanos armados

▲ **En un barco de esclavos, los cautivos viajaban en la oscuridad, amontonados en la bodega de la nave.** ***¿Por qué se utilizaba a los esclavos africanos en las plantaciones portuguesas?***

con armas europeas comenzaron a asolar aldeas para tomar cautivos para su venta.

El comercio europeo de esclavos En 1444, un barco portugués ancló en un puerto de Portugal. Los marineros descargaron la carga: 235 esclavos africanos. Lágrimas caían por los rostros de algunos. Otros clamaban por ayuda. Un oficial portugués describía esta escena:

> **"Para aumentar aún más su sufrimiento, (. . .) ¿era necesario separar padres de hijos, esposos de esposas, hermanos entre sí?"**
>
> —**Gomes Eannes de Zurara, según se cita en *El comercio de esclavos***

Poco más de tres años habían transcurrido desde la llegada de los primeros cautivos a Portugal. Algunos mercaderes que esperaban vender el oro traído de África ahora vendían seres humanos. En un principio, la mayoría de los esclavos africanos permanecían en Portugal, como trabajadores. Esto cambió cuando los portugueses se establecieron en las islas atlánticas de Madeira, Azores y Cabo Verde. Allí, el clima era perfecto para el cultivo del algodón, uvas y caña de azúcar en plantaciones o grandes estancias.

La cosecha de la caña de azúcar era una ardua labor. Los granjeros no podían pagar salarios elevados para conseguir trabajadores, de modo que utilizaban esclavos africanos. Muchos africanos tenían conocimientos sobre la agricultura y ganadería y la capacidad de fabricar herramientas. Los esclavos no recibían salario y su mantenimiento (comida y albergue) era económico. Hacia el año 1500, Portugal se convirtió en el principal proveedor mundial de azúcar.

El resto de Europa siguió el ejemplo de Portugal. A fines del siglo XV, los europeos llegaron a las Américas. Establecieron plantaciones de azúcar y trajeron a los esclavos africanos a través del océano Atlántico para trabajar los campos. También utilizaron esclavos para el cultivo del tabaco, arroz y algodón.

Comprobación de lectura **Análisis** ¿De qué manera cambió la exploración el comercio de esclavos africanos?

NATIONAL GEOGRAPHIC El comercio de esclavos *c. 1450–1800*

▲ Estatua de africana occidental de un soldado portugués

Uso de las habilidades geográficas

Mucho antes de que los esclavos africanos fueran enviados a las Américas, se comerciaban dentro de África y con los países musulmanes.

1. ¿Desde qué zona de África provenía la mayoría de los cautivos?
2. ¿A qué zonas de las Américas se enviaba a los esclavos?

Cómo eran las cosas

Enfoque en la vida cotidiana

Tela *Kente* *Kente* es el nombre de una tela hilada y de colores llamativos. Su nombre proviene de una palabra que significa "canasta". Los primeros tejedores eran hombres en su mayoría. Utilizaban fibras para fabricar una tela que se asemejaba al diseño de las canastas. Las franjas se cosían entre sí para formar patrones coloridos. Los jefes tribales utilizaban el *kente* y aun hoy es muy popular. El siguiente relato folklórico africano sobre la tela *kente* ha pasado de generación en generación.

Un día dos amigos caminaban a través de una selva tropical y vieron una araña que tejía su tela. Tomaron la telaraña para mostrarla a sus amigos y familiares. Se disgustaron mucho cuando observaron que la telaraña se deshacía en sus manos. Volvieron al día siguiente para observar y aprender a medida que la araña danzando tejía y tendía otra red. Los amigos llevaron lo que recién habían aprendido a sus casas y fabricaron una tela colorida a la que llamaron *kente*.

Mujeres africanas vistiendo *kente* ▶

Conexión con el pasado

1. ¿Por qué sugiere la leyenda que los africanos aprendieron a tejer la tela *kente* estudiando una araña?
2. ¿Por qué crees que los primeros tejedores de *kente* eran hombres en su mayoría?

La cultura africana

Idea principal **Los esclavos africanos desarrollaron ricas culturas que influyeron muchas otras culturas, inclusive la nuestra.**

Enfoque de la lectura ¿Tienes alguna tradición que se ha practicado en tu familia por mucho tiempo? Lee para aprender de qué manera los africanos llevaron su cultura con ellos cuando fueron esclavizados y enviados fuera de sus tierras.

"Prácticamente somos una nación de bailarines, músicos y poetas", declaraba Olaudah Equiano al describir al pueblo igbo de África del oeste. También podría haber agregado artistas, tejedores, talladores de madera y herreros. Los pueblos africanos como los igbo se destacaban en muchas formas del arte.

Cuando los comerciantes de esclavos capturaban a africanos como Equiano y los sacaban de su tierra natal, también desterraban sus culturas. Los africanos llevaban sus culturas con ellos a lo que se comenzó a conocer como la diáspora africana, es decir, la diseminación de los habitantes y la cultura africanos por el mundo.

La gente de ascendencia africana guardaba los recuerdos de sus culturas y los pasaba de generación en generación. Es posible ver y escuchar la herencia de África en Estados Unidos hoy, no sólo en los rostros y las voces de los descendientes de africanos sino en la contribución a nuestra cultura.

El arte africano Las pinturas en las cavernas son la primera forma de arte africano que conocemos. Muestran gente cazando animales, danzando y realizando actividades diarias. Como en otras partes del mundo, el arte y la religión africanos se desarrollaron al mismo tiempo. Las primeras pinturas africanas en cavernas, así como el arte posterior, casi siempre tenían algún significado o uso religioso. Los talladores de madera realizaban máscaras y estatuas, por ejemplo, para celebrar las creencias religiosas africanas. Cada pieza de madera tallada capturaba parte del mundo espiritual.

Las piezas de arte africano también contaban historias y tenían fines prácticos. Los artistas que trabajaban la madera, el marfil o el bronce mostraban los rostros de líderes importantes, gente común y, más tarde, de los exploradores y comerciantes europeos. Los tejedores diseñaban ropas similares a las que se usan hoy. Posiblemente hayas visto el kente (tela) de colores llamativos del oeste de África. Muchas personas lo usan en la actualidad.

La música y la danza La música tuvo su importancia en casi todos los aspectos de la vida africana. Los habitantes la utilizaban para expresar sentimientos religiosos o para realizar cualquier tarea diaria, como sembrar un campo.

En muchas canciones africanas, un cantante entona una línea, luego otros la repiten. Los instrumentos musicales, por ejemplo, los tambores, cuernos, flautas o banjos, se utilizaban para llevar el ritmo.

Los africanos creían que la danza permitía que los espíritus se expresaran por sí mismos. De modo que la utilizaban para celebrar eventos importantes, tales como el nacimiento y la muerte. Casi todos danzaban. Filas de hombres y mujeres se movían y daban palmadas. Los bailarines individuales saltaban y daban vueltas. Como fondo, los tamborileros roporcionaban el ritmo.

Los esclavos africanos a veces confiaban en que la música les recordaría su tierra natal. Con el tiempo, las canciones de penurias y fortaleza evolucionaron en un tipo de música que hoy conocemos como blues. Las canciones de fe religiosa y esperanza de libertad se convirtieron en canciones espirituales o gospel. Con el tiempo,

Enlaces entre el pasado y el presente

La música africana

ENTONCES La música tradicional africana proviene de muchos sonidos y ritmos diferentes. Cada cultura de África contribuyó a su desarrollo. Algunos utilizaban tambores. Otros utilizaban instrumentos de viento y de cuerdas. Muchos imitaban la naturaleza con su voz y sus danzas. La música africana pasaba de generación en generación.

▼ Músicos modernos

▲ Músicos tradicionales africanos

AHORA La música tradicional africana influyó en el rap, hip-hop, pop y en la música del rock. El uso de tambores y de un ritmo constante proviene de la música de las tribus africanas. ***¿Puedes nombrar grupos actuales o artista que hayan recibido el impacto del estilo musical africano?***

◀ **Los relatores africanos aún comparten historias y lecciones sobre sus ancestros.** ***¿Sobre qué trataban las historias tradicionales africanas?***

se desarrollaron también otras formas de música con base africana, por ejemplo: el ragtime, jazz, rock and roll y más recientemente el rap.

Los relatos Los africanos también mantuvieron viva la tradición de contar historias. Unos pocos esclavos africanos escaparon y pudieron registrar sus historias. Otros repetían las historias en voz alta. Aquellos que las escuchaban las repetían. También repetían historias que los narradores africanos les habían enseñado en su tierra natal. Las historias populares que a menudo se contaban eran sobre cómo pequeños animales, por ejemplo, tortugas y ratones, eran más inteligentes que los animales mayores.

En tiempos más recientes, algunos afroamericanos han renovado sus lazos con el pasado tomando nombres africanos o dándoselos a sus hijos. Esto ayuda a mantener viva la historia y cultura africana.

✓ Comprobación de lectura **Explicación** ¿Por qué utilizaban los africanos la danza para celebrar eventos importantes?

Historia en línea

Centro de estudios ¿Necesitas ayuda con el material de esta sección? Visita jat.glencoe.com

Repaso de la sección 3

Resumen de la lectura

Repaso de Ideas principales

- Muchos africanos al sur del Sahara vivían en pequeñas aldeas. La familia era muy importante y las mujeres tenían menos derechos que los hombres.
- Los africanos habían tomado esclavos mucho antes de que comenzara el comercio de cautivos con los musulmanes y los europeos.
- A medida que se capturaban esclavos africanos y se trasladaban a otros lugares, la cultura, incluido el arte, la música y la tradición oral, se difundió por el mundo.

¿Qué aprendiste?

1. ¿Qué fue la diáspora africana?
2. ¿Cuál fue la primera forma de arte africano conocida? Describe a algunos de los personajes que se representaban en el arte.

Pensamiento crítico

3. **Organización de la información** Dibuja un diagrama como el siguiente. Completa con detalles sobre la música y la danza africana.

4. **Comparación** ¿Cómo se relacionaban el arte y la religión africanos?
5. **Identificación** ¿Cuál fue el mayor logro de la reina Dahia al-Kahina?
6. **Inferencias** ¿Por qué crees que a algunos africanos les gustaban los relatos en los que los animales pequeños eran más inteligentes que los animales más grandes?
7. **Redacción persuasiva** Los dueños de las plantaciones portuguesas dependían de su mano de obra esclava para que los ayudara en el cultivo de la caña de azúcar. Imagina que tienes un miembro de tu familia esclavizado en una plantación. Escribe una carta al dueño de la plantación explicando por qué esta práctica es inaceptable.

Capítulo 13 Repaso de lectura

Sección 1 El surgimiento de las civilizaciones africanas

Vocabulario
meseta
griot
dawa

Enfoque en Ideas principales

- África presenta un paisaje vasto y variado. ***(página 445)***
- Los imperios africanos del oeste se hicieron ricos con el comercio. ***(página 447)***
- Las selvas tropicales de África evitaban el acceso de los invasores y proporcionaban recursos. ***(página 450)***
- Los reinos y estados africanos del este se convirtieron en centros de comercio y de nuevas ideas. ***(página 451)***

Sección 2 El gobierno y la religión de África

Vocabulario
clan
sultán
suahilí

Enfoque en Ideas principales

- El crecimiento de los imperios de África del oeste condujo al crecimiento de los gobiernos centralizados regidos por los reyes. ***(página 461)***
- Las religiones tradicionales africanas compartían ciertas creencias y servían de guía para la vida en comunidad. ***(página 463)***
- El Islam jugó un papel importante en África medieval, pero las antiguas creencias y costumbres africanas siguieron siendo fuertes. ***(página 464)***

Sección 3 La sociedad y cultura de África

Vocabulario
extensa familia
línea materna
historia oral

Enfoque en Ideas principales

- Las migraciones de los bantú ayudaron a dar forma a muchas de las culturas del África al sur del Sahara. ***(página 469)***
- El comercio de esclavos africanos cambió en gran medida cuando los musulmanes y los europeos comenzaron a tomar cautivos del continente. ***(página 472)***
- Los esclavos africanos desarrollaron ricas culturas que influyeron muchas otras culturas, inclusive la nuestra. ***(página 474)***

▲ La vida familiar en el Congo

Capítulo 13 Evaluación y actividades

Repaso del vocabulario

Escribe *Verdadero* al lado de cada una de las afirmaciones que sea verdadera. Reemplaza la palabra en cursiva para que las afirmaciones falsas se conviertan en verdaderas.

___ 1. Los botes de madera llamados *griots* tenían velas triangulares que les permitían utilizar el viento para navegar.

___ 2. Un área de tierras altas y llanas es una *meseta.*

___ 3. Cada uno de los distritos de Ghana generalmente incluía el *clan* de un jefe.

___ 4. Los *dawas* africanos son contadores de historias.

___ 5. Las sociedades *de línea materna* rastrean a sus descendientes por sus madres.

___ 6. La cultura y el idioma *suahilí* siguen existiendo hoy en día en África.

Repaso de las ideas principales

Sección 1 • El surgimiento de las civilizaciones africanas

7. ¿Cuáles eran las ventajas de vivir en las selvas tropicales de África?
8. ¿Por qué son importantes los reinos y estados de África del oeste?

Sección 2 • El gobierno y la religión de África

9. ¿Cómo era el gobierno de los imperios de África del oeste?
10. Describe las creencias religiosas del África medieval.

Sección 3 • La sociedad y cultura de África

11. ¿Cuál fue el resultado de las migraciones bantu?
12. ¿Qué cambios se produjeron en la esclavitud en África medieval?

Pensamiento crítico

13. **Predicción** ¿Qué piensas que habría ocurrido en Ghana si se les hubiera permitido a las personas comerciar con pepitas de oro en lugar de comerciar con oro en polvo?
14. **Explicación** ¿Qué fue lo que provocó la decadencia de Ghana y Songhai?
15. **Análisis** ¿Por qué crees que el idioma bantú cambió a medida que las personas se trasladaban a distintas partes de África?

Repaso

Habilidad de lectura | Comparación y contraste

Comparaciones

16. Lee el siguiente párrafo, luego crea un diagrama de Venn que muestre las similitudes y las diferencias entre el continente africano y América del Norte.

Casi toda África, salvo las planicies costeras, se extiende sobre una meseta: un área de tierras altas y llanas. Los ríos salen de la meseta formando cascadas rápidas y sonoras, cortando las rutas de agua del interior del continente. Aunque el río Nilo es el más largo de África, el río Congo se extiende 2,700 millas (4,345 km.) a través de África, cerca del ecuador.

Para repasar estos conocimientos, consulta las páginas 442–443.

Habilidades geográficas

Estudia el mapa que figura a continuación y contesta las siguientes preguntas.

17. **Interacción del hombre con el medio ambiente** ¿Cuál fue el obstáculo que los imperios de África del oeste debieron superar para poder comerciar con las ciudades de África del norte?
18. **Ubicación** ¿En qué partes de África crees que las personas tuvieron las mejores oportunidades para comerciar por vía marítima?
19. **Movimiento** ¿Cómo crees que una mayor cantidad de rutas de agua en el interior del continente habrían cambiado las culturas de África?

NATIONAL GEOGRAPHIC

Reinos de África

Leer para escribir

20. **Redacción descriptiva** Escribe un ensayo en el que describas evidencias de la diáspora africana en tu comunidad, ciudad o estado. Toma nota de la música, danza, literatura, arte y otros aspectos culturales.
21. **Uso de tus PLEGABLES™** Usa las respuestas de tu plegable para crear un póster que muestre cómo era África en el pasado. Dibuja bosquejos, crea mapas, busca figuras de los artefactos, etc., para describir visualmente a las culturas.

Historia en línea

Prueba de autocomprobación Para ayudarte a preparar para el examen de este capítulo, visita jat.glencoe.com

Uso de tecnología

22. **Presentación en multimedia** Elige un país africano actual para realizar una investigación. Usa la Internet para buscar información acerca de ese país, desde la antigüedad hasta la actualidad. Luego crea una presentación en multimedia sobre ese país, incluyendo imágenes y una cronología (línea temporal) de los acontecimientos importantes que se produjeron en la historia del país. Asegúrate de incluir aspectos de la cultura, los recursos naturales y el gobierno.

Enlaces entre el pasado y el presente

23. **Redacción narrativa** Aunque las personas registran muchas cosas en papel o en una computadora, a menudo cuentan historias acerca de sus vidas en forma de historias orales. Pídele a un miembro de tu familia, vecino, maestro u otra persona adulta que te cuente una historia que le haya sido contada por otra persona de su familia. Registra esa historia oral en forma de narrativa.

Fuente principal Análisis

Este informe fue escrito por el ingeniero que fue el primero en ver las ruinas del Gran Zimbabue.

"Las ruinas son (. . .) terrazas, que se elevan continuamente desde la base hasta la cima [punto más alto] de todas las colinas. (. . .) La forma en que los antiguos habitantes parecen haber nivelado los contornos de las diversas colinas (. . .) es sorprendente, ya que parecen haber sido nivelados con tanta exactitud como la que podemos lograr hoy en día usando nuestros mejores instrumentos matemáticos".

—Telford Edwards, según se cita en *The Mystery of the Great Zimbabwe* *(El misterio del Gran Zimbabue)*

PBD Preguntas basadas en los documentos

24. ¿Qué es lo que más sorprende al ingeniero acerca del Gran Zimbabue?
25. ¿Cómo crees que los habitantes del Gran Zimbabue lograron alcanzar tanta precisión?

Capítulo 14

El Japón medieval

Templo de Kingaku en Kioto, Japón

NATIONAL GEOGRAPHIC

¿Cuándo y dónde?

300 d.C. — 700 d.C. — 1100 — 1500

- **c. 300 d.C.** Los Yayoi se organizan en clanes
- **646 d.C.** Las reformas de Taika fortalecen los poderes del emperador
- **1192** Comienza el gobierno de los shogunes
- **c. siglo XIV** Se representan las primeras obras de teatro Noh

Presentación preliminar del capítulo

Los guerreros de Japón, como los de África, eran conocidos por sus habilidades en la lucha. Los guerreros japoneses entrenaban sus cuerpos y mentes para la batalla. Lee este capítulo para conocer sus métodos de entrenamiento y cómo se utilizan en la actualidad.

Mira el video del capítulo 14 en el Programa de Video *World History: Journey Across Time*.

Historia en línea

Descripción general del capítulo Visita jat.glencoe.com para ver la presentación preliminar del capítulo 14.

Sección 1 El antiguo Japón

Las islas y montañas de Japón han determinado su historia. Los japoneses desarrollaron su propia cultura singular, pero tuvieron a China como modelo.

Sección 2 Los shogunes y los samurais

Los emperadores de Japón perdieron poder ante los líderes militares. Las familias de los guerreros y sus seguidores luchaban entre sí por el control de Japón.

Sección 3 La vida en el Japón medieval

Las religiones sintoísta y budista dieron forma a la cultura del Japón. Los campesinos, artesanos y mercaderes enriquecieron al Japón.

PLEGABLES™ Organizador de estudios

Organización de la información *Haz este plegable para que te ayude a organizar la información sobre la historia y la cultura del Japón medieval.*

Paso 1 *Marcar el punto medio en el borde lateral de una hoja de papel.*

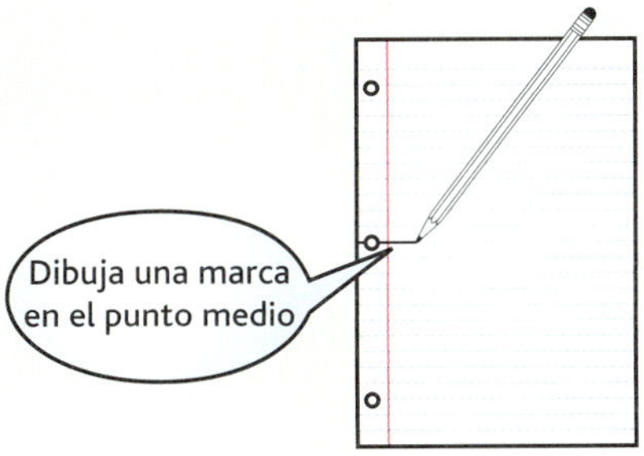

Paso 2 *Doblar el papel y pliega cada borde externo hasta el punto medio. Rotularlo según se muestra.*

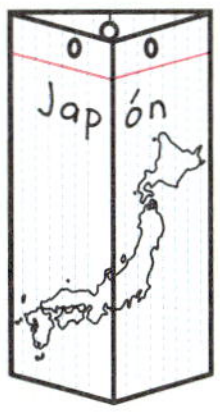

Paso 3 *Abrir y rotular el plegable según se muestra.*

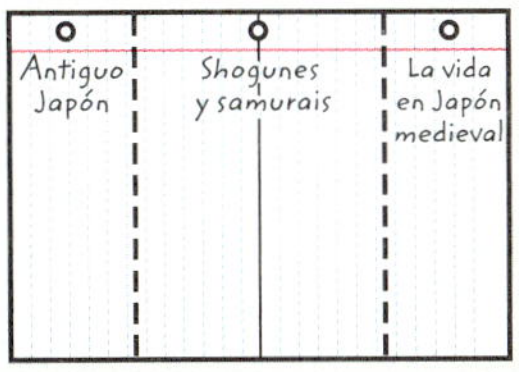

Lectura y redacción
A medida que leas el capítulo, organiza tus notas escribiendo las ideas principales con los detalles de respaldo bajo cada solapa correspondiente.

Capítulo 14

Lectura en estudios sociales

Habilidad de lectura

Causa y efecto

1 ¡Apréndelo!

Identificación de causa y efecto

Aprender a identificar las causas (razones) y efectos (resultados) te ayudará a comprender cómo y por qué suceden las cosas en la historia. Lee el siguiente pasaje y piensa sobre el resultado (efecto) de que Japón tenga montañas. Entonces verás cómo es posible obtener información y colocarla en un organizador gráfico.

Causa

Debido a las montañas de Japón, sólo el 20 por ciento de su territorio puede cultivarse. A lo largo de la historia de Japón, los ejércitos locales a menudo lucharon por unas pocas parcelas de tierra fértil cultivable. Tal como sucedió en la antigua Grecia, el terreno escarpado obligó a muchos japoneses a recurrir al mar como medio de vida.

—de la página 485

Efectos

Habilidad de lectura

Encuentra diferentes maneras de organizar la información a medida que lees. Crea organizadores gráficos que se adecuen a tu propio estilo de aprendizaje para que te ayuden a comprender lo que estás leyendo.

Causa: las montañas de Japón	**Efecto:** la tierra no podía cultivarse
	Efecto: los ejércitos luchaban por tierra fértil
	Efecto: los japoneses pescaban para ganarse la vida

2 ¡Practícalo!

Uso de los organizadores gráficos

Lee el siguiente párrafo y utiliza el organizador gráfico siguiente o crea el tuyo propio para mostrar los efectos del cruel gobierno de Yoritomo.

Leer para escribir

Después de leer la Sección 2, escribe un párrafo que resuma las razones de la decadencia del poder del emperador de Japón durante el siglo IX d.C.

> Yoritomo resultó ser un cruel gobernante. Asesinó a la mayoría de sus parientes, temiendo que trataran de quitarle el poder. Yoritomo y los shogunes que le siguieron designaron a los samurais de las categorías superiores para que se desempeñaran como asesores y para gobernar las provincias. Comprometidos por un juramento de lealtad, estos señores samurai gobernaron las aldeas de Japón, preservaron la paz y cobraron impuestos. Se convirtieron en el grupo superior de la sociedad japonesa.
>
> *—de la página 495*

Causa:	→	Efecto:
	→	Efecto:
	→	Efecto:

3 ¡Aplícalo!

A medida que leas el capítulo 14, presta atención a las causas y a los efectos en la historia japonesa. Encuentra por lo menos cinco causas y sus efectos y crea organizadores gráficos que los registren.

Sección 1

El antiguo Japón

¡Prepárate para leer!

¿Cuál es la relación?

Durante la Edad Media, otra civilización se desarrolló en el este de Asia. Surgió en las islas del Japón, frente a la costa de la península de Corea.

Enfoque en Ideas principales

- Las montañas e islas de Japón lo aislaron y determinaron las características de su sociedad. *(página 485)*
- Japón se pobló con habitantes provenientes del nordeste de Asia. Se organizaron en clanes gobernados por guerreros. *(página 486)*
- El príncipe Shotoku creó la primera constitución del Japón y tomó prestadas muchas ideas de China. *(página 488)*
- La religión japonesa, llamada sintoísmo, estaba basada en los espíritus de la naturaleza. *(página 490)*

Ubicación de lugares

Japón
Hokkaido
Honshu
Shikoku
Kyushu

Conoce a los personajes

Jomon
Yayoi
Jimmu
Shotoku

Desarrollo de tu vocabulario

clan
constitución
animismo
santuario

Estrategia de lectura

Organización de la información

Crea un diagrama que muestre los principios básicos de la religión sintoísta.

NATIONAL GEOGRAPHIC ¿Cuándo y dónde?

300 d.C. — 500 d.C. — 700 d.C.

c. 300 d.C. Los Yayoi se organizan en clanes

c. 550 d.C. El clan Yamoto gobierna gran parte de Japón

646 d.C. Las reformas de Taika fortalecen los poderes del emperador

La geografía de Japón

Idea principal **Las montañas e islas de Japón lo aislaron y determinaron las características de su sociedad.**

Enfoque en la lectura ¿Has estado alguna vez en un lugar sin televisión, radio ni teléfono? ¿Cómo te sentirías si no supieras qué sucede fuera de tu casa? Lee para aprender la manera en que la geografía de Japón aisló a los japoneses y determinó las características de su sociedad.

Japón es una cadena de islas que se extiende de norte a sur en el norte del Océano Pacífico. Las islas del Japón son más de 3,000 y muchas de ellas son muy pequeñas. Durante siglos la mayoría de los japoneses vivieron en las cuatro islas más grandes. **Hokkaido, Honshu, Shikoku** y **Kyushu**.

Al igual que ocurre con China, gran parte de Japón se encuentra cubierta por montañas. De hecho, las islas de Japón son en realidad las cumbres de montañas que surgen del fondo del océano. Alrededor de 188 montañas de Japón son volcanes. En Japón se producen muchos terremotos porque las islas están en una zona donde partes de la superficie terrestre se mueven con frecuencia.

Debido a las montañas de Japón, sólo el 20 por ciento de su territorio puede cultivarse. A lo largo de la historia de Japón, los ejércitos locales a menudo lucharon por unas pocas parcelas de tierra fértil cultivable. Tal como sucedió en la antigua Grecia, el terreno escarpado obligó a muchos japoneses a recurrir al mar como medio de vida. Desde ese momento, se asentaron en aldeas a lo largo de la costa y pescaban para comer. Los pescados y los mariscos siguen siendo parte importante de la dieta japonesa.

El mar que rodea las islas de Japón facilitó los movimientos de las personas que iban en barco a lo largo de la costa y de isla en isla. Alentó a los habitantes a convertirse en comerciantes, que viajaban de aldea en aldea con productos para comerciar. Sin embargo, el vasto océano que rodea a las islas de Japón mantuvo a los japoneses aislados, o separados, del resto de Asia. Como consecuencia Japón desarrolló una sociedad sumamente independiente, con su propia religión, arte, literatura y gobierno.

Comprobación de lectura **Descripción**
¿De qué manera la geografía de Japón determinó las características de su sociedad?

▼ **El Monte Fuji es un importante símbolo nacional.** ***¿De qué manera afectaron las montañas de la región a los primeros asentamientos de Japón?***

NATIONAL GEOGRAPHIC **La geografía de Japón**

Uso de las habilidades geográficas

La geografía de Japón aisló el país y ayudó a formar una cultura singular.

1. Enumera, de norte a sur, las cuatro principales islas que componen Japón.
2. ¿Qué extensión de agua separa a Japón del Asia continental?

Busca en línea mapas de NGS en www.nationalgeographic.com/maps

Los primeros pobladores

Idea principal **Japón se pobló con habitantes provenientes del nordeste de Asia. Se organizaron en clanes gobernados por guerreros.**

Enfoque en la lectura ¿Tienes muchos parientes? ¿Se reúnen todos tus parientes para hacer cosas juntos? Lee para aprender de qué forma los japoneses se organizaban en grupos compuestos por parientes.

Es probable que los primeros habitantes de Japón vinieran del nordeste de Asia entre los años 30,000 y 10,000 a.C. En aquella epoca Japón estaba unido al continente asiático por tierra. Estos primeros habitantes cazaban animales y recolectaban plantas silvestres. Utilizaban el fuego y herramientas de piedra y vivían en cuevas cavadas en el terreno.

¿Quiénes eran los Jomon? Aproximadamente en 5000 a.C. estos grupos nómades comenzaron a desarrollar una cultura. Fabricaban cerámica de arcilla utilizando cuerdas con nudos para realizar diseños sobre la superficie de la arcilla. En la actualidad esta cultura se denomina **Jomon,** que significa "marcas con cuerdas" en idioma japonés. Los arqueólogos modernos han encontrado muchas piezas de cerámica Jomon en todo Japón. Con el tiempo, los Jomon se asentaron en aldeas de pescadores a lo largo de la costa. La pesca se transformó en su forma de vida.

¿Por qué son importantes los Yayoi? La cultura Jomon duró hasta alrededor de 300 a.C. En ese tiempo un nuevo grupo de habitantes apareció en Japón. Los arqueólogos modernos llamaron a esta cultura **Yayoi,** por el lugar de Japón donde se encontraron enterrados sus artefactos por primera vez.

Los Yayoi fueron los antepasados de los japoneses. Introdujeron la agricultura en Japón y practicaron un sinnúmero de habilidades que probablemente aprendieron de los chinos y coreanos. Hacían cerámica sobre una rueda de alfarero y cultivaban arroz en arrozales. Un arrozal es un campo de arroz que se inunda cuando se planta la semilla y se drena para su cosecha.

Los Yayoi trabajaban los metales con gran habilidad. Fabricaban hachas, cuchillos y hoces de hierro, y espadas, lanzas y campanas de bronce. Las campanas se utilizaban en rituales religiosos, una práctica todavía común en el Japón actual.

Para 300 d.C. los Yayoi, o los primeros japoneses, se habían organizado en **clanes.** Un clan es un

Estatuilla femenina de la cultura Jomon (izquierda); vasija Jomon (abajo)

Campana de bronce de los Yayoi (derecha); Alfarería Yayoi (abajo)

grupo de familias relacionadas por sangre o matrimonio. Los clanes Yayoi estaban encabezados por un pequeño grupo de guerreros. Bajo el mando de los guerreros, se encontraba el resto del pueblo: campesinos, artesanos y sirvientes de los guerreros Los jefes guerreros del clan protegían al pueblo a cambio de una parte de la cosecha de arroz cada año.

Los Yayoi enterraban a sus jefes en grandes montículos conocidos como *kofun*. Hechas de tierra, estas tumbas eran cuidadosamente construidas y rodeadas por diques. Se llenaban con pertenencias personales, como cacharros de cerámica, herramientas, armas y armaduras. Muchas de estas tumbas eran tan grandes como las pirámides de Egipto. La tumba de mayor tamaño todavía existe en la actualidad. Es más larga que cinco campos de fútbol juntos y tiene por lo menos ocho pisos de alto.

¿Quiénes son los Yamato? Como muchos otros pueblos cuya sociedad comenzó en tiempos remotos, los japoneses poseen mitos o historias que cuentan el origen de las cosas. El mito más importante explicaba la creación de Japón. Cuenta que hace siglos dos dioses sumergieron una lanza en el mar. Cuando la retiraron, gotas de agua salada cayeron sobre la superficie del agua y formaron las islas de Japón. Los dos dioses entonces crearon a la diosa del sol, Amaterasu, para que gobernara la Tierra. También crearon al dios de la tormenta, Susanowo, como su compañero.

Susanowo fue enviado a la Tierra. Allí sus hijos se convirtieron en los primeros habitantes de Japón. Amaterasu envió a su nieto Ninigi para que los gobernara. Para asegurarse de que todos aceptaran su poder, le dio a Ninigi su espejo, su joya y una gran espada. Estos objetos se convirtieron en símbolos sagrados de liderazgo en los primeros tiempos de Japón.

En la actualidad los historiadores no están seguros de cuáles son los hechos reales sobre los que se basó este mito. Sin embargo, saben que durante el siglo VI d.C., un clan llamado Yamato se hizo lo suficientemente fuerte como para reunir a casi todo Japón bajo su gobierno.

▲ **La diosa del sol, Amaterasu, emerge de su cueva, llevando luz al mundo.** ***¿Qué grupo decía descender de Amaterasu?***

Los otros clanes todavía mantenían sus tierras, pero debían rendir lealtad al jefe Yamato.

Los jefes Yamato decían que eran descendientes de la diosa del sol y que, por lo tanto,tenían derecho a gobernar Japón. La leyenda japonesa dice que un líder Yamato cuyo nombre era **Jimmu** tomó el título de "emperador del cielo". Fundó una línea de gobernantes en Japón que nunca ha sido interrumpida. Akihito, que hoy es el emperador de Japón, es uno de sus descendientes.

✓ **Comprobación de lectura** **Identificación** ¿Qué saben con seguridad los historiadores sobre el ascenso de los Yamato?

Las reformas del príncipe Shotoku

Idea principal **El príncipe Shotoku creó la primera constitución del Japón y tomó prestadas muchas ideas de China.**

Enfoque en la lectura Cuando intentas algo nuevo ¿te sientes tentado a utilizar como modelo algo que otra persona ha creado? Lee para averiguar de qué manera Shotoku usó a China como modelo para sus reformas en Japón.

Alrededor del año 600 d.C., un príncipe Yamato, cuyo nombre era **Shotoku,** asumió el gobierno de Japón en representación de su tía, la emperatriz Suiko. Deseaba crear un gobierno poderoso y tomó a China como ejemplo de lo que debía hacer. Recuerda que en China, un poderoso emperador gobernaba con la ayuda de funcionarios capacitados elegidos por sus habilidades.

Para lograr este objetivo, Shotoku creó una **constitución,** o un plan de gobierno. La constitución de Shotoku le dio todo el poder al emperador, a quien debía obedecer todo el pueblo japonés. También creó una burocracia y le dio al emperador la facultad de designar a todos los funcionarios. La constitución enumeraba las normas para trabajar en el gobierno. Las normas fueron tomadas de las ideas de Confucio.

Shotoku también deseaba que Japón aprendiera de la espléndida civilización de China. Envió a funcionarios y a estudiantes a estudiar en China. Los japoneses no sólo aprendieron sobre las enseñanzas de los budistas sino que también absorbieron mucho sobre el arte, la medicina y la filosofía chinos.

Shotoku ordenó la construcción de templos y monasterios budistas en todo Japón. Uno de ellos, llamado Horyuji, todavía existe. Es el templo más antiguo de Japón y el más antiguo edificio de madera del mundo.

Después de Shotoku, otros funcionarios siguieron usando como modelo del gobierno de Japón al gobierno de China. En 646 d.C., Yamato comenzó el Taika, o Gran Cambio. Dividieron a Japón en provincias o distritos provinciales, todos gobernados por funcionarios directamente responsables ante el emperador. Además, todo el territorio de Japón quedó bajo el control del emperador.

Los líderes de los clanes pudieron dirigir a los campesinos que trabajaban la tierra pero ya no podían cobrar impuestos. En lugar de ello, los funcionarios del gobierno debían recolectar parte de las cosechas de los agricultores como impuestos para el emperador. Junto con las reformas de Shotoku, este plan creó el primer gobierno central poderoso de Japón.

Comprobación de lectura **Identificación** ¿Qué sucedió durante el Gran Cambio?

Fuente principal

La nueva constitución de Japón

Ésta es parte de la constitución creada por Shotoku.

"Debe apreciarse la armonía, y la oposición por la oposición misma debe evitarse como cuestión de principios. (. . .)

Cuando recibas una orden imperial, obedécela con reverencia. El soberano se compara con el cielo y sus súbditos con la Tierra. El cielo proporciona protección a la tierra dándole sustento, las cuatro estaciones se presentan de forma ordenada, dando sustento a todo lo que existe en la naturaleza. Si la Tierra intenta asumir las funciones del cielo, esto lo destruye todo.

Elimina tu hambriento deseo de comida y abandona tu codicia [envidia] por las posesiones materiales. Si se presenta un juicio ante ti, otórgale una sentencia definida. (. . .)

Castiga lo que sea malo y alienta lo que sea bueno".

—príncipe Shotoku,
"The Seventeen Article Constitution"
(La constitución de los diecisiete artículos)

PBD **Preguntas basadas en los documentos**

¿Con qué se compara al emperador y a sus súbditos?

Biografía

PRÍNCIPE SHOTOKU

573-621 d.C.

▲ Estatua que, según se cree, representa al príncipe Shotoku

El príncipe Shotoku nació en la poderosa familia Soga, el segundo hijo del Emperador Yomei. El nombre real de Shotoku es Umayado, que significa "el príncipe de la puerta del establo". Según la leyenda, la madre de Shotoku lo dio a luz mientras inspeccionaba los establos del emperador. Durante la niñez de Shotoku, Japón era una sociedad de clanes o grandes familias. Había luchas entre la propia familia Soga de Shotoku y la familia Mononobe, su rival. Los clanes Soga y Mononobe eran las dos familias más poderosas de Japón y cada una de ellas quería gobernarlo.

Shotoku era un niño muy inteligente que se expresaba muy bien. Aprendió acerca del budismo de uno de sus tíos abuelos. Entonces estudió con dos sacerdotes budistas y se convirtió en un devoto al budismo.

A los 20 años, se convirtió en el príncipe coronado de Japón. Las primeras enseñanzas del budismo tuvieron una gran influencia en su liderazgo. Introdujo reformas políticas y religiosas que ayudaron a construir un fuerte gobierno central en Japón siguiendo el ejemplo de China. A pedido de su tía, la emperatriz, Shotoku a menudo hablaba sobre el budismo y el proceso de iluminación. También escribió el primer libro de historia japonesa.

Cuando el príncipe Shotoku murió, los ancianos del imperio estuvieron de duelo como si hubieran perdido un querido hijo propio. Un relato escrito describe sus palabras de dolor. "El sol y la luna han perdido su brillo, el cielo y la tierra han sucumbido en ruinas: de ahora en adelante, ¿en quién depositaremos nuestra confianza?"

▲ El templo Horyuji, construido por el príncipe Shotoku

Entonces y ahora

Piensa en un líder reciente o en otra figura pública cuya muerte haya causado dolor en la gente como si fuera alguien que conocieran bien. ¿Quién es? ¿Por qué crees que la gente se identificaba con esa persona? ¿Por qué los japoneses se identificaban tanto con Shotoku?

¿Qué es el sintoísmo?

Idea principal **La religión japonesa, llamada sintoísmo, estaba basada en los espíritus de la naturaleza.**

Enfoque en la lectura En la actualidad, conocemos la importancia de proteger el medio ambiente. ¿Por qué es importante la naturaleza para nosotros? Lee para aprender por qué los primeros japoneses pensaban que la naturaleza es importante.

Sacerdotes sintoístas

Como muchos pueblos de la antigüedad, los primeros japoneses creían que todas las cosas naturales tenían vida, incluso el viento, las montañas y los ríos. Creían que todas esas cosas tenían sus propios espíritus. Esta idea se llama **animismo.** Cuando la gente necesitaba ayuda le pedía ayuda a los espíritus de la naturaleza, a quienes llamaban *kami*.

Para honrar a los *kami*, los japoneses rendían culto en **santuarios** o lugares sagrados. Allí, sacerdotes, músicos y bailarines llevaban a cabo ritos para las personas que les pedían a los dioses una buena cosecha, una esposa o un hijo o algún otro favor.

Estas primeras creencias japonesas se transformaron en la religión sintoísta. La palabra *Shinto* significa "el camino de los espíritus" y muchos japoneses todavía practican el sintoísmo hoy. Sus seguidores creen que los *kami* ayudarán sólo si una persona es pura. Muchas cosas, por ejemplo una enfermedad, causan manchas espirituales que deben limpiarse bañándose y realizando otros rituales antes de rezar.

Comprobación de lectura **Explicación** ¿De qué manera honraban los japoneses los *kami*?

Historia en línea
Centro de estudios ¿Necesitas ayuda con el material de esta sección? Visita jat.glencoe.com

Repaso de la sección 1

Resumen de la lectura

Repaso de Ideas principales

- Las islas montañosas de Japón contienen poco territorio para la agricultura, lo que hace que muchas personas recurran al mar para ganarse la vida.
- Japón se pobló con habitantes provenientes del nordeste de Asia, organizados en clanes y gobernados por guerreros.
- Mientras gobernó a Japón, el príncipe Shotoku hizo que el emperador fuera un poderoso gobernante y estableció un gobierno similar al de China.
- La primera religión del Japón, el sintoísmo, se basaba en la idea de espíritus de la naturaleza llamados *kami*.

¿Qué aprendiste?

1. ¿Qué habilidades practicaban los Yayoi que pueden haber aprendido de los chinos y de los coreanos?
2. En la religión sintoísta, ¿a qué se le rendía culto? ¿Cómo se les rendía culto?

Pensamiento crítico

3. **Información en secuencia** Traza una línea de tiempo como la que aparece aquí. Completa con las fechas y la información relacionada con los episodios de la historia japonesa desde los Jomon hasta Shotoku.

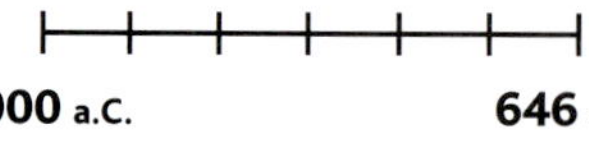

4. **Resumen** Describe la sociedad japonesa de los Yayoi alrededor del año 300 d.C.
5. **Análisis** ¿De qué forma copió Shotoku a China para mejorar Japón?
6. **Redacción explicativa** Imagina que visitas Japón en algún momento del siglo IV d.C. Escribe una carta a un amigo describiendo lo que has visto y aprendido sobre la religión sintoísta.
7. **Lectura** **Causa y efecto** Crea un organizador gráfico de causa y efecto que muestre de qué manera la geografía influyó en los comienzos del desarrollo de Japón.

Sección 2

Los shogunes y los samurais

¡Prepárate para leer!

¿Cuál es la relación?

En la sección anterior aprendiste acerca de la manera en que los líderes de Japón miraban a China como modelo de gobierno. Como has aprendido, los jefes militares a menudo tomaban áreas de China. Como podrás leer a continuación, Japón tuvo problemas similares.

Enfoque en Ideas principales

- Durante el siglo VIII d.C. Japón construyó un fuerte gobierno nacional en Nara, y el budismo se convirtió en una religión popular. *(página 492)*
- Los gobernantes militares conocidos como shogunes llegaron a dominar al gobierno civil y al emperador de Japón. *(página 493)*
- A medida que se debilitaba el poder de los shogunes, Japón se dividió en reinos en guerra conducidos por gobernantes llamados daimyos. *(página 496)*

Ubicación de lugares

Heian
Kamakura

Conoce a los personajes

Minamoto Yoritomo
Ashikaga Takauji

Desarrollo de tu vocabulario

samurai
shogún
daimyo
vasallo
feudalismo

Estrategia de lectura

Demostración de las relaciones

Dibuja un diagrama que muestre las relaciones entre los daimyo y los samurais.

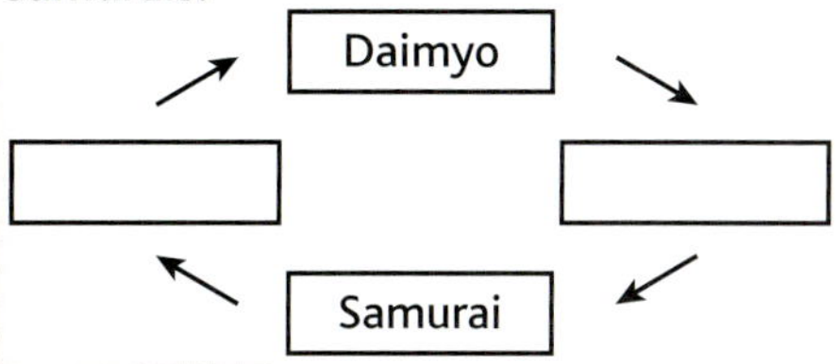

NATIONAL GEOGRAPHIC ¿Cuándo y dónde?

700 d.C. — **1100** — **1500**

- **794 d.C.** La capital de Japón se trasladó a Heian
- **1192** Los shogunes comienzan a gobernar
- **1477** Finaliza la guerra civil en Japón

Japón Nara

Idea principal **Durante el siglo VIII d.C. Japón construyó un fuerte gobierno nacional en Nara, y el budismo se convirtió en una religión popular.**

Enfoque en la lectura ¿Conoces a alguien que haya sido contratado para un trabajo porque era amigo del jefe o porque el jefe conocía a su familia? Lee para aprender de qué manera el emperador de Japón elegía las personas para puestos del gobierno.

A principios del siglo VIII d.C. los emperadores de Japón construyeron una nueva ciudad capital llamada Nara. Durante los siguientes 100 años, Nara fue el centro del gobierno y de la religión de Japón. Debido a la importancia de Nara, la historia de Japón durante el siglo VIII d.C. se denomina el período Nara.

La ciudad de Nara se parecía mucho a la capital china de Changan, sólo que era más pequeña. Tenía amplias calles, grandes plazas públicas, oficinas gubernamentales, templos budistas y lugares sagrados sintoístas. Los nobles y sus familias vivían en grandes casas de estilo chino. La típica casa de un noble tenía paredes de madera, un pesado techo de tejas y pisos de madera pulida. También incluía un jardín interno.

▲ Construido a principios del siglo VII d.C., el templo Horyuji en Nara, Japón, es la construcción de madera más antigua del mundo.

El gobierno del emperador En Nara, los emperadores japoneses se sumaron a los cambios iniciados por el príncipe Shotoku. Organizaron a las autoridades del gobierno en categorías o niveles de importancia de mayor a menor. Sin embargo, a diferencia de China, Japón no tomó exámenes para contratar a las autoridades. En cambio, el emperador otorgó los puestos a los nobles de familias poderosas. Una vez que se designaba a alguien para un puesto, podía traspasar su puesto a su hijo o sus parientes. Por sus servicios, las autoridades gubernamentales más importantes recibían grandes granjas. También se le adjudicaban granjeros para trabajar la tierra.

El poder del emperador provenía de su control de la tierra y de sus cultivos. Para medir la riqueza de Japón, el gobierno realizaba un censo. Contaba a todos los habitantes del país. El censo también confeccionaba listas de las tierras en las que los habitantes vivían y trabajaban. De acuerdo con los resultados del censo, los habitantes que tenían tierras del emperador debían pagar impuestos en arroz o telas de seda. Los hombres que el censo contaba debían servir en el ejército.

El budismo se difunde en Japón Al mismo tiempo que el gobierno del emperador se fortalecía, el budismo se hacía popular en Japón. El budismo llegó a Japón desde Corea en el siglo VI d.C. Las autoridades del gobierno japonés y los nobles fueron los primeros en aceptar la nueva religión. Luego, durante los siglos VII d.C. VIII d.C., el budismo se difundió con rapidez entre la gente común. Pronto se convirtió en la principal religión del Japón y jugó un papel importante en el gobierno y en la sociedad.

A medida que el budismo se hacía más poderoso, los nobles que no eran budistas comenzaron a oponerse a la religión. Pronto aquéllos que respaldaban al budismo y aquéllos que se le oponían luchaban por el control del

En el interior del templo Todaji se encuentra la estatua de Buda más grande del Japón. Construido de cobre y oro, pesa 250 toneladas y mide casi 50 pies de altura.

El templo de Todaji fue el primero construido en el año 752 d.C. con el fin de ser el templo principal del budismo en Japón. Es la estructura de madera más grande del mundo. Fue reconstruido en 1692.

gobierno. En el 770 d.C. un monje budista que servía al gobierno trató de tomar el trono y coronarse emperador. Fue detenido por la familia del emperador y los principales nobles.

Asustado por este episodio, el emperador y su familia se apartaron del budismo por un corto tiempo. ¿Recuerdas de qué manera el gobierno de China atacó los monasterios budistas cuando se convirtieron en poderosos? En Japón, en lugar de atacar a los budistas, el emperador sencillamente decidió dejar Nara y a sus muchos monjes budistas.

Comprobación de lectura **Contraste** ¿En qué se diferenciaba el sistema japonés de contratación de autoridades del sistema chino?

El surgimiento de los shogunes

Idea principal **Los gobernantes militares conocidos como shogunes llegaron a dominar al gobierno civil y al emperador de Japón.**

Enfoque en la lectura Cada líder hacía ciertas promesas al pueblo a cambio de su apoyo. En los Estados Unidos ¿qué prometen los políticos con el fin de ganar votos? Lee para aprender de qué manera los nobles de Japón aumentaron su poder otorgando tierras a cambio del apoyo del pueblo.

En el 794 d.C. el emperador Kammu de Japón comenzó a construir una nueva ciudad capital llamada **Heian.** Esta ciudad se conoció más tarde como Kioto. Al igual que Nara, Heian siguió el modelo de la ciudad china de Changan. Fue la capital oficial de Japón por más de 1000 años.

El gobierno se debilita Durante el siglo IX d.C. el poder del emperador disminuyó. ¿Por qué sucedió esto? Después de un período de poderosos emperadores, un número de débiles emperadores llegó al trono. Muchos de ellos eran sólo niños y las autoridades de la corte conocidas como regentes debían gobernar por ellos. Un regente es una persona que gobierna por un emperador que es demasiado joven o está demasiado enfermo para ejercer el poder. Sin embargo, cuando los emperadores crecieron, los regentes se negaron a dejar el poder.

La mayoría de los regentes provenían de un clan llamado Fujiwara. Bajo los Fujiwara, los emperadores de Japón recibían honores, pero ya no tenían el poder real. En lugar de gobernar, estos emperadores pasaban el tiempo estudiando budismo o escribiendo poesía en su palacio de Heian.

Historia en línea

Actividad en línea Visita jat.glencoe.com y haz clic en *Chapter 14—Student Web Activity* para aprender más sobre el Japón medieval.

A medida que los Fujiwara se enriquecían y adquirían poder en Heian, otros nobles poderosos ganaron el control de gran parte del territorio de las provincias de Japón. Esto sucedió porque el gobierno le dio a los nobles tierras como forma de retribuirles su trabajo. Al mismo tiempo, se establecieron nuevos territorios a medida que el imperio de Japón se expandía. Los nobles que asentaban campesinos en dichas tierras podían quedarse con los territorios.

Para mantener felices a los nobles, el gobierno les permitió dejar de pagar impuestos, pero los ponía a cargo de gobernar las tierras bajo su control. A fin de gobernar sus tierras, los nobles comenzaron a cobrar más impuestos a los campesinos que trabajaban las tierras.

El casco del samurai era decorado individualmente.
Un samurai normalmente portaba dos espadas. La más larga se llamaba *katana* y la más corta era la *wakizashi*.
La *naginata* era una hoja montada en un mango largo. Se utilizaba contra la caballería.
La armadura era de placas de metal o de cuero, pintada de manera vistosa, y entrelazada con seda o cuero.

▲ **En un principio, la mayoría de los samurais luchaban a caballo. Más tarde eran soldados a pie que luchaban con una gran variedad de armas.** ***¿Cómo se llamaba el código de conducta del samurai?***

¿Quiénes eran los samurais? Para proteger sus tierras y hacer cumplir la ley, los nobles formaron ejércitos privados. Para crear estos ejércitos, les dieron tierras a los guerreros que acordaban luchar para ellos. Estos guerreros se hicieron conocidos como **samurais**.

En la batalla el samurai luchaba a lomo de caballo con espadas, dagas y arcos y flechas. Vestían armaduras hechas de cuero o escamas de metal unidas por cuerdas de seda. Sus cascos tenían cuernos o crestas y vestían máscaras diseñadas para provocar terror.

La palabra *samurai* significa "el que sirve". El samurai vivía de acuerdo con un estricto código de conducta. Se denominaba Bushido, o "el estilo del guerrero". Este código requería que el samurai fuera leal a su amo, así como osado, valiente y honorable. Se suponía que los samurais no se preocupaban por la riqueza. Consideraban a los mercaderes como faltos de honor.

Apegados a estos principios, un samurai prefería morir en batalla que traicionar a su señor. Además, no quería sufrir la desgracia de ser capturado en batalla. El sentido de la lealtad que distinguía al samurai continuó en los tiempos modernos. Durante la Segunda Guerra Mundial muchos soldados japoneses lucharon hasta la muerte para no aceptar la derrota o la captura. Desde tal conflicto, los japoneses se han apartado de las creencias militares del samurai.

¿Qué es un shogún? A principios del siglo XII, las familias japonesas más poderosas habían comenzado a luchar entre sí utilizando sus ejércitos de samurai. Luchaban por territorios y para tener control sobre el emperador y su gobierno. En 1180 comenzó la guerra de Gempei. La guerra de Gempei fue una guerra civil entre los dos clanes más poderosos: la familia Taira y la familia Minamoto. En 1185 las fuerzas de Minamoto derrotaron a los Taira en una batalla en el mar cerca de la isla de Shikoku.

El líder de los Minamoto era un hombre llamado **Minamoto Yoritomo.** (En japonés el apellido de una persona se pone primero, seguido del nombre personal.) Yoritomo era el comandante de los ejércitos Minamoto. Después de que Yoritomo ganara la guerra de Gempei, el emperador se preocupó porque la familia Minamoto tratara de reemplazar a la familia Yamato como gobernantes de Japón. Decidió que sería mejor recompensar a los Yoritomo para mantenerlos leales.

En 1192 el emperador le otorgó a Yoritomo el título de **shogún:** comandante de todas las fuerzas militares del emperador. Esta decisión generó dos gobiernos en Japón. El emperador permanecía en su palacio de Heian con su burocracia. Oficialmente todavía era la cabeza del país, pero no tenía poder. Mientras tanto, el shogún estableció su propio gobierno en sus cuarteles de **Kamakura,** un pequeño pueblo sobre el mar. Se conoció a este gobierno militar como shogunato. Una serie de shogunes rigieron el gobierno de Japón durante los siguientes 700 años.

Yoritomo resultó ser un cruel gobernante. Asesinó a la mayoría de sus parientes, temiendo que trataran de quitarle el poder. Yoritomo y los shogunes que le siguieron designaron a los samurais de las categorías superiores para que se desempeñaran como asesores y para gobernar las provincias. Comprometidos por un juramento de lealtad, estos señores samurai gobernaron las aldeas de Japón, preservaron la paz y cobraron impuestos. Se convirtieron en el grupo superior de la sociedad japonesa.

Fuente principal

Código Bushido

Este pasaje describe el Bushido de los samurais.

"Trae buena fortuna si (. . .) [un siervo] tiene la sabiduría y el talento y puede usarlo de forma adecuada. Pero incluso una persona que no es buena para nada (. . .) será un depositario confiable [siervo] sólo si tiene la determinación de pensar con ahínco y [respeto y admiración] por su amo. Tener sólo la sabiduría y talento es el último escalón [nivel] para ser útil".

—Yamamoto Tsunetomo, *Hagakure: El libro del samurai*

◀ **Armadura de un samurai**

PBD Preguntas basadas en los documentos

¿Qué tan poderosa es la determinación de un samurai de respetar y admirar a su maestro?

Los mongoles atacan A fines del siglo XIII el shogunato de Kamakura enfrentaba su más grande prueba. En 1274, y luego en 1281, el emperador mongol de China, Kublai Khan envió barcos y guerreros para invadir Japón. En ambas ocasiones, los mongoles fueron derrotados por las violentas tormentas del Pacífico que azotaban sus barcos. Las tropas mongoles que llegaron a la costa fueron derrotadas por los japoneses.

Los victoriosos japoneses llamaron a los tifones *kamikaze*, o "viento divino", en honor a los espíritus que ellos creían habían salvado sus islas. Mucho más tarde, durante la Segunda Guerra Mundial, los pilotos japoneses estrellaban deliberadamente sus aviones contra los barcos enemigos. Recibían el nombre de pilotos kamikaze por los tifones del siglo XIII.

✓ Comprobación de lectura **Identificación**
¿Quién era el shogún y por qué era importante?

NATIONAL GEOGRAPHIC

Cómo eran las cosas

Enfoque en la vida cotidiana

El samurai El camino para convertirse en samurai era difícil y peligroso. Las madres de las familias de los samurais comenzaban a enseñar el Bushido a sus hijos a una edad temprana. Enseñaban a sus hijos a colocar la valentía, el honor y la lealtad por sobre todas las cosas. Cada joven guerrero sabía y podía recitar de memoria las valientes victorias de sus ancestros samurais.

Por siglos, los jóvenes samurai vivieron separados de sus familiares en el castillo de su señor o en las barracas del pueblo de su señor. Comenzando en el siglo XIX, se construyeron escuelas para samurais y los niños vivían allí para continuar la educación que sus madres habían iniciado. Desde los 10 años se entrenaban en artes marciales y estudiaban otras materias, por ejemplo: matemática y astronomía. A los 16 años, algunos jóvenes ya eran promisorios guerreros que se distinguían en las batallas.

Pintura de un héroe samurai ▶

Conexión con el pasado

1. ¿De qué lecciones era responsable de enseñar la madre de un samurai a su pequeño hijo?
2. ¿Crees que los soldados de hoy tienen un código de conducta similar al Bushido? Explica.

Los daimyos dividen a Japón

Idea principal **A medida que se debilitaba el poder de los shogunes, Japón se dividió en reinos en guerra conducidos por gobernantes llamados daimyos.**

Enfoque en la lectura ¿Alguna vez te han prometido algo y luego lamentaste que rompieran la promesa hecha? Lee para aprender de qué manera el shogún de Japón perdieron el poder porque los samurais sintieron que habían roto sus promesas.

El shogunato de Kamakura gobernó Japón desde 1333. Para ese momento, muchos samurai se sentían resentidos. Con los años, a medida que los samurais dividían sus tierras entre sus hijos, el trozo de territorio que cada uno poseía era menor. Hacia el siglo XIV, muchos samurai sintieron que ya no le debían lealtad al shogún porque no se les habían otorgado suficientes tierras.

En 1331 el emperador se rebeló y muchos samurais se pasaron a su lado. La rebelión tuvo éxito, pero el emperador no fue capaz de ganar el control de Japón porque también se rehusaba a dar más tierras a los samurais. En cambio, un general llamado **Ashikaga Takauji** se volvió contra el emperador y se nombró a sí mismo shogún en 1333. Comenzó un nuevo gobierno conocido como shogunato de Ashikaga.

Los shogunes Ashikaga resultaron ser débiles gobernantes y las revueltas surgían en todo Japón. El país pronto quedó dividido en un número de pequeños territorios. Encabezaban estas áreas poderosos caudillos militares conocidos como **daimyos.**

El daimyo rendía lealtad al emperador y al shogún. Sin embargo, gobernaban sus tierras como si fueran reinos independientes. Para protegerlas, los daimyos crearon sus ejércitos locales propios conformados por guerreros samurais, así como lo habían hecho los nobles en el pasado.

Muchos samurais se convirtieron en **vasallos** de un daimyos. Es decir, un samurai juraba su lealtad a su daimyo y le prometía servirlo en tiempos de guerra. A cambio, cada daimyo le otorgaba tierra para sus guerreros samurais, más que la que le había dado el shogún. Este vínculo de lealtad entre el señor y un vasallo se conoce como feudalismo. En el capítulo siguiente aprenderás sobre una forma similar de **feudalismo** que surgió en Europa durante la Edad Media.

Con el resquebrajamiento del gobierno central, los guerreros de Japón luchaban entre sí. Desde 1467 hasta 1477, el país sufrió la desastrosa guerra de Onin. Durante este conflicto la ciudad de Kioto (Heian) fue completamente destruida. Los ejércitos arrasaban la ciudad, quemando templos y palacios.

Durante los 100 años posteriores a la guerra de Onin, una serie de débiles shogunes trataron de reunificar a Japón. Sin embargo, los poderosos daimyos se resistieron a su control. La lucha se extendió por todo el país. La violencia finalmente llegó al shogunato de Ashikaga en 1567. En ese momento, sólo quedaba un puñado de daimyos poderosos. Cada uno de estos ansiaba derrotar a sus rivales y gobernar Japón.

▲ **El castillo de Takamatsu fue construido en 1590. Descansa sobre el mar y en su momento, estaba rodeado de fosos, puertas y torres de protección.**

Comprobación de lectura **Análisis** ¿Por qué no fueron capaces los shogunes de recuperar el control de Japón después de la guerra de Onin?

Historia en línea

Centro de estudios ¿Necesitas ayuda con el material de esta sección? Visita jat.glencoe.com

Repaso de la sección 2

Resumen de la lectura

Repaso de Ideas principales

- Durante el período Nara creció el poder del emperador y el budismo se difundió entre la gente común de Japón.
- Con el tiempo, los emperadores japoneses perdieron poder en favor de los nobles y de sus ejércitos de samurais. En un momento, un jefe militar, llamado shogún, gobernó el país.
- Durante los siglos XV y XVI los shogunes perdieron el poder y los señores militares, llamados daimyos, dividieron a Japón en una serie de pequeños territorios.

¿Qué aprendiste?

1. ¿Qué era un shogún? ¿Quién fue el primer shogún y cómo ganó su posición en el poder?
2. ¿Qué evitó la conquista mongol de Japón?

Pensamiento crítico

3. **Organización de la información** Dibuja un diagrama como el siguiente. Agrega detalles sobre los samurais, por ejemplo: sus armas, vestimenta y creencias.

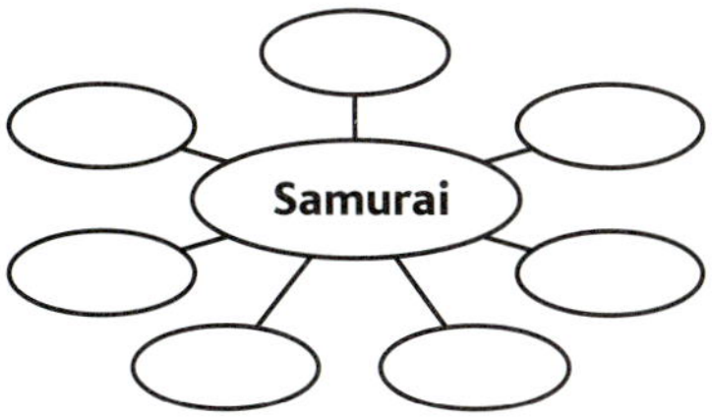

4. **Descripción** Describe los episodios que se relacionan con el crecimiento del budismo en Japón.
5. **Explicación** ¿Por qué el poder de los emperadores japoneses disminuyó durante el siglo IX d.C.?
6. **Análisis** ¿De qué manera influyeron las creencias de los samurais en los soldados japoneses en la Segunda Guerra Mundial?
7. **Redacción explicativa** Crea una constitución o un plan de gobierno que describa la relación entre el emperador y el shogún, el daimyo y el samurai.

Sección 3

La vida en el Japón medieval

¡Prepárate para leer!

¿Cuál es la relación?

En la última sección has aprendido de qué manera los guerreros conocidos como shogunes y samurais llegaron a gobernar Japón. Durante ese período los japoneses sufrieron muchas guerras. Sin embargo, la economía de Japón continuó creciendo y su pueblo producía magníficas obras de arte, arquitectura y literatura.

Enfoque en Ideas principales

- El budismo y el sintoísmo dieron forma a gran parte de la cultura de Japón. Estas religiones afectaron el arte, la arquitectura, las novelas y las obras teatrales japonesas. ***(página 499)***
- Algunos nobles, mercaderes y artesanos japoneses se enriquecieron durante el período de los shogunes, pero las vidas de las mujeres se vieron limitadas en muchos aspectos. ***(página 503)***

Ubicación de lugares

Kioto

Conoce a los personajes

Murasaki Shikibu

Desarrollo de tu vocabulario

secta
artes marciales
meditación
caligrafía
tanka
gremio

Estrategia de lectura

Resumen de información Dibuja un diagrama como el siguiente que describa la participación de las mujeres en las familias del Japón medieval.

NATIONAL GEOGRAPHIC ¿Cuándo y dónde?

1000 — 1200 — 1400

c. 1000 Lady Murasaki Shikibu escribe *La historia de Genji*

c. siglo XII El budismo Zen se difunde en Japón

c. siglo XIV Por primera vez se representan las obras de teatro Noh

La religión y cultura japonesas

Idea principal **El budismo y el sintoísmo dieron forma a gran parte de la cultura de Japón. Estas religiones afectaron el arte, la arquitectura, las novelas y las obras teatrales japonesas.**

Enfoque en la lectura ¿Has visto alguna vez pinturas, esculturas y obras literarias con temas o mensajes religiosos? En el Japón medieval las religiones del sintoísmo y el budismo influyeron en gran medida en las artes.

Durante la Edad Media la religión formó parte de la vida diaria de los japoneses. La mayoría comenzaron a creer en el budismo y en el sintoísmo, y adoraban los lugares sagrados sintoístas y los templos budistas. Para ellos la religión satisfacía otras necesidades. El sintoísmo se ocupaba de la vida diaria, mientras que el budismo preparaba a las personas para la próxima vida. Durante la Edad Media las ideas budistas inspiraron a muchos japoneses a construir templos, realizar pinturas y escribir obras y poemas.

El budismo de la Tierra Pura Como ya has leído, el budismo Mahayana comenzó en la India y se expandió a China y Corea. Cuando el budismo llegó a Japón, ya se había desarrollado en muchas **sectas** diferentes o grupos religiosos pequeños.

Una de las sectas de menor importancia en Japón era el budismo de la Tierra Pura. El budismo de la Tierra Pura era un tipo de budismo Mahayana. Ganó muchos seguidores en el Japón debido a su mensaje sobre una vida feliz después de la muerte. Los budistas de la Tierra Pura veneraban al Señor Amida, un buda de amor y de misericordia. Creían en que Amida había fundado un paraíso por encima de las nubes. Para llegar allí, todo lo que debían hacer era tener fe en Amida y dar cánticos en su nombre.

¿Qué es el budismo Zen? Otra importante secta budista en Japón era la Zen. Los monjes budistas llevaron el Zen a Japón desde China durante el siglo XII. El Zen enseñaba a la gente a que podían encontrar la paz interna a través del autocontrol y de una simple forma de vida.

▲ **Un monje Zen se sienta cerca de un jardín japonés de roca mientras medita.** ***¿Cuál es el fin de la meditación?***

Los seguidores del Zen aprendieron a controlar sus cuerpos a través de las **artes marciales**, o los deportes que implicaban el combate y la autodefensa. Esto resultó atractivo para los samurais, quienes se entrenaban en la lucha valiente y sin temor.

Los seguidores del budismo Zen también practicaban la **meditación.** Durante la meditación, la persona se sentaba con las piernas cruzadas y permanecía inmóvil durante horas, con la mente libre de todo pensamiento y deseo. La meditación ayudaba a la gente a relajarse y a encontrar la paz interior.

El arte y la arquitectura Durante la Edad Media los japoneses tomaron prestadas las ideas artísticas de China y Corea. Entonces, continuaron desarrollando sus propios estilos. Las artes de Japón revelaron el amor de los japoneses por la belleza y la simplicidad.

Enlaces entre el pasado y el presente

Artes marciales

ENTONCES Según la leyenda, los monjes chinos que introdujeron las artes marciales en el Japón en el siglo XII las aprendieron de un monje indio llamado Bodhidharma. En el siglo VI él viajó a China y encontró monjes en un templo; eran débiles y dormilones para la meditación, de modo que les enseñó las artes marciales para fortalecer sus cuerpos. Con el tiempo, se desarrollaron muchas formas de artes marciales.

▼ Practicante de artes marciales modernas

▲ Estatuilla de Bodhidharma

AHORA Estas artes siendo populares y respetadas. Las formas modernas son: el karate, jujitsu y aikido de Japón; el kung fu de China y el tae kwon do de Corea. ***¿En qué deporte o actividad participas que contribuya a fortalecer tu cuerpo y mente?***

Durante la Edad Media los artesanos de Japón realizaban estatuas de madera, muebles y elementos de uso diario. En muchos de sus trabajos, utilizaban una pintura roja y negra brillante llamada laca. De los chinos, los artistas japoneses aprendieron la pintura de paisajes. Con tinta o acuarelas, pintaban escenas de la naturaleza o batallas sobre rollos de papel o sobre seda. Los nobles japoneses de la corte del emperador aprendieron a plegar papel para obtener objetos decorativos. Este arte del plegado del papel se denomina origami. También hacían arreglos de flores. Los monjes budistas y los samurais convirtieron la costumbre de tomar té en una bella ceremonia.

Los constructores de Japón utilizaban los estilos chinos y japoneses. Los lugares sagrados del sintoísmo se construían en estilo japonés cerca de una roca sagrada u otra característica natural que ellos consideraran bella. A menudo el lugar sagrado era una construcción de madera, con una única habitación y un techo hecho de paja de arroz. Se accedía al lugar sagrado a través de una puerta sagrada denominada torii.

A diferencia de los lugares sagrados sintoístas, los templos budistas se construyeron en estilo chino. Tenían grandes techos de teja sostenidos por gruesos pilares de madera. Los templos estaban ricamente decorados. Tenían muchas estatuas, pinturas y altares.

Alrededor de las construcciones, los japoneses crearon jardines diseñados para imitar la naturaleza en miniatura. Algunos de ellos tenían rocas celosamente colocadas, arena limpia y unas pocas plantas. Se construían de esta manera para generar la sensación de paz y calma.

Poemas y obras Durante el siglo VI d.C. los japoneses tomaron prestado de China el sistema de escritura. Escribieron su idioma en caracteres pictóricos chinos que significaban palabras enteras. Debido a que las lenguas japonesa y china eran tan distintas, fue difícil para los japoneses utilizar estos caracteres. Entonces, en el siglo IX d.C. agregaron símbolos que representaban sonidos, mucho más parecidos a las letras de un alfabeto. Este agregado facilitó la lectura y la escritura.

La **caligrafía,** el arte de escribir con trazos bellos, fue muy admirada en Japón. Se esperaba que toda persona educada la practicara. Se consideraba que la forma de escribir de una persona revelaba mucho sobre su educación, condición social y carácter.

Durante la Edad Media los japoneses escribieron poemas, historias y obras. La forma más antigua de poesía de Japón era el **tanka.** Era un poema de cinco líneas sin rima. Los poemas tanka capturaban la belleza de la naturaleza y las alegrías y tristezas de la vida. Un poeta anónimo escribió el siguiente tanka:

> **“En las noches de otoño**
> **el rocío es**
> **más frío que nunca—**
> **en cada espacio verde de**
> **hierba lloran los insectos”**
>
> **—autor desconocido,**
> **tanka del *Kokinshū***

Las mujeres que vivían en Heian escribieron las primeras grandes historias sobre Japón alrededor del año 1000. Una mujer, Lady **Murasaki Shikibu,** escribió *La historia de Genji.* Este trabajo describe las aventuras de un príncipejaponés. Algunos creen que este trabajo es la primera novela (obra larga de ficción) del mundo.

Alrededor de 200 años más tarde, los escritores japoneses escribían relatos inspiradores sobre guerreros en batalla. El mayor de las colecciones era *La historia de Heike.* Describe la lucha entre los clanes de Taira y Minamoto.

Los japoneses también crearon obras de teatro. El tipo de obra de teatro más antiguo es el llamado Noh. Creado durante el siglo XIV, las obras de teatro Noh se utilizaban para enseñar ideas budistas. Las obras de teatro Noh se presentaban sobre un simple escenario vacío. Los actores usaban máscaras y trajes elaborados. Bailaban, gesticulaban y cantaban poesía al ritmo de la música de tambores y flautas.

✓ Comprobación de lectura **Análisis** ¿De qué manera se conectaban las artes marciales y la meditación con el principio de auto control del budismo Zen?

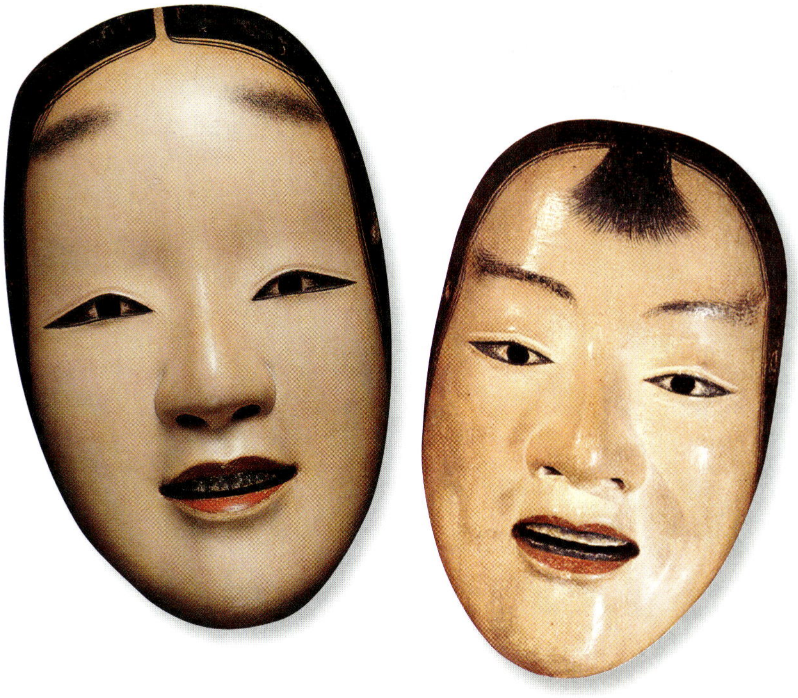

▲ **Las máscaras Noh como estas a menudo se tallaban de una sola pieza de madera y eran livianas, de modo que un actor podía usarlas varias horas.** ***¿Por qué se presentaban las obras de teatro Noh?***

Biografía

▲ Murasaki Shikibu

MURASAKI SHIKIBU

c. 973–1025 d.C.

Murasaki Shikibu fue una gran novelista y poetisa del período Heian japonés. Era una de las primeras novelistas modernas. Murasaki se hizo famosa por escribir *La historia de Genji*, pero su obra también incluyó un diario y más de 120 poemas.

Murasaki nació en el clan Fujiwara, una familia noble pero no rica. Su padre era un erudito y gobernador. De hecho, su nombre Shikibu se refiera a la posición de su padre en la corte. La madre y la hermana mayor de Murasaki murieron cuando ella era una niña. Por tradición los niños eran criados por la madre y su familia, pero el padre de Murasaki decidió educar a su hija él mismo. Quebró otra costumbre educando a su hija en la lengua y literatura chinas, temas reservados a los niños.

Murasaki se casó y tuvo una hija, pero su esposo murió unos pocos años después de casados. En ese momento, Murasaki comenzó a escribir ***La historia de Genji*** y trabajó como asistente de la emperatriz Akiko. Basó su novela en la vida de la corte, la que ella conoció a través del trabajo de su padre y del suyo propio. La última referencia que se hace de ella es en 1014, pero muchos estudiosos creen que vivió alrededor de una década más.

Gran parte de la vida de Murasaki, y de la vida en el palacio del emperador, se revelaba en su diario. Este extracto describe los preparativos para una celebración en honor al nacimiento de un nuevo príncipe:

"Incluso la visión de los más humildes [sirvientes], hablando entre sí a medida que se desplazaban encendiendo las canastas con fuego bajo los árboles, cerca del lago y disponiendo la comida en el jardín, parecía agregarse al sentido de la ocasión. Quienes llevaban las antorchas permanecían de pie por donde se pudiera ver y la escena estaba tan iluminada como si fuera de día".

—Murasaki Shikibu,
El diario de Lady Murasaki

▲ **Escena de *La historia de Genji***

Entonces y ahora

¿Tienes un diario? ¿Qué podrían tú y tus compañeros de clase registrar en un diario que pudiera ser útil para otros en un par de siglos más?

Economía y sociedad

Idea principal **Algunos nobles, mercaderes y artesanos japoneses se enriquecieron durante el período de los shogunes, pero las vidas de las mujeres se vieron limitadas en muchos aspectos.**

Enfoque en la lectura ¿Qué determina si una persona es rica o pobre? Lee para averiguar que contribuyó al enriquecimiento en Japón.

Bajo los shogunes Japón no sólo desarrolló sus artes sino que también generó más productos y se enriqueció. Sin embargo, sólo un pequeño número de japoneses se benefició con esta riqueza. Este grupo incluía al emperador, a los nobles de la corte y a las principales autoridades militares. Una pequeña, pero creciente clase de mercaderes y comerciantes también comenzó a prosperar. Sin embargo, la mayoría de los japoneses eran campesinos que seguían siendo pobres.

Campesinos y artesanos Gran parte de la riqueza del Japón provino del arduo trabajo de los campesinos. Los campesinos japoneses cultivaban arroz, trigo, mijo y cebada. Algunos tenían su propia tierra, pero la mayoría vivía y trabajaba en los estados de los daimyos. A pesar de las penurias, la vida mejoraba para los campesinos durante el siglo XII. Utilizaban una mejor irrigación y cultivaban más. Como resultado, podían enviar más alimentos a los mercados que se creaban en las ciudades.

Al mismo tiempo, los japoneses generaban más productos. Los artesanos de los estados de los daimyo comenzaron a fabricar armas, armaduras y herramientas. Los mercaderes vendían estos artículos en los mercados de las ciudades en todo Japón. Los nuevos caminos facilitaron los viajes y el comercio. A medida que aumentaba el comercio cada región se concentraba en fabricar los productos que mejor podrían producir. Estos productos incluían la alfarería, el papel, textiles y la vajilla laqueada. Todos estos nuevos productos ayudaron a crecer la economía de Japón.

Como capital, **Kioto** se convirtió en el principal centro de producción y comercio. Muchos artesanos y mercaderes se establecieron allí. Formaron grupos llamados **gremios** (o *za* en japonés) para protegerse y aumentar sus ganancias. Los miembros de estos gremios confiaban en que los ricos daimyo los protegieran de los artesanos rivales. Le vendían al daimyo productos que él no podía obtener de otros estados del país.

La riqueza de Japón también provino del comercio con Corea, China y del sureste de Asia. Los mercaderes japoneses intercambiaban productos laqueados, espadas y cobre por seda, tinturas, pimienta, libros y porcelana.

◀ **Esta pintura muestra a campesinos japoneses trabajando la tierra.** ***¿Cuáles eran algunos de los cultivos que plantaban los campesinos medievales japoneses?***

La participación de las mujeres Durante la Edad Media las familias japonesas incluían a los abuelos, padres e hijos en la misma casa. Un hombre lideraba la familia y tenía el control total de sus integrantes. Se esperaba que una mujer obedeciera a sus padres, a su esposo y a su hijo. En las familias ricas los padres arreglaban los matrimonios de sus hijos para aumentar las riquezas de la familia.

En la época del Japón antiguo, en el período del príncipe Shotoku, las mujeres ricas gozaban de una posición alta en la sociedad. Varias fueron gobernantes y las mujeres poseían propiedades. Cuando Japón se convirtió en una sociedad guerrera con los samurais y daimyo, las mujeres de clase alta perdieron sus libertades.

En las familias campesinas, las mujeres tenían un mayor poder de palabra para su esposo. Sin embargo, trabajaban largas horas en los campos sembrando y cosechando arroz. Además, cocinaban, hilaban y tejían telas, y cuidaban de sus hijos. En los pueblos, las esposas de los artesanos y los mercaderes ayudaban con el negocio familiar y administraban sus hogares. Las esposas de los mercaderes tal vez eran las que estaban en mejores condiciones.

A pesar de la falta de libertad, algunas mujeres se las ingeniaban para contribuir con la cultura de Japón. Estas talentosas mujeres ganaron fama como artistas, escritoras e inclusive guerreras. En *La historia de Heike*, se describe a una samurai llamada Tomoe de esta manera:

> **“Tomoe era increíblemente bella, la belleza de su rostro y la abundancia de su pelo provocaban gran admiración. Sin embargo, era una intrépida jinete y una mujer hábil con el arco. Cuando empuña su espada, aún los dioses (. . .) temen enfrentarla. Por cierto, ella valía por miles de soldados”.**
>
> —**Heike Monogatori,**
> ***La historia de Heike***

Comprobación de lectura **Identificación**
¿Qué grupos de Japón se beneficiaron con el enriquecimiento del país?

Historia en línea
Centro de estudios ¿Necesitas ayuda con el material de esta sección? Visita jat.glencoe.com

Repaso de la sección 3

Resumen de la lectura

Repaso de Ideas principales

- En el Japón medieval, se practicaron distintas formas de budismo junto con el sintoísmo, y florecieron las artes, la arquitectura y la literatura.
- Durante el período de los shogunes, se fortaleció la economía de Japón. En la familia, las mujeres perdieron algunas de sus libertades a medida que Japón se convertía en una sociedad guerrera.

¿Qué aprendiste?

1. ¿De qué manera las religiones sintoísta y budista satisfacían distintas necesidades en Japón?
2. ¿Qué eran las obras de teatro Noh y cómo se presentaban?

Pensamiento crítico

3. **Organización de la información** Dibuja una tabla como la que se muestra a continuación. Agrega detalles que muestren las características del budismo de la Tierra Pura y del budismo Zen.

Budismo de la Tierra Pura	Budismo Zen

4. **Descripción** ¿De qué manera beneficiaron los gremios a los artesanos y a los daimyos?
5. **Análisis** ¿Por qué crees que las mujeres perdieron parte de sus libertades cuando Japón se convirtió en una sociedad guerrera?
6. **Redacción descriptiva** Redacta un breve artículo para una revista de viajes describiendo la arquitectura de los lugares sagrados sintoístas y los templos budistas de Japón durante la Edad Media.

Capítulo 14 Repaso de lectura

Sección 1 El antiguo Japón

Vocabulario
clan
constitución
animismo
santuario

Enfoque en Ideas principales
- Las montañas e islas de Japón lo aislaron y determinaron las características de su sociedad. *(página 485)*
- Japón se pobló con habitantes provenientes del nordeste de Asia. Se organizaron en clanes gobernados por guerreros. *(página 486)*
- El príncipe Shotoku creó la primera constitución del Japón y tomó prestadas muchas ideas de China. *(página 488)*
- La religión japonesa, llamada sintoísmo, estaba basada en los espíritus de la naturaleza. *(página 490)*

Sección 2 Los shogunes y los samurais

Vocabulario
samurai
shogún
daimyo
vasallo
feudalismo

Enfoque en Ideas principales
- Durante el siglo VIII d.C. Japón construyó un fuerte gobierno nacional en Nara, y el budismo se convirtió en una religión popular. *(página 492)*
- Los gobernantes militares conocidos como shogunes llegaron a dominar al gobierno civil y al emperador de Japón. *(página 493)*
- A medida que se debilitaba el poder de los shogunes, Japón se dividió en reinos en guerra conducidos por gobernantes llamados daimyos. *(página 496)*

Sección 3 La vida en el Japón medieval

Vocabulario
secta
artes marciales
meditación
caligrafía
tanka
gremio

Enfoque en Ideas principales
- El budismo y el sintoísmo dieron forma a gran parte de la cultura de Japón. Estas religiones afectaron el arte, la arquitectura, las novelas y las obras teatrales japonesas. *(página 499)*
- Algunos nobles, mercaderes y artesanos japoneses se enriquecieron durante el período de los shogunes, pero las vidas de las mujeres se vieron limitadas en muchos aspectos. *(página 503)*

Murasaki Shikibu ▶

Capítulo 14

Evaluación y actividades

Repaso del vocabulario

Escribe el término clave que completa cada oración.

a. tanka	e. shogún
b. daimyo	f. gremios
c. clanes	g. samurai
d. sectas	h. meditación

1. El ___ era el líder militar de Japón.
2. Muchos artesanos y comerciantes formaron ___ para obtener protección y beneficios.
3. Los Yayoi formaron ___ dirigidos(as) por un pequeño grupo de guerreros.
4. En el(la) ___, una persona vacía su mente de todo pensamiento y deseo.
5. Un(a) ___ es un poema de cinco líneas sin rima.
6. Cada vasallo prometía lealtad a su ___.
7. Los ejércitos privados de nobles japoneses estaban formados por ___.
8. El budismo estaba dividido en varios(as) diferentes ___.

Repaso de las ideas principales

Sección 1 • El antiguo Japón

9. ¿Cómo influyó la geografía en la sociedad japonesa?
10. ¿Cómo fue que Shotoku utilizó la cultura y el gobierno chinos como modelo?

Sección 2 • Los shogunes y los samurais

11. Describe el papel de los shogunes.
12. ¿Que sucedió cuando el poder de los shogunes se debilitó?

Sección 3 • La vida en el Japón medieval

13. ¿Qué religiones tuvieron gran influencia en la cultura japonesa?
14. ¿De que manera afectó el período de los shogunes a los diferentes grupos de japoneses?

Pensamiento crítico

15. **Análisis** ¿Por qué crees que los primeros habitantes japoneses eran tan independientes?
16. **Contraste** ¿En qué sentido eran más avanzados los Yayoi que los Jomon?

Repaso

Habilidad de lectura | Causa y efecto

Identificación de la causa y el efecto

17. Lee el párrafo siguiente. Crea un organizador gráfico que muestre la causa y efectos descritos en este pasaje.

El mar que rodea las islas de Japón facilitó los movimientos de las personas que iban en barco a lo largo de la costa y de isla en isla. Alentó a los habitantes a convertirse en comerciantes, que viajaban de aldea en aldea con productos para comerciar. Sin embargo, el vasto océano que rodea a las islas de Japón mantuvo a los japoneses aislados, o separados, del resto de Asia. Como consecuencia Japón desarrolló una sociedad sumamente independiente, con su propia religión, arte, literatura y gobierno.

Para repasar esta habilidad, consulta las páginas 482-483.

Habilidades geográficas

Estudia el mapa que figura a continuación y contesta las siguientes preguntas.

18. **Lugar** ¿En cuál de las cuatro islas más importantes del Japón se encuentran las ciudades principales del país?
19. **Interacción del hombre con el medio ambiente** ¿De qué forma crees que la geografía del Japón y su ubicación contribuyeron a que se convirtiera en un centro de producción y comercio?
20. **Ubicación** Identifica países, estados o provincias de hoy que estén integrados principalmente por islas. ¿En qué son similares y en qué difieren de las islas japonesas?

NATIONAL GEOGRAPHIC La geografía de Japón

Leer para escribir

21. **Redacción creativa** Repasa este capítulo y realiza una investigación para obtener información sobre los ataques mongoles al shogunado de Kamakura. Trabaja en grupo y escribe el guión de una obra de teatro breve sobre los hechos antes, durante y después de la invasión. Usa personajes históricos y también de ficción. Haz una máscara para cada personaje, similar en estilo, a las máscaras japonesas usadas en el Japón antiguo. Presenta la obra a tus compañeros de clase.
22. **Uso de tus** PLEGABLES™ Escribe un poema, anotaciones en un diario, o un cuento usando las ideas principales y detalles secundarios de tu plegable completo.

Historia en línea

Prueba de autocomprobación Para prepararte mejor para el examen del capítulo, visita jat.glencoe.com

Uso de tecnología

23. **Diseño de una ciudad** Cuando el emperador Kammu construyó Heian, tomó como modelo a Changan. ¿Si tuvieras que diseñar una ciudad, qué ciudades y pueblos de la actualidad tomarías como modelo? Usa la Internet y tu biblioteca local para investigar sobre las distintas características y diseños de ciudades. Combina los elementos que más te gustan en un plano para una nueva ciudad. Utiliza la computadora para hacer un dibujo a escala de tu ciudad. Luego haz una lista de los elementos que tomaste y de las ciudades en las que te inspiraste.

Enlaces entre el pasado y el presente

24. **Análisis del arte** El arte, la arquitectura y la literatura de Japón medieval reflejaban el amor de los japoneses por la belleza y la simplicidad. ¿Qué valores se reflejan en el arte en la actualidad?

Fuente principal

Análisis

Seami, un actor importante de las obras de teatro Noh, explica cómo se domina la actuación.

"Mientras un actor esté tratando de imitar a su maestro, no habrá dominado su arte. (. . .) Se dice que un actor es un maestro cuando por medio de su talento artístico, rápidamente perfecciona la capacidad que adquirió a través de la práctica y el estudio, y se convierte en uno solo con su arte".

—Seami Juokubushu Hyoshaku, "The Book of the Way of the Highest Flower" (El libro del camino de la mejor flor) (*Shikado-Sho*)

PBD Preguntas basadas en los documentos

25. ¿Cuál es el primer paso para aprender a ser actor?
26. ¿Cómo hace un actor para "convertirse en uno solo con su arte"?

Capítulo 15

La Europa medieval

Castillo de Caerphill en Gales del Sur, Reino Unido

NATIONAL GEOGRAPHIC

¿Cuándo y dónde?

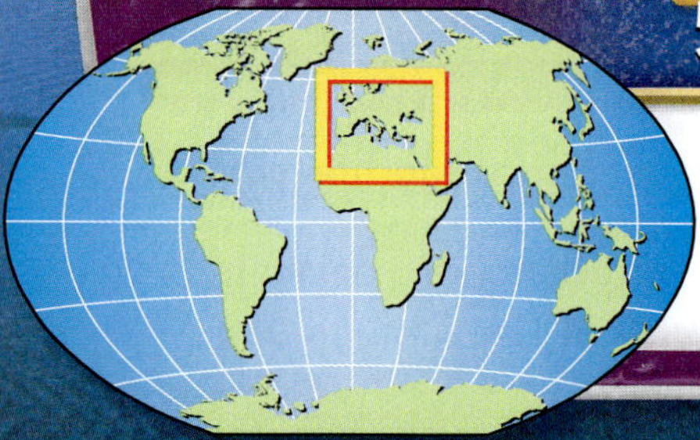

500 d.C.	825 d.C.	1150	1475
496 d.C. El rey Clovis se convierte al catolicismo	**c. 800 d.C.** Comienza el feudalismo en Europa	**1095** Comienzan las primeras Cruzadas	**1346** La Peste Negra llega a Europa

Presentación preliminar del capítulo

Entre el 550 y 1500 d.C., Europa estuvo gobernada por guerreros parecidos a aquellos del Japón primitivo. A pesar de las batallas constantes, lo europeos hicieron avances en su cultura. Las ideas europeas sobre religión y gobierno todavía rigen nuestras vidas.

Mira el video del capítulo 15 en el Programa de Video *World History: Journey Across Time*.

Historia en línea

Descripción general del capítulo
Visita jat.glencoe.com para ver la información preliminar del capítulo 15.

Sección 1 Principio de la Edad Media

Durante el principio de la Edad Media, Europa Occidental construyó una civilización basada en las formas de vida cristiana, romana y germánica.

Sección 2 Feudalismo

La debilidad del gobierno y la necesidad de mayor seguridad dieron origen al feudalismo.

Sección 3 Los Reinos y las Cruzadas

A semejanza de los reinos de Inglaterra y Francia que establecieron parlamentos, los gobernantes rusos establecieron las bases de su gobierno.

Sección 4 La Iglesia y la sociedad

La religión en la Europa Medieval ayudó a dar forma a la cultura Europea.

Sección 5 Final de la Edad Media

La enfermedad y la guerra cobró la vida de millones de personas al final de la Edad Media.

PLEGABLES™ Organizador de estudios

Secuencia de información *Haz este plegable para ayudarte a poner en orden los eventos importantes que ocurrieron en la Europa medieval.*

Paso 1 *Doblar dos hojas de papel por la mitad desde arriba hacia abajo. Cortarlas por la mitad.*

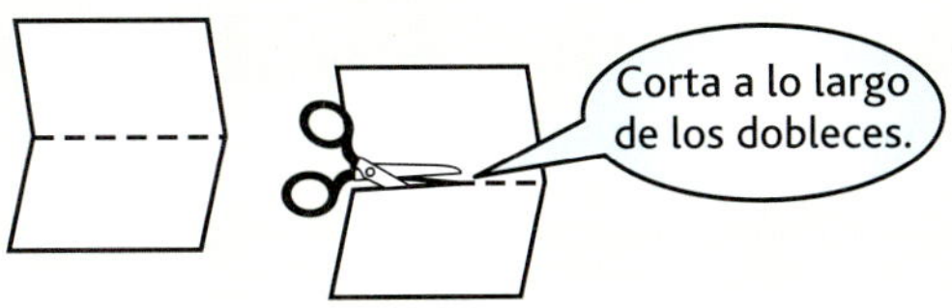
Corta a lo largo de los dobleces.

Paso 2 *Doblar los cuatro pedazos por la mitad de arriba hacia abajo.*

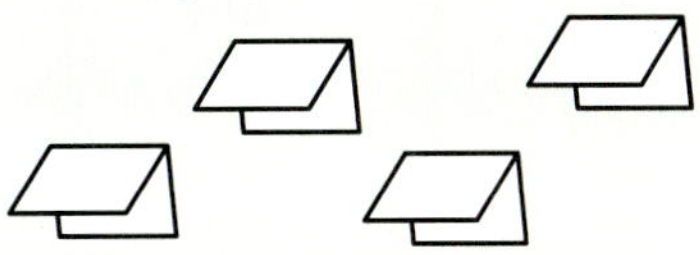

Paso 3 *Pegar los extremos de los pedazos juntos (superponiendo levemente los bordes) para hacer una cronología como un acordeón.*

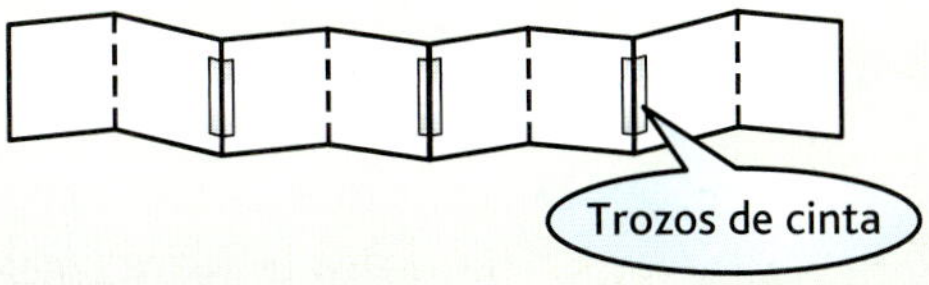
Trozos de cinta

Lectura y redacción *A medida que leas el capítulo, escribe los eventos y fechas más importantes que ocurrieron en la Europa medieval en tu cronología.*

Capítulo 15

Lectura en estudios sociales

Habilidad de lectura

Preguntas

1 ¡Apréndelo!

Sólo pregunta

Contestar preguntas sobre lo que leíste es una forma de verificar lo que sabes, pero hacer buenas preguntas en la mayoría de los casos indica que se tiene una mejor comprensión de los temas. ¿Cómo aprender a hacer preguntas?

1. Utiliza palabras interrogativas como *quién, qué, cuándo, dónde, cómo* y *por qué*.
2. No te contentes con sólo leer las palabras en la página; piensa bien en los conceptos. Por ejemplo, formula preguntas tales como "¿Qué habría pasado si . . . ?".

Lee el siguiente pasaje de la Sección 5, y lee las preguntas que están a continación.

Carlos, el príncipe que gobernaba el sur de Francia, quería recuperar el norte. En 1429, una joven campesina francesa llamada Juana, se presentó ante él. La joven le dijo que sus santos preferidos le habían pedido que liberara a Francia. La sinceridad de Juana convenció a Carlos de dejarla ir con un ejército francés a Orléans. La fe de Juana alentó a los soldados, quienes tomaron la ciudad.

—de la página 557

Habilidad de lectura

Haz del estudio un juego. Formula preguntas y luego lee para encontrar las respuestas a las mismas.

Aquí hay algunas preguntas que podrías hacer sobre el párrafo anterior:

- ¿Qué le dijo Juana a Carlos para convencerlo de que la dejara ir con el ejército?
- ¿De qué manera la fe de Juana motivaba a los soldados?
- ¿Por qué Juana creía que los santos querían que ella liberara a Francia?
- ¿Qué pasó con Juana después de que Francia tomó la ciudad?

2 ¡Practícalo!

Pregunta y responde

Lee este pasaje sobre la Peste Negra.

Una terrible plaga, conocida como la Peste Negra, azotó Europa y Asia. Una plaga es una enfermedad que se transmite rápidamente y que mata a mucha gente. La mayoría de los científicos creen que la Peste Negra era la peste bubónica, una enfermedad causada por un tipo de bacteria que tienen las pulgas. Estas pulgas infectaron a las ratas negras, y en la Edad Media, esta ratas estaban por todas partes.

—de la página 554

Haz tres preguntas basándote en el párrafo de arriba. Recuerda que no todas las preguntas tienen respuestas.

Leer para escribir

Escribe un párrafo del tipo *¿qué habría pasado si (. . .) ?*, basándote en la lectura. Por ejemplo, *¿Qué habría pasado* si Juana se hubiera convertido en reina de Francia, o *¿Qué pasaría* si las pulgas trajeran la Peste Negra en la actualidad? Agrega muchos detalles como si estuvieras contestando a preguntas que otros pudieran hacer sobre tus ideas acerca de *¿qué habría pasado si . . . ?*

3 ¡Aplícalo!

A medida que leas el capítulo, busca las respuestas a los títulos de la sección que están en forma de pregunta. Para las otras secciones, convierte los títulos en preguntas que puedas contestar a medida que vayas leyendo.

Sección 1

Principio de la Edad Media

¡Prepárate para leer!

¿Cuál es la relación?

Después de la caída de Roma vino un período conocido como la Edad Media, o medievo. Es un nombre apropiado para el período comprendido entre los tiempos antiguos y modernos.

Enfoque en Ideas principales

- La geografía influyó sobre el lugar donde se establecieron los europeos de la Edad Media y sobre sus actos. *(página 513)*
- Los francos, anglos y sajones de Europa occidental construyeron nuevas sociedades y se defendieron de los musulmanes, magiares y vikingos. *(página 514)*
- La Iglesia Católica expandió el cristianismo por toda Europa occidental. *(página 519)*

Ubicación de lugares

Aquisgrán

Escandinavia

Sacro Imperio Romano

Conoce a los personajes

Clovis

Carlos Martel

Carlomagno

Otto I

Gregorio el Grande

Desarrollo de tu vocabulario

fiordo

misionero

excomulgar

concordato

Estrategia de lectura

Organización de la información

Crea una tabla para mostrar los logros más importantes de los líderes medievales.

Líder	Principales logros

NATIONAL GEOGRAPHIC

¿Cuándo y dónde?

500 d.C. — 800 d.C. — 1100

496 d.C. El rey Clovis se convierte al catolicismo

800 d.C. Carlomagno es coronado por el papa

c. 1050 La mayoría de los habitantes de Europa occidental son católicos

Geografía de Europa

Idea principal **La geografía influyó sobre el lugar donde se establecieron los europeos de la Edad Media y sobre sus actos.**

Enfoque en la lectura ¿Si quisieras ir a andar en trineo o a nadar, a dónde irías? Tu respuesta se basará, en parte, en la geografía. Lee para aprender cómo influyó la geografía en la vida de los europeos durante la Edad Media.

El Imperio Romano había unificado todas las tierras que rodeaban al Mar Mediterráneo. Cuando el último emperador romano en occidente perdió el poder en el 476 d.C., esa unidad se perdió. Europa occidental se dividió en muchos reinos porque, oleada tras oleada, los invasores germánicos arrasaron el sur y el oeste, conquistando extensas áreas de Europa.

Ahora que Roma no unía los pueblos, la geografía de Europa comenzó a tener más influencia en el desarrollo de los sucesos. Europa es un continente, pero también es una gran península compuesta de penínsulas más pequeñas. Como consecuencia, gran parte de Europa se encuentra a 300 millas (483 km) de un océano o mar. Esto fomentaba el comercio y la pesca y ayudó a que la economía de Europa se desarrollara.

Los ríos también tenían un papel importante. El Rin, el Danubio, el Vístula, el Volga, el Sena y el Po hacían fácil el viaje hacia el interior de Europa y esto fomentaba el comercio entre las personas.

Los mares y ríos daban seguridad, así como oportunidades para comerciar. El Canal de la Mancha, por ejemplo, separaba Britania e Irlanda del resto de Europa. Como resultado,

NATIONAL GEOGRAPHIC

Europa: Su geografía y su gente *c. 500 d.C.*

Uso de las habilidades geográficas

Después de la caída del Imperio Romano Occidental, había muchos pueblos en toda Europa.

1. ¿Qué pueblos había en las Islas Británicas?
2. ¿Dónde se establecieron, en general, los francos?

Busca en los mapas en línea del NGS en www.nationalgeographic.com/maps

NATIONAL GEOGRAPHIC **Reinos germánicos** *c. 500 d.C.*

Uso de las habilidades geográficas

Los reinos germánicos surgieron en Europa después de la caída del Imperio Romano Occidental.

1. ¿Cuáles eran los reinos germánicos más grandes?
2. ¿Qué características geográficas ayudaron a los Ostrogodos a retener Italia?

los habitantes allí estaban a salvo de las muchas batallas que se libraban en el continente europeo. Pudieron desarrollar su propia forma de vida. En Europa, los ríos anchos, como el Rin, también mantenían a la gente aislada y permitían que se desarrollaran culturas diferentes.

Europa también tiene muchas cadenas de montañas. En el este, los Cárpatos dividen lo que ahora son Ucrania y Rusia del sudeste de Europa. En el centro, los Alpes separan Italia de Europa central. Hacia el sudoeste, los Pirineos aislaban a España y a Portugal. Las montañas, al igual que los ríos, dificultaban que un grupo gobernara toda Europa y esto facilitó el desarrollo de reinos independientes.

Comprobación de lectura **Identificación** ¿Qué les daban los mares y las montañas a los europeos?

Los reinos germánicos

Idea principal **Los francos, anglos y sajones de Europa occidental construyeron nuevas sociedades y se defendieron de los musulmanes, magiares y vikingos.**

Enfoque en la lectura ¿Te mudaste alguna vez a un nuevo lugar? ¿Qué cambios tuviste que hacer? Lee para saber cómo los pueblos germánicos que invadieron Europa se tuvieron que adaptar a las tierras que ocuparon.

Después de la caída de Roma, Europa occidental se dividió en muchos reinos. Estos reinos desarrollaron distintas sociedades de acuerdo a su ubicación. Los Visigodos en España y los Ostrogodos en Italia estaban cerca del centro del Viejo Imperio Romano. Como consecuencia, ellos adoptaron la forma de vida romana. Los pueblos que estaban lejos de Roma mantuvieron más sus tradiciones germánicas.

En Britania, cuando el imperio romano comenzó a debilitarse, también lo hizo su cultura. En el siglo IV d.C., las legiones romanas en Britania comenzaron a regresar a su patria para luchar contra los invasores germánicos. Hacia comienzos del siglo V d.C., los romanos se habían retirado de Inglaterra. Pronto los anglos y sajones invadieron Britania desde Dinamarca y Germania. Con el tiempo se convirtieron en anglosajones.

Cuando los anglos y los sajones conquistaron el sureste de Britania, echaron a la gente que vivía allí. Estos habitantes eran los celtas. Algunos celtas huyeron al norte y al oeste, hacia las montañas. Otros fueron a Irlanda. Los escoceses, galeses e irlandeses, en la actualidad, son descendientes de los celtas.

¿Quiénes eran los francos? Durante el siglo V d.C., pobladores germánicos llamados francos se establecieron en el área que ahora es Francia. En el 496 d.C., el rey **Clovis** de los francos se convirtió al catolicismo. Esto le hizo ganar el apoyo de los romanos que vivían en su reino. En poco tiempo, todos los francos se convirtieron al catolicismo.

Cuando Clovis falleció, sus hijos dividieron el reino entre ellos. Luego, sus hijos dividieron el reino aún más. Estos reyes con frecuencia peleaban por las tierras. Mientras peleaban, los nobles bajo su mando asumieron muchas obligaciones reales. El más importante de estos nobles se llamaba "alcalde del palacio". Hacia el siglo VIII d.C., los alcaldes repartían tierras, intervenían en disputas y peleaban sus propias guerras.

De todos los alcaldes, el más poderoso era **Carlos Martel.** Quería unir a todos los nobles francos bajo su mandato. La Iglesia Católica quería restablecer el Imperio Romano Occidental y estaba deseosa de apoyar a aquellos gobernantes que tuvieran la posibilidad de reunificar Europa. El papa, cabeza de la Iglesia Católica, ofreció su apoyo a Carlos Martel.

Sin embargo, primero Europa debía mantenerse cristiana. En el 711 d.C., un ejército musulmán que venía desde el norte de África conquistó España. Las fuerzas musulmanas querían expandir el islamismo a toda Europa. En el 732 d.C., Carlos Martel condujo a los francos contra los musulmanes. Los venció en la Batalla de Tours. Esto detuvo el avance de los musulmanes en Europa. Como consecuencia, el cristianismo siguió siendo la religión más importante de Europa occidental.

Cuando Carlos Martel murió, su hijo Pipino se convirtió en el alcalde del palacio. Con la ayuda del papa y la mayoría de los nobles francos, Pipino se convirtió en el nuevo rey de los francos. Cuando un grupo germánico llamado los lombardos amenazó al papa, Pipino condujo su ejército a Italia y lo venció. Luego donó las tierras que conquistó al papa. El papa gobernó esas tierras como si fuera un rey y se las conoció con el nombre de Estado Papal.

¿Quién era Carlomagno? Cuando Pipino murió, su hijo Carlos fue coronado rey. Al igual que su padre, Carlos ayudó al papa cuando los lombardos trataron de retomar su territorio. También invadió Germania y derrotó a los sajones que vivían allí. Les ordenó que se convirtieran al cristianismo. Luego invadió España y les quitó el control del sector nordeste a los musulmanes.

Para el año 800 d.C., el reino de Carlos se había convertido en un imperio. Ocupaba gran parte del oeste y centro de Europa. Las

La coronación de Carlomagno

En el 800 d.C. el papa coronó a Carlomagno "Emperador de los romanos", creando oficialmente un nuevo Imperio Romano. ***¿Cuán grande fue el Imperio de Carlomagno en el 800 d.C.?***

El reino franco *c. 500–800 d.C.*

Uso de las habilidades geográficas

El reino franco se expandió mucho bajo el mandato de Carlomagno.

1. ¿Bajo el mandato de quién conquistaron Italia los. francos?
2. ¿Quién controló España mientras los francos gobernaban la mayor parte de Europa occidental?

Una estatua de bronce de Carlomagno

conquistas de Carlos le hicieron merecer el nombre de **Carlomagno,** o Carlos el Grande.

El papa estaba muy impresionado con Carlomagno. En el día de Navidad del 800 d.C., Carlomagno estaba rezando en la iglesia de San Pedro en Roma. Luego del servicio, el papa le colocó una corona en la cabeza y lo proclamó nuevo Emperador Romano. Carlomagno estaba satisfecho, aunque también preocupado. No quería que la gente pensara que el papa tenía el poder de elegir quién era emperador.

Carlomagno nombró a **Aquisgrán** capital de su imperio. Para que las leyes se respetaran, estableció cortes en todo el imperio. Unos nobles llamados condes eran responsables de las cortes. Para tener controlados a los condes, Carlomagno mandaba inspectores llamados "mensajeros del señor" para asegurarse de que los condes cumplieran con sus órdenes.

A diferencia de los primeros gobernadores francos, Carlomagno creía en la educación. Había tratado de aprender a escribir de grande y quería que su gente fuera educada también. Le pidió a un erudito llamado Alcuin que estableciera una escuela en uno de los palacios reales. Alcuin enseñaba a los hijos de funcionarios del gobierno. Sus estudiantes aprendían religión, latín, música, literatura y aritmética.

Biografía

CARLOMAGNO

742–814 d.C.

Carlos el Grande (Carlomagno) se convirtió en rey de los francos a los 29 años. Se casó y se divorció de muchas mujeres y tuvo por lo menos18 hijos.

Carlomagno era una persona inteligente. Estudió muchas cosas, en especial le gustaba la astronomía. Podía hablar muchos idiomas, incluyendo alemán, latín, y griego. También podía leer, aunque tenía problemas con la escritura. Einhard, el historiador y escriba del reino, escribió que Carlomagno "solía guardar tablillas bajo su almohada para que, en las horas de descanso, pudiera acostumbrar su mano a formar las letras, pero como comenzó a edad avanzada, no lo logró del todo".

Carlomagno se sentía decepcionado de que los francos fueran menos educados que los habitantes de Britania e Irlanda. En el 782 d.C. hizo arreglos para que varios famosos eruditos vinieran a la capital en Aquisgrán y crearan una escuela en el palacio real. Durante su reino, se abrieron escuelas en todo su imperio, y se educó a mucha gente.

▲ Carlomagno

"Nadie (. . .) debe ser alejado del camino correcto por (. . .) temor a los poderosos".

–Carlomagno, según se cita en "El Mundo de Carlomagno"

▼ La Capilla Palatina en el palacio de Carlomagno en Aquisgrán

Entonces y ahora

Carlomagno se dio cuenta de la importancia de la educación. Por eso organizó clases de lectura y escritura para su gente. ¿Qué tipos de programa de estudio financia nuestro gobierno?

Invasiones a Europa *c. 800-1000 d.C.*

Uso de las habilidades geográficas

Varios grupos diferentes de personas invadieron y se establecieron en los comienzos de la Europa medieval.

1. ¿Qué grupos invadieron Inglaterra?
2. ¿Qué grupos se establecieron en la zona de Hungría?

Europa es invadida Después de que Carlomagno murió en el año 814 d.C., su imperio no duró mucho. Su hijo Luis no era un líder fuerte, y cuando Luis murió, su hijo dividió el imperio en tres reinos.

Estos tres reinos se debilitaron aún más debido a las invasiones que arrasaron Europa durante los siglos IX y X d.C. Desde el sur venían los musulmanes, que atacaban Francia e Italia desde España y el norte de África. Desde el este venían los magiares, un pueblo nómada que se había establecido en Hungría. Desde **Escandinavia** venían los vikingos, cuyos ataques aterrorizaban a toda Europa.

Escandinavia está en el norte de Europa. Noruega, Suecia y Dinamarca forman parte de Escandinavia hoy. Gran parte de Escandinavia tiene una costa accidentada. Tiene muchos **fiordos,** o valles estrechos y profundos que son golfos del mar. Los vikingos vivían en aldeas en los fiordos. Se les conoce como Normandos, u "hombres del norte".

Escandinavia tiene poca tierra cultivable. Esto forzaba a los vikingos a depender del mar para obtener alimento y comerciar. Se convirtieron en expertos marineros y construyeron barcos fuertes llamados longboats (botes largos). Estos botes podían soportar la ferocidad del Atlántico y también navegar ríos poco profundos.

En los siglos VIII y IX d.C., los vikingos comenzaron a atacar Europa, probablemente porque su población había crecido demasiado y no podía sostenerse en sus propias tierras. La palabra vikingo viene de la palabra que ellos usaban para definir ataque. Saqueaban pueblos e iglesias, llevándose los granos, animales y cualquier cosa de valor. Hasta llegaron a conquistar el oeste de Francia. Esta área se denominó Normandía, por los Normandos que la gobernaron.

El Sacro Imperio Romano Los ataques de musulmanes, magiares y vikingos ayudó a destruir los reinos francos. En el siglo X d.C., el reino franco del este, conocido como Germania, se dividió en muchos estados pequeños regidos por condes, duques y otros nobles. En el 911 d.C., un grupo de estos nobles trataron de unificar Germania eligiendo un rey. Sin embargo, el rey no tenía mucho poder, porque los nobles querían permanecer independientes.

Uno de los reyes más fuertes de Germania fue **Otto I.** Él peleó contra los magiares y envió tropas a Italia para proteger al papa. Para compensar a Otto por su ayuda, el papa lo declaró emperador de los romanos en el 962 d.C. El territorio de Otto, que incluía la mayor parte de Germania y el norte de Italia, se conoció como el **Sacro Imperio Romano.**

La mayoría de los emperadores del Sacro Imperio Romano no eran muy poderosos. Dos de los más fuertes, Federico I y Federico II, trataron, durante los siglos XII y XIII, de unificar el norte de Italia y Germania con un sólo gobernante y un gobierno central fuerte. Los papas confrontaron estos planes porque no querían que el emperador los controlara. Se unieron con las ciudades de Italia para resistir las fuerzas del emperador. Como consecuencia, tanto Germania como Italia quedaron divididas en pequeños reinos hasta el siglo XIX.

Comprobación de lectura

Explicación ¿Quiénes eran los vikingos y por qué atacaban Europa?

El ascenso de la Iglesia Católica

Idea principal **La Iglesia Católica expandió el cristianismo por toda Europa occidental.**

Enfoque en la lectura ¿Tienes un objetivo al que dedicarías tu vida para alcanzarlo? Lee para aprender los objetivos de la Iglesia Católica en los comienzos de la Edad Media.

Tanto la religión como la geografía jugaban un papel importante en la vida de los europeos. Para cuando el Imperio Romano Occidental colapsó, el cristianismo ya se había convertido en la religión de Roma. Después de que el gobierno romano cayó, la Iglesia Católica Romana comenzó a tener un papel importante en el desarrollo de una nueva civilización en Europa occidental.

¿Por qué eran importantes los monjes?

Cuando Roma cayó, gran parte del noroeste de Europa no era cristiana aún. La excepción era Irlanda. En el siglo V d.C., un cura llamado Patricio viajó a Irlanda, donde expandió el mensaje cristiano y estableció iglesias y monasterios. Durante cientos de años los

▲ El papa Gregorio ayudó a expandir el cristianismo de distintas formas. Aquí se le ve enseñándoles a niños cantos, que luego se conocieron como cantos gregorianos. *¿Qué zona del noroeste de Europa había aceptado el cristianismo antes de que cayera el Imperio Romano Occidental?*

▲ Monjes comiendo juntos en un monasterio

▲ El monasterio en el Monte San Miguel, Francia, es un hermoso trabajo de arquitectura que tardó cientos de años en completarse. *¿Cómo ayudaban los monasterios a la gente en Europa?*

▲ Página ilustrada creada por los monjes

monjes irlandeses tuvieron una función muy importante en preservar las enseñanzas de Roma y trasmitírselas a la gente en Europa.

El éxito de Patricio inspiró a otros, incluyendo al Papa Gregorio I, o **Gregorio el Grande.** Gregorio I fue papa desde el 590 d.C. hasta el 604 d.C. Él quería que toda Europa fuera cristiana, y les pidió a los monjes que se convirtieran en **misioneros,** personas que son enviadas para enseñar la religión.

En el 597 d.C., Gregorio envió 40 monjes al sur de Britania a enseñar el cristianismo. Los monjes convirtieron a Ethelbert, gobernante del reino de Kent. Ethelbert permitió que los misioneros construyeran una iglesia en la ciudad capital, Canterbury. Mientras tanto, los monjes irlandeses introdujeron el cristianismo a Britania. Para el siglo IX d.C., los monjes estaban propagando el cristianismo en Europa. Como consecuencia, la mayoría de los habitantes de Europa Occidental se convirtieron al catolicismo hacia el 1050.

Los monasterios tuvieron un papel importante en la Europa medieval. Los monjes educaban a la gente, ofrecían alimento y descanso a los viajeros y brindaban cuidados a los enfermos. Enseñaban carpintería e hilado y desarrollaron mejores métodos de cultivo. También ayudaron a conservar el conocimiento.

Muchos monasterios tenían scriptoria, o cuartos de escritura, donde los monjes hacían copias de trabajos importantes. Los monjes copiaban las escrituras cristianas, incluyendo la Biblia, así como los trabajos de griegos y romanos.

Con el tiempo, los monasterios comenzaron a participar en la política de Europa. Los monjes hacían votos de pobreza, usaban ropas simples y comían alimentos poco elaborados, pero sus monasterios podían ganar dinero. Cada monasterio producía bienes y era dueño de tierras, con los años, muchos de ellos se hicieron ricos. El líder del monasterio se llamaba Abad, y muchos de ellos se involucraron en política. Eran consejeros de los reyes y regían las tierras que estaban cerca de los monasterios.

¿Por qué es importante Gregorio VII? El papel creciente de los abad y de otros líderes de la Iglesia en la política europea, causó muchas disputas sobre quién tenía el poder. Los reyes querían que los líderes de las iglesias les obedecieran, mientras que el papa decía que él podía coronar reyes.

En el 1073 Gregorio VII fue elegido papa. Quería que los nobles y reyes dejaran de interferir en los asuntos de la Iglesia. Emitió un decreto, u orden, prohibiendo a los reyes nombrar funcionarios de alto rango de la Iglesia.

El decreto papal enojó a Enrique IV, Sacro Emperador Romano. Durante muchos años, el Sacro Emperador Romano había nombrado obispos en Germania. Sin ellos, Enrique IV corría el riesgo de perder poder en favor de los nobles.

Enrique se rehusó a obedecer a Gregorio. Declaró que él no era más el papa. Gregorio dijo que, entonces, Enrique dejaba de ser emperador. Él **excomulgó** a Enrique. Esto significa que una persona ya no es más miembro de la iglesia. Los católicos creían que si uno era excomulgado no podía ir al cielo.

Cuando los nobles germanos defendieron al papa, Enrique se retractó. Enrique viajó a Italia y estuvo de pie y descalzo en la nieve en las afueras del castillo papal implorando su perdón. Gregorio lo perdonó, pero los nobles germanos, sin embargo, eligieron otro rey. Cuando Gregorio aceptó al nuevo rey como emperador, Enrique decidió ir a la guerra. Él tomó Roma y nombró otro papa. Los aliados de Gregorio echaron a las fuerzas de Enrique, pero la disputa no se resolvió.

En 1122 un nuevo papa y el rey germano finalmente acordaron que sólo el papa elegiría los obispos, pero sólo el emperador podía darles empleos en el gobierno. Este acuerdo, llamado Concordato de Worms, fue firmado en la ciudad de Worms. Un **concordato** es un acuerdo entre el papa y el gobernador de un país.

Para cuando Inocente III fue nombrado papa en 1198, la Iglesia Católica estaba en el apogeo de su poder. Inocente pudo controlar a los reyes. Si un gobernante no obedecía, Inocente lo excomulgaba o emitía un interdicto en contra de la gente del gobernante. Un interdicto prohíbe a los sacerdotes dar sacramento cristiano a un grupo de personas. El papa pensaba que, al usar el interdicto, las personas presionarían al gobernante para que obedeciera.

Comprobación de lectura **Contraste** ¿En qué no estaban de acuerdo Gregorio VII y Enrique IV?

Historia en línea

Centro de estudios ¿Necesitas ayuda con el material de esta sección? Visita jat.glencoe.com

Repaso de la sección 1

Resumen de la lectura

Repaso de Ideas principales

- Durante la Edad Media, la geografía europea determinó dónde vivía la gente, su modo de vida y las relaciones con otros pueblos.
- Los anglos y sajones invadieron Britania, los francos crearon un imperio en el oeste de Europa, y los sajones crearon el reino de Germania que se convirtió en el Sacro Imperio Romano.
- Los monjes ayudaron a divulgar el cristianismo por Europa, y la Iglesia Católica se hizo fuerte a principios de la Edad Media.

¿Qué aprendiste?

1. ¿Qué pasó en la Batalla de Tours, y por qué es importante esta batalla?
2. ¿Por qué eran importantes los monasterios en la Europa medieval?

Pensamiento crítico

3. **Resumen de información** Dibuja un diagrama como el que se muestra a continuación. Úsalo para describir el papel de los monjes en la Europa medieval.

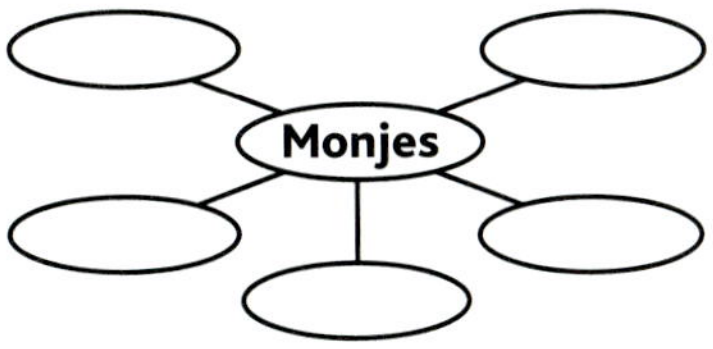

4. **Análisis** ¿Cómo mostraba Carlomagno su apoyo a la educación?
5. **Descripción** Imagina que vives en Europa central en la época medieval. Prepara un póster que describa a los vikingos y los peligros que ellos representan para tu pueblo.
6. **Lectura** **Formulación de preguntas** Enrique IV "estuvo de pie y descalzo en la nieve" para obtener el perdón del papa. Si se te pidiera que entrevistaras a Enrique IV sobre esta experiencia, ¿qué tres preguntas le harías?

Sección 2

Feudalismo

¡Prepárate para leer!

¿Cuál es la relación?

En la sección anterior, leíste cómo los vikingos sembraron el terror y la destrucción en toda Europa. Durante la Edad Media, los aldeanos y los habitantes de las ciudades buscaban a los nobles para obtener protección.

Enfoque en Ideas principales

- El feudalismo surgió en Europa en la Edad Media. Se basaba en la propiedad de la tierra, la lealtad y el poder de los caballeros con armadura a caballo. ***(página 523)***
- Los caballeros seguían un código de caballería y vivían en castillos, mientras que los campesinos lo hacían en casas simples y trabajaban duro todo el año. ***(página 526)***
- El aumento del comercio llevó al crecimiento de los pueblos y las ciudades y al surgimiento de asociaciones y gobiernos comunales. ***(página 528)***

Ubicación de lugares

Venecia
Flandes

Desarrollo de tu vocabulario

feudalismo
vasallo
feudo
caballero
siervo
asociación

Estrategia de lectura

Comparación y contraste Completa un diagrama de Venn como el que está a continuación y muestra las diferencias y similitudes entre los siervos y los esclavos.

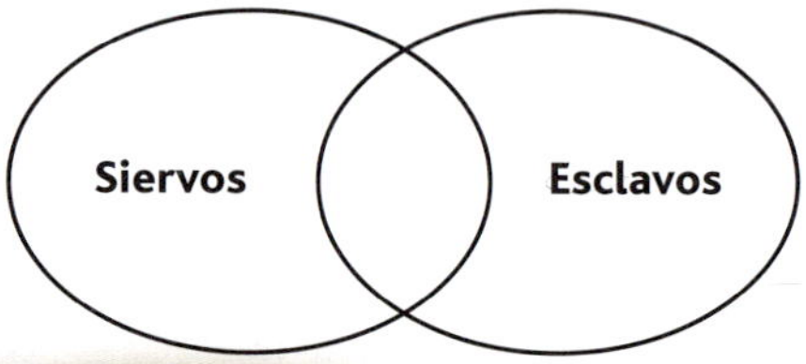

NATIONAL GEOGRAPHIC ¿Cuándo y dónde?

800 d.C. — 1000 — 1200

c. 800 d.C. El feudalismo comienza en Europa

c. 1100 Flandes e Italia intercambian mercaderías en forma regular

c. 1200 Las asociaciones están muy difundidas en Europa

¿Qué es el feudalismo?

Idea principal **El feudalismo surgió en Europa en la Edad Media. Se basaba en la propiedad de la tierra, la lealtad y el poder de los caballeros con armadura a caballo.**

Enfoque en la lectura ¿Cómo sería vivir en un país donde el gobierno se hubiera desintegrado? Lee para aprender cómo la caída del gobierno de Carlomagno cambió la vida de los habitantes de la Edad Media.

Cuando el abuelo de Carlomagno, Carlos Martel, necesitó un ejército para luchar contra los musulmanes que invadían Francia, comenzó a obsequiar fincas (grandes extensiones de tierras) a los nobles que quisieran luchar para él. Los nobles usaban los ingresos de las fincas para pagar sus caballos y armas. Aunque Carlos Martel no lo sabía, estaba haciendo uso de una forma de organizar la sociedad que luego se extendería a casi toda Europa.

Cuando el imperio de Carlomagno cayó, Europa Occidental perdió su último gobierno central fuerte. Los nobles, dueños de tierras, se hicieron cada vez más poderosos. Ganaron el derecho a cobrar impuestos y hacer cumplir las leyes en sus tierras. Cuando los invasores esparcieron la miseria en Europa, los campesinos, o granjeros, no pudieron confiar en los reyes. Por eso, buscaron a los nobles para obtener protección.

Durante el siglo IX d.C., este traspaso de poder de los reyes hacia los nobles dio lugar a un nuevo sistema llamado **feudalismo.** Bajo el feudalismo, los nobles dueños de tierras gobernaban y protegían a los pobladores a cambio de servicios, tales como luchar en el ejército o cultivar la tierra. Hacia el 1000 d.C., los reinos de Europa fueron divididos en miles de territorios feudales. Algunos de estos territorios eran muy grandes, pero la mayoría eran pequeños, incluso más pequeños que las ciudades-estado de Grecia y Sumeria. Sin embargo, en el centro de cada uno no había una ciudad sino el castillo de un noble, o una fortaleza.

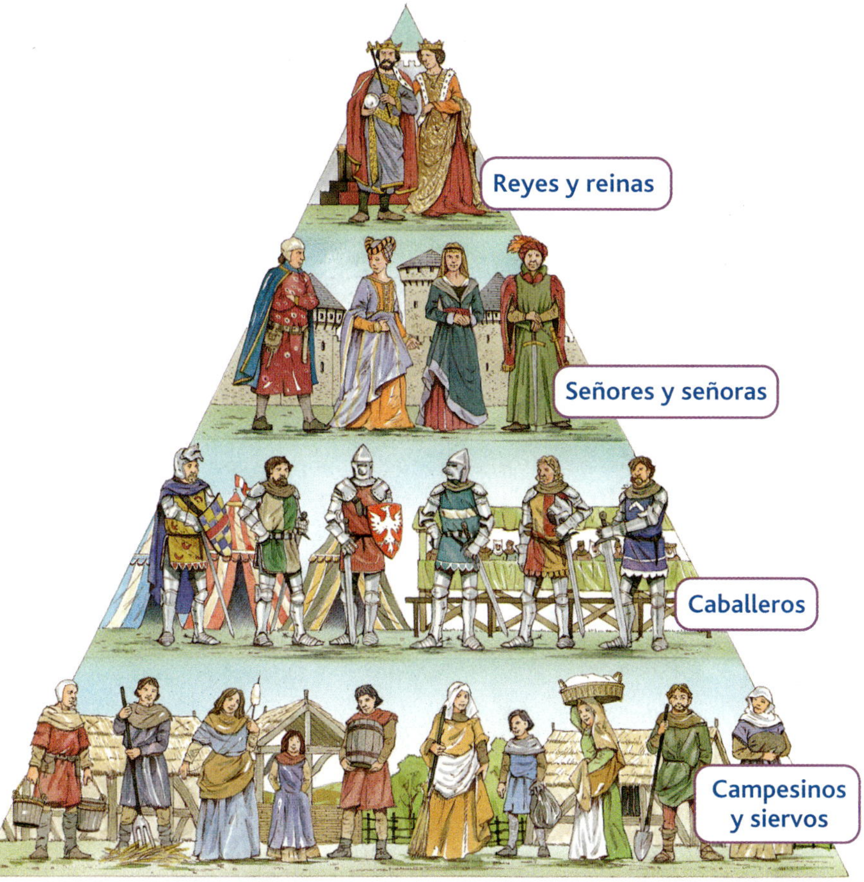

▲ Bajo el feudalismo, cada nivel social tenía obligaciones con los grupos por encima y por debajo. *¿Qué grupo en el diagrama servía como vasallo a los señores y a las señoras?*

El papel de vasallos y caballeros

El feudalismo se basaba en lazos de lealtad y deber entre los nobles. Los nobles eran tanto señores como vasallos. Un **vasallo** era un noble que servía a un señor de mayor jerarquía. En compensación, el señor protegía a su vasallo.

El lazo entre el señor y su vasallo se daba a conocer en una ceremonia pública. El vasallo colocaba las manos juntas entre las de su señor. Luego el vasallo juraba "mantener fidelidad y lealtad a su señor por encima de todos ".

Luego el vasallo demostraba su lealtad, sirviendo en el ejército de su señor. En compensación por estos servicios, el señor le otorgaba tierras. Esta tierra era conocida con el nombre de **feudo.** Los vasallos gobernaban a aquellos que habitaban sus tierras.

Los vasallos eran **caballeros,** o guerreros con armadura que peleaban a caballo. Hasta el siglo VIII d.C., los nobles en Europa occidental peleaban, por lo general, a pie. Usaban cota de malla (una armadura hecha de eslabones de metal) y llevaban espadas y escudos. En el siglo VIII d.C., un nuevo invento, el estribo, hizo posible que un hombre con armadura pudiera cabalgar y atacar mientras asía una lanza, una vara larga y pesada. Los caballeros cargaban contra sus enemigos, atravesándolos con sus lanzas. Desde el siglo VIII d.C. hasta el siglo XIII d.C., los caballeros con armadura a caballo eran los soldados más poderosos de Europa.

Europa no era el único lugar que tenía una sociedad feudal. Como recordarás de un capítulo anterior, Japón tuvo un sistema similar entre el 800 y el 1500 d.C. Los nobles poderosos le debían solo una vaga lealtad al emperador japonés. Los nobles se apoyaban en los samurais. Al igual que los caballeros, los samurais les debían lealtad a sus señores y les brindaban apoyo militar. También, al igual que los caballeros en Europa, los samurais usaban armadura y peleaban a caballo.

¿Qué era el sistema feudal? Los feudos de la Edad Media se llamaban señoríos. Los señores gobernaban sus señoríos y los campesinos trabajaban la tierra. Algunos de ellos eran hombres libres, que le pagaban al noble para tener derecho a trabajar la tierra. Tenían derechos de ley y podían irse cuando y adónde quisieran.

Sin embargo, la mayoría de los campesinos eran **siervos.** Los siervos no podían dejar el señorío, ser propietarios o casarse sin el consentimiento del señor feudal. Los señores tenían derecho a juzgar a sus siervos en sus

Un señorío medieval

Un señorío medieval tenía, por lo general, la casa o castillo del señor, tierras que lo rodeaban y una aldea de campesinos. Mientras que los caballeros o nobles de poca importancia solo poseían un señorío, los señores poderosos podían ser dueños de varios. Un señor poderoso pasaba un tiempo en cada uno de sus señoríos durante el año. ***¿Qué obligaciones tenía el señor con sus siervos?***

Campos
En la primavera, los siervos plantaban cultivos como el trigo de verano, cebada, avena, arvejas (chícharos) y frijoles. Los cultivos plantados en el otoño incluían el trigo de invierno y el centeno. Las mujeres con frecuencia ayudaban en los campos.

propias cortes. Sin embargo, los siervos no eran esclavos. Los señores no los podían vender o quitarles las tierras que les habían dado por brindarles apoyo. Tenían la obligación de protegerlos, brindándoles la seguridad que necesitaban para cultivar la tierra.

Los siervos trabajaban muchas horas en la tierra de sus señores y realizaban servicios para ellos. Pasaban tres días trabajando para el señor y el resto de la semana cultivaban para ellos mismos. También tenían que dar una parte de sus cultivos al señor y pagarle por el uso del molino de la aldea, el horno de pan y la prensa para vino.

No era fácil que los siervos ganaran su libertad. Una manera de lograrlo era escaparse hacia los pueblos. Si un siervo permanecía en el pueblo durante más de un año, podía considerarse libre. Hacia finales de la edad media, los siervos de muchos reinos también podían comprar su libertad.

¿Cómo mejoró la agricultura? Durante la Edad Media, los europeos inventaron nuevas tecnologías que los ayudaron a incrementar la cosecha. Tal vez la más importante fue un arado pesado con ruedas con una cuchilla de hierro. Fácilmente daba vuelta los suelos arcillosos y compactos del oeste de Europa.

Otro invento importante fue el pretal para caballo. Esto hizo posible que el animal tirara del arado. Los caballos lo hacían mucho más rápido que un buey, y permitía a los campesinos plantar más y producir más alimentos.

Castillo
Los castillos estaban construidos con diversos formatos y normalmente estaban diseñados para adaptarse al territorio.
Iglesia
Las iglesias de las aldeas con frecuencia no tenían bancos. Los aldeanos se sentaban en el suelo o traían bancos de casa.
Casa de un siervo
Los siervos tenían pocos muebles. Se hacían mesas con tablas apoyadas sobre bancas, y la mayoría de los campesinos dormían en colchones de paja en el piso.

Los europeos también hallaron nuevas formas de aprovechar la energía del agua y el viento. Muchos de los ríos de Europa daban energía a molinos de agua que molían los granos convirtiéndolos en harina. En donde no había ríos disponibles, los molinos de viento se usaban para moler granos, bombear agua o cortar madera.

Los campesinos aprendieron a cultivar más alimentos al rotar los cultivos en tres campos en lugar de dos. La rotación mantenía la tierra fértil. Un campo se plantaba en otoño y el otro en primavera. El tercer campo no se plantaba. El sistema de tres campos hacía que un tercio de la tierra a la vez se mantuviera inutilizado, en lugar de la mitad. Como consecuencia se podía cultivar más.

✓ Comprobación de lectura **Explicación** ¿Cómo era que un noble podía ser a la vez señor y vasallo?

▲ **Los nobles celebraban ocasiones especiales con grandes fiestas, que incluían varios platos de comida, frutas y vegetales.** ***¿Cuáles eran la obligaciones de las esposas de los nobles cuando ellos iban a la guerra?***

La vida en la Europa feudal

Idea principal **Los caballeros seguían un código de caballería y vivían en castillos, mientras que los campesinos lo hacían en casas simples y trabajaban duro todo el año.**

Enfoque en la lectura ¿Has escuchado la frase "caballero de brillante armadura"? Lee para aprender por qué estas palabras se aplican tanto a cómo se comportaban los caballeros como a cómo se vestían.

Durante la Edad Media, los nobles eran las personas más poderosas de Europa. Los grandes señores tenían más tierra y riqueza que los caballeros ordinarios. Sin embargo, la confianza en el sistema feudal unió a los señores y caballeros en defensa de la sociedad.

¿Cómo vivían los nobles? Los caballeros seguían un cierto código, llamado código de caballería. Se esperaba que un caballero obedeciera a su señor, que fuera valiente, que mostrara respeto por las mujeres de noble cuna, honrara a la iglesia y ayudara a la gente. Un caballero también debía ser honesto y luchar de manera justa contra sus enemigos. El código de caballería se convirtió en una guía para la buena conducta. Muchas de las ideas de hoy sobre los buenos modales surgen del código de caballería.

Cuando un noble iba a la guerra, sus esposas o hijas quedaban a cargo de sus señoríos. Esto no era una tarea fácil porque los señoríos tenían muchos funcionarios y siervos. Para llevar buen registro de la contabilidad de la casa se necesitaba mucha destreza. La señora tenía que controlar que hubiera alimentos almacenados y provisiones necesarias para mantener el hogar.

El centro del señorío era el castillo. Al comienzo los castillos eran de madera. Luego los construyeron de piedra. El castillo tenía dos

Un castillo medieval

Los castillos eran construidos para resistir los ataques en tiempos de guerra. En general, se construían en tierras altas o estaban rodeados de fosos para dificultar los ataques. ***¿Cómo se llamaba el edificio central de un castillo?***

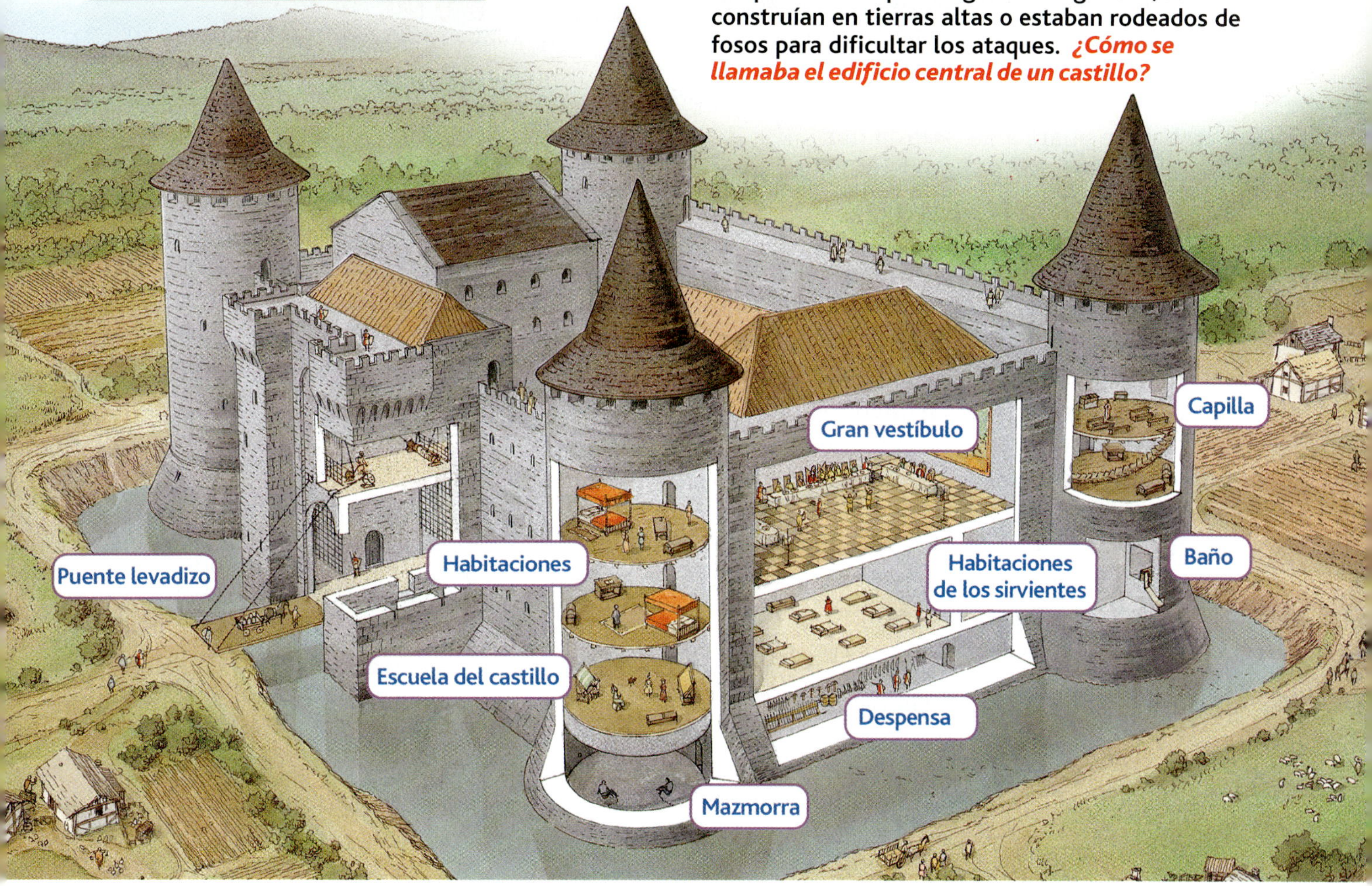

partes básicas. Una era una colina escarpada natural o hecha por el hombre llamada mota, y la otra era un espacio abierto que rodeaba la mota. Paredes altas de piedra encerraban la mota y el terreno circundante. El alcázar, o edificio central del castillo, estaba construido sobre la mota.

El alcázar tenía varios pisos. El sótano albergaba los cuartos de depósito de herramientas y alimentos. En la planta baja estaban las cocinas y los establos, y en el piso de arriba había una gran sala. Aquí comían los habitantes de la casa y a veces dormían, y el señor del castillo mantenía audiencias y recibía visitas. Cuartos más pequeños salían de la sala principal. Estos incluían capillas, baños, y dormitorios con grandes camas con cortinas.

A finales de la Edad Media, los nobles tenían más joyas, mejores ropas y condimentos exóticos. También construían castillos más elaborados con paredes más gruesas, más torres, muebles más finos y más decoración.

¿Cómo era la vida de un campesino? Las casas de los campesinos eran mucho más sencillas. Vivían en cabañas de madera recubiertas de arcilla. Los techos estaban techados con paja. La casas de los campesinos más pobres tenían sólo un cuarto. Las casas mejores tenían una habitación para cocinar y comer y otra para dormir.

Los campesinos trabajaban todo el año. Cosechaban en agosto y septiembre. En octubre preparaban la tierra para los cultivos de invierno. En noviembre mataban ganado y salaban la carne para mantenerla durante el invierno. En febrero y marzo, araban la tierra para plantar avena, cebada, guisantes y frijoles.

Al comienzo del verano sacaban la maleza de los campos, esquilaban las ovejas, y se ocupaban de sus huertas.

Los campesinos se tomaban un descanso del trabajo e iban a la iglesia los días de festividad católicos. Celebraban más de 50 festividades al año. Las más importantes eran Navidad y Pascua. Los días de festividad y los domingos, el cura de la aldea les enseñaba los preceptos básicos del cristianismo.

Las campesinas trabajaban los campos y cuidaban de los niños al mismo tiempo. También recolectaban y preparaban la comida de la familia. Todos los días preparaban masa de pan y la horneaban en hornos comunitarios. El pan era el elemento básico de la dieta medieval. El pan de los campesinos era oscuro y pesado. Lo comían con vegetales, leche, nueces y frutas. A veces le agregaban huevos o carne, y con frecuencia tomaban cerveza.

Comprobación de lectura **Identificación** ¿Qué era el código de caballería?

El comercio y las ciudades

Idea principal **El aumento del comercio llevó al crecimiento de los pueblos y las ciudades y al surgimiento de asociaciones y gobiernos comunales.**

Enfoque en la lectura ¿Qué efecto tendría el establecimiento de un nuevo centro comercial en tu ciudad? Lee para saber cómo el crecimiento del comercio y el surgimiento de las ciudades cambió la forma de vida de la gente de la Europa Medieval.

Cuando cayó el imperio romano, casi todo el comercio de Europa Occidental llegó a su fin. Los puentes y las rutas estaban en mal estado. La ley y el orden desaparecieron. El dinero dejó de usarse. La mayor parte de las personas pasaban la vida en las pequeñas aldeas donde habían nacido y conocían muy poco del resto del mundo.

Hacia el 1100, el feudalismo convirtió a Europa en un lugar seguro, y la nueva tecnología le permitió a la gente producir más alimentos y productos. Los nobles repararon los puentes y caminos, arrestaron a los bandidos, e hicieron

La vida en una ciudad medieval

◀ Esta escena muestra un mercado en un pueblo medieval. ***¿Qué área se convirtió en el centro de negocios del norte de Europa?***

Un alcalde de Londres de comienzos del 1200 ▶

cumplir la ley. Como consecuencia, el comercio se reanudó.

A medida que el comercio aumentaba, los pueblos se hicieron más grandes, y muchas ciudades se hicieron ricas. Por ejemplo, la ciudad de **Venecia** en Italia creó una flota de barcos mercantes. Se había convertido en el mayor centro comercial para el año 1000 d.C. Venecia, así como otras ciudades de Italia, comenzó a comerciar con el Imperio Bizantino y pronto se convirtió en el centro comercial del Mediterráneo.

Mientras tanto, los pueblos en **Flandes,** que hoy es parte de Bélgica, se convirtieron en el centro comercial de Europa del norte. Esta área era conocida por su paño de lana. Los mercaderes de Inglaterra, Escandinavia, Francia y el Sacro Imperio Romano se encontraban allí para intercambiar sus productos por lana. Los pueblos flamencos como Brujas y Ghent se convirtieron en centros de comercialización y fabricación de paños.

Hacia el 1100, Flandes e Italia intercambiaban mercaderías de manera constante. Para fomentar este intercambio, los condes de Champagne en el norte de Francia comenzaron a llevar a cabo ferias comerciales. Los mercaderes del norte de Europa intercambiaban pieles, estaño, miel y lana por paño y espadas con el norte de Italia, y sedas, azúcar y especias con Asia.

Historia en línea

Actividad en línea Visita jat.glencoe.com y haz clic en *Chapter 15—Student Web Activity* para aprender más sobre la Edad Media.

Durante comienzos de la Edad Media, los habitantes hacían trueque, o intercambiaban unos productos por otros. A medida que el comercio aumentaba, la demanda de monedas de oro y plata se hizo más importante. Poco a poco, las personas comenzaron a usar el dinero de nuevo para pagar sus productos. Los mercaderes establecieron compañías de comercio y bancos para controlar la venta de mercaderías y el uso del dinero.

▲ Esta ilustración de un libro de la época medieval muestra sopladores de vidrio en su trabajo *¿Cuáles eran algunos de los artículos que se intercambiaban en las ferias comerciales?*

▼ Un vitral que muestra los brazos, o símbolo del gremio de los herreros

¿Cómo se gobernaban las ciudades? Las ciudades muchas veces se encontraban en las tierras de los nobles. Eso significaba que estaban bajo su control. Sin embargo, los habitantes necesitaban libertad para comerciar. Querían tener sus propias leyes y estaban dispuestos a pagar para tener derecho a hacerlas. A cambio del pago de impuestos, los pobladores obtenían de los señores ciertos derechos básicos. Estos derechos incluían el derecho a comprar y vender propiedad, y libertad para no tener que servir en el ejército.

Con el tiempo, los pueblos medievales establecieron sus propios gobiernos. Sólo los hombres que habían nacido en la ciudad o que habían vivido allí por un período suficientemente largo eran considerados ciudadanos. En muchas ciudades, estos ciudadanos elegían los miembros de un consejo municipal. Los miembros de este consejo servían de jueces, funcionarios de gobierno y legisladores. Los candidatos de las familias más ricas y poderosas por lo general podían controlar las elecciones de modo que sólo ellas fueran elegidas.

Artesanos y asociaciones El comercio fomentó la fabricación. Los habitantes producían paño, trabajo en metal, zapatos y otros productos en sus casas. Con el tiempo esta gente se organizó en **asociaciones**, o grupos de negocios. Para el año 1200, los curtidores, pasteleros y casi cualquier otro que tuviera un oficio formaron asociaciones. El surgimiento de los pueblos y las asociaciones dio lugar a una nueva clase media en la Europa Medieval. Las personas de la clase media no eran ni señores, ni vasallos, ni siervos. No poseían tierras, pero sí tenían cierta riqueza y libertad.

Las asociaciones establecieron estándares de calidad para sus productos. Decidían cómo se fabricaban y a qué precio se vendían. Las asociaciones decidían quiénes podían unirse a ellas y los pasos que debían seguir para hacerlo.

Una persona podía convertirse en aprendiz a los 10 años. Los aprendices aprendían un oficio de un maestro que les daba casa y comida, pero no un salario. Después de siete años de servicio, el aprendiz se convertía en oficial y trabajaba por un salario. Para ser maestro, un oficial tenía que producir una pieza maestra: una obra que fuera un ejemplo excepcional de su arte.

¿Cómo era la vida en la ciudad? Las ciudades medievales tenían calles angostas y sinuosas. Las casas estaban apiñadas unas contra otras, y los segundos y terceros pisos

▲ Las calles en la época medieval eran angostas y muchas veces contenían agua de desecho y basura. ***¿Por qué eran los incendios un peligro importante para las ciudades medievales?***

▼ Una calle de Francia de la época medieval

estaban construidos sobre la calle. Las velas y las chimeneas se usaban para iluminación y abrigo, y las casas eran, en gran parte, de madera. Como consecuencia, las ciudades medievales se destruían rápidamente cuando un incendio comenzaba.

Las ciudades eran sucias y hediondas. Los fuegos de los hogares y negocios impregnaban el aire de cenizas y humo. Los cerveceros, tintoreros, y la gente pobre que no podía pagar el precio de la madera, quemaban carbón barato, contaminando aún más el aire. Los carniceros y curtidores tiraban la sangre y otros desechos animales a los ríos. Debido a la contaminación, las ciudades no usaban los ríos para beber agua, sino pozos.

Las mujeres llevaban adelante la casa, preparaban la comida, criaban a los niños y manejaban el dinero de la familia. Con frecuencia ayudaban a sus maridos en sus oficios. Algunas mujeres desarrollaron su propio oficio para tener dinero extra. Algunas veces, cuando un maestro artesano moría, su viuda seguía con su oficio. A consecuencia de esto, las mujeres en los pueblos medievales podían llevar una vida independiente. De hecho, muchas mujeres se convirtieron en cerveceras, tejedoras y fabricantes de sombreros.

▲ **Este cuadro muestra una mujer medieval hilando lana mientras su esposo se calienta junto al fuego.** ***¿Cuáles eran algunas de las responsabilidades de las mujeres en las ciudades medievales?***

Comprobación de lectura **Análisis** ¿En qué forma piensas que el paso de un sistema de trueque al del uso de dinero cambió la Europa medieval?

Historia en línea

Centro de estudios ¿Necesitas ayuda con el material de esta sección? Visita jat.glencoe.com

Repaso de la sección 2

Resumen de la lectura

Repaso de Ideas principales

- Bajo el sistema de feudalismo, Europa se dividió en miles de territorios. Los nobles eran sus dueños y los siervos los trabajaban.
- Durante la Edad Media, los nobles vivían en grandes castillos, mientras que los siervos vivían en cabañas de madera.
- A medida que se incrementó el comercio en el medioevo, los pueblos crecieron y aquellos que tenían un oficio se agruparon formando asociaciones.

¿Qué aprendiste?

1. ¿Qué era un vasallo?
2. Describe el sistema de rotación de cultivos de finales de la edad media y explica cómo esto incrementó la cantidad de alimentos que podían cultivar.

Pensamiento crítico

3. **Comparación y contraste** Dibuja un cuadro para comparar los deberes y obligaciones de los señores, los caballeros y los siervos.

Señores	Caballeros	Siervos

4. **Resumen** Explica el traspaso del poder de los reyes a los nobles durante la Edad Media.
5. **Causa y efecto** ¿Cómo es que el aumento en el comercio llevó al crecimiento de los pueblos y ciudades?
6. **Conclusión** ¿Qué eran las asociaciones y por qué eran importantes?
7. **Redacción creativa** Escribe un cartel de "Se vende" para un castillo medieval. Describe las habitaciones del castillo y sus alrededores, incluyendo el señorío y sus residentes.

Tú decides . . .

Feudalismo: ¿Bueno o malo?

El feudalismo era el sistema social y político más importante en la Europa medieval. Se desarrolló a medida que el poder pasaba de manos de los reyes a los señores feudales locales.

¿Un buen sistema?

El feudalismo unió a dos grupos poderosos: los señores y los vasallos. Los señores les otorgaban tierras a los vasallos a cambio de servicios militares y de otro tipo. El feudalismo resultó ser de utilidad para los europeos occidentales por las siguientes razones:

- El feudalismo ayudó a proteger a las comunidades de la violencia y la guerra que se desataron después de la caída de Roma y el colapso del poderoso gobierno central en Europa Occidental. El feudalismo fortaleció a las sociedades de Europa Occidental y evitó el avance de poderosos invasores.
- El feudalismo ayudó a restaurar el comercio. Los señores repararon los puentes y las rutas. Sus caballeros arrestaron a los bandidos, hicieron cumplir la ley y garantizaron la seguridad al viajar por las rutas.
- El feudalismo benefició a los señores, a los vasallos y a los campesinos. Los señores descubrieron una fuerza de combate confiable en sus vasallos. Los vasallos recibían tierras a cambio de los servicios militares que brindaban. Los campesinos contaban con la protección que le otorgaban sus señores. El señor también construía molinos para moler el grano y talleres de herreros y de carpintería para confeccionar herramientas.
- Las ceremonias feudales, los juramentos de lealtad y los contratos establecían que los señores y los vasallos mantendrían su lealtad y cumplirían con sus obligaciones mutuas. Estas clases de acuerdos y rituales posteriormente permitieron definir el desarrollo de los gobiernos occidentales.
- El feudalismo impedía que una sola persona u organización se tornara demasiado poderosa.

Siervos trabajando la tierra

Los nobles terratenientes a menudo prestaban servicio como caballeros.

El poder se compartía entre varias personas y grupos. Éste fue el primer paso hacia las ideas europeas de los gobiernos limitados, las constituciones y los derechos civiles.

¿Un mal sistema?

El feudalismo no siempre funcionó tan bien en la vida real como en la teoría, y generó muchos problemas en la sociedad.

- El feudalismo proporcionó cierta unidad y seguridad en las zonas locales, pero a menudo careció de la fuerza suficiente como para unificar regiones o países de mayor tamaño. Los pequeños gobiernos feudales no podían afrontar proyectos de gran envergadura como la construcción de acueductos, alcantarillas o flotas de barcos, que podrían haber beneficiado a la sociedad.
- Dado que no existía ningún gobierno central fuerte que hiciera cumplir las leyes de manera justa, era muy sencillo usar la fuerza, la violencia y las mentiras para lograr lo que uno quería. Esto dio origen a muchas guerras entre los señores. El feudalismo protegió a Europa Occidental de los invasores extranjeros, pero no trajo la paz a ninguna región.
- Los señores y los vasallos a menudo daban prioridad a sus intereses personales en lugar de los intereses de las áreas que gobernaban. Los señores feudales tenían poder absoluto sobre las áreas locales que gobernaban y podían imponer exigencias rigurosas sobre sus vasallos y campesinos.
- El feudalismo no trataba a las personas con equidad ni les permitía escalar posiciones dentro de la sociedad. Se suponía que una persona que nacía siendo siervo seguiría siendo siervo, así como una persona que nacía siendo señor recibiría un tratamiento especial sin merecerlo.
- La mayoría de los campesinos eran siervos. No se les permitía dejar las tierras del señor. Los siervos tenían que trabajar tres o cuatro días por semana como pago a los señores o vasallos por permitirles cultivar sus tierras para obtener alimentos para sí mismos durante los otros días. Los movimientos de los siervos e incluso sus actividades diarias se veían limitadas dado que no podían dejar las tierras sin el permiso del señor.

Tú eres el Historiador

Verificación de comprensión

1. ¿Crees que el feudalismo ayudó o perjudicó el desarrollo de Europa Occidental?
2. ¿Existe alguna forma en que los señores feudales podían haber trabajado sus tierras sin la ayuda de los siervos?
3. Imagina cómo habría sido tu vida si hubieras nacido en una sociedad feudal. Escribe por lo menos tres breves anotaciones en tu diario. Describe tu vida diaria como señor, vasallo o siervo y tu relación con los otros dos grupos. Tus anotaciones deben mostrar al feudalismo como un sistema bueno o malo.

Sección 3

Los Reinos y las Cruzadas

¡Prepárate para leer!

¿Cuál es la relación?

En la última sección, leíste sobre cómo vivían los habitantes de Europa Occidental durante la Edad Media. Esta sección describe los cambios políticos que tuvieron lugar mientras la gente seguía con su vida diaria.

Enfoque en Ideas principales

- Inglaterra desarrolló un sistema en el que el poder del rey estaba limitado por el Parlamento. ***(página 535)***
- Los reyes franceses, los Capeto, conquistaron tierras dominadas por los ingleses en el oeste de Francia y organizaron el primer parlamento francés. ***(página 538)***
- Después de que los mongoles destruyeron el estado de Kiev, los gobernantes de Moscú organizaron un nuevo estado ruso encabezado por un zar. ***(página 539)***
- Los cruzados europeos capturaron Jerusalén pero posteriormente fueron expulsados por los musulmanes. ***(página 541)***

Ubicación de lugares

Normandía
Kiev
Moscú

Conoce a los personajes

Guillermo el Conquistador
rey Juan
Felipe II
Saladino

Desarrollo de tu vocabulario

gran jurado
jurado del juicio
clero

Estrategia de lectura

Causa y efecto Completa un diagrama que muestre las causas y los efectos de las Cruzadas.

Causas		Efectos
	→	
	→	

NATIONAL GEOGRAPHIC ¿Cuándo y dónde?

900 d.C. — 1150 — 1400

c. 871 d.C. Alfredo se corona rey de Inglaterra

1095 El Papa Urbano II convoca a la Primera Cruzada

1480 Iván el Grande pone fin al dominio mongol

Inglaterra en la Edad Media

Idea principal **Inglaterra desarrolló un sistema en el que el poder del rey estaba limitado por el Parlamento.**

Enfoque en la lectura ¿Conoces a alguien que haya tenido que ir a un tribunal o que haya prestado servicios como jurado? Lee para aprender cómo se iniciaron estas instituciones en la Inglaterra medieval.

En la sección uno, aprendiste que los pueblos germánicos llamados anglos y sajones invadieron Bretaña a principios del siglo V d.C. Le arrebataron gran parte del territorio a los celtas, y crearon varios reinos pequeños. A fines del siglo IX d.C., los vikingos atacaron Bretaña. El rey Alfredo de Wessex, conocido posteriormente como Alfredo el Grande, unió a los reinos anglosajones y expulsó a los vikingos. El reino unido por Alfredo pasó a llamarse "Angleland" o Inglaterra.

Alfredo gobernó Inglaterra desde 871 d.C. hasta 899 d.C. Fundó escuelas y contrató a eruditos para reescribir los libros latinos en el idioma anglosajón. Desafortunadamente, los reyes anglosajones que vinieron después de él fueron soberanos débiles.

¿Quién fue Guillermo el Conquistador? En el siglo X d.C., los vikingos conquistaron parte del oeste de Francia, del otro lado del Canal de la Mancha. Esta región se llamó **Normandía,** por los vikingos, o nórdicos, que la gobernaban. A mediados del siglo XI d.C., Normandía estaba gobernada por Guillermo, descendiente del líder vikingo que había conquistado Normandía. Guillermo también era primo del rey Eduardo de Inglaterra.

Cuando murió Eduardo, un noble llamado Haroldo Godwinson reclamó el trono de Inglaterra. Sin embargo, Guillermo consideraba que él, y no Haroldo, debía ser rey de Inglaterra. En 1066, Guillermo y su ejército de caballeros desembarcaron en Inglaterra. Derrotaron a Haroldo y a sus soldados de infantería en la Batalla de Hastings. Guillermo fue coronado rey de Inglaterra y llegó a conocerse como **Guillermo el Conquistador.**

▼ Esta pintura de la Batalla de Hastings muestra a los caballeros normandos cabalgando bajo las órdenes de Guillermo el Conquistador, atacando a soldados de infantería ingleses. *¿Qué territorio gobernaba Guillermo antes de atacar Inglaterra?*

Al principio los anglosajones se resistieron al gobierno de Guillermo. Tuvo que encontrar una manera de poner fin a las revueltas anglosajonas y de controlar a sus propios soldados. Lo logró otorgando tierras a sus caballeros normandos. Entonces les hizo jurar lealtad a él como gobernante de Inglaterra.

Guillermo quería saber todo sobre su nuevo reino. Realizó el primer censo en Europa desde los tiempos romanos. Este censo se conoció como Domesday Book. Se contó a las personas, propiedades y animales de granja.

Los normandos que gobernaron Inglaterra llevaron a ese país las costumbres de Europa. En el gobierno de Guillermo, los funcionarios y los nobles hablaban francés. Los anglosajones del pueblo seguían hablando su propio idioma, que con el tiempo se transformó en el idioma inglés. También aprendieron nuevas habilidades de los tejedores y otros artesanos normandos. Los normandos, a su vez, mantuvieron las prácticas gubernamentales de los anglosajones. Por ejemplo, dependían de los funcionarios locales, llamados sheriffs, para mantener el orden. A medida que normandos y anglosajones se casaban entre sí, su manera de hacer las cosas se combinó para formar una nueva cultura inglesa.

Enlaces entre el pasado y el presente

Sistema de jurados

ENTONCES El derecho a un juicio por jurado en Inglaterra se otorgó en la Carta Magna, pero los juicios por jurado habían empezado en Europa unos 50 años antes. Para cada caso, se seleccionaban 12 miembros del jurado. En algunas aldeas, las mismas personas se elegían una y otra vez por su sabiduría o posición social. Los miembros del jurado eran siempre varones. El jurado decidía si un acusado era culpable o inocente.

▼ Un jurado moderno

▲ Una corte medieval

AHORA En Estados Unidos, los ciudadanos son elegidos al azar para servir en un jurado. Algunos estados han reducido la cantidad de miembros del jurado de 12 a 10, 8 ó 6. Los jurados normalmente deciden un veredicto y a veces dictan sentencia. ***¿Cuál es la desventaja de seleccionar a las mismas personas para servir siempre en los jurados?***

Enrique II y el Common Law El poder del rey inglés aumentó con el gobierno de Enrique II. Enrique gobernó Inglaterra desde 1154 hasta 1189. Enrique usó los tribunales para aumentar su poder. Organizó un tribunal central con abogados y jueces capacitados. Entonces nombró a los llamados jueces de circuito, que viajaban por todo el país atendiendo casos. También estableció un conjunto de "common law" (derecho común), es decir, una ley que era la misma en todo el reino.

Enrique organizó un sistema de jurados para manejar las disputas por las tierras. Con el tiempo se desarrollaron dos tipos de jurados. El **gran jurado** decidía si una persona debía ser acusada de un delito. El **jurado del juicio** decidía si un acusado era inocente o culpable.

¿Qué fue la Carta Magna? El hijo de Enrique, Juan, se coronó rey de Inglaterra en 1199. El **rey Juan** subió los impuestos en Inglaterra y castigó a sus enemigos sin hacerles juicio. Muchos nobles ingleses se oponían al poderío del rey. Se rehusaron a obedecerlo a menos que aceptara garantizar ciertos derechos.

Los nobles se reunieron con el rey Juan en un prado llamado Runnymede en 1215. Allí obligaron a Juan a firmar una declaración de derechos llamado la Carta Magna, o la Gran Carta. La Carta Magna le quitó algunos poderes al rey. Ya no podía recaudar impuestos, a menos que un grupo, llamado el Gran Consejo, estuviera de acuerdo. Los hombres libres que fueran acusados de delitos tenían el derecho a ser juzgados en un juicio justo por sus pares, o iguales. La Carta Magna también estableció que el rey y los vasallos tenían ciertos derechos y deberes. La Carta Magna fue importante porque ayudó a establecer la idea de que la gente tenía derechos y de que el poder de los gobernantes debía limitarse.

En el siglo XIII, otro rey inglés, Eduardo I, convocó a una reunión de personas de diferentes partes de Inglaterra. Su tarea era darle consejo y ayudarlo a elaborar leyes. Esta reunión, llamada el Parlamento, fue un paso importante hacia el gobierno representativo.

Fuente principal

Carta Magna

Este extracto de la Carta Magna describe el derecho a un juicio por jurado:

"Ningún hombre libre podrá ser prendido o encarcelado o desposeído de sus bienes y libertades, o de sus costumbres libres, o proscrito o desterrado; o de cualquier otro modo arruinado, sino previo juicio legal de sus pares, o en virtud de la ley del pais".

—Carta Magna

El rey Juan firma la Carta Magna ▲

PBD Preguntas basadas en los documentos

¿Por qué crees que esta parte de la Carta Magna es importante?

Al principio, los Parlamentos se componían de dos caballeros de cada condado, dos personas de cada ciudad y todos los nobles de alta estirpe y dignatarios de la Iglesia. Más adelante, el Parlamento se dividió en dos cámaras. Los nobles de alta estirpe y los miembros de la Iglesia se reunieron en la House of Lords (Cámara de los Lores). Los caballeros y las personas de las ciudades se reunieron en la House of Commons (Cámara de los Comunes).

Comprobación de lectura **Explicación** ¿De qué manera afectó la Carta Magna el poder del rey?

El reino de Francia

Idea principal **Los reyes franceses, los Capeto, conquistaron tierras dominadas por los ingleses en el oeste de Francia y organizaron el primer parlamento francés.**

Enfoque en la lectura ¿Alguna vez hicieron una encuesta en tu clase? Lee para saber cómo un rey francés descubrió lo que su pueblo estaba pensando.

En 843 d.C., el imperio de Carlomagno estaba dividido en tres partes. La parte occidental se transformó más adelante en el reino de Francia. En el año 987 d.C. los nobles francos eligieron a Hugo Capeto para que fuera su rey. Hugo fue el primero de los reyes Capeto de Francia. Los Capeto controlaban el área que rodeaba a París, la capital. Muchos nobles franceses tenían más poder que los reyes. Esto empezó a cambiar cuando **Felipe II** se convirtió en rey de Francia.

Felipe gobernó desde 1180 hasta 1223. Cuando asumió el trono, el rey de Inglaterra dominaba partes de la Francia Occidental. Felipe fue a la guerra contra Inglaterra y conquistó parte de estos territorios. Como resultado, los reyes franceses obtuvieron más tierras y se volvieron más poderosos.

Felipe IV, llamado Felipe el Hermoso, gobernó desde 1285 hasta 1314. En 1302 se reunió con representantes de tres estados, o clases, de la sociedad francesa. El primer estado era el **clero,** o aquellos que se habían ordenado sacerdotes. Los nobles componían el segundo estado, y el pueblo del campo y las ciudades eran el tercer estado. Esta reunión fue el inicio de los Estados Generales, el primer parlamento de Francia. Fue el primer paso en Francia hacia el gobierno representativo.

Comprobación de lectura **Descripción** ¿De qué manera reconquistó el rey Felipe II el poder para los reyes franceses?

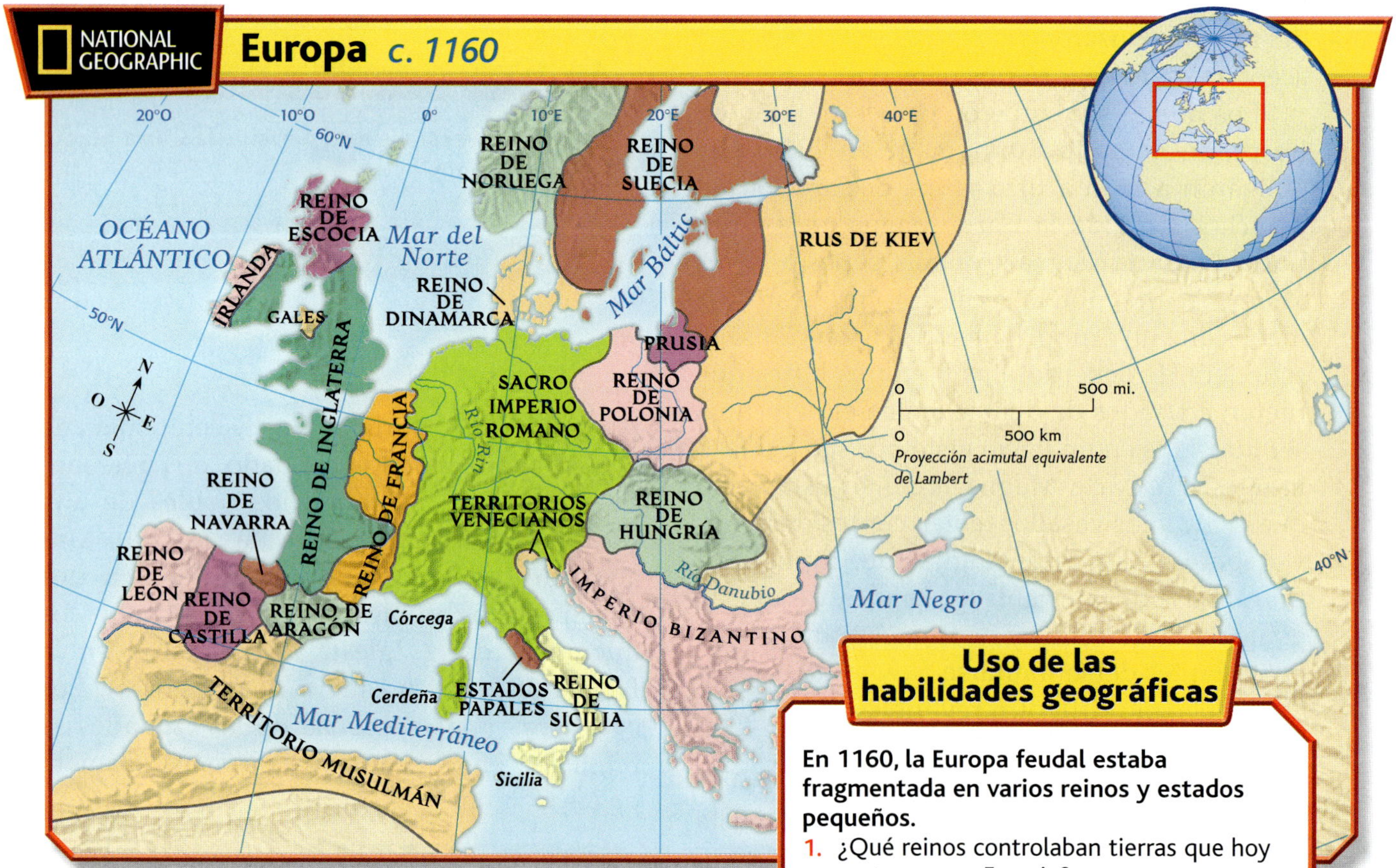

Uso de las habilidades geográficas

En 1160, la Europa feudal estaba fragmentada en varios reinos y estados pequeños.

1. ¿Qué reinos controlaban tierras que hoy pertenecen a Francia?
2. ¿Quién controlaba las tierras que hoy pertenecen a España?

Europa del este y Rusia

Idea principal **Después de que los mongoles destruyeron el estado de Kiev, los gobernantes de Moscú organizaron un nuevo estado ruso encabezado por un zar.**

Enfoque en la lectura ¿Por qué crees que algunas de las ciudades de tu estado crecieron mientras que otras siguieron siendo pequeñas? Sigue leyendo para averiguar cómo las ciudades de Kiev y Moscú crecieron hasta transformarse en los centros de grandes estados eslavos.

Alrededor del año 500 d.C., un pueblo llamado de los eslavos se organizó en aldeas en la parte occidental (del este) de Europa. Cada aldea estaba compuesta por familias emparentadas entre sí. Los aldeanos compartían su tierra, sus animales, sus herramientas y sus semillas. Cada familia construía su casa en parte bajo tierra. Esto mantenía a la familia abrigada durante los fríos inviernos.

Con el tiempo, los eslavos se dividieron en tres grupos principales: los eslavos del sur, del oeste y del este. Los eslavos del sur se transformaron en los croatas, serbios y búlgaros. Los eslavos del oeste se transformaron en los polacos, checos y eslovacos. Los eslavos del este se transformaron en los ucranianos, bielorrusos y rusos.

Para el año 600 d.C., los eslavos del este controlaban los territorios entre los Montes Cárpatos y el río Volga. A principios de la Edad Media, los eslavos del este crearon tierras cultivables talando los bosques y quemando los árboles para fertilizar el suelo. Plantaron cebada, centeno y lino.

Fuente principal: Ibn Fadlan describe el Rus

En 921 d.C., el funcionario musulmán Ibn Fadlan se encontró con los Rus mientras visitaba un asentamiento en el río Volga.

"He visto al Rus en sus viajes comerciales, cuando acampaban en [el río Volga]. Nunca he visto especímenes físicamente tan perfectos, altos como palmeras, rubios y rubicundos. No usan [abrigos] ni caftanes [camisas largas], sino que los hombres usan una prenda que cubre un lado del cuerpo y deja una mano libre. (. . .) Construyen grandes casas de madera en las orillas del [Volga], cada una de las cuales alberga de diez a veinte personas, más o menos".

—Ibn Fadlān, *Risāla*

▲ **Estatua de un líder del Rus**

PBD Preguntas basadas en los documentos

¿Cuál era la ocupación u oficio de los Rus que describe Ibn Fadlan?

¿Qué era el Rus de Kiev? A fines del siglo VIII d.C., los vikingos empezaron a penetrar el territorio de los eslavos desde el norte. Con el tiempo, los vikingos dominaron a los eslavos. Los eslavos llamaban "Rus" a sus gobernantes vikingos. Con el tiempo, los vikingos y los eslavos se casaron entre sí y se fundieron en un solo pueblo.

Alrededor del siglo X d.C., un líder vikingo llamado Oleg creó un estado del Rus en torno a la ciudad de **Kiev.** Llamado el Rus de Kiev, este estado era realmente un grupo de pequeños territorios. El gobernante principal era el Gran Duque de Kiev. Los príncipes locales, los mercaderes ricos y los nobles terratenientes, llamados boyardos, lo ayudaban a gobernar.

Los gobernantes que vinieron después de Oleg aumentaron el tamaño del Rus de Kiev. Con el tiempo, alcanzó desde el Mar Báltico al norte hasta el Mar Negro al sur. Se extendían desde el río Danubio en el oeste hasta el río Volga en el este.

El crecimiento del Rus de Kiev atrajo a misioneros desde el Imperio Bizantino. Uno de los gobernantes del Rus, Vladimir, se casó con la hermana del emperador bizantino. Se convirtió a la religión Cristiana Ortodoxa de Oriente e impuso al pueblo la religión Ortodoxa Oriental.

Crecimiento de Moscú

Uso de las habilidades geográficas

Ubicada en medio de las rutas comerciales, la ciudad de Moscú aumentó su poder y territorio.

1. Describe el territorio adquirido por Moscú en 1462.
2. ¿Para qué año había adquirido Moscú territorio en las orillas del Océano Glacial Ártico?

Kiev cae en manos de los mongoles

Alrededor de 1240, los mongoles invadieron el Rus de Kiev. Los eslavos llamaban a los mongoles "tátaros" porque una de las tribus de los mongoles era el pueblo Tata. Los mongoles destruyeron a casi todas las ciudades principales y mataron a mucha gente.

La única ciudad importante del Rus de Kiev que fue preservada fue la ciudad de Novgorod, en el norte. Sin embargo, los gobernantes de Novgorod, al igual que otros gobernantes rusos, tenían que pagar tributo al khan, el líder mongol, y aceptar a los mongoles como sus líderes.

Aunque Novgorod no había sido atacada por los mongoles, enfrentó ataques desde el oeste por parte de los alemanes y suecos. Liderados por Alejandro Nevsky, los eslavos de Novgorod derrotaron a los suecos y a los alemanes. Por su ayuda en la defensa de tierras controladas por los mongoles, el khan mongol recompensó a Nevsky con el título de gran duque.

El surgimiento de Moscú A medida que los eslavos se recuperaban del daño causado por los mongoles, la ciudad de **Moscú** empezó a crecer. Moscú se encontraba ubicada en medio de varias rutas comerciales importantes. El hijo de Alejandro Nevsky, Daniel, y sus descendientes, fueron grandes duques de Moscú.

Los duques de Moscú se casaron con mujeres de las familias gobernantes de otras ciudades eslavas. También lucharon en guerras para expandir el territorio de Moscú. Moscú se volvió aun más importante cuando se transformó en el centro de la rama rusa de la Iglesia Ortodoxa Oriental. Cuando Iván I, el Gran Duque de Moscú desde 1328 hasta 1341, obtuvo permiso para recaudar impuestos para los mongoles, la importancia de Moscú aumentó aun más.

En 1462 Iván III, conocido como Iván el Grande, se coronó Gran Duque. Se casó con Sofía, la sobrina del último emperador bizantino. Luego, Iván empezó a vivir en el estilo de un emperador. Mandó arquitectos a construir bellos palacios y grandes catedrales en el Kremlin: la fortaleza en el centro de Moscú. Se empezó a llamar a sí mismo "zar". Zar es una versión abreviada de César. En ruso, zar significa emperador.

Iván IV hizo honor a su título. En 1480 finalmente terminó con el dominio mongol sobre el territorio de Moscú. Entonces, expandió el territorio al norte y al oeste. Cuando Iván IV murió en 1505, los rusos estaban en camino de construir un vasto imperio.

✓ **Comprobación de lectura** **Causa y efecto**
¿Por qué fue importante Alejandro Nevsky?

Las Cruzadas

Idea principal **Los cruzados europeos capturaron Jerusalén pero posteriormente fueron expulsados por los musulmanes.**

Enfoque en la lectura ¿Alguna vez has puesto toda tu energía para hacer que pase algo importante? Lee para aprender por qué los europeos consideraban que capturar la ciudad de Jerusalén era importante.

Durante la Edad Media, el imperio bizantino de Oriente fue atacado. En 1071 un ejército de turcos musulmanes derrotaron a los bizantinos y se apoderaron de la mayor parte del territorio bizantino en Asia Menor.

El emperador bizantino no tenía suficiente dinero o tropas para expulsar a los turcos. Desesperado, le pidió al Papa que lo ayudara a defender su imperio cristiano contra los invasores musulmanes.

En 1095 el Papa Urbano II habló ante una enorme multitud en el este de Francia. Pidió a los señores de Europa que se lanzara una cruzada, o guerra santa, contra los turcos musulmanes. Los exhortó a que capturaran Jerusalén y que liberaran la Tierra Santa, donde había vivido Jesús, de los musulmanes.

El Papa explicó por qué una cruzada era necesaria:

> **“Jerusalén es el ombligo [centro] del mundo. (. . .) Ésta es la tierra que el Redentor [Jesús] de la humanidad iluminó con su venida. (. . .) Esta ciudad real, situada en el medio del mundo, es ahora cautiva de sus enemigos. (. . .) Busca y espera la libertad; les ruega sin cesar que acudan en su ayuda”.**
>
> **—Papa Urbano II, citado en *The Discoverers* *(Los descubridores)***

Cuando el Papa habló, la multitud entusiasmada gritó, “Es la voluntad de Dios”. Era el comienzo de las Cruzadas.

Primeras victorias Varios miles de soldados a caballo, y hasta diez mil a pie, se dirigieron al este. Muchos de ellos llevaban una cruz roja en sus ropas, como señal de su obediencia al llamado del Papa.

En 1098 la Primera Cruzada capturó Antioquía, en Siria. A partir de allí, los cruzados entraron en Palestina, llegando a Jerusalén en 1099. Después de una sangrienta lucha, tomaron la ciudad, matando a musulmanes, judíos y cristianos por igual.

En la pintura anterior, el Papa Urbano II convoca a una cruzada contra los musulmanes. A la derecha, los cruzados atacan Jerusalén con torres de asalto y catapultas. *¿Cuál era el objetivo de la Cruzada para el Papa?*

Las Cruzadas *1096–1204*

Uso de las habilidades geográficas

Los cruzados de toda Europa viajaron por tierra y por mar para luchar en la Tierra Santa.

1. ¿Desde qué ciudades portuarias partían los soldados de la Primera Cruzada para viajar a la Tierra Santa?
2. Describe la ruta de la Cuarta Cruzada.

◀ **Pintura medieval de una batalla durante las Cruzadas**

Después de expulsar a los musulmanes de la región, los cruzados crearon cuatro estados: el reino de Jerusalén en Palestina, el país de Edesa y el principado de Antioquía en Asia Menor, y el país de Trípoli, donde está el Líbano hoy. Estos cuatro estados estaban rodeados de musulmanes y dependían de las ciudades italianas de Génova, Pisa y Venecia para recibir suministros.

Sin embargo, los musulmanes lucharon para recuperar los territorios, y en 1144 capturaron Edesa. Como respuesta, los gobernantes europeos enviaron otra cruzada para recuperar las tierras perdidas. Esta Segunda Cruzada, sin embargo, fue un fracaso total.

En 1174 un musulmán llamado **Saladino** se transformó en gobernante de Egipto. Unió a los musulmanes y declaró la guerra contra los estados cristianos fundados por los cruzados. Saladino resultó ser un comandante excepcional. Derrotó a los cristianos y capturó Jerusalén en 1187.

La caída de Jerusalén provocó la Tercera Cruzada. El emperador Federico del Sacro Imperio Romano, el rey Ricardo I de Inglaterra (conocido como Ricardo Corazón de León) y el rey Felipe II de Francia reunieron sus ejércitos y se dirigieron al este para luchar contra Saladino.

La Tercera Cruzada enfrentó muchos problemas. Federico se ahogó mientras cruzaba un río. Los ingleses y los franceses llegaron por mar y capturaron una ciudad costera, pero no consiguieron penetrar al interior. Después de que Felipe volvió a su país, Ricardo capturó un pequeño territorio a lo largo de la costa. Entonces negoció una tregua con Saladino, en la que los musulmanes prometieron que los peregrinos cristianos podrían viajar a Jerusalén con seguridad.

Alrededor de 1200, el Papa Inocencio III convocó a una Cuarta Cruzada. Los mercaderes de Venecia utilizaron la cruzada para debilitar a su rival en el comercio, el Imperio Bizantino. Convencieron a los cruzados para que atacaran Constantinopla, la capital bizantina. Durante tres días, los cruzados incendiaron y saquearon la ciudad. El ataque escandalizó a los europeos de occidente y debilitó a los bizantinos.

Se iniciaron otras seis cruzadas durante los próximos 60 años, pero lograron muy poco. Gradualmente, los musulmanes conquistaron todo el territorio que habían perdido en la Primera Cruzada. En 1291, un poco más de 200 años después del inicio de la Primera Cruzada, la última ciudad cristiana cayó ante las fuerzas musulmanas.

Las Cruzadas afectaron a Europa de dos maneras. Aumentaron el comercio entre Europa y el Medio Oriente, y ayudaron a acelerar la decadencia del feudalismo. Los nobles que participaron en las Cruzadas vendieron sus tierras y liberaron a sus siervos. Esto redujo su poder y ayudó a los reyes a fortalecer sus gobiernos centrales. Los reyes también empezaron a exigir el pago de impuestos por el nuevo comercio con el Medio Oriente. Estos impuestos ayudaron a desarrollar reinos más fuertes en Europa Occidental.

✓ Comprobación de lectura **Comparación y contraste** ¿Qué logró la Primera Cruzada? ¿Qué logró la Tercera Cruzada?

Historia en línea

Centro de estudios ¿Necesitas ayuda con el material de esta sección? Visita jat.glencoe.com

Repaso de la sección 3

Resumen de la lectura

Repaso de Ideas principales

- El rey inglés otorgó derechos a su pueblo en la Carta Magna y estableció un parlamento.
- Los reyes franceses recuperaron los territorios franceses dominados por los ingleses, y al igual que los ingleses, crearon un parlamento.
- Rusia tuvo sus orígenes en los territorios del Rus de Kiev y Moscú.
- Los europeos de Occidente iniciaron las Cruzadas para capturar Jerusalén y Palestina de los musulmanes.

¿Qué aprendiste?

1. ¿Cuál es el significado de la Batalla de Hastings?
2. ¿Qué grupos se desarrollaron a partir de las tres divisiones principales de los eslavos en Europa Oriental?

Pensamiento crítico

3. **Organización de la información** Prepara un cuadro que enumere a los reyes de Inglaterra y Francia y sus logros.

Rey/País	Logros

4. **Evaluación** ¿Cuál es la importancia de la Carta Magna?
5. **Resumen** Describe el desarrollo del Parlamento de Inglaterra, y discute su papel en el cambio del gobierno.
6. **Explicación** ¿Por qué prosperaron las ciudades como Venecia como resultado de las Cruzadas?
7. **Redacción explicativa** Escribe un ensayo que describa la manera en que las Cruzadas afectaron al feudalismo.

Sección 4

La Iglesia y la sociedad

¡Prepárate para leer!

¿Cuál es la relación?

Los reyes y los Papas, al igual que la religión, tuvieron un efecto potente en la vida de la gente de la época medieval. En esta sección, aprenderás cómo influyó la religión en la cultura de la Europa medieval.

Enfoque en Ideas principales

- La Iglesia Católica jugó un papel importante en la Europa medieval y utilizó su poder para mantener sus enseñanzas. ***(página 545)***
- Los líderes de la Iglesia y del gobierno apoyaron la educación y las artes en Europa medieval. ***(página 549)***

Ubicación de lugares

Bolonia

Conoce a los personajes

Francisco de Asís

Tomás de Aquino

Desarrollo de tu vocabulario

misa

herejía

antisemitismo

teología

escolasticismo

vernáculo

Estrategia de lectura

Organización de la información

Completa un diagrama de Venn para mostrar las similitudes y las diferencias entre las catedrales románicas y góticas.

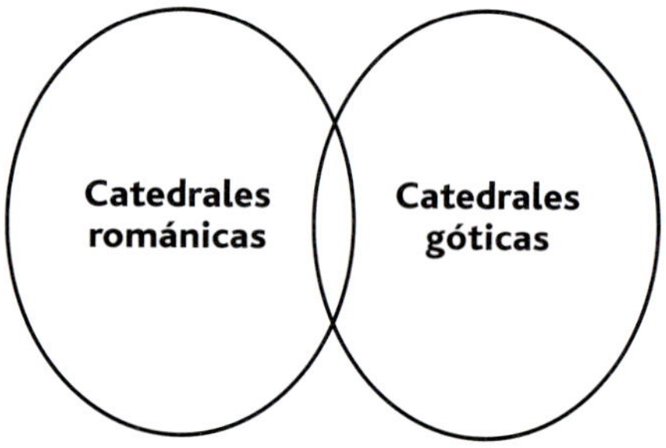

NATIONAL GEOGRAPHIC ¿Cuándo y dónde?

1200 — 1250 — 1300

1209 Francisco de Asís funda la orden franciscana

1233 La Iglesia Católica organiza la Inquisición

c. 1267 Santo Tomás de Aquino comienza a escribir *Summa Theologica*

La religión y la sociedad

Idea principal **La Iglesia Católica jugó un papel importante en la Europa medieval y utilizó su poder para mantener sus enseñanzas.**

Enfoque en la lectura ¿Alguna vez te has dado cuenta en cuántos elementos de la sociedad ha influido la religión? ¿Qué ejemplos puedes proporcionar? Lee para aprender acerca del papel importante que tuvo la religión en la vida de la gente de la época medieval.

Entre los años 1050 y 1150, una fuerte oleada de sentimientos religiosos se extendió por Europa Occidental. Como consecuencia, se construyeron muchos monasterios y se originaron nuevas órdenes religiosas, o grupos de sacerdotes, monjes y monjas.

Nuevas órdenes religiosas La orden de los cistercienses fue fundada en 1098. Los monjes cistercienses cultivaban la tierra y también profesaban su fe y oraban. Los cistercienses desarrollaron varias técnicas agrícolas que permitieron que los europeos pudieran desarrollar más cultivos.

El más famoso de los monjes cistercienses fue Bernardo de Clairvaux. Bernardo ayudó a promover la Segunda Cruzada. También fue asesor del Papa y defendió a los pobres de los ricos.

Muchas mujeres ingresaron a los conventos entre los años 1000 y 1200 d.C. La mayoría de ellas provenían de familias nobles. Entre ellas había viudas y mujeres que no podían o no deseaban casarse. Las mujeres que eran eruditas descubrieron que los conventos eran lugares ideales donde estudiar y escribir.

La mayoría de las mujeres cultas en la Europa medieval eran monjas. Una mujer famosa fue Hildegard de Bingen. Dirigió un convento en Alemania y compuso música para la Iglesia. Su trabajo es notable porque en esa época, los hombres eran los que componían la mayor parte de la música sacra.

▲ Esta pintura religiosa en la pared de una iglesia en Italia muestra al Papa y a otros líderes cristianos, a varios santos, y a Jesús reinando sobre todos ellos. *¿Cómo ayudaron los monjes cistercienses a la sociedad europea?*

Fuente principal

Modo de vida franciscano

Francisco de Asís registró instrucciones para la vida en la orden franciscana. Este párrafo trata acerca de la naturaleza del amor.

"Bendito es el fraile que ama a su hermano tanto cuando está enfermo y no puede ayudarlo como cuando está sano y puede resultarle útil. Bendito es el fraile que ama y respeta a su hermano tanto cuando está ausente como cuando está presente y que no dice a sus espaldas nada que no pueda decirle caritativamente [amablemente] a la cara".

—Francisco de Asís, según se cita en "Admonitions" (Admoniciones)

Francisco de Asís ▶

PBD Preguntas basadas en los documentos

¿Piensa Francisco de Asís que el amor por otra persona debe ser constante o cambiante? ¿Cómo lo sabes?

Hasta el siglo XIII, la mayoría de las personas que formaban parte de una orden religiosa permanecían en los monasterios, aislados del mundo. Vivían una vida sencilla de oración y trabajo duro. En el siglo XIII, se crearon muchas nuevas órdenes religiosas. Los hombres que formaban parte de estas órdenes religiosas se llamaban frailes. *Fraile* proviene de la palabra en latín que significa "hermano".

Los frailes eran distintos de los monjes. No permanecían recluidos dentro de los monasterios. En lugar de ello, salían al mundo exterior a predicar. Los frailes vivían de las limosnas que recibían. No podían tener propiedades ni riquezas personales.

La primera orden de frailes fue fundada por **Francisco de Asís** en 1209. Estos frailes pasaron a ser conocidos como los franciscanos. Vivían en pueblos y enseñaban el cristianismo a la gente. Además, los franciscanos ayudaban a los pobres y prestaban servicio como misioneros.

Un sacerdote español llamado Dominico de Guzmán fundó otro grupo de frailes llamados domínicos. El objetivo de los domínicos era defender las enseñanzas de la Iglesia. Los frailes domínicos dedicaron muchos años al estudio para poder predicar entre las personas cultas.

El papel de la religión En la Europa Occidental medieval, la vida diaria giraba alrededor de la Iglesia Católica. Los sacerdotes dirigían las escuelas y los hospitales. También inscribían a los recién nacidos, celebraban bodas y se encargaban de los funerales. Los domingos y los días santos las personas asistían a **misa,** que es el servicio religioso católico.

Durante la misa, los cristianos de la época medieval participaban en los rituales de la Iglesia, denominados sacramentos. El sacramento más importante era la comunión, en la que las personas comían pan y tomaban vino para rememorar que Jesús había muerto en la cruz por sus pecados. Sólo los miembros del clero podían suministrar los sacramentos.

Muchos cristianos también oraban a los santos. Los santos eran hombres y mujeres santos que habían muerto y que se suponía habían ido al cielo. Su presencia ante Dios permitía que los santos le pidieran favores para aquellas personas que decían una oración en su nombre.

De todos los santos, María, la madre de Jesús, era a quien más se honraba. Muchas iglesias le deben su nombre a María. Varias iglesias francesas llevan el nombre de *Notre Dame,* o "Nuestra Señora", en honor a María.

Algunas personas trataban de conectarse con los santos tocando las reliquias. Las reliquias generalmente eran los huesos o las pertenencias de los santos. Las personas creían que las reliquias tenían poderes especiales, como la capacidad de sanar a los enfermos.

Los cristianos de la época medieval también creían que Dios bendecía a los peregrinos, o viajeros religiosos, que realizaban viajes a los lugares sagrados. El lugar más sagrado era Jerusalén, en el Medio Oriente.

¿Qué era la Inquisición? La Iglesia Católica era muy poderosa en la sociedad medieval, y la mayoría de sus líderes deseaban que todas las personas aceptaran las enseñanzas de la Iglesia. Los líderes religiosos temían que si las personas dejaban de creer en las enseñanzas de la Iglesia, la Iglesia se debilitaría y se pondría en peligro la posibilidad de que las personas fueran al cielo.

Por medio de su poder, la Iglesia intentó poner fin a la **herejía**, que significa creencias religiosas que están en conflicto con las enseñanzas de la Iglesia. Al principio, intentó detener la difusión de la herejía enviando a los frailes, como los domínicos, a predicar el mensaje de la Iglesia. Luego, en 1233, el papa estableció un tribunal llamado la Inquisición, o tribunal religioso. Para los líderes de la Iglesia, la herejía era un delito contra Dios. La tarea de la Inquisición era juzgar a los herejes, o sea, a personas que se sospechaba habían cometido una herejía.

Las personas que eran llevadas ante la Inquisición debían confesar su herejía y pedir perdón. Una vez que confesaban, la Inquisición los castigaba y luego se les permitía regresar a la Iglesia. Las personas que se rehusaban a confesar podían ser torturadas hasta que admitieran que habían cometido una herejía. Aquellas personas que no confesaban haber sido herejes eran consideradas culpables. La Inquisición entregaba estas personas a los líderes políticos, que podían ejecutarlas.

¿Cómo se trataba a los judíos? Los líderes religiosos perseguían a los judíos tan activamente como castigaban a los herejes. Muchos europeos odiaban a los judíos porque se rehusaban a convertirse al cristianismo. Otros los odiaban porque muchos judíos eran prestamistas de dinero que cobraban intereses. Durante ese período, los cristianos creían que cobrar intereses era un pecado.

▲ Esta pintura muestra a una persona a la que se ha acusado de ser hereje al ser interrogada por la Inquisición. *¿Qué le sucedía a las personas que se rehusaban a confesar ante la Inquisición?*

Expulsiones de los judíos *c. 1100–1500*

Uso de las habilidades geográficas

Durante la Edad Media, muchos judíos fueron expulsados de sus hogares en Europa Occidental, a veces de los territorios en los que sus familias habían vivido durante generaciones.

1. ¿De dónde provenían muchos de los judíos que se trasladaron a Europa Oriental?
2. ¿Dónde se establecieron muchos de los judíos que habían sido expulsados de España?

Cuando la sociedad sufría una enfermedad o problemas económicos, las personas culpaban de ello a los judíos. Los judíos se convirtieron en "chivos emisarios", personas a quienes se acusaba de los problemas de los demás. El odio hacia los judíos se conoce como **antisemitismo.**

El antisemitismo en la Edad Media se tradujo en hechos atroces. Populachos cristianos atacaron y mataron a miles de judíos. Los gobiernos hicieron que los judíos usaran distintivos o vestimentas especiales. En algunos lugares, los judíos debían vivir en comunidades separadas denominadas ghetos. Los judíos también perdieron el derecho de poseer tierras y practicar algunos tipos de comercio. Por esto muchos de ellos debieron convertirse en vendedores ambulantes y prestamistas, que eran oficios que los cristianos despreciaban.

A comienzos del siglo XII, los gobernantes europeos comenzaron a expulsar a los judíos de sus territorios. Inglaterra expulsó a los judíos en 1290. Francia expulsó varias veces a grupos de judíos. Algunas ciudades alemanas también obligaron a los judíos a abandonar su territorio. Muchos de estos judíos se establecieron en Polonia y otros países de Europa Oriental. Con los años, los judíos de Europa Oriental establecieron comunidades prósperas basadas en sus tradiciones religiosas.

✓ **Comprobación de lectura** **Contraste** ¿En qué difiere el objetivo principal de los franciscanos del objetivo principal de los domínicos?

Cultura medieval

Idea principal **Los líderes de la Iglesia y del gobierno apoyaron la educación y las artes en Europa medieval.**

Enfoque en la lectura ¿Cuáles son las áreas más importantes de la cultura estadounidense actual? Lee para saber cuáles eran las cosas de las que se componía la cultura de la Europa medieval.

A medida que surgían gobiernos fuertes, las personas que vivían en la Europa medieval se sentían más seguras. Como consecuencia, el comercio, la actividad bancaria y las actividades comerciales prosperaron. Una buena economía representaba más dinero para apoyar la educación y las artes y para pagar la construcción de nuevas iglesias y otros edificios.

Arte y arquitectura medieval Europa experimentó un aumento en la construcción en los siglos XI y XII d.C. La arquitectura es una de las formas en que la sociedad muestra lo que es importante para su cultura. En la Edad Media, la religión era una parte importante de la vida y la sociedad. Como consecuencia, los líderes religiosos y los mercaderes y nobles ricos pagaron dinero para que se construyeran nuevas iglesias de gran tamaño llamadas catedrales. Las nuevas catedrales se construyeron en estilo románico o gótico.

Las iglesias románicas eran edificios rectangulares con techos largos y abovedados denominados bóvedas en forma de barril. Estos techos necesitaban grandes pilares y paredes gruesas para que los sostuvieran. Las ventanas dejaban entrar poca luz porque eran pequeñas y estaban colocadas hacia atrás en las gruesas paredes.

Las catedrales góticas tenían bóvedas de crucería y arcos puntiagudos en lugar de bóvedas en forma de barril. Esto permitió que las iglesias góticas fueran más altas que las iglesias románicas. Las iglesias góticas también utilizaron contrafuertes volantes. Estos soportes de piedra se construían en las paredes externas de la catedral. Hicieron posible la construcción de iglesias cuyas paredes eran más finas y con grandes vitrales.

Arquitectura de las iglesias medievales

Las antiguas iglesias cristianas (arriba) a menudo eran rectangulares, con techos planos, al igual que algunas construcciones romanas. Las iglesias románicas (derecha, superior) tenían techos abovedados denominados bóvedas en forma de barril, que eliminaba el uso de techos planos. Las catedrales góticas, tales como la catedral de St. Etienne in Bourges (derecha), tenía contrafuertes volantes en el exterior para soportar el techo alto del interior. *¿Quiénes pagaron para que se construyeran las catedrales?*

▲ **Esta obra medieval muestra a los estudiantes en una de las aulas de una universidad.** ***¿Cuáles eran algunas de las materias que se dictaban en las universidades medievales?***

Los vitrales representaban la Biblia en imágenes para aquellos cristianos que no sabían leer. Los vitrales más pequeños a menudo formaban escenas de la vida y las enseñanzas de Jesús. También permitían que entrara la luz del sol, que simbolizaba la luz divina de Dios.

Las primeras universidades Dos de las primeras universidades europeas estaban ubicadas en **Bolonia,** Italia, y París, Francia. Había maestros, o profesores, enseñando también en Oxford, Inglaterra en 1096. La Universidad de Oxford se fundó en 1231.

Las universidades se crearon para educar y capacitar a los eruditos. Eran como los gremios que capacitaban a los artesanos. De hecho, *universidad* proviene de la palabra en latín que significa "gremio". En las universidades medievales, los estudiantes aprendían gramática, lógica, aritmética, geometría, música y astronomía. Los estudiantes no usaban libros porque era raro encontrar libros antes de que se inventara la imprenta europea en el siglo XV.

Los estudiantes universitarios cursaban estudios durante cuatro a seis años. Luego, un comité de profesores les daba un examen oral. Si los estudiantes aprobaban el examen, obtenían su título.

Después de obtener un título básico, los estudiantes podían continuar sus estudios para obtener un doctorado en derecho, medicina o **teología:** el estudio de la religión y de Dios. La obtención de un doctorado podía llevar hasta 10 años o más.

¿Quién era Tomás de Aquino? A comienzos del siglo XII, una nueva forma de pensar, llamada **escolasticismo,** comenzó a cambiar la forma en que se estudiaba la teología. Sus seguidores usaban la razón para explorar las cuestiones relacionadas con la fe. Un fraile y monje domínico llamado **Tomás de Aquino** fue la mayor figura intelectual del escolasticismo. Es más conocido por combinar las enseñanzas de la Iglesia con las ideas de Aristóteles.

Los europeos se habían olvidado de Aristóteles después de la caída de Roma, y sus obras se habían perdido. En el siglo XII, sin embargo, los eruditos musulmanes y judíos reintrodujeron las enseñanzas de Aristóteles en Europa utilizando copias de sus libros que se habían preservado en bibliotecas musulmanas. Las ideas de Aristóteles irritaban a muchos pensadores cristianos dado que usaba la razón, y no la fe, para llegar a conclusiones con respecto al significado de la vida.

En el siglo XIII, Tomás de Aquino escribió varias obras en las que explicaba que Aristóteles hubiera estado de acuerdo con muchas de las enseñanzas cristianas. Alrededor de 1267, Aquino comenzó a escribir *Summa Theologica,* o un resumen de los conocimientos acerca de la teología. En su libro, Aquino formula preguntas difíciles como "¿Existe Dios?"

Aquino escribió acerca de los gobiernos además de la teología, poniendo énfasis en la idea del derecho natural. Las personas que creen en el derecho natural piensan que hay algunas leyes que forman parte de la naturaleza humana. Estas leyes no tienen que ser formuladas por los gobiernos.

Aquino proclamaba que el derecho natural les otorga a las personas determinados derechos que el gobierno no debe quitarles. Entre ellos se incluyen el derecho a la vida, la educación, la libertad de culto y de procrear. Los escritos de Aquino acerca del derecho natural han influido en los gobiernos hasta hoy. Nuestra creencia de que las personas tienen derechos se puede originar parcialmente en las ideas de Tomás de Aquino.

Biografía

Tomás de Aquino

1225–1274

▲ Tomás de Aquino

Tomás de Aquino nació en el año 1225 en el castillo familiar ubicado entre Roma y Nápoles, Italia. Sus padres, la condesa Teodora y el conde Landulfo de Aquino, provenían de familias nobles. A los cinco años, Aquino comenzó a cursar sus estudios en Monte Cassino, un monasterio benedictino donde su tío era el abad. Las escuelas monásticas requerían que los estudiantes aprendieran varias materias, incluyendo gramática, oratoria, matemáticas, ciencias y música. Cuando fue mayor, Aquino cursó sus estudios en la Universidad de Nápoles.

Aquino se unió a la orden de los frailes domínicos alrededor de 1244, en contra de los deseos de su familia. Como nuevo domínico, Aquino estudió en París con Alberto Magno (Alberto el Grande). Tanto Aquino como Alberto admiraban fervientemente las ideas de Aristóteles.

Aquino pasó las siguientes décadas estudiando, enseñando y escribiendo. Vivió en París, Roma y otras ciudades de Francia e Italia y se dedicó a enseñar teología. Escribió acerca de la Biblia, de los grupos que había dentro de la Iglesia y de las ideas de los filósofos. *Summa Theologica* brinda una explicación mejor acerca de la forma en que Aquino combina las ideas de Aristóteles con las de la Iglesia. Comenzó a escribir su *Summa Theologica* alrededor del año 1267 y trabajó en esta obra hasta su muerte.

"Los hombres felices necesitan tener amigos en esta vida".

–Tomás de Aquino
Summa Theologiae

En 1274 el Papa le pidió a Aquino que viajara a Francia para asistir al Concilio de Lyon. Aunque su estado de salud no era bueno, Aquino partió para la ciudad francesa. Durante el camino se enfermó gravemente. Aquino deseaba pasar sus últimos días de vida en un monasterio, de modo que lo trasladaron a una abadía cisterciense ubicada en el pueblo de Fossanova, donde murió el 7 de marzo de 1274.

Las ideas de Aquino fueron respetadas durante su vida y, a medida que transcurrió el tiempo, se tornaron cada vez más importantes. Sus obras tuvieron gran influencia en los gobiernos y en la Iglesia Católica Romana. Se le declaró santo en 1323.

▲ Monasterio de Monte Cassino

Entonces y ahora

Los escritos de Tomás de Aquino influyeron en los gobiernos y las religiones durante mucho tiempo después de su muerte. ¿Cuáles de los escritores o líderes de la actualidad crees que tienen ideas que pueden influir en las personas durante los próximos siglos?

Literatura medieval Durante la Edad Media, las personas cultas en Europa generalmente hablaban o escribían en latín. La Iglesia usaba el latín para la veneración y los asuntos diarios. Los profesores universitarios dictaban las materias en latín, y los autores serios escribían en ese idioma.

Además del latín, cada región tenía su propio idioma local que las personas usaban en la vida diaria. Este idioma que las personas usaban a diario se denomina idioma **vernáculo.** El idioma vernáculo incluía las versiones antiguas de español, francés, inglés, italiano y alemán.

Durante el siglo XII, la nueva literatura se escribió en idioma vernáculo. Las personas cultas disfrutaban de la literatura en idioma vernáculo, en especial la poesía de los trovadores. Estos poemas hablaban del amor, a menudo del amor de un caballero por una dama.

Otro tipo de literatura en idioma vernáculo fue la épica heroica. En la épica heroica, los valientes caballeros luchan en defensa de sus reyes y señores. Las mujeres rara vez aparecen en este tipo de literatura. Un ejemplo antiguo de épica heroica es la obra *Song of Roland (Canción de Rolando)*, escrita en francés alrededor del año 1100.

En la *Canción de Rolando*, un valiente caballero llamado Rolando lucha en nombre de Carlomagno contra los musulmanes. Rolando hace sonar su cuerno para que Carlomagno lo ayude, pero es demasiado tarde:

> **“El conde Rollanz [Rolando], con pesar y con punzadas de remordimiento,**
> **Y con gran dolor hizo sonar su olifante [cuerno]:**
> **De su boca manó sangre clara que saltó y corrió,**
> **Alrededor de su cerebro las sienes se resquebrajaban.**
> **Fuerte es su voz, ese cuerno que sostiene en su mano;**
> **Charlès [Carlomagno] lo ha oído, mientras se detiene en el paso,**
> **Y Neimès [un comandante] lo escucha, y lo oyen todos los francos”.**
>
> —*Song of Roland (Canción de Rolando)*

Comprobación de lectura **Explicación** ¿Qué es el derecho natural?

Historia en línea
Centro de estudios ¿Necesitas ayuda con el material de esta sección? Visita jat.glencoe.com

Repaso de la sección 4

Resumen de la lectura

Repaso de Ideas principales

- En la Edad Media, surgieron nuevas órdenes religiosas para difundir el cristianismo. Las personas no creyentes y las que pertenecían a otras religiones eran maltratadas.
- En la Europa medieval, se abrieron varias universidades, se construyeron iglesias cristianas de gran tamaño conocidas como catedrales y se desarrollaron los idiomas europeos.

¿Qué aprendiste?

1. ¿Qué es la teología?
2. ¿Qué es el idioma vernáculo, y cuáles eran los idiomas vernáculos comunes en la época medieval?

Pensamiento crítico

3. **Comparación y contraste** Dibuja un diagrama de Venn como el que aparece a continuación. Úsalo para describir las similitudes y las diferencias entre los cistercienses, los franciscanos y los domínicos.

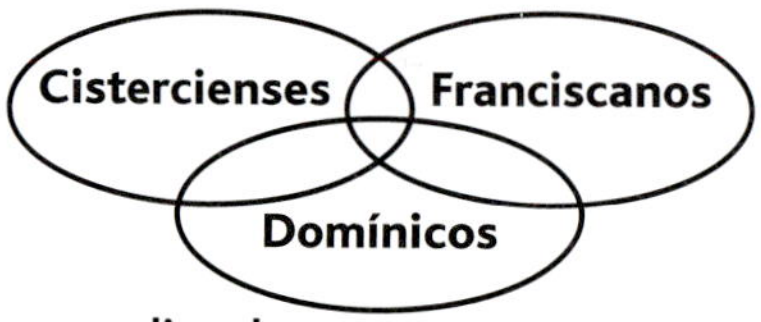

4. **Resumen** ¿De qué manera trataba la Inquisición a las personas que comparecían ante ella?
5. **Análisis** ¿Por qué las creencias cristianas dieron como resultado un reasentamiento de los judíos? ¿Dónde se establecieron muchos judíos durante la Edad Media?
6. **Explicación** ¿Cuáles eran las creencias de Santo Tomás de Aquino acerca de los gobiernos?
7. **Redacción persuasiva** Escribe una carta a una universidad medieval indicando por qué deseas cursar tus estudios en esa univesidad. Asegúrate de discutir las materias que desearías cursar.

Sección 5

Final de la Edad Media

¡Prepárate para leer!

¿Cuál es la relación?

En las secciones anteriores, aprendiste sobre la política, la religión y la cultura de gran parte de la Europa medieval. En esta sección, aprenderás sobre las catástrofes y los conflictos que ocurrieron a fines de la Edad Media.

Enfoque en Ideas principales

- Una terrible plaga, conocida como la Peste Negra, arrasó a Europa en el siglo XIV y causó la muerte de millones de personas. ***(página 554)***
- Durante los siglos XIII y XIV, Europa Occidental fue devastada por la guerra entre Inglaterra y Francia y la guerra de España y Portugal contra los moros. ***(página 557)***

Ubicación de lugares

Crécy
Orléans

Conoce a los personajes

Juana de Arco
Isabel de Castilla
Fernando de Aragón

Desarrollo de tu vocabulario

plaga
Reconquista

Estrategia de lectura

Resumen de información Completa una tabla tal como aparece a continuación para indicar el recorrido de la Peste Negra por Europa y Asia.

Período	Áreas afectadas
la década de 1330	
la década de 1340	
la década de 1350	

NATIONAL GEOGRAPHIC

¿Cuándo y dónde?

1300 — 1400 — 1500

1346 La Peste Negra llega a Europa

1429 Juana de Arco inspira a los franceses

1492 Los españoles vencen a los moros y expulsan a los judíos

La Peste Negra

Idea principal **Una terrible plaga, conocida como la Peste Negra, arrasó a Europa en el siglo XIV y causó la muerte de millones de personas.**

Enfoque en la lectura ¿Alguna vez recibiste alguna vacuna para prevenir la gripe o protegerte de otras enfermedades? Lee para aprender lo que sucedió en Europa antes de que la medicina moderna pudiera controlar las enfermedades contagiosas.

En Europa, la Edad Media alcanzó un auge durante el siglo XIII. Sin embargo, la calamidad la azotó en el XIV. Una terrible **plaga,** conocida como la Peste Negra, azotó Europa y Asia. Una plaga es una enfermedad que se transmite rápidamente y que mata a mucha gente. La mayoría de los científicos creen que la Peste Negra era la peste bubónica, una enfermedad causada por un tipo de bacteria que tienen las pulgas. Estas pulgas infectaron a las ratas negras, y en la Edad Media, estas ratas estaban por todas partes.

Es probable que la Peste Negra haya comenzado en algún lugar de Gobi, un desierto que se encuentra en Asia Central. Esta enfermedad había existido durante siglos, pero en el siglo XIV comenzó a extenderse y a propagarse más rápido que nunca. Los científicos todavía no saben bien por qué sucedió esto.

Los historiadores creen que el Imperio Mongol fue en parte responsable de que la peste se propagara con tanta velocidad. El Imperio Mongol se extendía desde Europa Oriental hasta China, pasando por Asia Central. Los mongoles abrieron el comercio entre China, la India, el Oriente Medio y Europa. Impulsaron el uso de la Ruta de la Seda y de otras rutas comerciales.

A principios del siglo XIV, se transportaban más mercancías por Asia Central de las que jamás se habían transportado. Esto permitió que la Peste Negra se propagara velozmente, porque las caravanas infectadas con ratas la llevaron de una ciudad a otra.

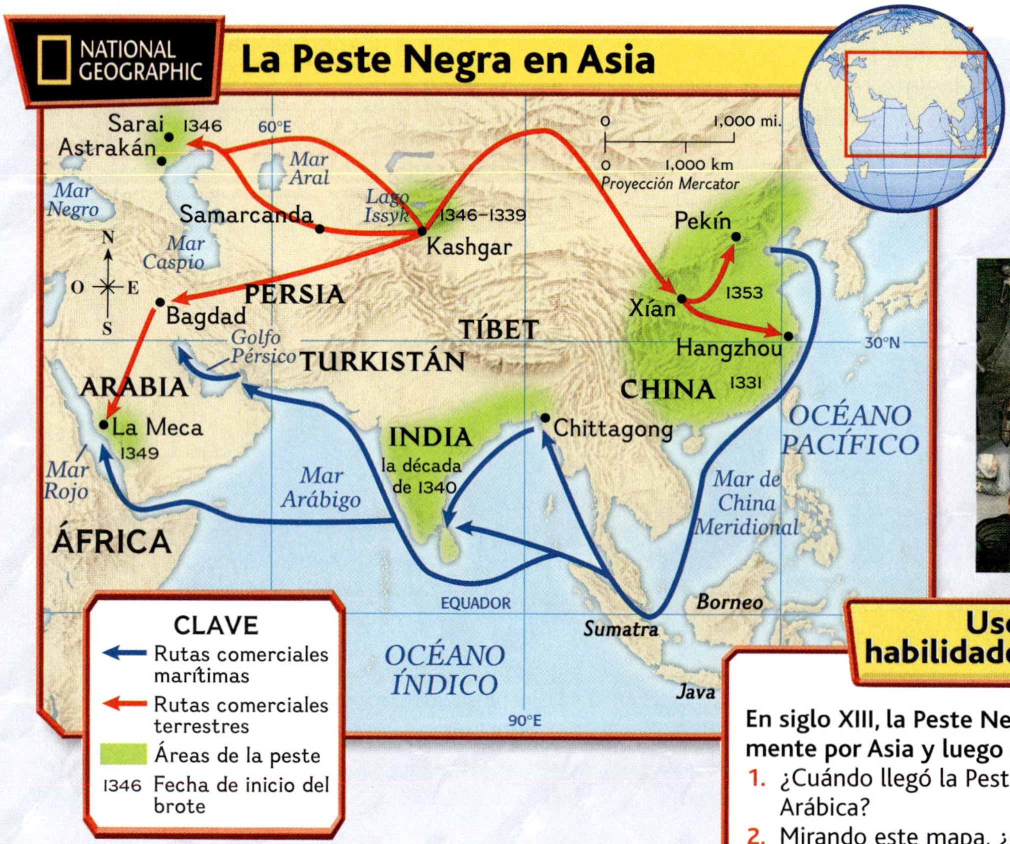

▼ **Detalle de una pintura medieval que representa la Peste Negra**

Uso de las habilidades geográficas

En siglo XIII, la Peste Negra se expandió rápidamente por Asia y luego se propagó a Europa.

1. ¿Cuándo llegó la Peste Negra a la Península Arábica?
2. Mirando este mapa, ¿cómo crees que la Peste Negra se propagó por Asia?

El primer brote apareció en China en 1331 y volvió a aparecer allí en 1353. Esta enfermedad causó la muerte de entre 40 y 60 millones de personas, lo que redujo la población de China prácticamente a la mitad. La enfermedad apareció en la India en la década del 1340 y llegó a Makkah, en el interior del territorio musulmán, en 1349. Al mismo tiempo, se expandió a Europa.

La Peste Negra apareció en Europa en 1346 en la ciudad de Caffa, en el Mar Negro. Cuando la plaga estalló, la ciudad estaba siendo atacada por los mongoles. Cuando las tropas de los mongoles comenzaron a morir, los mongoles abandonaron el ataque. Enojados, arrojaron los cuerpos de los soldados infectados a la ciudad.

La ciudad de Caffa era una colonia de comercio manejada por mercaderes italianos de la ciudad de Génova. Sus barcos llevaron la plaga a Sicilia en octubre de 1347 y de allí se propagó a Europa. Para fines de 1349, la plaga se había extendido por Francia y Alemania y había llegado a Inglaterra. En 1351, había llegado a Escandinavia, Europa Oriental y Rusia. Treinta y ocho millones de europeos, casi una de cada dos personas, murieron a causa de la Peste Negra entre 1347 y 1351.

La muerte de tantas personas en el siglo XIV alteró completamente la economía de Europa. El comercio disminuyó y se produjeron grandes aumentos en la paga de los trabajadores, porque había mucha demanda y muy pocos trabajadores. Al mismo tiempo, al haber menos población, disminuyó la demanda de alimentos y el precio de los alimentos cayó.

Los señores feudales se encontraron con que tenían que pagarles más a los trabajadores y cobrar menos renta. Algunos campesinos negociaron con los señores feudales y acordaron pagar una renta en lugar de pagarles con sus servicios. Esto les permitió dejar de ser sus siervos. Así, la plaga, al igual que las Cruzadas, ayudó a debilitar el sistema feudal y a modificar la sociedad europea.

Comprobación de lectura **Identificación**
¿Cuántos europeos murieron a causa de la plaga entre 1347 y 1351?

NATIONAL GEOGRAPHIC La Peste Negra en Europa

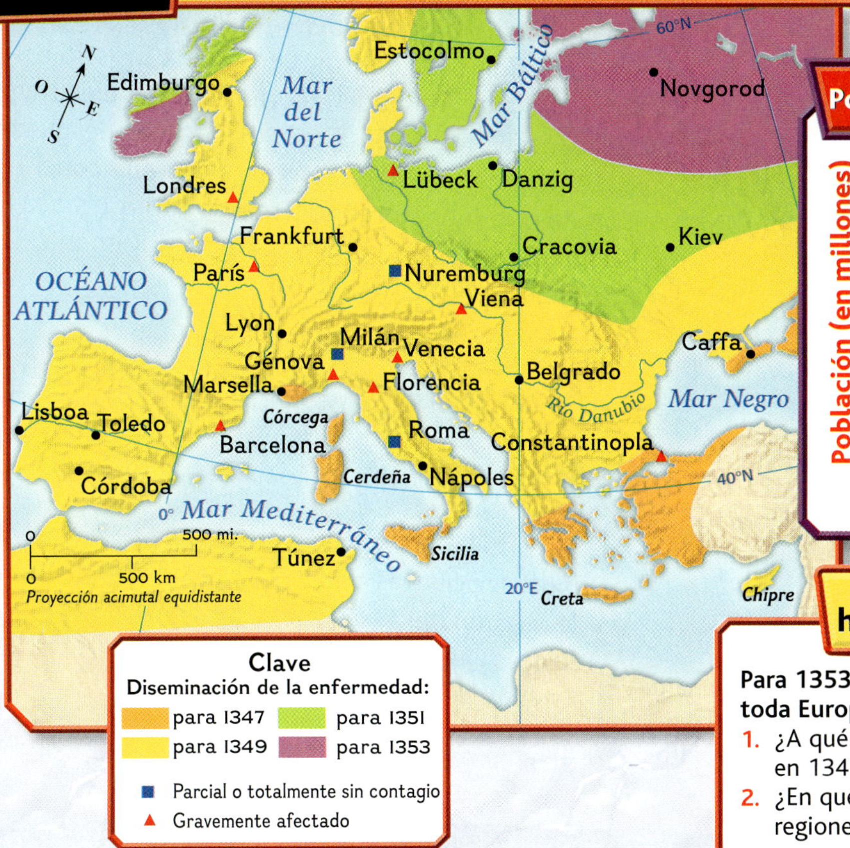

Población europea, 1300–1500 d.C.

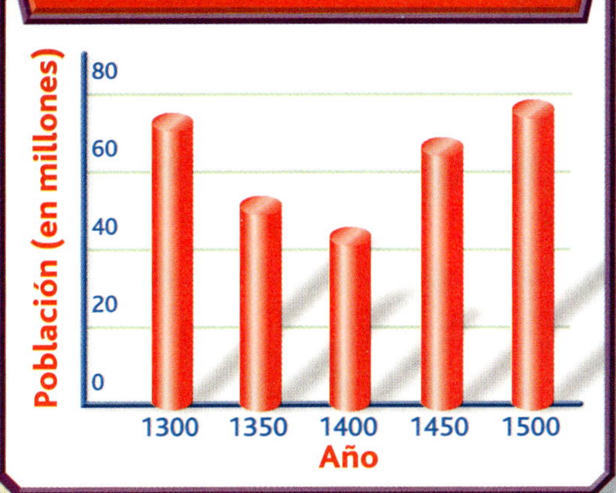

Uso de las habilidades geográficas

Para 1353, la Peste Negra había afectado a toda Europa.

1. ¿A qué lugar de Europa llegó la Peste Negra en 1347?
2. ¿En qué año llegó la Peste Negra a algunas regiones del Mar Báltico?

Biografía

Juana de Arco
1412–1431

Jeanne d'Arc, mejor conocida como Juana de Arco, nació el 6 de enero de 1412 en Domremy, en el este de Francia. Juana era la menor de cinco hermanos. Cuando tenía 13 años, comenzó a tener visiones de santos que le decían que fuera a misa y que fuese una buena persona. Con el transcurso del tiempo, las voces comenzaron a pedirle que le dijera a Carlos VII que ella podía ayudar a Francia. Finalmente, después de tres intentos, le permitieron ver al Rey. Carlos habló con Juana y ordenó que fuera interrogada por médicos y sacerdotes. Todos consideraron que Juana era una buena persona y que decía la verdad.

Juana fue enviada con el ejército francés a la ciudad de Orléans, que estaba rodeada por los ingleses. Fuera donde fuera, Juana llevaba un estandarte con imágenes religiosas. Aunque no llevaba armas, iba siempre al frente de las tropas, dándoles instrucciones y aliento. Las tropas terminaron por creer que Dios estaba de su lado. Inspiradas por Juana, lucharon mejor y con más vigor que nunca. Vencieron a los ingleses en Orléans y comenzaron a expulsarlos de Francia.

"¡Tengan coraje! No retrocedan".
—Juana de Arco

En 1430, Juana dijo que los santos le habían revelado que pronto sería capturada. A fines de mayo, fue capturada por los ingleses y acusada de herejía y de vestir en forma inadecuada, por llevar el uniforme militar como comandante del ejército. Juana fue declarada culpable y le dijeron que no sería ejecutada si admitía haber cometido esos delitos. Pero Juana insistió en que no había hecho nada incorrecto y fue ejecutada el 30 de mayo de 1431. Casi dos décadas después, se realizó una investigación que llegó a la conclusión de que Juana era inocente de todas las acusaciones. En 1920, la Iglesia Católica Romana la declaró santa.

Juana de Arco a caballo

Entonces y ahora

Juana fue juzgada y hallada culpable pese a que muchas personas creían que era inocente. Además, le negaron muchos de sus derechos durante el juicio. ¿Qué impide que esto suceda hoy en Estados Unidos?

Un continente agitado

Idea principal **Durante los siglos XIII y XIV, Europa Occidental fue devastada por la guerra entre Inglaterra y Francia y la guerra de España y Portugal contra los moros.**

Enfoque en la lectura ¿Hay algún héroe al que hayas admirado alguna vez? Lee para aprender lo que sucedió cuando una joven campesina se convirtió en una heroína para el pueblo francés.

La Peste Negra no fue el único problema de Europa a fines de la Edad Media. Los ingleses y los franceses entraron en guerra, mientras que los españoles y los portugueses lucharon para expulsar a los moros, que a su vez los habían conquistado siglos antes.

La Guerra de los Cien Años En la Sección 3, aprendiste que Guillermo de Normandía se convirtió en rey de Inglaterra en 1066, aunque todavía gobernaba Normandía. Los reyes de Francia querían expulsar a los ingleses de Normandía. Los reyes de Inglaterra reclamaban tener derecho sobre las tierras y, en 1337, el rey Eduardo III de Inglaterra se autoproclamó rey de Francia. Esto enfureció a los franceses aún más. La guerra estalló y duró más de 100 años.

La primera batalla importante de la Guerra de los Cien Años tuvo lugar en **Crécy** después de que Eduardo III invadió Francia. Los arqueros ingleses derrotaron al ejército francés y forzaron al rey de Francia a entregar parte de su reino.

Sin embargo, bajo el reinado de un nuevo rey, los franceses fueron recuperando lentamente su territorio. Más tarde, en 1415, Enrique V de Inglaterra volvió al ataque. Los arqueros ingleses ganaron la batalla nuevamente y lograron que los ingleses controlaran el norte de Francia.

¿Quién fue Juana de Arco? Carlos, el príncipe que gobernaba el sur de Francia, quería recuperar el norte. En 1429, una joven campesina francesa llamada Juana, se presentó ante él. La joven le dijo que sus santos preferidos le habían pedido que liberara a Francia. La sinceridad de Juana convenció a Carlos de dejarla ir con un ejército francés a **Orléans.** La

NATIONAL GEOGRAPHIC **La Guerra de los Cien Años**

Uso de las habilidades geográficas

Las principales batallas de la Guerra de los Cien Años tuvieron lugar en lo que hoy es Francia.

1. ¿Dónde se llevó a cabo la batalla final?
2. ¿Quién venció en la batalla de Crécy?

fe de Juana alentó a los soldados, quienes tomaron la ciudad.

Poco tiempo después, con Juana a su lado, Carlos fue declarado rey. Sin embargo, pocos meses después, Juana fue capturada por los ingleses. Los ingleses la entregaron a la Inquisición, que ordenó quemarla en una hoguera. Más tarde, fue conocida como **Juana de Arco.**

Los franceses vencieron finalmente a los ingleses en 1453. El rey había gastado prácticamente todo su dinero, pero la guerra fortaleció el sentimiento de los franceses por su país. Los reyes franceses utilizaron ese espíritu para formar un gobierno fuerte.

La Guerra de los Cien Años también afectó a los ingleses y a su economía. Además, se desató una guerra civil entre los nobles ingleses, que luchaban por el trono. Esta guerra se denominó la Guerra de las Dos Rosas.

Enrique Tudor ganó la guerra y se convirtió en el rey Enrique VII.

España y Portugal luchan contra los moros

Durante la Edad Media, los moros (musulmanes) gobernaron la mayor parte de España y Portugal. España y Portugal forman la Península Ibérica. Sin embargo, la mayoría de la población de la península era cristiana y parte era judía.

En España y Portugal, los moros desarrollaron una cultura de gran riqueza. Construyeron mezquitas y palacios hermosos, como la Alhambra en el reino de Granada, al Sur. También fundaron escuelas a las que asistían juntos moros, judíos y cristianos. Sin embargo, la mayoría de los cristianos se oponía a que los moros gobernaran la región. La lucha de los cristianos por recuperar la Península Ibérica se denominó la ***Reconquista.***

Para el siglo XIII, existían tres reinos cristianos: Portugal en el oeste, Castilla en el centro y Aragón en la costa mediterránea. Durante los 200 años siguientes, los moros fueron perdiendo territorio lentamente hasta que solo conservaron Granada, en el Sur.

En 1469, la princesa **Isabel de Castilla** se casó con el príncipe **Fernando de Aragón.** Diez años después, se convirtieron en reyes, unieron sus territorios y formaron un solo país llamado España. Fernando e Isabel querían que toda España fuese católica. Primero persiguieron a los judíos. Para escapar de esta persecución, algunos judíos se convirtieron al cristianismo. Pero Fernando e Isabel creían que muchos de ellos aún practicaban el judaísmo en secreto. Por ello establecieron la Inquisición Española.

La Inquisición Española juzgó y torturó a miles de personas acusadas de herejía. En 1492, Fernando e Isabel les dijeron a los judíos que debían convertirse o abandonar España. La mayoría de los judíos abandonó el país.

Después, los reyes persiguieron a los moros. En 1492, los ejércitos de España conquistaron Granada. Diez años después, los moros también tuvieron que elegir entre convertirse o abandonar el país. La mayoría de los moros optó por irse de España a África del norte.

Comprobación de lectura **Causa y efecto**
¿Qué causó la Guerra de los Cien Años?

Historia en línea

Centro de estudios ¿Necesitas ayuda con el material de esta sección? Visita jat.glencoe.com

Repaso de la sección 5

Resumen de la lectura

Repaso de Ideas principales

- Una plaga, conocida como la Peste Negra, causó la muerte de millones de personas en Europa y Asia y provocó grandes cambios en la economía y la sociedad europeas.
- Las guerras entre Inglaterra y Francia debilitaron las economías de estos países y España se transformó en un país católico y unificado.

¿Qué aprendiste?

1. ¿Como se propagó la Peste Negra?
2. ¿Quién fue Juana de Arco y qué papel desempeñó en la Guerra de los Cien Años?

Pensamiento crítico

3. **Comprensión de causa y efecto** Dibuja un diagrama como el que ves abajo. Complétalo con algunos de los efectos que la Peste Negra tuvo en Europa.

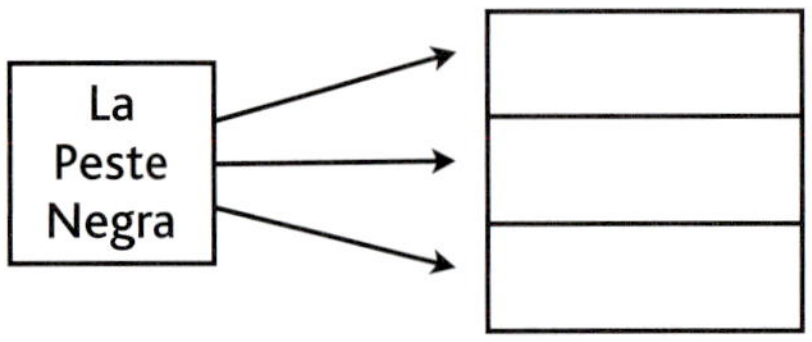

4. **Análisis** ¿Cómo afectó la Guerra de los Cien Años a los países que participaron en ella?
5. **Resumen** Describe la historia de España y Portugal durante la Edad Media.
6. **Conclusiones** ¿Crees que la expulsión de los judíos y los moros de España fue una política inteligente? Explica tu respuesta.
7. **Lectura** **Formulación de preguntas** Escribe tres preguntas que Carlos podría haberle hecho a Juana de Arco para decidir si le daría su apoyo.

Capítulo 15 Repaso de lectura

Sección 1 Principio de la Edad Media

Vocabulario
fiordo
misionero
excomulgar
concordato

Enfoque en Ideas principales

- La geografía influyó sobre el lugar donde se establecieron los europeos de la Edad Media y sobre sus actos. ***(página 513)***
- Los francos, anglos y sajones de Europa occidental construyeron nuevas sociedades y se defendieron de los musulmanes, magiares y vikingos. ***(página 514)***
- La Iglesia Católica expandió el cristianismo por toda Europa occidental. ***(página 519)***

Sección 2 Feudalismo

Vocabulario
feudalismo
vasallo
feudo
caballero
siervo
asociación

Enfoque en Ideas principales

- El feudalismo surgió en Europa en la Edad Media. Se basaba en la propiedad de la tierra, la lealtad y el poder de los caballeros con armadura a caballo. ***(página 523)***
- Los caballeros seguían un código de caballería y vivían en castillos, mientras que los campesinos lo hacían en casas simples y trabajaban duro todo el año. ***(página 526)***
- El aumento del comercio llevó al crecimiento de los pueblos y las ciudades y al surgimiento de asociaciones y gobiernos comunales. ***(página 528)***

Sección 3 Los Reinos y las Cruzadas

Vocabulario
gran jurado
jurado del juicio
clero

Enfoque en Ideas principales

- Inglaterra desarrolló un sistema en el que el poder del rey estaba limitado por el Parlamento. ***(página 535)***
- Los reyes franceses, los Capeto, conquistaron tierras dominadas por los ingleses en el oeste de Francia y organizaron el primer parlamento francés. ***(página 538)***
- Después de que los mongoles destruyeron el estado de Kiev, los gobernantes de Moscú organizaron un nuevo estado ruso encabezado por un zar. ***(página 539)***
- Los cruzados europeos capturaron Jerusalén pero posteriormente fueron expulsados por los musulmanes. ***(página 541)***

Sección 4 La Iglesia y la sociedad

Vocabulario
misa
herejía
antisemitismo
teología
escolasticismo
vernáculo

Enfoque en Ideas principales

- La Iglesia Católica jugó un papel importante en la Europa medieval y utilizó su poder para mantener sus enseñanzas. ***(página 545)***
- Los líderes de la Iglesia y del gobierno apoyaron la educación y las artes en Europa medieval. ***(página 549)***

Sección 5 Final de la Edad Media

Vocabulario
plaga
Reconquista

Enfoque en Ideas principales

- Una terrible plaga, conocida como la Peste Negra, arrasó a Europa en el siglo XIV y causó la muerte de millones de personas. ***(página 554)***
- Durante los siglos XIII y XIV, Europa Occidental fue devastada por la guerra entre Inglaterra y Francia y la guerra de España y Portugal contra los moros. ***(página 557)***

Capítulo 15

Evaluación y actividades

Repaso del vocabulario

Une una palabra de la primera columna con su definición en la segunda columna.

___ 1. feudo	a. trabajaba su propia tierra y la tierra del señor
___ 2. siervo	b. el estudio de la religión y de Dios
___ 3. concordato	c. personas ordenadas como sacerdotes
___ 4. clero	d. tierra otorgada a un vasallo
___ 5. herejía	e. acuerdo entre el Papa y el gobernante de un país
___ 6. teología	f. una creencia distinta a las enseñanzas de la Iglesia

Repaso de las ideas principales

Sección 1 • Principio de la Edad Media

7. ¿Qué pueblos invadieron Europa en la Edad Media?
8. ¿Cómo influyó la Iglesia Católica en la Europa Medieval?

Sección 2 • Feudalismo

9. ¿Cuál fue la base de la riqueza y el poder en la Europa Medieval?
10. ¿Cuáles fueron las consecuencias del aumento del comercio?

Sección 3 • Los Reinos y las Cruzadas

11. ¿Cuáles de los cambios que se produjeron en Inglaterra y Francia fueron pasos importantes hacia el establecimiento del gobierno representativo?
12. ¿Qué grupos estaban en guerra entre sí durante las Cruzadas? ¿Cuál era el motivo por el que luchaban?

Sección 4 • La Iglesia y la sociedad

13. ¿De qué manera utilizó la Iglesia Católica su poder para mantener sus enseñanzas?
14. ¿Por qué florecieron la educación y las artes en la Europa medieval?

Sección 5 • Final de la Edad Media

15. ¿Qué fue la Peste Negra, y qué cambios produjo en Europa?
16. ¿Qué naciones europeas estaban en guerra durante los siglos XIV y XV?

Pensamiento crítico

17. **Causa y efecto** ¿Cuáles de las mejoras en la agricultura provocaron un aumento en la producción de alimentos?
18. **Comparación** ¿En qué tuvieron éxito Alfredo el Grande y Guillermo el Conquistador?

Repaso — Habilidad de lectura — Preguntas

Sólo pregunta

19. Lee el siguiente párrafo de la página 525. Escribe por lo menos seis preguntas que podrías formular acerca de él. Utiliza palabras interrogativas distintas para encabezar cada una de las preguntas: *quién, qué, cuándo, dónde, cómo* y *por qué.*

> Durante la Edad Media, los europeos inventaron nuevas tecnologías que los ayudaron a incrementar la cosecha. Tal vez la más importante fue un arado pesado con ruedas con una cuchilla de hierro. Fácilmente daba vuelta los suelos arcillosos y compactos del oeste de Europa.

Para repasar esta habilidad, consulta las páginas 510–511.

Habilidades geográficas

Estudia el mapa que figura a continuación y contesta las siguientes preguntas.

20. **Lugar** ¿En qué río se produjo la batalla de Orléans?
21. **Interacción** ¿Cuál de los rivales piensas que tenía ventaja en el punto que se indica en el mapa? Ten en cuenta las batallas, la cantidad de territorios conquistados, las ventajas naturales, etc.
22. **Ubicación** ¿Por qué la mayoría de los lugares donde se combatía estaban ubicados cerca del Canal de la Mancha?

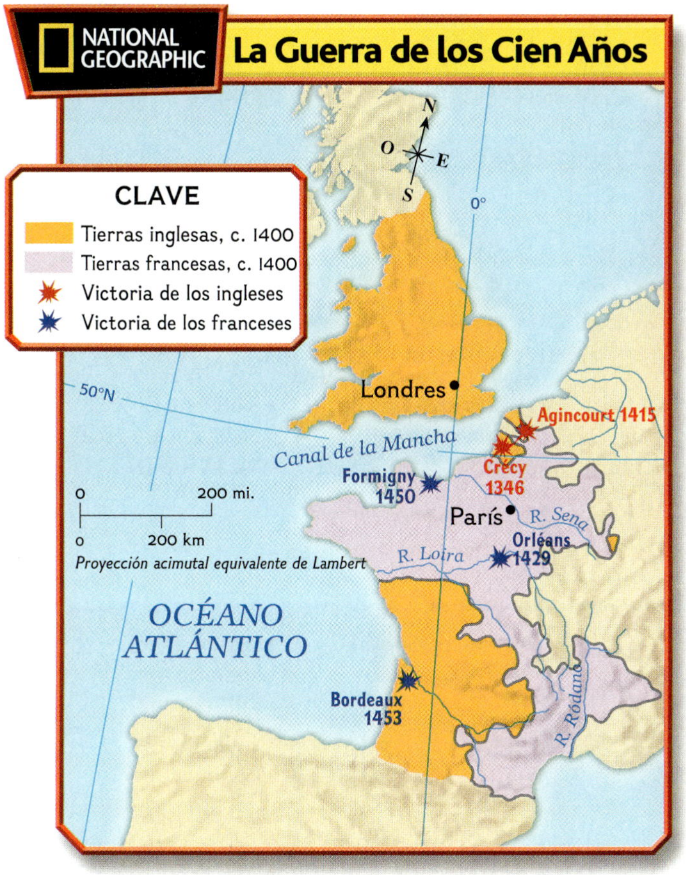

Leer para escribir

23. **Redacción de guiones** Imagina que vives en una pequeña aldea medieval. De repente, los habitantes de la aldea comienzan a morir por causa de la peste. Tú y tu familia deben decidir si se quedan en la aldea o se van. Escribe un diálogo entre tú, los miembros de tu familia y tal vez algunos vecinos. El diálogo debe indicar las ventajas y desventajas de ambas decisiones y debe mostrar cómo la familia llega a una decisión con respecto a lo que deben hacer.

Historia en línea

Prueba de autocomprobación Para prepararte mejor para el examen del capítulo, visita jat.glencoe.com

24. **Uso de tus PLEGABLES** Discute con tus compañeros de clase la razón por la cual se produjeron los acontecimientos de la Europa medieval. Luego, elige un acontecimiento importante del plegable, y escribe un párrafo en el que predices en qué hubiera cambiado la historia si ese acontecimiento no hubiera ocurrido.

Uso de tecnología

25. **Modelado** Investiga para obtener más información acerca de las partes que componían los señoríos y su arreglo general. (Por ejemplo, sabes que el castillo del señor estaba ubicado en el centro del señorío). Luego trabaja con tus compañeros para crear un diseño o modelo de un señorío utilizando una computadora.

Enlaces entre el pasado y el presente

26. **Comparación** Compara las universidades actuales con las universidades medievales como las universidades de Bolonia, París y Oxford. En tu descripción, explica cómo sería tener que estudiar sin utilizar libros.

Fuente principal

Análisis

El rey Luis IX esperaba lo siguiente de sus vasallos.

"Todos los vasallos de un rey están obligados a comparecer ante él cuando él los cita, y a servirlo a sus propias expensas durante cuarenta días y cuarenta noches, con tantos caballeros como lo que debe cada uno".

—Rey Luis IX, "Legal Rules for Military Service" (Normas legales para el servicio militar)

PBD Preguntas basadas en los documentos

27. ¿Estaban los caballeros al servicio directo del rey y comparecían ante él cuando los citaba?
28. ¿Qué piensas que ocurría si el rey necesitaba contar con los servicios de los vasallos y caballeros durante más de 40 días y noches?

Repaso de la unidad 4

Comparación de las civilizaciones medievales

Compara las civilizaciones de la Edad Media analizando la información siguiente. ¿Puedes ver de qué manera estas civilizaciones tenían vidas muy parecidas a la tuya?

	China en la Edad Media (Capítulo 12)	África medieval (Capítulo 13)	Japón medieval (Capítulo 14)	Europa medieval (Capítulo 15)
¿Dónde surgieron estas civilizaciones?	• Asia Oriental continental	• África Occidental; África del Sur; África Oriental	• Islas costeras de Asia Oriental	• Noroeste de Europa y área del Mediterráneo
¿Cuáles fueron algunos de los personajes importantes de estas civilizaciones?	• Taizong, gobernó 627–649 d.C. • Emperatriz Wu, gobernó 684–705 d.C. • Kublai Khan, gobernó 1271–1294 d.C. • Zheng He, 1371–1433 d.C.	• Ibn Battuta, 1307–1377 d.C. • Mansa Musa, gobernó 1312–1337 d.C. • Sunni Ali, gobernó 1464–1492 d.C. • Reina Nzinga, gobernó c. 1623–1663 d.C.	• Príncipe Shotoku, 574–622 d.C. • Murasaki Shikibu, c. 973–1025 d.C. • Miramoto Yoritomo, 1147–1199 d.C. • Ashikaga Takauji, 1305–1358 d.C.	• Carlomagno, gobernó 768–814 d.C. • Guillermo el Conquistador, gobernó 1066–1087 d.C. • Tomás de Aquino, 1225–1274 d.C. • Juana de Arco, 1412–1431 d.C.
¿Dónde vivía la mayoría de las personas?	• Aldeas y ciudades agrícolas a lo largo de los ríos principales	• Aldeas agrícolas; centros comerciales como Tombuctú y Kilwa	• Aldeas de pescadores y agricultores en área de llanuras costeras	• Aldeas agrícolas en propiedades situadas en llanuras; centros comerciales en Italia y Flandes

	China en la Edad Media Capítulo 12	África medieval Capítulo 13	Japón medieval Capítulo 14	Europa medieval Capítulo 15
¿Cuáles eran las creencias de estas personas?	• Confucionismo, taoísmo, budismo	• Religiones tradicionales africanas, cristianismo, Islam	• Sintoísmo, budismo	• Católicos Romanos con pequeñas cantidades de judíos y musulmanes
¿Cómo era su gobierno?	• Los emperadores gobernaban con la ayuda de funcionarios eruditos seleccionados mediante exámenes	• Gobernados por reyes, asesores cercanos y funcionarios locales	• Los emperadores gobernaban sólo en nombre; el poder era ejercido por líderes militares	• Territorios feudales unidos en reinos
¿Cómo eran su idioma y su escritura?	• Chinos: símbolos que representan objetos, combinados para representar ideas	• Muchos idiomas y diferentes sistemas de escritura, pero mucho conocimiento transmitido mediante la historia oral	• Japonés: caracteres chinos que representan ideas y símbolos que representan sonidos	• Varios idiomas derivados del latín y los idiomas germánicos
¿Qué contribuciones hicieron?	• El servicio civil basado en el mérito; inventaron los tipos móviles, la pólvora y la brújula	• Produjeron la tradición de la narración, el baile, la música y la escultura	• Desarrollaron ideas basadas en la armonía con la naturaleza; produjeron las artes marciales	• Desarrollaron universidades y gobiernos representativos
¿Cómo me afectan esas contribuciones? ***¿Puedes agregar alguna?***	• Los chinos inventaron los fuegos artificiales, la brújula y los libros impresos	• Los antiguos africanos transmitieron tradiciones musicales que son la base del jazz, rap, gospel y reggae	• Los guerreros japoneses desarrollaron las artes marciales como el judo y el karate	• Los europeos medievales transmitieron las ideas cristianas y el sistema bancario

Unidad 5

Un mundo cambiante

Por qué es importante

Cada civilización que estudies en esta unidad hizo grandes contribuciones a la historia.

- Los indígenas norteamericano construyeron una red de rutas de comercio.
- Los europeos del Renacimiento y de la Reforma afirmaron la importancia del ser humano como individuo.
- Los pueblos de principios de la era moderna en Europa y las Américas desarrollaron ideas acerca de la libertad y de la democracia.

1400 d.C. — **1450 d.C.** — **1500 d.C** — **1550 d.C.**

Las Américas
Capítulo 16

c. 1400 d.C.
El imperio azteca alcanza su apogeo

Máscara de un dios azteca ▶

1533 d.C.
Las fuerzas españolas derrotan a los incas en el Perú

El Renacimiento y la Reforma
Capítulo 17

c. 1440 d.C.
Juan Gutenberg utiliza tipos móviles para la imprenta

◀ Página de la Biblia de Gutenberg

1508 d.C.
Miguel Ángel pinta la Capilla Sixtina en Roma

Estatua del David de Miguel Ángel ▶

1555 d.C.
La Paz de Augsburgo divide a Alemania en estados católicos y protestantes

La Ilustración y la revolución
Capítulo 18

1488 d.C.
Bartolomé Díaz de Portugal navega alrededor del extremo sur de África

◀ Brújula primitiva

1518 d.C.
Los primeros esclavos africanos llegan a las Américas

1543 d.C.
Copérnico presenta una nueva visión del universo

◀ Fernando de Magallanes

NATIONAL GEOGRAPHIC

¿En qué lugar del mundo?

1600 d.C.	1650 d.C.	1700 d.C.	1750 d.C.	1800 d.C.

c. 1570 d.C.
Los habitantes de los Bosques Orientales forman la Confederación Iroquesa

Vestimenta de guerrero de un indígena norteamericano

1769 d.C.
Los españoles fundan una misión en San Diego

1839 d.C.
Los científicos descubren la ciudad maya de Copán

1598 d.C.
El rey Enrique IV introduce la tolerancia religiosa en Francia

1608 d.C.
Se utilizan los primeros cheques en reemplazo del efectivo en los Países Bajos

1648 d.C.
Finaliza la Guerra de los Treinta Años

Reina Isabel I de Inglaterra

Mapa mundial, 1630

1690 d.C.
John Locke desarrolla la teoría de los gobiernos

1702 d.C.
Se publica el primer diario en Londres

1776 d.C.
Comienza la Revolución Estadounidense

George Washington

Unidad 5

Ubicación de lugares

1 Machu Pichu

Consulta Las Américas, Capítulo 16

2 Tikal

Consulta Las Américas, Capítulo 16

Conoce a los personajes

Pachacuti

Gobernó 1438-1471 d.C.
Gobernante inca
Capítulo 16, página 589

Hammurabi

1452-1519 d.C.
Artista y científico italiano
Capítulo 17, página 622

Martin Luther

1483-1546 d.C.
Líder protestante alemán
Capítulo 17, página 638

Hernán Cortés

1485-1547 d.C.
Conquistador español
Capítulo 16, página 598

Catherine de' Medici

1519-1589 d.C.

Reina francesa

Capítulo 17, página 647

Elizabeth I

Gobernó 1558-1603 d.C.

Reina inglesa

Capítulo 18, página 665

John Locke

1632-1704 d.C.

Pensador político inglés

Capítulo 18, página 683

Isaac Newton

1642-1727 d.C.

Matemático inglés

Capítulo 18, página 677

Capítulo 16

Las Américas

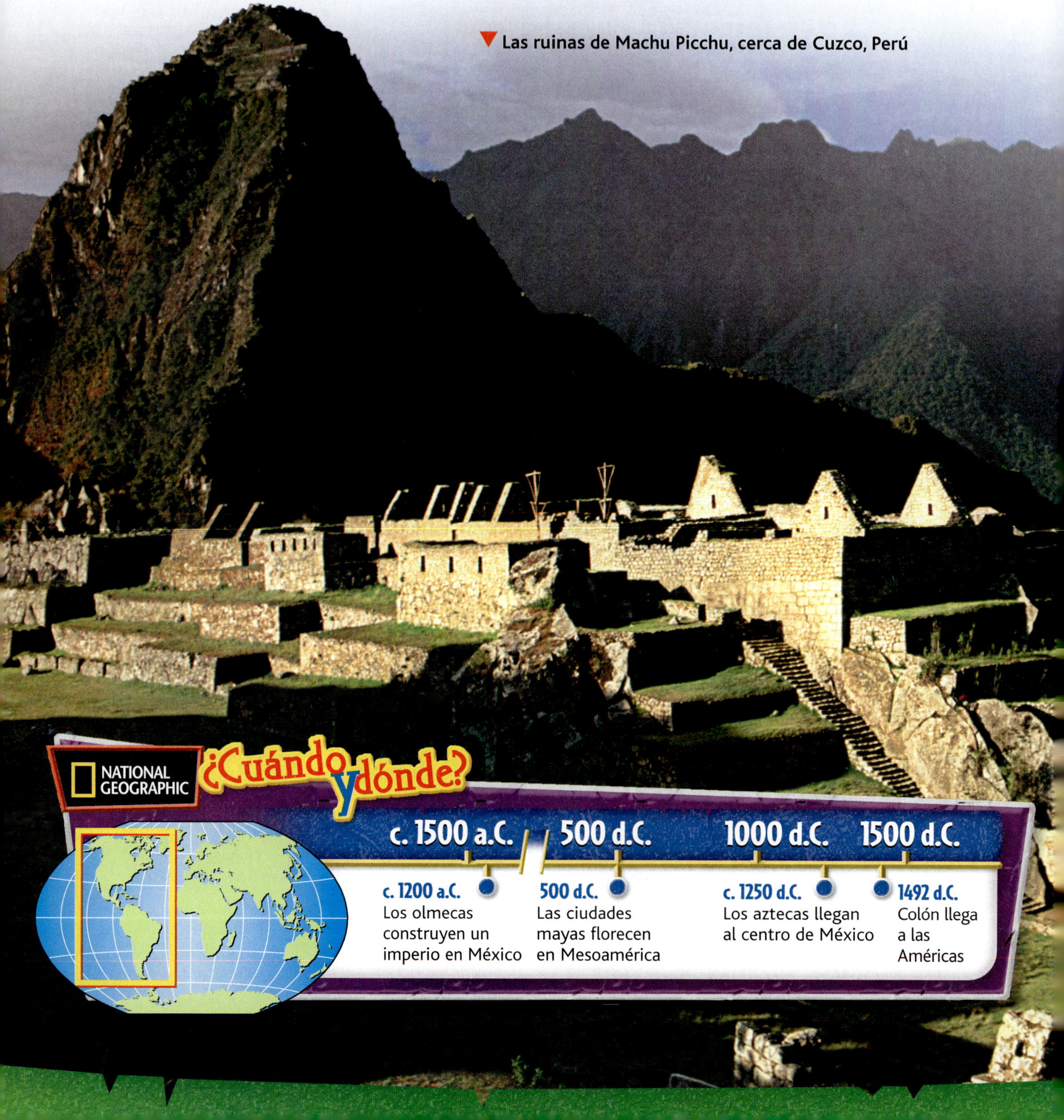

▼ Las ruinas de Machu Picchu, cerca de Cuzco, Perú

NATIONAL GEOGRAPHIC

¿Cuándo y dónde?

c. 1500 a.C. — 500 d.C. — 1000 d.C. — 1500 d.C.

c. 1200 a.C.
Los olmecas construyen un imperio en México

500 d.C.
Las ciudades mayas florecen en Mesoamérica

c. 1250 d.C.
Los aztecas llegan al centro de México

1492 d.C.
Colón llega a las Américas

Presentación preliminar del capítulo

Mientras transcurría la Edad Media en Europa, muchas civilizaciones diferentes se estaban desarrollando en las Américas. Lee cómo estos primeros americanos cultivaron maíz, frijoles y otros productos alimenticios que hoy conoces.

Mira el video del capítulo 16 en el Programa de Video *World History: Journey Across Time.*

Historia en línea

Descripción general del capítulo Visita jat.glencoe.com para ver la presentación preliminar del capítulo 16.

Sección 1 Los primeros americanos

Los primeros habitantes llegaron a las Américas hace miles de años. La agricultura condujo al crecimiento de las civilizaciones que se encontraban en lo que hoy es México, América Central y Perú.

Sección 2 La vida en las Américas

Los mayas, los aztecas y muchas otras culturas indígenas se desarrollaron en América del Norte y América del Sur.

Sección 3 La caída de los imperios azteca e inca

Los exploradores y soldados españoles se sintieron atraídos por las riquezas de las civilizaciones de los indígenas americanos. Con el caballo y las armas de fuego, los españoles vencieron a los imperios azteca e inca a principios del siglo XVI d.C.

PLEGABLES™ Organizador de estudios

Organización de la información *Haz este plegable para que te ayude a organizar la información sobre la historia y la cultura de las Américas.*

Paso 1 *Tomar dos hojas de papel y colocarlas con más o menos 1 pulgada de separación.*

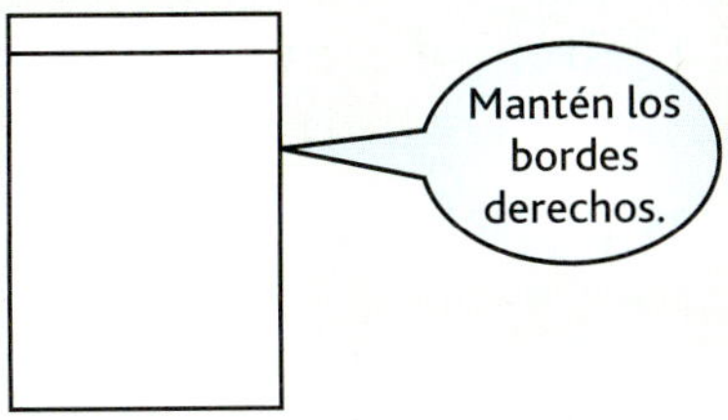

Mantén los bordes derechos.

Paso 2 *Doblar hacia arriba los bordes inferiores del papel para formar cuatro solapas.*

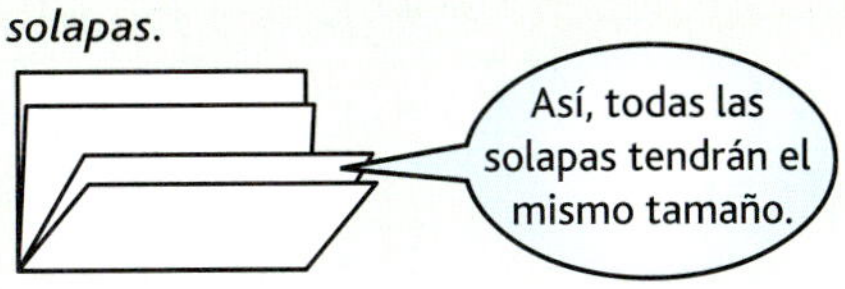

Así, todas las solapas tendrán el mismo tamaño.

Paso 3 *Una vez que todas las solapas tengan el mismo tamaño, presionar a lo largo del doblez del papel para mantener las solapas en su lugar y luego abrochar las hojas. Rotular cada una de las solapas como se indica.*

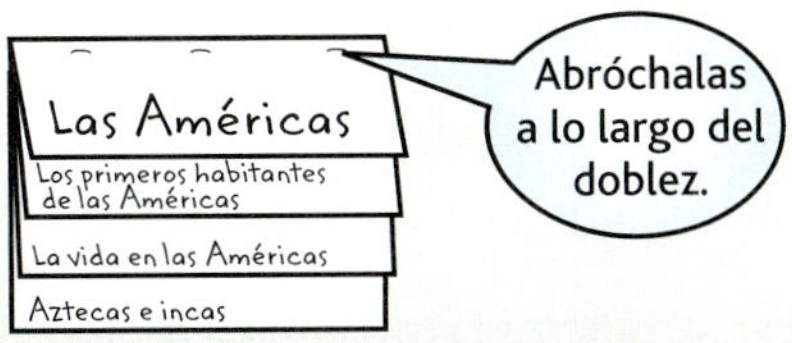

Las Américas
Los primeros habitantes de las Américas
La vida en las Américas
Aztecas e incas
Abróchalas a lo largo del doblez.

Lectura y redacción *A medida que vayas leyendo el capítulo, escribe bajo las solapas del plegable las ideas principales que se desarrollan en cada una de las tres secciones. Toma nota de la información que respalda las ideas principales.*

Capítulo 16

Lectura en estudios sociales

Habilidad de lectura

Resumen

1 ¡Apréndelo!

Resumen de información

Hacer resúmenes de lo que has leído, ya sea en forma verbal o escrita, es una buena manera de mejorar la comprensión del texto. Lee la información sobre Cristóbal Colón en las páginas 594–595, **Colón llega a las Américas** y **Colón regresa.** Haz un resumen de los puntos principales con un compañero. Uno de los dos debe resumir lo que leyó mientras el otro lo escucha. Después, el compañero que escuchó debe hacer un nuevo resumen y agregar cualquier información que el otro compañero no haya incluido.

Cuando hayas terminado, mira la siguiente lista para ver si has incluido toda la información importante.

- **Colón llegó a las Américas por primera vez en 1492.**
- **Creyó haber llegado a Asia, pero en realidad había arribado a una isla del mar Caribe.**
- **Colón llevó a España muchos tesoros exóticos para impresionar a los gobernantes españoles.**
- **Regresó al año siguiente con soldados.**
- **Desembarcó en La Española, que hoy es Haití y la República Dominicana.**
- **Los conquistadores sometieron a los indígenas americanos.**
- **España logró establecerse en las Américas.**

Habilidad de lectura

A medida que vayas leyendo, coloca papelitos autoadhesivos en la parte superior de las páginas para recordar las secciones que tal vez necesites volver a leer.

2 ¡Practícalo!

Cuenta la historia

Lee cómo **España conquista México** en las páginas 595 a 596. Antes de comenzar, lee en voz alta el primer párrafo sobre Cortés:

> Los viajes de Cristóbal Colón, que navegó a las Américas cuatro veces, inspiraron a muchos nobles pobres a ir a las Américas a buscar su fortuna. Muchos vinieron de la región de España conocida como Extremadura. Esta región tenía suelos pobres, veranos extremadamente calurosos e inviernos muy fríos, que no brindaban muchas posibilidades de riqueza. Uno de estos nobles fue un muchacho de diecinueve años llamado Hernán Cortés.
>
> *—de las páginas 595–596*

Con un compañero, haz un resumen de la historia de Cortés y cómo destruyó la capital azteca. Cuando cuentes la historia, tal vez desees volver a consultar el texto, leyendo en voz alta las palabras escritas entre comillas o en letra cursiva para darle una sensación de autenticidad a tu narración. Escucha atentamente para que puedas agregar cualquier información que tu compañero no haya incluido.

Leer para escribir

Elige uno de los personajes históricos del capítulo 16 y narra su historia utilizando información inventada con tu propia imaginación. Agrega citas, descripciones y acontecimientos que pienses que podrían haber sucedido para crear una historia de ficción, pero enriquecida.

3 ¡Aplícalo!

A medida que vayas leyendo este capítulo, practica cómo hacer resúmenes. Detente después de cada sección y redacta un breve resumen de los puntos principales de la sección.

Sección 1

Los primeros Américanos

¡Prepárate para leer!

¿Cuál es la relación?

Mientras Europa Occidental se reconstruía después de la caída de Roma, diversas culturas prosperaban en las Américas.

Enfoque en Ideas principales

- Se cree que los primeros pobladores de las Américas vinieron de Asia durante la Época Glacial. *(página 573)*
- La invención de la agricultura provocó el surgimiento de civilizaciones en las Américas. *(página 574)*
- Los primeros habitantes del norte de las Américas desarrollaron complejas culturas basadas en la agricultura y el comercio. *(página 578)*

Ubicación de lugares

Mesoamérica
Teotihuacán
Cuzco
Cahokia

Conoce a los personajes

olmecas
mayas
toltecas
moches
incas
hohokam
anasazi

Desarrollo de tu vocabulario

glaciar
monopolio

Estrategia de lectura

Resumen de información Crea un cuadro para mostrar las características de los olmecas y los moches.

	Ubicación	Fechas	Estilo de vida
Olmecas			
Moches			

NATIONAL GEOGRAPHIC ¿Cuándo y dónde?

2000 a.C. — 500 a.C. — 1000 d.C.

c. 1200 a.C. Los olmecas construyen un imperio en México

c. 500 d.C. Las ciudades mayas florecen en Mesoamérica

1100 d.C. Los incas fundan la ciudad de Cuzco

El camino a las Américas

Idea principal **Se cree que los primeros pobladores de las Américas vinieron de Asia durante la Época Glacial.**

Enfoque en la lectura ¿Cuándo y cómo viajaron hacia ls Américas los primeros habitantes? Nadie lo sabe con certeza. La historia de su llegada sigue siendo uno de los grandes misterios de la historia.

Sabemos que estos pueblos llegaron hace mucho tiempo a las Américas, pero, ¿cómo lo hicieron? Hoy, las Américas no están conectadas por tierra con el resto del mundo, pero sí lo estaban en el pasado. Los científicos han estudiado la geografía de la Tierra durante la Época Glacial: un período durante el cual las temperaturas bajaron enormemente. En esa época, gran parte de las aguas de la Tierra se congelaron formando enormes capas de hielo, o **glaciares.**

Cuando se formó el hielo y bajó el nivel de los mares, quedó expuesta un área de tierra firme entre Asia y Alaska. Los científicos la llamaron puente de tierra Beringia, en honor a Vitus Bering, un famoso explorador europeo. Los científicos creen que pueblos de Asia cruzaron este puente de tierra hacia América mientras seguían a los animales que estaban cazando. Al realizar pruebas de la antigüedad de los huesos y las herramientas en los campamentos antiguos, los científicos calcularon que los primeros habitantes llegaron a las Américas hace 15,000 a 40,000 años.

Cuando terminó la Época Glacial, hace unos 10,000 años, los glaciares se derritieron y volvieron a liberar agua a los mares. El puente de tierra entre las Américas y Asia desapareció debajo de las olas.

Cacería y recolección Los cazadores de la Américas estaban constantemente buscando comida. Pescaban y recolectaban nueces, frutas o raíces. También cazaban presas de gran tamaño, como el mamut peludo, antílopes, caribúes y bisontes.

Eran necesarios varios cazadores para matar a un mamut peludo, que podía pesar hasta 9 toneladas. Estos grandes animales suministraban carne, pieles para ropa y huesos para fabricar herramientas.

Con el fin de la Época Glacial, algunos animales se extinguieron, o desaparecieron de la faz de la Tierra. El clima cálido, sin embargo, brindó nuevas oportunidades a los primeros americanos.

Comprobación de lectura **Explicación** ¿Por qué ya no existe ningún puente de tierra entre Asia y las Américas?

Uso de las habilidades geográficas

Durante miles de años, los pobladores prehistóricos migraron hacia el sur a través del las Américas.

1. ¿Cómo hicieron los pobladores prehistóricos para llegar a las Américas desde Asia?
2. ¿Por qué crees que los pobladores prehistóricos se diseminaron por todo el continente americano?

Busca en línea mapas de NGS en www.nationalgeographic.com/maps

Punta de flecha hecha de piedra

Primeras civilizaciones americanas

Idea principal **La invención de la agricultura provocó el surgimiento de civilizaciones en las Américas.**

Enfoque en la lectura ¿Qué sería de nuestras vidas si el hombre nunca hubiera aprendido a cultivar la tierra? Lee para aprender cómo la agricultura hizo posible la civilización en México, América Central y América del Sur.

Los primeros pobladores americanos eran cazadores recolectores, pero con el fin de la Época Glacial, cuando el clima se volvió más cálido, los habitantes de América hicieron un descubrimiento sorprendente. Aprendieron que se podían plantar semillas y que estas semillas se transformaban en plantas que las personas podían comer.

La agricultura se empezó a desarrollar en **Mesoamérica** hace 9,000 a 10,000 años. *Meso* proviene de la palabra griega que significa "medio". Esta región abarca los territorios que se extienden desde el valle de México hasta Costa Rica en América Central.

La geografía de la región era ideal para trabajar la tierra. Gran parte de la zona presentaba un suelo rico y volcánico y un clima templado. La época de lluvias era en primavera, lo cual permitía que germinaran las semillas. Las lluvias disminuían en el verano, lo cual permitía que los cultivos estuvieran listos para su cosecha. Luego, en otoño, las lluvias comenzaban nuevamente, humedeciendo la tierra para la cosecha del año siguiente.

Los primeros cultivos de las Américas incluían calabazas, pimientos, chayotes, calabacines y frijoles. Tiempo después se desarrolló el maíz, que crecía como hierba salvaje. Las primeras plantas producían una sola mazorca de una pulgada. Después de cientos de años, los

Caza del mamut peludo

Actuando en grupos, los cazadores podían atrapar presas de gran tamaño como un mamut peludo. ***¿Por qué piensas que los primeros cazadores preferían cazar animales grandes como los mamuts en lugar de animales más pequeños?***

Civilizaciones de Mesoamérica

Uso de las habilidades geográficas

Las civilizaciones mesoamericanas se desarrollaron en México y América Central.

1. ¿Cuál fue la civilización que se estableció en la península de Yucatán?
2. ¿Qué ciudades se desarrollaron cerca del lago Texcoco? ¿Qué es lo que sugieren estas ciudades acerca del área?

▼ **Cabeza de piedra olmeca**

primeros americanos finalmente aprendieron cómo cruzar el maíz con otras hierbas para obtener mazorcas de mayor tamaño y mayor cantidad de mazorcas por planta. Al descubrir esto, el maíz se convirtió en el alimento más importante de las Américas.

Civilizaciones mesoamericanas El cultivo del maíz y otras plantas permitió que los pobladores mesoamericanos dejaran de salir a buscar alimento. Como consecuencia, formaron sociedades más complejas. Alrededor de 1500 a.C., surgió la primera de varias civilizaciones antiguas.

Cerca de lo que hoy es Veracruz, México, un pueblo llamado los **olmecas** creó un gran imperio comercial. Se inició alrededor de 1200 a.C. y duró alrededor de 800 años.

Los olmecas disfrutaban de abundantes recursos agrícolas pero carecían de otras materias primas. Intercambiaban sal y frijoles con los habitantes de las tierras interiores para obtener jade para la fabricación de joyas y obsidiana, o vidrio volcánico, para hacer cuchillos de punta afilada. Utilizaban otras mercancías de intercambio como la hematita, una piedra volcánica brillante, para hacer espejos pulidos, y basalto para tallar cabezas de piedra gigantes.

Los olmecas usaban los diversos ríos de la región como vías para el comercio pero, finalmente, los habitantes del interior se apoderaron del control del comercio. Uno de estos grupos construyó la primera ciudad planificada de América. Llegó a conocerse como **Teotihuacán**, o "Ciudad de los dioses". La ciudad alcanzó su apogeo alrededor de 400 d.C. Su población era de unos 120,000 a 200,000 habitantes.

A medida que aumentaba el poder de Teotihuacán, un pueblo llamado los **mayas** creó otra civilización en las selvas de la península de Yucatán. Ellos también se dedicaban al comercio en toda Mesoamérica. Los mayas usaron su ubicación central para llegar hasta lo que hoy es el sur de México y América Central. Los mercaderes mayas se trasladaban por el mar remando en canoas, tal vez llegando hasta lo que hoy es Estados Unidos.

¿Qué ocurrió con los mayas? Teotihuacán y las ciudades mayas alcanzaron su apogeo en los siglos V y VI d.C. Después, alrededor del siglo VII d.C., comenzó la decadencia de Teotihuacán. Nadie sabe bien por qué sucedió esto. Algunos expertos dicen que la sobrepoblación dejó a la ciudad sin alimentos ni recursos. Otros le echan la culpa a una larga sequía, o período sin lluvias. Otros expertos dicen que la gente pobre se rebeló contra los gobernantes ricos. No importa cuál fue la razón, para el año 750 d.C., la ciudad había sido destruida.

La civilización maya perduró casi 200 años más. Pero también llegó a su fin de manera misteriosa. Los mayas abandonaron sus ciudades, y para el siglo X d.C., las ciudades estaban desiertas, ocultas debajo de una densa vegetación.

Al mismo tiempo que los mayas abandonaban sus ciudades, un pueblo llamado los **toltecas** ocuparon lo que hoy es el norte de México. Estos guerreros nómades construyeron la ciudad de Tula, al noroeste de lo que hoy es la ciudad de México. Desde Tula, conquistaron todos los territorios hasta la península de Yucatán.

Los gobernantes toltecas controlaban estrictamente el comercio. Ejercían un **monopolio**, o derecho exclusivo, sobre el comercio de obsidiana. Como consecuencia, los toltecas evitaban que los demás pueblos fabricaran armas para enfrentarlos.

Figura de un líder maya

Esta pirámide se encontró en la ciudad maya de Tikal, que estaba en lo que hoy es Guatemala. ¿Qué es lo que provocó la caída de la civilización maya?

Cerámica moche decorada con la imagen de una cara

Cerámica moche en forma de llama

Civilizaciones de América del Sur

Uso de las habilidades geográficas

Los moches y los incas desarrollaron civilizaciones avanzadas en América del Sur.

1. Describe la ubicación de la civilización moche.
2. Calcula la longitud del imperio inca en millas.

Alrededor de 1200 d.C., invasores provenientes del norte capturaron Tula. Uno de los grupos de invasores, que se llamaban a sí mismos aztecas, admiraban a los toltecas y copiaron sus costumbres. Los guerreros aztecas asumieron el control del comercio de la región y construyeron un gran imperio. Cuando llegaron los europeos en el siglo XVI d.C., los aztecas gobernaban alrededor de cinco millones de personas.

Los moches y los incas Al sur de Mesoamérica, se desarrollaron otras civilizaciones a lo largo de la costa oeste de América del Sur. Los **moches** vivían en el árido desierto costero de lo que hoy es Perú.

Los moches gobernaron aproximadamente a partir del siglo II d.C. hasta el siglo VIII d.C. Construyeron canales que transportaban agua desde los ríos de la cadena montañosa de los Andes hasta su árida tierra natal. Gracias a este riego, podían plantar cultivos en el desierto.

Los moches no sufrieron escasez de alimentos. Se alimentaban con maíz, calabaza, frijoles y cacahuate (maní). También cazaban llamas y cochinillos de Indias y pescaban en el Océano Pacífico.

Esta abundancia de alimentos permitió que los moches se pudieran dedicar a otros temas. Los ingenieros moche diseñaron enormes pirámides como la Pirámide del Sol. Los mercaderes moche intercambiaban mercancías con personas de lugares tan lejanos como las selvas del valle del Amazonas. Entre estas mercaderías se incluían cerámica, telas y joyas.

Los moches no tenían lenguaje escrito. En lugar de ello, la historia de su cultura se narra

Historia en línea

Actividad en línea Visita el sitio jat.glencoe.com y haz clic en *Chapter 16—Student Web Activity* para aprender más acerca de las civilizaciones de las Américas.

a través del arte. En los objetos de cerámica con frecuencia se veían animales que eran importantes para los moches como la llama. La llama se usaba como animal de carga, para transportar mercaderías en viajes de larga distancia. También suministraba carne para la alimentación y lana para tejer.

Sin embargo, a pesar de todos sus logros, los moche nunca se expandieron mucho más allá de su tierra natal. La tarea de crear un imperio le tocó a otro pueblo, llamado los **incas.**

La tierra natal de los incas estaba ubicada en la cadena montañosa de los Andes en lo que hoy es Perú. Los incas optaron por vivir en valles altos de ríos, con frecuencia por encima de los 10,000 pies (3,048 m). Con el tiempo, los incas crearon el imperio más grande del antiguo continente americano. El imperio creció alrededor de la capital **Cuzco,** fundada en 1100 d.C.

Comprobación de lectura **Explicación** ¿Cómo hicieron los toltecas para evitar que otros pueblos los enfrentaran?

Civilizaciones de América del Norte

Idea principal **Los primeros habitantes del norte de las Américas desarrollaron complejas culturas basadas en la agricultura y el comercio.**

Enfoque en la lectura ¿Te sorprendería saber que los primeros habitantes de América del Norte construyeron grandes ciudades? Lee para aprender acerca de las civilizaciones complejas que se desarrollaron en el sudoeste de América, y luego en el valle del río Mississippi.

Al norte de Mesoamérica, los indígenas americanos desarrollaron su propio estilo de vida. Sin embargo, habían aprendido algunas cosas importantes de sus vecinos mesoamericanos. Aprendieron a cultivar la tierra.

La agricultura en el futuro Estados Unidos se inició en el sudoeste de América del Norte. También se difundió desde Mesoamérica a lo largo de la costa y hasta los ríos Mississippi, Missouri y Ohio. A medida que se desarrollaba la agricultura, también se desarrollaban nuevas civilizaciones.

NATIONAL GEOGRAPHIC

Cómo eran las cosas

Enfoque en la vida cotidiana

Asentamientos en los riscos del pueblo anasazi

Desde lejos, parecían ser castillos de arena apilados uno al lado del otro en uno de los lados de la pared del cañón. De cerca, son casas antiguas en los riscos de tamaño natural. Los dos vaqueros que las descubrieron en el año 1888 d.C. las llamaron la "ciudad magnífica". Descubrieron estas casas mientras cruzaban una meseta nevada, en el sudoeste de Colorado. Los hombres tropezaron accidentalmente con los hogares de los anasazi: un pueblo antiguo que anteriormente vivió en el sudoeste.

Los anasazi construyeron alrededor de 600 asentamientos en los riscos, en un área que en la actualidad está protegida dentro del Parque Nacional Mesa Verde. Comenzaron a construir sus aldeas debajo de los riscos colgantes

Los indios hohokam y anasazi Las noticias sobre la agricultura se difundieron hacia el norte junto con los mercaderes mesoamericanos. Pero pasó mucho tiempo hasta que los nómades de los ardientes desiertos del sudoeste intentaron desarrollar la agricultura.

Finalmente, alrededor del siglo IV d.C., un pueblo llamado **hohokam** plantó jardines en los territorios ubicados entre los ríos Salt y Gila. Cavaron más de 500 millas (805 km) de canales para llevar el agua de los ríos hasta los campos. Cultivaron maíz, algodón, frijoles y calabaza. También fabricaban piezas de cerámica, pendientes de turquesa y los primeros grabados del mundo utilizando el jugo de los cactus para corroer la superficie de las conchas marinas.

Los indios hohokam prosperaron durante unos 1,000 años. A mediados del siglo XIV d.C., huyeron por algún motivo misterioso. Tal vez una sequía prolongada los hizo emigrar, o las inundaciones provocadas por grandes lluvias hayan destruido sus canales. Nadie está seguro de lo que sucedió.

Alrededor del siglo VII d.C., mientras los indios hohokam hacían plantaciones cerca de los ríos, los **anasazi** se instalaron en los cañones y riscos de la región. También se dedicaron a la agricultura. Sin embargo, no dependían sólo de los ríos para el riego. Recolectaban el agua que bajaba de los riscos durante la época de lluvias y la llevaban hacia los campos a través de canales.

La cultura anasazi alcanzó su apogeo en el Cañón del Chaco, una región importante en lo que hoy es Nuevo México. Los habitantes de ese lugar tenían bajo su control el comercio de la turquesa. La usaban como si fuera dinero, para comprar mercancías de las distintas regiones, incluyendo Mesoamérica.

Los anasazi vivían en enormes casas semejantes a departamentos, esculpidas en los riscos. Las casas de los riscos tenían cientos de habitaciones y albergaban a miles de personas. Más tarde, los exploradores españoles denominaron a estos edificios *pueblos*. Los anasazi

El Cliff Palace (Palacio del Risco) en el Parque Nacional Mesa Verde

alrededor de 1200 d.C. Muchos eruditos creen que se asentaron en los riscos para protegerse del clima y de otros grupos de pobladores. Los pueblos no estaban construidos de acuerdo con un plan determinado. Cada casa se construía para llenar el espacio disponible. Algunas casas tienen varios pisos. La arenisca y la argamasa de barro las siguen manteniendo unidas.

Los anasazi probablemente desarrollaban la mayor parte de sus tareas diarias en patios al aire libre. Los artefactos han revelado su habilidad para confeccionar canastas, sandalias y artículos de cerámica. Para el año 1300 d.C., los anasazi habían abandonado Mesa Verde. Es posible que una grave sequía que se produjo durante esa época los haya obligado a abandonar el área.

Cerámica anasazi

Joyas anasazi

Conexión con el pasado

1. ¿Por qué crees que los pueblos no estaban construidos de acuerdo con un plan determinado?
2. Los anasazi vivieron en Mesa Verde sólo por unos 100 años. ¿Qué otra causa, además de la sequía, pudo haberlos obligado a emigrar?

prosperaron hasta que se produjo una sequía de 50 años a principios del siglo XI d.C. Al igual que los indios hohokam, ellos también emigraron.

¿Quiénes eran los constructores de montículos? Hacia el este, a través del río Mississippi, se estaba formando otra civilización. Esta civilización tuvo su origen alrededor del siglo XI a.C. y duró hasta el siglo V d.C. Sus fundadores construyeron enormes montículos de tierra, algunos en forma de animales. Estas construcciones en tierra dieron origen al nombre de este pueblo, "Constructores de montículos".

Dos grupos formaban la cultura de los constructores de montículos: primero los indios adena, y segundo los indios hopewell. Juntos se establecieron en los territorios que se extienden desde los Grandes Lagos hasta el Golfo de México.

Aunque los constructores de montículos eran principalmente cazadores y recolectores, intentaron practicar la agricultura. Los científicos piensan que domesticaron muchas plantas salvajes, incluyendo girasoles, calabacines y cebada. Es probable que fueran las mujeres las que plantaron las primeras semillas. Las mujeres probablemente eran las que más sabían acerca de las plantas, porque recolectaban frutas silvestres mientras los hombres cazaban.

El maíz llegó por primera vez a la región alrededor del siglo II d.C., probablemente llevado por mercaderes. Estos mercaderes viajaban por todas partes en busca de materia prima para armas, joyas y tallados finos. Muchos de estos objetos se colocaban en enormes montículos funerarios para honrar a los muertos.

Los indios del Mississippi La cultura de los constructores de montículos cambió cuando el pueblo hopewell entró en decadencia por motivos desconocidos y surgió un nuevo pueblo, el de los indios del Mississippi. Los indios del Mississippi recibieron este nombre porque estaban establecidos en el valle del río Mississippi. Sus territorios abarcaban desde lo que hoy es Ohio, Indiana e Illinois, hasta el Golfo de México en el sur.

El Montículo de la Gran Serpiente, en el sur de Ohio, es un ejemplo de los montículos de tierra construidos por los pobladores de la cultura adena. ***Además del pueblo adena, ¿qué otros grupos formaban parte de la cultura de constructores de montículos?***

Estas dos estatuas de mármol de dos pies de alto de un hombre y una mujer provienen de un montículo en Georgia.

Un montículo de Cahokia en Illinois ▶

Los indios del Mississippi descubrieron que las plantas crecían bien en los fértiles terrenos aluviales a lo largo del río. Cosechaban la suficiente cantidad de cultivos como para convertirse en agricultores de tiempo completo. Los cultivos más comunes eran maíz, calabaza y frijoles.

Al igual que en Mesoamérica, la agricultura a gran escala dio origen al surgimiento de las ciudades. Algunas tenían 10,000 o más habitantes. La ciudad más grande, **Cahokia**, posiblemente haya tenido 30,000 habitantes. Los restos de esta ciudad todavía se pueden ver al sudoeste de Illinois.

Los indios del Mississippi construyeron otra clase de montículo. Sus montículos tenían la forma de una pirámide de punta plana. La base de la pirámide más grande abarcaba una superficie de 16 acres (6.5 hectáreas), más grande que la base de la Gran Pirámide de Egipto.

El montículo terminado, que en la actualidad se conoce como Monks Mound, tenía más de 100 pies (30 m) de altura. Desde la cima del montículo, los gobernantes contemplaban docenas de montículos más pequeños. En las puntas planas de los montículos había templos, los hogares de los ricos y cementerios.

A principios del siglo XIV d.C., la civilización del Mississippi se desintegró, y las ciudades fueron abandonadas. Tal vez otros indígenas norteamericanos los atacaron, o posiblemente la ciudad haya crecido hasta el punto de que era imposible alimentar a tantos habitantes.

Comprobación de lectura **Identificación** ¿Cómo usaron la turquesa los anasazi del Cañón del Chaco?

Historia en línea

Centro de estudios ¿Necesitas ayuda con el material de esta sección? Visita jat.glencoe.com

Repaso de la sección 1

Resumen de la lectura

Repaso de Ideas principales

- Los primeros habitantes de las Américas probablemente eran cazadores recolectores que llegaron desde Asia a través de un puente de tierra.
- Se desarrollaron varias civilizaciones en las Américas, incluyendo los olmecas, mayas y toltecas en América Central y México, y los moches y los incas, en América del Sur. Todas ellas dependían de la agricultura.
- En América del Norte, las civilizaciones agrícolas surgieron en el sudoeste y luego en los valles de los ríos Ohio y Mississippi.

¿Qué aprendiste?

1. ¿Por qué resultaba ideal la geografía de Mesoamérica para la agricultura?
2. ¿Cómo hicieron los primeros americanos para desarrollar el maíz?

Pensamiento crítico

3. **Resumen de la información** Dibuja un cuadro como el que está a continuación. Agrega detalles acerca de los primeros habitantes de América del Norte.

Indígenas americanos
Sudoeste
Este/Valle del río Mississippi

4. **Resumen** ¿Cómo y cuándo llegaron a América los primeros habitantes, y de qué vivieron una vez que se instalaron allí?
5. **Geografía** ¿Cómo ayudó la geografía a definir el desarrollo de la civilización anasazi?
6. **Redacción explicativa** Escribe un breve ensayo comparando las civilizaciones que se desarrollaron en Mesoamérica y las que se desarrollaron en América del Sur.
7. **Lectura** **Resumen de la información** Escribe un párrafo que resuma de qué manera la agricultura impulsó el desarrollo de las civilizaciones.

Sección 2

La vida en las Américas

¡Prepárate para leer!

¿Cuál es la relación?

En la Sección 1 leíste sobre el surgimiento de las primeras civilizaciones en las Américas. Los primeros americanos tenían que aprovechar los recursos naturales que les ofrecía la tierra. Como resultado, se desarrollaron distintas culturas adaptadas al lugar donde vivían.

Enfoque en Ideas principales

- Los mayas se adaptaron a vivir en la selva tropical y desarrollaron una cultura basada en sus creencias religiosas. *(página 583)*
- Los aztecas se trasladaron al Valle de México, donde crearon un imperio basado en la conquista de tierras y la guerra. *(página 585)*
- Para unir su enorme imperio, los soberanos incas instauraron un gobierno y una sociedad altamente organizados. *(página 588)*
- La geografía de las tierras ubicadas al norte de lo que hoy es México determinó el desarrollo de muchas culturas indígenas diferentes en las Américas. *(página 590)*

Ubicación de lugares

Petén

Tenochtitlán

Conoce a los personajes

Pachacuti

iroqueses

Desarrollo de tu vocabulario

quipu

iglú

adobe

confederación

Estrategia de lectura

Organización de la información Usa una pirámide para mostrar las clases sociales de los incas.

NATIONAL GEOGRAPHIC ¿Cuándo y dónde?

1300 d.C.	1400 d.C.	1500 d.C.

- **c. 1250 d.C.** Los aztecas llegan al centro de México
- **1325 d.C.** Los aztecas construyen Tenochtitlán
- **c. 1438 d.C.** Pachacuti comienza a construir el imperio inca

Los mayas

Idea principal **Los mayas se adaptaron a vivir en la selva tropical y desarrollaron una cultura basada en sus creencias religiosas.**

Enfoque en la lectura ¿Cómo sería la vida en la jungla? ¿Qué recursos se encontrarían más fácilmente? Lee para aprender cómo los mayas se adaptaron a la vida en las selvas de Mesoamérica.

En 1839 d.C., un abogado estadounidense llamado John Lloyd Stevens y un artista inglés llamado Frederick Catherwood se abrieron camino en la enmarañada selva tropical de Yucatán. Allí hicieron un descubrimiento impresionante. Encontraron las ruinas cubiertas de lianas de una ciudad antigua.

Poco tiempo después, Stevens y Catherwood descubrieron que los mayas eran quienes habían construido la ciudad y que eran los antepasados de los millones de mayas que aún hoy viven en lo que en la actualidad es México, Guatemala, Honduras, El Salvador y Belice.

Ciudades-estado mayas

A primera vista, parecía que los mayas se habían establecido en uno de los peores lugares de la Tierra. Eligieron el **Petén**, palabra maya que significa "región plana". Ubicadas en lo que hoy es Guatemala, las selvas espesas del Petén prácticamente impedían el pasaje de la luz del sol. El lugar estaba lleno de insectos que picaban. Había víboras venenosas deslizándose por el suelo y monos y loros chillando en las copas de los árboles. Aun así, los mayas antiguos prosperaron.

Los mayas vieron lo que otros no veían. Disponían de agua todo el año gracias a los pantanos y a los sumideros. Los sumideros (zonas en las que la tierra se ha hundido) los conectaba con un enorme sistema de ríos y arroyos subterráneos. Eran los pozos de agua de los mayas.

Incluso con una buena disponibilidad de agua, sólo una cultura organizada pudo haber construido ciudades y campos en el Petén. Se requería del esfuerzo conjunto de muchas personas y sólo pudo lograrse gracias a la presencia de un gobierno organizado.

▲ Estos murales mayas representan un grupo de músicos celebrando un nacimiento real. *¿Dónde se establecieron los mayas por primera vez?*

NATIONAL GEOGRAPHIC

Cómo eran las cosas

Deportes y competencias

Juego de pelota maya Las ciudades mayas tenían muchas canchas para juegos de pelota. En el juego de pelota maya participaban grupos de dos o tres jugadores que debían lograr que una pelota de goma dura pasara por un aro de piedra decorado. Los jugadores vestían cascos, guantes y protectores de piel en las rodillas y la cadera para protegerse de las duras pelotas de goma. En el juego no se permitía usar ni las manos ni los pies para lanzar o pegarle a la pelota. Para lanzar la pelota al aro de piedra, debían emplear las caderas.

Como los aros de piedra se encontraban a 27 pies (8 metros) de altura en una cancha rectangular de gran tamaño, los jugadores debían ser muy hábiles para poder marcar un gol. Marcar un gol era tan difícil y ocurría con tan poca frecuencia, que el público premiaba al héroe dándole vestimentas y joyas.

Los estudiosos creen que el juego de pelota maya no era simplemente un deporte o una competencia, sino que tenía un significado religioso y simbólico, así como consecuencias mortales. El equipo perdedor era sacrificado a los dioses en una ceremonia que se realizaba después del partido.

▲ Jugador de pelota maya

Conexión con el pasado

1. ¿Cómo hacía un jugador para marcar un gol en el juego de pelota maya?
2. ¿Por qué era tan grave perder en este juego?

Los mayas crearon ciudades-estado. Dentro de cada ciudad-estado, los gobernantes aportaban el liderazgo y las fuerzas militares para impulsar grandes proyectos de construcción. El liderazgo se transmitía de un rey a su sucesor y solía haber luchas entre las distintas ciudades-estado.

La vida en las ciudades mayas Los gobernantes de las ciudades-estado mayas decían ser descendientes del sol. Reclamaban el derecho a gobernar como dioses-reyes y esperaban que todos les sirvieran. El servicio incluía la construcción de enormes monumentos en su honor.

Como dioses-reyes, los gobernantes mayas les enseñaban a sus súbditos cómo debían satisfacer a los dioses. Una de las formas era el sacrificio humano. Los mayas creían que los dioses proporcionaban su fluido vital, las lluvias, para que los humanos fueran fuertes. Entonces los humanos contribuían a la fuerza de los dioses ofreciéndoles su propio fluido vital, la sangre.

El principal interés de los mayas en las batallas era tomar prisioneros más que ganar tierras. En las épocas de sequía, los sacerdotes mayas le ofrecían los prisioneros a Chac, el dios de la lluvia y de la luz del sol. Los mayas creían que Chac vivía en las aguas debajo de los sumideros. Solían tirar a los prisioneros dentro de estos pozos de agua para ganarse los favores de los dioses.

Los mayas creían que los dioses controlaban todo lo que ocurría sobre la Tierra. Como resultado, la religión era el centro de la vida maya. Una enorme pirámide con un templo en la cima dominaba cada ciudad. Los sacerdotes, que decían conocer cuáles eran los deseos de los dioses, establecieron un sistema escrito de clases que incluía a todos los habitantes.

Las mujeres mayas de la realeza solían casarse con miembros de familias reales de ciudades-estado mayas lejanas. Esto contribuyó al fortalecimiento del comercio. También contribuyó a la creación de alianzas, es decir, acuerdos políticos entre personas o estados para trabajar en conjunto.

▲ Escultura de un dios maya

Las mujeres tenían un papel importante en las ciudades-estado mayas. En una escultura maya, una mujer tiene un tocado de guerra y va montada sobre una plataforma llevada por soldados. En la ciudad-estado de Calakmul, por lo menos dos mujeres fueron reinas todopoderosas. Se cree que una de ellas pudo haber contribuido a fundar la ciudad.

Ciencia y escritura maya Tanto las reinas como los reyes acudían a los sacerdotes mayas para que los aconsejaran. Los sacerdotes creían que los dioses revelaban sus planes a través de los movimientos del sol, la luna y las estrellas, por lo que estudiaron intensamente los cielos.

Los mayas también necesitaban saber cuándo debían sembrar los cultivos. A través de la observación del cielo, los sacerdotes aprendieron sobre astronomía. Desarrollaron un calendario de 365 días para llevar un control del movimiento de los cuerpos celestes. Lo usaban para pronosticar eclipses y para programar las fiestas religiosas, el sembrado y las cosechas. Además, los mayas desarrollaron un sistema matemático para registrar el paso del tiempo. Inventaron un método numérico basado en el 20.

Los mayas también inventaron un lenguaje escrito para registrar números y fechas. Al igual que los egipcios, los mayas usaron un sistema de jeroglíficos. Los símbolos representaban sonidos, palabras o ideas. Sin embargo, sólo los nobles podían leerlos. Después de la caída de la civilización maya, nadie más pudo leerlos. Solo en épocas recientes, los eruditos han empezado a descifrar las historias relatadas por los jeroglíficos.

✓ Comprobación de lectura **Identificación** ¿Cuál era la principal ventaja de vivir en la selva tropical?

Los aztecas

Idea principal **Los aztecas se trasladaron al Valle de México, donde crearon un imperio basado en la conquista de tierras y la guerra.**

Enfoque en la lectura ¿Por qué crees que algunos países tratan de conquistar a otros países? Lee para aprender por qué los aztecas conquistaron a sus vecinos y construyeron un imperio.

Los aztecas, guerreros nómades que llegaron al Valle de México alrededor de 1250 d.C., no fueron muy bienvenidos. Un rey estaba convencido de que sabía cómo deshacerse de ellos. Les concedió a los aztecas un territorio lleno de víboras. Su intención era que las serpientes mortales los destruyeran. En cambio, los aztecas se dieron un festín de serpientes asadas y finalmente construyeron su propio reino.

El gobierno azteca Los aztecas sabían muy bien qué hacer para sobrevivir. Durante cientos de

Guerrero azteca

◀ Los guerreros aztecas solían vestir prendas coloridas, decoradas con plumas o pieles de animales. Luchaban con armas con punta de obsidiana. *¿Dónde construyeron su imperio los aztecas?*

Escudo azteca decorado con plumas ▶

años, habían caminado sin rumbo fijo en busca de un hogar que, de acuerdo a sus creencias, su dios del sol, la serpiente emplumada Quetzalcoatl, les había prometido. Según la leyenda, los aztecas reconocerían este lugar cuando un águila "gritase y desplegase sus alas y comiese (. . .) la serpiente".

Según la leyenda azteca, encontraron su patria después de haber sacrificado a una princesa local en honor a uno de sus dioses. El padre de la princesa juró que aniquilaría a los aztecas, que en ese momento sólo eran unos cientos. Los aztecas emprendieron la huída. En 1325 d.C. se refugiaron en una isla muy húmeda y pantanosa del Lago Texcoco. Allí, un águila los saludó desde donde estaba posada en un nopal (una especie de cactus). Desgarró una serpiente que colgaba de su pico. Desplegó sus alas y lanzó un grito de triunfo. Maravillados, los aztecas creyeron haber alcanzado el final de su viaje.

Los sacerdotes, como portavoces de los dioses, les dijeron a los aztecas lo que tenían que hacer: construir una gran ciudad. Los obreros trabajaron sin descanso día y noche. Sacaron tierra del fondo del lago para construir puentes hacia la tierra principal. Construyeron jardines flotantes, apilando tierra sobre balsas ancladas al fondo del lago.

Los aztecas llamaron a su nueva ciudad **Tenochtitlán** que significa "lugar del nopal". A medida que la ciudad se iba erigiendo sobre los pantanos, los aztecas soñaban con conquistas y riquezas. Deseaban cobrar tributos o un pago por protección a todos los pueblos conquistados.

Para alcanzar su objetivo, los aztecas recurrieron a reyes fuertes que alegaban descender de los dioses. Un consejo formado por guerreros, sacerdotes y nobles elegía a los reyes entre los miembros de la familia real. Los miembros del consejo, por lo general, elegían al hijo del último rey, pero no siempre era así. Buscaban reyes que pudieran conducir a los aztecas a la gloria. El rey debía probar su capacidad dirigiendo las tropas en las batallas.

Tenochtitlán

En el medio de Tenochtitlán había un área de ceremonias rodeada de muros. En este lugar había templos y escuelas y las residencias de los sacerdotes. ***¿Qué acto ceremonial se llevaba a cabo en la cima del Templo Mayor?***

La fundación de Tenochtitlán

El Templo Mayor
En la cima del Templo Mayor había dos adoratorios dedicados a Tlaloc, dios de la lluvia, y a Huitzilopochtli, dios del sol y de la guerra.
Templo circular de Quetzalcoatl
El templo circular estaba dedicado al dios azteca Quetzalcoatl.
Cancha de pelota
Los aztecas practicaban un juego de pelota ritual en canchas que solían estar muy decoradas.

La vida diaria de los aztecas

Las viviendas aztecas eran sencillas y estaban construidas con fines prácticos más que estéticos. ***¿Cómo crees que los aztecas usaban cada uno los utensilios domésticos que ves aquí?***

▲ Tazón y telar aztecas

Piedra de moler azteca ▶

▲ Pintura de una vivienda azteca

La vida en el imperio azteca El rey o emperador ocupaba el nivel más alto de la sociedad azteca. El resto de la población se clasificaba en cuatro clases: nobles, plebeyos, trabajadores no calificados y esclavos. Los plebeyos formaban el grupo más grande y trabajaban como agricultores, artesanos o comerciantes. Podían pasar a ser parte de la clase de los nobles si realizaban un acto de valentía en la guerra. Ellos, o sus hijos si el soldado moría, recibían tierras y el rango de nobles.

Los aztecas consideraban que la muerte al servicio de sus dioses era un honor. Los merecedores de la vida después de la muerte eran los soldados que morían en batalla, los prisioneros que ofrecían su vida en sacrificio y las mujeres que morían en el parto. Los demás iban a la "Tierra de los Muertos", el nivel más bajo del infierno.

Desde una edad temprana, los niños aprendían acerca de las glorias de la guerra y de sus obligaciones como aztecas. Cuando nacía un niño varón, la partera, o la mujer que ayudaba en el parto, aclamaba: "¡Debes comprender que tu hogar no es el lugar donde naciste, pues eres un guerrero!"

En cambio, si nacía una niña, pronunciaba otras palabras. Con la primera respiración de la recién nacida, la partera declaraba: "Así como el corazón permanece dentro del cuerpo, tú debes permanecer en tu hogar". Aunque las mujeres se quedaban en sus casas, las que tenían bebés eran honradas como heroínas por la sociedad azteca.

Las promesas eran la base de casi todo en la civilización azteca. Hablando por medio de los sacerdotes, el dios Huitzilopochtli juró: "Conquistaremos a todos los pueblos del universo".

Esta promesa inspiró a los aztecas a honrar al dios con una enorme pirámide en el centro de Tenochtitlán. Conocida como el Templo Mayor, tenía 135 pies (41 m) de altura y más de 100 escalones. Miles de víctimas eran llevadas a la cima y allí eran sacrificadas a los dioses.

✓ **Comprobación de lectura** **Descripción** ¿De qué manera podían los plebeyos ascender a la nobleza?

La vida en el imperio inca

Idea principal **Para unir su enorme imperio, los soberanos incas instauraron un gobierno y una sociedad altamente organizados.**

Enfoque en la lectura ¿Alguna vez has intentado organizar a una gran cantidad de personas? No es fácil lograr que todos trabajen juntos. Lee cómo los incas organizaron su sociedad y desarrollaron los medios para mantener a su imperio unificado.

Los incas antiguos le echaban la culpa de los terremotos al dios Pachacamac, "Señor de la Tierra". Cada vez que Pachacamac se enfurecía, la tierra temblaba. Pachacamac fue el dios inca supremo. No es de extrañar que el más importante líder inca se llamara **Pachacuti**, que significa "el que sacude la tierra".

Pachacuti hizo honor a su nombre. Desde alrededor de 1438 d.C., Pachacuti y su hijo, Topa Inca, construyeron el imperio antiguo más grande de las Américas. Se extendía de norte a sur alrededor de 2,500 millas (4,023 km), una distancia similar a la que existe hoy entre Los Ángeles y Nueva York.

▲ Máscara de oro inca

Pachacuti ideó un plan para mantener unificado a su imperio. Estableció un fuerte gobierno central, pero permitió a los gobernantes locales ejercer su propio po-der. Para asegurarse su lealtad, llevó a sus hijos a Cuz-copara capacitarlos.

Pachacuti también unificó el imperio por otros medios. Exigía a la gente que aprendiera el quechua, el idioma que hablaban los incas. Además, diseñó un sistema de caminos, que abarcaba alrededor de 25,000 millas (40,234 km) cuando estuvo terminado.

Una sociedad organizada Los incas creían que el dios del sol Inti protegía a Cuzco, la capital inca. Los gobernantes que vivían allí se autodenominaban "hijos del sol". Como tales, los gobernantes y sus esposas, llamadas Coyas, ocupaban el nivel más alto en la sociedad.

El máximo sacerdote y el comandante en jefe de los ejércitos ocupaban el siguiente nivel social, por debajo de la pareja real. A continuación, venían los líderes militares regionales. Por debajo de ellos, se encontraban los sacerdotes de los templos, los comandantes del ejército y los trabajadores calificados: músicos, artesanos y contadores. El nivel más bajo estaba representado por agricultores, pastores y soldados comunes.

Además, los incas dividieron la sociedad en 12 categorías de trabajo. De acuerdo con ellas, todo hombre, mujer y niño mayor de cinco años de edad tenía que trabajar. Por ejemplo, las muchachas jóvenes cuidaban niños y los niños atrapaban pájaros en los jardines.

¿Cómo era la cultura de los incas? Los incas casi nunca honraban a sus dioses mediante el sacrificio humano. Sólo recurrían al sacrificio en tiempos difíciles, como durante los terremotos o en ocasiones especiales. Los sacerdotes solían sacrificar preferentemente a niños, pues los consideraban más puros que los adultos. Los incas adoraban a los niños sacrificados como dioses.

Para complacer a sus dioses, los incas construyeron grandes obras de piedra. No tenían un sistema de escritura, ni tampoco conocían la rueda o las herramientas de hierro. Sin embargo, construyeron lugares como Machu Picchu , una residencia para los reyes incas.

La construcción de grandes estructuras llevó a que los incas desarrollaran una manera de hacer cálculos matemáticos. Los incas usaban un **quipu**, una cuerda con cordones anudados de distintas longitudes y colores. Cada nudo representaba un número o elemento y servía además para mantener registros.

Los incas eran hábiles ingenieros. Los obreros acomodaban las piedras tan juntas que ni siquiera se podía pasar un cuchillo entre ellas. Dado que los incas no usaban argamasa (cemento), los bloques de piedra podían deslizarse hacia arriba y abajo sin derrumbarse cuando un terremoto sacudía la tierra.

✓ **Comprobación de lectura** **Explicación** ¿Cómo se aseguraba Pachacuti la lealtad de los líderes locales?

Biografía

PACHACUTI

Gobernó entre 1438 y 1471

▲ Pachacuti

Pachacuti fue el hijo del octavo rey inca, Viracocha. En 1438, un enemigo del norte atacó la ciudad capital, Cuzco. Viracocha escapó, pero Pachacuti se quedó para defender la ciudad y derrotar al enemigo. Pachacuti venció y se convirtió en rey.

Al principio, Pachacuti se dedicó a expandir el Imperio Inca. Cuando quería conquistar un reino, primero enviaba mensajeros a los gobernantes locales para explicarles cuáles eran los beneficios de ser parte del Imperio Inca y después les ofrecía unirse voluntariamente. Si aceptaban, eran tratados con respeto y se les otorgaban algunos derechos. Pero si se negaban, los incas los atacaban brutalmente.

El segundo objetivo de Pachacuti fue reconstruir Cuzco. Fue el primero en emplear granito blanco como material de construcción. No era necesario utilizar argamasa para mantener las piedras de granito unidas porque los lados de cada pieza se cortaban con mucha precisión y así encajaban perfectamente.

"Nací como nace la flor en el campo. . . ".

–cita de Pachacuti en la *Historia de los incas*

Pachacuti se construyó una residencia llamada Machu Picchu. Estaba hecha de granito blanco y se encontraba a miles de pies de altura, en los Andes. Las investigaciones más recientes indican que Machu Picchu no servía únicamente como residencia de la familia real, sino también como centro de celebraciones y reuniones ceremoniales.

Según una leyenda traducida de un texto sagrado, Pachacuti cayó muy enfermo cuando ya era anciano. Pachacuti llamó a todos sus familiares a su lecho. Dividió sus pertenencias entre ellos y les dio instrucciones para su entierro.

▲ Machu Picchu

Entonces y ahora

En al actualidad, ¿cómo puede hacer una nación para que otra nación haga algo sin amenazarla de guerra?

La vida en América del Norte

Idea principal **La geografía de las tierras ubicadas al norte de lo que hoy es México determinó el desarrollo de muchas culturas indígenas diferentes en las Américas.**

Enfoque en la lectura ¿Qué puede tener en común tu vida con la de las personas que viven en otro lugar, pero con la misma geografía? Lee para saber de qué manera la geografía de América del Norte determinó el estilo de vida de los indígenas norteamericanos que vivían allí.

Para el año 1500 d.C., alrededor de dos millones de personas habitaban al norte de Mesoamérica. Hablaban alrededor de 300 idiomas y usaban miles de nombres diferentes para identificarse.

Estos indígenas americanos heredaron las culturas de sus antepasados. A medida que los primeros americanos se establecían en toda América del Norte, se adaptaban a los diferentes lugares donde se asentaban. No sólo lograron subsistir, sino que vivían bien.

Los pueblos del extremo norte Los científicos piensan que los primeros habitantes de las regiones árticas, Canadá y Alaska en la actualidad, llegaron en embarcaciones, probablemente alrededor de 3000 a.C. Esto ocurrió mucho después del final de la Época Glacial. Estos pueblos, llamados también esquimales, se llamaban a sí mismos Inuit, que significa "el pueblo".

Los inuit, como otros de los primeros americanos, se adaptaron a la vida en ambientes hostiles. Construyeron **iglúes,** casas en forma de cúpula, con bloques de hielo y nieve. Usaban trineos tirados por perros para viajar por tierra y kayaks de piel de foca para viajar por mar.

La mayoría de los pueblos del extremo norte eran cazadores. Comían focas, morsas y animales terrestres, como caribú y osos polares. En especial apreciaban las lonjas de grasa de las focas y de las ballenas. La grasa les proveía de aceite para las lámparas y también les aportaba a los inuit valiosas calorías.

Uso de las habilidades geográficas

Los pueblos de América del Norte obtenían sus alimentos por distintos medios, según las características geográficas de la región que habitaban.

1. ¿En qué regiones era la pesca el mejor medio de subsistencia?
2. ¿Cuál es el medio de subsistencia más común en las Grandes Llanuras?

El tótem tallado en madera (extremo ▶ derecho) fue hecho por indígenas americanos de la región noroeste del Pacífico. La muñeca kachina (derecha) fue elaborada por el pueblo hopi del sudoeste. ***¿Por qué estaba muy densamente poblada la región noroeste del Pacífico?***

La vida en la costa oeste Los grupos que se asentaron a lo largo de la costa del Pacífico de América del Norte gozaban de un clima más benigno que los inuit. En el Noroeste del Pacífico, pueblos como los tlingit, haida y chinook usaban árboles de cedro altísimos para construir casas de madera y enormes canoas que servían para viajar por el océano. En el mar cazaban nutrias, focas y ballenas. En la primavera, el salmón de mar colmaba los ríos mientras nadaban corriente arriba para desovar, o poner huevos.

Debido a la riqueza de los recursos alimenticios, el Noroeste del Pacífico fue una de las regiones situadas al norte de Mesoamérica más densamente pobladas. Muchos pueblos ocupaban la zona que hoy es California.

Los científicos creen que California albergaba a alrededor de 500 de las primeras culturas americanas. Las culturas se especializaron en la utilización de los recursos naturales que ofrecían los distintos ambientes de California.

A lo largo de la costa del norte, pueblos como los chumash se dedicaban a la pesca. En el desierto del sur, los cahuilla cosechaban dátiles de las palmeras y recolectaban semillas, raíces y vainas. En el valle central, los pomo recolectaban bellotas y las machacaban hasta obtener harina.

La vida en el sudoeste Los pueblos que se establecieron en los desiertos áridos del sudoeste no contaban con la abundancia de recursos de los que disponían los pueblos de California. Sin embargo, los antiguos americanos como los hohokam y los anasazi les transmitieron a sus descendientes lecciones importantes. Los hopi, acoma, pueblo y los zuni sabían cómo trabajar las tierras áridas. Al igual que sus antepasados, cavaron canales de riego. Construyeron casas de tipo apartamento, utilizando un tipo de ladrillo de barro secado al sol llamado **adobe.**

En el siglo XVI d.C., dos grupos de cazadores, los apaches y los navajos, se trasladaron a la zona. Los apaches siguieron siendo cazadores, pero con el tiempo los navajos comenzaron a practicar la agricultura como sus vecinos.

La vida en las Grandes Llanuras Los pueblos en las Grandes Llanuras se dedicaban a la agricultura, pero esto no era fácil. Mantos de pasto cubrían el territorio que se extendía desde las Montañas Rocosas hasta el río Mississippi. Estas raíces de pastos densos dificultaban la agricultura, especialmente al no contar con herramientas de hierro. Los pueblos como los mandan, hidatsa y pawnee cultivaron jardines en la tierras fértiles a lo largo de los ríos Missouri, Arkansas y Rojo.

Mientras que las mujeres se ocupaban de los jardines, los hombres cazaban las grandes manadas de búfalos que pastaban en las praderas. Cazaban de a pie, porque entonces no había caballos en América. El búfalo les proveía de carne para comer, huesos para hacer herramientas y pieles para hacer ropas y refugios.

La vida en los bosques orientales A diferencia de las llanuras, bosques espesos cubrían las tierras al este del río Mississippi. Aquí, los pueblos combinaban la agricultura con la caza y la pesca. La agricultura estaba más difundida en los bosques del sudeste, donde el clima templado ofrecía una larga estación fértil. En las zonas más frías de los bosques del nordeste, los pueblos se dedicaban más a la caza.

En toda la zona de bosques, los grupos establecieron gobiernos. Algunos, como los natchez en lo que hoy es Mississippi, establecieron clases sociales estrictas. Otros, como los cherokee en Georgia y Carolina del Norte, tenían códigos de leyes formales.

En algunos casos, indígenas americanos de los bosques fundaron **confederaciones** o gobiernos que reunían a varios grupos. La más famosa fue la liga formada por **los iroqueses.** La confederación iroquesa incluía a cinco grupos: onondaga, seneca, mohicanos, oneida y cayuga.

Los iroqueses formaron la confederación para terminar con las peleas entre ellos. Un código de leyes, llamado la Gran Paz, regía la liga. Las mujeres, que controlaban las tierras de los iroqueses, elegían entre los hombres a los miembros de un Gran Consejo. Los miembros del consejo resolvieron sus diferencias y tomaron decisiones en completo acuerdo. El Consejo ayudó a sus miembros a unirse frente a otros pueblos de los bosques, como los poderosos algonquianos.

Comprobación de lectura **Descripción** ¿Cómo fue que la geografía definió la vida de los pueblos al norte de lo que hoy es México?

Historia en línea

Centro de estudios ¿Necesitas ayuda con el material de esta sección? Visita jat.glencoe.com

Repaso de la sección 2

Resumen de la lectura

Repaso de Ideas principales

- En las selvas tropicales de América Central, los mayas desarrollaron una civilización dividida en ciudades-estado.
- Los aztecas, guerreros temibles, crearon un fuerte imperio en el centro de México.
- En los Andes, los incas crearon el imperio más grande de las Américas.
- La geografía variada de América del Norte condujo al desarrollo de muchos grupos diversificados de indígenas americanos.

¿Qué aprendiste?

1. ¿Cómo hizo el líder inca Pachacuti para mantener el gran imperio que construyó?
2. ¿Cuáles eran los pueblos del extremo norte y cuál era su alimentación?

Pensamiento crítico

3. **Comparación y contraste** Dibuja un diagrama de Venn como el que se indica. Completa la información necesaria para comparar la sociedad azteca con la sociedad inca.

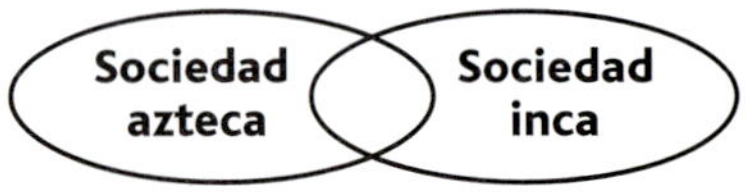

4. **Enlace de ciencia** ¿Por qué estudiaron astronomía los mayas? ¿Cómo lo hicieron?
5. **Resumen** ¿Cómo encontraron los aztecas el sitio para su ciudad capital y cómo la construyeron?
6. **Conclusiones** ¿Por qué crees que los incas exigían que cada miembro de la sociedad tuviera un trabajo determinado? ¿Crees que ésta es una buena idea para aplicar en una sociedad? Explica tu punto de vista.
7. **Redacción descriptiva** Imagina que eres uno de los primeros exploradores europeos de América del Norte. Describe tu encuentro con un pueblo nativo americano de alguna de las regiones tratadas en la sección, como si fuera una de las anotaciones hechas en tu diario de viaje.

Sección 3

La caída de los imperios azteca e inca

¡Prepárate para leer!

¿Cuál es la relación?

A medida que se acercaba el fin del siglo XV, los pueblos de las Américas y de Europa no sabían nada los unos de los otros. Esta situación cambió cuando los europeos comenzaron a explorar el mundo en busca de rutas comerciales hacia Asia.

Enfoque en Ideas principales

- Cristóbal Colón descubrió las Américas mientras intentaba encontrar una ruta marítima hacia Asia. *(página 594)*
- Los conquistadores españoles derrotaron a los aztecas con la ayuda de caballos, armas y enfermedades de origen europeo. *(página 595)*
- Las riquezas del imperio azteca provocaron que otros conquistadores españoles buscaran fortuna en América del Sur. *(página 599)*

Ubicación de lugares

La Española
Extremadura

Conoce a los personajes

Cristóbal Colón
Hernán Cortés
Moctezuma II
Malintzin
Francisco Pizarro
Atahualpa

Desarrollo de tu vocabulario

conquistador
traición

Estrategia de lectura

Causa y efecto Dibuja un diagrama para mostrar las razones por las que Cortés pudo conquistar a los aztecas.

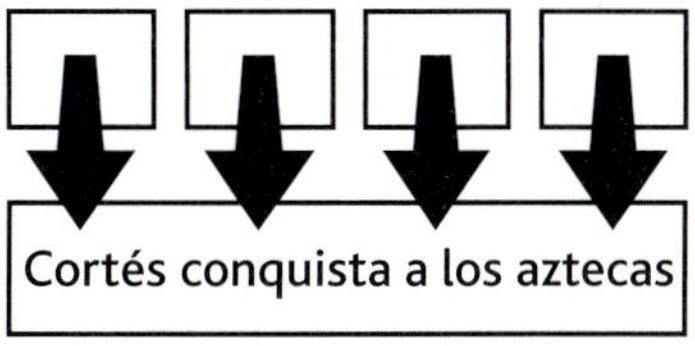

NATIONAL GEOGRAPHIC ¿Cuándo y dónde?

1450 — 1500 — 1550

1492 Cristóbal Colón llega a las Américas

1521 Cortés derrota a los aztecas

1533 Francisco Pizarro conquista a los incas

Los españoles llegan a las Américas

Idea principal **Cristóbal Colón descubrió las Américas mientras intentaba encontrar una ruta marítima hacia Asia.**

Enfoque en la lectura ¿Cuál es el recuerdo más vívido que tienes sobre un lugar que hayas visitado? Lee para aprender qué encontraron los españoles cuando se lanzaron a explorar el mundo.

En 1492 los aztecas parecían invencibles. Alrededor de 250,000 personas vivían en Tenochtitlán y esto la hacía la ciudad más grande de las Américas, si no del mundo. Sin embargo, en unos pocos años los europeos destruirían su imperio.

Colón llega a las Américas Como aprendiste anteriormente, hacia el siglo XV varios reinos europeos se habían desarrollado en Europa Occidental. Estos reinos sabían que podían ganar dinero si lograban encontrar una forma de comerciar con los países del Lejano Oriente sin tener que lidiar con los reinos musulmanes en su camino.

Uno tras otro, los europeos occidentales surcaron los mares en busca de una ruta hacia Asia. Los primeros fueron los portugueses, que comenzaron a representar en mapas la costa oriental de África con la esperanza de encontrar un camino rodeando ese continente.

A continuación siguieron los españoles, que decidieron financiar el viaje de un capitán de navío italiano llamado **Cristóbal Colón**. Colón convenció a los gobernantes españoles de que podía llegar a Asia navegando en dirección oeste a través del Océano Atlántico. No tenía idea de que dos continentes bloqueaban su camino.

Colón navegó con tres embarcaciones en agosto de 1492. En octubre, desembarcó en una isla del Mar Caribe. Colón creía que había llegado a Asia. Continuó su viaje por el Mar Caribe y desembarcó en **La Española,** una isla que en la actualidad comprende Haití y la República Dominicana. Luego regresó llevando consigo loros coloridos, algo de oro y especias, y varios indígenas americanos que tomó como prisioneros. Su éxito sorprendió y complació a los gobernantes españoles y logró convencerlos de financiar otro viaje.

Colón regresa Colón navegó nuevamente en 1493. Esta vez, vino a conquistar y trajo soldados para ayudarlo. En la primavera de 1494, los españoles desembarcaron en La Española.

▲ En el cuadro superior, se muestra a Cristóbal Colón desembarcando en la isla de San Salvador. *¿Por qué razón Colón navegó en dirección oeste cruzando el Atlántico?*

Los taino que vivían allí vieron por primera vez a los **conquistadores**, los soldados-exploradores enviados por los españoles hacia las Américas. Lo que vieron los atemorizó. Hombres con armaduras cabalgaban en caballos revestidos de armaduras. A su lado corrían perros que gruñían. Para demostrar su poderío, los soldados dispararon armas que lanzaban llamas y bolas de plomo.

Los soldados reclamaron la isla en nombre de España. Después, esclavizaron a los taino y los forzaron a trabajar para los españoles. Ahora España tenía un punto de apoyo en las Américas.

Comprobación de lectura **Identificación**
¿Quiénes eran los conquistadores?

España conquista México

Idea principal **Los conquistadores españoles derrotaron a los aztecas con la ayuda de caballos, armas y enfermedades de origen europeo.**

Enfoque en la lectura Piensa en decisiones que ya hayas tomado en el día de hoy. Lee para aprender cómo las decisiones tomadas por dos personas, un conquistador español y un rey azteca, cambiaron el curso de la historia.

Los viajes de Cristóbal Colón, que navegó a las Américas cuatro veces, inspiraron a muchos nobles pobres a ir a las Américas a buscar su fortuna. Muchos vinieron de la región de España conocida como **Extremadura.** Esta

Enlaces entre el pasado y el presente

Chocolate

ENTONCES El gobernante azteca Moctezuma consideraba que el chocolate era en realidad más apetecible que el oro. Ofreció la bebida de sabor amargo hecha de la semilla de cacao al explorador español Hernán Cortés. El explorador llevó la semilla a Europa después de conquistar a los aztecas. Una vez que los europeos lo mezclaron con leche y azúcar, se convirtió en algo muy popular entre los ricos.

▼ Fábrica moderna de chocolate

▲ Indígenas americanos haciendo chocolate

AHORA En Estados Unidos, la gente come un promedio de 12 libras de chocolate por año. Hawai es el único estado en donde se cultivan semillas de cacao, pero Estados Unidos posee más de 1,000 compañías que producen chocolate y productos derivados del cacao. ***¿Por qué crees que solamente los europeos ricos disfrutaban del chocolate en el siglo XVI?***

región tenía suelos pobres, veranos extremadamente calurosos e inviernos muy fríos, que no brindaban muchas posibilidades de riqueza. Uno de estos nobles fue un muchacho de diecinueve años llamado **Hernán Cortés.**

Como adolescente, Cortés podía elegir entre tres trabajos: sacerdote, abogado o soldado. Sus padres eligieron la profesión de abogado, pero Cortés eligió ser soldado. En 1504 emprendió su viaje hacia La Española. En 1511 participó en la invasión española de Cuba. Su valentía impresionó al comandante español, quien le cedió a Cortés el control sobre varios pueblos indígenas y los bienes que allí se producían.

Seis años después, la viruela se extendió por Cuba y mató a miles de indígenas. El comandante español le pidió a Cortés que buscara otra gente que pudiera ser obligada a trabajar para los españoles. Cortés sabía exactamente dónde buscar.

Ese mismo año, un barco que había sido enviado a explorar la costa de Yucatán regresó a Cuba. A diferencia de las primeras expediciones, los soldados no lucharon con los mayas que vivían allí. En lugar de eso, un grupo de mayas se acercó a remo para saludarlos. Como recordó un soldado:

> **“Trajeron barras de oro (. . .) una hermosa máscara de oro, una figurilla [estatua] de un hombre con media máscara de oro y una corona de cuentas de oro”.**
>
> **—Juan Díaz, citado en “Conquista y repercusiones”**

Cortés no necesitaba oír nada más. Hizo planes para navegar. El 18 de febrero de 1519 Cortés navegó hacia México.

Cortés invade México Cuando Cortés llegó, el emperador azteca era **Moctezuma II,** también llamado Montezuma. Moctezuma estaba esperando a los invasores. En un sueño, al mirar en un espejo vio un enorme ejército que avanzaba por las montañas. “¿Qué hago?”gritó el emperador. “¿En dónde me escondo?”

La temida invasión comenzó en abril de 1519 cuando Cortés pisó suelo en una playa cercana a la actual localidad de Veracruz. Llegó con 550 soldados, 16 caballos, 14 cañones y algunos perros. ¿Cómo podría una fuerza tan pequeña conquistar un enorme imperio de guerreros?

En primer lugar, Cortés sabía cómo usar los caballos y las armas españolas para asustar

▲ Armadura española

◀ Las armas simples de los aztecas no estaban al nivel de los fusiles y los cañones de los españoles. *Además de armas y caballos, ¿qué más trajeron los españoles que los ayudaría a derrotar a los aztecas?*

▲ Garrote usado por los aztecas en la guerra

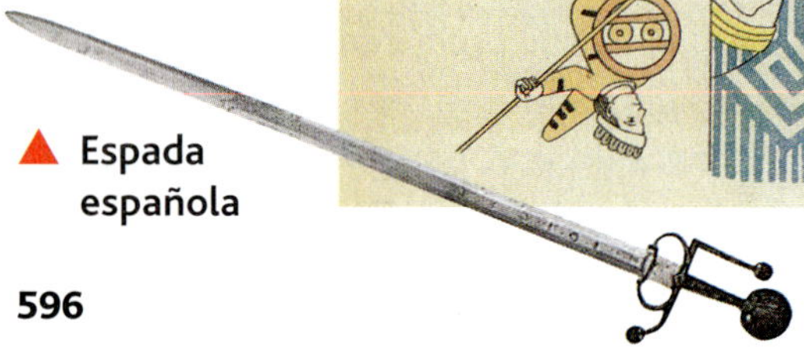

▲ Espada española

a los indígenas americanos. En una muestra de poderío, obligó a miles de tabascanos, un pueblo que vivía en Mesoamérica, a rendirse. En segundo lugar, los tabascanos le entregaron a Cortés otra arma, una mujer maya llamada **Malintzin.** Ella hablaba el idioma maya y el náhuatl, el idioma de los aztecas.

Mediante la interpretación de un español que sabía el idioma maya, Malintzin describió el imperio azteca a Cortés. También le contó a Cortés que había súbditos del imperio azteca que estaban molestos con sus gobernantes y que se unirían a él para luchar contra Moctezuma. Malintzin actuó como traductora y ayudó a Cortés a formar alianzas.

Finalmente, Cortés contaba con la ayuda de aliados invisibles: gérmenes que transmitían enfermedades, como el sarampión y la viruela. Estas enfermedades a la larga matarían más aztecas que las espadas españolas.

Cortés derrota a los aztecas Los españoles recorrieron 400 millas (644 km) hasta llegar a Tenochtitlán, la capital azteca. Había mensajeros que informaban cada uno de sus movimientos a Moctezuma. Los aztecas adoraban a un dios de piel blanca llamado Quetzalcoatl. Este dios, que se oponía al sacrificio, se había marchado en barco hacía mucho tiempo con la promesa de regresar algún día para reclamar sus tierras. Moctezuma temía que Cortés fuera el dios que regresaba a su hogar. Como resultado de ello, no quiso atacar a los españoles de inmediato.

A medida que Cortés se acercaba con su ejército, Moctezuma decidió tender una emboscada a las tropas españolas. Cortés se enteró del plan y atacó primero, y mató a 6,000 personas. En noviembre de 1519, los españoles invadieron Tenochtitlán y tomaron el control de la ciudad. Para evitar que los aztecas se rebelaran, Cortés tomó a Moctezuma como rehén. Luego ordenó a los aztecas que dejasen de sacrificar personas.

Las órdenes de Cortés despertaron el enojo de los aztecas, que planearon una rebelión. Estalló la lucha y los españoles mataron a miles de aztecas. Moctezuma intentó detener la lucha, pero también fue asesinado. Los españoles, superados en número, lucharon para salir de la ciudad y se refugiaron en las montañas cercanas con sus aliados.

Mientras Cortés preparaba un segundo ataque, una epidemia de viruela estalló en Tenochtitlán. Muy debilitados, los aztecas no estaban al nivel de los españoles y sus aliados. En junio de 1521, los españoles destruyeron la capital azteca.

Fuente principal

La derrota de los aztecas

Este pasaje describe las secuelas tras el triunfo de Cortés.

"Con esta lamentosa y triste suerte nos vimos angustiados; en los caminos yacen dardos rotos, los cabellos están esparcidos. Destechadas están las casas, enrojecidos tienen sus muros. (. . .) Golpeábamos, en tanto, los muros de adobe, y era nuestra herencia una red de agujeros. Con los escudos fue su resguardo, pero ni con escudos puede ser sostenida su soledad".

—autor desconocido, de *The Broken Spears*, editado por Miguel León-Portilla

▲ **Escena de la batalla librada entre los aztecas y los soldados españoles**

PBD Preguntas basadas en los documentos

Los aztecas sentían que la ciudad que habían perdido era su herencia. ¿Qué significa eso?

Comprobación de lectura **Explicación** ¿Por qué pensaron los aztecas que debían dar la bienvenida a Cortés?

Biografía

Moctezuma

MOCTEZUMA II
1480–1520

HERNÁN CORTÉS
1485–1547

Si bien Moctezuma II fue conocido como el emperador que permitió que los españoles se apoderaran del imperio azteca, había sido muy exitoso durante la mayor parte de sus años como soberano. Moctezuma Xocoyotl era el hijo menor del emperador Axacayatl. El cargo de líder azteca no era hereditario, por lo tanto, tras la muerte de Axacayatl se eligió a un hombre llamado Ahuitzotl como emperador. Moctezuma recién había cumplido veinte años cuando fue nombrado emperador. Se convirtió en un líder popular. Comandó a sus ejércitos en la guerra y ganó más de cuarenta batallas libradas contra reinos ubicados al sur del imperio azteca. Su único gran error fue su negociación con los conquistadores españoles.

Hernán Cortés

Al mando de las huestes españolas que avanzaron en el imperio azteca en 1519 se encontraba un español de 34 años llamado Hernán Cortés. Cortés había nacido en la provincia de Extremadura, en España. A los 19 años, Cortés abandonó la universidad y abordó un barco que iba rumbo a las tierras españolas en las Américas. Estaba decidido a hacer fortuna.

En 1511, tropas españolas comandadas por Diego Velázquez conquistaron Cuba. Cortés participó en la invasión y su valentía impresionó a Velázquez. Velázquez premió a Cortés concediéndole el control de varios poblados de indígenas americanos. Seis años después, la viruela se extendió por toda Cuba y mató a miles de los indígenas. Sin los indígenas americanos, quienes eran los trabajadores, las tierras de labranza y las minas que los españoles habían construido en Cuba no podían funcionar. Velázquez pidió a Cortés que comandara una expedición hacia la Península de Yucatán para buscar nuevos pueblos que pudieran ser obligados a trabajar para los españoles. También le pidió que investigara lo que se comentaba sobre una rica civilización que había allí. El 18 de febrero de 1519 Cortés navegó rumbo a México.

Varios años después, luego de conquistar a los aztecas, Cortés participó en otra expe-dición hacia Honduras y luego se desem-peñó como Gobernador General de Nueva España. Regresó con sus riquezas a España y murió cerca de la ciudad de Sevilla en 1547.

Entonces y ahora

A raíz de su encuentro en la guerra, los nombres de Moctezuma y Cortés a menudo aparecen juntos en los libros de historia. ¿Qué líderes de la actualidad crees que aparecerán los dos juntos en los libros de historia del futuro? ¿Por qué?

Pizarro conquista a los incas

Idea principal **Las riquezas del imperio azteca provocaron que otros conquistadores españoles buscaran fortuna en América del Sur.**

Enfoque en la lectura ¿Alguna vez hiciste algo porque viste que otra gente lo hizo y tuvo éxito? Lee para aprender cómo otro conquistador siguió el ejemplo de Cortés y conquistó a los incas.

En 1513 Vasco Núñez de Balboa condujo a una tropa de soldados a través de las montañas selváticas ubicadas en lo que hoy es Panamá. Los indígenas americanos decían que si Balboa viajaba en dirección sur por un mar occidental, encontraría un gran imperio colmado de oro.

Balboa encontró ese mar, que hoy se conoce como el Océano Pacífico. Sin embargo, nunca encontró el imperio del oro. Un envidioso oficial español de Panamá lo acusó, injustamente, de haber cometido **traición,** o haber sido desleal al gobierno, y ordenó que fuera decapitado.

Francisco Pizarro, que estaba junto con las tropas de Balboa, reanudó la búsqueda. Pizarro no sabía escribir su nombre, pero sabía cómo luchar. Al igual que Balboa y Cortés, Pizarro provenía de la cruda región de Extremadura. Pero, a diferencia de sus colegas, no había nacido en la nobleza.

A los 16 años, Pizarro abandonó un trabajo como cuidador de cerdos para luchar en Italia. En 1502 llegó a las Américas. Contribuyó a la exploración de Panamá y se convirtió en un rico terrateniente. Pero Pizarro ansiaba encontrar el imperio del oro.

Pizarro y los incas Para la década de 1530, los incas creían que dominaban la mayor parte del mundo. Dos amenazas provenientes del norte pronto les dieron pruebas de que eso no era así. Los incas no pudieron hacer nada para detener la propagación de la viruela hacia el sur. Y tampoco pudieron ahuyentar a Pizarro, que condujo a 160 expedicionarios hacia la tierra montañosa de los incas.

Los incas intentaron no hacerle caso, pero Pizarro, que ya tenía más de 50 años, persistió. Asaltó los almacenes incas y con sus armas disparó contra los pobladores. El emperador inca, **Atahualpa,** pensaba que Pizarro estaba loco o era tonto. ¿Cómo podía este hombre enfrentarse a un ejército de 80,000 guerreros incas?

Atahualpa se equivocó con respecto a Pizarro. El español contaba con una ventaja. Los incas no sabían mucho sobre los europeos, pero Pizarro sabía mucho sobre los indígenas americanos. Había pasado más de treinta años luchando contra ellos. Además, su buen amigo Hernán Cortés le había permitido analizar la conquista de los aztecas desde el interior. A fines

Fuente principal

El sistema incaico de registros estadísticos

▲ Quipu

Un conquistador español escribió sobre aspectos de la cultura incaica.

"Al comenzar el nuevo año los gobernantes de cada pueblo venían a Cuzco, con sus quipus, los cuales revelaban cuántos nacimientos y cuántos fallecimientos había habido durante el año. De esta manera los incas y los gobernadores sabían qué indios eran pobres, las mujeres que habían enviudado, si habían podido pagar sus impuestos y con cuántos hombres podían contar en caso de guerra, así como muchas otras cosas que ellos consideraban de gran importancia".

—Pedro de *Cieza de León, Segunda Parte de la Crónica del Perú*

PBD Preguntas basadas en los documentos

Los quipus eran utilizados para hacer cálculos de registros y planes de construcción. ¿Qué otro uso piensas que los incas pueden haberle dado a los quipus?

de 1532, Pizarro decidió implementar un plan tan audaz que ni siquiera Cortés se habría atrevido a llevarlo a cabo.

Pizarro derrota a los incas Los mensajeros españoles invitaron a Atahualpa a una reunión. Atahualpa aceptó pero cometió el error de dejar atrás la mayor parte de su enorme ejército. Pensó que los 5,000 guardaespaldas que llevaba serían suficiente protección. También decidió que, dadas las escasas tropas de Pizarro, los incas no necesitarían armas.

Cuando se encontraron, Pizarro no perdió el tiempo y le pidió al emperador que renunciara a sus dioses. Atahualpa se rió ante el pedido y Pizarro ordenó el ataque. Rugieron los cañones, resonaron las trompetas y los soldados sacaron sus espadas vociferando gritos de batalla. Pizarro luego se apoderó de Atahualpa y lo arrastró fuera del campo de batalla.

Atahualpa intentó comprar su libertad. Ofreció llenar su celda de prisionero con oro y una sala contigua con plata. Pizarro aceptó la oferta de inmediato. Atahualpa cumplió su parte del acuerdo. Pizarro no lo hizo. Acusó al soberano de muchos delitos: tramar una rebelión, adorar dioses falsos, tener demasiadas esposas, entre muchos otros más. En 1533 un tribunal militar determinó que el emperador era culpable y lo sentenció a la pena de muerte.

Para premiar a Pizarro, el rey de España lo nombró gobernador de Perú. Pizarro entonces eligió a un nuevo emperador para los incas, pero el soberano debía cumplir las órdenes de Pizarro. La conquista de Perú por parte de Pizarro abrió el camino para el dominio español de la mayor parte de América del Sur. España controlaba un vasto territorio que abarcaba 375,000 millas cuadradas (975,000 km^2) y tenía casi 7 millones de habitantes. Había empezado a construir el primer imperio global del mundo.

Comprobación de lectura **Explicación** ¿En qué no cumplió Pizarro la promesa hecha a Atahualpa?

Historia en línea

Centro de estudios ¿Necesitas ayuda con el material de esta sección? Visita jat.glencoe.com

Repaso de la sección 3

Resumen de la lectura

Repaso de Ideas principales

- Cristóbal Colón llegó a las Américas buscando una ruta marítima hacia Asia y reclamó las tierras que allí encontró para España.
- El conquistador español Hernán Cortés conquistó a Moctezuma y la capital azteca de Tenochtitlán con un pequeño ejército.
- En Perú, una pequeña guarnición española al mando de Francisco Pizarro sometió al imperio inca.

¿Qué aprendiste?

1. ¿Cómo hizo Cristóbal Colón para convencer a los reyes de España de que financiaran un segundo viaje?
2. ¿Por qué navegó de Cuba con rumbo a México en busca de los aztecas?

Pensamiento crítico

3. **Secuencia de información** Traza una línea de tiempo como la que aparece aquí. Completa con acontecimientos relacionados con la toma de Tenochtitlán por parte de Cortés.

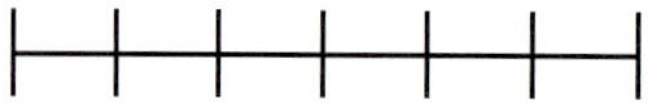

1517:
El barco español trae oro de Yucatán a su regreso

4. **Predicción** ¿Cómo podría haber cambiado la historia del pueblo azteca si no hubiese existido la leyenda del dios azteca Quetzalcoatl?
5. **Análisis** ¿Por qué razón los aztecas y los incas fueron vencidos con tanta facilidad por tropas españolas más pequeñas?
6. **Redacción explicativa** Imagina que eres un azteca o un inca que ve a un conquistador español por primera vez. Escribe un artículo periodístico que describa lo que has observado.

Capítulo 16 Repaso de lectura

Sección 1 Los primeros Américanos

Vocabulario
glaciar
monopolio

Enfoque en Ideas principales

- Se cree que los primeros pobladores de las Américas vinieron de Asia durante la Época Glacial. *(página 573)*
- La invención de la agricultura provocó el surgimiento de civilizaciones en las Américas. *(página 574)*
- Los primeros habitantes del norte de las Américas desarrollaron complejas culturas basadas en la agricultura y el comercio. *(página 578)*

Sección 2 La vida en las Américas

Vocabulario
quipu
iglú
adobe
confederación

Enfoque en Ideas principales

- Los mayas se adaptaron a vivir en la selva tropical y desarrollaron una cultura basada en sus creencias religiosas. *(página 583)*
- Los aztecas se trasladaron al Valle de México, donde crearon un imperio basado en la conquista de tierras y la guerra. *(página 585)*
- Para unir su enorme imperio, los soberanos incas instauraran un gobierno y una sociedad altamente organizados. *(página 588)*
- La geografía de las tierras ubicadas al norte de lo que hoy es México determinó el desarrollo de muchas culturas indígenas diferentes en las Américas. *(página 590)*

▲ Jugador de pelota maya

Sección 3 La caída de los imperios azteca e inca

Vocabulario
conquistador
traición

Enfoque en Ideas principales

- Cristóbal Colón descubrió las Américas mientras intentaba encontrar una ruta marítima hacia Asia. *(página 594)*
- Los conquistadores españoles derrotaron a los aztecas con la ayuda de caballos, armas y enfermedades de origen europeo. *(página 595)*
- Las riquezas del imperio azteca provocaron que otros conquistadores españoles buscaran fortuna en América del Sur. *(página 599)*

Capítulo 16

Evaluación y actividades

Repaso del vocabulario

Une una palabra de la primera columna con su definición en la segunda columna.

___ 1. conquistador
___ 2. glaciar
___ 3. adobe
___ 4. confederación
___ 5. traición

a. deslealtad al gobierno
b. soldado-explorador español
c. ladrillos de barro secados al sol
d. masa inmensa de hielo
e. forma de gobierno que vincula varios grupos diferentes

Repaso de las ideas principales

Sección 1 • Los primeros habitantes de las Américas

6. ¿Cuándo llegaron los primeros habitantes a las Américas? ¿En qué continente vivían originalmente?
7. ¿Cómo fue que la labranza de la tierra inició el surgimiento y el desarrollo de civilizaciones en lo que hoy es México, América Central y Perú?

Sección 2 • La vida en las Américas

8. Explica las diferencias entre la civilización de los mayas y la de los aztecas.
9. ¿De qué manera determinó la geografía el desarrollo de las culturas indígenas americanos al norte del actual territorio de México?

Sección 3 • La caída de los imperios azteca e inca

10. ¿Cuál era el objetivo del viaje de Cristóbal Colón en 1492?
11. ¿Cuáles fueron los tres factores que hicieron posible que los españoles conquistaran a los aztecas y a los incas?

Pensamiento crítico

12. **Análisis** ¿De qué manera reflejan las casas de los pueblos de América del Norte la geografía de las regiones?
13. **Inferencias** ¿Por qué crees que la civilización maya llegó a su fin?
14. **Predicción** ¿Qué piensas que habría ocurrido si los incas hubiesen dado más importancia a las incursiones de Pizarro?

Repaso — Habilidad de lectura — Resumen

Resumen de información

Lee el siguiente párrafo y elige la oración que mejor resume su contenido.

La geografía de la región era ideal para trabajar la tierra. Gran parte de la zona presentaba un suelo rico y volcánico y un clima templado. La época de lluvias era en primavera, lo cual permitía que germinaran las semillas. Las lluvias disminuían en el verano, lo cual permitía que los cultivos estuvieran listos para su cosecha.

15. a. La Época Glacial finalizó a medida que el clima se tornó más cálido.
    b. Las lluvias caían en la primavera.
    c. El clima y el suelo hicieron que la región fuese ideal para los cultivos.
    d. Las semillas plantadas crecen y se transforman en cultivos.

Para repasar esta habilidad, consulta las páginas 570–571.

Historia en línea

Prueba de autocomprobación Para prepararte mejor para el examen del capítulo, visita jat.glencoe.com

Habilidades geográficas

Analiza el siguiente mapa y contesta las preguntas.

16. **Interacción del hombre con el medio ambiente** ¿Por qué crees que los incas construyeron muros de piedra en partes de Cuzco?
17. **Ubicación** ¿Qué defensas naturales existían alrededor de Cuzco?
18. **Movimiento** ¿Qué nos revelan los caminos que salen de Cuzco sobre el contacto entre la ciudad capital y el resto del imperio?

Leer para escribir

19. **Redacción persuasiva** Imagínate que eres un indígena americano durante las conquistas españolas. Redacta una carta a los conquistadores para convencerlos de comerciar con tu pueblo en lugar de conquistarlo. La carta debe exponer las formas en que los europeos y los indígenas americanos pueden aprender los unos de los otros.

20. **Uso de tus PLEGABLES** DibFuja en una cartelera un mapa que muestre el contorno de las Américas. Debe ser lo suficientemente grande como para que toda la clase pueda trabajar a la vez. Coloca el nombre de cada país y ubica cada civilización basándote en el capítulo. Luego utiliza tus plegables e incluye hechos de cada civilización en el mapa.

Uso de tecnología

21. **Preparación de un informe** Usa la Internet y tu biblioteca para reunir información sobre los indígenas constructores de montículos (Mound Builders). Toma nota de sus razones para construir montículos y las formas de los montículos. Luego prepara en la computadora un informe con ilustraciones para comparar los montículos con otras estructuras de las primeras civilizaciones.

Enlaces entre el pasado y el presente

22. **Evaluación de la información** ¿Qué impacto han tenido las costumbres pasadas de los indígenas americanos en la vida actual en el continente americano?
23. **Desarrollo de habilidades en ciudadanía** La Confederación iroquesa fue una confederación importante en los primeros tiempos de las Américas. ¿Hay confederaciones en la actualidad? ¿Tienen el mismo propósito que el de la Confederación iroquesa?

Fuente principal Análisis

Algunos europeos, incluido este fraile dominico, trabajaron para proteger a los indígenas americanos escribiendo sobre sus culturas.

"[Los líderes indígenas americanos] publicaron edictos y dieron instrucciones personales a todos los nobles y gobernadores provinciales, de los cuales había muchos, estipulando que todos los pobres, los huérfanos y las viudas de cada provincia deberían ser mantenidos con las propias rentas y riquezas de la nobleza".

—Bartolomé de las Casas, "Historia Apologética de las Indias"

PBD Preguntas basadas en los documentos

24. ¿Qué te dice esto sobre la actitud de los líderes indígenas americanos hacia los necesitados?
25. ¿Crees que los nobles y los gobernadores provinciales apoyaron este edicto? ¿Por qué sí o por qué no?

Capítulo 17

El Renacimiento y la Reforma

El Duomo, o Catedral de Santa Maria del Fiore, en Florencia, Italia

NATIONAL GEOGRAPHIC

¿Cuándo y dónde?

1350	1450	1550	1650
c. 1350 El Renacimiento se origina en Italia	**1434** Comienza el reinado de la familia Médicis en Florencia	**1517** Martín Lutero escribe Ninety-Five Theses (Noventa y cinco tesis)	**1648** Finaliza la Guerra de los Treinta Años

Presentación preliminar del capítulo

Las nuevas ideas ponen fin a la Edad Media. Lee este capítulo para averiguar de qué manera los avances en las artes y el aprendizaje y los cambios drásticos en el cristianismo llevaron al inicio de los tiempos modernos en Europa.

Mira el video del capítulo 17 en el Programa de Video *World History: Journey Across Time*.

Historia en línea

Descripción general del capítulo Visita jat.glencoe.com para ver la presentación preliminar del capítulo 17.

Sección 1 Los comienzos del Renacimiento

Durante el Renacimiento, se desarrollaron nuevos valores y nuevas artes en las ricas ciudades-estado italianas.

Sección 2 Nuevas ideas y arte

Los líderes adinerados de las ciudades-estado italianas financiaban a los artistas y escritores talentosos, y las ideas y las artes del Renacimiento se difundieron desde Italia al norte de Europa.

Sección 3 Los comienzos de la Reforma

Martín Lutero y otros reformadores como Juan Calvino se separaron de la Iglesia Católica e iniciaron un nuevo movimiento cristiano denominado protestantismo.

Sección 4 Católicos y protestantes

Mientras la Iglesia Católica intentaba realizar algunas reformas, los católicos y los protestantes se batían en sangrientas guerras religiosas en toda Europa.

PLEGABLES™ Organizador de estudios

Comparación y contraste *Haz este plegable para que te ayude a comparar y contrastar lo que has aprendido acerca del Renacimiento y la Reforma.*

Paso 1 *Doblar una hoja de papel por la mitad de un lado al otro.*

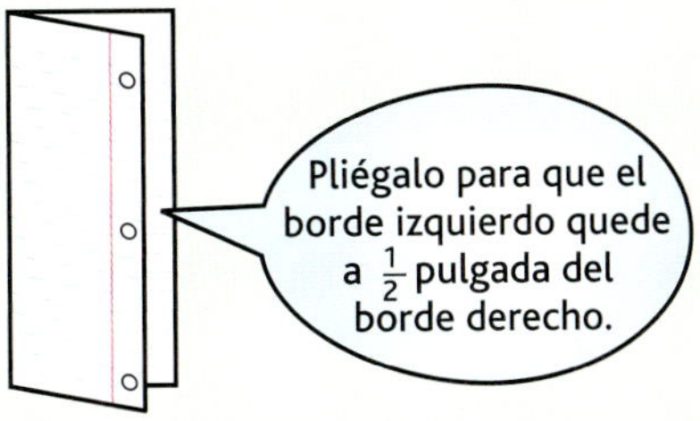
Pliégalo para que el borde izquierdo quede a ½ pulgada del borde derecho.

Paso 2 *Darle vuelta al papel y plegarlo en tercios.*

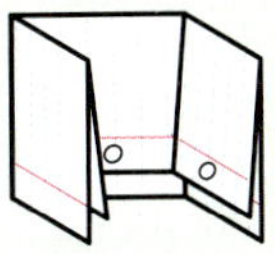

Paso 3 *Desplegar el papel y cortar la parte superior sólo a lo largo de ambos pliegos.*

Esto creará tres solapas.

Paso 4 *Rotularlo como se muestra.*

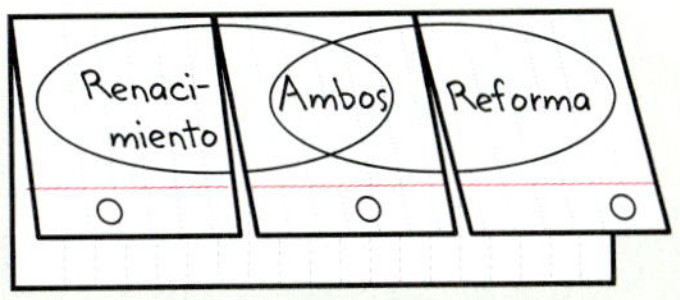

Lectura y redacción

Mientras lees las secciones acerca del Renacimiento y la Reforma, anota los conceptos y aconteci-mientos importantes en la solapa correspondiente. Entonces, anota las ideas que sean similares a ambos en la solapa del medio.

Capítulo 17

Lectura en estudios sociales

Habilidad de lectura

Análisis y aclaración

1 ¡Apréndelo!

Detrás de las palabras

Analizar un pasaje significa ir más allá de la definición de las palabras. Es una forma de lectura que permite obtener una comprensión profunda, y no simplemente memorizar o estudiar para aprobar un examen. Lee el siguiente párrafo de la Sección 2.

> **Los pintores renacentistas también usaron nuevas técnicas. La más importante era la perspectiva, un método que hace que un dibujo o pintura se vea en tres dimensiones. Los artistas habían tratado de usar la perspectiva anteriormente, pero los artistas del Renacimiento la perfeccionaron. Al utilizar la perspectiva, los objetos de una escena parecen estar a distintas distancias del observador. El resultado es una imagen más realista.**
>
> *—de la página 623*

Habilidad de lectura

Al leer, divide el texto en partes más pequeñas para que te sea más fácil comprender todo el texto.

¿Cómo puedes analizar este pasaje? Estas son algunas sugerencias:

1. Mira el dibujo de la página 626. ¿Parece el dibujo tan real como se dice en el párrafo?
2. Mira algún otro dibujo o pintura de este libro. Compara la perspectiva con el dibujo de la página 626. ¿Cuál parece ser más realista? ¿Por qué?
3. Dibuja tu aula junto con un compañero. Intercambien los dibujos y mira si puedes decir dónde estaba parado tu compañero cuando hizo el dibujo. Basándote en tu experiencia, ¿cuáles son algunas de las dificultades con las que se puede encontrar un artista al intentar dibujar un área grande de manera realista?

2 ¡Practícalo!

Análisis de la lectura

Lee este párrafo de la Sección 2.

> Para que los cuadros parecieran más realistas, los artistas del Renacimiento también usaron una técnica llamada claroscuro. El claroscuro suavizaba los bordes usando el contraste entre luz y sombra en lugar de líneas rectas para separar objetos. El nombre de esta técnica viene del italiano "chiaroscuro": *chiaro* significa "claro o luz", y *oscuro* significa "oscuro o sombra". La técnica de claroscuro generaba más drama o emoción en un cuadro.
>
> *—de la página 623*

Leer para escribir

Elige cualquier pintura o dibujo de este libro y analiza, por escrito, qué es lo que ocurre en ellos. Usa las preguntas *quién, qué, cuándo* o *cómo* para empezar.

▲ La *Mona Lisa*

Analiza el párrafo anterior haciendo lo siguiente:

1. Observa el cuadro de la Mona Lisa de la página 622. ¿Puedes ver el uso del claroscuro? Si puedes, ¿de qué manera genera el uso de claroscuro drama o emoción?
2. Elige otro cuadro de este texto o de otro texto. Obsérvalo cuidadosamente para ver si se ha utilizado la técnica de claroscuro. Describe a un compañero las áreas en las que veas que hay contraste de luz y sombra.
3. Intenta dibujar un objeto o una escena usando la técnica del claroscuro.

3 ¡Aplícalo!

Mientras lees este capítulo, elige por lo menos una sección que desees estudiar y analizar en busca de un significado más profundo. Intercambia tu análisis con un compañero que haya analizado otro pasaje distinto.

Sección 1

Los comienzos del Renacimiento

¡Prepárate para leer!

¿Cuál es la relación?

En secciones anteriores aprendiste sobre la vida en Europa medieval. En esta sección, aprenderás cómo los europeos recurrieron a los ideales de los antiguos griegos y romanos cuando terminó la Edad Media.

Enfoque en Ideas principales

- La opulenta sociedad urbana de las ciudades-estado italianas llevó al renacimiento del conocimiento y el arte en Europa. *(página 609)*
- La geografía de Italia contribuyó a que las ciudades-estado se enriquecieran con el comercio y los bancos, pero muchas ciudades cayeron bajo el control de gobernantes poderosos. *(página 611)*
- Al contrario de los nobles medievales, los nobles de las ciudades-estado italianas vivían en ciudades y eran muy activos en el comercio, la actividad bancaria y la vida pública. *(página 614)*

Ubicación de lugares

Florencia

Venecia

Conoce a los personajes

Marco Polo

Médicis

Nicolás Maquiavelo

Desarrollo de tu vocabulario

Renacimiento

secular

diplomacia

Estrategia de lectura

Resumen de la información

Completa un cuadro como el que aparece a continuación, mostrando los motivos del enriquecimiento de las ciudades-estado italianas.

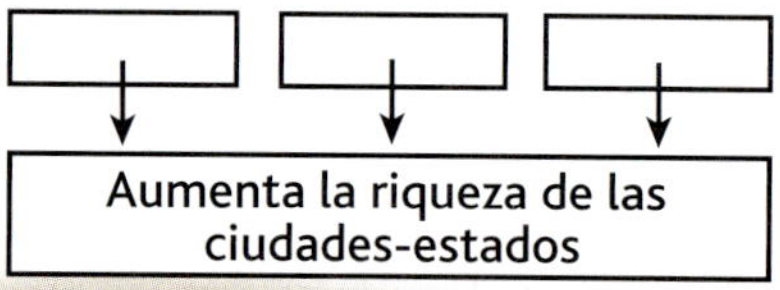

NATIONAL GEOGRAPHIC ¿Cuándo y dónde?

1350 | 1450 | 1550

c. 1350 El Renacimiento se origina en Italia

1434 Comienza el reinado de la familia Médicis en Florencia

1513 Maquiavelo escribe *The Prince (El príncipe)*

Renacimiento italiano

Idea principal **La opulenta sociedad urbana de las ciudades-estado italianas llevó renacimiento del conocimiento y el arte en Europa.**

Enfoque en la lectura En Hollywood se hacen muchas de las películas del mundo. ¿Por qué es el centro de la industria del cine? Lee para saber por qué las ciudades-estado de Italia se transformaron en el centro del arte durante el Renacimiento.

Renacimiento significa "volver a nacer". Los años entre 1350 y 1550 en la historia europea se llaman el Renacimiento porque en ese momento volvió a nacer el interés en el arte y el conocimiento.

De cierta forma, con el Renacimiento vuelve a nacer el interés en los temas que los griegos y romanos habían estudiado. Después de los terribles años de la Peste Negra, los europeos empezaron a mirar al pasado, cuando los tiempos parecían haber sido mejores. Quisieron aprender a mejorar su sociedad.

Durante el Renacimiento, los europeos también empezaron a darle mayor énfasis a la importancia de la persona individual. Empezaron a creer que las personas podían marcar una diferencia y mejorar el mundo.

La gente siguió siendo muy religiosa durante el Renacimiento, pero también empezaron a celebrar los logros humanos. La gente se volvió más **secular**. Esto significa que estaban más interesados en este mundo que en la religión y en ir al cielo.

¿Por qué se inició el Renacimiento en Italia? En primer lugar, Italia había sido el

NATIONAL GEOGRAPHIC

Italia *c. 1500*

Uso de las habilidades geográficas

Muchas ciudades-estado italianas prosperaron durante el Renacimiento.

1. ¿En qué territorio estaba Roma?
2. ¿Por qué crees que la ciudad-estado de Venecia se construyó a lo largo de la costa?

Busca en línea mapas de NGS en www.nationalgeographic.com/maps

centro del imperio romano. Las ruinas y el arte rodeaban a los italianos y les recordaban su pasado. Era natural que se interesaran en el arte griego y romano y que intentaran hacer que su propio arte fuera igual de bueno.

Otro motivo por el que el Renacimiento empezó en Italia es que, para el siglo XIV, las ciudades de Italia se habían vuelto muy ricas. Tenían suficiente dinero para pagar a pintores, escultores, arquitectos y otros artistas para producir nuevas obras.

Una tercera razón es que la región seguía dividida en pequeñas ciudades-estado. **Florencia**, **Venecia**, Génova, Milán y Roma fueron algunas de las ciudades más importantes del Renacimiento.

Las ciudades-estado italianas competían entre sí. Esto ayudó al desarrollo del Renacimiento. Los nobles y comerciantes ricos querían que los artistas produjeran obras que aumentaran la fama de sus ciudades.

En la mayor parte de Europa, la gran mayoría de las personas vivían en el campo, incluyendo los caballeros y nobles que eran los dueños de las tierras. En las ciudades-estado de Italia, la población se volvía más urbana. Esto significa que más gente vivía en las ciudades, en lugar de en el campo. Tanta gente viviendo junta en una ciudad significaba que había más clientes para los artistas y más dinero para el arte.

La gran cantidad de personas que vivían en las ciudades también provocó mayor discusión e intercambio de ideas sobre el arte. Así como las ciudades-estado de la Grecia antigua habían producido grandes obras de arte y literatura, lo mismo ocurrió con la sociedad urbana en Italia.

✓Comprobación de lectura **Explicación** ¿Por qué se inició el Renacimiento en Italia?

Catedral de Florencia

Florencia, Italia, era uno de los centros del Renacimiento. La Catedral de Florencia se transformó en un símbolo de la ciudad, así como en uno de los ejemplos más hermosos de la arquitectura del Renacimiento. ***¿Cuáles eran otras ciudades importantes del Renacimiento italiano?***

◄ La Catedral de Florencia hoy

La cúpula de la catedral mide 140 pies (42.7 m) de ancho. Nuevas técnicas permitieron que la alta y enorme cúpula pudiera construirse sin los soportes usados en las catedrales góticas anteriores.

Las ventanas grandes y redondas en la base de la cúpula, llamadas tambor, permiten que entre mucha luz.

El surgimiento de las ciudades-estado de Italia

Idea principal **La geografía de Italia contribuyó a que las ciudades-estado se enriquecieran con el comercio y los bancos, pero muchas ciudades cayeron bajo el control de gobernantes poderosos.**

Enfoque en la lectura ¿Tienes una cuenta de banco? ¿Para qué son los bancos? Lee para saber de qué manera los bancos contribuyeron a que las ciudades-estado de Italia fueran ricas y poderosas.

Durante la Edad Media, no había ningún gobernante que pudiera unir a Italia en un solo reino. Había varias razones para esto. En primer lugar, la Iglesia Católica Romana hacía todo lo posible para impedir el surgimiento de un reino poderoso en Italia. Los líderes de la Iglesia tenían miedo de que un gobernante poderoso uniera a Italia, porque ese mismo gobernante podría controlar al Papa y a la Iglesia.

Al mismo tiempo, las ciudades-estado que se desarrollaron en Italia tenían poderíos más o menos iguales. Luchaban en guerras y a menudo capturaban territorios de otras ciudades, pero ninguna de ellas podía derrotar a todas las demás.

Probablemente el motivo más importante por el que las ciudades-estado conservaron su independencia fue porque se hicieron muy ricas. Con su enorme riqueza, podían construir grandes flotas y contratar gente para luchar en sus ejércitos. El que lucha en un ejército por dinero se llama mercenario. Las ciudades-estado también prestaban dinero a los reyes de Europa. Los reyes no molestaban a las ciudades-estado, porque así podrían pedir más dinero prestado en el futuro.

Aumenta la riqueza de las ciudades-estado de Italia

Las ciudades-estado italianas se enriquecieron con el comercio. La geografía de la larga península itálica significaba que la mayoría de las ciudades-estado tenía una zona costera y puertos donde los barcos mercantes podían atracar. También tenían una excelente ubicación en el mar Mediterráneo. España y Francia estaban al oeste, y los imperios bizantino y otomano estaban al este. En un corto viaje al sur se podía llegar a África del Norte.

De los bizantinos, turcos y árabes, los italianos compraban seda de la China y especias de la India, y las vendían a los pueblos de Europa Occidental a precios muy elevados. Al mismo tiempo, a los españoles, franceses, holandeses e ingleses les compraban mercancías tales como lana, vino y vidrio, que podían vender en el Medio Oriente. Las ciudades italianas también tenían muchos artesanos habilidosos, que podían usar las materias primas que los comerciantes compraban para fabricar artículos que podían venderse por precios elevados.

La geografía no era la única razón del éxito de los italianos. Varios acontecimientos llevaron a que el comercio se volviera aun más importante en las ciudades-estado. En primer lugar, las Cruzadas pusieron a los mercaderes italianos en contacto con los mercaderes árabes. En segundo lugar, el ascenso del imperio mongol unió a casi toda Asia en una vasta red comercial.

▲ **Esta pintura muestra a una familia italiana adinerada durante el Renacimiento.** ***¿De qué manera la competencia entre las ciudades-estado llevó a la creación de grandes obras de arte?***

Los mongoles alentaban el comercio y protegían la Ruta de la Seda desde China hasta el Medio Oriente. Hicieron que fuera más económico y fácil que las caravanas transportaran mercaderías desde China e India hasta las ciudades musulmanas y bizantinas. A medida que llegaban más seda y especias desde Asia, el precio de estas mercaderías cayó. Más europeos pudieron comprar estos artículos de lujo, y aumentó la demanda enormemente. A su vez, los negocios siguieron creciendo para los mercaderes italianos.

¿Quién era Marco Polo? Los europeos quedaron fascinados con Asia y sus productos después de leer un libro escrito por **Marco Polo,** un mercader de la ciudad de Venecia. En la década de 1270, Marco Polo partió en un viaje asombroso a la China con su padre y su tío. Fueron a encontrarse con Kublai Khan, el monarca del imperio mongol.

Cuando la familia Polo finalmente llegó a la corte del khan, el gran emperador se mostró impresionado con Marco Polo. Envió a Marco Polo a hacer negocios por toda China. Marco Polo hizo muchas preguntas y aprendió más sobre Asia que cualquier otro europeo. Cuando volvió a Europa, publicó un libro sobre sus viajes. Sus historias aumentaron el interés en China e hicieron que mucha gente quisiera comprar los artículos chinos.

La riqueza de Florencia Ninguna ciudad era más famosa en el Renacimiento que Florencia. Fue la primera en enriquecerse, y produjo muchos artistas famosos. Se encontraba en la orilla del río Arno, rodeada por hermosas colinas. Estaba amurallada y tenía muchas torres altas para la defensa. Su pueblo era famoso por su amor por la ropa elegante.

Al principio, la riqueza de Florencia provenía del comercio de las telas, especialmente de lana. Los comerciantes de la ciudad iban a Inglaterra a comprar lana de oveja. Los artesanos de Florencia la tejían en telas de buena calidad. Los florentinos también encontraron otra forma de hacer dinero: los bancos.

Con la llegada de mercaderías a Italia que venían del mundo entero, los mercaderes tenían que saber el valor de las monedas de diferentes países. Los banqueros florentinos se convirtieron en expertos. Usaban el florín, la moneda de oro de Florencia, para medir el valor de las demás monedas. Los banqueros también empezaron a prestar dinero y cobrar intereses. La familia más rica de Florencia, los **Médicis,**

▼ Lorenzo de Médicis

▲ Esta pintura muestra banqueros de Florencia haciendo negocios en un mostrador cubierto de telas bordadas. *¿Por qué eran tan importantes los bancos en Florencia?*

El Palacio Ducal hoy ▶

▲ **Esta pintura de la Italia del Renacimiento muestra el atareado puerto y el Palacio Ducal de Venecia.** ***¿Qué industria proporcionaba parte de la riqueza de Venecia?***

eran banqueros. Tenían sucursales en lugares tan lejanos como Londres.

El ascenso de Venecia La ciudad-estado más rica de todas era Venecia, donde nació Marco Polo. Venecia se encuentra al norte del Mar Adriático. Los venecianos eran grandes marineros y constructores de barcos. Construyeron su ciudad en muchas islas pequeñas y pantanosas cerca de la costa. Los primeros venecianos aprendieron a instalar largos postes de madera en el barro para sostener sus edificios.

En lugar de pavimentar carreteras, los venecianos cortaron canales a través de sus islas pantanosas y usaban botes para moverse. Aun hoy, muchas de las calles en las partes más antiguas de Venecia son canales y vías de agua. Las góndolas (un barco alargado y estrecho) aún sirven para llevar a la gente por los canales.

Parte de la riqueza de Venecia venía de la construcción de barcos. Los artesanos construían los barcos en un astillero llamado Arsenal. Equipos de trabajadores cortaban la madera, la transformaban en cascos de barco, sellaban la madera y fabricaban velas y remos. A veces los venecianos necesitaban barcos rápidamente. Cuando los turcos intentaron tomar una colonia veneciana en el Mediterráneo, el Arsenal construyó 100 barcos en sólo dos meses para prepararse para la batalla.

✓ **Comprobación de lectura** **Descripción**
¿De qué manera se enriquecieron Florencia y la familia Médicis?

El noble urbano

Idea principal **Al contrario de los nobles medievales, los nobles de las ciudades-estado italianas vivían en ciudades y eran muy activos en el comercio, la actividad bancaria y la vida pública.**

Enfoque en la lectura ¿Cómo mide la riqueza nuestra sociedad? Antes del Renacimiento, la riqueza se basaba en la cantidad de tierra que poseía una persona. Lee para saber qué cambió durante el Renacimiento.

Los hombres ricos de las ciudades-estado italianas eran un nuevo tipo de líder: el noble urbano. Antes de esta época, los nobles europeos obtenían su riqueza de la tierra, no del comercio. De hecho, despreciaban el comercio y se consideraban superiores a los mercaderes de las ciudades.

En la ciudades-estado de Italia, las antiguas familias nobles se mudaron a las ciudades. Se mezclaron con los mercaderes ricos y decidieron que el dinero del comercio era tan bueno como el dinero de la tierra.

Por otro lado, los comerciantes ricos copiaban los modales y el estilo de vida de las familias nobles. Pronto, los hijos e hijas de los nobles y los mercaderes ricos empezaron a casarse entre sí. Con el tiempo, las familias de los antiguos nobles y los comerciantes ricos se fundieron para formar la clase alta de las ciudades-estado.

¿Cómo se gobernaban las ciudades-estado de Italia? Al principio, muchas de las ciudades-estado eran repúblicas. Una república es un gobierno controlado por los ciudadanos. Sin embargo, no todos eran ciudadanos: sólo los artesanos y comerciantes que eran miembros de los gremios (asociaciones profesionales) de la ciudad.

De cuando estudiaste a los antiguos romanos, recordarás que cuando las ciudades se enfrentaban con guerra o rebeliones, le daban el poder a un dictador. Las ciudades-estado italianas hicieron algo parecido. En muchos casos, las ciudades estaban gobernadas por un hombre poderoso que ejercía el gobierno.

En Venecia, el jefe de estado era el duque, o doge. Al principio, el doge tenía enorme poder sobre su consejo de nobles. Más tarde, tuvo que ceder parte del poder a un pequeño grupo de nobles.

En Florencia, la poderosa familia Médicis obtuvo el control del gobierno en 1434. Los Médicis gobernaron Florencia por muchas décadas. Lorenzo de' Médicis gobernó la ciudad entre 1469 y 1492. Conocido como "el Magnífico", Lorenzo usó su riqueza para financiar artistas, arquitectos y escritores. Muchos de los artistas del Renacimiento de Italia deben su éxito al apoyo de Lorenzo.

La política en Italia era complicada. Dentro de cada ciudad, los gobernantes debían impedir

Fuente principal

El príncipe

En su obra maestra, Maquiavelo explica sus teorías sobre la naturaleza humana.

"Debes considerar que hay dos formas de lucha, una con las leyes y la otra con la fuerza. La primera es un método humano, la segunda es propia de las bestias. Pero como el primer método no siempre es suficiente [para satisfacer tus necesidades], a veces tienes que recurrir al segundo. De esta manera un príncipe debe hacer buen uso tanto de la bestia como del hombre".

—Nicolás Maquiavelo, *The Prince (El príncipe)*

▲ Nicolás Maquiavelo

PBD Preguntas basadas en los documentos

¿Por qué debía un buen líder conocer más de una manera de luchar?

que los pobres se rebelasen y que otros personajes ricos les quitaran el poder. Tenían que hacer acuerdos con comerciantes, banqueros, dueños de tierras, líderes de la iglesia y mercenarios. Al mismo tiempo, tenían que vérselas con los líderes de las demás ciudades-estado.

Para tratar con los estados que los rodeaban, los italianos inventaron la **diplomacia.** La diplomacia es el arte de negociar, o hacer acuerdos, con otros países. Cada ciudad-estado enviaba embajadores, que vivían en las otras ciudades-estado y actuaban como representantes de su ciudad. Muchas de las ideas de la diplomacia moderna se originaron en las ciudades-estado de Italia.

¿Cómo podía mantener el poder un gobernante en las ciudades-estado italianas? **Nicolás Maquiavelo,** un diplomático de Florencia, intentó responder a esa pregunta cuando escribió *The Prince (El príncipe)* en 1513. Maquiavelo decía que la gente era codiciosa y buscaba favorecer siempre su propio interés. Los gobernantes no debían intentar ser buenos, afirmó. En lugar de ello, debían hacer lo necesario para conservar el poder y proteger su ciudad, inclusive matar y mentir. Cuando hoy decimos que alguien es maquiavélico, queremos decir que es una persona tramposa y que no le interesa hacer el bien.

▲ **Este palacio sirvió como edificio del gobierno en Roma por cientos de años.** ***¿Qué forma de gobierno tuvieron muchas ciudades-estado al principio?***

Comprobación de lectura **Comparación**
¿Cuáles eran las diferencias entre los nobles medievales y los del Renacimiento?

Historia en línea
Centro de estudios ¿Necesitas ayuda con el material de esta sección? Visita jat.glencoe.com

Repaso de la sección 1

Resumen de la lectura

Repaso de Ideas principales

- Un nuevo interés en el conocimiento, llamado el Renacimiento, comenzó en las ciudades-estado de Italia en el siglo XIV.
- Las ciudades-estado italianas, incluyendo Florencia y Venecia, se enriquecieron con el comercio, la industria y los bancos.
- En las ciudades-estado de Italia, la riqueza de un noble se basaba en el comercio, en lugar de en la cantidad de tierra que poseían.

¿Qué aprendiste?

1. ¿Por qué la época entre 1350 y 1550 en Europa se llama el Renacimiento?
2. ¿Por qué se inició el Renacimiento en Italia?

Pensamiento crítico

3. **Organización de la información** Dibuja un diagrama como el que aparece a continuación. Agrega detalles sobre las características del Renacimiento italiano.

4. **Enlace con la economía** ¿De qué manera obtuvieron su riqueza las ciudades del Renacimiento? Da varios ejemplos.
5. **Resumen** Describe los gobiernos de las ciudades-estado de Italia durante el Renacimiento.
6. **Análisis** ¿Quiénes eran los Médicis y por qué eran tan importantes?
7. **Redacción persuasiva** Escribe una carta al editor de un periódico del Renacimiento diciendo que estás de acuerdo o en desacuerdo con las creencias de Maquiavelo sobre los gobernantes y el poder durante el Renacimiento.

Tú decides . . .

El valor de las ciudades-estado

Durante el Renacimiento, Italia estaba dividida en más de 20 ciudades-estado. Algunos creen que la forma de gobierno de la ciudad-estado era una buena idea. Los líderes y los nobles ricos de las ciudades-estado fomentaban las artes y las ciencias. Esto permitió que existieran las obras maestras de Miguel Ángel, Rafael, Leonardo y otros. ¿Se hubiera producido este renacimiento de las artes y de las ciencias si las ciudades-estado independientes de Italia no hubieran existido?

Otros, como Girolamo Savonarola, estaban en contra de la forma de gobierno de la ciudad-estado. Después de la caída de la familia Médici en Florencia, Savonarola se pronunció a favor de un nuevo tipo de gobierno:

"Les digo que debemos seleccionar una buena forma de nuevo gobierno, y por sobre todo nadie debe pensar en transformarse en líder si desean vivir en libertad".

—Girolamo Savonarola,
"This Will Be Your Final Destruction"
(Ésta será su destrucción final)

Examina las ventajas y desventajas de la ciudad-estado como forma de gobierno. Decide entonces si crees que este sistema es especialmente beneficioso o especialmente perjudicial.

Ventajas:

- Debido a sus gobiernos independientes , cada territorio de la península itálica pudo tener su propia cultura.
- Algunas ciudades-estado estaban gobernadas por familias adineradas, pero la mayoría estaban gobernadas por una sola persona. Casi todos respaldaban el progreso cultural y científico. La competencia entre las ciudades-estado también alentó el desarrollo del arte y la ciencia.
- Los gobernantes de las ciudades-estado ayudaron a preservar los valores y las enseñanzas de los antiguos griegos y romanos. Les dieron a sus artistas, arquitectos, eruditos y escritores la oportunidad de estudiar las obras clásicas e interpretarlas a su manera.

▲ **Detalle del techo de la Capilla Sixtina pintada por Miguel Ángel**

▲ Nobles del Renacimiento

- Muchos ciudadanos amaban su ciudad-estado y querían ayudarla. Esto alentó el patriotismo.
- Algunos gobernantes eran generosos con los ciudadanos de sus ciudades-estado. Por ejemplo, el Duque Federigo da Montefeltro (1422–1482), un gobernante popular de Urbino, construyó escuelas, iglesias y una biblioteca con su propio dinero. Era conocido por hablar con la gente del pueblo y ayudar a los pobres.
- Las ciudades-estado contribuyeron a poner fin al feudalismo al hacer que los comerciantes pudieran ser ricos como los terratenientes (dueños de tierras), poniendo fin a la relación entre señores y vasallos.

Desventajas:

- Muchas ciudades-estado estaban gobernadas por un solo hombre. La gente del pueblo con frecuencia era maltratada, hasta que se rebelaban y echaban a sus líderes. Esto ocurrió con la familia Médici en Florencia en 1527.
- Las ciudades-estado divididas eran más débiles que lo que hubiera sido una Italia unificada, por lo que con frecuencia eran invadidas por extranjeros.
- Los territorios más pequeños no siempre tenían suficientes soldados para defender sus ciudades y tierras. Contrataban a mercenarios (generales y ejércitos de fuera de la ciudad) para ayudar en la lucha. A veces los mercenarios se apoderaban de la ciudad que los había contratado.
- Muchos italianos eran pobres porque tenían que pagar altos impuestos. Esto creó una clase baja y una clase alta, pero no había clase media. Esto también hizo que los pobres se rebelaran contra los ricos.
- Las familias ricas a menudo luchaban entre sí para controlar las ciudades-estado.
- Algunos gobernantes de las ciudades-estado se hicieron aun más ricos al controlar la actividad bancaria y el comercio. Esos líderes vivían en el lujo, mientras que muchos ciudadanos eran muy pobres.

Tú eres el Historiador

Verificación de comprensión

1. ¿Crees que el arte del Renacimiento habría sido creado si Italia no hubiese estado dividida en ciudades-estado individuales? ¿Por qué sí o por qué no?
2. ¿Crees que los artistas italianos tenían mayor libertad artística con esta forma de gobierno? ¿Por qué sí o por qué no?
3. ¿Te hubiera gustado vivir en el Renacimiento? ¿Te hubiera gustado ser gobernante, noble, artista o persona del pueblo? ¿Por qué?

Sección 2

Nuevas ideas y arte

¡Prepárate para leer!

¿Cuál es la relación?

En la Sección 1, aprendiste acerca del crecimiento de las ciudades-estado italianas. En esta sección, aprenderás cómo la riqueza de las ciudades-estados permitió el desarrollo de una era de logros artísticos.

Enfoque en Ideas principales

- Los humanistas estudiaban a los griegos y los romanos, y el desarrollo de la imprenta ayudó a difundir sus ideas. ***(página 619)***
- Los artistas del Renacimiento usaban nuevas técnicas para pintar cuadros que mostraban a las personas de manera emocional y realista. ***(página 623)***
- Las ideas y el arte renacentista se difundieron desde Italia al norte de Europa. ***(página 625)***

Ubicación de lugares

Flandes

Conoce a los personajes

Dante Alighieri
Johannes Gutenberg
Leonardo da Vinci
Miguel Ángel Buonarroti
William Shakespeare

Desarrollo de tu vocabulario

humanismo
vernáculo

Estrategia de lectura

Organización de la información

Crea un diagrama para mostrar las características del arte renacentista.

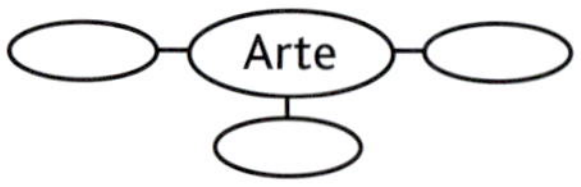

NATIONAL GEOGRAPHIC ¿Cuándo y quién?

1400 — 1500 — 1600

c. 1455 Johannes Gutenberg usa la imprenta para imprimir la Biblia

1494 Leonardo comienza a pintar *La última cena*

1512 Miguel Ángel termina de pintar el techo de la Capilla Sixtina

1601 Shakespeare escribe *Hamlet*

Humanismo renacentista

Idea principal **Los humanistas estudiaban a los griegos y los romanos, y el desarrollo de la imprenta ayudó a difundir sus ideas.**

Enfoque en la lectura ¿Alguna vez has tratado de copiar un cuadro que te gusta? ¿Es más difícil copiar lo que otras personas han hecho o proyectar nuevas ideas en tus propios cuadros? Lee para enterarte de cómo los artistas renacentistas tomaban prestadas ideas del pasado pero también trataban de ser originales.

En el siglo XIV, se desarrolló una nueva manera de comprender al mundo en la Europa medieval. Este nuevo enfoque se denominó **humanismo.** Se basaba en los valores de los antiguos griegos y romanos. Los humanistas creían que el individuo y la sociedad humana eran importantes. Los humanistas no se apartaron de la fe religiosa, pero deseaban encontrar un equilibrio entre la fe y la razón. Sus nuevas ideas alentaron a los hombres a mantenerse activos en las ciudades y lograr hacer cosas importantes.

Las obras antiguas se tornan populares

En el siglo XIV, los italianos comenzaron a estudiar las obras de arte de la antigua Roma y la antigua Grecia. Durante la mayor parte de la Edad Media, los europeos occidentales tuvieron muy poco conocimiento de los antiguos escritos griegos y romanos. Sin embargo, cuando fueron a combatir en las Cruzadas, iniciaron el comercio con el Medio Oriente y comenzaron a obtener información de parte de los árabes. Los eruditos árabes conocían las obras clásicas de los griegos y romanos. Además, cuando los turcos conquistaron Constantinopla en 1453, varios eruditos bizantinos abandonaron Constantinopla y se trasladaron a Venecia o Florencia.

Un famoso erudito de las obras antiguas fue Petrarca. Francisco Petrarca fue un poeta y erudito que vivió en el siglo XIV. Estudió a los escritores romanos como Cicerón y escribió biografías de ciudadanos romanos famosos.

Petrarca alentó a los europeos a que buscaran manuscritos latinos en los monasterios de toda Europa. Con el tiempo, sus esfuerzos se vieron recompensados y se construyeron nuevas bibliotecas para guardar los manuscritos. La biblioteca más grande era la Biblioteca del Vaticano, en Roma.

Los italianos estudiaron más que los libros antiguos. Estudiaron los edificios y las estatuas antiguos que estaban alrededor de ellos. En toda Roma, se podían ver trabajadores que limpiaban el polvo y los escombros de las columnas y estatuas rotas. Los artistas italianos estudiaron con avidez las proporciones de las obras de arte de la antigüedad. Si sabían cuál era la longitud de los brazos de una estatua comparada con su altura, podrían comprender por qué parecía tan perfecta.

Manuscrito de la antigua Grecia acerca de Arquímedes ▼

◀ A Francisco Petrarca se le ha llamado el padre del humanismo del Renacimiento italiano. ***¿De qué manera contribuyó Petrarca para la preservación del conocimiento romano?***

NATIONAL GEOGRAPHIC

Gente que hace historia

Tipo móvil *c. 1450*

Johannes Gutenberg, un orfebre alemán, construyó una imprenta según el modelo de una prensa para vino. Una vez que la imprenta estuvo lista, Gutenberg tardó dos años en imprimir su primer libro. Para cada página, colocó letras de metal en un marco, pasó un rodillo con tinta sobre cada marco y presionó el marco contra el papel. Alrededor del año 1455, terminó de imprimir lo que en la actualidad se conoce como la Biblia de Gutenberg, o Biblia de los 42 renglones. Éste fue el primer libro que se imprimió usando tipos de metal móviles, lo que revolucionó la publicación y la lectura.

▼ **La Biblia de Gutenberg**

Cambios en la literatura Durante el Renacimiento, las personas cultas escribían en latín "puro", que era el latín que se usaba en la antigua Roma. Petrarca pensaba que el latín clásico era la mejor forma para escribir, pero cuando quiso escribir poemas a la mujer que amaba, lo hizo en el idioma **vernáculo.** El idioma vernáculo es el idioma que las personas usan a diario en una región: italiano, francés o alemán, por ejemplo. Cuando los autores comenzaron a escribir en idioma vernáculo, muchas más personas pudieron leer sus obras.

A principios del siglo XIV, **Dante Alighieri,** un poeta florentino, escribió uno de los mejores poemas del mundo en idioma vernáculo. Este poema se llama *The Divine Comedy (La divina comedia).* Cuando era joven, Dante participó activamente en política, pero cuando las familias nobles comenzaron a pelearse por el poder, tuvo que abandonar Florencia. Fue entonces cuando escribió su largo poema, que tenía más de 14,000 renglones. *La Divina Comedia* cuenta la fascinante historia del viaje del personaje principal desde el infierno hasta el cielo. Los horribles castigos por los distintos pecados se describen vívidamente.

Otro escritor importante que utilizó el idioma vernáculo fue Chaucer. Chaucer escribió en inglés. En su famoso libro *The Canterbury Tales (Los cuentos de Canterbury),* describe el viaje de 29 peregrinos a la ciudad de Canterbury. *Los cuentos de Canterbury* describe los estratos de la sociedad inglesa, desde los nobles, ubicados en el estrato superior, hasta los pobres, ubicados en el estrato inferior. El inglés que Chaucer utiliza en sus escritos es el antecesor del inglés que se habla en la actualidad.

La imprenta permite difundir las ideas La imprenta fue la clave para que las ideas humanistas se difundieran a través de Europa. A principios de la década de 1450, **Johannes Gutenberg** desarrolló una imprenta que utilizaba tipos de metal móviles. Este tipo de imprenta hizo posible que se imprimiera una mayor cantidad de libros mucho más rápidamente. Al haber una mayor cantidad de libros disponibles, más personas aprendieron a leer. Los estudiosos podían leer las obras de otras personas y discutir sus ideas a través de cartas. Las ideas surgían y se difundían más rápidamente que nunca en Europa.

Los chinos ya habían inventado los tipos móviles, pero esta invención no servía para su alfabeto, que contenía gran cantidad de caracteres. Para los europeos, la imprenta fue un descubrimiento importante. Se podía usar sin problemas con el papel de lino, otro de los inventos de los chinos.

La Biblia de Gutenberg, impresa en la década de 1450, fue el primer libro europeo que se imprimió en la nueva imprenta. Muy pronto, Europa estuvo inundada de libros. Para el año 1500, se habían publicado alrededor de 40,000 libros. La mitad de estos libros eran obras religiosas como la Biblia o libros de oración.

¿Cómo afectó el humanismo a la sociedad?

Los eruditos humanistas estudiaron a los griegos y romanos para ampliar su conocimiento con respecto a varios temas distintos. Sentían curiosidad por todos los temas, incluyendo plantas y animales, anatomía humana y medicina, y las estrellas y los planetas. El estudio que hicieron de las matemáticas les fue útil para varios temas.

Uno de los mejores científicos del Renacimiento fue también un gran artista, **Leonardo da Vinci.** Leonardo disecó cadáveres para aprender anatomía y estudió los fósiles para tener una mayor comprensión acerca de la historia universal. También fue inventor e ingeniero.

La mayor parte de lo que se sabe acerca de Leonardo surge de sus apuntes. Leonardo llenó las páginas de sus apuntes con bosquejos de sus ideas científicas y artísticas. Siglos antes de que se inventaran los aviones, Leonardo dibujó bosquejos de un planeador, un helicóptero y un paracaídas. En otros bosquejos se ve una versión de un tanque militar y de un traje de buceo.

✓ Comprobación de lectura **Explicación** ¿Cuál era la ventaja de escribir en idioma vernáculo?

Fuente principal

Los inventos de Leonardo

En los cuadernos de apuntes de Leonardo da Vinci había bosquejos de invenciones que no se convertirían en una realidad hasta cientos de años después.

PBD Preguntas basadas en los documentos

Compara los bosquejos de un helicóptero y un tren subterráneo creados por Leonardo con los que existen en la actualidad. ¿Qué tan acertado estuvo Leonardo?

▲ Máquina voladora semejante a un helicóptero

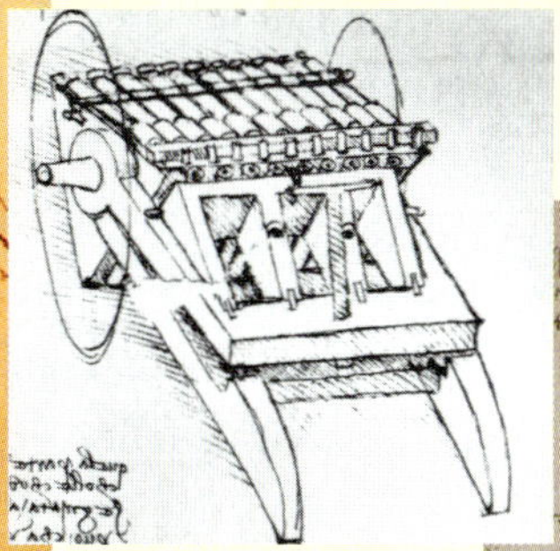

◀ Pieza de artillería con varios cañones

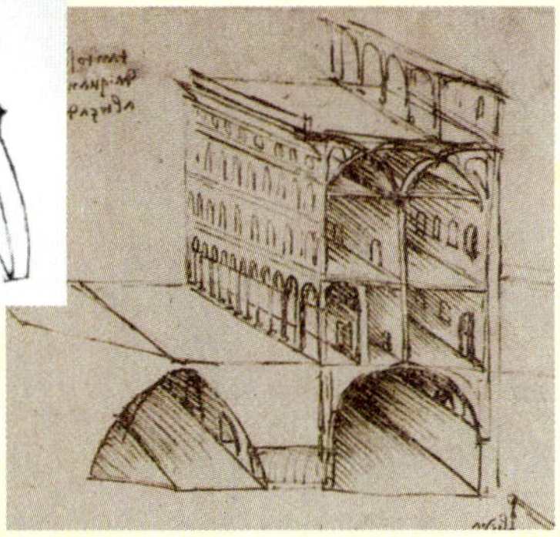

Corte transversal de un palacio con pasadizos subterráneos para los carruajes ▶

Biografía

Leonardo da Vinci

1452–1519

Leonardo nació en Vinci, Italia, y era hijo de una campesina llamada Caterina. Poco después del nacimiento de Leonardo, su madre dejó al niño bajo el cuidado de su padre. Para cuando Leonardo cumplió 15 años, su padre sabía que su hijo tenía talento artístico. Hizo los arreglos necesarios para que Leonardo se convirtiera en aprendiz del famoso pintor Andrea del Verrocchio.

Para el año 1472, Leonardo se había convertido en maestro del gremio de los pintores de Florencia. Trabajó en Florencia hasta el año 1481 y luego se trasladó a la ciudad de Milán. Allí instaló un gran taller en el que trabajaban muchos aprendices. Durante esta época, Leonardo comenzó a guardar pequeños blocs de papel en su cinturón, que usaba para hacer bosquejos. Posteriormente, organizó los dibujos por tema y juntó las hojas en cuadernos de apuntes.

▲ Leonardo da Vinci

Diecisiete años más tarde, Leonardo regresó a Florencia, donde fue recibido con grandes honores. Durante esta época, Leonardo pintó algunas de sus obras maestras. También realizó estudios científicos, incluyendo disecciones, observaciones del vuelo de los pájaros e investigaciones acerca del movimiento de las corrientes marinas.

"No se puede amar u odiar algo hasta que no lo conoces".

–Leonardo da Vinci

▲ La *Mona Lisa* de Leonardo da Vinci

En el año 1516, Leonardo aceptó una invitación para quedarse a vivir en Francia. El rey admiraba a Leonardo y le brindó la libertad de proseguir con sus estudios acerca de los temas que le interesaban. Durante los últimos tres años de su vida, Leonardo vivió en una pequeña casa cerca de la residencia de verano del rey. Allí pasó la mayor parte del tiempo haciendo bosquejos y trabajando en sus estudios científicos.

Entonces y ahora

La curiosidad de Leonardo fue la que dio impulso a su creatividad e interés por la ciencia. ¿Cuál de los inventos creados durante los últimos cien años crees que hubiera causado más impresión en Leonardo? ¿Por qué?

Artistas de la Italia renacentista

Idea principal **Los artistas del Renacimiento usaban nuevas técnicas para pintar cuadros que mostraban a las personas de manera emocional y realista.**

Enfoque en la lectura ¿Has tenido problemas para que tus dibujos parezcan reales y se vean en tres dimensiones? Lee para aprender de qué manera los artistas renacentistas aprendieron a hacer que sus obras lucieran naturales y reales.

Durante el Renacimiento, las familias italianas más ricas y los líderes religiosos les pagaban a los artistas para que pintaran cuadros, realizaran esculturas y construyeran edificios para exhibirlos en sus ciudades. Incluso el Papa suministró fondos para la realización de varias obras de arte para decorar el Vaticano. Los artistas renacentistas se basaron en los modelos de los antiguos romanos y griegos, pero expresaron las ideas humanistas.

¿Qué había de nuevo en el arte renacentista? Si comparas los cuadros de la edad medieval y del Renacimiento, podrás observar diferencias importantes en los estilos. El arte renacentista trata de mostrar a las personas como se ven en la vida real. También trata de mostrar las emociones de las personas. Cuando un artista medieval describía el nacimiento de Jesús, quería recordarle a los cristianos acerca de su creencia de que Jesús había nacido para salvar al mundo. Un artista renacentista que pintaba la misma escena podría querer mostrar lo tierna que era María con su bebé.

Los pintores renacentistas también usaron nuevas técnicas. La más importante era la perspectiva, un método que hace que un dibujo o pintura se vea en tres dimensiones. Los artistas habían tratado de usar la perspectiva anteriormente, pero los artistas del Renacimiento la perfeccionaron. Al utilizar la perspectiva, los objetos de una escena parecen estar a distintas distancias del observador. El resultado es una imagen más realista.

▲ **La escultura *La piedad*, de Miguel Ángel,muestra a María sosteniendo el cuerpo de Jesús después de su muerte.** ***¿Por qué trataban los artistas renacentistas de retratar las emociones en sus obras?***

Para que los cuadros parecieran más realistas, los artistas del Renacimiento también usaron una técnica llamada claroscuro. El claroscuro suavizaba los bordes usando el contraste entre luz y sombra en lugar de líneas rectas para separar objetos. El nombre de esta técnica viene del italiano "chiaroscuro": *chiaro* significa "claro o luz", y *oscuro* significa "oscuro o sombra". La técnica de claroscuro generaba más drama o emoción en un cuadro.

El apogeo del Renacimiento El Renacimiento artístico duró desde alrededor del año 1350 hasta el año 1550, pero alcanzó su apogeo alrededor de los años 1490 y 1520. En ese momento, tres grandes artistas creaban sus obras maestras: Leonardo da Vinci, Rafael Sanzio y **Miguel Ángel Buonarroti.**

Aunque Leonardo también se convirtió en un gran científico e inventor, estudió para ser artista. Leonardo, que nació en 1452, comenzó sus estudios en Florencia siendo muy joven. La capacitación en los talleres era una antigua tradición, pero durante el Renacimiento, los artistas empezaron a hacer algo que ningún artista medieval había hecho: firmaban sus propias obras.

Una de las obras más famosas de Leonardo es *La última cena*, la que comenzó a pintar en 1494 en una pared detrás del altar de una iglesia. La pintó sobre yeso húmedo con

Cómo eran las cosas

Enfoque en la vida cotidiana

La vida de los artistas renacentistas

Si durante el Renacimiento un joven deseaba convertirse en artista, se anotaba como aprendiz en el taller de algún artista que ya estaba establecido. La tarea principal de los aprendices era preparar los materiales para el maestro y sus asistentes. Los aprendices usaban minerales, especias, yema de huevo y otros materiales que se usaban en la vida diaria para mezclar las pinturas. Preparaban cera y arcilla para modelar las esculturas. Con el tiempo, los aprendices se convertían en asistentes. Los asistentes talentosos podían convertirse en maestros de sus propios talleres.

Los maestros de arte podían tener sus talleres gracias al sistema de patronazgo que había en Italia. Los mecenas, que eran personas que pagaban dinero para apoyar el trabajo de otra persona, le encargaban, o contrataban, a un artista para que completara un proyecto. Ese artista generalmente contaba con la ayuda de asistentes y aprendices. Los mecenas generalmente eran líderes políticos y religiosos, entidades y banqueros y mercaderes acaudalados.

▲ Pintor y aprendiz del Renacimiento

Conexión con el pasado

1. ¿Cuál era la tarea principal de los aprendices?
2. ¿Existe en la actualidad el sistema de patronazgo (mecenas) o el sistema de aprendices? De ser así, ¿cuáles son las áreas que abarca?

acuarelas. Una pintura realizada de este modo se denomina fresco. Los frescos se pintaban en las iglesias de toda Italia.

Una de las mayores habilidades artísticas de Leonardo se puede apreciar en *La última cena*. En esta pintura de Jesús y sus discípulos, Leonardo pudo mostrar las emociones humanas a través de pequeñas diferencias en la forma en que cada uno de los apóstoles sostiene su cabeza o en la posición del apóstol en relación con Jesús. Leonardo demostró nuevamente esta habilidad en la *Mona Lisa*. Las personas todavía siguen discutiendo qué es lo que la mujer del retrato está pensando: ¿cuál es el misterio que se oculta detrás de su sonrisa?

Aunque Rafael realizó sus obras al mismo tiempo que Leonardo, era mucho más joven. Incluso cuando era joven, Rafael trabajaba con facilidad y gracia y se consideraba como uno de los mejores pintores de Italia. A los italianos les gustaban especialmente las Madonnas que pintaba Rafael. También pintó muchos frescos en el Palacio del Vaticano. Tal vez su cuadro más conocido es *La escuela de Atenas*, en la que retrata a una gran cantidad de filósofos griegos.

El tercer gran artista del Renacimiento era Miguel Ángel. Al igual que muchos otros artistas de la época, Miguel Ángel era pintor, escultor y arquitecto. Pintó una de las obras más conocidas del Renacimiento: el techo de la Capilla Sixtina en Roma.

Aunque pintó muchas obras notables, en el fondo Miguel Ángel era escultor. Creía que su talento era una gracia de Dios. Esculpió sus estatuas para mostrar versiones perfectas de los seres humanos como símbolo de la belleza y la perfección de Dios. La escultura más conocida de Miguel Ángel es una estatua de 13 pies de alto, el *David*. El escultor hizo que David pareciera estar tranquilo, aunque listo para entrar en acción. La estatua del personaje bíblico Moisés, de Miguel Ángel, también es impresionante. La enorme figura parece ser al mismo tiempo sabia y poderosa.

✓ Comprobación de lectura **Comparación y contraste** ¿Cuáles fueron algunas de las diferencias entre los artistas medievales y renacentistas?

Difusión del Renacimiento

Idea principal **Las ideas y el arte renacentista se difundieron desde Italia al norte de Europa.**

Enfoque en la lectura Si fueras un artista canadiense, ¿serían distintos tus cuadros que si vivieras en Arizona? Lee para saber de qué manera el Renacimiento cambió a medida que se desplazaba hacia el norte de Europa.

A fines del siglo XV, el Renacimiento se difundió hacia el norte de Europa y, posteriormente, hacia Inglaterra. La imprenta, al igual que las personas que viajaban, ayudaron a que se difundieran las ideas humanistas.

¿Qué es el Renacimiento del Norte? El Renacimiento del Norte se refiere al arte en aquellos lugares a los que hoy en día conocemos como Bélgica, Luxemburgo, Alemania y los Países Bajos (Holanda). Al igual que los artistas italianos, los artistas del norte querían que sus obras tuvieran mayor realismo, pero usaron métodos distintos. Uno de los métodos importantes que desarrollaron fue la pintura al óleo. La pintura al óleo, que se desarrolló por primera vez en **Flandes,** una región ubicada al norte de la Bélgica actual, permite que el artista pinte detalles intrincados y texturas superficiales como, por ejemplo, los hilos de oro en un traje.

Jan van Eyck fue el maestro de la pintura al óleo. En uno de sus cuadros más conocidos, una pareja de recién casados están parados uno al lado del otro en un dormitorio formal. Van Eyck pintó cada uno de los pliegues de las exquisitas vestimentas y cada uno de los detalles del candelabro que cuelga sobre sus cabezas.

Alberto Durero es quizás uno de los artistas más renombrados del Renacimiento del Norte. Durero fue capaz de dominar tanto la perspectiva como los pequeños detalles. Durero es más conocido por sus grabados. Un grabado se realiza a partir de una imagen tallada en metal, madera o piedra. Luego se aplica tinta a la superficie y la imagen se imprime en papel.

La obra *Los cuatro jinetes del Apocalipsis* de Durero es un ejemplo notable de grabado en relieve, una impresión que se realiza a partir de madera tallada. En esta obra, cuatro feroces jinetes viajan a caballo para anunciar la llegada del fin del mundo.

Teatro del Globo

Las obras de teatro de William Shakespeare se representaban en el Teatro del Globo en Londres. Este teatro tenía capacidad para alrededor de 3,000 personas. Había representaciones todos los días de la semana, excepto el domingo. Las representaciones se llevaban a cabo durante el día, dado que el teatro no tenía luces. ***¿Cuándo se produjo la difusión del Renacimiento hacia el norte de Europa e Inglaterra?***

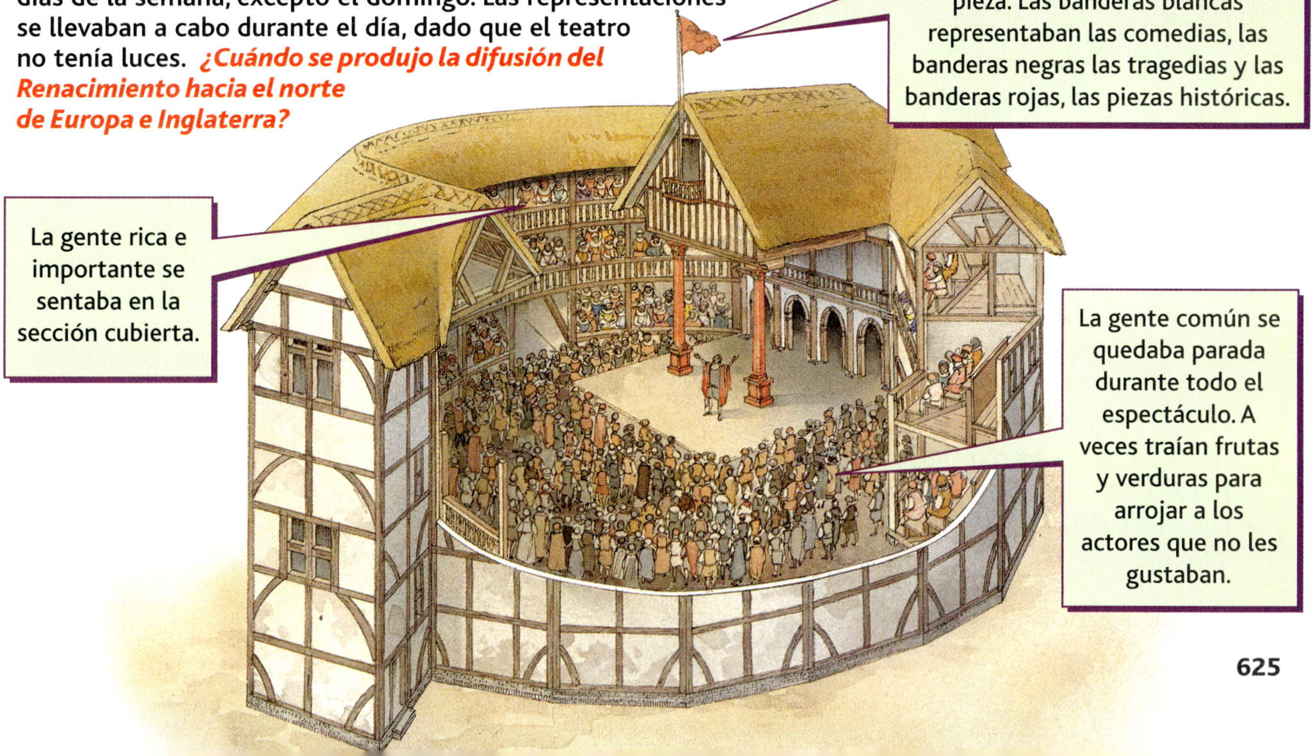
Las banderas anunciaban el tipo de pieza. Las banderas blancas representaban las comedias, las banderas negras las tragedias y las banderas rojas, las piezas históricas.
La gente rica e importante se sentaba en la sección cubierta.
La gente común se quedaba parada durante todo el espectáculo. A veces traían frutas y verduras para arrojar a los actores que no les gustaban.

¿Quién fue William Shakespeare?

En Inglaterra, el Renacimiento tuvo lugar en la literatura y el teatro, y no tanto en el arte pictórico. El Renacimiento tuvo su origen en Inglaterra a fines del siglo XVI, durante el reinado de Isabel I.

El teatro era muy popular en la Inglaterra del siglo XVI. La entrada costaba sólo uno o dos centavos, de modo que incluso la gente pobre podía asistir a las representaciones. Los dramaturgos, o escritores que escribían obras de teatro, escribían acerca de las virtudes, las debilidades y las emociones.

El escritor inglés más importante de esa época fue **William Shakespeare.** Shakespeare escribió tragedias, comedias y obras de teatro históricas. Algunas de sus tragedias más importantes son *Hamlet*, *Macbeth* y *Romeo and Juliet (Romeo y Julieta)*. En cada una de las tragedias, los defectos de los personajes son los que provocan su ruina. Entre sus comedias más famosas podemos mencionar *Midsummer's Night Dream (Sueño de una noche de verano)*, *Twelfth Night (Noche de Reyes)* y *Much Ado About Nothing (Mucho ruido y pocas nueces)*. Sus obras de teatro históricas más conocidas son *Henry V (Enrique V)* y *Richard III (Ricardo III)*. Las obras de teatro de Shakespeare se siguen representando en la actualidad y siguen siendo muy populares.

▲ ***Los cuatro jinetes del Apocalipsis***, de Durero

Comprobación de lectura **Comparación** ¿En qué difiere el Renacimiento del Norte del Renacimiento italiano?

Historia en línea

Centro de estudios ¿Necesitas ayuda con el material de esta sección? Visita jat.glencoe.com

Repaso de la sección 2

Resumen de la lectura

Repaso de Ideas principales

- Durante el Renacimiento, los eruditos examinaron las obras de arte de la antigua Grecia y Roma, comenzaron a escribir en idioma vernáculo y exploraron varias de las áreas científicas.
- Los artistas renacentistas italianos emplearon nuevas técnicas y crearon obras maestras de la pintura y escultura.
- A medida que el Renacimiento se difundía hacia el norte de Europa e Inglaterra, artistas y escritores como Durero y Shakespeare crearon grandes obras.

¿Qué aprendiste?

1. Explica cuáles fueron las creencias de los humanistas durante el Renacimiento.
2. Explica en qué consiste la técnica artística de la perspectiva.

Pensamiento crítico

3. **Resumen de la información** Dibuja un cuadro como el que sigue. Úsalo para describir las obras artísticas y las técnicas que utilizaron cada uno de los artistas que se enumeran a continuación.

Leonardo da Vinci	
Miguel Ángel	
Jan van Eyck	
Shakespeare	

4. **Evaluación** ¿Cuál fue la importancia de la imprenta en la sociedad renacentista?
5. **Enlace de ciencia** Describe los esfuerzos y las contribuciones científicas de Leonardo da Vinci.
6. **Explicación** ¿Cómo se expresaron los ideales renacentistas en Inglaterra? Suministra ejemplos en tu respuesta.
7. **Redacción explicativa** Elige un cuadro o una escultura de las que aparecen en esta sección. En un breve ensayo, describe el trabajo y explica cómo se reflejan en el mismo las técnicas o características renacentistas.

SUEÑO DE UNA NOCHE DE VERANO

De William Shakespeare,
Adaptado por E. Nesbit

Antes de leer

La escena: Esta historia ocurre en Atenas, Grecia, en tiempos legendarios cuando criaturas mágicas vivían entre los seres humanos.

Los personajes: Hermia y Lisandro están enamorados. Demetrio ama a Hermia, y Helena ama a Demetrio. Oberón y Titania son el Rey y la Reina de las hadas.

La trama: Hermia y Lisandro se escapan para casarse. Demetrio los sigue porque ama a Hermia. Helena sigue a Demetrio porque lo ama. Las hadas a las que encuentran intentan usar la magia para ayudar a los cuatro seres humanos.

Presentación preliminar del vocabulario

traicionó: entregó a un enemigo

mortal: humano

disputa: pelea

claro: espacio abierto en un bosque donde hay pasto

pretendiente: aquél que desea casarse con otra persona

solicitar: pedir

ardid: plan

¿Alguna vez has intentado ayudar a alguien pero sólo empeoraste la situación? En esta historia, las hadas tratan de ayudar a cuatro jóvenes que viajan por el bosque, pero sus esfuerzos no surten el efecto deseado.

A medida que lees

Ten en cuenta que William Shakespeare escribió este cuento en forma de obra de teatro. E. Nesbit reescribió la historia en párrafos para que fuera más corta y más fácil de leer.

Hermia y Lisandro estaban [enamorados], pero el padre de Hermia quería que se casara con otro hombre, llamado Demetrio.

Ahora bien, en Atenas, que es donde vivían, existía una ley perversa que establecía que cualquier joven que se rehusara a contraer matrimonio según los deseos de su padre podría ser condenada a muerte. (. . .)

Lisandro, por supuesto, casi enloqueció de dolor, y le pareció que lo mejor que podían hacer era fugarse a la casa de su tía, un lugar que estaba fuera del alcance de esa ley tan cruel. Allí, se reuniría con ella para contraer matrimonio. Pero antes de partir, Hermia le contó a su amiga, Helena, lo que pensaba hacer.

Helena había sido la amante de Demetrio desde mucho tiempo antes de que planearan su matrimonio con Hermia y, como era muy necia, como ocurre con todas las personas celosas, no se daba cuenta de que no era culpa de la pobre Hermia que Demetrio quisiera contraer matrimonio con ella y no con su propia dama, Helena. Sabía que si le contaba a Demetrio que Hermia pensaba fugarse, como lo haría, a los bosques que estaban fuera de Atenas, él la seguiría: "y yo puedo seguirlo, así por lo menos podré verlo", se dijo a sí misma. De modo que lo acompañó, y traicionó a su amiga, que le había contado esto en secreto.

Ahora bien, este bosque donde Lisandro debía encontrarse con Hermia, y hacia donde los otros dos personajes los habían seguido, estaba lleno de hadas,[1] como ocurre con la mayoría de los bosques, si sólo uno pudiera verlas, y allí, en ese bosque, en esa noche, estaban el Rey y la Reina de las hadas, Oberón y Titania. Las hadas son personas muy sabias, pero de vez en cuando pueden ser tan tontas como los mortales. Oberón y Titania, que podrían haber sido tan felices como los días son largos, habían desperdiciado toda su alegría en una tonta disputa. (. . .)

De modo que, en lugar de mantener la felicidad de la corte y bailar toda la noche a la luz de la luna, como lo hacen las hadas, el Rey y su séquito vagaban por una parte del bosque, mientras que la Reina y los suyos hacían lo mismo en otra parte del bosque. Lo que había causado el problema era un

D

[1]**hadas:** seres imaginarios, que generalmente tienen forma humana y poderes mágicos

pequeño niño indio a quien Titania había convencido para que fuera uno de sus seguidores. Oberón deseaba que el niño lo siguiera y se convirtiera en uno de sus caballeros; pero la Reina no se daría por vencida tan fácilmente.

En esta noche, en un claro a la luz de a luna, el Rey y la Reina de las hadas se encuentran.

"Malvada[2] es la luna al reunirnos, orgullosa Titania", dijo el Rey.

"¡Cómo! ¿Estás celoso, Oberón?" con testó la Reina. "Arruinas todo con tus peleas. Vamos, hadas, dejémoslo solo. Ya no somos amigos".

"Depende de ti poner fin a esta pelea", dijo el Rey. "Entrégame a ese pequeño niño indio, y volveré a ser tu humilde servidor y pretendiente".

"Tranquilízate", dijo la Reina. "Ni siquiera todo tu reino de hadas puede hacer que te entregue al niño. Vámonos, hadas".

Y ella y su séquito se perdieron entre los rayos de la luna.[3]

"Bien, haz como quieras", dijo Oberón. "Pero me habré vengado de ti antes de que salgas del bosque".

Luego, Oberón llamó a su duende favorito, Puck. Puck era el espíritu de la picardía. (. . .)

"Ahora bien", dijo Oberón al pequeño duende,[4] "tráeme la flor que se llama 'Flor de la primavera'. Si se coloca el néctar de esa pequeña flor púrpura sobre los ojos de aquellas personas que están dormidas, hará que se enamoren de la primera cosa que vean cuando se despierten. Colocaré un poco de néctar de esa flor en los ojos de mi Titania y, cuando ella se despierte, se enamorará de lo primero que vea, ya sea un león, un oso, un

[2]**malvada:** que causa dolor o aflicción
[3]**rayos de la luna:** rayos de luz que provienen de la luna
[4]**duende:** hada

lobo o un toro, o un mono entremetido o un simio atareado".

Mientras Puck se iba, Demetrio atravesó el claro seguido por la pobre Helena, que seguía diciéndole cuánto lo amaba y le recordaba todas las promesas que le había hecho, y él seguía diciéndole que no la amaba ni podía amarla, y que sus promesas no significaban nada. Oberón sintió pena por la pobre Helena, y cuando Puck regresó trayendo la flor, le solicitó que siguiera a Demetrio y que le colocara un poco de néctar en sus ojos, de modo que se enamorara de Helena cuando se despertara y la viera, que la amara tanto como ella lo amaba. De modo que Puck se fue y mientras vagaba por el bosque, se encontró con Lisandro en lugar de Demetrio, y le colocó néctar en sus ojos, pero cuando Lisandro se despertó, no vio a su Hermia, sino a Helena, que caminaba por el bosque buscando al cruel Demetrio; y directamente se dio cuenta de que la amaba y abandonó a su propia dama, presa del hechizo de la flor carmesí.

Cuando Hermia despertó, vio que Lisandro se había ido, y vagó por el bosque tratando de encontrarlo. Puck regresó y le contó a Oberón lo que había hecho, y Oberón muy pronto descubrió que había cometido un error, y partió en busca de Demetrio y, cuando lo encontró, colocó néctar sobre sus ojos. Y lo primero que vio Demetrio cuando se despertó también fue a Helena. De modo que ahora, tanto Demetrio como Lisandro seguían a Helena a través del bosque, y ahora fue el turno de Hermia de seguir a su amado como lo había hecho Helena anteriormente. El final de esto es que Helena y Hermia comienzan a discutir, y Demetrio y Lisandro se alejan para pelear. Oberón se siente apenado al ver que el ardid que ha

planeado para ayudar a los amantes haya salido tan mal. De modo que le dice a Puck:

"Estos dos jóvenes se van a pelear. Debes hacer que la noche se cubra con una densa neblina y despistarlos de tal forma que nunca se encuentren. Cuando estén cansados, se dormirán. Luego, deja caer esta otra hierba sobre los ojos de Lisandro. Esto le devolverá su antigua visión y su antiguo amor. Entonces, cada hombre tendrá a la mujer que lo ama, y pensarán que todo ha sido sólo un Sueño de una Noche de Verano. Cuando esto suceda, todo volverá a estar bien entre ellos".

De modo que Puck hizo lo que se le ordenó, y cuando los dos jóvenes se durmieron sin haberse encontrado, Puck colocó el néctar sobre los ojos de Lisandro. (. . .)

Mientras tanto, Oberón encontró a Titania dormida sobre un banco. (. . .) Es allí donde Titania siempre dormía durante parte de la noche, envuelta en la piel esmaltada [5] de una serpiente. Oberón se inclinó sobre ella y colocó el néctar sobre sus ojos. (. . .)

Cuando Titania se despertó, lo primero que vio fue un tonto payaso, que formaba parte de un grupo de actores que habían ido al bosque a ensayar su obra. Este payaso se había encontrado con Puck, que le había encajado[6] una cabeza [de burro] sobre sus hombros de modo que pareciera la cabeza real. Inmediatamente después de despertarse, Titania vio este monstruo espantoso y dijo: "¿Quién es este ángel? ¿Eres tan sabio como hermoso?"

"Si soy lo suficientemente sabio como para salir de este bosque, eso me basta", dijo el tonto payaso.

"Espero que no desees salir del bosque", dijo Titania. El hechizo del néctar de amor surtía efecto sobre ella, y el payaso le parecía la criatura más hermosa y encantadora que existía sobre la tierra. "Te amo", le dijo. "Ven conmigo y haré que las hadas te sirvan".

De modo que llamó a cuatro hadas, cuyos nombres eran Chicharín, Telaraña, Polilla y Mostaza.

"Debéis servir a este caballero", dijo la reina. Traedle albaricoques, zarzamoras, uvas negras, higos verdes, y moras. Robadle las bolsas de miel a los abejorros y traédselas, y con las alas pintadas de las mariposas abanicad los rayos de la luna para que no le toquen sus ojos cuando duerma". (. . .)

"¿Deseas comer algo?" le preguntó la Reina de las hadas.

"Me gustaría comer avena seca", dijo el payaso, ya que su cabeza de burro le hacía sentir deseos de comer lo que comen los burros , "y después algo de heno".

"¿Quieres que alguna de mis hadas te traiga unas nueces frescas de la madriguera de la ardilla?" preguntó la Reina.

[5]**esmaltada:** cubierta con una sustancia brillosa
[6]**encajado:** puesto vigorosamente

"Preferiría un puñado o dos de guisantes secos", dijo el payaso. "Pero, por favor, no dejes que nadie me moleste, quiero dormir".

Entonces la reina dijo: "Y yo te abrazaré".

De modo que, cuando Oberón llegó, encontró a su hermosa reina prodigándole besos y caricias a un payaso con cabeza de burro. Antes de liberarla del hechizo, la convenció de que le entregara al pequeño niño indio que tanto deseaba. Luego, sintió pena por ella, y le echó un poco del néctar de las flores que anulaban el hechizo sobre sus hermosos ojos y, en un instante, ella pudo ver bien al payaso con cabeza de burro del que se había enamorado y se dio cuenta de lo tonta que había sido.

Oberón le sacó la cabeza [de burro] al payaso y le permitió que siguiera durmiendo con su propia cabeza tonta apoyada sobre el tomillo y las violetas.

De este modo, todo volvió a la normalidad. Oberón y Titania estaban más enamorados que nunca. Demetrio no pensaba en nadie más que en Helena, y Helena nunca había pensado en nadie más que en Demetrio. En cuanto a Hermia y Lisandro, eran una pareja enamorada como cualquiera de las que uno se puede encontrar durante un día de caminata, incluso a través de un bosque encantado. De modo que los cuatro [mortales] volvieron a Atenas y se casaron, y el Rey y la Reina de las hadas vivieron felices para siempre en el bosque.

Respuesta a la lectura

1. ¿Cómo se enamoraron Demetrio y Lisandro de Helena?
2. ¿De dónde proviene el título de esta historia: *Sueño de una noche de verano?*
3. **Causa y efecto** ¿Por qué se preparaban Lisandro y Demetrio para pelear?
4. **Predicción** ¿Qué piensas que habría ocurrido si Oberón no hubiera interferido en el conflicto entre los cuatro jóvenes?
5. Lectura **Leer para escribir** Vuelve a leer el último párrafo de la historia, luego escribe otro final para la historia que pueda reemplazar a ese párrafo.

Sección 3

Los comienzos de la Reforma

¡Prepárate para leer!

¿Cuál es la relación?

Durante la Edad Media, todos los cristianos de Europa Occidental eran católicos. El movimiento denominado la Reforma, sin embargo, cuestionaba las creencias y el poder de los católicos.

Enfoque en Ideas principales

- Las reformas de Martín Lutero dieron origen a la creación de nuevas iglesias cristianas. *(página 634)*
- Los líderes políticos a menudo apoyaron al protestantismo porque deseaban tener más poder. *(página 639)*
- Las enseñanzas protestantes de Juan Calvino se difundieron a través de Europa y América del Norte. *(página 640)*

Ubicación de lugares

Wittenberg
Ginebra

Conoce a los personajes

Martín Lutero
Desiderio Erasmo
Juan Calvino

Desarrollo de tu vocabulario

Reforma
indulgencia
denominación
teología
predestinación

Estrategia de lectura

Causa y efecto Dibuja un diagrama que muestre algunas de las razones que originaron la Reforma.

Razones de la Reforma

NATIONAL GEOGRAPHIC ¿Cuándo y dónde?

1500 — 1530 — 1560

1517 Martín Lutero escribe Ninety-Five Theses (Noventa y cinco tesis)

1519 Carlos V se convierte en Sacro Emperador Romano

1555 Se firma la Paz de Augsburgo

Planteos para la reforma de la Iglesia

Idea principal **Las reformas de Martín Lutero dieron origen a la creación de nuevas iglesias cristianas.**

Enfoque en la lectura ¿Puedes pensar en alguno de los reformadores de Estados Unidos? Lee para aprender de qué manera los europeos se propusieron reformar la Iglesia Católica y terminaron creando una nueva iglesia.

En el año 1517, un joven monje llamado **Martín Lutero** desafió a la Iglesia Católica Romana. Públicamente sostuvo que el Papa no podía decidir qué es lo que debía hacer una persona para entrar al Cielo. Con el tiempo, su desafío a la autoridad del Papa dio origen a la creación de nuevas iglesias en Europa Occidental.

Al principio, Lutero sólo quería reformar la Iglesia Católica. Ésta es la razón por la que denominamos a estos acontecimientos como la **Reforma**. La Reforma, sin embargo, se convirtió en el inicio de un movimiento dentro del cristianismo que se denomina protestantismo. Al final de la Reforma, habían surgido varias nuevas iglesias cristianas en Europa. La unidad religiosa que la Iglesia Católica había creado en Europa Occidental, y que había durado cientos de años, se había roto.

▲ Desiderio Erasmo, el humanista cristiano más famoso, criticó la riqueza y el poder de los líderes católicos. *¿Cuáles eran los cambios que Erasmo quería hacer en la Biblia?*

¿Cuáles fueron las ideas que dieron origen a la Reforma? En la última sección, has leído acerca del humanismo. Cuando el humanismo se difundió al norte de Europa, dio origen a un nuevo movimiento dentro del cristianismo, denominado humanismo cristiano. Su primer líder fue un erudito y clérigo llamado **Desiderio Erasmo.**

Erasmo escribió que los seres humanos podían usar la razón para convertirse en mejores cristianos y, por lo tanto, mejorar la Iglesia. Estudió las obras de los antiguos cristianos como fuente de inspiración.

Uno de los objetivos de Erasmo era traducir la Biblia al idioma vernáculo. Deseaba que los agricultores que trabajaban en el campo pudieran descansar y leer la Biblia. Erasmo también escribió que lo que importaba era que las personas fueran buenas en su vida diaria. No era suficiente participar de las actividades religiosas como asistir a misa los domingos.

La Iglesia ofende a los reformadores Para el siglo XIV, muchas personas consideraban que la Iglesia tenía problemas. Les cobraba impuestos muy altos a los campesinos, y algunos obispos se comportaban como si fueran reyes. Construían palacios, gastaban dinero en obras de arte, y se aseguraban de que sus parientes tuvieran buenos empleos. En muchos pueblos, los sacerdotes apenas podían leer o dar un buen sermón.

Muchos católicos se enojaron por el interés que mostraba la Iglesia por el dinero. Una de las prácticas de la Iglesia que se consideraba particularmente ofensiva era la venta de indulgencias. Una **indulgencia** era un perdón que otorgaba la Iglesia por los pecados de una persona. Antiguamente, la Iglesia había otorgado indulgencias, pero por lo general no las vendía.

Sin embargo, en el siglo XVI, el Papa necesitaba dinero para reparar la iglesia de San Pedro en Roma. Para obtener el dinero, decidió vender indulgencias en el norte de Alemania.

La venta de indulgencias indignó a Martín Lutero. Lutero había estudiado la Biblia y no había encontrado nada en ella que dijera que los pecados se perdonaban a través de una indulgencia. La idea de vender el perdón de Dios le parecía impío.

Martín Lutero no fue la primera persona en cuestionar la autoridad del Papa. Ya en la década de 1370, un sacerdote inglés llamado Juan Wycliffe se había opuesto a las políticas de la Iglesia. Wycliffe predicó que los cristianos sólo debían reconocer a Jesucristo como el único poder supremo, y no al Papa.

Tanto Wycliffe como Lutero desafiaron la autoridad del Papa, pero también tenían otra cosa en común: su respeto por la Biblia. Wycliffe quería que todas las personas leyeran la Biblia. Después de la muerte de Wycliffe, sus seguidores tradujeron la Biblia al inglés por primera vez.

▲ Esta pintura muestra cómo se vendían las indulgencias en el mercado de una aldea. *¿Por qué vendía la Iglesia indulgencias?*

▲ Caja para la recolección de indulgencias

¿Quién era Martín Lutero? Martín Lutero se convirtió en uno de los hombres más famosos de la historia. Su ruptura con la Iglesia Católica dio origen a una revolución dentro del cristianismo. ¿Por qué estaría una persona religiosa en desacuerdo con su fe? En primer lugar, Lutero estaba indignado por el comportamiento de los líderes de la Iglesia. En segundo lugar, estaba preocupado por su propia alma.

Lutero nació en 1483 en un pequeño pueblo alemán. Lutero, que era un niño inteligente y sensible, creció en una familia que le daba importancia a la disciplina. Su padre quería que estudiara derecho, pero Lutero a menudo pensó en consagrar su vida a la Iglesia. Un día, estaba andando a caballo cuando un relámpago lo derribó al piso. Según cuenta la leyenda, fue en ese momento que Lutero decidió convertirse en monje.

Cuando Lutero viajó a Roma en una peregrinación, se escandalizó por el comportamiento de los miembros del clero romano. Cuando volvió a Alemania, comenzó a dar clases en una universidad del pueblo de **Wittenberg.** Se sentía preocupado por los problemas de la Iglesia y también por su propia alma. Con tanta gente que moría a su alrededor por la peste, no resulta sorprendente que Lutero estuviera preocupado por la duda de si iría al cielo cuando muriera.

La Iglesia decía que Lutero se salvaría e iría al cielo si realizaba buenas obras y recibía los sacramentos. Sin embargo, a Lutero le preocupaba que esto no fuera cierto. Oró y ayunó durante horas mientras buscaba respuestas a sus

▲ **Martín Lutero comenzó con la Reforma cuando hizo públicas sus Noventa y Cinco Tesis.** ***¿Cuál fue la reacción de la Iglesia Católica ante las acciones de Lutero?***

preguntas. Oró durante tanto tiempo que a veces se desmayaba en el piso helado de la iglesia.

Lutero encontró la respuesta a sus preguntas cuando estudió la Biblia. Llegó a la conclusión de que solamente la fe, y no las buenas acciones, era lo que podía salvarlo. Creía que la salvación era un don de Dios, y no algo que uno obtenía mediante las buenas acciones.

En 1517, cuando la Iglesia comenzó a vender indulgencias, Lutero no lo pudo creer. ¿Cómo era posible que la Iglesia les dijera a los campesinos que la compra de indulgencias podía salvarlos? Muy enojado, redactó una lista con 95 argumentos contra las indulgencias y se la envió a su obispo. Según cuentan algunos, Lutero también las clavó en la puerta de la Catedral de Wittenberg para que todos pudieran leerlas. La lista se conoce como las Noventa y Cinco Tesis. Se imprimieron y se leyeron miles de copias en todos los reinos alemanes.

Historia en línea

Actividad en línea Visita jat.glencoe.com y haz clic en *Chapter 17 - Student Web Activity* para aprender más sobre la Reforma.

La revuelta da origen al surgimiento de nuevas iglesias Al principio, la Iglesia no tomó muy en serio a Lutero. Sin embargo, muy pronto los líderes de la Iglesia vieron que Lutero era peligroso. Si las personas creían en lo que decía Lutero, confiarían en la Biblia y no en los sacerdotes. ¿Quién necesitaría a los sacerdotes si los sacramentos no eran necesarios para que sus pecados fueran perdonados?

El Papa y Lutero discutieron durante varios años, pero Lutero se rehusó a modificar su postura. Finalmente, el Papa excomulgó a Lutero. Esto significaba que Lutero ya no era miembro de la Iglesia y que no podía seguir recibiendo los sacramentos. Tampoco se le consideraba un monje.

En los años subsiguientes, las ideas de Lutero dieron origen a la creación de una nueva **denominación**, o rama organizada del cristianismo. Se la denominó luteranismo y fue la primera denominación protestante.

El luteranismo consta de tres ideas principales. La primera es que la fe en Jesús, y no las buenas acciones, es lo que nos permite alcanzar la salvación. La segunda es que la Biblia es la fuente final de la verdad acerca de Dios, y no la iglesia o sus ministros. Por ultimo, el luteranismo dice que la iglesia está compuesta por todos los creyentes, y no sólo por el clero.

Rebelión de los campesinos El debate de Lutero con el Papa fue tan famoso que incluso los campesinos se enteraron de él. Les gustó lo que habían escuchado acerca de Lutero.

La vida de los campesinos siempre había sido dura, pero en la década de 1520, era terrible. Las cosechas habían sido malas durante varios años. Además, los nobles que eran dueños de tierras aumentaron los impuestos que debían pagar los campesinos.

Dado su sufrimiento, las ideas de Lutero incitaron a los campesinos a la rebelión. Si Lutero tenía derecho a rebelarse contra un Papa que era injusto, entonces los campesinos debían tener derecho de enfrentarse a los codiciosos nobles.

Los campesinos comenzaron haciendo una lista con sus exigencias. Al igual que Lutero, basaron sus ideas en la Biblia. Uno de los líderes dijo que los campesinos ya no trabajarían para los nobles: "a menos que les demostraran a través del Evangelio que eran siervos".

Cuando los nobles no cedieron ante las exigencias, se produjeron grandes rebeliones. Sin embargo, no pasó mucho tiempo antes de que los campesinos fueran derrotados. Los nobles contaban con mejores armas y caballos y los derrotaron con facilidad, y por lo menos 70,000 campesinos murieron.

Al principio, Lutero simpatizó con los campesinos, pero muy pronto cambió de opinión. Tenía miedo de lo que pudiera suceder si no había un gobierno sólido. Lutero utilizó sus poderosos sermones para decirles a los campesinos que Dios había colocado al gobierno por encima de ellos y que debían obedecerlo.

Comprobación de lectura **Causa y efecto**
¿Cuál fue el resultado de la decisión de vender indulgencias que tomó la Iglesia en 1517?

Enlaces entre el pasado y el presente

Los anabaptistas, amish y menonitas

ENTONCES Uno de los grupos protestantes que se formaron durante la Reforma se denominaba los Hermanos. Otros los llamaron los anabaptistas, que significa "volver a bautizar". Los anabaptistas creían que los adultos se debían volver a bautizar. Los menonitas y los amish, muchos de los cuales vinieron a Estados Unidos, se desarrollaron a partir de los anabaptistas.

▼ Los amish en la actualidad

▲ Pareja menonita del siglo XVII

AHORA En la actualidad, la mayoría de los grupos de amish y menonitas están en Pennsylvania, Ohio, y algunos otros estados. Estos grupos ponen énfasis en el valor de la comunidad. Los amish de la Antigua Orden rechazan la tecnología moderna como la electricidad, los automóviles y la televisión. ***¿Qué cosa, si es que hubiera alguna, te tentaría a abandonar el estilo de vida moderno?***

Biografía

MARTÍN LUTERO

1483–1546

▲ Martín Lutero

Mucho antes de que Martín Lutero luchara con la Iglesia Católica, se enfrentó a otros problemas difíciles. Lutero nació en Eisleben, Alemania, en 1483 y era hijo de una familia de mineros. Tanto su padre como su madre lo golpeaban cuando era niño. Martín Lutero y su padre tenían muy mal carácter. Lutero dijo que los golpes que le daba su padre le hacían sentir rencor y odio hacia su familia.

Para evitar esta vida hogareña abusiva, Lutero se concentró en su educación. Estudió en la Escuela Latina de Mansfield en 1488. Cuando era adolescente, asistió a otras dos escuelas que estaban lejos de su hogar. A instancias de su padre, evaluó la posibilidad de estudiar derecho pero, en cambio, obtuvo un título en filosofía en 1502.

Posteriormente, Lutero ingresó al monasterio para aislarse de su pasado abusivo. En 1505 viajó a Erfurt y se convirtió en monje. Luego fue a Wittenberg en 1508 y permaneció con un grupo de ermitaños agustinos. Allí continuó con sus estudios de teología.

"Aquel que ayuda a un hombre pobre, o que le presta dinero a un necesitado, obra mejor que si hubiera comprado un perdón".

–Martín Lutero, "The Ninety-Five Theses" (Las noventa y cinco tesis) (1517)

Lutero era un joven decidido. Aunque era monje, comenzó a cuestionar las prácticas de la Iglesia Católica. Sus reformas provocaron una ruptura con la Iglesia. En 1525, se casó con una antigua monja llamada Katharine von Bora. Tuvieron seis hijos y vivieron en un antiguo monasterio.

Aunque se le conocía por su mal humor, el cual hizo que perdiera muchos amigos, Lutero y su esposa se hicieron cargo de alrededor de 20 huérfanos cuyos padres habían muerto por la peste. En sus últimos años, Lutero disfrutó de la jardinería y la música, y continuó con su amor de toda la vida, que era escribir. Murió en 1546, probablemente de un ataque cardíaco.

▲ Wittenberg en la actualidad

Entonces y ahora

Martín Lutero deseaba defender sus creencias, incluso si eso significaba ofender a las personas. ¿Puedes pensar en alguien que esté en este momento en las noticias que haya mostrado esa misma voluntad?

La política y el luteranismo

Idea principal **Los líderes políticos a menudo apoyaron al protestantismo porque deseaban tener más poder.**

Enfoque en la lectura Según la Constitución de Estados Unidos, el gobierno no puede favorecer a ninguna religión. Lee para saber lo que sucedió en Europa durante la Reforma, cuando los reyes decidieron cuál era la fe que las personas debían seguir.

En el pasado, había habido pensadores que habían desafiado las creencias del catolicismo, pero la Iglesia siempre había mantenido el control. ¿Qué fue lo que cambió en el siglo XVI que permitió que surgiera el protestantismo? Una de las razones por las que el protestantismo tuvo éxito es que algunos reyes europeos se dieron cuenta de que podían aumentar su poder si respaldaban el luteranismo en su lucha contra la Iglesia Católica.

Anteriormente, has leído acerca del Sacro Imperio Romano, que abarcó la mayor parte de Europa central. El corazón del imperio estaba formado por alrededor de 300 pequeños reinos alemanes. En el año 1519, Carlos V se convirtió en Sacro Emperador Romano. Su imperio incluía los territorios del Sacro Imperio Romano, como también España, los Países Bajos, parte de Italia y los territorios de las Américas.

Los reyes y nobles locales del Sacro Imperio Romano estaban preocupados por el poder que tenía Carlos V. No querían que hubiera un gobernante central poderoso. Querían seguir gobernando sus propios pequeños reinos.

Varios gobernantes alemanes decidieron convertirse al luteranismo por razones religiosas y políticas. Al hacerlo, sus reinos también se convirtieron al luteranismo. Después de la ruptura con la Iglesia Católica, estos gobernantes confiscaron tierras que pertenecían a los monasterios católicos que había en sus reinos. Ahora ellos, y no la Iglesia, obtendrían las ganancias que generaban esas tierras.

Al mismo tiempo, cuando la Iglesia Católica abandonaba un reino, esto quería decir que los impuestos que cobraba la iglesia ya no saldrían del reino. Los gobernantes podían imponer los impuestos de su propia iglesia y quedarse con el dinero. Esto hizo que los gobernantes que se habían convertido al protestantismo se fortalecieran y que la Iglesia se debilitara.

Carlos V finalmente le declaró la guerra a los gobernantes alemanes que se habían convertido al luteranismo, pero no pudo derrotarlos. En 1555 la guerra terminó y se firmó la Paz de Augsburgo. Este acuerdo permitía que cada uno de los gobernantes alemanes decidiera si su reino sería luterano o católico. Como consecuencia, la mayor parte del norte de Alemania se convirtió al protestantismo y el sur siguió siendo católico.

Comprobación de lectura **Explicación** ¿Por qué respaldaron muchos príncipes alemanes las ideas de Lutero?

NATIONAL GEOGRAPHIC

Sacro Imperio Romano 1520

Uso de las habilidades geográficas

En 1520, el Sacro Emperador Romano gobernaba una gran parte de Europa.

1. ¿Cuáles fueron algunas de las áreas que conformaban el Sacro Imperio Romano?
2. ¿Por qué podría haber sido difícil que un solo gobernante tuviera el control del Sacro Imperio Romano?

Calvino y el calvinismo

Idea principal **Las enseñanzas protestantes de Juan Calvino se difundieron a través de Europa y América del Norte.**

Enfoque en la lectura ¿Hay algo de lo que estás seguro de que sea cierto? Lee para enterarte de qué manera los protestantes desarrollaron una fe en la que todos estaban de acuerdo en que algunas personas irían al cielo y otras no.

¿Quién era Juan Calvino? **Juan Calvino** nació en Francia a principios del siglo XVI. Todos en su pueblo natal pensaban que un niño tan respetuoso e inteligente se convertiría en un sacerdote. Cuando tuvo la edad necesaria, se marchó a París a estudiar **teología.** La teología es el estudio de las preguntas acerca de Dios.

Calvino sentía mucho interés por la religión. Se levantaba muy temprano para leer libros sobre teología. Durante el día, debatía sus ideas con otros estudiantes y luego se quedaba en su casa leyendo hasta altas horas de la noche.

Aunque Calvino vivía en Francia, comenzó a oír hablar acerca de las ideas de Martín Lutero. En secreto, Calvino comenzó a leer acerca de Lutero en la universidad. Él y los otros estudiantes tenían cuidado y hablaban en voz baja cuando discutían las ideas de Lutero. Cuánto más leía Calvino, más convencido se sentía por las nuevas ideas de Lutero.

Finalmente, Calvino tuvo que abandonar París porque era demasiado peligroso hablar allí acerca de luteranismo. A veces tuvo que esconderse en la casa de sus amigos. Una vez se atrevió a volver a su pueblo natal, pero lo arrestaron y permaneció durante varios meses en una celda húmeda. Calvino finalmente encontró la seguridad que buscaba en **Ginebra**, Suiza, una ciudad protestante. Allí, su poderosa prédica convenció a muchas personas que se convirtieron en sus seguidores.

¿Qué es el calvinismo? Calvino estaba de acuerdo con Lutero en que la fe era más importante que las buenas acciones, pero también agregó otras ideas. El calvinismo se convirtió en la base de muchas iglesias protestantes, incluyendo las iglesias de los puritanos y los presbiterianos en Inglaterra y Escocia.

La idea principal de Calvino era que la voluntad de Dios es absoluta y que es Él quien decide lo que ocurrirá en el mundo de antemano. Dios ya ha decidido quién irá al cielo y quién no. A esta creencia se le denomina **predestinación**, que significa que no importa lo que las personas hagan, el resultado de sus vidas ya ha sido planificado.

Algunas personas dicen que si el resultado de sus vidas ya estuviera planificado, entonces

Fuente principal: Conocimiento de Dios

Los escritos de Juan Calvino ayudaron a que los europeos aceptaran el protestantismo.

"¿De qué sirve (. . .) conocer a un Dios con quien no tenemos nada que ver? En lugar de ello, nuestro conocimiento debería servir en primer lugar para enseñarnos lo que es el temor y la reverencia [respeto]. En segundo lugar, con Él como nuestro guía y maestro, deberíamos aprender a buscar la bondad que nos brinda y, al haber recibido este don, atribuir a Él el crédito. (. . .) Nuevamente, no podemos mirarlo claramente a menos que reconozcamos que Él es la fuente primaria [el origen de la vida] y la fuente de todo lo bueno".

—Juan Calvino, *Institutes of the Christian Religion (Institutos de la religión cristiana)*

▲ Juan Calvino

PBD Preguntas basadas en los documentos

Según Calvino, ¿qué se necesita para que los creyentes entiendan claramente lo que es Dios?

¿qué importa si obran bien u obran mal? Sin embargo, la mayoría de las personas decidieron que probablemente estaban incluidas entre aquellos que alcanzarían la salvación. Para probarlo, trabajaban duro, se comportaban correctamente y obedecían las leyes de sus pueblos. De esta manera, el calvinismo se convirtió en una herramienta poderosa en la sociedad. Estimulaba a las personas a trabajar duro y comportarse correctamente.

Otra de las ideas importantes del calvinismo es que ni los reyes ni los obispos deben controlar a la Iglesia. Los calvinistas creían que las congregaciones debían elegir a sus propios ancianos y ministros para que gobernaran la iglesia en nombre de ellas.

Esta idea tuvo un efecto poderoso en Inglaterra y en muchos de los colonizadores ingleses que llegaron a América. La idea de que una congregación debía tener la libertad de elegir a sus propios líderes ayudó a respaldar la idea de que las personas también debían tener la libertad de elegir a sus líderes políticos.

▲ **En este cuadro, se ve a Juan Calvino hablando ante los líderes en Ginebra.** ***¿Cuáles de las iglesias protestantes se basan en el calvinismo?***

Comprobación de lectura **Comparación** ¿En qué difieren las ideas de Calvino de las de Lutero?

Historia en línea

Centro de estudios ¿Necesitas ayuda con el material de esta sección? Visita jat.glencoe.com

Repaso de la sección 3

Resumen de la lectura

Repaso de Ideas principales

- Muchos cristianos, incluso Martín Lutero, creían que la Iglesia Católica se estaba corrompiendo. Esto hizo que las personas se alejaran de la Iglesia y crearan nuevas iglesias cristianas.
- Varios gobernantes y nobles europeos respaldaron las reformas de Lutero por razones políticas y también religiosas.
- Las enseñanzas protestantes de Juan Calvino sirvieron de inspiración a sus seguidores para que trabajaran duro y obraran bien en su vida.

¿Qué aprendiste?

1. ¿Qué eran las indulgencias, y por qué se convirtieron en algo tan problemático?
2. ¿Cuáles eran las creencias básicas de Juan Calvino con respecto a la voluntad de Dios?

Pensamiento crítico

3. **Organización de la información** Dibuja un diagrama para enumerar las tres ideas principales del luteranismo.

4. **Explicación** ¿Qué eran las Noventa y Cinco Tesis?
5. **Causa y efecto** ¿Quién era Erasmo, y de qué manera influyó el humanismo en sus ideas acerca del cristianismo?
6. **Análisis** ¿Cuál fue la reacción de los campesinos europeos a las enseñanzas de Lutero, y cuál fue la respuesta de Lutero?
7. **Redacción creativa** Escribe un guión para una obra que trate acerca de una reunión imaginaria entre Martín Lutero y Juan Calvino. Piensa en lo que los dos hombres hubieran discutido con respecto a sus creencias y en qué se diferenciaban.

Sección 4

Católicos y protestantes

¡Prepárate para leer!

¿Cuál es la relación?

En la sección anterior, aprendiste cómo surgió el protestantismo. En esta sección, leerás acerca de los intentos de reformar la Iglesia Católica y la lucha entre los protestantes y católicos en Europa.

Enfoque en Ideas principales

- Los católicos y protestantes se pelearon en guerras religiosas por toda Europa. *(página 643)*
- Enrique VIII creó la Iglesia Anglicana en Inglaterra. *(página 648)*
- •Como parte de la Contrarreforma, los reinos católicos comenzaron a enviar misioneros a países extranjeros para convertir a otros pueblos al cristianismo. *(página 650)*

Ubicación de lugares

Trento
Navarra
París
Londres

Conoce a los personajes

Ignacio de Loyola
Enrique de Navarra
Enrique VIII
María I
Isabel I

Desarrollo de tu vocabulario

seminario
herejía
anular

Estrategia de lectura

Causa y efecto Dibuja un diagrama que muestre los resultados de los intentos por reformar la Iglesia Católica.

Reforma

Resultados | **Resultados**

NATIONAL GEOGRAPHIC ¿Cuándo y dónde?

1550 — 1600 — 1650

1545 El Papa Pablo III abre el Concilio de Trento

1593 Enrique de Navarra se convierte al catolicismo para obtener el trono de Francia

1648 Finaliza la Guerra de los Treinta Años

Contrarreforma

Idea principal **Los católicos y protestantes se pelearon en guerras religiosas por toda Europa.**

Enfoque en la lectura ¿Alguna vez has visitado las iglesias protestantes y católicas? ¿Notaste alguna diferencia? Lee para saber cuáles son las razones de estas diferencias.

En los siglos XVI y XVII, la Iglesia Católica se propuso derrotar al protestantismo y convencer a las personas que debían volver a la Iglesia. Este esfuerzo se denominó Contrarreforma. Como aprendiste anteriormente, la Reforma también desató una serie de guerras sangrientas en Europa entre los gobernantes católicos y protestantes. Cuando las últimas guerras finalizaron en el año 1648, Europa estaba dividida en zonas católicas y protestantes.

La Iglesia trata de reformarse a sí misma

La Iglesia Católica libró una guerra contra el protestantismo, pero sabía que debía reformarse a sí misma. El Papa Pablo III captó esta necesidad. Después de ser nombrado Papa, Pablo llamó a un concilio eclesiástico en **Trento**, cerca de Roma. El concilio celebró reuniones durante 20 años, desde la década de 1540 hasta la de 1560.

El Concilio de Trento aclaró las creencias de los católicos. También estableció normas estrictas con respecto a la forma en que debían comportarse los obispos y sacerdotes. Se le indicó al clero católico que debía trabajar con mayor dedicación para educar a las personas en la fe. A fin de capacitar a los nuevos sacerdotes, se construyeron seminarios. Un **seminario** es una escuela especial donde se capacita y educa a los sacerdotes.

En 1540, el Papa Pablo III tomó otra medida importante. Reconoció a una nueva orden de sacerdotes, la Sociedad de Jesús, conocida como los jesuitas. Los jesuitas eran los representantes del Papa en Europa. Ellos enseñaban, predicaban y combatían la **herejía.** La herejía es una creencia religiosa que contradice lo que la Iglesia afirma que es verdadero.

▲ Se cree considera que el Concilio de Trento es la base de la Contrarreforma católica. *¿Cuáles fueron los logros del Concilio de Trento?*

Fuente principal: Ignacio y el cristianismo

Ignacio de Loyola se convirtió al cristianismo mientras se recuperaba de sus heridas.

"En todos los demás aspectos, era un hombre saludable excepto que no podía mantenerse parado con facilidad sobre una de sus piernas y debía permanecer en cama. Como le gustaba mucho leer, (...) cuando se sintió mejor, pidió que le dieran algunos [libros] para pasar el tiempo. Pero en aquella casa no pudieron encontrar ninguno de los libros que generalmente leía, de modo que le dieron un libro acerca de la vida de Cristo y un libro acerca de la vida de los santos en español. Cuando los hubo leído varias veces, se aficionó a lo que había descubierto en lo que estaba escrito en ellos".

▲ Ignacio de Loyola

—*The Autobiography of St. Ignatius Loyola (Autobiografía de San Ignacio de Loyola)*, Joseph F. O'Callaghan, trad.

PBD Preguntas basadas en los documentos

¿Por qué crees que Ignacio leyó los libros religiosos aun cuando no era el tipo de libros que generalmente leía?

El hombre que fundó la orden de los jesuitas fue un español, **Ignacio de Loyola.** Ignacio de Loyola era un soldado intrépido, pero su vida cambió cuando resultó herido en combate. Mientras se recuperaba de sus heridas, leyó acerca de los santos cristianos que habían ejecutado acciones valientes para defender su fe. Ignacio decidió que se convertiría en un soldado de Jesucristo.

Guerras religiosas en Francia Juan Calvino era originario de Francia, y muchos franceses se sintieron interesados en sus ideas. A medida que el calvinismo se difundía en Francia, los protestantes franceses fueron conocidos como hugonotes.

Solamente alrededor del siete por ciento de los franceses se convirtieron al protestantismo, pero prácticamente la mitad de los nobles franceses, incluyendo a la familia de los Borbones, se hicieron protestantes. Los Borbones eran la segunda familia más poderosa de Francia. Gobernaban en un reino ubicado en el sur de Francia llamado **Navarra** y también formaban parte de la línea de aspirantes al trono de Francia.

Varios nobles franceses deseaban debilitar el poder del rey. En especial, los nobles hugonotes deseaban que la autoridad del rey se viera disminuida para poder practicar su religión libremente. Al mismo tiempo, el rey de Francia, Enrique II, deseaba crear un gobierno central poderoso.

Enrique II murió en 1559, y su hijo Francisco II murió al año siguiente. Esto quería decir que Carlos, el hermano de Francisco, un niño de 10 años, era ahora el rey. Dado que Carlos era demasiado joven como para reinar, su madre se hizo cargo del gobierno en su nombre. Su madre era Catalina de Médicis, la hija de Lorenzo de Médicis, el poderoso líder italiano de la ciudad de Florencia.

Catalina estaba decidida a mantener la solidez del reino francés para su hijo. Catalina creía que los hugonotes eran una amenaza para el poder del rey y se rehusó a negociar con ellos. En 1562, se desató en Francia una guerra civil entre protestantes y católicos que duraría más de 30 años.

En 1589 **Enrique de Navarra,** el líder de las fuerzas de los hugonotes y jefe de la familia de los Borbones, se convirtió en el rey Enrique IV de Francia. Durante los siguientes años, la guerra continuó porque los nobles católicos no aceptaban que un protestante fuera su rey. Enrique venció en la mayoría de las batallas pero no pudo conquistar **París.**

Entonces, Enrique IV celebró un trato famoso. Sabía que la mayoría de los ciudadanos franceses eran católicos y que exigían que el rey fuera católico. Enrique aceptó convertirse al catolicismo para que los franceses lo aceptaran como su rey.

En el año 1593, Enrique fue a París y se vistió de satín blanco para la ceremonia católica. Mientras atravesaba las puertas de la iglesia, sonrió y, de acuerdo con la tradición, dijo que París "bien vale una misa". Esto quería decir que valía la pena convertirse al catolicismo para convertirse en el rey de toda Francia.

Sin embargo, Enrique IV no se olvidó de sus seguidores hugonotes. Emitió un edicto, o una orden, mientras visitaba la ciudad de Nantes en el año 1598. El Edicto de Nantes decía que el catolicismo era la religión oficial de Francia, pero también les otorgaba a los hugonotes el derecho de practicar su religión libremente.

¿Qué fue la Guerra de los Treinta Años? La peor de las guerras religiosas de la era de la Reforma fue la que se libró en el Sacro Imperio Romano en el siglo XVII. La guerra se inició en Bohemia, en lo que en la actualidad se conoce como la República Checa. Los nobles protestantes de Bohemia se rebelaron contra el rey, que era católico. Otros reyes protestantes de Alemania decidieron ayudar a los rebeldes, y la guerra se extendió por todo el imperio.

La guerra duró 30 años, desde 1618 hasta 1648, y rápidamente se convirtió en una guerra entre reinos. Francia, Suecia, Dinamarca, Inglaterra y los Países Bajos enviaron tropas para

NATIONAL GEOGRAPHIC

Religiones en Europa, *c. 1600*

Uso de las habilidades geográficas

A fines del siglo XVI, muchos europeos del norte se habían convertido al protestantismo, mientras que los europeos del sur seguían siendo católicos.

1. ¿Qué zonas de Europa se volvieron predominantemente calvinistas?
2. ¿En qué lugar de Europa crees que pueden haber ocurrido conflictos religiosos?

▲ **En esta fotografía se ve la Alhambra, un palacio y fortaleza musulmana en Granada, España.** ***¿Qué sucedió con los musulmanes españoles después de que Fernando e Isabel subieron al trono?***

Maimónides ▶

ayudar a los protestantes, mientras que España y el Sacro Imperio Romano apoyaban a los católicos.

Las ciudades luchaban entre sí, y los ejércitos ambulantes asesinaban a los campesinos en los caminos. Cuando la guerra llegó a su fin, sólo había lobos rondando por los lugares donde una vez habían estado algunas aldeas. La guerra debilitó a España y permitió que Francia se convirtiera en uno de los países más poderosos de Europa.

La Reforma en España Las ideas de Lutero y Calvino nunca fueron demasiado populares en España. Sin embargo, cuando los protestantes comenzaron su lucha en Europa, España se vio afectada. Los gobernantes españoles sospechaban de los países protestantes y de cualquier persona en España que no fuera católica.

Cuando se inició la Reforma en el siglo XVI, España era una nación joven. España había sido fundada en 1469 cuando el rey Fernando y la reina Isabel se casaron y unificaron sus reinos. Estos monarcas deseaban crear una nación poderosa. Consideraban que todos sus súbditos debían ser católicos dado que eso mantendría a los ciudadanos españoles leales y unidos.

Cuando Fernando e Isabel comenzaron su reinado, todavía había muchos musulmanes viviendo en España. Como ya habrás leído en los capítulos anteriores, los musulmanes gobernaron España desde alrededor del año 700 al 1200 d.C. Durante esos años, las personas de distintas religiones vivían juntas en relativa armonía.

Los musulmanes obligaban a aquellos que no eran musulmanes a pagar impuestos especiales y limitaban sus derechos, pero no intentaban matar o expulsar a los que no creían. Los judíos, por ejemplo, consideraban que la vida en la España musulmana era mejor que en otros lugares de Europa. Como ya habrás leído en los capítulos anteriores, los judíos habían sido objeto de persecuciones en toda Europa durante la Edad Media.

La España musulmana de la Edad Media fue una época dorada para los pensadores y poetas judíos. El erudito judío más famoso fue Maimónides. Maimónides nació en España y sus libros sobre religión y medicina lo hicieron merecedor de un gran respeto.

Esta época dorada llegó a su fin cuando los católicos asumieron el control de España. Los judíos y musulmanes ya no eran bienvenidos. En 1492 Fernando e Isabel ordenaron que todos los judíos y musulmanes debían convertirse al catolicismo o, de lo contrario, debían abandonar el país. Para garantizar la unidad religiosa, también instauraron la Inquisición Española, que investigaba las creencias de las personas.

La Inquisición Española era un tribunal católico, similar al que la Iglesia Católica había establecido en Europa para investigar las herejías. Sin embargo, la Inquisición Española era mucho más cruel. Se presentaban acusaciones de herejía simplemente para deshacerse de los enemigos. Se inventaron horribles torturas para obligar a las personas a que se declararan culpables. El jefe de la Inquisición Española, Tomás de Torquemada, ejecutó a alrededor de 2,000 españoles. Ni siquiera el Papa desde Roma pudo detenerlo.

✓ **Comprobación de lectura** **Identificación** ¿Cuál fue el trato que le permitió a Enrique de Navarra obtener el trono de Francia?

Biografía

CATALINA DE MÉDICIS

1519–1589

Catalina de Médicis

Catalina de Médicis era una mujer italiana que desempeñó un papel importante en la historia de Francia. Catalina nació en Florencia, y era hija de Lorenzo de Médicis y Madeleine de la Tour d' Auvergne. Catalina quedó huérfana cuando era bebé y fue criada por sus parientes. A los 14 años, Catalina contrajo matrimonio con Enrique, un príncipe francés. Catalina llevó consigo a artistas, músicos, escritores y bailarines italianos a la corte francesa. Sin embargo, nunca fue plenamente aceptada en Francia, porque era italiana y no pertenecía a ninguna de las familias reales.

"Dios y el mundo tendrán motivos para estar satisfechos conmigo".

—Catalina de Médicis

Biography of a Family (Biografía de una familia)

En 1547, el esposo de Catalina se convirtió en el rey Enrique II. Después de su muerte en un accidente sufrido en 1559 durante un torneo, sus tres hijos mayores, Francisco II, Carlos IX y Enrique III, se sucedieron el uno al otro como reyes. Aunque Catalina ya no era reina, seguía ejerciendo mucha influencia sobre sus hijos.

Se ha hecho responsable a Catalina de varios de los conflictos surgidos entre los católicos franceses y los protestantes franceses, llamados hugonotes. En el año 1568, prohibió la libertad de culto. En 1572, Catalina dispuso el asesinato de un consejero hugonote. Su muerte desató la Masacre de San Bartolomé, cuyo resultado fue la muerte de alrededor de 6,000 hugonotes. Catalina no siempre se opuso a los hugonotes. De hecho, arregló el matrimonio de su hija Margarita con Enrique de Navarra, un antiguo hugonote que se convirtió en el rey Enrique IV de Francia.

Las opiniones con respecto a los logros de Catalina son diferentes. Algunos la acusan de haber provocado las guerras religiosas en Francia. Otros recuerdan los esfuerzos que hizo para proteger a sus hijos. Otros la recuerdan como una mujer del Renacimiento, dado que apoyó el arte, incrementó la cantidad de libros de la biblioteca real y patrocinó un espectáculo de baile y teatro que es considerado como la primera obra de ballet. Catalina murió de neumonía en 1589.

Catalina de Médicis se reúne con embajadores extranjeros

Entonces y ahora

Si Catalina de Médicis se presentara para un cargo político en la actualidad, ¿crees que sería una candidata popular? ¿Por qué sí o por qué no?

Reforma inglesa

Idea principal Enrique VIII creó la Iglesia Anglicana en Inglaterra.

Enfoque en la lectura Probablemente has escuchado acerca de los Peregrinos. ¿Sabes por qué los Peregrinos abandonaron Inglaterra para venir a este país? Lee para aprender de qué manera la Reforma llegó a Inglaterra y por qué algunos protestantes decidieron abandonar Inglaterra e irse a América.

Dado que Inglaterra es una isla, las ideas de Europa a veces tardaban más tiempo en llegar hasta allí. Sorprendentemente, sin embargo, Inglaterra se apartó de la Iglesia Católica mucho antes que el resto de Europa. El cambio se basó en una decisión política del rey de Inglaterra. Posteriormente, sin embargo, los ingleses debatieron apasionadamente las ideas que dieron origen a la Reforma.

Enrique VIII inicia su propia iglesia En la historia de Inglaterra, ningún otro rey es tan famoso como **Enrique VIII.** Enrique VIII reinó en Inglaterra desde 1509 hasta 1547. Era testarudo, impaciente y cruel. Enrique contrajo matrimonio con seis esposas, se divorció de dos de ellas e hizo decapitar a otras dos. Hizo encarcelar a obispos y nobles en la Torre de **Londres** por estar en desacuerdo con él. Finalmente, también ellos fueron decapitados. Enrique y su padre eran miembros de la familia Tudor. En el siglo XV, antes de que los Tudor llegaran al trono, los nobles de Inglaterra habían estado en guerra entre sí. Enrique estaba decidido a mantener la paz y a que los Tudor permanecieran en el trono.

◀ En su intento por divorciarse de su esposa y casarse con otra mujer, Enrique VIII se separó de la Iglesia Católica y creó la Iglesia de Inglaterra. *¿Por qué rehusó el Papa anular el matrimonio de Enrique VIII?*

Para hacer esto, necesitaba un hijo varón que lo sucediera en el trono, pero Enrique no tenía hijos varones. Su esposa Catalina sólo había tenido una hija. Enrique le pidió al Papa León que **anulara,** o cancelara, su matrimonio con Catalina.

Una anulación no es lo mismo que un divorcio. Si el Papa anulaba el matrimonio, sería como si el matrimonio nunca se hubiera llevado a cabo. Eso quería decir que Enrique podía buscar una nueva esposa que le diera hijos varones. Esos hijos varones, y no la hija que había tenido con Catalina, serían los herederos al trono.

Los Papas habían anulado matrimonios anteriormente, pero esta vez, el Papa se rehusó a hacerlo. Catalina era la hija de Fernando e Isabel de España. Su sobrino era el Sacro Emperador Romano. España era el reino católico más poderoso de ese momento, y el Papa no deseaba ofender a la familia de Catalina.

Enrique decidió que fuera el arzobispo de Canterbury, el obispo más importante de Inglaterra, el que anulara el matrimonio. En respuesta, el Papa excomulgó a Enrique de la Iglesia. Entonces Enrique declaró que el rey, y no el Papa, sería el jefe de la Iglesia en Inglaterra.

Enrique ordenó a todos los sacerdotes y obispos de Inglaterra que debían aceptarlo como el nuevo jefe de su iglesia. Algunos se rehusaron y fueron asesinados. El más famoso fue Sir Thomas More (Tomás Moro), que fue ejecutado en 1535. Después, Enrique se apoderó de las tierras de la Iglesia en Inglaterra y se las dio a algunos de sus nobles. Esto hizo que los nobles se mantuvieran leales al rey y a la Iglesia de Inglaterra. Si alguna vez permitían que la Iglesia Católica recuperara su poder en Inglaterra, deberían renunciar a sus tierras.

María I (arriba) trató de restaurar la religión católica en Inglaterra, y contrajo matrimonio con Felipe II (derecha), el rey católico de España. *¿Por qué fue conocida María I como "María, la Sangrienta"?*

¿Quién fue María la Sangrienta? La Iglesia de Inglaterra se denominó Iglesia Anglicana. Mantuvo la mayoría de los rituales y sacramentos de la Iglesia Católica. Sin embargo, varios católicos ingleses no estaban satisfechos. Ellos deseaban seguir siendo católicos. Apoyaron a la hija de Enrique, María, cuando se convirtió en la reina **María I** en el año 1553. María había sido criada como católica y deseaba que Inglaterra volviera a ser un reino católico.

María restauró la Iglesia Católica en Inglaterra y arrestó a los protestantes que se oponían a ella. En su lucha por hacer que Inglaterra volviera a ser católica, María hizo que 300 personas fueran quemadas en la hoguera. Los ingleses se sintieron horrorizados y la llamaron "María, la Sangrienta".

María reinó durante alrededor de cinco años, y luego murió. Su media hermana Isabel subió al trono, convirtiéndose en la reina **Isabel I.** Isabel era protestante. Isabel restauró la Iglesia Anglicana y se convirtió en una de las mejores gobernantes de la historia inglesa.

¿Qué efecto tuvo el calvinismo en Inglaterra? Aunque los católicos habían sido derrotados, las batallas religiosas no habían llegado a su fin. Se inició una nueva lucha para que la Iglesia Anglicana fuera aún más protestante en cuanto a sus creencias y rituales.

A fines del siglo XVI, las ideas de Juan Calvino habían llegado a Inglaterra. Muchas personas educadas habían leído las obras de Calvino y estaban convencidas de que tenía razón. Comenzaron a exigir que la Iglesia Anglicana renunciara a sus aspectos católicos. Estos reformadores pasaron a ser conocidos como los puritanos dado que deseaban purificar a la Iglesia Anglicana de las ideas católicas.

Los puritanos comenzaron a formar sus propias congregaciones. Estas congregaciones eran independientes. Tomaban sus propias decisiones acerca de lo que las congregaciones debían hacer o no. No debían presentar informes ante un obispo de la Iglesia Anglicana, y elegían a sus propios ministros.

La reina Isabel I toleraba a los puritanos, pero cuando Jacobo I se convirtió en el rey en el año 1603, los puritanos se enfrentaron a tiempos más difíciles. Jacobo se rehusó a permitir que alguien estuviera en desacuerdo con la Iglesia Anglicana. El rey era el jefe de la Iglesia Anglicana y designaba a sus líderes. Los líderes, a su vez, elegían a los sacerdotes de las congregaciones. Jacobo creía que al elegir a sus propios ministros, los puritanos desafiaban la autoridad del rey.

Jacobo I y el rey que lo siguió, Carlos I, persiguieron a los puritanos. Cerraron las iglesias puritanas y encarcelaron a sus líderes. Muchos puritanos decidieron trasladarse a América para practicar libremente su religión. Allí fundaron colonias que, con el tiempo, se convirtieron en los estados de Massachusetts, Connecticut, Nueva Hampshire y Rhode Island.

✓ Comprobación de lectura **Causa y efecto** ¿Por qué creó Enrique VIII la Iglesia Anglicana?

Los misioneros van al extranjero

Idea principal **Como parte de la Contrarreforma, los reinos católicos comenzaron a enviar misioneros a países extranjeros para convertir a otros pueblos al cristianismo.**

Enfoque en la lectura ¿Crees que es importante difundir la democracia? Lee para aprender de qué manera los misioneros católicos trataron de difundir su religión a otras personas del mundo.

Cuando comenzó la Contrarreforma, muchos católicos se comprometieron a difundir su fe. Como parte de esta nueva energía y determinación, los reinos católicos comenzaron a enviar misioneros al extranjero a las Américas y Asia.

Los jesuitas fueron misioneros activos durante los siglos XVI y XVII. Los jesuitas franceses y españoles se dirigieron a las América y Asia. En las América, los indígenas americanos los llamaban los "túnicas negras".

El primer misionero jesuita en llegar a Japón en 1549 fue Francisco Javier. Al principio, los japoneses recibieron bien a los jesuitas. Para el siglo XVII, los jesuitas habían convertido a miles de japoneses al cristianismo.

Finalmente, los jesuitas entraron en conflicto con las personas que creían en el budismo y el sintoísmo. El shogún japonés, o jefe militar, prohibió el cristianismo y expulsó a todos los misioneros.

Los misioneros españoles tuvieron mucho más éxito en las Islas Filipinas. Con el tiempo, la mayoría de sus habitantes se convirtió al catolicismo. En la actualidad, las Filipinas son el único país asiático en el que la mayoría de los habitantes son católicos. Los misioneros franceses intentaron convertir al catolicismo a los habitantes de Vietnam, pero fueron expulsados por el emperador de Vietnam.

Comprobación de lectura **Identificación** ¿En qué partes del mundo predicaron los misioneros católicos?

Historia en línea

Centro de estudios ¿Necesitas ayuda con el material de esta sección? Visita jat.glencoe.com

Repaso de la sección 4

Resumen de la lectura

Repaso de Ideas principales

- En Europa, las guerras religiosas entre católicos y protestantes se libraron durante los siglos XVI y XVII, mientras que los monarcas españoles intentaron hacer de España un país exclusivamente católico.
- En Inglaterra, Enrique VIII se separó de la Iglesia Católica y creó la Iglesia Anglicana. Posteriormente, los puritanos trataron de reformar la Iglesia Anglicana y después huyeron a las Américas.
- Los misioneros católicos trataron de difundir su religión a Asia y las Américas.

¿Qué aprendiste?

1. ¿Qué fue el Concilio de Trento y qué se logró a través de él?
2. ¿Por qué fue importante el Edicto de Nantes?

Pensamiento crítico

3. **Organización de la información** Prepara un cuadro como el que sigue. Completa los detalles acerca de las medidas que tomó la Iglesia Católica para contrarrestar la Reforma.

Medidas de la Iglesia para detener al protestantismo

4. **Análisis** ¿Por qué creó Enrique VIII la Iglesia Anglicana?
5. **Explicación** ¿Quiénes eran los puritanos y cuáles eran sus creencias y prácticas?
6. **Predicción** ¿En qué sentido piensas que los conflictos por religión afectaron a los territorios de fuera de Europa?
7. **Redacción explicativa** Escribe un breve ensayo que resuma la historia del catolicismo en España durante los siglos XV y XVI.

Capítulo 17 Repaso de lectura

Sección 1 Los comienzos del Renacimiento

Vocabulario
Renacimiento
secular
diplomacia

Enfoque en Ideas principales

- La opulenta sociedad urbana de las ciudades-estado italianas llevó al renacimiento del conocimiento y el arte en Europa. ***(página 609)***
- La geografía de Italia contribuyó a que las ciudades-estado se enriquecieran con el comercio y los bancos, pero muchas ciudades cayeron bajo el control de gobernantes poderosos. ***(página 611)***
- Al contrario de los nobles medievales, los nobles de las ciudades-estado italianas vivían en ciudades y eran muy activos en el comercio, la actividad bancaria y la vida pública. ***(página 614)***

Sección 2 Nuevas ideas y arte

Vocabulario
humanismo
vernáculo

Enfoque en Ideas principales

- Los humanistas estudiaban a los griegos y los romanos, y el desarrollo de la imprenta ayudó a difundir sus ideas. ***(página 619)***
- Los artistas del Renacimiento usaban nuevas técnicas para pintar cuadros que mostraban a las personas de manera emocional y realista. ***(página 623)***
- Las ideas y el arte renacentista se difundieron desde Italia al norte de Europa. ***(página 625)***

Sección 3 Los comienzos de la Reforma

Vocabulario
Reforma
indulgencia
denominación
teología
predestinación

Enfoque en Ideas principales

- Las reformas de Martín Lutero dieron origen a la creación de nuevas iglesias cristianas. ***(página 634)***
- Los líderes políticos a menudo apoyaron al protestantismo porque deseaban tener más poder. ***(pagina 639)***
- Las enseñanzas protestantes de Juan Calvino se difundieron a través de Europa y América del Norte. ***(página 640)***

▲ La Biblia de Gutenberg

Sección 4 Católicos y protestantes

Vocabulario
seminario
herejía
anular

Enfoque en Ideas principales

- Los católicos y protestantes se pelearon en guerras religiosas por toda Europa. ***(página 643)***
- Enrique VIII creó la Iglesia Anglicana en Inglaterra. ***(página 648)***
- Como parte de la Contrarreforma, los reinos católicos comenzaron a enviar misioneros a países extranjeros para convertir a otros pueblos al cristianismo. ***(página 650)***

Capítulo 17

Evaluación y actividades

Repaso del vocabulario

Escribe **Verdadero** al lado de cada una de las afirmaciones que sea verdadera. Reemplaza la palabra en cursiva para que las afirmaciones falsas se conviertan en verdaderas.

___ 1. La *diplomacia* es el arte de la negociación.

___ 2. Cuando el Papa necesitó dinero en el siglo XVI, vendió *indulgencias.*

___ 3. La creencia renacentista de que la persona y la sociedad humanas eran importantes se conoce con el nombre de *teología.*

___ 4. La *herejía* es una escuela especial donde se capacita y educa a los sacerdotes.

___ 5. La *predestinación* alentó a los calvinistas a probar que ellos se encontraban entre aquellos que serían salvados.

___ 6. Los escritores comenzaron a escribir en idioma *secular*, el idioma que las personas usan a diario en una región.

Repaso de las ideas principales

Sección 1 • Los comienzos del Renacimiento

7. ¿Qué es lo que preparó el escenario para el surgimiento del Renacimiento en Italia?
8. ¿Qué es lo que hacía que los nobles del Renacimiento fueran distintos de los nobles de épocas anteriores?

Sección 2 • Nuevas ideas y arte

9. ¿Qué es lo que creían los humanistas?
10. ¿En qué difiere el arte renacentista del arte de la Edad Media?

Sección 3 • Los comienzos de la Reforma

11. ¿Qué sucedió cuando Martín Lutero trató de reformar la Iglesia Católica?
12. Describe las enseñanzas de Juan Calvino.

Sección 4 • Católicos y protestantes

13. ¿Dónde y por qué comenzó la Guerra de los Treinta Años?
14. ¿Qué es lo que hizo que Inglaterra se transformara de un país católico a uno protestante?

Pensamiento crítico

15. **Análisis** ¿Crees que los bancos desempeñaron un papel importante en la riqueza y el arte de las ciudades-estado italianas? Explica.
16. **Conclusión** Algunos puritanos se trasladaron a América del Norte para practicar su religión sin la interferencia de los líderes europeos. ¿Cómo se ve reflejado el deseo de disfrutar de la libertad de culto en la Constitución de EE.UU.?

Repaso

Habilidad de lectura **Análisis y aclaración**

Investiga lo que hay detrás de las palabras

17. Lee este pasaje sobre la importancia de la imprenta. Luego contesta las preguntas que aparecen a la derecha para poder analizar y aclarar cómo influyó la imprenta en Europa.

A principios de la década de 1450, Johannes Gutenberg desarrolló una imprenta que utilizaba tipos de metal móviles. Este tipo de imprenta hizo posible que se imprimiera una mayor cantidad de libros mucho más rápidamente. Al haber una mayor cantidad de libros disponibles, más personas aprendieron a leer. Los estudiosos podían leer las obras de otras personas y discutir sus ideas a través de cartas. Las ideas surgían y se difundían más rápidamente que nunca en Europa.

¿Quién? ___________ ¿Dónde? ___________

¿Qué? ___________ ¿Por qué? ___________

¿Cuándo? ___________

Para repasar esta habilidad, consulta las páginas 606–607.

Habilidades geográficas

Estudia el mapa que figura a continuación y responde las siguientes preguntas.

18. **Ubicación** ¿Qué ventaja geográfica tiene Venecia con respecto a Milán?
19. **Interacción del hombre con el medio ambiente** ¿Por qué crees que Mantua puede haber estado en desventaja desde el punto de vista del comercio?
20. **Movimiento** Si viajaras desde la ciudad de Florencia a la ciudad de Venecia, ¿en qué dirección irías?

Leer para escribir

21. **Redacción explicativa** Investiga la vida de los nobles, comerciantes, dueños de tiendas o campesinos del Renacimiento. Luego, escribe un ensayo que describa el estilo de vida y la posición social del grupo que has elegido.
22. **Uso de tus PLEGABLES** Usa la información del plegable completado para crear un póster acerca de uno de los cambios que se produjeron durante el Renacimiento y la Reforma. Haz dibujos, escribe rótulos, crea títulos, etc. Presenta el póster a tus compañeros de clase.

Historia en línea

Prueba de autocomprobación Para ayudarte a preparar para el examen de este capítulo, visita jat.glencoe.com

Uso de tecnología

23. **Investigación** El Renacimiento revivió la idea de los griegos de que una persona bien educada podía intervenir en diversas actividades, incluyendo las actividades deportivas. Usa la Internet y tu biblioteca local para investigar sobre los siguientes deportes del Renacimiento: lanzamiento de jabalina, tenis, arquería, esgrima, boxeo o caza. Presenta lo que has descubierto a tus compañeros de clase. Habla acerca de quiénes participaban y cualquier semejanza con los deportes de la actualidad.

Enlaces entre el pasado y el presente

24. **Inferencias** La cultura de la antigua Grecia y la antigua Roma influyeron en gran medida en los artistas, arquitectos y escritores del Renacimiento. ¿Crees que las personas que en la actualidad tienen estas profesiones han sido influenciados del mismo modo por los artistas y escritores del pasado? ¿Por qué o por qué no?

Fuente principal Análisis

Estas son dos de las noventa y cinco tesis de Lutero.

"37. Cualquier cristiano verdadero, vivo o muerto, tiene participación en todos los bienes de Cristo y de la Iglesia; (. . .) esta participación le ha sido concedida por Dios, aun sin cartas de indulgencias. (. . .)

45. Debe enseñarse a los cristianos que el que ve a un indigente y, sin prestarle atención, da su dinero para comprar indulgencias, lo que obtiene en verdad no son las indulgencias papales, sino la indignación de Dios. . .".

—Martín Lutero, "Ninety-five Theses"
(Noventa y cinco tesis)

PBD Preguntas basadas en los documentos

25. Según Lutero, ¿es necesario comprar indulgencias?
26. ¿Cuál es uno de los usos del dinero que complace a Dios, según Lutero?

Capítulo 18

La Ilustración y la revolución

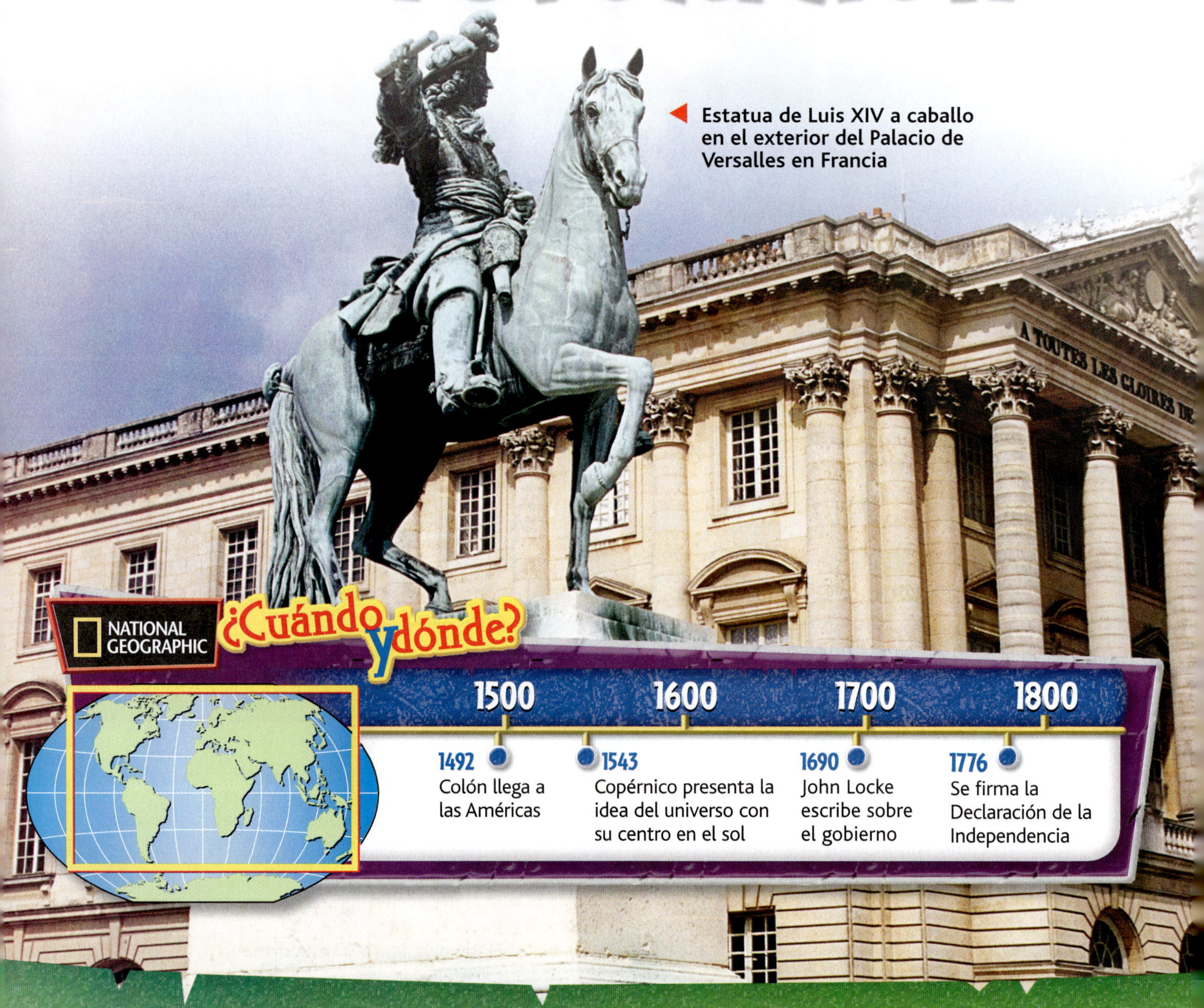

Estatua de Luis XIV a caballo en el exterior del Palacio de Versalles en Francia

NATIONAL GEOGRAPHIC ¿Cuándo y dónde?

1500 — 1600 — 1700 — 1800

1492 Colón llega a las Américas

1543 Copérnico presenta la idea del universo con su centro en el sol

1690 John Locke escribe sobre el gobierno

1776 Se firma la Declaración de la Independencia

Presentación preliminar del capítulo

Al final del Renacimiento, Europa y el resto del mundo entró en una época de cambios veloces. Lee este capítulo para saber cómo los viajes de exploración y los descubrimientos científicos afectaron a las personas en diferentes partes del mundo.

Mira el video del capítulo 18 en el Programa de Video *World History: Journey Across Time*.

Historia en línea

Descripción general del capítulo Visita jat.glencoe.com para ver la presentación preliminar del capítulo 18.

Sección 1 La era de la exploración

En el siglo XV, los europeos empezaron a explorar las tierras de ultramar y a construir imperios. El comercio aumentó y las mercaderías, la tecnología y las ideas se intercambiaban en el mundo entero.

Sección 2 La revolución científica

Las ideas y descubrimientos científicos les brindaron a los europeos una nueva forma de entender el universo.

Sección 3 La Ilustración

Durante el siglo XVIII, muchos europeos creían que la razón podía usarse para mejorar el gobierno y la sociedad.

Sección 4 La Revolución Estadounidense

Gran Bretaña y Francia establecieron colonias en América del Norte. Las colonias británicas en América se rebelaron contra Gran Bretaña y formaron una nueva nación, los Estados Unidos.

PLEGABLES™ Organizador de estudios

Resumen de información *Prepara este plegable como ayuda para organizar y resumir la información sobre la Iluminación y la era de las revoluciones.*

Paso 1 *Marcar el punto medio del borde de un lado de una hoja de papel. Doblar entonces los bordes externos para que toquen el punto medio.*

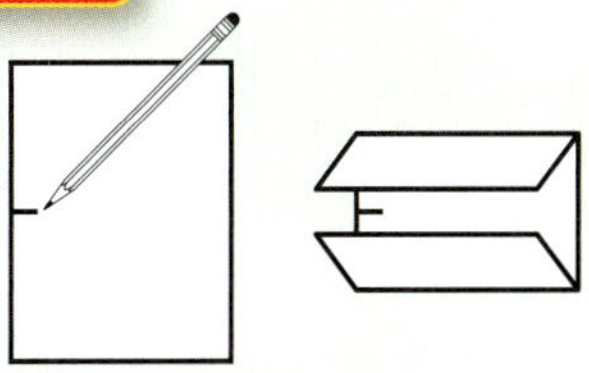

Paso 2 *Doblar el papel nuevamente por la mitad de un lado al otro.*

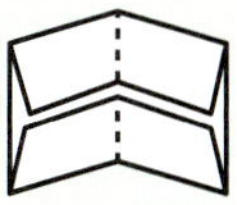

Paso 3 *Abrir el papel y cortar a lo largo de las líneas de plegado para formar cuatro solapas.*

Paso 4 *Rotularlo como se indica.*

Lectura y redacción *A medida que leas el capítulo, toma apuntes en la solapa correspondiente. Resume la información que encuentres anotando solamente las ideas principales y los detalles secundarios.*

Capítulo 18

Lectura en estudios sociales

Habilidad de lectura

Monitoreo y ajuste

1 ¡Apréndelo!

Tus habilidades en la lectura

Diferentes personas leen de forma diferente. Algunos leen y comprenden algo rápidamente, mientras que otros pueden necesitar leer algo varias veces para entenderlo bien. Es importante identificar tus propias destrezas y debilidades como lector.

Lee el siguiente párrafo que describe la historia de cómo Newton descubrió la gravedad:

> **Según la tradición, Newton estaba sentado en el jardín un día cuando vio una manzana que caía al suelo. La caída de la manzana lo llevó a pensar en la idea de la gravedad, que es la atracción de la Tierra y otros cuerpos celestes sobre los objetos que están sobre o cerca de sus superficies.**
>
> *—de las páginas 675–676*

- ¿Puedes visualizar esta escena en tu mente, como una película?
- ¿Hay alguna palabra que no conozcas?
- ¿Qué preguntas tienes sobre este pasaje?
- ¿En qué te hace pensar esta escena sobre la base de lo que has leído, visto o experimentado anteriormente?
- ¿Necesitas volver a leerlo?

Habilidad de lectura

Según lo que estés leyendo, es posible que tengas que leer más despacio o más rápido. Cuando estudies, lee más lentamente. Cuando leas para entretenerte, puedes leer más rápido.

2 ¡Practícalo!

Mejora tus habilidades de lectura

El párrafo siguiente aparece en la Sección 3. Lee el pasaje y contesta a las preguntas siguientes.

> Durante los siglos XVII y XVIII, muchos pensadores europeos estuvieron a favor de imponer límites al poder del estado. Sin embargo, en Europa gobernaban poderosos reyes y reinas. Este sistema se conoció como **absolutismo**. Este sistema les otorgaba poder absoluto o total a los monarcas. Alegaban gobernar por derecho divino o la voluntad de Dios. Esto significaba que los gobernantes no eran responsables ante su pueblo, sino solamente ante Dios.
>
> *—de la página 686*

- ¿Qué palabras u oraciones hacen que tengas que leer más lentamente?
- ¿Tuviste que volver a leer alguna parte?
- ¿Qué preguntas tienes todavía después de leer este pasaje?

Leer para escribir

Elige un explorador, filósofo o científico de los que se presentaron en este capítulo. Escribe una lista de preguntas que el anfitrión de un programa de televisión moderno podría preguntar si entrevistara a esta persona.

▼ Catalina la Grande

◄ Pedro el Grande

3 ¡Aplícalo!

Mientras lees el capítulo, identifica un párrafo en cada sección que te resulte difícil de entender. Discute cada párrafo con un compañero para mejorar tu comprensión.

Sección 1

La era de la exploración

¡Prepárate para leer!

¿Cuál es la relación?

Has aprendido cómo las ciudades de Italia se enriquecieron con el comercio. En el siglo XV, otros estados europeos empezaron a explorar el mundo en búsqueda de riquezas.

Enfoque en Ideas principales

- En el siglo XV, el comercio, la tecnología y el surgimiento de poderosos reinos condujeron a una nueva era de la exploración. ***(página 659)***
- Mientras que los portugueses exploraban África, los españoles, los ingleses y los franceses exploraban las Américas. ***(página 661)***
- Con el fin de aumentar el comercio, los europeos establecieron colonias y crearon compañías de capitales mixtos. ***(página 666)***
- La exploración y el comercio llevaron a un intercambio mundial de productos, personas e ideas. ***(página 668)***

Ubicación de lugares

Estrecho de Magallanes
Países Bajos
Molucas

Conoce a los personajes

Vasco da Gama
Cristóbal Colón
Magallanes
Juan Caboto
Jacques Cartier

Desarrollo de tu vocabulario

mercantilismo
exportar
importaban
colonia
comercio
invierten

Estrategia de lectura

Causa y efecto Completa un diagrama como el siguiente que muestre por qué los europeos empezaron a realizar exploraciones.

NATIONAL GEOGRAPHIC ¿Cuándo y dónde?

1400 — 1500 — 1600

1420 Portugal empieza a explorar la costa de África

1492 Colón llega a las Américas

1520 La tripulación de Magallanes navega alrededor del mundo

1588 Inglaterra derrota a la Armada Española

Europa se prepara para las exploraciones

Idea principal **En el siglo XV, el comercio, la tecnología y el surgimiento de poderosos reinos condujeron a una nueva era de la exploración.**

Enfoque en la lectura ¿Te gusta viajar a lugares donde nunca has estado? Lee para ver por qué los europeos de Occidente se lanzaron a explorar el mundo.

◀ Brújula primitiva

▲ Exploradores y comerciantes europeos empezaron a usar barcos más pequeños y rápidos, llamados carabelas en el siglo XV. ***¿Qué ventaja ofrecen las velas triangulares en un barco?***

Astrolabio ▲

En los siglos XV y XVI, las naciones de Europa Occidental empezaron a explorar el mundo. Pronto controlaron las Américas y también partes de India y el sudeste de Asia. ¿Por qué empezaron las exploraciones en el siglo XV? Muchos acontecimientos se presentaron al mismo tiempo y crearon las condiciones adecuadas para la exploración.

Comercio con Asia Como has leído, en la Edad Media, los europeos empezaron a comprar grandes cantidades de especias, sedas y otras mercancías de Asia. En el siglo XV, sin embargo, se hizo más difícil obtener estas mercaderías.

En primer lugar, el imperio mongol se había desintegrado. Los mongoles habían mantenido funcionando la Ruta de la Seda. Cuando ese imperio cayó, los gobernantes locales a lo largo de la Ruta de la Seda empezaron a cobrar impuestos a los comerciantes. Esto hizo que los artículos asiáticos fueran más caros.

A continuación, los turcos otomanos conquistaron el imperio bizantino e impidieron que los mercaderes italianos pudieran llegar al Mar Negro. Los italianos tenían asentamientos comerciales en la costa del Mar Negro, donde compraban mercaderías de Asia. Ahora ya no podían llegar a ellos. En lugar de ello tenían que comerciar con los turcos, y esto hizo que los precios fueran cada vez más altos.

Los europeos todavía querían las especias y sedas de Asia Oriental. Cualquiera que encontrase una manera de obtenerlas de forma más económica seguramente ganaría mucho dinero. Los mercaderes empezaron a buscar una ruta hacia el este de Asia que no pasara por Medio Oriente. Si no podían llegar por tierra, quizás pudieran llegar allí por mar.

Nueva tecnología Aunque los europeos querían seguir con sus exploraciones, no podían hacerlo sin la tecnología adecuada. El Océano Atlántico era demasiado peligroso y difícil de navegar.

Para el siglo XV, ya disponían de la tecnología que necesitaban. De los árabes, los europeos aprendieron acerca del astrolabio y la brújula. El astrolabio era un dispositivo griego antiguo que se podía usar para encontrar la latitud. La brújula, inventada por los chinos, ayudaba a los navegadores a encontrar el norte magnético.

Inclusive con estas nuevas herramientas, los europeos necesitaban mejores barcos. En el siglo XV, empezaron a usar las velas triangulares

▲ **La escuela de navegación del príncipe Enrique ayudó a hacer posible el descubrimiento de nuevas rutas marítimas y nuevas tierras. Aquí se muestra al príncipe Enrique observando el regreso de sus barcos.** ***¿A qué tipos de profesionales invitó el príncipe Enrique a su centro de investigación?***

desarrolladas por los árabes. Estas velas permitían que un barco pudiera andar en zigzag en sentido contrario al viento.

También empezaron a construir barcos con muchos mástiles y velas más pequeñas, que permitían que los barcos anduvieran más rápido. Un nuevo tipo de timón facilitaba la navegación. En el siglo XV, estos inventos se unieron en un barco portugués llamado la carabela. Con barcos como la carabela, los europeos pudieron empezar a explorar el mundo.

El surgimiento de naciones poderosas

Inclusive con la nueva tecnología, la exploración seguía siendo cara y peligrosa. Durante la mayor parte de la Edad Media, los reinos de Europa eran débiles y no podían financiar las exploraciones. Esta situación empezó a cambiar en el siglo XV.

El surgimiento de las ciudades y el comercio fortaleció a los gobiernos. Los reyes y reinas podían cobrar impuestos sobre el comercio de sus reinos y usar el dinero para preparar ejércitos y armadas de guerra. Con este nuevo poder, pudieron tener gobiernos centrales fuertes.

Para fines del siglo XV, cuatro reinos poderosos, Portugal, España, Francia e Inglaterra, se estaban desarrollando en Europa. Tenían puertos en el Océano Atlántico y estaban muy interesados en encontrar una ruta marítima a Asia. La pregunta era adónde ir.

¿Los mapas alentaban la exploración? Para fines del siglo XV, la mayoría de los pueblos educados de Europa sabían que la Tierra era redonda, pero sólo tenían mapas de Europa y del Mediterráneo. Sin embargo, cuando empezó el Renacimiento, la gente empezó a estudiar mapas y libros antiguos de los eruditos árabes.

Mil doscientos años antes, un geógrafo egipcio con educación griega llamado Claudio Ptolomeo había hecho mapas del mundo. Su libro *Geography (Geografía)* fue descubierto por los europeos en el año 1406 e impreso en el año 1475.

Con el invento de la imprenta, podían imprimirse y venderse libros como los de Ptolomeo por toda Europa. Las ideas de Ptolomeo acerca de la cartografía, es decir, la ciencia de la preparación de mapas, fueron muy influyentes. Su sistema básico de longitud y latitud sigue usándose hoy.

Los cartógrafos europeos también empezaron a leer un libro escrito por al-Idrisi, un geógrafo árabe. Al-Idrisi había publicado un libro en el año 1154 que mostraba las partes del mundo que conocían los musulmanes. Al estudiar las obras de al-Idrisi y Ptolomeo, los europeos aprendieron la geografía de África Oriental y del Océano Índico. Si pudieran encontrar un camino alrededor de África, podrían llegar a Asia.

✓ **Comprobación de lectura** **Resumen** ¿Cuáles fueron las razones principales por las que los europeos empezaron a explorar el mundo en el siglo XV?

Exploración del mundo

Idea principal **Mientras que los portugueses exploraban África, los españoles, los ingleses y los franceses exploraban las Américas.**

Enfoque en la lectura ¿Algunas vez has hecho algo atrevido o has intentado algo nuevo sin saber cómo resultaría? Lee para saber cómo los exploradores europeos se arriesgaron y fueron a lugares a los que nunca había ido ningún europeo.

Para principios del siglo XV, los europeos estaban listos para empezar las exploraciones. Sin embargo, Inglaterra y Francia seguían peleándose entre ellos, y España seguía luchando contra los musulmanes. Esto les dio a los portugueses la oportunidad de ser los primeros exploradores.

¿Quién era Enrique el Navegador? En 1419 el príncipe Enrique de Portugal, conocido como "Enrique el Navegador", estableció un centro de investigación en el sur de Portugal. Invitó a marineros, cartógrafos y constructores de barcos a que fueran a ayudarlo a explorar el mundo.

En 1420 Portugal comenzó a viajar por la costa africana y a comerciar con los reinos de África. También se apoderaron de las islas Azores, Madeira y Cabo Verde. Poco después, los portugueses descubrieron que la caña de azúcar podía cultivarse en las islas.

El azúcar era muy valioso en Europa. Para trabajar en los campos de cañas de azúcar, los portugueses empezaron a traer esclavos africanos a las islas. Éste fue el comienzo de un comercio de esclavos que llevaría con el tiempo a la llegada de millones de esclavos a las Américas.

En 1488, el explorador portugués Bartolomé Díaz llegó al extremo sur de África. Nueve años más tarde, **Vasco da Gama** dio vuelta al extremo de África, cruzó el Océano Índico y llegó a la costa de India. Se había encontrado una ruta marítima al este de Asia.

Santa María

La *Santa María*, nave insignia de Colón, era más grande y más lenta que los otros dos barcos del viaje. ***¿Qué islas puede haber explorado Colón en su primer viaje a las Américas?***

Cofa de vigía
La cofa de vigía servía como plataforma para observar a lo lejos.
Cabina del Capitán
Esta habitación era el comedor, dormitorio y estudio de Colón.
Cubierta superior
Los marineros dormían y cocinaban en la cubierta
Bodega
En la bodega del barco se conservaban los alimentos, agua potable y provisiones para el viaje.

NATIONAL GEOGRAPHIC

Exploración europea del mundo

Uso de las habilidades geográficas

Durante más de 100 años, los europeos realizaron viajes de exploración en búsqueda de nuevo comercio y nuevas rutas comerciales.

1. Según este mapa, ¿qué continentes no fueron visitados por los exploradores europeos?
2. ¿Qué región general exploraron los ingleses?

Busca en línea mapas de NGS en
www.nationalgeographic.com/maps

Cristóbal Colón Mientras que los portugueses exploraban África, un navegador italiano llamando **Cristóbal Colón** presentó un plan osado para llegar a Asia. Propuso atravesar el Océano Atlántico.

Colón necesitaba dinero para hacer el viaje. Los gobernantes de Portugal, Inglaterra y Francia rechazaron su propuesta. Finalmente, en el año 1492 Fernando e Isabel de España dijeron que sí. A principios de ese año, finalmente habían expulsado a los musulmanes de España. Ahora podían dedicar los fondos necesarios para pagar por la exploración.

Colón preparó tres barcos: la *Santa María,* la *Niña* y la *Pinta.* En el año 1492 dejaron España y navegaron al oeste. A medida que pasaban las semanas, la tripulación se empezó a desesperar. Finalmente vieron tierra, probablemente la isla de San Salvador. Colón reclamó la tierra para España y luego exploró las islas cercanas de Cuba y La Española.

Colón creyó que había llegado a Asia. Hizo otros tres viajes a la región pero nunca se dio cuenta de que había llegado a las Américas. Con el tiempo, los europeos se dieron cuenta de que habían encontrado dos enormes continentes.

¿Quién era Magallanes? Muchos españoles exploraron el continente americano en el siglo XVI, pero sólo Fernando de **Magallanes** intentó terminar lo que Colón había empezado. En el año 1520 dejó España y se dirigió al oeste para navegar alrededor de las Américas y llegar a Asia.

Magallanes navegó hacia el sur a lo largo de América del Sur. Finalmente, encontró un camino en torno al continente. El pasaje que encontró se llama **Estrecho de Magallanes.** Después de pasar por el estrecho tormentoso, su barco llegó a un vasto mar. Estaba tan

Exploradores europeos importantes

Cristóbal Colón

Viajes: 1492, 1493, 1498, 1502

Primer europeo en navegar al occidente en búsqueda de una vía de agua a Asia

Vasco da Gama

Viaje: 1497–1499

Primer europeo en navegar en torno al sur de África y llegar a India

Fernando de Magallanes

Viaje: 1519–1522

Comandó la primera expedición en navegar por completo en torno a la Tierra

Jacques Cartier

Viajes: 1534, 1535, 1541

Exploró el río San Lorenzo

Enrique Hudson

Viajes: 1607, 1608, 1609, 1610

Exploró el río Hudson y la Bahía de Hudson

calmado y tranquilo, que lo llamó Océano Pacífico.

Magallanes entonces se dirigió al oeste. Sus marineros casi murieron de hambre y tuvieron que comer cuero, aserrín y ratas. Por fin, después de cuatro meses en el mar, llegaron a las Filipinas. Después de que los habitantes locales mataron a Magallanes, su tripulación siguió navegando a través del Océano Índico, en torno a África y de vuelta a España. Fueron las primeras personas conocidas en circunnavegar, o navegar alrededor del planeta.

Los primeros exploradores ingleses y franceses Cuando se difundieron las noticias del viaje de Colón, Inglaterra decidió buscar una ruta por el norte a Asia. En 1497 un barco inglés comandado por Juan Caboto cruzó el Atlántico.

Caboto llegó a una enorme isla a la que llamó Terranova (Newfoundland). Navegó entonces al sur a lo largo de la costa de lo que hoy es Canadá pero no encontró un camino para llegar a Asia. Caboto desapareció en su segundo viaje y nunca más se supo de él.

▲ **Para derrotar a la Armada Española, los ingleses enviaron barcos incendiados en la dirección de los barcos españoles.** ***¿Por qué fue importante la derrota de la Armada Española?***

En el año 1524 Francia envió a Giovanni da Verrazano para hacer un mapa de la costa de las Américas y encontrar un camino a Asia. Verrazano hizo el mapa desde lo que hoy es Carolina del Norte hacia el norte hasta Terranova, pero no encontró el paso a Asia.

Diez años más tarde, los franceses volvieron a intentarlo. Esta vez enviaron a **Jacques Cartier.** Cartier pasó de largo por Terranova y entró en el río San Lorenzo. Con la esperanza de encontrar un pasaje a Asia, Cartier hizo otros dos viajes para explorar el río San Lorenzo. Después de estos viajes, Francia interrumpió las exploraciones. Para mediados del siglo XVI, los protestantes y católicos franceses estaban luchando en una guerra civil. No se produjeron nuevas exploraciones hasta que la guerra terminó.

Lucha de España e Inglaterra Después de Colón, los españoles se dedicaron a construir un vasto imperio en las Américas. Obligaron a los indígenas americanos a cultivar caña de azúcar y a extraer oro y plata. Más adelante trajeron africanos esclavizados a la región para trabajar en sus plantaciones.

Los nobles españoles, llamados conquistadores, viajaron a las Américas con la esperanza de enriquecerse. Hernán Cortés conquistó a los aztecas y Francisco Pizarro a los incas. Poco después de estas victorias, enormes cantidades de oro y plata empezaron a enviarse a Europa desde el imperio de España en las Américas.

Mientras tanto, Inglaterra se había convertido en enemiga de España. Como has leído, en el año 1527, el rey Enrique VIII de Inglaterra se separó de la Iglesia Católica y declaró protestante a su reino. Para la década de 1560, los holandeses también se habían hecho protestantes, aunque formaban parte del imperio de España en ese momento. España era apasionadamente católica y trató de parar la difusión del protestantismo en los **Países Bajos.** Cuando los holandeses se rebelaron contra España, Inglaterra los ayudó.

Para ayudar a los holandeses, la reina Isabel I de Inglaterra permitió que los corsarios ingleses atacaran a los barcos españoles. Los corsarios son barcos de propiedad privada que tienen licencia de un gobierno para atacar barcos de otras nacionalidades. El pueblo apodaba a los corsarios ingleses "perros del mar". Atacaban a los barcos españoles que llevaban tesoros y traían oro de las Américas.

Los ataques de Inglaterra enfurecieron a Felipe II, rey de España. En el año 1588 envió una enorme flota conocida como la Armada Española a invadir Inglaterra. En julio de 1588, la Armada entró al Canal de la Mancha, el pasaje de agua que existe entre Inglaterra y Europa. Los barcos españoles eran grandes y tenían muchos cañones, pero eran difíciles de manejar. Los barcos ingleses, más pequeños, se movían mucho más rápido. Sus ataques obligaron a la Armada a retroceder al norte. Allí una gran tempestad dispersó a la Armada.

La derrota de la Armada Española fue un acontecimiento importante. Los españoles seguían siendo poderosos, pero ahora Inglaterra tenía el poder de hacerles frente. Esto alentó a los ingleses y a los holandeses para que empezaran a explorar América del Norte y Asia.

✓ Comprobación de lectura **Identificación**
¿Quién fue el primer europeo en navegar a India? ¿Qué tripulación fue la primera en dar la vuelta al mundo?

Biografía

Isabel I

1533–1603

Isabel I está entre los gobernantes ingleses más populares, pero era más querida por el pueblo inglés que por su padre, el rey Enrique VIII. La juventud de Isabel estuvo llena de cambios y de tristezas. Era la hija de Enrique VIII y su segunda esposa, Ana Bolena. El rey se sintió defraudado cuando nació Isabel, porque quería un varón para que heredara el trono.

Cuando Isabel se coronó reina, se rodeó de consejeros inteligentes. Juntos transformaron a Inglaterra en un país fuerte y próspero. Isabel fomentó el protestantismo en Inglaterra y en el resto de Europa. Envió ayuda a los hugonotes franceses y los protestantes en Escocia y los Países Bajos. Trabajó bien con el Parlamento pero convocó pocas sesiones durante su reinado. Era una escritora y oradora talentosa y se ganó el cariño y el apoyo del pueblo inglés.

Isabel nunca se casó, lo que era una cosa fuera de lo común en la época. Muchos hombres estaban interesados en casarse con ella, pero ella rechazó sus propuestas. Una de las razones por las que Isabel probablemente permaneció soltera fue para mantener el control de un gobierno en una época en que la mayoría de los gobernantes eran varones. También usó su soltería para beneficiar a Inglaterra. Muchos hombres importantes quisieron casarse con ella, y a veces ella amenazaba con casarse con el enemigo de alguien para obtener lo que deseaba.

La personalidad de Isabel también influyó en la sociedad de Inglaterra. Le encantaba andar a caballo, los bailes, las fiestas y el teatro. Su respaldo de las artes tuvo como resultado el desarrollo de nueva literatura y música en Inglaterra. Isabel era tan popular en el momento en que murió que la fecha en la que se había coronado como reina se celebró como feriado nacional durante 200 años.

▲ Reina Isabel I

> **"Tengo el corazón y el estómago de un rey, y de un rey de Inglaterra, también".**
>
> –Isabel I, "Armada Speech" (Discurso de la Armada)

Entonces y ahora

Aunque la reina Isabel I tuvo una infancia infeliz, lo superó y se transformó en una de las líderes más populares de Inglaterra. La reina actual, Isabel II de Inglaterra, también ha enfrentado situaciones difíciles. Investiga su vida y escribe un ensayo breve comparando su vida con la vida de Isabel I.

La revolución comercial

Idea principal **Con el fin de aumentar el comercio, los europeos establecieron colonias y crearon compañías de capitales mixtos.**

Enfoque en la lectura ¿Conoces a alguien que trabaje en su propia casa? Lee para averiguar cómo los mercaderes del siglo XVII le dieron a la gente empleos que podían hacer en sus casas y cambiaron el sistema de comercio del mundo.

Mientras España desarrollaba su imperio en las Américas, Portugal empezó a construir un imperio comercial en Asia. En el año 1500, poco después del viaje de Vasco da Gama, los portugueses enviaron 13 barcos de vuelta a India. Liderados por Pedro Alvares Cabral, los portugueses lucharon contra los mercaderes musulmanes en el Océano Índico.

Después de la derrota de la flota árabe, los portugueses establecieron asentamientos comerciales en India, China, Japón, el Golfo Pérsico y las **Molucas,** o Islas de las Especias, en el sudeste asiático. Desde estas bases, controlaban la mayor parte del comercio marítimo del sur de Asia.

¿Qué es el mercantilismo? Mientras los europeos veían cómo España y Portugal se enriquecían con sus imperios, intentaron averiguar cómo se habían vuelto ricos. Se les ocurrió la idea del **mercantilismo.** El mercantilismo es la idea de que un país obtiene poder acumulando oro y plata. Los mercantilistas creían que la mejor manera de hacer esto era **exportar,** o vender a otros países, más mercaderías que las que se **importaban,** o compraban de ellos. Si se exporta más que lo que se importa, entra más oro y plata de otros países que el que sale.

Los mercantilistas también pensaban que los países debían establecer colonias. Una **colonia** es un asentamiento de personas que viven en un nuevo territorio controlado por su país de origen. Los colonos deberían producir productos que no estaban disponibles en su país de origen. De esta manera, el país de origen no tiene que importar estos productos de otros países.

▲ **Estos barcos navegaban en nombre de la Compañía de las Indias Orientales Holandesas, que desarrollaba el comercio en Asia.** ***¿A qué nación europea reemplazaron los holandeses en el comercio de las especias?***

Imperios comerciales en Asia El mercantilismo alentó a los europeos a crear establecimientos comerciales y colonias en Asia y América del Norte. Para fines del siglo XVI, España había establecido una colonia en las Filipinas. Los españoles enviaban plata a las Filipinas desde las Américas, y entonces la usaban para comprar especias y seda en Asia para venderla en Europa.

En el siglo XVII, los mercaderes ingleses y franceses llegaron a India y empezaron a comerciar con los habitantes del lugar. En el año 1619 los holandeses construyeron una fortaleza en la isla de Java, en lo que hoy es Indonesia. Gradualmente, expulsaron a los portugueses del comercio de especias.

¿Qué son las compañías de capitales mixtos? El comercio de ultramar era muy costoso. En el siglo XVII, sin embargo, se desarrollaron nuevas formas de hacer negocios en Europa. Los historiadores llaman a esto la "revolución comercial". El **comercio** es la compra y venta de bienes en grandes cantidades y a través de grandes distancias.

Para comerciar productos a largas distancias, los comerciantes necesitaban mucho dinero. Tenían que comprar mucha mercadería, guardarla en almacenes y enviarla por mar y tierra. Tenían que saber lo que las personas en tierras distantes querían comprar y cuáles eran los precios en esos lugares.

Estos nuevos negocios crearon un nuevo tipo de negociante, llamado empresario. Los empresarios **invierten**, o colocan dinero en un proyecto. Su objetivo es ganar aún más dinero cuando termine el proyecto.

Muchos proyectos eran tan grandes que un grupo de empresarios tenía que reunirse y formar una compañía de capitales mixtos. Una compañía de capitales mixtos es un negocio en el que la gente invierte comprando una parte de la compañía. Esta parte se denomina acción.

¿Qué es la industria de las cabañas? Para comerciar a grandes distancias, los mercaderes necesitaban disponer de una gran cantidad de mercaderías. También necesitaban comprar mercaderías a bajo precio para ganar dinero vendiéndolas a precios más altos en otros lugares.

Para el siglo XVII, los mercaderes sentían que los artesanos y gremios les hacían difíciles los negocios. Cobraban demasiado y no podían producir bienes lo suficientemente rápido. De manera que los comerciantes empezaron a pedirles a los campesinos que fabricaran productos para ellos. En particular, les pedían a los campesinos que fabricaran tela de lana. Los campesinos estaban felices ante la oportunidad de hacer dinero extra y contentos de encontrar trabajo que podían hacer en sus casas.

A este sistema se le denominaba "industria a domicilio". Los comerciantes podían comprar lana y la enviaban a los campesinos. Este sistema también se llama la "industria de las cabañas", porque las casas pequeñas donde vivían los campesinos se llamaban cabañas.

✓ Comprobación de lectura **Explicación** ¿Cómo reunieron los mercaderes el dinero necesario para el comercio de ultramar?

Comercio europeo en Asia *c. 1700*

Uso de las habilidades geográficas

Con el uso de armas y barcos avanzados, los europeos establecieron asentamientos comerciales en India y el sudeste de Asia.

1. ¿Qué países tenían asentamientos comerciales a lo largo de las costas de India?
2. ¿Qué país controlaba la mayoría de los puertos?

Intercambio mundial

Idea principal **La exploración y el comercio llevaron a un intercambio mundial de productos, personas e ideas.**

Enfoque en la lectura ¿Has oído hablar de los insectos de otros países que dañan los cultivos en Estados Unidos? Lee para aprender cómo el movimiento de bienes y personas entre las Américas y el resto del mundo causó serios daños.

Después de la era de la exploración, las economías de Europa, África, Asia y las Américas cambiaron. A medida que Europa comerciaba con el mundo, se inició un intercambio mundial de personas, mercaderías, tecnología, ideas e inclusive enfermedades. Esta transferencia se denomina intercambio colombino, por Cristóbal Colón.

Dos importantes alimentos: el maíz y las papas, fueron llevados a Europa desde las Américas del Norte. El maíz se usaba para alimentar a los animales. Los animales más grandes y sanos producían más carne, cuero y lana. La papa también era importante. Los europeos descubrieron que si plantaban papas en lugar de granos y cereales, cuatro veces más personas podían vivir de la misma extensión de tierra.

Otros alimentos americanos, como la calabaza, frijoles y tomates, también llegaron a Europa. Los tomates cambiaron enormemente la cocina en Italia, donde las salsas de tomate se hicieron muy populares. El chocolate era un alimento popular de las Américas Central. Al mezclarlo con leche y azúcar, los europeos crearon un dulce que sigue siendo popular hoy en día.

Algunos alimentos americanos, como el chile y los cacahuates (maní), se llevaron a Europa, pero también llegaron a Asia y África donde se hicieron populares. Los europeos y asiáticos también empezaron a fumar tabaco, una planta americana.

En las Américas se plantaron muchos cereales europeos y asiáticos, como el trigo, avena, cebada, centeno y arroz. También se llevaron a las Américas el café y frutas tropicales como las bananas. Con el tiempo, las plantaciones de café y bananas empleaban a miles de trabajadores en América Central y del Sur.

Uso de las habilidades geográficas

Se intercambiaron muchos tipos de alimentos (comidas) entre las Américas y Europa, África y Asia.

1. ¿Qué cereales llegaron a las Américas desde Europa?
2. ¿Qué cosas, aparte de los alimentos, formaban parte del intercambio colombino?

También se llevaron a las Américas nuevos animales como los cerdos, ovejas, vacas, pollos y caballos. Los pollos cambiaron la dieta de muchos habitantes de América Central y del Sur, mientras que los caballos cambiaron la vida de los indígenas estadounidenses en las Grandes Llanuras. Los caballos representaban una forma más rápida de trasladarse de un lado a otro. Como resultado, los indígenas norteamericanos empezaron a cazar búfalos como su principal fuente de alimentos.

También se produjo un gran movimiento de personas después de que los europeos trajeron la caña de azúcar de Asia y la empezaron a plantar en el Caribe. Para plantar y cosechar la caña de azúcar, esclavizaron a millones de africanos y los transportaron a las Américas.

Los europeos también cambiaron la sociedad asiática. Con sus armas de fuego y poderosos barcos, los europeos derrotaron fácilmente a las flotas árabes y los príncipes indios. En toda Asia, los europeos obligaron a los gobernantes locales a permitirles establecer asentamientos comerciales. En poco tiempo, la Compañía de las Indias Orientales de Inglaterra había construido un imperio en India, y la Compañía de las Indias Orientales de Holanda había desarrollado su imperio en Indonesia.

La llegada de los europeos a Japón también cambió esa sociedad. Con armas de fuego y cañones importados de Europa, un nuevo shogún finalmente pudo derrotar a los señores feudales, los daimyo, y unificar Japón.

No todo lo que se intercambió entre Europa y las Américas fue bueno. Cuando los europeos llegaron a América, transportaban gérmenes que podían matar a los indígenas americanos. Muchas enfermedades, como la viruela, el sarampión y el paludismo, arrasaron las Américas matando a millones de personas.

Comprobación de lectura **Descripción**
Describe el intercambio colombino.

Historia en línea
Centro de estudios ¿Necesitas ayuda con el material de esta sección? Visita jat.glencoe.com

Repaso de la sección 1

Resumen de la lectura

Repaso de Ideas principales

- La subida de los precios de los productos asiáticos, los gobiernos centrales fuertes y la nueva tecnología de navegación permitieron que los europeos exploraran el mundo.
- Portugal encontró una ruta a la India mientras que España, Inglaterra y Francia exploraron las Américas.
- Los europeos usaron las compañías de capitales mixtos para instalar colonias y asentamientos comerciales en Asia, aplicando las ideas del mercantilismo.
- La exploración y el comercio europeos produjeron un intercambio mundial de bienes, tecnología y enfermedades.

¿Qué aprendiste?

1. ¿Qué era una carabela, y por qué era importante?
2. Describe los logros de Fernando de Magallanes.

Pensamiento crítico

3. **Organización de la información** Dibuja un cuadro como el que se ve a continuación. Úsalo para nombrar los exploradores estudiados en esta sección, el país de donde salieron y los lugares que exploraron.

Explorador	País de destino	Área explorada

4. **Resumen** Describe el desarrollo del comercio de esclavos africanos.
5. **Comprensión de causa y efecto** ¿Por qué crearon los mercaderes compañías de capitales mixtos y usaban la industria de las cabañas?
6. **Análisis** ¿De qué manera beneficiaron a Europa los alimentos importados de las Américas? Identifica algunos de estos alimentos.
7. **Lectura** **Monitoreo y ajuste** Escribe una prueba de múltiples opciones de 10 preguntas para ayudarte a repasar la información importante de esta sección. Intercambia las pruebas con un compañero de clase.

Sección 2

La revolución científica

¡Prepárate para leer!

¿Cuál es la relación?

Uno de los resultados del Renacimiento fue un nuevo interés en la ciencia. Durante el siglo XVII, las personas empezaron a observar, experimentar y razonar para descubrir nuevos conocimientos.

Enfoque en Ideas principales

- Los pensadores del mundo antiguo desarrollaron las primeras formas de la ciencia y transmitieron su conocimiento a las civilizaciones que vinieron después. ***(página 671)***
- El interés de los europeos por la astronomía condujo a nuevos descubrimientos e ideas acerca del universo y del lugar que ocupa la Tierra en él. ***(página 673)***
- La revolución científica llevó a nuevos descubrimientos en la física, la medicina y la química. ***(página 675)***
- Utilizando el método científico, los europeos de los siglos XVII y XVIII desarrollaron nuevas ideas sobre la sociedad basadas en la razón. ***(página 678)***

Conoce a los personajes

Ptolomeo
Copérnico
Kepler
Galileo
Newton
Descartes

Desarrollo de tu vocabulario

teoría
racionalismo
método científico
hipótesis

Estrategia de lectura

Comparación y contraste Completa un diagrama como el que está a continuación para mostrar las diferencias y similitudes entre las opiniones de Ptolomeo y Copérnico.

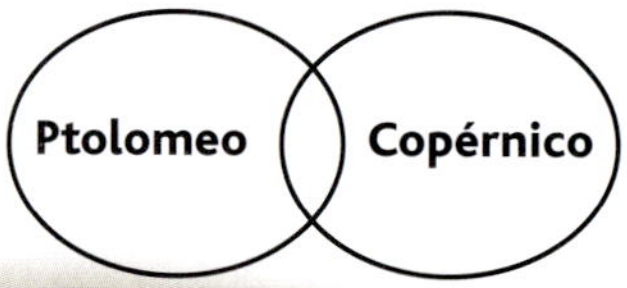

NATIONAL GEOGRAPHIC ¿Cuándo y dónde?

1500 — 1600 — 1700

1543 Copérnico defiende la idea del sistema solar con su centro en el sol

1632 Galileo publica obras que respaldan las ideas de Copérnico

1687 Isaac Newton describe las leyes del movimiento y la gravedad

La revolución científica

Idea principal **Los pensadores del mundo antiguo desarrollaron las primeras formas de la ciencia y transmitieron su conocimiento a las civilizaciones que vinieron después.**

Enfoque en la lectura ¿Alguna vez aprendiste una habilidad y se la enseñaste a un hermano o hermana menor? Lee en este capítulo cómo las ideas científicas de los pensadores antiguos se transmitieron a las generaciones que vinieron después.

Desde la antigüedad, las personas han sentido curiosidad acerca del mundo que les rodea. Hace miles de años, se empezaron a usar números, estudiar las estrellas y los planetas y a observar el crecimiento de plantas y animales. Estas actividades fueron los comienzos de la ciencia. La ciencia es el estudio organizado del mundo natural y de la forma en que funciona.

Los primeros científicos Las civilizaciones antiguas desarrollaron diferentes tipos de ciencia para resolver problemas prácticos. Entre las primeras ciencias se encuentran las matemáticas, la astronomía y la medicina. Las matemáticas se usaban para mantener registros y para los proyectos de construcción. La astronomía ayudaba a las personas a registrar el paso del tiempo y calcular cuándo plantar y cosechar los cultivos. Las civilizaciones antiguas también desarrollaron prácticas médicas, como la cirugía, la acupuntura y el uso de hierbas para tratar enfermedades.

Los antiguos griegos dejaron una gran cantidad de conocimientos científicos. Creían que la razón era la única forma de entender la naturaleza. Mientras estudiaban el mundo, desarrollaron teorías. Una **teoría** es una explicación de por qué o cómo sucede algo. Una teoría se basa en lo que se puede observar acerca de algo. Es posible que no sea correcta, pero aparentemente se ajusta a los hechos.

En la antigua Grecia, el filósofo griego Aristóteles observó la naturaleza y reunió enormes cantidades de información sobre las plantas y animales. Tomó entonces los hechos que había reunido y los clasificó, o arregló en grupos, según sus similitudes y diferencias.

▲ **Este modelo muestra el universo según las ideas del astrónomo polaco Nicolás Copérnico, con el sol como centro del universo.** ***¿Qué decía la teoría geocéntrica de Ptolomeo?***

Los griegos hicieron avances científicos muy importantes, pero su manera de tratar la ciencia tenía algunos problemas. Por ejemplo, no hacían experimentos, o pruebas, de las nuevas ideas para ver si eran verdaderas. Muchas de sus conclusiones eran falsas porque se basaban en el "sentido común" en lugar de los experimentos.

Por ejemplo, en el siglo II d.C., el astrónomo egipcio **Ptolomeo** dijo que el sol y los planetas giraban alrededor de la Tierra en recorridos circulares. Después de todo, parecía como si la Tierra fuera el centro del universo. Los astrónomos de Europa aceptaron la teoría geocéntrica, o con la Tierra como centro, de Ptolomeo por más de 1,400 años.

La ciencia durante la Edad Media Bajo el dominio romano, los pensadores occidentales siguieron aceptando el conocimiento científico de los griegos. Después de la caída de Roma, durante la Edad Media, la mayoría de los europeos estaban más interesados en la teología, es decir, el estudio de Dios, que en el estudio de la naturaleza. Para el conocimiento científico, confiaban en las obras griegas y romanas y no sentían necesidad de verificar los hechos o de hacer observaciones propias. Sin embargo, muchas de estas obras antiguas se habían perdido o se habían conservado mal. En las obras que sobrevivieron, se habían agregado errores al hacerse copias.

Mientras tanto, los árabes y judíos del imperio islámico habían conservado gran parte de la ciencia de los griegos y romanos. Tradujeron cuidadosamente muchas obras griegas y romanas al idioma árabe. También entraron en contacto con la ciencia de los persas y el sistema matemático indio.

Los científicos árabes y judíos hicieron sus propios avances en áreas tales como las matemáticas, la astronomía y la medicina. Sin embargo, a pesar de estos avances, los científicos en el mundo islámico no hacían experimentos ni desarrollaban los instrumentos necesarios para promover su conocimiento científico.

Durante el siglo XII, los pensadores europeos se volvieron a interesar por la ciencia como resultado de sus contactos con el mundo islámico. Importantes obras científicas islámicas fueron llevadas a Europa y traducidas al latín. El sistema numérico indo-árabe también se difundió en Europa, donde finalmente reemplazó a los números romanos. Los pensadores cristianos como Tomás de Aquino intentaron demostrar que el cristianismo y la razón podían ser compatibles. Durante el siglo XII, los europeos fundaron nuevas universidades. Ellas tendrían un papel importante en el desarrollo de la ciencia.

Una nueva visión del universo

Universo ptolomeico

La teoría astronómica de Ptolomeo (izquierda) colocó a la Tierra en el centro del universo (arriba). Su teoría fue aceptada por más de mil años. ***Según el diagrama, ¿cuántos planetas, aparte de la Tierra, eran conocidos en la época de Ptolomeo?***

A partir del siglo XV, los viajes de exploración aportaron nuevos conocimientos científicos a Europa. Los mejores mapas, cartas e instrumentos de navegación ayudaron a los viajeros a llegar a diferentes partes del mundo. Mediante la exploración, se conoció el tamaño de los océanos y continentes. Los científicos reunieron y clasificaron nuevos conocimientos sobre plantas, animales y enfermedades en diferentes partes del mundo.

A medida que aumentó el conocimiento científico, se prepararon las condiciones para una nueva comprensión del mundo natural que sacudiría Europa hasta sus cimientos.

Comprobación de lectura **Descripción** Describe el conocimiento científico durante la Edad Media.

Una revolución en la astronomía

Idea principal **El interés de los europeos por la astronomía condujo a nuevos descubrimientos e ideas acerca del universo y del lugar que ocupa la Tierra en él.**

Enfoque en la lectura ¿Qué pensaría la gente de la Tierra si se descubriera vida en otros planetas? Lee para conocer cómo reaccionaron los europeos ante los nuevos descubrimientos sobre el universo.

Durante el siglo XVI, los pensadores europeos empezaron a abandonar las antiguas ideas científicas. Cada vez más comprendieron que los avances en la ciencia sólo se producirían mediante las matemáticas y la experimentación. Esta nueva forma de pensar llevó a una revolución, o a un cambio generalizado, en la forma en que los europeos entendían la

Universo copernicano

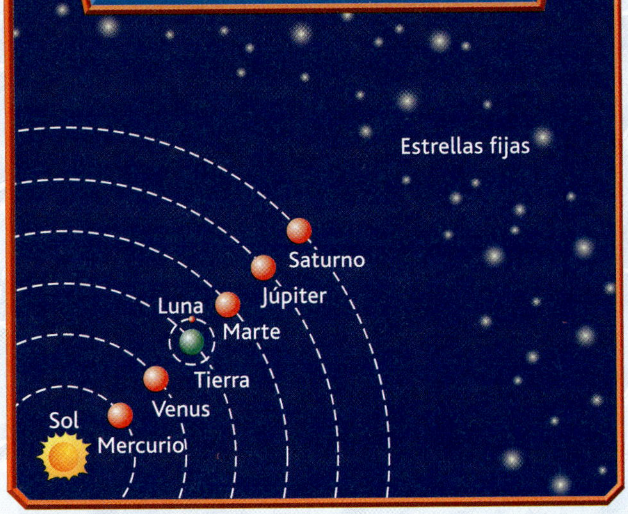

Nicolás Copérnico (derecha), un matemático polaco, creía que el sol era el centro del universo. Su modelo (arriba) colocaba a la Tierra y a los demás planetas en órbitas alrededor del sol. ***¿Por qué fue que los europeos volvieron a interesarse por la ciencia en el siglo XII?***

ciencia y en la búsqueda de conocimiento. La astronomía fue la primera ciencia afectada por la revolución científica. Los nuevos descubrimientos produjeron cambios en la forma en que los europeos veían el universo. Se cuestionó el pensamiento tradicional de que Dios había hecho la Tierra como centro del universo.

¿Quién era Copérnico? Como líder de la revolución científica se colocó a un matemático polaco llamado Nicolás **Copérnico.** En el año 1543, Copérnico escribió un libro llamado *On the Revolutions of the Heavenly Spheres (Sobre las revoluciones de los cuerpos celestes).* Mostró su desacuerdo con la opinión de Ptolomeo de que la Tierra era el centro del universo. Copérnico creía que la teoría de Ptolomeo era demasiado complicada. En lugar de ella, desarrolló una teoría del universo más sencilla que era heliocéntrica, o con el sol como centro. La teoría de Copérnico decía que el sol, no la Tierra, era el centro del universo. Los planetas se movían en círculos alrededor del sol.

La revolución de Kepler El paso siguiente en el camino de la ciencia fue dado por un astrónomo alemán llamado Johannes **Kepler.** Kepler confirmó la teoría de Copérnico pero también le hizo correcciones. Kepler agregó la idea de que los planetas giran en elipses, o

Enlaces entre el pasado y el presente

Telescopios

▼Telescopio espacial Hubble

ENTONCES El primer telescopio de Galileo estaba hecho con dos lentes dentro de un tubo. Kepler mejoró el telescopio al incluir un ocular curvado hacia afuera, que proporcionó un mayor aumento y amplió el campo de visión. En el año 1663 James Gregory publicó una descripción de un telescopio con espejo reflector, que usaba un espejo para recibir y enfocar la luz. No se construyó hasta el año1668.

▲Telescopio de Galileo

AHORA Hoy los telescopios son grandes, complejos y poderosos. El telescopio espacial Hubble ha estado en órbita 380 millas sobre la superficie de la Tierra desde el año 1990. Puede ver a grandes distancias porque se encuentra fuera de la atmósfera. ***¿Por qué es importante hoy la astronomía?***

recorridos ovales, en lugar de circulares. Su teoría facilitó la comprensión de los movimientos de los planetas. También representó el comienzo de la astronomía moderna.

¿Quién era Galileo? Un científico italiano llamado Galileo Galilei hizo el tercer gran descubrimiento de la revolución científica. **Galileo** creía que el nuevo conocimiento se obtendría mediante experimentos realizados cuidadosamente. Por ejemplo, Galileo cuestionó la idea de Aristóteles de que, cuanto más pesado sea un objeto, más rápido cae al suelo. Los experimentos de Galileo demostraron que Aristóteles estaba equivocado. Los objetos caen a la misma velocidad sin importar su peso.

Galileo también se dio cuenta de que los instrumentos científicos podrían ayudar a los hombres a explorar mejor el mundo natural. Mejoró los instrumentos como el reloj y el telescopio. Con el telescopio, Galileo encontró pruebas claras que respaldaban la teoría de Copérnico de que la Tierra gira alrededor del sol.

Galileo también tuvo un papel importante en el desarrollo de nuevos instrumentos científicos. En el año 1593 inventó un termómetro de agua que permitió que por primera vez se pudieran medir los cambios en la temperatura. El asistente de Galileo, Evangelista Torricelli, más tarde usó mercurio para construir el primer barómetro, un instrumento que mide la presión del aire.

Cuando Galileo publicó sus ideas en 1632, su trabajo fue condenado por la Iglesia Católica Romana. La Iglesia Católica siguió manteniendo la teoría geocéntrica, o con la Tierra como centro del universo, creyendo que era la que se describía en la Biblia. El Papa ordenó a Galileo a ir a Roma para ser juzgado por herejía. Las amenazas de la Iglesia finalmente obligaron a Galileo a retractar muchas de sus opiniones. Aun así, las ideas de Galileo se difundieron por Europa y cambiaron la visión de la gente sobre el universo.

✓ Comprobación de lectura **Explicación** ¿Cómo probó Galileo la teoría de Copérnico?

Nuevos descubrimientos científicos

Idea principal **La revolución científica llevó a nuevos descubrimientos en la física, la medicina y la química.**

Enfoque en la lectura Piensa en todos los hechos que conoces acerca de la medicina. Por ejemplo, sabes que tu corazón bombea sangre, tus pulmones respiran aire y tu cuerpo está compuesto de células. Lee para aprender cómo los científicos del siglo XVII y XVIII hicieron descubrimientos que a menudo damos por sentados hoy.

En los siglos XVII y XVIII, la revolución científica siguió difundiéndose. Se hicieron muchos nuevos descubrimientos en la física, la medicina y la química.

¿Quién es Isaac Newton? A pesar de los continuos descubrimientos científicos, era necesario reunir las ideas de Copérnico, Kepler y Galileo en un solo sistema. Esto lo logró un matemático inglés llamado Isaac **Newton.**

Según la tradición, Newton estaba sentado en el jardín un día cuando vio una manzana que caía al suelo. La caída de la manzana lo llevó a pensar

▲ En esta pintura, Galileo aparece presentando sus descubrimientos astronómicos al clero católico. *¿De qué manera respondió Galileo a la condena de la Iglesia de su trabajo en astronomía?*

en la idea de la gravedad, que es la atracción de la Tierra y otros cuerpos celestes sobre los objetos que están sobre o cerca de sus superficies.

En un libro llamado *Principia (Principios)*, publicado en 1687, Newton describió sus leyes, o teorías correctamente comprobadas, acerca del movimiento de los objetos en el espacio y en la Tierra. La ley más importante era la ley universal de la gravedad. Esta ley explica que la fuerza de gravedad mantiene unido a todo el sistema solar, al mantener al sol y los planetas en sus órbitas. Las ideas de Newton llevaron a la fundación de la física moderna, o sea el estudio de las propiedades físicas como la materia y la energía.

Medicina y química Se produjeron cambios impresionantes en la medicina durante los siglos XVI y XVII. Desde la época de los romanos, los médicos europeos habían confiado en las enseñanzas del físico griego Galeno. Galeno quería estudiar el cuerpo humano, pero sólo se le permitía disecar, o abrir, los cuerpos de los animales.

Historia en línea

Actividad en línea Visita jat.glencoe.com y haz clic en ***Chapter 18—Student Web Activity*** para saber más en los descubrimientos científicos.

En el siglo XVI, sin embargo, un médico flamenco llamado Andrea Vesalio empezó a disecar cadáveres humanos para realizar investigaciones. En 1543, Vesalio publicó *On the Structure of the Human Body (Sobre la estructura del cuerpo humano)*. En su obra, Vesalio presentó una descripción detallada del cuerpo humano que reemplazó muchas de las ideas de Galeno.

Se produjeron otros avances en la medicina. A principios del siglo XVII un médico inglés, William Harvey, comprobó que la sangre fluía por el cuerpo humano. A mediados del siglo XVII un científico inglés llamado Robert Hooke empezó a usar un microscopio, y pronto descubrió las células, las estructuras más pequeñas del material vivo.

A principios del siglo XVII, los científicos europeos desarrollaron nuevas ideas sobre la química. La química es el estudio de las sustancias naturales y la forma en que cambian. A mediados del siglo XVII, Robert Boyle, un científico irlandés, comprobó que todas las sustancias se componen de elementos básicos que no se pueden dividir.

Los científicos europeos del siglo XVIII también desarrollaron formas de estudiar los gases. Descubrieron el hidrógeno, el dióxido de carbono y el oxígeno. Para el año 1777, Antoine Lavoisier, de Francia, había probado que los materiales necesitan oxígeno para quemarse. Marie Lavoisier, también científica, contribuyó al trabajo de su marido.

Comprobación de lectura **Identificación**

Según Newton, ¿cuál es la fuerza que mantiene a los planetas en órbita?

La revolución científica

Científico	Nación	Descubrimientos
Nicolás Copérnico (1473–1543)	Polonia	la Tierra gira alrededor del sol, la Tierra gira sobre su eje
Galileo Galilei (1564–1642)	Italia	otros planetas tienen satélites
Johannes Kepler (1571–1630)	Alemania	los planetas tienen órbitas elípticas
William Harvey (1578–1657)	Inglaterra	el corazón bombea sangre
Robert Hooke (1635–1703)	Irlanda	células
Robert Boyle (1627–1691)	Irlanda	el aire se compone de gases
Isaac Newton (1643–1727)	Inglaterra	gravedad, leyes del movimiento, cálculo
Antoine Lavoisier (1743–1794)	Francia	cómo se queman los materiales

Comprensión de cuadros

Durante la revolución científica, los científicos hicieron descubrimientos en varios campos, como la astronomía y medicina.

1. ¿Qué descubrió William Harvey?
2. **Identificación** ¿Los descubrimientos de qué científicos tienen que ver con la química?

Biografía

SIR ISAAC NEWTON
1642–1727

Isaac Newton nació de una familia de agricultores el 25 de diciembre de 1642, en Woolsthorpe, Inglaterra. Su padre murió antes de que Newton naciera. Su madre volvió a casarse cuando él tenía tres años de edad. Su nuevo padrastro no quería que el niño viviera con ellos, de manera que Newton fue criado por su abuela.

Newton obtuvo un diploma del Trinity College, una de las divisiones de la Universidad de Cambridge, en el año 1664. Sus planes eran trabajar para la universidad, pero desde 1664 hasta 1666, ésta estuvo cerrada por la peste. Newton pasó los dos años siguientes en su ciudad natal. Mientras se encontraba allí, hizo algunos de sus descubrimientos más importantes. Desarrolló su teoría de la gravedad, inventó un nuevo tipo de matemáticas llamada cálculo, y descubrió que la luz blanca se compone de todos los colores diferentes de la luz.

Newton volvió a Cambridge, obtuvo un diploma de maestría y fue nombrado a varios puestos en la universidad. Su vida no era fácil, porque muchos científicos ponían en duda sus cálculos. Estas críticas hicieron que Newton no se sintiera dispuesto a publicar sus descubrimientos, pero finalmente lo hizo. Su libro *Principia (Principios)* se considera como uno de los libros científicos más importantes que jamás se hayan escrito. En él, Newton describe sus tres leyes del movimiento y sus ideas sobre la gravedad.

▲ Newton analizando los rayos de luz

"Si he visto más lejos, es porque he estado parado sobre los hombros de gigantes".

–Isaac Newton, en una carta a Robert Hooke

Durante su vida, Newton obtuvo muchos premios por sus descubrimientos. En 1705 fue el primer científico en ser nombrado caballero por el rey de Inglaterra.

▲ Trinity College hoy

Entonces y ahora

Los descubrimientos de Newton fueron criticados por algunos científicos en su época. Haz una investigación sobre algún descubrimiento científico de los últimos 50 años que otros hayan cuestionado o criticado. Describe lo que hayas averiguado a tus compañeros de clase.

El triunfo de la razón

Idea principal **Utilizando el método científico, los europeos de los siglos XVII y XVIII desarrollaron nuevas ideas sobre la sociedad basadas en la razón.**

Enfoque en la lectura ¿Qué hacen los científicos modernos en sus laboratorios? Lee para comprender de qué manera los métodos de la investigación científica cambiaron la comprensión de los europeos acerca de la sociedad humana en los siglos XVII y XVIII.

A medida que los científicos hacían nuevos descubrimientos, los pensadores europeos empezaron a aplicar la ciencia a la sociedad. Para estos pensadores, la ciencia había probado que el universo físico seguía leyes naturales. Al utilizar la razón, las personas podrían aprender cómo funcionaba el universo. Utilizando este conocimiento, se podrían resolver los problemas humanos existentes y mejorar la vida.

Descartes y la razón Uno de los científicos más importantes fue el francés René **Descartes.** En el año 1637 escribió un libro llamado *Discourse on Method (Discurso sobre el método)*. En su libro, Descartes usó como punto de partida el problema de saber lo que es verdad. Para descubrir la verdad, decidió dejar a un lado todo lo que había aprendido y empezar de nuevo. Para Descartes, sólo un hecho parecía indudable: su propia existencia. Descartes resumió esa idea con la frase, "Pienso, luego existo".

En su obra, Descartes dijo que las matemáticas eran la fuente de toda la verdad científica. En las matemáticas, según dijo, las respuestas siempre eran verdaderas. Esto ocurre porque las matemáticas se basan en principios simples y obvios y luego usa la lógica para avanzar gradualmente para obtener otras verdades. Hoy, Descartes se considera como el fundador del **racionalismo** moderno. Ésta es la creencia de que la razón es la fuente principal del conocimiento.

¿Qué es el método científico? El pensamiento científico también fue influenciado por el pensador inglés Francis Bacon, que vivió entre 1561 y 1626. Bacon creía que las ideas

El microscopio

Aunque Robert Hooke no inventó el microscopio, sus mejoras fueron importantes. El libro de Hooke *Micrographia (Micrografía)* utilizó dibujos detallados de un mundo microscópico que pocas personas habían imaginado. ***¿Qué descubrió Hooke sobre la estructura del material vivo?***

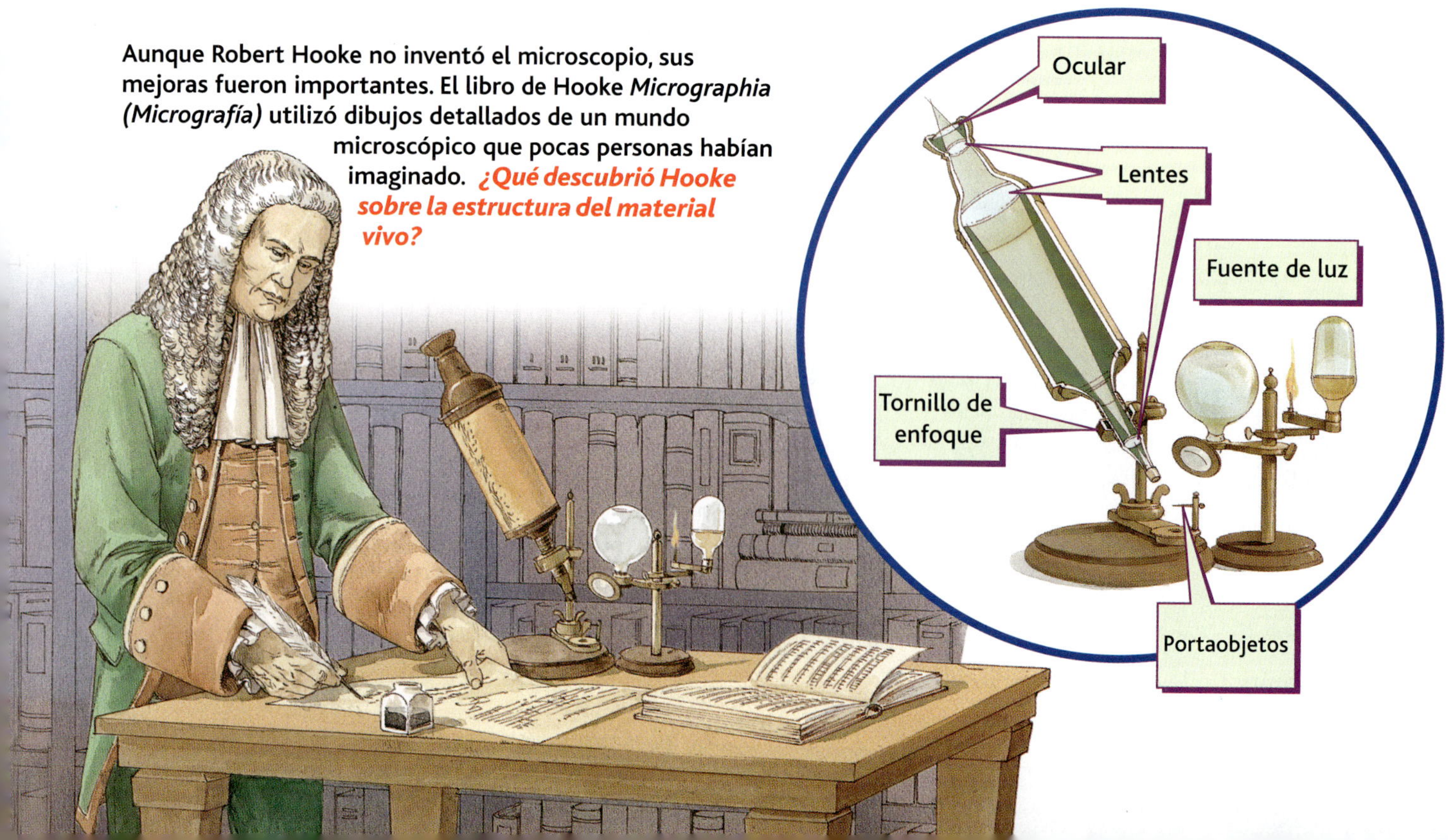

basadas en la tradición debían dejarse de lado. Desarrolló el **método científico,** una manera ordenada de reunir y analizar la evidencia. Este proceso es el que se sigue utilizando en la investigación científica hoy.

Francis Bacon ▲

El método científico se compone de varios pasos. En primer lugar, un científico hace una observación cuidadosa de los hechos e intenta encontrar una **hipótesis,** o explicación de los hechos. A través de los experimentos, el científico prueba la hipótesis bajo todas las condiciones posibles para ver si es verdadera. Finalmente, si se repiten, los experimentos muestran que la hipótesis es verdadera, y entonces se considera como una ley científica.

Comprobación de lectura **Explicación** ¿Cuál es el método científico?

El método científico

Observar algún aspecto del universo.

↓

Hacer hipótesis sobre lo observado.

↓

Pronosticar algo sobre la base de la hipótesis.

↓

Comprobar las predicciones con experimentos y observación.

↓

Modificar la hipótesis según los resultados.

Comprensión de cuadros

El método científico sigue siendo importante hoy.

1. ¿Cuál es el próximo paso después de que las predicciones se prueban mediante experimentos y observación?
2. **Conclusiones** ¿Por qué es necesario el método científico para crear leyes científicas?

Historia en línea

Centro de estudios ¿Necesitas ayuda con el material de esta sección? Visita jat.glencoe.com

Repaso de la sección 2

Resumen de la lectura

Repaso de Ideas principales

- Los pensadores del mundo antiguo desarrollaron las primeras formas de la ciencia y transmitieron su conocimiento a las generaciones que vinieron después.
- El interés de los europeos por la ciencia condujo a nuevos descubrimientos e ideas acerca del universo y del lugar que ocupa la Tierra en él.
- La revolución científica llevó a nuevos descubrimientos en la física, la medicina y la química.
- Descartes inventó el racionalismo, y Bacon desarrolló el método científico.

¿Qué aprendiste?

1. ¿Quién era Copérnico, y cuál era la teoría heliocéntrica?
2. Describe el pensamiento de Francis Bacon sobre el razonamiento científico.

Pensamiento crítico

3. **Resumen** Diagrama un cuadro como el que aparece a continuación. Agrega detalles para mostrar algunas de las nuevas ideas desarrolladas durante la revolución científica.

4. **Conclusiones** ¿Qué piensas que quiso decir Descartes cuando dijo, "Pienso, luego existo"?
5. **Enlace de ciencia** Explica el concepto de Kepler del sistema solar.
6. **Análisis** ¿Por qué condenó la Iglesia los descubrimientos científicos de Galileo?
7. **Formulación de preguntas** Imagina que puedes hacer una entrevista a Galileo sobre su vida y su obra. Escribe cinco preguntas que quisieras hacerle. Incluye las respuestas posibles con tus preguntas.

Sección 3

La Ilustración

¡Prepárate para leer!

¿Cuál es la relación?

Como has leído, la revolución científica condujo a nuevos descubrimientos. Al mismo tiempo, también llevó al nacimiento de muchas ideas nuevas sobre el gobierno y la sociedad.

Enfoque en Ideas principales

- Durante el siglo XVIII, muchos europeos creían que la razón podía usarse para mejorar el gobierno y la sociedad. ***(página 681)***
- La Ilustración se concentró en Francia, en donde los pensadores escribían sobre los cambios de la sociedad y se reunían para discutir sus ideas. ***(página 684)***
- Muchos de los monarcas europeos, que alegaban gobernar por voluntad divina, intentaron modelar sus naciones basándose en ideas de la Ilustración. ***(página 686)***

Ubicación de lugares

Prusia
Austria
San Petersburgo

Conoce a los personajes

Thomas Hobbes
John Locke
Montesquieu
Voltaire

Desarrollo de tu vocabulario

ley natural
contrato social
división de poderes
deísmo
absolutismo

Estrategia de lectura

Resumen de información Completa un diagrama como el que aparece a continuación, mostrando las ideas principales de los pensadores del período de la Ilustración.

Pensadores	Ideas

NATIONAL GEOGRAPHIC ¿Cuándo y dónde?

1600 — 1700 — 1800

1643 Luis XIV es coronado rey de Francia

1690 John Locke escribe sobre el gobierno

1792 Mary Wollstonecraft exige derechos para las mujeres

Nuevas ideas políticas

Idea principal **Durante el siglo XVIII, muchos europeos creían que la razón podía usarse para mejorar el gobierno y la sociedad.**

Enfoque en la lectura ¿Qué hace que las personas se lleven bien entre sí? ¿Necesitan reglas, un líder fuerte, o aprender a trabajar juntas? Lee para aprender cómo respondieron los pensadores europeos a estas preguntas.

Durante el siglo XVIII, los pensadores europeos quedaron asombrados por los descubrimientos científicos en el mundo natural. Creían que la razón también podía revelar las leyes científicas que regían la vida humana. Una vez que las personas llegaran a conocer estas leyes, los pensadores afirmaban que la gente podría usarlas para mejorar la sociedad.

A medida que se produjeron avances en la revolución científica, muchos intelectuales europeos llegaron a creer que la razón era una guía mucho más valiosa que la fe o la tradición. Para ellos, la razón era una "luz" que dejaba ver los errores y mostraba el camino hacia la verdad. Como resultado, el siglo XVIII se llegó a conocer como el Siglo de las Luces (o época de la Ilustración).

Durante la Ilustración, los pensadores políticos intentaron aplicar la razón y las ideas científicas al gobierno. Sostenían que existía una **ley natural**, o una ley que se aplicaba a todas las personas, y que podía comprenderse por medio de la razón. Esta ley era la clave para comprender el gobierno. Ya en el siglo XVII, dos pensadores ingleses Thomas Hobbes y John Locke, se valieron de las leyes naturales para desarrollar ideas muy diferentes sobre cómo debería funcionar el gobierno.

¿Quién fue Thomas Hobbes? **Thomas Hobbes** escribió sobre el gobierno y la sociedad de Inglaterra. Durante sus años de vida, Inglaterra estuvo desgarrada por la guerra civil. Quienes apoyaban al rey Carlos I luchaban en contra de los defensores del Parlamento. Carlos I quería tener poder absoluto, o total, como rey. El Parlamento alegaba que representaba al pueblo y exigía tener mayor poder de decisión en el gobierno de Inglaterra. La lucha finalmente terminó en la ejecución del rey Carlos. Este acontecimiento impactó a Thomas Hobbes, quien era un ferviente defensor de la monarquía.

▲ **Esta ilustración es de la portada del *Leviatán*, de Hobbes.** ***¿Qué tipo de gobierno defendía Hobbes en su obra* Leviatán?**

En 1651 Hobbes escribió un libro llamado *Leviatán*. En su obra, Hobbes sostenía que la ley natural hacía que la monarquía absoluta fuera la mejor forma de gobierno.

Según Hobbes, los seres humanos eran por naturaleza egoístas y violentos. No se podía confiar en ellos para que tomaran decisiones por sí mismos. De permitirles actuar por sí mismas, las personas harían que la vida fuera "sórdida, brutal y corta". Por lo tanto, expresaba Hobbes, necesitaban obedecer a un gobierno que tuviera el poder de un leviatán o monstruo marino. Para Hobbes, esto significaba el gobierno de un monarca, porque solamente un gobernante fuerte podría encaminar a las personas.

¿Por qué es importante John Locke? Otro pensador inglés, **John Locke,** pensaba de otra manera. Usó la ley natural para reafirmar los derechos de los ciudadanos y obligar al gobierno a responder ante el pueblo.

Fuente principal

La ley de las naciones

Las ideas de Montesquieu sobre el gobierno siguen teniendo influencia en la actualidad.

"Nuevamente, la libertad no existe si el poder judicial no está separado del legislativo y el ejecutivo. Si estuviera unido al legislativo, la vida y la libertad del sujeto estarían expuestas a un control arbitrario, puesto que el juez sería entonces el legislador. Si estuviera unido al poder ejecutivo, el juez tal vez se conduciría con violencia y opresión".

—Montesquieu, *El espíritu de las leyes*

▲ Montesquieu

PBD Preguntas basadas en los documentos

¿Por qué deberían los jueces ser independientes según Montesquieu?

Durante la época de Locke, otro rey inglés, Jacobo II, quiso establecer una monarquía absoluta en contra de los deseos del Parlamento. En 1688, ante la amenaza de guerra, Jacobo huyó del país. El Parlamento entonces ofreció la corona a María, hija de Jacobo, y a su esposo, Guillermo. Este acontecimiento se conoció con el nombre de la "Revolución Gloriosa".

A cambio del trono de Inglaterra, Guillermo y María aceptaron una Declaración de Derechos. En este documento, acordaron obedecer las leyes del Parlamento. El documento también garantizó a todos los ingleses derechos básicos, como aquellos que se les habían concedido a los nobles en la Carta Magna. Por ejemplo, las personas tuvieron el derecho de tener un juicio por jurado justo y no recibir castigos crueles por un delito.

En 1690 John Locke explicó muchas de las ideas de la Revolución Gloriosa en un libro llamado *Dos tratados sobre el gobierno civil.* Locke planteó que el gobierno debía basarse en la ley natural. Según lo expresaba Locke, esta ley otorgaba a todas las personas, desde su nacimiento, ciertos derechos naturales. Entre ellos se encontraban el derecho a la vida, a la libertad y a la propiedad privada.

Locke creía que el fin del gobierno es proteger estos derechos. Todos los gobiernos, afirmaba Locke, estaban basados en un **contrato social,** o en un acuerdo entre los gobernantes y el pueblo. Si un gobernante privaba a las personas de sus derechos naturales, éstas tenían el derecho de rebelarse y establecer un nuevo gobierno.

¿Quién fue Montesquieu? El gobierno de Inglaterra después de la Revolución Gloriosa fue admirado por los pensadores de Francia. Les agradaba más que su propia monarquía absoluta. En 1748 el barón de **Montesquieu,** un pensador francés, publicó un libro llamado *El espíritu de las leyes.*

En su libro, Montesquieu expresó que el gobierno de Inglaterra era el mejor porque presentaba una división de poderes. La **división de poderes** significa que el poder del estado debe estar repartido equitativamente entre los poderes del gobierno: el ejecutivo, el legislativo y el judicial. El poder legislativo dictaría las leyes mientras que el ejecutivo se encargaría de su cumplimiento. El poder judicial interpretaría las leyes y emitiría juicio cuando éstas se violaran. Al separar estos poderes, el gobierno no adquiriría demasiado poder ni pondría en peligro los derechos de la gente.

✓ Comprobación de lectura **Explicación** ¿Cómo debe estar organizado el gobierno según Montesquieu?

Biografía

JOHN LOCKE
1632–1704

John Locke

John Locke nació en Somerset, Inglaterra. Su padre era abogado y también prestó servicio como soldado de caballería. Por medio de sus conexiones militares, procuró que su hijo John recibiera una buena educación. Locke estudió idiomas clásicos, gramática, filosofía y geometría en la Universidad de Oxford. Las materias que estudiaba no eran emocionantes para Locke, por eso se volcó hacia sus verdaderos intereses: ciencia y medicina.

Después de su graduación, se desempeñó en gobiernos europeos. Continuó estudiando ciencia y filosofía. Le gustaba, en particular, la obra de Descartes. En 1671 Locke comenzó a registrar sus propias ideas sobre cómo las personas tienen conocimiento de las cosas. Diecinueve años después, publicó sus ideas en *Ensayo sobre el entendimiento humano*. En este libro, Locke sostuvo que la mente de las personas está en blanco cuando nacen y que la sociedad determina sus pensamientos y creencias. Esta idea significaba que si las personas podían mejorar la sociedad, también podían mejorarse a sí mismas.

"La ley no existe para abolir o contener, sino para preservar y ampliar la libertad".

—John Locke, *Dos tratados sobre el gobierno civil*

En 1683 Locke huyó hacia Holanda cuando el gobierno inglés comenzó a pensar que sus ideas políticas eran peligrosas. Durante esta época, fue declarado traidor y no pudo regresar hasta después de la Revolución Gloriosa de 1688. Fue en ese entonces que escribió su famoso *Dos tratados sobre el gobierno civil*. Poco tiempo después, Locke se retiró a Essex. Allí disfrutó de las frecuentes visitas de Sir Isaac Newton y de otros amigos hasta su muerte en 1704.

Guillermo y María son coronados tras la Revolución Gloriosa

Entonces y ahora

Proporciona algunos ejemplos de cómo las ideas de Locke han influido en nuestra vida y nuestro pensamiento.

Los filósofos franceses

Idea principal **La Ilustración se concentró en Francia, en donde los pensadores escribían sobre los cambios de la sociedad y se reunían para discutir sus ideas.**

Enfoque en la lectura ¿Qué papel cumplen en la actualidad los escritores en Estados Unidos? Continúa leyendo y descubre el efecto que causaron los escritores en Europa durante la Ilustración.

Durante el siglo XVIII, Francia pasó a ser el principal centro de la Ilustración. A medida que la Ilustración se fue difundiendo, se comenzó a llamar a los pensadores de Francia y de otros lugares *philosophe*, que significa "filósofo" en francés. La mayoría de estos filósofos eran escritores, profesores, periodistas y observadores de la sociedad.

Los filósofos querían usar la razón para cambiar la sociedad. Atacaban la superstición o las creencias no fundadas en la razón. No estaban de acuerdo con los líderes de la Iglesia que se oponían a los nuevos descubrimientos científicos. Los filósofos creían en la libertad de expresión y en el derecho del individuo a la libertad. Usaban sus habilidades como escritores para difundir sus ideas en toda Europa.

¿Quién fue Voltaire? El pensador más importante de la Ilustración fue François-Marie Arouet, pero fue conocido simplemente como **Voltaire.** Nació en una familia de clase media y escribió muchas novelas, obras de teatro, cartas y ensayos que le permitieron adquirir fama y riqueza.

Voltaire fue conocido por su fuerte rechazo de la Iglesia Católica Romana. Voltaire culpaba a los líderes de la Iglesia de no permitir el acceso de las personas al conocimiento con el fin de preservar

◀ Voltaire

▲ Durante la Ilustración, los nobles de clase alta organizaban reuniones con escritores, artistas, funcionarios del gobierno y otros nobles en sus hogares para discutir y debatir nuevas ideas. *¿Cómo difundieron los filósofos sus ideas?*

el poder de la Iglesia. Voltaire también estaba en contra del gobierno que apoya una religión y prohíbe otras. Él creía que la gente debía tener la libertad de elegir sus propias creencias.

A lo largo de su vida, Voltaire fue partidario del **deísmo**, una doctrina religiosa basada en la razón. Según los seguidores del deísmo, Dios creó el mundo y lo puso en marcha. Luego, permitió que se desenvolviera de acuerdo con las leyes naturales.

¿Quién fue Diderot? Denis Diderot fue el filósofo francés que más hizo por difundir las ideas del movimiento ilustrado. Con la colaboración de amigos, Diderot publicó una gran enciclopedia de 28 tomos. Su proyecto, que comenzó a mediados del siglo XVIII, tardó alrededor de veinte años en completarse.

La *Enciclopedia* incluía una amplia variedad de temas, como ciencia, religión, gobierno y arte. Se convirtió en una importante arma de la lucha de los filósofos en contra de las costumbres tradicionales. Muchos artículos atacaron la superstición y defendieron la libertad de culto. Otros plantearon la necesidad de cambios que hicieran a la sociedad más justa y humanitaria.

Fuente principal

Derechos naturales de la mujer

Mary Wollstonecraft sostuvo que los derechos naturales del movimiento ilustrado debían abarcar tanto a las mujeres como a los hombres.

▲ Mary Wollstonecraft

"En breve, desde cualquier punto de vista en que se analice el tema, la razón y la experiencia me convencen de que el único método para lograr que las mujeres cumplan con sus deberes peculiares [específicos] es liberarlas de toda limitación permitiéndoles ejercer los derechos inherentes a la humanidad. Otórguenles libertad y pronto adquirirán sabiduría y virtud, mientras los hombres obtienen mucho más, puesto que las mejoras deben ser mutuas".

—Mary Wollstonecraft, *Vindicación de los derechos de la mujer: Con críticas sobre temas políticos y morales*

PBD Preguntas basadas en los documentos

¿Qué pensaba Wollstonecraft que sucedería si les otorgaban derechos a las mujeres?

La Ilustración y las mujeres El movimiento ilustrado planteó interrogantes sobre el rol de la mujer en la sociedad. Antes, muchos pensadores de sexo masculino habían sostenido que las mujeres eran menos importantes que los hombres y debían ser controladas y protegidas. Sin embargo, para el siglo XVIII las mujeres pensadoras comenzaron a reclamar derechos para la mujer. La más ferviente defensora de los derechos de la mujer fue la escritora inglesa Mary Wollstonecraft. Hoy en día, muchas personas la consideran la fundadora del movimiento moderno defensor de los derechos de la mujer.

En 1792 Mary Wollstonecraft escribió un libro llamado *Vindicación de los derechos de la mujer.* En esta obra, ella sostuvo que todos los seres humanos poseen razón. Como las mujeres poseen razón, deben tener los mismos derechos que el hombre. Wollstonecraft expresaba que las mujeres debían tener los mismos derechos en la educación, el trabajo y la vida política.

El contrato social de Rousseau Hacia fines del siglo XVIII, algunos pensadores europeos habían comenzado a criticar las ideas del movimiento ilustrado. Uno de estos pensadores fue Jean-Jacques Rousseau.

Rousseau sostenía que todos los defensores de la Iluminación se basaban demasiado en la razón. En su lugar, la gente debía prestar más atención a sus sentimientos. Según Rousseau, los seres humanos eran buenos por naturaleza, pero la vida civilizada los corrompía. Para mejorar, él pensaba que las personas debían vivir en forma más simple acercándose más a la naturaleza.

En 1762 Rousseau publicó un libro llamado *El contrato social.* En esta obra, Rousseau presentó sus ideas políticas. Él sostenía que un gobierno práctico debía estar basado en un contrato social. Este contrato es un acuerdo por el cual todos los miembros de una sociedad aceptan ser gobernados por la voluntad general o los deseos de la sociedad en su conjunto.

✓ Comprobación de lectura **Descripción**
¿Quiénes fueron los "philosophes"?

La era del absolutismo

Idea principal **Muchos de los monarcas europeos, que alegaban gobernar por voluntad divina, intentaron modelar sus naciones basándose en ideas de la Ilustración.**

Enfoque en la lectura Si tuvieras la oportunidad de ser un líder, ¿cómo tratarías a las personas que gobiernas? A medida que leas, piensa en el poder de los reyes y en las reinas de Europa durante los siglos XVII y XVIII.

Durante los siglos XVII y XVIII, muchos pensadores europeos estuvieron a favor de imponer límites al poder del estado. Sin embargo, en Europa gobernaban poderosos reyes y reinas. Este sistema se conoció como **absolutismo.** Este sistema les otorgaba poder absoluto o total a los monarcas. Alegaban gobernar por derecho divino o la voluntad de Dios. Esto significaba que los gobernantes no eran responsables ante su pueblo, sino solamente ante Dios.

NATIONAL GEOGRAPHIC

Cómo eran las cosas

Enfoque en la vida cotidiana

La música de la Ilustración El siglo XVIII fue uno de los períodos más importantes de la historia de la música. Antes de esta época, casi toda la música era de naturaleza religiosa y estaba limitada a su uso en la iglesia. Durante la Iluminación, por primera vez se interpretaron números musicales en teatros y algunas de las obras nuevas no fueron religiosas.

▲ Cuarteto de cuerdas

Existían muchos tipos de música en el siglo XVIII. Las sonatas se interpretaban con un instrumento y un piano y los cuartetos de cuerdas incluían cuatro instrumentos. Los conciertos y las sinfonías eran más extensas y presentaban una orquesta. Las óperas eran obras teatrales a gran escala en las cuales se incluían coros y música instrumental.

La música barroca resaltaba el drama y la emoción. Johann Sebastian Bach y George Frederick Handel compusieron música barroca. Bach compuso muchas piezas musicales que siguen siendo populares en la

Sin embargo, con la difusión del movimiento ilustrado, muchos de los gobernantes absolutistas de Europa recurrieron a los filósofos en busca de ayuda para mejorar el funcionamiento de sus gobiernos. Pero al mismo tiempo no deseaban perder nada de poder. Los historiadores han denominado a estos gobernantes déspotas ilustrados. Los déspotas son gobernantes que tienen poder absoluto.

Luis XIV: El rey Sol de Francia Durante el siglo XVII, Francia era una de las naciones más poderosas de Europa. En 1643 Luis XIV asumió la corona. Como rey, Luis XIV fue el monarca absoluto más célebre. Su reinado de setenta y dos años, el más largo de la historia europea, estableció el estilo de la monarquía europea. Luis XIV fue conocido como el rey Sol porque los gobernantes y la nobleza de Europa "giraban" alrededor de él.

Luis dependía de una burocracia pero él era la fuente de toda autoridad política en Francia. Se dice que alardeada afirmando: "Yo soy el Estado". El ejército de Luis XIV luchó y ganó guerras para extender el territorio de Francia, pero estos conflictos significaron un gran costo, en dinero y soldados, para Francia. Las constantes guerras del rey y sus gastos excesivos debilitaron a Francia y a su monarquía.

Federico el Grande Durante los siglos XVII y XVIII, Alemania era un conjunto de más de 300 estados separados. Dos de estos estados, **Prusia** y **Austria,** pasaron a ser grandes potencias europeas.

El gobernante prusiano más famoso fue Federico II, también llamado Federico el Grande. Gobernó desde 1740 hasta 1786. Como rey de Prusia, Federico reforzó el ejército y libró batallas para ganar nuevos territorios para Prusia. También intentó ser un "déspota ilustrado". Apoyó el arte y la educación e intentó llevar a cabo reformas basadas en el pensamiento ilustrado. Permitió que su pueblo se expresara y

actualidad. Handel escribió muchas óperas, pero fue más conocido por *El Mesías*, un oratorio o composición religiosa que combina voces, orquesta y órgano.

La música clásica surgió a mediados del siglo XVIII. Los compositores clásicos, inspirados en los griegos y romanos de la antigüedad, pusieron énfasis en el equilibrio, la armonía y la estabilidad. Franz Joseph Haydn y Wolfgang Amadeus Mozart compusieron música clásica. Gracias al uso que le dio Haydn a los instrumentos, la sinfonía se tornó más popular. Mozart compuso una gran cantidad de piezas musicales que conservan su éxito en la actualidad.

Wolfgang Amadeus Mozart ▼

▲ Johann Sebastian Bach

Conexión con el pasado

1. ¿Qué diferencia de tono presenta la música barroca respecto a la clásica?
2. ¿Qué factores permitieron que prosperara la música durante el siglo XVIII?

El crecimiento de Prusia y Austria *c. 1525–1720*

Federico el Grande ▶

▲ José II

Uso de las habilidades geográficas

Hacia el siglo XVIII, Prusia y Austria habían surgido como los estados alemanes más poderosos.

1. ¿Qué estado adquirió Prusia entre 1700 y 1720?
2. ¿En qué períodos de los mostrados en el mapa Austria expandió más su territorio?

publicara sus ideas con mayor libertad. También permitió una mayor tolerancia religiosa.

Los Habsburgo de Austria Hacia el siglo XVIII, el otro estado alemán poderoso, Austria, gobernó un gran imperio con muchos pueblos, idiomas y culturas diferentes. Este vasto imperio austríaco se extendió en gran parte de la región central y sudoeste de Europa. Fue gobernado por una familia conocida con el nombre de los Habsburgo.

En 1740 una joven princesa de la dinastía de los Habsburgo, llamada María Teresa, se convirtió en emperatriz de Austria. María Teresa era una mujer inteligente y talentosa y trabajó arduamente para mejorar la suerte de los siervos austríacos que trabajaban para la nobleza. También intentó lograr un mejor funcionamiento del estado.

Tras la muerte de María Teresa, en 1780, su hijo, José II, asumió el gobierno. José II admiraba el pensamiento ilustrado. Les concedió libertad a los siervos, determinó que los impuestos sobre la tierra serían iguales para los nobles y los trabajadores de la tierra y permitió la libre publicación de libros. No obstante, la mayoría de las reformas de José fracasaron. La nobleza se opuso a los cambios planteados por José y fue obligado a retroceder. Sin embargo, se permitió que los antiguos siervos, ahora convertidos en trabajadores de la tierra, conservaran su libertad.

Pedro I y Catalina II de Rusia Al este de Austria se extendía el vasto imperio de Rusia. Como leíste anteriormente, Rusia estaba gobernada por soberanos todopoderosos llamados zares. Uno de los zares más poderosos fue Pedro I, también conocido como Pedro el

Grande. Durante su reinado (1689-1725), Pedro intentó hacer de Rusia una potencia poderosa y moderna de Europa. Él lanzó reformas para que el gobierno funcionara sin tantas complicaciones.

También mejoró el ejército de Rusia y amplió el territorio ruso hacia el oeste hasta llegar al Mar Báltico. En 1703 fundó una ciudad llamada **San Petersburgo** en esta zona. Unos años después, la capital de Rusia fue trasladada de Moscú a San Petersburgo.

Tras la muerte de Pedro, estallaron conflictos entre la nobleza de Rusia. Luego, en 1762 una princesa alemana llamada Catalina llegó al trono de Rusia. Catalina consagró la primera etapa de su reinado al pensamiento ilustrado. Estudió a los filósofos y les escribió cartas. Incluso contempló la posibilidad de otorgarles libertad a los siervos, pero una sublevación de siervos la hizo cambiar de idea. Finalmente, permitió que los nobles trataran a sus siervos como quisieran.

Con Catalina en el poder, Rusia consiguió obtener más tierras e incrementó su poderío en Europa. Como resultado de ello, fue conocida como Catalina la Grande. Sin embargo, hacia 1796, año en que murió Catalina, sus ideas de libertad e igualdad se habían difundido por toda Europa. Estas ideas cuestionaban seriamente el dominio de los soberanos poderosos.

Rusia incrementó su poder durante los reinados de Pedro el Grande (arriba) y Catalina la Grande (derecha). ***¿De qué manera intentó Pedro convertir a Rusia en una potencia europea?***

Comprobación de lectura **Explicación** ¿En qué se oponían las ideas de los monarcas absolutos y las de los pensadores ilustrados?

Historia en línea

Centro de estudios ¿Necesitas ayuda con el material de esta sección? Visita jat.glencoe.com

Repaso de la sección 3

Resumen de la lectura

Repaso de Ideas principales

- En el siglo XVIII, muchos europeos consideraban que la razón podía mejorar el gobierno y la sociedad. Hobbes, Locke y Montesquieu desarrollaron ideas sobre cómo mejorar el gobierno.
- Pensadores ilustrados, como Voltaire, Diderot y Rousseau, describieron formas para mejorar la sociedad.
- Hacia el siglo XVIII, la mayoría de los gobernantes de Europa eran monarcas absolutos. Algunos, sin embargo, intentaron crear gobiernos basados en el pensamiento ilustrado.

¿Qué aprendiste?

1. ¿Quiénes fueron los "philosophes" franceses?
2. ¿Qué fue la *Enciclopedia* y qué mensaje intentó transmitir a sus lectores?

Pensamiento crítico

3. **Organización de la información** Prepara un cuadro con una lista de los gobernantes de la Ilustración, sus naciones y sus logros.

Gobernante	País	Logros

4. **Causa y efecto** ¿Qué efecto tuvo la guerra civil de Inglaterra en Hobbes?
5. **Explicación** ¿Crees que los déspotas ilustrados fueron realmente ilustrados?
6. **Conclusiones** ¿Cuáles de los pensadores ilustrados analizados en esta sección crees que tuvieron mayor impacto en la sociedad moderna? Explica tu respuesta.
7. **Enlace cívico** Describe cómo se reflejan las doctrinas sociales y de gobierno del movimiento ilustrado en nuestro gobierno actual.

Sección 4

La Revolución Estadounidense

¡Prepárate para leer!

¿Cuál es la relación?

Entre los años 1500 y 1700, los europeos establecieron colonias en América del Norte. En las colonias británicas, las tradiciones inglesas y la Iluminación les dieron a los colonos un fuerte sentido de sus derechos.

Enfoque en Ideas principales

- Las colonias europeas establecidas en América del Norte se desarrollaron de forma muy distinta entre sí y de Europa. ***(página 691)***
- Gran Bretaña enfrentaba problemas en América del Norte porque los colonos americanos no estaban conformes con las nuevas leyes británicas. ***(página 695)***
- Las colonias americanas formaron una nueva nación, los Estados Unidos de América. ***(página 698)***

Ubicación de lugares

Quebec
Jamestown
Boston
Filadelfia

Conoce a los personajes

Peregrinos
George Washington
Tom Paine
Thomas Jefferson

Desarrollo de tu vocabulario

gobierno representativo
constitución
soberanía popular
gobierno limitado

Estrategia de lectura

Causa y efecto Dibuja un diagrama de causa y efecto que muestre por qué las colonias británicas declararon la independencia.

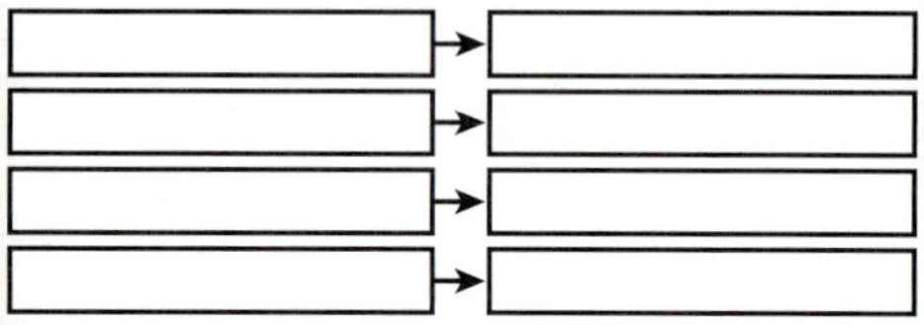

NATIONAL GEOGRAPHIC ¿Cuándo y dónde?

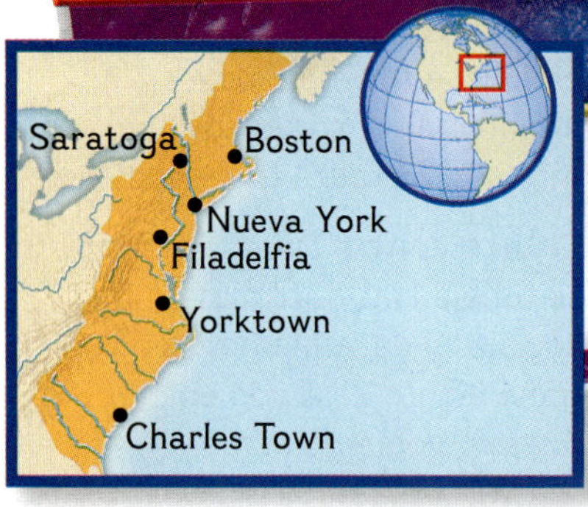

1600 — 1700 — 1800

1620 Los Peregrinos fundan una colonia en Massachussets

1776 Se firma la Declaración de la independencia

1789 Se adopta la Constitución de los EE.UU.

Asentamientos en América del Norte

Idea principal **Las colonias europeas establecidas en América del Norte se desarrollaron de forma muy distinta entre sí y de Europa.**

Enfoque en la lectura ¿Que te haría mudarte a un nuevo lugar? En este capítulo, aprenderás por qué los europeos se establecieron en América del Norte desde los años 1500 hasta los 1700.

Con anterioridad, aprendiste que España y Portugal construyeron colonias en las Américas en los años 1500. A comienzos de los 1600, los franceses, ingleses y otros europeos comenzaron a establecer sus propias colonias en las Américas. Mientras que la mayoría de las colonias de España se encontraban en el Caribe, México y América del Sur, la mayor parte de las colonias de Francia e Inglaterra se encontraban en América del Norte.

Los españoles en América del Norte Los españoles no ignoraron las tierras al norte de México y del Caribe. En los años 1500, los conquistadores españoles exploraron la parte sureste de América del Norte y las tierras al norte de México. Tenían la esperanza de encontrar ricos imperios tales como los de los Aztecas y los Incas. Lo que encontraron en su lugar fueron pequeñas aldeas de indígenas americanos. Como consecuencia, España se interesó mucho más por sus colonias de México, Perú y el Caribe porque les brindaban mayor cantidad de oro y plata.

Los españoles no ignoraron el resto de América del Norte por completo. Construyeron asentamientos y fuertes a lo largo de la frontera norte de su territorio. Estos asentamientos, como por ejemplo San Agustín en Florida y Santa Fe en Nuevo México, tenían como objetivo mantener a los europeos fuera del territorio español.

Los sacerdotes españoles también se dirigieron hacia el norte. Establecieron misiones o comunidades religiosas para enseñar el

NATIONAL GEOGRAPHIC **Los europeos en América del Norte** *1750*

Uso de las habilidades geográficas

Para el siglo XVIII, Gran Bretaña, Francia y España reclamaban gran parte del territorio de América del Norte.

1. ¿Qué país controlaba la zona del río Mississippi?
2. ¿Qué característica física podría haber evitado una mayor expansión hacia el oeste?

▲ **Esta pintura muestra de qué manera se habría visto el asentamiento original de Jamestown en 1607.** ***¿Qué evitó el colapso de Jamestown?***

Cristianismo y las formas europeas a los indígenas americanos. Las misiones se establecieron en California, Nuevo México, Florida y otras zonas de América del Norte.

Francia se establece en América del Norte

Los franceses llegaron a América del Norte para enriquecerse con el tráfico de pieles. Hacia los años 1600, la piel del castor se hizo muy popular en Europa. En 1608, los mercaderes franceses contrataron al explorador Samuel de Champlain para que los ayudara. Champlain estableció un puesto de comercio llamado **Quebec** en lo que ahora es Canadá. Quebec se convirtió en la capital de la colonia de Nueva Francia.

Desde Quebec, los cazadores de pieles, los exploradores y los misioneros franceses se trasladaban hacia otras zonas de América del Norte. En 1673, los exploradores Louis Joliet y Jacques Marquette encontraron el río Mississippi. Luego, en 1682, un explorador francés llamado La Salle siguió al curso del Mississippi hasta llegar al Golfo de México. Llamó a esta región Luisiana en honor al rey Luis XIV. Los franceses que poblaron el sur de Luisiana también comenzaron a traer esclavos africanos para cultivar caña de azúcar, arroz y tabaco.

Los ingleses se establecen en América del Norte Los colonos ingleses llegaron a América del Norte por diversas razones. Mientras los mercaderes establecían algunas colonias inglesas para enriquecerse, otros pueblos que deseaban la libertad religiosa establecían otras colonias. Las colonias de Inglaterra pronto crecieron debido a los problemas económicos en Inglaterra. Muchos habitantes de Inglaterra deseaban trasladarse a América del Norte porque sus señores les habían arrebatado sus granjas. En América del Norte, tenían la posibilidad de poseer sus propias tierras. De todas maneras, otros venían porque no tenían ni empleo ni trabajo.

Para el siglo XVII, los gobernantes de Inglaterra habían aceptado las ideas del mercantilismo. Las colonias y los puestos de comercio de Asia y América del Norte enriquecían a los reinos de Europa. El gobierno inglés creía que las colonias eran necesarias para mantener fuerte a Inglaterra.

En 1607, la Compañía de las Virginias, una compañía inglesa de capitales mixtos, estableció el primer asentamiento inglés en América del Norte. Los pobladores la llamaron **Jamestown** en honor al rey Jacobo (en inglés, James) I. Jamestown fue el primer pueblo de una nueva colonia llamada Virginia.

La vida en Virginia era muy dura. Los colonos apenas podían conseguir lo suficiente para comer. Muchos pobladores se morían de hambre y por los fríos del invierno y otros eran asesinados en combates con los indígenas.

Durante esos primeros años, la colonia no produjo dinero para los mercaderes que habían invertido en ella. Podría haber colapsado si no hubiera sido por uno de los pobladores, John Rolfe, quien descubrió que se podía cultivar el tabaco en el suelo de Virginia.

El tabaco era muy popular en la Europa de los 1600. Pronto, los colonos de Virginia lo estaban plantando en grandes cantidades y vendiéndolo por mucho dinero. El tabaco se convirtió en el primer cultivo comercial de las colonias inglesas. Un cultivo comercial se planta en grandes cantidades y se vende para obtener ganancias.

Con el tiempo, el tabaco llegó a cultivarse en grandes granjas llamadas plantaciones. Como las plantaciones necesitaban de muchos trabajadores, los ingleses comenzaron a traer esclavos africanos para trabajar la tierra. El éxito de Virginia alentó al gobierno inglés a establecer más colonias en las Américas para plantar cultivos comerciales. La colonia de Carolina del Sur, por ejemplo, comenzó a cultivar arroz e índigo. Los ingleses también comenzaron a establecer colonias en el Caribe para cultivar caña de azúcar.

No todos los pobladores ingleses vinieron a América del Norte en búsqueda de riquezas. Algunos vinieron en búsqueda de la libertad religiosa. Como ya habrás leído en el capítulo anterior, muchos protestantes de Inglaterra eran puritanos. Los puritanos querían eliminar los ritos católicos de la Iglesia Anglicana y permitir que cada congregación eligiera a sus propios líderes. El rey Jacobo (James) I y su hijo Carlos 1, ambos creían que los puritanos eran una amenaza para su autoridad y los perseguían.

En 1620 un grupo de puritanos conocidos como los **Peregrinos** decidió trasladarse a América del Norte para que pudieran practicar su religión con libertad. En 1620, se embarcaron en el buque llamado *Mayflower* y partieron hacia América del Norte. Desembarcaron justo al norte del Cabo Cod, en lo que hoy es el estado de Massachussets. Nombraron a su asentamiento Plymouth.

El éxito de los Peregrinos alentó a otros puritanos a comenzar a abandonar Inglaterra y trasladarse a América del Norte. Liderados por John Winthrop, un grupo de puritanos desembarcó en América del Norte y fundó la colonia de Massachussets. Pronto, otros los siguieron. Para 1643, más de 20,000 puritanos se habían trasladado a América del Norte. Fundaron Rhode Island, Connecticut y Nueva Hampshire.

Fuente principal

El Pacto del Mayflower

Los Peregrinos se autogobernaron de acuerdo con este documento.

"Habiendo emprendido por la Gloria de Dios y el Avance de la Fe Cristiana y el Honor de nuestro Rey y País, un Viaje para establecer la primera colonia en la zona del norte de Virginia; (. . .) Acordamos y nos comprometemos en un Cuerpo Político civil (grupo político), por nuestro buen Orden y Preservación. (. . .) Y en Virtud de lo mismo aquí declaramos, constituimos y damos marco, por justicia e igualdad ante las Leyes, (. . .) y Poderes, de tiempo en tiempo, según creemos sea más acorde y conveniente para el Bien general de la Colonia, y por lo que prometemos toda debida Sumisión y Obediencia".

—Pacto del Mayflower,
21 de noviembre de 1620

▲ **Los Peregrinos firman el Pacto del Mayflower.**

PBD Preguntas basadas en los documentos

¿A qué los Peregrinos le prometían sumisión y obediencia?

Las trece colonias

Uso de las habilidades geográficas

Las 13 colonias estadounidenses producían gran variedad de productos.

1. En general, ¿dónde estaban las industrias de la pesca y de la caza de ballenas?
2. ¿Cuál era el cultivo principal de Virginia y Maryland?

Otros pueblos que buscaban la libertad religiosa también establecieron colonias. Los católicos ingleses fundaron Maryland en 1634. Los cuáqueros, otro grupo religioso que había sido perseguido en Inglaterra, fundó Pennsylvania en 1680.

A principios del siglo XVIII, los ingleses habían creado 13 colonias a lo largo de la costa de América del Norte. Estas colonias tenían economías y sociedades diferentes, pero tenían algo muy importante en común: deseaban autogobernarse.

Gobierno independiente en América del Norte La tradición de autogobernarse comenzó en los inicios de las colonias inglesas. Para atraer a más pobladores, el jefe de la Compañía de las Virginias les otorgó a los colonos de Virginia el derecho de elegir a sus burgueses, o representantes, entre los hombres que poseían tierras. La primera Cámara de Burgueses sesionó en 1619. Se había creado siguiendo el modelo del Parlamento inglés y votaba las leyes para la colonia de Virginia.

La Cámara de Burgueses dio el ejemplo para un **gobierno representativo,** o un gobierno en el que los habitantes eligieran representantes para redactar las leyes y conducir el gobierno. No pasó mucho tiempo hasta que otras colonias también crearan sus propias legislaturas.

Un año después de que se reuniera la Cámara de Burgueses de Virginia, los Peregrinos llegaron a América del Norte y comenzaron su propia tradición de autogobierno. Antes de desembarcar, los Peregrinos firmaron un acuerdo llamado Pacto del Mayflower. Acordaron autogobernarse eligiendo a sus propios líderes y redactando sus propias leyes.

Con el paso de los años, la mayoría de las colonias inglesas comenzaron a redactar **constituciones** o planes de gobierno escritos. Estos documentos permitían a los colonos elegir asambleas y proteger sus derechos.

Comprobación de lectura **Comparación y contraste** ¿De qué manera se diferenció la fundación de Jamestown de la de Plymouth?

Problemas en las colonias

Idea principal **Gran Bretaña enfrentaba problemas en América del Norte porque los colonos americanos no estaban conformes con las nuevas leyes británicas.**

Enfoque en la lectura ¿Te gustaría tomar tus propias decisiones, sin que nadie que te dijera lo que debes hacer? Lee para averiguar por qué las colonias americanas querían tomar decisiones sin la interferencia británica.

A principios de los 1700, muchos fueron los cambios que se produjeron en Inglaterra y en las colonias extranjeras. En 1707, Inglaterra se unió a Escocia y se convirtió en el Reino Unido de Gran Bretaña. El término *Británico* abarcaba entonces a los ingleses y a los escoceses.

Para 1750, Gran Bretaña se había convertido en el imperio comercial más poderoso del mundo. Tenía 13 prósperas colonias sobre la costa atlántica de América del Norte y otras en India y en el Caribe. Durante muchos años, Gran Bretaña y sus colonias americanas parecían llevarse bien. Sin embargo, esta relación cambió cuando los británicos trataron de controlar el comercio y de imponer impuestos a las colonias. Estos esfuerzos enojaron a los colonos.

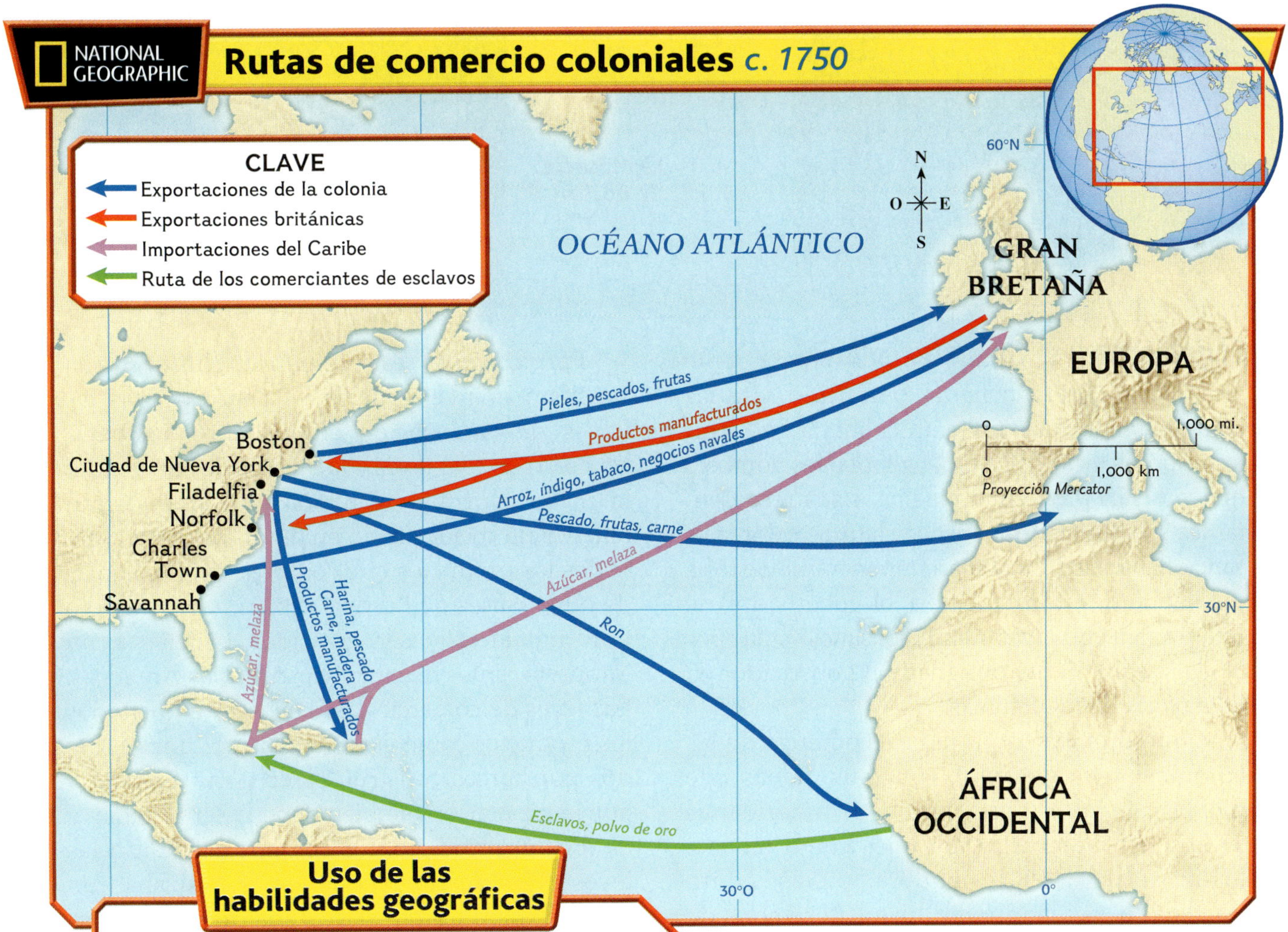

Uso de las habilidades geográficas

Las colonias enviaban materia prima a Gran Bretaña y recibían productos manufacturados a cambio.

1. ¿Qué se enviaba desde las colonias a África Occidental? ¿Desde África Occidental a las colonias?
2. ¿Qué área crees que se beneficiaba de la mayor parte del marco comercial que aquí se muestra? ¿La que menos se beneficiaba? ¿Por qué?

El camino hacia la revolución

▼ Revueltas contra la Ley del Timbre estallaron en muchas ciudades estadounidenses. *¿Por qué era tan poco popular la Ley del Timbre en las colonias?*

◀ El rey Jorge III

La Masacre de Boston ▶

El gobierno y el comercio colonial Durante años, Gran Bretaña había permitido que las colonias americanas tuvieran la libertad de regir sus asuntos locales. En cada colonia, los hombres que poseían propiedad elegían a sus representantes a la legislatura. Las legislaturas coloniales sancionaban leyes y podían imponer impuestos a los habitantes. Sin embargo, el gobernador de una colonia podía vetar las leyes sancionadas por la legislatura. El rey designaba el gobernador en la mayoría de las colonias.

Gran Bretaña controlaba el comercio de las colonias de acuerdo con sus ideas de mercantilismo. Las colonias americanas producían materia prima tales como tabaco, arroz, índigo, trigo, madera, pieles, cuero de venado, pescado y productos derivados de la caza de ballenas. Éstos eran enviados a Gran Bretaña y comercializados por productos manufacturados tales como vestimenta, muebles y productos de Asia (té y especias).

Para controlar este comercio, Gran Bretaña sancionó una serie de leyes denominadas las Leyes de Navegación en los años 1600. De acuerdo con esas leyes, los colonos debían vender la materia prima a Bretaña aún si pudieran obtener un mejor precio en algún otro mercado. Todos los productos que compraban las colonias de otros países de Europa debían pasar primero por Inglaterra y ser gravados (sujetos a un impuesto) antes de embarcar hacia las Américas. Las leyes de comercio también decían que todos los productos comerciales debían ser transportados por barcos construidos en Gran Bretaña y que la tripulación también debería ser británica.

En un principio, los colonos aceptaron las leyes de comercio porque les garantizaban un mercado para vender su materia prima. Más tarde, los colonos se volvieron en contra de las restricciones británicas. Con una creciente población en las colonias, los colonos querían fabricar sus propios productos manufacturados. También querían vender sus productos en otros mercados

▲ **Durante la Fiesta del Té de Boston, un grupo de colonos, algunos vestidos como indígenas americanos, arrojaron los sacos de té a la bahía de Boston. Muchos colonos más los alentaban desde la costa.** ***¿Cuál fue la respuesta de Gran Bretaña a este episodio?***

si podían obtener mejores precios. Muchos mercaderes coloniales comenzaron a contrabandear o a enviar productos hacia o fuera del país sin pagar impuestos u obtener permiso del gobierno.

¿Por qué cobraban los británicos impuestos a las colonias? Entre 1756 y 1763, los franceses y los británicos luchaban por el control de América del Norte. Los británicos ganaron casi todo el territorio del imperio francés en América del Norte. Sin embargo, la guerra fue muy costosa y dejó al gobierno británico con una gran deuda. Desesperados por dinero, los británicos hicieron planes para cobrar impuestos a los colonos e instaurar reglas de comercio más estrictas.

En 1765, el Parlamento sancionó la Ley del Timbre, que gravaba a los periódicos y demás materiales impresos. Todos estos productos debían llevar un timbre que demostrara que se había pagado el impuesto. Los colonos se enfurecieron. Respondieron boicoteando o negándose a comprar productos británicos.

Finalmente, los delegados de nueves colonias se reunieron en Nueva York para debatir sobre la Ley del Timbre. Enviaron una carta al gobierno británico declarando que las colonias no pagarían impuestos que no fueran los estipulados por sus propias asambleas. Los británicos dieron un paso atrás, por un tiempo, pero de todas formas necesitaban dinero. En 1767, el Parlamento gravó impuestos al vidrio, plomo, papel, pintura y té.

Las protestas por los impuestos llevan a una revuelta Los colonos estadounidenses se quejaron de los nuevos impuestos. Perseguían a los cobradores de impuestos y los periodistas dibujaban caricaturas horrorosas del rey Jorge III. Preocupados, los británicos enviaron más tropas a **Boston,** Massachussets, donde se producían las protestas más importantes.

En marzo de 1770, estalló la violencia. Un grupo de colonos comenzó a insultar a los soldados británicos y a arrojarles bolas de nieve. Los soldados dispararon a la multitud. Cinco personas murieron. Este episodio se denominó la Masacre de Boston. Poco tiempo después, se levantaron o cancelaron todos los impuestos, excepto el del té.

En 1773, el Parlamento sancionó la Ley del Té. Permitía a las compañías de comercio británicas enviar té a las colonias sin pagar los impuestos que los mercaderes coloniales de té debían pagar. Esto permitió que la compañía vendiera su té a un costo muy económico y amenazó con sacar a los mercaderes coloniales del té del negocio.

En Massachussets, los furiosos colonos decidieron tomar medidas. Un grupo de manifestantes, vestidos como indígenas americanos, subieron a varios barcos británicos en la bahía de Boston y arrojaron el cargamento de té al agua. Este episodio se conoce como la Fiesta del Té de Boston.

Para castigar a los colonos, el Parlamento, en 1774, sancionó leyes que cerraban la bahía de Boston y ponía al gobierno de Massachussets bajo poder militar. También declaró que las tropas británicas debían acuartelarse o vivir en los hogares de los colonos. Los colonos llamaron a éstas Leyes Intolerables o leyes que no podían soportar.

Las Leyes Intolerables hicieron que los colonos reforzaran su determinación de luchar por sus libertades. En septiembre de 1774, los delegados de 12 colonias se reunieron en Filadelfia. Se autonombraron Primer Congreso Continental. El Congreso se declaró en contra de las Leyes Intolerables y exigió su rechazo.

Sin embargo, los líderes coloniales estaban divididos en cuanto a lo que se debía hacer. Algunos como George Washington de Virginia, esperaban llegar a un acuerdo con Gran Bretaña. Otros, como Samuel Adams de Massachussets y Patrick Henry de Virginia, querían que las colonias se independizaran.

✓ Comprobación de lectura **Identificación** ¿Qué fue la Fiesta del Té de Boston?

La guerra de la independencia

Idea principal **Las colonias americanas formaron una nueva nación, los Estados Unidos de América.**

Enfoque en la lectura ¿Qué hace que los pueblos vayan a la guerra? Lee para averiguar de qué forma la guerra entre Gran Bretaña y los colonos americanos dio forma al curso de la historia mundial.

Antes de que los colonos pudieran decidir qué hacer, la lucha estalló en Massachussets. Los británicos comenzaron por destruir un arsenal en Concord. El 10 de abril de 1775, se encontraron con las tropas coloniales en Lexington y se inició la primera batalla de la Revolución Estadounidense.

En mayo de 1775, el Segundo Congreso Continental se reunió en **Filadelfia. George Washington** fue nombrado jefe del nuevo

Fuente principal: La Declaración de la Independencia

El 4 de julio de 1776, el Congreso aprobó la Declaración de la Independencia. El preámbulo (la primera parte del documento) explica la razón por la que emite esta declaración:

"Cuando, en el curso de los eventos humanos, se vuelve necesario para un pueblo disolver los vínculos políticos que lo han ligado a otro (. . .) exige que declare las causas que la impelen a tal curso".

El documento también explicaba que los pueblos tienen ciertos derechos básicos:

"Creemos que estas verdades son evidentes por sí mismas, que todos los hombres fueron creados iguales; que ellos están dotados por el Creador con determinados derechos inalienables, entre los cuales están la vida la libertad y la búsqueda de la felicidad".

—Declaración de la Independencia, 4 de julio de 1776

PBD Preguntas basadas en los documentos

¿Por qué crees que el Congreso pensó que debía emitir una declaración de la independencia por escrito?

▲ Benjamin Franklin, John Adams y Thomas Jefferson, mostrados de izquierda a derecha, trabajaron juntos en la redacción de la Declaración de la Independencia.

▲ **Los líderes estadounidenses que se reunieron en Filadelfia en 1787 y redactaron la Constitución de los Estados Unidos fueron algunos de los pensadores políticos más importantes de la nación.** ***¿Qué tipo de sistema de gobierno creó la Constitución?***

ejército colonial. Entonces, el congreso trató nuevamente de saldar las diferencias con Gran Bretaña. Apelaron al rey Jorge III, quien se negó a escuchar.

Cada vez más estadounidenses comenzaron a pensar que la independencia era la única respuesta. En enero de 1776, un escritor llamado **Tom Paine** ayudó a muchos a tomar la decisión cuando escribió un panfleto con el nombre de *Sentido común*. Paine utilizó fuertes palabras para condenar al rey e instó a los colonos a separarse de Gran Bretaña.

La Declaración de la Independencia El 4 de julio de 1776, el Congreso emitió la Declaración de la Independencia. Escrita por **Thomas Jefferson** de Virginia, la Declaración establecía que las colonias se separaban de Gran Bretaña y formaban una nueva nación, los Estados Unidos de América.

En la Declaración, Jefferson explicaba por qué los colonos fundaban una nueva nación. Para esto, Jefferson tomó prestadas las ideas de John Locke. En la Sección 3, aprendiste sobre la idea de Locke de que las personas tienen derecho de derrocar a los gobiernos que violan sus derechos. La Declaración establecía que "todos los hombres fueron creados iguales" y que Dios les otorga ciertos derechos. Establecía que el rey Jorge III había violado los derechos de los colonos y que por ello tenían derecho a rebelarse.

La Declaración también se inspiró en antiguos documentos ingleses tales como la Carta Magna y la Declaración de Derechos inglesa. Ambos documentos establecían la idea de que los gobiernos no son todopoderosos y que los gobernantes debían obedecer las leyes y tratar a los ciudadanos con justicia.

¿Cómo ganaron la guerra los estadounidenses? Después de la Declaración, la guerra entre los británicos y los estadounidenses continuó. La primera victoria importante para los estadounidenses se produjo en 1777 en la Batalla de Saratoga en Nueva York. La batalla marcó un cambio de rumbo en la guerra. Francia, viejo enemigo de Gran Bretaña, se dio cuenta de que los Estados Unidos realmente podían ganar. En 1778, Francia acordó ayudar a los estadounidenses.

Los franceses tuvieron gran importancia en la victoria final. Esto se produjo en 1781, en la Batalla de Yorktown en la costa de Virginia. La armada francesa bloqueó a los británicos para que no escaparan por mar, mientras que las fuerzas francesas y estadounidenses rodeaban y atrapaban a los británicos dentro de Yorktown. Sabiendo que no podían ganar, los británicos rindieron sus armas. Comenzaron las negociaciones de paz, y dos años después el Tratado de París dio fin a la guerra.

La Constitución de los Estados Unidos En 1783, Gran Bretaña reconoció la independencia de los estadounidenses. Al principio, los Estados Unidos eran una confederación o una unión libre de estados independientes. Su plan de gobierno era un documento denominado los

Artículos de la Confederación. Los Artículos creaban un gobierno nacional, pero los estados retenían la mayoría de los poderes. Pronto quedó claro que los Artículos no eran suficientes para administrar los nuevos problemas de la nación.

En 1787, 55 delegados se reunieron en Filadelfia para cambiar los Artículos. En su lugar, decidieron redactar una constitución para todo un nuevo gobierno nacional. La Constitución de los Estados Unidos estableció un sistema federal en el que los poderes quedaron divididos entre el poder nacional y los estados. En línea con las ideas de Montesquieu, el poder del gobierno nacional estaba dividido en las ramas ejecutiva, legislativa y judicial. Un sistema denominado controles y balances permitía que cada rama limitara los poderes de las restantes.

De acuerdo con la Constitución, los Estados Unidos era una república con un presidente electo en lugar de un rey. Las elecciones llevadas a cabo en 1789 hicieron de George Washington el primer presidente de los Estados Unidos. Este mismo año, una Declaración de Derechos se agregó a la Constitución de los Estados Unidos. Esta declaración establecía ciertos derechos que el gobierno no podía violar. Incluían la libertad de credo, de expresión y prensa, así como el derecho de tener un juicio por jurado.

La Constitución de los Estados Unidos también fue inspirada por los Principios de la Ilustración. Uno de ellos es la **soberanía popular,** o la idea de que el gobierno recibe los poderes de su pueblo. Otro es el **gobierno limitado,** o la idea de que un gobierno sólo puede utilizar aquellos poderes que el pueblo le otorga.

✓ Comprobación de lectura **Explicación** ¿Por qué decidieron los colonos separarse de Gran Bretaña y crear una nueva nación?

Historia en línea

Centro de estudios ¿Necesitas ayuda con el material de esta sección? Visita jat.glencoe.com

Repaso de la sección 4

Resumen de la lectura

Repaso de Ideas principales

- En América del Norte, los franceses se establecieron en Canadá y a lo largo del río Mississippi, mientras que los británicos se establecieron a lo largo de la costa del Atlántico.
- Los estadounidenses protestaron cuando el gobierno británico intentó imponer mayor control e impuestos en las colonias.
- Los estadounidenses derrotaron a los británicos en la Revolución Estadounidense y establecieron la forma republicana de gobierno con poderes divididos entre las tres ramas.

¿Qué aprendiste?

1. ¿Cuándo y dónde se libró la primera batalla de la Revolución Estadounidense?
2. ¿Qué es la Declaración de Derechos?

Pensamiento crítico

3. **Secuencia de información** Traza una línea en el tiempo como la siguiente. Completa los episodios relacionados con la Revolución estadounidense.

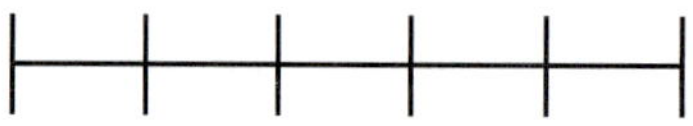

4. **Análisis** ¿Por qué crecieron con tanta rapidez las colonias de Inglaterra en América del Norte?
5. **Enlace cívico** ¿Cuáles de las ideas de John Locke aparecieron en la Declaración de la Independencia?
6. **Explicación** ¿De qué forma influyó la búsqueda de la libertad religiosa en la fundación de las colonias en América del Norte?
7. **Redacción persuasiva** Escribe dos cartas al editor de un periódico colonial. Una debe respaldar la participación británica en las colonias estadounidenses. La otra debe respaldar los argumentos de los colonos para su independencia.

Capítulo 18

Repaso de lectura

Sección 1 La era de la exploración

Uno de los primeros astrolabios

Vocabulario
mercantilismo
exportar
importaban
colonia
comercio
invierten

Enfoque en Ideas principales

- En el siglo XV, el comercio, la tecnología y el surgimiento de poderosos reinos condujeron a una nueva era de la exploración. ***(página 659)***
- Mientras que los portugueses exploraban África, los españoles, los ingleses y los franceses exploraban las Américas. ***(página 661)***
- Con el fin de aumentar el comercio, los europeos establecieron colonias y crearon compañías de capitales mixtos. ***(página 666)***
- La exploración y el comercio llevaron a un intercambio mundial de productos, personas e ideas. ***(página 668)***

Sección 2 La revolución científica

Vocabulario
teoría
racionalismo
método científico
hipótesis

Enfoque en Ideas principales

- Los pensadores del mundo antiguo desarrollaron las primeras formas de la ciencia y transmitieron su conocimiento a las civilizaciones que vinieron después. ***(página 671)***
- El interés de los europeos por la astronomía condujo a nuevos descubrimientos e ideas acerca del universo y del lugar que ocupa la Tierra en él. ***(page 673)***
- La revolución científica llevó a nuevos descubrimientos en la física, la medicina y la química. ***(página 675)***
- Utilizando el método científico, los europeos de los siglos XVII y XVIII desarrollaron nuevas ideas sobre la sociedad basadas en la razón. ***(página 678)***

Sección 3 La Ilustración

Vocabulario
ley natural
contrato social
división de poderes
deismo
absolutismo

Enfoque en Ideas principales

- Durante el siglo XVIII, muchos europeos creían que la razón podía usarse para mejorar el gobierno y la sociedad. ***(página 681)***
- La Ilustración se concentró en Francia, en donde los pensadores escribían sobre los cambios de la sociedad y se reunían para discutir sus ideas. ***(página 684)***
- Muchos de los monarcas europeas, que alegaban gobernar por voluntad divina, intentaron modelar sus naciones basándose en ideas de la Ilustración. ***(página 686)***

Sección 4 La Revolución Estadounidense

Vocabulario
gobierno representativo
constitución
soberanía popular
gobierno limitado

Enfoque en Ideas principales

- Las colonias europeas establecidas en América del Norte se desarrollaron de forma muy distinta entre sí y de Europa. ***(página 691)***
- Gran Bretaña enfrentaba problemas en América del Norte porque los colonos americanos no estaban conformes con las nuevas leyes británicas. ***(página 695)***
- Las colonias americanas formaron una nueva nación, los Estados Unidos de América. ***(página 698)***

Capítulo 18

Evaluación y actividades

Repaso del vocabulario

Escribe el término clave que completa cada oración.

a. constitución
b. método científico
c. división de los poderes
d. mercantilismo
e. comercio
f. absolutismo

1. Según la idea de ___, un país gana poder recolectando oro y estableciendo colonias
2. Una ___ es un plan escrito para gobernar.
3. Francis Bacon desarrolló el ___.
4. El sistema en el que los monarcas tienen el poder total se denominó ___.
5. Montesquieu creía que un ___ era necesario para un buen gobierno.
6. La compra y venta de productos en grandes cantidades a grandes distancias se denomina ___.

Repaso de las ideas principales

Sección 1 • La era de la exploración

7. ¿Qué condujo a los europeos a la era de la exploración?
8. ¿Cómo se relacionaban las compañías de capitales mixtos con el comercio en el exterior?

Sección 2 • La revolución científica

9. Describe los descubrimientos de Newton y de Galileo.
10. ¿Cuál fue la importancia del método científico?

Sección 3 • La Ilustración

11. ¿Como influyó la Ilustración en los gobernantes de Europa?
12. ¿En qué difieren las ideas de Thomas Hobbes y de John Locke?

Sección 4 • La Revolución Estadounidense

13. ¿Por qué querían los colonos americanos independizarse de Gran Bretaña?
14. ¿De qué manera reflejaba el nuevo gobierno de Estados Unidos las ideas desarrolladas durante la Ilustración?

Pensamiento crítico

15. **Enlace con la economía** ¿Cómo se reflejan las ideas del mercantilismo en la economía actual?

Repaso

Habilidad de lectura | Monitoreo y ajuste

Tus habilidades en la lectura

16. Escribe cinco preguntas que harías para poder entender mejor la información del siguiente párrafo.

Para ayudar a los holandeses, la reina Isabel I de Inglaterra permitió que los corsarios ingleses atacaran a los barcos españoles. Los corsarios son barcos de propiedad privada que tienen licencia de un gobierno para atacar barcos de otras nacionalidades. El pueblo apodaba a los corsarios ingleses "perros del mar". Atacaban a los barcos españoles que llevaban tesoros y traían oro de las Américas.

Para revisar este ejercicio, consulta las páginas 656–657.

Habilidades geográficas

Estudia el siguiente mapa y conteste las siguientes preguntas.

17. **Ubicación** ¿Qué ciudad de Europa fue la primera en recibir la papa como parte del intercambio colombino?
18. **Movimiento** ¿Por qué piensas que transcurrió tanto tiempo antes de que la papa se introdujera a Suecia y a Finlandia?
19. **Movimiento** ¿Según el mapa, parece que el comercio entre las naciones siguió un patrón estricto?

NATIONAL GEOGRAPHIC **La difusión de la papa**

Leer para escribir

20. **Redacción descriptiva** Escribe un breve ensayo describiendo las creencias de Montesquieu acerca del gobierno y explicando cómo se reflejaron en la Constitución de los Estados Unidos.

21. **Uso de tus PLEGABLES™** Trabaja con algunos compañeros de clase y crea un juego de preguntas y respuestas utilizando la información de tus plegables. Las preguntas deben cubrir la revolución científica, la Iluminación, la era de la exploración y la Revolución Estadounidense. Cambia de grupo para jugar.

Historia en línea

Prueba de autocomprobación Para prepararte mejor para el examen del capítulo, visita jat.glencoe.com

Uso de tecnología

22. **Investigación** Utiliza la Internet y tu biblioteca local para investigar sobre la exploración actual del espacio y de las profundidades del océano. Averigua sobre las tecnologías utilizadas, cómo se financian estas exploraciones y su impacto sobre nuestro conocimiento del universo. Escribe un informe sobre cómo los exploradores de la actualidad y sus viajes se parecen a y difieren de aquellos de Europa durante la era de la exploración.

Enlaces entre el pasado y el presente

23. **Análisis** La música, el arte y la literatura de la Ilustración reflejaban las opiniones de las personas de esa época. Escribe una descripción de cómo la música, el arte y la literatura actuales reflejan la forma en la que se siente la gente en la actualidad con respecto a la sociedad. Da ejemplos que respalden tu opinión.

Fuente principal

Análisis

El funcionario portugués Eduardo Barbosa describió la forma en que su país trataba con los reinos africanos.

"El rey de esta ciudad [Mombasa] se negaba a obedecer las órdenes del Rey, nuestro Señor y a través de su arrogancia, la perdió, y nosotros los portugueses la tomamos por la fuerza. Él escapó y degollaron (asesinaron) a mucha de su gente y también capturaron a muchos hombres y mujeres, de tal forma que la ciudad quedó en ruinas, saqueada y quemada".

—Duarte Barbosa, "La costa este de África"

PBD Preguntas basadas en los documentos

24. ¿Qué hizo el rey de Mombasa que enfureció a los portugueses?
25. ¿Cómo manejaron el conflicto los portugueses?

Repaso de la unidad 5

Comparación de las primeras civilizaciones modernas

Compara las primeras civilizaciones modernas verificando la siguiente información. ¿Puedes ver de qué manera estas civilizaciones tenían vidas muy parecidas a la tuya?

	Las Américas Capítulo 16	El Renacimiento y la Reforma Capítulo 17	La Ilustración y la revolución Capítulo 18
¿Dónde surgieron esas civilizaciones?	• América del Norte • América Central • Islas del Caribe • América del Sur	• Europa 	• Europa Occidental • América del Norte • África • Sur de Asia • Sudeste de Asia
¿Cuáles fueron algunos de los personajes importantes de esas civilizaciones?	• Pachacuti, gobernó 1438–1471 d.C. • Moctezuma II, gobernó 1502–1520 d.C. • Atahualpa, gobernó 1525–1533 d.C.	• Leonardo da Vinci 1452–1519 d.C. • Martín Lutero 1483–1546 d.C. • Isabel la Católica (España), gobernó 1474–1504 d.C.	• Cristóbal Colón 1451–1506 d.C. • Reina Isabel I (Inglaterra), gobernó 1558–1603 d.C. • Galileo Galilei 1564–1642 d.C.
¿Dónde vivía la mayoría de las personas?	• Cazadores-recolectores • Aldeas agrícolas • Ciudades (Tenochtitlán y Cuzco)	• Ciudades-estado (Italia) • Ciudades comerciales (Londres, París) • Aldeas agrícolas	• Ciudades portuarias (Lisboa, Ámsterdam) • Asentamientos y plantaciones de ultramar
¿Cuáles eran las creencias de estas personas?	• Religiones tradicionales de los indígenas americanos 	• Norte de Europa: protestante • Sur de Europa: Católica Romana • Comunidades judías	• Los europeos difunden el cristianismo a otros continentes • Surgimiento del deísmo en Europa y las Américas

	Las Américas Capítulo 16	El Renacimiento y la Reforma Capítulo 17	La Ilustración y la revolución Capítulo 18
¿Cómo era su gobierno? 	• Grupos locales gobernados por jefes y consejos • Poderosos emperadores o reyes (maya, azteca, e inca)	• Ciudades-estado italianas gobernadas por familias ricas • La mayoría de las zonas de Europa gobernadas por reyes, príncipes y nobles 	• Se limitan los poderes del rey inglés, se difunde el gobierno representativo • Se fundan los Estados Unidos como una república 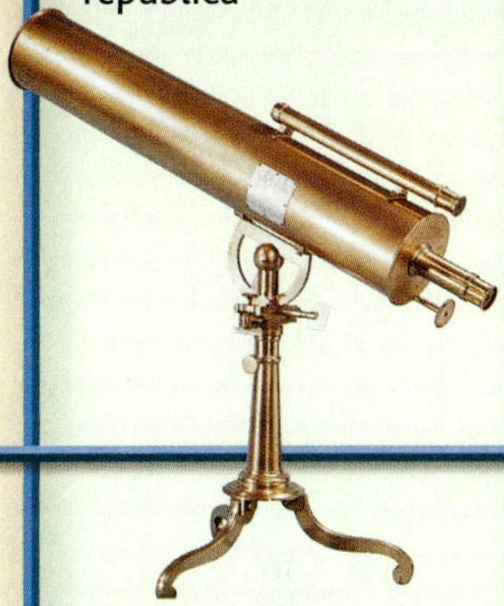
¿Cómo eran su idioma y su escritura?	• Los indígenas norteamericano hablaban cientos de idiomas • Idiomas azteca y maya escritos en jeroglíficos • Los incas no tenían lengua escrita	• Los libros impresos ayudaron a difundir el conocimiento • El idioma local se utiliza en la religión protestante • El latín sigue siendo el idioma de la Iglesia Católica 	• El encuentro de las culturas significó la difusión del conocimiento sobre los idiomas • Idiomas europeos traídos por los pobladores a las colonias de ultramar 
¿Qué contribuciones hicieron?	• Desarrollo de redes de comercio y métodos agrícolas y de la construcción 	• Mayor educación • Creación de arte en imitación de la vida • Diferentes religiones existían al mismo tiempo	• La razón vista como el camino hacia la verdad • Se desarrollaron reglas generales para el estudio científico • Comienzo de la democracia moderna
¿Cómo me afectan esas contribuciones? ***¿Puedes agregar alguna?***	• Los indígenas norteamericano aportaron alimentos (maíz, chocolate, papas) • Muchos nombres de lugares en las Américas se basaron en palabras de los indígenas norteamericano (Chicago, Mississippi)	• Los europeos del Renacimiento y de la Reforma difundieron la práctica de imprimir libros • Los temas de estudio (historia, lengua) se basan en el aprendizaje del Renacimiento	• Derechos respaldados (libertad de expresión, religión, prensa) de los que hoy gozamos • Se desarrollaron instrumentos científicos (microscopio, telescopio) y las vacunas para las enfermedades

Apéndice

Manual para el desarrollo de habilidades 708

Práctica de examen estandarizado 726

Biblioteca de fuentes principales. 736

Lecturas sugeridas 748

Glossary (Glosario) 750

Spanish Glossary (Glosario en español). 756

Diccionario geográfico 763

Índice 772

Reconocimientos 792

¿Qué es un apéndice?

Un apéndice es el material adicional que con frecuencia encuentras al final de un libro. La siguiente información te ayudará a comprender cómo usar el Apéndice en **Viaje en el Tiempo: Épocas tempranas.**

Manual para el desarrollo de habilidades

El **Manual para el desarrollo de habilidades** ofrece información y práctica usando tus habilidades de pensamiento crítico y estudios sociales. El dominio de estas habilidades te ayudará en todos tus cursos.

Preparación de examen estandarizado

Las habilidades que necesitas aprobar en un examen estandarizado se practican en la **Práctica de examen estandarizado** de este Apéndice.

Biblioteca de fuentes principales

La **Biblioteca de fuentes principales** ofrece narraciones adicionales en primera persona de hechos históricos. Las fuentes primarias son, con frecuencia, historias de una persona que experimentó lo que se está describiendo.

Lecturas sugeridas

La lista de **Lecturas sugeridas** ofrece títulos de ficción y no-ficción que posiblemente tengas interés en leer. Estos libros tratan los mismos temas que ves en cada capítulo.

Glossary (Glosario)

El **Glosario** está compuesto por una lista de términos importantes o difíciles que se encuentran en el texto. Dado que las palabras a veces tienen varios significados, es posible que desees consultar un diccionario para conocer otros usos de esos términos. El glosario da una definición de cada término según se le usa en el libro. El glosario también incluye números de página que te dicen dónde se usan estos términos en el libro de texto.

Spanish Glossary (Glosario en español)

El **Glosario en español** contiene todo lo que tiene un glosario en inglés, pero en español. El glosario en español es de especial importancia para estudiantes bilingües, o aquellos estudiantes de habla hispana que están aprendiendo inglés.

Diccionario geográfico

El **Diccionario geográfico** es un diccionario que contiene información sobre geografía. Menciona algunos de los países más grandes, ciudades y varias características geográficas importantes. Cada entrada también incluye el número de página en dónde el lugar aparece mencionado en el libro de texto.

Índice

El **Índice** es una lista presentada en orden alfabético que incluye los temas del libro y los números de página donde aparecen esos temas. El índice de este libro también te permite saber que algunas páginas contienen mapas, gráficas, fotografías o pinturas sobre el tema.

Reconocimientos y créditos fotográficos

Esta sección incluye la lista de créditos fotográficos y/o literarios de este libro. Puedes mirar esta sección para saber dónde obtuvo permiso el editor para usar una fotografía o extractos de otros libros.

Evalúa cuánto sabes

Encuentra las repuestas a esta preguntas usando el Apéndice en las siguientes páginas.

1. **¿Qué quiere decir *dinastía*?**
2. **¿Cuál es el tema del primer texto de fuente principal?**
3. **¿En qué página puedo encontrar algo sobre Confucio?**
4. **¿Dónde está ubicado Roanoke con exactitud?**
5. **¿Cuál es una de las Lecturas sugeridas para la Unidad 3?**

Manual para el desarrollo de habilidades

Contenido

Búsqueda de la idea principal 709
Toma de notas y esquemas 710
Lectura de una línea temporal 711
Secuenciamiento y categorización de la información 712
Reconocimiento del punto de vista 713
Diferenciación de hechos y opiniones 714
Análisis de recursos de biblioteca e investigación 715
Análisis de documentos de fuentes principales 716
Construcción de una base de datos 717
Resumen 718
Evaluación de un sitio Web 719
Comprensión de causa y efecto 720
Comparaciones 721
Hacer predicciones 722
Inferencias y conclusiones 723
Reconocimiento de indicadores económicos 724
Interpretación de una caricatura política 725

Búsqueda de la idea principal

¿Por qué desarrollar esta habilidad?

Entender la idea principal te permite comprender toda la situación y tener una comprensión global de lo que estás leyendo. Los detalles históricos, tales como los nombres, fechas y acontecimientos, se recuerdan con mayor facilidad cuando están relacionados con una idea principal.

1 Desarrollo de la habilidad

Sigue estos pasos cuando estés tratando de encontrar la idea principal:

- Lee el material y pregúntate, "¿Por qué se escribió esto? ¿Cuál es el propósito?"
- Lee la primera oración del primer párrafo. La idea principal de un párrafo con frecuencia se encuentra en la oración que presenta el tema. La idea principal de una sección larga de texto se encuentra a menudo en el párrafo que presenta el tema.
- Identifica la información que respalda las ideas principales.
- Mientras lees, debes tener en mente la idea principal.

2 Práctica de la habilidad

Lee el párrafo en la siguiente columna, que describe cómo está cambiando la cultura en el mundo. Contesta las preguntas y luego completa la actividad que se encuentra a continuación. Si tienes problemas, usa el organizador gráfico para ayudarte.

La difusión cultural ha aumentado como resultado de la tecnología. La difusión cultural es el proceso mediante el cual una cultura difunde su conocimiento y sus habilidades de un lugar a otro. Años atrás, el comercio, es decir, la forma en que la gente compartía productos e ideas, tuvo como resultado la difusión de la cultura. Hoy, la tecnología de las comunicaciones, como la televisión y el Internet, conectan a la gente de todo el mundo.

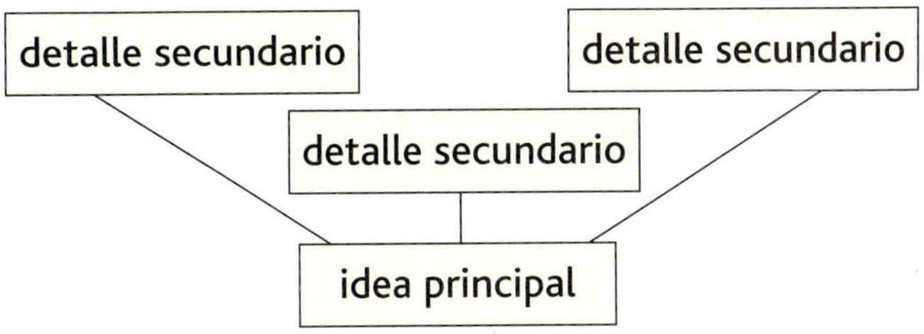

1. ¿Cuál es la idea principal del párrafo?
2. ¿Cuáles son los detalles que respaldan la idea principal?
3. Practica esta habilidad leyendo tres párrafos de tu libro de texto e identificando las ideas principales.
4. ¿Estás de acuerdo o no con la idea principal que se presenta arriba? Explica.

3 Aplicación de la habilidad

Trae a clase una revista o un periódico. Con un compañero, identifica las ideas principales de tres artículos diferentes. Luego explica cómo las otras oraciones o párrafos del artículo apoyan la idea principal.

Toma de notas y esquemas

¿Por qué desarrollar esta habilidad?

Si le pides a alguien su número telefónico o dirección de correo electrónico, ¿cómo la recordarías mejor? La mayoría de la gente toma notas. Tomar notas te ayuda a recordar. Lo mismo se hace cuando quieres recordar lo que leíste en un libro de texto.

1 Desarrollo de la habilidad

Tomar notas mientras lees tu texto te ayudará a recordar la información. A medida que leas, identifica y resume las ideas principales y los detalles secundarios, y escríbelos en tus apuntes. No copies el material directamente del texto.

Usar tarjetas de fichero que luego puedas ordenar puede resultarte útil. Primero escribe el tema o la idea principal en la parte superior de la tarjeta. Luego escribe los detalles secundarios que respaldan o describen el tema. Numera las tarjetas para mantenerlas ordenadas.

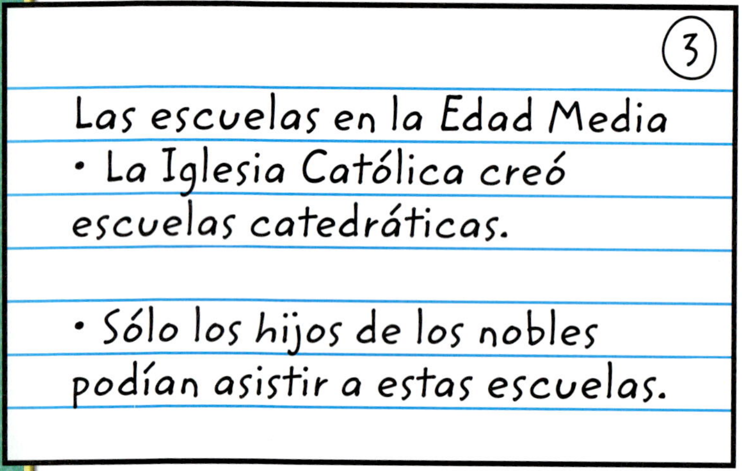
3
Las escuelas en la Edad Media
• La Iglesia Católica creó
escuelas catedráticas.
• Sólo los hijos de los nobles
podían asistir a estas escuelas.

También puede resultarte útil usar un esquema cuando estés tomando apuntes. Hacer un esquema te puede ayudar a organizar tus apuntes de manera clara y ordenada.

Primero lee el material para identificar las ideas principales. En este texto, los encabezados de las secciones y los subtítulos dan indicios sobre las ideas principales. Los detalles secundarios pueden estar a continuación de los encabezados. Cada nivel en el esquema debe tener por lo menos dos elementos. La forma básica de un esquema es así:

Idea principal
- I. Primera idea o elemento
- II. Segunda idea o elemento
  - A. Primer detalle secundario
  - B. Segundo detalle secundario
    - 1. Subdetalle secundario
    - 2. Subdetalle secundario
- III. Tercera idea o elemento
  - A. Primer detalle secundario
  - B. Segundo detalle secundario

2 Práctica de la habilidad

Vuelve al Capítulo 2, Sección 1. Haz un esquema de las ideas principales de la sección tal como ya se explicó.

3 Aplicación de la habilidad

Utiliza el esquema que creaste en el paso 2 para escribir un párrafo con la idea principal y por lo menos tres detalles secundarios.

Lectura de una línea temporal

¿Por qué desarrollar esta habilidad?

¿Alguna vez tuviste que recordar acontecimientos y fechas en el orden en que sucedieron? Una línea temporal es una manera fácil de entender el orden de acontecimientos y fechas. Es un diagrama sencillo que muestra cómo las fechas y acontecimientos se relacionan entre sí. En la mayoría de las líneas temporales, los años están separados de manera pareja. Los acontecimientos en las cronologías se colocan junto a la fecha en la que ocurrieron.

1 Desarrollo de la habilidad

Para leer una línea temporal, sigue estos pasos:

- Encuentra las fechas en los extremos de la cronología. Esto muestra el período de tiempo que cubre esta línea temporal.
- Fíjate en el espacio regular que hay entre las fechas de esta línea temporal.
- Estudia el orden de los acontecimientos.
- Fíjate cómo los acontecimientos se relacionan entre sí.

2 Práctica de la habilidad

Examina la línea temporal que está a continuación. Muestra los acontecimientos más importantes de la historia del antiguo Egipto. Contesta las preguntas y luego completa la actividad que se encuentra a continuación.

1. ¿Cuándo comienza la línea temporal? ¿Cuándo termina?
2. ¿Qué acontecimientos importantes tuvieron lugar en el siglo XVI a.C.?
3. ¿Cuánto tiempo gobernaron Egipto los hicsos?
4. ¿Qué sucedió en Egipto en el siglo IV a.C.?

3 Aplicación de la habilidad

Haz una lista de 10 acontecimientos encontrados en la Unidad 1 y las fechas en que estos acontecimientos tuvieron lugar. Escribe los acontecimientos en el orden en el que sucedieron en la línea temporal.

Antiguo Egipto

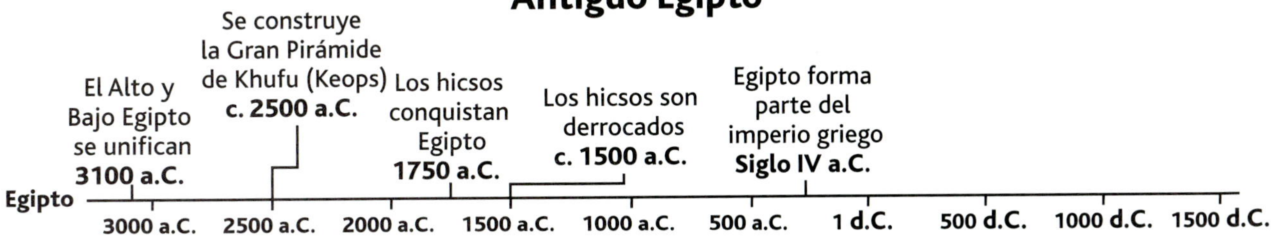

Secuenciamiento y categorización de la información

¿Por qué desarrollar esta habilidad?

Secuenciar **significa poner los hechos en el orden en que sucedieron.** ***Categorizar*** **significa organizar la información en grupos de hechos e ideas relacionados. Ambos procedimientos te ayudan a manejar grandes cantidades de información de una manera comprensible.**

1 Desarrollo de la habilidad

Sigue estos pasos para aprender a secuenciar y categorizar:

- Busca fechas o palabras clave que te ayuden a seguir un orden cronológico: *en 2004, hacia finales de la década de 1990, primero, más tarde, finalmente, después de la Gran Depresión*, etc.
- El secuenciamiento puede verse en las líneas temporales de unidades o capítulos o en gráficos donde la información abarca varios años.
- Si la secuencia de acontecimientos no es importante, es posible que sea preferible categorizar la información. Para categorizar la información, busca los temas y hechos que estén agrupados o que tengan características en común. Si la información es sobre agricultura, una categoría podría ser: *herramientas para la agricultura.*
- Coloca estas categorías, o características, como encabezados en un cuadro.
- A medida que leas, busca detalles. Completa el cuadro con los detalles que encuentres bajo la categoría apropiada.

2 Práctica de la habilidad

Lee el párrafo que está a continuación y contesta las siguientes preguntas.

El budismo nació en la India alrededor del año 500 a.C., pero para el año 300 a.C. prácticamente había desaparecido del país. La religión islámica también tuvo influencia en la historia de la India. En el siglo VIII d.C. los musulmanes del sudoeste asiático llevaron el Islam a la India. En el siglo XVI, fundaron el Imperio Mogul y gobernaron la India durante los siguientes 200 años.

1. ¿Qué información puede organizarse de manera secuencial?
2. ¿Qué categorías puedes usar para organizar la información? ¿Qué hechos pueden ir en cada categoría?

3 Aplicación de la habilidad

Abre el Diccionario Geográfico en las páginas GH14 y GH15. Busca cualquier término que figure dentro de la categoría "masas de agua". También, encuentra dos artículos de periódico o de revista que hablen de un tema local importante. Secuencia o categoriza la información en tarjetas de fichero o tablas.

Reconocimiento del punto de vista

¿Por qué desarrollar esta habilidad?

Si dices, "los gatos son mejores mascotas que los perros", estás expresando tu punto de vista. Estás dando tu opinión personal. Saber cuándo alguien está dando su punto de vista puede ayudarte a juzgar si lo que se está diciendo es verdad.

1 Desarrollo de la habilidad

La mayoría de las personas tienen sentimientos e ideas que afectan a su punto de vista. El punto de vista de una persona se ve influenciado, con frecuencia, por la edad, experiencia, o posición ante una situación.

Para reconocer el punto de vista, sigue estos pasos:

- Identifica al orador o escritor y estudia su posición con respecto a un tema. Piensa sobre su posición en la vida y en lo que respecta a ese tema.
- Busca expresiones que muestren emoción u opinión. Busca palabras tales como *todo, nunca, mejor, peor, podría,* o *debería.*
- Analiza el discurso o la narración para ver si es equilibrado. ¿Expresa sólo un punto de vista? ¿Habla igual cantidad de tiempo sobre otros puntos de vista?
- Identifica la enunciación de hechos. Los hechos concretos por lo general contestan las preguntas *¿Quién? ¿Qué? ¿Cuándo?* y *¿Dónde?*.
- Establece cómo el punto de vista de una persona se refleja en su discurso o escritos.

2 Práctica de la habilidad

Lee el siguiente discurso sobre la vida silvestre en África y contesta las preguntas que están a continuación.

Los gorilas de las montañas viven en las montañas selváticas neblinosas del este de África. Sin embargo, la minería y la tala están destruyendo la selva. A menos que se proteja la selva, todos los gorilas perderán su hogar y desaparecerán para siempre. Como naturalista africano que se preocupa por este tema, debo enfatizar que éste será uno de los peores eventos de la historia africana.

1. ¿Qué problema está presentando el orador?
2. ¿Qué razones expone el orador como causa de pérdida de la selva?
3. ¿Cuál es el punto de vista del orador sobre el problema que enfrentan los gorilas en el este de África?

3 Aplicación de la habilidad

Elige una carta de lectores de un periódico. Resume el tema en discusión y el punto de vista del autor sobre ese tema. Expone un posible punto de vista opuesto a dicha cuestión. Establece quién podría sostener el punto de vista contrario con base en edad, ocupación y experiencia.

Diferenciación de hechos y opiniones

¿Por qué desarrollar esta habilidad?

Supón que un amigo dice, "El equipo de básquetbol de nuestra escuela es fantástico. Es un hecho". En realidad, no es un hecho; es una opinión. Saber diferenciar entre hechos y opiniones puede ayudarte a analizar la exactitud de declaraciones políticas, la publicidad y muchas otras manifestaciones.

1 Desarrollo de la habilidad

Un **hecho** contesta preguntas específicas, como: ¿Qué sucedió? ¿Quién lo hizo? ¿Cuándo y cómo sucedió? ¿Por qué sucedió? Un hecho puede ser corroborado para verificar su exactitud y puede ser comprobado.

Una **opinión,** por otro lado, expresa creencias, sentimientos y juicios de valor. Puede reflejar los pensamientos de alguien pero no puede comprobarse. Una opinión, por lo general, comienza con una frase como: *creo, pienso, probablemente, me parece, o en mi opinión.*

Para distinguir entre un hecho y una opinión, hazte la siguiente pregunta:

- ¿Esta afirmación da información específica sobre el hecho?
- ¿Puedo verificar la exactitud de esta afirmación?
- ¿Esta afirmación expresa los sentimientos, creencias o juicios de valor de alguna persona?
- ¿Incluye frases tales como *creo,* superlativos, o palabras que expresen juicios de valor?

2 Práctica de la habilidad

Lee la afirmación que se encuentra a continuación. Indica si es un hecho o una opinión y explica cómo llegaste a esa conclusión.

(1) La dinastía Han gobernó la China desde 206 a.C. hasta 220 d.C.

(2) La dinastía Han fue mucho mejor que la dinastía Qin.

(3) La dinastía Han dividió al país en distritos para poder administrar mejor un área tan extensa.

(4) El gobierno no debió haber fomentado las artes e invenciones.

(5) La dinastía Han llevaba muy buenos registros de todo lo que hacía, lo que ayuda a los historiadores a conocerlos mejor.

(6) Los gobernantes Han elegían a los funcionarios basándose en el mérito y no en el prestigio de sus familias.

(7) Ninguna otra familia gobernante del mundo puede compararse con la dinastía Han de China.

(8) Los gobernantes Han debieron haber defendido a los agricultores pobres de las severas actividades de los terratenientes ricos.

3 Aplicación de la habilidad

Lee un artículo de un periódico que describa un hecho político. Encuentra tres hechos y tres opiniones expresadas en el artículo.

Análisis de recursos de biblioteca e investigación

¿Por qué desarrollar esta habilidad?

Imagina que tu maestro te ha enviado a la biblioteca a escribir un informe sobre la historia de la antigua Roma. Saber cómo encontrar buenas fuentes de información para tu investigación te ayudará a no perder tiempo en la biblioteca y a escribir un mejor informe.

1 Desarrollo de la habilidad

No todos los recursos te serán útiles para escribir el informe sobre Roma. Inclusive algunas fuentes que tratan temas sobre Roma no te darán la información necesaria. Al analizar las fuentes para tu proyecto de investigación, elige lo que no sea ficción y que contenga la mayor cantidad de información sobre ese tema.

Cuando elijas los recursos de investigación, hazte las siguientes preguntas:

- ¿Está actualizada la información?
- ¿El índice tiene varias páginas sobre ese tema?
- ¿La fuente ha sido escrita de una manera fácil de entender?
- ¿Contiene ilustraciones útiles, así como fotografías?

2 Práctica de la habilidad

Mira la siguiente lista de fuentes. ¿Cuáles serían las más útiles para escribir un informe sobre la historia de la antigua Roma? Explica tus elecciones.

(1) Una guía turística actual de Italia.

(2) Una guía sobre el arte y la arquitectura romana antigua.

(3) Un libro de cuentos para niños sobre la antigua Europa.

(4) Una historia de la antigua Grecia.

(5) Un estudio sobre el surgimiento y la caída del Imperio Romano.

(6) Un libro sobre ideas republicanas modernas.

(7) Un diccionario bibliográfico de los antiguos gobernantes del mundo

(8) Un atlas del mundo

3 Aplicación de la habilidad

Ve a tu biblioteca local o usa la Internet para crear una bibliografía de fuentes que podrías usar para escribir un informe sobre la historia de la antigua Roma. Nombra por lo menos cinco fuentes.

▲ Mosaico romano que muestra a los gladiadores en batalla

Análisis de documentos de fuentes principales

¿Por qué desarrollar esta habilidad?

Los historiadores determinan qué sucedió en el pasado combinando evidencia que los ayuda a reconstruir los hechos. Este tipo de evidencia, tanto escrita como ilustrada, se llama fuente primaria. Examinar las fuentes primarias te puede ayudar a comprender la historia.

1 Desarrollo de la habilidad

Las fuentes principales son fuentes que fueron creadas en el período histórico que se está estudiando. Pueden incluir cartas, diarios, fotografías y pinturas, artículos de periódico, documentos legales, cuentos, literatura y piezas de arte.

Para analizar las fuentes principales, hazte las siguientes preguntas:

- ¿Cuál es el objeto?
- ¿Quién lo creó?
- ¿De dónde viene?
- ¿Cuándo se creó?
- ¿Qué nos dice sobre el tema que estoy estudiando?

2 Práctica de la habilidad

La fuente primaria que está a continuación proviene de *Historias de Roma* de Livio. Livio era un historiador romano que vivió entre los años 59 a.C. y 17 d.C. Aquí escribe un cuento con una moraleja, o lección que se debe aprender. Lee el cuento y luego contesta las siguiente preguntas.

Hubo una vez en que todas las partes del cuerpo no estuvieron de acuerdo. (. . .) A las otras partes del cuerpo les parecía muy injusto que tuvieran que preocuparse y transpirar para cuidar del estómago. Después de todo el estómago se sentaba todo el día sin . . hacer nada, disfrutando de todas las cosas bellas que venían en su camino. Entonces tramaron un complot. Las manos no iban a llevar comida a la boca; y si lo hacían, la boca no la iba a aceptar. (. . .) Se llamaron a un malhumorado silencio y esperaron a que el estómago pidiera ayuda. Pero mientras esperaban, una por una todas las partes del cuerpo se fueron debilitando. ¿Cuál es la moraleja de la historia? El estómago también tiene trabajo que hacer. Tiene que ser alimentado, pero también alimenta.

Extracto de *Historias de Roma,* Livio, c. 20 a.C.

1. ¿Cuál es el tema principal?
2. ¿Quién era perezoso según las manos y la boca?
3. ¿Qué hicieron entonces las manos y la boca?
4. ¿Cuál es la moraleja o la lección de la historia?

3 Aplicación de la habilidad

Encuentra una fuente primaria de tu pasado: una fotografía o recorte de periódico. Explica a la clase lo que se muestra sobre ese período de tu familia.

Construcción de una base de datos

¿Por qué desarrollar esta habilidad?

Una base de datos es un conjunto de información almacenada en archivos de computadora o en disquetes. Se ejecuta en un software que organiza grandes cantidades de información de una manera ordenada, en la que se puede buscar y hacer cambios con facilidad. A menudo se presenta en cuadros o tablas. Puedes hacer una base de datos para almacenar la información relacionada con una clase de la escuela o tu horario semanal.

1 Desarrollo de la habilidad

Para crear una base de datos con tu procesador de texto, sigue estos pasos:

- Escribe un título que identifique el tipo de información en tu documento y los nombres de los archivos.
- Determina la información específica que desees incluir. Tal como lo muestra el ejemplo de la base de datos de esta página, es posible que quieras registrar datos sobre las importaciones y exportaciones de determinados países.
- Escribe las categorías de información junto con los nombres de los países como encabezados en una tabla con columnas. Cada columna es un campo, que es la unidad básica de información almacenada en una base de datos.
- Escribe los datos que hayas recopilado en las celdas, es decir, en los espacios individuales de tu tabla.
- Usa la función de Ordenar ("sorting") de tu computadora para organizar tus datos. Por ejemplo, puedes ordenar por país, en orden alfabético.
- Agrega, elimina o actualiza la información según lo necesites. El software de base de datos ajusta las celdas en la tabla de manera automática.

2 Práctica de la habilidad

En una hoja de papel separada, contesta las siguientes preguntas sobre la base de datos de esta página.

1. ¿Qué tipo de información tiene la base de datos?
2. ¿Qué campos de información relacionados muestra?
3. El autor aprende que Canadá también exporta textiles, bebidas y arte a Estados Unidos. ¿Es necesario crear una nueva base de datos? Explica.

3 Aplicación de la habilidad

Crea una base de datos que te ayude a hacer el seguimiento de tus tareas escolares. Trabaja con cuatro campos: tema, descripción de la tarea, fecha de entrega, y tareas completas. Asegúrate de mantener la base de datos actualizada.

Comercio internacional de Estados Unidos

País	Japón	Reino Unido	Canadá
Exportaciones a EE.UU.	Motores, productos de caucho, automóviles, camiones, autobuses	Productos lácteos, bebidas, derivados del petróleo, arte	Trigo, minerales, papel, máquinas para minería
Valor de las exportaciones a EE.UU.	$128 mil millones	$35.2 mil millones	$232.6 mil millones
Importaciones de EE.UU.	Carne vacuna, pescado, azúcar, tabaco, café	Frutas, tabaco, maquinaria eléctrica	Pescado, azúcar, metales, textiles
Valor de las importaciones de EE.UU.	$67.3 mil millones	$42.8 mil millones	$199.6 mil millones

Resumen

¿Por qué desarrollar esta habilidad?

Imagínate que se te ha pedido que leas un capítulo muy largo. ¿Cómo puedes hacer para recordar toda la información importante? Resumen de la información. Resumir grandes cantidades de información a unas pocas frases clave te puede ayudar a recordar las ideas principales y los hechos importantes.

1 Desarrollo de la habilidad

Para resumir la información, sigue estas pautas mientras lees:

- Separa las ideas principales de los detalles secundarios. Usa las ideas principales para tu resumen.
- Usa tus propias palabras para describir las ideas principales. No copies la selección palabra por palabra.
- Si el resumen es casi tan largo como lo que tienes que leer, estás incluyendo demasiada información. El resumen debe ser muy corto.

2 Práctica de la habilidad

Para practicar esta habilidad, lee el párrafo a continuación. Luego contesta las preguntas.

La dinastía Ming que siguió a la de los mongoles, trató de eliminar toda la influencia mongol del país. Los líderes Ming creían que China podía convertirse en un gran imperio. Expandieron el control chino a distintas partes del este de Asia, incluyendo Corea, Vietnam y Myanmar (Birmania). Para restablecer la importancia de la cultura china, fomentaron la práctica de las antiguas tradiciones chinas, en especial en las artes. La literatura china durante la época Ming seguía el estilo de los antiguos escritores chinos. Algunas de las mejores pinturas y cerámicas chinas fueron creadas en ese período. Los gobernantes Ming también construyeron la Ciudad Prohibida.

1. ¿Cuáles son las ideas principales de este párrafo?
2. ¿Cuáles son los detalles secundarios?
3. Escribe un resumen corto de dos o tres oraciones que te ayude a recordar de qué se trata el párrafo.

3 Aplicación de la habilidad

Lee un artículo corto de un periódico o revista. Resume el artículo en dos o tres oraciones.

Evaluación de un sitio Web

¿Por qué desarrollar esta habilidad?

La Internet se ha convertido en una herramienta necesaria para el hogar y los negocios ya que cada vez más gente la utiliza. Con tantos sitios Web disponibles, ¿cómo sabes cuál es el más útil para ti? Debes prestar atención a los detalles, para no perder tiempo valioso en búsquedas en la Web.

1 Desarrollo de la habilidad

La Internet es una herramienta útil de investigación. Es fácil de usar, y te brinda información rápida y actualizada. El uso más común que dan los estudiantes a la Internet es la investigación. Sin embargo, no toda la información de Internet es precisa y confiable.

Cuando uses la Internet para hacer investigación, debes evaluar la información con sumo cuidado. Cuando evalúes un sitio Web, hazte las siguientes preguntas:

- ¿Parecen precisos los hechos descritos en el sitio?
- ¿Quién es el autor o patrocinador del sitio, y cuál es la razón por la que la organización o persona lo mantiene?
- ¿La información que se presenta en el sitio explora el tema a fondo?
- ¿El sitio contiene vínculos a otros recursos útiles?
- ¿La información es de fácil acceso y se entiende bien?

2 Práctica de la habilidad

Para practicar esta habilidad, encuentra tres sitios Web sobre los shogunes o samurais de Japón. Sigue estos pasos y escribe tu explicación.

1. Evalúa la utilidad que tendrían éstos si tuvieras que escribir un informe sobre este tema.
2. Elige el que te sea más útil.
3. Explica por qué elegiste ese sitio.

3 Aplicación de la habilidad

Si tu escuela tuviera un sitio Web, ¿qué información incluiría? Escribe un párrafo que describa ese sitio.

Un guerrero samurai japonés ▶

Comprensión de causa y efecto

¿Por qué desarrollar esta habilidad?

Tú sabes que si miras televisión en lugar de completar tus tareas, es probable que no consigas buenas calificaciones. La causa (no hacer las tareas) tiene un efecto (no obtener buenas notas).

1 Desarrollo de la habilidad

Una *causa* es cualquier persona, acontecimiento, o condición que hace que algo suceda. Lo que sucede como resultado se conoce como *efecto.*

Estas pautas te ayudarán a identificar la causa y el efecto.

- Identifica dos acontecimientos o más.
- Pregunta por qué ocurrieron.
- Busca "palabras clave" que te llamen la atención sobre la causa y el efecto, tales como *porque, llevó a, trajo, produjo,* y *por lo tanto.*
- Identifica los resultados de esos acontecimientos.

2 Práctica de la habilidad

A medida que leas el siguiente párrafo, registra la conexión que hay entre la causa y el efecto en un cuadro u organizador gráfico.

Cerca del año 200 a.C., los mesopotámicos estuvieron entre los primeros habitantes del mundo que mezclaron cobre y estaño para hacer bronce.

El bronce trajo muchos cambios a la vida en la Mesopotamia. Por un lado, el bronce era mucho más duro que los productos de cobre que se usaban hasta ese entonces. Dado que era más duro, el bronce servía para hacer mejores herramientas y armas más afiladas. Esta mejora tecnológica fue útil para los agricultores, artesanos y soldados por igual.

El bronce fundido era más fácil de verter que los metales usados anteriormente. Los artesanos podían hacer mejores flechas, cabezas de hachas, estatuas, tazones y otros objetos.

El Estandarte real de Ur

3 Aplicación de la habilidad

Mira de nuevo el capítulo que estás leyendo ahora. Elige un acontecimiento importante descrito y haz una lista de las causas.

Comparaciones

¿Por qué desarrollar esta habilidad?

Supón que quieres comprar un equipo de CD portátil y debes decidir entre tres modelos. Para tomar la decisión, probablemente compares varias características de los tres modelos, como precio, calidad del sonido, tamaño, etc. Comparando, te darás cuenta de cuál es el equipo que más te conviene. Cuando se estudia la historia mundial, muchas veces se deben comparar los pueblos o acontecimientos de un período con aquellos de otro período.

1 Desarrollo de la habilidad

Cuando hagas comparaciones, analiza e identifica dos o más grupos, situaciones, acontecimientos o documentos. Luego identifica cualquier similitud (aspectos parecidos) o diferencia (desigualdades). Por ejemplo, el cuadro de esta página compara las características de dos civilizaciones antiguas.

Cuando hagas comparaciones, sigue estos pasos:

- Decide qué elementos debes comparar. Palabras clave como *también, y, como, al igual que,* así como *similar a* pueden ayudarte a identificar los elementos que estés comparando.
- Determina qué características utilizarás para comparar.
- Identifica similitudes y diferencias entre estas características.

2 Práctica de la habilidad

Para practicar esta habilidad, analiza la información del cuadro al final de esta página. Luego contesta estas preguntas.

1. ¿Qué elementos se están comparando?
2. ¿Qué características se están utilizando para establecer la comparación?
3. ¿En qué eran iguales los fenicios e israelitas? ¿En qué eran diferentes?
4. Supón que quisieras comparar los dos pueblos con mayor detalle. ¿Cuáles son algunas de las características que podrías usar?

3 Aplicación de la habilidad

Piensa en dos deportes que se practican en tu escuela. Haz un cuadro comparando lo siguiente: dónde se practican esos deportes, quiénes los practican, qué accesorios se usan y otros detalles.

Las civilizaciones fenicia e israelita

Características culturales	Fenicios	Israelitas
Tierra natal	Canaán	Canaán
Organización política	ciudades-estado	12 tribus; posteriormente un reino
Método de gobierno	reyes/consejos de comerciantes	reyes/consejo de ancianos
Principales ocupaciones	artesanos, comerciantes, exportadores	pastores, agricultores, comerciantes
Religión	creencia en muchos dioses y diosas	creencia en un solo dios todopoderoso
Principal contribución	difusión del alfabeto	principios de justicia social

Hacer predicciones

¿Por qué desarrollar esta habilidad?

En la historia lees sobre cómo la gente toma decisiones difíciles según lo que piensa que *podría* suceder. Al hacer predicciones, puedes entender mejor las elecciones que los pueblos deben hacer.

1 Desarrollo de la habilidad

A medida que leas un párrafo o sección de tu libro, piensa en lo que podría suceder a continuación. Lo que tú piensas que puede pasar es tu *predicción*. Una predicción no tiene una respuesta correcta o incorrecta. Hacer predicciones te ayuda a considerar lo que lees con más cuidado.

Para hacer una predicción, pregúntate:

- ¿Qué sucedió en este párrafo o sección?
- ¿Qué conocimiento previo tengo de los sucesos del texto?
- ¿Qué situaciones similares conozco?
- ¿Qué pienso que sucederá a continuación?
- Comprueba tus predicciones: lee para saber si estabas en lo cierto.

Escudo azteca

2 Práctica de la habilidad

Para practicar esta habilidad, lee el siguiente párrafo sobre el imperio azteca. Luego contesta las siguientes preguntas.

Los aztecas del antiguo México crearon el imperio más poderoso de todos los grupos indígenas de América. Extraían oro, plata y otros productos para comerciar. Para construir su imperio, conquistaron a muchos grupos de indígenas americanos. Los aztecas luchaban contra sus enemigos con armas de madera y cuchillas de piedra.

En el siglo XVI, un ejército de españoles que buscaba oro escuchó hablar de los aztecas y sus riquezas. Conducidos por Hernán Cortés, los españoles fueron ayudados por los enemigos de los aztecas. Armados con espadas de acero, mosquetes y cañones, los españoles se dirigieron a la capital azteca.

1. De esta situación entre aztecas y españoles, escoge el resultado que consideres será el que tenga la mayor probabilidad de ocurrir.
   a. Los españoles evitarán totalmente a los aztecas.
   b. Los dos grupos se harán amigos.
   c. Los españoles conquistarán a los aztecas.
   d. Los aztecas conquistarán a los españoles.
2. Explica la respuesta que elegiste.

3 Aplicación de la habilidad

Mira un programa de televisión o una película. En la mitad de la presentación, escribe en un papel una predicción de cuál será el final. Al final del programa, mira tu predicción.

Manual de desarrollo de habilidades

Inferencias y conclusiones

¿Por qué desarrollar esta habilidad?

Supón que la maestra trajera a clase un artefacto y que un compañero tuyo dijera, "Eso vino de Grecia, ¿no?" Puedes inferir que tu compañero está muy interesado en Grecia.

1 Desarrollo de la habilidad

Inferir *significa* evaluar la información y llegar a una *conclusión.* Los escritores de estudios sociales no siempre explican todo en el texto. Cuando haces inferencias, "lees entre líneas". Debes usar los datos de los que dispones y tu conocimiento sobre los estudios sociales para llegar a una conclusión.

Sigue estos pasos para poder inferir y sacar conclusiones:

- Lee atentamente los hechos e ideas expuestos.
- Resume la información y haz una lista de los hechos importantes.
- Usa la información relacionada de la que ya tengas conocimiento para hacer inferencias.
- Usa tu conocimiento e intuición para sacar conclusiones sobre estos hechos.

2 Práctica de la habilidad

Lee el siguiente pasaje y contesta las preguntas.

Muchos templos griegos estaban decorados con estatuas. La escultura griega, como su arquitectura griega, se usaba para expresar las ideas griegas. El tema favorito de los artistas griegos era el cuerpo humano. Los grandes escultores griegos no copiaban a sus modelos con exactitud, incluyendo sus defectos. En lugar de ello, intentaban mostrar su versión ideal de la perfección y la belleza.

1. ¿Qué tema está describiendo el autor?
2. ¿Qué hechos describe?
3. ¿Qué puedes inferir de las ciudades griegas con esta información?
4. ¿Qué conclusiones puedes sacar sobre qué sentían los griegos por las esculturas?

3 Aplicación de la habilidad

Lee una de las biografías del texto. ¿Qué puedes inferir sobre la vida de la persona descrita? Saca una conclusión de si querrías o no conocer a esa persona.

Esculturas griegas antiguas de Sócrates (extremo izquierdo), Platón (centro) y Aristóteles (izquierda)

Reconocimiento de indicadores económicos

¿Por qué desarrollar esta habilidad?

Todos los días los líderes comerciales y los gobiernos se enfrentan con el desafío de tratar de predecir qué sucederá con la economía en los próximos meses y años. Para ayudar a estos líderes a hacer predicciones, los economistas, o científicos que estudian la economía, tienen que desarrollar formas de medir el comportamiento económico. Estas formas se llaman indicadores económicos.

1 Desarrollo de la habilidad

Los indicadores económicos son estadísticas, o números que indican el estado de la economía y qué tan bien estará en un futuro. Incluyen la cantidad de desempleados, el índice de aumento de precios en un período de tiempo y la cantidad de bienes y servicios que se producen y se venden. Todos los meses, el Departamento de Comercio de Estados Unidos recopila información acerca de 78 indicadores económicos que cubren todos los aspectos del estado de la economía de los Estados Unidos. La tabla siguiente menciona los nombres de algunos de los indicadores económicos más comunes que puedes encontrar.

Indicadores económicos

Término	Definición
Ahorro	
Ingreso	
Gasto	
Consumo	
Inflación	
Deuda	
Producto interno bruto (PIB)	
Tasas de interés	
Crédito	
Exportación	
Importación	

▲ Los precios de la bolsa de valores con frecuencia suben o bajan según los cambios de los indicadores económicos.

2 Práctica de la habilidad

Inicia un Manual de Economía. Usando un diccionario, busca cada término económico que aparece en este cuadro. Escribe una definición de cada término en tu Manual de Economía.

3 Aplicación de la habilidad

Piensa en uno de los países sobre los que leíste en este texto que ahora sea rico. Usando los términos que ya definiste, escribe un párrafo que describa la riqueza del país.

Interpretación de una caricatura política

¿Por qué desarrollar esta habilidad?

Los caricaturistas políticos usan su arte para expresar opiniones políticas. Su trabajo aparece en periódicos, revistas, libros y la Internet. Las caricaturas políticas son dibujos que expresan opinión. Por lo general se centran en figuras públicas, acontecimientos políticos o condiciones sociales o económicas. Una caricatura política puede hacer un resumen de un acontecimiento o circunstancia y la opinión del artista de una manera rápida y entretenida.

1 Desarrollo de la habilidad

Para interpretar una caricatura política, sigue estos pasos:

- Lee el título, epígrafe o conversación en los globos de diálogo. La mayoría de las caricaturas tiene por lo menos uno de estos elementos. Te ayudan a identificar el tema de la caricatura.
- Identifica los personajes y las personas que aparecen. Pueden ser caricaturas, o dibujos irreales que exageran alguna de las características físicas de los personajes.
- Identifica cualquiera de los símbolos que aparecen. Los símbolos son cosas que representan algo diferente. Por ejemplo, la bandera de Estados Unidos es un símbolo del país. A menudo no se identifican los símbolos más comúnmente reconocidos. Un simbolismo poco usual estará identificado.
- Examina la caricatura de la derecha. La escena se desarrolla en un Museo de Historia donde se exhiben armas de violencia que incluyen una roca, una lanza, una pistola, una ametralladora y un aparato de televisión. ¿Qué está sucediendo y por qué?
- Identifica el objetivo del caricaturista. ¿Qué afirmación o idea está tratando de transmitir? Decide si el caricaturista está tratando de persuadir, criticar o sólo hacer pensar a las personas.

2 Práctica de la habilidad

En una hoja de papel aparte, contesta las siguientes preguntas acerca de la caricatura política que está a continuación.

1. ¿Cuál es el tema de la caricatura?
2. ¿Qué palabras dan pistas del significado de la caricatura?
3. ¿Qué elemento parece estar fuera de lugar?
4. ¿Qué mensaje está tratando de transmitir el caricaturista?

3 Aplicación de la habilidad

Trae un periódico a la clase. Con un compañero, analiza el mensaje de cada caricatura política que encuentres.

Práctica de examen estandarizado

Los exámenes estandarizados son uno de los mecanismos mediante los cuales los educadores evalúan lo que has aprendido. Este manual ha sido diseñado para ayudar a prepararte para las pruebas estandarizadas en estudios sociales. En las siguientes páginas encontrarás un repaso de las principales habilidades de pensamiento crítico en estudios sociales que necesitas para obtener buenas notas en los exámenes.

Contenido

Interpretación de un mapa 727

Interpretación de un mapa político 728

Interpretación de cuadros 729

Establecer comparaciones 730

Interpretación de fuentes principales . . .731

Interpretación de una caricatura política .732

Interpretación de una gráfica circular 733

Inferencias y conclusiones 734

Comparación de datos 735

Interpretación de un mapa

Antes de 1492, los habitantes de Europa, en el hemisferio oriental, no tenían idea de que existían los continentes de América del Norte y del Sur en el hemisferio occidental. En ese año, Cristóbal Colón descubrió las Américas. Su viaje de exploración preparó el camino para otros viajes europeos al hemisferio occidental. Los viajes de los primeros exploradores unieron a dos mundos. Anteriormente esas regiones del planeta no habían tenido contacto entre sí. El comercio entre los hemisferios cambió la vida de los habitantes de ambos lados del Océano Atlántico. El comercio entre los pueblos de los Hemisferios oriental y occidental se conoce como el intercambio colombino.

NATIONAL GEOGRAPHIC **El intercambio colombino**

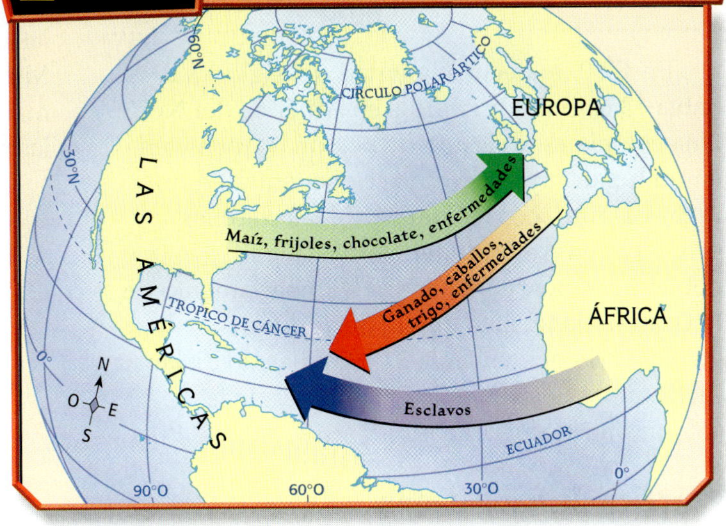

Práctica de habilidades

Aunque los globos son la mejor forma y la más exacta de mostrar las regiones de la Tierra, que es redonda, la gente puede usar mapas planos con más facilidad para representar lugares. Un mapa se prepara tomando datos de un globo redondo y colocándolos en una superficie plana. Para leer un mapa, en primer lugar hay que leer el título para determinar el tema del mapa. Entonces se lee la clave o la leyenda del mapa para saber lo que significan los colores y símbolos del mismo. Se usa la rosa de los vientos para identificar los cuatro puntos cardinales: norte, sur, este y oeste. Estudia el mapa del intercambio colombino y responde a las siguientes preguntas en una hoja separada.

1. ¿Cuál es el tema del mapa?
2. ¿Qué representan las flechas?
3. ¿Cuáles son los continentes que aparecen en el mapa?
4. ¿Qué alimentos obtenían los europeos de las Américas?
5. ¿Qué obtenían las Américas de Europa?
6. ¿Quiénes fueron llevados de África a las Américas?
7. ¿En qué dirección se debe ir a Europa desde las Américas?

Práctica de examen estandarizado

INSTRUCCIONES: Usa el mapa y tu conocimiento de estudios sociales para responder a la siguiente pregunta en una hoja separada.

1. ¿Cuáles de las siguientes afirmaciones acerca del intercambio colombino son verdaderas?

   A Se comerciaban alimentos sólo entre África y las Américas.

   B Los europeos adquirían ganado de las Américas.

   C Los europeos llevaron el maíz, los tomates y los frijoles a los indígenas americanos.

   D Se llevaron esclavos africanos a las Américas.

Interpretación de un mapa político

En 1750, es decir, a la mitad del siglo XVIII, había 13 colonias británicas en América del Norte. Una colonia es un grupo de personas que viven en un lugar, cuyo gobierno se encuentra en un lugar distinto. Los habitantes de las colonias británicas en América del Norte estaban gobernados por la monarquía y el parlamento de la Gran Bretaña. Esto quiere decir que gobernantes que vivían a 3,000 millas de distancia dictaban las leyes para los habitantes de las colonias norteamericanas.

Práctica de habilidades

Los mapas políticos ilustran divisiones entre territorios, como naciones, estados, colonias u otras unidades políticas. Estas divisiones se llaman fronteras. Las líneas representan las fronteras entre áreas políticas. Para interpretar un mapa político, lee el título del mismo para saber a qué área geográfica y período de tiempo se refiere. Identifica las colonias u otras unidades políticas en el mapa. Mira la clave del mapa para obtener más información. Estudia el mapa de esta página y contesta las siguientes preguntas en una hoja separada.

1. Haz una lista de las colonias de Nueva Inglaterra.
2. ¿Cuáles eran las colonias centrales?
3. ¿Cuál era la colonia central ubicada al norte de Pennsylvania?
4. ¿Cuál era la colonia británica que se encontraba más al sur?
5. Indica el nombre de la extensión de agua que marcaba la frontera este de las colonias.
6. ¿Dónde estaba Charles Town?

NATIONAL GEOGRAPHIC

Las trece colonias
1750

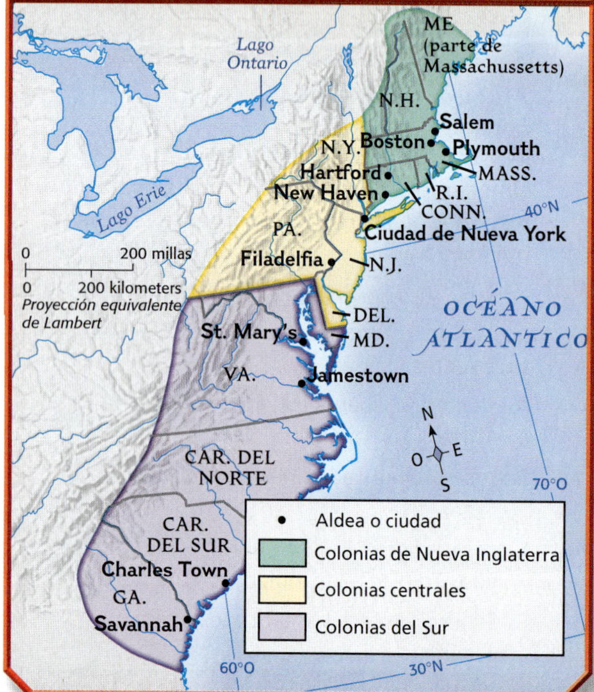

Práctica de examen estandarizado

INSTRUCCIONES: Usa el mapa y tu conocimiento de estudios sociales para contestar las siguientes preguntas en una hoja separada.

1. La colonia de Nueva Inglaterra con mayor territorio era
   - **A** Virginia.
   - **B** Pennsylvania.
   - **C** Massachusetts.
   - **D** Nueva Hampshire.
2. La colonia central más al norte era el estado actual de
   - **F** Maryland.
   - **G** Nueva York.
   - **H** Massachusetts.
   - **J** Pennsylvania.
3. El asentamiento de Plymouth estaba
   - **A** cerca de Jamestown.
   - **B** en Massachusetts.
   - **C** en las colonias del Sur.
   - **D** en Virginia.

Interpretación de cuadros

El gobierno es una parte necesaria de todas las naciones. Brinda estabilidad a los ciudadanos y les ofrece servicios que muchos de nosotros damos por sentados. Sin embargo, los gobiernos a veces pueden tener demasiado poder.

Estados Unidos se fundó sobre el principio de un gobierno limitado. Los gobiernos limitados exigen que toda la población obedezca las leyes. También los gobernantes deben obedecer las normas establecidas para la sociedad. Una democracia es una forma de gobierno limitado. No todas las formas de gobierno tienen límites. En los gobiernos ilimitados, el poder pertenece al gobernante. No existen leyes que limiten lo que un gobernante puede hacer. Una dictadura es un ejemplo de gobierno ilimitado.

Gobiernos limitados

Democracia representativa	Monarquía constitucional
El pueblo elige a sus gobernantes	Se limita el poder del rey o de la reina
Los derechos individuales son importantes	Los derechos individuales son importantes
Hay más de un partido político	Hay más de un partido político
El pueblo da su consentimiento para ser gobernado	El pueblo elige a los miembros del organismo gobernante

Gobiernos ilimitados

Dictadura	Monarquía absoluta
Gobierno de una persona o pequeño grupo	El rey o la reina heredan el poder
Pocas libertades personales	Normalmente hay algunas libertades
Gobierno por la fuerza, a menudo militar	Funcionarios designados por el rey o la reina
El gobernante no tiene que obedecer las reglas	El monarca tiene autoridad plena

Práctica de habilidades

Los cuadros son gráficos visuales que categorizan la información. Al leer un cuadro, se deben leer todos los encabezados y rótulos. Estudia los cuadros de esta página y contesta las siguientes preguntas en una hoja separada.

1. ¿Qué comparan los cuadros?
2. ¿Qué sistemas políticos son formas de gobierno limitado?
3. ¿Qué forma de gobierno a veces usa la fuerza militar?
4. ¿En qué sistema político el rey o la reina tienen poder absoluto?

Práctica de examen estandarizado

INSTRUCCIONES: Usa los cuadros y tu conocimiento de estudios sociales para contestar las siguientes preguntas en una hoja separada.

1. La información de los cuadros demuestra que la forma más restrictiva de gobierno es una
   - **A** dictadura.
   - **B** democracia representativa.
   - **C** monarquía absoluta.
   - **D** monarquía constitucional.
2. ¿En qué tipo de gobierno tienen los ciudadanos la mayor cantidad de poder?
   - **F** gobierno ilimitado
   - **G** gobierno limitado
   - **H** monarquía absoluta
   - **J** dictadura
3. Un ejemplo de gobierno ilimitado es
   - **A** Estados Unidos en la década de 1960.
   - **B** Libia en la década de 1970.
   - **C** el Reino Unido en la década de 1980.
   - **D** México en la década de 1990.

Establecer comparaciones

Las raíces de la democracia representativa en Estados Unidos se remontan a la época colonial. En 1607 colonizadores ingleses fundaron la colonia de Jamestown en lo que hoy es Virginia. A medida que se desarrolló la colonia, empezaron a aparecer problemas. Más adelante, los habitantes de la colonia organizaron una Cámara de Burgeses para ocuparse de esos problemas. Los ciudadanos de Virginia se elegían como representantes de la Cámara de Burgeses. Esta fue la primera legislatura, u organismo creador de leyes, de América.

Hoy, los ciudadanos de Estados Unidos eligen representantes al Congreso. La función principal del Congreso es hacer leyes para la nación. Hay dos cámaras en el Congreso de EE.UU. Los organismos legislativos que tienen dos cámaras se llaman bicamerales. El Congreso bicameral de Estados Unidos incluye el Senado y la Cámara de Representantes. El Artículo I de la Constitución de EE.UU. describe de qué manera se organiza cada cámara y cómo se eligen sus miembros.

Congreso de EE.UU.

Cámara de Representantes	Senado
Calificaciones: Se debe tener por lo menos 25 años de edad, haber sido ciudadano estadounidense por más de 7 años y vivir en el estado que se representa	**Calificaciones:** Se debe tener por lo menos 30 años de edad, haber sido ciudadano estadounidense por más de 9 años y vivir en el estado que se representa
Cantidad de representantes: 435 representantes en total. La cantidad de representantes por estado se basa en la población del estado	**Cantidad de representantes:** 100 senadores en total. Se eligen dos senadores por cada estado, cualquiera que sea la población del estado
Tiempo de mandato: Mandatos de dos años	**Tiempo de mandato:** Mandatos de seis años

Práctica de habilidades

Al hacer una comparación, uno identifica y examina uno o más grupos, situaciones, acontecimientos o documentos. Se identifica entonces cualquier similitud y diferencia entre los elementos. Estudia la información presentada en el cuadro de esta página y contesta las siguientes preguntas en una hoja separada.

1. ¿Cuáles son las dos cosas que compara el cuadro?
2. ¿En qué se parecen los requisitos para pertenecer a cada cámara del Congreso de EE.UU.?
3. ¿Los miembros de cuál de las cámaras probablemente tengan mayor experiencia? ¿Por qué?

Práctica de examen estandarizado

INSTRUCCIONES: Usa el cuadro y tu conocimiento de estudios sociales para contestar las siguientes preguntas en una hoja separada.

1. ¿Cuáles de las siguientes afirmaciones reflejan mejor la información que aparece en el cuadro?

A El Senado tiene más miembros que la Cámara de Representantes.

B Los Representantes de la Cámara se eligen por mandatos de dos años.

C Los miembros de la Cámara deben haber sido residentes de sus estados desde hace por lo menos 9 años.

D La población de un estado determina su cantidad de senadores.

2. Una de las inferencias que se puede realizar a partir de la información del cuadro es que

F Texas elige más senadores que Rhode Island.

G Texas elige más miembros de la Cámara que Rhode Island.

H Texas elige menos senadores que Rhode Island.

J Texas elige menos miembros de la Cámara que Rhode Island.

Interpretación de fuentes principales

Cuando Thomas Jefferson escribió la Declaración de Independencia, usó el término "derechos inalienables". Jefferson se refería a los derechos naturales que tienen todos los seres humanos. Él y otros fundadores de nuestra nación creían que el gobierno no puede quitarle sus derechos a la gente.

Práctica de habilidades

Las fuentes principales son registros de acontecimientos realizados por la gente que fue testigo de los mismos. Un documento histórico como la Declaración de la Independencia es un ejemplo de fuente principal. Lee el pasaje siguiente y contesta las siguientes preguntas en una hoja separada.

> **"Creemos que estas verdades son evidentes por sí mismas, que todos los hombres fueron creados iguales; que ellos están dotados por el Creador con determinados derechos inalienables, entre los cuales están la vida, la libertad y la búsqueda de la felicidad. . .".**
>
> **—Declaración de la Independencia, 4 de julio de 1776**

1. ¿Qué dice el documento sobre la igualdad de los hombres?
2. Indica cuáles son los tres derechos naturales, o inalienables, a los que se refiere el documento.

Después de lograr la independencia, los líderes estadounidenses escribieron la Constitución de EE.UU. en 1787. La Declaración de Derechos (en inglés, "Bill of Rights") incluye las primeras 10 enmiendas, o adiciones, a la Constitución. La Primera Enmienda protege cinco derechos básicos de todos los ciudadanos estadounidenses. Estudia el cuadro de esta página y contesta las preguntas siguientes.

1. ¿Qué derecho permite que los estadounidenses se expresen sin temor a ser castigados por el gobierno?
2. ¿Qué derecho permite que los ciudadanos practiquen la religión que quieran?
3. ¿Qué derecho permite que los ciudadanos publiquen un panfleto que critique al presidente?
4. ¿Qué es la Declaración de Derechos?

Derechos protegidos por la Primera Enmienda

Libertad de religión
Cada persona es libre de practicar cualquier religión. No se establece una religión nacional.

Libertad de expresión
Todos pueden expresar sus opiniones sin temor a ser castigados por el gobierno.

Libertad de prensa
Los estadounidenses pueden expresarse en las publicaciones impresas sin interferencias del gobierno.

Libertad de reunión
Los ciudadanos pueden reunirse en grupos, siempre y cuando dichas reuniones sean pacíficas y legales.

Derecho a peticionar ante las autoridades
Los estadounidenses pueden hacer peticiones que expresen sus ideas al gobierno.

Práctica de examen estandarizado

INSTRUCCIONES: Usa el cuadro y tu conocimiento de estudios sociales para contestar las siguientes preguntas en una hoja separada.

1. ¿Cuál es el derecho de la Primera Enmienda que protege a los ciudadanos que están participando en una protesta afuera de un edificio público?

A libertad de expresión
B libertad de prensa
C libertad de reunión
D libertad de religión

Práctica de examen estandarizado

Interpretación de una caricatura política

Así como el gobierno de Estados Unidos tiene poderes limitados, las libertades de las que disfrutan los estadounidenses también tienen límites. La Primera Enmienda no tiene el objetivo de que los estadounidenses hagan lo que quieran sin importar lo que ocurre con los demás. Los límites sobre las libertades son necesarios para mantener el orden en una sociedad con tanta gente. El gobierno puede establecer leyes para limitar ciertos derechos, para proteger la salud, la seguridad o las normas morales de una comunidad. Se pueden restringir derechos para evitar que los de una persona interfieran con los derechos de otra. Por ejemplo, la libertad de expresión no incluye permitir que una persona haga afirmaciones falsas que perjudiquen la reputación de otra.

Práctica de habilidades

Los artistas creadores de caricaturas políticas con frecuencia usan el humor para expresar sus opiniones sobre temas políticos. A veces, estos caricaturistas intentan informar e influir al público sobre un tema determinado.

▲ **Veamos (. . .) Les daremos libertad, pero no demasiada libertad, derechos pero no demasiados derechos . . .**

Para interpretar una caricatura política, busca símbolos, rótulos y textos que ofrezcan indicios sobre el mensaje del caricaturista. Analiza estos elementos y saca conclusiones. Estudia la caricatura política de esta página y contesta las siguientes preguntas en una hoja separada.

1. ¿Cuál es el tema de la caricatura?
2. ¿Cuáles son las palabras que dan un indicio sobre el significado de la caricatura?
3. ¿A quién representa la figura en la caricatura?
4. ¿Qué hace la persona?
5. ¿Qué sugieren los pensamientos del personaje sobre la tarea que enfrentan quienes participan en la planificación del gobierno de la nueva nación?
6. ¿Cuáles son los límites de la Primera Enmienda? ¿Por qué son limitados estos derechos?

Práctica de examen estandarizado

INSTRUCCIONES: Usa la caricatura política y tu conocimiento de estudios sociales para contestar las siguientes preguntas en una hoja separada.

1. El título más adecuado para la caricatura es

A Límites del gobierno.

B Trabajo del parlamento.

C Limitación de derechos.

D Gobierno ilimitado.

2. ¿Cuál de las siguientes opciones indica las fuentes de nuestros derechos como ciudadanos de Estados Unidos?

F La Declaración de la Independencia y la Constitución de EE.UU.

G La voluntad del presidente

H Costumbres y tradiciones no escritas

J La Carta de las Naciones Unidas

Interpretación de una gráfica circular

"E pluribus unum" es una frase en latín que se encuentra en las monedas estadounidenses. Significa "de muchos, uno". Estados Unidos a veces se describe como una "nación de inmigrantes". A menos que seas indígena estadounidense, tus antepasados vinieron a Estados Unidos en los últimos 500 años.

Los grupos de personas que comparten una cultura, idioma o historia se denominan grupos étnicos. Los vecindarios estadounidenses incluyen muchos grupos étnicos diferentes. La gráfica circular de esta página muestra los principales grupos étnicos en Estados Unidos.

NATIONAL GEOGRAPHIC **Grupos étnicos en EE.UU.**

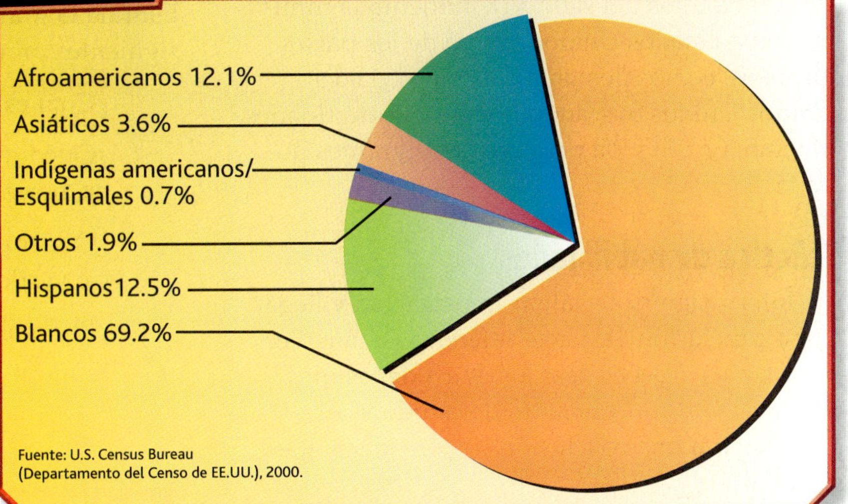

Práctica de habilidades

Una gráfica circular muestra porcentajes de una cantidad total. Cada porción de la gráfica representa una parte de la cantidad total. Para leer una gráfica circular, en primer lugar hay que leer el título. Entonces, se estudian los rótulos para saber qué representa cada parte. Compara los tamaños de las porciones del círculo. Estudia la gráfica circular y contesta las siguientes preguntas en una hoja separada.

1. ¿Qué información presenta esta gráfica circular?
2. ¿Qué grupo étnico incluye el porcentaje más grande de estadounidenses?
3. ¿Qué grupos representan menos del 1 por ciento de los habitantes de Estados Unidos?
4. ¿Qué porcentaje de la población de Estados Unidos representan los afroamericanos?
5. El grupo étnico más pequeño es el que ha vivido en Estados Unidos por más tiempo. ¿Cuál es este grupo étnico?

Práctica de examen estandarizado

INSTRUCCIONES: Usa la gráfica y tu conocimiento de estudios sociales para contestar las siguientes preguntas en una hoja separada.

1. ¿La población de qué grupo es aproximadamente tres veces mayor que la cantidad de asiáticos?
   - **A** Afroamericanos
   - **B** Blancos
   - **C** Indígenas americanos/Esquimales
   - **D** Otros
2. ¿Cómo se compara la población hispana con la afroamericana en Estados Unidos?
   - **F** Es más numerosa que la población afroamericana.
   - **G** Es el mayor segmento minoritario de la población de Estados Unidos.
   - **H** Es menos de la mitad de la población afroamericana.
   - **J** Es un poco menos numerosa que la población afroamericana.

Inferencias y conclusiones

A mediados del siglo XIX aumentó la inmigración a Estados Unidos. Gente de los países europeos, como Alemania e Irlanda, viajó a Estados Unidos buscando nuevas oportunidades. Sin embargo, la vida para esos inmigrantes no era fácil.

Práctica de habilidades

Inferir significa evaluar información y llegar a una conclusión. Al hacer inferencias, uno "lee entre líneas". Debes usar los datos de los que dispones y tu conocimiento de estudios sociales para llegar a una conclusión u opinión sobre el material.

Las gráficas lineales son una forma de mostrar números visualmente. A menudo se utilizan para comparar los cambios ocurridos con el tiempo. A veces una gráfica tiene más de una línea. Las líneas muestran diferentes cantidades de un elemento relacionado. Para analizar una gráfica de lineal es necesario leer el título y la información de los ejes horizontal y vertical. Usa esta información para sacar conclusiones. Estudia la gráfica de esta página y responde a las siguientes preguntas en una hoja separada.

1. ¿Cuál es el tema de la gráfica lineal?
2. ¿Qué información se muestra en el eje horizontal?
3. ¿Qué información se muestra en el eje vertical?
4. ¿Por qué crees que esos inmigrantes vinieron a Estados Unidos?

Inmigración a EE.UU., 1820–1860

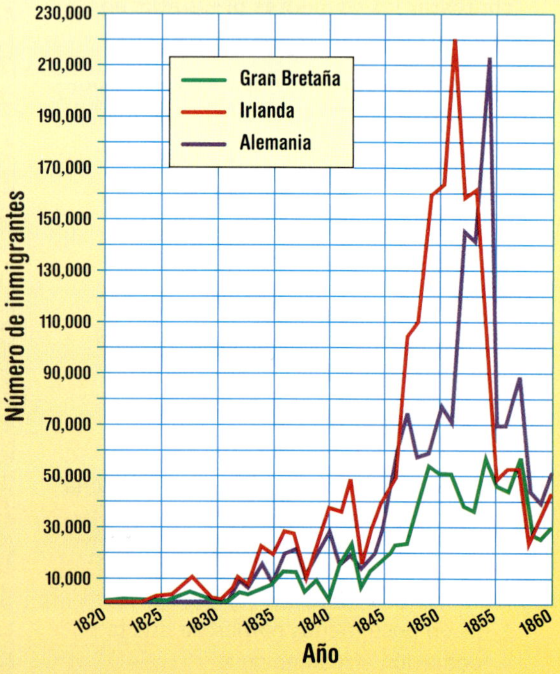

Fuente: *Estadísticas históricas de Estados Unidos: Época colonial hasta 1970.*

Práctica de examen estandarizado

INSTRUCCIONES: Usa la gráfica lineal y tu conocimiento de estudios sociales para contestar las siguientes preguntas en una hoja separada.

1. El país de donde vino la mayor cantidad de inmigrantes a Estados Unidos entre los años 1820 y 1860 fue
   - **A** Gran Bretaña.
   - **B** Irlanda.
   - **C** Alemania.
   - **D** Francia.
2. ¿En qué año, aproximadamente, vino la mayor cantidad de inmigrantes alemanes a Estados Unidos?
   - **F** 1845
   - **G** 1852
   - **H** 1855
   - **J** 1860
3. La migración de irlandeses a Estados Unidos aumentó a mediados del siglo XIX debido a
   - **A** una terrible hambruna en Irlanda.
   - **B** el fracaso de una revolución en Alemania en 1848.
   - **C** el movimiento nativista.
   - **D** la existencia de empleos con bajos salarios en la industria.

Comparación de datos

Las civilizaciones más antiguas del mundo se desarrollaron hace más de 6,000 años. El descubrimiento de la agricultura llevó al surgimiento de las antiguas ciudades de Mesopotamia y el Valle del Nilo. Estas antiguas ciudades compartían una característica importante: surgieron cerca de vías de agua. Como el agua era la forma más fácil de transportar mercaderías, los asentamientos se transformaron en centros de comercio.

Desde entonces las ciudades han crecido en todo el mundo. Cada 10 años, el United States Census Bureau (Departamento del Censo de EE.UU.) reúne datos para determinar cuál es la población de Estados Unidos. (Un censo es un recuento oficial de las personas que viven en un área.) El primer censo se realizó en 1790. En ese momento, había 3.9 millones de personas en los 13 estados originales. El censo más reciente se realizó en el año 2000. El resultado de ese censo demostró que más de 280 millones de personas viven en los 50 estados que componen nuestra nación.

Práctica de habilidades

Los cuadros de esta página muestran el número de habitantes de las cinco ciudades más pobladas de Estados Unidos durante diferentes períodos de tiempo. Al comparar la información en los cuadros no dejes de leer los títulos y encabezados para definir los datos que se comparan. Estudia los cuadros y contesta las siguientes preguntas en una hoja separada.

1. ¿Qué ciudad de EE.UU. tenía la mayor población en 1790?
2. ¿Qué ciudad de EE.UU. tenía la mayor población en el año 2000?
3. ¿Qué población tenía Filadelfia en 1790?
4. ¿Cuál era la población de Filadelfia en 2000?
5. ¿Cuáles son las ciudades que están en ambas listas?

Población de las cinco principales ciudades de EE.UU., 1790

Ciudad	Número de habitantes
Ciudad de Nueva York	33,131
Filadelfia	28,522
Boston	18,320
Charleston	16,359
Baltimore	13,503

Población de las cinco principales ciudades de EE.UU., 2000*

Ciudad	Número de habitantes
Ciudad de Nueva York	8,008,278
Los Ángeles	3,694,820
Chicago	2,896,016
Houston	1,953,631
Filadelfia	1,517,550

*Las cifras no incluyen las áreas metropolitanas.

Práctica de examen estandarizado

INSTRUCCIONES: Usa los cuadros y tu conocimiento de estudios sociales para contestar las siguientes preguntas en una hoja separada.

1. Una inferencia que se puede obtener de los cuadros es que las ciudades más pobladas de Estados Unidos
   - **A** tienen buen clima.
   - **B** se fundaron durante los orígenes de la nación.
   - **C** son ciudades portuarias.
   - **D** están en el este de Estados Unidos.
2. En 1790 las principales ciudades de Estados Unidos eran todas
   - **F** de más de 20,000 personas.
   - **G** del este del país.
   - **H** del norte del país.
   - **J** de origen religioso.

Biblioteca de fuentes principales

Trabajo con fuentes principales

Supón que se te ha pedido que escribas un informe acerca de los cambios que han ocurrido en tu comunidad durante los últimos 25 años. ¿Dónde obtendrías la información que necesitas para comenzar a escribir? Recurrirías a dos tipos de información: las fuentes principales y las fuentes secundarias.

Definiciones

Las fuentes principales a menudo son relatos en primera persona de alguien que realmente ha visto o vivido lo que está describiendo. En otras palabras, si presencias un incendio o sobrevives una gran tormenta y luego escribes acerca de tus experiencias, estás creando una fuente principal. Los diarios, periódicos, fotografías e informes de testigos oculares son ejemplos de fuentes principales. **Las fuentes secundarias** son relatos de segunda mano. Por ejemplo, si un amigo es el que ha estado presente en el incendio o la tormenta y te cuenta acerca de ello, o si lees acerca del incendio o la tormenta en el periódico, y luego escribes acerca de este tema, estás creando una fuente secundaria. Los libros de texto, las biografías y las historias son fuentes secundarias.

Verificación de las fuentes

Al leer una fuente principal o secundaria, debes analizarlas para descubrir si son fuentes fidedignas o confiables. Los historiadores generalmente prefieren las fuentes principales a las secundarias, pero ambas pueden ser confiables o poco confiables, según los siguientes factores.

Período de tiempo

En el caso de las fuentes principales, es importante tener en cuenta cuánto tiempo después de que se produjo el acontecimiento se escribió la fuente principal. En la mayoría de los casos, cuanto mayor sea el período que transcurrió entre el acontecimiento y el relato, menos confiable será el relato. A medida que pasa el tiempo, las personas olvidan los detalles y llenan las lagunas en la memoria con acontecimientos que nunca sucedieron. Aunque nos gusta pensar que nos acordamos de las cosas tal como sucedieron, la verdad es que a menudo las recordamos como nos hubiera gustado que sucedieran.

Confiabilidad

Otro de los factores que se deben tener en cuenta al evaluar una fuente principal son los antecedentes y la confiabilidad del autor. En primer lugar, trata de determinar cómo es que la persona tiene conocimiento del tema sobre el que está escribiendo. ¿Cuánto sabe en verdad? ¿Está siendo honesto el escritor? ¿Es convincente el relato?

Opiniones

Al evaluar una fuente principal, también debes decidir si el relato está influenciado por la emoción, opinión o exageración. Los autores pueden tener sus

Coliseo romano

razones para distorsionar la verdad de modo que se ajuste a sus propósitos personales. Pregúntate: ¿Por qué escribió el relato esta persona? ¿Hay alguna palabra o expresión clave que revele las emociones u opiniones del autor? Compara el relato con un relato escrito por otra persona que haya sido testigo del acontecimiento. Si los relatos difieren, pregúntate por qué son diferentes y cuál es el más acertado.

Interpretación de fuentes principales

Para poder analizar mejor una fuente principal, aplica los siguientes pasos:

- **Examina los orígenes del documento.**
  Debes determinar si el documento es una fuente principal.
- **Busca las ideas principales.**
  Lee el documento y haz un resumen de las ideas principales en tus propias palabras. Estas ideas pueden ser relativamente fáciles de encontrar en periódicos y diarios, por ejemplo, pero son mucho más difíciles de encontrar en la poesía.
- **Vuelve a leer el documento.**
  Las ideas difíciles no siempre se comprenden con facilidad durante la primera lectura.
- **Usa varios recursos.**
  Acostúmbrate a usar el diccionario, la enciclopedia y los mapas. Estos recursos son herramientas que te ayudan a descubrir nuevas ideas y conocimientos y a verificar otras fuentes por medio de la comparación.

Máscara del rey Tut

Clasificación de fuentes principales

Las fuentes principales se clasifican en cuatro categorías distintas:

Publicaciones impresas

Las publicaciones impresas incluyen libros como, por ejemplo, autobiografías. Las publicaciones impresas también incluyen periódicos y revistas.

Canciones y poemas

Las canciones y los poemas incluyen obras que expresan los pensamientos y sentimientos personales o las creencias políticas o religiosas de un autor, a menudo mediante el uso de rimas y un lenguaje rítmico.

Materiales visuales

Los materiales visuales incluyen una amplia gama de formatos: pinturas, dibujos, esculturas, fotografías, películas y mapas originales.

Historias orales

Las historias orales son crónicas, memorias, mitos y leyendas que se transmiten de una generación a otra, verbalmente. Las entrevistas son otra forma de historia oral.

Registros personales

Los registros personales son relatos de acontecimientos que guarda una persona que ha participado en, o ha sido testigo de, estos acontecimientos. Los registros personales incluyen diarios, periódicos y cartas.

Artefactos

Los artefactos son objetos tales como herramientas u ornamentos. Los artefactos brindan información acerca de una cultura o de una etapa de desarrollo tecnológico en particular.

Para ser utilizada con la Unidad 1

Primeras civilizaciones

Los habitantes de las primeras civilizaciones se agrupaban en sociedades. Estas sociedades tenían un sentido de justicia y un conjunto de valores. Al igual que en la actualidad, la familia era la unidad básica de la sociedad donde se enseñaban los valores y la justicia.

Diccionario del lector

Toro Celeste: criatura mitológica enviada por los dioses para matar a Gilgamesh y Enkidú

Humbaba: espíritu maligno que era el guardián del bosque de cedros por el que viajaban Gilgamesh y Enkidú

estepa: amplia planicie herbosa

irreprochable: sin defectos

Canaán: antiguo territorio ubicado al lado del desierto de Siria

La *Epopeya de Gilgamesh*

Publicaciones impresas

La Epopeya (poema épica) de Gilgamesh, *escrita c. 2500 a.C., es una de las narraciones más conocidas de la antigüedad. En este pasaje, Gilgamesh describe las aventuras y los viajes que realiza junto con su mejor amigo, Enkidú.*

Nos sobrepusimos a todo: escalamos la montaña,
capturamos al **Toro Celeste** y lo matamos,
derrotamos a **Humbaba**, que vive en el bosque de los cedros;
al cruzar las puertas de la montaña, matamos leones;
mi amigo, al que amo enormemente, se enfrentó conmigo a todas las dificultades.
El destino de la humanidad lo sorprendió.
Durante seis días y seis noches lloré por su muerte
hasta que un gusano cayó de su nariz.
Entonces sentí miedo.
Con miedo a la muerte, ando errante en la soledad. El caso de mi amigo me ha afectado profundamente.
En un camino remoto, vago en soledad. El caso de mi
amigo Enkidú me ha afectado profundamente.
En un largo viaje, vago a través de la **estepa.**
¿Cómo puedo quedarme quieto? ¿Cómo puedo permanecer en silencio?
El amigo que yo amaba se ha convertido en arcilla.
Enkidú, mi amado amigo, se ha convertido en arcilla.
Y yo, ¿yaceré igual que él,
sin volverme a mover jamás?

Esta tabla sumeria está cubierta de caracteres cuneiformes, con los que fue escrita la **Epopeya de Gilgamesh.**

Consejo de un padre egipcio a su hijo

Registros personales

A los egipcios de clase alta les gustaba recopilar refranes que los guiaran durante el aprendizaje para llevar una vida honrada y exitosa. Este fragmento de instrucciones de Vizier Ptah-hotep data de alrededor del año 2450 a.C.

Si tú, como líder, has decidido dirigir a una gran cantidad de hombres, busca la manera más perfecta de hacerlo, de modo que tu conducta sea **irreprochable**. La justicia es grande, invariable y segura; no ha sido perturbada desde le época de Ptah. (. . .)

Si eres un hombre sabio, cría un hijo que complazca a Ptah. Si su conducta se adapta a tu estilo de vida y se ocupa de tus asuntos como es debido, haz todo lo bueno que puedas por él; él es tu hijo, una persona que tiene relación contigo y que ha sido engendrado de tu propio ser. No permitas que tu corazón se separe de él. (. . .)

Si eres poderoso, ten respeto por el conocimiento y la calma del lenguaje. Da órdenes sólo para dirigir; ser absoluto es caer en la maldad. No permitas que tu corazón sea altivo, ni tampoco permitas que sea mezquino. . .

Antiguos israelitas

Publicaciones impresas

Gran parte de la historia de los antiguos israelitas está registrada en la Biblia. La Biblia nos cuenta acerca de un hombre llamado Abraham y de su esposa Sara:

El Señor le dijo [a Abraham], 'Sal de tu tierra, de entre tus parientes y de la casa de tu padre, y vete a la tierra que yo te indicaré. Yo haré de ti un gran pueblo, te bendeciré. (. . .)'.

Partió [Abraham] (. . .) Tal como le había dicho el Señor. (. . .) Tomó consigo a su mujer [Sara], y a su sobrino Lot, con todas sus posesiones y esclavos (. . .) y se pusieron en camino hacia la tierra de **Canaán**.

Cuando Abraham llegó a Canaán, la Biblia dice que el Señor hizo un pacto, o acuerdo especial, con Abraham. Los judíos consideran que éste es el comienzo de su historia.

Cuando llegaron, [Abraham] atravesó el país hasta el lugar santo. (. . .) El Señor se apareció a Abraham y le dijo: 'A tu descendencia he de dar esta tierra'. Y [Abraham] levantó allí un altar al Señor, que se le había aparecido.

Antiguo pergamino de la Torá de los judíos

Preguntas basadas en los documentos

1. ¿Qué le ocurrió al amigo de Gilgamesh?
2. ¿Qué es lo que se muestra en la tabla sumeria?
3. ¿Alguno de los consejos del padre egipcio resultan válidos para los hijos hoy en día? Sé específico y da ejemplos que respalden tu respuesta.
4. Según la Biblia, ¿qué es lo que dijo el Señor que debía hacer Abraham, y por qué?

Para ser utilizada con la Unidad 2

El mundo antiguo

Algunos de los más grandes pensamientos de la civilización moderna provienen de la antigüedad. Los filósofos y líderes religiosos importantes formaron las ideas que se siguen expresando en la actualidad. Estas ideas pertenecen a todas las épocas.

Biblioteca de fuentes principales

Diccionario del lector

refinamientos: mejoras

normas: reglas

crianza: educación

inmortal: que nunca muere

palpable: obvio

Los *analectos* de Confucio

Publicaciones impresas

Un analecto es un pensamiento o dicho particular. Los dichos que aparecen a continuación fueron escritos por el filósofo chino Confucio alrededor del año 400 a.C.

"Si cometes un error y no lo corriges, esto se llama error".

"Sé respetuoso en tu casa, fraternal en público, sé discreto y confiable, ama a todas las personas y acércate a la humanidad. Si te quedan fuerzas después de hacer esto, entonces estudia literatura".

"Si los líderes son corteses, sus súbditos no osarán ser irrespetuosos. Si los líderes son justos, sus súbditos no osarán ser [ingobernables]. Si los líderes son confiables, sus súbditos no osarán ser deshonestos".

Un discípulo le preguntó a Confucio acerca del gobierno: "¿Qué califica a una persona para poder participar en el gobierno?"

Confucio dijo: "Honra cinco **refinamientos**. (. . .) Después de ello estarás capacitado para participar en el gobierno".

El discípulo le preguntó: "¿Cuáles son los cinco refinamientos?"

Confucio dijo: "Las buenas personas son generosas sin ser derrochadoras; trabajadoras sin ser resentidas; desean las cosas sin avaricia; se sienten cómodas sin necesidad de ser [orgullosas]; se sienten dignas sin ser feroces".

Estatua de Confucio

Derechos de la mujer

Publicaciones impresas

En la República, *Platón presenta sus ideas en forma de diálogos, o conversaciones imaginarias, entre Sócrates y sus discípulos. En este diálogo, Sócrates le ha preguntado a su discípulo acerca del tipo de hombre que sería el mejor "perro guardián" del gobierno ateniense. Entonces sorprende a su discípulo refiriéndose a las mujeres.*

Supongamos que el nacimiento y la educación de nuestras mujeres estuvieran sujetos a **normas** similares o prácticamente similares a las [de los hombres]; (. . .)

¿Qué quieres decir?

Lo que quiero decir se puede formular a través de una pregunta; dije: ¿Se dividen los perros en machos o hembras, o ambos comparten las responsabilidades de cazar y de estar en guardia, junto con los otros deberes que tienen los perros? [O] les confiamos el cuidado total y exclusivo del rebaño a los machos, mientras las hembras permanecen en la casa, con el concepto de que la crianza y [la alimentación de] los cachorros es suficiente trabajo para ellas?

No, dijo él, ambos comparten las mismas responsabilidades; la única diferencia que hay entre ellos es que los machos son más fuertes y las hembras, más débiles.

Pero, ¿se pueden usar distintos animales con el mismo propósito, a menos que estén [criados] de la misma manera?

No.

Entonces, si las mujeres deben tener los mismos deberes que los hombres, ¿deben tener la misma **crianza** y educación?

Sí.

Del *Rig Veda*

Canciones y poemas

Los Vedas, escritos en la antigua India, son las obras escritas más antiguas de la religión hindú. Esta canción fue escrita alrededor del año 1100 a.C.

La diosa de la Noche se ha acercado, dirigiendo la vista hacia todos lados. Se ha vestido con todas sus galas.

La diosa **inmortal** ha llenado el amplio espacio, las profundidades y las alturas. Le hace frente a la oscuridad con su luz.

La diosa se ha acercado, empujando a un lado a su hermana el crepúsculo. La Oscuridad también cederá.

Cuando te acercaste a nosotros hoy, regresamos al hogar para descansar, como los pájaros vuelven a su hogar en el árbol.

Los aldeanos se han ido a casa a descansar, así como los animales que tienen patas, y los que tienen alas, incluso los halcones siempre vigilantes.

Cuídanos de la loba y el lobo, cuídanos del ladrón. O noche llena de olas, permítenos que nuestro cruce sea sencillo.

La oscuridad —**palpable**, negra y pintada— me ha alcanzado. O, Amanecer, haz que se disipe como una deuda.

Representación del dios hindú Siva

Preguntas basadas en los documentos

1. ¿Cuáles son los cinco refinamientos según Confucio?
2. ¿Qué es lo que piensa Platón que permitirá que haya igualdad entre el hombre y la mujer?
3. ¿Quién es la hermana de la diosa de la Noche en la última lectura?
4. ¿Qué es lo que dice la canción que debe hacer el Amanecer acerca de la Oscuridad?

Para ser utilizada con la Unidad 3

Nuevos imperios y nueva fe

Con el crecimiento de los nuevos imperios se produjeron grandes cambios. Se produjeron acontecimientos que permitieron que las personas tuvieran la oportunidad de convertirse en líderes y héroes. Las nuevas creencias continuaron formando nuevas ideas.

Diccionario del lector

conocedor: consciente

trivial: insignificante

posteridad: tiempo futuro

aliviar: calmar

incurrir en: provocar sobre uno mismo

Una mujer en el trono

Publicaciones impresas

En 1081 un general talentoso llamado Alejo Comneno capturó Constantinopla. Como el emperador Alejo I, defendió al Imperio Bizantino contra los ataques de los invasores. Su hija, Ana Comnena, narró la historia de su reino en un libro llamado La Alexíada. *Su relato comienza con la descripción de la decisión que ha tomado Alejo de entregar el gobierno a su madre, Ana Dalasena.*

Realmente deseaba que su madre, y no él mismo, fuera la que tomara las riendas del estado, pero hasta este momento le había ocultado este designio [plan] a su madre, temiendo que si era **conocedora** de él, ella llegaría a abandonar el palacio [e irse a un convento]. convento]. (. . .) Por lo tanto, en todas las actividades diarias, no hacía nada, ni siquiera algo **trivial**, sin el consejo de ella (. . .) y la asoció a la administración de asuntos; a veces también le decía abiertamente que de no ser por su mente y su buen juicio, el Imperio se desintegraría.

(. . .) quizás estaba más dedicada a su hijo que la mayoría de las mujeres. Y, por lo tanto, deseaba ayudar a su hijo. (. . .) Ella gobernó (. . .) junto con el Emperador, su hijo, y a veces incluso tomó las riendas por sí sola y condujo el carruaje del Imperio sin sufrir daños ni percances. Porque además de ser inteligente, indudablemente tenía una mente con autoridad, capaz de gobernar un reino.

Quemador de incienso del Imperio Bizantino en forma de iglesia

Un heroico intento de rescate

Registros personales

Plinio el Viejo, almirante romano y conocido autor y científico, murió intentando rescatar a la gente atrapada al pie del volcán Vesubio cuando hizo erupción. Su sobrino, Plinio el Joven, relató la muerte de su tío en una carta escrita a un historiador romano llamado Tácito. La carta es un testimonio de primera mano de la erupción y expresa el punto de vista romano del coraje y del deber.

Le agradezco que me pida que le envíe una descripción de la muerte de mi tío para que pueda quedar un relato preciso de ella para la **posteridad;** (. . .)

Salía de su casa cuando recibió un mensaje de Rectina, (. . .) su casa estaba situada al pie de la montaña, de modo que sólo era posible la huida en bote. Estaba aterrorizada por el peligro que la amenazaba y le suplicaba que la apartara de una suerte tan funesta. (. . .) La ceniza caía sobre los navíos; a medida que se aproximaban se hacía más cálida y más densa. (. . .) Por un momento, mi tío pensó si no sería mejor volver hacia atrás, pero cuando el piloto le aconsejó hacer esto, se rehusó, diciéndole que la Fortuna favorece a los valientes . (. . .) El viento estaba (. . .) a favor de mi tío, que pudo llevar el barco hasta la orilla.

Mientras tanto, el Vesubio brillaba en varios puntos con llamas y columnas de fuego de gran resplandor. (. . .) Mi tío trató de **aliviar** el temor de sus compañeros. (. . .) Discutieron si debían permanecer en la casa o irse, ya que los edificios se tambaleaban como consecuencia de los frecuentes y serios temblores de tierra, y parecían moverse en un sentido o en el otro. (. . .)

(. . .) Se extendió una tela sobre la tierra para que él [mi tío] se acostara, y en varias ocasiones pidió agua fresca para beber. Luego las llamas, y el olor a azufre que anunciaba que el fuego se acercaba, hicieron huir a sus compañeros. (. . .) Él se levantó (. . .) y volvió a caer repentinamente, supongo que a causa del humo demasiado denso que le obstruyó la respiración. (. . .) Cuando volvió a ser de día el 26, el segundo día después de que se lo había visto por última vez, se encontró su cuerpo. . .

El Corán

Publicaciones impresas

El Corán es el libro sagrado del Islam. Los versículos que aparecen a continuación pertenecen al Capítulo 1, versículos 2–7.

Alabado sea Alá, Señor de los Mundos,
el Clemente, el Misericordioso,
Soberano del Día del Juicio Final,
sólo a Ti te adoramos, y sólo a Ti
imploramos ayuda.
Condúcenos por el camino recto,
el camino de aquellos a quienes has favorecido,
que no han **incurrido en** tu enojo y
no se han extraviado.

Preguntas basadas en los documentos

1. ¿Por qué Alejo le ocultó a su madre sus planes para entregarle el gobierno?
2. ¿Por qué navegó Plinio el Viejo hacia el volcán Vesubio?
3. ¿Consideraba Plinio el Joven que su tío era un héroe? ¿Por qué o por qué no?
4. ¿A quién se alaba en la cita tomada del Corán?

Para ser utilizada con la Unidad 4

La Edad Media

Durante la Edad Media, las civilizaciones comenzaron a adquirir las características que conocemos en los tiempos modernos. Todavía seguía habiendo líderes poderosos: algunos buenos, otros malos. Pero se convirtió en una época en la que la gente común comenzó a exigir que sus derechos se tomaran en cuenta. Las mujeres, en especial, comenzaron a hacer oír su voz en cuanto a su condición social y a la forma en que deseaban vivir.

Diccionario del lector

ébano: madera dura y pesada

veintena: veinte

mitcal: antigua unidad de medida

herederos: descendientes

abyecto: despreciable

Dibujo de Mansa Musa

El sultán de Malí

Registros personales

Un erudito árabe llamado Ibn Fadl Allah al Omari describe la corte de África Occidental y el ejército de Mansa Musa en la década del 1330. Se refiere a Mansa Musa como sultán, la palabra en árabe que significa "rey".

El sultán de este reino preside desde su palacio en un gran balcón llamado *bembe* donde tiene un gran asiento de **ébano** que se parece a un trono adecuado para una persona alta y de gran tamaño: a cada lado se encuentra flanqueado por colmillos de elefantes enfrentados entre sí. Sus armas se encuentran cerca; son todas de oro, sable, lanza, aljaba, arco y flechas. Viste pantalones amplios de unas veinte piezas [de material] de un tipo del que sólo él puede vestir". Detrás de él hay alrededor de una **veintena** de turcos u otros pajes comprados en El Cairo para que lo sirvieran. (. . .) Sus funcionarios están sentados en círculo a su alrededor, en dos filas, una hacia la derecha y otra hacia la izquierda; al otro lado están sentados los comandantes en jefe de su caballería. (. . .) Otros danzan delante de su soberano, que disfruta de todo esto y que lo hace reír. Hay dos estandartes desplegados delante de él. Delante de él hay dos caballos con las monturas y las bridas colocadas en caso de que desee salir a cabalgar.

Los caballos árabes se llevan para ser vendidos a los reyes de este país, que gastan sumas considerables de dinero en esto. La cantidad de miembros del ejército es de cien mil hombres, de los cuales alrededor de diez mil pertenecen a la caballería montada; los otros pertenecen a la infantería, que no van montados en caballos ni en ningún otro tipo de animal. (. . .)

Los funcionarios de este rey, sus soldados y sus guardias, reciben tierras y regalos a modo de obsequio. Algunos de los más importantes reciben hasta cincuenta mil ***mitcales*** de oro por año, y además el rey les suministra los caballos y las vestimentas. El rey se ocupa de darles vestimentas muy finas y de convertir a sus ciudades en capitales.

Carta Magna

Publicaciones impresas

La Carta Magna, firmada en Inglaterra en 1215, por primera vez le otorgó a la gente del pueblo algunas libertades y protecciones. También limitaba el poder del rey Juan.

A todos los hombres libres de nuestro reino hemos otorgado asimismo, para nosotros y para nuestros **herederos** a título perpetuo, todas las libertades que a continuación se enuncian. (. . .)

Ninguna viuda será obligada [forzada] a casarse mientras desee permanecer sin marido. (. . .)

Por simple falta un hombre libre será multado únicamente en proporción a la gravedad de la infracción. (. . .)

Ningún sheriff, funcionario real u otra persona podrá tomar de un hombre libre caballos o carros para el transporte sin el consentimiento de aquél. (. . .)

Ningún hombre libre podrá ser prendido o encarcelado (. . .) ni proscrito o desterrado (. . .) sin previo juicio legal de sus pares, o en virtud de la ley del país.

No venderemos, denegaremos ni retrasaremos a nadie su derecho a la justicia.

Todos los mercaderes tendrán segura y tranquila salida de Inglaterra, y entrada en Inglaterra, con derecho a permanecer allí y a transitar por tierra y por agua, con el objeto de comprar y vender. (. . .)

Todos esos antedichos derechos y libertades, los cuales hemos otorgado, serán respetados por todo nuestro reino.

La historia de Genji

Registros personales

La historia de Genji *es la historia de un joven que busca el sentido de la vida. Esta obra fue escrita por Murasaki Shikibu en 1010 d.C. El amigo de Genji describe tres clases de mujeres: las mujeres de clase alta, cuyos puntos débiles se mantienen ocultos, las mujeres de clase media y las mujeres de clase baja. Ésta es parte de la respuesta de Genji.*

[Genji dijo] "No siempre será tan fácil saber en cuál de las tres clases se debe colocar a una mujer. Porque a veces las personas de más alto rango se hunden hasta las posiciones más **abyectas**; mientras que otras de cuna humilde se elevan y (. . .) piensan que son tan buenas como cualquier otra. ¿Cómo debemos manejar estas situaciones?"

Murasaki Shikibu

Preguntas basadas en los documentos

1. ¿Qué conclusiones puedes sacar acerca del poder de Mansa Musa?
2. ¿Por qué crees que Mansa Musa trataba tan bien a sus soldados?
3. Según la Carta Magna, ¿cuándo se podía encarcelar a una persona?
4. ¿Qué es lo que Genji parece entender acerca de las clases sociales y que su amigo no capta?

Biblioteca de fuentes principales

Para ser utilizada con la Unidad 5

Un mundo cambiante

La exploración del mundo se expandió a medida que los países buscaban nuevas tierras para conquistar. Existía una gran competencia entre los países europeos para reclamar las riquezas que no habían sido descubiertas. Sin embargo, esta exploración no siempre benefició a las personas que vivían en esos territorios.

Diccionario del lector

galas: vestimentas y joyas más finas

instalarse: ubicarse

botín: productos robados, generalmente durante las guerras

hedor: muy mal olor

desdén: desprecio

Soldados aztecas y españoles combatiendo

Llegada de los españoles

Registros personales

Los relatos de los aztecas acerca de la conquista de México por parte de los españoles en 1519 están registrados en Las lanzas rotas *editado y traducido por Miguel León-Portilla. Esta selección describe la reunión celebrada entre Montezuma y Cortés.*

Llegaron los españoles (. . .) cerca de la entrada de Tenochititlán. Ése fue el final de la marcha, dado que habían alcanzado su objetivo.

[Montezuma] ahora se vistió con sus mejores **galas,** preparándose para salir a reunirse con ellos. (. . .)

(. . .) Luego les colgó collares de oro alrededor de sus cuellos y les dio regalos de todo tipo como obsequios de bienvenida.

Cuando [Montezuma] les hubo entregado collares a cada uno de ellos, Cortés le preguntó: "¿Eres tú [Montezuma]? ¿Eres el rey? (. . .)".

Y el rey dijo: "Sí, soy [Montezuma]." Luego se levantó para darle la bienvenida a Cortés; se adelantó, inclinó su cabeza y se dirigió a él diciendo estas palabras: "Mi Señor, debes estar cansado. El viaje debe haber sido fatigoso, pero ahora estás en tierra firme. Has llegado a tu ciudad, México. Has venido hasta aquí para sentarte en tu trono. (. . .)".

Una vez que los españoles se **instalaron** en el palacio, le preguntaron a [Montezuma] acerca de los recursos de la ciudad. (. . .) Le hicieron muchas preguntas y luego le exigieron que les entregara el oro.

[Montezuma] los llevó hasta el lugar donde guardaban el oro. (. . .)

(. . .) Cuando entraron a la cámara de los tesoros, les pareció que habían llegado al Paraíso. (. . .) Sacaron todas las pertenencias de [Montezuma]: exquisitos brazaletes, collares con grandes piedras preciosas, pulseras para el tobillo con pequeñas campanitas de oro, las coronas reales y todas las galas reales: todo lo que le pertenecía al rey. (. . .) Se apoderaron de estos tesoros como si fueran de su propiedad, como si este **botín** fuera solamente un golpe de buena suerte.

La vida de Olaudah Equiano

Publicaciones impresas

Olaudah Equiano fue capturado en África Occidental y fue llevado a América como esclavo. En 1789 escribió un relato acerca de este viaje aterrador. Aquí describe la primera parte de ese viaje.

Lo primero que vi fue un vasto océano, y un barco anclado, esperando recibir su cargamento. El océano y el barco me llenaron de asombro, que rápidamente se transformó en miedo. ¡Me condujeron hasta el barco y me subieron a bordo! (. . .)

La tripulación me condujo debajo de la cubierta, a la maloliente bodega del barco. Entre el horrible **hedor** y mi llanto, me sentí tan enfermo que no pude comer. Sólo deseaba morir. (. . .)

El primer día, entre los pobres hombres encadenados en esa prisión, me encontré con algunos de Benín.

"¿Qué es lo que van a hacer con nosotros?", pregunté.

"Nos llevan a otra parte para que trabajemos para ellos", me explicó un hombre de Benín.

"¿Y viven solamente aquí", pregunté, "en este barco hueco?"

"Viven en un país de gente blanca", explicó el hombre, "pero está muy lejos".

"¿Cómo puede ser", pregunté, "que en nuestro país nunca nadie haya oído hablar de ellos?"

"Viven *muy,* muy lejos", dijo otro de los hombres.

Dibujo de un barco de esclavos

Discurso de la Reina Isabel a sus tropas

Historias orales

En 1588, un flota española, conocida como la Armada Invencible, fue enviada a invadir Inglaterra. La reina Isabel I dirigió un discurso a sus tropas antes de la batalla.

Que los tiranos sientan temor: me he comportado de tal manera que he depositado ante Dios mis mejores esfuerzos y me siento protegida por los leales corazones y la buena voluntad de mis súbditos. Por lo cual viviré (. . .) y moriré entre todos ustedes, para derramar por mi Dios y mi reino, y por mi pueblo mi honor y mi sangre, incluso en el polvo. Sé que tengo el cuerpo de una débil mujer, pero tengo el corazón y el estómago de un rey, y de un rey de Inglaterra, además, y me burlo con **desdén** de (. . .) cualquier príncipe de Europa que se atreva a invadir las fronteras de mi reino.

Reina Isabel I

Preguntas basadas en los documentos

1. ¿Cuáles fueron los obsequios que Montezuma le dio a Cortés?
2. ¿Por qué piensas que Montezuma llevó a Cortés a ver sus tesoros personales?
3. ¿Cómo viajó Equiano de África a América?
4. En su discurso, ¿la reina Isabel está alentando o desalentando a sus tropas? Explica.

Lecturas sugeridas

Si estás interesado en leer más acerca de los personajes y los acontecimientos de la historia mundial, la siguiente lista te resultará útil. Los títulos de los libros que se enumeran para cada unidad corresponden a libros de ficción y no-ficción que puedes leer para aprender más acerca de cada período.

Unidad 1:

Arnold, Caroline. *Stone Age Farmers Beside the Sea (Agricultores de la edad de piedra al lado del mar)* Clarion Books, 1997. Un ensayo con fotografías que describe la aldea prehistórica de Skara Brae.

Bunting, Eve. *I Am the Mummy Heb-Nefert (Soy la momia Heb-Nefert)* Harcourt Brace, 1997. Novela que cuenta la historia de una momia que recuerda su vida pasada como la esposa del hermano del faraón.

Courlander, Harold. *The King's Drum, and Other African Tales. (El tambor del rey y otros cuentos africanos)* Harcourt, 1962. Cuentos populares del África Subsahariana.

Deem, James M. *Bodies from the Bog (Cuerpos del pantano)* Houghton Mifflin, 1998. Un ensayo fotográfico que analiza la información obtenida de cadáveres bien preservados que se encontraron en un pantano danés.

Gregory, Kristiana. *Cleopatra VII: Daughter of the Nile. (Cleopatra VII: la hija del Nilo)* Scholastic Inc., 1999. Un diario ficticio escrito por Cleopatra.

Herrmann, Siegfried. *A History of Israel in Old Testament Times (Historia de Israel en la época del Antiguo Testamento)* Fortress Press, 1975. El Antiguo Testamento como la historia del antiguo Israel, con evidencias tomadas de fuentes que no incluyen la Biblia.

Lattimore, Deborah Nourse. *Winged Cat: A Tale of Ancient Egypt. (El gato alado: un cuento del Antiguo Egipto)* HarperCollins, 1995. Cuento que narra el caso de una joven sirviente y un Sumo Sacerdote que usan el Libro de los Muertos para investigar la muerte del gato sagrado de la joven.

Maltz, Fran. *Keeping Faith in the Dust (Mantener la fe en el polvo)* Alef Design Group, 1998. Relato novelesco de una joven de 16 años cuya familia se ve obligada a abandonar su hogar cerca del Mar Muerto y dirigirse al fuerte de Masada, donde las fuerzas romanas son enfrentadas por los judíos durante siete años.

Morley, Jacquelin. Mark Bergin y John James. *An Egyptian Pyramid (Una pirámide egipcia)* Peter Bedrick, 1991. Este libro explica cómo se construyeron las pirámides y cuál es su propósito.

Perl, Lila. *Mummies, Tombs, and Treasure: Secrets of Ancient Egypt (Momias, tumbas y tesoros: secretos del Antiguo Egipto)* Clarion Books, 1990. Un relato que cuenta cuáles eran las creencias de los antiguos egipcios con respecto a la muerte y la vida después de la muerte.

Travis, Lucille. *Tirzah.* Herald Press, 1991. Relato novelesco de un niño de 12 años que escapa de Egipto junto con Moisés durante el Éxodo.

Trumble, Kelly. *Cat Mummies (Gatos momificados)* Clarion Books, 1996. Las razones y los antecedentes que explican por qué los antiguos egipcios momificaron miles y miles de gatos.

Wetwood, Jennifer. *Gilgamesh, and Other Babylonian Tales (Gilgamesh y otras historias de Babilonia)* Coward, McCann & Geoghegan, 1970. Narra antiguos cuentos de Sumeria y Babilonia.

Unidad 2:

Chang, Richard F. *Chinese Mythical Stories (Cuentos mitológicos chinos)* Yale Far Eastern Publications, 1990. Leyendas y mitos de China.

Craft, Charlotte. *King Midas and the Golden Touch (El rey Midas y su toque dorado)* Morrow, 1999. El mito del rey Midas y su ambición por el oro.

Evslin, Bernard. *Heroes and Monsters of Greek Myth (Héroes y monstruos de la mitología griega)* Scholastic, 1988. Recopilación de mitos griegos.

Fleischman, Paul. *Dateline: Troy. (Línea de fecha: Troya)* Candlewick Press, 1996. El autor usa las guerras modernas (del Golfo Pérsico, Vietnam) para obtener una mejor comprensión acerca de la guerra de Troya.

Ganeri, Anita. *Buddhism (El budismo)* NTC Publishing Group, 1997. Descripción general de la historia y las creencias del budismo.

Ganeri, Anita. *Hinduism (El hinduismo)* NTC Publishing Group, 1996. Descripción general de la historia y las creencias del hinduismo.

Hamilton, Edith. *The Greek Way (La forma de vida de los griegos)* Norton, 1983. La historia del espíritu y la mente de los griegos relatada por grandes escritores.

Harris, Nathaniel. *Alexander the Great and the Greeks (Alejandro Magno y los griegos)* Bookwright Press, 1986. Contribuciones que hizo Alejandro a los griegos.

Homero y Geraldine McCaughrean. *The Odyssey (La odisea)* Oxford, 1999. Relato ilustrado de la Odisea usando lenguaje moderno.

Ross, Stewart. *The Original Olympic Games (Los Juegos Olímpicos originales)* NTC Publishing Group, 1999. La historia de los Juegos Olímpicos.

Theule, Frederic. *Alexander and His Times (Alejandro y su época)* Henry Holt and Co., 1996. Un relato pictórico e histórico de la vida de Alejandro Magno.

Unidad 3:

Boyd, Anne. ***Life in a 15th-Century Monastery (A Cambridge Topic Book). (La vida en un monasterio del siglo XV - Un libro temático de Cambridge)*** Lerner Publications, 1979. Un relato de la vida diaria de los monjes en el monasterio de Durham, Inglaterra.

Browning, Robert. ***The Byzantine Empire (El Imperio Bizantino)*** Charles Scribner's Sons, 1980. El mundo bizantino desde el año 500 D.C. hasta la caída de Constantinopla en 1453.

Burrell, Roy. ***The Romans: Rebuilding the Past (Los romanos: reconstrucción del pasado)*** Oxford University Press, 1991. Una descripción histórica de la antigua Roma.

Comte, Fernand. ***Sacred Writings of World Religions (Las sagradas escrituras de las religiones del mundo)*** Chambers, 1992. La historia, creencias y personajes principales de más de 20 religiones, entre ellas, el judaísmo, el Islam y el cristianismo.

Dillon, Eilis. ***Rome Under the Emperors (Roma bajo el reinado de los emperadores)*** Tomas Nelson, 1975. Visión de la sociedad romana y de la vida familiar de los romanos en la época de Trajano, según las opiniones de jóvenes de cuatro familias de distintas clases sociales.

Powell, Anton. ***The Rise of Islam (El surgimiento del Islam)*** Warwick Press, 1980. Descripción general de la cultura islámica.

Tingay, Graham. ***Julius Caesar (Julio César)*** Cambridge University Press, 1991. Relato acerca de la vida y los logros de Julio César.

Unidad 4:

Giles, Frances y Joseph. ***Life in a Medieval Village (La vida en una aldea medieval)*** Harper Perennial, 1990. Una visión ilustrada acerca de la forma en que vivía la mayoría de la gente de la época medieval.

Haugaard, Erik Christian. ***The Revenge of the Forty-Seven Samurai (La venganza de los cuarenta y siete samurais)*** Houghton Mifflin, 1995. La historia de Jiro, un joven que debe ayudar a 47 samurais que tratan de vengar la injusta muerte de su señor. Esta novela histórica brinda una descripción detallada de la sociedad feudal japonesa.

Heer, Friedrich. ***Charlemagne and His World (Carlomagno y su mundo)*** Macmillan, 1975. Amplia descripción, profusamente ilustrada, acerca de este período.

McKendrick, Meveena. ***Ferdinand and Isabella (Fernando e Isabel)*** American Heritage, 1968. Fotografías y pinturas contemporáneas que ayudan a recrear este período.

Sanders, Tao Tao Liu. ***Dragons, Gods, and Spirits from Chinese Mythology (Dragones, dioses y espíritus de la mitología china)*** NTC, 1997. Recopilación de mitos, leyendas y cuentos populares que brindan una mirada a la cultura y del desarrollo histórico de China.

Scott, Sir Walter. ***Ivanhoe.*** Longmans, Green, and Co., 1897. Una historia del siglo doce llena de identidades ocultas, intriga y romance entre la nobleza inglesa.

Wisniewski, David. ***Sundiata: Lion King of Mali. (Sundiata: el Rey León de Malí)*** Houghton Mifflin, 1999. Relato acerca del antiguo rey de Malí y de la forma en que derrotó a sus enemigos para convertirse en gobernante.

Unidad 5:

Cowie, Leonard W. ***Martin Luther: Leader of the Reformation (Martín Lutero: el líder de la Reforma) (Una biografía de Pathfinder).*** Frederick Praeger, 1969. Biografía detallada de Lutero.

Davis, Burke. ***Black Heroes of the American Revolution. (Héroes negros de la revolución estadounidense)*** Harcourt, Brace y Jovanovich, 1991. Destaca los logros de los afroamericanos durante la revolución.

Hibbard, Howard. ***Michelangelo (Miguel Ángel)*** Westview Press, 1985. Biografía de Miguel Ángel, relatada a través de sus pinturas, poemas y cartas personales.

Hooks, William H. ***The Legend of White Doe (La leyenda de la gama blanca)*** Macmillan, 1998. Relato acerca de Virginia Dare, la primera hija de colonizadores ingleses nacida en Estados Unidos.

Lomask, Milton. ***Exploration: Great Lives. (Exploración: grandes vidas)*** Scribners, 1988. Biografías de los exploradores.

Mee, Charles L. ***Daily Life in the Renaissance (La vida diaria en el Renacimiento).*** American Heritage, 1975. Obras de arte que muestran a las personas en su vida diaria.

O'Dell, Scott. ***The Hawk that Dare Not Hunt by Day (El halcón que no se atrevía a cazar de día).*** Houghton Mifflin, 1975. Novela acerca de un niño que ayuda al reformador Tyndale a pasar de contrabando su traducción de la Biblia a Inglaterra.

Stuart, Gene S. ***America's Ancient Cities (Ciudades antiguas de Estados Unidos).*** National Geographic Society, 1988. Una recopilación ilustrada de ensayos acerca de las culturas en América del Norte y Mesoamérica.

Glossary

A

absolutism system of rule in which monarchs held total power and claimed to rule by the will of God (p. 686)

acupuncture Chinese practice of easing pain by sticking thin needles into patients' skin (p. 246)

adobe sun-dried mud brick (p. 591)

agora in early Greek city-states, an open area that served as both a market and a meeting place (p. 122)

alphabet group of letters that stand for sounds (p. 85)

anatomy the study of body structure (p. 305)

animism belief that all natural things are alive and have their own spirits (p. 490)

annul to cancel (p. 648)

anthropologist scientist who studies the physical characteristics and cultures of humans and their ancestors (p. 9)

anti-Semitism hatred of Jews (p. 548)

apostle early Christian leader who helped set up churches and spread the message of Jesus (p. 348)

aqueduct human-made channel built to carry water (p. 291)

archaeologist scientist who learns about past human life by studying fossils and artifacts (p. 9)

aristocrat noble whose wealth came from land ownership (p. 227)

artifact weapon, tool, or other item made by humans (p. 9)

artisan skilled craftsperson (p. 20)

astronomer person who studies stars, planets, and other heavenly bodies (pp. 30, 185)

B

barbarian uncivilized person (p. 435)

barter to exchange goods without using money (p. 319)

bazaar marketplace (p. 389)

Brahman in Hinduism, the universal spirit of which all gods and goddesses are different parts (p. 203)

Buddhism religion founded by Siddhartha Gautama, the Buddha; taught that the way to find truth was to give up all desires (p. 205)

bureaucracy a group of appointed officials who are responsible for different areas of government (p. 229)

C

caliph important Muslim political and religious leader (p. 380)

calligraphy beautiful handwriting (p. 421); the art of producing beautiful handwriting (p. 501)

caravan group of traveling merchants and animals (pp. 30, 373)

caste social group that a person is born into and cannot change (p. 199)

cataract steep rapids formed by cliffs and boulders in a river (p. 39)

census a count of the number of people (p. 432)

city-state independent state made up of a city and the surrounding land and villages (p. 19)

civilization complex society with cities, organized government, art, religion, class divisions, and a writing system (p. 17)

clan group of families related by blood or marriage (pp. 461, 487)

clergy religious officials, such as priests, given authority to conduct religious services (pp. 355, 538)

colony settlement in a new territory that keeps close ties with its homeland (pp. 121, 666)

comedy form of drama in which the story has a happy ending (p. 161)

commerce the buying and selling of goods in large amounts over long distances (p. 666)

concordat agreement between the pope and the ruler of a country (p. 521)

confederation a loose union of several groups or states (p. 592)

Confucianism system of beliefs introduced by the Chinese thinker Confucius; taught that people needed to have a sense of duty to their family and community in order to bring peace to society (p. 236)

conquistador Spanish conqueror or soldier in the Americas (p. 595)

constitution written plan of government (pp. 488, 694)

consul one of the two top government officials in ancient Rome (p. 269)

covenant agreement (p. 82)

crier announcer who calls Muslim believers to prayer five times a day (p. 394)

cuneiform Sumerian system of writing made up of wedge-shaped markings (p. 20)

currency system of money (p. 294)

D

daimyo powerful military lord in feudal Japan (p. 496)

Dao the proper way Chinese kings were expected to rule under the Mandate of Heaven (p. 230)

Daoism Chinese philosophy based on the teachings of Laozi; taught that people should turn to nature and give up their worldly concerns (p. 238)

deism religious belief based on reason (p. 685)

deity god or goddess (p. 49)

delta area of fertile soil at the mouth of a river (p. 39)

democracy government in which all citizens share in running the government (p. 126)

denomination an organized branch of Christianity (p. 636)

dharma in Hinduism, the divine law that requires people to perform the duties of their caste (p. 204)

dhow an Arab sailboat (p. 453)

Diaspora refers to the scattering of communities of Jews outside their homeland after the Babylonian captivity (p. 96)

dictator in ancient Rome, a person who ruled with complete power temporarily during emergencies (p. 271)

diplomacy the art of negotiating with other countries (p. 615)

direct democracy system of government in which people gather at mass meetings to decide on government matters (p. 139)

disciple close follower of Jesus (p. 344)

doctrine official church teaching (p. 355)

domesticate to tame animals and plants for human use (p. 13)

drama story told by actors who pretend to be characters in the story (p. 160)

dynasty line of rulers from the same family (pp. 44, 210, 226)

E

economy organized way in which people produce, sell, and buy goods and services (p. 410)

embalming process developed by the ancient Egyptians of preserving a person's body after death (p. 49)

empire group of territories or nations under a single ruler or government (pp. 23, 89)

epic long poem that tells about legendary or heroic deeds (p. 157)

Epicureanism philosophy founded by Epicurus in Hellenistic Athens; taught that happiness through the pursuit of pleasure was the goal of life (p. 184)

excommunicate to declare that a person or group no longer belongs to a church (pp. 361, 521)

exile period of forced absence from one's country or home (p. 94)

export to sell to another country (p. 666)

extended family family group including several generations as well as other relatives (p. 469)

F

fable short tale that teaches a lesson (p. 158)

feudalism political system based on bonds of loyalty between lords and vassals (pp. 497, 523)

fief under feudalism, the land a lord granted to a vassal in exchange for military service and loyalty (p. 524)

filial piety children's respect for their parents and older relatives, an important part of Confucian beliefs (p. 234)

fjord steep-sided valley that is an inlet of the sea (p. 518)

Forum open space in Rome that served as a marketplace and public square (p. 306)

fossil the trace or imprint of a plant or animal that has been preserved in rock (p. 9)

G

glacier huge sheet of ice (p. 573)

gladiator in ancient Rome, person who fought animals and other people as public entertainment (p. 306)

gospel ("good news") one of the four accounts of Jesus' life, teachings, and resurrection (p. 355)

grand jury group that decided whether there was enough evidence to accuse a person of a crime (p. 537)

griot storyteller (p. 449)

guild medieval business group formed by craftspeople and merchants (pp. 503, 530)

guru religious teacher and spiritual guide in Hinduism (p. 201)

H

Hellenistic Era period when the Greek language and Greek ideas spread to the non-Greek peoples of southwest Asia (p. 178)

helot person who was conquered and enslaved by the ancient Spartans (p. 126)

heresy belief that differs from or contradicts the accepted teachings of a religion (pp. 547, 643)

hierarchy organization with different levels of authority (p. 355)

hieroglyphics system of writing made up of thousands of picture symbols developed by the ancient Egyptians (p. 42)

Hinduism system of religion that grew out of the religion of the Aryans in ancient India (p. 203)

historian person who studies and writes about the human past (p. 9)

humanism Renaissance movement based on the values of the ancient Greeks and Romans, such as that individuals and human society were important (p. 619)

hypothesis proposed explanation of the facts (p. 679)

I

icon Christian religious image or picture (p. 359)

iconoclast person who opposed the use of idols in Byzantine churches, saying that icons encouraged the worship of idols (p. 360)

ideograph a character that joins two or more pictographs to represent an idea (p. 228)

igloo dome-shaped home built by the Inuit (p. 590)

import to buy from another country (p. 666)

incense material burned for its pleasant smell (p. 62)

indulgence pardon from the Church for a person's sins (p. 634)

inflation period of rapidly increasing prices (p. 319)

invest to put money into a project (p. 667)

irrigation method of bringing water to a field from another place to water crops (p. 18)

K

karma in Hinduism, the good or bad energy a person builds up based upon whether he or she lives a good or bad life (p. 204)

knight in the Middle Ages, a noble warrior who fought on horseback (p. 524)

L

laity church members who are not clergy (p. 355)

latifundia large farming estates in ancient Rome (p. 278)

legacy what a person leaves behind when he or she dies (p. 178)

Legalism Chinese philosophy developed by Hanfeizi; taught that humans are naturally evil and therefore need to be ruled by harsh laws (p. 239)

legion smaller unit of the Roman army made up of about 6,000 soldiers (p. 266)

limited government idea that a government may only use the powers given to it by the people (p. 700)

M

mandate formal order (p. 230)

martial arts sports, such as judo and karate, that involve combat and self-defense (p. 499)

martyr person willing to die rather than give up his or her beliefs (p. 353)

mass Catholic worship service (p. 546)

matrilineal refers to a group that traces descent through mothers rather than fathers (p. 469)

meditation practice of quiet reflection to clear the mind and find inner peace (p. 499)

mercantilism the idea that a country gains power by building up its supply of gold and silver (p. 666)

messiah in Judaism, a deliverer sent by God

(pp. 101, 344)

minaret tower of a mosque from which the crier calls believers to prayer five times a day (p. 394)

missionary person who travels to carry the ideas of a religion to others (pp. 363, 520)

monastery religious community where monks live and work (pp. 362, 413)

monopoly control of all (or almost all) trade or production of a certain good (p. 576)

monotheism the belief in one god (p. 81)

monsoon strong wind that blows one direction in winter and the opposite direction in summer (p. 195)

mosaic picture made from many bits of colored glass, tile, or stone (p. 333)

mosque Muslim house of worship (p. 389)

mummy body that has been embalmed and wrapped in linen (p. 50)

myth traditional story describing gods or heroes or explaining natural events (p. 155)

N

natural law law that applies to everyone and can be understood by reason (p. 681)

nirvana in Buddhism, a state of wisdom and freedom from the cycle of rebirth (p. 205)

nomad person who regularly moves from place to place (p. 10)

novel long fictional story (p. 432)

O

oasis green area in a desert fed by underground water (p. 373)

ode poem that expresses strong emotions about life (p. 304)

oligarchy government in which a small group of people holds power (p. 126)

oracle sacred shrine where a priest or priestess spoke for a god or goddess (p. 156)

oral history the stories passed down from generation to generation (p. 470)

P

papyrus reed plant of the Nile Valley, used to make a form of paper (p. 42)

parable story that used events from everyday life to express spiritual ideas (p. 345)

paterfamilias ("father of the family") name for the father as head of the household in ancient Rome (p. 307)

patrician wealthy landowner and member of the ruling class in ancient Rome (p. 269)

Pax Romana ("Roman Peace") long era of peace and safety in the Roman Empire (p. 287)

peninsula body of land with water on three sides (p. 117)

persecute to mistreat a person because of his or her beliefs (p. 353)

pharaoh all-powerful king in ancient Egypt (p. 48)

philosopher thinker who seeks wisdom and ponders questions about life (pp. 140, 169)

philosophy study of the nature and meaning of life; comes from the Greek word for "love of wisdom" (p. 169)

pictograph a character that stands for an object (p. 228)

pilgrim person who travels to go to a religious shrine or site (p. 213)

plague disease that spreads quickly and kills many people (pp. 319, 554)

plane geometry branch of mathematics that shows how points, lines, angles, and surfaces relate to one another (p. 185)

plateau area of high flat land (p. 446)

plebeian member of the common people in ancient Rome (p. 269)

polis the early Greek city-state, made up of a city and the surrounding countryside and run like an independent country (p. 122)

pope the bishop of Rome, later the head of the Roman Catholic Church (p. 356)

popular sovereignty idea that a government receives its power from the people (p. 700)

porcelain type of ceramic ware that is made of fine clay and baked at high temperatures (p. 418)

praetor important government official in ancient Rome (p. 270)

predestination belief that no matter what a person does, the outcome of his or her life is already planned by God (p. 640)

prophet person who claims to be instructed by God to share God's words (p. 87)

proverb wise saying (p. 89)

province political district (p. 28)

pyramid huge stone structure built by the ancient Egyptians to serve as a tomb (p. 50)

Q

quipu rope with knotted cords of different lengths and colors (p. 588)

Quran holy book of Islam (p. 377)

R

rabbi Jewish leader and teacher of the Torah (p. 101)

raja prince who led an Aryan tribe in India (p. 199)

rationalism the belief that reason is the chief source of knowledge (p. 678)

Reconquista ("reconquest") Christian struggle to take back the Iberian Peninsula from the Muslims (p. 558)

reform change that tries to bring about an improvement (pp. 320, 411)

Reformation movement to reform the Catholic Church; led to the creation of Protestantism (p. 634)

regent person who acts as a temporary ruler (p. 334)

reincarnation rebirth of the soul or spirit in different bodies over time (p. 204)

Renaissance ("rebirth") period of renewed interest in art and learning in Europe (p. 609)

representative democracy system of government in which citizens choose a smaller group to make laws and governmental decisions on their behalf (p. 139)

representative government system of government in which people elect leaders to make laws (p. 694)

republic form of government in which the leader is not a king or queen but a person elected by citizens (p. 265)

resurrection the act of rising from the dead (p. 347)

rhetoric public speaking (p. 307)

S

Sabbath weekly day of worship and rest for Jews (p. 94)

saint Christian holy person (p. 333)

salvation the act of being saved from sin and allowed to enter heaven (p. 350)

samurai class of warriors in feudal Japan who pledged loyalty to a noble in return for land (p. 494)

Sanskrit written language developed by the Aryans (p. 199)

satire work that pokes fun at human weaknesses (p. 304)

satrap official who ruled a state in the Persian Empire under Darius (p. 133)

satrapies the 20 states into which Darius divided the Persian Empire (p. 133)

savanna grassy plain (p. 69)

schism separation (p. 361)

scholasticism medieval way of thinking that tried to bring together reason and faith in studies of religion (p. 550)

scientific method orderly way of collecting and analyzing evidence (p. 679)

scribe record keeper (p. 20)

sect a smaller group with distinct beliefs within a larger religious group (p. 499)

secular interested in worldly rather than religious matters (p. 609)

seminary school for training and educating priests and ministers (p. 643)

separation of powers equal division of power among the branches of government (p. 682)

serf peasant laborer bound by law to the lands of a noble (p. 524)

sheikh leader of an Arab tribe (p. 373)

Shiite Muslim group that accepts only the descendants of Muhammad's son-in-law Ali as rightful rulers of Muslims (p. 382)

shogun military ruler of feudal Japan (p. 495)

shrine holy place (p. 490)

social class group of people who share a similar position in society (p. 233)

social contract agreement between rulers and the people upon which a government is based

(p. 682)

Socratic method way of teaching developed by Socrates that used a question-and-answer format to force students to use their reason to see things for themselves (p. 170)

solid geometry branch of mathematics that studies spheres and cylinders (p. 186)

Sophist professional teacher in ancient Greece; believed that people should use knowledge to improve themselves and developed the art of public speaking and debate (p. 169)

specialization the development of different kinds of jobs (p. 15)

steppe wide, rolling, grassy plain (p. 424)

Stoicism philosophy founded by Zeno in Hellenistic Athens; taught that happiness came not from following emotions, but from following reason and doing one's duty (p. 184)

stupa Buddhist shrine that is shaped like a dome or mound (p. 211)

subcontinent large landmass that is part of a continent but distinct from it (p. 195)

sultan military and political leader with absolute authority over a Muslim country (pp. 383, 467)

Sunni Muslim group that accepts descendants of the Umayyads as rightful rulers of Muslims (p. 382)

Swahili refers to the culture and language of East Africa (p. 467)

synagogue Jewish house of worship (p. 94)

T

tanka Japan's oldest form of poetry; an unrhymed poem of five lines (p. 501)

technology tools and methods used to help humans perform tasks (p. 11)

terror violent actions that are meant to scare people into surrendering (p. 426)

theocracy government headed by religious leaders (p. 208)

theology the study of religion and God (pp. 550, 640)

theory an explanation of how or why something happens (p. 671)

Torah the laws that, according to the Bible, Moses received from God on Mount Sinai; these laws later became the first part of the Hebrew Bible (p. 82)

tragedy form of drama in which a person struggles to overcome difficulties but meets an unhappy end (p. 160)

treason disloyalty to the government (pp. 431, 599)

trial jury group that decided whether an accused person was innocent or guilty (p. 537)

tribe group of related families (pp. 81, 424)

tribute payment made by one group or nation to another to show obedience or to obtain peace or protection (pp. 60, 89)

triumvirate in ancient Rome, a three-person ruling group (p. 280)

tyrant person who takes power by force and rules with total authority (p. 125)

V

vassal in feudalism, a noble who held land from and served a higher-ranking lord, and in return was given protection (pp. 496, 523)

vault curved structure of stone or concrete forming a ceiling or roof (p. 303)

vernacular everyday language used in a country or region (pp. 552, 620)

veto to reject (p. 270)

W

warlord military leader who runs a government (p. 409)

Z

Zoroastrianism Persian religion founded by Zoroaster; taught that humans had the freedom to choose between right and wrong, and that goodness would triumph in the end (p. 133)

Spanish Glossary

A

absolutism / absolutismo sistema de gobierno en que los monarcas tiene poder absoluto y alegan gobernar según decreto divino (pág. 686)

acupuncture / acupuntura práctica china para aliviar el dolor clavando la piel de los pacientes con agujas delgadas (pág. 246)

adobe / adobe ladrillo de barro secado al sol (pág. 591)

agora / ágora en las primeras ciudades-estado griegas, un área abierta que servía tanto de mercado como de lugar de reunión (pág. 122)

alphabet / alfabeto grupo de letras que representan sonidos (pág. 85)

anatomy / anatomía estudio de la estructura corporal (pág. 305)

animism / animismo creencia de que todas las cosas naturales están vivas y tienen sus propios espíritus (pág. 490)

annul / anular el acto de invalidar (pág. 648)

anthropologist / antropólogo científico que estudia las características físicas y las culturas de los seres humanos y sus antepasados (pág. 9)

anti-Semitism / antisemitismo odio hacia los judíos (pág. 548)

apostle / apóstol nombre dado a líderes cristianos que ayudaban a establecer iglesias y a difundir el mensaje de Jesucristo (pág. 348)

aqueduct / acueducto canal construido por el hombre para transportar agua (pág. 291)

archaeologist / arqueólogo científico que aprende acerca de la vida humana en el pasado estudiando fósiles y artefactos (pág. 9)

aristocrat / aristócrata noble cuya riqueza provenía de la propiedad de la tierra (pág. 227)

artifact / artefacto arma, herramienta u otro artículo hecho por humanos (pág. 9)

artisan / artesano persona hábil artísticamente (pág. 20)

astronomer / astrónomo persona que estudia las estrellas, a los planetas y a otros cuerpos celestiales (págs. 30, 185)

B

barbarian / bárbaro persona incivilizada (pág. 435)

barter / trueque intercambiar bienes sin utilizar dinero (pág. 319)

bazaar / bazar mercado (pág. 389)

Brahman / Brahman en el hinduismo, el espíritu universal del que todos los dioses y diosas son partes diferentes (pág. 203)

Buddhism / budismo religión fundada por Siddhartha Gautama, Buda; enseñó que la manera de hallar la verdad era renunciar a todo deseo (pág. 205)

bureaucracy / burocracia grupo de funcionarios designados que son responsables de diferentes áreas del gobierno (pág. 229)

C

caliph / califa importante líder político y religioso musulmán (pág. 380)

calligraphy / caligrafía hermosa escritura a mano (pág. 421); el arte de producir tal hermosa escritura (pág. 501)

caravan / caravana grupo itinerante de mercaderes y animales (págs. 30, 373)

caste / casta grupo social en el que una persona nace y que no puede cambiar (pág. 199)

cataract / catarata rápidos empinados formados por precipicios y rocas erosionadas en un río (pág. 39)

census / censo conteo del número de personas (pág. 432)

city-state / ciudad-estado estado independiente compuesto por una ciudad y la tierra y aldeas circundantes (pág. 19)

civilization / civilización sociedad compleja, con ciudades, un gobierno organizado, arte, religión, divisiones de clase y un sistema de escritura (pág. 17)

clan / clan grupo de familias relacionadas por sangre o casamiento (págs. 461, 487)

clergy / clero funcionarios religiosos, como los sacerdotes, con autoridad concedida para llevar a cabo servicios religiosos (págs. 355, 538)

colony / colonia asentamiento en un territorio nuevo que mantiene lazos cercanos con su tierra natal (págs. 121, 666)

comedy / comedia forma de drama en el que la historia tiene un final feliz (pág. 161)

commerce / comercio compra y venta de bienes en cantidades grandes y a través de largas distancias (pág. 666)

concordat / concordato acuerdo entre el Papa y el gobernante de un país (pág. 521)

confederation / confederación unión libre de varios grupos o estados (pág. 592)

Confucianism / confucianismo sistema de creencias introducidas por el pensador chino Confucio; enseñó que las personas necesitaban tener un sentido del deber hacia su familia y la comunidad para llevar paz a la sociedad (pág. 236)

conquistador / conquistador soldado español en las Américas (pág. 595)

constitution / constitución plan de gobierno (págs. 488, 694)

consul / cónsul uno de los dos altos funcionarios en la Roma antigua (pág. 269)

covenant / pacto acuerdo (pág. 82)

crier / almuecín anunciador que llama a los creyentes musulmanes a orar cinco veces al día (pág. 394)

cuneiform / cuneiforme sistema sumerio de escritura compuesto de símbolos con forma de cuña (pág. 20)

currency / moneda sistema monetario (pág. 294)

D

daimyo / daimyo poderoso señor militar en el Japón feudal (pág. 496)

Dao / Dao manera apropiada en la que se esperaba que los reyes chinos gobernaran bajo el Mandato del Cielo (pág. 230)

Daoism / Daoism filosofía china basada en las enseñanzas de Laozi; enseñó que las personas debían volverse a la naturaleza y renunciar a sus preocupaciones terrenales (pág. 238)

deism / deísmo doctrina religiosa basada en la razón (pág. 685)

deity / deidad dios o diosa (pág. 49)

delta / delta área de tierra fértil en la boca de un río (pág. 39)

democracy / democracia forma de gobierno en la que todos los ciudadanos participan en la administración del gobierno (pág. 126)

denomination / denominación rama organizada del cristianismo (pág. 636)

dharma / dharma en el hinduismo, la ley divina que llama a las personas a realizar los deberes de su casta (pág. 204)

dhow / dhow velero árabe (pág. 453)

Diaspora / diáspora se refiere al esparcimiento de las comunidades de judíos fuera de su tierra natal después del cautiverio babilónico (pág. 96)

dictator / dictador en la Roma antigua, una persona que gobernaba temporalmente con poder absoluto durante emergencias (pág. 271)

diplomacy / diplomacia el arte de negociar con otros países (pág. 615)

direct democracy / democracia directa sistema de gobierno en el que las personas se congregan en reuniones masivas para decidir sobre asuntos de gobierno (pág. 139)

disciple / discípulo seguidor de Jesucristo (pág. 344)

doctrine / doctrina enseñanza oficial de la iglesia (pág. 355)

domesticate / domesticar domar animales y plantas para uso humano (pág. 13)

drama / drama historia contada por actores que pretenden ser personajes en la misma (pág. 160)

dynasty / dinastía línea de gobernantes de la misma familia (págs. 44, 210, 226)

E

economy / economía manera organizada en la que las personas producen, venden y compran bienes y servicios (pág. 410)

embalming / embalsamado proceso desarrollado por los antiguos egipcios para la conservación del cuerpo de una persona después de muerta (pág. 49)

empire / imperio grupo de territorios o naciones bajo un mismo mandatario o gobierno (págs. 23, 89)

epic / epopeya poema largo que cuenta acerca de actos legendarios o heroicos (pág. 157)

Epicureanism / epicureísmo filosofía fundada por Epicuro en la Atenas helenista; enseñó que la felicidad a través de la persecución del placer era la meta de la vida (pág. 184)

excommunicate / excomulgar declarar que una persona o grupo no pertenece más a la iglesia (págs. 361, 521)

exile / exilio período de ausencia forzada de una persona de su país u hogar (pág. 94)

export / exportar vender a otro país (pág. 666)

extended family / familia extendida grupo familiar que incluye a varias generaciones así como a otros parientes (pág. 469)

F

fable / fábula cuento corto que enseña una lección (pág. 158)

feudalism / feudalismo sistema político basado en lazos de lealtad entre señores y vasallos (págs. 497, 523)

fief / feudo bajo el feudalismo, la tierra que un señor otorgaba a un vasallo a cambio de su servicio militar y lealtad (pág. 524)

filial piety / piedad filial el respeto de los niños para sus padres y parientes mayores, una parte importante de las creencias confucianas (pág. 234)

fjord / fiordo valle de paredes abruptas que es una bahía del mar (pág. 518)

Forum / Foro espacio abierto en Roma que servía como mercado y plaza pública (pág. 306)

fossil / fósil huella o impresión de una planta o animal que se ha conservado en piedra (pág. 9)

G

glacier / glaciar masa inmensa de hielo (pág. 573)

gladiator / gladiador en la Roma antigua, persona que peleaba contra animales y otras personas como entretenimiento público (pág. 306)

gospel / evangelio ("buena nueva") uno de los cuatro relatos sobre la vida, enseñanzas y resurrección de Jesucristo (pág. 355)

grand jury / gran jurado grupo que decide si hay suficiente evidencia para acusar a una persona de un delito (pág. 537)

griot / griot narrador en poblados africanos (pág. 449)

guild / gremio grupo medieval de negocios formado por artesanos y mercaderes (págs. 503, 530)

guru / gurú maestro religioso y guía espiritual en el hinduismo (pág. 201)

H

Hellenistic Era / Era helenista período cuando el idioma y las ideas griegas se esparcieron a los habitantes no griegos del suroeste de Asia (pág. 178)

helot / ilota persona conquistada y esclavizada por los espartanos antiguos (pág. 126)

heresy / herejía creencia que difiere de las enseñanzas aceptadas de una religión o que las contradice (págs. 547, 643)

hierarchy / jerarquía organización con diferentes niveles de autoridad (pág. 355)

hieroglyphics / jeroglíficos sistema de escritura compuesto por miles de símbolos gráficos desarrollados por los antiguos egipcios (pág. 42)

Hinduism / hinduismo sistema religioso que se originó a partir de la religión de los arios en la antigua India (pág. 203)

historian / historiador persona que estudia y escribe acerca del pasado humano (pág. 9)

humanism / humanismo movimiento del renacimiento basado en las ideas y los valores de los antiguos romanos y griegos, de tal manera que los individuos y la sociedad humana eran importantes (pág. 619)

hypothesis / hipótesis explicación que se propone de los hechos (pág. 679)

I

icon / icono imagen o retrato religioso cristiano (pág. 359)

iconoclast / iconoclasta persona que se oponía al uso de ídolos en las iglesias bizantinas, aludiendo que los iconos alentaban el culto de ídolos (pág. 360)

ideograph / ideógrafo un carácter que une dos o más pictografías para representar una idea (pág. 228)

igloo / iglú casa con forma de domo construida por los inuitas (pág. 590)

import / importar comprar de otro país (pág. 666)

incense / incienso material que al quemarse despide un olor agradable (pág. 62)

indulgenge / indulgencia perdonar la iglesia los pecados de una persona (pág. 634)

inflation / inflación período de incremento rápido de precios (pág. 319)

invest / invertir poner dinero en un proyecto (pág. 667)

irrigation / irrigación método para llevar agua de otro lugar a un campo para regar las cosechas (pág. 18)

K

karma / karma en el hinduismo, la energía buena o mala que una persona desarrolla según si vive una vida buena o mala (pág. 204)

knight / caballero en la Edad Media, un guerrero noble que peleaba a caballo (pág. 524)

L

laity / laicado miembros de iglesia que no constituyen el clero (pág. 355)

latifundia / latifundios grandes propiedades agrícolas en la Roma antigua (pág. 278)

legacy / legado lo que una persona deja cuando muere (pág. 178)

Legalism / legalismo filosofía china desarrollada por Hanfeizi; enseñó que los humanos son naturalmente malos y por lo tanto necesitaban ser gobernados por leyes duras (pág. 239)

legion / legión unidad más pequeña del ejército romano, compuesta por aproximadamente 6,000 soldados (pág. 266)

limited government / gobierno limitado idea de que un gobierno sólo puede usar los poderes cedidos por los ciudadanos (pág. 700)

M

mandate / mandato orden formal (pág. 230)

martial arts / artes marciales deportes, como el judo y el karate, que involucran combate y defensa personal (pág. 499)

martyr / mártir persona dispuesta a morir antes que renunciar a sus creencias (pág. 353)

mass / misa servicio de culto Católico (pág. 546)

matrilineal / matrilineal se refiere a un grupo de personas que busca su ascendencia a través de las madres más que de los padres (pág. 469)

meditation / meditación práctica de reflexión silenciosa para aclarar la mente y encontrar la paz interior (pág. 499)

mercantilism / mercantilismo doctrina según la cual un país obtiene poder al amasar un abastecimiento de oro y plata (pág. 666)

messiah / mesías en el judaísmo, un salvador mandado por Dios (págs. 101, 344)

minaret / minarete torre de una mezquita desde donde el almuecín llama a los creyentes a la oración cinco veces al día (pág. 394)

missionary / misionero persona que viaja para llevar las ideas de una religión a otros (págs. 363, 520)

monastery / monasterio comunidad religiosa donde los monjes viven y trabajan (págs. 362, 413)

monopoly / monopolio el control de todo (o casi todo) el comercio o la producción de ciertos bienes (pág. 576)

monotheism / monoteísmo la creencia en un solo dios (pág. 81)

monsoon / monzón viento fuerte que sopla en una dirección en el invierno y en la dirección opuesta en el verano (pág. 195)

mosaic / mosaico figura hecha con muchos trozos de vidrios de colores, azulejo o piedra (pág. 333)

mosque / mezquita casa de culto musulmana (pág. 389)

mummy / momia cuerpo que se ha embalsamado y envuelto en lino (pág. 50)

myth / mito cuento tradicional que describe dioses o a héroes o explica eventos naturales (pág. 155)

N

natural law / ley natural ley que se aplica a todos y la cual puede entenderse por razonamiento (pág. 681)

nirvana / nirvana en el budismo, un estado de sabiduría y libertad del ciclo del renacimiento (pág. 205)

nomad / nómada persona que regularmente se mueve de un lugar a otro (pág. 10)

novel / novela historia ficticia larga (pág. 432)

O

oasis / oasis área verde en un desierto, alimentada por agua subterránea (pág. 373)

ode / oda poema que expresa emociones fuertes acerca de la vida (pág. 304)

oligarchy / oligarquía gobierno en el que un grupo pequeño de personas mantiene el poder (pág. 126)

oracle / oráculo templo sagrado en donde un sacerdote o sacerdotisa hablaban a nombre de un dios o diosa (pág. 156)

oral history / historia oral historias transmitidas de generación en generación (pág. 470)

P

papyrus / papiro planta de juncos del Valle de Nilo, empleada para hacer un tipo de papel (pág. 42)

parable / parábola historia que usa acontecimientos de la vida diaria para expresar ideas espirituales (pág. 345)

paterfamilias / paterfamilias ("padre de la familia") nombre dado al padre como cabeza de la casa en la Roma antigua (pág. 307)

patrician / patricio hacendado poderoso y miembro de la clase gobernante en la Roma antigua (pág. 269)

Pax Romana* / *Paz Romana era prolongada de paz y seguridad en el Imperio Romano (pág. 287)

peninsula / península extensión territorial rodeada de agua en tres lados (pág. 117)

persecute / perseguir maltratar una persona a causa de sus creencias (pág. 353)

pharaoh / faraón rey todopoderoso en el antiguo Egipto (pág. 48)

philosopher / filósofo pensador que busca la sabiduría y formula preguntas acerca de la vida (págs. 140, 169)

philosophy / filosofía estudio de la naturaleza y significando de la vida; viene de la palabra griega que significa "amor a la sabiduría" (pág. 169)

pictograph / pictógrafo carácter que representa a un objeto (pág. 228)

pilgrim / peregrino persona que viaja para ir a un relicario o sitio religioso (pág. 213)

plague / peste enfermedad que se esparce rápidamente y mata a muchas personas (págs. 319, 554)

plane geometry / geometría plana rama de las matemáticas que muestra cómo se relacionan los puntos, las líneas, los ángulos y las superficies (pág. 185)

plateau / meseta área de tierra alta y plana (pág. 446)

plebeian / plebeyo miembro de las personas comunes en la Roma antigua (pág. 269)

polis / polis antigua ciudad-estado griega, compuesta de una ciudad y las áreas circundantes y gobernada como un país independiente (pág. 122)

pope / Papa el obispo de Roma, posteriormente, la cabeza de la iglesia católica romana (pág. 356)

popular sovereignty / soberanía popular idea de que un gobierno recibe su poder de los ciudadanos (pág. 700)

porcelain / porcelana tipo de artículo de cerámica hecho de arcilla fina y horneado a altas temperaturas (pág. 418)

praetor / pretor importante funcionario de gobierno en la Roma antigua (pág. 270)

predestination / predestinación creencia de que sea lo que sea que haga una persona, el resultado de su vida ya ha sido planificado por Dios (pág. 640)

prophet / profeta persona que declara estar instruido por Dios para compartir Sus palabras (pág. 87)

proverb / proverbio dicho sabio (pág. 89)

province / provincia distrito político (pág. 28)

pyramid / pirámide inmensa estructura de piedra construida por los antiguos egipcios para utilizarse como una tumba (pág. 50)

Q

quipu / quipu lazo con cuerdas anudadas de longitudes y colores diferentes (pág. 588)

Quran / Corán libro sagrado del Islam (pág. 377)

R

rabbi / rabino líder judío y maestro del Torá (pág. 101)

raja / rajá príncipe que dirigió a una tribu aria en la India (pág. 199)

rationalism / racionalismo la creencia de que la razón es la fuente principal del conocimiento (pág. 678)

Reconquista ("reconquest") **/ *reconquista*** lucha cristiana para recuperar la península Ibérica de los musulmanes (pág. 558)

reform / reforma cambio que intenta producir una mejora (págs. 320, 411)

Reformation / reforma movimiento para reformar la iglesia católica; condujo a la creación del protestantismo (pág. 634)

regent / regente persona que opera como un gobernante temporal (pág. 334)

reincarnation / reencarnación renacimiento del alma o el espíritu en cuerpos diferentes a través del tiempo (pág. 204)

Renaissance / renacimiento ("nacer de nuevo") período en que se renovó el interés en las artes y el conocimiento en Europa (pág. 609)

representative democracy / democracia representativa sistema de gobierno en el que los ciudadanos escogen a un grupo más pequeño para promulgar leyes y tomar decisiones gubernamentales en su nombre (pág. 139)

representative government / gobierno representativo sistema de gobierno en que los ciudadanos eligen a sus líderes para promulgar leyes (pág. 694)

republic / república forma de gobierno en la que el líder no es un rey ni una reina sino una persona elegida por los ciudadanos (pág. 265)

resurrection / resurrección acto de volver a la vida (pág. 347)

rhetoric / retórica hablar en público (pág. 307)

S

Sabbath / sabbat día semanal de culto y descanso para los judíos (pág. 94)

saint / santo persona cristiana santificada (pág. 333)

salvation / salvación acto de ser salvado del pecado y aceptado para entrar al cielo (pág. 350)

samurai / samurai clase de guerreros en el Japón feudal que prometía lealtad a un noble a cambio de tierra (pág. 494)

Sanskrit / Sánscrito idioma escrito desarrollado por los arios (pág. 199)

satire / sátira obra que hace burla de las debilidades humanas (pág. 304)

satrap / sátrapa funcionario que gobernaba un estado en el Imperio pérsico durante la época de Darío (pág. 133)

satrapies / satrapies los 20 estados en los cuales Darío dividió al Imperio pérsico (pág. 133)

savanna / sabana llanura cubierta de hierba (pág. 69)

schism / cisma separación (pág. 361)

scholasticism / escolástica forma de pensamiento medieval que trató de unir a la razón y a la fe en estudios religiosos (pág. 550)

scientific method / método científico manera organizada de recoger y analizar pruebas (pág. 679)

scribe / escriba conservador de registros (pág. 20)

sect / secta un grupo más pequeño con creencias distintas dentro de un grupo religioso más grande (pág. 499)

secular / secular que se interesa en bienes materiales en lugar de asuntos religiosos (pág. 609)

seminary / seminario escuela en donde se entrenan y se educan a los sacerdotes y los ministros (pág. 643)

separation of powers / separación de poderes división equitativa de los poderes entre las ramas del gobierno (pág. 682)

serf / siervo trabajador campesino atado por ley a las tierras de un noble (pág. 524)

sheikh / jeque líder de una tribu árabe (pág. 373)

Shiite / chiíta grupo musulmán que acepta sólo a los descendientes de Ali, el hijo político de Mahoma, como auténticos líderes de los musulmanes (pág. 382)

shogun / shogun gobernante militar del Japón feudal (pág. 495)

shrine / relicario lugar sagrado (pág. 490)

social class / clase social grupo de personas que comparten una posición semejante en la sociedad (pág. 233)

social contract / contrato social acuerdo entre mandatarios y ciudadanos sobre el cual se basa un gobierno (pág. 682)

Socratic method / método socrático método de enseñanza desarrollado por Sócrates que emplea un formato de pregunta y respuesta para forzar a los estudiantes a utilizar su raciocinio para ver las cosas por sí mismos (pág. 170)

solid geometry / geometría sólida rama de las matemáticas que estudia a las esferas y los cilindros (pág. 186)

Sophist / Sofista maestro profesional en Grecia antigua; creían que las personas deben utilizar el conocimiento para mejorarse a sí mismas y desarrollaron el arte de hablar en público y el debate (pág. 169)

specialization / especialización desarrollo de diferentes tipos de trabajos (pág. 15)

steppe / estepa ancha planicie ondeada cubierta de hierba (pág. 424)

Stoicism / estoicismo filosofía fundada por Zeno en la Atenas Helenista; enseñaba que la felicidad provenía no de seguir a las emociones, sino a la razón y de cumplir con nuestro deber (pág. 184)

stupa / estupa templo budista con forma de cúpula o montículo (pág. 211)

subcontinent / subcontinente gran masa de tierra que forma parte de un continente pero está separada de él (pág. 195)

sultan / sultán líder político y militar con autoridad absoluta sobre un país musulmán (págs. 383, 467)

Sunni / sunní grupo musulmán que sólo acepta a descendientes de los Omeyas como auténticos gobernantes de los musulmanes (pág. 382)

Swahili / suajili se refiere a la cultura e idioma de Africa del Este (pág. 467)

synagogue / sinagoga casa de culto judía (pág. 94)

T

tanka / tanka forma más antigua de poesía en Japón; poema sin rima de cinco líneas (pág. 501)

technology / tecnología instrumentos y métodos utilizados para ayudar a los humanos a realizar tareas (pág. 11)

terror / terror acciones violentas para atemorizar personas para que rendirse (pág. 426)

theocracy / teocracia gobierno dirigido por líderes religiosos (pág. 208)

theology / teología el estudio de la religión y de Dios (págs. 550, 640)

theory / teoría explicación de cómo o por qué ocurre algo (pág. 671)

Torah / Torá las leyes que, según la Biblia, Moisés recibió de Dios en el monte Sinaí; estas leyes se convirtieron después en la primera parte de la Biblia hebrea (pág. 82)

tragedy / tragedia forma de drama en la que una persona se esfuerza para vencer dificultades pero encuentra un final infeliz (pág. 160)

treason / traición deslealtad al gobierno (págs. 431, 599)

trial jury / jurado grupo que decide si una persona acusada es inocente o culpable (pág. 537)

tribe / tribu grupo de familias relacionadas (págs. 81, 424)

tribute / tributo pago realizado por un grupo o nación a otra para mostrar obediencia o para obtener paz o protección (págs. 60, 89)

triumvirate / triunvirato en la Roma antigua, un grupo gobernante de tres personas (pág. 280)

tyrant / tirano persona que toma el poder por la fuerza y gobierna con autoridad total (pág. 125)

V

vassal / vasallo en el feudalismo, un noble que ocupaba la tierra de un señor de más alto rango y lo servía, y a cambio le daba protección (págs. 496, 523)

vault / cámara estructura curva de piedra o cemento que forma un techo (pág. 303)

vernacular / vernáculo idioma cotidiano empleado en un país o región (págs. 552, 620)

veto / veta rechazar (pág. 270)

W

warlord / caudillo líder militar que dirige un gobierno (pág. 409)

Z

Zoroastrianism / zoroastrismo religión persa fundada por Zoroastro; enseñaba que los humanos tenían la libertad de escoger entre lo correcto y lo incorrecto, y que la bondad triunfaría al final (pág. 133)

Spanish Glossary

Diccionario geográfico

Un Diccionario Geográfico es un diccionario o índice que contiene información sobre geografía. Muestra la latitud y longitud para las ciudades y otros lugares. La latitud y longitud aparecen en este formato: 48°N 2°E, o 48 grados de latitud norte y dos grados de longitud este. Este Diccionario Geográfico incluye la mayoría de los países independientes más grandes del mundo, sus capitales y varias características geográficas importantes. Los números de página indican dónde se puede encontrar cada acepción en un mapa de este libro.

A

Acre Región de Brasil. 10° S 68° W (pág. 542)

Acre, Río Río que se encuentra en su mayor parte en el oeste de Brasil. 10° S 68° W (pág. 542)

Accio Cabo en la costa oeste de Grecia. 37° N 23° E (pág. 297)

Adén Ciudad portuaria del Mar Rojo, al sur de Yemen. 12° N 45° E (pág. 433)

Adén, Golfo de Brazo occidental del Mar Arábigo, entre Yemen, Somalia y Djibouti. 11° N 45° E (pág. 445)

Adrianopla Antigua ciudad al noroeste de Turquía, que ahora se llama Edirna. 41° N 26° E (pág. 323)

Adriático, Mar Brazo del Mar Mediterráneo entre Italia y la Península de los Balcanes. 44° N 14° E (págs. R2, 117, 134, 144, 149, 176, 263, 269, 274, 293, 352, 361, 367, 516, 548, 609, 653, 688)

Afganistán País de Asia central al oeste de Pakistán. 33° N 63° E (págs. R2, R3, R19, 176, 198)

África Segundo continente más grande del mundo, al sur de Europa, entre los Océanos Atlántico e Índico. 10° N 22° E (págs. R2, R3, R5, R20, R21, 33, 109, 262, 263, 269, 274, 293, 297, 352, 358, 361, 367, 380, 385, 433, 444, 446, 449, 460, 463, 468, 469, 473, 479, 518, 554, 565, 573, 662, 658, 668)

África Oriental Región del centro este de África compuesta por Burundi, Kenia, Ruanda, Somalia, Tanzania y Uganda. 5° N 35° E (págs. R3, R5, R20, R21, 246)

Agincourt Aldea del norte de Francia. 52° N 6° E (págs. 557, 561)

Agra Ciudad al norte de India, lugar donde se encuentra el Taj Mahal. 27° N 78° E (pág. 394)

Ahaggar, Montes Región árida, rocosa y elevada en el sur de Argelia en el centro del Sahara. 25° N 6° E (pág. 445)

Alaska Estado más extenso de Estados Unidos, ubicado en la región del extremo noroeste de América del Norte. 65° N 150° W (págs. R2, R4)

Albania País del Mar Adriático, al sur de Yugoslavia. 42° N 20° E (pág. R3)

Albany Ciudad capital de Nueva York. 42° N 73° W (pág. 694)

Alejandría Ciudad y puerto de mar principal del norte de Egipto en el delta del Río Nilo. 31° N 29° E (págs. 176, 179, 182, 189, 246, 293, 323, 329, 352, 361, 367, 374)

Alemania País occidental de Europa al sur de Dinamarca. 51° N 10° E (págs. R3, 518)

Alpes Sistema montañoso del centro sur de Europa. 46° N 9° E (págs. R2, 263, 269, 274, 513, 514, 609, 653)

Altay, Montes Cadena montañosa de Asia. 49° N 87° E (págs. R5, 225)

Altun, Montes Cadena montañosa que forma parte del Kunlun Shan en China. 35° N 83° E (pág. 225)

Amazonas, Río Río del norte de América del Sur, que se encuentra en su mayor parte en Brasil, el segundo río más largo del mundo. 2° S 53° W (págs. R2, R4, 473, 565, 577)

Amberes Ciudad del norte de Bélgica. 51° N 4° E (pág. 548)

América del Norte Continente en el norte del hemisferio occidental entre los Océanos Atlántico y Pacífico. 45° N 100° W (págs. R2, R4, R6–11, 13, 565, 573, 590, 658, 662, 663, 668, 691)

América del Sur Continente en la parte sur del hemisferio occidental entre los Océanos Atlántico y Pacífico. 15° S 60° W (págs. R2, R4, R14, R15, 13, 473, 565, 573, 577, 658, 662)

Amsterdam Capital de los Países Bajos. 52°N 4°E (pág. 548)

Amu Darya Río más grande de Asia central. 38° N 64° E (pág. 198)

Andes Cadena montañosa a lo largo del borde occidental de América del Sur. 13° S 75° W (págs. R4, R15, 577)

Angola País de África del Sur al norte de Namibia. 14° S 16° E (págs. R2, R3)

Anjou Antigua provincia y ducado de Francia. 45° N 73° W (pág. 538)

Antártida Quinto en tamaño de los siete continentes de la Tierra, rodea el Polo Sur. 80° S 127° E (págs. R3, R5)

Antioquía Antigua capital de Siria, ahora una ciudad en el sur de Turquía. 36° N 36° E (págs. 246, 352, 361, 367, 542)

Anyang Ciudad del norte de China, fue la primera capital de China. 36° N 114° E (págs. 224, 226, 251)

Apeninos Cadena montañosa que recorre Italia de norte a sur. 43° N 11° E (págs. 263, 269, 609, 653)

Apalaches, Montes Sistema montañoso del este de América del Norte. 38° N 82° W (págs. R4, R11, 590, 694)

Aquisgrán Ciudad en Alemania cerca de las fronteras belga y holandesa; capital del imperio franco de Carlomagno. 50° N 6° E (págs. 512, 516)

Aquitania Antiguo ducado y reino del sudoeste de Francia. 43° N 1° E (págs. 538, 557)

Arabia Península desértica del sudoeste de Asia en el margen opuesto del Mar Rojo desde África. 27° N 32° E (págs. R2, R18, R19, 17, 28, 70, 109, 246, 329, 374, 380, 385, 425, 433, 435, 554)

Arabia Saudita Monarquía en el sudoeste de Asia, que abarca la mayor parte de la Península Arábiga. 22° N 46° E (págs. R3, R5, R18–19, 176)

Arábiga, Península Gran península desértica en el extremo sudoeste de Asia. 28° N 40° E (págs. R5, 374, 445, 448, 452)

Arábigo, Desierto Región árida al este de Egipto; llamado también Desierto Oriental. 22° N 45° E (págs. R18, R19, 17, 28, 39, 75)

Arábigo, Mar Parte del Océano Índico entre la Península Arábiga y el subcontinente de India. 16° N 65° E (págs. R3, R5, R19, 109, 176, 193, 195, 198, 210, 213, 219, 246, 374, 380, 409, 425, 433, 452, 554, 565)

Aragón Región y antiguo reino del nordeste de España. 42° N 1° W (pág. 538)

Aral, Mar Gran lago de agua salada, o mar interno, en Asia central. 45° N 60° E (págs. R3, R5, 132, 198, 246, 380, 383, 397, 424, 425, 554)

Argel Ciudad capital de Argelia, mayor puerto del Mediterráneo del noroeste de África. 36° N 2° E (págs. R3, 385)

Argelia País del norte de África. 29° N 1° E (pág. R3)

Argentina País sudamericano al este de Chile. 36° S 67° W (págs. R2, R14)

Arkansas, Río Río en el oeste de Estados Unidos, tributario importante del Río Mississippi. 38° N 100° W (págs. R11, 663)

Ártico, Océano Glacial El más pequeño de los cuatro océanos de la Tierra. 85° N 170° E (págs. 573, 590)

Asia El más grande de los siete continentes de la Tierra. 50° N 100° E (págs. R22, R23, 13, 17, 33, 255, 295, 409, 424, 429, 435, 439, 518, 565, 573, 662)

Asia Menor Región del mundo antiguo, correspondiente aproximadamente a la Turquía actual. 38° N 31° E (págs. R22, R23, 17, 28, 117, 121, 132, 176, 179, 189, 269, 274, 277, 286, 292, 293, 297, 323, 327, 329, 342, 352, 358, 361, 367, 374, 380, 385, 542)

Asiria Antiguo país de Asia que incluía al valle del Tigris en Mesopotamia. 35° N 42° E (pág. 28)

Astrakán Ciudad en el sur de la Rusia europea sobre el Río Volga, cerca del Mar Caspio. 46° N 48° E (pág. 554)

Asunción Ciudad capital de Paraguay. 25° S 58° W (pág. R2)

Atenas Capital de Grecia, antigua ciudad-estado. 38° N 23° E (págs. 117, 121, 124, 125, 134, 138, 144, 149, 154, 176, 182, 293)

Atlanta Ciudad capital de Georgia en Estados Unidos. 33° N 84° W (pág. R2)

Atlántico, Océano Segunda mayor masa de agua del mundo. 5° S 25° W (págs. R2–7, R11, R13–16, R20–22, 13, 121, 269, 293, 323, 329, 337, 352, 361, 385, 463, 469, 473, 479, 513, 514, 516, 518, 538, 542, 555, 557, 561, 565, 573, 577, 590, 639, 645, 662, 663, 668, 691, 694, 695, 703)

Atlas, Montes Cadena montañosa en el noroeste de África, en el borde septentrional (del norte) del Sahara. 31° N 5° W (págs. R20, R21, 445)

Augsburgo Ciudad del centro sur de Alemania. 48° N 10° E (págs. 555, 688)

Australia Continente insular al sudeste de Asia. 25° S 135° W (págs. R3, R5, 13, 33, 658, 662)

Austria País de Europa central. 47° N 12° E (págs. R3, R16, 13, 385, 548, 639, 688)

Avignon Ciudad del sur de Francia, sobre el Río Ródano. 43° N 4° E (pág. 557)

Axum Antiguo reino del nordeste de África. 14° N 38° E (pág. 451)

Azores Grupo de nueve islas en el Océano Atlántico Norte. 37° N 29° W (págs. R2, R4, R20, R21, 658)

B

Babilonia Fue una vez la ciudad más grande e importante del mundo, sobre el río Éufrates en el norte de la Mesopotamia. 32° N 45° E (págs. 16, 17, 26, 28, 86, 93, 132, 174, 176)

Bagdad Ciudad capital de Iraq. 33° N 44° E (págs. R3, 374, 379, 380, 383, 385, 397, 423, 424, 425, 452, 554)

Bahamas País compuesto por varias islas entre Cuba y Estados Unidos. 23° N 74° W (págs. R2, R4, R13, 662)

Bahía de Nápoles Entrada del Mar Tirreno en el centro sur de Italia. 40° N 14° E (págs. R16, 293)

Balcanes, Península de los Península en el sudeste de Europa limitada al este por los mares Negro y Egeo, al sur por el Mar Mediterráneo, y al oeste por los mares Adriático y Jónico. 42° N 20° E (págs. 117, 327, 329)

Báltico, Mar Mar en el norte de Europa conectado con el Mar del Norte. 55° N 17° E (págs. R3, R5, R16, R18, 513, 518, 538, 548, 555, 645, 688, 703)

Baltimore Ciudad en el norte de Maryland en Estados Unidos. 39° N 77° W (pág. 694)

Bangkok Capital de Tailandia. 14° N 100° E (págs. R3, 433, 667)

Bangladesh País del sudeste asiático que limita con Myanmar e India. 24° N 90° E (págs. R3, 198)

Barcelona Ciudad del nordeste de España. 41° N 2° E (pág. 555)

Bavaria Estado en el sudeste de Alemania. 48° N 13° E (pág. 688)

Bengala, Golfo de Brazo del Océano Índico entre India y la Península Malaya en el este. 17° N 87° E (págs. R3, R5, R22, R23, 109, 193, 194, 195, 198, 210, 213, 246, 409, 411, 425, 433, 439, 565, 667)

Bélgica País del noroeste de Europa. 51° N 5° E (págs. R3, R16, 703)

Belgrado Capital de Yugoslavia. 45° N 21° E (págs. 548, 555, 688)

Belice País centroamericano al este de Guatemala. 18° N 89° W (págs. R2, R13, 583)

Benue, Río Río que es el tributario principal del río Níger, en el centro oeste de África. 8° N 8° E (pág. 469)

Beringia Puente de tierra natural que en el pasado unía a los actuales territorios de Siberia y Alaska. 66° N 169° W (pág. 573)

Bering, Mar de Parte del Océano Pacífico Norte, ubicado entre las Islas Aleutianas al sur y el Estrecho de Bering, que lo conecta con el Océano Ártico al norte. 55° N 175° E (págs. R2, R3, R4, R5, R23, 573)

Berlín Capital de Alemania. 53° N 13° E (pág. 688)

Bhután País del sur de Asia al nordeste de India. 27° N 91° E (págs. R3, R22, R23, 198)

Bialystok Ciudad en el nordeste de Polonia. 53° N 23° E (pág. 548)

Biblos Antigua ciudad de Fenicia en el Mar Mediterráneo, cerca de lo que hoy es Beirut, Líbano. 34° N 35° E (págs. 17, 90, 105, 132)

Birmania País del sudeste asiático, ahora llamado Myanmar. 21° N 95° E (pág. 667)

Bizancio Antigua ciudad que se transformó en la capital del Imperio Romano de Oriente; posteriormente rebautizada Constantinopla y ahora llamada Estambul. 41° N 29° E (págs. 293, 397)

Bizantino, Imperio Parte Oriental del Imperio Romano, que sobrevivió después del colapso de la parte occidental del imperio en el siglo V D.C. ; Constantinopla fue su capital. 41° N 29° E (págs. 383, 518, 538, 542)

Bohemia Región histórica y antiguo reino ubicado en lo que hoy es la República Checa. 49° N 13° E (págs. 639, 645, 688)

Bombay Ciudad portuaria en el oeste de India, ahora llamada Mumbai. 18° N 72° E (pág. 667)

Bordeaux Ciudad en el sudoeste de Francia. 44° N 0° W (págs. 555, 557, 561)

Borgoña Reino histórico y provincia de Francia. 49° N 4° E (págs. 538, 557)

Borneo Tercera isla más grande del mundo, ubicada en el Archipiélago Malayo en el sudeste de Asia. 0° N 112° E (págs. R3, 246, 425, 433, 554, 667)

Boston Capital de Massachusetts. 42° N 71° W (págs. 691, 694, 695)

Brasil País más grande de América del Sur. 9° S 53° W (págs. R2, 473)

Bretaña Antigua provincia y ducado de Francia. 48° N 3° W (págs. 538, 557)

Brujas Ciudad en el noroeste de Bélgica. 51° N 3° E (págs. 522, 555, 557)

Buda Ciudad de Hungría que se combinó con Pest y Óbuda en 1873 para formar Budapest. 47° N 19° E (págs. 555, 688)

Budapest Capital de Hungría. 47° N 19° E (pág. 703)

Diccionario geográfico

Bulgaria País del sudeste de Europa en la Península de los Balcanes. 42° N 24° E (págs. R3, R17, 176)

C

Cahokia Ciudad en el sudoeste de Illinois en el río Mississippi cerca de St. Louis; ciudad más grande de los Constructores de Montículos del Mississippi. 38° N 90° W (pág. 572)

Calais Puerto de mar en el nordeste de Francia en el Estrecho de Dover. 50° N 1° E (pág. 557)

Calakmul Ciudad-estado maya. (pág. 585)

Calcuta Ciudad del este de India, ahora llamada Kolkata. 22° N 88° E (págs. R3, 433, 667)

Calicut Puerto de mar en el Mar Arábigo en el sudoeste de India, ahora llamado Kozhikode. 11° N 75° E (págs. 433, 662, 667)

California Estado del oeste de Estados Unidos. 36° N 120° W (págs. R2, R6, R7, R8)

Campania Región del sur de Italia en el Mar Tirreno. 41° N 14° E (pág. 263)

Cana Antigua ciudad en el sur de Italia donde Aníbal derrotó a los romanos en 216 A.C. 41° N 16° E (pág. 274)

Canaán Reino del sudoeste de Asia junto al Mar Mediterráneo, posteriormente llamado Palestina. 31° N 35° E (pág. 81)

Canadá País en América del Norte al norte de Estados Unidos. 50° N 100° W (págs. R2, R4, R6, R7)

Canterbury Ciudad de Kent, en el sudeste de Inglaterra; ubicación de una antigua catedral cristiana. 51° N 1° E (págs. 538, 645)

Caribe, Mar Parte del Océano Atlántico rodeada por las Indias Occidentales, América del Sur y América Central. 15° N 76° W (págs. R2, R4, 473, 565, 590, 662, 663, 691)

Cárpatos Montes Sistema de montañas en Europa central y oriental. 49° N 20° E (pág. 513)

Cartago Antigua ciudad en la costa norte de África. 37° N 10° E (págs. 263, 268, 269, 274, 292, 293, 297, 329, 337, 367, 514)

Caspio, Mar Lago de agua salada en el sudeste de Europa y el sudoeste de Asia, la masa de agua totalmente rodeada de tierra más grande del mundo. 40° N 52° E (págs. R3, R5, R17, 17, 76, 109, 132, 176, 179, 198, 246, 255, 293, 297, 329, 361, 374, 380, 383, 385, 397, 424, 425, 513, 518, 542, 554, 565)

Castilla Antiguo reino de España. 39° N 3° E (pág. 538)

Çatal Hüyük Antigua comunidad neolítica en lo que hoy es Turquía. 38° N 35° E (pág. 8)

Cáucaso, Montes Cadena de montañas que forman una frontera entre Europa y Asia entre los mares Caspio y Negro. 43° N 42° E (págs. R17, 374)

Ceilán País en el Océano Índico al sur de India, ahora llamado Sri Lanka. 8° N 82° E (págs. R22, 433, 667)

Cerdeña Isla sobre la costa oeste de Italia, en el Mar Mediterráneo. 40° N 9° E (págs. R5, 263, 269, 274, 293, 329, 337, 514, 518, 522, 534, 538, 542, 555, 609, 653)

Chaco, Cañón del Centro de la civilización anasazi en lo que hoy es Nuevo México. 36° N 108° W (pág. 578)

Champagne Región del nordeste de Francia. 48° N 2° E (pág. 557)

Changan Capital de China durante la dinastía Tang, ahora llamada Xian. 34° N 108° E (págs. 240, 241, 246, 408, 409, 411, 416, 420, 439)

Chang Jiang Río de China, el tercero más largo del mundo, antiguamente llamado río Yangtze. 30° N 117° E (págs. 198, 225, 226, 230, 241, 246, 409, 410, 424, 425, 431, 439)

Charles Town Ciudad del sudeste de Carolina del Sur, ahora llamada Charleston. 33° N 80° W (págs. 694, 695)

Chernigov Principado del Rus de Kiev. 51° N 31° E (pág. 548)

Chichén Itzá Ciudad más importante del pueblo maya, ubicada en la parte norte de la Península de Yucatán. 20° N 88° W (pág. 575)

China País de Asia Oriental, el más poblado del mundo; ahora llamada República Popular de China. 37° N 93° E (págs. R3, R5, R22–23, 109, 198, 225, 226, 230, 241, 246, 409, 411, 416, 424, 431, 432, 433, 435, 439, 485, 554, 658, 662, 667)

China Oriental, Mar de Brazo del noroeste del Océano Pacífico entre la costa este de China y las Islas Ryukyu, que limita con el Mar Amarillo y Taiwán. 30° N 125° E (págs. R5, 225, 226, 230, 241, 251, 409, 411, 425, 439, 485)

Chipre País insular en el este del Mar Mediterráneo, al sur de Turquía. 35° N 31° E (págs. R3, R5, R17, 62, 90, 121, 132, 179, 189, 269, 274, 293, 329, 385, 542)

Chittagong Ciudad portuaria en el sudeste de Bangladesh. 22° N 90° E (págs. 433, 554)

Clermont Ciudad de Francia central. 45° N 3° E (págs. 534, 542, 544)

Cnossos Antigua ciudad de Creta. 35° N 24° E (págs. 116, 117, 149)

Colonia Ciudad del centro oeste de Alemania sobre el río Rin. 50° N 6° E (pág. 542)

Congo, Río Río de África central. 2° S 17° E (pág. 469)

Connecticut Estado del nordeste de Estados Unidos. 41° N 73° W (pág. 694)

Constantinopla Ciudad construida en el lugar donde se encontraba Bizancio, ahora llamada Estambul en la Turquía actual. 41° N 29° E (págs. 246, 302, 317, 323, 327, 329, 337, 351, 352, 358, 361, 367, 374, 379, 380, 424, 425, 518, 542, 555)

Copán Antigua ciudad de los mayas, en el noroeste de Honduras. 14° N 89° W (pág. 575)

Córcega Isla en el Mar Mediterráneo. 42° N 8° E (págs. R5, R16, 121, 263, 269, 274, 293, 329, 337, 542, 538, 555, 609, 653)

Córdoba Ciudad en el sur de España. 37° N 4° W (págs. 379, 380, 538, 555)

Corea Península del este de Asia, dividida en la República Democrática Popular de Corea (Corea del Norte) y la República de Corea. 38° N 127° E (págs. R3, R5, R23, 225, 409, 411, 413, 429, 484, 485, 491, 498)

Corinto Ciudad de la antigua Grecia, al sudoeste de la ciudad actual de Corinto. 37° N 22° E (págs. 117, 144, 269, 274)

Costa Rica República en el sur de América Central. 11° N 85° W (pág. R2)

Creciente Fértil Región de Medio Oriente que va desde Israel hasta el Golfo Pérsico, incluyendo los ríos Tigris y Éufrates. 34° N 45° E (pág. 17)

Crécy Lugar de Francia donde se produjo la batalla en la que Inglaterra derrotó a Francia en 1346. 50° N 48° E (págs. 557, 561)

Creta Isla griega al sudeste del continente en el sur del Mar Egeo. 35° N 24° E (págs. R17, 116, 117, 121, 132, 134, 149, 179, 189, 269, 274, 293, 329, 337, 385, 542, 548, 555)

Crimea Península en el sudeste de Ucrania. 45° N 33° E (pág. 548)

Cuba País insular de las Indias Occidentales. 22° N 79° W (págs. R2, R4, 662)

Cuzco Ciudad en el sur de Perú. 13° S 71° W (págs. 572, 577, 582, 593, 603)

D

Damasco Capital de Siria. 33° N 4° W (págs. 90, 105, 246, 348, 352, 361, 374, 380, 383, 385, 397)

Danubio, Río El segundo río más largo de Europa. 43° N 24° E (págs. R5, 176, 269, 274, 292, 293, 297, 323, 329, 337, 380, 383, 385, 397, 425, 513, 514, 516, 538, 555)

Danzig Ciudad del norte de Polonia. 54° N 18° E (pág. 555)

Decán, Meseta Región de India. 19° N 76° E (págs. R5, 195, 198)

Delhi Ciudad del norte de India. 28° N 76° E (págs. R3, 117, 379, 385)

Delos Isla griega del sur del Mar Egeo. 37° N 25° E (págs. 138, 144)

Delfos Antigua ciudad griega y lugar del Templo de Apolo. 38° N 22° E (págs. 117, 156)

Desierto Oriental Región árida en el este de Egipto, también llamada Desierto Arábigo. 22° N 45° E (págs. 39, 75)

Dinamarca País escandinavo en el noroeste de Europa. 56° N 8° E (págs. R3, 518, 639, 645, 688)

E

Ebro Río Río en el nordeste de España, que desemboca en el Mar Mediterráneo. 42° N 2° W (pág. 516)

Ecuador Círculo imaginario que divide a la Tierra en Hemisferio Norte y Hemisferio Sur; la latitud de cualquier punto en el ecuador es 0° . (págs. R2, R3, R4, R5, 33, 425, 433, 445, 452, 463, 469, 479, 554, 565, 577, 667)

Edimburgo Capital de Escocia. 55° N 3° W (pág. 555)

Edo Aldea en Japón donde el Río Sumida desemboca en la Bahía de Tokio, donde se encuentra la ciudad actual de Tokio. 34° N 131° E (págs. 485, 507)

Egeo, Mar Golfo del Mar Mediterráneo entre Grecia y Asia Menor, al norte de Creta. 39° N 24° E (págs. R2, 117, 134, 144, 149, 176, 328, 548)

Egipto País de África del Norte en el Mar Mediterráneo. 26° N 27° E (págs. R3, 1, 17, 28, 38, 39, 59, 62, 70, 75, 121, 132, 176, 246, 269, 286, 293, 297, 302, 317, 327, 329, 352, 361, 367, 374, 380, 383, 385, 397, 426, 448, 452, 479)

El Cairo Capital de Egipto. 31° N 32° E (págs. R3, 380, 385, 452, 479)

Eridu Antiguo asentamiento en Mesopotamia. 31° N 46° E (pág. 17)

Escandinavia Compuesta por Noruega, Suecia y Dinamarca en el norte de Europa. 62° N 14° E (págs. 512, 544)

Escocia Uno de los cuatro países que componen el Reino Unido, que ocupa la parte norte de Gran Bretaña. 57° N 5° W (págs. R16, 518, 538, 639, 645, 664)

España País en el sudoeste de Europa. 40° N 4° W (págs. R2–3, R4–5, R16, 268, 269, 277, 286, 292, 293, 297, 302, 317, 323, 327, 329, 337, 352, 358, 361, 380, 385, 516, 518, 522, 534, 542, 544, 639, 645, 662, 664,)

Esparta Ciudad de la antigua Grecia y capital de Laconia. 37° N 28° E (págs. 117, 121, 124, 125, 134, 138, 144, 149)

Estados Papales Territorio en Italia, antiguamente bajo el gobierno temporal directo del Papa. 43° N 13° E (págs. 538, 639)

Estocolmo Ciudad capital y puerto de mar de Suecia. 59° N 18° E (pág. 555)

Estonia República en el nordeste de Europa, uno de los países bálticos. 59° N 25° E (pág. 548)

Estrasburgo Ciudad y puerto en el nordeste de Grecia. 40° N 23° E (pág. 548)

Estrecho de Gibraltar Pasaje estrecho que une el Mar Mediterráneo y el Océano Atlántico. 35° N 5° W (págs. R2–3, R4–5, R16, 380, 385)

Estrecho de Magallanes Canal entre los Océanos Atlántico y Pacífico en el extremo sur de América del Sur. 52° S 68° W (págs. R2, R4, R14, R15, 662)

Estrecho de Messina Pasaje que separa la Italia continental de la isla de Sicilia. 38° N 15° E (pág. 263)

Etiopía País de África Oriental al norte del Somalia y Kenia. 8° N 38° E (págs. 452, 479)

Etruria Antigua región de la península italiana donde vivían los etruscos; área que ahora se llama Toscana. 30° N 46° E (pág. 263)

Éufrates, Río Río del sudoeste de Asia que pasa por Siria e Iraq y se une al Río Tigris cerca del Golfo Pérsico. 36° N 40° E (págs. 17, 109, 121, 132, 176, 179, 189, 246, 255, 293, 297, 329, 374, 380, 383, 397, 565)

Europa Uno de los siete continentes del mundo, que comparte su masa terrestre con Asia. 50° N 15° E (págs. R3, R5, R16–17, 13, 28, 33, 109, 255, 426, 429, 473, 565, 573, 633, 642, 662, 658, 668, 695)

Everest, Monte Montaña más alta del mundo, ubicada en el Himalaya entre Nepal y Tíbet. 28° N 86° E (págs. 193, 195)

F

Filadelfia Ciudad en el este de Pennsylvania sobre el Río Delaware. 40° N 75° W (págs. 690, 691, 694, 695)

Filipinas País insular en el Océano Pacífico al sudeste de China. 14° N 125° E (págs. R3, R5, 662, 667)

Flandes Región histórica en la Bélgica actual. 50° N 2° E (pág. 557)

Florencia Ciudad de la región de Toscana en Italia central al pie de los Apeninos. 43° N 11° E (págs. 555, 608, 609, 639, 653, 670)

Florida Estado en el sudeste de Estados Unidos que limita con Alabama, Georgia, el Océano Atlántico y el Golfo de México. 30° N 84° W (pág. 691)

Formigny Lugar del norte de Francia donde se produjo una victoria francesa durante la Guerra de los Cien Años. 49° N 0° W (págs. 557, 561)

Francia Tercer país más grande de Europa, ubicado al sur de Gran Bretaña. 47° N 1° E (págs. R2–3, R4–5, R16, 380, 385, 518, 522, 534, 538, 542, 544, 548, 557, 639, 645, 662)

Frankfurt Ciudad portuaria en el centro oeste de Alemania, sobre el Río Main. 50° N 8° E (págs. 555, 688, 703)

Fuji, Monte Montaña más alta de Japón. 35° N 138° E (págs. 485, 507)

G

Galia Antiguo nombre romano para el área ahora conocida como Francia. 45° N 3° E (págs. 269, 274, 277, 286, 293, 297, 302, 317, 323, 352, 358, 361)

Galilea Región de la antigua Palestina, ahora parte del norte de Israel, entre el Río Jordán y el Mar de Galilea. 32° N 35° E (págs. 352, 361, 367)

Ganges, Planicie del Área fértil y llana que rodea el Río Ganges. 24° N 89° E (págs. 195, 198)

Ganges, Río Río de India que va desde el Himalaya hasta el Golfo de Bengala. 24° N 89° E (págs. R3, R5, R22, 193, 195, 198, 210, 213, 219, 246, 409, 424, 667)

Gante Ciudad del oeste de Bélgica. 51° N 4° E (págs. 555, 557)

Gaugamela Área cerca de Babilonia y el Río Tigris, lugar de una famosa batalla en 331 A.C. 36° N 44° E (págs. 174, 176)

Génova Ciudad y puerto de mar del noroeste de Italia. 44° N 9° E (págs. 538, 542, 548, 555, 608, 609, 639, 653)

Ghana País del África Occidental en el Golfo de Guinea. 8° N 2° W (págs. R2, 448, 451)

Ginebra Ciudad en el oeste de Suiza. 46° N 6° E (pág. 633)

Giza Ciudad en el norte de Egipto y lugar donde está ubicada la Gran Pirámide. 29° N 31° E (págs. 17, 39, 47, 62, 75)

Gobi Vasto desierto que abarca partes de Mongolia y China. 43° N 103° E (págs. R5, 109, 225, 246, 409, 411, 425, 431, 439)

Golfo de México Golfo que abarca parte de la costa sur de Estados Unidos. 25° N 94° W (págs. R2, R4, 565, 575, 590, 663, 691)

Gomel Ciudad portuaria en el sudeste de Belarus sobre el Río Sozh. 52° N 31° E (pág. 548)

Gran Bretaña Isla más grande de las Islas Británicas. 54° N 4° W (págs. R2–3, R4–5, R16, 286, 293, 297, 302, 317, 323, 352, 358, 361, 363, 695)

Gran Muralla Muralla construida en el siglo III A.C. para proteger la frontera norte de China. 338° N 109° E (págs. 431, 436)

Granada Provincia en la costa sur de España. 12° N 61° W (págs. 380, 394, 553)

Grandes Llanuras La ladera continental que se extiende por Estados Unidos y Canadá. 45° N 104° W (pág. R4)

Grecia País del sudeste de Europa en la Península de los Balcanes. 39° N 21° E (págs. R3, R5, R17, 6, 117, 121, 124, 125, 132, 134, 138, 149, 154, 176, 263, 268, 269, 274, 277, 286, 292, 293, 297, 302, 317, 323, 351, 352, 358, 361, 367, 385)

Guangzhou Ciudad portuaria en el sur de China sobre el Chang Jiang. 23° N 113° W (págs. R3, 246, 409, 411, 424, 431, 439)

H

Hainan Provincia del sudeste de China e isla en el Mar de China Meridional. 32° N 120° E (págs. R5, 225)

Hamburgo Ciudad del centro norte de Alemania, cerca del Mar del Norte. 53° N 10° E (págs. 548, 555)

Han Estado chino a lo largo del Huang He y Chang Jiang. 33° N 112° E (pág. 241)

Hangzhou Ciudad portuaria en el sudeste de China, capital durante la dinastía Song. 30° N 120° E (págs. 246, 408, 409, 411, 416, 424, 425, 431, 439, 554)

Harappa Antigua ciudad en el valle del Indo en lo que hoy es Pakistán. (págs. 194, 196, 198, 219)

Heian Antigua capital de Japón, ahora llamada Kioto. 35° N 135° E (págs. 485, 491, 493, 498, 507)

Himalaya Sistema montañoso que forma una barrera entre India y el resto de Asia. 29° N 85° E (págs. R3, R5, R22–23, 193, 195, 198, 213, 219, 246, 409, 424, 425, 426, 439)

Hokkaido Segunda mayor isla de Japón. 43° N 142° E (págs. R3, R5, 484, 485, 507)

Honshu Mayor isla de Japón, llamada el continente. 36° N 138° E (págs. R3, R5, 484, 485, 507)

Huang He Segundo mayor río de China, antiguamente llamado Río Amarillo. 35° N 113° E (págs. 225, 226, 230, 241, 246, 409, 410, 424, 425, 439)

Hudson, Bahía de Gran mar interno en Canadá. 60° N 85° W (págs. R2, R4, 565, 590, 662, 691)

Hungría País europeo del este, al sur de Eslovaquia. 46° N 17° E (págs. R3, R16, 518, 538, 542, 548, 639, 688, 703)

I

India País del sur de Asia al sur de China y Nepal. 23° N 77° E (págs. R3, R5, R22, 109, 193, 194, 195, 198, 210, 213, 219, 246, 380, 383, 409, 425, 433, 435, 554, 662, 658, 667)

Indias Occidentales Islas del Mar Caribe entre América del Norte y América del Sur. 19° N 79° W (pág. 473)

Índico, Océano Tercer océano más grande del mundo. 10° S 70° E (págs. R3, R5, 13, 109, 195, 198, 210, 213, 425, 433, 452, 463, 469, 479, 554, 565, 662)

Indo Kush Importante sistema de montañas en Asia central. 35° N 68° E (págs. 109, 198, 213, 219)

Indo, Río Río de Asia que se origina en el Tíbet y recorre Pakistán hasta el Mar Arábigo. 27° N 68° E (págs. R3, R5, 109, 176, 193, 195, 198, 210, 213, 219, 246, 380, 383, 409, 424, 425, 565)

Indonesia República insular del sudeste de Asia compuesta por la mayor parte del Archipiélago Malayo. 40° S 118° E (págs. R3, R5, R23, 381)

Inglaterra Parte de la isla de Gran Bretaña que se encuentra al este de Gales y al sur de Escocia. 51° N 1° W (págs. R2–3, R4–5, R16, 518, 522, 534, 538, 542, 544, 557, 639, 645, 662)

Iraq País del sudoeste de Asia en el extremo norte del Golfo Pérsico. 32° N 42° E (págs. R3, R5, R18–19, R22, 176, 263)

Irán País del sudoeste de Asia en la costa oriental del Golfo Pérsico, antiguamente llamado Persia. 31° N 53° E (págs. R3, 176, 198)

Irlanda Isla al oeste de Gran Bretaña ocupada por la República de Irlanda e Irlanda del Norte. 54° N 8° W (págs. R2, R4, R16, 518, 538, 645)

Israel País del sudoeste de Asia al sur del Líbano. 32° N 34° E (págs. R3, 1, 90, 105, 176)

Iso Antigua ciudad de Asia Menor ubicada al norte de la frontera siria. 37° N 36° E (pág. 176)

Italia País del sur de Europa, al sur de Suiza y al este de Francia. 43° N 11° E (págs. R3, R5, R16, 121, 262, 263, 268, 269, 274, 277, 286, 292, 293, 297, 302, 317, 323, 327, 329, 337, 342, 351, 352, 358, 361, 367, 385, 516, 518, 522, 542, 609, 645, 653, 688)

J

Jamestown Primer asentamiento inglés en América del Norte, en el sudeste de Virginia. 37° N 77° W (pág. 691)

Japón Cadena de islas al norte del Océano Pacífico. 36° N 133° E (págs. R3, R5, R23, 225, 409, 413, 425, 484, 485, 488, 491, 498, 507, 662)

Jardines Colgantes Ubicados en Babilonia, una de las Siete Maravillas del Mundo Antiguo. 32° N 45° E (pág. 29)

Java Isla del Archipiélago Malayo en el sur de Indonesia. 8° S 111° E (págs. R3, R5, R23, 425, 554)

Jericó La más antigua comunidad neolítica, en Cisjordania, entre Israel y Jordania. 25° N 27° E (pág. 8)

Jerusalén Capital de Israel y ciudad sagrada de cristianos, musulmanes y judíos. 31° N 35° E (págs. 17, 28, 80, 86, 89, 90, 92, 93, 105, 132, 329, 342, 343, 351, 352, 358, 361, 367, 374, 380, 383, 385, 397, 534, 542, 544)

Jiddah Ciudad del oeste de Arabia Saudita. 21° N 39° E (pág. 433)

Jónico, Mar Brazo del Mar Mediterráneo que separa a Grecia y Albania de Italia y Sicilia. 38° N 18° E (págs. 117, 144, 149, 193, 195, 198, 210, 213, 219, 246, 263)

Jordán, Río Río que fluye desde el Líbano y Siria hasta el Mar Muerto. 30° N 38° E (págs. 17, 90, 105, 176)

Judea Territorio en el sudoeste de Asia y una región de la Palestina histórica. 31° N 35° E (págs. 342, 352, 361, 367)

Judá Reino del sur de los antiguos hebreos en Canaán, rebautizada Palestina. 25° N 49° E (págs. 90, 105)

K

Kaaba Santuario sagrado en Makkah (La Meca). 21° N 39° E (pág. 374)

Kamakura Ciudad en Japón, antigua ubicación del gobierno militar de los shogunes. 35° N 139° E (págs. 485, 491, 495)

Karakoram Capital del Imperio Mongol durante la mayor parte del siglo XIII. 47° N 102° E (págs. 193, 195, 423, 424, 425)

Katmandú Capital de Nepal. 27° N 85° E (pág. 210)

Khanbaliq Capital del Imperio Mongol de Kublai Khan, ahora llamada Beijing. 40° N 116° E (págs. 423, 425, 428)

Khyber, Paso Paso de montaña en el oeste de Asia que une Afganistán y Pakistán. 34° N 71° E (pág. 194)

Kiev Capital de Ucrania, sobre el Río Dniéper. 50° N 30° E (págs. R3, 425, 518, 534, 538, 544, 548, 555)

Kioto Antigua capital de Japón, antiguamente llamada Heian. 35° N 135° E (págs. 485, 491, 498, 507)

Kunlun Shan Importante sistema de montañas en el oeste de China. 35° N 83° E (pág. 225)

Kush Antigua región en lo que hoy es Sudán, antiguamente llamada Nubia. 21° N 33° E (págs. 1, 70, 109, 198, 213, 219)

Kyushu Una de las cuatro islas principales de Japón. 33° N 131° E (págs. R3, 484, 485, 503, 507)

L

La Española Isla de las Indias Occidentales. 19° N 72° E (págs. R4, 662)

Lacio Región del centro oeste de Italia. 42° N 12° E (pág. 263)

León Región histórica y antiguo reino de España. 41° N 5° W (págs. 538, 555)

Líbano País del sudoeste de Asia en la costa oriental del Mar Mediterráneo. 34° N 34° E (págs. R3, 176)

Libia País del norte de África al oeste de Egipto. 28° N 15° E (págs. R3, 176)

Lisboa Capital de Portugal. 39° N 9° W (pág. 555)

Londres Capital del Reino Unido, sobre el Río Támesis en el sudeste de Inglaterra. 52° N 0° (págs. R2, 518, 542, 553, 555, 557, 561, 633, 642, 670, 680, 703)

Luoyang Ciudad en el norte de China sobre el Huang He. 34° N 112° E (págs. 224, 230, 246, 248, 251, 409, 424, 439)

M

Macao Región en la costa sudeste de China. 22° N 24° E (págs. 430, 667)

Macedonia País en el sudeste de Europa sobre la Península de los Balcanes. 41° N 22° E (págs. 117, 174, 175, 176, 269, 274)

Machu Picchu Asentamiento inca en los Andes al noroeste de Cuzco, Perú. 13° S 72° W (pág. 577)

Madagascar Isla del Océano Índico en la costa sudeste de África. 18° S 43° E (págs. R5, 445, 479)

Makkah Ciudad sagrada de los musulmanes, también conocida como la Meca, en el oeste de Arabia Saudita. 21° N 39° E (págs. 372, 374, 380, 383, 385, 397, 425, 433, 448, 452, 554)

Malí República del noroeste de África. 15° N 0° W (pág. 451)

Mancha, Canal de la Mar estrecho que separa a Francia y Gran Bretaña. 49° N 3° W (págs. 557, 567)

Manchuria Región histórica del nordeste de China. 48° N 124° E (pág. 436)

Mar Amarillo Brazo del Océano Pacífico que limita con China, Corea del Norte y Corea del Sur. 35° N 122° E (págs. R5, R23, 225, 226, 230, 241, 424, 431, 485)

Mar de China Meridional Brazo del Océano Pacífico, ubicado sobre las costas este y sudeste de Asia. 15° N 114° E (págs. R3, R5, 109, 225, 241, 246, 409, 425, 433, 439, 554, 565, 667)

Mar del Japón Brazo del Océano Pacífico entre Japón y el continente asiático; también llamado Mar Oriental. 40° N 132° E (págs. R3, R5, R23, 225, 485)

Mar del Norte Brazo del Océano Atlántico entre Europa y la costa oriental de Gran Bretaña. 56° N 3° E (págs. R16, 293, 513, 514, 518, 538, 542, 548, 555, 639, 645)

Mar Muerto Lago de agua salada en el sudoeste de Asia, que limita con Israel, Cisjordania y Jordania. 31° N 35° E (págs. R5, 17, 39, 75, 90, 105)

Maratón Aldea de la antigua Grecia al nordeste de Atenas. (pág. 134)

Marruecos País de África del norte sobre el Mar Mediterráneo y el Océano Atlántico. 32° N 7° W (págs. R20, R21, 380, 449, 473, 479)

Marsella Ciudad del sur de Francia. 43° N 5° E (págs. 542, 555)

Masalia Antigua colonia griega que se encontraba donde hoy es Marsella. 44° N 3° E (pág. 293)

Massachusetts Estado del nordeste de Estados Unidos. 42° N 72° W (pág. 694)

Medina Ciudad sagrada de los musulmanes, en el oeste de Arabia Saudita. 24° N 39° E (págs. 372, 380, 383, 385, 397)

Mediterráneo, Mar Mar interno de Europa, Asia y África. 36° N 13° E (págs. R3, R5, 17, 28, 39, 62, 70, 75, 90, 105, 109, 117, 121, 132, 144, 149, 176, 179, 189, 263, 269, 274, 292, 293, 297, 323, 329, 337, 352, 361, 367, 374, 380, 383, 385, 397, 425, 445, 452, 463, 479, 513, 514, 518, 538, 542, 548, 555, 609, 639, 645, 653, 703)

Mekong, Río Río en el sudeste de Asia que se origina en el Tíbet y desemboca en el Mar de China Meridional. 18° N 104° E (págs. 246, 409, 411, 424, 439, 667)

Memphis Antigua capital de Egipto. 29° N 31° E (págs. 38, 39, 47, 59, 62, 70, 75, 80)

Meroe Capital de Kush. 7° N 93° E (págs. 68, 70, 452)

Mesa Verde Parque nacional en el sudoeste de Colorado, donde se encuentran artefactos y asentamientos en los riscos de los anasazi. 37° N 108° W (pág. 578)

Mesoamérica Antigua región que incluye el México actual y la mayor parte de América Central. 10° N 92° W (págs. 17, 575)

Mesopotamia Antiguo centro de la civilización, en el área de lo que hoy es Iraq y el este de Siria, entre los ríos Tigris y Éufrates. 34° N 13° E (págs. 1, 17, 26, 28, 132, 380)

México País de América del Norte al sur de Estados Unidos. 24° N 104° W (págs. R2, 575, 662)

México, Ciudad de Capital de México. 19° N 99° W (págs. R2, 658, 662, 663)

Micenas Antigua ciudad de Grecia. 37° N 22° E (págs. 116, 117, 149)

Milán Ciudad en el norte de Italia. 45° N 9° E (págs. 548, 555, 609, 639, 653, 688, 703)

Mississippi Río Gran sistema de ríos en Estados Unidos que fluye hacia el sur desembocando en el Golfo de México. 32° N 92° W (págs. R2, R4, 590, 663)

Mogadiscio Capital de Somalia. 2° N 45° E (págs. R3, 433, 452, 460, 479)

Mohenjo-Daro Antiguo asentamiento del valle del Indo. 27° N 68° E (págs. 196, 198, 219)

Molucas Grupo de islas de Indonesia, antiguamente llamadas Islas de las Especias. 2° S 128° E (págs. R5, 662, 667)

Mombasa Ciudad y puerto de Kenia. 4° S 39° E (págs. 433, 452)

Mongolia País de Asia entre Rusia y China. 46° N 100° E (págs. R3, 225, 409, 425, 431, 439)

Moscú Capital de Rusia. 55° N 37° E (págs. R3, 234, 425, 540, 544)

Muralla de Adriano Antigua muralla de piedra romana construida para proteger la frontera norte de la Bretaña romana. 55° N 3° W (págs. 293, 297)

N

Nanjing Ciudad del este de China, capital durante la dinastía Ming. 32° N 118° E (págs. 430, 431, 433)

Napata Antigua capital de Kush. 18° N 32° E (págs. 68, 70)

Nápoles Ciudad del sur de Italia. 40° N 14° E (págs. 555, 609, 639, 653)

Nara La primera capital permanente de Japón, cerca de Osaka. 34° N 135° E (págs. 485, 491, 507)

Navarra Antiguo reino del sur de Francia y norte de España. 42° N 1° W (págs. 538, 642)

Nazaret Antigua ciudad de Galilea, actualmente en el norte de Israel. 32° N 35° E (págs. 352, 361, 367)

Negro, Mar Mar interior entre el sudeste de Europa y Asia Menor. 43° N 32° E (págs. R3, R5, R17, R18, 109, 121, 132, 144, 176, 179, 189, 246, 255, 269, 274, 292, 293, 297, 323, 328, 329, 352, 361, 367, 374, 380, 383, 385, 397, 424, 425, 513, 518, 538, 542, 554, 565, 639, 639, 645)

Nepal País montañoso entre India y China. 28° N 43° E (págs. R3, 198, 202, 205)

Nilo, Río El río más largo del mundo, que fluye desde el corazón de África hasta el Mar Mediterráneo. 27° N 31° E (págs. R3, R5, R20, R21, 28, 38, 39, 47, 59, 62, 68, 70, 75, 109, 121, 132, 176, 179, 189, 246, 269, 269, 293, 297, 329, 374, 383, 385, 397, 425, 445, 452, 565)

Nínive Antigua capital de Asiria, sobre el Río Tigris. 26° N 43° E (págs. 17, 26, 28, 132)

Ningxia Región del noroeste de China. 37° N 106° E (pág. 424)

Normandía Región y antigua provincia de Francia, que limita con el Canal de la Mancha. 49° N 2° E (págs. 518, 538)

Noruega País del norte de Europa en la Península Escandinava. 63° N 11° E (págs. R3, R16, 518, 538, 639, 645)

Novgorod Ciudad en el oeste de Rusia. 58° N 31° E (pág. 540)

Nubia Región del Sudán actual sobre el Río Nilo, posteriormente conocida como Kush. 21° N 33° E (pág. 39)

Nueva Cartago Ciudad y puerto de mar en el sur de España, sobre el Mar Mediterráneo, también llamada Cartagena. 38° N 1° W (págs. 269, 274)

Nuremberg Ciudad en el centro sur de Alemania. 49° N 11° E (pág. 555)

O

Oder, Río Río en el centro norte de Europa, que desemboca en el Mar Báltico. 52° N 14° E (pág. 513)

Olimpia Lugar donde se realizaban los Juegos Olímpicos de la antigüedad en Grecia. 38° N 22° E (págs. 125, 154)

Olimpo, Monte Montaña más alta de Grecia en la frontera entre Tesalia y Macedonia. 41° N 23° E (págs. 117, 154)

Omán País sobre el Mar Arábigo y el Golfo de Omán. 20° N 57° E (págs. R3, R5, R19, 198)

Onega Ciudad de Rusia. 63° N 38° E (pág. 540)

Orléans Ciudad del centro norte de Francia. 47° N 1° E (págs. 553, 557, 561)

Oriental, Mar Brazo del Océano Pacífico, entre Japón y Asia continental, llamado también Mar del Japón. 40° N 132° E (págs. R5, 225, 485)

Osaka Ciudad y puerto de Japón. 34° N 135° E (págs. R3, 485, 507)

Ostia Antigua ciudad de Italia en el Lacio, en la desembocadura del Río Tíber. 44° N 10° E (pág. 293)

Otomano, Imperio Imperio turco desde fines del siglo XIII en Asia Menor, que abarcaba el Medio Oriente. 45° N 25° E (págs. 639, 645)

P

Pacífico, Océano El más grande y profundo de los cuatro océanos del mundo, que abarca más de un tercio de la superficie de la Tierra. 0° 170° W (págs. R2–3, R4–5, R6–10, R12, R14, R15, 13, 225, 409, 425, 426, 433, 485)

Pakistán Oficialmente la República Islámica de Pakistán, una república del sur de Asia, que se encuentra en el área donde el sur de Asia converge con el sudoeste de Asia. 28° N 67° E (págs. R3, 176, 198)

Países Bajos País en el noroeste de Europa. 53° N 3° E (págs. R2–3, R4–5, R16, 639, 645, 662)

Palestina Región histórica, ubicada en la costa este del Mar Mediterráneo. 31° N 35° E (págs. 286, 293, 297, 302, 327, 329, 383, 397, 426, 534, 542, 555)

París Capital de Francia. 49° N 2° E (págs. 286, 297, 327, 397, 516, 518, 542, 555, 557, 633, 642)

Pataliputra Capital del Imperio Mauriano. 24° N 86° E (págs. 209, 210, 246)

Pekín Capital de China. 40° N 116° E (págs. R3, 409, 411, 423, 424, 425, 430, 431, 439, 554)

Peloponeso Península en el sur de Grecia. 37° N 22° E (págs. 117, 124, 125, 144)

Pérgamo Antigua ciudad en el noroeste de Asia Menor en Mysia, hoy Turquía. 39° N 28° E (págs. 179, 189)

Persépolis Antigua capital del Imperio Persa, hoy en ruinas. 30° N 53° E (págs. 132, 176, 374)

Persia La designación convencional europea del país hoy llamado Irán. 32° N 55° E (págs. 132, 144, 176, 246, 374, 380, 383, 385, 397, 425, 554)

Pérsico, Golfo Brazo del Mar Arábigo en el sudoeste de Asia, entre la Península Arábiga en el sudoeste e Irán en el nordeste. 27° N 50° E (págs. R3, R5, R19, 17, 28, 132, 109, 176, 374, 380, 383, 385, 397, 435, 448, 452, 554, 565)

Pinsk Ciudad en el sur de Belarus. 52° N 26° E (pág. 548)

Pirineos Cadena de montañas en el sudoeste de Europa, que va desde el Golfo de Viscaya hasta el Mar Mediterráneo. 43° N 0° E (págs. 269, 274, 513, 514, 516)

Pisa Ciudad en Italia central. 43° N 10° E (págs. 542, 609, 653)

Platea Antigua ciudad de Grecia. 39° N 22° N (pág. 134)

Plymouth Ciudad al este de Massachusetts, primera colonia inglesa exitosa en Nueva Inglaterra. 42° N 71° W (págs. 664, 663, 691)

Po, Río Río del norte de Italia, el más largo del país. 45° N 11° E (págs. 263, 274, 513, 514, 653, 688)

Polonia País de Europa Central. 52° N 17° E (págs. R3, R16–17, 538, 542, 639, 645, 688)

Portugal País largo y estrecho sobre el Océano Atlántico, que comparte la Península Ibérica con España. 38° N 8° W (págs. R2, 430, 435, 538, 639, 645, 662, 664)

Posen Ciudad del oeste de Polonia. 52° N 17° E (pág. 548)

Prayagal Ciudad en India central, parte del Imperio Mauriano, 321 A.C. 26° N 81° E (pág. 210)

Provenza Región del sudeste de Francia. 44° N 6° E (pág. 548)

Prusia Antiguo reino y estado de Alemania. (pág. 538)

Puteoli Ciudad portuaria sobre la Bahía de Nápoles. 42° N 14° E (pág. 293)

Q

Qin Estado chino a lo largo del Huang He y Chang Jiang. 33° N 112° E (pág. 241)

Quanzhou Ciudad en el sudeste de China. 25° N 111° E (págs. 431, 433)

Quebec Capital de la provincia de Quebec, Canadá, sobre el Río San Lorenzo. 47° N 71° W (págs. 658, 663, 691)

Queronea Antigua ciudad de Grecia, cerca de Tebas. 38° N 22° E (pág. 176)

R

Reims Ciudad de la región de Champagne del nordeste de Francia. 49° N 4° E (pág. 557)

Rin, Río Uno de los principales ríos de Europa, que sale del este de Suiza. 50° N 7° E (págs. 292, 293, 513, 514, 538, 542, 557, 688)

Río Grande Río que forma parte de la frontera entre Estados Unidos y México. 30° N 103° W (págs. R2, R4, 590, 663)

Rocosas, Montañas Sistema montañoso en el oeste de América del Norte. 50° N 114° W (págs. R4, 590)

Ródano, Río Río del sudeste de Francia. 44° N 4° E (págs. 557, 561)

Rodas Isla en el Mar Egeo. 36° N 28° E (págs. 183, 269, 274)

Rojo, Mar Mar estrecho e interno que separa la Península Arábiga, en el oeste de Asia, del nordeste de África. 23° N 37° E (págs. R3, R5, R18–19, R20, R21, 28, 70, 121, 132, 179, 246, 247, 293, 329, 352, 361, 367, 374, 383, 385, 397, 425, 433, 445, 448, 554, 565)

Roma Capital de Italia. 41° N 12° E (págs. R3, 262, 263, 268, 269, 274, 277, 286, 292, 293, 297, 302, 306, 317, 323, 327, 329, 337, 342, 351, 352, 353, 354, 355, 356, 358, 361, 367, 514, 516, 518, 522, 534, 542, 548, 555, 608, 609, 633, 642, 645, 653, 670, 703)

Rouen Ciudad del norte de Francia, sobre el Río Sena, cerca del Canal de la Mancha, en Normandía. 49° N 1° E (pág. 557)

Rus de Kiev Estado compuesto de pequeños territorios en torno de Kiev, destruido por los mongoles en 1240. 50° N 30° E (págs. 538, 542)

Rusia República independiente en el Este de Europa y norte de Asia, el país más grande del mundo en territorio. 61° N 60° E (págs. R3, R17, 246, 485, 538, 645)

Ruta de la Seda Gran red de rutas comerciales que iba desde el oeste de China hasta el sudoeste de Asia. 34° N 109° E (pág. 246)

S

Sacro Imperio Romano Territorio de Europa occidental y central, imperio fundado por Carlomagno. 52° N 15° E (págs. 512, 522, 534, 538, 542, 544, 557, 630, 639)

Sahara Región desértica en el norte de África, el desierto cálido más grande del mundo. 23° N 1° W (págs. R5, R20, R21, 70, 374, 444, 448, 449, 479)

Salamina Isla en el este de Grecia en el Golfo de Salónica. 37° N 23° E (pág. 134)

Samarcanda Capital de Samarqand Oblast, centro de Uzbekistán. 39° N 67° E (págs. 424, 425, 554)

Samaria Antigua ciudad y estado de Palestina, ubicada al norte de la actual Jerusalén al este del Mar Mediterráneo. 32° N 35° E (págs. 86, 90, 105)

San Agustín Ciudad del nordeste de Florida sobre la costa atlántica; asentamiento europeo permanente existente más antiguo de América del Norte. 30° N 81° W (pág. 663)

San Petersburgo Segunda ciudad más grande y puerto de mar más grande de Rusia, ubicada en la parte noroeste del país. 59° N 30° E (pág. R3)

Santa Fe Capital de Nuevo México ubicada en el centro norte del estado. 36° N 106° W (pág. 663)

Sardis Antigua ciudad de Asia Menor, hoy en Turquía. 38° N 28° E (págs. 132, 134)

Savoy Antiguo ducado entre Italia y Francia. 43° N 21° E (pág. 639)

Seléucia Reino que se extendía hacia el este desde Asia Menor hacia lo que es hoy Pakistán. 36° N 36° E (págs. 179, 189)

Sena, Río Río del norte de Francia. 48° N 4° E (págs. 513, 514, 516, 518, 557, 561)

Shikoku Una de las cuatro islas más grandes de Japón. 33° N 133° E (págs. 484, 485, 507)

Siberia Gran región compuesta por la parte asiática de Rusia y el norte de Kazajstán. 57° N 97° E (págs. R5, R23, 425, 426)

Sicilia Isla más grande del Mar Mediterráneo sobre la costa del sur de Italia. 37° N 13° E (págs. R5, 121, 262, 263, 269, 274, 293, 329, 337, 352, 361, 367, 538, 542, 553, 555, 609, 653)

Sidón Ciudad y puerto de mar en el sudoeste del Líbano en el Mar Mediterráneo. 33° N 35° E (págs. 17, 90, 105, 293)

Sinaí, Monte Parte de una masa rocosa en la Península de Sinaí en el nordeste de Egipto. 29° N 33° E (pág. 90)

Siracusa Capital de la Provincia de Siracusa, en la costa sudeste de la isla de Sicilia. 37° N 15° E (págs. 182, 186)

Siria País del sudoeste de Asia en el lado oriental del Mar Mediterráneo. 35° N 37° E (págs. R3, R18–19, 62, 176, 177, 269, 274, 286, 293, 329, 348, 352, 374, 380, 383, 385, 426, 542)

Siria, Desierto de Desierto del norte de la Península Arábiga, incluyendo el norte de Arabia Saudita, nordeste de Jordania, sudeste de Siria y oeste de Irak. 32° N 40° E (págs. R18–19, 17, 90, 105)

Songhai Imperio ubicado a lo largo del Río Níger. 13° N 5° E (pág. 451)

Sri Lanka País del Océano Índico al sur de India, antiguamente llamado Ceilán. 8° N 82° E (págs. R3, R5, R22, 198, 202, 433, 667)

Suecia País del norte de Europa en el lado oriental de la península escandinava. 60° N 14° E (págs. R3, 518, 538, 688, 703)

Sumatra Isla en el oeste de Indonesia. 2° N 99° E (págs. R3, R5, R23, 425, 433, 554, 667)

Susa Capital persa, en la región del sur de Mesopotamia entre los ríos Tigris y Éufrates. 34° N 131° E (págs. 17, 132, 176)

T

Taiwan País insular sobre la costa sudeste de China, sede del gobierno nacionalista chino. 23° N 122° E (págs. R3, R5, R23, 225)

Taklimakán, Desierto de Desierto del noroeste de China. 40° N 83° E (pág. 225)

Tarso Ciudad del sur de Turquía. 37° N 34° E (págs. 352, 361, 367)

Tebas Antigua ciudad y antigua capital de Egipto. 25° N 32° E (págs. 28, 39, 59, 62, 70, 75, 117, 132, 144, 479)

Tenochtitlán Ciudad azteca en el Valle de México. 19° N 99° W (págs. 575, 582, 593, 658, 662, 663)

Teotihuacán Lugar del centro de México que en la antigüedad era una de las ciudades más grandes del mundo. 19° N 98° W (págs. 572, 575)

Termópilas, Paso de montaña en la antigua Grecia. 38° N 22° E (pág. 134)

Tesalonica Ciudad del este de Francia. 48° N 7° E (pág. 548)

Thar, Desierto de Desierto del noroeste de India. 25° W 72° E (pág. 219)

Tian Shan Cadena de montañas en Asia central. 45° N 85° E (pág. 225)

Tíber, Río Río del norte de Italia. 42° N 12° E (págs. 263, 269, 274)

Tíbet País en Asia central. 32° N 83° E (págs. 208, 246, 246, 409, 424, 425, 439, 554)

Tíbet, Meseta del Región ubicada en la meseta más alta del mundo, que limita con las cadenas de montañas Himalaya, Pamirs y Karakoram. (pág. 225)

Tigris, Río Río del sudeste de Turquía e Iraq que se fusiona con el Río Éufrates. 34° N 44° E (págs. 17, 121, 132, 176, 179, 189, 246, 255, 293, 297, 329, 374, 380, 383, 397, 565)

Tiro Ciudad en el sur de Líbano en el Mar Mediterráneo. 33° N 35° E (págs. 17, 90, 121, 132, 176, 352, 542)

Tirreno, Mar Brazo del Mar Mediterráneo entre Italia y las islas de Córcega, Cerdeña y Sicilia. 40° N 12° E (págs. 263, 609, 653)

Tlaxcala Estado en el centro este de México. 19° N 98° W (pág. 575)

Tokio Capital del Japón moderno, antiguamente llamada Edo. 34° N 131° E (págs. R3, 485, 507)

Toledo Ciudad histórica en España central. 39° N 4° W (pág. 555)

Tombuctú Ciudad comercial, centro del saber musulmán en África Occidental. 16° N 3° W (págs. 381, 444, 448, 451, 460, 468, 473, 479)

Tours Ciudad del centro oeste de Francia. 47° N 0° E (pág. 516)

Trieste Puerto de mar en el nordeste de Italia. 45° N 13° E (pág. 548)

Trípoli Capital de Libia. 32° N 13° E (págs. R3, 385, 448, 479)

Túnez Capital de Túnez. 36° N 10° E (pág. 385)

Turquía País en el sudeste de Europa y oeste de Asia. 38° N 32° E (págs. R3, R22, 176, 384)

Turkmenistán País de Asia central en el Mar Caspio. 40° N 56° E (págs. R3, R22, 176)

U

Ucrania País del este de Europa, al oeste de Rusia en el Mar Negro. 49° N 30° E (págs. R3, R17, 548)

Ur Antigua ciudad de Mesopotamia. 32° N 47° E (pág. 17)

Urales, Montes Cadena de montañas que va desde el norte de Rusia hacia el sur a la Estepa de Kirgiz. 56° N 58° E (págs. R3, R5, 513)

Uruk Antiguo asentamiento en Mesopotamia donde hoy se encuentra Al Warka, Iraq. 33° N 45° E (pág. 17)

V

Valencia Ciudad al este de España. 39° N 0° W (pág. 555)

Valle de la Gran Grieta Depresión que se extiende desde Siria hasta Mozambique. 5° S 35° E (pág. 445)

Venecia Ciudad y puerto de mar en el nordeste de Italia. 45° N 12° E (págs. 522, 538, 542, 548, 555, 608, 609, 639, 653, 688, 703)

Vístula, Río Río más largo de Polonia. 52° N 20° E (pág. 513)

Volga, Río Río del oeste de Rusia, el más largo de Europa. 47° N 46° E (págs. R3, R5, 424, 425, 513, 540)

W

Wei He Río de China central. 34° N 198° E (págs. 225, 226, 230, 241)

Wittenberg Ciudad en el centro este de Alemania en el Río Elba. 51° N 12° E (págs. 633, 645)

X

Xi Jiang Río en el sur de China. 24° N 110° E (pág. 241)

Xianyang Ciudad en el norte de China. 34° N 108° E (pág. 241)

Y

Yathrib Ciudad de Arabia Saudita, hoy llamada Medina. 24° N 39° E (pág. 374)

Z

Zama Ciudad en el norte de África al sudoeste de Cartago en lo que hoy es el norte de Túnez. 35° N 139° E (págs. 274, 276)

Zhou Imperio en lo que hoy es el norte de China. 34° N 110° E (pág. 229)

Indice

Los números de la página en cursiva se refieren a ilustraciones. Las siguientes abreviaciones son las que se usan en el índice: m = mapa, c = cuadro, f = fotografía o dibujo, g = gráfica, h = historietas, p = pintura, ct = cita

A

"A Wild-Goose Chase: The Story of Philemon and Baucis", 311-16
ábaco, 236, *p236*
abad, 520
Abraham, 81; liderando a los hebreos a Canaán, *p81*
absolutismo, 686–89
Abu al-Abbas, 382
Abu Bakr, 380, *c381*
Abu Talib, 376
Accio, Batalla de, 282, *p283*
acciones, 667
acoma, 591
acrópolis, 122, 141, *p141*
actores, 160, *p160*, *p160*, 501
acueductos, 291, *p291*, *f303*, 309
acupuntura, 246, *c247*, 671
Adams, John, 698, *p698*
Adams, Samuel, 698
Adena, 580
adobe, 591
Adriano, emperador de Roma, 291–92, *p292*
África, 13, 41, 68–72, *m109*, *m113*, 121, *m121*, 178, 274, 357, *p357*, 380, 384, 440–77, 594, 660, 661, *m662*, 669; agricultura en, 13, *m13*; ataque otomano de, 384; central, 41, 72; civilizaciones antiguas de, 68–72; comercio de esclavos y, 472–73, *m473*, 661, 669; cultura, 469, 474–76; Estados Unidos comparado con, *c446*, *m446*; exploración portuguesa de, 661; geografía y clima de, *m445*, 445–46, 450; Kush, 70–72; Nubia, 69–70; religiones hoy, 463, *m463*, *f463*; sociedad en, 469–70, 472–73; surgimiento de las civilizaciones de, 444–53. *Ver también* África, medieval
África, medieval, 440–77; arte, 469, 474–75; comercio y, 447, 448, *m448*, 451, *c451*; comunidad en, 470; cristianismo y, 452, 463; cultura, 469, 474–76; difusión del Islam a, 464–65, 467; educación, 470; esclavitud y, 472–73, *m473*; familias de, 469–70, *p470*; geografía, 445–46, 447, 450; Ghana, 448, 461–62; gobierno, 461–62; influencia musulmana, 467; introducción del idioma árabe a, 467; Malí, 448–49, 462; migraciones banta, 469, *m469*; música y danzas, *c475*, *f475*, 475–76; papel de la mujer en, 469, 470, 471; papel de la tradición oral, 449, 470, 474, 476, 463; reinos de las selvas tropicales, 450–51; religión, 452, 463, *m463*, *c463*, 464–65, 467, 469; sociedad, 469–70, 472–73; Songhai, 449, 462; surgimiento de las civilizaciones de, 444–53; vida en, 469–70. *Ver también* África; África occidental; África oriental; África del Norte; Axum; Ghana, medieval; Malí, medieval; Songhai
África del Norte, *m121*, 121, 178, 274, 357, *p357*, *380*, *c381*, *384*, *448*, *m448*, 611; comercio de, 448, *m448*
África occidental, comercio, 447, 448–49, *c451*, 472–73; comercio de esclavos, 472–73; economías, *c451*; imperios de, 447–49; influencia del Islam sobre 464–65, 467; llegada de los europeos a, 472; ubicación de, 448, *c451*
África oriental, ciudades-estado de, 452–53; comercio, *c451*, 453; economía, *c451*; religión, 452, 467; ubicación, *c451*
Afrodita, 155, *p155*
Agamenón, 120; máscara de oro de, *p119*
ágora, 122, 123, *p139*, 143
Agra, India, 394
agricultura: alimentos de, 42–43; antigua, 13, *m13*, 15, 574–75; antigua de América del Norte, 591, 592; antiguas, 13, *m13*; arios y, 199; arrendatarios, 244–45; cosecha, arado, plantío, 42–43, *p42*, *p43*, 591; cultivo, 13, *m13*, 574–75, 577, 579; china, 227, 230, 233–34, 244–45, 417, 432; desarrollo de sistemas de inundación y riego, 18, 21, 41, 230, 417, 503, 577, 579, 591; desarrollo de técnicas en, 18, 41, 199, 230, 417, 526; dinastía Zhou, 230; egipcia, 41, 42, *f42*; en la antigua India, 196; europea medieval, 525–26; griega, 119, 120, 125, 129, 143; harappa, 197; invenciones y, 21, 41, 230; mesoamericana, 574–75; musulmana, 389; neolítica, 13, *m13*, *c*13.; romanas, 293; rotación del cultivo, 526; superávit de alimentos, 15, 43, 386, 450–51, 503, 577; superávits en, 15, 43; surgimiento de las ciudades y, 581; técnicas en, 18, 234–35, 579; terrazas, *p234*, 234–35; valle del Nilo, 41
Ahmosis, príncipe de Egipto, 61
Akbar, gobernante de Mogul, 385, 386, *f*386
Akhenatón, rey de Egipto, 64; reformador religioso de Egipto, 64
Akihito, emperador de Japón, 487
akkadianos, 23
al Bekri, 462, *ct462*
Alá, 374, 380
Alarico, líder visigodo, 323
Alaska, 573, 590; pueblo y culturas de, *m590*
alcaldes, 515
Alcuino, 516
Alejandría, Egipto, 177, *p178*, *m178*, 179, 183, 305; moderna, *p178*
Alejandro Magno, 95, 137, 150, 159, 172, 176–79, *p177*, *f180*, 180–81, *p181*, *f187*, 210, 252; conquistas, 95, 177, 178; control sobre Judá, 95; era helenística, 178–79; imperio de, *m176*, 176–78; invasión de India Occidental, 210; legado de, 177–78; rey de Macedonia, 176; villano o héroe, 180, 181;
Alemania, 519, 639; luteranismo y, 639
alfabeto cirílico, 363, *c363*
alfabetos, 85, 120, 326, 363; cirílico, 363, *c363*; fenicio, 85, *c85*, 120; griego, 120, *c120;* romano, 326
Alfredo, rey de Wessex, 535
algonquinos, 592
algoritmos, 216
Alhambra, 394, 646, *p646*
Alí, 381, *c381*, 382
alianzas, 584, 597
al-Idrisi, 660
Alighieri, Dante, 620
alimentos kosher, 98
almuecín, 394
Alpes, 263, 514
al-Razi, 391, *ct*391
Amaterasu, 487, *f*487
Amenhotep IV, faraón de Egipto, 64
América Central, clima y geografía, 575, 577, 578; desarrollo del comercio en, 575, 576, 577; desarrollo de sociedades urbanas en, 575–76. *Ver también* imperio azteca
América del Norte, *m13*, 578–81, 590–92*;* antigua agricultura en, *m13*, *c13*, 578, 579; primeras civilizaciones de, 578–81; pueblos y culturas de, *m590*, 590–92. *Ver también* Américas, las; indígenas norteamericanos; Revolución Estadounidense
América del Sur, *m13*, *c13;* agricultura antigua en, *m13*, *c13;* civilización de, *m577*, 577–78; economía, 577–78; geografía, 577; superávit de alimentos,

577. *Ver también* imperio inca
Américas, las, 568–601, 650, 662; caída de los imperios azteca e inca, 594–600; camino a, 573; europeos en América del Norte, *m691,* 691–94; llegada de los españoles a, 594–97, 599–600; misioneros católicos a, 650; primeras civilizaciones americanas, 574–81; primeros, 572–81; vida en, 582–92. *Ver también* civilizaciones de América del Norte; civilizaciones mesoamericanas; humanos, antiguos; imperio azteca; imperio inca; imperio olmeca; indígenas americanos; mayas; Revolución Estadounidense
Amida, 499
Amish, 637, *p637*
Amon-Ra, 71
Amós, 91
anabaptistas, 637, *p637;* pasado y presente, 637
anasazi, *m578,* 578–80, 591; agricultura, 579; arte, 579; asentamientos en los riscos, 578–79, 580; comercio, 579
anatomía, 305, 676
Andes, 578
anglos, 514, 535
Anglosajones, 514, 535, 536
Aníbal, general de Roma, 275–76
animismo, 490
***Antígona* (Sófocles),** 161
Antiguo Testamento, 88
Antiochus, 96
Antioquía, Siria, 541, 542
antisemitismo, 548
Antonio, 282, 289
antropólogo, 9
anulación, 648
Anyang, China, 226, 247
apaches, 591
Apeninos, 263
Apolo, 155, *p155*
Apolonio de Rodas, 183
apóstoles, 348, 349, *f350*
aprendices, 530
Aquiles, 177
Aquino, Santo Tomás de, 550, 551, *p551;* biografía, 551; concepto del "derecho natural", 550
Aquisgrán, 516, *m516*
Arabia, *m109,* 373–74, 380–81, 382–83, 384, *m385;* antigua, 373–84; ataque otomano de, 384; beduinos, *p373,* 373–74; caída del imperio árabe, 383; comercio, 373, 381; cultura, 373–74, 380–81; difusión del Islam en, *m380,* 380–81; enseñanzas del Islam, 377–78; geografía, 373; gobierno, 375; imperios de, 380–81, 382; oposición al Islam, 374–75; organización tribal de, 373; religión de, 374, 380–81; vida diaria en, 373–74. *Ver también* Islam; musulmanes
Arca de la Alianza, 83, *p83*
Ares, 155, *p155*
Argelia, 357
***Argonáutica* (Apolonio),** 183
arios, 198–201; cambios provocados por, 199; desarrollo del sánscrito, 199, *c199;* hinduismo y, 202, 203; invasión de India, 108, *c194,* 198–99; migración de, *m198;* papel de los hombres y las mujeres, 201; religión de, 203; sistema de castas, 200–01; sociedad de, 199–201, *c200;* vida nómada de, 198
Aristarco, 185; contribuciones científicas de, *c185*
aristócratas, 227, 229, 230, 233, 236, 242, 244–45, 247
Aristófanes, 161
Aristóteles, 168, *p168,* 170, *p170,* 171, 172, *p172,* 550; biografía, 172; ideas e influencia de, *c109, c170,* 171, 550; "justo medio", 170, 171
Armada Española, 664; derrota de, *p665*
arqueólogos, 9, 10, 20, 486
Arquímedes, 150, 185, *p185,* 186, *ct186;* contribuciones científicas de, *c185;* diseño de la catapulta, 186; geometría de los sólidos y, 186
arquitectura: azteca, 586, 587; caldea, 29; columnas dóricas, jónicas y corintias, *p162,* 163; egipcia, 50–52, 60, 62, 65, 66; estilos góticos de, 549; estilos romanescos de, 549; era helenística de, 183; europea, 549–50; griega, 154, 162–63, 183; influencias sobre la arquitectura moderna, 326, 467; japonesa, 499–500; kushita, 71; moderna, 325, *p325;* musulmana, 384, *p384,* 386, 389, 393–94, 467; otomana, 384, *p384;* Partenón, *p162, c162;* Renacimiento, 619, *p619,* romana, 303–04, 325, *p325,* 326. *Ver también* arte y artesanos
Arriano, *q181*
Arsenal, 613
arte dramático, 160; actores en, 160, *p160, p161,* 501; dramaturgos, 161, 626; griego, 160–61; japonés, 501; tragedias y comedias, 160–61, 626
arte y artesanos: africano, 474–75; anasazi, 579, *f579;* azteca, *p586,* 587; caldeo, 30; chino, 229, *ptg*421, 421–22, *p422,* 432, *f432;* de la dinastía Shang, 229; de la dinastía Song, 421, *p421;* de la era helenística, 183; egipcio, 60, *p60;* escultura, 60, 163, 183, 229, 624; etrusco, 265, *f265, p265;* europeo, 549–50, *f550;* frescos, 624; grabados, 625; grabados en madera, 626; gremios, 503; 530; griego, 143, 162–63, 183; harappa, 197; inca, 588; japonés, 499–501, 503; kushita, 69, *p69;* maya, *f583;* micénico, 119; musulmán, 389, 393–94; neolítico, *c14,* 15; paleolítico, 10, *p10,* 11, *c14;* pintura al óleo, 625; Renacimiento y, 609–10, 612, 613, 614, 619, 621, 622, *p622,* 623–24, 625–26; romano, 303–04; sumerio, 20; uso de la perspectiva en, 623; uso del claroscuro, 623
artefactos, 9, *p9,* 486, 578–79; africanos medievales, *p450, p470, p473;* anasazi, *p579;* artenienses, *p125, p130, p142;* asirios, *p28;* aztecas, *p585, p586, p596;* bizantinos, *p359, p360;* cazadores-recolectores, *p573;* constructores de montículos, *p580;* chinos, *p223, p227, p228, p229, p235, p238, p243, p249;* de Benin, *p450;* de la dinastía Qin, *f243;* de la dinastía Shang, *p227, p228, f229;* de la dinastía Zhou, *p223, p229, p249;* egipcios, *p43, p50, p53, p60, p61, p64, p65, p66;* era neolítica, *p12, p14;* era paleolítica, *p10;* etruscos, *p265;* griegos, *p119, p123, p125, p139, p142, p157, p161;* hopi, *p591;* incas, *p588, p599;* japoneses, *p486, p489, p501;* Jomon, *p486;* kushitas, *p71, p72;* limpieza y preservación de, 9; mayas, *p584, p585;* mesopotámicos, *p18, p19, p20, p21, p24, p25;* minoico, *p118;* moche, *p577;* Mohenjo-Daro, *p196;* Noh, *p501;* olmecas, *p575;* persas, *p132;* romanos, *p267, p307, p309, p318, p334;* Yayoi, *p486*
Artemisa, 155, *p155*
artes marciales, 499, 500, *p500, c500;* enlaces entre el pasado y el presente, 500, *c500*
artesanos, 20, 30, 43, 45, 51, 389, 451, 489–500. *Ver también* arte y artesanos
Aryabhata, 215
arzobispo de Canterbury, 648
asamblea, gobierno, 129, 130, 139, *c140*
Ashikaga Takauji, 496
Asia Menor, *m117,* 120, *m121,* 132, *m132,* 133, 134, 137, 139, 146, 177, 349, 384, 541, 542
Asia, 13, *m13,* 39, 60, 64, 65, 66, *m109,* 178, 276, 343, 411, 418, 554, 573, 594, 611–12, 650, 659, 666; agricultura antigua en, 13, *m13;* búsqueda de la ruta marítima a, 594; central, 119, 231, 343, 383, 411, 418, 424; comercio europeo en, *m667;* comercio y, 231, *m246,* 246–47, 388,

417–18, 435, 659, 666, *m*667; control francés del comercio marítimo de, 666; misioneros católicos a, 650; noroeste, 384; Occidental, 60, 65, *m*109, 121, *m*121, *m*193, 205, 208; Peste Negra en, *m*554; sudeste, 206, 211, 213; sudoeste, 39, 178, 179, 418, 426. *Ver también* China; imperio mongol; Ruta de la Seda

Asiria, 27–28. *Ver también* Asirios

asirios, *c26,* 27–28, *m28,* 67, 71; armas, 27; caída del imperio, 28; caída de Israel y, 91; caldeos y, 28; cultura de, 28; fabricación de hierro, 71; gobierno de, 28; guerreros, 27, *p27,* 28; imperio de, 27, 28, *m28,* 90; invasión de Egipto, 71; religión de, 28; samaritanos, 91–92; vida en, 28

Askia, Muhammad, 465

Asoka, emperador del imperio mauryano, 211, 212, *p212,* 213; biografías, 212; logros políticos y morales de, 211, 212; primer rey budista, 211; reino de, *c109,* 211

Aspalta, rey de Kush, 71

Aspasia, 144

astrolabio, 391, *p391,* 659, *p659*

astronomía, 21, 30, 51, 185, 216, 391, 585, *c671,* 671, 672, 673–75; astrolabio, 391, *p*391; calendario, 21, 30, 51, 585; construcción de las pirámides y, 51; desarrollo de instrumentos científicos, 675; esfera armilar copernicana, *p*671; movimientos planetarios, 674–75; revolución científica y, 673–75; telescopio, 675; teoría geocéntrica de, 671; teoría heliocéntrica del universo, 674; uso para la predicción de eclipses, 585; uso para plantar y cosechar, 585. *Ver también* ciencia

astrónomos, 30, 51, 182, 185, 671, 672, 673–75. *Ver también* astronomía; ciencia

Atahualpa, emperador de los incas, 599–600; derrota por Pizarro, 600

Atenas, *p112, c124, m125,* 125–26, 128–30, 139–47, *p142;* artefactos de, *p*125, *p*129, *p*142; caída de, 145–46; comercio y, 143; cultura de, 128–29, 140, 142–44; democracia y, 126, 129–30, 139–40, *c*140; economía, 143; "Edad de Oro", 141; educación en, 120; esclavitud en, 142; "escuela de Grecia", 140, 141; Esparta comparada con, 125–30; gobierno de, 124, 126, 129–30, 139–40, *c140;* gobierno de Pericles, 139–40, 141; Guerra del Peloponeso y, *m*144, 144–46; guerras médicas, *m*134, 134–37; hogares en, 142, *f*142; hombres de, 143; invasión macedónica de, 175; juramento del soldado, 122; mujeres en, 143, *p*143, 144; tiranía en, 125–26; vida en, 128–29, 142–44

Atón, 64

Augustín, San, 356, *p357;* biografía, 357

Augusto, emperador de Roma, 282–83, *ct287,* 287–88, 289, *p289, ct289, ct297,* 343; biografía, 289; gobierno de, 288; logros de, 287–88; sistema legal y, 288

Augústulo, Rómulo, emperador de Roma, 324

Austria, 687, 688, *m688;* crecimiento de, *m688;* gobernantes Habsburgo de, 688

Axum, 72, *c451, m451, c451,* 452; comercio, *c451,* 452; economía, *c451,* 452; gobierno, 452; religión, *c451,* 452; surgimiento de, 452; ubicación, *c451*

B

Babilonia, 22, 23, 29–30, 94, 95, 101, 132, *m132, m176,* 177; captura de, 30, 132; centro de ciencia, 30; ciudad de, 23, 29–30; comercio, 30; construcción de la ciudad, 23; exilio de los judíos, 94; Jardines Colgantes de, 29, *p*29; Puerta de Ishtar como entrada principal, *p*30; vida en, 29–30

Bach, Johann Sebastian, 686–87, *p687*

Bacon, Francis, 678–79; desarrollo del método científico, 679

Bagdad, 382, 383, 388, 391, 426

Balboa, Vasco Nuñez de, 599

bancos, 549, 612–13

bantu, 469–70; cultura, 469; familias, 469–70; historia oral de, 470; migraciones, *m469*

bárbaros, 435

barcos a vela, 21, 453

Basilio, 363

bazar, *p388,* 389

Beduinos, *p373,* 373–74

Belén, 346

Bélgica, 625; Renacimiento del Norte en, 625

Belice, 583

Benedicto, 363, *ct367*

berberiscos, 447, 448, 449

Bering, Vitus, 573

Beringia, 573, *m*573

Bernardo de Clairvaux, 545

Bhagavad Gita, "Canción del Señor", 214

Biblia: cristiana, 344, 346, 349; de Gutenberg, 620, 621; enseñanzas morales de, 377; hebrea, 81, 82, 94, 95, 96, 99, 348, 350; la Reforma y, 636, 637; Nuevo Testamento, 356; primera traducción inglesa de, 635; traducción al idioma vernáculo, 634, copias escritas de, 520. vitrales como imagen, 550. *Ver también* Biblia hebrea

Biblia hebrea, 81, 82, 94, 95, 96, 99, 348, 350; estudio cristiano de, 348, 350; influencia de, 95, 96; la Tora como primera parte de, 82

bielorrusos, 539

Bizancio, Grecia, 320

Bodhidharma, 500, *p500*

bodisatvas, 208

Bologna, Italia, 550

bosques orientales, *m590,* 592; bosques del Nordeste, 592; bosques del Sudeste, 592; geografía y clima de, 592; gobiernos de, 592; pueblos y culturas de, *m590;* vida en, 592

Boston, Massachusetts, 697

bóveda, 303

boyardos, 539

Boyle, Robert, 676, *c676*

Brahma, 204

brahmán, 203–04

brahmanes, 200, *p200*

brújula, 420, 659, *p659*

Bruto, 281, *p281*

Buda, 205–06, *p207,* 207, *p211, ct219, f412, f431, f493*

budismo, 205–06, 208, 248, 412–13, 489, 492–93, 499; Camino de las Ocho Etapas, 206, 208; Cuatro Nobles Verdades del, 206; difusión de, *c*109, 206, 208, 412–13; "el Iluminado", 205; en Corea, 413; en China, 248, 412–13; en el sudeste de Asia, 206, 208; en India, 205–06; en Japón, 413, 489, 492–93, 499; enseñanzas morales de, 205–06; gobierno y, 208; mahayana, 208, 499; nirvana, 205, 208; primer rey budista, 211; reencarnación y, 206, 208; sectas del, 499; teatro Noh utilizado para la enseñanza, 501; theravada, 206; Tierra Pura, 499; Zen, 499

budismo de la Tierra Pura, 499

budismo mahayana, 208, 499

budismo theravada, 206

budismo Zen, 499; meditación del monje, *f499*

Buen Samaritano, parábola de, 345; prédica, *p345*

Buonarroti, Miguel Ángel, *p618,* 623, 624; *La Piedad, f623;* pintura del techo de la Capilla Sixtina, 624

burocracia, 229, 687

C

caballeros, 524, 526;

Índice

código de caballería, 526
Caballo de Troya, *p157,* 157–58
Caboto, Juan, 663–64
Caffa, Italia, 555
cahokia, 581; montículos, *p*581
Cahuilla, 591
Calakmul, 585
caldeos, 29–30; Babilonia, 29–30; cautiverio babilónico de los judíos y, 92; imperio de, 29–30, 90; caída de, 30; gobernantes de Judá, 92; ciencia y, 30; primer calendario, 30
calendario: caldeo de siete días, 30; desarrollo de, 21, 30, 51, *p118, p147,* 281; egipcio de 365 días, 51; Juliano de 12 meses, 365 días, año bisiesto, 281; maya, de 365 días, 585; minoico, *p118, p147;* musulmán, 376; sumerio de 12 meses, 21
califas, 380, *c381,* 382, 383; logros de, *c381;* Bien Guiados, *c381*
califas Bien Guiados, 380, *c381*
califas Omeyas, 380, 382
California, *m590,* 591; pueblo y culturas de, *m590,* 591; recursos naturales de, 591
caligrafía, 421, 501
Calígula, emperador de Roma, 288, *p288;* reinado y logros de, *c288*
calvinismo, 640–41, 644, 646, 649
Calvino, Juan, *q640, p640,* 640–41, *p641,* 644, 646; ideas de, 640–41, 646
Cámara de Burgueses, 694
Cámara de los Comunes, 537
Cámara de los Lores, 537
camellos, 447, *p447,* 465; comercio y, 447, *p447*
campesinos, 636–37
Canaán, 81, 82, 84–85, 132; batalla, 84; Tierra Prometida, 84–85
Canadá, 590
Canal de la Mancha, 513
cananitas, 84
Canción de Rolando, 552, *ct*552
Canterbury, Inglaterra, 364, 520
Cañón del Chaco, Nuevo México, 579; asentamiento anasazi de 579
Capeto, rey de Francia, 538
carabelas, 660
caravanas, 30, 373, 388, 447, *p447,* 465
carbón, 418–19; descubrimiento de, 418–19; industria de extracción del carbón, 419
Carlomagno, emperador de Roma (Carlos el Grande), 360, *p515,* 515–16, *p516,* 517, *p517;* biografía, 517
Carlos I, rey de Inglaterra, 681, 693
Carlos V, emperador del Sacro Imperio, 639
Carolina del Norte, 592
Cárpatos, 514
Carta Magna, 537, *ct537, 682,* 700; importancia histórica de, 537, 682, 700
Cartago, estado de, *m274,* 274–76, 357
Carter, Howard, 65
Cartier, Jacques, 664
cartografía, 660; impacto de la imprenta y, 660
Casa de la Sabiduría, 391
Casio, 281, *p281*
casta, 199
castillo Takamatsu, 497
catacumbas, 353, *p353*
Çatal Hüyük, 14
Catalina la Grande, reina de Rusia, 689, *p689*
cataratas, 39, 40
Catedral de Florencia, 610, *p610*
catedrales, 549
Catherwood, Frederick, 583
causa y efecto, comprensión, 482–83
Cayuga, 592
cazadores-recolectores, 10, *c*14, 573, 574, *p*574, 580; adaptaciones al medio ambiente, 10, *c*14, 573, 574–75, 580; migración de, 573, *m*573. *Ver también* humanos, antiguos
celtas, 514, 535
censo, *c381,* 432, 492, 536; Domesday Book, 536; para el servicio militar, 492; para impuestos, 492
censores, gobierno, 241
cero, invención del, 215
César, Julio, 280–82, ***p281,*** *ptg*284, 284–85; asesinato de, 281, *p*284; campañas militares de, 280–81, *p*281; creación del calendario juliano, 281; dictador de Roma, 281, 285; llegada al poder, 281; reformador, 281, 284
Champlain, Samuel de, 692
Chang Jiang (río Yangtze), 225, *m225,* 242, 410
Changan, Palacio Real, 418, *p418*
Changan, Tang, *p418*
Chatrias, 200, *c200*
Chaucer, 620
cherokee, 592; código de leyes de, 592
China: agricultura en, 227, 230, 233–34, 417, 432; aldeas de, *f*233, 233–34; aldeas de la era neolítica, 14; antigua, 14, *c*108, *c*109, *m*109, c220, 220–48; arte de, 229, *p*421, 421–22, *f*422, *p*432, *p*436; brote y difusión de la Peste Negra en, 554–55; budismo en, 248, 412–13; cambios en, 248; cambios importantes en, 248; ciudades, 412, *p*412, 418, *p*418; comercio, 231, *m*246, 246–47, 388, 417–18, 435; confucianismo, 235, *c*109, *c*236, 236–39, c239, 413–14; cuatro dinastías chinas, *c*247; cultura de, 226–29, 230–31, *c*247, 420–22, 432; desarrollo de los sistemas de control de inundación y riego, 230, *c*247, 417; descubrimiento de la brújula, 420, 659; descubrimiento de la pólvora, 420; descubrimiento del carbón y el acero, 418–19; dinastía Han, *m*214, 244–46; dinastía Ming, 430–36; dinastía Qin, *m*214, 241–43; dinastía Shang, 226–29; dinastía Song, *c*409, *m*411, 411–12; dinastía Sui, *c*409, 409–11; dinastía Tang, *m*409, *c*409, 411, 412, 413; dinastía Xia, 226; dinastía Zhou, 229–31; dinastías, 226–29, 229–31, 241–43, 244–49, *m*409, *c*409, 409–12; Edad Media, 404–37; escritura, 228; estructuras económicas de, 411, 417–19; estructuras políticas de, 227, 229–30, 234, 235, 238–39, 247, c247, 248; exámenes en la administración pública, 244, 414–15, 432; exploraciones del mundo, 433–36; fabricación de papel y, 245; familias de, 234–35; filósofos y pensadores, 235–39, *c*238; funcionarios eruditos en, 414–15, *p*415; geografía, *m*225, 225–26; guerra civil, 248; idioma de, 228, *c*247; imprenta, 419–20; innovaciones tecnológicas, 418–20; invasión y gobierno de los mongoles en, *m*424, 424–29; inventos de, 230–31, 245–46, 419–21, 659; legalismo, *c*236, 238–39, *c*239; líderes importantes de, c247; literatura de, 420–21; llegada de los europeos a, 435–46; Mandato Divino, 230; militares, 231, 234; misioneros cristianos a, *f*435, 435–36; papel de hombres y mujeres, 227, 234–35; primeras civilizaciones, 224–31; religión y, *c*109, 227–28, 230, *c*247; reunificación de, 409–11; Ruta de la Seda, *c*109, 246–47, *c*247, 417; sistema numérico, *c*236; sociedad de, 233–34, 415, 416–22; taoísmo, *c*236, 238, *c*239; uso del control de plagas, 235; valle del Huang He, 225, 226, *m*226; vida en la antigua China, 232–39, *p*234, *p*235, 248. *Ver también* listados individuales de dinastías
chivos emisarios, 548
chocolate, 595, *c*595; fabricación, 595, *p*595
chumash, 591
Cicerón, 282, *p282, ct228,* 283; ideas que

Índice

influyeron en la Constitución de EE.UU., 283

ciencia: astronomía, 21, 30, 51, 185, 216, 391, 585, *c671*, 671, 673–75; barómetro, 675; calendario de 365 días, 51, 585; calendario de siete días, 30; clasificación de sustancias, 391, 671, 673; contribuciones de los científicos, *c185*, 185–86, 216, 391, 674–79; desarrollo de instrumentos de, 675, 676; descubrimiento de las células, 676; descubrimiento de los gases, 676; Edad Media, 671–73; establecimiento de la física, 185, 186; estandarización de pesos y medidas, 243, 294; hipótesis en, 679; idioma árabe y, 672; impacto sobre la exploración en, 673; influencia sobre griegos y romanos en, 671–72; islámica, 672; latina y, 672; matemáticas y, 21, 42, 51, 151, *c185*, 185–86, 216–17, 585, 672; medicina, 183, 216, 391, 671; método científico, 678–79; pólvora, 420; primeros científicos, 671; química, 391, 676; racionalismo, 678; razón y, 678–79; revolución científica, 670–79; telescopio y, 674, *f674*, 675. *Ver también* astronomía; inventos; matemáticas; medicina

Cincinato, Lucio, Quinctio, dictador de Roma, 271, 272, *p272;* biografía, 272

Cinco Pilares del Islam, 378, *c378*

Ciro el Grande, *p131,* 132–33

Ciro, rey de Persia, 94

cisma, 361; entre el catolicismo y las Iglesias Ortodoxas Orientales, 361

Cistercense, orden, 545

***Ciudad de Dios, La* (San Agustín),** 356

Ciudad Imperial, China, 432

Ciudad Prohibida, 432; Palacio Imperial en, *p404*

ciudadanía, 122–23; calificación para, 122–23, 130; comparación de la estadounidense y la ateniense, *c140;* desarrollo de la idea de, 122; griega, 122; soldados y, 123

ciudadanos, 123, 140, 700; Declaración de Derechos y, 700; derecho natural y, 681–82; derechos de, 122–23, 129, 130, 140, 145, 681, 682; ideas romanas acerca de, 326; responsabilidades de, 145, 326; tratamiento justo de, 700

ciudades: aparición y surgimiento de, 18, 196, 581; concejos, 530; contaminación de, 531; crecimiento de, 528–29; gobierno de, 197, 530; medievales europeas, 528–30; peligro de incendios en, 531; planificación de, 196–97, 575; vida en, 530–31. *Ver también* ciudades-estado

ciudades-estado: comercio y, 20, 452, 453, 611–14; de África Oriental, 452, 453; Filipo II y, 175; geografía, 19, 122, 611, 613; gobierno de, 20, 126, 127, 128, 129–30, 614–15, 616, 617; griegas, 122–23, 125–30, 134–37, 139, 144–46, 157, 175; guerras médicas y, 134–37; italianas, *m609*, 611–13, 614–15, 616–17; mayas, 583–84; mesopotámicas, 19–20; oligarquías versus democracias en, 126, 129–30; riqueza de, 611–12; sumerias, 19; valor de, 616–17

civilización, 17

civilización romana, 298–335; arte y arquitectura, 303, 326, 333, *p333;* caída de, 317–26; caída de Roma, 322–24; comercio, 332–33; cultura de, 303–05, 326; deportes y competencias, *f306*, 306–07, *f307;* economía de, 292–93, 319, 320; educación en, 334; emperadores, 287–89, *c288*, 291, 320, 321; esclavitud durante, 308–09; escultura, 303; expansión de, *m293;* imperio bizantino, 327–34; inflación en, 319; influencia en el mundo moderno, 325–26; invasión germánica de, 322–24; latín, 304; legado de, 325–26; literatura, 304; mujeres en, 308, 333–34; religión, 309–10; vida en la antigua, 302–10; vida familiar en, 307–08, *p309*

civilizaciones andinas: cultura, 588; estructura política, 588; estructura social, 588; religión, 588

civilizaciones mesoamericanas, 574–76, *m575*, 583–87; arte y arquitectura, 583, *p583*, 587; conocimiento de los cambios estacionales, 585; creencias religiosas, 584, 585, 586, 587; desarrollo del calendario, 585; desarrollo del lenguaje escrito, 585; esclavitud y, 587; estructuras económicas, 575; estructuras geográficas, 575–76, 583; estructuras sociales, 584–85, 587; gobierno y estructuras políticas, 583–84, 585–86; logros de, 585; sistemas agrícolas, 575; tradición oral, 586

civilizaciones, primeras, *c4*, 4–16, 17; cazadores-recolectores, 10, *c14*, 573, 574, *f574*, 580; comparación de las eras neolítica y paelolítica, *c14;* mesopotámicas, *c16*, *m16*, 16–23, *m17;* neolíticas pueblos, 12, m13, 13–15, *c14;* paleolíticas pueblos, 10–11, *c14;* primeras humanas, *c8*, *m8*, 8–15; primeros imperios, *c26*, *m26*, 26–30. *Ver también* era neolítica; era paleolítica; humanos

clan Fujiwara, 493–94, 502

clan Minamoto, 494–95

clanes, 487, 493, 494; guerra entre, 494–95

claroscuro, 623

clase social, 233, 249

Claudio, emperador de Roma, 288, *p288;* reinado y logros de, *c288*

Cleistenes, 130

Cleopatra VII, reina de Egipto, 282

clero, 35, 546–47

Clovis, rey de los francos, 514–15

Cnossos, palacio en, 118

Código de Hammurabi, 23, 24–25, *p25*; justo o cruel, 24–25. *Ver también* Hammurabi

Código de Justiniano, 330

código de la caballería, 526

Código justiniano. *Ver* Código de Justiniano

códigos del guerrero, 122, 494, 495; Bushido, 494, 495; influencia en el pensamiento moderno, 494

Coliseo, 303–04, 305, *p305*

Colón, Cristóbal, *p594*, 594–95, 662

colonias: de Grecia, antigua 121, *m121*, 179; españolas, 662, 691–92; francesas, 692; inglesas, 692–94; mercantilismo y, 666; romanas, 281

Colorado, 578

comedias, 160–61, 183, 304

comercio, 666; "camino de la muerte", 445; anasazi, 579; árabe como idioma del, 388; camellos y, 447; ciudades-estado italianas, 611–12; colonias griegas y, 121; crecimiento de la industria y, 121; de la dinastía Zhou, 231, 247; esclavos, 472–73, *m473*; especialización de productos y, 121; harappa, 197; impacto de las Cruzadas y, 611; imperio gupta y, 213; imperio mongol y, 426, 429, 611–12; imperios comerciantes africanos, 447, 448, 451, *c451*, *m452*; Marco Polo y, 612; maya, 576, 584; mercantilismo y, 696; micénico, 119; minoico, 118, 119; moche, 577; monopolio, 576; musulmán, 388, 396; oro y sal, 447, 448, 449; restricciones, 696; río, 449, *c451*; Ruta de la Seda, *m246*, 246–47, 411, 428, 429, *p429*, 554, 611; rutas de comercio coloniales, *m695*; rutas,

213, *m*246, 246–47, *m*448; rutas de comercio de África del Norte, *m*448; tolteca, 576; Zimbabue, *c*451
comercio de la sal, 448, 449, *c451*
compañía de capitales mixtos, 667
Compañía de las Virginias, 692
comparación: democracia estadounidense y ateniense, *c140*; eras neolítica y paleolítica, *c14*; sistema de jurados, antiguo y actual, *c536*
comparación y contraste, 442–43
Concilio de Trento, 643, *p643*
concilios, 530, 614
concordato, 521
condes, 516
conexiones, establecer, 114–15
confederaciones, 592
***Confesiones* (San Agustín),** 356, 357
confucianismo, 235, 236, *ct236*, 238, *c238*, 413–15, 488; neo-, 414–15
Confucio, 236, *ct236*, 237, *p237*, *ct237*, 238, *p238*, 413, 414; biografía, 237; desarrolla la filosofía en China, *c109*
Congo, reino de, 450–51
"Conquest and Aftermath" (Díaz), *q596*
conquista normanda, 535–36
conquistadores, 595, 664
Constantino, emperador de Roma, 320, 321, *p321*, 354, *p354*; biografía, 321; Edicto de Milán, 354; primer emperador cristiano, 321, 354
Constantinopla, 320, *p328*, 384, 543; importancia de, 328; ubicación de, 328
Constitución de Estados Unidos, 700
"constitución de los diecisiete artículos, La" (Shotoku), 488, *ct488*
constituciones, 488, 694, 700. *Ver también* Constitución de Estados Unidos
construcción de barcos, 518, 529, 613, 659–60
constructores de montículos, 580–81; comercio, 580; domesticación de las plantas, 580
cónsules, 269–70
Contrarreforma, 643–46
contrato social, 682, 685–86
conventos, 545
Copérnico, Nicolás, 674, *c676*
Corán, 377–78, 393, 465, 472; esclavitud y, 472; estudio de, *p378*, 465; fuente de creencias, prácticas y leyes islámicas, 377; influencia sobre la vida diaria de los musulmanes, 378
Corea, 409–10, 411, 413, 429; control de los mongoles, 429; China y, 409–10; difusión del budismo en, 413
corsarios, 664
cortes, 516
Cortés, Hernán, 596–97, 598, *p598*, 664; biografía, 598; derrota de los aztecas, 597; invasión de Cuba y México, 596–97, 598
coyas, 588
Craso, 280, *p280*
Creciente Fértil, 18
Creso, rey de Lidia, 156
Creta, 118, 119, 120, *m121*, 164, 165, 166
cristianismo, 81, 83, 91, 326, 338–65, 545–47, 635–37, 639–41, 643–46, 648–50; adopción por parte de Roma de, 354, 519; apóstoles y, 348, 349; Batalla de Tours y, 515; crecimiento y difusión de, 348, *m*352, 361–64, 359, 519–21, 650; creencias de, 350, 550; humanismo cristiano, 634; influencia del judaísmo en, 81, 83, 91, 95; Jesús de Nazaret y, 344-47, 350; la Reforma y, 648–50; legalización de, 354; mártires, 353; misioneros, 362, *p*362, 363, 364, 435–36, 520–21, 539, 650; órdenes religiosas en, 545–46; orígenes de, 326; persecución de los cristianos, 353; primeros cristianos, 348–50; revolución en, 635–37, 639–41, 643–46; salvación y, 350, 636. *Ver también* iglesia bizantina; Iglesia Católica Romana; iglesia cristiana; Iglesia Ortodoxa Oriental; religión
crucifixión, 347
Cruzadas, 541–43, *m542*; causas de, 541; creación de estados cristianos durante, 542; Cuarta Cruzada, 543; curso de, 541–43; impacto sobre el comercio, 543; impacto sobre el feudalismo, 543; Primera Cruzada, 541; Segunda Cruzada, 542; Sitio de Jerusalén, *p*541; Tercera Cruzada, 542–43
Cuatro Nobles Verdades, 206
cubiertas para la cabeza: pasadas y presentes, 97, *c97*
***Cuentos de Canterbury, Los* (Chaucer),** 620
cultivo de la seda, 417, *p417*
cultura: africana, medieval, 469, 474–76; ateniense, 128–29, 140, 142–44; azteca, 585–87; china, 226–29, 230–31, *c*247, 420–22, 432; de la dinastía Ming, 432; de la dinastía Shang, 227–28; de la dinastía Tang, 420–21; de los bosques orientales, *m*590, 592; difusión de, 178, 183–86; egipcia, 39–40, 41–42, 43–44, c44, 45, 46, 51, 60, 61; espartana, 126–27, *f*127; Europa, medieval, 526–28, 549–50, 552; Grecia, antigua, 118, 119, 120, 154–63, 168–73, 182–87; gupta, 213, 214–16; inca, 588; india, 213, 214–16; japonesa, medieval, 499–500, 503; minoica, 118, 119; musulmana, 388–90, *p*389, *p*390; neolítica, *c*14; paleolítica, *c*14; sumeria, 19, 20–21
Cuzco, 578, 588, 589

D

da Gama, Vasco, 662
da Vinci, Leonardo, *p*618, 621, 622, *p622*, 623–24; artista, 621, 622, *p622*, 623–25; biografía, 622; científico, 621, 622; cuadernos de apuntes de, 621, *p*621, 622
Dahia al-Kahina, reina de África, 470
daimyo, 496–97, 503
Dalai Lama, 208
Damasco, Siria, 348, 380, 382, *m383*, 388, 392
Daniel, 95, *p95*
Dante. *Ver* Alighieri, Dante
Dao (Tao), 230, 238, 249
***Dao De Jing* (Laozi),** 238, *ct251*
daoísmo. *Ver* taoísmo
Darío, rey de Persia, *p133*, 133–35, 137
***David* (Miguel Ángel),** 624
David, rey de Israel, 87, *p87*, 88, *p88*, 89, 99, 343; biografía, 88; guerrero, 88, 89; unción con aceites, *p87*; unificación de las tribus de Israel, 88
dawa, *p452*, 453
Débora, 84
Declaración de Derechos inglesa, 682, 700
Declaración de la Independencia, 698, *ct698*, 699–700
deidad, 49
deísmo, 685
Delfos, 150, 156; oráculo de Apolo, 156, *p156*; templo en, *p150*
Delhi, India, 385
Delos, *c138*, 139
delta, 39
delta del Níger, 450
Démeter, 155
democracia, 126, 129–30; ateniense, 128–30, 139–40, *c140*, 145; directa, 138, 139, *c140*; estadounidense vs. ateniense, *c140*; poder de, 145; representativa, 138, 139, *c140*, 537, 538
democracia directa, 138, 139, *c140*
democracia representativa, 138, 139, *c140*, 537, 538
Demóstenes, 175, *p175*, *ct175*
denominación, 636; creación de nueva, 636

Índice

derecho natural, 550, 681
derechos. *Ver* ciudadanos; gobierno; derechos naturales
derechos naturales, 681–82, 685; de las mujeres, 685
Descartes, René, 678
Desierto Oriental, 40
déspotas, 687
devoción filial, 234, 249
dharma, 204; como ley divina, 204; en la literatura, 215
Diáspora, 95, 474
dictador, 271, 272
Diderot, 685
Diez Mandamientos, 83, *ct83;* Arca de la Alianza, 83, *p83;* como leyes morales básicas, 83; Moisés con, *p83*
dinastía, 44, 226. *Ver también* listados individuales
dinastía Chin. *Ver* dinastía Qin
dinastía Han, *c109,* 244–45; artefacto, *p109;* comercio, *m246,* 246–47; difusión del budismo durante, 248; examen del servicio civil, 244, *p244;* fabricación de papel, *p245,* 245; gobierno, 244; imperio de, 244–45; invenciones, *p245,* 245–46; Ruta de la Seda, *m246,* 246–47
dinastía mauriana, *m210,* 210–11; caída de, 211; comercio y, 211; gobernantes de, 210, 211; primer imperio de la India, *m210,* 210–11; religión y, 211, 212
dinastía Ming, *c430, m431,* 430–36; caída de, 436; comercio y, 434, 435; cultura, 432; expediciones marítimas, 433, 434, 435; inicios y surgimiento de, 431–32; reformas de China, 432; tecnología de construcción de barcos, 433, 435
dinastía Qin, *m241,* 241–43; gobierno, 241–42, 243; Gran Muralla, 242
dinastía Shang, *m226,* 226–29; artistas, *p229, p231;* ciudades de, 226–27; cultura, 227–28; desarrollo de idioma y escritura, 228; estructura social, 226–27; militares, 227; papel de las mujeres, 227; religión, 227–28, *c247*
dinastía Song, *m411,* 411–12
dinastía Sui, 409–11; construcción del Gran Canal, 410, *p410, c410*
dinastía Tang, *m409,* 411, 412, *p412;* cultura de, 420–21; emperatriz Wu, mujer gobernante de, 411; gobierno, 411, 414; militares, 411; neoconfucianismo en, 214-15; religión en, 412–13, 414–15; vida en, 412, *p*412
dinastía Xia, 226
dinastía Yuan, 428
dinastía Zhou, 108, 229–31, *m230;* agricultura, 230; caída de, 231; comercio y manufactura, 231, 247; descubrimientos e inventos, 230; gobierno, 229–30; religión, 230
diócesis, 355
Diocleciano, emperador de Roma, 320, 354
Dios, 350, 374, 377, 463, 640, 685, 686; Alá como el único verdadero, 374; creencia en un solo, 374, 377, 463; deísmo, 685; en tres personas, 350; monoteísmo, 81, 83; voluntad de como absoluta, 640, 686
dioses y diosas: aztecas, 586, 587; griegos, 155, *c155, p155,* 156, *c310;* hindúes, 203, *c204,* 213; incas, 588; mayas, 584; romanos, 309, *c310;* sumerios, 19
diplomacia, 615; ciudades-estado italianas como base de la diplomacia moderna, 615
***Discurso del Método* (Descartes),** 678
***Divina Comedia, La* (Dante),** 620
división de los poderes, 682, 700
Doce Tablas, 273, *p273*
doctrina, 355
doge, 614
domesticar, 13
domínicos, 546, 550, 551
dorios, 120, 126
***Dos tratados sobre el gobierno civil* (Locke),** 682
dramaturgos, 161, 183, 304, 625
Duo Fu, 420–21, *ct421*
duque, 614
Durero, Alberto, 625–26; *Cuatro Jinetes del Apocalipsis, p626*

E

economía: acciones, 667; comercio, 666; compañías de capitales mixtos, 667; desigualdades en, 294; economía romana, 292-93, 319, 320; empresarios, 667; especialización y, 15, 121; exportaciones, 666; ganancias, 667; importaciones, 666; industria a domicilio, 667; industrias de las cabañas, 667; inflación, 319; intercambio colombino, *m*668, 668–69; intercambio monetario y, 121, 529; intercambio mundial, 668–69; inversiones, 667; oferta y demanda, 612; sistema monetario único, 242, *c*245; superávits en las civilizaciones antiguas, 15, 43, 386, 450–51, 503, 577; trueque, 319, 529. *Ver también* comercio
Edad de piedra, 9, 10
Edad Media: China en, 404–37; Europa, medieval, 508–59; fines de, 553–58; inicios, 512–21; Japón, medieval, 480–504. *Ver también* Europa, medieval; Japón, medieval
Edad Oscura, de Grecia, 120; recuperación de, 121, 122
Edesa, 542
Edicto de Milán, 354
Edicto de Nantes, 645
***Edipo Rey* (Sófocles),** 161
eduba, 21, *p21*
educación: bizantina, 334; comparación de pasada y presente, 21; en el reinado de Carlomagno, 516, 517; en la antigua Mesopotamia, 21, *c21;* Europa, medieval, 516, 550; griega, 128–29; judía, 97, 98; primeras universidades, 550; romana, 334
éforas, 127
Egipto, *m3,* 14, *p34,* 81, 82, 92, 95, 101, *m132,* 133, 177, 178, 179. *Ver también* Egipto, antiguo
Egipto, antiguo, *c34,* 34–74, *m39, p40, c44, m62;* agricultura, 41–42, *p42, p43,* 46; aldeas de la Era Neolítica, 14; Alto Egipto, 43; arte y arquitectura de, 43, *c44,* 46, 60; Bajo Egipto, 43; captura de Nubia, 60; ciencia y, 41–42, 51; comercio, 40, 43, 62, 63, 69; comparación de Mesopotamia y, *c44;* cultura de, 39–40, 41–42, 43–44, *c44,* 45, 46, 51, 60, 61; decadencia y caída de, 67; esclavitud en, 62; estructuras económicas, 40, 41–42, 43, *c44;* estructuras políticas, 43–44, 48, 60, 63, 64–65, 66; estructuras sociales, *c45,* 45–46; gatos en, 64; geografía y ubicación, *m39,* 39–40, 41; gobernantes de, 43–44, 48, 60, 62, 63, 64–65, 66; gobierno en, 43; imperio de, *c59, m59,* 59–67; israelitas y, 81, 82; medicina de, 50; pirámides, 50–52, *p51, c51, p52;* reinados y dinastías de, 43–44, *m62;* Reino Antiguo, 44, 47–52; Reino Medio, 44, 60–61; Reino Nuevo, 44; reino unido de, 44; religión, 48, 49–50, 64, 67; templos de, 63, 65, 66, 67; "Tierra Negra", 41; Valle del Nilo, 38–46; vida en, 45–46; vida familiar en, 46
El Cairo, Egipto, 52, 388, 392, 646
El Salvador, 583
***Elementos* (Euclides),** 185–86
Elena, 354
Elías, 91
elipses, 674–75
embajadores, 615
embalsamamiento, proceso de, 49–50, *p49*
empresarios, 667
***Enciclopedia* (Diderot),** 685

Eneas, 264
***Eneida* (Virgilio),** 264, 304
Enrique IV, rey de Francia (Enrique de Navarra), 644–45
Enrique VIII, 648, *p648,* 664
Enrique, príncipe de Portugal (Enrique el Navegador) 661
épica, 20, 157, 159, 183, 215, 304, 552. *Ver también* literatura
epicureísmo, 184
Epicuro, 184
Épocas glaciales, 10–11, 573, 574
Épopeya de Gilgamesh, 20
Equiano, Olaudah, 463, *ct463*
Era de los Patriarcas, 76
"Era de Pericles," 138–47. *Ver también* Pericles
Era del Bronce, 15
era helenística, 178–79, 183–86; difusión de la cultura y, 178, 183–86. *Ver también* Grecia, antigua
era neolítica (nueva edad de piedra), 12, *m13,* 13–15, *c14;* adaptaciones humanas, *c14;* arte y artesanías de, *c14;* beneficios de la vida sedentaria, 15; comparación con la era paleolítica, *c14;* crecimiento de las aldeas durante, 14; domesticación de plantas y animales, 13; especialización económica, 15; Oetzi, hombre de, 12, *p12;* papel de hombres y mujeres, *c14;* revolución agrícola, 13, 15; vida en, 12, 14–15
era paleolítica, 10–11, *c14;* adaptaciones al medio ambiente, 10, *c14;* arte y artesanías, *p10, 14;* importancia del fuego y, 10; papeles de hombres y mujeres, 10, *c14;* vida nómada de, pueblo, 10
Erasmo, Desiderio, 634, *p634;* humanismo cristiano y, 634
Eratóstenes, 185; contribuciones científicas, *c185*
Escandinavia, 518
Escipión, 276
esclavitud, 389–90, 472–73, *m473,* 693; barcos esclavos, *p472;* comercio europeo en, 472–73, *m473;* dentro de África, 472; egipcia, 62; griega, 121, 122, 125, 126, 129, 142; kushita, 72; musulmana de no musulmanes, 389–90; romana, 308–09, 319, *p319;* sumeria, 20
escolasticismo, 550
***escuela de Atenas, La* (Rafael),** 624
eslavos, 539–40
escribas, 20, 21, 42, 45
escritura: caligrafía, 501; cuneiforme, 20, *c44;* desarrollo de, 42, 61, 70, 585; japonesa, 501; jeroglíficos, 42, 61, 70, 585; maya, 585; musulmana, 393; nubia, 70
escritura cuneiforme, 20, 21, *p25;* tableta, *p21*
***escuela de Atenas, La* (Rafael),** 624
escuela legista, *c238,* 239, 241
escultura, 163, 183, 229
esenos, 100
Esopo, 153, *p153,* 154, 158, *p158*
España, 121, 343, 380, 514, 515, 558, 594–95, 646, 660, 664; asentamiento judío de, 343; búsqueda de una ruta marítima a Asia, 594; conquista de México, 595–97; difusión del Islam a, 380; dominio musulmán de, 646; Extremadura, 595-96; guerra con Inglaterra, 664; guerra con los musulmanes, 558; impacto de la Reforma en, 646; llegada a las Américas, 594–95; visigodos, 514
Esparta, 113, *p113,* 115, *p115,* 124–30, *m125, f126,* 127, *p127;* comparación con Atenas, 125–30; cultura, 126–27, *p127;* gobierno, 126, 127; guerras y, 135–36, 144–46; militares, 115, *p115,* 126–27, *p127;* vida en, 126–27
Espartaco, 309; revuelta de los esclavos en Roma, 309
especialización, 15
espíritu de las leyes, El, 682, *ct682*
Esquilo, 161
Esquimales, 590
Estado Papal, 515
Estados Generales, 538
Estados Unidos: comparación de África y, *c446;* comparación de la democracia ateniense y, *c140*
Estambul, 320, 384
estandarte real de Ur, 19, *p19*
estepas, 424
estoicismo, 184
estoicos, 184
estructura del texto, comprensión, 222–23
estupas, 211, *p211*
Ethelbert, rey de Kent, 364, 520
Etiopía, 72, 451
Etruria, Italia, 265, *m265*
etruscos, 264–66; arte, 265, *p265;* cultura, 265; influencia en la civilización romana, 264–65
Euclides, 185–86, *p186;* contribuciones científicas de, *c185;* geometría plana, 185–86
Eurípides, 161
Europa, 14, 384, 389, 435–36, 472–73, 659–64; aldeas de la era neolítica, 14; búsqueda de la ruta marítima a Asia, 659-60; comercio de esclavos de, 472–73, *m473;* exploración del mundo, 659–64, *m662;* geografía de, *m513,* 513–14, *m514;* hunos, 322, *m323;* invasiones de, 320, 322–24, *m323;* llegada de los europeos a China, 435–36; Renacimiento, 608–17, 619–26. *Ver también* Europa, medieval; Renacimiento
Europa, medieval, 508–59; agricultura, 525–26; anglos, 514, 535; arte y arquitectura, 549–50; ciudades de, 530, 531; comercio y, 528–29, 554–55; Cruzadas, 541–43; cultura, 526–28, 549–50, 552; educación, 516, 550; feudalismo, 522–33; fines de la Edad Media, 553–59; francos, 360, 514–19; geografía, *m513,* 513–14, *m514;* gobierno en, 520, 530, 532–33, 536, 537, 550; Guerra de los Cien Años, 557; inicio de la Edad Media, 512–21; Inquisición Española, 558; invasiones de, 514–15, *m518,* 518–19; invenciones de, 525–26; literatura, 552; magiares, 518, 519; mujeres en, 526; musulmanes y, 515, 519, 541–43, 646, 666; Peste Negra y, 554–55; pueblo de, *m513,* 513–16, 518–21; reinos germánicos, 514–16, 518–19; religión y, 519–21, 528, 545–48; sajones, 513, 514; sistema señorial, 524–25; sistemas políticos de, 520, 530, 532–33, 536, 537, 550; vida en, 526–28, 531; vikingos, 518–19, 535, 539; visigodos, 322–24, 514
Evangelios, 355–56
Evans, Arthur, 118
Ewuare, rey de Benín, 450
examen del servicio civil, 244, 411, 414, 415; tomar el, *p244, f414*
excavación arqueológica, 9, *p9;* cuidado y limpieza de artefactos, 9; técnicas de preservación, 9; uso de cuadrículas, 9
excomunión, 361, 521, 636, 648; de Enrique VIII, 648; de Martín Lutero, 636
exilio, 94
Éxodo, 82
exploración, edad de, 654–69; comercio con Asia, 659; exploradores, 661–64; innovaciones en tecnología, 659–60; mapas, 660; surgimiento de naciones fuertes, 660. *Ver también* Américas, las
exportaciones, 666
Extremadura, 596, 598, 599
Ezana, rey de Axum, 452
Ezequiel, 91

F

fabricación, 530; estándares de calidad en, 530

Índice

fabricación de papel, 42, 245, *p254;* china, 245; egipcia, 42; enlaces entre el pasado y el presente, 245
fábula, 158
fábulas de Esopo, 158
familia Médicis, 613, 614
familias: africana, 469; china, 234–35; de aldeas matrilineales, 469; egipcia, 46; extensas, 469; griega, 129, 143; paterfamilias, 307, 308; romana, 307
familias extensas, 469
faraones, 45, 48, 49, *p49,* 50, 60, 62, 63, 64–66, *p66,* 67; embalsamamiento de, 49, *p49,* 50
fariseos, 100
Federico I, emperador del Sacro Imperio Romano, 519
Federico II, emperador del Sacro Imperio Romano, 519, 542–43
Federico el Grande, rey de Prusia, 687, *p688*
Felipe II, rey de España, 649, *p649,* 664
Felipe II, rey de Francia, 538, 543
Felipe IV, rey de Francia, 538
Fenicia, 132, *m132*
fenicios, 84; alfabeto, 85, *c85,* 120
Fernando el Católico, rey de España, 558, 646
feudalismo, 522–33, *c523;* caballeros y vasallos, 523–24; comercio, 528–29; ciudades de la Europa feudal, 528–31; japonés, 497; sistema político, 523–24; sistema señorial, 524–25; vida de los campesinos, 527–28; vida de los nobles, *p526,* 526–27, *p527*
feudo, 524
fiesta del té de Boston, 697, *p697*
Filadelfia, Pennsylvania, 699
Filípides, 135; maratón moderna y, 135
Filipo II, rey de Macedonia, 175–76
filisteos, 87, 88, 89, 101
filosofía, 169, 235–39; idea del bien y del mal absolutos, 170; libertad de expresión y, 684; método socrático, 170; uso de la razón, 684–85
filósofos, 140, 684, *p684;* contribuciones importantes de, *c170,* 184; chinos, 235–39; franceses, 684–86; griegos, 140, *p169,* 169–70, *c170, p172,* 184; influencias hoy, *c170,* 184
Flandes, 529, 625; desarrollo de la técnica de pintura al óleo en, 625
Florencia, Italia, 610, 612–13; bancos y comercio en, 612–13; ciudad-estado de, 610, importancia de en el Renacimiento, 610; riqueza de, 612–13
Foro, el, 306
fósiles, 9
frailes, 546
Francia, 121, 538, 557, 644–45, 660, 684–85, 687, 700; centro de la Ilustración, 684–85; Edad Media, 538; Estados Generales, 538; exploración y, 660; filosofía de, 684–85; guerras religiosas en, 644–45; hugonotes, 644; Luis XIV, 687; papel en la Revolución Estado-unidense, 700
franciscanos, 546
Francisco de Asís, 546, *p546, ct546*
francos, 360, 514–16, *m516,* 518–19; gobernantes de, 514–17, 518, 519; reinos francos, *m516;* Sacro Imperio Romano y, 519
Franklin, Benjamin, 698, *p698*
fresco, 624; pintura durante el Renacimiento, 624
Fu Hao, 227
fuego, 10–11, 531; descubrimiento de, 10–11; peligro de en ciudades medievales, 531

G

Galeno, 305, 676; estudio de la anatomía, 305, 676
Galia, batallas de César en, 280, *p280*
Galilea, 344, 346
Galileo, 674, 675, *p675, c676;* contribuciones científicas de, 674, 675, *c676;* telescopio, 674, *p674,* 675
Ganesha, 204, *p204*
gatos, en el antiguo Egipto, 64
Génova, Italia, 555
gentiles, 349
geografía: África, *m*445, 445–46; Arabia, 373; asentamientos indígenas de América, 590, 591, 592; China, *m*225, 225–26; Egipto, antiguo, *m*117; Europa, medieval, *m*513, 513–14, *m*514; Grecia, antigua, 117; India, *m*109, 133, 191, 193, 194, *m*195, 195–96, 199; influencia en los patrones de asentamiento y, 39–40, 117, 196, 445–46, 448; Japón, medieval, 485, *m*485; *m*39, 39–40, 41; Malí, *c*451; Roma, *m*263, 263–64; ubicación maya y, 575, 583; valle del Nilo, 39–40
***Geografía* (Ptolomeo),** 660
geometría, 21, 42, 182, 185–86; de los sólidos, 186; plana, 185–86; usada por los egipcios para medir la tierra, 42
geometría de sólidos, 182, 186
geometría plana, 185–86
Georgia, 592
Ghana, medieval, 448, *c451,* 461–62; crecimiento del imperio, 448; economía, 448, *c451;* gobierno, 461–62; religión, 463, 464–65, 467; ubicación, *c451*
Gilgamesh, 20–21
Ginebra, Suiza, 640, 641
Giza, Egipto, 42, 52
glaciares, 573
gladiadores, 306–07, 309, 319
gladius, 266, *p266*
Gloria de los Reyes, 451
Gobi, *m109,* 429
gobierno: abuso de poder en, 270; alcaldes en, 515; Aristóteles y, 171; Artículos de la Confederación, 700; autogobierno, 694; bien organizados, 28; Cámara de Burgueses, 694; Carta Magna y, 700; centralizado, 210, 241, 488, 588; ciudad-estado, 20, 126, 127, 128, 129–30, 614–15, 616, 617; colonial, 696; comparación, c140, 171; confederaciones, 592, 700; consejos, 530, 614; constitución como plan de, 488; contratos sociales en, 682; Declaración de Derechos inglesa y, 700; Declaración de Derechos y, 700; democracias, 139, c140, 171; derecho natural y, 681–82; derechos naturales y, 682; dictadura, 271, 272, 281, 285, 614; diplomacia, 615; división de poderes, 682, 700; duque, doge como jefe de Estado en, 614; embajadores, 615; equilibrio de poderes en, 682, 700; gobierno nacional, 700; indígena norteamericano, 592; influencias en, 171, 537, 550, 700; legislaturas, 696; liga de los iroqueses, 592; limitada, 700; militar, 495; monarquía absoluta, 681; monarquías, 171; Montesquieu y, 700; mujeres en, 235, 334, 470, 471, 504, 585; niveles de importancia en, 492; oligarquías, 171; Parlamento, 537; poder en, 700; reformas, 411, 488, 492, 681–83, 688–89; regentes, 493; religión y, 48, 208, 212, 228, 230, 354, 355, 360, 376, 492–93; representante, 283, 537, 538, 694; repúblicas, 614, 700; romano, 269–73; shogunatos, 495; soberanía popular, 700; ventajas y desventajas de la ciudad-estado, 616–17; veto, 270. *Ver también* política
gobierno limitado, 700
Golfo Pérsico, 28
grabados, 625
Graco, Cayo, 279, *p279*
Gran Bretaña, 291, 363–64, 514, 520, 700; difusión del cristianismo a, 363; invasión de, 363, 364,

Índice

514. *Ver también* Inglaterra
Gran Canal, 410, *p410*
Gran Carta, 537
Gran Consejo, 537, 592
Gran Esfinge, *p34,* 48, *p48*
gran jurado, 537
Gran Mezquita de La Meca, *p368*
Gran Muralla China, 220, *p220,* 242; primera, 220
Gran Paz, 592
Gran Pirámide, 52
Granada, España, 394, 646
Granicus, batalla de, 177
gravedad, teoría de la, 675–76, *c676,* 677
Grecia, antigua: *m109,* 112–47, *p123, m125, m132,* 150–87; Alejandro Magno, 174–81; alfabeto, 120, *c*120; anfiteatro, ruinas de, 160, *p*160; antiguos griegos, 113, 116–23; arte dramático, 160–61, 183; arte y arquitectura, 162–63; ataque macedonio de, 175–76; captura de Troya, 157–58, 264; ciencia y matemáticas, 185–86, *c*185; ciudadanía en, 122–23, 124, 139; ciudades-estado, 113, 116, 122–23, 124, 125–26, 128, 129, 135, 136, 139, 144, 146, 157, 175; civilización, 113, 116–23, 150–89, 232–39; colonias de, 121, *m*121; comercio, 118, 121, *m*121, 125; cristianismo y, 356; cultura de, 118, 119, 120, 154–63, 168–73, 182–87; democracia en, 126, 129–30, 139–40; democracia representativa y, 139, *c*140; dioses y diosas, 155, *c*155, *p*155, 156; economía de, 121; Edad Oscura, *c*112, *c*116, 120; "Era de Pericles", 138–47; esclavitud y, 121, 125, 126, 129, 142; Esparta y Atenas, 113, 124–30; estructura de poder de, 125; filosofía e historia, 168–73, 187; geografía de, 117, *m*117; gobiernos de, 119, 125, 126, 127–28; Guerra del Peloponeso, 112; guerras médicas y, 134–37; invasión de Jerjes de, 112; judíos y, 95–96; Juegos Olímpicos, 128, *p*128; juramento del soldado, *ct*122; literatura de, 155–58, 160–61, 164–67, 183; medicina, 184; micénicos, *p*119, 119–20; militares, *p*122, 123, *p*144, 266; minoicos, 118; mitología, 155–56; oligarquía, 126, 129, 147; oráculo, 156; polis, 122–23; primeros reinos, *f*119, 119–20; religión, 155, *c*155, *p*155, 156, 184; tiranía en las ciudades-estado, 112, 125–26
Grecia, clásica. *Ver* Grecia, antigua
Gregorio VII, Papa, 520–21
Gregorio el Grande (Papa Gregorio), 364, *p*519, 520
gremios, 503, 530, 550
griots, 449, 450, 470, 476, *p476*
Guangzhou, 242
Guardia Pretoriana, 287–88
Guatemala, 583
Guerra de Gempei, 494–95
Guerra de las Dos Rosas, 557
Guerra de los Cien Años, 557
Guerra de Onin, 497
Guerra de Troya, 120
Guerra del Peloponeso, *c112, c138, m144,* 144–46, 146, 176; impacto de, 176
guerras: Cruzadas, 541–43; de los Cien Años, 557; de Troya, 120; del Peloponeso, *c*112, *c*138, *m*144, 144–46, 146, 176; Guerra de las Dos Rosas, 557; Guerra de los Treinta Años, 645; médicas, *m*134, 134–37, *f*136, 177; micénicas, 120, 121, 157–58; Púnicas, *m*274, 274–76; religiosas, 541–43, 644–45; Revolución Estado-unidense, 699–700
guerras médicas, *m134,* 134–37, *p136,* 177
Guerras Púnicas, *m274,* 274–76;
Guillermo, rey de Inglaterra (Guillermo el Conquistador), 535–36
gurú, 201
Gutenberg, Johannes, *p618,* 620–21; desarrollo de la imprenta, 620–21; Biblia de Gutenberg, 620, 621

H

habilidades de lectura: análisis y aclaración, 606–07; causa y efecto, 482–83; comparación y contraste, 442–43; desarrollo de vocabulario, 192–93; establecer conexiones, 114–15; estructura del texto, 222–23; idea principal, 78–79, 340–41; idea principal y detalles secundarios, 370–71; indicios de contexto, 152–53; inferencias, 406–07; monitoreo y ajuste, 656–57; pistas de secuencia, 340–41; predicciones, 36–37; preguntas, 510–11; presentación preliminar, 6–7; respuesta y reflexión, 300–01; resumen, 570–71; toma de notas, 260–61
Hades, 155, *p155*
Hagakure: El libro del samurai **(Tsunetomo),** 495, *ct495*
Hagia Sophia, *p332,* 333
Haití, 594
Hammurabi, rey de Babilonia, *p22,* 22–23, 24–25; biografía, 22; código de (leyes), 23, 24–25; control del Éufrates y, 22
Han Wudi, emperador de China, 244–45
Han Yu, 413, *p413, ct413*
Handel, 686–87
Hanfeizi, 238, *p238,* 239; legalismo y, 238, 239
Hapi, 49
Harappa, 196–97; caída de, 198; ciudad planificada, 196–97; comercio, 197; rey sacerdote de, *p196;* sociedad, 197
Harvey, William, 676, *c676*
Hatshepsut, reina de Egipto, 62, 63, *p63;* biografía, 63; expansión del comercio y, 62, 63
Haydn, Franz Joseph, 687
hebreos, antiguos, 76–77, 80–85, 86–92, 93–102; estructura social de, 97–98; movimientos de, 81, 82, 84, 90, 92; primeros, 81–83; religión, 81, 82–83, 87, 94–95. *Ver también* israelitas, antiguos
Heian, Japón, 493, 495
Henry, Patrick, 698
Hera, 155, *p155*
herejes, 547; interrogatorio de, *p547*
herejía, 547, 643, 646, 675
Hermanos, 637
Hermes, 155, *p155*
Herodes, rey de Judea, 100
Heródoto, *q75,* 135, *p135, ct135, f168,* 173; "padre de la historia", 173
herramientas: artefactos, 9, 11, *p11,* 12, *p12,* 14, *p14*; invención de, 11, 15, 230, 231, 235
Hestia, 155, *p155*
hicsos, 60–61
hierro, 71; armas de hierro, 27; elaboración del hierro, 419, 448
hijab, 390, *p390*
Hildegard de Bingen, 545
Himalaya, 195, 196
"Himno al Nilo", 41
Hindu Kush, India, *m109*
hindúes, 385
hinduismo, 203–04, 213; antiguo, 203; arios y, 203; brahmanes, 203–04; dharma, 204; dioses y diosas, 203, *c204,* 213; imperio gupta y, 213; karma, 203–04; reencarnación, 204; sistema de castas y, 204; templo hindú, *p203;* Upanishades, 203
Hiparco, 185; contribuciones científicas de, *c185*
Hipatia, 185; contribuciones científicas de, *c185*
Hipócrates, 184, 185; contribuciones científicas de, *c185*
Hipódromo, 320
hipótesis, 679
historia de Genji, La **(Shikibu),** 501, 502
Historia de la Guerra del Peloponeso **(Tucídides),** 173, 189
Historia de la Guerra Judía **(Josefo),** 343

Índice

Historia de las Guerras Médicas **(Herodoto),** 135
Historia de Roma **(Livio),** 272, 304
historia oral, 470
historiadores, 28, 173, 304, 326, 666; griegos, 173; musulmanes, 393; romanos, 304
hititas, 27, 64, 66
Hobbes, Thomas, 681
hohokam, 579
Hokkaido, 485, *m485*
Homero, 154, 157, 158, 159, *p159, ct159,* 177, 304; biografía, 159
Honduras, 583
Honshu, 485, *m485*
Hooke, Robert, 676, *c676*
hopewell, 580
hoplitas, 123, *p123*
Horacio, 304, *ct304,* 326
Huang He (río Amarillo), 225
hugonotes, 644; guerras religiosas en Francia, 644–45
Huitzilopochtli, 587
humanismo, 619–21, 634; creencias de, 619; cristiano, 634; estudio de las obras antiguas, 619; imprenta como factor de difusión de las ideas de, 620–21; impacto en la sociedad, 621; Petrarca como padre de, 619–20
humanos, antiguos, *c8,* 8–15, 573, *p574,* 574–75; adaptaciones al medio ambiente, 10, *c14,* 573, 574–75, 580; arqueología y, 9–10, 578–79; arte de, *p10,* 10, 11, 14, *c14;* artefactos, 9, *p10, p11, p14, p573, p575;* avances tecnológicos, 15; cazadores-recolectores, 10, *c14,* 573, 574, *p574,* 580; comercio, 15; comparación, *c14;* desarrollo del lenguaje hablado, 11; domesticación de las plantas y animales, 580; épocas glaciales, 10–11, 573, 574; especialización, 15; invención de las herramientas, 11; migración de, 573, *m573;* papeles de hombres y mujeres, 10, *c14;* pueblos neolíticos, 12, 13–15, *c14;* pueblos paleolíticos, 10–11, *c14;* religión, 14; revolución agrícola, 13, *c14,* 574–75; superávits de alimentos, 15. *Ver también* era neolítica; era paleolítica; Oetzi
hunos, 322, *m323*

I

Ibn Battuta, 464–65
Ibn Khaldun, 382, *ct382,* 392, *p392;* biografía, 392
Ibn Sina, 391
Ícaro y Dédalo, 164–67
iconos, 359–60
idea principal, comprensión, 78–79, 340–41; y detalles secundarios, 370–71
ideogramas, 228
Idilios, 183
idioma árabe, 381, 388, 390–91, 467; aceptación de, 381, 390–91, 467; difusión de, 388, 467; comercio y, 388
Igbo, 463
Iglesia Anglicana, 648–49, 693
iglesia bizantina, 359–61; el Papa como líder de, 360; iconoclastas, 360. *Ver también* imperio bizantino
Iglesia Católica Romana, 356, 359, 360–61, 515, 519–21, 546, 634–36, 638, 639, 643–46, 648, 649, 650; castigo de los judíos, 547; Concilio de Trento, 643, *p643;* condena de Galileo, 675; Contrarreforma y, 643–46; descubrimientos científicos y, 675, 684; difusión del cristianismo y, 519–21; división de la Iglesia Ortodoxa Oriental, 361; Inquisición y, 547; Martín Lutero y, 634–36, 638, órdenes monásticas religiosas, 363; misioneros, 650; órdenes religiosas de, 545–46; papel del mantenimiento del idioma y textos religiosos en latín, 520; papeles espirituales del clero, 360; papeles políticos del clero, 355, 360; prácticas, rituales, sacramentos de, 546; protestantes y, 643–46; Reforma inglesa y, 648–49; Reforma y, 633–39, 648–50; surgimiento de, 519–21; venta de indulgencias, 634–35; visión de las relaciones iglesia-estado, 359; Voltaire y, 684–85. *Ver también* cristianismo; iglesia cristiana; religión
Iglesia Católica. *Ver* cristianismo; Iglesia Católica Romana; iglesia cristiana
iglesia cristiana, 351–56; *c351, m351, m352, c355,* 545–48; antigua, 355–56; arzobispos, 355, *c355;* cisma en, 361; clero, 355; diócesis, 355, *c355;* Evangelios, 355–56; iglesia bizantina, 359–61; jerarquía, 355; laicado, 355, *c355;* medieval, 546–47; obispos, 355, *c355;* organización de, 355, *c355;* Papa, 356; papel de los monjes y misioneros, 362, 363, 364, 435–36, 519–21, 539, 650; patriarcas de, 355, *c355;* persecución de los judíos, 547; persecución de los musulmanes, 558; preservación del conocimiento y, 520; Reforma y , 634–37, 639, 640–41, 642–46, 648–50; sacerdotes, 355, *c*355. *Ver también* cristianismo; iglesia bizantina; Iglesia Católica Romana; Iglesia Ortodoxa Oriental; religión
Iglesia Ortodoxa Oriental, 359, 360, 363, 540; en Rusia, 540; visión de las relaciones entre Iglesia y Estado, 359
iglúes, 590
Ilíada **(Homero),** 152, 157–58, 159, 177
ilotas, 126, 127, 147
Ilustración, 680–89; absolutismo, 681, 686–89; concepto de derecho natural, 681–82; concepto de los derechos naturales, 682; crítica de las ideas, 685–86; derecho divino de los reyes, 681, 687–89; difusión de las ideas de, 685; experimentalismo científico y, 671–79; filosofías de, 681–82, 683, 684–89; influencia en los tiempos actuales, 682, 700; mujeres y, 685; música de, 686–87; razón en, 681–83, 685–86; surgimiento de las ideas democráticas, 682, 700
imperio azteca, 576–77, 585–87, 596–97; armas, *p*585, *p*596; arquitectura de, *p*586, 587, *p*587; ciudad de Tenochtitlán, 586, 587, *p*587; clases sociales, 587; comercio, 576–77; creencias y prácticas religiosas, 586, 587, 597; cultura, 585–87, *p*587; derrota por los españoles, 596–97, 598; enfermedades y, 597; esclavitud, 587; estructura de clases, 587; gobierno, 585–86; guerra, 587, 596; papel de hombres y mujeres, 587; surgimiento del imperio, 585–86; tradición oral de, 586; vida diaria, *c*586, *p*586, 587
imperio bizantino, 324, 327–34, 359–60, *m383,* 539, 541, 543, 611, 659; arte y arquitectura de, 333, *f*333; ataque musulmán a, 541; comercio en, 332–33; cultura de, 328, 334; economía, 333; educación en, 334; estructura política, 328, 329–30, 334; estructura social, 328, 333–34; gobernantes de, 329–30, 331; gobierno, 329–30; Hagia Sophia, *p*332, 333; iconos, 359-60; importancia de Constantinopla, 328; influencias de la cultura griega en, 328–29, 334; Justiniano, emperador de, 329–30; militar, 330; mosaicos, 333; mujeres de, 333–34; religión y gobierno, 359, 360; surgimiento de, 328; visión Católica Romana de las relaciones entre Iglesia y Estado, 359; visión Ortodoxa Oriental de las relaciones entre Iglesia

y Estado, 359
imperio de Benin, 450, 451; agricultura, 450; artistas, 451; comercio, 451
"imperio de la ley", 273
imperio gupta, *m213,* 213–14; ciudades de, 213; comercio, 213; cultura, 213, 214–16; descubrimientos e invenciones de, 215–16; economía, 213; fundación de, 213; religión de, 213; turismo en, 213;
imperio inca, 578, 588–89, 599–600; artístico, ingeniería, logros matemáticos de, 588, 589; cultura, 588; derrota de, 599–600; difusión de la viruela entre, 599; estructura social, 588; gobierno, 588; guerra, 599–600; mantenimiento de registros, 599; religión, 588; tradiciones orales, 588; unificación mediante las carreteras y el idioma, 588; vida en, 588
imperio mongol, 383, *m424,* 424, *m425,* 425–26, 428–29, 495, 540; comercio y, 426, 429, 611–12; conquistas de, 425–26; expedición marítima, 429; gobernantes de, 425–27, 428–29; gobierno en China, 428–29; guerreros de, 424, 425–26, *f*426, 427, 429, 540; invasión del Rus de Kiev, 539–40; Peste Negra y, 554; religión de, 426, 428; uso del terror, 426; vida nómada de, 424. *Ver también* Khan, Genghis; Khan, Kublai
imperio olmeca, *m575,* 575–76; comercio, 575; primera ciudad planificada, 575
imperio otomano, 384–85, *m385,* 611, 659; arquitectura, 384; *p384;* expansión de, *m385;* gobierno, 385; religión, 385
imperio persa, 30, *m132,* 94, 132–33; caída de, 137; derrota de los caldeos y, 94; espartanos y, 146; expansión y surgimiento de, 132–33; gobernantes de, 132–33, 134–35; gobierno y organización política de, 133–34; militares de, 133; religión de, 133. *Ver también* guerras médicas
imperio romano, 100–01, 286–94; Augusto, gobierno de, *ct*287, 287–88, 289, *p*289, 356; buenos emperadores de *Pax Romana,* 292–93, *c*292, *p*292; conflicto con los judíos, 100–01; cristianismo en, 348, 352, *m*352, 354, 355, 356; decadencia y caída de, 319–24; economía de, 292–93, 319, 320; emperadores julio-claudios, 288, *c*288; esclavitud en, 319; gobierno de, 292–93, 288; inicios, 286–94; migración judía a; militares, 319; persecución de los cristianos y, 353; prosperidad y unidad de, 290–94; reformas de Diocleciano, 320; sistema de carreteras, 293; ubicación de territorios en
imperio seléucida, 178
imperios, 89; primeros, 26–31. *Ver también* listados individuales de
importaciones, 666
imprenta, 419–20, 620–21, 660; impacto sobre la difusión de las ideas, 620, 621; invento de la imprenta, 620–21; invento de los tipos móviles, 419, 620
impresión con bloques de madera, 419
impuestos, 28, 48, 89, 94, 234, 243, 247, 288, *c381,* 381, 382, 385, 386, 411, 426, 436, 448, 488, 492, 494, 530, 537, 540, 543, 634, 636, 646, 660, 688, 697
incienso, 62
India, 14, *m109,* 133, 177, 190–217, 373, 380, 385, *m386,* 388, 392, 412, 418; aldeas neolíticas de, 14; antigua, 190–217; arios y, 198–201, 202, 203; astronomía, 216; budismo, 202, 205–08; casamientos en, 201; comercio, 211, 373, 386, 388; control británico de, 386; creación del imperio musulmán en, 385–86; cultura, 196, 197, 214–15; dinastía mauriana de, 210–12; economía, 196; geografía, *m*109, 133, 191, 193, 194, *m*195, 195–96, 199; gobierno, 191, 197; hinduismo, 203–204; idioma, 199; imperio gupta, *m*213, 213–14; influencia de los mogules, 386; invasión de por Alejandro Magno, 177; literatura, matemáticas, ciencia en, 214–16; Mohenjo-Daro, 196–97, *p*197; naciones del subcontinente indio moderno, 195; occidental, 133; papel de hombres y mujeres, 201; primeras civilizaciones de, 196–201, primeros imperios, 209–17; religiones de, 202–05; sistema de castas, 199–201, *c*200, 206; sistema político, 197; sistema social de, 197, *c*200, 199–201; sistemas fluviales, 195, 199; tradición intelectual de, 214–15; valle del Indo, 196–97; Varnas, *c*200, 200–01; vedas de, 214; vida en, 199–201
indicador del tribunal, *p129*
indicios de contexto, uso, 152–53
indígenas norteamericanos, 578–81; acoma, 591; adena, 580; algonquinos, 592; anasazi, 579–80; apaches, 591; cahuilla, 591; California, 591; cayuga, 592; cherokee, 592; chinook, 591; chumash, 591; confederaciones, 592; constructores de montículos, 580; enfermedades y, 596; esclavitud de, 664; esquimales, 590; geografía, clima y, 590, 591, 592; gobiernos de, 592; Gran Consejo de, 592; Gran Paz, 592; haida, 591; hidatsa, 591; hohokam, 579; hopewell, 580; indios del Mississippi 580–81; intercambio colombino y, *m*668, 668–69; leyes de, 592; liga de los iroqueses, 592; mandan, 591; misionarios jesuitas y, 650; mohicanos, 592; natchez, 592; navajos, 591; oneida, 592; onondaga, 592; pawnee, 591; pomo, 591; primeras civilizaciones de, 578–81; pueblo, 591; pueblos del extremo norte, 590; pueblos y culturas de, *m590,* 590–92; seneca, 592; tlinkit, 591; vida en el Noreste del Pacífico, 591; vida en el sudoeste, 591; vida en la costa oeste, 591; vida en las Grandes Llanuras, 591–92; vida en los bosques orientales, 592; zuni, 591
indios del Mississippi, 580–81; agricultura, 581; arquitectura de, 581; surgimiento de las ciudades en, 581
Indonesia, 381
Indra, 204
indulgencias, 634–35, 636; casilla, *p635;* perdón de los pecados, 634–35, 636; venta de, 634–35, 636
industria de las cabañas, 667
inferencias, hacer, 406–07
inflación, 319
Inglaterra, 535–37, 648–49, 660, 690–99; aplicación de impuestos a las colonias estadounidenses, 697; búsqueda de la ruta marítima a Asia, 660; Declaración de Derechos inglesa, 682, 700; desarrollo de prácticas legal y constitucionales en, 536, *c*536, 537; Enrique VIII, 648, *f*648; gobierno de, 681–82; gobierno normando de, 535–36; guerra con España, 664; Guerra de los Cien Años, 557, *m*557; invasión por los anglos y sajones, 514, 535; medieval, 535–37; monarquía absoluta, 681, 682; Parlamento, 537, 682, 697; Reforma inglesa, 648–49; restricciones al comercio de las colonias estadounidenses, 696–97; Revolución Estadounidense y, 690–99; "Revolución Gloriosa", 682; surgimiento del pensamiento democrático moderno, 537

Índice

Inmortales, 133
Inocencio III, Papa, 543
Inquisición, 547, 558
Inquisición Española, 558, 646
inspiración, 152
intercambio colombino, *m668,* 668–69
Inti, 588
intocables, *p200,* 200–01; hoy, 200, *f*200
inundaciones, 41, *c44*
invenciones: acero, 419; arado, 21; arado pesado con ruedas, 525; arados de hierro, 230, *p235;* brújula, 420, 659, *f*659; cigoñal, 41; de Leonardo, 621; imprenta, 620–621; mechas de hierro, 245; molinos de agua, 526; montura y estribo, 231; papel, 245, 621; pólvora, 420; pretal para caballo, 525; proceso de impresión, 419–20; rueda de carro, 21; ruedas hidráulicas, 245; tipos móviles, 419, 621; velero, 21, 453; 419. *Ver también* ciencia; matemáticas
inversión, 667
Irán, 382, 383
Iraq, 382
Irlanda, 363, 364, 519
iroqueses, 592
irrigación, 18, 21, 22, 29, 41, 230, 234, 247, 389, 417, 503, 577, 579, 591. *Ver también* agricultura
Isabel I, reina de Inglaterra, 649, 664, 665, *p665;* biografía, 665
Isabel la Católica, reina de España, 558, 594, *p594,* 646
Isaías, 91
Isis, 49
Islam: artes y literatura, 389, 391, 392, 393–94; califas Bien Guiados, 380, *c*381; califas Omeyas, 380; ciencia y matemáticas, 391; Cinco Pilares del Islam, 378, *c*378; civilización de, 368–95; código y normas legales de, 378; creencias, 378, *c*378, 467; chiítas, 382; difusión de, *m*380, 380–81, 448, 464–65, 467; el Corán como libro sagrado de, 377–78; enseñanzas de en relación con el judaísmo y el cristianismo, 81, 83, 91, 95; estado de, 374; estructuras económicas, *c*331, 386; estructuras sociales, 389–90; Hégira, 376; imperios de, 379–86; India y, 385–86; luchas dentro de, 382–83; Mahoma, profeta de, 374–77; medicina, 391; mujeres y, 390; oposición a, 375; preservación de antiguos textos, 391; significado de, 374; sufíes, 381; sunitas, 382; surgimiento de, 372–78. *Ver también* musulmanes
Islas Filipinas, 650
Israel, 14, 81, 90, 91, 92, 102, 343; creación de la nación judía de, 102; doce tribus de, 81; educación en el antiguo, 97, 98; caída de, 91, 92; profetas de, 91, *c*91, 344; reino de, 90. *Ver también* israelitas, antiguos; Judá; judaísmo; Judea; judíos
israelitas, antiguos, 76–77, 80–85, 86–92, 93–102, *m105;* asirios y, 91–92; caída de Israel y Judá, 90–92; caldeos y, 92; Canaán, como Tierra Prometida, 84; crecimiento del judaísmo, 93–102; Diez Mandamientos como "imperio de la ley", 83; doce tribus de, 81, 84, 87, 91; educación de, 97, 98; lucha de los jueces, 84; primeros israelitas, 80–85; reino de Israel, reinos, *m*105; religión de, 81–85; rey David, 88, 89; rey Salomón, 89–90; rey Saúl, 87, 89; templo de, 89, 91, 92, 100. *Ver también* hebreos, antiguos; Israel; Judá; judaísmo; judíos
Italia, 121, *m121,* 263, *m263,* 519; ciudades-estado de, *m609,* 611–13, 614–15, 616–17; geografía de, 263, *m263,* 611; ostrogodos en, 514; Renacimiento en, 609–17, 619–24. *Ver también* Florencia, Italia; Renacimiento; Venecia, Italia
Iván I, 540
Iván III, zar de Rusia, 540
Iván IV, zar de Rusia, 540

J

Jacob, 81; tribus de la familia de, 81
Jacobo I, rey de Inglaterra, 649, 692, 693
Jamestown, Virginia, 692, *p692*
Jánuca, 96, *c96*
Japón, 413, 480–504; antiguo, 484–90; arte dramático, 501; arte y arquitectura, 499–501, 503; budismo en, 413, 488, 489, 492–93, 499; comercio, 503; cristianismo en, 650; cultura, 499–500, 503; daimyo, 496–97; economía, 503; estructuras sociales, 495, 503, 504; feudalismo en, 497; geografía, 485, *m*485; gobierno de, 488, 492–94, 495, 496, 497; guerras, 494–95, 497; Jomon, 486; Kamakura, 495; literatura, 501; medieval, 480–504; mito de la creación de, 487; papel de la mujer, 501, 504; primeros pobladores, 486–87; religión en, 489, 490, 492–93, 499; religiones de, 488, 489, 490, 492–93, 650; samurai, 494–95; shogunes, 494–97, 650; sintoísmo, 490; surgimiento de la sociedad militar en, 494–97; vida en, 498–504; Yamato, 487–88; Yayoi, 486–87
Jardines Colgantes de Babilonia, 29, *p29;* como una de las Siete Maravillas del Mundo Antiguo, 29
Javier, Francisco, 650
jefes militares, 409
Jefferson, Thomas, 698, *p698,* 699
jerarquía, 355
Jeremías, 91
Jericó, 14, 84, *p84;* batalla de, *p84*
Jerjes, rey de Persia; *p131,* 135; invasión de Grecia, *c112*
jeroglíficos, 42, 61, *p61, c61,* 70, 585; comparación de iconos de la computadora con, 61, *c61;* mayas, 585; nubios, 70
Jerónimo, San 322, *p322, ct322,* 362
Jerusalén, 89, 90, 92, 94, 101, 132, *m132,* 343, 347, 547; reconstrucción de, 94; templo en, 100, 101
jesuitas (Sociedad de Jesús), 643, 644, 650; Ignacio de Loyola como fundador de, 644
Jesús de Nazaret, *f344,* 344–47, *p345, f346, ct346, p347;* 348; biografía, 346; crucifixión de, 347; discípulos de, 344; enseñanzas de, 344–45, 346, 348; resurrección de como fundamento del cristianismo, 347, 350; uso de las parábolas, *p344,* 345, *p345;* vida de, 344–45, 347
Jimmu, emperador de Japón, 487
Jomon, 486
Jordania, 14, 81
Jorge III, rey de Inglaterra, *p696,* 697
José II, rey de Austria, 688, *p688*
Josefo, 105, *ct105,* 343
Josué, 84; batalla de Jericó, 84, *p84*
Juan, rey de Inglaterra, 537
Juana de Arco, 556, *p556, ct556,* 557; biografía, 556
Judá, 90, 92, 94, 96, 98, 100, 343; caída de, 92; conquista y gobierno romano de, 100, 343; educación en, 98; fundación de, 90; regreso de los judíos a, 94
judaísmo : Biblia hebrea, estudio en, 81, 82, 83, 95; como primera religión monoteísta, 81; crecimiento de, 93–102; creencias, 82, 83, 95; destrucción del Templo, 101; Dios como otorgante de las leyes morales, 82; enseñanzas éticas, 82, 83, 95; Jánuca, 96; justicia en, 95; observancia de la ley en, 82, 83; orígenes de, 81, 94; principales días festivos judíos, *c*96

Índice

Judea, 100, 343, 344, 347; gobierno del rey Herodes, 100; Judá se transforma en, 343
judíos, 90, 91, 92, 94–102, 343, 547–58, 558; antisemitismo, 548; días festivos de, *c96*; Diáspora, 96; dieta de, 98; difusión de ideas y valores, 81, 96; educación y, 97, 98; enseñanzas de Jesús sobre las leyes religiosas de, 344–45; esenos, 100, 101; exilo y retorno a Judá, 94; expulsión de, 548, *m548*; familia, importancia de, 97–98; fariseos, 100; forma de vida, 97, *c97*, 98; fortaleza de Masada, *f343*; gobierno musulmán de, 646; griegos y, 95–96; Inquisición Española y, 558; macabeos y, 96; Nabucodonosor y, 92; persecución de, 81, 82, 96, 101, 646; profecías mesiánicas, 344; rebeliones de, 92, 343; romanos y, 100–01, 343; sábado como día de veneración y descanso, 94; saduceos, 100; vestimienta, 98
Juegos Olímpicos, 128, *p128;* del pasado y del presente, 128; primeros, 108, *p108*
jurado del juicio, 537
juramento hipocrático, 184
Justiniano, emperador del imperio bizantino, 329–30; conquistas de, 330; código legal, 330

K

Kaaba, 374, *p377*; peregrinajes a, 377, *p377*
Kalidasa, 215
Kamakura, Japón, 495
kami, 490
kamikaze, 495
Kammu, emperador de Japón, 493
Karakorum, Mongolia, 428
karma, 203–04
Kashta, rey de Kush, 71
Kepler, Johannes, 674–75, *c676*
Kerma, reino de, 69
Khadija, 375
Khan, Genghis, *p424,* 424–27, *p427, ct427;* imperio mongol bajo, *m424,* 424–27, *m425*
Khan, Kublai, gobernante de los mongoles, *p428,* 428–29, 495
Khanbaliq, China, 428
Khufu, rey de Egipto, 52
Kioto, Japón, 480, 493, 497, 503
Kitab al-lbar **(Khaldun),** 392
kofun, 487
Krishna, 204, 214
Krishna y las doncellas, *ptg214*
Kush, civilización de, 67, *c68, m68,* 68–72, *m70;* arte de, 69; capitales de, 70, 71; comercio en, 69, 70, 71, 72; economía de, 69, 70; esclavitud, 72; geografía, 68, 69, 70; gobernantes de, 71, 72; gobierno de Egipto, 67; importancia del hierro para, 71; influencia egipcia de 70, 71; militares, 71; Nubia, 69–70; reino de Kerma, 69; surgimiento de, 70–71
Kyushu, 485, *m485*

L

La Española, 594
La Meca, 373, 374, 375, *m383, m385,* 389, 465, 555; peregrinaje a, *p375,* 465; Peste Negra en, 555
La Salle, 692
Lacio, Italia, 263, 265
ladera oeste (Cisjordania), 14
laicado, 355, *c355*
Lakshmi, 204
lamas, 208
lana, 529, 611, 612
Lao-Tsé, *p238,* 238, *ct239;* taoísmo y, *c238,* 238–39
latifundios, 278
latín, 292, 304, 326, 328, 352, 552; como base de los idiomas europeos modernos, 304, 326; manuscritos, 619, *p619,* 620
latinos, 264, 266
Lavoisier, Antoine y Marie, 676, *c676*
legado, 177, 187
legionarios, romanos, 266, *p266, f267;* armadura, escudo, lanza, 266, *p266*
legiones, 266
lenguaje: árabe, 381, 388, 390–91, 467; bantu, 469; desarrollo de, 120, 199, *c199,* 229; evolución de las formas escritas de, 85, 120, 228; hebreo, 81; latino, 292, 304, 326, 328, 352, 552; quechua, 588; sánscrito, *c199,* 214; suahilí, 469; vernáculo, 552, 620, 634
León III, emperador de Bizancio, 360
Leónidas, rey de Esparta, 135–36
Leviatán **(Hobbes),** 681
ley: Código de Hammurabi, 23, 24–25; común, 537; Corán, 378; creencia en la ley moral, 81, 378; del Dios en la Torá, 82; derechos de los ciudadanos y, 273; dinastía Qin, 243; escrita, 273; ideas sobre, 681–82, 683; "imperio de", 273; influencia en el Código de Justiniano, 330; influencia romana sobre, 325–26; jurados y, 536, *c536,* 537; legalismo y, *c238,* 239; natural, 550, 681–82; normas de la justicia, 273; sistema de derecho estadounidense comparado con el romano, 273; sistema romano de, 273, 325–26; tribunales de, 537; veto de, 696
Ley del Té, 697
Ley del Timbre, 697; revueltas contra, *p696*
Leyes de Navegación, 696
Leyes Intolerables, 697–98
Li Bo, 420, *p420, ct420*
Li Po. *Ver* Li Bo
Líbano, 81, 542
libios, 67; conquistadores del antiguo Egipto, 67
Libro de Épodas, El **(Horacio),** 304
Libro de los Muertos, 49, 50
"liebre y la tortuga, La" (Esopo), 158
Liga de Delos, 139, 140
liga de los iroqueses, 592; código de leyes de, 592
línea materna, 469
líneas temporales: África, medieval, *c440, c444, c460, c468*; Américas, las, *c568, c572, c582, c593; c302, c317, c327;* civilización griega, *c150, c154, c168, c174, c182;* civilización islámica, *c368, c372, c379, c387;* civilización romana, c298; China en la Edad Media, *c404, c408, c416, c423, c430*; Egipto, antiguo, *c34, c38, c47, c53, c68*; Europa, medieval *c508, c512, c522, c534, c544, c553;* griegos, antiguos, *c112, c116, c124, c131, c138;* Ilustración y revolución, *c654, c658, c670, c680, c690*; India, antigua *c190, c194, c202, c209*; israelitas, antiguos, *c76, c80, c86, c93*; Japón, medieval *c480, c484, c491, c498*; primeras civilizaciones, *c4, c8, c16, c26;* Renacimiento y Reforma, *c604, c608, c618, c633, c642*; surgimiento de China, antigua *c220, c224, c232, c240*; surgimiento de Roma, *c258, c262, c268, c277, c286*; surgimiento del cristianismo, *c338, c351, c358*
literatura: cambios en durante el Renacimiento, 620; china, 420–21; de la dinastía Tang, 420-21; de la era helenística, 183; egipcia, 60; épica, 20, 157, 159, 183, 215; escrita en el idioma vernáculo, 620; europea, 552; fábulas, 158; griega, 155–56, 157–58, 160–61, 164–67, 183; india, 214–15; influencia de las obras escritas griegas y romanas en el pensamiento posterior, 619, 621; japonesa, 501; mitología, 155–56; musulmana, 393; obras dramáticas, 304, 626; odas, 304; poesía, 157–58, 214, 304, 420–21, 626; referencias morales y religiosas de, 158, 214, 215, 619; Renacimiento, 620, 626; romana, 304; sátiras, 304; tradición oral de,

Índice

158, 159, 214, 449, 470, 474, 476
Liu Pang, emperador de Han, 244, *c247, f247*
Livia, emperatriz de Roma, 308
Livio, 304, 326; historiador de Roma, 304
Locke, John, 681–82, 683, *p683, ct683,* 700; biografía, 683
Londres, Torre de, 648
Loyola, Ignacio de, 644, *p644, ct644;* fundador de los jesuitas, 644
Luis XIV, rey de Francia, 687, *ct687*
Luoyang, 248
luteranismo, 636–37, 639, 640; alemanes y, 639; creación de, 636–37; política y, 639
Lutero, Martín, 634–37, *p636,* 638, *p638, ct653;* biografía, 638; creación del luteranismo, 636; Noventa y Cinco Tesis como principio de la Reforma, 636
Luxemburgo, 625

M

Macabeo, Judas, 96
macabeos, 96
Macedonia, *m117,* 146, 174, 175, 178–79; ataque a Grecia, 175–76; desmembración del imperio, 178–79; geografía y cultura, 175
Machu Pichu, 588, 589, *f589*
magiares, 518, 519
Mahabharata, 214–15
Mahoma, 374–76; biografía, 376; enseñanzas, 374, 377; gobierno de, 375, 377; oposición a, 374–75; profeta del Islam, 374–76; relación de los califas con, *c381;*
Maimónides, 646, *f646*
Makeda, reina de Saba, 451-52
Malí, medieval, 448–49, *c451*; comercio y 449, *c451,* 462; estructuras económicas, 449, *c451,* 462; gobierno y estructura política de, 462; Mansa Musa, 462, 465, 466; religión, 65; 467; ubicación, *c451*
Malintzin, 597; traductora de Cortés, 597
Mamun, 390
mandato, 230
Mandato Divino, 230
Mansa Musa, 449, 462, 465, *f465,* 466, *f466;* biografía, 466; fortalecimiento del Islam, 465; gobierno de, 462, 465, 466
Maquiavelo, Nicolás, 614, *f614, ct614,* 615
Mar Adriático, 613
Mar Arábigo, 195
Mar Báltico, 539, 555
Mar Caribe, 594
Mar Egeo, 120, *m134,* 328
Mar Mediterráneo, 40, 81, 95, *m117,* 118, *m132,* 213, 246, 373, 384, 388, 611
Mar Negro, 328, 659
Mar Rojo, 40, 60, 82, 446; división por Moisés, *p82*
Maratón, 134–35; batalla de, *c108,* 134–35, *m134*
María, Santa (madre de Jesús), 546
María I, reina de Inglaterra, 649, *f649*
María Magdalena, 347
Martel, Carlos, 515, 523; ideas como base del feudalismo, 523
martín-pescador, 166
mártir, 353
Masacre de Boston, 697, *f696*
Masada, Israel, 343; ruinas en, *f343*
matemáticas: álgebra, 391; algoritmos, 216; círculo de 360 grados, 21; fracciones, *c44,* 51; geometría, 21, 42, 182, 185–86; griega, *c185,* 185–86; gupta, 215; india, 215–16; maya, 585; método de cálculos numéricos, 588; numeración basada en 10, *c44,* 51; quipú, 588, *f599;* sistema numérico basado en 10, *c44,* 51; sistema numérico basado en 20, 585; sistema numérico basado en 50, *c44;* sistema numérico basado en 60, 21, *c44;* sistema numérico chino, 236; sistema numérico indo-árabe, 215–16, 391; sistema numérico sumerio, 21
Mateo, San, 355, p355
Maurya, Chandragupta, 210; fundador del primer imperio de la India, 210; gobierno centralizado de, 210
mayas, 583–85, 596; arte y arquitectura, *f583,* 584; comercio, 575–76, 584; creencias y prácticas religiosas, 584; cultura, 584–85; deportes, 584, *f584;* desarrollo del calendario de 365 días, 585; desarrollo del lenguaje escrito, 585; desarrollo del sistema matemático, 585; estructura social, 584; estudio de la astronomía, 585; gobierno, 583–84, 585; guerra, 584; papel de las mujeres, 585; sistema político de, 584–85; ubicación geográfica de, 575, 583
Mayflower, 693
medicina: acupuntura, 246, 671; cirugía, 216; cirugía plástica, 216, 671; china, 245; descubrimiento de las células, 676; dibujos médicos, 391, *f391;* difusión de las enfermedades, 391; egipcia, 50; especialización en, 50; estudio de la anatomía, 305, 676; estudio de la anatomía, circulación de la sangre, 391, 676; griega, 184; gupta, 216; identificación de las enfermedades, 391; invención de las herramientas para, 216; juramento hipocrático, 184; libros médicos, *c44,* 50; musulmana, 391; reparación de los huesos, 216; tratamientos con hierbas en, 50, 216, 245, 671
Médicis, Catalina de, 644, 647, *f647*
Médicis, Lorenzo de, 614
Medina, 376, *m383*
Medio Oriente, 14, *c381,* 389
meditación, 499, *f499*
Memphis, Egipto, 44, 60
Menandro, 183
menonitas, 637
***Mensajero de la Nube, El* (Kalidasa),** 215
mercantilismo, 666, 692, 696
mercenarios, 611
Meroe, Kush, 71, 72
meseta, 446
Meseta Decán, 195
mesías, 101, 344, 347, 348; profecía judía y, 344
Mesopotamia, *m3,* 16–23, 27, 30, 81, 132, *m132,* 197, 291, 384; artesanos de, *c44;* asirios, 27–28; avances científicos y matemáticos, 21, *c44;* Babilonia, 23; caldeos, 29; ciudades-estado, 19, *f19,* 23; comparación con Egipto, *c44;* conquista otomana, 384; "cuna de la civilización", 20; desarrollo de la escritura, 20; economía de, *c44;* educación en, 21, *c21;* escritura, 20; escritura cuneiforme, 20, *c44;* estudiantes hoy en, 21, *f21;* estructura económica de, *c44;* estructura política de, 19–20; geografía, 17, *m17,* 18, 20; gobernantes, 19–20, 22, 23, 24, 25; gobierno de, 19, 20; Hammurabi, 22, 23, 24–25; inventos de, 21; leyes de, 23, 24–25; literatura, 20; primeras civilizaciones de, 16–25, *m17;* religión, 19; Sargón, 23; sociedad en, 20; sumerios, 18–21; vida en, 20
método científico, 679, *c679*
método socrático, 170, *c102*
México, 13, *m13,* 14, 574, 575, *m575,* 583, 596–97; agricultura en, 13, *c13, m13,* 575; aldeas neolíticas de, 14; antepasados mayas, 583–85; clima y geografía de, 574, 575, 583; comercio, 575, 576. *Ver también* imperio azteca; mayas
Mezquita de Selimiye, 384; rezos en, *f384*
Mezquita del profeta, 376; tumba de Mahoma, 376, *f376*
mezquitas, *f384,* 389, 393, *f393*
Micenas, 119; ruinas de, *f119*

Índice

micénicos, 118, 119–20; comercio, 119–20; cultura, 119; decadencia y caída de la civilización, *c116,* 121; difusión de la cultura, 120; Edad Oscura de, 121; guerra y, 120, 121, 157–58 reinos y gobierno de, 119–20; religión, 119

microscopio, 676, 678, *p678*

migraciones: a las Américas, 573, *m573;* bantu, 469, *m469*

Miguel Ángel. *Ver* Buonarroti, Miguel Ángel

mil y una noches, Las, 393

militares: de la dinastía Shang, 227; espartanos, militares, 115, *f115,* 126–27, *f127;* griegos, 122–23, 126–27, 134–37, *f144;* japoneses, 494–97; kushitas, 71; micénicos, 120; mongoles, 424, 425–26, *f426,* 427, 429, 540; persas, 133, 134–37; romanos, 266–67, 279, 280–81, 287–88;

Minamoto Yoritomo, 495

minarete, 394, *f394*

minas de oro, 448, *m448,* 449

minas de sal, *m448,* 449, *f449*

minoicos, 113, 118, *p118,* 119; calendario, *f118, f147;* civilización, *c108;* colapso de la civilización, 118; comercio, 116, 118, 119; control del Mediterráneo Oriental, *c116,* 118; cultura, 118, 119

Minos, rey de Creta, 165

Miqueas, 91

misioneros, 362, *f362,* 363, 364, 435–36, 520–21, 539, 650; pasados y presentes, 362, *c362*

Mississippi, 592

mitología, griega, *c155,* 155–56

mitos, 155, 156, 165, 487

moches, 577–78; arte, 577, *f577,* 578; comercio, 577; geografía, 577; ingeniería, 577; técnicas agrícolas, 577

Moctezuma II (Montezuma), 596–97, 598, *f598;* biografía, 598; derrota por Cortés, 597

mogules, 385–86; comercio, 386; economía de, 386; imperio musulmán de, 385–86

Mohenjo-Daro, 196; artefactos y ruinas, *f196*

mohicanos, 592; gobierno de, 592

Moisés, 82, 83, *f83;* división del Mar Rojo, *p82*

Molucas, 666

momia, 50, 51, 64, 65; gato, 64

***Mona Lisa* (Leonardo),** *p622,* 624,

monarquía absoluta, 681, 682

monasterios, 357, 362, *f362,* 413, 519, 520; Monte San Miguel, *f520*

moneda, jurados, *f129*

Mongolia, 424. *Ver también* imperio mongol

monjas, 362, 363, 545

monjes, 362, *f362,* 366, 520

Monks Mound, 581

monopolio, 576

monoteísmo, 81

Monte Olimpo, 155, 156

Monte Sinaí, 82, 83, *f83*

Monte Vesubio, 290, *f290;* en la actualidad, 290, *f290;* erupción de, 290, *f290*

Montes Cárpatos, 539

Montesquieu, 682, *f682, ct682,* 700; concepto de la división de los poderes, 682

Montículo de la Gran Serpiente, 580, *f580*

monzones, 195–96

More, Sir Thomas, 648

mortal, 164

mosaicos, 333, *f333*

Moscovo. *Ver* Moscú; *ver también* Rusia

Moscú, Rusia, 540, *m540,* 689; crecimiento de, 540

Mozart, Wolfgang Amadeus, 687, *f687*

mujeres: aztecas, 587; bizantinas, 333; compositoras, 545; comunidades religiosas de, 362; cristianismo y, 353; deportes y, 127; derechos de, 46, 308, 331, 333–34, 585, 685; derechos naturales de, 685; educación de, 308; gobernantes, 330, 331, 452, 470, 471, 504, 558, 585, 594, 664, 665, 688, 689; gobierno y, 235, 334, 470, 471, 504, 585; griegas, 129, 143; guerreras, 470, 504; Ilustración y, 685; japonesas, 501, 504; jueces, 84; mayas, 584–85; musulmanas, 390; novelistas, 502; regentes, 334; papel en el África medieval, 463; papel en la cultura aria, 201; papel en la China antigua, 227, 234-35; papel en la dinastía Shang, 227; papel en las eras neolítica y paleolítica, *c14;* religiosas, 84, 545, 556, 557; romanas, 308

***Muqaddimah* (Khaldun),** *ct382,* 392

Murasaki Shikibu, 501, 502, *f502, ct502;* biografía, 502

Muro Occidental, 101

Museo de Arqueología del Tirol del Sur, 12

música: africana, 475–76, c475, p475; 476, 545

musulmanes, *c387,* 387–94, 433, 448, 515, 519, 541–43, 646, 666; arte y arquitectura, 389, 393–94; ataque de Japón, 495; ciudades de, 388–89; comercio y, 388, 396; Cruzadas y, 541–43; cultura, 388–90, *f389, f390;* decadencia del gobierno de, 384, 386; derrota francesa de la flota, 666; división en chiítas y sunitas, 382; esclavitud de no musulmanes, 389–90; estructura social, 389–90; gobierno de España, 646; idioma, 390; imperios de, 380–81, 384–86; inventos, 391; logros de, 390–92, 393–94, 433; modos de vida, *c387,* 387–94, p*389, f390, f391, f393;* mogules, 385–86; papel de hombres y mujeres, 390; religión y, 377, 381, 392; vida diaria de, 388–90. *Ver también* Islam

musulmanes chiítas, 382

musulmanes sunitas, 382

N

Nabucodonosor, rey caldeo, 29, 92

Napata, Kush, 70

Nara, Japón, 492

Narmer, 43–44

Natchez, 592; clases sociales de los, 592

Navidad, 346

Nazaret, 344, 346

Nefertari, reina de Egipto, 66

Nefertiti, reina de Egipto, 64

neoconfucianismo, 414

Nerón, emperador de Roma, 288, *f288;* reinado y logros de, *c288*

Newton, Isaac, 675–76, *c676,* 677, *f677, ct677;* biografía, 677; contribuciones científicas de, 675–76

Nigeria, 469

Nínive, 28; una de las primeras bibliotecas del mundo, 28

nirvana, 205

nobles, 45, 46, 60, 125, 129, 492, 493, 494, 503, 516–19, 523–26, 537, 557, 614–15, 684, *f684,* 688; cambio de poder a, 523; francos, 515, 519; Guerra de las Dos Rosas y, 557; samurai como guerreros para, 494; urbanos, 614-15

nobles urbanos, 614–15; en las ciudades-estado, 614

Noé, 95

Noemí, 99, *p99;* biografía, 99

nómadas, 10, 132, 198, 199, 242, 245, 373–74, 383, 409, 424, *f424,* 445, 469–70, 518, 576, 579, 585; aztecas, 585; bantu, 469–70; beduinos, 373–74; cazadores-recolectores como, 10; magiares, 518; mongoles, 424, *f424;* toltecas, 576; turcos Seljuk, 383; Xiongnu, 242, 245

Normandía, 535–36, 557

Noroeste Pacífico, 590; indígenas norte-americanos de, *m590,* 591; recursos naturales,

Índice

591; vida en, 590
novelas, 432
Noventa y Cinco Tesis, 636, *ct653*
Novgorod, Rusia, 540
Nubia, 69–70. *Ver también* Kush, civilización de
Nuevo Testamento, 355–56
Nzinga, reina de Matamba, 470, *f471;* biografía, 471

O

oasis, 373, 445
obispos, 355, *c355*, 363, 641, 649
Océano Índico, 195, 388
Océano Pacífico, 599
Octavio, emperador de Roma, 282–83, 287–88, 289. *Ver también* Augusto, emperador de Roma
odas, 304
***Odisea* (Homero),** 157, 158, 159
Odoacro, 324
Oetzi, 12, *f12;* biografía, 12; armas, 12, *f12*
oficial, 530
oligarquía, 126–27, 129, 147
Omar Kyayyam, 392, *f392*, 393, *ct393;* biografía, 392
oneida, 592; gobierno de, 592
onondaga, 592; gobierno de, 592
oráculo, 156; griego en Delfos, 156, *p156;* huesos, 228, *f228*
órdenes monásticas religiosas, 363
***Orestíada* (Esquilo),** 161
oro: comercio, *c451*, 447, 449; mercantilismo y, 666
Oseas, 91
Osiris, 49, 50, *f50*
Ostia, Italia, 293
ostrogodos, 322, *m513*, 514
Otto I, emperador del Sacro Imperio Romano, 519
Oxford, Inglaterra, 550
oxígeno, 676

P

Pablo III, Papa, 643
Pablo de Tarso, 348, 349, *f349*, 362
Pachacamac, 588
Pachacuti, rey inca, 588, 589, *f589*, *ct589;* biografía, 589
pacto, 82
Pacto del Mayflower, 693, 694, *ct693*
Paine, Tom, 699
"Paisaje de primavera", 421
Países Bajos, 625, 664
Palestina, 101, 102, *m383*, 384, 542
Pallas Atenea, 112, *f129*, *f155*, 155
Panamá, 599
***Panchantantra*,** 215
Panchen Lama, 208
Papa, 356, 359, 360, 361, 515, 519, 623, 636, 643, 648
Papado. *Ver* Papa
papiro, 42
parábolas, 345; enseñanzas de Jesús, *f344*, *f345*
parias (intocables), *c200*, *f200*, 200–01
París, Francia, 538, 550, 644
Parlamento, 537, 681, 697
Parque Nacional Mesa Verde, 578–79
Partenón, *f112*, 141, *f141*, *c162*, *f162*, 163
Parvati, 204
Pascua judía, celebración de, 82, *f82*, *c96*, 347
Pataliputra, 210
paterfamilias, 307, 308
patriarcas, 355
Patricio, 364, 519
patricios, 269, 270–71, 278
Paula, 362
***Pax Romana*,** 287; emperadores buenos de, *c292*
Paz de Augsburgo, 639
Pedro, apóstol, 348
Pedro el Grande, 688–89, *p689*
Pekín, China, 428
Peloponeso, *m117*, 120, *m125*
península, 117
Península de Corea, 409
Península de las Balcanes, *m117*
Península Ibérica, 558
peregrinaje, 375, *f375*, 378, *c378*, 465, 466; de Mansa Musa, 465, 466
peregrinos, 213, 546–47
Peregrinos, 693
Pergaminos del Mar Muerto, 100, 101; restauración de, *f100*
Pérgamo, 178
Pericles, 113, 140, 141, *ct141*, *f141*, *f145*, *ct145;* biografía, 141; democracia y, 141, 145; "era de", 138–47; gobernante, líder, general, estadista, 140–41; logros de, 140–41; oración funeraria, 145
persecución, 353
Persia, *m132*, *f132*, 132–37, 382, 383, *m383*, 392
perspectiva, 623; uso en el arte, 623
Perú, 578. *Ver también* imperio inca
peste, 82, 319, 554; bubónica, 554; las diez plagas, 82. *Ver también* Peste Negra
peste bubónica, 554–55. *Ver también* Peste Negra
Peste Negra, *m554*, *c554*, *p554*, 554–55, *m555*, 609; difusión de, *m554*, 554–55, *m555*; impacto en la población mundial, 555
Petén, 583
Petrarca, Francisco, *f619*, 619–20; humanismo y, 619–20
Pi Sheng, 419
pictogramas, 228
pilum, 266, p266
Pipino, rey de los francos, 515
pirámides, 34, *f34*, 50–52, *c51*, *f51*, *f52*, *f70*, 71, *f576*, 577, 584, 587, *f587;* astronomía, matemáticas y construcción de, 51; Gran Pirámide, 52; interior, *f51*, *c51;* kushitas, *f70*, 71; mayas, *f576*, 584; moches, 577; Pirámide del Sol, 577; Templo Mayor, 587, *f587;* Tikal, *f576*
Pisístrato, 129
pistas de secuencia, uso, 340–41
Pitágoras, 169, 185, *c185;* contribuciones científicas de, *c185;* teorema de Pitágoras, 169
Piye, rey de Kush, 71
Pizarro, Francisco, 599–600, 664; derrota de los incas, 600
Platea, batalla de, 137, 139
Platón, 144, 170, p170, 171, 172; biografía, 172; ideas de, 170, c170
Plauto, 304
plebeyos, 269, 270–71, 273, 278; Consejo de la Plebe, 270; reformas políticas por, 270–71
Plutarco, 126, *ct126*
población: cambios, 120, 230, 417, 555, *m573*, 576; migraciones, 469, *m469*; 573, *m573;* urbana, 610. *Ver también* migraciones
poesía, 88, 157–58, 214–15, 392, 393, 420–21, 470, 501, 552, 620; de los trovadores, 552; del rey David, 88; épica, 20, 157, 159, 183, 215, 304, 552; griega, 157–58; india, 214; musulmana, 392, 393; renacentista, 620; Tang, 420–21; tanka, 501
polis, 122–23
***Política* (Aristóteles),** 171
política y sistemas políticos: absolutismo, 681, 686–89; asirio, 28; derecho natural y, 681–82; división de los poderes en, 682; luteranismo y, 639; provincias como distritos políticos, 28; razón y, 681–82, 683, 685–86; romano, 278–79. *Ver también* gobierno
Polo, Marco, *f428*, *ct428*, 428–29, p429; 612;
pólvora, 420, 426, 429; comercio en, 429; invención de, 420; uso por parte de los mongoles de, 426
Pompeya, Italia, 290, *f290*
Pompeyo, 280, *f280*
porcelana, 418, 421-22, *f422*
Portugal, 435, 472, 473, 558, 660; comercio de esclavos y, 472–73, 661; exploración, 660, 661; guerra con los musulmanes, 558, 666; imperio comercial de, 666
Poseidón, 155, *f155*
predestinación, 640–41

predicciones, 36–37
prehistoria, 9
Presa de los Tres Desfiladeros, 410, *f410*
presentación preliminar, 6–7
pretores, 270
Primer Congreso Continental, 698
Primer Triunvirato, 280
***príncipe, El* (Maquiavelo),** 614, 615
príncipe que conocía su destino, El, 53–58
***Principios* (Newton),** 676, 677
procurador, 343
profecías, 156
profetas, 87, 91, 377; principales hebreos, 91, *c91*
protestantes, 636, 640, 693; calvinismo y, 640; católicos y, 643–45; luteranismo y, 636
protestantismo, 639, 643–45, 664, 665
proverbios, 89, 470
provincias, 28
Prusia, 687
Ptolomeo, 305, 660, 671, 672, *f672*; contribuciones científicas de, 305, 660
pueblo seneca, 592; gobierno de, 592
pueblos, 579–80
pueblos prehistóricos, 9–15, 573–75, *f574;* migraciones de, *m573. Ver también* humanos, antiguos
Puerta de Ishtar, *f30*
puritanos, 649, 693
Puteoli, Italia, 293

Q

Qin Shi Huangdi, emperador de China, 241–42, 243, *f243, ct243;* biografía, 243; gobierno de, 241–42, 243; legalismo y, 241, *c247*
Quebec, 692
quechua, 588
Queronea, batalla de, 176
Quetzalcoatl, 597
química, 391, 676; descubrimiento de los elementos básicos de las sustancias, 676; descubrimiento del hidrógeno, dióxido de carbono, oxígeno, 676; fundador de, 391

R

Ra, 49
rabinos, 101
racionalismo, 678
Rafael. *Ver* Sanzio, Rafael
rajá, 199
Rama, 215
Ramayana, 214–15
Ramsés II, rey de Egipto, 65, 66, *f66,* 67
razón, 678–79, 681
Reconquista, 558
reencarnación, 204, 206; sistema de castas y, 204, 206
Reforma, 634–37, 638, 639–41, 642–46, 647, 648–50; Contrarreforma, 643–46; inglesa, 648–49
reformas, 411
regentes, 493
región mediterránea, 263, *m263,* 287, 291, 348; difusión del cristianismo a, 348
regiones árticas, 590
Reino Antiguo, Egipto, 47–52; gobernantes de, 48; pirámides, 50–52; religión, 49–50
Reino Medio, Egipto, 60-61; arte y literatura, 60; cultura de, 60; hicsos, 60-61
Reino Nuevo, 61–62
reinos germánicos, *m514,* 514–16, *m516,* 518–19
reinos helenísticos, 178–79, *m179. Ver también* era helenística
religión: adoración de dioses y diosas, 81, 309–10, *c310;* africana, 463, *m463, c463,* 464–65, 467; aria, 203; azteca, 586, 587; bantu, 469; basada en la razón, 685; budismo, 205–06, 208, 248, 412–13, 489, 492–93, 499; calvinismo, 640–41, 649; Contrarreforma, 643–46; creencias comunes de los cristianos, judíos y musulmanes, 377; cristianismo, 81, 83, 91, 326, 338–65, 545–47, 635–37, 639–41, 643–46, 648–50; deísmo, 685; dinastía Shang y, 227–28; dinastía Tang y, 412–13; egipcia, 49–50, 64; europea, *m645;* 644–46; gobierno y, 48, 208, 212, 228, 230, 462; griega, 155–56; guerras de, 643, 644–45; hinduismo, 203–04, 213; humanismo y, 619; inca, 588; influencias en la sociedad, 81; Islam, 368–95, *m380;* judía, 81–85, 95, 96, 133; libertad de, 354, 381, 385, 412–13, 645, 685, 692, 693; luteranismo, 636–37, 639; maya, 584; mesopotámica, 19; monoteísmo en, 64, 81; música y, 476, 545; órdenes religiosas, 363, 545–46; persecución basada en, 81, 82, 96, 101, 646, 649; popular, 546; Reforma, 633–50; Reforma inglesa, 648–50; romana, 309–10, *c310,* 324, 326; sacramentos en, 546; sacrificios humanos en, 584, 587, 588; samaritanos, 91; sintoísmo, 490; textos religiosos, 81, 82, 91, 94, *f94,* 95, 96, 98, 99, 100, 101, 334, *f334;* Vedas como himnos y oraciones para, 214; veneración de un solo Dios, 64, 81; zoroastrismo, 133. *Ver también* listados individuales
Remo, 264
Renacimiento, 608–17, 619–26; arte, 609–10, 612, 613, 614, 619, 621, 622, *p622,* 623–24, 625–26; cartografía y, 660; Cruzadas y, 611, 619; del Norte, 625; difusión de, 620–21, 625–26; énfasis en lo secular, 609; estudio científico y, 621; humanismo y, 619–21; impacto de la imprenta sobre la difusión de las ideas, 620, 621; influencia del pensamiento griego y romano sobre, 619, 621; inicios de, 609–10, 614–15; italiano, 609–15; literatura, 620, 626; significado de, 609; vida de un artista, 624
Renacimiento del Norte, 625–26
república, 265–66
***República* (Platón),** 170
República Dominicana, 594
república romana, 265–267, 268–76, 277–85; Asamblea de Centurias, 270; caída de, 277–83; ciudadanía y, 281; comercio, 293, *m293;* Consejo de la Plebe, 270–71, 279; corrupción en, 278–79; derecho, sistema de, 273; Derecho de las Naciones, 273; dictadores de, 271, 279, 281, 284–85; Doce Tablas, 273; expansión de, 274–76; gobierno de, 269–73, 287–88; Guerras Púnicas, *m274,* 274–76; Julio César, 280–81; legado de, 273; militares de, 266–67, 279, 280–81, 287–88; nacimiento de, 265–66; patricios, 269, 270–71, 278; plebeyos, 269, 270–71, 273, 278; pobreza en, 278–79; política de, 278–79; reformas políticas, 279, 281, 284; Senado, 270, 271, 272, 278; transición al imperio, 286–94; triunviratos en, 280–81, 282; unificación de, 267
respuesta y reflexión, 300–01
resumen, 570–71
resurrección, 347, 348
retórica, 307, 357
revolución agrícola, 13, *m13,* 574–75; en la era neolítica, 13, *m13, c13;* en las primeras civilizaciones americanas, 574–75
revolución científica, 670–79, *c676. Ver también* ciencia
Revolución Estadounidense, 690–700; Batalla de Saratoga como punto decisivo, 700; Batalla de Yorktown, 700; cuestiones de comercio e impuestos, 696–97; Declaración de la Independencia, 700; factores que llevan a, 694, 695, 696–97; gobierno colonial, 696–97; papel de Francia en, 700; primera batalla de, 699; Segundo Congreso Continental, 700; Tratado de París como final de, 700
Ricardo I, rey de Inglaterra, 542–43

Rim-Sin, 22
río Benue, 469
río Congo, 446
río Danubio, 292, 513, 539
río Éufrates, 18, 22, 23; Hammurabi y, 22
río Ganges, 195, 199
río Indo, 177, 195, 196, 198; asentamientos de, 108
río Mississippi, 592
río Níger, *m469*
río Nilo, 39, *m39*, 40, 49, 60, 69, 446
río Rin, 291, 323
río Rubicón, 281; "atraviesa el Rubicón", 281
río Sena, 513
río Tíber, 263, *m263*, 264, 293
río Tigris, *m17*, 18, 27, 382
río Vístula, 513
río Volga, 513, 539
Rolfe, John, 692
Roma, 343–44, 352; civilización de, 298–335; comienzos de, 262–67; cultura, 271; derecho, 273; difusión del cristianismo, 348, 352, *m352;* dioses y diosas de, *c310;* geografía, *m263,* 263–64; influencia germánica en, 514; legado de, 325–26; orígenes de la civilización romana, 263–65; Primer Triunvirato de, 280; primeras influencias en, 264–65; Segundo Triunvirato de, 282; Senado, 270. *Ver también* civilización, romana; imperio romano; república romana
Rómulo, 264
Rosh Hoshana, *c96*
rotación de cultivos, 526
Rousseau, Jean–Jacques, 685–86
***Rubaiyat* (Khayyam),** 392
Rus de Kiev, 539–40
Rusia, 539–40, *m688,* 688–89; conquista de los mongoles de, 540; crecimiento de, *m688;* en la Edad Media, 539-40; expansión de, 539; gobierno de, 539; Moscú, 540, 689; Rus de Kiev, 539–40
Ruta de la Seda, *m246,* 246–47, 411, 428, 429, *f429,* 554, 611
Ruth, 98, 99, *p99;* biografía, 99

S

sábado, 94
sabanas, 69, 445, *f445*, 446
sacramentos, 546
Sacro Imperio Romano, 519, 639, *m639;* Guerra de los Treinta Años, 645–46
saduceos, 100
Sahara, 39-40, 381, 445, 446, 447
sajones, *m513,* 514
Saladino, rey de Egipto, 542
Salamina, Estrecho de, 136; batalla de, *f136,* 136–37
Salomón, rey de los israelitas, *f89, ct89,* 89–90, 343, 452; encuentro con la Reina Makeda, 452; templo construido por, 89, *f90*
salvación, 350, 636
Samaria, 90
samaritanos, 91
Samuel, 87
samurai, 494
San Petersburgo, 689
sánscrito, 199, *c199,* 214
santos, 546
santuarios, 19, 490, 499, 500
Sanzio, Rafael, 623, 624
sarampión, 597, 669
Saraswati, 204
Saratoga, Batalla de, 699
Sargón, rey de los akkadianos, 23
sátiras, 304
sátrapas, 133, 177
satrapías, 133
Saúl, rey de los israelitas, 87, 88
Savonarola, Girolamo, 616, *ct616*
Schliemann, Heinrich, 119
sectas, 499
secular, 609; intereses durante el Renacimiento, 609
Segundo Congreso Continental, 698
selvas tropicales, *f445,* 445, 450–51; civilización maya en, 575–76; reinos de, 450–51
seminario, 643
Senado, romano, 270, 271, 272, 278
Séneca, 304
señores, 523–26, 532–33
señorial. *Ver* sistema señorial
señoríos, 526–27, *f527*
***Sentido común* (Paine),** 699
Sermón de la Montaña, 344, *f344,* 348
Shakespeare, William, *f618,* 626, 627–32
sheik, 373
Shikoku, 485, *m485*
shogunato, 495, 496, 650
shogunato Ashikaga, 496, 497
shogunes, 494–497, 650, 669
Shotoku, príncipe de Japón, 488, *ct488,* 489, *f489;* biografía, 489; creación de una constitución, 488; reformas gubernamentales de, 488
Shushruta, 216
Sicilia, isla de, 263, *m263,* 274, 275, 555
Sidarta Gautama, príncipe, 205, 206, 207, *f207, ct207. Ver también* Buda
siervos, *f524,* 525, 688, 689
Siglo de las Luces, 681–89. *Ver también* Ilustración
sinagogas, 94, 98, 100
sintoísmo, 490
Siria, 60, 132, 177, 380, 384, 426, 541
sistema de castas, *c200,* 200–01; budismo y, 206; hinduismo y, 204; niveles sociales de, *c200,* 200–01
sistema de jurados, 536, *c536,* 537; enlaces entre el pasado y el presente, *c536;* gran jurado, 537; jurado de juicio, 537
sistema de señores y vasallos, 523–26, 532–33
sistema señorial, 526–27
sistemas numéricos: basado en el 10, *c44,* 51; basado en el 20, 585; basado en el 60, 21, *c44;* chino, *c236;* indo-árabe, 215–16, 391; sumerio, 21
Sita, 215
Siva, 204, *f204*
soberanía popular, 700
***Sobre la estructura del cuerpo humano* (Vesalio),** 676
Sócrates, *f109,* 150, 168, *f168, f170,* 170–71; ideas de, 170, *c170*
sofistas, 169–70
Sófocles, 161
Solón, 124, 129; reformas gubernamentales de, 129
Songhai, medieval, 449, *c451,* 462, 465; comercio, *c451;* economía, *c451;* gobierno, 462; religión, 465; ubicación, *c451*
Stevens, John Lloyd, 583
suahilí, 469
subcontinente, 195
Sudán, 69
sudras, 200, *c200*
Sueño de una noche de verano, 627-32
Sufíes, 381
Suleimán, sultán de los otomanos, 384
sultán, 383, 384, 385
Sumeria, 18, *f18,* 19, *f19,* 20, 21; avances científicos y matemáticos, 21; ciudad-estado, 19, 21, *f21;* clases sociales de, 20; cultura, 19, 20–21; desarrollo de la escritura, 20, 21; economía, 20; esclavitud en, 20; geografía, 19; inventos, 21, 22; literatura, 20–21; papeles de hombres y mujeres, 20; religión de, 19; surgimiento de, 18; técnicas de construcción de, 19; vida en, *f19,* 20
sumideros, 583
***Summa Theologica* (de Aquino),** 550, 551
Sundiata: El león hambriento, 454–59
Sundiata Keita, rey de Malí, 449, 463
Sunna, 378; como fuente de las creencias, prácticas, leyes islámicas, 378
Sunni Ali, emperador de Songhai, 449, 462, 463
Surya, 204
Susa, 133
Susanowo, 487
Sutra del Diamante, 419
suttee, 201

T

tabascanos, 597; derrota de los aztecas y, 597
Taharqa, rey de Kush, 72, *f72*
taino, 595; llegada de los conquistadores, 595
Taj Mahal, 394, *f394*
Talmud, 102, *ct102*
tanka, 501
taoísmo, *c238*, 238–39, 421
Tarquino, familia gobernante de Roma, 265
teatro, 160, *f160*, 161, *f161*, 501; de la era helenística, 183; máscaras de los actores, *f161*, *f501*; moderno, 160, *f160*; ruinas de un teatro griego, *f160*
Teatro del Globo, 625, *f625*, *c625*
teatro Noh, 501; uso para enseñar el budismo, 501
Tebas, Egipto, 60, 67
técnicas de construcción, 19, 28, 29, 51, 52, 162, 196, 197, 303, 325, 326, 333. *Ver también* arquitectura
tecnología, 11, 41, 418–20; china, 418–20, 422; navegación, 659; primer uso de, 11. *Ver también* ciencia; inventos
tela ***Kente***, 474, *f474*
telescopios, 674, 675; de Galileo, 674, *f674*; Hubble, 674, *f674*
Temístocles, 135–36
Templo de Delfos, *f150*
Templo de Karnak, *f65*, 66, 67
Templo de Todaji, 493, *f493*
Templo Horyuji, 488, *f489*
Templo Mayor, 587, *f587*
Tenochtitlán, 587, *f587*, 594, 597; ciudad más grande de las Américas, 594
teocracia, 208
Teócrito, 182, 183, *ct183*
Teodora, emperatriz de Bizancio, 330, *f330*, *ct330*, 331, *f331*; biografía, 331
Teodosio, emperador de Roma, 322, 354
teología, 550, 640; escolasticismo y, 550
teoría, 671
Teotihuacán, 575–76; primera ciudad planificada de las Américas, 575
Termópilas, 136
terror, 426; uso por parte de los mongoles, 426
Tiberio, emperador de Roma, 288, *f288*, *c288*
Tíbet, 208, 411
Tikal, 576; pirámide en, *f576*
tiranía, *c112*, *c124*, 125–26
tirano, 125–26, 147
Tito, emperador de Roma, 290
toltecas, 576
toma de notas, 260–61
Tombuctú, 381, 449, 465, 467; centro de enseñanza musulmana, 381, 465
Torá, 82, 91, 94, *f94*, 98, 100, 101; niños que estudian, *f98*
Toricelli, Evangelista, 675
torii, 500
Torquemada, Tomás de, 646
Tours, Batalla de, 515
trabajo del metal, 486
Tracia, *m121*, 133
tragedia, griega, 160
traición, 431, 599
Tratado de París, 699
Triboniano, 330
tribunos, 270
tribus, 81, 373, 424
tributo, 60, 89, 411, 540, 586
Trípoli, 542
triunfo, romano, 270
triunvirato, 280, *f280*, 282
Troya, *m117*, 157–58; batalla de 157–58
trueque, 319, 529
Tu Fu. *Ver* Duo Fu
Tucídides, *ct141*, *ct146*, 172–73, *ct173*, *ct189*
Tudor, 648
turcos Seljuk, 383, 384, 385
Turquía, 384–85
Tutankamón, rey de Egipto, 65; máscara de oro de, *f65*
Tutmosis III, faraón de Egipto, 62

Q

ucranianos, 539
Ulises (Odiseo), 158
Última Cena, 347, *p347*
***Última Cena, La* (Leonardo)**, 624–25;
Umar, *c381*
universidades, 550
Upanishades, 203, 213
urbano, 610; población, 610
Urbano II, Papa, 541, *f541*
Uthman, *c381*

V

vaisias, 200, *c200*
Valle de la Gran Grieta, 446
Valle de los Reyes, 60, 62
valle del Éufrates, 18. *Ver también* Mesopotamia
valle del Huang He, 225. *Ver también* China
valle del Indo, 195. *Ver también* India
valle del Nilo, 38–46, *m39*; asentamiento de, 39–40, Egipto unido y, 43–44; geografía de, 39–40, 41; hoy, 40, *f40*; pueblo del río, 41–42; vida en, 45–46. *Ver también* Egipto, antiguo
van Eyck, Jan, 625
vandalismo, 323
vándalos, 323–24
varnas, 200–01
vasallos, 523, 496
Vedas, los, 214
Venecia, Italia, 529, 610, 613, *p613*, *f613*; arte de, 613; ciudad-estado, 610; comercio y, 610–11; construcción de barcos, 613; importancia en el Renacimiento, 610
Veracruz, México, 575
vernáculo, 552, 620, 634; traducción de la Biblia al idioma, 634
Verrazano, Giovanni da, 664
Vesalio, Andrea, 676
Vespasiano, emperador de Roma, 290
veto, 270
vikingos, 518–19, 535, 539
Virgilio, 304, 326
Virginia, 692, 693, 694
viruela, 596, 597, 599, 669; impacto sobre las Américas, 596, 597, 669
Vischer, Hans, 445
visigodos, 322, 323, 324, 514
vocabulario, desarrollo de, 192–93
Voltaire, *f684*, 684–85
voto: derecho, *c140*

W

Washington, George, 698, 700
Wendi, emperador de China, 409–10
Winthrop, John, 693
Wittenberg, Alemania, 635
Wollstonecraft, Mary, 685, *f685*, *ct685*
Wood, Michael, *ct180*
Wu, emperatriz de China, 411
Wu Wang, 229
Wycliffe, Juan, 635
Xenofonte, 143, *ct143*
Xiongnu, 242, 245

Y

Yamoto, 487, 488; taika y, 488
Yangdi, emperador de China, 410–11
Yayoi, 486–87
Yom Kippur, *c96*
Yong Le, emperador de China, 431–32
Yoruba, 470, *ct470*
Yucatán, 583

Z

Zakkai, Johanan ben, 101
Zama, batalla de, 276
zelotes, 101, 343
Zenón, 184
Zeus, 155, *f155*, 156
Zheng He, 433, *f434*, 434, 435; biografía, 434; viajes de, *m433*, 433, 434, 435
Zheng Zhenxiang, 227
Zhu Yuanzhang, emperador de China, 432
zigurat, 18, *f18*, 19, *f21*, 29; ruinas de, *f4*
Zimbabue, *c451*, 453; comercio y, *c451*, 453; ruinas de, *f453*, *m468*
zoroastrismo, 133
Zoroastro, 131, p131, 133
zuni, 591

Reconocimientos

Reconocimientos

33 "The Mesopotamian View of Death" de *Poems of Heaven and Hell From Ancient Mesopotamia,* traducido por N.K. Sandars (Penguin Classics, 1971), derechos de autor © N.K. Sandars, 1971. Reimpreso con autorización de Penguin Group (UK). **53** De *The Prince Who Knew his Fate: an Ancient Egyptian Tale,* traducido de jeroglíficos e ilustrado por Lise Manniche, derechos de autor © 1982 por Lise Manniche e IBIS. Usado con permiso de Philomel Books, una división de Penguin Young Readers Group, un miembro de Penguin Group (USA) Inc., 345 Hudson Street, Nueva York, NY 10014. Todos los derechos reservados. **239** Pasaje de "Higher Good Is like Water", de The Essential Tao, traducido y presentado por Thomas Cleary. Derechos de autor © 1991 por Thomas Cleary. Reimpreso con autorización de HarperCollins Inc. **264** Pasaje de *Aeneid de Virgilio,* traducido por Robert Fitzgerald. Derechos de autor de la traducción © 1981, 1982, 1982 por Robert Fitzgerald. Reimpreso con autorización de Random House, Inc. **311** "A Wild Goose Chase: The Story of Philemon and Baucis", reimpreso con la autorización de Margaret K. McElderry Books, una marca de Simon & Schuster Children's Publishing Division de *Roman Myths,* por Geraldine McCaughrean. Derechos de autor del texto © 1999 por Geraldine McCaughrean. **420** "Seeing a Friend Off" y "Still Night Thoughts" por Li Bo, de *The Columbia Book of Chinese Poetry,* traducido por Burton Watson. Derechos de autor © 1984 por Columbia University Press. Reimpreso con autorización. **421** "Spring Landscape" por Tu Fu, traducido por David Hinton, de *The Selected Poems of Tu Fu,* Derechos de autor © 1988, 1989 por David Hinton. Reimpreso con autorización de New Directions Publishing Corp. **454** "Mali-The Madinka Empire: Sundiata: The Hungering Lion" de *African Kingdoms of the Past,* derechos de autor © 1996 por Kenny Mann. Reimpreso con autorización del autor. **470** "Dignity" por E.A. Babalola, de *Ants Will not Eat Your Fingers: A Selection of Traditional African Poems,* editado por Leonard W. Dobb. Derechos de autor © 1966 por Leonard W. Dobb. Reimpreso con autorización de Walker and Company. **501** Tanka from the *Kokinshu,* de *From the Country of Eight Islands,* por Hiroaki Sato y Burton Watson, derechos de autor © 1981 por Hiroaki Sato y Burton Watson. Usado con permiso de Doubleday, una división de Random House, Inc. **627** "A Midsummer Night's Dream" de *The Children's Shakespeare* por E. Nesbit. Derechos de autor © 1938 por Random House, Inc. Reimpreso con autorización. **738** Pasaje de *Gilgamesh* por John Gardner y John Maier, derechos de autor © 1984 por the Estate of John Gardner and John Maier. Usado con permiso de Alfred A. Knopf, una división de Random House, Inc. **739** Pasaje de Génesis 12 de *The Revised English Bible,* derechos de autor © 1989 Oxford University Press. Reimpreso con autorización. **740** Pasajes de *The Essential Confucius,* traducido y presentado por Thomas Cleary. Derechos de autor © 1992 por Thomas Cleary. Reimpreso con autorización de HarperCollins Inc. **741** "Night" de *The Rig Veda,* traducido por Wendy Diniger O'Flaherty (Penguin Classics, 1981), derechos de autor © Wendy Doniger O'Flaherty, 1981. Reimpreso con autorización de Penguin Group (UK). **744** "Mali in the Fourteenth Century" de *The African Past: Chronicles from Antiquity to Modern Time,* por Basil Davidson. Derechos de autor © 1964 por Basil Davidson. Reimpreso con autorización de Curtis Brown Ltd. **746** Pasaje de "Epic Description of the Beseiged City" de *The Broken Spears* por Miguel León-Portilla. Derechos de autor © 1962, 1990 por Miguel León-Portilla. Edición ampliada y actualizada © 1992 por Miguel León-Portilla. Reimpreso con autorización de Beacon Press, Boston. **747** De *The Kidnapped Prince: The Life of Olaudah Equiano,* por Olaudah Equiano, adaptado por Ann Cameron. Derechos de autor © 1995 por Ann Cameron. Reimpreso con autorización de Alfred A. Knopf, una división de Random House, Inc.

Glencoe desea agradecer a los artistas y agencias que participaron en la ilustración de este programa: Mapping Specialists, Inc.; Studio Inklink; WildLife Art Ltd.

Créditos fotográficos

CUBIERTA (fondo) Christie's Images/CORBIS, (sup.) Epix Photography/Getty Images, (cen. izq.) Colección de arte y arquitectura antiguos, (cen.) Scala/Art Resources, NY, (cen. der.) Keren Su/Getty Images, (inf. izq.) Vladimir Pcholkin/Getty Images, (inf. der.) CORBIS; **GH1** (sup.) Dallas y John Heaton/CORBIS, (cen.) Jamie Harron/CORBIS, (inf.) Owen Franken/CORBIS; **GH2** Getty Images; **GH3** Getty Images; **Tools 0** (sup.) Ron Sheridan/ Colección de arte y arquitectura antiguos, (inf. izq.) AFP Worldwide, (inf. der.) James King-Holmes/Photo Researchers; **Herramientas 1** (sup.) Scala/Art Resource, NY, (inf.) Nimatallah/Art Resource, NY; **Herramientas 2** (sup.) American Museum of Natural History, (sup. cen.) Scala/Art Resource, NY, (inf. cen.) Chester Beatty Library, Dublín/ Bridgeman Art Library, (inf.) Erich Lessing/Art Resource, NY; **Herramientas 3** (sup.) National Museums of Scotland/Bridgeman Art Library, (cen.) Borromeo/Art Resource, NY, (inf.) Asian Art & Archaeology/CORBIS; **Herramientas 4** (sup.) Richard T. Nowitz/CORBIS, (inf.) David Hiser/Getty Images; **Herramientas 6** (sup.) Lawrence Manning/CORBIS, (inf.) Vanni Archive/CORBIS; **Herramientas 7** (izq.) Frans Lemmens/Getty Images, (sup. der.) J. Bertrand/Photo Researchers, (inf. der.) Giraudon/Art Resource, NY; **Herramientas 10** (sup. der.) Tom Lovell/National Geographic Society Image Collection, (inf. izq.) Matthews/Network/CORBIS Saba, (inf. der.) Dan Helms/NewSport/ CORBIS; **Herramientas 11** (sup. izq.) Art Resource, NY, (sup. cen. izq.) CORBIS, (sup. cen. der.) The Art Archive/Bibliotheque Nationale Paris, (sup. der.) Christopher Liu/ChinaStock, (inf. izq.) Jean-Leon Huens/National Geographic Society Image Collection, (inf. der.) NASA; **0** (sup.) Reunion des Musees Nationaux/Art Resource, NY, (cen.) John Heaton/CORBIS, (inf.) Tom Lovell/National Geographic Society Image Collection; **1** (sup. izq.) Brooklyn Museum of Art, Nueva York/Charles Edwin Wilbour Fund/Bridgeman Art Library, (inf. izq.) Erich Lessing/Art Resource, NY, (otros) SuperStock; **2–3** ©Worldsat International Inc. 2004, Todos los derechos reservados; **2** (sup.) S. Fiore/SuperStock, (cen.) Scala/Art Resource, NY, (inf. izq.) Giansanti Gianni/CORBIS Sygma, (inf. cen.) Museo del Louvre, París/Bridgeman Art Library, (inf. der.) Metropolitan Museum of Art, Rogers Fund and Edward S. Harkness Gift,1929 (29.3.3) ; **3** (sup. a inf.) Sylvain Grandadam/Getty Images, Timothy Kendall/Museum of Fine Arts, Boston, Gary Cralle/Getty Images, (izq. a der.) O. Louis Mazzatenta/National Geographic Society Image Collection, SuperStock, Bettmann/CORBIS; **4–5** Georg Gerster/Photo Researchers; **10** Michael Holford; **11** American Museum of Natural History; **12** (sup. der.) Giansanti Gianni/CORBIS Sygma, (inf. izq.) Kenneth Garrett; **14** (izq.) Michael Holford, (der.) Ron Sheridan/ Colección de arte y arquitectura antiguos; **17** Hirmer Verlag; **18** Scala/Art Resource, NY; **19** (izq.) Nik Wheeler/CORBIS, (der.) Michael Holford; **20** Scala/Art Resource, NY; **21** (izq.) Mesopotamian Iraq Museum, Bagdad, Iraq/Giraudon/ Bridgeman Art Library, (der.) Will Hart/PhotoEdit; **22** akg-images; **24** Reunion des Musees Nationaux/Art Resource, NY; **25** Louvre, París/Bridgeman Art Library; **28** Boltin Picture Library; **29** Gianni Dagli Orti/CORBIS; **30** S. Fiore/SuperStock; **31** Scala/Art Resource, NY; **34–35** Brian Lawrence/Image State; **37** Gianni Dagli Orti/CORBIS; **40** John Lawrence/ Getty Images; **41** Erich Lessing/Art Resource, NY; **42** (izq.) Giraudon/Art Resource, NY, (der.) Gianni Dagli Orti/CORBIS; **43** (izq.) Caroline Penn/CORBIS, (der.) Kenneth Garrett; **48** Sylvain Grandadam/Getty Images; **50** (sup.) The British Museum, (inf.) Museo del Louvre, París/ Explorer/SuperStock; **51** Museo del Louvre, París/Explorer/ SuperStock; **52** John Heaton/CORBIS; **60** Gianni Dagli Orti/CORBIS; **61** (izq.) Smithsonian Institute, (der.) foto de archivo; **63** Metropolitan Museum of Art, Rogers Fund and Edward S. Harkness Gift,1929 (29.3.3) ; **64** Erich Lessing/Art Resource, NY; **65** (sup.) Museo Nacional Egipcio, El Cairo/SuperStock, (inf.) Gavin Hellier/Getty Images; **66** (sup.) Michael Holford, (inf.) O. Louis Mazzatenta/National Geographic Society Image Collection; **69** Expedición egipcia del Metropolitan Museum of Art, The Rogers Fund, 1930 (30.4.21) /The Metropolitan Museum of Art; **70** Timothy Kendall/Museum of Fine Arts, Boston; **71** Brooklyn Museum of Art, Nueva York/Charles Edwin Wilbour Fund/Bridgeman Art Library; **72** SuperStock; **73** Museo Nacional Egipcio, El Cairo/SuperStock; **76–77** Anthony Pidgeon/Lonely Planet Images; **79** CORBIS; **81** Tom Lovell/National Geographic Society Image Collection; **82** (izq.) North Wind Picture Archives, (der.) Leland Bobbe/Getty Images; **83** (sup.) The Israel Museum, Jerusalén, (cen.) Stock Montage/SuperStock, (inf.) Laura Zito/Photo Researchers; **84** (izq.) Mary Evans Picture Library, (der.) Charles & Josette Lenars/CORBIS; **87** Mary Evans Picture Library; **88** (sup.) Bettmann/CORBIS, (inf.) Colección privada/Bridgeman Art Library; **89** Stock Montage/ SuperStock; **94** (izq.) Richard T. Nowitz/CORBIS, (cen.) Bill Aron/PhotoEdit, (der.) SuperStock; **95** Walker Art Gallery, Liverpool, Merseyside, UK, National Museums Liverpool/Bridgeman Art Library; **96** CORBIS; **97** (izq.) Christie's Images/Bridgeman Art Library, (der.) Nathan Benn/CORBIS; **98** Lawrence Migdale/Getty Images; **99** SuperStock; **100** Richard T. Nowitz/CORBIS; **101** (sup.) Dave Bartruff/CORBIS, (cen.) Gary Cralle/Getty Images, (inf.) Paul Chesley/Getty Images; **102** Peter Turnley/CORBIS; **103** (sup.) Stock Montage/SuperStock, (inf.) SuperStock; **106** (sup.) Erich Lessing/Art Resource, NY, (inf.) Museo del Louvre, París/Bridgeman Art Library; **107** (sup.) Boltin Picture Library, (sup. der.) Stock Montage/SuperStock, (cen.) Smithsonian Institution, (inf.) CORBIS; **108** (sup.) National Museums of Scotland/Bridgeman Art Library, (cen.) Borromeo/Art Resource, NY, (inf.) foto de archivo; **109** (sup.) Scala/Art Resource, NY, (cen.) Hugh Sitton/Getty Images, (inf.) Erich Lessing/Art Resource, NY; **110–111** ©Worldsat International Inc. 2004, Todos los derechos reservados; **110** (sup. izq.) Getty Images, (cen.) Archives Charmet/Bridgeman Art Library, (inf. izq.) Scala/Art Resource, NY, (inf. cen. izq.) Christie's, Londres/ Bridgeman Art Library/SuperStock, (inf. cen. der.) Vanni/Art Resource, NY, (inf. der.) Scala/Art Resource, NY; **111** (sup. a inf.) Robert Harding Picture Library, Victoria & Albert Museum, Londres/Art Resource, NY, Digital Vision, (izq. a der.) Alinari/Art Resource, NY, Sandro Vannini/CORBIS, Hulton/Getty Images, National Geographic Society Image Collection; **112–113** Vanni Archive/CORBIS; **115** Foto Marburg/Art Resource, NY; **117** Steve Vidler/SuperStock; **118** (sup.) Gianni Dagli Orti/CORBIS, (inf. izq.) Nimatallah/Art Resource, NY; **119** (sup.) Alberto Incrocci/Getty Images, (inf.) Nimatallah/Art Resource, NY; **122** The Art Archive/Museo Arqueológico Nacional, Atenas/Dagli Orti; **123** National Museums of Scotland/Bridgeman Art Library; **125** The Art Archive/E.T. Archive; **126** Foto Marburg/Art Resource, NY; **127** (izq.) Bettmann/CORBIS, (der.) Michael Holford; **128** (izq.) Tom Lovell/National Geographic Society Image Collection, (der.) Dan Helms/NewSport/CORBIS; **129** (sup.) Nimatallah/Art Resource, NY, (inf.) The Brooklyn Museum, Charles Wilbour Fund; **130** Ronald Sheridan/ Colección de arte y arquitectura antiguos; **131** (izq.) Mary Evans Picture Library, (cen.) Bettmann/CORBIS, (der.) Roger Wood/CORBIS; **132** SEF/Art Resource, NY; **133** The Art Archive/Dagli Orti; **135** Bettmann/CORBIS; **136** Peter Connolly; **139** Steve Vidler/ SuperStock; **141** (sup.) Scala/Art Resource, NY, (inf.) Vanni Archive/CORBIS; **142** Smithsonian Institute; **143** Nimatallah/Art Resource, NY; **144** Gianni Dagli Orti/CORBIS; **145** Scala/Art Resource, NY; **147** Nimatallah/Art Resource, NY; **150–151** Roger Wood/CORBIS; **153** Alinari/Art Resource, NY; **155** (desde arriba, de izq. a der.) Bettman/CORBIS, The Art Archive/Museo Arqueológico Nacional,

Atenas/Dagli Orti, The Art Archive/Achaeological Museum Tarquina/Dagli Orti, Lauros/Giraudon/Bridgeman Art Library, Lauros/Giraudon/Bridgeman Art Library, The Art Archive/Museo Arqueológico de Venecia/Dagli Orti, Fitzwilliam Museum, University of Cambridge, UK/Bridgeman Art Library, Giraudon/Bridgeman Art Library, Peter Willi/Bridgeman Art Library, Wolfgang Kaehler/CORBIS; **156** Mary Evans Picture Library; **157** James L. Stanfield/National Geographic Society Image Collection; **158** Alinari/Art Resource, NY; **159** Scala/Art Resource, NY; **160** (izq.) SuperStock, (der.) Eric Robert/CORBIS; **161** (sup.) Erich Lessing/Art Resource, NY, (inf.) Mary Evans Picture Library; **162** (sup. izq.) Joel W. Rogers/CORBIS, (sup. cen.) Dave Bartruff/CORBIS, (sup. der.) Vanni Archive/CORBIS, (inf.) Charles O'Rear/CORBIS; **168** Scala/Art Resource, NY; **169** Scala/Art Resource, NY; **170** (izq.) Mary Evans Picture Library, (cen. izq.) Scala/Art Resource, NY, (cen. der.) Museo Capitolino, Roma/E.T. Archives, Londres/SuperStock, (der.) Reunion des Musees Nationaux/Art Resource, NY; **172** (sup.) SEF/Art Resource, NY, (inf.) Scala/Art Resource, NY; **175** foto de archivo; **177** Robert Harding Picture Library; **178** (izq.) Yan Arthus-Bertrand/CORBIS, (der.) Archives Charmet/Bridgeman Art Library; **180** David Lees/CORBIS; **181** Sandro Vannini/CORBIS; **183** Araldo de Luca/CORBIS; **184** Erich Lessing/Art Resource, NY; **185** North Wind Picture Archives; **186** Scala/Art Resource, NY; **187** Sandro Vannini/CORBIS; **190–191** David Cumming/CORBIS; **196** (izq.) Robert Harding Picture Library, (cen.) National Museum of India, Nueva Delhi, India/Bridgeman Art Library, (der.) Borromeo/Art Resource, NY, (inf. der.) Harappan National Museum of Karachi, Karachi, Pakistán/Bridgeman Art Library; **200** (izq.) Carl Purcell/The Purcell Team, (der.) AFP Worldwide; **203** (izq.) Robert Harding Picture Library, (der.) Borromeo/Art Resource, NY; **204** (sup.) SEF/Art Resource, NY, (inf.) Victoria & Albert Museum, Londres/Art Resource, NY; **205** Rajesh Bedi/National Geographic Image Collection; **206** Borromeo/Art Resource, NY; **207** (izq.) Archivo Iconográfico, S.A./ CORBIS, (der.) Christie's Images, Londres/Bridgeman Art Library/SuperStock; **208** Sheldan Collins/CORBIS; **211** (izq.) Robert Harding Picture Library, (der.) Hugh Sitton/Getty Images; **212** (izq.) Colección de arte y arquitectura antiguos, (der.) Hulton Archive/Getty Images News Services; **214** The British Library, Londres/Bridgeman Art Library; **217** SEF/Art Resource, NY; **220–221** D.E. Cox/Getty Images; **223** foto de archivo; **227** Asian Art & Archaeology/CORBIS; **228** Bridgeman/Art Resource, NY; **229** (inf. izq.) foto de archivo, (inf. der.) The Art Archive/Musee Cernuschi París/Dagli Orti, (otros) Asian Art & Archaeology/CORBIS; **231** foto de archivo; **232** (izq.) Robert Frerck/Odyssey Productions, (cen.) ChinaStock, (der.) Dennis Cox; **234** Lawrence Manning/CORBIS; **235** (sup.) Seattle Museum of Art/Laurie Platt Winfrey, (inf.) Asian Art & Archaeology/CORBIS, (otros) Christopher Liu/ChinaStock; **236** Chen Yixin/ChinaStock; **237** Vanni/Art Resource, NY; **238** (sup. izq.) Robert Frerck/ Odyssey Productions, (sup. cen.) ChinaStock, (sup. der.) Dennis Cox, (inf.) Giraudon/Art Resource, NY; **243** (sup.) ChinaStock, (inf.) Robert Harding Picture Library; **244** Bibliotheque Nationale, París; **245** (izq.) Ontario Science Centre, (der.) Dean Conger/ CORBIS; **247** (izq.) The Art Archive/National Palace Museum Taiwan, (otros) The Art Archive/British Library; **249** (sup.) foto de archivo, (inf.) Giraudon/Art Resource, NY; **252** (izq.) Scala/Art Resource, NY, (cen.) Colección de arte y arquitectura antiguos, (der.) Burstein Collection/CORBIS; **253** (sup. izq.) Erich Lessing/Art Resource, NY, (cen.) Victoria & Albert Museum, Londres/Art Resource, NY, (inf. izq.) Ronald Sheridan/ Colección de arte y arquitectura antiguos, (inf. der.) British Museum, Londres/Bridgeman Art Library; **254** (izq.) Cott Nero DIV f.25v Portrait of St. Matthew/British Library, Londres/Bridgeman Art Library, (sup. der.) Scala/Art Resource, NY, (inf. der.) Colección de arte y arquitectura antiguos; **255** (sup.) Pierre Belzeaux/Photo Researchers, (cen.) Brian Lawrence/ SuperStock, (izq.) Nik Wheeler; **256–257** ©Worldsat International Inc. 2004, Todos los derechos reservados; **256** (sup.) Ric Ergenbright, (cen.) Sean Sexton Collection/CORBIS, (inf. izq.) Robert Emmett Bright/Photo Researchers, (inf. cen. izq.) Scala/Art Resource, NY, (inf. cen. der.) Danita Delimont/ Colección de arte y arquitectura antiguos, (inf. der.) Werner Forman/Art Resource, NY; **257** (sup. a inf.) Brian Lawrence/SuperStock, Richard T. Nowitz/CORBIS, Nabeel Turner/Getty Images, (izq. a der.) Scala/Art Resource, NY, Scala/ Art Resource, NY, Earl & Nazima Kowall/CORBIS, Bettmann/CORBIS; **258–259** Roy Rainford/Robert Harding/Getty Images; **261** Ronald Sheridan/ Colección de arte y arquitectura antiguos; **264** Francis Schroeder/SuperStock; **265** (sup.) foto de archivo, (inf.) Scala/Art Resource, NY; **266** Stock Montage; **267** Prenestino Museum, Roma/E.T. Archives, Londres/SuperStock; **269** Michael Holford; **270** Ronald Sheridan/ Colección de arte y arquitectura antiguos; **271** The Art Archive/Museo Arqueológico de Beirut/Dagli Orti; **272** North Wind Picture Archives; **273** Alinari/Art Resource, NY; **278** The Art Archive/ Archeological Museum Aquileia/Dagli Orti; **279** Scala/Art Resource, NY; **280** (sup. izq.) Museo Arqueológico de Venecia/E.T. Archives, Londres/SuperStock, (inf. izq.) Louvre, París/Bridgeman Art Library, (cen.) Reunion des Musees Nationaux/Art Resource, NY, (der.) Ronald Sheridan/ Colección de arte y arquitectura antiguos; **281** (izq.) SuperStock, (cen.) Museo e Gallerie Nazionali di Capodimonte, Nápoles, Italia/Bridgeman Art Library, (der.) Mary Evans Picture Library; **282** Bettmann/CORBIS; **283** North Wind Picture Archive; **284** Nimatallah/Art Resource, NY; **285** Bridgeman Art Library; **287** Victoria & Albert Museum, Londres/Bridgeman Art Library; **288** (sup.) C. Hellier/ Colección de arte y arquitectura antiguos, (sup. cen.) Ronald Sheridan/ Colección de arte y arquitectura antiguos, (inf. cen.) The Art Archive/Museo Capitolino Roma/Dagli Orti, (inf.) The Art Archive/Staatliche Glypothek Munich/Dagli Orti; **289** Robert Emmett Bright/Photo Researchers; **290** (izq.) Seamus Culligan/ZUMA/CORBIS, (der.) Jonathan Blair/CORBIS; **291** Ric Ergenbright; **292** (izq.) Roma, Museo Nazionale/Art Resource, NY, (cen. der.) Staatliche Glyptothek, Munich, Germany/E.T. Archive, Londres/ SuperStock, (otros) Archivo Iconográfico, S.A./CORBIS; **294** (sup. izq.) B. Wilson/ Colección de arte y arquitectura antiguos, (sup. der.) Erich Lessing/Art Resource, NY, (otros) The Newark Museum/Art Resource, NY; **295** Michael Holford; **298–299** Picture Finders Ltd./eStock; **301** Erich Lessing/Art Resource, NY; **303** Nik Wheeler/CORBIS; **304** Bibliotheque Nationale, Paris, France, Giraudon/Bridgeman Art Library; **306** Pierre Belzeaux/Photo Researchers; **307** (sup.) Scala/Art Resource, NY, (inf.) Erich Lessing/Art Resource, NY; **308** Scala/Art Resource, NY; **309** (izq.) Stanley Searberg, (der.) Giraudon/Art Resource, NY; **310** Reunion des Musees Nationaux/Art Resource, NY; **318** CORBIS; **319** Scala/Art Resource, NY; **320** The Newark Museum/Art Resource, NY; **321** (sup.) Hagia Sophia, Estanbul, Turkey/E.T. Archives, Londres/SuperStock, (inf.) C. Boisvieux/ Photo Researchers; **322** Scala/Art Resource, NY; **324** Mary Evans Picture Library; **325** (izq.) Sean Sexton Collection/CORBIS, (der.) Donald Dietz/Stock Boston/ PictureQuest; **328** Stapleton Collection, UK/Bridgeman Art Library; **330** Scala/Art Resource, NY; **331** Andre Durenceau/National Geographic Society Image Collection; **332** (izq.) Giraudon/Art Resource, NY, (cen.) Brian Lawrence/ SuperStock, (der.) Ronald Sheridan/ Colección de arte y arquitectura antiguos; **333** The Art Archive/Haghia Sophia Estanbul/ Dagli Orti; **334** Colección de arte y arquitectura antiguos; **335** Giraudon/Art Resource, NY; **338–339** Richard T. Nowitz/CORBIS; **341** akg-images/Orsi Battaglini; **343** Nathan Benn/CORBIS; **344** (izq.) Reunion des Musees Nationaux/Art Resource, NY, (der.) Scala/Art Resource, NY; **345** (izq.) Erich Lessing/Art Resource, NY, (der.) Tate Gallery, Londres/Art Resource, NY; **346** (sup.) Elio Ciol/CORBIS, (inf.) Scala/Art Resource, NY; **347** Louvre, París/Bridgeman Art Library; **348** The New York Public Library/Art Resource, NY; **349** (sup.) Danita Delimont/ Colección de arte y arquitectura antiguos, (inf.) Victoria & Albert Museum, Londres/Art Resouce, NY; **350** akg-images/Orsi Battaglini; **353** Scala/Art Resource, NY; **356** Cott Nero DIV f.25v Retrato de San Mateo/British Library, Londres/Bridgeman Art Library; **357** (sup.) Scala/Art Resource, NY, (inf.) Alinari/Art Resource, NY; **359** Scala/Art Resource, NY; **360** (sup.) Scala/Art Resource, NY, (inf.) Michael Holford; **362** (izq.) Galleria dell' Accademia, Florencia, Italia/Bridgeman Art Library, (der.) PRAT/CORBIS; **363** C.M. Dixon/Photo Resources; **364** Giraudon/Art Resource, NY; **365** Cott Nero DIV f.25v Retrato de San Mateo/British Library, Londres/Bridgeman Art Library; **368–369** Nabeel Turner/Getty Images; **371** Paul Dupuy Museum, Toulouse, Francia/Lauros-Giraudon, París/SuperStock; **373** (izq.) DiMaggio/Kalish/CORBIS, (der.) Kevin Fleming/CORBIS; **375** Bibliotheque Nationale, París/Bridgeman Art Library; **376** (sup.) C. Hellier/ Colección de arte y arquitectura antiguos, (inf.) George Chan/Photo Researchers; **377** (izq.) AFP/CORBIS, (der.) ARAMCO; **380** The Art Archive/Hazem Palace Damascus/Dagli Orti; **381** Burstein Collection/ CORBIS; **382** Alison Wright/CORBIS; **383** Nik Wheeler; **384** James L. Stanfield/National Geographic Society Image Collection; **385** Bettmann/ CORBIS; **386** Chester Beatty Library, Dublín/Bridgeman Art Library; **387** (izq.) Mary Evans Picture Library, (cen.) Bettmann/CORBIS; **388** Richard Bickel/CORBIS; **389** (sup.) Jeff Greenberg/Photo Researchers, (inf.) The Art Archive/Harper Collins Publishers; **390** (izq.) Stapleton Collection, UK/ Bridgeman Art Library, (der.) David Turnley/CORBIS; **391** (sup.) R & S Michaud/Woodfin Camp & Assoc., (inf.) Paul Dupuy Museum, Toulouse, Francia/Lauros-Giraudon, París/Super-Stock; **392** Bettmann/CORBIS; **394** Galen Rowell/CORBIS; **395** ARAMCO; **398** (sup.) Scala/Art Resource, NY, (inf. izq.) Smithsonian Institute, (inf. cen.) Michael Holford, (inf. der.) Giraudon/Art Resource, NY; **399** (sup. izq.) Stock Montage, (sup. der.) Michael Holford, (cen.) Scala/Art Resource, NY, (inf. izq.) Roy Rainford/Robert Harding/Getty Images, (inf. der.) Bibliotheque Nationale, París/Bridgeman Art Library; **400** (sup. izq.) British Museum /Topham-HIP/The Image Works, (cen.) Angelo Hornak/ CORBIS, (inf. izq.) Ronald Sheridan/ Colección de arte y arquitectura antiguos, (inf. der.) Erich Lessing/Art Resource, NY; **401** (sup. izq.) Aldona Sabalis/Photo Researchers, (sup. cen.) Museo Nacional de Taipei, (sup. der.) Werner Forman/Art Resource, NY, (cen.) Colección de arte y arquitectura antiguos, (inf. izq.) Ron Dahlquist/SuperStock, (inf. der.) akg-images; **402–403** ©Worldsat International Inc. 2004, Todos los derechos reservados; **402** (sup.) Stock Boston, (cen.) Peter Adams/Getty Images, (inf. izq.) Art Resource, NY, (inf. cen. izq.) Ali Meyer/CORBIS, (inf. cen. der.) Mary Evans Picture Library, (inf. der.) Kadokawa/ Colección de arte y arquitectura antiguos; **403** (sup. a inf.) Tom Wagner/Odyssey Productions, Greg Gawlowski/Lonley Planet Images, Jim Zuckerman/CORBIS, (izq. a der.) Museum of Fine Arts, Houston, Texas, EE.UU., Robert Lee Memorial Collection, gift of Sarah C. Blaffer/Bridgeman Art Library, Courtesy Museum of Maritimo (Barcelona) ; Ramon Manent/CORBIS, ChinaStock, Christie's Images/CORBIS; **404–405** CORBIS; **407** Kadokawa/ Colección de arte y arquitectura antiguos; **410** (izq.) The Art Archive/Bibliothèque Nationale Paris, (der.) Christopher Liu/ChinaStock; **412** Ira Kirschenbaum/Stock Boston; **413** Bettmann/ CORBIS; **414** Snark/Art Resource, NY; **415** Michael Freeman/CORBIS; **417** (izq.) Keren Su/CORBIS, (der.) Philadelphia Free Library/AKG, Berlín/ SuperStock; **419** Werner Forman/Art Resource, NY; **420** The Art Archive/British Library; **421** (izq.) The Art Archive/Museo Nacional de la Paz, Taiwán, (cen.) Naomi Duguid/Asia Access, (der.) Colección privada/Bridgeman Art Library; **422** (izq.) British Museum/Topham-HIP/The Image Works, (cen.) Laurie Platt Winfrey, (der.) Seattle Art Museum/CORBIS; **424** (sup.) Museo Nacional de Taipei, (inf.) J. Bertrand/Photo Researchers; **425** James L. Stanfield; **426** Werner Forman

Archive; **427** (sup.) Kadokawa/ Colección de arte y arquitectura antiguos, (inf.) Bibliotheque Nationale, París, Francia/Bridgeman Art Library; **428** The Bodleian Library, Oxford, Ms. Bodl. 264, fol.219R; **429** Hulton/Getty Images; **431** Christie's Images/CORBIS; **432** SEF/Art Resource, NY; **433** ChinaStock; **434** ChinaStock; **435** The Art Archive; **436** Bonhams, Londres, UK/Bridgeman Art Library; **437** Laurie Platt Winfrey; **440–441** Peter Adams/Getty Images; **443** Werner Forman/Art Resource, NY; **445** (sup.) Christine Osborne/ Lonely Planet Images, (sup. cen.) Frans Lemmens/Getty Images, (inf. cen.) Brand X Pictures, (inf.) Michael Dwyer/Stock Boston/PictureQuest; **449** Volkmar Kurt Wentzel/National Geographic Society Image Collection; **450** (izq.) Werner Forman/Art Resource, NY, (cen.) The Metropolitan Museum of Art, The Michael C. Rockefeller Memorial Collection, Gift of Nelson A. Rockefeller, 1964 (1978.412.310). (der.) British Museum, Londres/Bridgeman Art Library; **452** (sup.) Nik Wheeler/CORBIS, (inf.) Merilyn Thorold/Bridgeman Art Library; **453** MIT Collection/CORBIS; **461** (sup.) Werner Forman/Art Resource, NY, (inf.) HIP/Scala/Art Resource, NY; **462** Giraudon/Art Resource, NY; **464** Charles & Josette Lenars/CORBIS; **465** Giraudon/Art Resource, NY; **466** (sup.) Courtesy Museo Marítimo (Barcelona) ; Ramon Manent/CORBIS, (inf.) Steven Rothfeld/Getty Images; **470** Jason Laure; **471** (sup.) National Maritime Museum, Londres, (inf.) Maggie Steber/CORBIS SABA; **472** Art Resource, NY; **473** Michael Holford; **474** (izq.) Dennis Wisken/Lonely Planet Images, (der.) Lawrence Migdale/Getty Images; **475** (izq.) Werner Forman/Art Resource, NY, (der.) Andy Sacks/Getty Images; **476** Jason Laure; **477** Jason Laure; **480–481** Orion Press/Getty Images; **485** Masao Hayashi/Dunq/Photo Researchers; **486** (izq.) Scala/Art Resource, NY, (cen. izq.) The Art Archive, (otros) Sakamoto Photo Research Laboratory/CORBIS; **487** Asian Art & Archaeology/CORBIS; **489** (sup.) Art Resource, NY, (inf.) mediacolor's/Alamy Images; **490** Frederic A. Silva/Lonely Planet Images; **492** Angelo Hornak/CORBIS; **493** (sup.) AFP/CORBIS, (inf.) Tom Wagner/Odyssey Productions; **495** Colección de arte y arquitectura antiguos; **496** Bettmann/CORBIS; **497** Dave Bartruff/The Image Works; **499** Nicholas Devore III/Photograhers/Aspen/PictureQuest; **500** (izq.) Colección privada, Paul Freeman/Bridgeman Art Library, (der.) Keren Su/CORBIS; **501** (izq.) T. Iwamiya/Photo Researchers, (der.) Werner Forman/Art Resource, NY; **502** (sup.) Mary Evans Picture Library, (inf.) Colección privada/Bridgeman Art Library; **503** Erich Lessing/Art Resource, NY; **505** Mary Evans Picture Library; **508–509** Greg Gawlowski/Lonley Planet Images; **511** Museo del Prado, Madrid, España/Giraudon, París/SuperStock; **515** Scala/Art Resource, NY; **516** Giraudon/Art Resource, NY; **517** (sup.) Ali Meyer/CORBIS, (inf.) Vanni/Art Resource, NY; **518** Colección privada/Bridgeman Art Library; **519** Hulton/Getty Images; **520** (izq.) Abbey of Montioliveto Maggiore, Siena/E.T. Archives, Londres/SuperStock, (cen.) Jim Zuckerman/CORBIS, (der.) Ronald Sheridan/ Colección de arte y arquitectura antiguos; **526** Scala/Art Resource, NY; **528** (izq.) Scala/Art Resource, NY, (der.) Guildhall Library, Corporation of London, UK/Bridgeman Art Library; **529** (izq.) Archivo Iconográfico, S.A./CORBIS, (der.) Colección de arte y arquitectura antiguos; **530** (izq.) akg-images, (der.) Ronald Sheridan/ Colección de arte y arquitectura antiguos; **531** akg-images; **532** Giraudon/Art Resource, NY; **533** Erich Lessing/Art Resource, NY; **535** Tom Lovell/National Geographic Society Image Collection; **536** (izq.) Bildarchiv Preussischer Kulturbesitz/Art Resource, NY, (der.) John Neubauer/PhotoEdit; **537** Ronald Sheridan/ Colección de arte y arquitectura antiguos; **539** Jim Brandenburg/Minden Pictures; **541** (izq.) Archivo Iconográfico, S.A./CORBIS, (der.) Robert W. Nicholson/National Geographic Society Image Collection; **542** Scala/Art Resource, NY; **545** Scala/Art Resource, NY; **546** Scala/Art Resource, NY; **547** Borromeo/Art Resource, NY; **549** (izq.) Colección de arte y arquitectura antiguos, (sup. der.) akg-images/Schutze/Rodemann, (inf. der.) SuperStock; **550** Staatliche Museen, Berlín, Photo ©Bildarchiv Preussicher Kulturbesitz; **551** (sup.) Museum of Fine Arts, Houston, Texas, Robert Lee Memorial Collection, donación de Sarah C. Blaffer/Bridgeman Art Library, (inf.) The Art Archive/Dagli Orti; **554** Museo del Prado, Madrid, España/Giraudon, París/SuperStock; **556** A. Woolfitt/ Woodfin Camp & Assoc./PictureQuest; **562** (sup.) Laurie Platt Winfrey, (inf.) The Metropolitan Museum of Art, The Michael C. Rockefeller Memorial Collection, Gift of Nelson A. Rockefeller, 1964 (1978.412.310) ; **563** (cw from top) Scala/Art Resource, NY, Erich Lessing/Art Resource, NY, Vanni/ Art Resource, NY, Colección privada, Paul Freeman/Bridgeman Art Library, Seattle Art Museum/CORBIS, British Museum, Londres/Bridgeman Art Library, CORBIS; **564** (sup.) akg-images/Ulrich Zillmann, (cen. izq.) The Pierpont Morgan Library/Art Resource, NY, (cen. der.) Museos y galerías vaticanas, Roma/Fratelli Alinari/SuperStock, (inf. izq.) Peabody Essex Museum, Salem, MA, (inf. der.) North Wind Picture Archives; **565** (sup.) Christie's Images/CORBIS, (cen.) National Portrait Gallery, Londres/ SuperStock, (inf. izq.) Bluestone Production/SuperStock, (inf. der.) Independence National Historical Park; **566–567** ©Worldsat International Inc. 2004, Todos los derechos reservados; **566** (sup.) Jeremy Horner/Getty Images, (cen.) David Hiser/Getty Images, (inf. izq.) The Art Archive/Museo Pedro de Osma Lima/Mireille Vautier, (inf. cen. iza.) Timothy McCarthy/Art Resource, NY, (inf. cen. der.) SuperStock, (inf. der.) The Art Archive/ Museo de Historia Nacional, Ciudad de México/Dagli Orti; **567** (sup. a inf.) SuperStock, Dave G. Houser/CORBIS, Buddy Mays/CORBIS, (izq. a der.) Victoria & Albert Museum, Londres/Art Resource, NY, National Portrait Gallery, Londres/SuperStock, National Portrait Gallery, Londres, North Wind Picture Archives; **568–569** Robert Fried; **571** HIP/Scala/Art Resource, NY; **573** foto de archivo; **575** Werner Forman/Art Resource, NY; **576** (izq.) Bower s Museum of Cultural Art/CORBIS, (der.) David Hiser/Getty Images; **577** Nathan Benn/CORBIS; **579** (sup.) Charles & Josette Lenars/CORBIS, (cen.) Dewitt Jones/CORBIS, (inf.) Richard A. Cooke/CORBIS; **580** (izq.) Richard A. Cooke/CORBIS, (der.) Mark Burnett; **581** Jim Wark/Index Stock; **583** Doug Stern & Enrico Ferorelli/National Geographic Society Image Collection; **584** Gianni Dagli Orti/CORBIS; **585** (sup. izq.) Boltin Picture Library, (cen.) Michel Zabe/Museo Templo Mayor, (inf. der.) Museum of Ethnology, Viena; **586** Gianni Dagli Orti/CORBIS; **587** (der.) E.T. Archive, (otros) Michel Zabe/Museo Templo Mayor; **588** akg-images/Ulrich Zillmann; **589** (sup.) The Art Archive/Museo Pedro de Osma Lima/Mireille Vautier, (inf.) Jeremy Horner/Getty Images; **591** (izq.) Addison Doty/Morning Star Gallery, (der.) J. Warden/SuperStock; **594** Ciudad de Plainfield, NJ; **595** (izq.) Mary Evans Picture Library, (der.) Dave Bartruff/CORBIS; **596** (izq.) The Oakland Museum, (otros) Biblioteca Colombina, Sevilla, España; **597** HIP/Scala/Art Resource, NY; **598** (sup.) Archivo Iconográfico, S.A./CORBIS, (inf.) The Art Archive/Museo de Historia Nacional, Ciudad de México/Dagli Orti; **599** Werner Forman/Art Resource, NY; **601** Gianni Dagli Orti/CORBIS; **604–605** Bill Ross/CORBIS; **607** Musee du Louvre, París/Giraudon, París/SuperStock; **610** akg-images; **611** Palazzo Ducale, Mantua, Italia/M. Magliari/Bridgeman Art Library, Londres/SuperStock; **612** Scala/Art Resource, NY; **613** (izq.) Scala/Art Resource, NY, (der.) Kindra Clineff/Index Stock; **614** Archiv/Photo Researchers; **615** Araldo de Luca/CORBIS; **616** Super-Stock; **617** Archivo Iconográfico, S.A./CORBIS; **618** (cen. der.) Erich Lessing/Art Resource, NY, (der.) Art Resource, NY, (otros) Mary Evans Picture Library; **619** (izq.) Maiman Rick/CORBIS Sygma, (der.) Giraudon/ Bridgeman Art Library; **620** The Pierpont Morgan Library/Art Resource, NY; **621** (izq.) The Art Archive/Manoir du Clos Luce/Dagli Orti, (cen.) Baldwin H. Ward & Kathryn C. Ward/CORBIS, (der.) Alinari Archives/CORBIS; **622** (sup.) Timothy McCarthy/ Art Resource, NY, (inf.) Musee du Louvre, París/Giraudon, París/SuperStock; **623** Museos y galerías vaticanas, Roma/Canali PhotoBank; **624** Erich Lessing/Art Resource, NY; **626** Snark/Art Resource, NY; **634** Scala/Art Resource, NY; **635** (sup.) Michael Hampshire/National Geographic Society Image Collection, (inf.) Sammlungen des Stiftes, Klosterneuburg, Austria/ Erich Lessing/Art Resource, NY; **636** akg-images; **637** (izq.) Bildarchiv Preussischer Kulturbesitz/Art Resource, NY, (der.) Getty Images; **638** (sup.) SuperStock, (inf.) Dave G. Houser/CORBIS; **640** Erich Lessing/Art Resource, NY; **641** Hulton/Getty Images; **643** Giraudon/Art Resource, NY; **644** Mary Evans Picture Library; **646** (sup.) Nik Wheeler/CORBIS, (inf.) CORBIS; **647** (sup.) Victoria & Albert Museum, Londres/Art Resource, NY, (inf.) The Art Archive/Chateau de Blois/Dagli Orti; **648** Scala/Art Resource, NY; **649** (sup.) Scala/Art Resource, NY, (inf.) Michael Holford; **651** The Pierpont Morgan Library/Art Resource, NY; **654–655** Buddy Mays/CORBIS; **657** (sup.) Hermitage, San Petersburgo, Rusia/Bridgeman Art Library, (inf.) Michael Holford; **659** (sup.) Peabody Essex Museum, Salem, MA, (cen.) SuperStock, (inf.) Michael Holford; **660** Bettmann/CORBIS; **663** (izq.) The Metropolitan Museum of Art, Gift of J. Pierpont Morgan, 1900(00.18.2). (cen. izq.) Stock Montage, (cen.) Colección de la New-York Historical Society, (cen. der.) Reunion des Musees Nationaux/Art Resource, NY, (der.) North Wind Picture Archives; **664** National Maritime Museum, Londres; **665** National Portrait Gallery, Londres/SuperStock; **666** Reunion des Musees Nationaux/Art Resource, NY; **671** Scala/Art Resource, NY; **672** Louvre, París/Bridgeman Art Library; **673** Bettmann/CORBIS; **674** (izq.) Scala/Art Resource, NY, (der.) Denis Scott/ CORBIS; **675** Jean-Leon Huens/National Geographic Society Image Collection; **677** (sup.) North Wind Picture Archives, (inf.) Mike Southern; Eye Ubiquitous/CORBIS; **679** Snark/Art Resource, NY; **681** Bettmann/CORBIS; **682** Stefano Bianchetti/CORBIS; **683** (sup.) National Portrait Gallery, Londres, (inf.) Bettmann/CORBIS; **684** (izq.) Giraudon/Art Resource, NY, (der.) Erich Lessing/ Art Resource, NY; **685** Tate Gallery, Londres/Art Resource, NY; **686** Mozart Museum, Praga, República Checa, Giraudon/Bridgeman Art Library; **687** (sup.) The Art Archive/Society Of The Friends Of Music Viena/Dagli Orti, (inf.) akg-images/SuperStock; **688** (izq.) Giraudon/Art Resource, NY, (der.) Reunion des Musees Nationaux/Art Resource, NY; **689** (izq.) Michael Holford, (der.) Hermitage, San Petersburgo, Rusia/Bridgeman Art Library; **692** Association for the Preservation of Virginia Antiquities; **693** Colección privada/Picture Research Consultants; **696** (cen.) The Royal Collection, ©Her Majesty Queen Elizabeth II, (otros) The Library of Congress; **697** North Wind Picture Archives; **698** ©Virginia Historical Society. Todos los derechos reservados; **699** Frances Tavern Museum, Nueva York, NY; **701** Michael Holford; **704** (sup.) Museos y galerías vaticanas, Roma/Canali PhotoBank, (inf.) Boltin Picture Library; **705** (sup. izq.) Werner Forman/Art Resource, NY, (sup. cen.) Scala/Art Resource, NY, (sup. der.) Betmann/CORBIS, (inf. izq.) Michel Zabe/ Art Resource, NY, (inf. cen.) The Pierpont Morgan Library/Art Resource, NY, (inf. der.) ©Virginia Historical Society. Todos los derechos reservados; **706** (fondo) CORBIS, (izq.) Picture Finders Ltd./eStock, (der.) Sylvain Grandadam/ Getty Images; **707** CORBIS; **715** Pierre Belzeaux/Photo Researchers; **720** Michael Holford; **722** Museum of Ethnology, Viena; **723** Museo Capitolino, Roma/E.T. Archives, Londres/SuperStock, Scala/Art Resource, NY; **724** Tim Flach/ Getty Images; **725** Jerry Barnett; **732** Sidney Harris; **736** Getty Images; **737** Museo Nacional Egipcio, El Cairo/SuperStock; **738** Scala/Art Resource, NY; **739** SuperStock; **740** Vanni/Art Resource, NY; **741** Victoria & Albert Museum, Londres/Art Resource, NY; **742** Scala/Art Resource, NY; **744** Giraudon/Art Resource, NY; **745** Mary Evans Picture Library; **746** Biblioteca Colombina, Sevilla, España; **747** (izq.) Art Resource, NY, (der.) National Portrait Gallery, Londres/SuperStock

Agradecimientos